Römpps chemisches Wörterbuch
in 3 Bänden

Erhard Ühlein:
Römpps chemisches Wörterbuch

Band 3
Perj – Z

Deutscher
Taschenbuch
Verlag

Vollständige und unveränderte Lizenzausgabe der 1969 in der Franckh'schen Verlagshandlung, Stuttgart, erschienenen Originalausgabe.

Alle Rechte, insbesondere das Recht der Vervielfältigung und Verbreitung sowie der Übersetzung, vorbehalten. Kein Teil des Werkes darf in irgendeiner Form (durch Photokopie, Mikrofilm oder ein anderes Verfahren) ohne schriftliche Genehmigung des Verlages reproduziert oder unter Verwendung elektronischer Systeme verarbeitet, vervielfältigt oder verbreitet werden.

Mai 1974
Deutscher Taschenbuch Verlag GmbH & Co. KG, München
© 1969, Franckh'sche Verlagshandlung, W. Keller & Co., Stuttgart
Umschlaggestaltung: Celestino Piatti

Printed in Germany · ISBN 3-423-03133-6

Perjodate. Man unterscheidet hier *Dimesoperjodate* mit dem Anion $J_2O_9^{4-}$, *Mesoperjodate* mit dem Anion JO_5^{3-}, *Metaperjodate* mit dem Anion JO_4^- u. *Orthoperjodate* mit dem Anion JO_6^{6-} bzw. $(H_3JO_6)_n^{2n-}$; die Orthoperjodate werden häufig auch als *Paraperjodate* (s. *Para...) bezeichnet. — E: periodates

Lit.: Sklarz, B., Organic Chemistry of Periodates, in Quart. Rev. 21 [1967] S. 3–28; Siebert, H., Chemie der Überjodsäuren u. der P., in Fortschr. Chem. Forsch. 8 [1967] S. 470–492.

Perkolation. Bez. für ein Verf. zur Gewinnung von Auszügen, d. h. zur Extraktion von Wirkstoffen (z. B. Alkaloiden u. dgl.) aus zerkleinerten Drogen mit Hilfe von langsam hindurchfließenden Lsgm. wie Wasser, Alkohol u. dgl. Man bringt in den unteren, zylindr. Teil des sog. *Perkolators* (s. Abb.) die zerkleinerte Droge (z. B. Chinarinde); durch den unteren, geöffneten Hahn tropft die Lsg. (Perkolat) langsam ab u. vom oberen Kugeltrichter strömt allmählich neues Lsgm. zu. Die ersten Anteile des *Perkolats* enthalten häufig Kolloide, die späteren dagegen feinere, durch Membranen diffundierende Stoffe, da zunächst die Eiweißkolloide der verletzten Oberflächenzellen herausgewaschen werden u. später die niederml. Zellstoffe durch die Wände der unverletzten Zellen diffundieren. Wenn z. B. die Drogenteilchen 0,2 bis 0,3 mm Durchmesser haben, enthalten sie 125 bis 1000 Zellen, von denen 98 bzw. (bei 1000 Zellen) 488 an der Oberfläche liegen u. vom Lsgm. direkt ausgelaugt werden können. Ein verbessertes P.-Verf. beschreibt H. Köhler in Dtsch. Apoth.-Ztg. 1958, S. 53–55. — E: percolation

Perkolator

Lit.: Bogs, U., in Dtsch. Apoth. Ztg. 1958, S. 917 bis 921, 944–948; Schultz, O. E. u. J. Klotz, Gesetzmäßigkeiten der P., Aulendorf, Cantor, 1955; Feinstein, K., Diss. Zürich, 1936; Ullmann VI, 37.

Perlpolymerisation. Bez. für eine Form der *Polymerisation, die im wesentlichen in der dispersen Phase eines zweiphasigen Syst. stattfindet u. die (durch die Anwendung bes. Schutzkolloide u. ausgesuchter *Initiatoren) zu einem *Polymerisat in Form von regelmäßigen kleinen Kügelchen (Perlen) führt. Die P. soll in keinem Falle als „Suspensionspolymerisation" bezeichnet werden; vgl. O. Kratky u. M. L. Huggins, in Makromol. Chem. 9 [1953] S. 195–220. — E: bead polymerization

Permanente Gase s. *Gaszustand.

Permanganate (*Manganate (VII)). Bez. für Salze der allg. Formel $M^I(MnO_4)$, die sich von der hypothet. Permangansäure = $HMnO_4$ bzw. von deren Anhydrid Mn_2O_7 = Manganheptoxid herleiten. Die P. sind in Wasser meist lösl., die Lsg. sind wegen des violetten MnO_4-Ions violett gefärbt. Die wichtigsten P. sind das Kaliumpermanganat = $KMnO_4$ u. das Calciumpermanganat = $Ca(MnO_4)_2$. Vgl. auch *Manganate. — E: permanganates

Lit.: Kirk-Othmer, 2. Aufl., Bd. 13, 1967, S. 33–39, 49; Ullmann XII, 229.

Permanganometrie = Manganometrie, s. *Oxydimetrie. — E: permanganometry

Permeabilität (von lat.: permeare = durchgehen, durchwandern, passieren). Bez. für die Eig. von Zellwänden, Häuten, Protoplasmaschläuchen, Folien, Tonzylindern, Metallblechen u. a. Trennflächen, Gase od. gelöste Mol., Ionen od. Atome durchtreten zu lassen. So ist z. B. *Palladium durchlässig („*permeabel*") für Wasserstoff, die Zellwände sind permeabel für Wassermol., viele Ionen usw. Über *Semi-P.* s. *Membranen u. *Osmose. — E: permeability

Lit.: Wartiovaara, V. u. R. Colander, P.-Theorien, Wien 1960; Ullmann XII, 136, 140.

Permselektive Membranen s.*Ionenaustauscher-Membranen u. *Membranen. — E: permselective membranes

Permutoide (permutoide Reaktionen). Nach H. Freundlich (Kolloidchemie u. Biologie 1924, S. 11) u. H. Kautsky (Kolloid-Z. 102 [1943] S. 1 bis 14) versteht man unter P. Stoffe, die aus eindimensionalen Ketten, zweidimensionalen Netzen od. dreidimensionalen Gerüsten so sperrig aufgebaut sind, daß gasf. od. fl. Stoffe sie durchdringen können. So dringt z. B. fl. Kalium zwischen die Graphitschichten ein, wobei der Graphit „anschwillt", ohne daß die einzelnen Graphitschichten ihren Bau verändern. Es entstehen bei diesem Vorgang z. B. „Verb." von der Formel C_8K od. $C_{16}K$. Bei 420° kann Graphit so viel Fluor zwischen die einzelnen Schichten aufnehmen, daß sich sein Vol. mehr als verdoppelt u. im Grenzfall auf jedes Kohlenstoffatom ein Fluoratom kommt, entsprechend der Formel $(CF)_x$ = Kohlenstoffmonofluorid. Sehr mannigfaltige P. findet man auch beim Siloxen. — E: permutoids; permutoid reactions

peroral (= per os). Medizin. Fachausdruck, der anzeigt, daß der betreffende Stoff (zumeist Arzneimittel) durch den Mund (lat.: os) eingenommen werden soll. — E: peroral

Peroxide. Bez. für Verb. von der allg. Formel $R^I_2O_2$ (wobei R^I irgendein einwertiges Element od. Radikal bedeutet), die sich vom Wasserstoffperoxid = H_2O_2 herleiten. Der Sauerstoff tritt hierbei stets zweiwertig auf; da sich aber die Sauerstoffvalenzen z. T. gegenseitig absättigen (H—O—O—H), bleibt für die mit Sauerstoff verbundenen Atome od. Radikale nur noch ein Teil der Sauerstoffvalenzen übrig. *Beisp.* für P.

Peroxido

sind: Natriumperoxid = Na−O−O−Na, Bariumperoxid = $Ba\diagdown_O^O|$, Benzoylperoxid = $C_6H_5-\underset{O}{\overset{O}{\underset{\|}{C}}}-O-O-\underset{O}{\overset{\|}{C}}-C_6H_5$ usw. Die P. dürfen nicht mit

*Dioxiden verwechselt werden, so ist z. B. das hie u. da als Bleisuperoxid bezeichnete PbO_2 ein Bleidioxid (Struktur: O=Pb=O), da hier vierwertiges Blei vorliegt u. die Sauerstoffatome nicht untereinander verbunden sind, wie dies bei echten P. der Fall ist. Verb. vom Typ M^IO_2 (z. B. KO_2) sollen nach IUPAC-Bestimmungen künftig als *Hyperoxide* (Abk. für Hyperperoxide) bezeichnet werden (vgl. *Superoxid-Ion). In der Org. Chemie wurden u. a. zahlreiche Diacyl-P., Aldehyd-P., Keton-P., Alkylhydro-P., Alkylperester, Alkylpersäuren dargestellt. Die org. P. werden erst etwa seit dem 2. Weltkrieg in großtechn. Umfang synthetisiert, obwohl solche schon um 1900 bekannt waren (s. Bayer u. Villiger, in Ber. Dtsch. Chem. Ges. 1900, S. 2497). Org. P. entstehen formal, wenn man beim H_2O_2 ein od. zwei H durch Alkyl-, Aryl- od. Acylgruppen ersetzt. *Verw.:* Zum Bleichen von Mehl, fetten Ölen u. Wachsen (Benzoylperoxid in England), zur Phenolsynth. (Cumolhydroperoxid), zur Härtung von Polyesterharzen, zur Copolymerisation von Äthylen mit Propylen, Vinylacetat u. Maleinsäureanhydrid; s. auch Ind. Chemist 1963, S. 569−575. Über die Chemie org. P. s. Tagungsber. in Nachr. Chem. Techn. 15 [1967] S. 395−396 u. Angew. Chem. 80 [1968] S. 125−127. Vgl. auch Analyt. Chem. 33 [1961] S. 1630 f. − E: peroxides

Lit.: Crigee, Org. P., in Fortschr. Chem. Forsch. 1 [1950] Nr. 3, Berlin, Springer, u. in Houben-Weyl-Müller VIII, 1952; Davies, A. G., Org. Peroxides, London, Butterworth, 1961; Edwards, J. O., Peroxide Reaction Mechanisms, New York, Wiley, 1962; Eggersglüss, Org. P., Weinheim, Verl. Chemie, 1950; Feinstein, R. N., Implications of Org. Peroxides in Radiobiology (Sympos., Argonne-Lab. 1962), New York, Acad. Press, 1963; Haissinsky, M., Org. Peroxides in Radiobiology, London, Pergamon Press, 1958; Hawkins, E. G. E., Org. Peroxides, their Formation and Reactions, London, Spon, 1961; Karnojitzki, Les peroxides organiques, Paris, Hermann, 1958; Kirk-Othmer, 2. Aufl., Bd. 14, 1967, S. 746−766 (anorg. P.), S. 767−834 (org. P.); Latarjet u. a., Org. Peroxides in Radiobiology, London 1958; Nees, Die Perverb., in Winnacker-Küchler I, München, Hanser, 1958; Sosnovsky, G. u. J. H. Brown, The Chemistry of Organometallic and Organometalloid Chemistry, in Chem. Rev. 66 [1966] S. 529−566; Tobolsky, A. V. u. R. B. Mesrobian, Org. Peroxides, their Chemistry, Decomposition and Role in Polymerization, New York, Interscience, 1954; Ullmann XIII, 1962, 102, 193 bis 258; Merkblatt Org. Peroxide, Weinheim, Verl. Chemie, 1966.

Peroxido... Alte Bez. für *Epidioxy in systemat. Namen. − E: peroxido-

peroxo. Bez. für das als anionischer Ligand in Koordinationsverb. auftretende Ion O_2^{2-}; wird auch als Vorsilbe in Verb. mit Trivialnamen verwendet zur Bez. von Säuren, in denen −O− durch −O−O− ersetzt ist. Also gilt z. B. „Peroxomonophosphorsäure" für H_3PO_5 statt „Peroxidomonophosphorsäure" od. „Peroxymonophosphorsäure". Über Peroxo-Verb. s. Ullmann XIII, 1962, 193−248; J. A. Connor u. E. A. V. Ebsworth, in Adv. Inorg. Chem. Radiochem. 6 [1964]. − E: peroxo-

Peroxoborate = *Perborate. − E: peroxyborates, peroxoborates

Peroxocarbonate s. *Peroxomonocarbonate u. *Peroxodicarbonate. − E: peroxocarbonates
Lit.: Kirk-Othmer, 2. Aufl., Bd. 14, 1967, S. 760.

Peroxochromate. Bez. für Salze mit den Anionen CrO_5^{2-}, CrO_6^{2-}, $Cr_2O_{10}^{2-}$, CrO_6^- od. CrO_{12}^{2-}, CrO_8^{3-} od. $Cr_2O_{16}^{6-}$. − E: peroxochromates
Lit.: Gmelin, Syst.-Nr. 52, Cr, Tl. B, 1962, S. 155 bis 156, 460, 486, 584, 721.

Peroxodicarbonate. Bez. für die Salze der hypothet., bisher nicht rein darstellbaren Peroxodikohlensäure = $H_2C_2O_6$ von der allg. Formel $M^I_2[C_2O_6]$, die bei der Elektrolyse konz. Alkalicarbonatlsg. (Soda, Pottasche) an der Anode entstehen. Die P. zerfallen schon bei der Auflsg. in Wasserstoffperoxid u. Hydrogencarbonate (Gleichung: $K_2C_2O_6 + 2 H_2O \rightarrow H_2O_2 + 2 KHCO_3$; bei der Säureeinw. entsteht Kohlendioxid, Wasserstoffperoxid u. ein Salz (Gleichung: $K_2C_2O_6 + 2 HCl \rightarrow 2 KCl + H_2O_2 + 2 CO_2$). Aus diesen Reaktionen folgt, daß die P. Derivate des Wasserstoffperoxids vom Typ $\begin{bmatrix} O-O \\ OC\quad CO \\ O\quad C \end{bmatrix}$" sind.

Verw.: Als Wasch- u. Bleichmittel. − E: peroxodicarbonates
Lit.: Nees, Die Perverb., in Winnacker-Küchler, Chem. Technologie I, München, Hanser, 1958; Ullmann XIII, 241.

Peroxodiphosphate s. *Peroxophosphate.

Peroxodisulfate. Bez. für Salze der Peroxodischwefelsäure = $H_2S_2O_8$ mit dem Anion $S_2O_8^{2-}$. Diese erhält man durch Elektrolyse bei hoher Stromdichte von z. B. konz. Kalium- bzw. Ammoniumsulfatlsg. Sie sind starke Oxydationsmittel; über den Mechanismus der Oxydation durch P. s. D. A. House in Chem. Rev. 1962, S. 185 bis 203. − E: peroxodisulfates, peroxydisulfates

Peroxomonocarbonate. Bez. für Salze mit dem Anion CO_4^{2-}. − E: peroxomonocarbonates

Peroxomonophosphate s. *Peroxophosphate. − E: peroxomonophosphates

Peroxomonosulfate. Bez. für die Salze der Peroxomonoschwefelsäure od. Caroschen Säure = H_2SO_5 mit dem Anion SO_5^{2-}. − E: peroxomonosulfates

Peroxonitrate. Bez. für die Salze (mit dem

Anion NO_4^-) u. Ester der Peroxosalpetersäure = HNO_4. Die Ester erhält man bei der Reaktion von Olefinen mit N_2O_4 in Ggw. von Sauerstoff in unpolaren Lsgm. (z. B. Hexan) bei 0°. — E: peroxonitrates

Peroxonitrite. Bez. für die Salze der sehr unbeständigen Peroxosalpetrigen Säure = H–O–O–N=O mit dem Anion $NO(O_2)^-$. — E: peroxonitrites

Peroxophosphate. Salze der Peroxomonophosphorsäure = H_3PO_5 =

$$= \begin{bmatrix} \text{Struktur: } O=P-O-O-H \\ \phantom{\text{Struktur: }} | \\ \phantom{\text{Struktur: }} OH \\ \phantom{\text{Struktur: }} | \\ \phantom{\text{Struktur: }} OH \end{bmatrix}$$

mit dem Anion PO_5^{3-} od. der Peroxodiphosphorsäure = $H_4P_2O_8$ =

$$= \begin{bmatrix} \text{Struktur: } O=P-O-O-P=O \\ OH OH \\ OH OH \end{bmatrix}$$

mit dem Anion $P_2O_8^{4-}$. *Beisp.:* Kaliumperoxophosphat = $K_4(P_2O_8)$, das durch Elektrolyse von Kaliumphosphatlsg. an der Anode erhalten wird; vgl. Simon u. Richter, in Z. Anorg. Allg. Chem. 302 [1959] S. 165–174. — E: peroxophosphates

Lit. s. *Phosphor u. Ullmann XIII, 247.

Peroxosulfate s. *Peroxomonosulfate u. *Peroxodisulfate. — E: peroxosulfates

Peroxy... Seit 1963 nicht mehr zulässige Vorsilbe, die in Verb. mit einem Trivialnamen das Vorliegen der Disauerstoff-Gruppe $-O_2-$ im Mol. kennzeichnet (*Beisp.:* Peroxymonoschwefelsäure = $HOSO_2OOH$); wurde durch Peroxo... (s. *peroxo) ersetzt. Vgl. auch *Peroxyverb. — E: peroxy-

Peroxylamindisulfonate. Veraltete Bez. für *Nitrosodisulfonate. — E: peroxylaminedisulfonates

Peroxyverbindungen. Nicht mehr systemat. Sammelname für die Gesamtheit der Deriv. des Wasserstoffperoxids = H_2O_2; speziell für dessen org. Deriv. Den Nomenklaturregeln entsprechen heute die folgenden Bez.: 1. Peroxoverb. für anorg. Verb., die das Ion O_2^{2-} als Ligand enthalten od. in denen –O– durch –O–O– ersetzt ist (s. *peroxo); 2. *Hydroperoxyverb.* sind org. Verb., in denen OH durch –O–OH ersetzt ist; 3. Epidioxyverb., in denen die Gruppe –O–O– mit zwei verschiedenen, bereits anderweitig miteinander verbundenen Atomen (z. B. zwei benachbarten C-Atomen) verknüpft ist. — Vgl. auch *Peroxide u. *Persäuren. — E: peroxy compounds

Perphosphate = *Peroxophosphate.

Persalze. Bez. für die Salze der anorg. *Persäuren (*Beisp.:* Perchlorate). — E: persalts

Persäuren. Sammelbez. für (anorg.) *Oxosäuren der Elemente der VII. Gruppe des *Periodensyst., in denen diese positiv siebenwertig auftreten (*Beisp.:* Perchlorsäure = $HClO_4$), sowie für Carbonsäuren der allg. Formel R–CO–OOH, die sich von den Carbonsäuren durch Ersatz der OH-Gruppe der Carboxylgruppe durch die –O–O–H-Gruppe herleiten (*Beisp.:* Benzopersäure = C_6H_5–CO–OOH). Vgl. auch *Peroxyverb. — E: peracids, peroxy acids

Lit.: Kirk-Othmer, 2. Aufl., Bd. 14, 1967, S. 794 bis 808; Peroxyacids Decompose via Dual Pathways, in CAEN 45 [1967] Nr. 20, S. 56–57.

Perseleno... Bez. für die Atomgruppierung =Se=Se in systemat. Namen von org. Verb. — E: perseleno-

Perthio... Bez. für die Atomgruppierung =S=S in systemat. Namen von org. Verb., wenn sie an Stelle eines Sauerstoffatoms steht. — E: perthio-

Pesticide. Dem engl. Sprachgebrauch entnommene Sammelbez. für alle Arten von zur Bekämpfung von Schädlingen bei Pflanzen u. Tieren geeigneten Mitteln; ist also ein Synonym für *Schädlingsbekämpfungsmittel. Gelegentlich findet man in der Lit. den Begriff P. auf Schädlingsbekämpfungsmittel auf biolog. Basis (z. B. Kulturen des Bacillus thuringiensis, die gegen blattfressende Insekten eingesetzt werden) eingeschränkt. — E: pesticides

Petrochemie s. *Petrolchemie. — E: petrochemistry

Petrochemikalien. Nach Petroleum Processing, April 1952, S. 490, Bez. für chem. Verb. od. Elemente (z. B. Schwefel), die aus Erdöl od. Erdgas gewonnen werden od. sich ganz od. teilweise von Erdöl- od. Erdgaskohlenwasserstoffen ableiten u. für den Chemiemarkt bestimmt sind. Beispielsweise rechnet man zu den P. sowohl das aus Erdgas gewonnene Ammoniak wie auch den synthet. Kautschuk, der ein Gemisch aus Kohlenwasserstoffpolymeren ist. Außer den genannten sind wichtige P.: Ruß, Schwefel, Olefine, Polyolefine, Olefinderiv., Aromaten (Benzol, Toluol, Xylol) u. deren Deriv., Acetylen, Phenol, Alkohole, Ketone, Acrylnitril, Essigsäureanhydrid, Phthalsäureanhydrid, Maleinsäure u. a. — E: petrochemicals

Lit. s. *Petrolchemie.

Petrographie. Gesteinskunde (von lat.: petra = Stein, Fels), d. h. die Wissenschaft von den *Gesteinen. Petrograph. Kenntnisse sind erforderlich beim Studium der Land- u. Forstwirtschaft, Architektur, Geologie, Geographie, Berg- u. Hüttenwesen usw. — E: petrography

Lit.: Artini, E., Le rocce, Milano, Hoepli, 1959; Barth, Correns, Eskola, Die Entstehung der Gesteine, Berlin,

Petrolchemie

Springer, 1939; Barth, T. F. W., Theoretical Petrology, New York, Wiley, 1962; Beljankin, Lapin, Iwanow, Techn. P., Wiesbaden-Berlin, Bauverl., 1960; Börner, Welcher Stein ist das? Stuttgart, Franckh, 1961; Bruhns-Ramdohr, P. (Sammlung Göschen, Bd. 173), Berlin, de Gruyter, 1960; Carozzi, A. V., Microscopic Sedimentary Petrography, New York-London, Wiley-Interscience, 1960; Correns, C. W., Die Entstehung der Gesteine, Berlin, Springer, 1960; De Quervain, F., Techn. Gesteinskde., Basel, Birkhäuser, 1967; Heinrich, E. W., Microscopic Petrography, New York, McGraw Hill, 1956; Huang, W. T., Petrology, New York, McGraw Hill, 1962; Jakob, J., Lehrbuch der chem. Analyse der Gesteine u. silikat. Mineralien, Basel, Birkhäuser, 1952; Jung, H., Der dtsch. Boden u. seine Gesteine u. Mineralschätze, Jena, Fischer, 1938; Jung, J., Précis de Pétrographie, Paris, Masson, 1958; Krüger, K., Das Reich der Gesteine, Berlin 1954; Leitmeier, H., Einführung in die Gesteinskunde, Wien, Springer, 1950; Linck, G. u. H. Jung, Grundriß der Mineralogie u. P., Jena, Fischer, 1960; Moos u. de Quervain, Techn. Gesteinskunde, Basel, Birkhäuser, 1948; Niggli, P. u. E. Niggli, Gesteine u. Minerallagerstätten, I [1948], II [1952], Basel, Birkhäuser; Quervain, de, s. De Quervain; Rinne, F., Gesteinskunde, Leipzig, Jänecke, 1928—1940; Ronner, F., Systemat. Klassifikation der Massengesteine, Wien, Springer, 1963; Sawarizki, Einführung in die Petrochemie der Eruptivgesteine, Berlin, Akad. Verl., 1954; Scheumann, K. H., Petrographie, Tl. I—II, Wiesbaden 1948; Schumann, H., Einführung in die Gesteinslehre, Iserlohn, Silva-Verl., 1949; ders., Einführung in die Gesteinswelt, Göttingen, Vandenhoeck u. Ruprecht, 1950; Spock, L. E., Guide to the Study of Rocks, New York, Harper, 1962; Tyrrell, The Principles of Petrology, London, Methuen, 1948; Wahlstrom, Petrographic Mineralogy, NewYork, Wiley, 1959; Williams, Petrography, San Francisco 1954; Zavaritskii, A. N. u. V. S. Sobole, The Physico-Chemical Principles of Igneous Petrology, London 1965 (Russ. Ausgabe 1961); s. auch *Mineralogie. *Ztschr.:* Beiträge zur Mineralogie u. P., Berlin, Springer; Der Naturstein, Ztschr. für die Gewinnung u. Bearbeitung von Natursteinen, Ulm a. D., Verl. Ebner (1946—); Schweizer Mineralog. u. Petrograph. Mitteilungen, Zürich, Verl. AG. Gebr. Leemann; Tschermaks Mineralog. u. Petrograph. Mitteilungen, Wien, Springer; Journal of Petrology, London, Oxford Univ. Press.

Petrolchemie (Petrochemie, Erdölchemie). Bez. für das Teilgebiet der org.-chem. Technologie, das Verf. zur Herst. von *Petrochemikalien* entwickelt u. anwendet. Seit 1912 wird die Bez. „Petrochemie" für „Gesteinschemie" verwendet, deshalb schlug ein amerikan. Nomenklaturausschuß 1954 (s. CAEN 1955, S. 70) vor, diese wissenschaftliche Bez. (engl.: „petrochemistry") auch nur für die Chemie der *Gesteine zu verwenden (vgl. z. B. den Buchtitel: Burri, C., Petrochem. Berechnungsmeth. auf äquivalenter Grundlage, Basel, Birkhäuser, 1959); im dtsch. Sprachgebiet hat sich (statt Petrochemie) die korrektere Bez. Petrolchemie für den Bereich der Erdöl- u. Erdgaserzeugnisse durchgesetzt. — E: petroleum chemistry

Lit.: Asinger F., Einführung in die P., Berlin, Akad. Verl., 1958; Astle, M. J., Petrochemie, Stuttgart, Enke, 1959; Berghoff, W., Erdölverarbeitung u. P.-Tafeln u. Tabellen, Leipzig 1967; Bland, W. F. u. R. L. Davidson, Petroleum Processing Handbook, New York, McGraw-Hill, 1967; Czeija, K., Petrochem. Herst. u. Verarbeitung der Kunststoffe in europäischer Sicht, in Österr. Chemiker-Ztg. 67 [1966] S. 149 bis 154; ders., Stand u. Entw. der P., in Österr. Chemiker-Ztg. 68 [1967] S. 65—72; 121—125; Goldstein, R. F. u. A. L. Waddams, The Petroleum Chemicals Industry, London, Spon, 1967; Guthrie, V. B., Petroleum Products Handbook, New York, McGraw-Hill, 1960; Hugel, G., Über P., Köln-Opladen, Westdtsch. Verl., 1962; Kobe, K. A., u. J. J. McKetta, Advances in Petroleum Chemistry and Refining I [1958], II [1959], III [1960], IV [1961], V [1962], VI [1962], VII [1963], VIII [1964], IX [1964], X [1965], NewYork-London, Wiley-Interscience; Korfhage, L., Die Petro-Chemie als Rohstoffhersteller für die Lack-Industrie, in Chemie-Labor-Betrieb 16 [1965] S. 102—111; Kropf, H., Alkohole als Petrochemikalien, in Chem.-Ing.-Techn. 1966, Nr. 8; Littmann, E. R., Methods of Analysis for Petrochemicals, New York, Chem. Publ. Co., 1958; Sherwood, P. W., Petrochemical Profits for Tomorrow: The Markets, the Technology, New York, Palmer Publications, 1966; Steiner, H., Introduction to Petroleum Chemicals, Oxford, Pergamon Press, 1962; Studies in Petrochemicals. Technoeconomic Studies presented at the Conference, Teheran 1964, 2 Bde., New York 1967; Topchiev, Synthetic Materials from Petroleum, Oxford, Pergamon Press, 1962; Wetter, P., Petrochem. Primärprod. im Verbund, in „Der Lichtbogen" (Marl) 1966, Nr. 4, S. 11 bis 15. Zur Lage der P. u. ihrer Rohstoffe s. Chemie-Labor-Betrieb 18 [1967] S. 156—158.

Petroleologie. Erdölkunde (nach H. v. Philipsborn). — E: petroleology

Petrologie = *Petrographie. — E: petrology

Pfadfinder-Elemente = Indikator-Elemente (s. *Geochem. Prospektion). — E: pathfinder elements

Pfeffersche Zelle s. *Osmose. — E: Pfeffer osmometer

Pflanzenschutzmittel. Bez. für chem. Verb. od. Zubereitungen, die, in sachgemäßer Weise angewendet, Kulturpflanzen von der Aussaat bis zur Ernte vor Schäden durch andere Lebewesen (tier. u. pflanzliche Schädlinge) durch deren Vertreibung od. Abtötung schützen. Zu den P. rechnet man auch die Unkrautbekämpfungsmittel (s. *Herbicide) u. die Mittel zur Beeinflussung des Pflanzenwachstums (Präp. zur Stecklingsbewurzelung, gegen vorzeitigen Fruchtabfall, zur Erzielung von besserem Fruchtansatz u. dgl.) sowie meist auch die Präp. zur Bekämpfung von Pflanzenkrankheiten; s. auch *Schädlingsbekämpfungsmittel. — E: plant pesticides, plant protectives

Pfropfcopolymere (Pfropfpolymere, Graft-(Co)-polymere). Makromol. Stoffe, in deren Mol. auf eine einheitliche Hauptkette davon strukturell verschiedene Seitenketten (d. h. aus einem anderen Monomeren) „aufgepfropft" sind. Art, Anzahl u. Länge der aufgepfropften Seitenketten bestimmen im wesentlichen die Merkmale dieser Stoffgruppe. *Beisp.:* Man ermöglicht die Anfärbbarkeit von Polyacrylnitrilfasern durch Aufpfropfen bas. Seitenketten auf die Hauptmol.-Kette. Nach einer IUPAC-Definition für synthet. Polypeptide sind in einem P. ein od. mehrere polymere Segmente an die funktionellen Gruppen einer linearen Kette gekoppelt, wobei eine od. mehrere Verzweigungen entstehen (als funktionelle Gruppen sind im Falle der Polypeptide auch ε-NH$_2$,

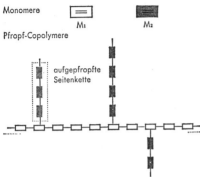

Strukturschema der Pfropfcopolymere

β- od. γ-COOH usw. u. das restliche H-Atom einer α-Peptidbindung eingeschlossen); vgl. IUPAC-Inf. Bull. Nr. 30 [1967] S. 27. Siehe auch *Pfropfcopolymerisation. — E: graft copolymers
Lit.: Battaerd, H. A. J. u. G. W. Tregear, Graft Polymers, in New York-London, Wiley-Interscience, 1967; Ullmann XI, 11, XII, 174.

Pfropfcopolymerisation. Bez. für das Verf. zur Herst. von *Pfropfcopolymeren, bei dem auf einer bereits makromol. vorliegende Verb. die Polymerisation unter Einsatz eines anders gearteten Monomeren fortgesetzt wird, wobei dessen Mol. auf die Kette des Makromol. als Seitenketten „aufgepfropft" werden. *Beisp.:* Man führt in Polystyrol eine Isopropylgruppe ein, so daß auf ca. 50 Monomere eine solche Gruppe entfällt. Man wandelt diese Gruppe in die Hydroperoxidgruppe um u. polymerisiert sie mit Vinylacetat od. Methylmethacrylat, wobei Pfropfcopolymere mit der 8fachen Schlagzähigkeit des reinen Polystyrols entstehen, s. Mark in Chem.-Ing.-Techn. 1955, S. 88—89. Man kann u. a. auch Vinylchlorid auf Polyäthylen od. Polymethacrylat auf Polypropylen pfropfen. — E: graft copolymerization

Pfropfpolymere = *Pfropfcopolymere. — E: graft polymers

Pfropfpolymerisation = *Pfropfcopolymerisation. — E: graft polymerization

pH. = *Wasserstoffionenkonz.

Phagen = *Bakteriophagen. — E: phages

Phagocytose. Bez. für die Fähigkeit der lebenden weißen Blutkörperchen, Bakterien u. funktionsuntüchtige rote Blutkörperchen fermentativ aufzulösen. — E: phagocytosis

Phäo... (Pheo...; von griech.: phaios = fahl). Vorsilbe in den Namen einer Reihe von mit dem Chlorophyll verwandten Verb. (*Beisp.:* Phäophytin, Pheophytin). — E: phaeo-

Pharmakodynamik. Bez. für die Lehre vom Wrkg.-Mechanismus der *Arzneimittel im lebenden Organismus. — E: pharmacodynamics
Lit. s. *Pharmakologie.

Pharmakognosie (von griech.: pharmakon = Gift, s. auch *Pharmakologie). Bez. für die Lehre von der Erkennung u. den Kennzeichen der Arzneimittelrohstoffe (*Drogen); sie befaßt sich mit deren makroskop. (d. h. dem Aussehen) u. mikroskop. Beschaffenheit, Herkunft, chem. Zus., Gewinnung u. Handelsbez. Der theoret. Tl. der P. umfaßt Morphologie, Systematik u. Anatomie der Arzneipflanzen. — E: pharmacognosy
Lit.: Denston, T. C., Textbook of Pharmacognosy, London, Pitman, 1952; Ebert, Der feldmäßige Anbau einheim. Arznei-, Heil- u. Gewürzpflanzen, Stuttgart, Dtsch. Apoth. Verl., 1949; Ferguson, M., A Textbook of Pharmacognosy, New York, Macmillan, 1955; Fischer, R. u. W. Hauser, Praktikum der P., Wien, Springer, 1952; Jaretzki, R., Taschenbuch für den Heilpflanzenanbau, Stuttgart, Dtsch. Apoth. Verl., 1948; Freudenberg, G. u. R. Cäsar, Arzneipflanzen, Anbau u. Verw., Berlin-Hamburg, Parey, 1954; Geßner, Die Gift- u. Arzneipflanzen Mitteleuropas, Heidelberg, Winter, 1953; Gstirner, Prüfung u. Verarbeitung von Arzneidrogen, Berlin, Springer, 1955; ders., Lehrbuch der P., Braunschweig, Vieweg, 1949; Karsten, G., U. Weber, F. Oehlkers u. E. Stahl, Lehrbuch der P. für Hochschulen, Jena u. Stuttgart, Fischer, 1962; Kroeber, Das neuzeitliche Kräuterbuch, Stuttgart, Hippokrates, 1948—1949; Mercks Jahresbericht über Neuerungen auf den Gebieten der Pharmakotherapie u. Pharmazie, Weinheim, Verl. Chemie; Moritz, O., Einführung in die allg. P., Stuttgart, Fischer, 1962; Mosig, Pharmakognosie, Dresden, Steinkopff, 1955; Steinegger, E. u. R. Hänsel, Lehrbuch der allg. P., Berlin, Springer, 1963; Tschirch, A., Handbuch der P. (Großes Sammelwerk), Leipzig, Tauchnitz 1923 ff., 2. Aufl. ab 1930; Wallis, Practical Pharmacognosy, London, Churchill, 1948; Woelke, A. H., Die Arzneidrogen, Stuttgart, Wiss. Verl. Ges., 1950. *Ztschr.:* Ztschr. für Arzneipflanzenforschung, Stuttgart, Hippokrates. Siehe auch Lit. bei *Drogen.

Pharmakologie. Bez. für die Lehre von der Wrkg. der chem. Stoffe auf Organismen, gleichgültig, ob diese förderlich od. schädlich ist. Unter einem „*Pharmakon*" (griech. „Gift" im weitesten Sinne) versteht man einen Stoff, der — ohne zur Gruppe der Nahrungsmittel zu gehören — nach Einverleibung in den tier. od. menschlichen Organismus (durch Einnehmen, Einspritzen, Einatmen u. dgl.) dort auf chem. od. physikal. Wege eine Zustandsänderung bewirkt. P. im weitesten Sinne ist somit die Wissenschaft von den Veränderungen der Zustände u. Vorgänge in der lebendigen Substanz, die von „Pharmaka" hervorgerufen werden. Der *Pharmakologe* untersucht z. B., in welcher Weise Säuren, Laugen, Salze, Betäubungsmittel, Alka-

Pharmakopöen

loide (z. B. Coffein, Morphin, Cocain, Coniin, Atropin, Nicotin usw.), Alkohole, Phenole, äther. Öle, Beruhigungsmittel, Anregungsmittel, Fiebermittel, Fermente, Hormone, Vitamine, Kampfstoffe, Gifte im engeren Sinn, Schwermetallsalze, Gase, Bakteriengifte, Antibiotica usw. auf lebende Organismen wirken. Die Wrkg. der Pharmaka kann u. a. bestehen in Oxydation, Red., Katalyse (Fermente, Hormone, Vitamine), Ionenaustausch, Adsorption, Ausflockung, radioakt. Einw. (Radiumpräp.), Änderung des Quellungszustands u. der osmot. Verhältnisse, usw. Die wesentliche Meth. der P. ist der Tiervers., die wichtigste Hilfswissenschaft ist die *Physiolog. Chemie. Ein wesentlicher Anwendungsbereich der P. ist die für Ärzte äußerst wichtige Arzneiverordnungslehre; hier stehen die prakt. Anwendungen der Arzneimittel beim erkrankten tier. od. menschlichen Organismus im Vordergrund. Weitere Ableger od. Teilgebiete der P. sind die Toxikologie, Chemotherapie, Organotherapie, Serologie, Immunologie. — E: pharmacology

Lit.: Ariëns, E. J., Molecular Pharmacology, 2 Bde., New York, Acad. Press, 1964; Bacq, u. a., Pharmacodynamie biochimique, Paris, Masson, 1954; Barlow, R. B., Introduction to Chem. Pharmacology, London, Methuen, 1963; Beckmann, Drugs, their Nature, Action and Uses, Philadelphia-London, Saunders, 1958; Clark, Applied Pharmacology, London, Churchill, 1952; Cutting, W. C., Handbook of Pharmacology, New York, Appleton-Century-Crofts, 1967; De Jongh, S. E., Einführung in die allg. P.: Ein Kurzlehrbuch für Studenten der Medizin u. Pharmazie über wichtige Grundbegriffe, München 1965; Di Palma, J. R., Drill's Pharmacology in Medicine, New York 1965; Drill, V. A. u. a., Pharmacology in Medicine, New York, McGraw Hill, 1954; Eichholtz, F., Lehrbuch der P. im Rahmen einer allg. Krankheitslehre, Berlin, Springer, 1957; Eichler, O. u. A. Farah, Handbuch der experimentellen P. (Bd. 21: 1965), Forts. von Heffter-Heubner, s. unten; Elliott, H., W. C. Cutting u. R. H. Dreisbach, Annual Review of Pharmacology, Palo Alto, Annual Rev. Inc. (1967: Bd. 7); Gaddum, J. H. u. W. S. Schröder, Pharmakologie, Darmstadt, Steinkopff, 1952; Garattini, S., Advances in Pharmakology, I [1962], New York, Acad. Press (wird fortgesetzt); Gebhardt, H., Grundriß der P., Toxikologie u. Arzneiverordnungslehre, München, Müller u. Steinicke, 1961; Goodman-Gilman, The Pharmacological Basis of Therapeutics, New York, Macmillan, 1965; Gordonoff, P. für Zahnärzte, Basel, Schwabe, 1956; Grollman, A., Pharmacology and Therapeutics, Philadelphia 1960; Gunn u. Graham, An Introduction to Pharmacology and Therapeutics, London, Oxford Univ. Press, 1958; Harper, N. J. u. A. B. Simmonds, Advances in Drug Research, New York (1966: Bd. 3); Hauschild, F., P. u. Toxikologie, Leipzig 1960, Hazard, R., Actualités Pharmacologiques, Paris, Masson, I— (1950—); Heffter-Heubner, Handbuch der experimentellen P., 1920—1935 (mit späteren Ergänzungsbänden), Berlin, Springer; Himwich, W. A. u. J. P. Schade, Horizons in Neuropsychopharmacology, Amsterdam 1965; Holland, W. C., R. L. Klein u. A. H. Briggs, Introduction to Molecular Pharmacology, New York, McMillan, 1964; Jongh, de, s. De Jongh; Kline, N. S., Psychopharmacology, Washington, AAAS, 1955; Kramer, K., u. a., Erg. der Physiologie, Biolog. Chemie u. experimentellen P., Berlin (Bd. 58: 1966); Krantz, J. C. u. C. J. Carr, The Pharmacologic Principles of Medical Practice, Baltimore-London 1958; Kritchevsky, D., R. Paoletti u. D. Steinberg, Progress in Biochemical Pharmacology (Bde. 2 u. 3 [1967]), Basel; Kuschinsky, G. u. H. Lüllmann, Kurzes Lehrbuch der P., Stuttgart 1965; Lasagna, L., Clinical Pharmacology, 2 Bde., Oxford 1966; Lembeck, F. u. K.-F. Sewing, P.-Fibel: Tafeln zur P.-Vorlesung, Berlin 1966; Lembeck, F. u. D. Winne, Pharmakolog. Praktikum, Stuttgart 1965; Lindner, Zeittafeln zur Geschichte der pharmakolog. Inst. des dtsch. Sprachgebiets, Aulendorf, Cantor, 1957; Merz, W., Grundlagen der P., Stuttgart, Wiss. Verl. Ges., 1965; Meyler, L., Side Effects of Drugs, Amsterdam, Elsevier, 1952; ders., Schädliche Nebenwrkg. von Arzneimitteln, Wien, Springer, 1956; Moeller, K. O., P. als theoret. Grundlage einer rationellen Pharmakotherapie, Basel 1966; Mukerji, B. u. K. K. Chen, Pharmacology of Oriental Plants (Sympos. Prag, 1963), Oxford, Pergamon Press, 1964; Oelkers, H. A., Grundriß der P. u. Arzneiverordnungslehre, Zürich, Hirzel, 1950; Palma, Di, s. Di Palma; Paoletti, R. u. R. Vertua, Progress in Biochemical Pharmacology, London, Butterworth, 1965; Raskova, H., Proceedings of the 2nd International Pharmacological Meeting, Prague, 11 Bde., Oxford 1965; Rochlin, L. L., Problems of Psychopharmacology, London 1965; Root, W. S. u. F. G. Hofmann, Physiological Pharmacology, 10 Bde., New York, Academic Press; Soehring, P. für Zahnärzte, Konstanz, Verl. Zahnärztliche Welt, 1951; Stich, W., Pharmakotherapie, München, Lehmann, 1963; Ther, Pharmacolog. Meth. zur Auffindung von Arzneimitteln u. Giften, Stuttgart, Wiss. Verl. Ges., 1949; Uvnäs, B., Mode of Action of Drugs (Proc. Internat. Conf. Stockholm, 1962) 10 Bde., Oxford, Pergamon Press, 1963; Wikler, A., Relation of Psychiatry to Pharmacology, 1958. *Ztschr.:* Archiv für Exper. Pathologie u. P. (Naunyn-Schmiedebergs Archiv), Berlin, Springer; Berichte über die gesamte Physiologie u. exper. P., Berlin, Springer; Pharmakotherapie, München, Lehmann (1963—) ; Journal of Pharmacology and Experimental Therapeutics, Baltimore, Williams and Wilkins; Pharmacological Reviews, Baltimore, Williams and Wilkins; Toxicology and Applied Pharmacology, New York, Acad. Press (ab 1959) ; Molecular Pharmacology, New York-London, Academic Press (1965—) ; British Journal of Pharmacology and Chemotherapy, London, British Medical Association; Biochemical Pharmacology, London, Pergamon Press (ab 1958) ; Archivio Italiano die Scienze Farmacologiche, Modena, Società Lipografica Modenese; Acta Physiologica et Pharmacologica Neerlandica, Amsterdam, North Holland; Acta Pharmacologica et Toxikologica, Kopenhagen, Munksgaard; Helvetica Physiologica et Pharmacologica Acta, Basel, Schwabe (1943—) ; European Journal of Pharmacology, Amsterdam, North-Holland (1967—).

Pharmakopöen (lat.: Dispensaria). Griech. Bez. für Zusammenstellungen von Beschreibungen, Zubereitungs- u. Prüfungsvorschriften von Arzneimitteln, die in den meisten Kulturstaaten durch die obersten Medizinalbehörden (Kommission aus Apothekern, Ärzten u. Chemikern) geschaffen u. zum Gebrauch in den Apotheken herausgegeben werden. Die zur Zeit in der BRD geltende P. ist die Pharmacopoea Germanica (abgek.: Pharm. Germ.), editio VI (Deutsches Arzneibuch, Abk.: DAB VI). Die französ. P. heißt abgekürzt Pharm.

Gall., die italien. Pharm. Ital., die engl. Pharm. Brit., die schweizer. Pharm. Helvet. (vgl. 100 Jahre Schweizer P., in Chem. Rdsch. [Solothurn] 19 [1966]), die österreich. Pharm. Austr., die span. Pharm. Hisp., die russ. Pharm. Ross., die niederländ. Pharm. Ned., die amerikan. Pharm. USP, die japan. Pharm. Jap. Die dtsch. Ausgabe der Pharmacopoea Internationalis erschien 1955 in der Wiss. Verl. Ges. Stuttgart. — E: pharmacopoeia

Pharmakotherapie. Bez. für die Lehre von der Arzneibehandlung, d. h. der Anwendung der *Arzneimittel zu Heilzwecken. — E: pharmacotherapy
Lit. s. *Pharmakologie.

Pharmazeutische Chemie. Bez. für das Teilgebiet der Chemie, das Zus., chem. Verh., Analyse u. Synth. der Arzneimittel u. deren Hilfsstoffe (z. B. Salbengrundlagen) einschließlich der arzneilich verwendeten Naturstoffe umfaßt. — E: pharmaceutical chemistry, medicinal chemistry
Lit.: Autertoff, H. u. J. Knabe, Lehrbuch der P. C., Stuttgart, Wiss. Verl. Ges., 1968; Bamann u. Ullmann, Chem. Unters. von Arzneigemischen, Arzneispezialitäten u. Giftstoffen, herausgeg. vom Inst. für Pharmazie u. Lebensmittelchemie, München 1960; Bauer, H., M. Moll, R. Pohloudek-Fabini u. T. Beyrich, Die org. Analyse unter bes. Berücksichtigung der Arzneistoffe, Leipzig, Akad. Verl. Ges., 1967; Beckett, A. H. u. J. B. Stenlake, Practical Pharmaceutical Chemistry, London 1968; Biechele, M., Anleitung zur Erkennung u. Prüfung der Arzneimittel des dtsch. Arzneibuchs, Berlin, Springer, 1953; Bodendorf, Kurzes Lehrbuch der P. C., Berlin, Springer, 1962; Burger, A., Medicinal Chemistry, New York-London, Wiley-Interscience, 1960; Cain, C. K., Annual Reports in Medicinal Chemistry, New York (jährl.); Chatten, L. G., Pharmaceutical Chemistry, 2 Bde., I, Theory and Application [1966] New York, Marcel Dekker; Connors, K. A., A Textbook of Pharmaceutical Analysis, New York-London, Wiley-Interscience, 1967; Dietzel, Anleitung zur Analyse org. Arzneimittel, Stuttgart, Wiss. Verl. Ges., 1949; Dietzel u. Tunmann, Anleitung zur Darst. org. Arzneimittel, Stuttgart, Enke, 1958; Ellis, G. P. u. G. B. West, Progress in Medicinal Chemistry, New York, Plenum Press (1967: Bd. 5); Evers, N. u. D. C. Caldwell, The Chemistry of Drugs, London, Benn, 1959; Fischer-Frerichs-Awe, Lehrbuch der Chemie für Pharmazeuten, Mediziner u. Biologen, Stuttgart, Enke, 1952—1955; Garratt, The Quantitative Analysis of Drugs, London, Chapman and Hall, 1963; Gautier, J. A. u. P. Malangeau, Mises au point de chimie analytique, pharmaceutique et bromatologique, Paris, Masson, 1968; Higuchi, T. u. E. Brockmann-Hanssen, Pharmaceutical Analysis, New York-London, Wiley-Interscience, 1961; Houben, J., Fortschritte der Heilstoffchemie, Berlin, de Gruyter (vielbändiges Sammelwerk); Hückel, W., Vorlesungen über P. C. u. Arzneimittelsynth., I (anorg. Tl.) [1953], II (org. Tl.) [1954] Stuttgart, Enke; Jenkins, G. L., W. H. Hartung, K. E. Hamlin u. J. B. Data, The Chemistry of Organic Medicinal Products, New York-London, Wiley-Interscience, 1957; Kaufmann, H. P., Arzneimittelsynthesen, Berlin, Springer, 1953; Klosa, J., Entw. u. Chemie der Heilmittel, I—III, Berlin, VEB Verl. Technik, 1952 bis 1953; Lebeau, P. u. M. A. Janot, Traité de pharmacie chimique, Bde. I—V, Paris, Masson, 1955;

Luckner, M., Vorschriften für die chem., physikal. u. biolog. Prüfung von Drogen, Jena 1966; Mantegazza, P. u. F. Piccinini, Methods in Drug Evaluation, Amsterdam 1966; Mays Chemistry of Synthetic Drugs, London, Longmans, 1959; Medicinal Chemistry (Series of Reviews), New York-London, Wiley-Interscience (Bd. 6: 1963); Mühlemann u. Bürgi, Die qual. Arzneimittelanalyse, München, Reinhardt, 1956; Rabinowitz, J. L., Topics in Medicinal Chemistry, I [1967], New York-London, Wiley-Interscience; Rosenmund, K. W. u. H. Vogt, Grundzüge der Pharmazeut. u. Medizin. Chemie, Dresden, Steinkopff, 1965; Soine, T. O. u. C. O. Wilson, Rogers' Inorganic Pharmaceutical Chemistry, Philadelphia, Lea & Febiger, 1967; Wagner, G., Lehrbuch der P. C., Berlin 1966; Winkelmann, W., Die Wirkstoffe unserer Heilpflanzen, Freiburg/Br., 1952; Winterfeld, K., Praktikum der org.-präparativen P. C. u. Lehrbuch der org.-chem. Arzneimittelanalyse, Dresden, Steinkopff, 1965. *Ztschr.:* Journal of Medicinal and Pharmaceutical Chemistry, New York.

Pharmazie. Bez. für die Wissenschaft von der richtigen Beschaffenheit u. Zubereitung der *Arzneimittel; sie bildet die wissenschaftliche Basis der Apothekerkunst. Der erfolgreiche Abschluß des Studiums der P. u. die Ableistung eines Kandidatenjahres bilden die Voraussetzung für die Erteilung der Approbation, die zur Ausübung des *Apothekerberufes* u. zur Leitung einer Apotheke berechtigt. Eine *Apotheke* ist ein Gewerbebetrieb für die Zubereitung u. den Verkauf von Arzneimitteln nach ärztlicher Vorschrift (Rezept) od. im Handverkauf. Die in einer Apotheke anfallenden Arbeiten, die keine pharmazeut. Vorbldg. erfordern (wie z. B. das Abfüllen von Arzneimitteln, die Verwaltung des Lagerbestandes usw.) können von sog. *Apothekenhelfern* (meist weiblichen Personen) ausgeführt werden. — E: pharmacy
Lit.: Apotheker-Jahrbuch, Stuttgart, Dtsch. Apotheker-Verl. (jährl.); Arends, J., Einführung in die prakt. P. für Apothekerpraktikanten, Berlin, Springer, 1957; Aye, E. u. F. Diepenbrock, Arzneispezialitäten nach Indikationsgebieten, Stuttgart, Dtsch. Apoth. Verl., 1959; Berndt, Organisation der Konfektionierung von Arzneimitteln, Aulendorf, Cantor, 1955; Bernoulli, E., T. Gordonoff u. H. Lehmann, Übersicht der gebräuchlichen neueren Arzneimittel für Ärzte, Apotheker u. Zahnärzte, Basel 1965; Bessler, Seel, Zaunick, Beiträge zur Geschichte der P. u. ihrer Nachbargebiete, Berlin 1956; Breyer, M., Bundesapothekengesetz, Köln-Berlin, C. Heymanns Verl., 1960; Czetsch-Lindenwald, H. v., Pflanzliche Arzneizubereitung, Stuttgart, Dtsch. Apoth. Verl., 1945; ders., Pharmazeut. Technologie, Wien, Springer, 1953; Czetsch-Lindenwald, H. v. u. H. P. Fiedler, Hilfsstoffe für P. u. angrenzende Gebiete, Aulendorf, Cantor, 1963; Dann, G. E., 40 Jahre (Internationale) Gesellschaft für Geschichte der P. e. V.: Eine Übersicht über ihr Werden u. ihre Arbeit, Stuttgart 1966; ders., Internationale Gesellschaft für P.: Vorträge der Internationalen Gesellschaft für Geschichte der P. e. V., Kongreß London 1965, Stuttgart 1966; Deininger u. Lauer, Die wichtigsten gesetzlichen Best. für den Handel mit Arzneimitteln u. Giften, Stuttgart, Dtsch. Apoth. Verl., 1950; Dürre, A., Lehrbuch für Apothekenassistenten, Berlin, 1957; Eberhardt, W. u. B. Jackowski, Pharmazeut. Jahrbuch, Ref.-Sammlung (1957—), Frankfurt/M., Govi-Verl., 1959; Etmer, F. u. J. P. Bolck, Arzneimittelgesetz, München, Schulz, 1961; Fey, H., Pharmazeut.

Vorschriftensammlung, Stuttgart, Dtsch. Apoth. Verl., 1950; Fischer, Kaiser, Zimmermann, Lang, Welsch, Repetitorium für die pharmazeut. Vorprüfung, Stuttgart, Wiss. Verl. Ges., 1952; Gerecke, K., Arzneimittelverzeichnis der DDR, Berlin, VEB Verl. Volk u. Gesundheit, 1961; Gossmann, H., Das Collegium pharmazeuticum Norimbergense u. sein Einfl. auf das nürnberg. Medizinalwesen, Frankfurt 1966; Gstirner, F., Grundstoffe u. Verf. der Arzneibereitung, Stuttgart, Enke, 1960; Gstirner, F., Einführung in die Arzneibereitung, Stuttgart, Dtsch. Apoth. Verl., 1968; Hager, H., Handbuch der pharmazeut. Praxis für Apotheker, Arzneimittelhersteller, Drogisten, Ärzte u. Medizinalbeamte, Berlin, Springer, 1949, 2 Erg.-Bde. (2 Tl.), herausgeg. von W. Kern, 1958; (s. auch List, P. H. u. L. Hörhammer); Hein, W.-H., Die dtsch. Apotheke, Stuttgart, Dtsch. Apoth. Verl., 1960; Herold, J. S., Der pharmazeut. Markenartikel, München, Neue Verl. GmbH., Herold, 1962; Hoffmann, Gesetz über das Apothekenwesen, München, Beck, 1961; Hornung, Apotheken- u. Arzneimittelgesetzeskunde, Stuttgart, Dtsch. Apoth. Verl., 1955; Hügel, H., Einrichtung u. Revision der Apotheken, Stuttgart, Dtsch. Apoth. Verl. 1957; Hunnius, C., Pharmazeut. Wörterbuch, Berlin, de Gruyter, 1966; Kaiser, H., Pharmazeut. Taschenbuch, Stuttgart, Wiss. Verl.-Ges., 1968; ders., Der Apothekerpraktikant. Lehrbuch für die Ausbldg. des dtsch. Apothekerpraktikanten, Stuttgart, Wiss. Verl.-Ges., 1967; Kern, W., Angewandte P., Stuttgart, Wiss. Verl. Ges. 1951; Kloesel, A. u. W. Cyran, Arzneimittelgesetz mit Kommentar, Stuttgart, Dtsch. Apoth. Verl., 1962; Knoellinger, Die Apothekenanlernhelferin, Stuttgart, Dtsch. Apoth. Verl., 1949; Kremer, History of Pharmacy, Philadelphia, Lippincott, 1951; List, P. H. u. L. Hörhammer, Hagers Handbuch der Pharmazeut. Praxis, voraussichtlich 7 Bde., Berlin, Springer (1967—); Mahoney, T., The Merchants of Life (Geschichte der US-Pharm. Ind.), NewYork, Harper Broth., 1959; ders., Vom Heftpflaster zum Antihistamin, Düsseldorf 1961; Marcetius, K., Arzneimittelrecht, Entscheidungssammlung, München u. Berlin, Beck, 1955; Martin, E. W., Remington's Pharmaceutical Sciences, Easton, Pa., Mack Publ. Co., 1965; Mercks Jahresbericht über Neuerungen auf den Gebieten der Pharmakotherapie u. P., Weinheim, Verl. Chemie; Osol u. Farrar, The Dispensatory of the USA, Philadelphia, Lippincott, 1950; Pharmazeut. Gesetzeskunde, bearbeitet von der Schriftleitung der Dtsch. Apoth. Ztg., Stuttgart, Dtsch. Apoth. Verl., 1955; Richter, J. u. L. Kny, Ausgewählte Kapitel des Dtsch. Arzneibuches für Studierende der P., Berlin 1967; Rote Liste 1967, Verzeichnis pharmazeut. Spezialpräp., Aulendorf/Württ., Cantor, 1967; Dr. Rothgangs Spezialitäten-Praktikum, München, Lehmann, 1961; Saunders, L., Principles of Physical Chemistry for Biology and Pharmacy, London-New York, Oxord Univ. Press, 1966; Schiedermair u. Blanke, Apothekengesetz, Frankfurt/M. 1961; Schmidt-Wetter, Vademecum für Pharmazeuten, Aulendorf, Cantor, 1963; Schmitz, R., Mörser, Kolben, Phiolen, Stuttgart, Franckh', 1966; ders., Wandel der Apotheke, Wandel in der P., in Kosmos 62 [1966] S. 417—420; Schneider, W., Geschichte der Dtsch. Pharmazeut. Ges. 1890—1965, Weinheim, Verl. Chemie, 1966; Schröder, W., Die pharmazeut.-chem. Prod. dtsch. Apotheken zu Beginn des naturwissenschaftlichen Zeitalters, Frankfurt/M. 1960; Simonis, W. C., Arzneitiere, Stuttgart 1962; Sliosberg, A., Elsevier's Dictionary of Pharmaceutical Science and Techniques, Bd. 1: Pharmacetical Technology, Amsterdam, Elsevier, 1968; Stather, Tierarzneimittelrezepte, Stuttgart, Wiss. Verl. Ges., 1954; Steinbichlers Lexikon für die Apothekenpraxis in 7 Sprachen, Frankfurt, Govi-Verl., 1963; Stich, W., Bakteriologie, Serologie u. Sterilisation im Apothekenbetriebe, Berlin, Springer, 1950; Thoms, H., Handbuch der prakt. wissenschaftlichen P. (großes Sammelwerk), Berlin-Wien, Urban u. Schwarzenberg; Truttwin, Die chem. pharmazeut. Fabrik, Halle 1944; Urdang u. Dieckmann, Einführung in die Geschichte der dtsch. P., Frankfurt/M., Govi-Verl., 1954; Vidal, L., Dictionnaire des specialités pharmaceutiques, Paris, Office du Vulgarisation pharmaceutiques, 1953; Will, H., Neues Manual für die prakt. P., Berlin, Springer, 1953; Wojahn, H., Kurze Einführung in die galen. P., Dresden, Steinkopff, 1951; Zekert-Weis-Eckl, Austria-Codex (Verzeichnis die in der Österreich zugelassenen Spezialitäten), Wien, Österr. Apoth. Verl., 1959; Zekert, O., Berühmte Apotheker Bd. 1—2, Stuttgart, Dtsch. Apoth. Verl., 1962; Zimmermann, W., Pharmazeut. Übungspräp. der Apotheker-Praktikanten, Stuttgart, Dtsch. Apoth. Verl., 1946. *Ztschr.:* Acta Phytotherapeutica, Amsterdam, Verl. Steinmetz; Archiv der Pharmazie u. Berichte der Dtsch. Pharmaz. Ges., Weinheim, Verl. Chemie; Dtsch. Apotheker-Zeitung (vereinigt mit Südd. Apoth.-Ztg), Dtsch. Apoth. Verl. Dr. R. Schmiedel, Stuttgart (erscheint seit 1867); Der Dtsch. Apotheker, Verl. Der Dtsch. Apotheker, Oberursel/Ts.; Fortschritte der Pharmazie, Gauting/Obb. (1962—); Die Pharmazeut. Industrie, Aulendorf, Cantor; Pharmazeut. Rundschau, Hamburg; Pharmazeut. Zeitung, vereinigt mit Apotheker-Ztg., Frankfurt/M., Govi-Verl.; Pharmazeut. Zentralhalle für Deutschland, Dresden, Steinkopff; Die Pharmazie, Berlin, VEB-Verl. Volk u. Gesundheit; Arzneimittelstandardisierung. Informationsdienst für alle Fragen der Standardisierung auf dem Gebiete der P. einschließlich ihrer Grenzgebiete u. Veröffentlichungen der Dtsch. Arzneibuch-Kommission, Leipzig (1965: Jahrg. 6); Schweizerische Apotheker-Ztg., Zürich, Schweiz. Apoth. Verein (mit Beilage Pharmaceutica Acta Helvet.); Österr. Apoth. Ztg., Wien, Österreich. Apotheker-Ztschr.- u. Drucksorten-Verl.; Scientia Pharmaceutica, Wien, Österreich. Apotheker-Ztschr.- u. Drucksorten-Verl.; Pharmaceutical Journal, London, The Pharmaceutical Society of Great Britain; Journal of Pharmacy and Pharmacology, London, The Pharmaceutical Society of Great Britain; Pharmaceutisch Weekblad, Amsterdam, C. D. B. Centens Uitgevers Maatsch. N. V.; American Journal of Pharmacy, Philadelphia, Pa., College of Pharmacy and Science; Journal of the American Pharmaceutical Association, Washington, D. C., American Pharmaceutical Assoc.; Journal of Pharmaceutical Sciences, Washington, D. C., American Pharmaceutical Assoc.; Annales Pharmaceutiques Françaises, Paris, Masson; Produits Pharmaceutiques, Paris, Edition des Presses Documentaires; Labo-Pharma, Paris; Bolletino Chimico Farmaceutico, Milano; Monitor de la Farmacia (Madrid). *Organisation:* Bundesverband der Pharmazeut. Industrie, Frankfurt/M.; Dtsch. Pharmazeut. Gesellschaft, Darmstadt; Dtsch. Ges. für Geschichte der P., Berlin (1966 gegründet). Ein dtsch. Apotheken-Museum ist in Heidelberg, ein Archiv für die Geschichte des dtsch. Apothekenwesens unterhält Dr. H. Vester in Neuß/Rh. (s. Dtsch. Apoth. Ztg. 1963, S. 246—248) u. die Internat. Academy of the History of Pharmacy, Rotterdam; Das erste selbständige Inst. für Geschichte der P. in Deutschland wurde 1965 an der Univ. Marburg eröffnet.

Phasen. Homogene (d. h. in allen ihren Teilen physikal. gleichartige), durch scharfe Trennungsflächen abgegrenzte, opt. unterscheidbare, mechan. trennbare Zustandsformen der Stoffe.

Beisp.: Wenn sich in einem abgeschlossenen Behälter Wasser u. darüber Wasserdampf befinden, tritt Wasser in 2 verschiedenen P. (fl. Wasser u. Wasserdampf) auf; wenn der Behälter daneben noch Eisbrocken enthält, liegen 3 P. vor. Rhomb., monokliner, fl. u. dampfförmiger Schwefel sind 4 verschiedene P. des Syst. Schwefel. Wenn — wie bei vielen *Emulsionen — feine Öltröpfchen in Wasser schweben, liegt ein zweiphasiges „mikroheterogenes" Syst. vor; das Öl wird hier auch als die disperse P. bezeichnet. Ein heterogenes, d. h. aus verschiedenen P. bestehendes Syst. kann nie mehr als eine einzige Gasphase aufweisen, da sich die Gase beliebig miteinander vermischen. Bei einem fl. Syst. (d. h. einer abgeschlossenen Gesamtheit fl. Stoffe) können mehrere verschiedene P. auftreten, falls die beteiligten Fl. nicht od. nur begrenzt miteinander mischbar sind. Festkörper (wie sie z. B. als Bodenkörper von Lsg. vorliegen) können in soviel P. auftreten, als verschiedene Kristallformen vorkommen; die Zahl der festen P. eines Syst. ist also prakt. unbegrenzt. Bei Leg. (z. B. gewöhnl. Stahl) ist oft eine härtere P. (z. B. Cementit) in einer weicheren P. (z. B. Ferrit) in Körner- od. Lamellenform dispergiert. Über Phasendiagramme s. Ullmann, Bd. II/1, 1961, S. 638—664. Die stabile Koexistenz von zwei od. mehr diskreten P. od. Aggregatzuständen innerhalb des gleichen physikal. definierten Syst. wird als *P.-Gleichgew.* bezeichnet; dieses stellt sich nur unter ganz bestimmten Temp.- u. Druckbedingungen ein, wobei die Existenzfähigkeit der einzelnen P. im Gleichgew. mit den anderen durch die *Phasenregel von Gibbs bestimmt ist. — E: phases

Lit.: Bowden, S. T., The Phase Rule and Phase Reactions, London, Macmillan, 1939; Campbell and Smith, Phase Rule, New York 1952; Eucken, A., Lehrbuch der chem. Physik II/2, Kondensierte P. u. heterogene Syst., Leipzig, Akad. Verl.-Ges., 1949; Findlay, A., Die Phasenregel u. ihre Anwendung, Weinheim, Verl. Chemie, 1958; Haase, R., Thermodynamik der Mischphasen, Berlin, Springer, 1956; Hála, E., Vapour-Liquid Equilibrium, Oxford, Pergamon, 1967; Hermens, R. A., Teaching Aid for Three-Component Systems, in J. Chem. Educ. 43 [1966] S. 334; Meijering, J. L., Phasenlehre: I. Einleitende Betrachtungen über Einstoff- u. Zweistoffsyst., II. Quant. Betrachtungen über Zweistoffsyst., III. Dreistoffsyst., in Philips' Techn. Rdsch. 26 [1965] S. 114—130, 159—168, 27 [1966] S. 159—168; Peretti, E. A., Three Dimensional Models in Phase Rule Studies, in J. Chem. Educ. 43 [1966] S. 253; Petrucci, R. H., Three-dimensional Models in Phase Rule Studies, in J. Chem. Educ. 42 [1965] S. 323—328; Rastogi, R. P., Thermodynamics of Phase Equilibria and Phase Diagrams, in J. Chem. Educ. 41 [1964] S. 443—448; Ricci, J. E., The Phase Rule and Heterogeneous Equilibrium, New York 1956; Snell, F. D. u. C. L. Hilton, Encyclopedia of Industrial Chemical Analysis, Bd. 3, New York-London, Wiley-Interscience, 1966, S. 77 bis 146; Wetmore u. Leroy, Principles of Phase Equilibria, New York, McGraw Hill, 1950.

Phasenregel von Gibbs (Gibbssche P., Gibbssches Phasengesetz). Von dem amerikan. Physiker u. Physikochemiker J. W. Gibbs 1874 auf Grund thermodynam. Überlegungen aufgestelltes Gesetz, das lautet: Zahl der Phasen (P) + Zahl der Freiheitsgrade (F) = Zahl der Bestandteile (B) + 2; od. kurz: $P+F=B+2$ (I). Der Begriff Phase ist im Sonderabschnitt *Phasen erläutert. Die Zahl der Freiheitsgrade bezeichnet die Zahl der Bestimmungsgrößen, wie Druck, Temp. od. Konz., die bei einer gegebenen Phasenzahl innerhalb endlicher Grenzen abgeändert werden können, ohne daß sich dabei die Zahl der Phasen ändert. Unter der Zahl der Bestandteile versteht man die kleinste Zahl der Mol.-Sorten, aus denen die verschiedenen Phasen entstanden gedacht werden können. *Beisp.:* Wasser, Eis u. Wasserdampf haben einen einzigen Bestandteil, nämlich H_2O-Mol. Liegt die ganze Wassermenge als Gas (Wasserdampf) vor, so kann man sowohl Druck als auch Temp. abändern; dann gilt also nach Gleichung I: $1+2=1+2$, d. h. das Syst. Wasserdampf hat 2 Freiheitsgrade *(divariantes Gleichgew.).* Eine dritte Wahlfreiheit besteht nicht mehr, denn die Konz. c (c = n/v = Anzahl der Mole je Vol.-Einheit) des Syst. ist nach Festlegung der beiden Freiheitsgrade Druck u. Temp. durch die Zustandsgleichung (s. *Gaszustand) $p = c \cdot R \cdot T$ eindeutig festgelegt u. nicht mehr willkürlich abzuändern. Schreibt man in obigem Beisp. vor, daß 2 Phasen (fl. Wasser u. Wasserdampf) nebeneinander existieren sollen, so ergibt sich nach Gleichung I: $2+1=1+2$; es bleibt also hier nur noch ein Freiheitsgrad übrig *(univariantes Gleichgew.).* Es kann z. B. innerhalb weiter Grenzen noch die Temp. variiert werden; der Druck wird dann jeweils durch die Temp. eindeutig festgelegt. Wählt man z. B. eine Temp. von 80°, so muß der Druck 355,1 Torr betragen; würde man den Druck größer (bzw. kleiner) wählen, so müßte die gasförmige (bzw. fl.) Phase verschwinden. Verlangt man, daß Eis, Wasser u. Wasserdampf (alle 3 Phasen) nebeneinander existieren sollen, so wird F=0 (Gleichung: $3+0=1+2$); so besteht kein Freiheitsgrad mehr, denn diese Forderung ist nur bei 0,0099° u. 4,6 Torr Druck erfüllbar. Löst man im Wasser z. B. Kochsalz auf, so wird B in Gleichung I = 2; es erhöht sich dann bei gleicher Phasenzahl die Zahl der Freiheitsgrade um eins. — E: phase rule

Lit. s. *Phasen.

Phasentitration. Verf. der *Maßanalyse, das nach einem Terminologievorschlag der Nomenklaturkommission der Analytical Chemistry Division der *IUPAC (s. IUPAC-Inf. Bull. Nr. 26 [Aug. 1966] S. 43—49) als eine Titration definiert wird, bei der die zu titrierende Substanz in einem fl. Zweiphasen-Syst. vorliegt, das dazu veranlaßt wird, am

Phasenumkehr

od. in der Nähe des *Äquivalenzpunktes in ein Einphasensyst. überzugehen. Es ist aber auch der umgekehrte Verlauf möglich, nämlich daß ein zwei mischbare Komponenten enthaltendes Einphasensyst. durch Zusatz einer dritten Komponente veranlaßt wird, sich am Äquivalenzpunkt in zwei Phasen zu trennen. — E: phase titration

Phasenumkehr. In Papier- u. Dünnschichtchromatographie Bez. für das Ändern des hydrophilen Charakters einer stationären Phase durch Imprägnierung mit einem hydrophoben Mittel, wie z. B. mit Kohlenwasserstoffen od. Siliconen; vgl. E. Stahl, Vorschläge zur Normierung u. Terminologie der Dünnschichtchromatographie, in Z. Anal. Chem. 234 [1968] S. 1—10. — E: reversed-phase technique

Phen... = *Pheno... — E: phen-

Phenacyl... Bez. für die Atomgruppierung $-CH_2-CO-C_6H_5$ in systemat. Namen. — E: phenacyl-

Phenacyliden... Bez. für die Atomgruppierung $=CH-CO-C_6H_5$ in systemat. Namen. — E: phenacylidene-

Phenanthridinyl... Bez. für die vom Phenanthridin = Benzo[c]-chinolin = $C_{13}H_9N$ = abgeleitete Atomgruppierung $-(C_{13}H_8N)$ in systemat. Namen. — E: phenanthridinyl-

Phenanthryl... Bez. für die vom Phenanthren = $C_{14}H_{10}$ abgeleitete Atomgruppierung $-(C_{14}H_9)$ in systemat. Namen. — E: phenanthryl-

Phenanthrylen... Bez. für die vom Phenanthren $=C_{14}H_{10}$ (s. *Phenanthryl...) abgeleitete Atomgruppierung $-(C_{14}H_8)-$ in systemat. Namen. — E: phenanthrylene-

Phenate = *Phenolate. — E: phenates

Phenäthyl... Bez. für die Atomgruppierung $-CH_2-CH_2-C_6H_5$ in systemat. Namen. — E: phenethyl-

Phenazinyl... Bez. für die vom Phenazin = $C_{12}H_8N_2$ abgeleitete Atomgruppierung $-(C_{12}H_7N_2)$ in systemat. Namen. — E: phenazinyl-

Phenenyl... Bez. für die Atomgruppierung $\equiv C_6H_3$ (s-, as- od. v-) in systemat. Namen. — E: phenenyl-

...phenetidid. Nachsilbe in systemat. Namen von org. Verb.; drückt aus, daß die OH-Gruppe einer Carbonsäure durch die Atomgruppierung $-NH-C_6H_4-O-C_2H_5$ ersetzt ist. — E: -phenetidide

Phenetidino... Bez. für die Atomgruppierung $-HN-C_6H_4-OC_2H_5$ (z. B. o-Phenetidino...) in systemat. Namen. — E: phenetidino-

Phenetyl... (Äthoxyphenyl...). Bez. für die Atomgruppierung $-C_6H_4-O-C_2H_5$ in systemat. Namen. — E: phenetyl-

Phen(o)... (von „Phen" = Benzol). Vorsilbe, die eine Verwandtschaft zu Phenyl- od. Benzol ausdrückt (Beisp.: Phenacyl). Spezif. kennzeichnet sie das Vorliegen von zwei Benzolringen in einem Komplex

(Beisp.: Phenazin = $C_6H_4\underset{N}{\overset{N}{\diamondsuit}}C_6H_4$,

Phenothiazin = $C_6H_4\underset{S}{\overset{NH}{\diamondsuit}}C_6H_4$). — E: pheno-

Phenolate (Phenoxide, Phenate). Bez. für die Salze der *Phenole; es handelt sich somit um aromat. Verb., bei denen das H- der Hydroxylgruppen von Phenolen durch ein Metallatom ersetzt ist. Im Gegensatz zu den chem. verwandten *Alkoholaten sind die P. gegen Wasser ziemlich beständig; sie lösen sich in ihm mit alkal. Reaktion auf. Unter den vielen darstellbaren P. hat nur das Natriumphenolat = C_6H_5ONa, eine bescheidene Bedeutung erlangt. — E: phenolates

Phenoläther. Bez. für eine den aliphat. *Äthern analoge Gruppe von aromat. Verb., bei denen das H von phenol. (d. h. direkt an den Benzolkern gebundenen) Hydroxylgruppen durch Alkylreste ersetzt ist (Beisp.: Anisol = $C_6H_5-O-CH_3$). Die P. sind in der Natur sehr verbreitet, sie zeichnen sich durch hohe Beständigkeit aus; ihre Wasserlöslichkeit ist meist gering (Reaktion neutral); viele riechen sehr stark (Verw. in *Parfümerie), durch Säuren werden sie aufgespalten, durch wasserfreies Aluminiumchlorid verseift. Vgl. Ullmann XIII, 450. — E: phenyl ethers

Phenole. Gruppenbez. für aromat. Hydroxylverb., bei denen die Hydroxylgruppen direkt an den Benzolkern gebunden sind. Nach der Anzahl der OH-Gruppen im Mol. unterscheidet man 1-, 2-, 3- u. mehrwertige P. Die P. sind feste, kristallisierbare, in Wasser mit saurer Reaktion lösl. Stoffe, deren Siedepunkte mit jedem ins Benzolmol. eintretenden Hydroxyl um etwa 100° ansteigen. So siedet z. B. Benzol bei 82°, Phenol bei 183°, Resorcin bei 276°. Bekanntere P. sind Phenol, Thymol, Brenzcatechin, Resorcin, Hydrochinon, Pyrogallol, Phloroglucin. Sie sind licht-, luft- u. schwermetallempfindlich u. wirken bakterizid. Sie sind schwache Säuren, da die OH-Gruppen wegen der beträchtlichen Elektronenaffinität des aromat. Kerns polarisiert u. dissoziationsfähig sind; die mit Alkalilaugen entstehenden Salze heißen Phenolate. Bes. stark sauer sind solche P., die negativ gela-

dene Substituenten (z. B. Nitrogruppe am Benzolkern) enthalten. Mit vielen org. u. anorg. Verb., insbes. Eisen(III)-Salzen, bilden die P. Koordinationsverb. — E: phenols
Lit.: Dierichs u. Kubicka, P. u. Basen, Berlin, Akad. Verl., 1958; Fairbairn, J. W., The Pharmacology of Plant Phenolics, New York, Acad. Press, 1959; Harborne, J. B., Biochemistry of Phenolic Compounds, London 1964; Kirk-Othmer, 2. Aufl., Bd. 15, 1968, S. 147–213; Ollis, W. D., Recent Developments in the Chemistry of Natural Phenolic Compounds, Oxford, Pergamon Press, 1961; Pridham, J. B., Phenolics in Plants in Health and Disease, London, Pergamon Press, 1960; ders., The Enzyme Chemistry of Phenolic Compounds, New York, Macmillan, 1963; Ullmann V, 240, 754, IX, 294, 388, X, 210, 333, 337, 524, XI, 443, 596, 599, XIII, 1962, S. 424–453 (P. u. Alkylphenole).

...phenon. Nachsilbe in systemat. Namen von org. Verb., die ausdrückt, daß eine Phenylgruppe $=C_6H_5$ an eine Acylgruppe gekoppelt ist u. die Verb. die Funktion eines *Ketons hat. — E: -phenone

Phenoxide = *Phenolate. — E: phenoxides

Phenoxy... Bez. für die Atomgruppierung $-O-C_6H_5$ in systemat. Namen. — E: phenoxy-

Phenyl... Bez. für die Atomgruppierung $-C_6H_5 =$ ⟨benzene ring⟩ in systemat. Namen. — E: phenyl-

N-**Phenylacetamino**... Bez. für die Atomgruppierung $-N(C_6H_5)-CO-CH_3$ in systemat. Namen. — E: *N*-phenylacetamido-

Phenylacetyl... Bez. für die Atomgruppierung $-CO-CH_2-C_6H_5$ in systemat. Namen. — E: phenylacetyl-

2-Phenylacryloyl... Bez. für die Atomgruppierung $-CO-C(=CH_2)-C_6H_5$ in systemat. Namen. Alte Bez.: Atropoyl... — E: 2-phenylacryloyl-

3-Phenylacryloyl... = *Cinnamoyl... — E: 3-phenylacryloyl-

Phenylalanyl... Bez. für die Atomgruppierung $-CO-CH(NH_2)-CH_2-C_6H_5$ in systemat. Namen. — E: phenylalanyl-

Phenyläthylen... Bez. für die Atomgruppierung $-CH_2-CH(C_6H_5)-$ in systemat. Namen. — E: phenylethylene-

Phenylazo... = *Benzolazo... — E: phenylazo-

Phenylazoxy... = *Benzolazoxy... — E: phenylazoxy-

3-Phenylcarbamido... = 3-*Phenylureido... — E: 3-phenylcarbamido-

Phenylcarbamoyl... Bez. für die Atomgruppierung $-CO-NH-C_6H_5$ in systemat. Namen. Ältere Bez.: Carbanilino..., Carbaniloyl... — E: phenylcarbamoyl-

Phenylen... Bez. für die Atomgruppierung $-C_6H_4- =$ ⟨benzene ring⟩ in systemat. Namen. — E: phenylene-

Phenylen-bis(azo)... Bez. für die Atomgruppierung $-N=N-C_6H_4-N=N-$ in systemat. Namen. — E: phenylenebis(azo)-

Phenylendimethylen... Bez. für die Atomgruppierung $-CH_2-C_6H_4-CH_2-$ in systemat. Namen. — E: phenylenedimethylene-

Phenylendimethylidin... Bez. für die Atomgruppierung $=CH-C_6H_4-CH=$ in systemat. Namen. *o*-P. wird auch als Phthalal... od. Phthalyliden..., *m*-P. auch als Isophthalal... bezeichnet. — E: phenylenedimethylidyne-

Phenylhydrazino... Bez. für die Atomgruppierung $-NH-NH-C_6H_5$ in systemat. Namen. — E: phenylhydrazino-

Phenylhydrazone. Bez. für eine Gruppe von fl. od. gut kristallisierende Substanzen von der allg. Formel $R(R')C=N-NH-C_6H_5$, die entstehen, wenn Aldehyde mit Phenylhydrazin $=C_6H_5-NH-NH_2$ reagieren; sie dienen u. a. zum Nachweis der Carbonylgruppen in Aldehyden. Beim Kochen mit Salzsäure werden sie unter Wasseraufnahme wieder in ihre Bestandteile aufgespalten. Vgl. Ullmann IX, 645. — E: phenylhydrazones

Phenylhydrazono... Bez. für die Atomgruppierung $=N-NH-C_6H_5$ in systemat. Namen. — E: phenylhydrazono-

Phenyliden... = *Cyclohexadienyliden... — E: phenylidene-

Phenylimino... Bez. für die Atomgruppierung $=N-C_6H_5$ in systemat. Namen. — E: phenylimino-

Phenylmercapto... Bez. für die Atomgruppierung $-S-C_6H_5$ in systemat. Namen. — E: phenylmercapto-

α-**Phenylphenacyl**... = *Desyl. — E: *α*-phenylphenacyl-

2-Phenylpropionyl... = *Hydratropoyl... — E: 2-phenylpropionyl-

3-Phenylpropionyl... = *Hydrocinnamoyl... — E: 3-phenylpropionyl-

3-Phenylpropyl... Bez. für die Atomgruppierung $-CH_2-CH_2-CH_2-C_6H_5$ in systemat. Namen. — E: 3-phenylpropyl-

Phenylsulfamoyl... Bez. für die Atomgruppierung $-SO_2-NH-C_6H_5$ in systemat. Namen. Ältere Bez.: Phenylsulfamyl. — E: phenylsulfamoyl-

Phenylsulfamyl... = *Phenylsulfamoyl... — E: phenylsulfamyl-

Phenylsulfin... Bez. für die Atomgruppierung $(C)-SO-C_6H_5$ in systemat. Namen. Vgl. auch *Benzolsulfinyl... — E: phenylsulfinyl-

Phenylsulfon

Phenylsulfon .. Bez. für die Atomgruppierung (C) $-SO_2-C_6H_5$ in systemat. Namen. Vgl. auch *Benzolsulfonyl ... — E: phenyl-sulfonyl-
Phenylsulfonylamino ... = *Benzolsulfonylamino. — E: phenylsulfonamido-
3-Phenylureido ... Bez. für die Atomgruppierung $-NH-CO-NH-C_6H_5$ in systemat. Namen. Ältere Bez.: 3-Phenylcarbamido ... — E: 3-phenylureido-
Pheo ... = *Phäo ... — E: pheo-
Pherographie = *Elektropherographie. — E: pherography
Pheromone (Ektohormone). Bez. für eine Gruppe von „sozialen" Wirkstoffen (Duftstoffe) von Insekten (Duftmarkierungen bei Hummeln u. Wespen, Sexuallockstoffe beim Seidenspinner, Warnstoffe bei Blattschneiderameisen usw.) od. — seltener — auch von höheren Tieren. Die P. werden von einem Individuum nach außen abgeschieden u. lösen bei einem Individuum der gleichen Art eine spezif. Reaktion (z. B. ein bestimmtes Verh. od. eine entwicklungsphysiolog. Determination) aus. Name von griech.: pherein = übertragen u. horman = erregen, anregen. Zu den P. gehören z. B. Methylheptenon, Iridomyrmecin, Citral, *trans*-Hexenolacetat, Bombykol, 2,2-Dimethyl-3-isopropylidencyclopropylpropionat, Moschus, Geraniol. Warn-P. bei Insekten sind z. B. Citral, Citronellal u. 2-Heptanon. — E: pheromones, ectohormones

Lit.: Butenandt u. Karlson, in Ann. Rev. Entomology 4 [1959] S. 39—58; Gilmour, D., The Biochemistry of Insects, New York, Acad. Press, 1961; Karlson u. Lüscher, in Naturwiss. 1959, S. 63 f.; Kirk-Othmer, 2. Aufl., Bd. 11, 1966, S. 51; Parkes, A. S. u. H. M. Bruce, in Science (Washington) 134 [1961] S. 1049 bis 1054; Wilson, E. O., Pheromones, in Scient. Amer. 208 [1963] Nr. 5, S. 100—114.

Pheron (Carrier). Nach Willstätter kolloider Träger (Apoenzym) eines *Ferments; vgl. Ullmann VII, 382. — E: pheron

phi s. *φ. — E: phi

Philippsbecher (Erlenmeyersche Bechergläser, Nonnengläser), nach oben verjüngte Bechergläser. Vorteile: Niederschläge setzen sich nicht so leicht an den Wänden fest, die Gefahr des Versspritzens von Substanz beim Kochen ist vermindert. Größen von 50 ml—1000 ml. — E: conical beakers, Erlenmeyer beakers, Philipps flasks

Phlegma s. *Phlogiston-Theorie. — E: phlegma

Phlegmatisierung. Herabsetzung der Empfindlichkeit eines *Explosivstoffs gegen mechan. Einw. (Schlag, Stoß, Erschütterung u. dgl.) durch Zusatz von Öl, Paraffin, Wasser, Dodecadan, Wachs u. dgl. Nach P. W. Linder (Trans. Faraday Soc. 57 [1961] S. 1024 bis 1030) wirken die P.-Mittel wahrscheinlich als Wärmeübertragungsisolatoren; sie verhindern die Wärmeleitung von einem Sprengstoffkristall zum andern. — E: desensitization

Phlogiston-Theorie (von griech. phlogistos = verbrannt). Erste wissenschaftliche Theorie, die die Gesamtheit der Oxydationserscheinungen (Verbrennung, Rosten der Metalle usw.) unter einem einheitlichen Gesichtspunkt zu deuten suchte. Diese Theorie wurde von Becher (1635 bis 1682) im Jahre 1669 in dem Buch „Physica subterranea" begründet u. von Stahl (1660 bis 1734) weiter ausgebaut. Nach Stahl enthalten alle brennbaren Körper den gleichen Bestandteil, genannt Phlogiston, der ihnen die Eig. der Brennbarkeit verleiht. Phlogiston ist dabei kein grober Stoff, sondern mehr ein „Agens", eine Art Energie. Unbrennbare Körper sind frei von Phlogiston, die brennbaren Stoffe enthalten um so mehr Phlogiston, je leichter u. je energischer sie verbrennen. Beim Verbrennen u. Rosten (damals Verkalken genannt) entweicht das Phlogiston; die zurückbleibenden Stoffe heißen *Phlegma* od. *dephlogistierte Materie*. Die Metalle bestehen nach dieser Theorie aus „Metallkalken" (Metalloxiden) u. Phlogiston; beim Erhitzen des Metalls entweicht das Phlogiston u. der „Metallkalk" bleibt zurück. Um aus dem Metallkalk wieder Metall zu gewinnen, mußte man ihm phlogistonreiche Kohle (Reduktion!) od. phlogistierte Luft (Wasserstoff) zuführen. Daß die Metalle bei der „Verkalkung" (man sagt heute: Oxydation) trotz des Entweichens von Phlogiston an Gewicht nicht ab-, sondern zunehmen, war Stahl bereits bekannt; er betrachtete diese Tatsache aber als unwesentliche Begleiterscheinung. Was heute als Oxydation bezeichnet wird, ist ein Verlust, die Red. dagegen ein Gewinn an Phlogiston. Die P. wurde etwa von 1670—1775 als wichtigste Theorie des Verbrennungsvorgangs allg. anerkannt. Endgültig widerlegt wurde die P. durch Lavoisier, der etwa von 1775 an den Verbrennungsvorgang als eine Oxydation deutete. — E: phlogiston theory

Lit.: Gale, G., Phlogiston revisited, Explanatory Models and Conceptual Change, in Chemistry 41 [1968] Nr. 4, S. 16—20; Gmelin, Syst.-Nr. 3 (Sauerstoff), Liefn. 1, 1943, S. 33—49; Gregory, J. C., Combustion from Heracleitos to Lavoisier, London, Arnold, 1934; White, J. H., History of the Phlogiston Theory, London 1932; s. auch *Geschichte der Chemie.

Phlor(o)... Drückt in Trivialnamen von Verb. eine Verwandtschaft zu dem Glucosid Phlorizin (Phloridgin, Phlorrhizin) aus. *Beisp.:* Phloroglucin, Phloretin. — E: phloro-, phlor-

Phospharseno... Bez. für die Atomgruppierung $-P=AS-$ in systemat. Namen von org. Verb. — E: phospharseno-

Phosphatasen s. *Esterasen. — E: phosphatases

Phosphate (Orthophosphate). 1. Salze der Orthophosphorsäure (gewöhnl. Phosphorsäure = H_3PO_4); diese entstehen, wenn man das H der Säure ganz od. teilweise durch Metall ersetzt, z. B. durch Zugabe von Metallen, Metalloxiden, Metallhydroxiden od. Carbonaten. Wird nur ein H der H_3PO_4 gegen ein Metall ausgetauscht, so entstehen die *prim.* (sauren) *P.* von der allg. Formel $M^IH_2PO_4$ (z. B. $Na(H_2PO_4)$) bzw. $M^{II}(H_2PO_4)_2$ (z. B. $Ca(H_2PO_4)_2$); diese sind in Wasser alle lösl., reagieren sauer u. gehen beim Glühen unter Wasserabspaltung in *Metaphosphate über (Gleichung: $NaH_2PO_4 \rightarrow NaPO_3 + H_2O$). Werden 2 H der H_3PO_4 durch Metall ersetzt, so erhält man die *sek. P.* von der allg. Formel $M^I_2HPO_4$ (z. B. K_2HPO_4) bzw. $M^{II}HPO_4$ (z. B. $CaHPO_4$); von diesen lösen sich nur die Alkalisalze (leicht) in Wasser, die Lsg. reagieren nahezu neutral; beim Glühen entstehen meist *Pyrophosphate (z. B. $2 Na_2HPO_4 \rightarrow Na_4P_2O_7 + H_2O$). Werden alle 3 H von H_3PO_4 durch Metall ersetzt, so bilden sich *tert. P.* von der allg. Formel $M^I_3PO_4$ (z. B. Na_3PO_4) bzw. $M^{II}_3(PO_4)_2$ (z. B. $Ca_3(PO_4)_2$); diese sind — mit Ausnahme der leichtlösl., alkalisch reagierenden Alkalisalze — in Wasser völlig unlösl., in starken Säuren dagegen meist lösl. u. ändern sich beim Glühen nicht. Org. u. anorg. P. spielen in der Praxis als Düngemittel, Reinigungsmittel (Trinatriumphosphat u. Natriumpyrophosphat), eine wichtige Rolle. Vgl. auch **Kondensierte P.* — 2. Ester der Phosphorsäure, wobei man neutrale od. Triester, sowie saure od. Di- bzw. Monoester unterscheidet, je nachdem, ob 3, 2 od. 1 Wasserstoffatome substituiert sind. Die P. haben Bedeutung als Schädlingsbekämpfungsmittel, Weichmacher (Tricresylphosphat), Kräftigungsmittel (Lecithin, Natriumphosphate), Wasserenthärtungsmittel (Trinatriumphosphat, Calgon); Backpulverbestandteil, Kraftstoffzusätze (Tricresylphosphat) usw. Eine bes. wichtige biolog. Rolle spielen die *Nucleotide als Bausteine der **Nucleinsäuren.* — E: phosphates

Lit.: Huber, H., in Chemiker-Ztg. 1961, S. 327—333 u. Forts. (Reindarst. der P. aus „nasser" Phosphorsäure); Kirk-Othmer, 2. Aufl., Bd. 10, 1968, S. 232 bis 276; World Survey of Phosphate Deposits, I [1960] bis VI, London, The British Sulphur Co., Ltd.; Ullmann X, 316, XI, 654, 659, 660, 661, XIII, 505, 508, 540—560.

Phosphatieren. 1. Nach DIN 50 902 (Entwurf Okt. 1965) Bez. für das Behandeln von Metallen mit sauren Metallphosphaten (Alkaliphosphate, Zinkphosphat, Manganphosphat) enthaltenden wss. Lsg. unter Erzeugung von im wesentlichen aus Phosphaten bestehenden Deckschichten, wobei das Kation der Schicht aus der Behandlungslsg. u./od. dem Metall selbst geliefert wird. Je nach der Badtemp. unterscheidet man *Heiß-P.* (über 80°), *Warm-P.* (zwischen 50 u. 80°) u. *Kalt-P.* (unter 50°). Beim *Tauch-P.* werden die Gegenstände in die Behandlungslsg. eingetaucht. — 2. Als P. wird auch ein Arbeitsgang der Sei-denveredelung bezeichnet, wobei zur Beschwerung von ungefärbter od. bunt zu färbender Seide im entbasteten u. gebleichten Zustand diese zunächst mehrere Std. in eine Zinntetrachloridlsg. („Pinke") eingelegt u. nach Schleudern u. Spülen in hartem Wasser in ein warmes Bad von sek. Natriumphosphat gebracht wird, wobei sich in bzw. auf der Faser ein wasserunlösl. Zinnsalz bildet. — E: phosphatizing, phosphate coating

Lit.: Kirk-Othmer, 2. Aufl., Bd. 13, 1967, S. 293 bis 297.

Phosphazene. Bez. für P-N-Verb. vom Typ der Phosphornitriddichloride = $(PNCl_2)_n$ (n = 3, 4, 5 ...) u. dgl., vorgeschlagen von R. A. Shaw, B. W. Fitzsimmons u. B. C. Smith in Chemical Rev. 1962, S. 247—281. — E: phosphazenes

Lit.: Shaw, R. A., The Phosphazenes, in Rec. Chem. Progr. 28 [1967] S. 242—258.

Phosphazo... Bez. für die Atomgruppierung $-P=N-$ in systemat. Namen von org. Verb. — E: phosphazo-

Phosphide. Bez. für Verb. des *Phosphors mit Metallen. Die P. der Alkalimetalle, Erdalkalimetalle u. des Aluminiums entstehen durch Austausch des H von PH_3 gegen äquivalente Metallmengen; sie werden durch verd. Säuren od. auch durch reines Wasser unter Entw. von Phosphorwasserstoff = PH_3 zersetzt. *Beisp.:* $Ca_3P_2 + 6 H_2O \rightarrow 3 Ca(OH)_2 + 2 PH_3$. Die P. der meisten Schwermetalle zeigen dagegen in Zus. u. Aussehen Ähnlichkeit mit intermetall. Verb. (*Beisp.:* Kupferphosphid), sie werden von verd. Säuren u. Wasser nicht od. nur schwer angegriffen. Die meisten P. sind schwer schmelzbar u. hitzebeständig, man erhält sie z. B. durch Erhitzen von pulverisiertem Metall u. Phosphor unter Luftabschluß. — E: phosphides

Lit.: Aronsson, B., T. Lundstrom u. S. Rundqvist, Borides, Silicides and Phosphides, London 1965.

Phosphine. Bez. für die Alkyl- u. Arylderiv. des Phosphins = PH_3; sie sind also analog den **Aminen,* u. man unterscheidet auch hier *prim., sek.* u. *tert. P.,* je nachdem, ob 1, 2 bzw. 3 H-Atome durch org. Gruppen substituiert sind. — E: phosphines

Lit.: Booth, G., Complexes of the Transition Metals with Phosphines, Arsines and Stibines, in Adv. Inorg. Chem. Radiochem. 6 [1964] S. 1—69; Botmann, H. J., Neue Reaktionen von Phosphinalkylenen u. die präparativen Möglichkeiten, in Angew. Chem. 77 [1965] S. 609—613, 651—666.

Phosphinico... Bez. für das Radikal $=PO(OH)$ einer sog. *Phosphinsäure $RR'PO(OH)$. — E: phosphinico-

Phosphiniden... Bez. für die Atomgruppierung $=PH$ in systemat. Namen von org. Verb. — E: phosphinidene-

Phosphinidin... Bez. für die Atomgruppierung $\equiv P$ in systemat. Namen von org. Verb. — E: phosphinidyne-

Phosphinige Säuren. Bez. für eine Gruppe von

Phosphino

org. Verb., die sich formal von der tautomeren Form der Phosphorigen Säure = H_3PO_3 mit dreiwertigem P herleiten, wenn man 2 OH durch org. Radikale ersetzt, die dann direkt an P gebunden sind. *Beisp.:* Dialkylphosphinige Säuren = $(C_nH_{2n+1})_2P(OH)$. — E: phosphinous acids

Phosphino... Bez. für die Atomgruppierung $-PH_2$ in systemat. Namen von org. Verb. — E: phosphino-

Phosphinothioyl... Bez. für die Atomgruppierung $-PH_2S = -P(=S)H_2$ in systemat. Namen von org. Verb. — E: phosphinothioyl-

Phosphinsäuren. Bez. für eine Gruppe von org. Verb., die sich formal von Phosphorsäure = H_3PO_4 herleiten, wenn man in deren Mol. 2 OH durch org. Radikale ersetzt, die dann direkt an P gebunden sind. *Beisp.:* Dialkylphosphinsäuren = $(C_nH_{2n+1})_2P\underset{\diagdown OH}{\diagup O}$. Die P. sind demnach org. Deriv. der Unterphosphorigen Säure = Hypophosphorige Säure = H_3PO_2. — E: phosphinic acids

Phosphinyl... Bez. für die Atomgruppierung $=PH_2O = -P(=O)H_2$ in systemat. Namen von org. Verb. — E: phosphinyl-

Phosphinyliden... Bez. für die Atomgruppierung $=PHO = =P(=O)H$ in systemat. Namen von org. Verb. — E: phosphinylidene-

Phosphinylidin... Bez. für die Atomgruppierung $\equiv PO$ in systemat. Namen von org. Verb. — E: phosphinylidyne-

Phosphite. Bez. für: 1. Salze der Phosphorigen Säure = H_3PO_3, die entstehen, wenn 1 od. 2 H derselben durch Metall-Ionen ersetzt werden; das dritte H läßt sich nicht gegen Metall-Ionen austauschen, weil es direkt an P gebunden ist, wie man aus Raman-Spektren u. dgl. schließt. Wahrscheinlich stehen die „symmetr." Form, $P(OH)_3$, u. die „unsymmetr." Form, $HPO(OH)_2$, der Säure miteinander im tautomeren Gleichgewicht, das in wss. Lsg. prakt. ganz auf der Seite der letzteren liegt; man kennt jedoch von beiden Formen Alkylester. Die *prim.* P. haben die allg. Formel $M^IH_2PO_3$ (z. B. NaH_2PO_3 = Natriumphosphit), die *sek.* P. $M^I_2HPO_3$. Die P. der Alkalimetalle u. des Calciums sind in Wasser leicht, die übrigen schwer lösl. 2. Ester der Phosphorigen Säure. Solche werden z. T. in techn. Maßstab hergestellt (meist farblose, von Wasser allmählich hydrolysierte Fl.) u. zur Synth. von Schädlingsbekämpfungsmitteln, Textilhilfsmitteln, Arzneistoffen, Klebstoffen, Additiven, Stabilisatoren, Weichmachern u. dgl. verwendet. *Beisp.:* Dimethylphosphit $=(CH_3)_2HPO_3$, Dioctylphosphit $=(C_8H_{17})_2HPO_3$, Triätylphosphit $=(C_2H_5)_3PO_3$, Trihexylphosphit $=(C_6H_{13})_3PO_3$ usw. Vgl. I. Remond, in Rev. Prod. Chim. 1962, S. 313—316 u. Fortsetzung. — E: phosphites

Phospho... Bez. für die Atomgruppierung $-PO_2$ in systemat. Namen von org. Verb. — E: phospho-

Phosphorige Säuren. Bez. für eine Gruppe von org. Säuren, die sich formal von einer der beiden tautomeren Formen der Phosphorigen Säure = H_3PO_3 (mit dreiwertigem P) herleiten, wenn man eine OH-Gruppe durch ein einwertiges org. Radikal ersetzt, das direkt an P gebunden ist. *Beisp.:* Monoalkylphosphonige Säuren = $C_nH_{2n+1} \cdot P(OH)_2$. — E: phosphonous acids

Phosphonio... Bez. für die Atomgruppierung $-\overset{\oplus}{P}\underset{\diagdown (C)}{\overset{\diagup (C)}{-}(C)}$ in systemat. Namen von org. Verb. — E: phosphonio-

Phosphono... Bez. für die Atomgruppierung $-PO_3H_2 = -PO(OH)_2$ in systemat. Namen von org. Verb. — E: phosphono-

Phosphonooxy... Bez. für die Atomgruppierung $-O-PO_3H_2$ in systemat. Namen von org. Verb. — E: phosphonooxy-

Phosphonsäuren. Bez. für eine Gruppe von org. Säuren, die sich formal von Phosphorsäure = H_3PO_4 herleiten, wenn man eine OH-Gruppe durch ein einwertiges org. Radikal ersetzt, das dann direkt an P gebunden ist. *Beisp.:* Monoalkylphosphonsäuren = $C_nH_{2n+1} \cdot P\underset{\diagdown OH}{\diagup OH} = O$. Die P. sind demnach Deriv. der einen tautomeren Form (mit fünfwertigem P) der Phosphorigen Säure = H_3PO_3. — E: phosphonic acids

Phosphor (griech.: phosphoros = lichttragend; war der Name für den Planeten Venus, der als Morgenstern vor dem Sonnenaufgang zu sehen ist). Chem. Symbol P. Nichtmetall. Element; At.-Gew. 30,9738 (keine Isotope); Ordnungszahl 15. I-, III-, IV- u. V-wertig, die drei- u. fünfwertigen P.-Verb. sind am häufigsten u. beständigsten, u. zwar ist P. in Übereinstimmung mit seiner Stellung in der V. Hauptgruppe des *Periodensyst. gegen Sauerstoff maximal V-wertig u. gegen Wasserstoff III-wertig. P. kommt in mehreren, stark voneinander abweichenden Zustandsformen (allotropen Modifikationen) vor, die wichtigsten sind: 1. *Weißer* (Gelber od. Farbloser) *P.:* Wachsweiche, an frischen Schnittflächen gelbliche, an der Oberfläche weiße, durchscheinende Massen (im Handel meist in Stangenform) von eigenartigem Geruch. *D.* 1,82, *F.* 44,1°, *Kp.* 280°. - Raucht an offener Luft, zuerst in kalter und unter Wärmeentw. langsam zu weißem Nebel von Phosphorpentoxid = P_2O_5 oxydiert. Wenn die Temp. über 50° gestiegen ist, tritt Selbstentzündung (gelbe Flamme) ein; um dies zu verhindern, wird Weißer P. unter Wasser aufbewahrt. Wegen Entzündungsgefahr soll Weißer P. nicht mit den Händen berührt u. nur unter Wasser zerschnitten werden. Weißer P. löst sich bes. gut in Schwefelkohlenstoff (kristallisiert daraus regulär, meist in Rhombendodekaedern), Dischwefeldichlorid = S_2Cl_2 u. Phosphortrichlorid = PCl_3 weniger gut in Äther, Benzol, Terpentinöl u. fetten Ölen. Der Weiße P. besteht in diesen Lsg. (u. wahrscheinlich auch im festen Zustand) aus P_4-Mol., s. H. Krebs in Z. Anorg. Allg. Chemie 266 [1951] S. 175–184. Im Dampfzustand liegen bis 800° ebenfalls P_4-Mol. (die P-Atome stehen hierbei an Tetraederecken) vor; diese sind bei 1200° unter Atmosphärendruck zu ca. 50% in P_2-Mol. gespalten, oberhalb 2000° zerfallen, letztere in einzelne P-Atome. Im Dunkeln leuchtet der Weiße P. infolge der Oxydation der spurenweise abgegebenen Dämpfe durch den Luftsauerstoff, wobei zunächst Phosphortrioxid = P_2O_3 entsteht, das unter Aussendung von Licht statt Wärme zu Phosphorpentoxid weiteroxydiert wird. Weißer P. verbrennt im Chlorstrom zu Phosphorpentachlorid unter Selbstentzündung, durch starke Oxydationsmittel wird er zu Phosphorsäure oxydiert; mit Schwefel zusammengeschmolzen bildet er feuergefährliche, selbstentzündliche Massen. *Physiolog. Wrkg.:* Minimale, lange Zeit eingenommene Dosen von Weißem P. regen die knochenbildenden Gewebe zur Bldg. massiver Knochen an. Beim Menschen bilden sich unter langdauernder Einw. von P.-Dämpfen neue, harte Verknöcherungen in der Kieferregion, während die alten Ober- u. Unterkieferknochen allmählich unter dem Einfl. von Eiterbakterien zerfallen (Phosphornekrose). Wird weißer P. in größeren Mengen (0,06–0,1 g) eingenommen, so beobachtet man oft nach 1 bis 2 Std. häbige Magenschmerzen, häufiges Aufstoßen u. Erbrechen, dann gelangt der P. ins warme, arterielle Blut (offenbar wird er im Organismus ziemlich langsam oxydiert), mit dem er im Körper zirkuliert. Nach 2–3 Tagen färbt sich die Haut gelb, es treten starke Leibschmerzen, Erbrechen, Muskelschwäche, Pulsunregelmäßigkeiten, Atembeschleunigung u. Fieber auf; das Bewußtsein bleibt lange Zeit erhalten, bis zuletzt der Tod unter Koma u. Krämpfen eintritt. Weißer P. führt zu einer starken Verfettung vieler Organe (z. B. Leber, Nieren, Arterienwände, quergestreifte Muskulatur), er stört die Tätigkeit der Leberfermente u. behindert den normalen Abbau der Spaltprod. des Eiweißes. Über P.-Vergiftungen s. z. B. G. F. Flechter u. J. T. Galambos in Arch. intern. Med. 112 [1963] S. 846 ff. 2. *Roter P.:* Dunkelrotes Pulver, $D.$ 2,20, schmilzt u. verdampft unter gewöhnl. Druck nicht ($F.$ bei 43 at Druck 590°); Entzündungstemp. bei den reinsten Sorten 430–440°, bei gewöhnl. Handelssorten etwa 260°, nicht selbstentzündlich, nichtleuchtend, nichtflüchtig u. in allen Lsgm. unlösl., daher auch ungiftig. Roter P. entsteht, wenn Weißer P. unter Luftabschluß auf über 250° erhitzt wird; wahrscheinlich erfolgt hierbei Polymerisation. Im Roten P. sind die Atome entsprechend der Dreiwertigkeit von P. unregelmäßig dreidimensional vernetzt. Oberhalb 400° ordnet sich das Netzwerk allmählich zu einem komplizierten Kristallgitter; s. H. Krebs u. T. Ludwig in Z. Anorg. Allg. Chem. 294 [1958] S. 257–268. Dieses Gitter ist zunächst allerdings noch stark gestört, u. mit bloßem Auge erkennbare, tafelförmige, violettstichig rote Kristalle (*Violetter P.* od. *Hittorfscher P.*) erhält man erst durch ein- bis zweiwöchiges Erhitzen auf über 550°. Die Kristalle haben die $D.$ 2,36, sie lassen sich wie Glimmer spalten u. schmelzen bei etwa 620°. Diese zwischen 550 u. 620° stabilste P-Modifikation geht beim Erhitzen über den Schmelzpunkt in den dann stabilen Weißen P. über. 3. *Schwarzer P.:* Eisengraue, metall. glänzende, rhomb. Kristāllchen mit verhältnismäßig hoher Leitfähigkeit für Wärme u. elektr. Strom („metall." Modifikation des P.); $D.$ 2,67, Härte nach Mohs 2, unlösl. Er entsteht nach Bridgman, wenn man Weißen P. unter einem Druck von 12 000 at auf 200° erhitzt; bei 100 000 at genügt zur quant. Umwandlung bereits ein kurzer Stoßdruck. Allerdings ist auch die druckfreie Darst. des Schwarzen P. durch fünftägiges Erhitzen auf 380° bei Ggw. von metall. Quecksilber u. Impfkristallen von Schwarzem P. gelungen (s. Angew. Chem. 62 [1950] S. 341); hierbei findet eine Aufcrackung der Bindungen zwischen den P.-Atomen statt. Über Umwandlung von Weißem in Schwarzen P. s. K. Pätz in Z. Anorg. Allg. Chem. 299 [1959] S. 297–301. Darst. von Schwarzem P. s. auch bei Krebs, Weitz u. Worms, in Z. Anorg. Allg. Chem. 280 [1955] S. 119–133. Das Gitter des Schwarzen P. baut sich aus parallelen Zickzackketten auf; die 3. Valenz wird jeweils durch P.-Atome von Ketten einer tieferliegenden Schicht abgesättigt, s. H. Krebs in Angew. Chem. 70 [1958] S. 617. Diese u. verschiedene andere (z. B. der hellrote „*Schencksche P.*", den man durch Erhitzen von Weißem P. in sd. Phosphortribromid = PBr_3 erhält, u. der je nach den Darst.-Bedingungen 10–30 Atom-% Brom enthält) Modifikationen des P. unterscheiden sich in ihren Eig. viel mehr, als z. B. die Elemente Natrium u. Kalium od. die Lanthanoide u. dgl. untereinander.

Vork.: P. kommt in unserem Lebensraum infolge seiner sehr großen Reaktionsfähigkeit nie elementar, sondern fast ausschließlich in Form der recht beständigen Phosphate vor; die wichtigsten Phosphate sind der Apatit = $Ca_{10}(PO_4)_6F_2$ u. der Phosphorit = $Ca_{10}(PO_4)_6(OH, F, Cl)_2$, ferner der Guano; geringere Bedeutung haben Vivianit = $Fe_3(PO_4)_2 \cdot 8 H_2O$, Wavellit = $Al_3(OH)_3(PO_4)_2 \cdot$

Phosphor

5 H_2O, u. Pyromorphit = $Pb_5Cl(PO_4)_3$. In den Organismen ist P. als Calciumphosphat in den Knochen u. in Form von Phosphatiden u. Lecithinen in allen belebten Zellen anzutreffen; diese Verb. sind für die normalen Lebensabläufe unentbehrlich. Der Mensch soll täglich 350 bis 1400 mg P. in gebundener Form aufnehmen; vgl. CAEN 1966, Nr. 26, S. 21. Süßwasserorganismen können P. sehr stark anreichern; so enthalten z. B. Algen rund 1000mal, Süßwasserschwärme 4500mal, Fische 13 000mal u. Planktonkrebse 40 000mal soviel P. als das gleiche Vol. des umgebenden Wassers. Man schätzt den Anteil des P. an der obersten, 16 km dicken Erdrinde auf 0,118%, damit steht P. in der Häufigkeitsliste der Elemente an 11. Stelle zwischen Wasserstoff u. Mangan. Die Schätzungen über die Weltvorräte an abbauwürdigen Phosphaten (s. Seifen-Öle-Fette-Wachse 1961, S. 897) schwanken zwischen 17 u. 47 Mrd. t; Hauptlager in Marokko (sichere Reserven Marokkos 1963 auf insgesamt 30 Mrd. t geschätzt, unter Einschluß der nicht abbauwürdigen Phosphate), Senegal, Togo, USA, Peru, Rußland. Die größten Phosphatlager (38 Mrd. t mit 31% P_2O_5) finden sich lt. Pressemeldungen von 1962 offenbar in der Sechura-Wüste von Nordperu. Die span. Sahara (Rio de Oro) hat ca. 1 Mrd. niedrigprozentige, zur Zeit nicht ausgebeutete Kalkphosphate. Im Bereich der UdSSR befinden sich (nach Chemiker-Ztg. 84 [1960] S. 282) Vorräte von ca. 2 Mrd. t Phosphoriten u. 1,6 Mrd. t Apatit. Die Phosphatlager des Irak werden auf ca. 1 Mrd. t geschätzt, s. Seifen-Öle-Fette-Wachse 1962, S. 161. *Darst.:* Man erhitzt (wird z. B. im Werk Knapsack bei Köln so durchgeführt) ein Gemisch aus Tricalciumphosphat (Apatit, Phosphorit), Kies (SiO_2) u. Koks in großen, mit feuerfesten Steinen ausgekleideten elektr. Widerstandsöfen mit Söderbergelektroden auf ungefähr $1300-1450°$; hierbei entsteht zunächst Phosphorpentoxid (Gleichung: $Ca_3(PO_4)_2 + 3\ SiO_2 \to 3\ CaSiO_3 + P_2O_5$), das durch Koks zu Phosphor reduziert wird (Gleichung: $P_2O_5 + 5\ C \to 2\ P + 5\ CO$). Hochreinen P. gewinnt man z. B. durch Zonenschmelzen, s. J. Cremer u. H. Kribbe in Chem.-Ing.-Techn. 36 [1964] S. 957–959. Über techn. Darst. von Weißem, Rotem u. Schwarzem P. s. G. Breil in Chem.-Ing.-Techn. 35 [1963] S. 549–553; über die Reindarst. s. Brauer I, 464–470. *Verw.:* Weißer P. wird zu chem. Experimenten, zur Herst. von Phosphorpentoxid, Phosphorsäure, Phosphiden, Phosphorchloriden, Phosphorsulfiden, Phosphorbronze, Posphorkupfer, Phosphorzinn, Düngemitteln u. Arzneimitteln sowie zur militär. Brandstiftung (P-Brandbomben, P-Brandmunition, Brandplättchen, P-Kanister, P-Würfel, P-Regen usw.) verwendet. Roter P. dient u. a. zur Darst. von P.-Verb. (z. B. Phosphorchloriden, Phosphiden), als Halogenüberträger (z. B. bei Bromwasserstoffsynth.), in der Pyrotechnik für Rauch- u. Feuerwerkskörper, zur Glühlampenherst. u. vor allem zur Herst. der Reibflächen von Zündholzschachteln u. der Zündholzköpfe. Vom geschätzten Weltverbrauch an P.-Verb. entfallen ca. 50% auf Wasch-, Reinigungs- u. Körperpflegemittel, 20% auf Dünge- u. Futtermittel, 8,5% auf den Metallsektor, 8% auf die Lebensmittelindustrie, 5% auf die Wasserbehandlung, 3,5% auf Schädlingsbekämpfungsmittel, 2% auf die Erdölindustrie u. 1,5% auf die Kunststoffindustrie; s. auch R. Dumon, in Chim. et Ind., Jan. 1962, S. 3–15.

Geschichtl.: P. wurde 1669 von dem dtsch. Alchemisten Brand erstmals dargestellt u. von Lavoisier als Element erkannt. Über die Entdeckung des Roten P. s. R. Winderlich in Chemiker-Ztg. 1923, S. 297. — E: phosphorus.

Lit.: Abeggs Handbuch der Anorg. Chemie, III, 3, Leipzig, Hirzel (Neudruck 1922); Albaum u. a., The Biology of Phosphorus, East Lansing, Mich., 1952; Anonyme, Phosphore et son rôle en biologie, Paris, Presses Univ. de France, 1949; Bridgman, 2 neue Modifikationen des Phosphors, in J. Amer. Chem. Soc. 1914, S. 1344 u. 1916, S. 609; Bückmann, A., Stoffkreislauf im Ozean, in Bild d. Wiss. 5 [1968] S. 140 bis 149; Burt u. Barber, Production of Elem. Phosphorus by the Electric Furnace Method, Knoxville, Tenn., 1952; Chruchfield, M. M., C. H. Duncan, J. H. Letcher, V. Mark u. J. R. van Wazer, [31]P Nuclear Magnetic Resonance, New York-London, Wiley-Interscience, 1968; Fluck, E., Die Bindungseig. des P, in Chemiker-Ztg. 1964, S. 951–962; Fresenius-Jander, Handbuch der Analyt. Chemie, 3. Tl., Bd. V a, β (quant. Best. von P u. Phosphorsäure), Berlin, Springer, 1953; Gmelin, Syst.-Nr. 16, P, Tl. A (Geschichte, Vorkommen) [1965], Tl. B (Element) [1964], Tl. C (Verb.) [1965], Formel- u. Schlagwortregister [1967], Weinheim, Verl. Chemie; Griffith, M. u. E. J. Griffith, Topics in Phosphorous Chemistry, I [1964], II [1965], III [1966], IV [1967], V [1968], New York; Horner, L., Präparative P-Chemie, in Fortschr. Chem. Forsch. 7 [1966] S. 1–69; Hughes, J. P. W. u. H. Coates, Toxicity of Phosphorus and its Compounds, Amsterdam, Elsevier, 1963; IUPAC, Organo-Phosphorus Compounds: The Papers of the Symposium of Organo-Phosphorus Compounds held in Heidelberg, 20–22. May, 1964, London, Butterworth, 1965; Jones u. Katritzky, in Angew. Chem. 74 [1962] S. 60–68 (Magnet. Kernresonanzspektroskopie des P); Kausch, O., P., Phosphorsäure u. Phosphate, ihre Herst. u. Verw., Berlin, Springer; Kirby, A. J. u. S. G. Warren, The Organic Chemistry of Posporus, Amsterdam, Elsevier, 1967; Kirk-Othmer, 2. Aufl., Bd. 15, 1968, S. 276–330; Kosolapoff, Organophosphorus Compounds, New York, Wiley, 1950; Labbé, M. u. M. Fabrykant, Le phosphore, Techniques chimiques, Physiologie, Pathologie, Thérapeutique, Paris 1933; McElroy, W. D. u. B. Glass, Phosphorus Metabolism, Baltimore 1951; Menk, H., Über einige thermodynam. Daten des P u. seiner Oxide, Diss. Braunschweig T. H., 1964; Pascal, Nouveau, Traité, Bd. X, 1956, Paris, Masson; Payne, Halides of the Phosphorus Group Elements, in Quart. Rev. (London) 1961, S. 173 ff.; Rodewald, H. J., Die Kinetik der Druckumwandlung farbloser P → schwarzer P: Ein Beitrag zur Umwandlungskinetik fest–fest, in Chemiker-Ztg. 91 [1967] S. 657 bis 665; Roeder, ^{32}P im Nervensystem, Göttingen,

Musterschmidt, 1948; Stutzer, Phosphate, in Die wichtigsten Lagerstätten der Nicherze, Berlin, Bornträger, 1932; Ritter, in Chem.-Ing.-Techn. 22 [1950] S. 253 bis 258; Saenger, Der P u. seine anorg. Verb., in Winnacker-Küchler II, München, Hanser, 1959; Thurn, H. u. H. Krebs, Die Kristallstruktur des Hittorfschen P, in Angew. Chem. 77 [1966] S. 1101−1102; Ullmann XI, 763, XIII, S. 501−522 (Element), S. 523−538 (P-Verb).; van Wazer, J. R., Phosphorus and its Compounds, I: Chemistry [1958], II: Technology, Biological, Functions and Applications [1961], New York, Interscience; Chem. and Ind. 1956, S. 1324−1330. *Ztschr.:* Phosphorus and Potassium, London W 1, The Brit. Sulphur Corp. (erscheint seit 1963 vierteljährl.).

Phosphoramidate (Aminophosphate). Bez. für Salze mit dem Anion $PO_3(NH_2)^{2-}$. − E: phosphoramidates

Phosphoranyl ... Bez. für die Atomgruppierung $-PH_4$ in systemat. Namen von org. Verb. − E: phosphoranyl-

Phosphoranyliden ... Bez. für die Atomgruppierung $=PH_3$ in systemat. Namen von org. Verb. − E: phosphoranylidene-

Phosphoranylidin ... Bez. für die Atomgruppierung $\equiv PH_2$ in systemat. Namen von org. Verb. − E: phosphoranylidyne-

Phosphorchloridate (Chlorophosphate). Bez. für Salze mit dem Anion PO_3Cl^{2-}. − E: phosphorochloridates

Phosphordiamidate (Diaminophosphate). Bez. für Salze mit dem Anion $(NH_2)_2P(O)O^-$. − E: phosphorodiamidates

Phosphordichloridate (Dichlorophosphate). Bez. für Salze mit dem Anion $PO_2Cl_2^-$. − E: phosphorodichloridates

Phosphore s. *Leuchtstoffe. − E: phosphors

Phosphoreszenz. Bez. für eine Form der *Lumineszenz von anorg. u. org. Verb. („Phosphore"; s. *Leuchtstoffe), die dadurch gekennzeichnet ist, daß diese frühestens 10^{-3} Sek. nach Beginn der Einw. von sichtbarem od. ultraviolettem Licht od. Röntgen- od. Elektronenstrahlen die absorbierte Energie in Form von Strahlung meist gleicher od. längerer Wellenlänge (Gesetz von Stokes) wieder abgeben. *Beisp.:* Wenn ein vom Licht bestrahlter Stoff auch nach Schluß der Belichtung eine Zeitlang „nachleuchtet", liegt P. vor. Das Nachleuchten kann bei völliger Verdunkelung nachgewiesen werden, es dauert bei manchen Stoffen nur eine Teilsek., bei andern dagegen viele Std. od. Tage. Einfache P. tritt z. B. bei den Lenardphosphoren (Leuchtplaketten) auf (s. *Leuchtstoffe), ferner bei Platin(II)-cyaniden, Uransalzen, Wolframaten, festem Stickstoff u. dgl. Wenn man einen phosphoreszierenden Körper erwärmt, verkürzt sich die Dauer des Nachleuchtens, dafür steigt die Intensität des ausgestrahlten Lichtes. Man kann den phosphoreszierenden Körper als eine Art Lichtakkumulator betrachten; während der Belichtung wird das Licht „aufgespeichert" u. später wieder abgegeben. Bei der Belichtung werden im phosphoreszierenden Stoff offenbar Elektronen auf höhere (unstabile) Energiestufen gehoben; während des Phosphoreszierens kehren diese wieder auf die ursprünglichen (stabilen) Energiestufen unter Abgabe des Energieüberschusses in Form von P.-Licht zurück. In seltenen Fällen kann die emittierte Strahlung auch energiereicher, d. h. kurzwelliger als die absorbierte sein. Diese „Anti-Stokes-P." entsteht dann, wenn eine Substanz bestrahlt wird, die bei der Rückkehr zum Grundzustand mit der aufgenommenen Energie auch noch Schwingungsenergie in Form von Licht aussendet. Von der P. ist die *Fluoreszenz zu unterscheiden. Das Leuchten des Weißen Phosphors ist keine P., sondern eine Chemolumineszenzerscheinung. Die P. von anorg. Phosphoren ist ein Lumineszenzprozeß, der eine Aktivierungswärme erfordert. Die absorbierte Strahlungsenergie reicht hier allein nicht aus, um P. zu erzeugen. Die Ausstrahlung des P.-Lichts erfolgt nur, wenn vom Kristall selbst aus seiner Eigenwärme Energie beigesteuert wird (hierbei tritt Abkühlung ein) od. wenn dem Kristall Wärme zugeführt wird. Ein tiefgekühlter Kristall phosphoresziert (bei Bestrahlung mit kurzwelligem Licht) erst, wenn er auf eine bestimmte Temp. erwärmt wird. Die P. anorg. Phosphore ist somit (im Gegensatz zur P. von org. Stoffen) „einfrierbar". − Die P.-Analyse ist der *Fluoreszenzanalyse analog. − E: phosphorescence
Lit. s. *Fluoreszenz, *Fluoreszenzanalyse u. *Lumineszenz.

Phosphorimetrie. Analogon zur *Fluorimetrie. Als analyt. Meth. beruht die P. auf der Art u. Intensität des von einem geeigneten angeregten Mol. ausgesandten Lichtes. Man mißt im allg. die Emissionsintensität bei der Temp. des fl. Stickstoffs in einem steifen Glas, das man durch Verfestigung einer Lsg. der Substanz in einem geeigneten Lsgm. (z. B. in EPA = Gemisch aus Diäthyläther, Isopentan u. Äthanol im Vol.-Verhältnis 5 : 5 :2) erhielt. Die Phosphoreszenz wird senkrecht zum anregenden Lichtstrahl durch einen von einem Motor angetriebenen rotierenden Schlitz gemessen, wobei die Rotationsgeschw. für die verschiedenen „Lebenszeiten" der Phosphoreszenz variiert werden kann. − E: phosphorimetry
Lit.: Snell, F. D. u. C. L. Hilton, Encyclopedia of Industrial Chemical Analysis, Bd. 2, 1966, S. 111−113.

Phosphoro ... Bez. für die Atomgruppierung $-P=P-$ in systemat. Namen von org. Verb. − E: phosphoro-

Phosphoroso ... Bez. für die Atomgruppierung $=PO$ in systemat. Namen von org. Verb. − E: phosphoroso-

Phosphortrithioate (Trithiophosphate). Bez. für Salze mit dem Anion PS_3O^{3-}. − E: phosphorotrithioates

Phosphortrithioite

Phosphortrithioite (Trithiophosphite). Bez. für Salze mit dem Anion PS_3^{3-}. — E: phosphorotrithioites

Phosphoryl. Bez. für die Atomgruppierung PO als Kation od. kation. Radikal. — E: phosphoryl

Phosphorylierung. Allg. Bez. für die Einführung von P. in eine org. Verb., doch verwendet man diese in der Regel nur für die Einführung der Atomgruppierung $(HO)_2P(O)$ — in freier od. veresterter Form in Alkohol u. Amine, vor allem für die chem. od. biochem. Bldg. von Estern der Phosphor- u. Pyrophosphorsäure. Der letzte Fall spielt eine große Rolle im Stoffwechsel der Tiere u. Pflanzen (z. B. bei *Photosynthese, Muskelkontraktion u. Zuckervergärung). Über den mol. Mechanismus der oxydativen P., d. h. die vom Elektronentransport abhängige Bldg. des energiereichen Adenosintriphosphats, s. J. H. Wang in Proc. Natl. Acad. Sci. 58 [1967] S. 37 (Ref. in Umschau 68 [1968] S. 61). Die P. org. Verb. durch anorg. Phosphate gelingt durch längeres Erhitzen: Wird z. B. Uridin 9 Monate lang mit anorg. Phosphaten auf 65° erhitzt, so bilden sich Uridinphosphate; vgl. L. E. Orgel in Science (Wash.) 157 [1967] S. 952. — E: phosphorylation

Lit.: Clark, V. M., D. W. Hutchinson, A. J. Kirby u. S. G. Warren, P.-Mittel: Bauprinzip u. Reaktionsweise, in Angew. Chem. 76 [1964] S. 704–712; Kalckar, H., Biological Phosphorylations: Development of Concepts, Englewood Cliffs, Prentice Hall, 1968; Zechmeister, L., Fortschr. Chemie org. Naturstoffe, Bd. 8, 1951, S. 50, 51, 52, 126, Bd. 9, 1952, S. 345, 346, 390.

Phostamsäuren. Verb. vom Typ

$$\begin{array}{c}\text{—[CH}_2]\text{n—PO(OH)}\\\text{—N—}\\\text{R}\end{array}$$

E: phostamic acids

Lit.: Helferich, B. u. U. Curtius, in Lieb. Ann. 665 [1962] S. 59.

Phostonsäuren. Verb. vom Typ

$$\begin{array}{c}\text{—[CH}_2]\text{n—PO(OH)}\\\text{—O—}\end{array}$$

E: phostonic acids
Lit. s. *Phostamsäuren.

Photoanalyse. Bez. für das Arbeitsgebiet, das der opt. Beweisführung über techn. u. biolog. Zusammenhänge dient, die der normalen Beobachtung entzogen sind. Mit Gerätegruppen für Kurzzeitphotographie erfaßt man schnelle Bewegungsvorgänge sowohl im Real- als auch im Lupen- bzw. Mikrobereich; s. F. Brill in Chem.-Ing.-Techn. 1960, S. 171. — E: photoanalysis

Photochemie. Teilgebiet der *Strahlenchemie, das sich mit extranuclearen Prozessen befaßt, die durch elektromagnet. Strahlung hervorgerufen werden. Die *Photograph. Chemie wiederum ist nur ein Teilgebiet der P., das im allg. getrennt von dieser behandelt wird, in der Lit. jedoch häufig auch als P. bezeichnet wird (bes. Verwirrung ergibt sich auch dadurch, daß man von der „Photochem. Industrie" spricht, wenn man die photograph. Schichten herstellenden Betriebe von den opt. u. feinmechan. Ausrüstungen für die Photographie produzierenden unterscheiden will). Nicht zur P. rechnet man die Prozesse, bei denen durch chem. Reaktionen Licht entsteht (s. *Chemolumineszenz). Nach den Gesetzen von Grotthus (1818) u. Draper (1839) vermag nur derjenige Bruchteil des Lichtes chem. od. physikal. Wrkg. auszulösen, der von dem belichteten Stoff tatsächlich absorbiert wird, nicht aber der reflektierte od. hindurchgelassene Strahlungsanteil (Anwendung des Energiesatzes). Das Licht kann von der Materie stets nur in Form von ganzen Quanten $(h \cdot \nu)$, nie in Bruchteilen von Quanten absorbiert werden (s. *Quantentheorie). Auch das absorbierte Licht führt lange nicht in allen Fällen zu chem. Reaktionen; oft wird dieses lediglich in Wärme umgewandelt od. als Licht von anderer Wellenlänge sofort (*Fluoreszenz) od. später (*Phosphoreszenz) zurückgestrahlt. Häufig sind die absorbierten Lichtquanten zu schwach, um eine chem. Reaktion auszulösen; diesen Fall beobachtet man bei gefärbten Stoffen — so absorbiert z. B. eine Kaliumdichromatlsg. viel blaues Licht, aber für einen chem. Vorgang reicht diese Strahlungsenergie nicht aus. Nach dem Stark-Einsteinschen Äquivalenzgesetz wird bei den prim. photochem. Reaktionen ein Mol. durch ein absorbiertes Lichtquant $(h \cdot \nu)$ umgesetzt — ähnlich wie etwa in der Elektrochemie ein Atom durch die Elektrizitätsmenge von $1{,}59 \cdot 10^{-19}$ Coulomb ($=1$ Elektron) verändert wird. Da ein Mol eines jeden Stoffes aus $6{,}023 \cdot 10^{23}$ Mol. besteht, benötigt dieses zur chem. Anregung od. Umsetzung $6{,}023 \cdot 10^{23}$ $h \cdot \nu$; diese Energiemenge wird als *photochem. Äquivalent* bezeichnet. Die Zahl der im photochem. Prozessen umgesetzten Mol. ist (bei Betrachtung des Primärvorgangs u. Außerachtlassung von häufig anschließenden, sek. chem. Reaktionen) proportional der Zahl der absorbierten Lichtquanten. Das Stark-Einsteinsche Äquivalenzgesetz hat in all den einfacheren Fällen Gültigkeit, in denen sich an den Primärprozeß (das ist der erste, unmittelbar durch die Lichtquanten ausgelöste chem. Vorgang) keine komplizierteren sek. Reaktionen anschließen, so z. B. bei der Zers. von Bromwasserstoff u. Jodwasserstoff durch Ultraviolettlicht, bei der photochem. Zers. von Schwefelwasserstoff (in Hexan gelöst), fl. Äthyljodid, Nitrosylchlorid usw. In anderen Fällen können aber auch durch ein einziges absorbiertes Quant Tausende von Mol. umgesetzt werden (s. *Kettenreaktionen) od. es erfolgt bei einer Vielzahl von absorbierten Quanten nur bei wenigen Mol. eine chem. Umsetzung. Man bezeichnet den Quotienten φ aus der Zahl der umgesetzten Mol. (Anzahl der ausgelösten

Elektronen) u. der Zahl der absorbierten Quanten als *Quantenausbeute*. Dieser Quotient erreicht den Wert 1, wenn das Stark-Einsteinsche Äquivalenzgesetz erfüllt ist. Beim Primärprozeß können u. a. folgende Fälle eintreten: 1. Es findet unmittelbar (in weniger als 10^{-10} bis 10^{-13} sec.) nach der Absorption eines Photons eine Dissoziation des getroffenen Mol. (M) in andere Mol. (M', M''), Atome od. freie Radikale (R, R', R'') statt. *Beisp.:* $HBr + Photon \rightarrow H + Br$; $CH_3Br + Photon \rightarrow CH_3 + Br$; $CH_3CHO + Photon \rightarrow CH_4 + CO$; $N_2O + Photon \rightarrow N_2 + O$. 2. Es kann bei der Absorption eines Photons durch M ein angeregtes, metastabiles Molekül M* entstehen (M + Photon → M*), dessen Lebensdauer größer als 10^{-7} sec ist. M* kann nachher zerfallen (wie in 1.) od. fluoreszieren (s. *Fluoreszenz) nach der Gleichung M* → M + Photon od. durch Zusammenstoß mit anderen Mol. inaktiviert werden (Gleichung: M* + M → 2 M), wobei Temp.-Erhöhung eintritt. Der wichtigste photochem. Prozeß der Natur ist die *Assimilation; auch der Sehvorgang bei Tieren u. Menschen beruht auf photochem. Reaktionen, die in den Netzhäuten od. andern lichtempfindlichen Organen stattfinden. Der wichtigste photochem. Vorgang der Technik ist die im Abschnitt *Photographie beschriebene Veränderung des Bromsilbers in belichtetem photograph. Aufnahmematerial. An weiteren photochem. Reaktionen wären zu nennen: Die Zerstörung von Oxalsäure durch Licht bei Anwesenheit von Eisensalzen, die Bldg. von Chlorwasserstoff aus Chlor u. Wasserstoff unter der Einw. von blauem bzw. violettem Licht (die Quanten von rotem od. gelbem Licht wären zu schwach dazu), die Entstehung von Chlorbenzol aus einer Lsg. von Chlor in Benzol bei Ultraviolettbestrahlung, die photochem. Synth. von Hexachlorcyclohexan, die Vereinigung von Wasserstoff u. Sauerstoff im Ultraviolettlicht, die Polymerisation von Anthracen zu Dianthracen, die Zers. von Chlorwasser im Sonnenlicht, die Ozonbldg., die Bleichung unter dem Einfl. des Sonnenlichtes, die Oxydation von Natriumnitrilsg. mit Jod, die Umwandlung von Ergosterin in Provitamin D durch Ultraviolettlicht, usw. Vgl. auch *Photosynth. — E: photochemistry

Lit.: Basco, Photochemistry, Princeton-London, Van Nostrand (in Vorbereitung); Calvert, J. G. u. J. N. Pitts, Photochemistry, New York-London, Wiley-Interscience, 1966; Chapman, O. L., Organic Photochemistry, Bd. I [1967], New York; Christensen, B. Chr. u. B. Buchmann, Progress in Photobiology, Amsterdam, Elsevier, 1961; Dainton, F. S., P. G. Ashmore u. T. M. Sugden, Photochemistry and Reaction Kinetics, Cambridge 1967; Dauvillier, A., L'origine photochimique de la vie, Paris, Masson, 1958; Heidt, L. J., R. S. Livingston, E. Rabinowitch u. F. D. Daniels, Photochemistry in the Liquid and Solid State, New York, Wiley, 1960; Heilbronner, E., U. Hofmann u. a., in Fortschr. Chem. Forsch., Bd. 7, Nr. 3 [1967] Berlin, Springer; IUPAC, Division of Organic Chemistry, Second International Symposium on Photochemistry held at the Technical Univ. Twente, Enschede, The Netherlands, 16—22 July, 1967, in Pure Appl. Chem. 16 [1968] S. 1—200; Kan, R. O., Organic Photochemistry, Maidenhead 1966; Leighton, Photochemistry of Air Pollution, New York, Acad. Press, 1961; Lemaire, J., La photochimie, in Sciences [Paris] Nr. 51 [1967] S. 20—31; Meier, H., P. der org. Farbstoffe, Berlin, Springer, 1963; Neckers, D. C., Mechanistic Organic Photochemistry, New York 1967; Noyes, A., G. S. Hammond u. J. N. Pitts, Advances in Photochemistry, I [1963], II [1964], III [1964], IV [1966], New York, Wiley; Noyes u. Leighton, The Photochemistry of Gases, New York, Reinhold, 1947; Reactivity of the Photoexcited Organic Molecule (Proceedings of the 13th Conference on Chemistry at the University of Brussels, October 1965), New York-London, Wiley-Interscience, 1967; Reid, T., Excited States in Chemistry and Biology, New York, Acad. Press, 1957; Saltiel, J., The Mechanism of Some Photochemical Reactions of Organic Molecules, in Surv. Progr. Chem. 2 [1964], New York, Academic Press, S. 239—328; Schenck, G. O. in Houben-Weyl-Müller Bd. IV/1; Schönberg, A., Präparative org. P., Berlin, Springer, 1958; Schönberg, A., G. O. Schenck u. G. A. Neumüller, Preparative Organic Photochemistry, Berlin, Springer, 1968; Staude, H., Photochemie, Mannheim 1963; Turro, N. J., Molecular Photochemistry, New York, Benjamin, 1965; ders., Light-excited Molecules, in Internat. Sci. Technol. Nr. 66 [1967] S. 42—50; ders., Molecular Photochemistry in CAEN 1967, Nr. 20, S. 84—95; Ullmann V, 407, 806, X, 813, XIII, 97; Weißberger, A., Technique of Organic Chemistry, II (Catalytic, Photochemical, and Electrolytic Reactions), New York-London, Wiley-Interscience, 1956; Symposium on Light and Life (McElroy u. B. Glass), London, Oxford Univ. Press, 1961. *Ztschr.:* Photochemistry and Photobiology, London, Pergamon Press (1962—); Molecular Photochemistry (ab 1968).

Photochromie. Allg. Prozesse, bei denen durch stoffliche Umsetzungen reversible Änderungen der Absorptionsspektren erfolgen. *Beisp.:* Bei Lsg. von Spiropyranen od. Dehydrodianthronen erhält man intensive Färbungen durch Bestrahlung auch bei tiefen Temp.; beim Erwärmen der Lsg. auf Zimmertemp. wird der Farbumschlag rückgängig (über den Mechanismus s. hier CAEN 1965, Nr. 17, S. 38—39). *o*-Nitrotoluol u. einige Deriv. davon werden bei Lichteinw. farbig u. bei Lichtausschluß wieder farblos, s. Nachr. Chem. Techn. 10 [1962] S. 197; vgl. auch CAEN 1966, Nr. 53, S. 34—35. — E: photochromism

Lit.: Bayer, A., Diss. Univ. Tübingen, 1962; Hirshberg, in J. Chem. Phys. 1958, S. 739; Kortüm, in Angew. Chem. 70 [1958] S. 14—20; Littmann, G. A., Diss. Univ. Tübingen, 1957.

Photoeffekt = *Lichtelektr. Effekt.

Photoelektrischer Effekt = *Lichtelektr. Effekt.

Photoemissionseffekt = äußerer Photoeffekt (s. *Lichtelektr. Effekt). — E: photoemissive effect

Photographie (photograph. Prozeß). Bez. für den Vorgang der Erzeugung dauerhafter Abb. durch Einw. von Strahlungen auf Schichten aus solchem Material, das durch deren Energie physikal. u. chem. verändert wird. Da *Korpuskularstrahlun-

Photographie

gen nur in Ausnahmefällen zur Bilderzeugung verwendet werden, beruht die P. im wesentlichen auf der photochem. Veränderung lichtempfindlicher Substanzen unter dem Einfl. elektromagnet. Strahlung. In der Praxis schränkt man allerdings den Begriff P. noch auf solche Verf. ein, bei denen Silbersalze als lichtempfindliche Substanzen fungieren, doch ist diese Abgrenzung nicht streng (z. B. wird das hier unter Farben-P. besprochene „silberfreie" Technicolor-Verf. allg. als photograph. Verf. betrachtet). Je nachdem, ob die Farb- u. Helligkeitsunterschiede des Aufnahmeobjektes (Vorlage) als Schwärzungsunterschiede od. „farbig", d. h. dem natürlichen Aussehen entsprechend, wiedergegeben werden, unterscheidet man zwischen *Schwarzweiß-* u.*Farben-P.* Die folgenden Ausführungen beziehen sich im wesentlichen auf die Schwarzweiß-P., während die Farben-P. im Anschluß daran extra behandelt wird. Die Empfindlichkeit der in der P. verwendeten Silberhalogenide erstreckt sich von der γ- bis zur Infrarotstrahlung; sie sind in den allermeisten Fällen als Körner in dünnen Schichten von Gelatine eingebettet, die nicht nur als Bindemittel fungiert, sondern auch für die sensitometr. Eig. (d. h. die Empfindlichkeit) des photograph. Materials eine sehr wesentliche Rolle spielt. Solche Dispersionen von Silberhalogenidkörnern werden *photograph. Emulsionen* genannt; doch handelt es sich hier nicht um *Emulsionen im strengen Sinne der kolloidchem. Definition,* sondern um eingetrocknete Suspensionen von durch ein Schutzkolloid (Gelatine) geschützten Silberhalogenidkörnern, deren Größe zudem dicht an der oberen Grenze der kolloiden Dimensionen ($1\mu = 1$ nm $= 10^{-4}$ cm; s. *Kolloidchemie*) liegt, ja diese oft sogar (z. B. in hochempfindlichen Negativemulsionen) wesentlich überschreitet. Die photograph. Emulsionen sind also tatsächlich Dispersionen von Silberhalogenidkörnern in *Gelen* (genau: Xerogelen); den echten Emulsionen ähneln sie lediglich (u. das nicht immer) im Aussehen. Ohne die Silberhalogenide wären die heutzutage erreichten Empfindlichkeiten des photograph. Materials undenkbar. Am häufigsten wird Silberbromid $=$ AgBr benützt, das jedoch meistens mit geringen Silberjodid ($=$AgJ)-Zusätzen von ca. 2 bis 5 Mol-% zur Anwendung kommt. Silberchlorid $=$ AgCl wird nur in einigen niedrigempfindlichen photograph. Schichten, insbes. für Photopapiere, verwendet. Da das Silberbromid seine Lichtempfindlichkeit vorwiegend im ultravioletten u. im blauen Bereich des Lichtes hat, muß man für die bildmäßige P. die lichtempfindlichen Schichten für die anderen Bereiche des Spektrums empfindlich machen, d. h. *sensibilisieren.* Das geschieht durch Zugabe von bestimmten Farbstoffen, insbes. vom Typ des Cyanins, zur Emulsion. Durch geeignete *Sensibilisatoren* kann man eine *Sensibilisierung* selbst für Ultrarotstrahlung bis ca. 1300 mμ Wellenlänge erreichen. Schichten, die für Grün (d. h. nicht für Rot empfindlich) bzw. für den gesamten sichtbaren Bereich sensibilisiert sind, bezeichnet man als *orthochromat.* bzw. *orthopanchromat.*; *panchromat.* Schichten sind bes. für Rot empfindlich. Die gebräuchlichste Art der P. unter Verw. von Silberhalogeniden ist die, daß die auf einem durchsichtigen Trägermaterial aus Glas (bei der *photograph. Platte*) od. Kunststoff (*photograph. Film*) aufgetragene lichtempfindliche Schicht in einem sog. *Photoapp.* durch Öffnen des Verschlusses mit dem Bild einer Vorlage *belichtet* („*exponiert*") u. das dadurch in der Schicht entstandene latente (d. h. äußerlich unsichtbare) Bild durch *Entwickler* in Form von abgestuften „Schwärzungen" (bei der Schwarzweiß-P.) sichtbar gemacht u. schließlich durch Herauswaschen des unbelichteten Silberhalogenids *fixiert,* d. h. lichtbeständig gemacht wird. Da die Helligkeitswerte des so erhaltenen Bildes umgekehrt wie die der Vorlage sind, bezeichnet man dieses als *Negativ.* Durch das negative Bild (dessen Trägermaterial ja durchsichtig ist) hindurch kann wiederum eine lichtempfindliche Schicht belichtet werden (die sich jetzt auf einem undurchsichtigen Träger [z. B. Papier] befinden kann), so daß schließlich ein *Positiv* (mit richtigen Helligkeitswerten) entsteht. Von einem Negativ lassen sich auf diese Weise prakt. beliebig viele Positive, d. h. mit der Vorlage in den Helligkeitswerten übereinstimmende *Kopien* herstellen, weshalb man diesen Vorgang „*Kopieren*" nennt; erreicht man über ein geeignetes opt. Syst., daß die Kopien im Maßstab vom Negativ abweichen, so spricht man von *Vergrößerung* bzw. *Verkleinerung.* Über die Entstehung des latenten Bildes herrscht noch keine völlige Klarheit. Alle neueren Arbeiten zu diesem Thema basieren im wesentlichen auf der Theorie von Guerney u. Mott. Nach dieser wird ein Lichtquant (s. *Quantentheorie*) von einem Bromid-Ion des AgBr absorbiert, wobei jeweils ein Bromatom u. ein Elektron frei werden. Die Gelatine wirkt als Bromakzeptor u. nimmt so das Bromatom auf, während das gleichfalls frei gewordene Elektron im Gitter wandert, bis es auf einen „*Reifkeim*" trifft, von dem es festgehalten wird. Reifkeime können z. B. Gitterfehlstellen od. Ag$_2$S-Teilchen sein. Durch die jetzt negative Ladung des Reifkeims wird ein (positives) Silber-Ion in seiner Nähe entladen. Zur Ausbldg. eines entwicklungsfähigen Keimes muß dieser Vorgang allerdings mehrfach erfolgen. Burton u. Berg definieren, daß eine belichtete Schicht entwickelbare u. unentwickelbare Silberhalogenidkörner enthält. Entwickelbar sind vor allem die sog. *Vollbildkörner,* die durch Belichtung entstandene Keime enthalten, die groß genug sind, um die

Entw. auszulösen. Die sog. *Schleierkörner* enthalten von der Herst. od. Lagerung her bereits so große Keime, daß sie schon ohne Belichtung entwickelbar sind. Nicht entwickelbar sind die nicht vom Licht getroffenen od. unbeeinflußt gebliebenen Körner sowie die sog. *Subbildkörner*, deren Keime („Subkeime") noch zu klein sind, um die Entw. einzuleiten. Die Entw. führt dann die latenten in sichtbare Bilder über, u. zwar durch die Red. von Silber-Ionen zu Silberatomen an den belichteten Stellen der Schicht, wobei das latente Bild etwa milliardenfach verstärkt wird. Je nachdem, ob je Flächeneinheit der belichteten Schicht mehr od. weniger entwickelbare Körner vorhanden sind (d. h. in Abhängigkeit davon, wie stark diese belichtet wurde), erhält man bei der Entw. unterschiedliche Schwärzung.

Photograph. Emulsionen. Zu deren Herst. wird z. B. in eine wss. Kaliumbromidlsg. mit einem Gelatinegeh. von 0,1 bis einigen %, die außerdem noch ca. 3—5 Mol-% Kaliumjodid enthalten kann, eine wss. Silbernitratlsg. unter intensivem Rühren eingetragen, wobei es wesentlich ist, daß das Halogenid stets im Überschuß bleibt, da andernfalls die fertige Emulsion möglicherweise „verschleiert". Die die Korngrößenverteilung steuernde Fällungstemp. liegt je nach Emulsionstyp zwischen 40 u. 80° C, wobei die sog. *Siedeemulsionen* (auch *Kochemulsionen* genannt) an der oberen u. die sog. *Ammoniakemulsionen* an der unteren Temp.-Grenze liegen. Bei dem letztgenannten Emulsionstyp wird Ammoniak im Überschuß (Bldg. von $[Ag(NH_3)_2]^+$-Ionen) hinzugegeben, das durch Komplexbldg. ein schnelles Kristallitwachstum begünstigt. Auch bei hochempfindlichem Filmmaterial ist ein bestimmter Anteil an Silberhalogenid mit kleiner Korngröße von Wichtigkeit, da zwar der grobkörnige Anteil im wesentlichen die Empfindlichkeit bringt, dabei jedoch dem entwickelten Material der maximale Deckung, d. h. die gleichmäßige Schwärzung in den stärker exponierten Bereichen fehlt. Die Korngröße u. die Kornverteilung lassen sich durch die folgenden Variablen beeinflussen: 1. Silberionenkonz., die man z. B. durch rhythm. Einlauf von KBr u. $AgNO_3$ (ersteres immer im Überschuß) od. durch gleichzeitigen Einlauf steuern kann. 2. Art u. Menge der Gelatine. 3. Temp. 4. Digestionszeit, d. h. Zeit, in der die Reaktionsmischung auf der Fällungstemp. gehalten wird. 5. Jodidgeh. Wenn der Einlauf beendet ist, wird die Fällung noch einige Zeit weiter gerührt, damit die Kristallkeime noch wachsen können (1. Reifung od. „physikal. Reifung od. „*Ostwald-Reifung"). Anschließend wird zusätzlich Gelatine bis auf einen Gesamtgeh. von ca. 10% zugegeben. Meist ist es notwendig, die bei der Fällung entstandenen lösl. Salze bzw. den für die physikal. Reifung notwendigen Halogenidüberschuß vor der Nachreifung zu entfernen. An dieser Stelle unterscheidet man wieder zwei Emulsionstypen: bei einem wird abgekühlt u. die erstarrte Emulsion zu nudelähnlichen Gebilden zerkleinert, die mit kaltem Wasser ausgewaschen werden; bei den sog. *Flockenemulsionen* wird zu der fl. Emulsion ein Flockungsmittel (z. B. Natriumsulfat) in größeren Mengen hinzugegeben, welches die Gelatine mitsamt dem Silberhalogenid ausfällt. Der entstandene Niederschlag wird dann ausgewaschen u. erneut gelöst, dann die Lsg. ebenso wie die aufgeschmolzenen „Emulsionsnudeln" des 1. Typs zusätzlich mit Gelatine versetzt u. eine bestimmte Zeit auf Temp. von etwa 50 bis 70° gehalten (2. Reifung od. „chem. Reifung" od. „Nachdigestion"). Da nun die Hauptmenge des KBr bzw. NH_3 ausgewaschen ist, tritt bei dieser Reifung kaum mehr eine Vergrößerung der Kristallite ein, obwohl in diesem Stadium eine Steigerung der Empfindlichkeit um ein Vielfaches erreicht wird. Das erklärt sich daraus, daß die Gelatine nicht nur als Dispersions- bzw. Bindemittel od. als Komplexbildner für Silber-Ionen wirkt, sondern noch eine Reihe von Substanzen enthält, die als sog. „*Reifkörper*" wirken u. die sich wahrscheinlich durch Reaktion zwischen an Gelatine komplex gebundenen Silber-Ionen u. Substanzen bilden, die beim Abbau der Gelatine entstehen; man kann sie aber auch bei dieser Nachreifung erst zusetzen. In der Hauptsache handelt es sich um schwefelhaltige Verb., insbes. Thiosulfate u. Polythionate, die in Mengen von einigen ppm schon eine wesentliche Steigerung der Empfindlichkeit bewirken. Daraus ergibt sich, daß bei der Auswahl u. der Herst. der Gelatine große Sorgfalt vonnöten ist. Für die *Emulsionsgelatine* kommen vorwiegend aus Knochen hergestellte Gelatinen in Frage, während sich für *Rückguß-* u. *Übergußgelatinen* aus Häuten hergestellte Gelatinen bewährt haben. Für niedrig- u. mittelempfindliche Emulsionen werden z. T. auch sog. *Inertgelatinen* benutzt, bei denen die Reifkörper fast völlig entfernt worden sind, die anschließend in genau dosierter Menge wieder zugegeben werden. Aber bei höchstempfindlichem Filmmaterial werden immer noch mit den sog. *akt. Gelatinen* die besten, wenn auch oft nicht so gut reproduzierbaren Erg. erzielt. Neben den Reifkörpern enthalten die Gelatinen auch noch sog. *Hemmkörper* u. *Gradationskörper*. Zu den Hemmkörpern gehören insbes. Nucleinsäureabbauprod., Adenin, Cystein u. ähnliche Verb. Eine Gelatine kann möglicherweise auch durchaus einen hohen Reifkörpergeh. haben u. trotzdem keine hochempfindlichen Emulsionen liefern, da sie ebenfalls reich an Hemmkörpern ist.

Eine wesentliche Erhöhung der Empfindlichkeit brachte der 1935 von R. Koslowsky entdeckte

Photographie

Goldeffekt (Gold als Thiocyanat od. Chlorid in Mengen von ca. 6 mg pro Mol Ag zugesetzt bewirkt bei der chem. Reifung einen teilweisen Ersatz von Silber- durch Gold-Ionen). Den Ablauf der chem. Reifung überwacht man durch fortlaufende Empfindlichkeits- u. Schleierüberprüfung. Sobald die Empfindlichkeit der Emulsion nicht mehr zunimmt, muß man die Reifung abbrechen, was durch Abkühlung u. Zugabe sog. *Stabilisatoren* geschieht. Diese unterbrechen nicht nur die chem. Reifung, sondern sie verbessern auch die Lagerungs- u. Temp.-Beständigkeit des fertigen Aufnahmematerials, das sonst im Laufe der Zeit zwar langsam, aber merklich in den Schleier reifen würde. Hierfür eignen sich eine Vielzahl org. (aber auch einige anorg.) Verb., z. B. Imidazole, Triazole, Mercaptobenzthiazole u. bes. die von Birr für diesen Zweck entdeckten Azaindolizine, die erst die völlige Ausnützung des Goldeffektes ermöglichen. Bei Emulsionen, bei denen es weniger auf Empfindlichkeit, sondern mehr auf eine steile *Gradation* ankommt, wie z. B. bei Repro- u. Papieremulsionen, werden Rh-Salze in geringsten Mengen zugesetzt, die zwar stark desensibilisierend, dafür aber „gradationsaufsteilend" wirken. In neuerer Zeit werden auch Polyäthylenoxide zur Empfindlichkeitssteigerung eingesetzt, doch wirken diese Verb. stark verschleiernd, so daß sie nur zusammen mit entsprechenden Stabilisatoren angewendet werden können.

Aufnahmematerial. Als Unterlage für die Emulsionsschichten, d. h. als Schichtträger, wurde ursprünglich Glas benutzt, das heute noch für einige Spezialzwecke Verw. findet. Celluloid, das den Übergang von der photograph. Platte zum photograph. Film bewirkte, wurde wegen seiner großen Feuergefährlichkeit schließlich von Acetylcellulose bzw. Acetobutyraten abgelöst. Für Filmmaterial, das größerer mechan. Beanspruchung ausgesetzt ist bzw. wo große Ansprüche an die Maßhaltigkeit gestellt werden, kommen in neuerer Zeit auch Kunststoff-Folien aus Terephthalsäureglykolester u. aus Polycarbonat als Schichtträger zur Anwendung. Damit die Emulsion auf der Unterlage gut haftet, wird auf diese eine sog. „*Substratschicht*" aufgebracht, die im wesentlichen aus einem org. Lsgm. besteht, das die Unterlage aufrauht u. zusätzlich noch Wasser, Gelatine u. ein Gelatinehärtungsmittel als Haftvermittler enthält. Auf diese so präparierte Unterlage wird die photograph. Emulsion „gegossen". Zum Guß wird die erstarrte Emulsion zunächst geschmolzen, auf die gewünschte Gießtemp. gebracht u. mit entsprechenden Gießzusätzen (z. B. opt. Sensibilisatoren sowie Härtungsmittel für die Gelatine, die ein zu starkes Anquellen des fertigen Filmes in Wasser verhindern) versehen. Als Härtungsmittel eignen sich eine Reihe von Verb.-Typen, wie z. B. Chrom- od. Aluminiumalaun, aliphat. Aldehyde (bes. Formaldehyd), Diketone, Polyanhydride u. eine Reihe anderer Typen von org. Verb., vor allem solche mit bifunktionellen Gruppen. Zur Vermeidung von Bakterienfraß werden der Gießlsg. noch antisept. Mittel, wie z. B. Kresolderiv., zugegeben. Eine einwandfreie gleichmäßige Benetzung wird durch Netzmittel erreicht, wobei im allgem. anionenakt., aber auch nichtion. gewählt werden, da die kationenakt. Netzmittel häufig eine unerwünschte photograph. Aktivität haben (Schleierbldg.). Gelegentlich werden auch noch Antistatica zugegeben, die das „Verblitzen" des Filmes durch stat. Aufladung bei der Verw. in trockenen Räumen verhindern sollen. Üblicher ist allerdings der Einsatz dieser Verb. im „Rückguß" od. „Überguß" (s. unten). Nach der Zugabe der Gießzusätze u. guter Durchmischung wird die Emulsion vergossen, wobei die Auftragsmenge durch die Gießviskosität bzw. die Gießgeschw. reguliert werden kann. Über die Emulsion wird entweder im gleichen od. in einem weiteren Gießdurchgang ein „*Überguß*" gebracht, der die Emulsionsschicht vor mechan. Schäden schützen soll. Diese Schicht besteht im wesentlichen nur aus einer Gelatinelsg. mit Netzmittel. Ein sog. „*Rückguß*" wird auf die Rückseite der Unterlage aufgebracht. Dieser dient u. a. dazu, daß sich der fertige Film nicht zu sehr zur Emulsionsseite rollt *(Rollschutzschicht);* häufig ist er zur Vermeidung des sog. Reflexionslichthofes angefärbt. Letzteres erreicht man bei Negativfilmen auch durch einfache Anfärbung der Unterlage (Graubasis). Umkehrfilme haben als *Lichthofschutz* zwischen Emulsionsschicht u. Substratschicht eine durch kolloides Silber schwarz gefärbte Schicht, die beim Bleichvorgang entfärbt wird. Der Schichtträger des modernen Kleinbildfilmes ist etwa 0,12 mm dick, der des Rollfilmes etwa 0,1 mm u. der des Planfilmes etwa 0,23 mm. Die Emulsion selbst hat (im getrockneten Zustand) eine Dicke von 0,01 bis 0,02 mm.

Die *Allgemeinempfindlichkeit* (gegen weißes Licht) des Aufnahmematerials wird in DIN-Zahlen angegeben. Eine Zunahme um 3 DIN bedeutet Ansteigen der Empfindlichkeit auf das Doppelte, eine Abnahme um 3 DIN Herabsetzung auf die Hälfte. Die Empfindlichkeit der Aufnahmeschichten reicht etwa von 12 bis 33 DIN, d. h. einen Film von 12 DIN muß man 1 Sek. lang belichten, um die gleiche Schwärzung wie mit einem von 35 DIN in $^1/_{125}$ Sek. zu erzielen. Eine direkte Umrechnung in andere Empfindlichkeitsangaben ist nur bedingt möglich. Die älteren Angaben in °Scheiner entsprechen etwa der Empfindlichkeit in °DIN +10, also 17° DIN wären etwa 27° Scheiner; nicht so einfach ist die Relation zu den angelsächs. Empfindlichkeitsskalen ASA, BSI od. Weston.

Photographie

Unter *Auflösungsvermögen* versteht man die Fähigkeit einer Aufnahmeschicht, feinste Einzelheiten noch exakt wiederzugeben. Je nach Größe der eingelagerten Bromsilber-Kristalle u. nach Art der Diffusion der Lichtstrahlen im trüben Medium der Schicht ist dieses Auflösungsvermögen mehr od. weniger beschränkt. Die günstigsten Erg. erzielt man hier mit solchem Aufnahmematerial, das bis zu 120 Linien pro mm noch getrennt wiederzugeben, während höchstempfindliches Material nur etwa 50 Linien pro mm zu trennen vermag. Die DIN-Zahl ist zugleich ein Maß für die Größe der Silberkörner im Negativ. Während bei einem geringempfindlichen Aufnahmematerial die gebildeten Silberkörner, die das negative Bild aufbauen, so klein sind, daß man sie auch bei 10facher Vergrößerung noch nicht erkennen kann, bilden sich in der Schicht des höchstempfindlichen Films ziemlich große Silberkörner, die oft schon bei 5facher Vergrößerung dem Auge auffallen u. den Aufbau des Bildes als unregelmäßig gerastert erscheinen lassen; vgl. H. Freytag in Kosmos 62 [1966] S. *291 – *295.

Exposition. Diese ist heute ein recht einfacher Vorgang, den Millionen von „Photoamateuren" in aller Welt beherrschen. Da die photochem. Wrkg. in erster Näherung der eingestrahlten Lichtmenge proportional ist, kann man die gleiche Schwärzung des fertigen Negatives bzw. Positives durch kurze Belichtung des Aufnahmematerials im Photoapp. bei großer Objektivöffnung, bzw. durch lange Belichtungszeit bei kleiner Öffnung erreichen. Die Objektivöffnung wird durch die Blende reguliert, wobei ein hoher Blendenwert einer kleinen Öffnung entspricht. Die Abstufung ist so gewählt, daß bei einer Erhöhung der Blende um eine Stufe die Belichtungszeit verdoppelt werden muß, um die gleiche Schwärzung zu erreichen. Die Zahlenwerte der Blende erhält man, wenn man die Brennweite des Objektives durch den wirksamen Blendendurchmesser dividiert. Bei einer Reihe von neueren Photoapp. sind Blende u. Belichtungszeit miteinander gekoppelt. Diese App. sind mit einem mit einer Sperrschichtzelle gekoppelten Lichtwertverschluß ausgestattet u. stellen automat. für einen bestimmten Blendenwert die zugehörige Belichtungszeit ein u. umgekehrt.

Entwicklung. Hierdurch erreicht man für das latente Bild eine Verstärkerwrkg. auf etwa das 10^6- bis 10^8fache. Die für den sichtbaren Bereich sensibilisierten Filme müssen in völliger Dunkelheit entwickelt werden, während Photopapiere bei Grün- od. Rotlicht verarbeitet werden können. Die *Entwickler* bestehen im wesentlichen aus einer alkal. wss. Lsg. eines Red.-Mittels. Hart arbeitende Entwickler enthalten Kalium- od. Natriumhydroxid, weiche, ausgleichende Entwickler die entsprechenden Carbonate od. Borate. Als Red.-Mittel werden am häufigsten folgende Substanzen benutzt: Hydrochinon, Metol (= *N*-Methyl-*p*-aminophenol), Brenzcatechin, „Glycin" (= *p*-Hydroxyphenyl-aminoessigsäure), Phenidon (= 1-Phenyl-pyrazolidon(3)) u. insbes. für Farbentwickler *p*-Phenylendiaminderiv. Zusatz von Sulfit soll die Oxydation der Entwicklerlsg. durch den Luftsauerstoff verringern, wobei man heute annimmt, daß das Sulfit mit dem Hydrochinon zu einem Hydrochinonmonosulfat reagiert u. damit dessen Oxydation zu Chinon erschwert. Kaliumbromid verzögert eine allzu rasche Entw. u. verhindert damit die Schleierbldg. Da im Verlaufe des Entw.-Vorganges ja aus der Emulsion laufend Bromid nachgeliefert wird, das dann die Entw. zu sehr abbremsen würde, werden für die Entw. im größeren Maßstab sog. *Regeneratoren* geliefert, bei denen es sich im wesentlichen um die normalen Entwicklerbestandteile handelt, jedoch ohne die Verzögerer handelt. Zur Schleierverhütung gibt man auch sog. *Stabilisatoren*, wie z. B. Benzotriazol od. Nitrobenzimidazol zu, die bei Papierentwicklern gleichzeitig den Farbton des Bildes beeinflussen. Zur Wasserenthärtung enthalten die handelsüblichen Entwickler meistens noch Komplexbildner, wie Äthylendiamintetraessigsäure od. Natriumhexametaphosphat. Tropenentwickler enthalten Natriumsulfat zur Verringerung der Gelatinequellung, Netzmittel verbessern die Gleichmäßigkeit der Entw., Hydrazine u. Polyäthylenazine können die Empfindlichkeit erhöhen, wobei jedoch gleichzeitig die Gefahr der Schleierbldg. vergrößert wird. Feinkornentwickler u. Umkehrentwickler enthalten häufig noch Kaliumthiocyanat als Komplexbildner für Silberhalogenide. Zur Beendigung des Entw.-Vorganges wird das photograph. Material ungefähr 30 Min. in ein Stoppbad gegeben, das im allg. lediglich aus etwa 2%iger Essigsäure besteht.

Bei der *Umkehrentw.*, bei der man direkt zu einem Positiv kommt, verfährt man folgendermaßen: Der normal entwickelte Film wird in ein chromsäurehaltiges Bad gebracht, in dem das entwickelte Silber oxydiert wird. Der gewässerte Film wird anschließend mit diffusem Licht belichtet, wobei das bei der Erstbelichtung nicht geschwärzte Silberhalogenid nach erneuter Entw. das positive Bild liefert. Durch vorsichtige Oxydation, z. B. mit Kaliumhexacyanoferrat(III) kann man auch zu stark geschwärzte fertig entwickelte u. fixierte Negative *abschwächen* (Farmerscher Abschwächer).

Fixieren (Fixage). Nach beendeter Entw. wird das nichtregulierte Silberhalogenid durch Baden in einer Thiosulfatlsg. entfernt. Bei der Behandlung mit Thiosulfat bilden sich die folgenden Silberkomplexe: $Na[Ag_3(S_2O_3)_2]$, $Na[Ag(S_2O_3)]$,

Photographie

Na$_5$[Ag$_3$(S$_2$O$_3$)$_4$], Na$_3$[Ag(S$_2$O$_3$)$_2$], von denen die zwei ersten in Wasser schwerlösl. u. die zwei letzten leichtlösl. sind; für eine gründliche Entfernung des unbelichteten Silberhalogenids muß also ein ausreichender Thiosulfatüberschuß vorhanden sein. Die übliche Konz. der Fixierbäder beträgt etwa 150 bis 200 g Na$_2$S$_2$O$_3$/l. Durch Zugabe von einigen % Ammoniumchlorid kann die Fixierzeit verkürzt werden. Bei Schnellfixierbädern wird an Stelle von Natrium- Ammoniumthiosulfat benutzt, das bei gleicher Konz. etwa die doppelte Fixiergeschw. erreicht. Dies spielt insbes. bei der automat. Verarbeitung von Röntgenfilmen eine große Rolle. Durch Temp.-Erhöhung kann man die Fixiergeschw. nur unwesentlich beeinflussen, da die Beschleunigung des Fixiervorganges durch die Aufquellung der Schicht u. die damit verbundene Verlängerung der Diffusionszeit des Fixiermittels in der Schicht kompensiert wird. Gelegentlich enthalten die Fixierbäder auch noch einen Zusatz von Gelatinehärtungsmitteln, z. B. Kalialaun. Der maximale Silbergeh. der Lsg., bei dem noch eine gründliche Fixierung möglich ist, beträgt je nach Thiosulfatausgangskonz. zwischen 2 u. 4 g/l.

Für spezielle Zwecke gibt es neuerdings auch sog. *Fixierentwickler*, bei denen durch ein geeignetes Puffersyst. Entw. u. Fixage in einer Lsg. so gesteuert werden, daß sie miteinander ablaufen. Naturgemäß läßt sich mit einem solchen Verf. nicht die volle Empfindlichkeit des photograph. Materials ausnützen, so daß dieses Verf. für die bildmäßige P. ungeeignet ist.

Farbenphotographie. Diese ermöglicht die photograph. Wiedergabe von Objekten in natürlichen Farben. Sie beruht auf der Dreifarbentheorie, um die sich insbes. Helmholtz, Maxwell sowie Young verdient gemacht haben. Danach kann man jede beliebige Farbe des sichtbaren Lichtes durch Mischung der drei Grundfarben Rot, Grün u. Blau herstellen. Auf dieser sog. additiven Farbmischung basierten die älteren Farbrasterfilme, bei denen über der lichtempfindlichen Emulsion eine Schicht feinverteilter mikroskop. kleiner Farbfilterchen der drei Grundfarben aufgebracht war. Wird ein solcher Film durch die Filterschicht belichtet, so wird das Silberhalogenid z. B. unter einem roten Filterchen geschwärzt, wenn Rotlicht darauf fällt, Gelb bekommt man durch Addition von Rot u. Grün bzw. Weiß durch Rot, Grün u. Blau. Nach der Belichtung werden diese Filme einer normalen Umkehrentw. unterworfen, d. h. der Film wird normal entwickelt, das gebildete Silber wird mit Kaliumhexacyanoferrat(III) = K$_3$[Fe(CN)$_6$] oxydiert u. herausgelöst. Anschließend wird der Film von der Rückseite belichtet, entwickelt u. fixiert. Man erhält direkt ein Positiv. Da bei diesem Verf. also in dem fertig verarbeiteten Film entwickeltes Silber zurückbleibt, sind auf diesem Wege hergestellte Bilder „verschwärzlicht" u. somit sehr dunkel, so daß dieses Verf. trotz sehr guter Farbwiedergabe kaum noch zur Anwendung kommt. Im Jahre 1935 brachten die Eastman Kodak in den USA u. 1936 die Agfa in Deutschland die ersten Mehrschichtenfarbfilme auf den Markt, die auf dem Prinzip der subtraktiven Farbmischung beruhen. Hier erfolgt die Farbmischung nicht wie bei dem vorgenannten Verf. durch die additive Mischung nebeneinanderliegender Farbpunkte, sondern durch die Einschiebung hintereinanderliegender Filter in den Strahlengang von weißem Licht, die die Komplementärfarbe absorbieren: Die erste Schicht ist gelb (blauabsorbierend), die zweite ist purpur (grünabsorbierend) u. die dritte ist blaugrün (rotabsorbierend). Um also z. B. Rot zu bekommen, müssen die Filter Gelb u. Purpur, bei Schwarz alle drei Filter eingeschaltet sein. Die prakt. Durchführung beruht im wesentlichen auf den Patenten DRP Nr. 253 335 u. 257 160 von R. Fischer aus dem Jahre 1911: Benutzt man bei der Entw. des belichteten Bildes Deriv. des *p*-Phenylendiamins als Entwicklersubstanz, so können die bei der Red. von Silberbromid zu Silber an den belichteten Stellen daraus entstehenden Oxydationsprod. mit einer Reihe von org. Substanzen zu Farbstoffen gekuppelt werden, vorausgesetzt, daß der Entwickler wenig Sulfit enthält. Neben dem Silberbild entsteht damit gleichzeitig ein Bild aus Farbstoff, das nach Herauslösen des Silbers mit geeigneten Oxydationsmitteln „unverschwärzlicht" zurückbleibt. Als Farbkomponenten für Gelb kommen z. B. in Frage: Acetessigsäureanilid, Benzoylessigsäure, Acetessigsäure, Chloracetessigester; für Purpur: Cyanacetbenzol, Benzylcyanid, Hydroxythionaphthen, Pyrazolonderiv.; für Blaugrün: α-Naphthol, Dichlornaphthol, Phenolderiv. Die prakt. Durchführung scheiterte lange Zeit daran, daß die Farbkomponenten auf Grund ihrer Wasserlöslichkeit (die ja für den Kupplungsvorgang Voraussetzung ist) in den Schichten diffundierten u. so zu vollkommen verwaschenen Farben führten. Diese Schwierigkeit wurde bei dem Agfa-Verf. durch die Verw. sog. diffusionsfester Kuppler beseitigt. Die Diffusionsfestigkeit erreichte man z. B. durch die Einführung von Stearylresten, also langgestreckten aliphat. Mol.-Ketten, in das Kupplermol. Neuerdings steht auch die Anlagerung des Kupplers an lösl. Polymere, wie z. B. an Vinylpyrrolidon, zur Diskussion. Als *Beisp.* für die Bldg. eines gelben Farbstoffes s. das Schema auf S. 671.

Der Aufbau eines *Color-Umkehrfilmes* sieht folgendermaßen aus: Als Schichtunterlage dient eine klare farblose Celluloseacetatfolie, auf der sich eine möglichst dunkle Schicht von kolloidem

Silber als Lichthofschutz befindet. Darauf liegt die für Rot sensibilisierte Silberhalogenidschicht, die gleichzeitig den Blaugrün-Kuppler enthält.

$$4\ \text{AgBr} + \underset{\text{Farbbildner}}{\text{H}_3\text{C}-\overset{\text{O}}{\underset{\text{O}}{\text{C}}}\text{CH}_2\text{R}-\text{O}-\text{C}} + \underset{\text{Entwickler}}{\text{H}_2\text{N}-\langle\!\!\!-\rangle-\text{N}(\text{C}_2\text{H}_5)_2}$$

$$\xrightarrow{-4\ \text{HBr}} 4\ \text{Ag} + \text{H}_3\text{C}-\overset{\text{O}}{\underset{\text{O}}{\text{C}}}\text{C}=\text{N}-\langle\!\!\!-\rangle-\text{N}(\text{C}_2\text{H}_5)_2$$

Azomethin-Farbstoff (R = z. B. ein Stearylrest)

Über dieser kommt die grünempfindliche Schicht mit dem Purpurkuppler. Zwischen der obersten, blauempfindlichen, gelbkupplerhaltigen, also unsensibilisierten Schicht u. der grünempfindlichen befindet sich noch eine sog. Gelbfilterschicht aus kolloidem Silber, die den Blauanteil des weißen Lichtes zurückhält, für den ja alle Silberhalogenidschichten empfindlich sind. Der belichtete Film wird zuerst in einem normalen Entwickler, der keine kupplungsfähigen Entwicklersubstanzen enthält, entwickelt. Dabei wird z. B. an einer Stelle, auf die rotes Licht aufgetroffen ist, die rotsensibilisierte Schicht geschwärzt. Nun wird der Film mit diffusem weißem Licht belichtet u. mit einem p-Phenylendiamin enthaltenden Entwickler entwickelt, wobei der an der bereits durch die erste Entw. geschwärzten Stelle der rotempfindlichen Schicht befindliche Blaugrünkuppler nun keinen Farbstoff bilden kann, während an der gleichen Stelle in der Gelb- u. der Purpurschicht die entsprechenden Farben entstehen. Danach bringt man den Film genauso wie den Schwarzweiß-Umkehrfilm in ein Bleichbad, in dem das entwickelte Silber sowie das der Gelbfilter- u. der Lichthofschutzschicht herausgelöst werden. Zur Entfernung von restlichem Silberhalogenid muß auch der Farbfilm noch fixiert werden. Der fertig verarbeitete Film enthält also kein Silber mehr. Da an der Stelle, auf die das Rotlicht aufgetroffen ist, nun die Farben Gelb u. Purpur gebildet worden sind, die ja die Farben Blau u. Grün absorbieren, wird bei der Durchstrahlung mit weißem Licht nur der rote Teil des Spektrums hindurchgelassen, d. h. die Stelle erscheint rot.

Das Agfacolor-Negativ-Positiv-Verf. arbeitet grundsätzlich analog, nur daß schon bei der Erstentw. mit einem kupplungsfähigen Entwickler gearbeitet wird, so daß die Komplementärfarben entstehen, die auf dem entsprechend aufgebauten Color-Papier (s. Abb.) beim Kopierprozeß wieder in die ursprünglichen Farben umgewandelt werden. Beim Kodachrom-Verf. enthalten die drei farbempfindlichen Schichten keine Farbkupplersubstanzen, sondern die Farben werden in drei getrennten Farbentw.-Vorgängen gebildet. Da-

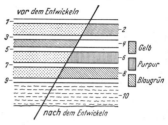

Aufbau des Agfacolor-Papiers (vor u. nach der Verarbeitung) nach Wahl in Angew. Chem. 64 [1952] S. 262
1, 3, 5, 7 Schutz- u. Trennschichten; 2, 6, 8 Emulsionsschichten mit Farbkuppler; 4 Gelbfilterschicht; 9 Barytschicht; 10 Papierunterlage

durch können die Schichten sehr dünn gehalten werden, was sich auf das Auflsg.-Vermögen des Filmes positiv auswirkt. Von Nachteil ist allerdings, daß diese Filme wegen des komplizierten Entw.-Vorganges nur vom Hersteller verarbeitet werden können. Das Kodak-Ektachromverf., das den letztgenannten Nachteil nicht hat, arbeitet mit durch wasserunlösl. org. Substanzen geschützten Kupplern. Bei den Erzeugnissen der Firma Eastman Kodak bedeutet „-Color", daß es sich um Negativ- u. „-Chrom", daß es sich um Umkehrfilme handelt. Die Vorsilbe „Koda" weist auf die Verarbeitung durch den Hersteller u. „Ekta-" auf die durch den Verbraucher hin.

Das für die Herst. von Spielfilmen so häufig angewandte Technicolor-Verf. beruht auf der Lichtempfindlichkeit von Gelatine-Dichromat-Schichten, die an Stellen, an denen das Licht auftrifft, gehärtet werden, so daß diese zum Unterschied von nichtbelichteten Bereichen durch heißes Wasser nicht mehr angelöst werden können. Das entstandene Auswaschrelief kann direkt eingefärbt werden.

Weitere photograph. Verf. Von großer prakt. Bedeutung ist das sog. Silbersalzdiffusionsverf., auf dem sowohl das Agfa-Copyrapid-Verf. als auch die LAND-Polaroid-Kamera beruht. Es arbeitet nach folgendem Prinzip: Eine normal aufgebaute Emulsionsschicht wird belichtet, mit einer konz. alkal. Entwickler-Lsg. angefeuchtet u. auf eine Bildempfangsschicht gepreßt. Diese Empfangsschicht enthält einen Silber-Komplexbildner, im allg. Thiosulfat sowie Silberkeime (z. B. kolloides Silber od. Silbersulfid = Ag_2S). An den Stellen der Emulsionsschicht, die nicht belichtet worden sind, wird nun das Silberhalogenid durch das Thiosulfat herausgelöst u. diffundiert in die Emp-

Photographie

fangsschicht, wo es an den Kristallkeimen adsorbiert u. durch den Entwickler reduziert wird, wobei ein positives Bild entsteht. Durch Abziehen der beiden Schichten voneinander wird der Vorgang abgebrochen. Naturgemäß haben die nach diesem Verf. erhaltenen Bilder nicht die Qualität u. die Haltbarkeit (das Thiosulfat bleibt ja in der Schicht) derjenigen, die durch das normale Negativ-Positiv-Verf. hergestellt worden sind.

Nach dem Diffusionsverf. können auch Farbbilder hergestellt werden, z. B. im LAND-Polacolor-Verf., bei dem die Bildfarbstoffe an ein Entwicklermol. gebunden in die Schichten eingebaut sind. Das bereits bewährte Copyrapid-Verf. kann auch für die Herst. von Folien für den Offsetdruck angewandt werden, wobei eine lichtempfindliche Aluminiumfolie zur Anwendung kommt.

Geschichtl.: Die Entdeckung der Lichtempfindlichkeit der Silbersalze geht auf den dtsch. Arzt J. H. Schulze zurück, der 1727 Silberchlorid zum Kopieren von Schriftzügen mit Hilfe von Papierschablonen verwendete. Daguerre (1839) u. — unabhängig von ihm — W. H. F. Talbot (1841) zeigten erstmals, daß man Silberjodid- bzw. -chlorid-Schichten wesentlich kürzer belichten kann, wenn man das Bild durch chem. Nachbehandlung (Entw.) erzeugt. 1847 ersetzte Niepce de St. Victor das Papier als Schichtträger durch Glas. 1851 wurde von F. S. Aucher erstmalig das Collodium als Träger lichtempfindlicher Silberjodid-Schichten im Negativ-Prozeß verwendet. 1882 verwendete H. Goodwin erstmals den Celluloidfilm als Träger der lichtempfindlichen Schicht. Bereits 1873 war von H. W. Vogel in Berlin die Sensibilisierung der photograph. Platten durch Zusätze bestimmter Farbstoffe für den gelben, grünen u. roten Spektralbereich entdeckt worden. — Vgl. auch *Reprographie. — E: photography

Lit.: Aribrat, M., Chimie physique des couches sensibles photographiques, Paris 1954; Angerer, E. v., Wissenschaftliche P., Leipzig, Akad. Verl. Ges., 1959; Bachet, H.-M., Chemie photograph. Prozesse, Berlin, Akad.-Verl., 1965; Baines, H., The Science of Photography, New York-London, Wiley-Interscience, 1967; Baker, T., Photographic Emulsion Technique, New York 1950; Beck-Westendorp, Das große Agfa-Laborhandbuch, Düsseldorf, Knapp, 1951; Berg, W. F., Der photograph. Fundamentalprozeß in Silberhalogenidkristallen, in Angew. Chem. 79 [1967] S. 871—872; Berger, H., Agfacolor, Wuppertal 1962; Boni, A., Photographic Literature, New York, Morgan & Morgan Inc., 1963; Boucher, P. E., Fundamentals of Photography, New York-London, Van Nostrand, 1963; Chamberlain, K., An Introduction to the Science of Photography, New York, Macmillan, 1951; Clauss, H. u. H. Meusel, Filterpraxis, Halle, Fotokinoverl., 1962; Craeybeckx, A. S. H., Elsevier's Dictionary of Photography, Amsterdam-New York, 1963; Dähne, D., Der Mechanismus der photograph. Desensibilisierung, in Z. Wiss. Photogr., Photophys., Photochem. 59 [1965] S. 113—173; Diserens, Handbuch der P., 2 Bde., Bern, Hallwag, 1951; Dunn, J. F., Exposure Manual, New York-London, Wiley-Interscience, 1959; Eder, I. M., Rezepte, Tabellen u. Arbeitsvorschriften für P. u. Reproduktionstechnik, Halle, Knapp, 1948; Eggert, J., 125 Jahre P., in Bild d. Wiss. 1 [1964] Nr. 3, S. 19—29; Evans, R. M., Eye, Film, and Camera in Color Photography, New York-London, Wiley-Interscience, 1959; Farbwerke Hoechst AG., Farbstoffe für die P., Frankfurt/M., 1965 (Dokumente aus Hoechster Archiven, Nr. 11); Gernsheim, The History of Photography, London, Oxford Univ. Press, 1955; Glafkides, P., Photographic Chemistry, London, Macmillan, 1959; ders., Chimie et Physique Photographiques, Paris, Montel, 1967; Gorokhovskii, Yu. N., Spectral Studies of the Photographic Process, London 1965; Helwich, O., Wissenschaftliche P., Darmstadt u. Wien, Dr. Helwich-Verl., 1958; Hill, T. T., Laboratory-Scale Photographic Emulsion Technique, in J. Chem. Educ. 43 [1966] S. 492—498; James, T. H. u. J. F. Hamilton, The Photographic Process, in Intern. Sci. Technol. Nr. 42 [1965] S. 38—44; John, D. H. O. u. G. T. J. Field, A Textbook of Photographic Chemistry, London, Chapman and Hall, 1963; Joos, G. u. E. Schopper, Grundriß der P. u. ihrer Anwendung, bes. in der Atomphysik, Frankfurt, Akad. Verl. Ges., 1958; Junge, K. W. u. G. Hübner, Fotograf. Chemie, Leipzig, Fotokinoverl., 1966; Kirk-Othmer, 2. Aufl., Bd. 5, 1964, S. 812—845, Bd. 15, 1968, S. 355—396; Leith, E. N. u. J. Upatrick, Photography by Laser, in Scient. Amer. 212 [1965] Nr. 6, S. 24—35; Lobel u. Dubois, Sensitometry, The Technique of Measuring Photographic Materials, London 1955; MacAdam, D. L., Color Science and Color Photography, in Physics today 20 [1967] Nr. 1, S. 27—39; Marshall, A., Infrared Colour Photography, in Science J. [London] 4 [1968] Nr. 1, S. 45—51; Maurer, S., R. Schreyer u. F. W. Wolter, Fotokino-Wörterbuch Dtsch.-Engl.-Französ.-Russ., Halle (Saale), Fotokinoverl., 1960; Mees, C. E. K., The Theory of the Photographic Process, New York, Macmillan, 1966; Mitteilungen aus den Forschungslaboratorien der Agfa-Gevaert AG., Leverkusen-München, I [1955], II [1958], III [1961], IV [1964], Berlin, Springer; Morgan, Disney, Neblette, Abbott, Henle, Harvey, The Encyclopedia of Photography, 11 Bde., New York, Wise, 1951; Müller, E., Chemie der Entwickler, in Dtsch. Drogisten Ztg. 21 [1966] S. 926—929, 1170—1171, 1366—1369; Müller, K., Einführung in die Physik u. Chemie der P., Frankfurt, Salle, 1963; Mutter, E., Die Technik der Negativ- u. Positiv-Verfahren, Berlin, Springer, 1955; ders., Kompendium der P., Bd. I [1957] (Grundlagen der P.); Bd. II [1962] (Negativ-, Diapositiv- u. Umkehrverf.), Berlin, Verl. für Radio-, Foto-, Kinotechnik, 1957; Neblette, C. B., Photography, its Materials and Processes, New York, van Nostrand, 1963; Neher, F. L., Die Erfindung der P., Stuttgart, Franckh, 1938; Nürnberg, Infrarot-P., Halle, Knapp, 1957; Opfermann, Farben-P., Düsseldorf, Knapp, 1954; Richter, G., Fachwörterbuch der Optik, P. u. Photogrammetrie, München-Wien, Oldenbourg, 1965; Schiel, M., Chemie für Photographen, Halle, Knapp, 1957; Schloemann, E., Photochemikalien u. ihre Anwendung, Köln 1952; Schultze, W., Farben-P. u. Farbenfilm, Berlin, Springer, 1953; Schumacher, E., Zur photochem. Primärreaktion der Silber-P., in Chimia 21 [1967] S. 426 bis 431; Schweitzer, G., Les révélateurs normaux, lents, à grain fin, Paris 1950; Sowerby, A. L. M., Dictionary of Photography, London, Iliffe, 1961; Spörl-Neumann, Photograph. Rezeptbuch, Düsseldorf, Knapp, 1951; Staude, H., Der photograph. Prozeß, Leipzig, Fachbuchverl., 1953; Stenger, E., Siegeszug der P., Seebruck, Heering-Verl., 1950; Teucher, M., Technik u. Anwendung der Kernemulsionen (für kernphysik. Aufnahmen) in Erg. Exakt. Naturwiss. 1955;

Ullmann, XIII, S. 603—695; Wagner, G., Infrarot-P. Der Weg ins Unsichtbare, Stuttgart 1965; Winnacker-Küchler IV, 1960 (G. Koepke, Fabrikation der photogr. Filme, Platten u. Papiere); Wolff, H., Das latente photograph. Bild, in Fortschr. Chem. Forsch. II, 3, Berlin, Springer, 1952. *Ztschr.*: Fotografie, Halle, Verl. W. Knapp; Photo-Technik u. -Wirtschaft, Berlin-Borsigwalde, Verl. für Radio-Foto-Kinotechnik GmbH.; Photograph. Korrespondenz, Wien u. Darmstadt, Verl. Dr. O. Helwich; P. u. Wissenschaft, Leverkusen-Bayerwerk, Agfa-Gevaert AG.; P. u. Forschung, Stuttgart, Zeiss-Ikon AG.; Ztschr. für Wissenschaftliche P., Photophysik u. Photochemie, Leipzig, Barth; British J. of Photography, London, Edit. Greenwood & Co.; The Photographic Journal, London, The Royal Photographic Society; Journal of Photographic Science, London, The Royal Photographic Society; Photographic Abstracts, London, The Royal Photographic Society; Science et Industries Photographiques, Paris; Photographe, Paris, Montel; Photo-Cinéma, Paris, Montel; Photo-Revue, Paris, Publications Photo-Revue; PSA-Journal, Philadelphia, The Photographic Society of America; Modern Photography, New York, Photogr. Publ. Co.; Popular Photography, Chicago, Circulation Dept.; Photographic Science and Engineering, Washington, Society of Photographic Scientists and Engineers; Progresso Fotografico, Milano; Camera, dreisprachige Monatsschrift, Luzern, C. J. Bucher AG. Eine umfassende Zusammenstellung der internationalen P.-Lit. (auch Ztschr.) enthält die Naturwiss. Rdsch. 1954, April, S. 171—177.

Photographische Chemie. Teilgebiet der *Photochemie, das die chem. Reaktionen u. Verf. der *Photographie umfaßt. Allerdings rechnet man zum Bereich der P. C. auch die nicht zur Photographie gerechneten Verf., die zu einer Bilderzeugung mittels elektromagnet. Strahlung ohne die Verw. von Silbersalzen führen, z. B. die zahlreichen reprograph. Kopierverf. (s. *Reprographie), wie z. B. die Diazokopie (s. *Diazokopien) u. Elektrophotographie. — E: photographic chemistry

Lit. s. *Photographie u. Kosar, J., Light Sensitive Systems: Chemistry and Application of Nonsilver Halide Photographic Processes, New York-London, Wiley-Interscience, 1965.

Photokopie. Bez. für eine mit Hilfe von Materialien, die Silberhalogenide in der Schicht enthalten (d. h. photograph.), hergestellte Wiedergabe eines Dokumentes. — E: photographic photocopy

Photoleitfähigkeitseffekt = innerer Photoeffekt (s. *Lichtelektr. Effekt). — E: photoconductive effect

Photolumineszenz s. *Lumineszenz. — E: photoluminescence

Photolyse. Bez. für die Zers. od. Dissoziation von Mol. durch Absorption von elektromagnet. Strahlung; es handelt sich um einen photochem. Primärvorgang (s. *Photochemie, *Photosynth. u. *Blitzlicht-P.). — E: photolysis

Lit.: Sharma, R. K. u. N. Kharasch, Die P. aromat. Jodverb., in Angew. Chem. 80 [1968] S. 69—77.

Photomagnetismus. Bez. für den Vorgang der Erzeugung von Paramagnetismus (s. *Magnetochemie) in einer diamagnet. Substanz durch Bestrahlung mit kurzwelligem Licht bei tiefer Temp. *Beisp.:* 1.3.6'.8-Tetramethyldehydrodianthron in Essigester gelöst geht bei $-60°$ bei Einw. von ultraviolettem Licht in eine photomagnet. Mol.-Form über, wobei wahrscheinlich ein Diradikal mit um $90°$ gegeneinander verdrehten vollständig entkoppelten Mol.-Hälften entsteht. Dieser Zustand ist hier ziemlich langlebig u. bleibt auch bei höherer Temp. bestehen; demgegenüber ist der P. des Fluoresceins, der auf einen metastabilen Triplettzustand zurückgeht, reversibel: Dieser verschwindet beim Abschalten der Bestrahlung innerhalb weniger Sek. vollständig u. kann durch erneute Bestrahlung wieder hervorgerufen werden. — E: photomagnetism

Lit.: Kortüm, G., Thermochromie, Piezochromie, Photochromie u. P., in Angew. Chem. 70 [1958] S. 14 bis 20.

Photometrie. Bez. für Lichtmessung, d. h. die Messung von Lichtströmen. Nach DIN 50 032, Bl. 1 (Nov. 1966), Bl. 2—3 (Juni 1936) bzw. 5038 (Juli 1937) wird der P., je nachdem, ob das Auge od. ein physikal. Gerät als Empfänger verwendet wird, in *visuelle* (subjektive) u. *physikal.* (objektive) P. unterteilt. Die visuellen Meßverf. u. Vgl.-Prinzipien beruhen auf dem Abgleich zweier dem Auge dargebotenen Leuchtdichten. Diese Verf. unterscheiden sich nach ihrer Art (Direktvgl. u. Filterverf.); sie können mit verschiedenen Vgl.-Prinzipien (Gleichheitsprinzip, Kontrastprinzip u. Flimmerprinzip) angewendet werden. Die physikal. Meßverf. benützen für den Vgl. von lichtunterschiedlicher spektraler Strahldichteverteilung lichtelektr. Empfänger, z. B. Photoelemente, *Photozellen, thermoelektr. u. photograph. Empfänger.

In der Chemie findet die P. vor allem Anwendung zur Messung der durch Lsg. verursachten Lichtabsorption *(Absorptions-P.)*. Die dafür geeigneten *Photometer* ermöglichen die Messung der Lichtabsorption in einem bestimmten Wellenlängenbereich, dessen Auswahl durch Farb- od. Interferenzfilter (auch Interferenzkeile) bewirkt wird; bei den sog. *Spektralphotometern* (s. *Spektralphotometrie) wird dagegen das Licht der Beleuchtungseinrichtung mit einem Monochromator spektral zerlegt. Die Photometer können Ein- od. Doppelstrahlinstrumente sein; je nachdem, ob zwischen Lichtquelle u. Empfänger ein od. zwei Strahlengänge angeordnet sind (den Strahlengang eines Doppelstrahlinstrumentes [Hartmann & Braun, Frankfurt/M.] zeigt die Abb. auf S. 674); Doppelstrahlgeräte können 2 gleichartige Empfänger haben (wie in der Abb.), od. es wird die über die beiden Lichtwege verteilte Strahlung zeitlich aufeinanderfolgend wechselweise auf den gleichen Empfänger vereinigt. Bei Photometern für den sichtbaren u. ultravioletten Spektralbereich sind drei Arten von photoelektr.

Photometrische Titration

Zellen allg. im Gebrauch: 1. Sperrschichtzellen od. Photoelemente, 2. Photozellen u. 3. Sekundärelektronenvervielfacher („Photomultipliers"). Im

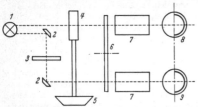

Schemat. Strahlengang eines Doppelstrahlphotometers. Die Lichtquelle 1 strahlt direkt zur ersten Photozelle 8, u. durch die Spiegel 2 abgelenkt zur zweiten Zelle 9. Beide Strahlenbüschel durchsetzen das gleiche Farbfilter 6. Das erste kann durch die Meßblende 4 mit Meßtrommel 5 geschwächt werden. Probe u. Vgl.-Lsg. kommen in die gleich langen Küvetten 7.

Gegensatz zur Absorptions-P. werden bei der Emissions-P. die Eig. von Licht aussendenden Stoffen untersucht (s. z. B. *Fluorimetrie). Vgl. auch *Kolorimetrie. — E: photometry
Lit.: Asmus, in Chemiker-Ztg. 1954, S. 247—252, 290 bis 294; Dragomirecký, A., V. Mayer, I. Michal u. K. Řevicha, Photometr. Analyse anorg. Roh- u. Werkstoffe, Leipzig, VEB Dtsch. Verl. für Grundstoffind., 1968; Flaschka, H., Photometric Titrations, in Pure Appl. Chem. 10 [1965] S. 165—176; Greuter, E., Photometr. Titrationen, in Chem. Rdsch. (Solothurn) 19 [1966] S. 25—26; Headrige, J. B., Photometric Titrations, London, Pergamon Press, 1961; Kortüm, G., Kolorimetrie, P. u. Spektrometrie, Berlin, Springer, 1962; Ross, H. H., Analytical Applications of the Secondary Effects of Radiation: Precision Photometry Using a Radioisotope Light Source, in Rec. Chem. Progr. 28 [1967] S. 260—278; Ullmann II/1, 198 bis 235, VII, 219, 221; Walsh J. W. T., Photometry, London 1958; Zimmermann, M., Photometr. Metall- u. Wasseranalysen, Stuttgart, Wiss. Verl. Ges., 1961.

Photometrische Titration (genau: Photometr. Endpunktbest.). Bez. für eine Meth. der Endpunktbest. bei der *Maßanalyse, die in einem Terminologievorschlag der Analytical Chemistry Division der *IUPAC (s. IUPAC-Inf. Bull. Nr. 26 [Aug. 1966] S. 43—49) folgendermaßen beschrieben wird: „Hierbei wird der Verlauf der Reaktion durch Messung der Lichtabsorption des Titrationsmediums (= Lsg., die den zu bestimmenden Stoff enthält) in einem ausgewählten engen Wellenlängenbereich verfolgt, wozu die Absorption gegen die Menge der zugesetzten Reagenzlsg. aufgetragen wird. Die Endpunkte ermittelt man durch Extrapolation aus den Unstetigkeitsstellen der Titrationskurve. Der Wellenlängenbereich wird so ausgewählt, daß er eine Absorptionsbande der Reagenzlsg., der zu untersuchenden Substanz, des Reaktionsprod. od. eines zugesetzten Indikators erfaßt." — E: photometric titration, photometric end-point detection
Lit. s. *Photometrie.

Photonen (Lichtquanten, Strahlungsquanten, Quanten). Bez. für die Energiequanten (s.*Quantentheorie) der elektromagnet. Strahlung, also von Licht, Röntgen-Strahlen, *Gammastrahlen usw. Ihre Energie E errechnet sich aus dem Prod. $E = h \cdot \nu$, wobei h das Plancksche Wrkg.-Quantum ($=1{,}583 \cdot 10^{-34}$ cal/s) u. ν die Schwingungszahl bedeutet. Entsprechend dieser Energie hat natürlich auch jedes P. eine Masse (unbeschadet dessen, daß seine Ruhmasse null ist), die sich aus seiner Energie bei Division durch das Quadrat der Lichtgeschw. c ergibt (s. *Einsteins Masse-Energie-Gleichung). Rotes Licht von der Wellenlänge 7000 Å kann z. B. nur in Energiequanten von der Größe $(1{,}583 \cdot 10^{-34})$ mal $4{,}282 \cdot 10^{14} = 6{,}778 \cdot 10^{-20}$ cal abgegeben od. aufgenommen werden; ihre Massen entsprechen etwa $3 \cdot 10^{-6}$ Elektronenmasse. Die P. von γ-Strahlen haben eine Energie von etwa 10^6 eV, was einer Masse von etwa 2 Elektronen entspricht. Die energiereichsten bisher erzeugten (z. B. in Linearbeschleunigern der Stanford-Univ. in Kalifornien) P. haben eine Energie von etwa 20 000 MeV, u. dieser Energie entspricht eine Masse von etwa 40 000 Elektronenruhemassen, was etwa der Masse des Natriumatoms gleichkommt (vgl. W. Braunbek, Lichtquanten, schwerer als ein Atom, in Kosmos 63 [1967] S. 295—298). — E: photons
Lit.: Berthelot A., Rayonnements de particules atomiques, electrons et photons, Paris, Masson, 1956; de Broglie, L., Mécanique ondulatoire du photon, Paris, Gauthier-Villars, 1949; Hartmann, S. R., Photon Echoes in Scient. Amer. 218 [1968] Nr. 4, S. 32 bis 40; Jauch u. Rohrlich, The Theory of Photons and Electrons, Reading/Mass., USA. Addison-Wesley Publ. Co., 1955; Sänger, E., Über das Richtproblem der P.-Strahlantriebe, Mitt. Forsch. Inst. f. Physik der Strahlenantriebe, München, Oldenbourg, 1959; Spring, K. H., Photons and Electrons, New York, Wiley, 1955; Ziman, J. M., Electrons and Photons, London 1960.

Photophorese. Bez. für die von dem österreich. Physiker F. Ehrenhaft entdeckte einseitige Bewegung von in einem Gas suspendierten fl. od. festen Teilchen der Größe 10^{-5} bis 10^{-1} cm bei seitlicher Einstrahlung von Licht. Bewegen sich die Teilchen von der Lichtquelle weg (z. B. Gold- u. Silber-Kolloide), so spricht man von *positiver P.*, im Falle der Bewegung in Richtung zur Lichtquelle (z. B. Jod, Schwefel, Selen) von *negativer P.* Die Bewegung der Teilchen selbst ist schraubenförmig. Entspricht die Schraubenachse der Richtung des Lichtes, so liegt „*reine*" *P.* vor; entspricht sie der Richtung eines äußeren elektr. od. magnet. Feldes, od. ist sie nach innen gerichtet, so handelt es sich um *Elektro-P.*, *Magneto-P.* bzw. *Gravito-P.* Zusätzlich zu diesen einfachen Formen der P. ist auch eine Reihe von komplizierten bekannt (z. B. *Elektromagneto-P.*). Als Ursache der P. gilt der sog. Radiometer-Effekt, d. h. die unterschiedliche Erwärmung der Teilchen bei der Be-

leuchtung; die Richtung der P. wird durch das Zusammenwirken einer Reihe von mechan., therm., opt. u. a. physikal. Eig. der betreffenden Teilchen bestimmt. — E: photophoresis
Lit.: Rohatschek, Theorie der P.: Erg. u. Probleme, in Staub Nr. 42 [1955] S. 607 ff.

Photoreaktionen (Lichtreaktionen). Sammelbez. für alle Reaktionen, die nur bei Einw. von sichtbarem Licht u. a. elektromagnet. Strahlung ablaufen, s. z. B. *Photochemie, *Photographie, *Photolyse, *Photosynth. — E: photo-reactions

photostabil = lichtbeständig. — E: photoinactive, photo-insensitive

Photosynthese. In der Chemie u. der Physiologie versteht man hierunter allg. jede durch die Strahlungsenergie des sichtbaren od. ultravioletten Lichtes bewirkte Synth. von chem. Verb., doch wird diese Bez. meist nur für die Synth. von *Kohlenhydraten durch einen Licht ausgesetzten Biokatalysator verwendet. Der häufigste u. für das Leben auf der Erde wichtigste Prozeß dieser Art ist die auch als *Assimilation bezeichnete Bldg. von Zuckern aus Kohlendioxid u. Wasser, die in grünen Pflanzen im Sonnenlicht erfolgt, wobei also unter Mitwrkg. von Chlorophyll (Blattgrün) Sonnenenergie in chem. Energie umgewandelt wird. Formal gesehen erfolgt dabei eine Red. des Kohlendioxids (der „verbrauchten" Form des Kohlenstoffs in der Natur) unter Freisetzung von Sauerstoff. Die Beziehung zwischen der P. u. der nicht an die Mitwrkg. von Licht gebundenen Atmung (wie alle lebenden Organismen verbrauchen auch die Pflanzen Sauerstoff, um durch die „Verbrennung" der aufgenommenen org. Nährstoffe die zur Aufrechterhaltung ihrer Lebensfunktionen notwendige Energie zu erzeugen) läßt sich schemat. durch eine einfache Gleichung ausdrücken:

$$6\ CO_2 + 6\ H_2O + 672\ kcal \xrightarrow[\text{Atmung}]{\text{Photosynthese}} C_6H_{12}O_6 + 6\ O_2 \ .$$

Tatsächlich sind die Verhältnisse aber wesentlich komplizierter, u. erst nach dem 2. Weltkrieg konnte man einen tieferen Einblick in den Mechanismus der P. gewinnen, als nämlich radioakt. markiertes Kohlendioxid ($^{14}CO_2$) für die Unters. zur Verfügung stand u. man mit der *Papierchromatographie auch über eine geeignete Analysenmeth. verfügte. Dem Amerikaner M. Calvin gelang es, so den Weg des Kohlenstoffatoms aus dem von der Pflanze aufgenommenen CO_2 bis zu den Endprod. der Assimilation zu verfolgen, wobei ihm die Alge Chlorella pyrenoidosa als Modellsyst. diente; er wurde für seine erfolgreichen Unters. (die er ab 1956 publizierte) 1961 mit dem Chemie-Nobelpreis ausgezeichnet. D. Burk u. O. v. Warburg (s. z. B. Z. Naturforsch. 6 b [1951] S. 12; Naturwiss. 1952, S. 227) hatten auf Grund ihrer Unters. angenommen, daß die P. aus einer Licht- u. einer Dunkelreaktion besteht. Während der Lichtreaktion sollte demnach CO_2 reduziert u. Sauerstoff entwickelt werden, der jedoch während der Dunkelreaktion wieder größtenteils zur Oxydation der aus dem CO_2 gebildeten org. Stoffe verbraucht würde (Rückoxydation); bei kontinuierlicher Belichtung müßten sich beide Reaktionen überlagern. Calvin konnte indes nachweisen, daß das Kernstück des Reaktionsablaufes der photosynthet. CO_2-Red. eine als Kreisprozeß („*Calvin-Cyclus*") ablaufende, in sich selbst zurückkehrende Folge von Reaktionsschritten ist, die man als die *Sekundärvorgänge* bezeichnet. Die Primärreaktion der P. besteht somit nicht in der Red. von CO_2, sondern dieses wird zusammen mit Wasser im Rahmen der Sekundärvorgänge an einen in der Pflanze vorliegenden Akzeptor gebunden, wobei Phosphoglycerinsäure (PGS) entsteht, die seit langem als biolog. Abbauprod. der Zucker bekannt ist. Dies führte zu der wichtigen Schlußfolgerung, daß P. u. Kohlenhydratstoffwechsel eng zusammenhängen. Bei der weiteren Verfolgung des Weges, den das C-Atom des fixierten CO_2 vom Primärprod. der P. bis zu den Endprod., den Kohlenhydraten, nimmt, erkannte Calvin, daß die früher als wesentliche Reaktionsstufe der P. angenommene Red. des CO_2 tatsächlich in der Red. der PGS besteht. Um diese aber bis zur Stufe der Kohlenhydrate reduzieren zu können, müssen sowohl ein Red.-Mittel wie auch ein org. energiereiches Phosphat (Adenosintriphosphat = ATP) zur Verfügung stehen; zur Prod. dieser Kofaktoren der P. wird Lichtenergie benötigt. Das bedeutet jedoch, daß das Licht gar nicht direkt an der P. teilnimmt, sondern nur zur Regenerierung der bei den Assimilationsreaktionen verbrauchten Kofaktoren mitwirkt; somit müssen die Primärvorgänge der P. außerhalb des Calvin-Cyclus ablaufen. Hinsichtlich der chem. Natur des CO_2-Akzeptors stellte sich heraus, daß es sich dabei um ein Deriv. eines bis dahin hinsichtlich seiner physiolog. Bedeutung völlig unbeachteten Zuckers, der Ribulose, handelt. Dieses Deriv., das CO_2 unter Bldg. von PGS bindet, wird bei dieser Reaktion ja verbraucht u. muß offensichtlich durch die Prod. der P. schließlich wieder regeneriert werden. Dies geschieht im Rahmen des Calvin-Cyclus auf einem sehr komplizierten Weg, u. zwischen den Primärprod. der P. u. dem regenerierten Akzeptor liegen nicht weniger als zehn Zwischenprod., u. die Reaktionen zwischen diesen Prod. werden durch 11 verschiedene Fermente katalysiert. Die Aufklärung der „Lichtreaktion", also der *Primärvorgänge* u. damit der Produktion der Kofaktoren, erfolgte weitgehend durch C.P. Whittingham (s. Proc. Roy. Soc. 156 B [1963] S. 291 bis 382). Er erkannte, daß in Algen u. den höheren Pflanzen zwei verschiedene Pigmentsyst. vorliegen, nämlich die Chlorophylle a u. b, die zwei verschiedene photochem. Reaktionen auslösen, die beide bei der P. ablaufen u. miteinander über eine therm. Reaktion verknüpft sind, an der sich wahrscheinlich Cytochrome beteiligen; daß beide für die P. notwendig sind, ergab sich daraus, daß Wasser als Wasserstoffquelle (u. damit als Lieferant des Red.-Mittels) für die P. fungiert. Im wesentlichen wird bei der „Lichtreaktion" Wasser photolyt. unter Bldg. von Sauerstoff u. Wasserstoff gespalten. Während O_2 in die Atmosphäre entweicht, wird Wasserstoff auf einen Akzeptor, Triphosphopyridinnucleotid = TPN übertragen, wobei dessen reduzierte Form $TPNH_2$ entsteht. Gleichzeitig mit der Wasserspaltung entsteht ATP aus Adenosindiphosphat u. anorg. Phosphat. $TPNH_2$ u. ATP greifen dann in den Calvin-Cyclus ein u. bewirken dort die Red. der PSG unter Bldg. von Glycerinaldehyd (als 3-Triosephosphat), von dem sich zwei Mol. mit Hilfe des Ferments Aldolase zur diphosphorylierten Hexose 1,6-Fructosediphosphat verbinden. Ein Teil der so gebildeten Hexosemol. scheidet als Fructose-6-phosphat als Endprod. aus dem Kreisprozeß aus u. wird dann über weitere Reaktionsschritte in Stärke umgewandelt. Die restliche Hexose wird in sehr komplizierten Einzelschritten über C_4-Zucker (Erythrose) u. C_7-Zucker (Sedoheptulose) schließlich in Pentosen übergeführt, u. mit der Bldg. von Ribulose-1,5-diphosphat, das erneut Kohlendioxid einlagern kann, wird der Kreislauf geschlossen. Man fand, daß für das Zustandekommen der Primärvorgänge der P. eine bestimmte Anordnung verschiedener Mol. in einer größeren Einheit notwendig ist. Bei der Belichtung dieser Organisation werden Elektronen dann vom Energieniveau des Wassers durch diese Einheit zum Niveau des TPN geleitet (vgl. H. T. Witt unter Lit.).

Techn. ausgenützte P. sind z. B. die Bldg. von Chlorwasserstoff aus den Elementen unter Lichteinw., die photochem. Chlorierung von Essigsäure u. von Aceton sowie die photochem. Einführung von Chlor in die aliphat. Seitenketten von aromat. Verb. *Geschichtl.*: Der engl. Theologe J. Priestley beobachtete 1772, daß ein Minzezweig die von einer Maus in einem abgeschlossenen Glasgefäß „verdorbene" Luft wieder verbessern konnte. Der Reaktionsverlauf der P. wurde erstmals 1804 von dem Genfer Chemiker N. Th. de Saussure erfaßt, wobei die Bedeutung des Wassers als Reaktionspartner in diesem Prozeß bereits deutlich erkannt wurde:

Kohlendioxid + Wasser + Licht $\xrightarrow{\text{(grüne Pflanze)}}$ Org. Substanz + Sauerstoff.

J. R. Mayer hat diesen Prozeß dann 4 Jahrzehnte später in sein „Gesetz von der Erhaltung von Stoff u. Energie" eingeordnet. — E: photosynthesis

Lit.: Bassham, J. A., Photosynthesis, in Surv. Progr. Chem. 3 [1966] S. 2—54; Calvin, M., The Path of Carbon in Photosynthesis, in Nobel Lectures Chemistry (1942—1962), Amsterdam-London-New York, Elsevier, 1964, S. 618—644; Calvin, M. u. J. A. Bassham, The Photosynthesis of Carbon Compounds, New York, Benjamin, 1963; Clayton, R. K., Molecular Physics and Photosynthesis, New York 1965, Echlin, P., Origins of Photosynthesis, in Sci. J. (London) 2 [1966] Nr. 4, S. 42—47; Egle, K., Die P. der grünen Pflanzen (Entw. u. Stand der Forschung), in Umschau 66 [1966] S. 549—557; Kamen, M. D., Primary Processes in Photosynthesis, New York, Academic Press 1963; Kirk-Othmer, 2. Aufl., Bd. 15, 1968, S. 331 bis 354; Kreutz, W., Röntgenunters. Strukturunters. in der P.-Forschung, in Umschau 66 [1966] S. 806—813; Krogmann, W. u. W. H. Powers, Biochemical Dimensions of Photosynthesis, Detroit 1966; Lehmann, J., Kohlenstoff-14 u. die Assimilation des Kohlendioxids, in Chemie in unserer Zeit 2 [1968] S. 67—73; Menke, W. u. A. Trebst, Zum Mechanismus der P., Köln 1967; Mühlethaler, K., Der Feinbau des P.-App., in Umschau 66 [1966] S. 659—662; Müller, E., Vom Sonnenlicht zum Perlonfaden, in Bild d. Wiss. 4 [1967] S. 198—205; Rabinowitch, E. I. u. Govindjee, The Role of Chlorophyll in Photosynthesis, in Scient. Amer. 213 [1965] Nr. 1, S. 74—83; San Pietro, A., Photosynthesis, New York, Academic Press, in Vorbereitung (erscheint in der Reihe: Colowick, S. P. u. N. O. Kaplan, Methods in Enzymology); San Pietro, A., F. A. Greer u. T. J. Army, Harvesting The Sun: Photosynthesis in Plant Life, New York, Academic Press, 1967; Wessels, J. S. C. u. M. van Koten-Hertogs, Photosynth.: Ein Überblick über den heutigen Stand der Forschung, in Philips' Techn. Rdsch. 27 [1966] S. 241—258; Whittingham, C. P., in Science Progr. (Oxford) Nr. 207 [1964] S. 375—385; ders., Recent Advances in Photosynthesis, in Ann.Rep.Progr.Chem. 63 [1966] S. 578—589; Witt, H. T., Neuere Erg. über die Primärvorgänge der P., in Umschau 66 [1966] S. 589—596; ders., Zur Analyse der P. mit Blitzlicht, in Angew. Chem. 77 [1965] S. 821—842; Bibliographie in Photochem. Photobiol. 1964; S. 163—188; 1965, S. 89—93, 281—297; s. auch *Assimilation.

Phototropie. Bez. für die Erscheinung der reversiblen Veränderung eines Farbtons bei Einw. (Absorption) von Licht. So färbt sich z. B. das gewöhnl. orangefarbene Triphenylfulgid bei Belichtung mit kurzwelligem Licht bläulich; im Dunkeln od. bei Bestrahlung mit rotem Licht stellt sich wieder die gewöhnl. Färbung ein. Diese Erscheinung wurde 1899 von Marckwald entdeckt. — E: phototropy

Lit.: Handwörterbuch d. Naturwiss. VII, 1932, S. 999 bis 1003; Kotchy, J., Blitzlichtspektroskop. Unters. der P. org. Verb., Diss. Techn. Hochschule München, 1966; Luck, W. u. H. Sand, Über P., in Angew. Chem. 76 [1964] S. 463—473.

Photovervielfacher (Sekundärelektronenvervielfacher, SEV). Nach DIN 44 020, Bl. 1 (Jan. 1961) u. Bl. 2 [März 1962] Bez. für Elektronenröhren mit einer Photokathode (s. *Photozelle) u. einem Elektrodensyst., in dem die Photoelektronen durch Sekundärelektronenemission vervielfacht werden. Über Anwendung von P. s. z. B. *Lichtstreuung. — E: photo-multipliers

Photo-Volta-Effekt = Sperrschicht-Photoeffekt

(siehe *Lichtelektr. Effekt). — E: photovoltaic effect

Photozellen. Nach DIN 44 020, Bl. 1 (Jan. 1961) Bez. für Elektronenröhren, in denen die Elektronen durch Bestrahlung mit *Photonen aus der Kathode befreit werden. Eine *Frontzelle* (s. DIN 44 022 [Dez. 1956]) ist eine P., bei der das Licht frontal, d. h. in der Richtung der Symmetrieachse einfällt; *Miniatur-P.* (s. DIN 44 023 [Juli 1958]) sind P., bei denen das Steuerlicht aus seitlicher Richtung auftrifft. Vgl. auch *Lichtelektr. Effekt. — E: phototubes, photoelectric cells, photocells

Phthal... = *Phthalo... — E: phthal-

Phthalal... = o-*Phenylendimethylidin... — E: phthalal-

Phthalamoyl... Bez. für die Atomgruppierung $-CO-C_6H_4-CO-NH_2(o)$ in systemat. Namen. — E: phthalamoyl-

Phthalazinyl... Bez. für die vom Phthalazin = $C_8H_6N_2$ = abgeleitete Atomgruppierung $-(C_8H_5N_2)$ in systemat. Namen. — E: phthalazinyl-

Phthalidyl... Bez. für die Atomgruppierung $-(C_8H_5O_2)$ = in systemat. Namen. E: phthalidyl-

Phthalidyliden... Bez. für die Atomgruppierung $=C-O-CO-C_6H_4(o)$ in systemat. Namen von org. Verb. — E: phthalidylidene-

Phthalimido... Bez. für die Atomgruppierung $-N-CO-C_6H_4-CO$ (o) in systemat. Namen. — E: phthalimido-

Phthal(o)... (abgeleitet von „Naphthalin"). Vorsilbe, die in den Namen von chem. Verb. eine Verwandtschaft zur od. eine Ableitung aus der Phthalsäure = Benzol-o-dicarbonsäure = $C_6H_4(COOH)_2$ ausdrückt. *Beisp.:* Phthalate, Phthalocyanine. — E: phthalo-

Phthaloyl... Bez. für die Atomgruppierung $-CO-C_6H_4-CO-$ (o) in systemat. Namen. Ältere Bez.: Phthalyl... — E: phthaloyl-

Phthalyl... = *Phthaloyl... — E: phthalyl-

Phthalyliden... = o-*Phenylendimethylidin... — E: phthalylidene-

pH-Wert s. *Wasserstoffionenkonz. — E: pH value

Phyll(o)... (griech.: phyllon = Blatt). Vorsilbe, die eine Beziehung zu Blättern ausdrückt. *Beisp.:* Chlorophylline, Phylline (Zers.-Prod. des „Blattgrüns" = Chlorophyll). — E: phyll(o)-

Physikalische Altersbestimmung = *Geochronologie. — E: physical dating

Physikalische Chemie (Chemische Physik). Bez. für das Grenzgebiet zwischen Chemie u. Physik, das sich mit der Erforschung der bei chem. Vorgängen auftretenden physikal. Erscheinungen sowie mit dem Einfl. physikal. Einw. auf chem. Vorgänge befaßt. Nach E. Lange (s. „Wissenschaftstheoret. Gesichtspunkte zur Physik, Chemie u. P. C.", in Chemiker-Ztg. 89 [1965] S. 587 — 596) erstreckte sich histor. der prakt. Lehrstoff der P. C. zunächst auf bei „chem. Reaktionen", also bei stöchiometr. Mol.-Umwandlungen im Elementarprozeß od. in makroskop. Phasensyst., meßbar auftretende energet. Effekte, die z. B. durch die Namen der Spezialgebiete *Thermochemie, *Elektrochemie, chem. *Thermodynamik, *Photochemie, hinreichend gekennzeichnet sind. Bald nahm man wegen der theoret. u. vor allem techn. Notwendigkeiten auch die entsprechenden meßbaren stofflichen u. energet. Effekte bei den nicht mit stöchiometr. Mol.-Umwandlungen verbundenen Erscheinungen der Phasen, der Phasenumwandlungen u. an den Phasengrenzen, also die Phasenlehre (s. *Phasen u. *Phasenregel von Gibbs) hinzu. Ferner wurden die für die Chemie wichtigen qual. u. quant. Gesichtspunkte zur Struktur der Atome u. der Mol. zur chem. Valenz, zur chem. *Kinetik u. mehr u. mehr auch die Erkenntnisse über Atomkerne u. Atomkernumwandlungen einbezogen. Für die Gesamtheit dieser ziemlich verschiedenen Teilgebiete wurde schließlich die Sammelbez. P. C. gewählt. Dieser Name ist allerdings vieldeutig: Erstens wird das Adjektiv physikal.-chem. oft — in Ermangelung eines eigenen kurzen Wortes — für die Gesamtheit von Physik u. Chemie überhaupt verwendet, z. B. in „Tab. physikal.-chem. Konst."; zweitens meint man damit gelegentlich irgendeine der ungezählten Grenzerscheinungen zwischen Physik u. Chemie u. drittens manchmal eine der Verknüpfungen energet. u. stofflicher Gesichtspunkte. Früher wurde gelegentlich die theoret. P. C. im Unterschied zur experimentellen P. C. auch einfach als „Theoret. Chemie" (vgl. jedoch dieses Stichwort) bezeichnet (s. z. B. das von W. Nernst „Theoret. Chemie" betitelte Lehrbuch, das im Verl. Enke, Stuttgart, erschien). Die Bez. P. C. wurde erstmals 1752 von W. I. Lomonossov verwendet (s. Ostwalds Klassiker, Nr. 178); ihre Entw. zur selbständigen Wissenschaft verdankt sie im wesentlichen den Arbeiten von M. Faraday, M. van't Hoff, W. Ostwald, S. Arrhenius u. W. Nernst. — E: physical chemistry

Lit.: Allg.: Cole, R. H. u. J. S. Coles, Physical Principles of Chemistry, San Francisco, Cal., W. H. Freeman & Co., 1965; Emschwiller, G., Chimie physique, I — III, Paris, Presses Univ. de France, 1951 — 1953; Eucken, A., Lehrbuch der chem. Physik, 2 Bde. (Bd. 2 in 2 Tl.), Leipzig, Akad. Verl. Ges., 1948; Eyring, H., W. Jost u. D. Henderson, Physical Chemistry: An Advanced Treatise (10 Bde. vorgesehen), II [1967], New York, Academic Press; Gilbert, J., Problèmes de Chimie Physique, Bd. 1: Atomistique et liaison chimique, Paris, Masson, 1960 (4 Bde. vorgesehen); Guggenheim-Hornig-Mayer-Tompkins, The International Encyclopaedia of Physical Chemistry and Chemical Physics (50—100 Bde. geplant, ab 1960), London, Pergamon Press; Hutchinson, E. u. P. Van Rysselberghe, Physical Chemistry (A Series of Monographs), New York, Academic Press (bis 1967 12 Bde. erschienen); Jellinek, K., Lehrbuch der P. C., Bd. I—V, Stuttgart, Enke, 1928—1937; Jost, W., Fortschritte der P. C., Monographien-Serie (ab 1957), Darmstadt, Steinkopff; Kaufmann, E., Advanced Concepts in Physical Chemistry, New York, McGraw-Hill, 1966; Landolt-Börnstein (s. *Tabellenwerke); Luck, W. A. P., Aufgaben der Angewandten P. C. in der chem. Industrie, in Chem.-Ing.-Techn. 40 [1968] S. 464—468; Partington, J. R., An Advanced Treatise on Physical Chemistry, 5 Bde., London, Longmans, 1949—1954; Prigogine, I., Advances in Chemical Physics, I [1958], II [1959], III [1961], IV [1962], V [1963], VI [1964], VII [1964], VIII [1965], IX [1965], X [1966], XI [1967], XII [1967], XIII [1967], New York-London, Wiley-Interscience; Thilo, Aktuelle Probleme der P. C., Berlin 1953; vgl. auch *Chemie-Lehrbücher u. *Tabellenwerke. *Methodik:* Beyer, E., Physikal.-chem. Unters.-Meth., Bd. 1, Elektrochem. Meßmeth., Leipzig, 1956; Brennan, D. u. C. F. H. Tipper, A Laboratory Manual of Experiments in Physical Chemistry, New York 1967; Guggenheim u. Prue, Physico-Chem. Calculations, New York, Interscience, 1955; Reilly, J. u. W. N. Rae, Physico-chemical Measurements, 3 Bde., Princeton, N.J. 1949—1954. *Physikal. Anorg. Chemie:* Marks, D. J. u. J. Donnelly, An Introduction to Physical Inorganic Chemistry, London 1968; Sienko, M. D. u. R. A. Plane, Physikal. Anorg. Chemie, Stuttgart 1965; vgl. auch *Chemie-Lehrbücher. *Physikal. Org. Chemie:* Gold, V., Advances in Physical Organic Chemistry I [1963], II [1964], III [1965], IV [1966], V [1967], New York, Academic Press; Hammett, L. P., Physical Organic Chemistry in Retrospect, in J. Chem. Educ. 43 [1966] S. 464—469; Hine, J., Physical Organic Chemistry, New York, McGraw-Hill, 1962; Hine-Benzing, Physikal.-org. Chemie, Stuttgart, Thieme, 1959; Kosower, E. M., An Introduction to Physical Organic Chemistry, New York-London, Wiley-Interscience, 1968; Streitwieser, A. u. R. W. Taft, Progress in Physical Organic Chemistry, I [1963], II [1964], III [1966], IV [1967], V [1967], New York-London, Wiley-Interscience; Wiberg, K. B., Physical Organic Chemistry, New York-London, Wiley-Interscience, 1964. *Physikal. Biochemie:* Bénézech, Ch., Physico-Chimie biologique et médicale, Paris, Masson, 1959; Brey, W. S., Principles of Physical Chemistry: An Introduction to Their Use in the Biological Sciences, New York, Appleton-Century-Crofts, 1958); Bull, H. B., An Introduction to Physical Biochemistry, Philadelphia, Pa 1964; Netter, H., Theoret. Biochemie, Berlin, Springer, 1959; Saunders, Principles of Physical Chemistry for Biology and Pharmacy, London-New York, Oxford Univ. Press, 1966; Williams, V. R. u. H. B. Williams, Basic Physical Chemistry for the Life Sciences, London-San Francisco, W. H. Freeman & Co., 1967. *Ztschr.:* Berichte der Bunsengesellschaft für Physikal. Chemie (bis 1963: Ztschr. für Elektrochemie usw.), Weinheim, Verl. Chemie; Ztschr. für Physikal. Chemie (seit 1887), Leipzig, Akad. Verl. Ges.; Ztschr. für Physikal. Chemie (neue Folge), ab 1954 Frankfurt, Akad. Verl. Ges. (mit voriger Ztschr. nicht identisch); Ztschr. für Naturforschung A, Tübingen; Journal of Physical Chemistry, Baltimore, Williams and Wilkins Co.; Journal of Chemical Physics, New York, American Inst. of Physics; Journal de Chimie Physique et de Physicochimie Biologique, Paris, Société de Chimie Physique; Zhurnal Fizicheskoi Khimii, Moskva, Izdatel'stvo Akademii Nauk SSSR (engl. Übersetzung: Russian Journal of Physical Chemistry, London, Cleaver-Hume Press Ltd.). *Organisation:* Deutsche Bunsen-Gesellschaft.

Physiologische Chemie (Chem. Physiologie). Bez. für das Grenzgebiet zwischen *Biochemie u. Physiologie, das sich als Teilgebiet beider Wissenschaften auffassen läßt. Die Aufgabe der P. C. besteht in der Erforschung physiolog. Vorgänge, soweit sie chem. Natur od. mit chem. Meth. faßbar sind, wie vor allem Verdauung, Stoffwechsel u. Organtätigkeit. Die P. C. wird häufig als selbständiger Wissenschaftszweig gleichgeordnet neben die Biochemie gestellt, noch häufiger allerdings mit dieser identifiziert (von manchen Autoren sogar auch mit der *Molekularbiologie!), doch ist es sicher berechtigt, ihr einen Platz innerhalb der Biochemie zuzuordnen u. sie als *dynam. Biochemie* od. *Biochemie der Lebenserscheinungen* neben die *deskriptive* (=beschreibende) *Biochemie* (die die Kenntnis von Konstitution u. Eig. der org. wichtigen *Naturstoffe vermittelt) zu stellen. Vgl. auch *Klin. Chemie, *Lebensmittelchemie, *Medizin. Chemie, *Neurochemie u. *Ökolog. Chemie. — E: physiological chemistry

Lit.: Abderhalden, Physiolog. Praktikum, Frankfurt a. M., Steinkopff, 1948; Bell, G. H., J. N. Davidson u. H. Scarborough, Textbook of Physiology and Biochemistry, Edinburgh-London, Livingstone Ltd., 1956; Bode-Ludwig, Chem. Praktikum für Mediziner, Berlin, Springer, 1948; Clemens, Grundriß der P. C., Bonn, Dümmler, 1951; Colloquien der Gesellschaft für P. C. in Mosbach/Baden, 4 [1953], 5 [1955], 6 [1956], 7 [1956], 8 [1958], 9 [1959], 10 [1960], 11 [1961], 12 [1961], 13 [1963], 14 [1964], 15 [1965], 16 [1966]; Durbin, R. P., Physico-Chemical Elements of Physiology, London 1965; Dyckerhoff, H., Wörterbuch der P. C. für Mediziner, Berlin, de Gruyter, 1955; Edlbacher, Praktikum der P. C., Berlin, de Gruyter, 1948; Felix, K., Physiolog. Chemie, Heidelberg, Quelle u. Meyer, 1951; Fischbach, Grundriß der Physiologie u. P. C., München, Müller u. Steinicke, 1967; Flaschenträger, B., Physiolog.-chem. Praktikum, Zürich 1941; Flaschenträger, B. u. E. L. Lehnartz, P. C.: I, Die Stoffe [1951], II, Der Stoffwechsel, 1 a, b [1954], 2 a [1956], 2 b [1957], 2 c [1959], 2 dα, β [1965], Berlin, Springer; Friede, R. L., Chemical Anatomy of the Brain, New York 1966; Hahn, A., Grundriß der P. C., Stuttgart, Enke, 1946; Heilbrunn, L. V., The Dynamics of Living Protoplasm, New York, Acad. Press, 1956; *Hoppe-Seyler-Thierfelder; Kerkut, G. A., Experiments in Psychology and Biochemistry, Bd. 1, New York-London, Academic Press, 1968; Legahn, Physiolog. Chemie I—II, Sammlung Göschen, Bd. 240/41, Berlin, de Gruyter; Lehnartz, E., Einführung in die chem. Physiologie, Berlin, Springer, 1959; Leuthardt, F., Lehrbuch der P. C., Berlin, de Gruyter, 1963; Lieben, F., Geschichte der P. C., Wien, Deuticke, 1935; Lohmann, Physiolog.-chem. Praktikum, Weinheim, Verl. Chemie, 1948; Oser, B. L., Hawk's Physiological Chemistry, New York 1965; Rapoport, S. M. u. H.-J. Radebrecht, Physiolog.-chem. Praktikum mit Berücksichtigung klin.-chem. Gesichtspunkte, Berlin, Verl. Technik, 1967; Rothschuh, K. E., Geschichte der Physiologie, Berlin, Springer, 1953; Ruhland, W., Handbuch der Pflanzenphysiologie, Berlin, Springer, ab 1955; Schmitz, E., Lehrbuch der chem. Physiologie, Leipzig, Barth, 1958; Schulz, F., Grundriß der chem. Physiologie, Jena, Fischer, 1954; Skramlik, Anleitung zum physiolog.Praktikum, Jena,Fischer,1956; Strand, F. L., Modern Physiology. The Chemical and Structural Basis of Function. London 1965. *Ztschr.:* Hoppe-Seylers Zeitschrift für Physiolog. Chemie, Berlin, de Gruyter; Pflügers Archiv der ges.Physiologie des Menschen u. der Tiere, Berlin, Springer; Ztschr. für naturwiss.-mediz. Grundlagenforsch., Basel, (1962—); Comparative Biochemistry and Physiology, London, Pergamon Press. *Organisation:* Gesellschaft für Physiologische Chemie, Wuppertal-Elberfeld; Über das Berufsbild des Physiolog. Chemikers informiert das Heft „Physiologische Chemiker" (Prof. Dr. K. Hinsberg, 9 S., 1957) des W. Bertelsmann Verl., Bielefeld.

Phyt(o)... (griech.: phyton = Pflanze). Vorsilbe, die eine Beziehung zu (z. B. Gewinnung aus) Pflanzen ausdrückt. *Beisp.:* Phytochemie, Phytohormone, Phystol. — E: phyto-, phyt-

Phytochemie. Bez. für den Bereich der *Biochemie, der sich mit der Zus. von Pflanzen u. den in ihnen auftretenden chem. Umsetzungen befaßt. — E: phytochemistry

Lit.: Bonner, J. u. J. Varner, Plant Biochemistry, New York 1965; Davies, D. D., Plant Chemistry, Oxford 1962; Doby, G., Plant Biochemistry, New York-London, Wiley-Interscience, 1966; Fowden, L., The Chemical Approach to Plants, in Sci. Progress (Oxford) Nr. 212 [1965] S. 583—595; Goodman, R. N., Z. Kiraly u. M. Zaitlin, The Biochemistry and Physiology of Infectious Plant Disease, London 1967; Hegnauer, R., Chemotaxonomie der Pflanzen I [1962], II [1963], III [1964], IV [1965] V [1968], VI [für 1969 angekündigt], Basel, Birkhäuser-Verl.; Mentzer, C. u. O. Fatianoff, Actualité de Phytochimie fondamentale, Paris 1964; Mothes, K., Chem. Muster u. Entw. in der Pflanzenwelt, in Naturwiss. 52 [1965] S. 571—585; Pridham, J. B. u. T. Swain, Biosynthetic Pathways in High Plants, New York 1965; Swain, T., Comparative Phytochemistry, New York, Academic Press, 1966; ders., Chemical Plant Taxonomy, New York, Academic Press, 1963; vgl. auch Chemie mit künstlichen Pflanzensyst., in Nachr. Chem. Techn. 15 [1967] S. 196 bis 197. — Innerhalb der *IUPAC besteht eine „Commission on Chemical Plant Taxonomy" (vgl. IUPAC-Inf. Bull. Nr. 27 [Dez. 1966] S. 6—9).

Phytoregulatoren. Wachstumsregulatoren bei Pflanzen. Man unterscheidet nach A. J. Pastac (C. R. Hebd. Séances Acad. Sci. 256 [1963] S. 318 bis 320) folgende 3 Gruppen: 1. Stimulatoren in Form von Essigsäurederiv. (z. B. β-Indolylessigsäure, α-Naphthylessigsäure) ; 2. Inhibitoren in Form substituierter, zweibasiger Säureamide od. imide (α-Naphthylphthalmid, 2,5-Dichlorphenylphthalamid, 3,5-Trichlorphenylsuccinamid) ; 3. Gibberelline u. Auxine. Thalidomid (Wachstumsregulator für tier. Gewebe) zeigt Struktur- u. Wrkg.-Analogie zur 2. Gruppe. — E: phyto-regu-ators

Phytotherapie. Bez. für Heilverf. unter Anwendung pflanzlicher Arzneimittel, wobei ganze Pflanzen bevorzugt werden; s. E. Schratz in Dtsch. Apoth. Ztg. 1962, S. 1075—1077. — E: phyto-herapy

Phytyl... Bez. für die vom Phyten = Tetramethylhexadecen = $C_{20}H_{40}$ abgeleitete Atomgruppierung — $(C_{20}H_{39})$ in systemat. Namen. Darf nicht verwendet werden, wenn eine mit Veränderung der Kohlenstoffkette verbundene Substitution (z. B. durch *Alkyl, *Aryl, *Acyl) vorliegt. — E: phytyl-

pi s. *π. — E: pi

Pico... = *Piko...

Picr(o)... = *Pikr(o)...

Piezochemie („Druckchemie"). Selten verwendete Sammelbez. für die durch Einw. von Überdruck ausgelösten od. unter hohem Druck verlaufenden chem. Reaktionen od. Prozesse. Zur P. sind somit die sog.*Hochdruckchemie wie auch der Einsatz von *Stoßwellen zu zählen. — E: piezo-chemistry

Piezochromie. Bez. für einen der *Thermochromie analogen u. ebenfalls reversiblen Vorgang, daß Substanzen in fester Form od. in fester Lsg. durch mechan. Einw. in Form von Druck farbig werden; nach kurzer od. längerer Zeit geht die Farbe zurück u. kann durch erneute Druckeinw. wieder hervorgerufen werden.Dieser Effekt wurde erstmals an Dehydrodianthron beobachtet (s. H. Meyer in Monatsh. Chem. 30 [1909] S. 165), bei dem sich ein druckabhängiges Gleichgew. zwischen zwei konstellationsisomeren Formen des Mol. einstellt, die wegen der nicht koplanaren Struktur als Ausgleichsformen von unterschiedlichem Energieinhalt anzusehen sind. — E: piezochromism

Lit.: Kortüm, G., Thermochromie, Photochromie u. Photomagnetismus, in Angew. Chem. 70 [1958] S. 14 bis 20.

Piezoelektrizität. Bez. für die elektrostat. Aufladung, die beim Zusammendrücken von Kristallen mit polaren Achsen (Quarz, Turmalin) in Richtung dieser Achsen beobachtet wird; dabei haben die Ladungen der einander gegenüberliegenden Kristallflächen entgegengesetzte Vorzeichen. Die P., die bei Nachlassen des Druckes wieder verschwindet, beruht auf der Polarisation der Atome, d. h. der Verschiebung der äußeren Elektronenhüllen gegenüber dem Atomrumpf, bei der Druckeinw. Läßt man auf den Kristall Zugkräfte einwirken, so tritt ebenfalls elektr. Aufladung ein, jedoch mit umgekehrter Ladungsverteilung als im ersten Fall. Die Bez. P. (von griech.: piezo = pressen, drücken) wurde 1881 von Hankel eingeführt. Entdecker des piezoelektr. Effektes waren die Brüder J. u. P. Curie (1880). Durch elektr. Felder können umgekehrt an piezoelektr. erregbaren Kristallen Kompression u. Dilatation, durch elektr. Wechselfelder mechan. Schwingungen in den Kristallen erzeugt werden. Der *piezoelektr. Effekt* u. seine Umkehrung finden vielseitige Anwendung in der Hochfrequenztechnik (Kristall-

Pigmente

mikrophone, Piezoquarze, Quarzuhren) u. zur Erzeugung von Ultraschall. — E: piezoelectricity
Lit.: Bechmann, R. u. S. Ayers, Piezoelectricity, London 1957; Bergmann, L., Schwingende Kristalle u. ihre Anwendung in der Hochfrequenz- u. Ultraschalltechnik, Leipzig, Teubner, 1953; Cady, Piezoelectricity, New York, McGraw Hill, 1946; Eller, E., Squeeze Electricity, in Internat Sci. Technol 1965 (Juni), S. 32—38; Gmelin, Syst.-Nr. 15, Si, Tl. B, 1959, S. 380 bis 397; Gohlke, W., Einführung in die piezoelektr. Meßtechnik, Leipzig 1959; Herzog, W., Oszillatoren mit Schwingkristallen, Berlin, Springer, 1958; Mason, W. P., Piezo-Electric Crystals and their Applications to Ultrasonics, London, Van Nostrand, 1950; Parrish, W., in Philip's Techn. Rdsch. 11 [1950] S. 328—339, 359—369; vgl. auch Ullmann X, 809.

Pigmente. Nach DIN 55 945, Bl. 1 (März 1961) Bez. für in *Lsgsm.* od. *Bindemitteln prakt. unlösl., org. od. anorg., bunte od. unbunte *Farbmittel. Die früher übliche Bez. „Farbkörper" soll nach einer Empfehlung dieser Norm nicht mehr verwendet werden; als Synonyma sind auch die Bez. *Trockenfarben* u. *Körperfarben* in Gebrauch. Nach der chem. Zus. lassen sich die P. in *anorg. P.* (Mineral-P.) u. *org. P.* einteilen; so wurde z. B. bei der Einteilung nach DIN 55 944 (Jan. 1957) verfahren, die unter dem Stichwort *Farbmittel wiedergegeben ist. Eine weitere Einteilungsmöglichkeit für die P. ist die nach den Farbton in weiße, schwarze u. bunte P. sowie in Spezialpigmente. Zu den *Weiß-P.* gehören vor allem Bleiweiß, Zinkweiß, Titandioxid u. Antimonweiß; als *Schwarz-P.* eignen sich einige schwarze od. schwarzgraue Schwermetalloxide u. -sulfide (z. B. Magnetit, Eisenoxidschwarz, Eisenglimmer, Manganschwarz, Kobaltschwarz, Antimonschwarz), natürlicher Graphit, sog. Schwärzen (= verkohlte Reste tier. od. pflanzlicher Stoffe) u. vor allem die Ruße. Bei den *Bunt-P.* unterscheidet man Violett-P. (z. B. Manganviolett), Blau-P. (z. B. Ultramarin), Gelb-P. (z. B. Zinkgelb), Braun-P. (z. B. Sepia), Grün-P. (z. B. Zinkgrün) u. Rot-P. (z. B. Eisenoxidrot). Zu den *Spezialpigmenten* zählt man Rostschutz-P. u. die Bronzefarben (= Metalle od. Metallen. in pulver- od. schuppenförmiger Verteilung, wobei die echten Gold- u. Silberbronzen neben den unechten aus unedlen Metallen nur eine ganz untergeordnete Rolle spielen), obwohl einige der hierzu geeigneten P. (z. B. Mennige) sich auch noch in anderen Gruppen (z. B. als Rot-P.) einordnen lassen. Als *Pigmentfarbstoffe* gelten nach DIN 55 945, Bl. 1 (März 1961) durch Synth. direkt erzeugte P. Diese in Wasser vollkommen u. in org. Lsgm. weitgehend unlösl. Farbstoffe gehören chem. den folgenden Farbstoffklassen an: Azo-, Anthrachinon-, Chinacridon-, Dioxazin-, indigoide u. Nitro-Farbstoffe. Die *Komplex-Pigmentfarbstoffe* sind innere Komplexsalze von komplexbildenden Metall-Ionen (z. B. Cu^{2+}, Ni^{2+}, Fe^{2+}, Fe^{3+}, Cr^{3+}); chem. gehören hierzu die Phthalocyanine sowie Azo- u. Nitrosofarbstoffe. Als weitere Gruppe sind zu den künstlichen org. P. (s. Einteilung bei *Farbmittel) die *Farblacke zu rechnen. — Eine *Pigmentpaste* ist nach DIN 55 945, Bl. 1 (März 1961) die Dispersion eines P. od. P.-Gemisches in einem fl. Medium, welches das P. in hoher Konz. enthält. Sie dient zum Pigmentieren od. Nuancieren von *Anstrichstoffen u. anderen Erzeugnissen u./od. zum Herstellen streichfertiger *Anstrichfarben. — E: pigments
Lit.: Champetier u. H. Rabaté, Chimie des Pigments, Vernis et Peintures I—II, Paris, Dunod, 1956; dies., Physique des Peintures, Vernis et Pigments I—II, Paris, Dunod, 1962; Delattre, R., Masse volumique et Grandeurs connexes pour l'Appréciation des Pigments, in Farbe u. Lack 68 [1962] S. 292—298; Herrmann, E., Handbuch für den P.-Verbraucher, Hannover, Vincentz, 1962; Hezel, E., Systemat. qual. Analyse anorg. P.-Gemische, Hannover, Vincentz, 1967; Kittel, H., Pigmente, Stuttgart, Wiss. Verl. Ges., 1960; König, R., Anorg. P. u. Röntgenstrahlen, Stuttgart, Enke, 1956; Lubs, Synthetic Dyes and Pigments, New York, Reinhold, 1955; Neill, K. G., Recent Advances in the Chemistry of Dyes and Pigments, in Rev. Pure Appl. Chem. 14 [1964] S. 67—80; Kiefer, D. M., Paint Industry, in CAEN 1965, Nr. 5, S. 86—96, Nr. 6, S. 80—92; Patterson, D., Pigments: An Introduction to Their Physical Chemistry, Amsterdam, Elsevier, 1967; Rabaté, H., Glossaire trillingue français, anglais, allemand, spécial aux industries des cires, huiles, résins, pigments, vernis, peintures etc., Paris, Soc. Product. Documentaires, 1949; Remington u. Francis, Pigments, London, Leonard Hill, 1954; Ullmann XIII, 737—823. *Ztschr.:* Dtsch. Farben-Zeitschrift, Stuttgart, Wiss. Verl. Ges.; Farbe u. Lack, Hannover, Vincentz; Farbe (Ztschr. für alle Zweige der Farbenlehre u. ihre Anwendung), Göttingen, Musterschmidt (Bd. I erschien 1952); Fette-Seifen-Anstrichmittel, Hamburg, Industrieverl. von Hernhausen; Peintures, Pigments, Vernis, Paris, Presses Documentaires.

Piko... (Vorsatzzeichen p) = 10^{-12}. Vorsatz zur Bez. des 10^{12}. Teilbetrages einer physikal. Einheit. — E: pico-

Pikr(o)... (griech.: pikros = bitter). Vorsilbe, die auf bitteren Geschmack hinweist. *Beisp.:* Pikrinsäure, Pikrite (Eruptivgesteine mit hohen Geh. an „Bittererde" = Magnesiumoxid = MgO). — E: picro-, picr-

Pikryl... Bez. für die Atomgruppierung

$$\underset{NO_2}{\underset{|}{\overset{NO_2}{\overset{|}{\bigodot}}}}-NO_2 \;=\; -(C_6H_2(NO_2)_3)$$

in systemat. Namen. — E: picryl-

Pile (Mehrzahl: Piles). Gelegentlich im dtsch.-sprachigen Schrifttum verwendeter engl. Terminus für Haufen od. Aufeinandergestapeltes, wird z. B. auch für Scheiterhaufen, Meiler, galvan. Säulen u. dgl. benützt. In USA bezeichnet man die *Reaktoren oft als Piles.

Pillen = *Pilulae. — E: pills, pellets

Pilulae (Pillen). Lat. (pila = Ball) Bez. für kugelige, 0,1–0,2 g schwere Arzneizubereitungen, die angewendet werden, wenn pulverisierbare od. dickfl. Arzneistoffe in Einzeldosen, die unter 0,2 g liegen, längere Zeit hindurch verabreicht werden sollen. Der Arzneistoff wird zusammen mit einer erträglich schmeckenden Pillengrundlage verknetet u. dann auf der Pillenmaschine zu Pillen geformt. Es heißen z. B. Pilulae asiaticae = Arsenikpillen; P. Cascarae sagradae = Sagradapillen; P. Ferri arsenicosi = Eisen-Arsen-Pillen; P. Ferri carbonici Blaudi = Blaudsche Eisenpillen. Vgl. Ullmann IV, 8. –

Pimeloyl... Bez. für die Atomgruppierung $-CO-[CH_2]_5-CO-$ in systemat. Namen. Darf nicht verwendet werden, wenn eine mit Veränderung des Kohlenstoff-Gerüstes verbundene Substitution (z. B. durch *Alkyl, *Aryl, *Acyl) vorliegt. Vgl. auch *Heptandioyl... – E: pimeloyl-

Pinanyl... Bez. für die vom Pinan = $C_{10}H_{18}$ =

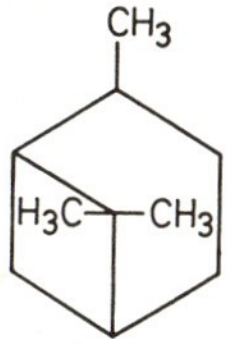

abgeleitete Atomgruppierung – ($C_{10}H_{17}$) in systemat. Namen. – E: pinanyl-

Pinanylen... Bez. für die vom Pinan = $C_{10}H_{18}$ (s. *Pinanyl...) abgeleitete Atomgruppierung – ($C_{10}H_{16}$) – in systemat. Namen. – E: pinanylene-

Pinanyliden... Bez. für die vom Pinan = $C_{10}H_{18}$ (s. *Pinanyl...) abgeleitete Atomgruppierung = ($C_{10}H_{16}$) in systemat. Namen. – E: pinanylidene-

Pin(o)... (lat.: pinus = Kiefer). Vorsilbe, die in den Namen von chem. Verb. auf die Herkunft aus der Kiefer od. eine Verwandtschaft zum Pinen = $C_{10}H_{16}$ ausdrückt. – E: pino-, pin-

Pint. In Großbritannien u. USA (unterschiedlich) verwendetes Hohlmaß. 1. Großbritannien: 1 pint = 1/8 imp. gallon; Umrechnung: 1 pint = 0,568261 dm³. – 2. USA (Kurzzeichen: liq pt). Für Fl. u. im Bereich der Apotheken gilt: 1 liquid pint = 1/8 US gallon; Umrechnung: 1 liquid pint = 0,47317931 dm³. Für Trockensubstanzen gilt: 1 dry pint = 1/64 US bushel; Umrechnung: 1 dry pint = 0,55061377 dm³. –

Pionen = π-Mesonen (s. *Mesonen u. *Elementarteilchen). – E: pions

Lit.: Höhler, G., Photoerzeugung von P. u. Nucleonen, in Umschau 66 [1966] S. 673; Marshak, in Scient. Amer. 196 [1957] Nr. 1, S. 84–92; Cern-Symposium, Genf, Bd. 2, 1956 (Pion Physics).

Pionenatome (π-meson. Atome). Mesonenatomart (s. *Mesonenatome), in der ein negatives π-Meson an einen positiven Atomkern gebunden ist. – E: pionic atoms

Lit.: Ericson, M. u. T. E. O. Ericson, Optical Properties of Low Energy Pions in Nuclei, in Ann. Phys. 36 [1966] S. 311; Jenkins, D. A., Pionic Atoms, in McGraw-Hill Yearbook Science and Technology 1967, New York 1967, S. 298–300; vgl. auch Physikal. Bl. 23 [1967] S. 461.

Piperidino... Bez. für die Atomgruppierung

$-(C_5H_{10}N) =$ in systemat. Namen.

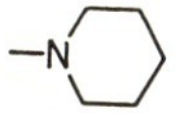

– E: piperidino-

Piperidyl... Bez. für die Atomgruppierung

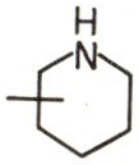

$= -(C_5H_{10}N)$

(z. B. Piperidyl-(2)) in systemat. Namen. – E: piperidyl-

Piperidyliden... Bez. für die Atomgruppierung = (C_5H_9N) in systemat. Namen. – E: piperidylidene-

Piperonyl... Bez. für die Atomgruppierung

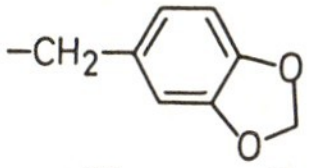

$-CH_2-$ $= -(C_8H_7O_2)$

in systemat. Namen. – E: piperonyl-

Piperonyliden... Bez. für die Atomgruppierung

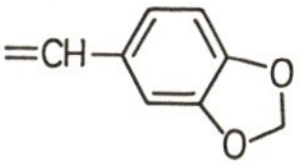

$=CH-$ $= =(C_8H_6O_2)$

in systemat. Namen. – E: piperonylidene-

Piperonyloyl... Bez. für die Atomgruppierung

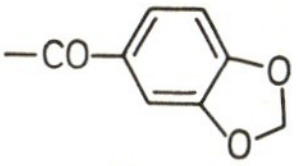

$-CO-$ $= -(C_8H_5O_3)$

in systemat. Namen. – E: piperonyloyl-

Pipetten (französ.: pipette = Pfeifchen). Bez. für Glasgeräte zur Vol.-Messung in Form von dünnen Glasröhren, die geeichte Stechheber sind u. die im chem. Laboratorium zur Entnahme bestimmter Fl.-Mengen dienen. Nach dem Eintauchen in die Fl. u. Ansaugen bis zur Eichmarke wird durch Verschließen der oberen Öffnung mit dem Finger die Fl. am Ausfließen gehindert. Man unterscheidet in der Hauptsache zwischen Meß- u. Voll-P.; beide Arten sind in unterschiedlichen Ausführungsformen erhältlich. Genormt sind nach DIN 12 690 (Apr. 1960) *Voll-P.* auf Ablauf mit bauchiger Erweiterung u. Ringmarke zur Kennzeichnung des Inhalts (s. Abb. a), nach DIN 12 695 (Sept. 1959) mit Graduierung versehene *Meß-P.* für teilweisen (s. Abb. b) u. nach DIN 12 696 (Sept. 1959) solche für völligen Ablauf (s. Abb. c). Die Meß-P. für teilweisen Ablauf

Pipettieren

sind nicht bis zur Spitze graduiert. Das Ansaugen der Fl. erfolgt in der Regel mit dem Mund, bei giftigen od. ätzenden Fl. mit einer Saugvorrich-

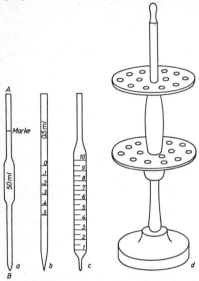

tung. Die P. werden in einem *P.-Ständer* (s. Abb. d) abgestellt, der meist aus Holz angefertigt ist. Eine bes. Form von P. ist die Hempel-P. (s. *Gasanalyse).* — E: pipets, pipettes

Lit.: Martin, Sicherheits-P., in Chemie-Labor-Betrieb 6 [1955] S. 78—80.

Pipettieren. Einfüllen einer bestimmten Fl.-Menge mit Hilfe einer *Pipette. — E: pipetting

Pistill (Reibkeule) s. *Reibschale. — E: pestle

Pivaloyl... Bez. für die Atomgruppierung $-CO-C(CH_3)_3$ in systemat. Namen. Darf nicht verwendet werden, wenn eine mit Veränderung des Kohlenstoffgerüstes verbundene Substitution (z. B. durch *Alkyl, *Aryl, *Acyl) vorliegt. Veraltete Bez.: Pivalyl... — E: pivaloyl-

Pivalyl... = *Pivaloyl...

Pix. Lat. Bez. für Pech bzw. Teer. *Beisp.:* Pix alba = Weißpech, Kiefernharz, P. Fagi = Buchenholzteer, P. betulina = Birkenrindenteer.

π-Komplexe. Bez. für Mol.-Verb., bei denen ein π-Elektronensyst. als Ganzes als Donator wirkt. 1. (Metall-π-Komplexe) Bez. für Metallverb., die eine Zwischenstellung zwischen den Koordinationsverb. (s. *Koordinationslehre) u. den *metallorg. Verb. einnehmen u. meist zu den letztgenannten gezählt werden. Im Gegensatz zu den π-Akzeptorliganden-Komplexen (s. *π-Akzeptorliganden) liegen die Metallatome außerhalb der Mol.-Ebene der Liganden, bei denen es sich um ungesätt. od. aromat. org. Verb. handelt. Im Falle der olefin. Komplexe wird die Bindung auf die Wechselwrkg. zwischen π-Elektronen des ungesätt. Mol. u. Hybrid-Orbitalen des Metalls zurückgeführt. Nach Desar (1951) läßt sich die Olefin-Metallbindung in einen σ- u. einen π-Bindungsanteil aufteilen, wobei der erstere durch Überlappen des bindenden π-Orbitals des Olefins mit freien Orbitalen des Zentralatoms u. der zweite (Rückbindung) durch Kombination von besetzten d-Zuständen des Metalls mit antibindenden Orbitalen des Olefins gedacht ist. Die bekannteste Verb. dieser Gruppe ist das sog. Zeiselsche Salz = $KCl \cdot PtCl_2 \cdot C_2H_4 \cdot H_2O$. Die 2. Gruppe von π-K. sind vor allem durch das Ferrocen (= π-$C_5H_5)_2$Fe repräsentierten *Sandwich-Verb. (s. dort). 2. Wahrscheinlich entstehen auch π-K. bei einer Reihe von org. Reaktionen, die unter Addition an olefin. Bindungen über einen 1:1-Komplex zwischen Olefin u. Reagenz verlaufen. Als π-K. wäre demnach auch die farblose u. nichtleitende Additionsverb. zwischen Benzol- u. Chlorwasserstoff, die selbst bei $-79°$ noch stark in die Komponenten dissoziiert ist, zu betrachten; vgl. O. A. Reutov, Fundamentals of Theoretical Organic Chemistry, Amsterdam, North-Holland, 1967, S. 98 f. u. 191 f. — E: π complexes

Lit. zu 1: Fischer, E. O. u. H. Werner, Metall-π-Komplexe mit di- u. oligoolefin. Liganden, Weinheim, Verl. Chemie, 1963.

pK-Wert = Negativer dekad. Logarithmus der Gleichgew.-Konst. einer chem. Reaktion; s. *Chem. Gleichgew. — E: pK value

Placebo (lat.: „ich werde gefallen"). Bez. für wirkstofffreie harmlose „Scheinarzneimittel" (Tabletten, Pillen, Injektionen usw.), die Gesunden od. Kranken neben echten Arzneimitteln verabreicht werden, um die Wrkg. der letzteren objektiv zu vergleichen u. suggestive Einfl. auszuschalten. — E: placebo

Lit.: Bückert, A. u. W. Niederberger, in Schweiz. Med. Wschr. 1963, S. 344—357; Gravenstein, J. S., in Arzneimittelforsch. 1956, Nr. 10; Haas, H., Die Pharmakologie des P., in Umschau 62 [1962] S. 65—68; Haas, H., H. Fink u. G. Härtfelder, Das P.-Problem, in Fortschr. Arzneimittelforsch. I [1959]; Lasagna, L., in Scient. Amer. 193 [1955] Nr. 2, S. 68—71; über Herst. von P. s. Dtsch. Apoth. Ztg. 1959, S. 702.

Plancksches Wirkungsquantum s. *Quantentheorie. — E: Planck's constant

Plasma. 1. Kurzbez. für Protoplasma (= belebte Eiweißsubstanz). 2. (Auch therm. P. od. „4. Aggregatzustand" genannt) Bez. für überhitzte Gase, deren Eig. durch die Aufspaltung der Mol. in Ionen u. Elektronen bestimmt sind. Solche P. liegen in heißen Sternen u. (eine Teilsek. lang) in den Reaktionsprod. von explodierenden *Kernwaffen vor. Der Ausdruck P. (im physikal. Sinne) wurde 1930 von Langmuir geprägt. P. kann in dem heute techn. interessierenden Temp.-Bereich bis ca. 50 000° in guter Näherung z. B. durch

Ohmsche Widerstandsheizung, im Lichtbogen, durch Lichtimpulse od. durch Umwandlung kinet. Energie in einer Stoßfront erzeugt werden. Im Extremfall sind beim P. die Atomkerne durch völlige Ionisation von ihren Elektronenhüllen getrennt; ein solches P. besteht nur noch aus positiv geladenen Ionen u. negativ geladenen Elektronen; es ist nach außen elektr. neutral. — E: plasma

Lit. zu 2: Baddour, R. F. u. R. S. Timmins, The Application of Plasmas to Chemical Processing, Oxford, Pergamon, 1967; Beguin, C. P., Kanaan, A. S. u. Margrave, J. L., P.-Chemie, in Endeavour [dtsch. Ausgabe] 23 [1964] S. 55—60; Bekefi, G., Radiation Processes in Plasmas, New York 1966; Briggs, R. J., Electron-Stream Interaction with Plasmas, Cambridge 1965; Cambel, A. B., Plasma Physics and Magnetofluidmechanics, London 1962; Chang, D. D. u. S. S. Huang, Plasma Space Science Symposium, New York 1966; Clauser, F. H., Sympos. of Plasma Dynamics, New York, Addison-Wesley, 1960; Collongues, R., Production des hautes températures chalumeaux et fours à plasma, in Sciences (Paris) Nr. 30 [1964] S. 24—35; Drummond, J. E., Plasma Physics, New York, 1960; Frank-Kamenezki, D. A., P. — der vierte Aggregatzustand, Frankfurt/M., Deutsch, 1965; ders., Vorlesungen über P.-Physik, Berlin 1967; Fucks, W., Das Hochtemp.-P., in Bild d. Wiss. 1 [1964] Nr. 3, S. 61—68; Gottlieb, M. B., Plasma — The Fourth State, in Internat. Sci. Technol. Nr. 44 [1965] S. 44—50; Hellund, E. J., The Plasma State, New York, Reinhold, 1961; *IUPAC, Properties and Applications of Low Temperature Plasma (6 Plenarvorträge des Symposiums in Moskau 1965), London 1967; Jancel, R. u. T. Kahan, Electrodynamics of Plasma, Bd. 1, New York 1967; Leontovich, Plasma Physics and the Problem of Controlled Thermonuclear Reactions, I [1960], II [1959], III [1959], IV [1960], London, Pergamon Press; Linhart, J. G., Plasma Physics, New York, Interscience, 1960; Lochte-Holtgreven, W., Fortschritte auf dem Gebiet der P.-Physik, in Umschau 68 [1968] S. 65 bis 70; Longmire, C. u. J. L. Tuck, Plasma Physics and Thermonuclear Research, Oxford, Pergamon Press, I [1959—], II [1963]; Nowacki, P. J., Theories and Applications de la Physique des Plasmas à Basses Temperatures, Paris 1966; Plasma Physics and Controlled Nuclear Fusion Research: Proc. Symposium Salzburg Sept. 1961, 3 Bde., Wien 1962; dass., Proc. IAEA Conference Culham 1965, 2 Bde., Wien 1966; Schulz, P., P. — der vierte Aggregatzustand, in Bild d. Wiss. 5 [1968] S. 518—527; Spitzer, L., Physics of Full Ionized Gases, New York, Interscience, 1962; Suhr, H., G. Rolle u. B. Schrader, Org. Synth. im Entladungs-P., in Naturwiss. 55 [1968] S. 168—170; Taggart, F. K. Mc., Plasma Chemistry in Electrical Discharges, Amsterdam, Elsevier, 1967; Thompson, W. B., An Introduction to Plasma Physics, Oxford, Pergamon Press, 1962. *Ztschr.:* Beiträge zur Plasmaphysik (vierteljährl.), Berlin, Akad.-Verl. (1961—) ; Plasma-Physics, Accelerators, Thermonuclear Research, London, Pergamon Press. *Forschungsinst.:* Max-Planck-Institut für Plasmaphysik, Garching b. München.

Plasmachemie. Teilgebiet der *Hochtemp.-Chemie, das sich mit dem Verh. von Stoffen u. dem Ablauf chem. Reaktionen in *Plasmen befaßt. — E: plasma chemistry
Lit. s. *Plasma.

Plaste = *Kunststoffe; s. auch *Polyplaste. Vgl. hierzu auch O. Leuchs, der Begriff „Kunststoff" u. eine künftige Begriffssystematik, in Kunststoffe 50 [1960] S. 10—13. — E: „plasts"

Plastifikatoren = *Weichmacher.

Plastigele. Bez. für Massen von kittartiger Konsistenz, hergestellt aus *Plastisolen, denen zur Beeinflussung der Fließeig. u. der Verarbeitungsmöglichkeit gelierende Stoffe (z. B. stark saugende Füllstoffe, wie z. B. Kieselsäure, od. quellende Substanzen, wie z. B. Stearate) zugesetzt wurden. — E: plastigels
Lit.: Riese, A. in Dtsch. Farben-Z. 1958, S. 355—357.

Plastisole. Bez. für (meist als Anstrichstoffe verwendete) feine Dispersionen von Kunststoffpulvern in Weichmachern, die diese in der Kälte nicht lösen; vgl. Österr. Chemiker-Ztg. 1964, S. 360. — E: plastisols
Lit.: Riese, A. in Dtsch. Farben-Z. 1958, S. 355—357. nosolen, in Chem. Rdsch. (Solothurn) 19 [1966] S. 119—126.

Plastomere. Bez. für *hochpolymere Stoffe, die bei gewöhnl. Temp. hart-spröd bis zähelast. sind; Stoffe dieser Gruppe erweichen in der Wärme sowie bei Dauerbelastung u. zeigen dann plast. (irreversible) Formänderungen; sie sind „thermoplast."; s. T. Timm, in Kautschuk u. Gummi 14 [1961] S. 234 WT. — E: plastomers

Platin (span.: platina = minderwertiges Silber; chem. Symbol Pt). Metall. Element; Edelmetall; At.-Gew. 195,09. Natürliche Isotope (Zahlen in Klammern bedeuten Häufigkeit in %): 190 (0,0127), 192 (0,78), 194 (32,9), 195 (33,8), 196 (25,3), 198 (7,21). Ordnungszahl 78; I-, II-, III-, IV- u. VI-wertig, am häufigsten sind II- u. IV-Wertigkeit. Pt neigt sehr stark zur Bldg. von Koordinationsverb., in Lsg. kommen nur solche vor. Die Pt-Verb. sind meist farbig. Pt gehört zur VIII. Nebengruppe des *Periodensyst.; es ähnelt in vielen Eig. dem *Palladium (senkrechter Nachbar im Periodensyst.). Reines Pt ist ein dunkelweißes, graues od. bleiartig silberglänzendes, nicht sehr hartes, ziemlich zähes, in der Hitze schmied- u. schweißbares Metall. $D.$ 21,45 (20°), $F.$ 1769° (nach anderen Angaben 1773,5°), $Kp.$ 3827 ± 100° (andere Angaben in der Lit. schwanken bis 4400°); die Härte entspricht etwa der des Kupfers, die Zugfestigkeit wird mit 24—34 kg/mm², der Brinellhärte mit 55 angegeben. Das auf Rotglut erhitzte Pt ist für Wasserstoff merklich durchlässig; von feinverteiltem Pt (Platinmohr, Platinschwarz) absorbierter Wasserstoff u. Sauerstoff sind aktiviert; daher eignet sich dieses als Katalysator. Massives Pt wird beim Erhitzen in reinem Sauerstoffgas nicht verändert, es widersteht auch Salzsäure, Salpetersäure, Chlor, Brom, Jod u. Quecksilber bei gewöhnl. Temp., dagegen löst es sich in Königswasser. Alkaliperoxide greifen Pt in geschmolzenem Zustand ebenfalls an.

Platinate

Gegen Schwefelwasserstoff ist Pt bei gewöhnl. Temp. unempfindlich, dagegen wird es in der Hitze von Schwefel u. flüchtigen Schwefelverb. angegriffen. Mit trockenem Chlor vereinigt sich Pt oberhalb 250° zu $PtCl_4$; mit Phosphor bildet Pt leicht schmelzende Leg.

Vork.: Der Anteil des Pt an der obersten 16 km dicken Erdkruste wird auf $5 \cdot 10^{-7}\%$ geschätzt; Pt steht damit in der Häufigkeitsliste der Elemente an 76. Stelle zwischen Palladium u. Gold. Da sich Pt mit Eisen gut legiert u. in Meteoren in größerer Konz. auftritt, nimmt man im eisenreichen Erdkern größere Pt-Mengen an. Bei der Magmaerstarrung hat sich Pt in den Chromeisenerzen u. Magneteisenkiesen etwas angereichert; es ist bei der Verwitterung dieser Gesteine in Körnchenform (fast immer legiert mit den übrigen *Platinmetallen) in die Schutthalden u. Flußsande übergegangen. Diese Pt-Körnchen enthalten etwa 80% Pt, sie sind infolge ihres hohen spezif. Gew. nur selten ins Meer hinausgeschwemmt worden. Der größte zusammenhängende Pt-Brocken wurde 1843 im nördlichen Ural gefunden, er wog etwa 12 kg. In der berühmten kanad. Sudbury-Mine tritt Pt auch in Form von Verb. ($PtAs_2$ u. PtS) auf. Die wichtigsten Pt-Lager sind in Rußland (Ural), Kanada (nördlich vom Oberen See), Kolumbien u. Südafrika (Pretoria).

Darst.: Man trennt die kleinen, schwereren Pt-Körnchen durch ein mechan. Waschverf. (ähnlich wie beim Goldwaschen) von dem leichteren Flußsand, erwärmt dieses Roh-Pt mit Königswasser auf etwa 125° (hierbei löst sich Pt zu Platinchlorwasserstoffsäure = $H_2[PtCl_6]$), fügt Ammoniumchlorid hinzu u. führt den hierbei entstehenden Platinsalmiak = $(NH_4)_2[PtCl_6]$ durch Glühen in fein zerteilten Platinschwamm über; dieser läßt sich in Kalktiegeln mit dem Knallgasgebläse zu massivem Pt zusammenschmelzen. Man kann heute Pt in einem Reinheitsgrad von 99,999% herstellen; das techn. reine Pt der dtsch. Pt-Schmelzen ist 99,5%ig, das chem. reine Metall mindestens 99,9%ig. In Kanada wird Pt in steigendem Umfang bei der Verhüttung von Nickel u. Kupfer als „billiges" Nebenprod. gewonnen. Über Darst. s. auch Brauer II, S. 1375 bis 1364; F. S. Clements in Ind. Chemist 1962, S. 345–354.

Verw.: Zu Schmuckwaren, zu medizin. Geräten, für zahnärztliche Zwecke, zur Herst. von Schalen, Tiegeln, Drähten, Blechen, Elektroden u. anderen Laborgeräten (s. hierzu J. Sagoschen in Chemiker-Ztg. 88 [1964] S. 420–429). Mit Natriumperoxid, Alkalicyaniden, Phosphor, Bor, Arsen, Silicium, Kohlenstoff, Antimon, Wismut, Blei, Zinn, Schwefel- u. halogenabgebenden Stoffen dürfen Pt-Geräte nicht erhitzt werden; Näheres s. bei M. Röhm, Richtiges Arbeiten mit Pt-Geräten, in Chemie-Labor-Betrieb 1958, S. 144–148. Pt eignet sich auch zur Herst. von Tiegeln für die Fabrikation von opt. Spezialgläsern, zu elektr. Kontakten, zu Zündkerzenelektroden für Hochleistungsmotoren, als Kontaktmetall für Hochspannungsmagneten, zur Herst. von Eichmaßen („Urmeter" u. „Urkilo" bestehen aus Leg. von 90% Pt u. 10% Iridium, die bei Temp.-Schwankungen nicht verändert werden), Füllfederhalterspitzen, Spinndüsen, thermo-elektr. Pyrometern, als Katalysator zur Herst. von Schwefelsäure, zur Ammoniakoxydation, zu Hydrierungen (über hochakt. Pt-Hydrierungskatalysator s. J. Amer. Chem. Soc. 84 [1962] S. 1493–1495), Dehydrierungen, Oxydationen, Ringschlüssen usw. in der Org. Chemie, ferner zur Herst. von Gasanzündern, Spinndüsen für die Kunstseidenindustrie, Plattierungen aller Art, vieler Leg., elektr. Spezialöfen usw. Über Pt-Gold-Leg. s. A. S. Darling in Platinum Metals Rev., April 1962, S. 60–67. – E: platinum

Lit.: Bibl. of Rep. on Platinum IB 73, 1952; Gmelin, Syst.-Nr. 68, Platin, Tl. A: Geschichtl., Vork., Bildg., Darst. der Pt-Metalle u. Leg. (1938–1951); Tl. B: Element Pt (1939–1942); Tl. C: Die Verb. des Pt (1939–1940); Tl. D: Komplexverb. mit neutralen Liganden (1957); McDonald, D., A History of Platinum, London, Matthey Co., 1960; Münzer, G., Das Platin, Gewinnung, Handel usw., Leipzig, 1929; Pascal, Nouveau Traité, Bd. 19, Paris, Masson, 1958, S. 657–733; Ullmann III, 555, VI, 633, XIV, 14–43; s. auch Lit. unter *Platinmetalle.

Platinate(IV). Bez. für Salze mit dem Anion $[Pt(OH)_6]^{2-}$; im Falle des Anions PtO_3^{2-} liegen *Meta-P.* vor. – E: platinates(IV)

Platinmetalle. Sammelbez. für die Elemente der VIII. Nebengruppe des *Periodensyst. Nach den Ordnungszahlen u. D. werden die leichten P. *Ruthenium, *Rhodium u. *Palladium (Ordnungszahlen 44 bis 46, *D.* etwa 12) von den schweren P. *Osmium, *Iridium u. *Platin (Ordnungszahlen 76 bis 78, *D.* etwa 22) unterschieden. – E: platinum group metals

Lit.: Fresenius-Jander, Handbuch der Analyt. Chemie, Tl. 2, Bd. VIII b, 2, P., Wien, Springer, 1951; Gmelin, Syst.-Nr. 68, Tl. A: Geschichtl., Vork., Bildg., Darst. der P. u. Leg. (1938–1951); Goldberg, R. N. u. L. G. Helper, Thermochemistry and Oxidation of the Platinum Group Metals and their Compounds, in Chem. Rev. 68 [1968] S. 229–252; Griffith, W. P., The Chemistry of the Rarer Platinum Metals (Os, Ru, Ir and Rh), New York-London, Wiley-Interscience, 1967; Grützner, A. u. G. Götze, Leg. der P., Patentsammlung, Berlin, Verl. Chemie, 1937 (=Anhang zu Gmelin, Syst.-Nr. 63–68, Pt-Metalle); Howe, I. L., Bibliography of the Platinum Metals, 1931–1940, Newark, 1949; Kirk-Othmer, 2. Aufl., Bd. 15, 1968, S. 832–878; Pascal, Nouveau Traité, Bd. 19, Paris, Masson, 1958; Quiring, H., Platinmetalle, Stuttgart, Enke, 1962; Rylander, P. N., Catalytic Hydrogenation over Platinum Metals, New York, Academic Press, 1967. *Ztschr.:* Platinum Metals Review, London, Johnson, Matthey Co. Ltd., (erscheint vierteljährl.).

Plattieren. 1. Nach DIN 50 902 (Entwurf Okt. 1965) Bez. für das Herstellen einer bei normaler Beanspruchung nicht trennbaren, durch erhöhte Temp. od. Druck od. beides erzeugten Vereinigung zweier od. mehrerer relativ dicker Metallschichten. Man unterscheidet die folgenden P.-Verf.: Walz-P. (Kalt- u. Warm-P.), Preß-P., Guß-P., Löt-P., Preßschweiß-P., Explosiv-P. Die durch P. erhaltenen Werkstoffe werden auch als *Verbundwerkstoffe od. *Bimetalle bezeichnet. 2. Bez. für das Herstellen von Überzügen nach chem., elektrochem. (s. *Galvanostegie) od. Schmelztauchverf. — E: 1.: lining, cladding. 2.: plating

Lit. zu 1.: Kirk-Othmer, 2. Aufl., Bd. 13, 1967, S. 273–278; Ullmann X, 668; Weinhold, H., Plattierte Werkstoffe, Leipzig, Fachbuchverl., 1952. — *Lit.* zu 2.: Kirk-Othmer, 2. Aufl., Bd. 13, 1967, S. 249–273, 278–284.

Pleiaden (Plejaden). Veraltete, von K. Fajans (s. Ber. Dtsch. Chem. Ges. 46 [1913] S. 422) eingeführte Bez. für die in natürlichen radioakt. Zerfallsreihen auftretenden *Isotope eines Elementes. So bilden z. B. Thorium D, Radium B, D, G, Actinium B, D u. Thorium B eine P.; denn diese haben sämtlich die gleiche Ordnungszahl (82). — E: pleiadenes

Lit. s. *Radioaktivität.

Plejaden = *Pleiaden.

Pleochroismus. Bez. für die Eig. von anisotropen, durchsichtigen Kristallen, die einzelnen Lichtwellenlängen in verschiedenen Richtungen unterschiedlich zu absorbieren; es treten dann bei Betrachtung aus verschiedenen Richtungen verschiedene Farben auf. P. ist direkt wahrnehmbar bei manchen Turmalinen, Beryllen u. Cordieriten, am Pennin u. Magnesiumplatin(II)-cyanid. Ist der P. auf zwei Richtungen beschränkt, so spricht man von *Dichroismus*, bei drei Richtungen von *Trichroismus*. — E: pleochroism

Lit.: Velluz, L., M. Legrand u. M. Grosjean, Optical Circular Dichroism, Weinheim, Verl. Chemie (New York, Academic Press), 1965.

Plumbate. Plumbate(IV). Bez. für Salze mit dem Anion $[Pb(OH)_6]^{2-}$; im Falle des Anions PbO_3^{2-} liegen Meta-P., im Falle des Anions PbO_4^{4-} Ortho-P. vor. 2. Plumbate(II). Bez. für Salze mit dem Anion PbO_2^{2-}; diese Salze wurden früher *Plumbite* genannt. — E: plumbates

Plumbite = Plumbate(II) (s. *Plumbate). — E: plumbites

Plumbum. Lat. Bez. für *Blei.

Plumbyl... Bez. für die Atomgruppierung —PbH_3 in systemat. Namen vor org. Verb. — E: plumbyl-

Plumbylen... Bez. für die Atomgruppierung =PbH_2 in systemat. Namen von org. Verb. — E: plumbylene-

Plumbylidin... Bez. für die Atomgruppierung ≡PbH in systemat. Namen von org. Verb. — E: plumbylidyne-

Plutonium (chem. Symbol Pu). Radioakt. chem. Element, *Transuran aus der Gruppe der *Actiniden. Isotope (in Klammern die jeweiligen Halbwertszeiten): 232 (36 Min.), 233 (20 Min.), 234 (9 Std.), 235 (26 Min.), 236 (2,85 Jahre), 237 m (0,18 Sek.), 237 (45,6 Tage), 238 (89 Jahre), 239 (24 360 Jahre), 240 (6580 Jahre), 241 (13 Jahre), 242 (379 000 Jahre), 243 (4,98 Std.), 244 ($8,2 \cdot 10^7$ Jahre), 245 (10,1 Std.), 246 (10,85 Tage); Ordnungszahl 94. Als erstes Pu-Isotop wurde 1940 Pu 238 von G. T. Seaborg, E. M. McMillan, J. W. Kennedy u. A. C. Wahl erhalten, s. Phys. Rev. 69 [1946] S. 366. Wichtigstes Pu-Isotop ist Pu 239, das in großen Mengen in Kernreaktoren aus natürlichem Uran gewonnen wird nach der Reaktion: $238_U(n,\gamma)$ $239_U \xrightarrow{\beta^-} 239_{Np} \xrightarrow{\beta^-} 239_{Pu}$. Durch anschließenden Neutroneneinfang entstehen die Isotope 240 u. 241, so daß in der Praxis das so hergestellte Pu ein unterschiedlich zusammengesetztes, jedoch in der Hauptsache aus diesen drei Isotopen bestehendes Gemisch ist. Seine Bedeutung liegt vor allem in der Spaltbarkeit von Pu 239 u. damit seiner Einsatzmöglichkeit in *Kernwaffen u. als Energiequelle in *Reaktoren. Über Gewinnungsverf. von Pu s. A. Schiffers in Chemiker-Ztg. 1962, S. 845–851; die Herst. von mindestens 99% reinem metall. Pu 238 beschreiben F. D. Lonadier u. J. S. Griffo in Ind. Engng. Chem., Process Design Developm. 3 [1964] S. 336. Pu ist der eigentliche Explosivstoff der gewöhnl. Atombomben. Die erste Pu-Bombe wurde im Sommer 1945 über dem japan. Hafen Nagasaki abgeworfen. Über Pu als Reaktorbrennstoff s. Umschau 64 [1964] S. 304–306. Pu kann in seinen Verb. II-, III-, IV-, V- u. VI-wertig auftreten, es hat mit Uran einige chem. Ähnlichkeit, so gibt es z. B. entsprechend dem Uranyl-Ion UO_2^{2+} ein (allerdings längst nicht so stabiles) Plutonyl-Ion PuO_2^{2+} (z. B. kennt man Plutonylphosphate der Zus. $[PuO_2(H_2PO_4)_2] \cdot n\,H_2O$; s. Zh. Neorg. Khim. 1967, S. 2345). Man hat bereits etwa 200 Pu-Verb. dargestellt u. erforscht, so z. B. PuH_2 (geht durch Aufnahme von weiterem Wasserstoff leicht in PuH_3 über), PuC, PuF_3, PuF_4, PuF_5, PuF_6, $PuCl_3$, $PuBr_3$, PuJ_3, PuO, PuN, PuS, $Pu(SO_4)_2$, $PuPO_4$ usw., s. Chemiker-Ztg. 1962, S. 667–670.

Reines Pu-Metall ist silberweiß, wird von konz. Schwefelsäure, Salpetersäure (beliebige Konz.) u. Eisessig nicht angegriffen (wahrscheinlich erfolgt Bldg. passivierender Oxidschichten), dagegen löst es sich in HCl leicht. *D.* 19,84 (α-Modifikation bei 25°), *F.* 640°, bildet 6 verschiedene Modifikationen α-, β-, γ-, δ-Pu usw.; das α-Pu

Plutonyl

wandelt sich bei 122° in β-Pu um (s. Umschau 55 [1955] S. 651). Pu-Metall kann durch Red. von PuF$_4$ mit Ca in einer Bombe erhalten werden. Pu ist wesentlich giftiger als das *Radium; es lagert sich bes. in den akt. Zellen zwischen Knochen u. Mark ab. Nach Seaborg (s. CAEN, Dez. 1946) kommt Pu in winzigen $(1:10^{14})$, techn. bedeutungslosen Mengen in den natürlichen Uranmineralien Carnotit u. Pechblende vor; 1951 fand man in der Pechblende von Kanada u. vom Kongo höchstens 1 Tl. Pu 238 in $4 \cdot 10^{15}$ Tl. Erz. Dieses Pu entsteht durch natürliche Kernreaktionen. Der Pu-Anteil an der 16 km dicken obersten Erdkruste wird mit $2 \cdot 10^{-19}$ % angegeben. Die Elementbez. „Plutonium" (vom Planeten Pluto, 1930 entdeckt) wurde 1942 von Seaborg u. Wahl vorgeschlagen. Der Name Plutonium wurde allerdings bereits vor über 100 Jahren von E. D. Clarke für das Element *Barium verwendet. — Vgl. auch CAEN 1967, Nr. 32, S. 86—87. Zur Geschichte s. auch Chemie-Labor-Betrieb 19 [1968] S. 170—171. — E: plutonium
Lit.: Coffinberry, A. S. u. W. N. Miner, The Metal Plutonium, Univ. of Chicago Press, 1962; Coleman, G. H., The Radiochemistry of Plutonium, Springfield, Va., Clearinghouse for Federal Scientific Technical Information, NBS, U.S. Dept. of Commerce (NAS-NS 3058); Hindman, J. C., in J. Chem. Educ. 36 [1959] S. 22—26; Fowler, Lord, Grison, Plutonium 1960: Proc. Conf. Grenoble, London, Cleaver-Hume Press, 1961; IAEA, Plutonium as a Reactor Fuel: Proceedings of a Symposium by the IAEA, Brussels 1967, Wien 1967; Kay, A. E. u. M. B. Waldron, Plutonium 1965: Proceedings of the 3rd International Conference, London 1967; Mendelssohn, K., Plutonium and the Actinide Metals, in Sci. J. (London) 1 [1965] Nr. 9, S. 73—78; Milyukova, M. S. u. a., Analytical Chemistry of Plutonium, London 1967; Parkinson, N., Plutonium Fuel Element Manufacture for the Prototype Fast Reactor, in Chem. in Britain 4 [1968] Nr. 1, S. 14—15; Plutonium Weighing Helped Open Atomic Age, in CAEN 46 [1968] Nr. 2, S. 50—52; Schiffers, A., in Chemiker-Ztg. 1962, S. 656—670; Schmid, E., Die Chemie des P. mit bes. Berücksichtigung seiner Analytik, in Österr. Chemiker-Ztg. 68 [1967] S. 329 bis 337; Schmitz, H., M. Salzer u. C. Kellner, Über ternäre Alkali- u. Erdalkalifluoride des Neptuniums, Pu, u. Americiums, in Angew. Chem. 79 [1967] S. 1017; Taube, M., Plutonium, Oxford, Pergamon, 1964; Ullmann IX, 102, 460, 461, 482, 506, 507; Wick, O. J., Plutonium Handbook: A Guide to the Technology, 2 Bde. I [1967], New York, Gordon Breach; Wilkinson, W. D., Extractive and Physical Metallurgy of Plutonium and its Alloys, New York, Interscience, 1960. Vgl. auch Lit. unter *Transurane. *Refereatorgan:* Plutonium-Dokumentation; wird seit Jan. 1967 von der Lit.-Abtl. der Ges. für Kernforsch. mbH., Karlsruhe, herausgebracht. Die Ref., in Sachgebiete aufgeteilt, sind in dtsch., französ. u. engl. Sprache abgefaßt.

Plutonyl. Bez. für das dem *Uranyl analoge Ion $(PuO_2)^{2+}$. — E: plutonyl-

Pm. Chem. Symbol für das Element *Promethium.

Po. Chem. Symbol für das Element *Polonium.

Polare Bindung = Ionenbindung (s. *Chem. Bindung). — E: polar bond

Polare Gruppen. Bez. für funktionelle Gruppen, deren charakterist. Elektronenverteilungen dem Mol. ein beträchtliches elektr. Dipolmoment erteilen. Solche Gruppen bedingen die Affinität zu polaren Oberflächen, bes. zu Wasser, u. daher auch den hydrophilen Charakter einer Substanz. — E: polar groups

Polare Verbindungen (Heteropolare Verb.). Sammelbez. für diejenigen dualist. gebauten chem. Verb., die sich elektrochem. zerlegen lassen (z. B. NaCl) od. ein elektr. Dipolmoment (z. B. H_2O, NH_3, CO) haben. Nach dieser Definition dürften allerdings als *nichtpolar* strenggenommen nur diejenigen Verb. gelten, die sich aus artgleichen Atomen aufbauen (z. B. H_2, O_2, J_2). Tatsächlich stehen jedoch die Mol. vieler chem. Verb. zwischen den beiden Grenztypen NaCl u. H_2, so daß sie nach der jeweiligen Betrachtungsweise bald der einen, bald der anderen Verb.-Gruppe zugeordnet werden. — E: polar compounds

Polarimetrie s. *Opt. Aktivität. — E: polarimetry
Lit.: Lyle, R. u. G. G. Lyle, A Brief History of Polarimetry, in J. Chem. Educ. 41 [1964] S. 308—313; Houben-Weyl-Müller III/2, S. 425—442; Ullmann II/1, 495—504.

Polarisation. 1. *Elektrochem. P.* (galvan. P., elektrolyt. P.). Diese wird seitens der *IEC (s. International Electrochemical Vocabulary, Group 50, Genf, 1960, Nr. 50-05-185) folgendermaßen definiert als „Erscheinung, die verursacht, daß das Potential einer *Elektrode od. eines *Galvan. Elementes bei Stromfluß einen anderen Wert hat als die *elektromotor. Kraft. Als *Anoden-P.* bezeichnet man die P. einer Anode (Definition Nr. 50-05-190), als *Kathoden-P.* die P. einer Kathode (Definition Nr. 50-05-195). Die Form der P. wird entweder durch die chem. Veränderungen an den Elektroden während des Stromflusses u. die dadurch erzeugten Gegenspannungen *(Abscheidungs-P.)* od. durch die durch die Elektrolyse erzwungenen Konz.-Änderungen im Elektrolyten *(Konz.-P.)* verursacht. Vgl. auch *Überspannung. Die elektrochem. P. ist temperaturabhängig. — 2. *Dielektr. P.* Als solche bezeichnet man die Erscheinungen, die durch die Wechselwrkg. eines äußeren elektr. Feldes mit dem Mol. od. Ionen einer Substanz hervorgerufen werden. Werden dabei in Nichtleitern durch die temperaturunabhängige gegenseitige Verschiebung der Elektronenhüllen u. Atomkerne (so daß die Schwerpunkte der negativen u. der positiven Ladung in den Mol. od. Ionen nicht mehr zusammenfallen) Dipole erzeugt, so spricht man von *Verschiebungs-P.* Permanente elektr. Dipole werden im Feld ausgerichtet; dieser Effekt ist temperaturabhängig *(Orientierungs-P., parelektr. P.).* — 3. Opt. P. s. *Opt. Aktivität. — E: polarization

Polarisatoren. 1. Nach einer Definition der *IEC (s. International Electrochemical Vocabulary, Group 50, Genf, 1960, Nr. 50-05-220) sind P. Substanzen, die einem Elektrolyt zugesetzt die elektrochem. Polarisation (s. *Polarisation) erhöhen. Diese werden auch polarisierende Substanzen genannt u. bilden den Gegensatz zu den die Polarisation verringernden od. verhindernden *Depolarisatoren (Definition Nr. 50-05-230). — 2. Bez. für Vorrichtungen zur Erzeugung von polarisiertem Licht (z. B. Nicolsches Prisma; s. *Opt. Aktivität). — E: polarizers

Polarisiertes Licht s. *Opt. Aktivität. — E: polarized light

Polarographie. Bez. für ein von J. Heyrovský (1890—1967, Chemie-Nobelpreisträger 1959) entwickeltes (s. Chem. Listy 16 [1922] S. 256 bis 264, sowie Heyrovský, J. u. M. Shikata, in Rec. Trav. Chim. 44 [1925] S. 496—498) elektrochem. Analysenverf., das als eine bes. Form der *Voltammetrie zu betrachten ist, bei der eine Quecksilber-Tropfelektrode als Indikator- od. polarisierbare Elektrode (gewöhnl. in nichtgerührter Lsg.) dient. Das für qual. u. quant. analyt. Best. geeignete Verf. beruht auf der elektrolyt. Abscheidung von Ionen aus der zu untersuchenden Lsg., wobei die Stromspannungskurve aufgenommen wird. Soll beispielsweise die Konz. einer wss. Kupfer(II)-chloridlsg. an Cu^{2+}-Ionen be-

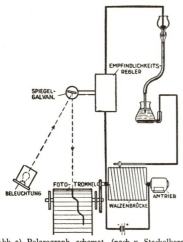

Abb. a) Polarograph, schemat. (nach v. Stackelberg)

stimmt werden, so bringt man in ein Kölbchen (s. Abb. a) etwas Quecksilber, gießt die Kupferchloridlsg. darüber u. läßt in diese eine Glaskapillare von ca. 8 cm Länge, 5—6 mm Dicke u. 0,05—0,1 mm lichter Weite eintauchen, aus der etwa alle 3—6 Sek. ein Quecksilbertröpfchen von ungefähr 1 mm ϕ fällt. Man legt nun eine Gleichspannung von z. B. 0,5 V an, wobei das Quecksilber am Kölbchenboden als prakt. unpolarisierbare Anode *(„Bodenanode")* u. Bezugselektrode wirkt für die Messung des Potentials der durch die Tropfkapillare mit den Quecksilbertröpfchen gebildeten polarisierbaren Kathode *(„Tropfkathode")*. Die abfallenden, negativ geladenen Quecksilbertröpfchen reduzieren die Cu^{2+}-Ionen in ihrer nächsten Umgebung (im vorliegenden Beisp. in einer Zone von einigen Hundertstelmillimeter um die Tropfenoberfläche herum) zu gewöhnl. Kupfer-Atomen, die sich im Quecksilbertropfen unter Bldg. von Kupferamalgam auflösen. An der Bodenanode wird das Quecksilbermetall zu Quecksilber-Ionen oxydiert, es entsteht hier unter Beteiligung der Chlorid-Ionen unlösl. Quecksilberchlorid, das auf dem Bodenquecksilber liegen bleibt. Die Zahl der Kupfer-Ionen, die an die Quecksilbertröpfchen ihre Ladung abgeben, ist proportional der Konz. der Cu^{2+}-Ionen in der Lsg. Bezeichnet man die an jeden Tropfen abgegebene Elektrizitätsmenge mit q u. die Lebensdauer eines Tropfens mit t, so ist die mittlere Stromstärke q/t. Diese Stromstärke ist umso größer, je höher die Konz. der Kupfersalzlsg. im Kölbchen gewählt wird. Im Gegensatz zu den gewöhnl. elektroanalyt. Verf. reduziert man also hier nicht das ganze Kupfersalz, sondern an jedem Quecksilbertröpfchen nur einen kleinen Bruchteil davon. Es wird daher nicht die Gesamtmenge des gelösten Kupfersalzes, sondern lediglich seine Konz. bestimmt. Die Abb. a zeigt einen einfachen Polarographen in schemat. Darst. Die Stromstärke (ungefähr $1/1\,000\,000$ A) fällt beim Abfallen eines Tropfens fast auf null, sie wächst bei jedem neuen Tropfen wieder an. Da man die mittleren Werte der Stromstärke registrieren möchte, wählt man ein „träges" Galvanometer, bei dem die starken Stromstärkeschwankungen nur noch geringfügige Schwankungen im Galvanometerausschlag hervorrufen. Die angelegte Spannung wird von einer mit einem Akkumulator verbundenen „Walzenbrücke" abgegriffen. Die Walze wird durch den rechts abgebildeten Antrieb in langsame Umdrehung versetzt, wobei das Kontakträdchen auf dem Walzendraht nach rechts weiterrollt, so daß die Spannung zwischen Tropfkathode u. Bodenanode langsam ansteigt. Der Strom wird über einen Empfindlichkeitsregler durch das Spiegelgalvanometer geleitet; dessen Lichtstrahl fällt auf einen Film, der auf einer Phototrommel abrollt. Beim Entwickeln gibt dieser Film (falls die Lsg. mehrere reduzierbare Metall-Ionen enthielt) eine stufenförmige Kurve, die man als *„Polarogramm"* bezeichnet (s. Abb. b). Bei

Polarographie

modernen Geräten wird das Polarogramm nicht photograph., sondern mit einem Tintenschreiber direkt auf eine rotierende Walze geschrieben.

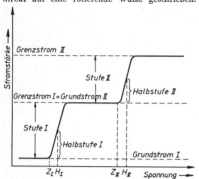

Abb. b) Idealisiertes Polarogramm einer zwei reduzierbare Komponenten (I u. II) enthaltenden Lsg. Z_I u. Z_{II} bedeuten die Zers.-Spannungen der beiden verschiedenen Ionen, H_I u. H_{II} ihre Halbstufenpotentiale.

Wenn z. B. die gelöste Unters.-Substanz im Kölbchen drei verschiedene Metall-Ionen enthält, von denen die ersten leicht, die zweiten mittelschwer u. die dritten schwer zu reduzieren sind, so werden bei kleinen Spannungen nur die ersten, bei mittleren Spannungen die ersten u. zweiten, bei großen Spannungen dagegen alle 3 Ionensorten reduziert. Beim langsamen Ansteigen der Spannung entsteht ein Polarogramm, das ein dreimaliges, stufenweises Ansteigen des Stroms anzeigt u. wie eine Treppe mit drei ungleichen Stufen aussieht. Hierbei kann man aus der Lage der Stufen die Art u. aus der „Höhe" der Stufen (d. h. der gemessenen Stromstärke) die Konz. der Ionen ablesen bzw. berechnen, vorausgesetzt, daß man den Spannungsabfall im Elektrolyten durch Zusatz eines sog. Leitsalzes, d. h. eines indifferenten (schwer zu reduzierenden), in großem Überschuß vorhandenen Elektrolyten (z. B. Kaliumchlorid) vernachlässigbar klein macht; das Leitsalz bewirkt den Stromfluß, u. die zu untersuchenden Ionen gelangen dann allein durch Diffusion u. nicht infolge von elektrolyt. Überführung an die Quecksilbertröpfchen, so daß eine Änderung der angelegten Spannung prakt. der Potentialänderung an der Tropfelektrode entspricht. Wird die Zers.-Spannung (Z_I) einer Ionenart erreicht, so nimmt (s. Abb. b) die Stromstärke bei anwachsendem (negativen) Potential stark zu, weil die Red. dieser Ionen einsetzt. Die bis dahin waagrecht verlaufende Kurve knickt somit nach oben, um schließlich bei Erreichen eines bestimmten Grenzwertes der Stromstärke wieder in die waagrechte Lage umzuknicken, nämlich dann, wenn in der unmittelbaren Umgebung der Tropfelektrode die Lsg. an der reduzierbaren Ionenart verarmt ist; die aus dem Innern der Lsg. durch Diffusion an die Elektrode gelangenden Ionen werden an dieser sofort reduziert. Da die Diffusionsgeschw. bei konstanter Temp. allein von der Differenz zwischen der Konz. im Innern der Lsg. u. an der Elektrodenoberfläche (dort ist sie null!) bestimmt wird, ist also dieser Grenzstrom direkt proportional der Konz. des reduzierbaren Stoffes (vom sog. „Reststrom" sei hier abgesehen). Die Tatsache, daß der Grenzstrom durch eine Diffusionserscheinung u. nicht durch elektrostat. Anziehung bedingt ist, ergibt sich u. a. auch daraus, daß so auch negative Ionen an der negativen Elektrode abgeschieden werden können, wie z. B. BrO_3^-, JO_3^-, ZnO_2^{2-}, CrO_4^{2-} (hier lautet die Elektrodenreaktion: $CrO_4^{2-} + 3\ e^- + 5\ H^+ \rightarrow Cr(OH)_3 + H_2O$). Ein neuer Knick (nach oben) der Kurve tritt erst dann ein, wenn das Elektrodenpotential den Wert der Zers.-Spannung (in der Abb. b: Z_{II}) der nächsten Ionenart erreicht, wo sich dann für diese der analoge Vorgang abspielt. Im Polarogramm wird der vor einem Anstieg der Stromstärke (d. h. der vor einer „Stufe" od. „Welle") liegende waagrechte Kurventeil als Grundstrom bezeichnet, der hinter jeder Stufe liegende waagrechte Teil als der Grenzstrom od. Diffusionsstrom der zugehörigen abgeschiedenen Ionenart. Die Zers.-Spannung, bei der eine Stufe einsetzt, ist abhängig von der Art u. Menge der übrigen in der Lsg. befindlichen Ionen u. von der Konz. des an der Kathode reduzierten Stoffes (der auch als „Depolarisator" bezeichnet wird). Sie ist deshalb nur schlecht zur qual. Identifizierung der reduzierten Substanz geeignet. Darum verwendet man hierfür das sog. Halbstufen- od. Halbwellenpotential, das der halben Stufenhöhe, d. h. der Hälfte der Stromspannungsdifferenz zwischen Grund- u. zugehörigem Grenzstrom entspricht; dieses ist bei konstanten Bedingungen weitgehend unabhängig von der Konz. u. für den reduzierten Stoff charakterist. (in der Abb. b durch H_I u. H_{II} gekennzeichnet). Das Halbstufenpotential ist bei reversiblen Elektrodenreaktionen annähernd ident. mit dem Redoxpotential, während es bei irreversiblen Reaktionen wesentlich negativer (bei anod. Reaktionen positiver) als das Redoxpotential ist. Die in der Lit. angegebenen Halbstufenpotentiale beziehen sich meist auf das Potential der 1 n-Kalomel-Elektrode od. der gesätt. Kalomel-Elektrode, die bei 20° ein Potential von $+285{,}9$ bzw. $+249{,}0$ mV besitzen. Beim Polarographieren von reinem Messing (Messingprobe in Säure auflösen u. die Lsg. ins Kölbchen geben) erhält man z. B. ein zweistufiges Polarogramm von Kupfer u. Zink. Polarograph. gut bestimmbar sind viele Metalle (z. B. Kupfer, Zink, Cadmium, Blei) u. eine große Reihe von org. Verb. Die Genauigkeit der polarograph. Analyse beträgt höchstens 1—2%, sie ist — im Gegensatz zur Gew.-Analyse — z. B. bei 0,1%igen Lsg. etwa ebenso groß wie bei 10%/oigen. Dafür ist die Empfindlichkeit außerordentlich groß u. es lassen sich noch sehr kleine Ionenkonz. (bis 10^{-6}-molar) bestimmen; man kann z. B. mit Hilfe des Polarographen noch einen Gehalt von 0,0001% Blei im Zink auf 10% genau bestimmen. Ein wesentlicher Vorteil der Meth. ist, daß bei hinreichend großen Unterschieden der Zers.-Spannungen mehrere verschiedene Ionenarten (z. B. Metall u. Nichtmetall) sich nebeneinander bestimmen lassen. Die P. gehört längst zu den analyt. Standardmeth. des chem. Laboratoriums. Parallel zu ihrer zunehmenden Verbreitung lief die apparative u. method. Entw. Bei der *oszillograph. P.* wird anstelle eines Spiegelgalvanometers od. Kompensationsschreibers eine Kathodenstrahlröhre verwendet, u. die polarograph. Kurven lassen sich hier so in Sek.-Schnelle aufzeichnen. Bei der sog. *Wechselstrom-P.* wird einem konstanten Gleichstrom-Polarisationspotential eine kleine konstante Wechselspannung (höchstens 100 V u. nicht mehr als 50 Hz) überlagert u. nun die Wechselstromkomponente (nach Gleichrichtung) in Abhängigkeit von der angelegten Gleichspannung gemessen; die sich hier ergebenden Diagramme zeigen allerdings Maxima statt Stufen. Im letzten Jahrzehnt sind viele apparative Verbesserungen erzielt worden, in denen man eine Herabsetzung des Kapazitätsstroms u. eine Minderung der Störung durch Begleitstoffe anstrebt; s. M. v. Stackelberg u. H. Schmidt in Angew. Chem. [1959] S. 508—512. Bei der *Rapid-P.* (s. Angew. Chem. 72 [1960] S. 449—454) werden die Quecksilbertröpfchen schon in 0,2—0,25 Sek. (statt in je 2—5 Sek.) abgeklopft, so daß erhebliche Zeiteinsparungen möglich sind (1 Min. zur Best. statt 5—15 Min.). Bei der hohe Präzision ermöglichenden *komparativen P.* (s. H. M. Davis, in Chem.-Ing.-Techn. 37 [1965] S. 715—717) mißt man die Stromdifferenz zwischen zwei Zellen, von denen eine die unbekannte Probenlsg., die andere eine Vgl.-Lsg. enthält. Dadurch sind die meisten Fehlerquellen der einfachen P. ausgeschaltet u. nur die Eig. der beiden Tropfelektroden zu berücksichtigen. Über „Doppelton-P." s. R. Neeb, in Angew. Chem. 76 [1964] S. 596. — E: polarography

Lit.: Barker, G. C., Theory of the Current in A. C. Polarography, in Pure Appl. Chem. 15 [1967] S. 239 bis 261; Breyer, Advances in Alternating Current Polarography and Tensammetry, in Pure Appl. Chem. 15 [1967] S. 313—332; Breyer, B. u. H. H. Bauer, Alternating Current Polarography, New York-London, Wiley-Interscience, 1965; Brezina, M. u. P. Zuman, Die P. in Medizin, Biochemie u. Pharmazie, Leipzig, Akad. Verl. Ges., 1956 (engl. Übersetzung: Polarography in Medicine, Biochemistry and Pharmacy, New York-London, Wiley-Interscience, 1958); Crow, D. R. u. J. V. Westwood, Polarography, London 1968; Elving, P. J., Recent Trends in Organic Polarography, in Pure Appl. Chem. 15 [1967] S. 297—312; Ewing, G. W. u. A. Maschka, Physikal. Analysen- u. Unters.-Meth. der Chemie, Wien-Heidelberg, Bohmann Ind.-u. Fachverl., 1964, S. 75—114; Heyrovský, J., Polarograph. Praktikum, Berlin, Springer, 1960; ders., Oszillograph. P. mit Wechselstrom, Berlin, Akademie-Verl., 1959; ders., Bibliography of Publications Dealing with the Polarographic Method in 1963, 1964, 1965, Prag 1965—1967; Heyrovský, J. u. R. Kalvoda, Oszillograph. P. mit Wechselstrom, Berlin, Akad. Verl., 1960; Heyrovský, J. u. J. Kůta, Principles of Polarography, Prag 1965; dies., Grundlagen der P., Berlin, Akad.-Verl., 1965; Heyrovský, J. u. P. Zuman, Einführung in die prakt. P., Berlin, Verl. Technik, 1959; Houben-Weyl-Müller III/2, 1955 (M. v. Stackelberg, S. 299—349); Hume, D. N., Polarographic Theory, Instrumentation, and Methodology, in Anal. Chem. 34 [1962] S. 172 R ff., 36 [1964] S. 200 R ff., 38 [1966] S. 261 R ff., 40 [1968] S. 174 R—185 R (Fortschrittsberichte 1960—1967); Kambara, T., Modern Aspects of Polarography, New York, Plenum Press, 1966; Kemula, W., Polarographic Methods of Analysis, in Pure Appl. Chem. 15 [1967] S. 283 bis 296; Kirk-Othmer, 2. Aufl., Bd. 7, 1965, S. 748—762; Kolthoff, I. M. u. J. J. Lingane, Polarography, 2 Bde., New York, Interscience, 1952; Koryta, J., Theory of Polarographic Currents, in Pure Appl. Chem. 15 [1967] S. 207—225; Krjukowa, T. A., Polarograph. Analyse, Leipzig, VEB Verl. für Grundstoffind., 1963; Laitinen, H. A., Polarography in Molten Salts, in Pure Appl. Chem. 15 [1967] S. 227—237; Longmuir, Advances in Polarography, London, Pergamon Press, 1960 (I—III); Mašek, J., Anwendungen der P. auf reaktionskinet. Probleme, in Allg. Prakt. Chem. 18 [1967] S. 207—211; Meites, L., Polarographic Techniques, New York-London, Wiley-Interscience, 1965; Milner, G. W. C. u. Randles, The Principles and Applications of Polarography and Other Electroanalytical Processes, New York, Longman, Green & Co., 1957; Müller, O. H., The Polarographic Method of Analysis, Easton/Pa., Chem. Educ. Publ. Co., 1951; ders., The Development of Polarography and Polarographic Instruments, in J. Chem. Educ. 41 [1964] S. 320—328; Nürnberg, H. W. u. G. Wolff, Zum Stand der polarograph. Meth. u. ihrer Instrumentation, 2 Tle., in Chem.-Ing.-Techn. 37 [1965] Nr. 10 u. 38 [1966] Nr. 2; Pietrzyk, Organic Polarography, in Analyt. Chem. 40 [1968] S. 149 R—223 R; Proszt, J., V. Cieleszky u. K. Györbiró, P. mit bes. Berücksichtigung der klass. Meth., Budapest, Akadémiai Kiadó, 1967; E. H. Sargent Co., Bibliography of Polarographic Literature 1922—1955, Chicago, Sargent, 1956; Schmidt, H. u. M. v. Stackelberg, Die neuartigen polarograph. Methoden, Weinheim, Verl. Chemie, 1962; Schwabe, K., P. u. chem. Konstitution org. Verb., Berlin, Akad. Verl., 1957; Snell, F. D. u. C. L. Hilton, Encyclopedia of Industrial Chemical Analysis, Bd. 3, 1966, S. 161 bis 199; Stackelberg, M. v., Polarograph. Arbeitsmeth., Berlin, de Gruyter, 1960; Ullmann, Band 2/I, 1961, S. 620—638; Verdier, E. T., Quelques, développements modernes en polarographie, in Chimia 18 [1964] S. 328—356; Wirz, W. W., Pulse-P., in Chem. Rdsch. (Solothurn) 20 [1967] S. 17—21; Zuman, P., Substituent Effects in Organic Polarography, New York, Plenum Press Publ. Co., 1967; ders., Polarography in Organic Chemistry, in CAEN 46 [1968] Nr. 13, S. 94—103; Zuman, P. u. I. M. Kolthoff, Progress in Polarography, 2 Bde., New York-London, Wiley-Interscience, 1962. *Ztschr.:* J. Polarographic Soc., Wealdstone, Middlesex, Lloyds Bank Ltd. (1958—).

Polaronen. Sich langsam in Ionenkristallen bewegende quasifreie Elektronen polarisieren infolge ihres eigenen elektr. Feldes das Kristallgitter in ihrer Umgebung u. stören damit die ideale Gitterstruktur. Die Kombination aus dem Elektron u. dem umgebenden, von ihm selbst erzeugten Polarisationsfeld wird als *Polaron* bezeichnet. Neben diesem P.-Typ gibt es noch die sog. *kleinen P.* In diesem Fall ist das Elektron, umgeben von seinem Polarisationsfeld, an einem Ion des Gitters lokalisiert u. kann sich nur durch eine „Hüpfbewegung" zu einem Nachbar-Ion fortbewegen. Kleine P. spielen wahrscheinlich eine Rolle bei verschiedenen oxid. Halbleitern (z. B. $SrTiO_3$), die sehr kleine Elektronenbeweglichkeit zeigen. Vgl. H. Happ in Freiburger Universitätsbl. Nr. 12 [Mai 1966] u. Umschau 67 [1967] S. 23). Die Bez. P. wurde von dem russ. Physiker Pekar eingeführt. Vgl. auch *Exciton. — E: polarons

Lit.: Allcock, G. R., in Phil. Mag. Suppl. 5 [1956] S. 412; Frohlich, H., in Phil. Mag. Suppl. 3 [1954] S. 325.

Polieren. Bez. für ein Bearbeitungsverf., bei dem auf mechan., chem. od. elektr. Wege glänzende Oberflächen (Rauhtiefe unter 0,1 mm) erzeugt werden. Das *mechan. P.* erfolgt meist durch leichtes Andrücken des betreffenden Werkstückes (z. B. Metallschliff) auf waagrechte, von einem Motor angetriebene u. mit Volltuch (z. B. für harte Metalle u. Leg., wie Stahl) od. Samt (z. B. für weichere Metalle u. Leg.) bespannte Scheiben, die mit einem feinstgekörnten *Poliermittel* (z. B. Aluminiumoxid, Magnesiumoxid, seltener Chromod. Eisenoxid, neuerdings zunehmend auch Diamantstaub) geschlämmt sind. Beim selten angewendeten *chem. P.* werden z. B. rauhe Metalloberflächen in ein chem. Poliermittel (meist ein Gemisch aus verschiedenen Säuren), evtl. bei höherer Temp., eingetaucht. Bei dem 1907 von Beutel (s. Metalloberfl. 1951, Mai, S. 67—68) erfundenen *elektrolyt. P. (Elektropolieren)* wird das zu polierende Metall als Anode in einen Stromkreis geschaltet, wobei der Elektrolyt aus einer Säure od. einem Säuregemisch (evtl. mit wirkungssteigernden Zusätzen) besteht. Bei dieser Anordnung wird das zu polierende Metall oberflächlich aufgelöst. Dem Elektropolieren liegen wahrscheinlich folgende Vorgänge zugrunde: Während des Stromflusses bilden sich auf der Anodenoberfläche konz. Salzlsg., welche die weitere Auflsg. des Metalls in den Vertiefungen der matten, rauhen Oberfläche hemmen. Von dieser Auflösungshemmung werden die hervorragenden mikroskop. Spitzen, „Berge" u. „Grate" des Metalls nicht betroffen; dort erhöht sich sogar die Stromdichte, so daß eine rasche Auflsg. dieser vorstehenden Teile erfolgt. Dadurch wird das vorher matte Metall geglättet u. glänzend. Als Elektrolyten verwendet man z. B. bei rostfreien Stählen, Kohlenstoffstählen, Nickel, Gold, Aluminium eine Phosphorsäure-Schwefelsäuremischung (poliert z. B. Fahrradteile, wie Lenkstangen, Pedale, Ketten usw.) mit Zusätzen von Katalysatoren, Inhibitoren usw., od. Phosphorsäure-Chromsäurebäder, Perchlorsäure-Essigsäurebäder. — E: polishing

Lit.: Baur, H. in Metalloberfläche A, Febr. 1955, S. 22 (Patent-Verz.); Benninghoff, H., Elektrolyt. P. der Metalle in der Industrie, Saulgau, Leuze, 1953; Burkart, W., Modernes Schleifen u. P., Saulgau, Leuze, 1956; ders., Schleif- u. Poliermittel, in Metalloberfläche 1952, S. 1—4; ders., Neuzeitliche Schleif- u. Poliermittel, Saulgau, Leuze, 1954; ders., P. von Kunststoffen u. Lacken, München, Hanser, 1959; ders., Vom Hand- u. Automaten-P., Saulgau, Leuze, 1959; Elektroerosive Metallbearbeitung, Berlin, Verl. Technik, 1959; Fedotev, U. P. u. S. Y. Grilikhes, Electropolishing, Anodizing and Electrolytic Pickling of Metals, Teddington/England, 1959; Liwschitz, Electroerosive Metallbearbeitung, Berlin, Verl. Techn., 1960; Mondon, in Metalloberfl. 1956, S. 305—309; Patent-Publications, Electropolishing and Electrobrightening, Washington 1951; SADEP, Abrasifs, Paris 1953; Staudinger, H., Das Schleifen u. P. der Metalle, Berlin 1955; Tegart, W. J., The Electrolytic and Chemical Polishing of Metals in Research and Industry, London, Pergamon Press, 1959; Ullmann VII, 805, 810, VIII, 179, 526, XI, 375, XII, 333, 336; Weill, G. F., Industrial Polishing of Metals, 1950; Wernick, D., Electrolytic Polishing and Bright Plating of Metals, London 1951. *Ztschr.:* Schliff u. Scheibe, Wesseling, Bez. Köln, Dtsch. Norton GmbH.; Metallwarenindustrie u. Galvanisiertechnik, Fachztschr. für Schleif-, Polier- u. Oberflächenpraxis, Saulgau, Leuze; Schleif- u. Poliertechnik, Berlin, Hadert, Lexikon-Verl.

Poliermittel s. *Polieren. — E: polishing agents

Polinium. Von Osana (Pogg. Ann. 13 [1828] S. 287) beschriebenes „neues Element", wurde als verunreinigtes *Iridium erkannt. — E: polinium

Polonium. Radioakt. Element, chem. Symbol Po; Ordnungszahl 84. Isotope (in Klammern die Halbwertszeiten): 192 (0,5 Sek.), 193 (4 Sek.), 194 (13 Sek.), 195 (30 Sek.), 196 (1,9 Min.), 197 (4 Min.), 198 (7 Min.), 199 (12 Min.), 200 (10 Min.), 201 (18 Min.), 202 (0,8 Std.), 203 (45 Min.), 204 (3,5 Std.), 205 (1,8 Std.), 206 (8,8 Tage), 207 m (45 μ-Sek.), 207 (5,7 Std.), 208 (2,9 Jahre), 209 (103 Jahre), 210 (138,4 Tage), 211 m (25 Sek.), 211 (0,52 Sek.), 212 (0,30 μ-Sek.), 213 (4 μ-Sek.), 214 (164 μ-Sek.), 215 (0,0018 Sek.), 216 (0,16 Sek.), 217 (<10 Sek.), 218 (2,05 Min.). Po 215 (=AcA) u. Po 211 (=Ac C') sind Glieder der natürlichen Uran-Actinium-Zerfallsreihe, Po 218 (=Ra A), Po 214 (=Ra C'), Po 210 (Ra F') sind Glieder der natürlichen Uran-Radium-Zerfallsreihe, während Po 216 (=Th A) u. Po 212 (Th C') Glieder der natürlichen Thorium-Zerfallsreihe sind (s. *Radioaktivität). Das Element wurde 1898 von Marie Curie entdeckt u. nach ihrer poln. Heimat benannt. ^{210}Po geht unter Ausstrahlung von Heliumkernen (Reichweite in gewöhnl. Luft 3,85 cm)

mit einer Halbwertszeit von 138,4 Tagen in Uranblei (Radium G) über. Po ist edler als Silber, es läßt sich auf elektrochem. Wege leicht rein darstellen u. auch in sichtbaren Mengen anreichern. Po gehört zu den seltensten Elementen; sein Anteil an der obersten, 16 km dicken Erdkruste wird auf $2{,}1 \cdot 10^{-14}$ % geschätzt. M. Curie u. A. Debierne isolierten 1910 aus 2 t Pechblende 2 mg einer Substanz, die zu ca. 5% aus ^{210}Po bestand. α-Teilchen emittierendes ^{210}Po ist nach E. P. Radford u. V. R. Hunt (s. Science [Wash.] 143 [1964] S. 248) eine natürliche Verunreinigung von Tabak u. wird beim Zigarettenrauchen inhaliert. Seine ionisierende Strahlung kann so ggf. mit anderen Stoffen des Zigarettenrauches als Synergisten — als bedeutender Initiator bei der Erzeugung von Lungenkrebs wirken. Allerdings hat sich gezeigt, daß der ^{210}Po-Geh. von Tabakblättern stark vom Anbauort abhängig ist; s. Science (Wash.) 150 [1965] S. 74. Man kann ^{210}Po durch Neutronenbeschuß von ^{209}Bi grammweise herstellen. $F.$ 254°, $Kp.$ 962°; II-, IV- od. VI-wertig. Po ist ein silberweißes, glänzendes Metall, das in zwei allotropen Modifikationen auftritt:
α-Po ist kub. mit der Raumgruppe Pm3m, a = $3{,}359 \pm 0{,}001$ Å, $D.$ 9,142 g/cm³. β-Po ist rhomboedr., Raumgruppe R$\overline{3}$m mit a = $3{,}368 \pm 0{,}001$ Å, $D.$ 9,392 g/cm³, s. J. Inorg. Nucl. Chem. 28 [1966] S. 1837; es leuchtet infolge seiner starken Radioaktivität im Dunkeln durch Anregung der umgebenden Luft mit hellblauem Licht. An der Luft u. in O_2 oxydiert Po zu PoO_2; in 2 n-HCl löst sich Po zu $PoCl_2$ (rosafarben), das durch Oxydation leicht in gelbes $PoCl_4$ übergeht; s. Angew. Chem. 66 [1954] S. 411. $PoBr_4$: Dunkle Krist., $F.$ 324°, $Kp.$ 360°, entsteht aus Po u. Br_2. Man kann auch Nitrate, Hydride, Komplexsalze, Jodid, Sulfid u. Sulfat des Po darstellen; s. Chem. Age 1957, S. 500. Normalpotential: +0,77 V; Po ist chem. dem Te ähnlich. Seitens der TRW-Space Technology Labors wurde ein Raummotor entwickelt, der die Strahlung von ^{210}Po als Energiequelle für die Auslsg. des Antriebssyst. u. zur Erzeugung von Elektrizität in Raumfahrzeugen ausnützt; vgl. CAEN 43 [1965] Nr. 22, S. 35. — E: polonium

Lit.: Bagnall, K. W., Chemistry of the Rare Radioelements, New York, Acad. Press, 1957; ders., The Chemistry of Selenium, Tellurium, and Polonium, Amsterdam, Elsevier, 1965; ders. in Prakt. Chemie (Wien) 15 [1964] S. 14—18; ders. in Quart. Rev. (London) 1957, S. 30 ff.; Figgins, P. E., The Radiochemistry of Polonium, Washington, Nat. Acad. Sci., 1961; Gmelin, Syst.-Nr. 12, Polonium u. Isotope, Berlin 1941; Moyer, H. V., Polonium, Washington, Off. Techn. Services, 1956; Pascal, Nouveau Traité, Bd. XIII, Paris, Masson, 1961; Ullmann IX, 99; Weigel, F., in Angew. Chem. 71 [1959] S. 289—299. Über Herst. einer Po-Trockenbatterie s. CAEN 1954, 4183.

Poly... (griech.: poly-, polys = viel, viele). Vorsilbe, die „mehr als" eins (zwei, drei...) ausdrückt. Diese tritt in chem. Namen in folgenden Bedeutungen auf: 1. Als Kennzeichen für Verb., die eine verhältnismäßig große Anzahl von Atomen od. Gruppen der gleichen Art enthalten (*Beisp.:* Polyalkohole, Polymethylene, Polysulfide). 2. Als Kennzeichen für Verb., deren Mol. aus einer verhältnismäßig großen Anzahl von gleichen od. einander ähnlichen *Grundbausteinen bestehen (d. h. also für *hochpolymere Stoffe, s. auch *Polymere), gleichgültig, ob diese aus vielen kleinen Mol. (Monomeren) synthet. aufgebaut werden können od. (wie viele *Biopolymere) sich nur in solche zerlegen lassen (*Beisp.:* Polypeptide, Polysaccharide, Polystyrol). In diesem Falle kann „Poly..." als Bestandteil von Namen von Polymeren durch P. (s.*P) abgekürzt werden, vgl. IUPAC-Inf. Bull. Nr. 25 [1966] S. 47. 3. Zur Kennzeichnung solcher nicht materieller Begriffe, die an das Zusammenwirken vieler Einheiten (*Beisp.:* Polydispersität, polycycl. Verb., Polymere, Polyaddition od. das Nebeneinander vieler Funktionen (polyfunktionell, polyvalent) ausdrücken. — E: polyad

polyad = vielwertig. Aus dem Engl. übernommene Bez., die für Atome, Ionen od. Radikale verwendet wird, wenn deren Wertigkeit mindestens III beträgt. — E: polyad

Polyaddition. Bez. für eine *Polyreaktion, bei der es sich im wesentlichen um eine intermol. Kondensationsreaktion bifunktioneller u. höherfunktioneller Mol. handelt. Analog der *Polykondensation ist sie als typ.*Stufenreaktion zusammengesetzt aus voneinander unabhängigen Einzelreaktionen (Zwischenstufen). Die Verknüpfung der reaktiven Gruppen erfolgt ohne Abspaltung von Mol., häufig aber unter Verschiebung jeweils eines Wasserstoffatoms (*Beisp.:* Bldg. von Polyurethanen):

HO – R – OH + OCN – R' – NCO + HO – R – OH
 Diol   Diisocyanat   Diol

+ OCN – R' – NCO → ... – O – R – OOC – NH –
     Diisocyanat

R' – NH – COO – R – OOC – NH – R' – NH –
               Polyurethan

CO – ...

Die Aneinanderlagerung der auch hier als Monomere bezeichneten Ausgangsstoffe erfolgt im Gegensatz zur Polymerisation ohne Mitwrkg. von C–C-Doppelbindungen. Zwischenstufen sind hier oligomere bzw. polymere Mol., in denen man *Grundbausteine u. *Strukturelemente angeben kann. Die bei der P. entstehenden Prod. werden *Polyaddukte* od. *Polyadditionsprod.* genannt. Es sei darauf hingewiesen, daß der Terminus P. im dtsch. Sprachgebrauch häufig für sämtliche *Polyreaktionen verwendet wird, bei denen eine Ver-

Polyadditionsprodukte

knüpfung ohne die Abspaltung von Mol. erfolgt, demnach also dann die *Polymerisation einschließt; im Engl. unterscheidet man letztere als addition polymerization von der P., vgl. O. Kratky, in Makromol. Chem. 38 [1960] S. 6, sowie W. Kern u. R. C. Schulz, in Houben-Weyl-Müller XIV/1, 1961, S. 9. — E: polyaddition
Lit. s. *Polymerisation.

Polyadditionsprodukte = *Polyaddukte. — E: polyaddition products

Polyaddukte (Polyadditionsprod.). Bez. für durch *Polyaddition gebildete Prod.; vgl. O. Kratky in Makromol. Chem. 38 [1960] S. 6. — E: polyadducts

Polyalkohole (Polyole). Sammelbez. für mehrwertige *Alkohole, d. h. org. Verb., die mindestens zwei alkohol. Hydroxylgruppen im Mol. enthalten, wie z. B. Glykole, Glycerine, Hexit. — E: polyalcohols

Polyampholyte. Bez. für *Polyionen enthaltende *amphotere Elektrolyte, s. *Polyelektrolyte. *Beisp.:* *Eiweißstoffe. — E: polyampholytes

polyatomar (mehratomig) sind Atomgruppierungen (Mol., Ionen, Radikale) aus (allg.) mehr als einem Atom od. (eingeschränkt) aus mindestens zwei Atomen des gleichen Elementes. Im letzten Fall gehören hierzu z. B. die Mol. der elementaren Gase Chlor = Cl_2, Stickstoff = N_2 usw., ebenso wie die Ionen J_3^- u. S_3^-. — E: polyatomic

Polybasen. Bez. für Polykationen (s. *Polyionen) enthaltende *Basen; s. *Polyelektrolyte. — E: polybases

polycistronisch s. *Genetischer Code. — E: polycistronic

Polycyclische Verbindungen. Bez. für *cycl. Verb., deren Mol. mindestens 2 Ringstrukturen (z. B. Benzolringe) enthalten, unabhängig davon, wie diese verknüpft sind. In der Lit. wird diese Bez. allerdings hauptsächlich nur für solche Verb. verwendet, in denen kondensierte Ringsyst. vorliegen. Vgl. auch *Bicycl. Verb., Makrocycl. Verb., *Mittlere Ringe. — E: polycyclic compounds
Lit.: Seebach, D., Gespannte polycycl. Syst. aus Drei- u. Vierring-Bausteinen, in Angew. Chem. 77 [1965] S. 119—129; Zander, M., Neuere Entw. in der Chemie der polycycl. aromat. Kohlenwasserstoffe, in Umschau 67 [1967] S. 56—457.

Polydictyalität. In Analogie zur *Polymolekularität Bez. für Netzstrukturen (von *Makromol.) mit uneinheitlichen Maschenweiten, die um einen häufigsten Wert streuen. Die Maschenweite ist der Abstand von Querverb. zu Querverb. wie in einem gewöhnl. Netz. — E: polydictiality
Lit.: Ueberreiter, K., in Angew. Chem. 65 [1953] S. 125.

polydispers = bestehend aus uneinheitlich großen Teilchen. Die Polydispersität ist eine Stoffeig. kolloider Syst. Gegensatz: *isodispers. Vgl. R. A.

Gibbons in Nature (London) 200 [1963] S.665 f. — E: polydisperse

Polyelektroden. Synonym für zwei- od. mehrfache Elektroden (s. *Elektroden). — E: polyelectrodes

Polyelektrolyte. Bez. für Substanzen, die *Polyionen (=vielfach geladene Ionen) enthalten. In Wasser lösl. sind vor allem P., bei denen die Gegenionen zu den Polymeren einwertige Ionen sind. Schon bei zweiweitigen Gegenionen ist Schwerlöslichkeit häufig (z. B. Erdalkalisalze der Polyacrylsäure). Es sind jedoch auch P. denkbar, die nur aus zwei Arten von entgegengesetzt geladenen Polyionen bestehen u. keine Ionen mit kleiner Ladung enthalten; solche Salze aus Polyanionen u. Polykationen sind häufig nahezu unlösl., werden aber doch als P. bezeichnet. Diejenigen P., die eine merkliche Anzahl von Polyionen hoher Ladung liefern, sind zwangsläufig *Makromol. Stoffe (s. auch *Makro-Ionen). Diese hochpolymeren P. bilden so eine spezielle Klasse von P. Ein P. kann eine *Polysäure*, eine *Polybase*, ein *Polysalz* od. ein *Polyampholyt* sein. *Beisp.* für P.: Polyacrylsäure, *Nucleinsäuren, Ionenaustauscher, Eiweißstoffe; vgl. O. Kratky in Makromol. Chem. 9 [1953] S. 200, 38 [1960] S. 3. — E: polyelectrolytes
Lit.: Davies, C. W., Ion Association, London, Butterworth, 1959; Rabek, T. I. u. J. Lindemann, P.: Allg. Einführung, Berlin 1967; Rice, S. A. u. M. Nagasawa, Polyelectrolyte Solutions, New York, Acad. Press, 1961; Souchay, M. P., Polyanions u. Polycations, Paris, Gauthier-Villars, 1963.

Polyene. Bez. für org. Verb. mit mehreren konjugierten Kohlenstoff-Doppelbindungen im Mol. (*Beisp.:* Carotinoide). Einfachster Vertreter ist das Butadien = $H_2C=CH-CH=CH_2$. Über P.-Antibiotica s. W. Oroshnik u. L. Zechmeister in Fortschr. Chemie org. Naturstoffe, Bd. 21, Springer, Wien, 1963. — E: polyenes

Polyfunktionelle Verbindungen. Bez. für org. Verb., die mindestens zwei (reaktionsfähige) *funktionelle Gruppen im Mol. enthalten. — E: polyfunctional compounds

Polyhomogenität = *Polyhomoität. — E: polyhomogeneity

Polyhomoität (Polyhomogenität). Von H. K. Livingston u. J. E. Nyenhuis (s. J. Chem. Doc. 5 [1965] S. 89—90) auf Grund einer terminolog. Unters. vorgeschlagene Bez. für das Auftreten ausschließlich der gleichen Grundeinheiten in der Mol.-Kette der Makromol. eines polymereinheitlichen Stoffes (s. *Polymerhomologe); vgl. auch *Polyhomomere. — E: polyhomoeity

Polyhomomere. Von H. K. Livingston u. J. E. Nyenhuis (s. J. Chem. Doc. 5 [1965] S. 89—90) auf Grund einer terminolog. Unters. vorgeschlagene Bez. für polymereinheitliche Stoffe (s. *Polymerhomologe), deren *Makromol. (abgesehen von den Endgruppen) aus ausschließlich den gleichen Grundbausteinen aufgebaut sind. P. gehören zu den Unipolymeren (s. auch *Homopolymerisate), da sie die *Polymerisate eines einzigen Monomers sind, doch unterscheiden sie sich von den übrigen Gliedern dieser Gruppe darin, daß bei ihnen auch der ster. Aufbau der Grundbausteine gleich ist. Eine Reihe von Unipolymeren enthalten eine Anzahl verschiedener *Strukturelemente,

typ. *Stufenreaktion ist sie zusammengesetzt aus voneinander unabhängigen Einzelreaktionen (Zwischenstufen). Die Verknüpfung der funktionellen Gruppen erfolgt unter Abspaltung von Mol., die aus den reagierenden Gruppen stammen. Als Zwischenprod. treten oligomere bzw. polymere Mol. auf, die die gleichen Endgruppen wie die Ausgangsstoffe besitzen. *Beisp.:* Bldg. eines Polyesters:

$$HOOC\text{–}\langle\text{–}\rangle\text{–}COOH + HO\text{–}CH_2\text{–}CH_2\text{–}OH \xrightarrow{-H_2O} + HOOC\text{–}\langle\text{–}\rangle\text{–}COOH \xrightarrow{-H_2O} +$$

Terephthalsäure   Äthylenglykol   Terephthalsäure

$$HO\text{–}CH_2\text{–}CH_2OH \longrightarrow \text{–}OC\text{–}\langle\text{–}\rangle\text{–}COO\text{–}CH_2\text{–}CH_2\text{–}O.OC\text{–}\langle\text{–}\rangle\text{–}COO\text{–}CH_2\text{–}CH_2\text{–}O\text{–}$$

Äthylenglykol   Polyäthylenterephthalat

wie z. B. Polybutadien, atakt. Polymere, Hochdruckpolyäthylen. – E: polyhomomers

Polyionen. Bez. für vielfach geladene Ionen, durch die *Polyelektrolyte charakterisiert sind; diese können *Polykationen* (z. B. Polyvinylammonium) od. *Polyanionen* (z. B. Polyphosphat) od. *Polyampholyt-Ionen* enthalten. Sind die P. makromol., so bezeichnet man sie als *Makro-Ionen. – E: polyions
Lit. s. *Polyelektrolyte.

Polyjodide. Bez. für Salze mit einwertigem, ausschließlich aus Jod bestehendem Anion der allg. Formel J_n^- (n = 3 bis n = 9), die beim Auflösen von Jod in Jodidlsg. durch die lockere Bindung des Elementes an das Jodid-Ion entstehen. Die Lsg. dieser Salze verhalten sich sehr ähnlich der Lsg. von elementarem Jod. Solche Lsg. finden Verw. als Maßlsg. in der Jodometrie (s. *Maßanalyse). – E: polyiodides

Polykondensate (Polykondensationsprod.). Bez. für durch *Polykondensation gebildete Prod. Je nachdem, ob mehr als eine, zwei od. mehr Ausgangsstoffe, als zur *Unipolykondensation notwendig sind, bei der Darst. eingesetzt wurden, unterscheidet man zwischen *Bi-, Ter-* u. sonstigen *Multi-P.* In *Block-Copolykondensaten* sind Ketten von verschiedenen Unipolykondensaten (d. h. Prod. von Unipolykondensationen) zu linearen Makromol. verknüpft. In *Pfropf-P.* enthalten die Ketten eines P. Seitenzweige eines anderen P.; vgl. O. Kratky in Makromol. Chem. 38 [1960] S. 6, sowie W. Kern u. R. C. Schulz, in Houben-Weyl-Müller XIV/1, 1961, S. 8–9. – E: polycondensates, condensation polymers, C-polymers
Lit. s. *Makromol. Chemie.

Polykondensation. Bez. für eine *Polyreaktion, bei der es sich im wesentlichen um eine intermol. (substituierende) Kondensationsreaktion bifunktioneller od. höherfunktioneller Mol. handelt. Als

Die Ausgangsstoffe der P. werden meist ebenso wie die der *Polymerisation als *Monomere bezeichnet; allerdings unterscheiden sich der Grundbaustein der Polykondensat-Kette u. das Monomere sogar in der Summenformel (ohne Schwierigkeiten lassen sich selbstverständlich die Bez. Grundbaustein u. *Strukturelement anwenden). Das Erg. der P. ist das *Polykondensat* od. *Polykondensationsprod.* Manchmal bezeichnet man die Anzahl der Grundbausteine der Makromol. in Polykondensaten als *Polymerisationsgrad, doch findet man auch die Bez. *Polykondensationsgrad* verwendet. Bei P., bei denen nur ein einziges bifunktionelles Monomer notwendig ist (z. B. ergibt unter geeigneten Reaktionsbedingungen eine Dicarbonsäure ein Polyanhydrid), u. solchen, bei denen notwendigerweise zwei bifunktionelle Monomere zur Bldg. des Polymers führen (z. B. entsteht aus Diamin u. einer Dicarbonsäure ein Polyamid), soll man von *Uni-P.* sprechen; *Multi-P.* od. *Co-P.* werden dann nur solche P. genannt, bei denen dann mehr Ausgangsstoffe eingesetzt werden als zur Uni-P. notwendig sind; vgl. O. Kratky, in Makromol. Chem. 38 [1960] S. 1–12 sowie W. Kern u. R. C. Schulz, in Houben-Weyl-Müller XIV/1, 1961, S. 1–12. – E: polycondensation, condensation polymerization, C-polymerization
Lit. s. *Polymerisation.

Polykondensationsprodukte = *Polykondensate. – E: polycondensation products

Polymeranaloge. Bez. für *hochpolymere Stoffe (s. auch *Polymere) u. die jeweils aus ihnen durch chem. Umsetzungen ohne Spaltung der Mol.-Ketten (z. B. durch Einführung, Substitution od. Veränderung von Seitengruppen od. durch Veränderung von Bindungen [z. B. durch Hydrierung od. Dehydrierung]) hergestellten „abgewandelten" Stoffe von gleichem *Polymerisationsgrad. *Beisp.:* Polyvinylalkohol/Polyvinylacetat. – E:

Polymeranaloge Umsetzungen

polymer analogues, analoguous polymeric compounds

Polymeranaloge Umsetzungen. Bez. für solche Umsetzungen an *Makromol., bei denen keine Spaltung der Mol.-Kette eintritt; bei diesen bleibt also das Gerüst der Kettenatome erhalten. P.U. an reaktionsfähigen Gruppen von Makromol. od. *Makro-Ionen orientieren am zuverlässigsten über deren Identität mit bekannten Makromol. bzw. Makro-Ionen. Solche sich über das ganze Mol. erstreckenden Eingriffe können aus strukturellen Gründen nur an linearen, nicht dagegen an vernetzten Mol. erfolgen. Vgl. O. Kratky in Makromol. Chem. 38 [1960] S. 2. — E: polymeranalogue reactions

Polymerchemie s. *Makromol. Chemie. — E: polymer chemistry

Polymere. In der ursprünglichen Bedeutung Bez. für Substanzen, deren Mol. zu einfacheren in der Beziehung der „Polymerie" (s. *Lagerungsisomerie) stehen. Demnach wäre z. B. Benzol = C_6H_6 als ein P. (genau: ein Trimer) des Acetylens = C_2H_2 zu betrachten. Heutzutage wird die Bez. P. überwiegend als Synonym für *hochpolymere Stoffe (d. h. die in der Regel polymol. Gemische von *Polymerhomologen) verwendet, gelegentlich auch eingeschränkt nur für synthet. (als Gegensatz zu den *Biopolymeren), selten sogar als Synonym für „makromol. Stoffe" überhaupt. Die Bez. „Polymerisate" ist bei dem an zweiter Stelle genannten Bedeutungsinhalt das Synonym für P.; ihre Verw. wird meist auf synthet. hochpolymere Stoffe eingeschränkt, die durch *Polymerisation (evtl. auch durch Polykondensation od. *Polyaddition) entstanden sind. Als Charakteristikum für ein P. betrachtet man heute, daß ihre zudem meist unterschiedlich großen Mol. (es liegt also *Polymolekularität vor) aus so vielen gleichen od. ähnlichen niedermol. *Grundbausteinen aufgebaut sind, daß sich die physikal. Eig. dieser Substanzen, bes. die viskoelast., bei Erhöhung der Anzahl der Grundbausteine um eins nicht mehr „merklich" ändern. Dies ist bei diesen Substanzen im allg. dann der Fall, wenn ihr Molgew. etwa 10 000 od. mehr beträgt. Diese Voraussetzung ist bes. deshalb von Bedeutung, weil diese hochpolymeren Stoffe der klass. Definition (s. oben) der Polymerie widersprechen, der im makromol. Bereich nur die sog. *makrocycl. Verb. gerecht werden können, deren Existenz nur in wenigen Fällen sicher festgestellt ist.

Tatsächlich sind die hochpolymeren Stoffe meist nicht ausschließlich aus ein u. demselben Grundbaustein aufgebaut; so sind z. B. bei Kettenmol. die Endgruppen verschieden von den Gruppen der Kette. Die Größe der Mol. bedingt jedoch, daß sich diese Endgruppen relativ wenig auf die chem., u. vor allem die physikal. Eig. der Stoffe auswirken, so daß die formell nicht korrekte Bez. doch der Struktur dieser Substanzen gerecht wird. Für die „niedermol." P., d. h. Dimere, Trimere usw., wozu auch die niederen Glieder der *polymerhomologen Reihen gehören, verwendet man die Bez. *Oligomere (oligomere Verb.). —

Über bes. Formen von P., wie lineare, verzweigte od. Schichten-Hochpolymere sowie räumliche od. intramol. Netzpolymere s. die unter *Makromol. Stoffe wiedergegebene Einteilung. *Isomere P.* (vgl. auch *Polymerisomere Stoffe) sind solche P., die im wesentlichen die gleiche Bruttoformel besitzen, aber in der räumlichen Anordnung der einzelnen Mol.-Teile voneinander abweichen (isomere Polyvinylderiv. können z. B. voneinander abweichen in der gegenseitigen Beziehung der einzelnen Grundbausteine [z. B. „Kopf-Kopf" od. „Kopf-Schwanz" od. „Schwanz-Kopf"; s. *Homopolymerisation] od. in der Anordnung der Seitenketten in bezug auf die Ebene der hypothet. verlängerten Zickzack-Kette. Cis-trans-Isomerie kann in all jenen P. auftreten, die Doppelbindungen enthalten). Vgl. O. Kratky in Makromol. Chem. 9 [1953] S. 195—220, 38 [1960] S. 1 bis 12. S. auch *Lebende P., *Schlafende P. u. *Tote P. — E: polymers

Lit. s. *Makromol. Chemie.

polymereinheitlich sind *Makromol. gleicher Bauart, die sich nur in Polymerisationsgrad unterscheiden. — E: homopolymeric

Polymereinheitliche Stoffe s. *Polymerhomologe. — E: homopolymeric substances

Polymerhomologe. Bez. für die Glieder einer *polymerhomologen Reihe. Gemische solcher sich jeweils nur in *Polymerisationsgrad (nicht jedoch in den *Grundbausteinen) unterscheidenden Substanzen sind somit polymolekular; diese liegen in den *hochpolymeren Stoffen (s. auch *Polymere) vor. Man kann zwei Gruppen von P. unterscheiden: 1. Bei den sog. *polymereinheitlichen Stoffen* haben alle Makromol. bzw. -Ionen gleiche Bauart; sie unterscheiden sich lediglich durch ihre Kettenlänge, also durch ihren Polymerisationsgrad. 2. Die Makromol. der *aperiod. Hochpolymeren* besitzen zwar unterschiedliche, doch dem gleichen Typus angehörende niedrigmol. Einheiten (z. B. Aminosäurereste in den Polypeptiden u. Eiweißstoffen). Hier versteht man dann unter den Grundbausteinen jene Teile der Kette, die dem kleinsten chem. Mol. entsprechen, aus der das Makromol. aufgebaut ist. zumindest entstanden gedacht werden kann (hier ist allerdings die Definition eines *Strukturelementes nicht mehr sinnvoll). — Nach der Anzahl der Grundbausteinarten unterscheidet man bei den P. *Unipolymere* (vgl. *Homopolymerisate) u. *Multipolymere*. Multipolymere können sein: *Bipolymere* mit zwei Grundbausteinarten, *Terpolymere* mit drei Grundbausteinarten, *Quarterpolymere* mit vier Grundbausteinarten. Nach der Art der *Polyreaktion sind die Multipolymeren einzuteilen in *Multipolymerisate (Copolymerisate)*, *Multipolykondensate (Copolykondensate)* u. *Multipolyaddukte (Copolyaddukte)*. Vgl. O. Kratky in Makromol. Chem. 38 [1960] S. 1–12. — E: homologous polymeric compounds

Polymerhomologe Reihen. Bez. für Reihen von *hochpolymeren Stoffen (s. auch *Polymere), die aus gleichen *Grundbausteinen aufgebaut sind u. sich nur im *Polymerisationsgrad unterscheiden. Die Glieder einer P. R. werden als *Polymerhomologe bezeichnet. — E: homologous polymeric series

Polymerie s. *Lagerungsisomerie u. *Polymere. — E: polymerism

Polymerisate (Polymerisationsprod.). Bez. für durch *Polymerisation gebildete Prod. Sind diese nur aus einer Art von *Grundbausteinen aufgebaut, so bezeichnet man sie als *Uni-P.* od. **Homo-P.** (insbes. auch als *Polyhomomere), enthalten sie mindestens zwei Arten von Grundbausteinen, so spricht man von *Co-P.* od. *Multi-P.* (der Ausdruck *Misch-P.* soll weder als Synonym hierfür noch für ein Gemisch von P. unterschiedlicher Zus. verwendet werden). In *Blockcopolymerisaten (häufig einfach *Block-P.* genannt) sind die Ketten von verschiedenen Uni-P. zu linearen Makromol. verknüpft. In *Pfropfco-P.* enthalten die Ketten eines P. Seitenzweige eines anderen P.; vgl. O. Kratky in Makromol. Chem. 38 [1960] S. 3, sowie W. Kern u. R. C. Schulz, in Houben-Weyl-Müller XIV/1, 1961, S. 6–8. — Häufig findet man in der Lit. *Polymere u. P. wechselseitig als Synonyme gebraucht; üblich ist auch die Verw. von P. als Sammelbez. für eigentliche P., *Polykondensate u. *Polyaddukte. — E: polymerizates Lit. s. *Makromol. Chemie.

Polymerisation. Bez. für eine *Polyreaktion, bei der monomere Verb., deren Mol. reaktionsfähige Doppelbindungen od. Ringe enthalten, entweder spontan od. unter dem Einfl. von *Initiatoren in *Polymere übergehen. Die spontane P. erfolgt rein therm. *(Wärme-P.)*; von ihr muß die P. mit Hilfe von Licht *(Photo-P.)* u. energiereicher Strahlung *(Strahlen-P.)* unterschieden werden. P. ist eine bes. Art der *Stufenreaktion, bei der die Stufen in der Regel so wenig unterscheidbar sind, daß sie als *Kettenreaktion beschrieben werden kann, mit Primärreaktion (Kettenstart), Wachstumsreaktion od. Fortpflanzungsreaktion, Kettenübertragung u. Kettenabbruch.

Bei der Primärreaktion, dem *Kettenstart*, wird ein wachstumsfähiges Prod. (Radikal, Ion, Komplex) gebildet. Die fortlaufende Addition an wachstumsfähigen Primärprod. bezeichnet man als *Wachstumsreaktion*. Bei der *Kettenübertragung* wird das Wachstum einer wachsenden Kette in der Weise unterbrochen, daß ein abgesätt. Makromol. u. zugleich ein zu weiterem Wachstum fähiges Primärprod. (Radikal, Ion, Komplex) entsteht. Man spricht also von Kettenübertragung, wenn das Wachsen eines Makromol. unterbrochen wird, die Reaktionskette aber weiterläuft. Beim *Kettenabbruch* werden wachstumsfähige Prod. vernichtet, das Wachstum der Makromol. wird also gleichzeitig mit der Reaktionskette beendet. Bei der sog. *Radikalketten-P.* („radikal. P.") entstehen bei der Primärreaktion *Radikale, an denen sich das Monomere anlagert; an diese so entstandenen Radikale lagern sich dann erneut Makromol. an. Bei der *Ionenketten-P.* („ion. P.") sind die Initiatoren der wachsenden Kette Ionen. Die Co-P. von Styrol u. Methylmethacrylat mit Lithium ist das Beisp. für eine P., bei der gleichzeitig radikal. u. ion. Wachstum erfolgt. Man spricht von *takt. P.*, wenn Makromol. mit stereoregulärer Struktur mit Hilfe von stereospezif. wirksamen Initiatoren gebildet werden.

Alle Verb., die polymerisierbar sind, bezeichnet man als *Monomere* der P.-Reaktion; das Erg. einer P. ist das *Polymerisat*. Erfolgt die P. unter Beteiligung einer einzigen monomeren Verb., so nennt man die Reaktion *Homopolymerisation*, sind an ihr mindestens zwei verschiedene Monomere beteiligt, so spricht man von *Comonomeren* u. *Copolymerisation* (die Bez. *Misch-P.* soll vermieden werden). Wird die P. des Monomeren ohne Lsgm. ausgeführt, so nennt man die Reaktion *P. in Masse* od. *P. in Substanz* (die zweite Bez. ist vorzuziehen); die Bez. *Block-P.* soll nicht mehr verwendet werden (auch nicht die Bez. Blockpolymerisate für solche *Polymerisate, die ohne zusätzliches Lsgm. erhalten werden), nachdem man als Block-Polymere solche Polymere versteht, deren Monomere aus verschiedenen Monomereinheiten bestehen (s. *Blockcopolymerisate). Außer der P. in Substanz unterscheidet man noch die folgenden Formen von P.: P. in Lsg. *(Lsg.-P.)*, *P. in Emulsion* (Emulsions-P., s. *Emulsionen) u. *P. in Dispersion* (oft Suspensions-P. genannt, weil dabei mehr od. weniger grobe Polymerisatteilchen gebildet werden; nach den IUPAC-Richtlinien [s. O. Kratky u. M. L. Higgins, in Makromol. Chem. 9 [1953] S. 195 bis 220] ist diese Bez. deshalb abzulehnen, weil die Syst. — zumindest bei Beginn der Reaktion — keine *Suspensionen sind). Eine bes. Form der P. in heterogener Phase ist die *Perl-P.* Die Bez. *Hetero-P.* für eine Copolymerisation zwischen Monomeren, von denen mindestens eines für sich allein nicht polymerisationsfähig ist, soll nicht mehr verwendet werden, weil die Bez. auch als P. in heterogener Phase od. als P. unter Beteiligung von Monomeren mit anderen Atomen als Kohlen-

Polymerisation, anionische

stoff in der Hauptkette verstanden werden könnte. Bei einer *Fällungs-P.* fällt das Polymerisat aus einer ursprünglich homogenen Phase aus. Polymerisierbar sind viele (jedoch längst nicht alle) ungesätt. Verb. mit einer od. mehreren Doppelbindungen (C=C, C=O), bes. Vinyl- u. Vinylidenverb., ferner Carbonylverb. (z. B. Aldehyde), ebenso zahlreiche heterocycl. Verb. (z. B. Äthylenoxid). *Beisp.:* Bldg. von Polyäthylen: $H_2C = CH_2 + H_2C = CH_2 + H_2C = CH_2 \rightarrow -CH_2-CH_2-CH_2-CH_2-CH_2-CH_2-$. Im Gegensatz zu *Polykondensation u. *Polyaddition erfolgt bei der P. keine Abspaltung von Mol.-Bestandteilen bzw. Wanderung od. Umlagerung von solchen während der Wachstumsreaktion. Vgl. O. Kratky in Makromol. Chem. 38 [1960] S. 1 bis 12, sowie W. Kern u. R. C. Schulz, in Houben-Weyl-Müller XIV/1, 1961, S. 1–23. – E: polymerization, addition polymerization, A-polymerization

Lit.: Alelio, G. F. D' s. D'Alelio, G. F.; Barth-Wehrenalp, G. u. B. P. Block, Inorganic Polymers, in Science (Wash.) 142 [1963] S. 627–633; Beckmann, G. u. E. F. Engel, Betriebserfahrungen bei der Lsg.-P., in Chem.-Ing.-Techn. 38 [1966] Nr. 10; Bevington, J. C., Radical Polymerization, New York, Academic Press, 1961; Bovey, F. A., T. M. Kolthoff, A. I. Medalia u. E. J. Meehan, Emulsion Polymerization, New York, Interscience, 1966; D'Alelio, G. F., Fundamental Principles of Polymerization, New York, Wiley, 1952; Elastomer Stereospecific Polymerization, Washington, ACS, 1966 (Adv. in Chem. Series, Bd. 52); Furukawa, J. u. T. Saegusa, Polymerization of Aldehydes and Oxides, New York-London, Wiley-Interscience, 1963; Gaylord, N. G. u. H. Mark, Linear and Stereoregular Addition Polymers (Polymerization with controlled Propagation), New York, Interscience, 1959; Ham, E., Kinetics and Mechanisms of Polymerization, 3 Bde. I [1967], New York, Dekker; Howlett, K. E., Some Aspects of Polymerization, in Science Progress, Nr. 206 [1964] S. 238–269; Kern, Logemann, Schneider, in Houben-Weyl-Müller, Bd. XIV; Krcil, Kurzes Handbuch der P.-Technik, 2 Bde., Leipzig, Akad. Verl. Ges., 1940/41; Küchler, L., P.-Kinetik, Berlin, Springer, 1951; Natta, G., Stereoregular Polymers and Stereospecific Polymerization I [1966], Oxford, Pergamon; North, A. M., Kinetics of Free Radical Polymerization, Oxford, Pergamon, 1966; Plesch, The Chemistry of Cationic Polymerization, Oxford, Pergamon Press, 1963; Reich, L. S. u. A. Schindler, Polymerization and Organometallic Compounds, London 1967; Sorensen, R. u. T. W. Campbell, Preparative Methods of Polymer Chemistry, New York, Interscience, 1961 (Dtsch. Ausgabe Verl. Chemie, Weinheim, 1962); Ullmann V, 702, VI, 662, VII, 537, IX, 293, 339, 341, X, 148, XI, 4, XIV, 107–310. Weitere Lit. s. unter *Copolymerisation sowie unter *Makromol. Chemie (die meisten der dort aufgeführten Bücher u. sonstigen Publikationen erfassen auch die P.).

Polymerisation, anionische, s. *Ionenkettenpolymerisation. – E: anionic polymerization

Polymerisation in Masse = *Blockpolymerisation.

Polymerisation in Substanz = *Blockpolymerisation.

Polymerisation, kationische, s. *Ionenkettenpolymerisation. – E: cationic polymerization

Polymerisationsgrad. Bez. für die Anzahl der *Grundbausteine in den *Makromol. eines *Polymerhomologen. Der mittlere P. ist ein Maß für die durchschnittliche Größe der in einem *hochpolymeren Stoff (s. auch *Polymere) vorliegenden Makromol. u. läßt sich als Quotient aus dem mittleren Molgew. des Polymers u. dem Molgew. des Grundbausteins (bei mehreren verschiedenen Grundbausteinen unter Berücksichtigung des Anteils) berechnen. Der mittlere P. ist somit wie das mittlere Molgew. von der benützten Meßmeth. abhängig (vgl. auch *Uneinheitlichkeit). *Beisp.:* Wenn für ein Polyvinylacetat der P. 500 angegeben wird, so bedeutet das, daß durchschnittlich 500 Vinylacetatmol. zu einem Polyvinylacetatmol. zusammengetreten sind. – Vgl. W. Kern u. R. C. Schulz in Houben-Weyl-Müller Bd. XIV/1, 1961, S. 4; s. auch *Polykondensation. – E: degree of polymerization

Lit.: Piganiol, Jean, Vallet, Wippler, Détermination des Masses Moléculaires et des Degrés de Polymerisation, Paris, Masson, 1961.

Polymerisationskatalysatoren = *Initiatoren. – E: polymerization catalysts

Polymerisationsprodukte = *Polymerisate. – E: polymerization products

Polymerisomere Stoffe = Isomere Polymere (s. *Polymere). H. Staudinger (s. Makromol. Chem. 9 [1953] S. 229) gibt die folgende Definition: „P. S. sind solche Stoffe, die aus den gleichen *Grundbausteinen aufgebaut sind, deren *Makromol. sich aber nicht nur durch ihren *Polymerisationsgrad, sondern auch in der Konstitution unterscheiden, derart, daß die Grundbausteine verschiedenartig im Makromol. angeordnet sind. – E: isomeric polymers

Polymerphysik s. *Makromol. Chemie. – E: polymer physics

Polymersegment. Bez. für ein *Polymer, das einen bestimmten Tl. eines größeren Polymers bildet (z. B. kann ein Block- od. ein Pfropf (co) polymer mehrere P. enthalten). Vgl. IUPAC-Inf. Bull. Nr. 30 [Okt. 1967] S. 27. – E: polymeric segment

Polymerwissenschaft s. *Makromol. Chemie. – E: polymer science

Polymetallophile Verbindungen. Nach E. L. M. McCaffery u. S. W. Shalaby (s. J. Organometallic Chem. 3 [1965] S. 101) Bez. für org. Verb., die an mehreren Stellen des Mol. direkt mit Metallen unter Bldg. von metallorg. Verb. reagieren. *Beisp.:* 2-Methyl-2-chlormethylen-1.3-dichlorpropan reagiert mit zwei Atomen Mg je Mol. (wahrscheinlich über ein Cyclopropanderiv.) unter Bldg. einer Grignardverb. – E: polymetallophilic compounds

Polymolekularität. Bez. für die Eig. der meisten natürlichen u. synthet. *makromol. Stoffe, zwar aus Makromol. od. Makro-Ionen gleicher u. ähnlicher Bauart, jedoch von unterschiedlicher Größe (Kettenlänge), zu bestehen, so daß sie sich nicht durch die Angabe eines einzigen Wertes für Molgew. od. *Polymerisationsgrad charakterisieren lassen, sondern sich für diese Größen jeweils eine Verteilungskurve aufstellen läßt. Die Erg. von Molgew.-Best. sind somit stets Mittelwerte („Durchschnittsmolgew." bzw. „Durchschnittspolymerisationsgrad"), doch wird dabei die Mittelwertbldg. in verschiedener Weise vorgenommen, je nachdem, ob die zu messende Größe von der Anzahl der Mol. in den einzelnen Größenklassen od. von ihrem Gew. abhängt. Die Breite der Größenverteilung der Makromol. in einem makromol. Stoff läßt sich durch die sog. *Uneinheitlichkeit charakterisieren. Die P. ist eine Stoffeig., kein wechselnder Dispersionszustand. Vgl. auch *Hochpolymere Stoffe u. *Polymere. — E: polymolecularity

Lit.: Mark, H. F., New Concepts — New Polymers — New Applications, in Amer. Scientist 55 [1967] S. 265–281.

Polymorphie. Bez. für die Eig. vieler chem. Elemente u. Verb., im festen Zustand in mehreren krist. *Modifikationen aufzutreten, die sich in ihren physikal.-chem. Eig. unterscheiden u. unter verschiedenen Temp.-Druck-Bedingungen stabil sind. Sind nur zwei polymorphe Modifikationen bekannt, so spricht man auch von *Dimorphie* (s. *dimorph). — E: polymorphism

Lit.: Verma, A. R. u. P. Krishna, Polymorphism and Polytypism in Crystals, New York-London, Wiley-Interscience, 1966.

Polynucleotide. Sammelbez. für polymere Nucleotide, die aus mehr als 10 Nucleotideinheiten (s. *Nucleotide) aufgebaut sind. Zu den P. gehören vor allem die Nucleinsäuren. — E: polynucleotides

Polyole = *Polyalkohole. — E: polyols

Polyosen. Bez. für *Kohlenhydrate, deren Mol. aus einer größeren Anzahl von Hexosemol. aufgebaut sind. — E: polyoses

Polypeptide. Nach Helferich Sammelbez. für *Peptide, deren Mol. aus etwa 10 bis etwa 100 durch *Peptidbindung verknüpften Aminosäureresten bestehen. Während die untere Grenze als Abgrenzung gegen die *Oligopeptide* allg. anerkannt wird, wird in der Lit. nur selten zwischen P. u. *Makropeptiden* (nach Helferich aus mehr als 100 Aminosäureresten aufgebaute Peptide) unterschieden, sondern diese Substanzen werden meist ausschließlich P. genannt. Zu den P. rechnet man auch die sog. *Polyaminosäuren*, d. h. aus nur einer einzigen Art von Aminosäureresten bestehende Polymere. Zu den P. gehören vor allem die *Eiweißstoffe. — E: polypeptides

Lit. s. *Aminosäuren, *Eiweißstoffe u. *Peptide. Zur Nomenklatur von synthet. P. (polymerisierte Aminosäuren) s. IUPAC-Inf. Bull. Nr 30 [Okt. 1967] S. 27 bis 31; zur Symbolik der Wiedergabe von P.-Zus. s. IUPAC-Inf. Bull. Nr. 26 [Aug. 1966] S. 16–18.

Polyphosphate. Bez. für Salze u. Ester der sog. Polyphosphorsäuren. 1. Nach E. Thilo (s. Angew. Chem. 67 [1955] S. 142) bilden die salzartigen P. die größte Gruppe der *kondensierten Phosphate. Zu ihr gehören alle Salze der Zus. $M^I_{n+2}[P_nO_{3n+1}]$ bzw. $M^I_n[H_2P_nO_{3n+1}]$ (M^I bedeutet hier ein einwertiges Metall-Ion), bei denen der Kondensationsgrad n mindestens 10 ist, also die P. von den Decaphosphaten bis zu hochmol. Substanzen. Die diesen Salzen entsprechenden Säuren sind dadurch ausgezeichnet, daß sie alle außer einer ihrem Kondensationsgrad gleichen Zahl von stark, noch zwei schwach dissoziierende H-Atome haben. Die Lsg. ihrer „neutralen" Salze reagieren daher alkal. In den höherkondensierten Salzen sind aber — soweit sie therm. aus Dihydrogenmonophosphaten hergestellt werden — die H-Atome der als Endgruppe gebundenen sauren OH-Gruppen im allg. nicht durch Metall ersetzt, so daß die P. in der Regel als saure Salze vorliegen. Die den P. analogen Salze mit Kondensationsgrad n unter 10 werden als *Oligophosphate* bezeichnet. Während die höhermol. P. in neutraler u. schwach alkal. Lsg. bei gewöhnl. Temp. sehr beständig sind, werden sie bei Temp. über 60° leicht hydrolyt. abgebaut. In Lsg. liegen die P.-Ketten wahrscheinlich gefaltet od. spiralig gewunden vor, wobei die Faltung wahrscheinlich durch Wasser-Mol. aufrechterhalten wird, die über H-Bindungen an O-Atome gebunden sind, wodurch sich zwei verschieden polarisierte PO_3^--Gruppen in der Anionen-Kette ausbilden müssen, u. zwar in einem Mengenverhältnis 1 : 1. Im sauren Medium entstehen neben Mono- u. Trimetaphosphat Gemische von P., weshalb unter diesen Bedingungen die Faltung der P.-Kette wenigstens z. T. aufgehoben sein muß. Die P. besitzen Ionenaustauscher-Natur in Lsg. u. vermögen so höherwertige Ionen, z. B. Ca^{2+}-Ionen, an der Ausfällung durch Anionen, mit denen sie sonst schwerlösl. Salze bilden, zu hindern. Bei der therm. Entwässerung saurer Phosphate bei Ggw. eines mehr od. weniger großen Überschusses an Phosphorsäure entstehen vernetzte P., doch können die Vernetzungsstellen zwischen den P.-Ketten hydrolyt. leicht aufgespalten werden. Bekannte P. sind das Grahamsche, das Kurrolsche u. das Maddrellsche Salz. Die P. finden Verw. zur Wasseraufbereitung, in Waschmitteln u. in der Lebensmitteltechnologie. 2. Von den Estern der Polyphosphorsäuren haben die Phosphate des Adenosins (s. *Nucleotide) bes. biolog. Bedeutung. — E: polyphosphates

Lit.: Thilo, E., Condensed Phosphates and Arsenates,

Polyplaste
in Advances Inorg. Chem. Radiochem. Bd. 4, New York, Acad. Press, 1962; Ullmann XI, 508, XIII, 541, 545, 552, 559; Van Wazer u. F. Callis, in Inorg. Polymers, New York, Acad. Press, 1962. Über P. als Ionenaustauscher s. Grossmann, H., Diss. Humboldt-Univ. Berlin, 1959. Über neuere P.-Synth. s. Todd, A., in Chem. Soc., London, Spec. Publ. Nr. 8, 1959, S. 91 bis 102. Über P. in der Reinigungsmitteltechnik s. Colas, L., in Chem. Ind. 1962, S. 456—458. Vgl. auch Lit. unter *Kondensierte Phosphate.

Polyplaste. Von R. Nitsche u. H. Heering (s. Kunststoffe 38 [1948] S. 173—175) vorgeschlagene Sammelbez., die in dem zurückgezogenen DIN-Entwurf 7731 (1950) folgendermaßen definiert wurde: „P. sind Materialien, deren wesentliche Bestandteile aus makromol., org. Verb. bestehen u. die synthet. od. durch Umwandlung von Naturprod. entstehen. Sie sind in der Regel bei der Verarbeitung unter bestimmten Bedingungen plast. formbar od. sind plast. geformt worden." Demnach würde der Begriff die plast. formbaren Kunststoffe ein-, die Silicone jedoch ausschließen. Vgl. hierzu *Kunststoffe u. O. Leuchs, Der Begriff „Kunststoff" u. eine künftige Begriffssystematik, in Kunststoffe 50 [1960] S. 10—13. — E: polyplastics, „polyplasts"

Polyreaktionen. Bez. für *Reaktionen, bei welchen *Polymere gebildet werden. Man unterscheidet heute: 1. *Polymerisation, 2. *Polykondensation, 3. *Polyaddition. — P. können in mehreren Schritten erfolgen. Diese Schritte können sich auf die gleiche P.-Art beziehen; man spricht dann von *Mehrschritt-P.* (z. B. *Zweischritt-P.* [Zweischritt-Polymerisation, Zweischritt-Polykondensation]) od. sie können verschiedene P. betreffen *(Mehrtypen-P.).* Durch Mehrschritt- od. Mehrtypen-P. kann man bes. leicht Blockpolymere (s. *Blockcopolymerisate) u. Graft- od. Pfropfpolymere (s. *Pfropf-Copolymere) aber auch räumliche Netzpolymere erzeugen. Eine P., bei der die Vernetzung erfolgt, nennt man auch *Härtungsreaktion* od. *Härtung,* beim Kautschuk *Vulkanisation; vgl. O. Kratky in Makromol. Chem. 38 [1960] S. 1—12. — E: polyreactions

Polyrekombinationen. Nach V. V. Korsak Bez. für eine bes. Form der *Polykondensation, durch die *Polymere aus gesätt., als Lsgm. für Peroxide geeigneten org. Fl. erhalten werden. In diesen zerfällt ein geeignetes Peroxid unter bestimmten Bedingungen zu Radikalen, die dem Lsgm. Wasserstoffatome entziehen, so daß dies seinerseits in Radikale übergeht, die sich unter Bldg. von Makromol. zusammenlagern können *(Beisp.:* p-Diisopropylbenzol u. *tert.*-Butylperoxid). Vgl. Angew. Chem. 71 [1959] S. 314 u. Kunststoffe 49 [1959] S. 23. — E: polyrecombination

Polysaccharide. Sammelbez. für makromol. *Kohlenhydrate, deren Mol. aus glykosid. miteinander verknüpften Monosaccharid-Mol. bestehen. Hierzu gehören vor allem die wichtigen Biopolymeren Stärke, Glykogen, Cellulose. Näheres s. im Abschnitt *Kohlenhydrate. — E: polysaccharides

Polysalze. Bez. für *Polyionen enthaltende Salze; s. *Polyelektrolyte. *Beisp.:* Poly-4-vinyl-N-methylpyridiniumbromid u. Kaliumpolyacrylat. — E: polysalts

Polysäuren. Bez. für Polyanionen (s.*Polyionen) enthaltende *Säuren; s.*Polyelektrolyte. *Beisp.:* Polyacrylsäure. Vgl. auch *Anhydride. — E: polyacids
Lit.: Jahr, K. F. u. J. Fuchs, Neue Wege u. Erg. der P.-Forschung, in Angew. Chem. 78 [1966] S. 725 bis 735; Ullmann X, 626.

Polysiloxane = *Silicone. — E: polysiloxanes

Polysulfide. Bez. für Salze der Wasserstoffpolysulfide (Polyschwefelwasserstoffe) von der allg. Formel $M^I_2S_n$ (n = 2, 3, 4, 5; gelegentlich kann n auch höhere Werte annehmen). Die Alkali-P. sind meist gelb bis braunrot gefärbt; sie entstehen, wenn man Alkalisulfidlsg (z. B. wss. Lsg. von Natriumsulfid = Na_2S) längere Zeit an offener Luft stehen läßt od. Alkalihydroxide bzw. -carbonate mit Schwefel zusammenschmilzt. Bei gewöhnl. Temp. sind die P. ziemlich beständig; durch Säuren werden sie meist unter Schwefelabscheidung zersetzt. Wahrscheinlich betätigt das zentrale S^{2-}-Ion bei den P. „Nebenvalenzen" gegenüber neutralen S-Atomen, so daß z. B. für Pentasulfid folgende Formel anzunehmen wäre:

$$\begin{bmatrix} & S & \\ S & \cdots S^{II} \cdots & S \\ & S & \end{bmatrix}$$

E: polysulfides

Polythionate. Bez. für die Salze der sog. Thionsäuren mit den Anionen $S_nO_6^{2-}$ (n = 2, 3 . . .). — E: polythionates

Polytrope Prozesse. In der *Thermodynamik Bez. für diejenigen Beziehungen, die sich durch eine, eine hyperbelähnliche Kurve in einem rechtwinkligen Koordinatensyst., ergebende Gleichung *(Polytropen)* der Form $c = xy^n$ (hierin kann z. B. x den Druck u. y das Vol. bedeuten) erfassen lassen. Durch geeignete Wahl von n u. c läßt sich die Kurve der Darst. zahlreicher physikal. Gesetze anpassen. — E: polytropic processes

Polytypie. Bez. für die sog. „eindimensionale" *Polymorphie, die beispielsweise bei SiC, CdJ_2 u. ZnS beobachtet wird. Die *Polytypen* einer Substanz unterscheiden sich lediglich in der Art der Anordnung ihrer „Elementarzellen" (s. *Kristallgitter). — E: polytypism
Lit. s. *Polymorphie.

Pond (von lat.: pondus = Gew., Schwerkraft; Kurzzeichen p). 1 p = 10^{-3} kp (s. *Kilopond). — E: gram force

Poren. Bez. für durch die Herst. od. Verw. bedingte Hohlräume in Werkstücken u. Überzügen, die mit Luft od. anderen werkstoff-fremden Stoffen ausgefüllt sind; ihre Tiefenausbldg. ist groß im Verhältnis zu ihrem Querschnitt. Je nachdem, ob die P. mit unbewaffnetem Auge erkennbar ($\geq 20\,\mu$) od. nicht erkennbar sind ($\leq 20\,\mu$), unterscheidet man *Grob-P.* u. *Fein-P. Offene P.* stehen mit dem umgebenden Medium in Verb., *geschlossene P.* sind in sich abgeschlossen u. lassen kein Medium eindringen. Das *P.-Vol.* ist der von den P. im Werkstoffgefüge eingenommene Raum; das Vol. aller vorhandenen P. wird *Gesamtporenvol.* genannt. Das *scheinbare P.-Vol.* umfaßt nur das Vol. der offenen, das *geschlossene P.-Vol.* nur das Vol. der geschlossenen P. Vgl. Arch. f. Metalle 1947, S. 314. — E: pores

Porosität. Bez. für die Eig. eines Werkstückes od. Überzuges, mit *Poren versehen, durchlässig zu sein. Man unterscheidet *Fein-P.* u. *Grob-P.* sowie *offene (scheinbare) P.* u. *geschlossene P.* (vgl. *Poren); die *Gesamt-P. (wahre P.)* umfaßt die offenen u. die geschlossenen Poren. Der *P.-Grad* ist die zahlenmäßige Angabe in Prozent über den Anteil des Porenvol. am Gesamtvol. eines Werkstückes od. Überzuges; vgl. Arch. f. Metalle 1947, S. 314. — E: porosity

Lit.: Gregg, S. J. u. K. S. W. Sing, Adsorption, Surface Area and Porosity, New York, Academic Press, 1967.

Positronen (Positive Elektronen; Symbol e$^+$). Bez. für zur Familie der *Leptonen gehörende *Elementarteilchen, die die gleiche Ruhmasse wie die *Elektronen besitzen (Teilchenmasse 5,485·10^{-4}), jedoch durch eine (ebenso starke) positive elektr. Ladung (4,8022·10^{-10} elektrostat. Einheiten) ausgezeichnet sind. Der Name P. ist aus positives Elektron zusammengezogen. P. entstehen, wenn *Photonen von mehr als 1 MeV Energie auf einen Atomkern auftreffen (der hierbei nicht verändert wird), wobei gleichzeitig ein Elektron u. ein P. entsteht. Bei dieser *Paarbldg. (s. auch *Kernreaktionen, Abb. a) erfolgt eine direkte Umwandlung von Strahlung (als Energie) in Materie. Zahlreiche durch Kernumwandlung gewonnene radioakt. Stoffe (s. *Radioaktivität) zerfallen unter Aussendung eines P. („P.-Zerfall"). P. zerstrahlen, sobald sie ihre Bewegungsenergie verloren haben u. mit einem Elektron zusammentreffen (s. *Positronium). P. wurden 1932 von Anderson in der *kosm. Strahlung entdeckt (s. Science [Wash.] 76 [1932] S. 238). — E: positrons, anti-electrons

Lit.: Deutsch, M., in Progr. Nucl. Phys. 3 [1953] S. 131 ff.; Hanson, N. R., The Concept of the Positron, London, Cambridge Univ. Press, 1963.

Positronium. Bez. für eine kurzlebige Kombination aus einem *Positron u. einem *Elektron, die eine dem Wasserstoffatom ähnliche „Atomart" bildet; da beide *Elementarteilchen gleich schwer sind, müssen sie im P. um den gemeinsamen (ident.) Masse- u. Ladungsschwerpunkt kreisen (es handelt sich hier somit um ein „Atom" ohne Kern). Je nachdem, ob die Spins der beiden Teilchen entgegengesetzt od. gleichgerichtet sind, liegt das P. in einem Singulett- *(Para-P.)* od. in einem Triplett-Zustand *(Ortho-P.)* vor; in diesen Zuständen zerstrahlt das P. nach $1,25\cdot 10^{-10}$ s in 2 bzw. nach $1,4\cdot 10^{-7}$ s in 3 Lichtquanten. — E: positronium

Lit.: Green, J. u. J. Lee, Positronium Chemistry, New York 1964; dies., Bldg. u. Reaktionen des P., in Endeavour [dtsch. Ausgabe] 25 [1966] Nr. 94, S. 16 bis 20.

Potentiometrie. Bez. für ein elektrochem. Analysenverf., bei dem durch Potentialmessung an einer Elektrolytlsg. Rückschlüsse auf deren Zus. gezogen werden. Im Unterschied zu den üblichen maßanalyt. Meth. wird bei der potentiometr. Titration (genau: potentiometr. Titration) der Äquivalenzpunkt nicht durch einen Farbumschlag od. das Auftreten bzw. Verschwinden eines Niederschlags angezeigt, sondern durch eine physikal.-chem. Größe, den sog. *Potentialsprung.* Dazu wird die Potentialdifferenz zwischen einer *Indikatorelektrode* aus der Analysenlsg. u. einem darin eintauchenden Metall, das durch eine der reagierenden Ionenarten polarisierbar ist, u. einer geeigneten *Bezugselektrode* (z. B. die Kalomelelektrode) in Abhängigkeit von der hinzugegebenen Menge an Reagenzlsg. verfolgt. Da sich am Äquivalenzpunkt die Konz. meist um Zehnerpotenzen ändern u. die Potentialdifferenz als Maß für die Konz. einer der sich bei der Titrationsreaktion umsetzenden Substanzen dient, tritt hier ein Potentialsprung auf, der den Endpunkt der Titration anzeigt. Man mißt also die Potentialdifferenz zwischen den Elektroden einer galvan. Kette aus Indikatorelektrode u. Bezugselektrode, wobei letztere mit der Analysenlsg. in elektrolyt. Verb. (evtl. über einen „Stromschlüssel") stehen muß. Das Metall für die Indikatorelektrode ist so auszuwählen, daß es auf eine der sich am Äquivalenzpunkt stark ändernden Konz. anspricht. So kann z. B. die Fällung von Silber-Ionen durch Natriumchlorid potentiometr. verfolgt werden, wenn die Indikatorelektrode aus der Analysenlsg. u. einem darin eingetauchten Silberdraht besteht. Bei der Titration von Silbernitratlsg. mit Natriumchloridlsg. nimmt die Konz. an Silber-Ionen entsprechend der Menge der zugesetzten Chlorid-Ionen ab. Die Konz.-Änderung der Silber-Ionen erreicht am Äquivalenzpunkt ihren größten Wert, da sie ja hier auf einen Betrag vermindert wird, der dem Löslichkeitsprod. des Silberchlorids entspricht. Trägt man den Verlauf der Titration in ein Koordinatensyst. ein, so erhält man Kurve I. Aus der bekannten Nernstschen Gleichung für galvan. Konz.-Ketten folgt, daß der Differenz der Logarithmen der Konz. des potentialbestimmenden Ions eine Potentialdifferenz der Kette entspricht. Liegt also bei der Titration ein potentialbildendes Syst. vor, das mit einer Bezugselektrode (mit konstantem Potential) zusammen eine galvan. Kette bildet, so wird das im Gebiet des Äquivalenzpunktes gelegene Maximum der Konz.-Änderung durch eine maximale Potentialänderung, einen „Potentialsprung" angezeigt (Kurve II). Die sich hier ergebende „Potentialkurve", bei der auf

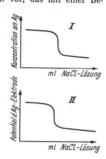

der Ordinate die Potentiale der Silberelektrode aufgetragen sind, ist in ihrem Verlauf der Titrationskurve (I) ganz ähnlich. Der Äquivalenzpunkt liegt in beiden Fällen im Gebiet der größten Steilheit u. ist mit dem Wendepunkt der Kurve identisch. Während bei der gewöhnl. Maßanalyse hier ein Tropfen einer (z. B. 0,1-n) Maßlsg. von Natriumchlorid die größte Konz.-Änderung der zu bestimmenden Silber-Ionen u. damit einen Farbumschlag des Indikators (z. B. bei Verw. von Adsorptionsindikatoren) bewirkt, erfolgt mit der gleichen Genauigkeit bei der potentiometr. Best. die größte Potentialänderung. Für die Neutralisationstitration benötigt man eine Indikatorelektrode, die auf Konz.-Änderungen von Wasserstoff-Ionen anspricht (z. B. Wasserstoff-, Chinhydron- od. *Glaselektrode). Die Anwendung eines potentiometr. Verf. in der Analyt. Chemie erfolgt, wenn die gewöhnl. maßanalyt. Meth. wegen der Eigenfarbe der zu untersuchenden Lsg., infolge störender Begleitstoffe od. mangels geeigneter Indikatoren versagen. Für die Potentialmessungen bei der potentiometr. Analyse kommen folgende 3 Verf. in Betracht: 1. Die Kompensationsmeth. nach Poggendorf, 2. die Messung mit Milliamperemeter u. Vorwiderstand, 3. die Messung mit dem Röhrenvoltmeter. Für die industrielle Anwendung der P. wurden sog. „Titrierautomaten" entwickelt. — E: potentiometry
Lit.: Abrahamczik, in Houben-Weyl-Müller Bd. III/2, 1955; Cihalik, J., Potentiometrie, Prag, Verl. Tschech. Akad. Wiss., 1961; Furman, N. H., Potentiometry, in Kolthoff, I. M. u. P. J. Elving, Treatise on Analytical Chemistry, I/4, New York-London, Wiley-Interscience, 1963, S. 2269—2302; Greuter, E., Auswertung der mit registrierenden Geräten aufgenommenen potentiometr. u. photometr. Titrationskurven, in Z. Anal. Chem. 222 [1966] S. 224—232; Hahn, F. L., pH u. potentiometr. Titrierungen, Frankfurt/M., Akad. Verl.-Ges., 1964; Hiltner, W., Ausführung potentiometr. Analysen, Berlin, Springer, 1935; Jander u. Jahr, Maßanalyse, Bd. II, Die P., Berlin, de Gruyter, 1944; Kirk-Othmer, 2. Aufl., Bd. 7, 1965, S. 735—748; Kolthoff, I. M. u. N. H. Furman, Potentiometric Titrations, a Theoretical and Practical Treatise, 2. Aufl., New York, 1931; Müller, E., Elektrometr. (potentiometr.) Maßanalyse, Dresden u. Leipzig, Steinkopff, 1944; Roe, D. K., Potentiometric Titrations, in Anal. Chem. 38 [1966] S. 461 R ff.; Roennefahrt, K. W., Fortschritte der Glaselektrodenmeßtechnik u. P., in Chemie-Labor-Betrieb 17 [1966] S. 488—494; Schwabe, K., Fortschritte der P., Berlin 1952; Snell, F. D. u. C. L. Hilton, Encyclopedia of Industrial Chemical Analysis, Bd. 3, New York-London, Wiley-Interscience, 1966, S. 200—216; Toren, F. C., Potentiometric Titrations, in Anal. Chem. 40 [1968] S. 402 R—412 R. Über industrielle Anwendung der P. s. Chem.-Ing.-Techn. 1957, S. 701 ff.

Pound. In Großbritannien u. den USA (unterschiedlich) verwendete Gew.- u. Masseneinheit. 1. Großbritannien (Abk.: imp. pound od. imp. lb). Seit 1933 gilt für wissenschaftliche Unters. folgende Umrechnung: 1 imp. pound = 0.453592338 Kilogramm; 1 Kilogramm = 2.204622777 imp. pounds. — 2. USA (Kurzzeichen: US pound). Gesetzlich gilt die folgende Umrechnung: 1 US pound = 0.4535924277 Kilogramm; 1 Kilogramm = 2.204622341 US pounds. — 3. Seit 1. 7. 1959 wurde durch internationale Vereinbarung der angelsächs. Staaten für Wissenschaft u. Technik als „vereinheitlichtes pound" festgelegt: 1 pound = 0.45359237 kg.

p. p. b. od. **ppb.** In den USA übliche Abk. für „parts per billion" = Tle. auf 1 Mrd. (z. B. Verunreinigung od. Beimischung auf je 1 Mrd. Tle. Substanz). Solch hohe Reinheitsgrade werden in der Kerntechnik benötigt.

p. p. m. od. **ppm.** Abk. für „parts per million" = „Tle. auf 1 Million" od. „Milligramm pro Liter".

Pr. Chem. Symbol für das Element *Praseodym.

pract. (= praktisch). Reinheitsangabe bei *Chemikalien, bedeutet einen mittleren Reinheitsgrad von 90—97% (engl. practical grade), entspricht etwa der dtsch. Bez. „techn. rein". Vgl. auch *Reinheit.

Präparate. Bez. für *gebrauchsfertige *Arzneimittel od. in kleinen Mengen u. in möglichst hoher Reinheit erzeugte u. gehandelte *Chemikalien (Labor-P.). Im letzten Falle handelt es sich um rein dargestellte Elemente od. aus solchen od. einfacheren Stoffen aufgebaute Verb. Der Wortbedeutung nach handelt es um Zubereitungen; vgl. A. Kutzelnigg, Terminologie der Warenkategorien, Frankfurt/M., Nowack, 1965, S. 32. — E: preparations

Präparation = Herst. eines *Präp. = Darst. (*Synth. [z. Tl.]). — E: preparation

Präparative Chemie. Teilgebiet der Chemie, das sich mit der Darst. von chem. *Präparaten befaßt. Die P. C. spielt bes. bei der Ausbildung der Org. Chemiker u. Pharmazeuten eine wichtige Rolle. — E: preparative chemistry
Lit. s. *Anorg. Chemie, *Makromol. Chemie, *Org. Chemie, *Polymerisation, *Brauer, *Experimentierbücher sowie Vanino, Handbuch der P. C., Bd. I (Anorg. Tl., 1925) u. II (Org. Tl., 1937), Stuttgart, Enke;

Velluz, Mathieu, Petit, Poirier, Substances naturelles de synthèse I [1951] bis X [1955], Paris, Masson.

Praseodym (chem. Symbol Pr). Chem. Element aus der Gruppe der *Lanthaniden, *Seltenerdmetall; At.-Gew. 140,907 (keine natürlichen Isotope). Ordnungszahl 59; hauptsächlich III-wertig, seltener IV- od. II-wertig. Die III-wertigen Pr-Salze sind grün gefärbt, daher hat auch das Metall von seinem Entdecker (Auer v. Welsbach, 1885) den Namen Praseodym (von griech.: praseos = lauchgrün) erhalten. Pr kann heute in über 99%iger Reinheit hergestellt werden. F. 935°, Kp. 3127°. Es zeigt einen Stich ins Gelbliche u. ist techn. bedeutungslos. Es tritt in zwei allotropen Modifikationen von unterschiedlicher D. (6,782 für α-Pr, 6,64 für β-Pr) auf. Der Anteil des Pr an der obersten 16 km dicken Schicht der Erdkruste beträgt ca. $5,5 \cdot 10^{-4}$ %; damit steht es in der Häufigkeitsreihe der Elemente an 45. Stelle zwischen Beryllium u. Scandium. Über IV-wertige Pr-Verb. s. S. Pajakoff in Mh. Chemie 94 [1963] S. 482—496. — E: praseodymium
Lit. s. *Seltenerdmetalle u. Ullmann V, 210, VI, 517 ff., 542.

Präzipitieren = *Ausfällen.

Präzipitine s. *Antikörper. — E: precipitins

Präzision s. *Genauigkeit. — E: precision

Preßmassen. Nach DIN 7708, Bl. 1 (April 1965) Bez. für *Formmassen, die sich pressen, spritzpressen u. strangpressen lassen. — E: mo(u)lding materials

Preßstoffe. Nach DIN 7708, Bl. 1 (April 1965) Bez. für *Formstoffe, die durch Pressen od. Spritzpressen hergestellt worden sind. — E: mo(u)lded materials

Preßteile. Nach DIN 7708, Bl. 1 (April 1965) Bez. für durch Pressen od. Spritzpressen hergestellte *Formteile. — E: mo(u)lded articles, mo(u)ldings, mo(u)lded pieces

primär. Wird in der chem. Terminologie, bes. in der Nomenklatur (Abk. *prim.-*) sehr vielseitig verwendet. Im Sinne von „das Erste" od. „Ursprünglich" tritt primär z. B. in „Primärprod." (= erstes Prod. einer Reaktion, das jedoch noch weitere Umwandlungen erfahren kann), „prim. *Lagerstätten" (s. *Lagerstätten) od. in „Primärteilchen" (die bei Beginn der Koagulation in einem Sol vorliegenden Kolloide) auf. Der Terminus „Primärreaktion" wird dagegen unterschiedlich verwendet; nämlich einmal als Synonym für Startreaktionen od. Kettenstart (also für die „erste" Reaktion), jedoch auch für die „bevorzugte" Reaktion (im Gegensatz zur Sekundärreaktion im Sinne von Nebenreaktion). In der Org. Chemie bezeichnet man als „prim. Kohlenstoffatome" u. „prim. Stickstoffatome" solche C- bzw. N-Atome, die nur mit einem einzigen Kohlenstoffatom verbunden sind (z. B. enthält das Äthan = H_3C-CH_3 zwei prim. C-Atome, das Methylamin = CH_3-NH_2 ein prim. N-Atom). Analog werden die zugehörigen Verb. (im Falle der prim. C-Atome dann, wenn mindestens eine der drei übrigen Valenzen durch ein anderes Atom außer H besetzt ist) als „prim. Verb." bezeichnet (z. B. prim. Alkohole, prim. Amine). In der anorg. Chemie werden prim. Salze diejenigen Salze mehrbasiger Säuren genannt, in denen nur ein einziges Wasserstoff-Ion durch ein anderes Kation ersetzt ist (*Beisp.:* prim. Natriumphosphat = NaH_2PO_4). — E: primary

Primärschichten. Bez. für die sehr dünnen, meist porenfreien korrosionsschützenden Oberflächenschichten auf Metallen, die durch unmittelbare Reaktionen des festen Metalls mit Bestandteilen einer umgebenden Lsg. od. mit Wasser selbst entstehen, z. B. nach der Gleichung: $M^{II} + H_2O \rightarrow M^{II}O + H_2$ od. $M^{II} + 2 H_2O \rightarrow M^{II}(OH)_2 + H_2$. Die P. bilden sich bes. leicht bei unedlen Metallen; sie bestehen z. B. bei Al, Zr, Ti, Cr u. Fe aus Oxiden, Oxidhydraten u. Hydroxiden, s. H. J. Engell in Chem.-Ing.-Techn. 32 [1960] S. 22—29. — E: primary layers

Prinzip des kleinsten Zwanges (Le-Chatelier-Braunsches Prinzip). Bez. für ein von H. Le Chatelier (1850—1936) u. K. F. Braun (1850 bis 1918) erkanntes u. formuliertes Prinzip über die Abhängigkeit des *chem. Gleichgew. von äußeren Bedingungen. Die Formulierung von Le Chatelier lautet: Jedes in einem chem. Gleichgew. befindliche Syst. erfährt bei Änderung eines derjenigen Faktoren, die das Gleichgew. steuern, eine kompensierende Veränderung in der Weise, daß — falls sich diese Änderung allein ereignet hätte — sie eine Änderung des betrachteten Faktors in der umgekehrten Richtung hervorgerufen hätte. Das bedeutet z. B., daß im Falle einer mit Vol.-Vergrößerung verbundenen Reaktion (*Beisp.:* $2 NH_3 \rightarrow N_2 + 3 H_2$) Druckerhöhung zu einer Verringerung des Umsatzes führen muß; entsprechend wird umgekehrt bei einer durch Vol.-Verkleinerung verbundenen Reaktion durch Druckerhöhung der Umsatz erhöht; also im Falle der Reaktion $N_2 + 3 H_2 \rightarrow 2 NH_3$ wird unter hohem Druck das Gleichgew. in die Richtung des NH_3 verschoben. Das Gleichgew. verschiebt sich nach diesem Prinzip stets derart, daß es dem äußeren Zwang ausweicht. — E: (Le Chatelier's) principle of least restraint, principle of mobile equilibrium
Lit.: de Heer, J., Le Principle of Le Chatelier and Braun, in J. Chem. Educ. 34 [1957] S. 375—380.

Pro- (griech.: pro- = vorher). Vorsilbe, die eine Vorstufe kennzeichnet. *Beisp.:* Provitamine, Proenzyme. — E: pro-

Probe (Probekörper, Prüfkörper). Bez. für ein wirtschaftliches Gut od. ein Teil bzw. eine kleine

Probekörper

Menge eines solchen, dessen Beschaffenheit chem., physikal., technolog., biolog. od. in ähnlicher Weise geprüft werden soll; vgl. DIN-Begriffslexikon, Berlin-Köln-Frankfurt/M., Beuth-Vertrieb, 1961, S. 309. Nach DIN 1605, Bl. 1 (Feb. 1936) versteht man unter P. im Sinne der Werkstoffprüfung von Metallen den Tl. des Werkstücks, der in unbearbeitetem od. auf bestimmte Maße bearbeitetem Zustand für die Durchführung eines Vers. der angegebenen Art dient. Nach DIN 50 900 (Nov. 1960) ist somit P. ein aus dem sog. Probestück entnommener Tl. in der für die Prüfung geeigneten Form. „*Probestück*" ist (vgl. DIN 6730, [Vornorm Apr. 1958]) ein während od. nach der Fabrikation entnommenes, für die Anfertigung charakterist. Stück. Nach der Systematik wirtschaftlicher Praxis sind P. geordnet in Analysen-P., Anfrage-P., Angebots-P., Arbitrage-P., Auftrags-P., Beanstandungs-P., Beleg-P., Empfänger-P., Gegen-P., Kauf.-P., *Laboratoriums-P., *Schieds-P., Werks-P. Außerhalb dieser Systematik stehen die Begriffe Ausfall-P., *Durchschnitts-P., *Einzel-P., *Sammel-P., *Stück-P., Teil-P., *Vor-P. Die Benennung „P." soll nicht für Verf. u. für einen an einem Werkstoff auszuführenden Vers. (hier im Sinne von Prüfung) verwendet werden, wie dies früher (z. B. Mylius-P., Kohensche P., bzw. Druck-P.) oft geschah. — E: specimen, test specimen

Probekörper = *Probe.

Probenahme. Entsprechend DIN 50 001 (Entwurf Juli 1960) ist P. die Bez. für die Entnahme einer *Probe aus Lagerstätten, Rohstofflagern, Rohstofflieferungen, Lagern od. Lieferungen von Fertigerzeugnissen usw. Diese Teilmenge soll dem Durchschnitt der ganzen Menge od. eines bestimmten Anteils entsprechen. Die durch Unters. der Probe ermittelten Merkmale dienen zum Beurteilen der durch die Probe erfaßten Menge. Für die Unters. können Proben durch Mischen, Teilen, Zerkleinern, Trocknen, Klimatisieren usw. vorbereitet sowie *Probekörper* durch Formen, Schneiden, Bohren, Schleifen usw. hergestellt werden. Die Verf. der P. u. der Vorbereitung der Proben sind für eine Reihe von Rohstoffen, Werkstoffen u. Fertigerzeugnissen in DIN-Normen beschrieben (*Beisp.:* DIN 51 701, Prüfung fester Brennstoffe: P. u. Probeaufbereitung von körnigen Brennstoffen [Aug. 1950]). Ausgangsgut für die Unters. im Laboratorium ist die sog. *Laboratoriumsprobe;* ihr werden dann die Proben für die Einzelunters. (z. B. für Analysen, Festigkeitsunters.) entnommen od. Probekörper hergestellt. Vorschlag einer Symbolik für die P. s. bei H. Malissa u. G. Jellinek in Z. Anal. Chem. 238 [1968] S. 581 bis 589. — E: sampling
Lit.: Angew. Chem. 64 [1952] S. 312—313; ASTM, Symposium on Coal Sampling, Philadelphia 1955; Bois, M. F., Automatisierung der P., in Glas-Instr.-Techn. 11 [1967] S. 98—100; Kaiser, R., Probleme der automat. P. (in der Org. Chemie), in Z. Anal. Chem. 222 [1966] S. 128—137; Kirk-Othmer, 1. Aufl., Bd. 12, 1954, S. 84—95; Perry, Chemical Engineers Handbook, New York, McGraw Hill, 1950, S. 1095—1102; Proske, O. u. a., Analyse der Metalle, Bd. III, P., Berlin, Springer, 1956; Snell, F. D. u. C. L. Hilton, Encyclopedia of Industrial Chemical Analysis, Bd. 3, 1966, S. 464—475; Stange, K., in Chem.-Ing.-Techn. 32 [1960] S. 143—154; Truscott, S. J., Mine Economics, Sampling, Valuation, Organization, London 1952; Ullmann II/1, 4—6, 43.

Probenlösung. In Fest-fl.-, Fl.-fest-, Papier-, Dünnschicht- u. Gaschromatographie Bez. für eine Fl., die das gelöste Unters.-Material enthält. Synonyme: Auftragelsg., Gemisch, Analysenprobe, Muster, Extrakt, Auszug, Startgemisch, Unters.-Lsg., Substanzgemisch. Vgl. E. Stahl, Vorschläge zur Normierung u. Terminologie der Dünnschicht-Chromatographie, in Z. Anal. Chem. 234 [1968] S. 1—10. — E: sample solution

Probiergläser = *Reagenzgläser.

pro d. (= pro die = für den Tag). Abk. auf ärztlichen Verordnungen; bedeutet, man soll von der betreffenden Arznei täglich die angegebene Menge einnehmen.

pro dosi. (= für die Einzelgabe). Abk. auf ärztlichen Verordnungen; bedeutet, man soll als Einzelgabe höchstens die angegebene Menge einnehmen.

Prolyl... Bez. für die Atomgruppierung

$-(C_5H_8NO) = $ [Struktur: CO—N-Ring mit H] in systemat. Namen.

— E: prolyl-

Promethium (chem. Symbol Pm). Zur Gruppe der *Lanthaniden gehörendes radioakt. chem. Element, *Seltenerdmetall; Ordnungszahl 61. Isotope (Zahlen in Klammern bedeuten Halbwertszeit): 141 (22 Min.), 142 (34 Sek.), 143 (265 Tage), 144 (ca. 400 Tage), 145 (18 Jahre), 146 (ca. 710 Tage), 147 (2,62 Jahre), 148 m (40,6 Tage), 148 (5,39 Tage), 149 (54,4 Std.), 150 (2,7 Std.), 151 (28,4 Std.), 152 (6 Min.), 154 (2,5 Min.). III-wertig, *F.* 1080°. *Vork.:* Pm findet sich in der Natur unter den Prod. des natürlichen Uranzerfalls in winzigen, mit gewöhnl. analyt. Meth. nicht nachweisbaren Mengen. *Darst.:* Law, Pool, Kurbatow u. Quill (Ohio State Univ.) erhielten 1941 bei der Bestrahlung von *Neodym u. *Praseodym mit Neutronen, Deuteronen u. α-Teilchen unwägbare Spuren von neuartigen, radioakt. Substanzen, die wahrscheinlich aus Pm bestanden. Marinsky, Glendenin u. Coryell konnten 1947 das Pm aus dem Gemisch von Seltenerdmetallen (von Uranspaltprod.) mit Hilfe der Ionenaustausch-Chromatographie isolieren. Der Name Pm wurde 1948 von Marinsky u. Glendenin vorgeschlagen (CAEN 1948, S. 2346) u.

von der IUPAC bestätigt; er soll an den Titanen Prometheus der altgriech. Mythologie erinnern. Heute gewinnt man Pm grammweise aus den radioakt. Uranspaltprod. in den Reaktoren von Oak Ridge. Durch Entw. bes. App., die die Verarbeitung von Substanzmengen im Nanogrammbereich erlaubten (1 ng = 10^{-9} g), konnte das Metall durch Red. von PmF_3 mit Lithium im Hochvak. von F. Weigel (s. Angew. Chem. 75 [1963] S. 451) elementar dargestellt werden. Der Schmelzpunkt des stark radioakt. Elements liegt bei etwa 1100° C. Der Finne O. Erämetsä konnte, wie er 1965 mitteilte, aus 6000 t Apatit in zweijähriger Arbeit 3,8 kg eines Samarium-Neodym-Oxidgemisches isolieren, aus dem mittels Ionenaustauschern die beiden Nachbarelemente des P. soweit entfernt wurden, bis nur noch 350 mg Subst. übrigblieb, deren Spektrum dem von Pm 147 entsprach. Diese „natürliche" Entstehung dieses Isotops wird auf radioakt. Umwandlung des Neodyms mittels Neutronen (aus *kosm. Strahlung) zurückgeführt. Die früheren Bez. für Element 61 (Illinium, Florentium, Cyclonium) sind nach einem IUPAC-Beschluß (Amsterdam, 1949) aufzugeben. Bis 1965 sind folgende Pm-Verb. bekannt geworden: PmF_3 violettrosa, PmOF rosa, $PmCl_3 \cdot x H_2O$ zitronengelb, Pm_2O_3 in drei polymorphen Modifikationen: A violettblau, B violettrosa, C korallenrot; $Pm(OH)_3$ violettrosa bis rosa, $Pm(NO_3)_3 \cdot x H_2O$ violettrot, $PmPO_4 \cdot x H_2O$ fahlviolett, $PmAsO_4$ granatrot, $Pm(JO_3)_3 \cdot 2 H_2O$ gelbrosa, $Pm_2(C_2O_4)_3 \cdot 10 H_2O$ violettrosa; vgl. Chemie-Labor-Betrieb 16 [1965] S. 245. *Verw.:* β-Strahler für radioakt. Dickenmessungen, zur Darst. von selbstleuchtenden Verb.; für Spezialtaschenbatterien, s. Chemiker-Ztg. 1957, S. 216. Pm 147 eignet sich nach CAEN 1965, Nr. 12, S. 37 als Zusatz zu Leuchtmassen u. vermag in manchen Fällen auch Ra zu ersetzen; es gibt Leuchtmassen größere Helligkeit als *Tritium u. ist billiger. Nach CAEN 45 [1967] Nr. 41, S. 63 kann Pm als Bestandteil von hochtemp.-beständigen „Metallkeramiken" dienen: Durch Schmelzen von Pm_2O_3 in Plasmabogen hergestellte u. mit Wolfram überzogene Mikrokugeln konnten nach Pressen 1000 Std. lang einer Temp. von 2000° widerstehen. — E: promethium

Lit.: Boyd, G. E., in J. Chem. Educ. 36 [1959] S. 3 bis 14; Die Suche nach dem Element 61, in Nachr. Chem. Techn. 13 [1965] S. 287—288; Weigel, F., Zur Kenntnis des Elements 61 u. einiger seiner Verb., in Angew. Chem. 76 [1964] S. 614.

Promotoren = *Aktivatoren (s. auch *Katalyse). Bei Polymerisationsreaktionen versteht man unter P. einen Stoff (z. B. Eisen-Ionen), der die durch *Initiatoren (z. B. Peroxodisulfat) eingeleitete u. durch *Aktivatoren (z. B. Pyrosulfit) beschleunigte *Polymerisation weiter beschleunigt; vgl. W. Kern u. R. C. Schulz, in Houben-Weyl-Müller XIV/1 [1961] S. 1—23. — E: promotors

Prooxygene. Bez. für Stoffe, die schon in Spuren die *Autoxydation od. andere Oxydationsprozesse fördern; so können z. B. Spuren von Chlorophyll in pflanzlichen Ölen, geringe Mengen von Häminen u. häminähnlichen Stoffen (aus dem Blut stammend) bei tier. Fetten Oxydationen begünstigen. — E: pro-oxidants

1.3-Propandiyl-2-yliden... Bez. für die Atomgruppierung $-CH_2-\overset{\|}{C}-CH_2-$ in systemat. Namen. — E: 1.3-propanediyl-2-ylidene-

1.2.3-Propantriyl... Bez. für die Atomgruppierung $-CH_2-\overset{|}{CH}-CH_2-$ in systemat. Namen. — E: 1.2.3-propanetriyl-

Propargyl... = *Propin-(2)-yl... — E: propargyl-

Propenyl... Bez. für die Atomgruppierung $-CH=CH-CH_3$ in systemat. Namen. Ältere Bez.: Isoallyl... — E: propenyl-

Propenylen... Bez. für die Atomgruppierung $-CH=CH-CH_2-$ in systemat. Namen. — E: propenylene-

Propenyliden... Bez. für die Atomgruppierung $=C=CH-CH_3$ in systemat. Namen. — E: propenylidene-

2-Propenyliden = *Allyliden... — E: 2-propenylidene-

1-Propen-1-yl-3-yliden... Bez. für die Atomgruppierung $-CH=CH-CH=$ in systemat. Namen. — E: 1-propen-1-yl-3-ylidene-

Propin-(1)-yl... Bez. für die Atomgruppierung $-C\equiv C-CH_3$ in systemat. Namen. — E: 1-propynyl-

Propin-(2)-yl... Bez. für die Atomgruppierung $-CH_2-C\equiv CH$ in systemat. Namen. Ältere Bez.: Propargyl... — E: 2-propynyl-

Propioloyl... Bez. für die Atomgruppierung $-CO-C\equiv CH$ in systemat. Namen. Veraltete Bez.: Propiolyl... — E: propioloyl-

Propiolyl... = *Propioloyl... — E: propiolyl-

Propionyl... Bez. für die Atomgruppierung $-CO-C_2H_5$ in systemat. Namen. — E: propionyl-

Propionylamino... Bez. für die Atomgruppierung $-NH-CO-C_2H_5$ in systemat. Namen. — E: propionamido-

Propionyloxy... Bez. für die Atomgruppierung $-O-CO-C_2H_5$ in systemat. Namen. — E: propionyloxy-

Proportionieren = *Dosieren.

Propyl... Bez. für die Atomgruppierung $-CH_2-CH_2-CH_3$ in systemat. Namen. — E: propyl-

sek.-**Propyl...** = *Isopropyl... — E: *sec*-propyl-

Propylen

Propylen... Bez. für die Atomgruppierung $-CH_2-CH(CH_3)-$ in systemat. Namen. Darf nicht verwendet werden, wenn eine mit Veränderung des Kohlenstoffgerüstes verbundene Substitution (z. B. durch *Alkyl, *Aryl, *Acyl) vorliegt. — E: propylene-

Propyliden... Bez. für die Atomgruppierung $=CH-C_2H_5$ in systemat. Namen. — E: propylidene-

Propylidin... Bez. für die Atomgruppierung $\equiv C-CH_2-CH_3$ in systemat. Namen. — E: propylidyne-

Propyloxy... Bez. für die Atomgruppierung $-O-CH_2-CH_2-CH_3$ in systemat. Namen. — E: propoxy-

Propyloxycarbonyl... Bez. für die Atomgruppierung $-O-CO-CH_2-C_2H_5$ in systemat. Namen. — E: propoxycarbonyl-

pros- (Symbol ϱ). Selten verwendetes Präfix zur Kennzeichnung jeder ziemlich benachbarten Positive, insbes. der 2,3-Stellung im Ringsyst. des Naphthalins od. in ähnlichen kondensierten Ringsyst. Wird im Druck meist kursiv gesetzt u. bleibt bei der alphabet. Einordnung des betreffenden Verb.-Namens unberücksichtigt. — E: pros-

Prospektieren (Prospektion). Aus dem Engl. übernommene Bez. für das Aufsuchen u. Erforschen von *Lagerstätten (vgl. auch *Geochem. Prospektion). — E: prospecting

Prosthetische Gruppe (von griech.: prosthetos = hinzugefügt) s. *Fermente. — E: prosthetic group

Prot... = *Prot(o) ...

Protactinium (chem. Symbol Pa). Radioakt., metall. Element; At.-Gew. 231, Ordnungszahl 91. Isotope (Zahlen in Klammern bedeuten Halbwertszeit): 225 (2,0 Sek.), 226 (1,8 Min.), 227 (38,3 Min.), 228 (22 Std.), 229 (1,5 Tage), 230 (17,7 Tage), 231 (34400 Jahre), 232 (1,32 Tage), 233 (27,4 Tage), 234 m (1,18 Min.), 234 (6,66 Std.), 235 (24 Min.), 237 (39 Min.). $F.$ 1560°, $D.$ 15,37 (berechnet); Pa wird bei etwa $1,3°$ K supraleitend. IV- u. V-wertig. Pa ist chem. verwandt mit dem im *Periodensyst. über ihm stehenden *Tantal. Das reine, metall. Pa wurde erst 1934 von A. v. Grosse aus Uranpechblende in Bruchteilen eines Gramms auf sehr mühsame Weise isoliert; es ist eine glänzend grauweiße Substanz die an der Luft nicht oxydiert. Pa entsteht in der Uranpechblende durch radioakt. Zerfall (Aussendung von α- u. β-Strahlen, s. *Radioaktivität) des Uranisotops 235 (Actinouran); es sendet selbst wieder α-Teilchen (Heliumkerne) mit einer Reichweite (in Luft von 15° u. 760 Torr Druck) von 3,62 cm aus u. geht dabei allmählich (Halbwertszeit 32 000 Jahre) in *Actinium vom At.-Gew. 227 über; das Pa wurde daher von seinen Entdeckern (Hahn u. Meitner, 1918) als Protactinium (von griech. protos = der Erste, Vor-

läufer) bezeichnet. Pa gehört zu den seltensten Elementen der Erde; man schätzt seinen Anteil an der obersten, 16 km dicken Erdkruste auf $9,0 \cdot 10^{-11}$ %. Auf je 1 t Uran (in beliebigen Uranmineralien) kommen neben 340 mg Radium nur 129 mg Pa. A. v. Grosse konnte 1928 erstmals aus etwa 500 kg Ausgangsmaterial 9 mg reines Pentoxid = Pa_2O_5 gewinnen; später wurde auch das Chlorid = $PaCl_5$ (blaßgelbe, leicht sublimierbare Nadeln, $F.$ 301°) dargestellt; aus letzterem erhält man das Metall, wenn man es an einem elektr. beheizten Wolframdraht im Hochvak. zersetzt. Bis Anfang 1960 haben brit. Chemiker aus 60 t verbrauchten Reaktorbrennstoffen 100 g Pa isoliert. Silberweißes Pa entsteht bei der Red. von PaF_4 mit Ba-Dampf. Über *Papierchromatographie von Pa s. J. Vernois, in J. Chromatogr. 1958, S. 52—61. Über Reindarst. von Pa 231 s. H. L. Scherf, Diss. Univ. Mainz, 1963. Über Gewinnung von Pa 231 aus Rückständen der Uranraffinerie s. Ind. Chemist 1964, S. 131—136. Vgl. auch CAEN 45 [1967] Nr. 32, S. 85. — E: protactinium

Lit.: Casey, A. T. u. A. G. Maddock, Artikelreihe in J. Inorg. Nuclear Chem. 1959; Chemie des Pa, in Angew. Chem. 78 [1966] S. 118—120; Gmelin, Syst.-Nr. 51, Pa, 1942; Keller, C., Die Chemie des Pa, in Angew. Chem. 78 [1966] S. 85—98; Miles, G. L., The Chemistry of Pa, in Rev. Pure Appl. Chem. 2 [1952] S. 163 ff.; Pascal, Nouveau Traité, Bd. 12, Paris, Masson, 1958; Trautmann, N., R. Denig u. G. Herrmann, Pa 238, ein neues Nuklid u. seine Rolle beim Aufbau schwerer Transurane durch vielfachen Neutroneneinfang in Uran-238, in Angew. Chem. 79 [1967] S. 1020; Ullmann IX, 101.

Proteasen. Bez. für proteolyt. akt., d. h. die *Peptidbindung u. damit *Eiweißstoffe spaltende *Fermente. — E: proteases

Lit.: Greuer, W., Die proteolyt. Enzyme im Krankheitsgeschehen, Aulendorf, Cantor, 1963; Gruber, M., Proteolytic Enzymes, Amsterdam, Elsevier, 1963; Kleine, R., Homologien zwischen tier. u. pflanzlichen P., in Naturwiss. Rdsch. 20 [1967] S. 383—384; Ullman VIII, 452.

Proteide (griech.: proteion = zuerst; eidos = Form). Sammelbez. für zusammengesetzte *Eiweißstoffe, deren Mol. auch nichtaminosäureartige Bausteine enthalten. Die Abtrennung dieser Gruppe von den einfachen *Proteinen ist aus histor. Gründen nicht ganz konsequent; viele Eiweißstoffe, wie das Ovalbumin, die man gewöhnl. unter den einfachen Proteinen aufführt, enthalten geringe Mengen an nichtaminosäureartigen Komponenten (z. B. Kohlenhydrat od. Phosphorsäure). — E: proteides

Lit. unter *Eiweißstoffe.

Proteine (griech.: proteion = zuerst). Synonym für *Eiweißstoffe; allerdings werden darunter häufig nur die sog. einfachen Eiweißstoffe (bei deren Hydrolyse ausschließlich Aminosäuren u. Peptide entstehen) verstanden, im Unterschied zu den zusammengesetzten Eiweißstoffen od. *Proteiden. Wird P. als Benennung für den Oberbegriff verwendet, so unterscheidet man zwischen einfachen P. u. Proteiden. — E: proteins

Proteinfasern = *Eiweißfasern.

Proteohormone (Eiweißhormone). Nach Ammon (1938) Bez. für *Hormone, die ihrer chem. Natur nach *Eiweißstoffe sind, wie z. B. Insulin, das Hormon der Epithelkörperchen, die Mehrzahl der Hypophysenhormone. Vgl. Ullmann VIII, 629. — E: proteohormones

Proteolyse. Bez. für die Aufspaltung von *Eiweißstoffen in Aminosäuren u. dgl. mit Hilfe von *Fermenten (Proteasen) od. Säuren. — E: proteolysis

Protium. Bez. für das leichteste Wasserstoff-Isotop ^1H, das in gewöhnl. natürlichen Wasserstoff zu 99,985% vorliegt u. die Atommasse 1,007825 hat. Vgl. auch *Wasserstoff u. *Deuterium. — E: protium

Prot(o)... (griech.: prot(o)-, protos = zuerst). Vorsilbe, die in chem. Namen folgende spezif. Bedeutungen hat: 1. Veraltete Kennzeichnung der „niedersten" Stufe anorg. Verb., wurde z. B. in Namen von binären Verb. bei denjenigen verwendet, in denen ein Element in der kleinstmöglichen Menge eines zweiten Elementes kombiniert ist (*Beisp.:* Stickstoffprotoxid = N_2O, Bleiprotoxid = PbO, Eisenprotochlorid = $FeCl_2$), sowie in den Namen von Salzen der Sauerstoffsäuren, die sich vom „Protoxid" des als Zentral-Ion im Anion fungierenden Elementes ableiten (*Beisp.:* Eisenprotocarbonat = $FeCO_3$). 2. Kennzeichnung einer (einfacher gebauten) Stammverb. (*Beisp.:* Protocatechualdehyd, Protochlorophyll). 3. Kennzeichnung einer „Vorstufe" (*Beisp.:* Protactinium-231 geht als Glied der natürlichen radioakt. Uran-Actinium-Zerfallsreihe durch Aussendung von α-Strahlen in Actinium-227 über). — E: proto-, prot-

Protocatechuoyl... Bez. für die Atomgruppierung $-CO-C_6H_3(OH)_2-(3.4)$ in systemat. Namen. — E: protocatechuoyl-

Protogene Lösungsmittel. Bez. für eine Gruppe der *Nichtwss. Lsgm. Nach Brønsted handelt es sich hierbei um saure Lsgm., die ionisiert sind u. schwach amphoteren Charakter haben. Ihre saure Eig. sind durch die leichte Abgabe von *Protonen bedingt. Im allg. sind ihre Dielektrizitätskonst. groß, u. ihr Ionenprod. ist gewöhnl. größer als das des Wassers. Zu den P. L. gehören die Carbonsäuren, vor allem Ameisen- u. Essigsäure, die wahrscheinlich folgendermaßen ionisieren:
$HCOOH + HCOOH \rightleftarrows HCOOH_2^+ + HCOO^-$;
$CH_3COOH + CH_3COOH \rightleftarrows CH_3COOH_2^+ + CH_3COO^-$. — E: protogenic solvents

Lit.: Kucharský, J. u. L. Šafařík, Titrations in Non-Aqueous Solvents, Amsterdam-London-New York, Elsevier, 1965, S. 22—62.

Protolyse (protolyt. Reaktion). Bez. für Reaktionen, bei denen der Transport eines Protons erfolgt. Dies ist dann der Fall, wenn im Sinne von Brønsted zwei *protolyt. Syst.* (d. h. ein Syst. aus einer Säure u. ihrer korrespondierenden [z. B. $H_2O \rightleftarrows H^+ + OH^-$] Base sowie ein Syst. aus einer Base u. ihrer korrespondierenden Säure [z. B. $NH_3 + H^+ \rightleftarrows NH_4^+$] miteinander reagieren [*Beisp.:* $H_2O + NH_3 \rightleftarrows NH_4^+ + OH^-$]). Je nachdem, ob eine der Komponenten das Proton aufnimmt od. abgibt, spricht man in bezug auf sie von *P.* bzw. *Deprotolyse*, unbeschadet davon, daß P. gleichzeitig die Bez. für den Oberbegriff ist; vgl. auch *Indikatoren. — E: protolysis

Protolyte. Nach Brønsted Bez. für Atomgruppierungen (Mol. od. Ionen), die unter Abgabe od. Aufnahme eines Protons reagieren; demnach sind Säuren u. Basen im Sinne der Brønstedschen Definition P. — E: protolytes

Protonen (Symbol p; Name von griech.: protos = der Erste, Ursprüngliche). Neben den *Neutronen als *Nucleonen zur Familie der *Baryonen gehörende *Elementarteilchen mit einer einfachen, positiven, elektr. *Elementarladung ($1,602 \cdot 10^{-19}$ Coulomb), dem *At.-Gew." (bezogen auf das Kohlenstoffisotop 12) 1,00727633 u. der *Ruhmasse $(1,67252 \pm 8 \cdot 10^{-5}) \cdot 10^{-24}$ g (= 1836,57-fache Ruhmasse des *Elektrons). Die gewöhnl. H-Atome haben im Kern ein einziges P., um dieses kreist in verhältnismäßig großer Entfernung ein Elektron; dessen negative Ladung gerade so stark ist wie die positive Ladung des P., so daß ein elektr. neutrales Ganzes entsteht. Die Zahl der P. im Atomkern steigt von Element zu Element regelmäßig um eins an, das letzte der 103 Elemente hat im Kern 103 P., darum herum kreisen in verschiedenen Schalen ebensoviel Elektronen. Die Kernladungszahl entspricht bei den elektr. neutralen Atomen der P.-Zahl, der Elektronenzahl u. der *Ordnungszahl. Der Radius eines isolierten P. beträgt etwa $2 \cdot 10^{-13}$ cm. Um bei P. eine Struktur festzustellen, ließ der amerikan. Physiker Hofstadter (Nobelpreis für Physik 1961) monoenerget. Elektronenstrahlen von bis zu 1,3 Mrd. eV auf die P. von H_2-Gas, fl. H_2 u. die chem. gebundenen H-Atome von Polyäthylen einwirken u. studierte die Streuung der Elektronen an den P. Es ergab sich, daß die P. einen inneren Ladungskern (I), eine innere Ladungswolke (II) u. eine äußere Ladungswolke (III) haben. Die Ladung besteht aus *Mesonen (Pionen, Bi-Pionen, Tri-Pionen), u. zwar emittiert der P.-Kern von ca. 0,2 Fermi Radius virtuell Multi-Pionen, die Ladungswolken (II u. III) mit mittleren Radien von 0,8 u. 1,4 Fermi bilden. In I sind ca. 35%, in II ca. 50% u. in III ca. 15%

Protonenakzeptoren

der elektr. Ladung des P. enthalten. (Auch die Neutronen haben demnach einen positiv geladenen Kern, doch weist hier II eine negative Ladung auf, so daß das Neutron insgesamt elektr. neutral wirkt.) Über eine evtl. „Zwiebelschalenstruktur" der P. s. A. D. Krisch u. a. in Phys. Rev. Letters 17 [1966] S. 21. Nach Elektronenstreuvers. von R. Wilson, Massachusetts Inst. of Technology in Cambridge, Mass., haben die P. u. Neutronen nicht etwa einen harten Kern, sondern sie sind als Ganzes weich, gelartig zu denken, s. Sci. News Letter, 1. 2. 1964, S. 69. Die P. sind außerordentlich stabil; ihre Lebensdauer ist nach bisherigen experimentellen Befunden größer als 10^{23} Jahre! (s. Umschau 61 [1961] S. 111). Der experimentelle Beweis für den Aufbau der P. aus *Quarks ist bis jetzt noch nicht gelungen. Etwa $^2/_3$ der lebenden Substanz bestehen aus P. in den Kernen von H, C, O, N, S usw. P. befinden sich in großen Mengen in den Sternen, der interstellaren Materie u. in der *kosm. Strahlung; auch die Magnetosphäre der Erde (der sog. „van Allensche Gürtel") besteht größtenteils aus P. Nach Memel (1951) bilden P. die wesentliche Energiequelle der Nordlichter. Die Struktur des dihydratisierten P. der Formel $(H_2O \cdot H \cdot H_2O)^+$ konnte von J. M. Williams (Argonne National Laboratory) durch Neutronenbeugung an krist. Dichlorobis(äthylendiamin)-kobalt(III)-chlorid-hydrogenchlorid-dihydrat aufgeklärt werden; vgl. CAEN 1967, Nr. 46, S. 39. Die Bez. „Proton" wurde erstmals von Rutherford (1921) für das positiv elektr. Elementarquantum vorgeschlagen; s. auch *Moseleysches Gesetz, *Atombau, *Kernreaktionen, *Periodensyst., *Radioaktivität. — E: protons

Lit.: Bell, R. P., The Proton in Chemistry, London, 1961; Robertson, R. N., Die Trennung von P. u. Elektronen als fundamentaler biolog. Vorgang, in Endeavour [dtsch. Ausgabe] 26 [1967] S. 134—139; Schopper, H., Die Struktur von P. u. Neutron, in Angew. Chem. 76 [1968] S. 513—518; Spring, K. H., Protons and Electrons, London, Methuen, 1955.

Protonenakzeptoren s. *Akzeptor, *Antibasen, *Basen, *Dysprotide. — E: proton acceptors

Protonendonatoren s. *Antibasen, *Dysprotide, *Säuren. — E: proton donors

Protonenresonanz s. *Magnet. Kernresonanzspektroskopie. — E: proton resonance

Protonensäuren. Bez. für Protonendonatoren, die bei der Vereinigung der *Lewis-Säure od. *Antibase H⁺ mit einer *Lewis-Base entstehen u. Säuren im Sinne von Brønsted sind, d. h. sie ionisieren in einem geeigneten Lsgm. unter Bldg. eines Anions u. eines durch das Lsgm. solvatisierten *Protons. Die P. lassen sich in zwei Gruppen einteilen, u. zwar in die *Oxosäuren (hier sind die Säure-Protonen an Sauerstoff gebunden, d. h. es ergibt sich die allg. Formel X—O—H) u. in die binären Säuren der allg. Formel X—H, in denen die Protonen direkt mit dem Zentralatom verbunden sind. *Beisp.:* H_2SO_4, H_3PO_4, HF, HCl. — E: protic acids, protonic acids

Protophile Lösungsmittel. Bez. für eine Gruppe der *Nichtwss. Lsgm. Nach Brønsted handelt es sich um bas. Lsgm., die ionisiert sind u. schwach amphoteren Charakter haben. Ihre bas. Eig. sind durch die leichte Kombinierbarkeit mit *Protonen bedingt. Im allg. sind ihre Dielektrizitätskonst. groß, u. ihr Ionenprod. ist kleiner als das des Wassers. Typ. Beisp. sind Äthylendiamin = $H_2N-CH_2-CH_2-NH_2$ u. Butylamin = $H_2N-C_4H_9$. — E: protophilic solvents

Lit.: Kucharský, J. u. L. Šafařík, Titrations in Non-Aqueous Solvents, Amsterdam-London-New York, Elsevier, 1965, S. 22—62.

Prototropie. Bez. für eine auf der Verschiebung eines *Protons innerhalb eines Mol. beruhende Form von *Tautomerie. Falls sich das Proton nur zum benachbarten Atom verschiebt, liegt „Dyad Prototropy" (engl.) vor (z. B. bei Pyrazolon, HCN), falls es in einer Kette vom 1. zum 3. Atom hinüberwechselt, spricht man von „Triad Prototropy". — E: prototropy

Lit.: Bent, R. L. in J. Chem. Educ. 1953, S. 288. Über P. bei Fluorescein-Acridin-Farbstoffen s. Wolfram, P., Diss. TH. München, 1960.

Proustide. Veraltete französ. Bez. für *Daltonide, benannt nach J.-L. Proust (1754—1826). — E: proustides

Provitamine. Bez. für unwirksame Vorstufen von *Vitaminen, die erst im Organismus in diese übergeführt werden. *Beisp.:* Das Vitamin A kommt in den Pflanzen wahrscheinlich als solches überhaupt nicht vor, wohl aber findet man in ihnen die chem. ähnlichen Carotine, die in der Leber durch Fermente in Vitamin A übergeführt werden. — E: provitamins

Lit. s. *Vitamine.

Prüfgläser = *Reagenzgläser.

Prüfkörper = *Probe.

ps- Symbol für *Pseud(o) ... in den Namen von chem. Verb.

π-Säure-Liganden = *π-Akzeptor-Liganden. — E: π-acid ligands

π-Säuren = *π-Akzeptoren. — E: π-acids, pi acids

Pseud(o) ... (griech.: pseudes = falsch, pseudos = Falschheit). Vorsilbe, die eine (scheinbare) Ähnlichkeit zu od. Verwandtschaft (z. B. Isomerie) mit einem materiellen (*Beisp.:* Pseudococain, Pseudocumol) od. nicht materiellen (*Beisp.:* Pseudomorphose, pseudostabil) Begriff ausdrückt. Kann in den Namen von chem. Verb. durch ψ (*Beisp.:* ψ-Cumol) od. (im Druck meist kursiv gesetzt) *ps-* symbolisiert werden; in diesem Falle bleibt das Präfix bei der alphabet. Einordnung des Namens unberücksichtigt. — E: pseudo-, pseud-

Pseudoallyl... = *Isopropenyl... — E: isopropenyl-

Pseudobasen. Bez. für Alkohole, die mit einer echten Base im tautomeren Gleichgew. stehen: Beisp.:

$$H_2N-\underset{}{\bigcirc}-C(OH)Ar_2$$
$$\rightleftharpoons \left[H_2N=\underset{}{\bigcirc}=CAr_2\right]^+ OH^-$$

— E: pseudo bases

Pseudocumidino... = 2.4.5-*Trimethylanilino... — E: pseudocumidino-

as-Pseudocumyl... = 2.3.5-*Trimethylphenyl... — E: as-pseudocumyl-

s-Pseudocumyl... = 2.4.5-*Trimethylphenyl... — E: s-pseudocumyl-

v-Pseudocumyl... = 2.3.6-*Trimethylphenyl... — E: v-pseudocumyl-

Pseudo-Halogene. Bez. für solche Substanzen, deren Mol. aus mindestens 2 elektronegativen Atomen bestehen u. die den *Halogenen hinsichtlich ihrer physikal. u. chem. Eig. ähnlich sind. Die wichtigsten P.-H. u. ihre entsprechenden negativ-einwertigen Ionen sind: $(CN)_2$, CN^-; $(SCN)_2$, SCN^- u. NCS^-; $(OCN)_2$, OCN^-, NCO^-, ONC^-; $(SeCN)_2$, $SeCN^-$; $[(TeCN)_2]$, $TeCN^-$; $(SCSN_3)_2$, $SCSN_3^-$; $[(N_3)_2]$, N_3^-; ClO_2, ClO_2^-. — E: pseudohalogens

Lit.: Kauffmann, G. B., G. E. Foust u. P. Tun, Pseudohalogens, in J. Chem. Educ. 45 [1968] S. 141 bis 146; Lappert, M. F. u. H. Pyszova, Pseudohalides of Group IIIB and IVB Elements, in Adv. Inorg. Chem. Radiochem. 9 [1966] S. 133—184.

Pseudohalogenide. Bez. für Salze, die negativ einwertige Ionen von *Pseudohalogenen als Anionen enthalten. Beisp.: NaCN. — E: pseudohalides

Pseudoindolyl... = *Indolyl... — E: pseudoindolyl-

Pseudomorphose. Bez. für eine Form der stofflichen Umwandlung eines Minerals, bei der seine äußere Form erhalten bleibt. Diese liegt vor, wenn die Zus. eines Minerals (I) durch chem. Umsetzungen in diesem allmählich in ein anderes (II) übergeht, wobei (II) die Kristallform von (I) ausfüllt. Beisp.: Gips kann bei Einw. von Alkalicarbonaten durch Zufuhr von CO_2 u. Abfuhr von Sulfat allmählich in Aragonit übergehen; Quarz kann die Form des Kalkspats, Ton od. Sand die Kristallform vom Kochsalz ausfüllen. Zu den P. gehören auch die *Paramorphose. u. *Perimorphose. Vgl. auch Ullmann X, 803. — E: pseudomorphism

Pseudosalze. Selten verwendete Bez. für in wss. Lsg. nur schwach in Ionen dissoziierende Salze, d. h. Verb., in denen ein Metall kovalent od. semipolar an einen sonst als Anion fungierenden Rest gebunden ist (Beisp.: Quecksilber(II)-chlorid. — E: pseudo-salts

Pseudosäuren. Bez. für die nicht-saure Form einer org. Verb., deren tautomere Form (die sog. „aci-Form") zur Salzbldg. befähigt ist. Beisp.: Nitromethan = CH_3-NO_2 ist die P., die erst durch intramol. Protonenwanderung in die aci-Form, d. h. die entsprechende Nitronsäure = $CH_2=N(O)-OH$ übergeht. — E: pseudo acids

Pseudostabile Zustände. Nach S. Lewin *nichtstabile Zustände, die äußerlich im Gleichgew. mit sich od. ihrer Umgebung zu sein scheinen, bei denen aber dennoch sehr langsame, kaum merkliche Umwandlungen in Zustände mit geringerem Geh. an freier Energie stattfinden. Beisp.: Lyophobe Kolloide (langsame Koagulation), fein verteilte Feststoffe (langsame Vereinigung zu größeren Teilchen mit kleinerer Gesamtoberfläche), Gemische aus H_2 u. O_2 bei Zimmertemp. (äußerst langsame Bldg. von H_2O), magnetisierter Stahl (langsame Entmagnetisierung). — E: pseudostable states

psi s. *ψ. — E: psi

Psychomimetika (Psychotonika). Bez. für *Psychopharmaka, die Psychosen hervorrufen od. nachahmen können; sie werden auch bei psych. normaler Ausgangslage eingesetzt. Hierzu gehören z. B. *Betäubungsmittel, Halluzinogene (z. B. Mescalin, Lysergsäurediäthylamid = LSD), jedoch auch Appetitzügler u. *Weckamine. — E: psychomimetic agents, psychomimetics

Lit. s. *Psychopharmaka.

Psychopharmaka. Sammelbez. für alle Arzneimittel, die auf die Psyche einwirken, d. h. psychotrope Wrkg. haben. Man unterscheidet als Hauptgruppen *Psychotherapeutica u. *Psychomimetica. — E: psychopharmacological agents

Lit.: Boor, W. de, Pharmakopsychologie u. Psychopathologie, Berlin, Springer, 1956; Bradley (Rothlin), Neuropsychopharmacology, 2 Bde., Amsterdam, Elsevier, 1959—1961; Brücke, F. T. v. u. O. Hornykiewicz, Pharmakologie der P., Berlin 1966; De Boor, W., s. Boor, W. de; Eiduson, S., The Biochemistry of Behaviour, in Sci. J. (London) 3 [1967] Nr. 5, S. 113 bis 117; Eysenck, H. J., Experiments with Drugs, London, Pergamon Press, 1963; Garattini u. Ghetti, Psychotropic Drugs, Amsterdam, Elsevier, 1957; Gordon, M., Psychopharmacological Agents, I [1964], II [1967], New York, Academic Press; Haas, H., Psychotrope Drogen, in Bild d. Wiss. [1965] S. 109—117; Jucker, E., in Chimia 1961, S. 267—283 u. Angew. Chem. 75 [1963] S. 524—528; Kahler, H. J., Störwrkg. von P. u. Analgetika, Stuttgart, Wiss. Verl. Ges., 1967; Kielholz, P., Psychiatr. Pharmakotherapie in Klinik u. Praxis, Bern 1965; Kline, N. S., Psychopharmacology, Washington, AAAS, 1956; Lippert, Einführung in die Pharmakopsychologie, Bern 1959; Matussek, N., Hirnamine u. psychotrope Pharmaka, in Umschau 66 [1966] S. 400—405; Ostow, M., Drugs in Psychoanalysis and Psychotherapy, New York 1962; ders., P. in der Psychotherapie, Bern u. Stuttgart 1966; Pennes, H. H., Psychopharmacology, New York, Hoeber-Harper,

1958; Pöldinger, W. u. P. Schmidlin, Index Psychopharmacorum (Dtsch., Engl. Französ.), Bern 1966; Schurz, J., Psychodrogen: Gefühle auf Rezept, in Kosmos 61 [1965] S. 321–323; Uhr, L. u. J. G. Miller, Drugs and Behavior, New York·London, Wiley-Interscience, 1960; Ullmann XIII, 274, 305, 309; Voigt, R., in Pharmazie 1962, S. 317–331; Wandrey, D. u. V. Leutner, Neuro-P. in Klinik u. Praxis, Stuttgart 1965; Wikler, A., Relation of Psychiatry to Pharmacology, Baltimore, Williams and Wilkins, 1957. *Ztschr.:* Psychopharmacologia, Berlin, Springer (1959–); Neuropharmacology, Oxford, Pergamon Press.

Psychotherapeutika (Psychotolytika). Bez. für *Psychopharmaka, die zur Behandlung abnormer psych. Zustände dienen. Nach der Art der Wrkg. unterscheidet man 1. *Neuroplegika u. Neuroleptika. Diese wirken zentral und peripher dämpfend, lassen das Bewußtsein jedoch unbeeinflußt; die Neuroleptika beeinflussen außerdem günstig psychot. Spannungszustände. 2. *Tranquilizer (Ataraktika) u. *Psychosedativa*. Diese wirken dämpfend nur auf bestimmte Bereiche des Zentralnervensyst.; davon beeinflussen die zentral beruhigenden Tranquilizer bes. sensor. u. vegetative Zentren, die Psychosedativa außerdem motor. Zentren (sie beheben Angst-, Erregungs- u. Spannungszustände). 3. *Thymoleptika (Antidepressiva). Diese greifen ordnend in die Gefühlsu. Antriebslage ein, z. T. im Sinne einer Aufhellung u. Stabilisierung des seel. Gleichgew. — E: psychotherapeutic(al) agents
Lit. s. *Psychopharmaka.

Psychotolytika = *Psychotherapeutika.

Psychotonika = *Psychomimetika. — E: psychotonics

Pt. Chem. Symbol für das Element *Platin.

Pu. Chem. Symbol für das Element *Plutonium.

Puder. Nach einem Terminologievorschlag des Puder-Ausschusses der Fachgruppe XI der Dtsch. Ges. für Fettwissenschaft (s. Fette-Seifen-Anstrichmittel 68 [1966] S. 212) ist ein P. eine Anhäufung von Festteilchen mit einer Teilchengröße unter 100 mμ, als medizin. od. kosmet. Präp. zur lokalen Anwendung auf der gesunden od. kranken Haut dient. — E: powder
Lit.: Kirk-Othmer, 2. Aufl., Bd. 6, 1965, S. 357–363; Ullmann X, 685, 701, 702, XIII, 412; s. auch *Kosmetik.

Puderbasen (Singular: Puderbasis) = *Pudergrundlagen.

Pudergrundlagen (Puderbasen). Nach dem unter *Puder zitierten Terminologievorschlag Bez. für einfache od. gemischte Pulver, die in Kombination mit Wirk-, Farb- u. Duftstoffen od. auch Substanzen aus nur einer bzw. zwei dieser Stoffgruppen in Medizin od. *Kosmetik äußerlich appliziert werden. — E: powder base

Puderrohstoffe. Nach dem unter *Puder zitierten Terminologievorschlag Bez. für meist pulverförmige Substanzen, die für sich allein od. in Kombination mit anderen Rohstoffen zur Zusammenstellung von medizin. od. kosmet. Pudern bzw. *Pudergrundlagen geeignet sind. Die chem. u. physikal. Eig. der Rohstoffe können mit denen der Endprod. beeinflussen, sind aber mit diesen nur ausnahmsweise ident. — E: powder raw materials

Puffer (Pufferlsg.). Bez. für Lsg., deren pH-Wert (s. *Wasserstoffionenkonz.) sich bei Zusatz von Säuren od. Basen in nicht allzu großen Mengen od. beim Verdünnen nur unwesentlich ändert. Die Wrkg. der darin gelösten Puffergemische beruht auf dem Abfangen von Wasserstoff u. Hydroxid-Ionen unter Bldg. schwacher Säuren bzw. Basen auf Grund ihres Dissoziationsgleichgew. (vgl. *Elektrolyt. Dissoziation u. *Massenwirkungsgesetz). Die starke (vollständig in Ionen dissoziierte) Salzsäure kann man z. B. durch Zusatz von Natriumacetat puffern; das bedeutet in diesem Falle: in schwache (kaum in Ionen dissoziierte) Essigsäure überführen; Gleichung: $CH_3COONa + HCl \rightleftarrows NaCl + CH_3COOH$. Allg. lassen sich alle Salze aus schwachen Säuren u. starken Basen (z. B. Natriumacetat) zur Pufferung von Säuren u. die Salze aus starken Säuren u. schwachen Basen zur Pufferung von Basen verwenden. Mit P. aus einer schwachen Säure (z. B. Essigsäure, Borsäure, Phosphorsäure, Kohlensäure, Phthalsäure u. dgl.) u. einem Salz der betreffenden Säure (z. B. Natriumacetat, Natriumborat, Natriumphosphat, Soda u. dgl.) kann man sowohl Säuren als auch Basen puffern; gibt man z. B. zu einem Gemisch aus Essigsäure u. Natriumacetat etwas Salzsäure, so entsteht (durch Reaktion mit Natriumacetat) schwach dissoziierte Essigsäure, bei Natronlaugezusatz dagegen (durch Reaktion mit Essigsäure) schwach alkal. Natriumacetat. Die Pufferwrkg. hängt von der Konz. u. chem. Eigenart (Dissoziationsgrad) des P. ab; die verschiedenen P. wirken jeweils innerhalb bestimmter pH-Bereiche puffernd. Mit Hilfe geeigneter P. erhält man Lsg. von bekannten pH-Werten; so gibt z. B. ein Gemisch aus NaH_2PO_4 u. Na_2HPO_4 im Molverhältnis 16 : 1 pH 5,5, 4 : 1 pH 6,1, 1 : 1 pH 6,7, 1 : 4 pH 7,3, 1 : 6 pH 8,0. Nach DIN 19 260 (März 1961) sind Standardpufferlsg. P.-Lsg. festgelegter Zus. zur Verwirklichung der pH-Skala u. zum Einstellen von pH-Meßgeräten auf die Sollwerte. Der bekannteste P. u. das physiolog. wichtigste Beisp. für einen P. ist das Blut, dessen pH-Wert im Menschen bei 37° 7,35 beträgt (vgl. *Alkalireserve). — E: buffers
Lit.: Stauff, J. u. R. Jaenicke, in Rauen, H. M., Biochem. Taschenbuch, Tl. 2, Berlin, Springer, 1964, S. 50–54, 90–106; Snell, F. D. u. C. L. Hilton, Encyclopedia of Industrial Chemical Analysis, Bd. 1, 1966, S. 247–247.

Pufferindex = *Pufferkapazität. — E: buffer index

Pufferkapazität (Pufferindex). Nach einem Terminologievorschlag der Nomenklaturkommission

Pulvermetallurgie

der Analytical Chemistry Division der *IUPAC (s. IUPAC-Inf. Bull. Nr. 26 [Aug. 1966] S. 43) Bez. für die Fähigkeit einer Lsg., pH-Änderungen bei Zusatz von Säuren od. Basen zu widerstehen; diese Größe läßt sich numer. als Anzahl der Mole an starker Säure od. starker Base ausdrücken, die bei Zusatz zu einem Liter der betreffenden Pufferlsg. eine pH-Änderung um eine Einheit bewirken. — E: buffer capacity

Pulsradiolyse. Ein der *Blitzlicht-Photolyse analoges Analyseverf. der *Strahlenchemie. Hierbei läßt man etwa 2 µsec lang einen sehr intensiven Elektronenstrahl auf eine Probe (in einer Quarzzelle) einwirken (in der Abb. auf S. 102 muß man sich die Blitzlampe durch eine Elektronenstrahlquelle ersetzt denken); sofort nach dem „Puls" wird ein Meßstrahl aus der Lichtquelle durch die Probe geführt u. das Spektrum aufgenommen. Mit dieser Meth. konnte von J. W. Boag u. E. H. Hart 1962 das hydratisierte Elektron als Zwischenstufe der Wasserradiolyse in fl. Wasser erstmals nachgewiesen werden (s. Nature [London] 197 [1963] S. 45). — E: pulse radiolysis

Lit.: Dorfman, L. M. u. M. S. Matheson, Pulse Radiolysis, Oxford, Pergamon Press, 1965; Ebert, M. u. a., Pulse Radiolysis. Proceedings of the 1st International Symposium, Manchester, England, April 1965, New York 1965.

Pulver. In der Chemie allg. Bez. für eine Form der Zerteilung trockener fester Stoffe, die man durch Zerreiben od. Zerstoßen in der *Reibschale *(„Pulverisieren")* od. Zermahlen in Mühlen erhält. Entstehen auf nassem Wege Niederschläge in feinkörniger Form, so spricht man häufig auch von „P.-Form". P. als Arzneiform (s. auch *Pulvis) sind gleichmäßige Mischungen von festen feinzerteilten Arzneistoffen. Nach DIN 17 600, Bl. 2 (Entwurf Sept. 1966) sind (Metall-) P. kleinste Metallkörper unterschiedlicher Form u. Größe (maximal 0,3 mm Durchmesser), gewonnen durch: a) Verdüsen von fl. Metall, b) Rühren u. Schütteln von erstarrendem Metall, c) Red., d) therm. Zers. Größere Körper werden als „Granalien" (s. *Granulate) od. „*Grieß" bezeichnet. Nach H. J. Bartels u. a. in Arch. Metallkde. 1947, S. 315, unterscheidet man bei Metall-P. *Grob-P.* mit einer Korngröße von mehr als 60 µ von *Fein-P.* mit einer Korngröße von weniger als 60 µ. Erreicht die Korngröße nur wenige µ, so spricht man von *Feinst-P.* Metall-P. lassen sich u. a. auch durch Ultraschallvernebelung metall. Schmelzen bei Temp. über 400° gewinnen (vgl. R. Pohlmann, in Chem. Rdsch. [Solothurn] 21 [1968] S. 467). Es sei darauf hingewiesen, daß im dtsch. Sprachgebrauch die Bez. P. häufig als Synonym für „Schießpulver" verw. wird. — E: powders

Pulvermetallurgie (Metallkeramik, Sintermetallurgie). Nach H.-J. Bartels, W. Hotop u. R. Kieffer (s. Lit.) Bez. für einen Verf.-Zweig der angewandten *Metallkunde, der die Herst. von Körpern aus *Pulvern von Metallen unter Mitverw. von solchen aus Nichtmetallen od. Metallverb. umfaßt, wobei die Pulver durch Druck u. Wärmeeinw. ohne vollständiges Schmelzen, gegebenenfalls jedoch unter Auftreten von Teilverschmelzungen (d. h. durch „Sintern") in feste Körper übergeführt werden. Die von F. Skaupy (s. Metallwirtsch. 21 [1942] S. 64) vorgeschlagene Bez. „Metallkeramik" ist unzweckmäßig, weil mit dem Begriff Keramik (s. *Keram. Werkstoffe) in der Regel die Kombination u. Bindung oxid. Massen verbunden wird u. außerdem dieser Name vor allem für die Verb. von Metallen mit keram. Werkstoffen verwendet wird (s. F. Reinhart, in Keram. Rdsch. 50 [1942] S. 221). Bei der Bez. „Sinterkeramik" wiederum kommen die Pulverprobleme etwas zu kurz.

Bei diesem immer häufiger angewandten Verf. werden feine Pulver (Korngröße ca. 0,1 – 400 µ) von Metallen zuerst bei Zimmertemp. gepreßt (Preßdrucke zwischen 1000 – 10 000 kp/cm², meist ca. 2000 kp/cm²; hydraul. Pressen, Kniehebelpressen, Kurbelpressen) u. dann erhitzt (nötigenfalls im Vak. od. in Anwesenheit von Schutzgasen), ohne daß es dabei zu einem regelrechten Schmelzen kommt. Die oberflächlich etwas erweichten Körnchen verkleben miteinander (es finden auch Ortswechsel u. Gefügeänderungen bei den Metallionen statt) u. bilden so eine feste, zusammenhängende, mehr od. weniger poröse Masse (Porenvol. ca. 15%). Nach diesem Verf. werden z. B. die *Hartmetalle (WC, TiC, TaC, NbC, VC u. deren Mischkrist.) u. die Wolframdrähte für elektr. Glühbirnen sowie Molybdänteile für die Glühlampen- u. Radioröhrenindustrie hergestellt. Durch Sintern kann man z. B. auch „Leg." aus Kupfer u. Graphit bzw. Stahl u. Kupfer, Bronze u. Graphit, Wolfram u. Silber, Nitride, Boride, Silicide u. Metalle usw. erhalten, die durch Zusammenschmelzen nicht darstellbar wären. Zwar läßt sich durch die P. die Dichte gegossener u. gewalzter Werkstoffe nicht erreichen, doch liegt die Herst.-Temp. niedriger, u. man kann so Werkstoffe höheren Reinheitsgrades od. solche gewinnen, die prakt. nicht geschmolzen werden können; außerdem kann man durch P. hinsichtlich Schmelzpunkt, Löslichkeit usw. sehr unterschiedliche Komponenten zusammenbringen. — E: powder metallurgy

Lit.: American Society of Metals Definitions: Powder Metallurgy Nomenclature, in Foundry Trade J. 66 [1942] S. 212; Balschin, M. J., Pulvermetallurgie, Halle, 1954; Bartels, H.-J., W. Hotop u. R. Kieffer, Fachbegriffe in der P., in Arch. Metallkde. 1947, S. 311 – 314; Benesovsky, F., Pulvermetallurgie, Wien, Springer, 1953; ders., Warmfeste u. korrosionsbeständige Sinterwerkstoffe (Vorträge auf dem Plansee-Seminaren, Reutte/Tirol) I – 1952 [1953], II – 1955 [1956], IV – 1961 [1962], Berlin, Springer; Bolschin,

Pulvis

Pulvermetallurgie, Halle, Knapp, 1954; Borok, A., Researches in Powder Metallurgy, New York 1966; de Groat, G. H., s. Groat, G. H. de; Eisenkolb u. a., Fortschritte der P., Berlin, Akad. Verl., 1963; Goetzel, C. G., Treatise on Powder Metallurgy, I [1949], II [1950], III [1952], IV/1 [1963], IV/2 [1963]. New York-London, Wiley-Interscience; Groat, G. H. de, Tooling for Metal Powders Parts, New York, McGraw-Hill, 1958; Hausner, H. H., P. bei der Konstruktion von Kernreaktoren, Wien, IAEO, (Monographienreihe, Nr. 11); Hausner, H. H. u. K. H. Roll, Modern Developments in Powder Metallurgy (Proceedings of the 1965 International Powder Metallurgy Conference), New York 1966; Hausner, H. H., K. H. Roll u. P. K. Johnson, Iron Powder Metallurgy, New York 1968; Hüttig, G. F. u. R. Kieffer, Pulvermetallurgie, in Angew. Chem. 64 [1952] S. 41—54; Jones, Fundamental Principles of Powder Metallurgy, London, Arnold, 1960; Kieffer, R. u. W. Hotop, P. u. Sinterwerkstoffe, Berlin, Springer, 1948; Kieffer, R. u. G. Jangg, Neue Entw. in der P., in Chem.-Ing.-Techn. 39 [1967] Nr. 1; Kieffer, R. u. R. Meyer in Chim. et Ind. 1958, S. 414—430 u. Fortsetzungen; Kirk-Othmer 1. Aufl., Bd. 11, S. 43—64; Sands, R. L. u. C. R. Shakespeare, Powder Metallurgy: Practice and Applications, Cleveland, Ohio, Chemical Rubber, 1966; Schwarzkopf, P., Powder Metallurgy, New York, Macmillan, 1947; Skaupy, F., Metallkeramik, Weinheim, Verl. Chemie, 1950; Ullmann XIV, 435—449; Wanke, K., Einführung in die P., Graz, Stiasnys Söhne, 1949; Yarnton, D. u. A. Argyll, Practical Course in Powder Metallurgy, London, 1962. *Ztschr.:* Plansee-Berichte für Pulvermetallurgie, Reutte/Tirol; Metal Powder Report, London Powder Metallurgy Ltd. (Referatensammlung); Powder Metallurgy, London; Soviet Powder Metallurgy, New York, Consultants (1961—). *Spezialbibl.:* Forschungsinst. für metall. Spezialwerkstoffe, Dresden. *Organisation:* Fachverband Pulvermetallurgie (veröffentlichte 1961 im Beuth-Vertrieb, Berlin-Köln, die Ringmappe „Sinterwerkstoffe").

Pulvis (Plural: Pulveres). Lat. Bez. für Pulver; man unterscheidet z. B. Pulvis adsorbens, P. analgeticus, P. antacidus, P. antihydroticus, P. Digitalis usw. Es ist P. aërophorus = Brausepulver, P. aromaticus = aromat. Pulver, P. dentifricius = Zahnpulver.

Purgantia = *Abführmittel.

Purpur(o)... (lat.: purpura = Purpur). Vorsilbe, die in den Namen von chem. Verb. deren Eigenfarbe (Purpur od. Rot) od. die ihrer wichtigsten Deriv. kennzeichnet. *Beisp.:* Purpurin, Purpurogallin. — E: purpur(o)-

Py(o)... (griech.: pyon = Eiter). Vorsilbe, die eine Beziehung („Auftreten in" od. „wirkend gegen") zu Eiter ausdrückt. — E: pyo-, py-

Pyranyl... Bez. für die vom Pyran = C_5H_6O = (Formelbild zeigt 4H-Pyran) abgeleitete Atomgruppierung — (C_5H_5O) in systemat. Namen. — E: pyranyl-

Pyrazinyl... Bez. für die vom Pyrazin = $C_4H_4N_2$ = abgeleitete Atomgruppierung — $(C_4H_3N_2)$ in systemat. Namen. — E: pyrazinyl-

Pyrazolidinyl... Bez. für die von Pyrazolidin = $C_3H_8N_2$ = abgeleitete Atomgruppierung — $(C_3H_7N_2)$ in systemat. Namen. Ältere Bez.: Pyrazolidyl... — E: pyrazolidinyl-

Pyrazolidyl... = *Pyrazolidinyl... — E: pyrazolidyl-

Pyrazolinyl... Bez. für die von Pyrazolin = $C_3H_6N_2$ (= Dihydroform von Pyrazol, s. *Pyrozolyl...) abgeleitete Atomgruppierung — $(C_3H_5N_2)$ in systemat. Namen. — E: pyrazolinyl-

Pyrazolyl... Bez. für die von Pyrazol = $C_3H_4N_2$ = abgeleitete Atomgruppierung — $(C_3H_3N_2)$ in systemat. Namen. — E: pyrazolyl-

Pyretica = *Antipyretica. — E: pyretics

Pyridazinyl... Bez. für die vom Pyridazin = $C_4H_4N_2$ = abgeleitete Atomgruppierung — $(C_4H_3N_2)$ in systemat. Namen. — E: pyridazinyl-

Pyridindiyl... Bez. für die vom Pyridin = C_5H_5N abgeleitete Atomgruppierung — (C_5H_3N) = $-\overset{3}{C}=\overset{4}{CH}-\overset{5}{CH}=\overset{6}{CH}-\overset{1}{N}=\overset{2}{C}-$ in systemat. Namen. — E: pyridinediyl-

1(2H)-Pyridinyl-2-yliden... Bez. für die Atomgruppierung = $\overset{2}{C}-\overset{3}{CH}=\overset{4}{CH}-\overset{5}{CH}=\overset{6}{CH}-\overset{1}{N}=$ in systemat. Namen. — E: 1(2H)-pyridinyl-2-ylidene-

Pyridoxine. Von der *IUPAC 1955 festgelegte Gruppenbez. für in der Natur vorkommende Pyridinderiv. mit Vitamin-B_6-Aktivität (hauptsächlich 3-Hydroxy-5-hydroxymethyl-3,4-dimethylpyridin). Vgl. Ullmann VIII, 503. — E: pyridoxines

Pyridyl... Bez. für die vom Pyridin = C_5H_5N = abgeleitete Atomgruppierung — (C_5H_4N) in systemat. Namen. — E: pyridyl-

Pyridyliden... Bez. für die Atomgruppierung =C NH = = (C_5H_5N) (Formelbild zeigt die 4(1H)-Form) in systemat. Namen. — E: pyridylidene-

Pyrimidinyl... Bez. für die vom Pyrimidin = $C_4H_4N_2$ = abgeleitete Atomgruppierung — $(C_4H_3N_2)$ in systemat. Namen. Alte Bez.: Pyrimidyl... — E: pyrimidinyl-

Pyrimidyl... = *Pyrimidinyl... — E: pyrimidinyl-

Pyr(o)... (griech.: pyr = Feuer). Vorsilbe, die in den Benennungen von materiellen od. nicht materiellen Begriffen folgende Bedeutungen haben kann: 1. Bldg. bei hohen Temp. (*Beisp.:* Pyren, pyrophor). 2. Bldg. durch therm. Zers. („Pyrolyse") komplizierter Verb. (*Beisp.:* Pyrogallol). 3. Bez. von Säuren u. Salzen, die sich formal durch Austritt eines Wassermol. aus 2 Mol. der „Orthosäure" ableiten (*Beisp.:* Pyrophosphorsäure = $H_4P_2O_7$, Pyroschwefelsäure = $H_2S_2O_7$. 4. Kennzeichnung der Voraussetzung von hohen Temp. od. von Entflammung (*Beisp.:* Pyrolyse, Pyrotechnik). — E: pyro-, pyr-

Pyroborate. Bez. für Salze mit dem Anion $B_2O_5^{4-}$. — E: pyroborates

Pyroelektrizität. Bez. für die Erscheinung, daß sich Kristalle mit polaren Achsen bei Erwärmung od. Abkühlung elektr. aufladen. Dabei sind die beim Erwärmen auftretenden Ladungen in ihren Vorzeichen entgegengesetzt denjenigen, die beim Abkühlen beobachtet werden. Dieser *pyroelektr. Effekt* wurde zuerst am Turmalin festgestellt; seine Umkehrung (d. h. die Erzeugung von Wärme an einem pyroelektr. Kristall im elektr. Feld) ist der sog. *elektrocalor. Effekt.* — Vgl. auch *Piezoelektrizität. — E: pyroelectricity

Pyrogene. Bez. für fiebererzeugende Stoffe, nämlich tox. Stoffwechselprod. von Bakterien (auch nichtpathogenen), die in die Blutbahn gebracht heftige Reaktionen des Organismus hervorrufen. Es handelt sich im wesentlichen um Stoffe aus gramnegativen (auch toten) Bakterien. Die wirksamsten P. sind hochmol., proteinfreie Lipopolysaccharide, die aus einer phosphorylierten Polysaccharid- u. einer Phospholipoidkomponente („Lipoid A") aufgebaut sind. Die hochgereinigten Bakterien-P. sind bereits in Dosen von $1/1000$ µg/kg bei Menschen u. Tieren wirksam; für die Fieberwrkg. ist die Lipoidkomponente wesentlich. — E: pyrogens

Lit.: Thoma, T., in Dtsch. Apoth.-Ztg. 1959, S. 1045 bis 1047; Valyi-Nagy, in Pharmazie 1959, S. 245 bis 253; Wendt, F., in Dtsch. Med. Wschr. 1959, S. 2084; Westphal, O., in Dtsch. Apoth.-Ztg. 1957, S. 263.

Pyrohydrolyse. Nach F. Feigl (Angew. Chem. 70 [1958] S. 166 f.) Bez. für eine *Hydrolyse, die durch bei therm. Zers. abgespaltene Wassermol. verursacht wird. Diese kann auftreten 1. Beim Erhitzen von trockenen, org. Verb. an der Luft (*Beisp.:* Bldg. von Salicylaldehyd aus Helicin od. Salicin, von Formaldehyd u. Essigsäure aus Methyl- bzw. Acetylcellulose); das aus dem Ausgangsmaterial therm. abgespaltene Wasser bewirkt dessen Hydrolyse od. die seiner Spaltprod. 2. Beim Erhitzen von trockenen Gemischen org. Verb. mit wasserabspaltenden anorg. od. org. Verb. (z. B. $MnSO_4 \cdot 4\ H_2O$, Oxalsäuredihydrat, geschmolzene Bernstein- u. Phthalsäure) im Überschuß (*Beisp.:* Abspaltung von CH_2O aus Hexamethylentetramin bei Erhitzung [$100°$] mit $H_2C_2O_4 \cdot 2\ H_2O$); hier dient das „Hydrat" ausschließlich als „Wasserlieferant". — E: pyrohydrolysis

Pyrolyse. Bez. für die therm. Zers. von Stoffen in solche mit kleineren u. evtl. einfacher gebauten Mol. (*Beisp.:* *Brenzreaktion, *Calcinieren, *Crack-Prozeß, trockene Destillation). Die Prod. der P. sind meist keine eigentlichen Bausteine des zerlegten Stoffes, sondern sind gegenüber diesen strukturell (z. B. durch Cyclisierungen od. Umlagerungen) verändert; auch können sie mit den Komponenten der Atmosphäre, in der die P. vorgenommen wurde, reagiert haben (z. B. mit Sauerstoff). — E: pyrolysis

Lit.: Bachmann, D., H. Krekeler, H. Steinrötter u. R. Wirtz, Verfahrenstechn. Probleme bei der Entw. der Hochtemp.-P., in Chem.-Ing.-Techn. 37 [1965] S. 886 bis 892.

Pyrolyse-Gaschromatographie. Bez. für eine vor allem für org. hochpolymere Stoffe angewandte Meth. der *Gaschromatographie, bei der die zu analysierenden Substanzen (Substanzgemische nach gaschromatograph. Trennung) in inerter Atmosphäre zunächst pyrolysiert u. dann die Zers.-Prod. gaschromatograph. analysiert werden. Aus den gut reproduzierbaren Pyrogrammen kann man dann — ähnlich wie aus Massenspektren — auf die Struktur der pyrolysierten Substanzen schließen. Die P.-Verf. haben sich bes. im Zusammenhang mit der zunehmenden Vielfalt u. wirtschaftlichen Bedeutung von Kunststoffen, Kautschuken, Lack- u. Klebharzen als einfache u. zuverlässige analyt. Schnellmeth. in großem Umfange bewährt. Sie erlauben aber auch die Unters. von Textilien, Pharmazeutika u. biolog. Material. Über die Kombination von zwei Gaschromatographen mit einer Pyrolyse-Einrichtung s. CAEN 45 [1967] Nr. 41, S. 47; über die Differenzierung u. Identifizierung pflanzlicher u. tier. Mikroorganismen, s. CAEN 44 [1966] Nr. 9, S. 35. — E: pyrolysis gas chromatography

Lit.: Derge, K., Identifizierung gaschromatograph. getrennter Peaks durch pleochromat. Unters. der Pyrolyseprod., in Chemiker-Ztg. 91 [1967] S. 729 bis 738; Fischer, W. G., Pyrolyse-Gaschromatographie, in Glas-Instr.-Techn. 11 [1967] S. 562–570, 775–780, 1086–1095, 12 [1968] S. 589–592; Nofftz, D., W. Benz u. W. Pfab, Unters. von Hochpolymeren mittels P.-G., in Z. Anal. Chem. 235 [1968] S. 121–137.

Pyrometallurgie. Bez. für das Teilgebiet der *Metallurgie, das sich mit dem Einfl. von hohen Temp. auf metallurg. Prozesse befaßt. Unter P. werden jedoch auch insgesamt die unter Anwendung hoher Temp. ablaufenden metallurg. Prozesse (z. B. die Gewinnung u. Raffination von Metallen bei hohen Temp.) verstanden. Schließlich

Pyromucyl
wird der Terminus P. manchmal auch für „die Lehre von den Eig. der Metalle u. ihrer Verb. bei höheren Temp." verwendet. — E: pyrometallurgy

Pyromucyl... = 2-Furoyl... (s. *Furoyl-). — E: pyromucyl-

pyrophor = selbstentzündlich beim Kontakt mit Luft. — E: pyrophoric

Pyrophore. Bez. für Substanzen, die sich (vor allem in feiner Zerteilung) bei gewöhnl. Temp. an der Luft von selbst entzünden. Zu den bekanntesten Beisp. gehören Phosphor u. einige Fl. u. Gase, wie manche *Phosphine. Von bes. Bedeutung sind die sog. pyrophoren Metalle, die sich ebenfalls bei Berührung mit dem Luftsauerstoff durch die bei der Oxydation freiwerdende Wärme unter Aufglühen entzünden (z. B. verglimmt Eisenpulver, das durch Red. von Eisen(III)-hydroxid mit Wasserstoff bei möglichst tiefer Temp. hergestellt wurde, sobald es der Luft ausgesetzt wird, u. läßt sich so als „Luftzunder" verwenden). Pyrophores Eisen erhält man u. a. auch beim Erhitzen von Eisenoxalaten, -tartraten, -hydroxiden u. -chloriden; pyrophor sind auch, falls sie in hinreichend feiner Zerteilung vorliegen, die sog. Raney-Metalle u. die bei niederen Temp. (ca. 450°) reduzierenden Hydrierungs- u. Synth.-Kontakte auf Co-, Ni- u. Fe-Basis, ferner Gemische aus Bleichromat u. Schwefel, Aluminium u. Zucker, Kaliumsulfat u. Kohle, Alaun u. Mehl, auch viele metallorg. Verb., wie z. B. Triäthylaluminium, Trimethylaluminium, Triäthylboran, Jinkäthyl, Jinkmethyl usw.; s. auch CAEN 1958, Nr. 14, S. 58 (Pyrophore Verb. als Treibstoffzusatz). Ursache des pyrophoren Verh. bilden neben der feinen Zerteilung (pyrophor sind z. B. alle Eisensorten mit einer spezif. Oberfläche über ca. 3 m³/g) u. der damit verbundenen extrem großen Oberfläche dieser Stoffe, wahrscheinlich auch Gitterstörungen; entsprechende Unters. an pyrophorem Eisen wurden von W. Feitknecht u. A. Durtschi (s. Helv. Chim. Acta 47 [1964] S. 174–181) durchgeführt. — E: pyrophoruses

Pyrophosphate. Bez. für Salze der Diphosphorsäure od. Pyrophosphorsäure = $H_4P_2O_7$ mit den Anionen $P_2O_7^{4-}$ od. $H_2P_2O_7^{2-}$. Vgl. Ullmann XIII, 546. — E: pyrophosphates

pyrophosphato. Bez. für das Ion $(P_2O_7)^{4-}$ als Ligand in Koordinationsverb. (s. *Koordinationslehre). — E: pyrophosphato

Pyrophosphite. Bez. für Salze mit dem Anion $P_2O_5^{4-}$. — E: pyrophosphites

Pyrophosphoryl = *Diphosphoryl. — E: pyrophosphoryl

Pyroreaktionen. Bez. für chem. Umsetzungen, die ohne Lsgm.-Zusatz bei Temp. über etwa 120° ablaufen u. woran sich meist nicht die Ausgangsstoffe selbst, sondern erst deren therm. Zers.-Prod. beteiligen. *Beisp.:* S- u. N-Nachweis nach Lassaigne durch Schmelzen mit Na-Metall; Beilsteinsche Probe; Acroleinprobe für den Glycerinnachweis u. a. — E: pyroreactions

Pyrosäuren s. *Anhydride. — E: pyro acids

Pyrosole. Bez. für kolloide Syst. (s. *Kolloidchemie), bei denen Schmelzen als Dispersionsmittel fungieren *(Beisp.:* Gold in Glasschmelze bei der Herst. von Rubinglas; das feste Prod. ist in diesem Falle ein *Vitreosol). — E: pyrosols

Pyrosulfate (Disulfate). Bez. für Salze der Dischwefelsäure od. Pyroschwefelsäure = $H_2S_2O_7$ mit dem Anion $S_2O_7^{2-}$. — E: pyrosulfates

Pyrosulfite (Disulfite). Bez. für Salze der Dischwefligen Säure od. Pyroschwefligen Säure = $H_2S_2O_5$ mit dem Anion $S_2O_5^{2-}$. — E: pyrosulfites

Pyrosulfuryl... Bez. für die Atomgruppierung $S_2O_5^{2+}$ als Kation od. Radikal in systemat. Namen. — E: pyrosulfuryl

Pyrotechnik (von griech.: pyr = Feuer) bedeutet Feuerwerkerei, d. h. die Herst. u. Anwendung von Feuerwerks- u. Sprengkörpern für zivile u. militär. Zwecke. Zu den *Pyrotechn. Erzeugnissen* gehören u. a. Bengal. Feuer, Schwärmer, Brander, Leuchtraketen, Nebelkerzen, Rauchkörper, Leuchtsätze. — E: pyrotechnics, pyrotechny

Lit.: Bebje, Manual of Explosives, Military Pyrotechnics and Chem. Warefare Agents, New York, Macmillan, 1943; Brock, A. St., The History of Fireworks, London, 1949; Bujard, H., Die Feuerwerkerei, Sammlung Göschen Nr. 634, Berlin, de Gruyter; Ellern, H., Modern Pyrotechnics, New York, Chem. Publ. Co., 1961; Eschenbacher, A., Die Feuerwerkerei (Chem. techn. Bibl. Nr. 11), Wien, Hartleben, 1925; Izzo, A., Pirotecnica e fuochi artificali, Milano, Hoepli, 1950; Kirk-Othmer 1. Aufl., Bd. 11, 1953, S. 322 bis 338; Ullmann III, 729, XIV, 490–505; Wandrowetz, Der Kunstfeuerwerker (Lehrmeister-Bibl. Nr. 900), Leipzig, Hachmeister; Weingart, G. W., Pyrotechnics, Brooklyn, Chem. Publ. Co., 1947 (Nachdruck 1968) / Merkblatt für die Herst. von pyrotechn. Gegenständen (Feuerwerks-Merkblatt), Weinheim, Verl. Chemie, 1963. Über japan. Feuerwerkerei s. Augood, D., in Ind. Chemist 1963, S. 27 f.

Pyrr(o)... (Pyrrolo...). Vorsilbe, die in den Namen von chem. Verbindungen diese als Deriv. des Pyrrols = $HC=CH-NH-CH=CH$ kennzeichnet. *Beisp.:* Pyrroporphyrin. — E: pyrr-, pyrro-

Pyrrolidino... Bez. für die Atomgruppierung

$-(C_4H_8N) = -N\bigcirc$ in systemat. Namen.

E: pyrrolidino-

Pyrrolidinyl... Bez. für die Atomgruppierung

$-(C_4H_8N) = \overset{H}{\underset{N}{\bigcirc}}$ (z. B. Pyrrolidinyl-(2))

in systemat. Namen. Veraltete Bez.: Pyrrolidyl... — E: pyrrolidinyl-

Pyrrolinyl... Bez. für die vom Pyrrolin = C_4H_7N = $\overline{HN-CH_2-CH_2-CH=CH}$ abgeleitete Atomgruppierung $-(C_4H_6N)$ in systemat. Namen. — E: pyrrolinyl-

Pyrrolo... = *Pyrr(o)... — E: pyrrolo-

Pyrrolyl... Bez. für die vom Pyrrol = C_4H_5N = $\overline{HN-CH=CH-CH=CH}$ abgeleitete Atomgruppierung $-(C_4H_4N)$ in systemat. Namen. Veraltete Bez.: Pyrryl... — E: pyrrolyl-

Pyrrolylcarbonyl... Bez. für die Atomgruppierung $-CO-(C_4H_4N)$ in systemat. Namen (vgl. *Pyrrolyl...) Veraltete Bez.: Pyrroyl... — E: pyrrolylcarbonyl-

Pyrroyl... = *Pyrrolylcarbonyl... — E: pyrroyl-

Pyrryl... = *Pyrrolyl... — E: pyrryl-

Pyruvoyl... Bez. für die Atomgruppierung $-CO-CO-CH_3$ in systemat. Namen. — E: pyruvoyl-

---

Quadr(i)... Aus dem Lat. entlehnter Zahlenvorsatz; bedeutet „vier". — E: quadri-, quadr-

Qualitative Analyse. Bez. für die Analyse (s. *Chem. Analyse), die die Feststellung der chem. Art der Bestandteile (Elemente, Ionen, Radikale, funktionelle Gruppen, Verb.) einer unbekannten Substanz (einheitliche chem. Verb., Stoffgemisch usw.) mit chem., physikal.-chem. od. rein physikal. Meth. zum Ziele hat, ohne deren Mengenanteile zu berücksichtigen. Auch das Teilgebiet der Analyt. Chemie, das sich mit der Durchführung solcher Analysen befaßt, wird „Q. A." genannt. Der systemat. Gang umfaßt im allg. folgende Stufen: 1. *Probenahme, 2. *Vorprobe, 3. *Aufschließen unlösl. Verb., 4. *Trennungsgang, 5. *Identifizierung. Die angegebene Reihenfolge der Arbeitsgänge 3. bis 5. ist nicht zwingend, ja 3. u. 4. sind in vielen Fällen (z. B. wenn die Analysensubstanz aus einer lösl. einheitlichen Substanz besteht; bei der qual. Schnellanalyse nach Charlot verzichtet man auf die Trennungen mit Schwefelwasserstoff u. dgl. u. weist die Kationen direkt mit spezif., empfindlichen Reagenzien, Komplexonen, geeigneten Lsgm. u. dgl. nach) überflüssig; außerdem können 2. u. 5. oft zusammenfallen. Gewöhnl. genügen Substanzmengen im Betrag von Grammbruchteilen bis zu wenigen Grammen zur Ausführung einer Q. A.; davon darf nur ein geringer Prozentsatz für die Durchführung der Vorproben verbraucht werden. Für die Vorproben (*Beisp.*: Phosphorsalzperle) genügt meist die feste trockene Substanz. Zur Ausführung der eigentlichen Analyse muß man meist die Analysensubstanz in Lsg. bringen, denn in der Regel geben nur die Lsg. mit den *chem. Reagenzien die für einzelne Ionen od. Radikale charakterist. Niederschläge, Färbungen u. dgl. Falls sich die Unters.-Substanz in destilliertem Wasser nicht löst, verwendet man (chem. reine) Säuren, wenn sie sich in diesen auch nicht vollständig löst, ist für den unlösl. Anteil ein Aufschluß (s.*Aufschließen) notwendig (Über die Verw. von nichtwss. Lsgm. in der Q. A., s. B. Sansoni, in Angew. Chem. 66 [1954] S. 595 bis 597). Mit den so erhaltenen Analysenlsg. wird dann (soweit angebracht) der systemat. *Trennungsgang durchgeführt u. die dabei getrennten Bestandteile werden schließlich durch für sie charakterist. Reaktionen einzeln identifiziert. Die Q. A. spielt in der Industrie u. bei der Ausbldg. des Chemikers eine sehr wichtige Rolle; die Chemiestudenten befassen sich in ihren ersten beiden Semestern vorwiegend mit der Ausführung Q. A., weil sich diese ausgezeichnet dazu eignen, den Anfänger unter Vermittlung von viel Wissensstoff in die chem. Experimentierkunst einzuführen (vgl. hierzu H. Freiser, How Teach Qualitative Analysis?, in J. Chem. Educ. 34 [1957] S. 387 – 389, u. A. A. Benedetti-Pichler u. a., Qualitative Analysis in the Training of Chemists, in J. Chem. Educ. 34 [1957] S. 381 – 383). Es werden vor allem anorg. Substanzgemische, Leg., Mineralien usw. analysiert; die wesentlich kompliziertere Q. A. org. Verb. wird erst in einem späteren Studienabschnitt geübt. — Zur Geschichte der Q. A., s. F. J. Welcher in J. Chem. Educ. 34 [1957] S. 389 – 391. — E: qualitative analysis

Lit.: Ackermann, G., Einführung in die qual. anorg. Halbmikroanalyse, Leipzig, VEB Dtsch. Verl. Grundstoff-Industrie, 1966; Autenrieth-Rosenmund, Qual. chem. Analyse für chem. u. pharm. Laboratorien, Dresden, Steinkopff, 1958; Becke-Goehring, M. u. J. Weiss, Praktikum der qual. Analyse, Dresden, Steinkopff, 1967; Benedetti-Pichler, A. A., Identification of Materials, Springer, Berlin, 1964; Biltz, W. u. W. Fischer, Ausführung qual. Analysen anorg. Stoffe im Halbmikromaßstab, Leipzig, Akad. Verl. Ges., 1966; Blok, N. I., Qual. Analyse, Berlin 1958; Brumblay, R. U., Qualitative Analysis, New York, Barnes & Noble, 1964; Charlot, G. u. D. Bézier, Théorie et méthode nouvelles d'analyse qualitative, Paris, Masson, 1949; dies., L'analyse qualitative et les réactions en solution, Paris, Masson, 1963; Charlot, G., D. Bézier u. R. Gauguin, Analyse qualitative rapide des cations et des anions, Paris, Dunod, 1961; Charlot, G. u. R. E. Oesper, Rapid Detection of Cations and Anions, New York, Chem. Publ. Co., 1965; Cheronis, N. D., J. B. Entrikin u. E. M. Hodnett, Semimicro Qualitative Analysis, New York-London, Wiley-Interscience, 1965; Clifford, A., Inorganic Chemistry of Qualitative Analysis, Englewood Cliffs, N. J., Prentice Hall, 1961; Cornog, J., Semimicro Qualitative Analysis, Boston, Houghton Mifflin, 1961; Criddle, W. J. u. G. P. Ellis, Qualitative Organic Chemical Analysis, London 1967;

Quanten

Ellmer, R. u. H. Weil, Anleitung zur qual. Analyse, Frankfurt/M., Umschau-Verl., 1965; Fales, H. A. u. K. Frederick, Inorganic Qualitative Analysis, New York, Appleton-Cent., 1955; Feher, F., Qual. Analyse, Göttingen, Musterschmid, 1949; *Fresenius-Jander, Tl. 2, Qual. Nachweisverf., 9 Bde. mit etwa 13 Bd.-Tl.; Gilreath, E. S., Qualitative Analysis Using Semimicro Methods, New York, McGraw-Hill, 1954; Gübeli, O. u. W. Prodinger, Physiko-chem. Grundlagen u. Tabellen zur qual. Analyse, Wien, Deuticke, 1960; Hanofsky u. Artmann, Kurze Anleitung zur qual. chem. Analyse nach dem Schwefelnatriumgang, Wien, Deuticke, 1949; Haynes, B., Qualitative Organic Analysis, London 1966; Hofmann, H. u. G. Jander, Qual. Analyse, Berlin, de Gruyter, 1967; Hogness, T. R. u. a., Qualitative Analysis and Chemical Equilibrium, New York, Holt, Rinehart & Winston, 1966; Kelsey, E. B. u. H. G. Dietrich, Fundamentals of Semimicro Qualitative Analysis, New York, Macmillan, 1954; King, E. J., Qualitative Analysis and Electrolytic Solutions, New York, Harcourt, Brace & World, 1959; Köster-Pflugmacher, A., Qual. Schnellanalyse der Kationen u. Anionen nach Charlot, Berlin, de Gruyter, 1965; Kraft, G. u. J. Geyer, Qual. Analyse für Fortgeschrittene, Frankfurt/M. 1965; Margolis, E. J., Qualitative Anion-Cation Analysis, New York, Wiley, 1962; McGookin, A., Qualitative Organic Analysis and Scientific Method, London, Chapman and Hall, 1955; Medicus-Goehring, Kurze Anleitung zur qual. Analyse, Dresden, Steinkopff, 1961; Middleton, Systematic Qualitative Analysis, London, Arnold, 1948; Moeller, T., Qualitative Analysis: An Introduction to Equilibrium Solution Chemistry, New York, McGraw-Hill, 1958; Neunhoeffer, O., Analyt. Trennung u. Identifizierung Org. Substanzen, Berlin 1965; Nieuwenburg, C. J. van u. J. W. L. van Ligten, Qual. Chem. Analyse, Berlin, Springer, 1959; Nyrman, C. J. u. G. B. King, Problems for General Chemistry and Qualitative Analysis, New York 1966; Rüdisüle, Nachweis, Best. u. Trennung der chem. Elemente, Bern, P. Haupt, Akad. Buchhandlung (großes Sammelwerk mit Ergänzungsbänden, beginnt ab 1923); Schmidt, E., J. Gadamer u. F. v. Bruchhausen, Anleitung zur org. qual. Analyse, Berlin, Springer, 1948; Schneider, F. L., Qualitative Organic Microanalysis: Cognition and Recognition of Carbon Compounds, New York, Academic Press, 1964; Smith, O. C., Identification and Qualitative Chemical Analysis of Minerals, New York, Van Nostrand, 1953; Snell, F. D. u. C. L. Hilton, Encyclopedia of Industrial Chemical Analysis, Bd. 3, New York-London, Wiley-Interscience, 1966, S. 229—251 (Inorganic Qualitative Analysis), S. 251—279 (Organic Qualitative Analysis); Sorum, C. H., Introduction to Semimicro Qualitative Analysis, Englewood Cliffs, N. J., Prentice Hall, 1967; Souci, S. W. u. H. Thies, Praktikum der qual. Analyse, München, Bergmann, 1960; dies., Ausführung qual. Analysen, München, Bergmann, 1966; Staudinger, H. u. W. Kern, Anleitung zur org. qual. Analyse, Berlin, Springer, 1955; Swift, E. H. u. W. P. Schaefer, Qualitative Elemental Analysis, San Francisco, Cal., W. H. Freeman & Co., 1962; Treadwell, W. D., Kurzes Lehrbuch der Analyt. Chemie, Bd. I, Qual. Analyse, Wien, Deuticke, 1948; Treadwell-Gübeli-Prodinger, Physiko-Chem. Grundlagen u. Tab. zur qual. Analyse, Wien, Deuticke, 1960; van Nieuwenburg, C. J. s. Nieuwenburg, C. J. van; Welcher u. Hahn, Semimicro Qualitative Analysis, New York, Van Nostrand, 1955; Wenger, Analyse qualitative minérale, Genf 1955. Vgl. auch *Chem. Analyse, *Experimentierbücher, *Org. Chemie.

Quanten s. *Quantentheorie. — E: quanta

Quantenausbeute s. *Photochemie. Als Q. wird auch beim *lichtelektr. Effekt das Verhältnis der Anzahl der frei gewordenen Elektronen zur Anzahl der absorbierten Lichtquanten (s.*Photonen) bezeichnet. — E: quantum yield

Quantenchemie. Bez. für das Teilgebiet der *Theoret. Chemie, das die Anwendung quantenmechan. Prinzipien auf spezif. chem. Probleme (z. B. chem. Bindung, Frage nach der Struktur u. der Reaktionsfähigkeit der Mol.) umfaßt. Hierbei wird vorausgesetzt, daß die Meth. der *Quantenmechanik auch die Beschreibung der chem. Erscheinungen in sich schließt. Die Q. bietet somit im Prinzip die Lsg. auf jede vernünftig gestellte Frage der Chemie, u. eines der Ziele der heutigen Q. ist, diese Möglichkeiten zu verwirklichen u. z. B. die wichtigsten Eig. eines Mol. vor der Synth. durch den Experimentalchemiker vorherzusagen (s. H. Primas in Chimia 1962, S. 281 ff.). Nach L. Pauling (1958) ist die *Quantentheorie für die Chemie wichtiger als für die Physik. Wenn man gewisse vereinfachende Näherungen u. halbempir. Parameter einführt, kann man zu einer durch Rechenmaschinen erfaßbaren quantenmechan. Berechnung von Mol.-Eig. im Rahmen der physikal. Gesetze kommen. Zum Bereich der Q. gehört z. B. die Unterscheidung von σ- od. π-Bindung, die Resonanz, Hybridisierung, Hyperkonjugation, die Interpretation der Besonderheiten aromat. u. konjugierter Syst. durch die Eig. der π-Elektronen, die theoret. Vorhersage der Stabilität von Siebenringen, die Zusammenhänge von Farbe u. Konstitution einer chem. Verb. usw. Eine aktuelle Anwendung der Q. ist z. B. das Studium der Wirkungsweise von Halluzinogenen, deren chem. Struktur bekanntlich sehr verschieden sein kann; Näheres s. „Q. u. Biologie", in Nachr. Chem. Techn. 1966, S. 386. Die Begründung der Q. erfolgte 1927 durch W. Heitler u. F. London (s. Z. Physik 1927, S. 455). — E: quantum chemistry

Lit.: Anderson, J. M., Mathematics for Quantum Chemistry, New York, W. A. Benjamin, 1966; Daudel, R., R. Lefebvre u. C. Moser, Quantum chemistry: Methods and Applications, New York-London, Wiley-Interscience, 1960; Eyring, H., J. Walter u. G. E. Kimball, Quantum Chemistry, New York, Wiley, 1944; Hameka, H., Advanced Quantum Chemistry, Reading, Mass., Addison-Wesley, 1965; Karagounis, G., Introductory Organic Quantum Chemistry, New York, Academic Press, 1962; Kauzmann, W., Quantum Chemistry, New York, Acad. Press, 1957; Kuhn, H., Q. u. Modelle der Energieübertragung, in Naturwiss. Rdsch. 21 [1968] S. 155; Kutzelnigg, W., Meth. u. Erkenntnisse der Q., Tl. I: Physikal.-mathemat. Grundlagen, in Angew. Chem. 78 [1966] S. 789—802; Löwdin, P.-O., Advances in Quantum Chemistry, I [1964], II [1965], III [1967], New York, Academic Press (wird fortgesetzt); Philips, L. F., Basic Quantum Chemistry: An Advanced Undergraduate Text, New York London, Wiley-Interscience, 1965; Pitzer, K. S., Quantum Chemistry, New York, Prentice Hall, 1953; Preuss, H., Die Meth. der Mol.-Physik u. ihre Anwendungsbereiche [Einführung u. Übersicht über die Q.], Berlin, Akademie-Verl., 1959; ders., Grundriß der Q.,

Mannheim, Bibliograph. Inst., 1964; ders., Q. für Chemiker, Weinheim, Verl. Chemie, 1966; ders., Quantentheoret. Chemie, 5 Bde., Mannheim, Bibliograph. Inst. (Bd. 3: 1967); Pullman, B. u. A. Pullman, Quantum Biochemistry, New York-London, Wiley-Interscience, 1963; Sinanoglu, O., Modern Quantum Chemistry: Istanbul Lectures, 3 Tle., I: Orbitals [1965], II: Interactions [1966], III: Action of Light and Organic Crystal [1965], New York, Academic Press; Veselov, M. G., Methods of Quantum Chemistry, New York, Academic Press, 1966; vgl. auch *Chem. Bindung, *Orbitale, *Org. Chemie, *Theoret. Chemie. — *Ztschr.:* International Journal of Quantum Chemistry, New York-London, Wiley-Interscience (1968: Bd. 2).

Quantenmechanik. Bez. für die moderne *Quantentheorie od. (in der Regel) eingeschränkt für deren, auch *Matrizenmechanik* genannte, Form. Der Terminus Q. wird auch als Oberbegriff für Matrizen- u. *Wellenmechanik u. damit als Synonym für die von Dirac u. Jordan begründete statist. Transformationstheorie verwendet, so z. B. in J. Thewlis, Encyclopaedic Dictionary of Physics, Oxford, Pergamon (s. Bd. 5, 1962, S. 737). Die vor allem von Heisenberg u. Born begründete Matrizenmechanik trägt den Erfordernissen der Newtonschen klass. Mechanik, wie auch denen der Quantentheorie widerspruchsfrei Rechnung, entfernt sich dabei aber weit von den Begriffen u. Vorstellungsweisen der klass. Mechanik, wie auch von der Anschaulichkeit der klass. Quantentheorie. Im Gegensatz zur klass. Mechanik, nach deren Gesetzen Ort, Impuls usw. eines betrachteten Teilchens in jedem Augenblick ganz bestimmte Werte haben, geht die Q. davon aus, daß solche Werte nur eine von Ort zu Ort verschiedene Wahrscheinlichkeitsdichte haben u. erst durch den Meßakt selbst aus einer Art „Mischung" aller möglichen Werte „ausgewählt" werden. Vgl. auch *Unschärfebeziehung. — E: quantum mechanics

Lit.: Bethe, H. A., Quantum Mechanics of One- and Two-Electron Atoms, Berlin, Springer, 1957; Bjorken, J. D. u. S. D. Drell, Relativistic Quantum Mechanics, New York, McGraw Hill, 1964; Blonchinzew, D. J., Grundlagen der Q., Frankfurt/M., Deutsch, 1966 (engl. Übersetzung: Principles of Quantum Mechanics, herausgegeben von S. Bjorlund, Rockleigh 1964) ; Borowitz, S., Fundamentals of Quantum Mechanics, New York, W. A. Benjamin, 1967; Braunbek, W., Klass. Physik u. Q., in Kosmos 62 [1966] S. 299—302; Dirac, P. A. M., The Principles of Quantum Mechanics, London, Oxford Univ. Press, 1958; Fermi, E., Molecules, Crystals, and Quantum Statistics, New York 1967; Feynman, R. P. u. A. R. Hibbs, Quantum Mechanics and Path Integrals, New York 1965; Flügge, S. u. H. Marschall, Rechenmeth. der Quantentheorie (Elementare Q.), Berlin, Springer, 1965; Gottfried, K., Quantum Mechanics, Bd. 1, New York 1966; Goldman, I. I. u. W. D. Kriwtschenkow, Aufgabensammlung zur Q., Berlin, VEB Dtsch. Verl. der Wiss., 1963; Hanna, W. M., Quantum Mechanics in Chemistry, New York, W. A. Benjamin, 1965; Heber, G. u. G. Weber, Grundlagen der modernen Quantenphysik, Tl. 1, Basel 1965; Jammer, M., The Conceptual Development of Quantum Mechanics, New York, McGraw-Hill, 1966; Kompanejez, A. S., Was ist Q.?, Frankfurt/M., Deutsch, 1967; ders. (Kompaneyets), Basic Concepts in Quantum Mechanics, New York, Reinhold, 1966; Landau, L. D. u. E. M. Lifschitz, Lehrbuch der Theoret. Physik, Bd. III: Q., Berlin 1965; Landé, A., Quantum Mechanics, New York, Pitman, 1951; ders., New Foundations for Quantum Physics, in Physic today 20 [1967] S. 55—58; Ludwig, G., Die Grundlagen der Q., Berlin, Springer, 1954; Mandl, Quantum Mechanics, London 1954; Matthews, P. T., Introduction to Quantum Mechanics, New York, McGraw-Hill, 1963; Morrison, P., The Fabric of the Atom. An Introduction to Quantum Mechanics, Cambridge 1965; Omeljanowski, M. E., Philosoph. Probleme der Q., VEB Dtsch. Verl. der Wiss., 1962; Pluvinage, Ph., Eléments de mécanique quantique, Paris, Masson, 1955; Pohl, H. A., Quantum Mechanics for Science and Engineering, Englewood Cliffs, Prentice Hall, 1967; Schiff, L. I., Quantum Mechanics, New York, McGraw Hill, 1955; Slater, J. C., Quantum Physics in America between the Wars, in Physics today 21 [1968] Nr. 1, S. 43—51; Sommermeyer, K., Quantenphysik der Strahlenwrkg. in Biologie u. Medizin, Leipzig, 1952; Teichmann, Einführung in die Quantenphysik, Leipzig, Teubner, 1950; Thouless, D. J., Q. der Vielteilchensyst., Mannheim 1966; Tinkham, M., Group Theory and Quantum Mechanics, New York, McGraw-Hill, 1964; Wessel, W., Kleine Q., Mosbach, Physik-Verl., 1966; While, R. L., Basic Quantum Mechanics, New York, McGraw-Hill, 1966; Wilcox, C. H., Perturbation Theory and Its Application in Quantum Mechanics, New York-London, Wiley-Interscience, 1966. Vgl. auch *Atombau, *Quantenchemie, *Quantentheorie, *Wellenmechanik.

Quantentheorie. Diese 1900 von Max Planck (1858—1947; Physik-Nobelpreisträger 1918) aufgestellte Theorie setzt voraus, daß Strahlungsenergie von Atomen nicht stetig in beliebigen Mengen, sondern nur in ganz bestimmten winzigen Portionen („*Quanten*") aufgenommen od. abgegeben werden kann. Die Größe (d. h. die Energie E) dieser Quanten ist bei den verschiedenen Arten von Strahlungen verschieden; sie ist proportional der Frequenz ν der jeweiligen Strahlung, d. h. es gilt $E = h\nu$. Der Proportionalitätsfaktor h wird als das *Plancksche Wrkg.-Quantum* od. *Elementarquantum* bezeichnet u. zu den sog. „Grundkonst." gerechnet; sein Betrag ist $(6{,}6256 \pm 5 \cdot 10^{-4}) \cdot 10^{-27}$ erg $\cdot$ sec $= 4{,}13557 \cdot 10^{-15}$ eV. Heute ist die Idee des Quants allg. in der Physik eingeführt, allerdings nicht so, daß es keine physikal. Realität in Form eines Kontinuums mehr gäbe, sondern in einem eigenartigen Dualismus, in dem ein u. dasselbe Ding (Elementarbaustein) je nach der Art der Beobachtung einmal als diskretes Quant, einmal als kontinuierliches Feld erscheint. Dem aus der klass. Physik bekannten elektromagnet. Feld od. Lichtfeld wird das Strahlungs- od. Lichtquant zugeordnet, das im allg. *Photon (Näheres s. dort) genannt wird. Einstein nahm als erster die Plancksche Vorstellungen ernst u. vermochte damit 1905 den *Lichtelektr. Effekt zu erklären, indem er davon ausging, daß die von einer Lichtquelle mit „Lichtgeschw." ($=$ etwa 300 000 km/sec) ausgesandten Quanten sich wie Geschosse verhalten u. beim Aufprall auf Materie eine Stoßwrkg. ausüben, die bei hinreichender Größe der Quanten genügen kann, um z. B. Elektronen aus dem Atomverband zu lösen. Diese Quanten müssen demnach auch Masse, Energie u. Impuls besitzen. Aus Einsteins Masse-Energie-Gleichung $E = mc^2$ (m = Teilchenmasse, c = Lichtgeschw.) läßt sich die Masse eines Quants zu $m = h\nu/c^2 = h/\lambda \cdot c$ (λ = Wellenlänge der betreffenden elektromagnet. Strahlung) berechnen. Nach der klass. Q. hat demnach nicht allein die Materie, sondern auch die Energie atomist. Struktur. Das Plancksche Wrkg.-Quantum ist gewissermaßen das Energieatom, d. h. die kleinste existenzfähige Energiemenge. Ihren größten Erfolg konnte die klass. Q. bei der Anwendung zur Erklärung des *Atombaus (Aufstellung des Bohrschen Atommodells u. der Spektren des Wasserstoffatoms) erzielen, doch wurde dabei eine Reihe von Lücken offenbar, u. es zeigte sich, daß die ursprünglichen Planckschen Vorstellungen von der „Energiequantelung" einer Reihe von entscheidenden Erweiterungen bedurfte. Aus der Q. der Atomspektren heraus entstand (allerdings unter Verlust der Anschaulichkeit, die die klass. Theorie bot, etwa 1925 die *Quantenmechanik als mathemat. exakte Theorie, während etwa gleichzeitig der Fortschritt von de Broglie's Hypothese der Materiewellen zur *Wellenmechanik gelang, die auf ganz anderen Wegen eine exakte Fassung der quantenphysikal. Dynamik der Atom-Elektronen ermöglichte. Erst diese Theorien lieferten aus sich heraus die Quantenbedingungen, während diese in der klass. Q. prakt. als Fremdkörper zur klass. Physik hinzutreten. — E: quantum theory

Lit.: Buchwald, E., Das Doppelbild von Licht u. Stoff, Berlin, Schiele u. Schön, 1950; de Broglie, Eléments de théorie des quanta et de mécanique ondulatoire, Paris, Gauthier-Villars, 1953; ders., La physique quantique restera-t-elle indéterministe?, Paris, Gauthier-Villars, 1953; Fick, E., Einführung in die Grundlagen der Q., Leipzig, Akad. Verl. Ges., 1968; Flügge, S. u. H. Marschall, Rechenmeth. der Q., Berlin, Springer, 1965; Haar, D. Ter s. Ter Haar; Heisenberg, W., Die physikal. Prinzipien der Q., Zürich, Hirzel, 1944; Heitler, W., The Quantum Theory of Radiation, London, Oxford Univ. Press, 1954; Jordan, Das Plancksche Wirkungsquantum, Berlin, Akad. Verl., 1950; Nikodým, O. M., The Mathematical Apparatus for Quantum Theories: Based on the Theory of Boolean Lattices, Berlin, Springer, 1966; Park, D., Introduction to the Quantum Theory, New York, McGraw Hill, 1964; The Quantum Theory Front, in Chemistry 41 [1968] Nr. 6, S. 24—29; Reichenbach, Philosoph. Grundlagen der Quantenmechanik, Basel, Birkhäuser, 1949; Rubinowicz, A., Q. des Atoms, Leipzig 1959; Schaefer, C., Einführung in die Theoret. Physik, Bd. III/2, Quantentheorie, 1951; Schneider, F., Einführung in die Q., Berlin, Springer, 1966; Slater, J. C., Quantum Theory of Molecules and Solids, I [1963], II [1965], III [1966], New York, McGraw-Hill; Ter Haar, D., The Old Quantum Theory, Oxford 1966; Weisskopff, V., La théorie des quanta et les particules élémentaires, in Sciences (Paris), Nr. 41 [1966] S. 31—39; vgl. auch *Quantenchemie, *Quantenmechanik.

Quantenzahlen. Syst. von Zahlen, mit deren Hilfe die verschiedenen nach der klass. *Quantentheorie möglichen energet. Zustände eines Elektrons in der Elektronenhülle eines Atoms beschrieben werden können. Man unterscheidet 1. *Haupt-Q.* n = laufende Nummer der Schale von innen nach außen (die Schalen werden vielfach auch mit Buchstaben bezeichnet K = 1, L = 2, M = 3, N = 4, O = 5 . . .). 2. *Neben-Q.* l kennzeichnet die Bahnform der Unterschalen (Kreis od. Ellipsen) u. nimmt alle ganzzahligen Werte von 0 bis -1 an. Elektronen mit l = 0 heißen s-, mit l = 1 p-, mit l = 2 d-, mit l = 3 f-Elektronen. 3. *Richtungs-Q.* m beschreibt die räumliche Lage der Unterschalen u. nimmt alle ganzzahligen Werte von -1 bis $+1$ an. 4. *Spin-Q.* bezeichnet den Drehsinn der Elektronenrotation ($+1/2$ od. $-1/2$). Innerhalb eines Atoms kann jedes Energieniveau nur mit einem Elektron besetzt sein (*Pauli-Prinzip*), woraus sich eine maximale Besetzung der einzelnen Schalen ergibt; s. *Atombau (vgl. insbes. die Tab. auf S. 70 u. 71). — E: quantum numbers

Quantitative Analyse. Bez. für eine Analyse (s. *Chem. Analyse), die die Feststellung der Mengenanteile der bekannten (evtl. durch eine *qual. Analyse ermittelten) Bestandteile (z. B. Elemente, Ionen, Radikale, funktionelle Gruppen, Verb.) einer Substanz (z. B. einheitliche chem. Verb., Stoffgemisch) mit chem., physikal.-chem. od. rein physikal. Meth. zum Ziele hat. Auch das Teilgebiet der *Analyt. Chemie, das sich mit der Durchführung solcher Analysen befaßt, wird „Q. A." genannt. Grundsätzlich gibt es hier 2 Möglichkeiten: a) Man mißt eine für den Stoff möglichst spezif. physikal. bzw. physikal.-chem. Konst. wie z. B. Absorption von Lichtstrahlen (Spektralphotometrie), Emission von Lichtstrahlen (*Flammenspektrometrie), Verh. als Dielektrikum (DK-Messung), Diffusion von Ionen (*Polarographie), Brechungsexponenten (Refraktometrie), Potentialbldg. an Elektroden (*Potentiometrie), Widerstandsmessung zwischen Elektroden (*Konduktometrie) u. dgl.; od. b) man führt eine chem. Umsetzung des gesuchten Verb. durch u. bestimmt das Reaktionsprod. (*Gew.-Analyse) od. den Verbrauch an Reaktionspartnern (*Maßanalyse). Die Q. A. baut sich aus der qual. Analyse auf; bevor man einen Stoff quant. analysiert, verschafft man sich durch die qual. Analyse Klarheit über die anwesenden Elemente od. sonstige Formen von Bestandteilen. Die Q. A. gliedert sich nach den zu untersuchenden Materialien u. den einzuschlagenden Meth. in eine ganze Reihe von Teilgebieten, die in Sonderabschnitten behandelt sind; (s. z. B. *Gew.-Analyse, *Maßanalyse, *Elementar-

Quantitative Analyse

Methode	Analyt. Aufgabe — Nachw. od. Best.	Erforderliche Probenmenge P [mg]	ungefähre Erfassungsgrenze E [mg]	Wrkg.-Grad Meth. $W=P/E$	Genauigk. des Analysen-Erg. rel. %	Best.-Dauer einschließlich Auswertung [Min.]	Unkosten pro Analyse DM (1960)
anorg. Makro-Gewichtsanalyse	Elemente, Anionen, Kationen	100–500	0,1	10^3	0,2–0,5	60–300	16
anorg. Mikro-Gewichtsanalyse	dto.	3–10	0,002	$10^3 \cdots 10^4$	0,5	60–300	16
anorg. Makro-Maßanalyse	dto.	20–500	0,1	$10^3 \cdots 10^4$	0,2–0,5	5–25	1
anorg. Mikro-Maßanalyse	dto.	3–10	0,001	$10^3 \cdots 10^4$	0,2–0,5	5–25	1
Kolorimetrie	dto.	0,1–1	0,0001	$10^3 \cdots 10^4$	1–2	5–10	1
org.-chem. Makro-Analyse	funktionelle Gruppen, Moleküle	200–1000	0,1	$2\cdot 10^3 \cdots 10^4$	0,2–0,5	15–250	11
org.-chem. Mikro-Analyse allg.	dto.	3–10	0,002	$10^3 \cdots 10^4$	0,2–0,5	10–160	7
org.-chem. Mikroelementaranalyse	C, H, N, O, S, Cl anorg. Verbindungen	3–5	0,01	10^3	0,3–1	25–45	3
anorg. u. org. Tüpfelanalyse	Elemente, Anionen, Kationen, funktionelle Gruppen	0,01–0,1	0,00001	$10^3 \cdots 10^4$	qual.	1–2	...
Gaschromatographie	Moleküle	0,5–10	0,0001	$10^3 \cdots 10^5$	1–3	10–75	4
IR-Spektroskopie	funktionelle Gr., Moleküle	0,5–5	0,005	$10^2 \cdots 10^3$	1–2	15–45	5
Flammenphotometrie	Elemente	1–10	0,0005	$10^3 \cdots 10^4$	1–2	3–10	1
Emissionsspektrometrie	Elemente	0,1–1	0,00005	$10^4 \cdots 10^5$	2–3	3–15	4
Röntgenfluoreszenzspektrometrie	Elemente	100	0,01	10^4	2–5	3–15	3
Massenspektrometrie	Elemente, Moleküle	0,1–10	0,0001	$10^3 \cdots 10^5$	1–2	15–60	14
Neutronen-Aktivierungs-Analyse	Elemente	1–100	10^{-8}	$10^6 \cdots 10^8$	5–10	25–1000	...

Vergleich zwischen einigen quantitativen Analysenmethoden (nach H. Kienitz, in Chem.-Ing.-Techn. 32 [1960] S. 643).

analyse, *Gasanalyse, *Kolorimetrie, *Elektroanalyse, *Konduktometrie, *Polarographie, *Potentiometrie, *Chromatographie, *Spektralanalyse, *Mikroanalyse, *therm. Analyse usw.). Einen eindrucksvollen Vgl. zwischen einer Reihe von häufig angewendeten Meth. der Q. A. hinsichtlich Aufwand u. Leistungsfähigkeit ermöglicht die oben wiedergegebene Zusammenstellung. Q. A. werden vor allem ausgeführt zur Auswahl u. Überwachung industrieller Rohstoffe, Zwischenprod., Fertigwaren u. Abfallstoffe, zur Kontrolle der Luft in den Arbeitsräumen, zur Unters. von Böden, Düngemitteln, Lebensmitteln (u. a. von Trinkwasser), Schädlingsbekämpfungsmitteln, Farben usw. Manche Verf. gestatten noch die Best. von $1\cdot 10^{-11}$ g. Die Feststellung der einzelnen „Bestandteilmengen" (Ionen, Elemente, Radikale u. dgl.) in der Q. A. erfordert vielfach eine Ergänzung durch die sog. *koordinative Analyse* (s. H. Malissa in Chemiker-Ztg. 86 [1962] S. 744 f.), in der man feststellt, wie die einzelnen Bausteine (z. B. Ionen im Meerwasser, C, S, Cr, Si u. dgl. in Stählen) einander zuzuordnen sind. — E: quantitative analysis

Lit.: Autenrieth-Keller, Quant. chem. Analyse, Dresden, Steinkopff, 1954; Ayres, G. H., Quantitative Chemical Analysis, New York-London, Harper & Row, 1968; Becke-Goehring, M. u. E. Fluck, Einführung in die Theorie der quant. Analyse, Dresden, Steinkopff, 1968; Belcher, R. u. A. J. Nutten, Quantitative Inorganic Analysis, London, Butterworth, 1960; Benedetti-Pichler, Essentials of Quantitative Analysis, New York, Ronald Press, 1958; Biltz, H. u. W. Biltz, Ausführung quant. Analysen, Stuttgart, Hirzel, 1953; Blaedel, W. J. u. V. W. Meloche, Elementary Quantitative Analysis Theory and Practice, New York, Harper & Row, 1963; Brumblay, R. U., Quantitative Analysis, New York, Barnes & Noble, 1960; Brunck-Lissner, Quant. Analyse, Dresden, Steinkopff, 1950; Charlot, G., Analyse quantitative minérale, Paris, Masson, 1966; Day, A. R. u. A. L. Underwood, Quantitative Analysis, Englewood Cliffs, Prentice Hall, 1967; dies., Laboratory Manual for Quantitative Analysis, Englewood Cliffs, Prentice Hall, 1967; Fischer, R. B., Quantitative Chemical Analysis, Philadelphia, Pa., W. B. Saunders, 1961; *Fresenius-Jander, Tl. 3, Quant. Best.- u.

Quarks

Trennmeth., 8 Bde. bzw. 24 Bd.-Tl.; Fritz, J. S. u. G. Schenk, Quantitative Analytical Chemistry, Boston, Mass., Allyn & Bacon, 1966; Hamilton, L. F. u. S. G. Simpson, Quantitative Chemical Analysis, New York, Macmillan, 1966; Kaiser, R., Quant. Best. org. funktioneller Gruppen, Frankfurt/M., Akad. Verl.-Ges., 1966; Klingenberg, J. J. u. K. Reed, Introduction to Quantitative Chemistry, New York, Reinhold, 1965; Korenman, I. M., Introduction to Quantitative Ultramicroanalysis, New York, Academic Press, 1965; Lux, H., Praktikum der quant. chem. Analyse, München, Bergmann, 1963; Merritt, P. E., Quantitative Analysis, Boston, Mass., D. C. Heath & Co., 1964; Müller, G. O., Praktikum der quant. chem. Analyse, Leipzig, Hirzel, 1968; Olson, A. R., C. W. Koch u. G. C. Pimentel, Introductory Quantitative Chemistry, San Francisco, Cal., W. H. Freeman & Co., 1956; Phillips, J. P., 16th Century Texts on Assaying (Origins of Quantitative Analysis?), in J. Chem. Educ. 42 [1965] S. 393–394; Pierce, W. C., E. L. Haenisch u. D. T. Sawyer, Quantitative Analysis, New York, Wiley, 1958; Pregl-Roth, Quant. org. Mikroanalyse, Wien, Springer, 1958; Prodinger, Org. Fällungsmittel in der quant. Analyse, Stuttgart, Enke, 1957; Rauscher, K., J. Voigt, I. Wilke u. K.-T. Wilke, Chem. Tabellen u. Rechentafeln für die analyt. Praxis, Leipzig, VEB Dtsch. Verl. für Grundstoffindustrie, 1965; Riener, J., Quant. org. Mikroanalyse, Berlin, Akademie-Verl., 1966; Rüdisüle, A., Nachweis, Best. u. Trennung der chem. Elemente, Bern, P. Haupt, 1913—1937 (8-bändiges Sammelwerk, die Bde. für C, N, P, O, H, Halogene u. Edelgase sind nicht erschienen); Seyermark, A., Quantitative Organic Microanalysis, New York, Academic Press, 1961; Siggia, S., Quantitative Organic Analysis Via Functional Groups, New York-London, Wiley-Interscience, 1963; Strouts, C. R. N., H. N. Wilson u. R. T. Parry-Jones, Chemical Analysis, The Worthing Tools, Bd. I—III, Oxford, Clarendon Press, 1962; Treadwell, W. D., Tabellen u. Vorschriften zur quant. Analyse, Gravimetrie, Elektroanalyse, Probierkunde der Edelmetalle u. Gasanalyse, Wien, Deuticke, 1947; Vogel, A. I., Textbook of Quantitative Inorganic Analysis, New York-London, Wiley-Interscience, 1961; Walton, H., Elementary Quantitative Analysis, Englewood Cliffs, Prentice Hall, 1958. Vgl. auch *Elem. Analyse, *Gew.-Analyse, *Instrumentation, *Maßanalyse, *Mikroanalyse, *Org. Chemie, *Spektralanalyse.

Quarks. Bez. für hypothet. *Elementarteilchen, deren Existenz auf Grund bestimmter Symmetrieeig. der experimentell beobachtbaren Elementarteilchen vermutet wird. Diese Teilchen sollen eine elektr. Ladung tragen, die nur $1/3$ od. $2/3$ von derjenigen des Elektrons ist. Alle Vers., Q. zu finden, blieben bisher erfolglos. Es ist durchaus möglich, daß sie aus irgendeinem heute noch nicht bekannten Grund überhaupt nicht einzeln auftreten können, sondern nur in bestimmten Gemeinschaften (so sollen die *Baryonen aus je 3 Q. bestehen), eben in der Form der schon bekannten Elementarteilchen. Die Bez. „Q." ist ein Phantasiename, der einem Roman von James Joyce entlehnt wurde. Vgl. W. Braunbek, in Physikal. Blätter 23 [1967] S. 302—303 sowie T. Gudehus, Hadronen u. Q., in Umschau 68 [1968] S. 472. — E: quarks

Quart. Angelsächs. Hohlmaß. 1. In Großbritannien gilt: 1 $quart$ = $1/4$ imp. gallon (Umrechnung: 1 quart = 1,13652 dm^3. 2. In den USA wird für Fl.

u. im Apothekenbereich verwendet: 1 $liquid\ quart$ (Kurzzeichen: liq qt) = 14 US gallon (Umrechnung: 1 liquid quart = 0,94635862 dm^3). 3. In den USA gilt für Trockensubstanzen 1 $dry\ quart$ (Kurzzeichen: dry qt) = $1/32$ US bushel (Umrechnung: 1 dry quart = 1,1012275 dm^3).

quartär = quaternär (s. *Quaternäre Verb.)

quarternär = quaternär (s. *Quaternäre Verb.)

Quasibinäre Verbindungen. Bez. für *ternäre od. höherpolynäre Verb., wie z. B. $K_2[SO_4]$, in denen Gitterplätze durch Komplexe (im Sinne abgegrenzter Baugruppen) besetzt sind; vgl. G. Bergerhoff in Angew. Chem. 76 [1964] S. 699. — E: quasibinary compounds

Quasi-Emulgatoren. Bez. für Stoffe, welche bei *Emulsionen die *Viskosität der geschlossenen Phase (z. B. Wasser) erhöhen ($Beisp$.: Schleimstoffe, Pektine, Carrageen), so daß ein Aufrahmen od. Absetzen der emulgierten Tröpfchen erschwert wird. Im Unterschied zum echten Emulgator bildet der Q. um die Tröpfchen keinen od. nur einen angedeuteten Film. — E: quasi-emulsifiers

Lit.: Schultz in Pharm. Ind. 1953, S. 282.

Quasiracemate (quasiracem. Verb., partielle Racemate). Bez. für Mol.-Verb. zwischen chem. ähnlichen opt. akt. Verb. entgegengesetzter *Konfiguration. $Beisp$.: Mol.-Verb. aus $(+)$-Chlorbernsteinsäure u. $(-)$-Brombernsteinsäure. Die Verb.-Bldg. ist hier im Schmelzdiagramm nachweisbar; demgegenüber zeigen Verb. der gleichen Konfiguration Phasendiagramme wie gewöhnl. Mischungen. — E: quasi-racemates

Quasistabile Zustände. Nach S. Lewin Bez. für *nichtstabile Zustände, bei denen eine Reaktion stattfinden kann, aber gleichzeitig in entgegengesetzter Richtung verläuft, da beide Zustände den gleichen Inhalt an freier Energie haben. — E: quasi-stable states

Quasiternäre Verbindungen. Bez. für quaternäre od. höher polymere Verb., in denen Gitterplätze durch Komplexe (im Sinne abgegrenzter Baugruppen) besetzt sind. $Beisp$.: $[K(H_2O)_6][Al(H_2O)_6][SO_4]_2$, $CaMg[CO_3]_2$, $Pb_5[PO_4]_3Cl$; vgl. G. Bergerhoff in Angew. Chem. 76 [1964] S. 699. — E: quasiternary compounds

Quater... Aus dem Lat. entlehnter Zahlenvorsatz; bedeutet „viermal". — E: quater

Quaternäre Verbindungen (Quärtäre Verb.). Allg. Bez. für Verb., die aus vier verschiedenen Elementen bestehen, z. B. $CaMg(CO_3)_2$. Speziell (u. davon abweichend) werden als Q. V. auch org. Basen verstanden, innerhalb deren Kation vier Wasserstoffatome durch org. Reste (z. B. Alkylgruppen) substituiert sind. $Beisp$.: org. Ammoniumverb., wie $[(CH_3)_4\overset{+}{N}]OH^-$ = Tetramethylammoniumhydroxid u. org. Phosphoniumverb. — E: quaternary compounds

Quecksilber

Quecksilber (chem. Symbol Hg, von griech.: hydrargyrum = „Wassersilber"). Metall. Element; At.-Gew. 200,59. Natürliche Isotope (in Klammer Häufigkeit): 196 (0,146%), 198 (10,02%), 199 (16,84%), 200 (23,13%), 201 (13,22%), 202 (29,80%), 204 (6,85%). Ordnungszahl 80; I- u. II-wertig (die Quecksilber(II)- Verb. sind am beständigsten; die meisten Quecksilber(II)-salze sind farblos u. wasserlösl.). Die chem. Verwandtschaft mit den im *Periodensyst. senkrecht über dem Hg stehenden Metallen *Cadmium u. *Zink ist nicht sehr ausgeprägt. Hg ist das einzige bei Zimmertemp. fl. Metall; es zeigt lebhaften Silberglanz u. wird an trockener Luft bei gewöhnl. Temp. nicht oxydiert. An feuchter Luft überzieht es sich allmählich mit einem dünnen Oxidhäutchen. In luftfreier Salzsäure u. verd. Schwefelsäure löst sich Hg nicht auf, weil es wie die *Edelmetalle in der *Spannungsreihe rechts vom Wasserstoff steht (aus diesem Grund wird Hg oft zu den *Edelmetallen gerechnet), wohl aber löst es sich in oxydierenden Säuren (Königswasser, Salpetersäure, usw.) u. konz., heißer Schwefelsäure. Die meisten Metalle (mit Ausnahme der Edelmetalle) fällen Hg aus seinen Salzlsg. Mit vielen Metallen bildet Hg Leg. (s. *Amalgame u. *Amalgation). Hg löst Blei, Zinn, Zink, Cadmium, Aluminium, Gold, Kupfer, Silber verhältnismäßig leicht auf, dagegen ist Eisen in Hg unlösl., weshalb Hg in eisernen Behältern in den Handel gebracht wird. Die Oberflächenspannung des Hg ist etwa 6mal so groß wie die des Wassers; Hg wird deshalb nicht von Wasser benetzt. D. 13,546 (20°), es schmilzt bei $-38,87°$ (festes Hg hat flächenzentriertes kub. Kristallgitter) u. siedet bei 356,58°; schon bei Zimmertemp. können erhebliche Hg-Mengen verdunsten. In 1 cm³ Zimmerluft gehen bei gewöhnl. Temp. maximal 12 bis 15 mg Hg über; diese (u. auch schon geringere) Konz. rufen bei längerer Einatmung akute od. chron. Vergiftungserscheinungen (Zahnfleischrötung, Zahnlockerung, Kopfschmerz, Händezittern, Gedächtnisschwäche, eitrige Nasenkatarrhe usw.) hervor, vgl. auch N. V. Steere, Mercury, Vapor Hazards and Control Measures in J. Chem. Educ. 42 [1965] S. A 529 – A 533. Die wasserlösl. Hg-Verb. sind ebenfalls sehr giftig. Man fand auch, daß Hg-Dämpfe in einer Verdünnung von 1 : 2 000 000 bereits Korrosionserscheinungen an nichtrostenden Stählen u. Nichteisenmetallen auslösen können; solch geringe Hg-Konz. können in gewöhnl. Formaldehyd, in Schwefelsäure, Essigsäure u. dgl. auftreten. Als krit. Temp. (s. *Krit. Größen) des Hg wurde 1490° gefunden, als krit. Druck 1510 ± 30 bar; vgl. E. U. Franck u. F. Hensel in Phys. Rev. [2] 147 [1966] S. 109, Ber. Bunsenges. Physik-Chem. 70 [1966] S. 1154.

Vork.: Hg gehört zu den seltensten Elementen der Erde; sein Anteil an der obersten 16 km dikken Erdkruste wird auf $5 \cdot 10^{-5}$% geschätzt; es steht damit hinsichtlich der natürlichen Häufigkeit an 62. Stelle (zwischen *Thallium u. *Jod) der chem. Elemente. Das bei weitem wichtigste Hg-Mineral ist der Zinnober = HgS; hie u. da kommen auch kleine Hg-Tröpfchen „gediegen" vor. Seltene, techn. bedeutungslose Quecksilbermineralien sind: Koloradoit = HgTe, Tiemannit = HgSe, Quecksilberhornerz = Hg_2Cl_2, Kokzinit = Hg_2J_2. Die wichtigsten Hg-Lager der Welt befinden sich in devon. Ablagerungen von Almadén (Südspanien, Gesamtvorräte ca. 40 000 t), im Monte Amiata (erloschener Vulkan) der Provinz Siena u. im alpinen Triasgestein von Idria (etwa 250 km nördlich von Triest, dortige Gesamtvorräte ca. 20 000 t); kleinere Lagerstätten gibt es in der Rheinpfalz (Moschellandsberg bei Kreuznach), Böhmen, Ungarn, Siebenbürgen, Sardinien, Kalifornien, Mexiko, Peru, Brasilien, China u. Japan. Nach Unters. von Stock ist Hg spurenweise in der ganzen Natur verbreitet, so findet man z. B. im kg Ackerboden 30 – 80, im Straßenstaub 870, Kaminruß 3500 – 30 000, roher Salzsäure 500 – 2000, Waldquellwasser 0,01 – 0,05, Gemüse u. Obst 5 – 35 Millionstelgramm Hg. Über Geochemie des Hg s. F. Heide u. G. Böhm in Chemie der Erde 1957, S. 198 ff.

Darst.: Man erhitzt Quecksilbersulfid (Zinnober) im Luftstrom ($HgS + O_2 \rightarrow Hg + SO_2$) od. zusammen mit Eisenfeilspänen ($HgS + Fe \rightarrow FeS + Hg$) od. gebranntem Kalk ($4 HgS + 4 CaO \rightarrow 4 Hg + 3 CaS + CaSO_4$) u. verdichtet die entstehenden Hg-Dämpfe in wassergekühlten Steinzeugröhren. Um mechan. Verunreinigungen zu entfernen, läßt man das Hg durch fein durchlöchertes Papier od. Leder fließen; beigemengte Schwermetalle lassen sich aus dem Hg herauslösen, wenn man dieses z. B. mehrmals in feinem Strahl durch eine dicke Schicht verd. Salpetersäure gießt. Zur Reinigung des bei längerem Gebrauch verunreinigten Hg s. Dombrowsky, in Chemiker-Ztg. 1940, S. 32. Eine App. zur dreifachen Destillation von Hg ist beschrieben in J. Chem. Educ. 33 [1956] S. 607 – 608. Durch wiederholte Vak.-Destillation läßt sich ein Reinheitsgrad von 99,999% erzielen.

Verw.: Zur Füllung von Barometern u. Thermometern (lineare Wärmeausdehnung zwischen 0 u. 100°), zur Herauslösung von Gold u. Silber aus den edelmetallhaltigen Sanden, zu Spiegelbelägen (seit Liebig werden allerdings die ungiftigen Silberspiegel bevorzugt), als Sperrfl. beim Auffangen von Gasen (hier wird die Reaktionsträgheit des Hg ausgenützt), zu Quecksilberluftpumpen, Manometern, Blutdruckmessern, Gasanalyseapp. (hier sind das hohe Gewicht u. die Reaktionsträgheit des Hg von Vorteil), zu Quecksilberdampflampen, Quecksilberdampfgleichrichtern, zu Präzisionsabgüssen (in gefrorenem Zustand), als Kathodenmaterial bei der Chloralkalielektrolyse („Quecksilberverf."), als Katalysator, in der Metallurgie zur Trennung von Metallgemischen (Pb, Zn, Al, Bi u. dgl.), zur Herst. von Hg-Gießformen für Serienherst. von Präzisionsteilen für Düsenflugzeuge, Radargeräte usw., zur Herst. von Quecksilberverb. (Schädlingsbekämpfungsmittel, Farben u. a.). — E: mercury, (quicksilver), hydrargyrum

Lit.: Abeggs Handbuch der Anorg. Chemie, Bd. II/2, Leipzig, Hirzel, 1922; Baader-Holstein, Das Quecksilber, seine Gewinnung, techn. Verw. u. Giftwirkung, Berlin, Schoetz, 1933; Berufsgenossenschaft der chem. Industrie, Merkblatt zur Verhütung von Gesundheitsschäden durch Hg u. seine Verb., Weinheim, Verl. Chemie, 1965; Bidstrup, L., Toxicity of Mercury and its Compounds, Amsterdam, Elsevier, 1964; Gmelin, Syst.-Nr. 34, Hg, Tl. A, Lief. 1 (Gesch., Vork., Darst., physikal. Eig.) [1960], Lief. 2 (Elektrochemie, chem. Verh., Leg.) [1963], Tl. B, Lief. 1 (Verb. bis Hg u. N, einschließlich aller N-haltigen Hg-Verb. [1965]), Lief. 2 Hg-Halogen-Verb. [1967], Weinheim, Verl. Chemie; Kirk-Othmer, 2. Aufl., Bd. 13, 1967, S. 218 bis 235 (Element), 235—249 (Verb.); Makarova, L. G. u. A. N. Nesmeyanov, The Organic Compounds of Mercury, Amsterdam, North-Holland, 1967; Pascal, Nouveau Traité, Bd. V, 1962, Paris Masson, S. 433 bis 554; Pennington, J. W., Mercury, A Materials Survey, US-Bureau of Mines, Inform. Circ. Nr. 7941 (1959, 99 S.); Tafel-Wagenmann, Lehrbuch der Metallhüttenkunde, Leipzig 1951; Ullmann XIV, 524—547 (Element), S. 547—533 (Verb.); Voress, H. E., Mercury Toxicity (Bibliography), Washington, Office of Techn. Service, 1958.

Quellung. Bez. für den Vorgang der Änderung von Vol. u. Gestalt eines Festkörpers bei Einw. von Fl. od. Gasen. Bei unbegrenzter Q. (z. B. geht Gelatinegel bei 40 bis 50° nach hinreichender Wasseraufnahme in eine Lsg. über) geht die quellende Substanz schließlich in eine Lsg. od. Suspension über, bei begrenzter Q. bleibt sie dagegen kohärent. Bei den Agar- u. Gelatinegelen sind beide Fälle möglich, da deren Teilchen nur durch Nebenvalenzkräfte an sog. Haftstellen zusammengehalten werden; das durch Divinylbenzol hauptvalent vernetzte Polystyrol quillt durch Benzol zwar stark auf, löst sich darin jedoch auch nicht bei erhöhter Temp. — Nach DIN 55 945, Bl. 1 (März 1961) ist die Q. von *Anstrichstoffen die mit Vol.-Vergrößerung verbundene Aufnahme von Fl., Dämpfen od. Gasen durch den *Anstrichfilm. — E: swelling

Lit.: Schurz, J., Warum quillt die Kirsche?, in Kosmos 62 [1966] S. 256—257.

Quin... = *Chin...

Quinqu(e)... Aus dem Lat. entlehnter Zahlenvorsatz; bedeutet „fünf". — E: quinque-, quinqu-

---

ϱ (rho). 17. Buchstabe des *griech. Alphabets. Wird in der chem. Nomenklatur als Symbol für *pros- verwendet (ϱ-), in der Physik u. Physikal. Chemie findet ϱ vor allem Anwendung als Symbol für die D.

r. Symbol für *Röntgen-Einheit; findet u. a. auch Verw. als Symbol für die relative *Feuchtigkeit u. für den Radius.

R. 1. Wird in der chem. Lit. häufig in Formeln als Symbol für einen unbestimmten org. „Rest", vor allem für Alkylgruppen, verwendet. 2. Ist auch von der *IUPAC empfohlenes Symbol für Kautschuk (abgeleitet von „rubber") bei der Abk. von Polymerennamen *(Beisp.:* SBR = Styrol-Butadien-Kautschuk); s. IUPAC Inf.-Bull. Nr. 25 [Feb. 1966] S. 44. 3. In der Physikal. Chemie ist R vor allem das Symbol für die allg. Gaskonst. in der Zustandsgleichung der idealen Gase (s. *Gaszustand) sowie für die Rydbergkonst. 4. Nach DIN 25 401, Bl. 13 (Entwurf Apr. 1968) Symbol für *Röntgen-Einheit. 5. °R ist Symbol für den Temp.-Grad der Skalen von Réaumur u. von Rankine. 6. ® (abgeleitet von „registered") ist international übliches Symbol für einen geschützten Markennamen (*Warenzeichen).

Ra. Chem. Symbol für das Element *Radium.

rac-. Präfix zur Kennzeichnung eines Racemates (s. *Opt. Aktivität). Wird meist kursiv gesetzt u. bleibt bei der alphabet. Einordnung der betreffenden Verb. unberücksichtigt. — E: rac-

Racemate s. *Opt. Aktivität. — E: racemates

Racemische Verbindungen = Racemate (s. *Opt. Aktivität). — E: racemic substances

Racemisierung. Bez. für den Übergang einer opt.-akt. Substanz in das entsprechende *Racemat* (s. *Opt. Aktivität); von *partieller R.* spricht man dann, wenn bei einer opt.-akt. Verb. mit mindestens zwei Asymmetriezentren die R. nicht alle davon erfaßt. — E: racemization

Rad (Kurzzeichen rd). Nach DIN 25 401, Bl. 13 (Entwurf April 1968), die gebräuchliche Einheit der von einer ionisierenden Strahlung erzeugten Energiedosis. 1 rd = 10^{-2} J/kg = 10^2 erg/g. Die Energiedosis D ist der Quotient aus dW_D u. dm, wobei dW_D die Energie ist, die auf das Material in einem Vol.-Element dV durch die Strahlung übertragen wird, u. dm = ϱ dV die Masse des Materials mit der D. ϱ in diesem Vol.-Element: $D = dW_D/dm = 1/\varrho \; (dW_D/dV)$. Rad ist gebildet als Abk. von radiation absorbed dose. — E: rad

Radiationschemie. Ältere Bez. für *Kernstrahlenchemie. Vgl. auch *Strahlenchemie. — E: radiation chemistry

Radikale (von lat.: radix = Wurzel). Bez. für häufig wiederkehrende Atomgruppen, die in der Regel nicht als gesätt. (stabile) selbständige Mol.

auftreten können, jedoch bei chem. Umsetzungen meist erhalten bleiben u. so von einer Verb. in eine andere übergeführt werden können. Solche R. werden (vor allem in der Org. Chem.) in gebundenem Zustand auch *Reste genannt. Falls R. unter bestimmten Bedingungen in freier Form existieren können, so ist ihre Lebensdauer meist sehr kurz. So finden sich in den Kanalstrahlen des Massenspektrographen geladene R., wie z. B. CH_3^+ u. OH^+. Durch ihre charakterist. Lichtemission lassen sich in Gasentladungen R. wie CH, OH, NH, CN usw. nachweisen. Bei exothermen chem. *Reaktionen werden beispielsweise die R. CH_3, COCl, OH, ClO als kurzlebige Zwischenprod. festgestellt, ebenso bei der therm. od. photochem. Zers. von Stoffen, wie $Pb(CH_3)_4$, $(CH_3)_2CO$, $(CH_3)_2N_2$. Gomberg konnte bereits im Jahre 1900 zeigen, daß in Lsg. manche Methylderiv.-R., wie z. B. das Triphenylmethyl = $(C_6H_5)_3C$, in verhältnismäßig hoher Konz. beständig sind. Mit zunehmender Größe u. bei Vorliegen bestimmter charakterist. Strukturelemente im mol. Aufbau wachsen Lebensdauer u. Beständigkeit. Eine Reihe von Verb. liegt unter normalen Bedingungen sogar ganz od. teilweise als R. vor (Beisp.: Hexaphenyläthan = $(C_6H_5)_3C-C(C_6H_5)_3$ dissoziiert in zwei Triphenylmethyl-R.). Freie R. besitzen eine od. mehrere freie Valenzen, die durch die Anwesenheit von ungepaarten Elektronen charakterisiert sind, wodurch ihr Nachweis durch magnet. Meßmeth. möglich ist. Im Falle des Triphenylmethyls ist das ungepaarte Elektron am zentralen C-Atoms wegen dessen trigonaler *Hybridisierung ein π-Elektron u. ist gegen alle π-Elektronen der Ringe austauschbar; durch diese Resonanz wird die Dissoziationsenergie des Hexaphenyläthans von 70 auf 11 kcal/Mol herabgesetzt, wodurch die Existenz der freien R. möglich wird. Das Valenzelektron ist hier gewissermaßen über die ganze Fläche des ebenen Mol. „verschmiert". Die Bez. der R. erfolgt nach demjenigen („Zentral")-Atom, das formal die ungepaarten Elektronen trägt; man unterscheidet somit Kohlenstoff-R., Stickstoff-R. (Beisp.: Diphenylstickstoff = $(C_6H_5)_2N$), Sauerstoff-R. usw.

Geschichtl.: Ursprünglich hielt man R. für die wahren „Elemente" der Org. Chemie (Berzelius nannte sie „Elementnachahmer"), doch zeigte es sich bald, daß auch R. bei bestimmten Reaktionen Veränderungen erleiden können; außerdem erwiesen sich die zunächst für R. gehaltenen Verb. Cyan, Cacodyl u. Äthyl als Dimere. Große Verdienste um die Klärung des R.-Begriffs haben sich Liebig, Wöhler, Kolbe, Dumas, A. W. v. Hofmann, Wurtz, Gerhardt u. Kekulé erworben. Die Bez. R. wurde erstmals von Guyton de Morveau (1787) im modernen chem. Sinn verwendet; sie wurde 1789 durch Lavoisier in seinem Werk „Traité élémentaire de chimie" als „Terminus technicus" eingeführt. Vgl. auch A. J. Ihde, The History of Free Radicals and Moses' Gomberg's Contributions, in Pure Appl. Chem. 15 [1967] S. 1–13. – E: radicals

Lit.: *ACS, Free Radicals in Inorg. Chemistry, Washington 1962; Atkins, P. W. u. M. C. R. Symons, The Structure of Inorganic Radicals, Amsterdam, Elsevier, 1966; Bass, A. M. u. H. P. Broida, Formation and Trapping of Free Radicals, New York, Acad. Press, 1960; Blois, M. S., u. a., Free Radicals in Biological Systems, (Proceedings of a Symposium held at Stanford Univ., March 1960), New York, Academic Press, 1961; Buchachenko, A. L., Stable Radicals, New York 1965; De la Mare, H. E., s. Mare, H. E. De la; Emeléus, H. J., Einige Fortschritte auf dem Gebiete der anorg. R., in Allg. Prakt. Chem. 19 [1968] S. 1 bis 4; Faraday Soc., The Reactivity of Free Radicals, Aberdeen, 1953; Free Radicals, in CAEN 1966, Nr. 41, S. 90–107; Ingram, Free Radicals — As Studied by Electron Spin Resonance, London, Butterworth, 1959; *IUPAC, International Symposium on Free Radicals in Solutions, in Pure Appl. Chem. 15 [1967] Nr. 1, S. 1–206; Jackson, R. A., Free Radical Reactions, New York 1968; Kaiser, E. T. u. L. J. Kevan, Radical Ions, New York, Wiley-Interscience, 1968; Kirk-Othmer, 1. Aufl., Bd. 11, 1953, S. 425 bis 438; Leffler, J. E., The Reactive Intermediates of Org. Chemistry, New York, Interscience, 1956; Mare, H. E. De la u. W. E. Vaughan, Chemistry of Organic Free Radicals in the Vapor Phase. I: Detection and Reactions of Free Alkyl Radicals, S. 10–21, II: Reactions of Alkoxy and Alkylperoxy Radicals; Energetics of Some Alkyl Radical Reactions, S. 64–70, in J. Chem. Educ. 34 [1957]; Minkoff, G. J., Frozen Free Radicals, New York, Interscience, 1960; Müller, E., Über den Radikalzustand ungesätt. Verb., in Fortschr. Chem. Forsch., Bd. I, Springer, 1949, u. in Angew. Chem. 64 [1952] S. 233–247; Müller u. Metzger, in Houben-Weyl-Müller, Bd. IV/1; Pryor, W. A., Free Radicals, New York, McGraw-Hill, 1966; ders., Introduction to Free Radical Chemistry, London 1966; ders., Organic Free Radicals, in CAEN 46 [1968] Nr. 3, S. 70–89; Rice, F. O., Free Radicals, Washington, The Catholic Univ. of America Press, 1958; Ritchter, V. v., Chemistry of the Carbon Compounds, Bd. IV: The Heterocyclic Compounds and Org. Free Radicals, New York, Elsevier, 1947; Sosnovsky, G., Free Radical Reactions in Preparative Organic Chemistry, Oxford, Pergamon Press, 1964; Steacie, W. R., Atomic and Free Radical Reactions, New York, Reinhold, 1955; Stong, C. L., How to Generate Free Radicals and Collect them for Analysis, in Scient. Amer. 209 [1963] Nr. 1, S. 146–154; Symons, M., Molecular Fragments, in Science J. (London) 2 [1966] Nr. 4, S. 37–41; Trotman-Dickenson, A. F., Free Radicals, New York, Wiley, 1959 (Neuauflage in Vorbereitung); Ullmann XIV, 554–560; Walden, P., Chemie der freien R., Leipzig, Hirzel, 1924; Walling, C., Free Radicals in Solution, New York, Wiley, 1957; Waters, W. A., Vistas in Free Radical Chemistry, London, Pergamon Press, 1959; Williams, G. H., Advances in Free-Radical Chemistry I [1965], II [1967], New York, Academic Press (wird fortgesetzt).

Radikalkettenpolymerisation. Bez. für eine Form der *Polymerisation, die durch die Anlagerung eines durch Zerfall eines *Initiators (z. B. Benzoylperoxid) entstandenen *Radikals an ein polymerisationsfähiges, monomeres Mol. ausgelöst wird, wodurch dieses selbst zum Radikal wird

Radikalname

u. (durch Anlagerung an ein weiteres Monomer) weiterreagieren kann; das dann entstehende Radikal setzt dann die Reaktionskette fort. Es werden rasch weitere Monomere angelagert, bis ein Abbruch der R. durch Kombination zweier Makroradikale od. durch Disproportionierung eintritt. — E: radical chain polymerization
Lit.: Bamford, C. H. u. a., The Kinetics of Vinyl Polymerization by Radical Mechanisms, New York, Academic Press, 1958.

Radikalname = *Radikofunktioneller Name.

Radikofunktioneller Name (Radikalname). In der org.-chem. Nomenklatur Bez. für den Namen einer Verb., der aus dem Namen eines Radikals u. dem einer funktionellen Klasse gebildet ist. *Beisp.:* Acetylchlorid, Äthylalkohol. — E: radicofunctional name
Lit.: IUPAC, Nomenclature of Organic Chemistry, Sections A & B, July 1957, London, Butterworth, 1958, S. 5.

Radioaktive Abfälle. Nach DIN 25 401, Bl. 11 (Entwurf Nov. 1966), Bez. für nichtverwendbaren *radioakt. Stoff, der bei der Aufbereitung od. nach der Benützung von radioakt. Stoffen anfällt. Die Erfassung, Aufbereitung u. Verwahrung von R. A. ist eines der Hauptprobleme der Kerntechnik; die Art seiner Bewältigung setzt die Grenzen zwischen Sicherheit, Wirtschaftlichkeit u. Fortschritt. — E: radioactive waste
Lit.: IAEO, Processing of Radioactive Wastes, Review Series Nr. 18, 1962, Wien; dies., Sitzungsbericht der Konferenz von Monaco (Nov. 1959) über Disposal of Radioactive Wastes, Wien; dies., Disposal of Radioactive Wastes into Seas, Oceans and Surface Waters. Proceedings of the Symposium Vienna 1966, Wien 1966; Krawczynski, S. J. B., R. A.: Aufarbeitung, Lagerung, Beseitigung, München, Thiemig, 1967; Mawson, C. A., Management of Radioactive Wastes, Princeton 1965; Messerschmidt, Auswrkg. atomarer Detonationen auf den Menschen, München, Thiemig, 1962; Ramdohr, H., Wohin mit dem „Atommüll"? Endgültige Unterbringung R. A. u. Rückstände in der BRD, in Umschau 67 [1967] S. 219—224; Wohin mit den R. A.?, in Nachr. Chem. Techn. 14 [1966] S. 305 bis 306.

Radioaktive Kontamination (radioakt. Verseuchung) s. *Kontamination. — E: radioactive contamination

Radioaktive Stoffe. Nach DIN 2540, Bl. 10 (Dez. 1966), Bez. für Stoffe, von denen ein Bestandteil od. mehrere Bestandteile *Radioaktivität aufweisen. Nach DIN 6814, Bl. 4 (Entwurf Juni 1967) werden unterschieden: 1. *Künstliche R. S.:* R. S., die von Menschen durch *Kernreaktionen erzeugt wurden. 2. *Natürliche R. S.:* R. S., die in der Natur vorkommen od. in der Natur ohne menschliches Zutun ständig erzeugt werden. 3. *Umschlossene R. S.* (geschlossene radioakt. Präp., geschlossene radioakt. Strahler): R. S., die ständig von einer allseitig dichten, festen, inakt. Hülle umgeben sind, die üblicher betriebsmäßiger Beanspruchung einen Austritt radioakt. Substanz mit Sicherheit verhindert. 4. *Offene R. S.* (radioakt. Substanzen in offener Form): R. S. u. Präp., bei denen die für umschlossene R. S. genannten Bedingungen nicht erfüllt sind. — E: radioactive materials
Lit.: s. *Radioaktivität u. *Radionuklide.

Radioaktive Verseuchung = Radioakt. Kontamination (s. *Kontamination).

Radioaktivität. Nach DIN 25 401, Bl. 10 (Dez. 1966) Bez. für die Eig. bestimmter *Nuklide, spontan Teilchen od. Gammastrahlen aus ihrem Kern zu emittieren od. — nach Einfang eines Hüllenelektrons durch den Kern — Röntgenstrahlung aus der Hülle auszusenden. Die R. umfaßt alle spontan verlaufenden *Kernreaktionen, d. h. die radioakt. Umwandlungen (s. DIN 6814 [Juni 1967]) u. isomere Übergänge (= innere Übergänge, d. h. jeden Übergang aus einem isomeren [metastabilen] Kernzustand in einen energet. tieferen Zustand, meist den Grundzustand, unter Emission von γ-Strahlung od. *Konversionselektronen). Wenn die radioakt. Nuklide (= *Radionuklide) in der Natur vorkommen od. aus natürlich vorkommenden radioakt. Isotopen (= *Radioisotope) entstehen, so spricht man von *natürlicher R.*; sind die Radioisotope dagegen die Prod. künstlicher Kernumwandlungen, so handelt es sich um *künstliche R.* Der erste Fall von R. wurde von dem franz. Physiker Henry Becquerel (1852—1908, Prof. der Physik an der Ecole Polytechnique in Paris, Physik-Nobelpreis 1903) 1896 beobachtet, als er im Anschluß an die Entdeckung der *Röntgenstrahlen (Röntgen, 1895) bei mehreren fluoreszierenden Substanzen (u. a. auch Uranpräp.) nachprüfte, ob diese die Fähigkeit hätten, ähnlich wie die fluoreszierenden Röntgenstrahlen durch Papier u. dgl. dringende Strahlen auszusenden. Becquerel fand, daß alle Uranmineralien u. im Laboratorium hergestellten Uranverb. eine Strahlung ausschicken, die eine Photoplatte in nächster Nähe durch schwarzes, lichtdichtes Papier hindurch — nötigenfalls nach mehrtägiger Einw.-Dauer — zu schwärzen vermag. Angeregt durch Becquerels Beobachtung durchforschte man die uranhaltige Pechblende von Joachimsthal bei Karlsbad u. andere Mineralien auf bestimmte Elemente, die als Urheber der Strahlung vermutet wurden. Schon 1898 entdeckte G. C. Schmidt (damals Priv.-Doz. in Erlangen) fast gleichzeitig mit Frau Marie Sklodowska Curie (1867—1934; Physik-Nobelpreis 1903, Chemie-Nobelpreis 1911) die R. des *Thoriums, u. noch im gleichen Jahr wies das Ehepaar M. S. u. Pierre (1859—1906, Physik-Nobelpreis 1903) Curie in der Pechblende zwei bes. stark radioakt. Elemente, nämlich das *Polonium u. das *Radium nach. Im Jahre 1899 wurde als drittes radioakt. Element das *Actinium von Debierne

(1874–1950, Prof. in Paris, Mitarbeiter von M. S. Curie) in den Uranpechblenderückständen entdeckt.
Die *künstliche* R. wurde 1934 von dem französ. Forscherehepaar Irène Joliot-Curie (1897–1956) u. J. F. Joliot (1900–1958) entdeckt, die dafür 1935 mit dem Physik-Nobelpreis ausgezeichnet wurden: Sie bestrahlten Aluminium mit α-Strahlen u. erhielten dadurch radioakt. Phosphor:
$$^{27}_{13}\text{Al} + ^{4}_{2}\text{He} \rightarrow ^{30}_{15}\text{P} + ^{1}_{0}\text{n}.$$
$^{30}_{15}\text{P}$ zerfällt mit einer *Halbwertszeit von 2,2 Min. unter Positronenausstrahlung nach der Gleichung: $^{30}_{15}\text{P} \rightarrow ^{30}_{14}\text{Si} + \text{e}^+$ (vgl. hierzu *Kernreaktionen).
Die folgenden Ausführungen beschränken sich im wesentlichen auf die *natürliche* R.
Die chem.-physikal. Natur der Strahlung natürlicher *radioakt. Stoffe wurde vor allem an Hand von Radiumpräp. frühzeitig genau untersucht. Man schloß das Radium in strahlungsundurchlässige Bleikapseln ein, so daß die Strahlung nur noch durch eine dünne, röhrenartige Öffnung geradlinig austreten konnte. Beim Anlegen eines elektr. Feldes konnte man dann in der *Wilsonkammer zeigen, daß ein Teil der „Radiumstrahlung" unverändert geradeaus geht, während andere Strahlungsanteile teils nach links, teils nach rechts abgelenkt wurden (s. Abb.). Die Radiumstrahlung ist somit nichts Einheitliches, sondern ein Gemisch aus drei verschiedenen Strahlensorten, die man nach den Buchstaben des *griech. Alphabets als α-, β- u. γ-Strahlen bezeichnet:

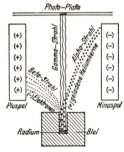

1. *α-Strahlen (Alphastrahlen)*. Bei dieser zum Minuspol abgelenkten Strahlung handelt es sich um eine *Korpuskularstrahlung aus energiereichen $^{4}_{2}\text{H}^{2+}$-Kernen (α-Teilchen); diese besitzen diskrete Anfangsenergien, deren Spektrum (Linienspektrum) für das emittierende Nuklid charakterist. ist. Die α-Strahlen des Radiums haben nur eine Energie von 4,9 MeV; wesentlich energiereicher sind die des ThC′ mit 8,6 u. die des RaC′ mit 10,5 MeV (mit Hilfe des Cyclotrons können „künstliche" α-Strahlen mit Energien von mehreren hundert MeV hergestellt werden).
Durch ihre Energie ist die Geschw. der α-Teilchen bestimmt: Während ein solches Teilchen von 4,9 MeV eine Geschw. von ca. 15 000 km/Sek. hat, erreicht ein künstliches α-Teilchen von 400 MeV bereits die halbe Lichtgeschw. Die Anzahl der emittierten α-Teilchen ist von Menge u. Halbwertszeit des in einem radioakt. Präp. enthaltenen Radionuklids abhängig: 1 g reines Radium sendet je Sek. $3,7 \cdot 10^{10}$ α-Teilchen aus, zusammen mit seinen Folgeprod. etwa die fünffache Anzahl. Die Reichweite der α-Strahlen ist durch den durchsetzten Stoff bedingt: In Luft von Normaldruck erreichen die α-Teilchen des ThC′ von 8,6 MeV Energie etwa 9 cm, in Metallen nur wenige hundertstel mm.

2. *β-Strahlen* (genau: *β^--Strahlen*; *Betastrahlen*). Diese bestehen aus (negativ geladenen) *Elektronen u. werden deshalb vom Pluspol (s. Abb.) angezogen. In den β-Strahlen kommen meist Elektronen aller möglichen Energien vor, d. h. von der Energie 0 bis zu einem für das betreffende Radionuklid charakterist. Höchstwert, der maximalen Betaenergie, die im allg. *Betaenergie des Nuklids* genannt wird. Diese Betaenergie liegt meist in der Größenordnung von 10^6 eV. Von den natürlichen β^--Strahlern (Beta-Strahler, d. h. Elektronenstrahlen aussendende radioakt. Stoffe) ist die Betaenergie am größten (3,15 MeV) beim Radium C. Die Geschw. der Elektronen in den β-Strahlen erreicht nahezu die Lichtgeschw. Die von künstlichen Radionukliden ausgesandten Positronenstrahlen werden häufig als *β^+-Strahlen* bezeichnet, da sie sich — außer hinsichtlich der entgegengesetzten elektr. Ladung — in jeder Hinsicht wie gewöhnl. β-Strahlen verhalten.

3. *γ-Strahlen* (*Gammastrahlen*, Näheres s. dort). Bei dieser elektr. u. magnet. nicht ablenkbaren Strahlung handelt es sich um eine solche aus *Photonen, die vom Atomkern beim Übergang aus einem angeregten Kernzustand in einen Zustand geringerer Energie emittiert wird. Da die Quantenenergie (s. *Quantentheorie) der Differenz diskreter Energiezustände entspricht, ist das Energiespektrum der Gammastrahlung ein Linienspektrum. Bei allen natürlichen radioakt. Vorgängen treten im wesentlichen nur α-, β^- u. γ-Strahlen auf, während man bei der künstlichen R. außerdem auch Neutronen- u. Positronen- ($= \beta^+$-) Strahlen findet. Die gesamte Energie der Radiumstrahlung kommt schließlich in Form von Wärme zum Ausdruck. Wenn sich ein Grammatom (226,05 g) Radium vollständig in Radiumblei (206,02 g) u. Helium (20 g) umgewandelt hat — was etwa nach der 10fachen Halbwertszeit (rund 16 000 Jahren) der Fall ist —, so sind hierbei insgesamt rund 800 Mill. kcal frei geworden; dies entspricht etwa dem Heizwert von 100 t Kohle. Diese Energie ist durch Umwandlung von verschwundener Masse zu erklären; die genaue

Uran-Actinium-Zerfallsreihe

Isotop	Name	Halbwertszeit
$^{235}_{92}\text{U}$ $\xrightarrow{\alpha}$	Actinouran (AcU)	$7{,}13 \times 10^8$ y
$^{231}_{90}\text{Th}$ $\xrightarrow{\beta}$	Uran Y (UY)	25,6 h
$^{231}_{91}\text{Pa}$ $\xrightarrow{\alpha}$	Protactinium (Pa)	$3{,}43 \times 10^4$ y
$^{227}_{89}\text{Ac}$ $\xrightarrow{\beta}$	Actinium (Ac)	21,6 y
1 — $^{227}_{90}\text{Th}$ $\xrightarrow{\alpha}$	Radioactinium (RdAc)	18,17 d
$^{223}_{88}\text{Ra}$ $\xrightarrow{\alpha}$	Actinium X (AcX)	11,7 d
$^{219}_{86}\text{Rn}$ $\xrightarrow{\alpha}$	Actinon (An) (Actinium-Emanation)	4,0 s
$^{215}_{84}\text{Po}$ $\xrightarrow{\alpha}$	Actinium A (AcA)	$1{,}8 \times 10^{-3}$ s
2 — $^{211}_{82}\text{Pb}$ $\xrightarrow{\beta}$	Actinium B (AcB)	36,1 m
$^{211}_{83}\text{Bi}$ $\xrightarrow{\alpha}$	Actinium C (AcC)	2,15 m
3 — $^{207}_{81}\text{Tl}$ $\xrightarrow{\beta}$	Actinium C″ (AcC″)	4,78 m
$^{207}_{82}\text{Pb}$	Actinium D (AcD) (Actiniumblei)	∞

1 $^{227}_{89}\text{Ac}$ $\xrightarrow{\alpha}_{1\%}$ $^{223}_{87}\text{Fr}$ $\xrightarrow{\beta}_{22 \text{ m}}$ $^{223}_{88}\text{Ra}$
   Actinium K (AcK)

2 $^{215}_{84}\text{Po}$ $\xrightarrow{\beta}_{0{,}005\%}$ $^{215}_{85}\text{At}$ $\xrightarrow{\alpha}_{\text{ca.}10^{-4}\text{s}}$ $^{211}_{83}\text{Bi}$
   Actinium B′ (AcB′)

3 $^{211}_{83}\text{Bi}$ $\xrightarrow{\beta}_{0{,}3\%}$ $^{211}_{84}\text{Po}$ $\xrightarrow{\alpha}_{0{,}52 \text{ s}}$ $^{207}_{82}\text{Pb}$
   Actinium C′ (AcC′)

4 $^{234}_{91}\text{Pa}^m$ $\xrightarrow{\gamma}_{1\%}$ $^{234}_{91}\text{Pa}$ $\xrightarrow{\beta}_{6{,}66 \text{ h}}$ $^{234}_{92}\text{U}$
   Uran Z (UZ)

Uran-Radium-Zerfallsreihe

Isotop	Name	Halbwertszeit
$^{238}_{92}\text{U}$ $\xrightarrow{\alpha}$	Uran I (UI)	$4{,}51 \times 10^9$ y
$^{234}_{90}\text{Th}$ $\xrightarrow{\beta}$	Uran X₁ (UX₁)	24,10 d
4 — $^{234}_{91}\text{Pa}^m$ $\xrightarrow{\beta}$	Uran X₂ (UX₂)	1,18 m
$^{234}_{92}\text{U}$ $\xrightarrow{\alpha}$	Uran II (UII)	$2{,}48 \times 10^5$ y
$^{230}_{90}\text{Th}$ $\xrightarrow{\alpha}$	Ionium (Io)	$8{,}0 \times 10^4$ y
$^{226}_{88}\text{Ra}$ $\xrightarrow{\alpha}$	Radium (Ra)	1622 y
$^{222}_{86}\text{Rn}$ $\xrightarrow{\alpha}$	Radon (Rn) (Radium-Emanation)	3,823 d
$^{218}_{84}\text{Po}$ $\xrightarrow{\alpha}$	Radium A (RaA)	3,05 m
5 — $^{214}_{82}\text{Pb}$ $\xrightarrow{\beta}$	Radium B (RaB)	26,8 m
$^{214}_{83}\text{Bi}$ $\xrightarrow{\beta}$	Radium C (RaC)	19,7 m
6 — $^{214}_{84}\text{Po}$ $\xrightarrow{\alpha}$	Radium C′ (RaC′)	$1{,}64 \times 10^{-4}$ s
$^{210}_{82}\text{Pb}$ $\xrightarrow{\beta}$	Radium D (RaD)	21 y
$^{210}_{83}\text{Bi}^m$ $\xrightarrow{\beta}$	Radium E (RaE)	5,0 d
7 — $^{210}_{84}\text{Po}$ $\xrightarrow{\alpha}$	Radium F (RaF) (Polonium)	138,40 d
$^{206}_{82}\text{Pb}$	Radium G (RaG) (Radiumblei)	∞

Verzweigungen →

5 $^{218}_{84}\text{Po}$ $\xrightarrow{\beta}_{0{,}02\%}$ $^{218}_{85}\text{At}$ $\xrightarrow{\alpha}_{1{,}35 \text{ s}}$ $^{214}_{83}\text{Bi}$
   Radium B′ (RaB′)

Thorium-Zerfallsreihe

Isotop	Name	Halbwertszeit
$^{232}_{90}\text{Th}$ $\xrightarrow{\alpha}$	Thorium (Th)	$1{,}39 \times 10^{10}$ y
$^{228}_{88}\text{Ra}$ $\xrightarrow{\beta}$	Mesothorium 1 (MsTh₁)	6,7 y
$^{228}_{89}\text{Ac}$ $\xrightarrow{\beta}$	Mesothorium 2 (MsTh₂)	6,13 h
$^{228}_{90}\text{Th}$ $\xrightarrow{\alpha}$	Radiothorium (RdTh)	1,91 y
$^{224}_{88}\text{Ra}$ $\xrightarrow{\alpha}$	Thorium X (ThX)	3,64 d
$^{220}_{86}\text{Rn}$ $\xrightarrow{\alpha}$	Thoron (Tn) (Thorium-Emanation)	51,5 s
$^{216}_{84}\text{Po}$ $\xrightarrow{\alpha}$	Thorium A (ThA)	0,16 s
8 — $^{212}_{82}\text{Pb}$ $\xrightarrow{\beta}$	Thorium B (ThB)	10,64 h
$^{212}_{83}\text{Bi}$ $\xrightarrow{\beta}$	Thorium C (ThC)	60,6 m
9 — $^{212}_{84}\text{Po}$ $\xrightarrow{\alpha}$	Thorium C′ (ThC′)	3×10^{-7} s
$^{208}_{82}\text{Pb}$	Thorium D (ThD) (Thoriumblei)	∞

6 $^{214}_{83}\text{Bi}$ $\xrightarrow{\alpha}_{0{,}04\%}$ $^{210}_{81}\text{Tl}$ $\xrightarrow{\beta}_{1{,}3 \text{ m}}$ $^{210}_{82}\text{Pb}$
   Radium C″ (RaC″)

7 $^{210}_{83}\text{Bi}$ $\xrightarrow{\alpha}_{\text{ca.}10^{-5}\%}$ $^{206}_{81}\text{Tl}$ $\xrightarrow{\beta}_{4{,}20 \text{ m}}$ $^{206}_{82}\text{Pb}$
   Radium E′ (RaE′)

8 $^{216}_{84}\text{Po}$ $\xrightarrow{\beta}$ $^{216}_{85}\text{At}$ $\xrightarrow{\alpha}_{\text{ca.}3 \cdot 10^{-4} \text{ s}}$ $^{212}_{83}\text{Bi}$
   Thorium B′ (ThB′)

9 $^{212}_{83}\text{Bi}$ $\xrightarrow{\alpha}_{35\%}$ $^{208}_{81}\text{Tl}$ $\xrightarrow{\beta}_{3{,}1 \text{ m}}$ $^{208}_{82}\text{Pb}$
   Thorium C″ (ThC″)

Radioaktivität

Gew.-Differenz zwischen dem durchschnittlichen At.-Gew. von Radium (in g ausgedrückt) u. dem At.-Gew. von Radiumblei zuzüglich dem Gew. von 5 He-Kernen (gibt etwa 30 mg) wurde nach der Gleichung $m = \frac{E}{c^2}$ (s. *Einsteins Masse-Energie-Gleichung) in Energie umgewandelt; Näheres s. bei *Kernreaktionen u. *Massendefekt.

Bei der Aussendung eines α-Teilchens (= α-Zerfall) aus einem Radionuklid ändert sich dessen *Ordnungszahl um zwei Einheiten, seine *Massenzahl um vier Einheiten; gibt sein Kern ein Elektron ab (β^--Zerfall), so nimmt dadurch die Ordnungszahl der betreffenden Radionuklids bei praktisch unveränderter Massenzahl um eine Einheit zu (entsprechend bei Positronenabgabe [β^+-Zerfall] um eine Einheit ab); beim Aussenden von γ-Strahlung ändern sich weder Massen- noch Ordnungszahl, sondern lediglich der Energieinhalt der Nuklide. Das lange für gesichert gehaltene Erg., daß die für ein Radionuklid charakterist. *Halbwertszeit durch äußere Bedingungen, wie Temp., Druck u. chem. Bindung unbeeinflußbar sei, kann heute nicht mehr aufrechterhalten werden. An der Harvard-Univ. (s. Phys. Rev. 149 [1966] S. 958) konnte gezeigt werden, daß ^{125m}Te um etwa 0,04‰ langsamer zerfällt, wenn es nicht elementar, sondern an Sauerstoff gebunden (TeO$_2$) vorliegt; in der Verb. Ag$_2$Te ist der Zerfall sogar um 0,26‰ langsamer. Auch das das Radionuklid umgebende Medium kann die Halbwertszeit beeinflussen, wie eine italien. Forschergruppe an der Univ. von Siena beweisen konnte; demnach wird die Halbwertszeit des als NaJ gebundenen ^{131}J um etwa 1% verlängert, wenn eine verd. wss. Lsg. des Salzes hergestellt wird. Die gleichen Forscher fanden auch Hinweise darauf, daß ^{42}K, ^{24}Na, ^{82}Br, ^{198}Au u. ^{32}P in der Kälte langsamer zerfallen als bei hohen Temp.; vgl. Bild d. Wiss. 4 [1967] S. 676–677.

Das Maß für die Intensität od. Stärke einer radioakt. Quelle ist die *Aktivität, d. h. die Anzahl der radioakt. Umwandlungen od. isomeren Übergänge in den betrachteten radioakt. Präp. in der Zeiteinheit. Einheit der Aktivität im Internationalen Einheitensyst. (SI) ist die reziproke Sek. (s^{-1}), gebräuchliche Einheit ist das *Curie mit dem Zeichen Ci. Die *spezif. Aktivität* ist die Aktivität je Masseneinheit; gebräuchliche Einheit der Spezif. Aktivität ist das Ci/g. Als *Aktivitätskonz.* bezeichnet man die Aktivität eines Radionuklids, das in der Vol.-Einheit einer Fl. od. eines Gases von bestimmtem Druck u. bestimmter Temp. enthalten ist; hier ist die gebräuchliche Einheit das Ci/l.

Beim Zerfall eines natürlichen Radionuklids entsteht im allg. ein Kern, der wieder radioakt. ist u. weiter zerfällt. Man kann daher für die natürlich radioakt. Elemente ab Ordnungszahl 81 sog. „radioakt. Zerfallsreihen" aufstellen, d. h. Aufeinanderfolgen der durch radioakt. Zerfall auseinander hervorgehende Radionuklide. Das erste Glied einer Zerfallsreihe wird als *Mutternuklid*, die folgenden Glieder als *Tochternuklide* (Tochtersubstanzen od. Folgeprod.) bezeichnet. Auf S. 724 sind die drei natürlichen Zerfallsreihen wiedergegeben; zwei davon beginnen mit Uran-Isotopen, die dritte beim Thorium. Von den Elementen mit Ordnungszahlen unter 81 treten natürlich die folgenden Radioisotope auf (in Klammern Angabe der Art des Zerfalls u. die Halbwertszeit [y bedeutet „Jahre"]): $^{3}_{1}$H (β^-; 12,26 y), $^{40}_{19}$K (β^- u. K-Einfang; $1,3 \cdot 10^9$ y), $^{48}_{20}$Ca (β^-; $> 2 \cdot 10^{16}$ y), $^{50}_{23}$V (β^- u. K-Einfang; $\approx 6 \cdot 10^{14}$ y), $^{87}_{37}$Rb (β^-; $4,7 \cdot 10^{10}$ y), $^{115}_{49}$In (β^-; $6 \cdot 10^{14}$ y), $^{137}_{57}$La (β^- u. K-Einfang; $1,1 \cdot 10^{11}$ y), $^{142}_{58}$Ce (α; $5 \cdot 10^{15}$ y), $^{144}_{60}$Nd (α; $\approx 5 \cdot 10^{15}$ y), $^{147}_{62}$Sm (α; $1,06 \cdot 10^{11}$ y), $^{148}_{62}$Sm (α; $1,2 \cdot 10^{13}$ y), $^{149}_{62}$Sm (α; $\approx 4 \cdot 10^{14}$ y), $^{152}_{64}$Gd (α; $1,1 \cdot 10^4$ y), $^{176}_{71}$Lu (β^-; $2,1 \cdot 10^{10}$ y), $^{174}_{72}$Hf (α; $4,3 \cdot 10^{15}$ y), $^{187}_{75}$Re (β^-; $7 \cdot 10^{10}$ y), $^{190}_{78}$Pt (α; $7 \cdot 10^{11}$ y), $^{192}_{78}$Pt (α; $\approx 10^{15}$ y). Von den nur als künstliche Radionuklide auftretenden *Transuranen ist eine Zerfallsreihe bekannt, die sog. *Neptunium-Zerfallsreihe*. Diese geht vom Neptuniumisotop $^{237}_{93}$Np (bzw. schon vom Einsteiniumisotop $^{249}_{99}$Es) aus u. endet mit dem stabilen Wismutisotop $^{209}_{83}$Bi.

Als (stationäres) *radioakt. Gleichgew.* bezeichnet man den Zustand einer Zerfallsreihe, bei dem in einer Zeitspanne ebenso viele Atome eines Gliedes zerfallen, wie durch den Zerfall des vorhergehenden Radionuklids wieder nachgebildet werden. Ein stationäres Gleichgew. kann sich nur dann einstellen, wenn die Halbwertszeit der Muttersubstanz sehr groß gegenüber der aller Folgeprod. ist. Alle Glieder einer unverzweigten Zerfallsreihe haben in diesem Falle die gleiche Aktivität. Ist die Halbwertszeit des Mutternuklids nicht sehr groß, sondern nur merklich größer als alle übrigen Halbwertszeiten, so stellt sich ein „laufendes Gleichgew." ein, bei dem die Aktivitäten aller Glieder der Zerfallsreihe in zeitlich konstanten Verhältnissen zueinander stehen; vgl. DIN 6814, Bl. 4 (Entwurf Juni 1967). – Über Anwendungen der R. s. *Radionuklide. – E: radioactivity

Lit.: Bernert, T., Die künstliche R. in Biologie u. Medizin, Wien, Springer, 1949; Broda, E. u. T. Schönfeld, Die techn. Anwendung der R., Leipzig 1967; Chadwick, I., Radioactivity and Radioactive Substances, New York, Pitman, 1953; Chalmers, T. W., A Short History of Radioactivity, London, Morgan Ltd., 1951; Choppin, G. R., Nuclei and Radioactivity, New York, W. A. Benjamin, 1964; Curie, M. S., Radioactivité, Paris, Hermann, 1935; dies., Unters. über radioakt. Substanzen, Braunschweig, Vieweg, 1904; dies., Le radium et les radioéléments, Paris, Baillière, 1925; Eisenbund, M., Environmental Radioactivity,

London 1963; Gueben, Phénomènes radioactifs, Paris, Dunod, 1956; Hanle, W., Künstliche R., Stuttgart, Piscator, 1952; Hecht, F. u. M. K. Zacherl, Handbuch der mikrochem. Meth., Bd. 2, Verw. der R. in der Mikrochemie, Wien, Springer, 1955; Herforth, L. u. H. Koch, Praktikum der angewandten R., Berlin 1968; Hevesy, G. v. u. F. Paneth, Lehrbuch der R., Leipzig, Barth, 1932; Israel, H., Luftelektrizität u. R., Berlin, Springer; Ittner, E., Über Meßmeth. u. einige Meßerg. der natürlichen R. der Luft, Berlin 1967; Joliot-Curie, Les radioéléments naturels, Paris, Hermann, 1946; Kment, V. u. A. Kuhn, Technik des Messens radioakt. Strahlung, Leipzig, Akad. Verl. Ges., 1960; Kumpf, W., R. u. Wasser, München, Oldenbourg, 1960; Letavet, A. A. u. Kurlyandskaya, Toxicology of Radioactive Substances, I [1962], II [1962], Oxford, Pergamon Press; Leveque, P., Les Applications Industrielles des Radioéléments, Paris, Eyrolles, 1962; Mattauch, 50 Jahre R., Mainz, Kupferberg, 1948; Moon, P. B., Artificial Radioactivity, London, Cambridge Univ. Press, 1949; Rutherford-Chadwick-Ellis, Radiation from Radioactive Substances, Cambridge, Univ. Press, 1952; Wahl, A. C. u. N. A. Bonner, Radioactivity Applied to Chemistry, New York, Wiley, 1951; Weiss, C. F., Radioakt. Standardpräp., Berlin 1961; Weissmantel, C., Elementare Einführung in die R., Leipzig, VEB Dtsch. Verl. Grundstoffindustrie, 1961; Yagoda, Radioactive Measurements with Nuclear Emulsions, New York, Wiley, 1949; Ziemen, Angew. R., Berlin, Springer, 1952; Zirkle, R., Biological Effects of External β-, X- and γ-Radiation, New York, McGraw Hill, 1951/54. *Ztschr.:* Journal de Physique et le Radium, Paris; Journal de Radiologie etc., Paris, Masson; British Journal of Radiology, London, The British Inst. of Radiology. S. auch Lit. unter *Kernreaktionen.

Radiochemie. Nach N. Getoff (s. Österr. Chemiker-Ztg. 64 [1963] S. 329) neben der *Strahlenchemie (s. auch *Kernstrahlenchemie) Teilgebiet der *Kernchemie, das sich mit der Herst. u. Anwendung von *Radionukliden befaßt. Ein wichtiger u. weitgehend selbständiger Zweig der R. ist die sog. *Heiße Chemie od. Chemie der heißen Atome, die sich mit dem Studium der chem. Umwandlungen beschäftigt, die auf Grund der Rückstoßenergie bei Kernprozessen zustande kommen. Neben der Heißen Chemie gehören zum Aufgabenbereich der allg. R. die Aufklärung der Eig. der *Radioelemente, des Verlaufes von *Kernreaktionen u. das Verh. der Radionuklide in Mikrokonz. Die *angewandte* R. befaßt sich vor allem mit dem Einsatz der Radionuklide in der Analyt. Chemie, Biochemie, Medizin, Landwirtschaft u. Industrie. — E: radiochemistry

Lit.: Bubner, M. u. L. H. Schmidt, Die Synth. Kohlenstoff-14 markierter org. Verb., Leipzig 1966; Cook, G. B. u. J. F. Duncan, Modern Radiochem. Practice, New York, Oxford Univ. Press, 1952; Emeléus, H. J. u. A. G. Sharpe, Advances in Inorg. Chemistry and Radiochemistry, New York, Academic Press (1959—); Fink, Biological Studies with Polonium, Radium and Plutonium, New York, McGraw Hill, 1950; Friedlander, G., J. W. Kennedy u. J. M. Miller, Nuclear and Radiochemistry, New York · London, Wiley-Interscience, 1964; Getoff, N., Kurzes radiochem. Praktikum, Wien, Deuticke, 1961; Hahn, O., Applied Radiochemistry, Ithaca, Univ. Press, 1939; Haissinsky, M. u. J.-P. Adloff, Radiochemical Survey of the Elements.

Principial Characteristics and Applications of the Elements and their Isotopes, Amsterdam 1965; dies., Radiochem. Lexikon der Elemente u. ihrer Isotope, Bonn-Hannover-München, Ferd. Dümmlers Verl., 1968; Hecht, F., Grundzüge der Radio- u. Reaktorchemie, Frankfurt/M., Akad. Verl. Ges., 1967; Hecht, F. u. M. K. Zacherl, Handbuch der mikrochem. Meth., Bd. 2, Wien, Springer, 1955; Herforth, L. u. H. Koch, Radiophysikal. u. radiochem. Grundpraktikum, Berlin, Dtsch. Verl. d. Wiss., 1962; Lavrukhina, A. K., T. V. Malysheva u. F. I. Pavlotskaya, Chemical Analysis of Radioactive Materials, London, Iliffe Books Ltd., 1967; Lindner, R., Kern- u. Radiochemie, Berlin, Springer, 1961; Naumann, D., Allg. u. angewandte R., Berlin, Akad.-Verl., 1962; Norton, E. F., Chemical Yield Determination in Radiochemistry, Springfield, Va., Nat. Bureau of Standards, 1967; Ruzicka, J. u. J. Stary, Substoichiometry in Radiochemical Analysis, Oxford-London, Pergamon Press, 1968; Shelemin, B. V., Automatic Analyzers of Radiochemical Media, London 1967; Starik, I. J., Grundlagen der R., Berlin, Akad.-Verl., 1963; Wilson, B. J., The Radiochemical Manual, Amersham, Buckinghamshire, United Kingdom Atomic Energy Authority, Radiochemical Centre, 1966. *Ztschr.:* Radiochimica Acta, Akad. Verl. Ges., Frankfurt u. Acad. Press, New York (1962—); Radiochemistry, London, Pergamon Press; Radiokhimiya, russ., engl. Übersetzung erscheint bei Consultants Bureau, New York; Journal of Radioanalytical Chemistry, Amsterdam, Elsevier (1967—). *Forschungsinst.:* Inst. für R. im Kernforschungszentrum Karlsruhe.

Radiochromatographie. Bez. für die Kombination aus *Chromatographie u. *Radiometrie. Bei radiochromatograph. Trennungen handelt es sich in der Regel um Trennungen von Substanzen, denen relativ kleine Mengen radioakt. Indikatoren zugesetzt werden. Dadurch wird die Best. der in „Zonen" chromatograph. angesammelten Substanzen wesentlich erleichtert. Mit ihrer Hilfe gelingt es, auch unsichtbare Zonen farbloser Substanzen zu erkennen. Man unterscheidet zwei Meth. der R.: Einmal können die von Zonen des Chromatogramms ausgehenden Strahlen selbst registriert werden; hierzu gehören Messungen der Radioaktivität mit entsprechend konstruierten Geiger-Müller-Zählrohren, Absorptionsfiltern, Nebelkammern usw. Bei der sog. *Autoradiochromatographie wird die vom Chromatogramm ausgehende radioakt. Strahlung mit photograph. Hilfsmitteln festgehalten. — E: radiochromatography

Radioelemente. Sehr unterschiedlich verwendete Bez.: Wird oft als Synonym für *Radionuklide gebraucht, häufig jedoch auf die natürlich auftretenden radioakt. Atomarten (d. h. insbes. die Glieder der 3 großen Zerfallsreihen [s. *Radioaktivität], das im natürlichen Kalium enthaltene ^{40}K sowie die durch die Höhenstrahlung erzeugten Radionuklide ^{3}H u. ^{14}C) eingeschränkt. Zunehmend werden R. diejenigen chem. Elemente genannt, von denen keine stabilen Isotope bekannt sind (Technetium, Promethium u. alle Elemente mit höherer Ordnungszahl als 83). Gelegentlich findet man als R. alle diejenigen Elemente (unabhängig von der Atomart) bezeichnet, von denen natürliche radioakt. Isotope bekannt sind. Zum Hinweis auf die Radioaktivität werden Radionuklide häufig durch Vorsatz von „Radio..." vor dem Elementnamen benannt (*Beisp.*: Radiokohlenstoff, Radiokobalt). — E: radioelements, radioactive elements

Radiofrequenztitration = *Hochfrequenztitration (vgl. auch *Oszillometrie).

Radioindikatoren. Bez. für *radioakt. Stoffe, die einer gegebenen Substanz beigemischt od. an diese gebunden werden, um dann deren Verteilung od. Vorkommen bestimmen zu können. R. sind alle physikal. u. chem. *Tracer, die sich auf Grund ihrer *Radioaktivität nachweisen lassen. Insbes. sind *Radioisotopen-Indikatoren* *Isotopenindikatoren, in denen ein radioakt. Isotop einer in ihnen vorkommenden Atomart angereichert ist u. die als chem. Tracer verwendet werden. Vgl. demgegenüber Radioakt. Indikatoren unter *Indikatoren. — E: radioactive tracers
Lit. s. *Radionuklide.

Radioisotop. Nach DIN 6814, Bl. 4 (Entwurf Juni 1967), Bez. für ein radioakt. *Isotop eines Elementes. Die allg. Benennung für eine radioakt. Atomart ist das „*Radionuklid". Der Ausdruck „Radioisotop" soll nur verwendet werden, wenn außer der Eig. der *Radioaktivität die Zugehörigkeit zu einem bestimmten chem. Element von Bedeutung ist, wie z. B. in der Tracer-Technik. Einen *radioakt. Stoff allg. „*Isotop" zu nennen ist unzulässig, da dieser Begriff mit der Eig. der Radioaktivität nichts zu tun hat. — E: radioisotope
Lit. s. *Radionuklide.

Radioisotopen-Indikatoren s. *Radioindikatoren. — E: radioisotope tracers

Radiokohlenstoffdatierung (Radiokarbonmeth., C 14-Datierung). Bez. für die von W. F. Libby (geb. 1908; Chemie-Nobelpreisträger 1960) etwa 1946 entwickelte physikal. Meth. der *Geochronologie, die eine Altersbest. von 1000 bis 50 000 Jahre alten, ehemals belebten (z. B. Holz, Knochen, Zähne, Torf) od. Carbonate (z. B. Muschelschalen) enthaltenden Gegenständen mit einem verhältnismäßig hohen Genauigkeitsgrad ermöglicht. Diese beruht darauf, daß durch die Primärteilchen der *kosm. Strahlung in der Atmosphäre Neutronen gebildet werden, die aus dem Stickstoff der Luft nach der Gleichung $^{14}_{7}N + n \rightarrow {}^{14}_{6}C + p$ radioakt. Kohlenstoff bilden, der mit einer *Halbwertszeit von 5730 ± 40 Jahren unter Aussendung von β-Strahlen geringer Energie wieder in $^{14}_{7}N$ übergeht. Durch diesen Prozeß werden prakt. so viele $^{14}_{6}C$-Atome in der Atmosphäre gebildet als Neutronen gebildet werden; da im Gleichgew.-Zustand ihre Anzahl der durch radioakt. Zerfall verschwindenden gleich der Anzahl der im gleichen Zeitraum neu gebildeten ^{14}C-Atome sein muß, ergibt sich (bei einer Erzeugung von 2,4 Neutronen je cm^2 der Erdoberfläche), daß etwa 80 t radioakt. Kohlenstoff auf der Erde vorhanden sein müssen. Die frisch gebildeten ^{14}C-Atome werden in der Erdatmosphäre rasch zu Kohlendioxid oxydiert, das sich gleichmäßig über die ganze Erde verteilt. Das $^{14}CO_2$ wird von lebenden Pflanzen, Tieren u. Menschen wie das gewöhnl. CO_2 durch Assimilation, Verspeisung der Assimilationsprod., Atmung usw. immer wieder aufgenommen u. durch Atmung, Gärung, Verwesung immer wieder an die Lufthülle zurückgegeben, so daß ein $^{14}CO_2$-Mol. bei der hohen Halbwertszeit durch viele lebende Pflanzen u. Tiere hindurchwandern kann. Die lebenden Organismen enthalten auf etwa 10^{13} stabile C-Atome 1 radioakt. ^{14}C-Atom; dieser Anteil bleibt zu deren Lebzeiten ziemlich unverändert, da durch den Stoffwechsel (Assimilation usw.) immer wieder neues ^{14}C aus der Luft aufgenommen wird. Nach dem Tode hört der Stoffwechsel auf, u. von einem toten Organismus wird somit aus der Luft kein radioakt. ^{14}C mehr aufgenommen; da in einer von Leiche befindliche ^{14}C zerfällt, wird mit zunehmendem Alter deren Geh. an radioakt. Kohlenstoff geringer (bei etwa 17 190 Jahre alten Leichen ist er auf $^{1}/_{8}$ des zu Lebzeiten vorhandenen Betrages abgesunken). Mit Hilfe von kohlenstoffhaltigen Proben genau bekannten Alters, von einem Sachverständigen-Komitee zusammengestellt worden sind u. deren spezif. ^{14}C-Aktivität ermittelt wurde, konnte man eine zuverlässige Eichkurve für Altersbest. nach der ^{14}C-Meth. gewinnen. In erster Linie läßt sich die R. für Gegenstände aus geschichtlicher u. vorgeschichtlicher Zeit anwenden, insbes. ist eine Vielzahl anthropolog., archäolog. u. klimatolog. Probleme damit untersucht worden. Die Meth. setzt allerdings voraus, daß die kosm. Strahlung während der letzten 50 000 Jahre der Erdgeschichte sich nicht wesentlich verändert hat, was tatsächlich zutrifft (s. Nachr. Chem. Techn. 9 [1961] S. 273; Angew. Chem. 73 [1961] S. 627). Nach Meinung von W. F. Libby wird man in Zukunft die R. auch für Altersbest. für den Zeitraum zwischen 50 000 u. 3000 Jahre heranziehen können (vgl. Sci. News Letter, 14. 1. 1961, S. 23). Als „Gegenwartsjahr" gilt das Jahr 1950. — E: radiocarbon dating
Lit.: Aitken, M. J., Physics and Archeology, New York, Interscience. 1961; Buttlar, H. v., Radioaktivität u. Erdgeschichte, in Bild d. Wiss. 4 [1967] S. 902 bis 911; Franke, H. W., Wie alt sind Tropfsteine? Kernphysik hilft der Höhlenforschung. Radiokarbonmeth., in Kosmos 64 [1968] S. 108—111; Johnson, F., Radiocarbon Dating and Archeology in North America, in Science (Wash.) 155 [1967] S. 165—169; Labeyrie, J. u. G. Delibrias, Dating of Old Mortars by the Carbon-14 Method, in Nature 201 [1964] S. 742; Libby, W. F., Radiocarbon Dating, Chicago, Ill., Univ. of Chicago Press, 1955; ders., Radiocarbon Dating (Nobelvortrag 1960), in Nobel Lectures Chemistry 1942—1962, Amsterdam, Elsevier, 1964, S. 593 bis 610 (dtsch. Übersetzung in Angew. Chem. 73 [1961]

Radiologie

S. 225—231); Münnich, K. O., Ist die Altersbest. nach der C 14-Meth. zuverlässig? Fehlermöglichkeiten bei der Datierung vorgeschichtlicher Funde, in Umschau 58 [1958] S. 109—111; ders., Die C 14-Meth., in Geolog. Rdsch. 49 [1960] S. 237—244; Proceedings of the International Carbon-14 and Tritium Dating Conference, Washington State Univ., 1965; Suess, H. E., Grundlagen u. Erg. der R., in Angew. Chem. 68 [1956] S. 540—546; Swart, E. R., Chemical Probes into the Past, in Chemistry 38 [1965] Nr. 2, S. 14 bis 17; vgl. auch Radiometr. Geochronologie, in Nachr. Chem. Techn. 14 [1966] S. 413—414. *Ztschr.:* American Journal of Science, Radiocarbon Supplement, New Haven, Conn., Yale Univ. (1959—).

Radiologie. Bez. für die Lehre von den Strahlen (bes. *ionisierenden Strahlungen) u. ihrer Anwendung. — E: radiology

Radiolyse. Bez. für den Vorgang der Zers. einer Substanz durch Einw. von *ionisierender Strahlung. Die Wechselwrkg. zwischen Strahlung u. Materie in dem hier in Frage kommenden Energiebereich betrifft dabei ausschließlich die Elektronenhüllen; es werden also keine Kernumwandlungen vollzogen, u. die Materie selbst wird nicht radioakt. Im Gegensatz zur *Photolyse, wo Lichtquenten mit Energieträgen in der Größenordnung von eV absorbiert werden, die zu definierten Anregungszuständen der Valenzelektronen führen, liegen die Energien der an der R. beteiligten Quanten od. Teilchen ionisierender Strahlung in der Größenordnung von keV bis MeV. Im Vgl. zur Lichtabsorption wird die Energie solcher Quanten od. Teilchen nicht in einem einzigen Prozeß von einem Mol. aufgenommen, sondern diese geben ihre Energie in einer Reihe von Einzelschritten ab. Häufig übersteigt dabei die in einem Einzelschritt abgegebene Energie sogar die Ionisationsenergie des betreffenden Mol., u. in diesem Fall wird durch die Abspaltung eines Elektrons ein Radikal-Ion erzeugt. Die im Primärakt (der in etwa 10^{-15} Sek. abgeschlossen ist) der R. entstehenden Prod. sind Radikal-Ionen, angeregte Zustände der Mol. u. Atome sowie thermalisierte Elektronen. Die Primärprod. sind jedoch nicht stabil u. auch nicht homogen im Medium verteilt, sondern weisen Ionisationszentren, sog. "spurs" (= "Fußstapfen" in der Bahn eines Teilchens) auf. Die Weiterreaktion der Primärprod. der R. ist von deren Struktur abhängig. Die Radikal-Ionen können z. B. spontan (d. h. in der Zeit einer Mol.-Schwingung von 10^{-14} Sek.) in ein Radikal u. ein Ion dissoziieren; andererseits können sie mit angeregten Mol. Ionenmolekül-Reaktionen (z. B. $CH_4^+ + CH_4 \rightarrow CH_5^+ + CH_3^·$) eingehen. Die Unters. der R. fällt in den Aufgabenbereich der *Strahlenchemie. Vgl. auch *Pulsradiolyse. — E: radiolysis

Lit.: Bugajenko, L. T., Die R. fl. anorg. Wasserstoffverb., in Z. Chem. 8 [1968] S. 51—59; Heusinger, H., Primärprozesse in der Strahlenchemie, in Chimia 22 [1968] S. 277—282; s. auch *Strahlenchemie.

Radiometrie. Sammelbez. für die Meth. der qual. u. quant. Best. von Substanzen durch ihre radioakt. Strahlung. Für die *radiometr. Endpunktbest.* (häufig als *radiometr. Titration* bezeichnet) gibt ein Terminologievorschlag der Analytical Chemistry Division der *IUPAC (s. IUPAC-Inf. Bull. Nr. 26 [Aug. 1966]) die folgende Definition: „Der Verlauf der Reaktion wird radiochem. durch Zusatz eines radioakt. Indikators (s. *Indikatoren) verfolgt, der am Äquivalenzpunkt gefällt od. aufgelöst werden kann, wodurch sich die Aktivität der Lsg.-Phase ändert. Die Endpunkte werden durch Extrapolation an den Unstetigkeitsstellen der Titrationskurve ermittelt. In manchen Fällen können die titrierbare Substanz od. das Reagenz radioakt. sein, weshalb man dann keinen radioakt. Indikator benötigt.)" — E: radiometry

Lit.: Braun, T., Die Analysen mit radioakt. Reagenzien u. die radiometr. Titration, in Chimia 21 [1967] S. 16—26; Snell, F. D. u. C. L. Hilton, Encyclopedia of Industrial Chemical Analysis, Bd. 3, New York-London, Wiley-Interscience, 1966, S. 300.

Radiometrische Adsorptionsanalyse. Von R. Lindner (Göteborg) eingeführte Bez. für die 1942 von O. Hahn (1879—1968, Chemie-Nobelpreisträger 1944) entwickelte *Radiochromatographie mit Aluminiumoxid als stationärer Phase. — E: radiometric adsorption analysis

Lit.: Lindner, E., in Z. Physik. Chem. 194 [1944] S. 51; ders., in Z. Naturforsch. 2 a [1947] S. 329—334; ders., in Angew. Chem. 62 [1950] S. 387.

Radiomimetica. Substanzen, die auf den Organismus ähnlich wirken wie *ionisierende Strahlung. Die R. wirken prim. auf den Ruhekern der Zellen (bes. auf Chromosomen u. deren Nucleoproteide), sek. verursacht dies Mitosestörungen; auch wird das Fermentsyst. beeinflußt. Die R. bilden (ähnlich wie im Falle von *Radiolyse) im Organismus hochreakt. *Radikale, die ebenfalls an den Chromosomen Verklebungen, Brüche u. dgl. hervorrufen. Zu den R. gehören z. B. Stickstofflost- u. Äthyleniminderiv. Von diesen vollständig wie ionisierende Strahlung wirkenden sog. *kompletten R.* unterscheidet man die *partiellen R.* (z. B. Urethan, Azofarbstoffe), deren Wrkg. nur z. T. die von ionisierenden Strahlen erreicht. — Vgl. Ullmann X, 774. — E: radiomimetics

Radionuklide. Nach DIN 6814, Bl. 4 (Entwurf Juni 1967) Bez. für radioakt. (s. *Radioaktivität) *Nuklide, d. h. solche Nuklide, die durch radioakt. Umwandlungen, i. h. spontane *Kernumwandlungen, in stabile Nuklide übergehen. R. können natürlichen Ursprungs sein (z. B. ^{40}K od. die Glieder der 3 großen Zerfallsreihen) od. durch Kernreaktionen künstlich erzeugt werden (z. B. die *Transurane). Als charakterist. Konst. der R. gelten die *Zerfallskonst.* (Zerfallswahrscheinlichkeit; = Proportionalitätsfaktor, mit dem die Anzahl der vorhandenen Atome eines R. multi-

Radionuklide

pliziert werden muß, um die Anzahl der in der Zeiteinheit zerfallenden Atome zu erhalten), die *mittlere Lebensdauer* (= reziproker Wert der Zerfallskonst.), die *Halbwertszeit, die spezif. Gammastrahlenkonst. (Dosisleistungskonst.) u. der Konversionskoeff.; zur Definition s. das zizierte Normblatt. Wichtige *natürliche* R. sind ^{210}Po, ^{220}Rn, ^{226}Ra, ^{228}Ra, ^{232}Th, ^{238}U (zur hier verwendeten Symbolik s. *Kernreaktionen). Sie zerfallen unter α- od. β^--Emission; als Begleiterscheinung werden häufig (z. B. bei ^{226}Ra) γ-Quanten emittiert, deren Energie ebenfalls mehrere MeV od. keV beträgt. Anwendungstechn. wesentlich wichtiger sind *künstlich* erzeugte *R.* Solche lassen sich von allen Elementen herstellen. Für die Gewinnung von R. gibt es drei Wege (vgl. W. Hanle, Isotopentechnik, München, Verl. Karl Thiemig, 1964): 1. Durch Kernspaltung von Uran. Hierbei entstehen eine Reihe von radioakt. Spaltprod., die als β-Strahler, z. T. unter zusätzlicher Abgabe von γ-Strahlung erst in längeren Zerfallsreihen in stabile Nuklide zerfallen. 2. Durch (n, γ)-Reaktionen mittels der bei der Kernspaltung im Kernreaktor (je Uranatom 2 bis 3) freiwerdenden Neutronen, die aus vielen Elementen R. zu erzeugen vermögen (z. B. ^{59}Co + n → ^{60}Co + γ). 3. Durch den Einsatz von *Teilchenbeschleunigern. Hierbei werden entweder die auf hohe Bewegungsenergie beschleunigten Protonen, Deuteronen od. α-Teilchen direkt zur Kernumwandlung benutzt (*Beisp.:* ^{24}Mg + d → ^{22}Na + α) od. die Beschleuniger erzeugen zunächst γ-Quanten, die ihrerseits Kernprozesse, meist (γ, n)- od. (γ, 2n)-Prozesse, auslösen. Die so erzeugten R. liegen oft nur in Spuren vor u. müssen angereichert od. von anderen R. od. inakt. Substanz abgetrennt werden. Hierbei finden die Meth. der Isotopentrennung (s. *Isotope) Anwendung. Häufig benötigt man radioakt. Präp. hoher spezif. Aktivität od. sogar trägerfreie. Solche kann man direkt nicht durch eine (n, γ)-Reaktion erhalten, sondern nur durch Reaktionen, bei denen sich die Kernladung u. damit die chem. Eig. ändern, also z. B. durch (n, p)- od. (n, α)-Reaktionen. Trägerfrei sind auch R., die durch β-Zerfall aus einem anderen R. entstehen, das prim. durch Neutroneneinfang gebildet wurde (*Beisp.:* ^{130}Te + n → ^{131}J + β^-). Durch den sog. Szilard-Chalmers-Effekt lassen sich verschiedene stabile Nuklide in R. u. Protonen umwandeln, wobei ein Energiebetrag frei wird, der sich als kinet. Energie auf das Proton u. das entstandene R. verteilt, wobei letzteres durch Rückstoß aus dem Mol. gelöst wird u. sich so abtrennen läßt (*Beisp.:* Das bei der Umwandlung von ^{127}J in Äthyljodid = C_2H_5J durch Neutroneneinfang erzeugte Radiojod ^{128}J wird infolge γ-Rückstoßes aus einem Tl. der Mol. herausgeschleudert, u. diese freien ^{128}J-Atome lassen sich durch Schütteln mit Wasser vom Äthyljodid abtrennen.

R. finden in allen Bereichen der Naturwissenschaften, vielen Zweigen der Technik u. in der Medizin vielfältigste Anwendung. Im Vordergrund steht ihr Einsatz zur Markierung (*Leitisotopenmeth.*), also ihre Verw. als *Isotopenindikatoren. Durch die Eingabe radioakt. Stoffe enthaltender Vorrichtungen od. die Zugabe markierter Substanzen lassen sich zeitliche u. örtliche Veränderungen sowie Mengenbest. aller Art durchführen. Der prinzipielle Vorteil dieser Indikatormeth. für die Chemie liegt darin, daß chem. äquivalente Isotope des zu untersuchenden Elements zugesetzt werden, die bei allen chem. Operationen den gleichen Weg wie das inakt. Trägermaterial gehen; durch ihre Radioaktivität sind die Indikatoratome jedoch auf einfache Weise von den Trägeratomen zu unterscheiden u. lassen sich so noch in extremer Verdünnung nachweisen. Mit ihr lassen sich u. a. Löslichkeitsmessungen durchführen, das Kristallwachstum verfolgen, Mitfällung nachweisen u. so Reinigungsprozesse überprüfen, Phasenumwandlungspunkte feststellen, Austauschreaktionen u. a. Reaktionsmechanismen untersuchen. Die Verfolgung des Schicksals von Stoffen im lebenden Organismus wurde erst durch die Markierung mit R. möglich; hierdurch konnten grundsätzliche Erkenntnisse über den Ansatzpunkt der Therapeutika u. ihre Wrkg.-Mechanismen, aber auch über den Ablauf der Stoffwechselvorgänge gewonnen werden. Auf dem Gebiet der Pflanzenernährung bot der Einsatz von R. erstmals die Möglichkeit, zwischen solchen Nährstoffen zu unterscheiden, die die Pflanze aus dem ursprünglichen Bodenvorrat aufgenommen hat, u. jenen, die durch die Düngemittel zur Verfügung gestellt wurden. In der Medizin wendet man heute eine Reihe von diagnost. u. therapeut. Meth. an, die sich auf Markierungen mit R. stützen. In der *quant. Analyse finden eine Reihe von radiometr. Verf. Anwendung, die sich in zwei Gruppen zusammenfassen lassen: 1. Verf., bei denen während des Vers. keine Änderung der spezif. Aktivität der zu bestimmenden Substanz stattfindet (*Indikatoranalyse*). 2. Verf., die darauf beruhen, daß eine Änderung der spezif. Aktivität gemessen wird (*Isotopenverdünnungsmeth.*). Auf der Erzeugung von R. beruht die sog. *Aktivierungsanalyse. Von den zahlreichen diagnost. Anwendungen von R. in der Technik sei nur auf die Gamma(radio)graphie (s. *Gammagraphie) hingewiesen. Zu den klass. Meth. der Inkorporation von R. zu diagnost. Zwecken in der Medizin gehören die Unters. der Schilddrüsenfunktion u. die Lokalisationsstudien der Schilddrüse mit Radiojod (^{131}J, ^{132}J). Von der Meth. der Altersbest. mit R. ist die wichtigste die sog. *Radiokohlenstoff-

datierung, von Bedeutung sind auch die *Kalium-Argon- u. die *Rubidium-Strontium-Datierung. Weitere Anwendungen von R. sind die als Strahlenquellen in Chemie (s. *Strahlenchemie), Pharmazie, Lebensmitteltechnologie, Biologie u. Medizin, als Bestandteil von Leuchtstoffen sowie als Ionisatoren (zu, Ausgleich elektr. Aufladungen).
— E: radionuclids

Lit.: Anwendung radioakt. Isotope in Bergbau u. Hüttenwesen, Essen 1965; Application des Isotopes dans la Recherche et dans la Production, Leipzig 1967; *ASTM, ASTM Standards, Part 30: General Testing Methods, Radioisotopes and Radiation Effects..., Philadelphia, Pa., ASTM (jährlich Neuausgabe); Borissow, Sicherheitstechnik bei der Arbeit mit radioakt. Isotopen, Berlin 1957; Bradford, Radioisotopes in Industry, New York, Reinhold, 1953; Broda, E., Radioakt. Isotope in der Biochemie, Wien, Deuticke, 1958; Catch, J. R., Carbon-14 Compounds, London, Butterworth, 1961; Catsch, A., Radioactive Metal Mobilization in Medicine, Springfield 1964; Comar, C. L., Radioisotopes in Biology and Agriculture, New York, McGraw Hill, 1955; Czichon, D., Radioakt. Isotope u. ihre Anwendung in der Technik, in Chemie-Labor-Betrieb 17 [1966] S. 66 bis 72, 115—121, 158—162; Dance, J. B., Radioisotope Experiments for Schools and Colleges, Oxford 1967; Extermann, R. T., Radioisotopes in Scientific Research, 4 Bde., London, Pergamon Press, 1958; Faßbender, H., Einführung in die Meßtechnik der Kernstrahlung u. die Anwendung der Radioisotope. Stuttgart, Thieme, 1958; Faires, R. A. u. B. H. Parks, Arbeitsmeth. im Radioisotopenlaboratorium, Braunschweig, Vieweg, 1960; Fellinger, K. u. R. Höfer, Radioakt. Isotope in Klinik u. Forschung, I [1954], II [1956], III [1958], IV [1960], V [1963], VI [1965], VII [1967], München, Urban & Schwarzenberg; Fried,M., The Use of Radioisotopes in Animal Biology and the Medical Sciences, New York, Acad. Press, 1962 (Symposium); Gardner, R. P. u. R. L. Ely, Radioisotope Measurement Applications in Engineering, New York, Reinhold, 1967; Gorodinski u. Parchomenko, Arbeitshygiene beim Umgang mit radioakt. Isotopen, Berlin 1966; Guest, G. H., Radioisotopes, Industrial Applications, New York, Pitman, 1951; Hahn, P. F., Therapeutic Use of Artificial Radioisotopes, Industrial Applications, New York, Pitman, 1951; Hart, H., Radioaktive Isotope in der Betriebsmeßtechnik, Berlin, Verl. Technik, 1962; Hevesy, G. v., Radioactive Indicators, New York, Interscience, 1948; ders., Adventures in Radioisotope Research, London, Pergamon Press, 1962; Hiller, J. u. A. Jacob, Die Radio-Isotope, München, Urban u. Schwarzenberg, 1952; Hoffmann, G., R. in der klin. u. experimentellen Onkologie (Supplement 3 zur Ztschr. „Nuclear-Medizin"), Stuttgart 1966; IAEO, Radioisotopes in the Physical Sciences and Industry (Sympos., Sept. 1960, Kopenhagen), Wien; dies., Radioisotope Sample Measurement Techniques. Proceedings of the Symposium on Radioisotope Measurement Techniques in Medicine and Biology, Vienna, 24.—28. Mai 1965, Wien 1965; dies., Radioisotopes in the Detection of Pesticide Residues. Proceedings of a Panel on the Uses of Radioisotopes in the Detection of Pesticide Residues, Vienna 1965, Wien 1965; dies., Standardization of Radionuclides. Proceedings of a Symposium, organized by the IAEA, Vienna 1966, Wien 1967; dies., Radioisotope Tracers in Industry and Geophysics. Proceedings of a Symposium organized by the IAEA, Prague 1966, Wien 1967; dies., Regulations for the Safe Transport of Radioactive Materials, Wien 1967; IAEO,FAO,WHO, Use of Radioisotopes in Animal Biology and Medical Sciences (Proc. Conf. Mexico-City, Nov.—Dez. 1961), NewYork,1962; Kamen, M.D., A Tracer Experiment: Tracing Biochemical Reactions with Radioisotopes, London 1965; Keiderling u. a., Radioisotope in der Hämatologie, Stuttgart, Schattauer, 1963; Kohl, Jerome u. a., Radioisotope Applications Engineering, Princeton, Van Nostrand, 1961; Kulikow u. Popow, Radioakt. Isotope in der Metallurgie, Berlin, 1959; Lawrence, J. H., B. Manowitz u. B. S. Loeb, Radioisotopes and Radiation: Recent Advances in Medicine, Agriculture and Industry, New York 1965; Ledich, A. F., Die Anwendung radioakt. Isotope in der Lack- u. Kunststoffindustrie, in Österr. Chemiker-Ztg. 1966, S. 79—88; Lerch, P., La méthode des indicateurs radioactifs: principe, avantages et limites, in Chimia 21 [1967] S. 1—8; Letavet, A. A. u. Kurlyanskaya, E. B., Toxicology of Radioactive Substances, New York, Macmillan, 1962; Leymonie, C., Les Traceurs Radioactifs en Métallurgie Physique, Paris, Dunod, 1960; Meneely, G. R. u. S. M. Linde, Radioactivity in Man. Whole Body Counting and Effects of Internal Gamma Ray-Emitting Radioisotopes. The Papers of the 2nd Symposium sponsered by Northwestern University Medical School and the American Medical Association, Springfield 1965; Michejewa, L. B. u. N. B. Michejew. Radioakt. Isotope in der Analyt. Chemie, Berlin, Akad.-Verl., 1962: Myslivec, V., Radioakt. Isotope in der Landwirtschaft, Berlin, VEB Dtsch. Landwirtschaftsverl., 1960; Nay, U., Ein Verf. zur Anwendung von Radioisotopen in der medizin. Diagnostik, in Glas-Instr.-Techn. 11 [1967] S. 350 bis 355; Oeschger, H., Radioakt. Isotope in Geophysik u. Archäologie, in Chem. Rdsch. [Solothurn] 21 [1968] S. 195; Overman, R. T. u. H. M. Clark, Radioisotope Technique. New York, McGraw Hill, 1960; Piraux, H., Radio-Isotope u. ihre Anwendung in der Industrie, Hamburg 1965; Quimby, E. H. u. S. Feitelberg, Radioactive Isotopes in Medicine and Biology, Philadelphia, Lea and Febiger, 1963; Quinney, R. R. u. H. A. Swartz, Demonstration Experiments with Radioisotopes, in Chemistry 40 [1967] Nr. 7, S. 49—53; Rochlin, R. S. u. W. W. Schultz, Radioisotopes for Industry. New York, Reinhold, 1959; Roeder, ^{32}P im Nervensyst., Göttingen, Musterschmidt, 1947; Schmeiser, K., Radionuclide, Berlin, Springer, 1963; Schmidt-Küster, W. J. u. L. Wiesner, Anwendung radioakt. Isotope in der Textilforschung u. -technik. Symposium Lindau/Bodensee vom 8.—10. Juli 1964, München, Thiemig, 1964; Schütte, H. R., Radioakt. Isotope in der Org. Chemie, Weinheim, Verl. Chemie, 1966; Schwiegk, H. u. a., Künstliche radioakt. Isotope in Physiologie, Diagnostik u. Therapie, Berlin, Springer, 1961; Vetter, H. u. N. Veall, Radio-Isotopen-Technik in der klin. Forschung u. Diagnostik, München 1960; Wachsmann, F., Die radioakt. Isotope u. ihre Anwendung in Medizin u. Technik, Bern (Francke-Verl.) u. München (Lehnen-Verl.), 1954; Weissmantel, C., Radioisotope in Forschung, Technik u. Medizin, Leipzig, VEB Dtsch. Verl. Grundstoffindustrie, 1962; Winteringham, F. P. W., Radio-Isotope Techniques, London, Her Majesty's Stationery Office, 1952; Woodburn, J. H., Radioisotopes, London 1967. *Ztschr.:* The Internat. Journal of Applied Radiation and Isotopes, London, Pergamon Press, (erscheint seit 1956) ; American Journal of Science; Radiocarbon Supplement New Haven, Conn., Yale Univ.; Isotopes and Radiation Technology, Washington (1968—) ; Journal of Labelled Compounds, Brüssel, Les Presses Académiques Européennes (an 1965) ; Radioisotopes

(Tokyo), Tokyo, Nippon Hoshasei Diogenso Kyokai [Text in japan.].

Radiosynthese. Verf. zur Herst. bestimmter chem. Verb. mit Hilfe der Strahlung eines Kernreaktors. So lassen sich z. B. mittels der R. Stickstoffoxide direkt aus der Luft, od. aus Ammoniak Hydrazin gewinnen. Dadurch ergeben sich u. a. für die Düngemittel- u. Salpetersäureproduktion völlig neue Aspekte. — E: radiosynthesis

Radium (von lat.: radius = Strahl). Chem. Symbol Ra. Metall. Element; Massenzahlen der Isotope (in Klammern Angabe der Halbwertszeit): 213 (2,7 Min.), 219 ($<$ 1 Min.), 220 (0,025 Sek.), 221 (30 Sek.), 222 (38 Sek.), 223 (11,7 Tage), 224 (3,64 Tage), 225 (14,8 Tage), 226 (1622 Jahre), 227 (41 Min.), 228 (6,7 Jahre), 229 ($<$ 5 Min.), 230 (1 Std.). Ordnungszahl 88; stets II-wertig in Übereinstimmung mit seiner Stellung in der II. Hauptgruppe des *Periodensyst. $D.$ etwa 6 (einziges Schwermetall der Erdalkaligruppe); $F.$ etwa $700°$, $Kp.$ etwa $1140°$ (jedenfalls unter $1737°$). Seine hervorstechendste Eig. ist die *Radioaktivität. Im übrigen hat Ra große Ähnlichkeit mit dem *Barium, das im Periodensyst. über ihm steht. Das reine, weißglänzende Ra-Metall kann durch Schmelzelektrolyse von Radiumchlorid = $RaCl_2$ hergestellt werden; es reagiert mit Wasser u. Säuren fast so energ. wie metall. Kalium u. erteilt der Gasflamme eine intensiv rote Färbung. Genau wie beim Calcium od. Barium sind Chlorid, Bromid, Nitrat u. Acetat wasserlösl., Sulfat, Carbonat, Oxalat u. tert. Phosphat dagegen nahezu od. völlig unlösl. Die Erscheinung der Radioaktivität ist an die Ra-Atome (Atomkerne) gebunden; die gleichen Mengen von Ra-Atomen strahlen also in den verschiedensten Ra-Verb. prakt. gleich stark. Größere Mengen von konz. Ra zeigen schon am Tageslicht ein schwaches Leuchten.

Vork.: Ra ist eines der seltensten Elemente; sein Anteil an den obersten 16 km der Erdkruste wird auf $7 \cdot 10^{-12}$ % geschätzt. Man findet es stets in geringen Spuren (etwa $1/3\,000\,000$) in Uranmineralien. Ra entsteht durch langsamen, radioakt. Zerfall von Uran; es geht selbst durch weiteren radioakt. Zerfall schließlich in stabiles Blei über (s. natürliche radioakt. Zerfallsreihen unter *Radioaktivität). Die Erstarrungsgesteine der festen Erdkruste (Granit, Porphyr, Basalt, Lava usw.) enthalten ca. 0,00000000024% Ra, d. h. auf 1000 t Gestein kommen durchschnittlich nur 2 bis 3 mg Ra. Bei der Verwitterung der Erstarrungsgesteine gehen die Ra-Verb. — ähnlich wie die verwandten Calcium-Verb. — in die Sedimentgesteine, Quellen, Flüsse u. Meere über; die Tonschiefer, Sandsteine u. Kalksteine haben daher einen ähnl. Ra-Geh. wie die Erstarrungsgesteine. Der gesamte Ra-Geh. des Meeres wird auf 20 000 t geschätzt. Das radiumreichste u. wichtigste Rohmaterial für die Ra-Gewinnung ist die Pechblende, die hauptsächlich in St. Joachimsthal in Böhmen (b. Karlsbad), im Katangagebiet von Kongo u. in La Bine Point am Großen Bärensee (Nordkanada, 70 km südlich vom Polarkreis), vorkommt; daneben ist auch der Karnotit (Lager in Kolorado u. Utah) von Bedeutung. Außer Karnotit u. Pechblende gibt es noch etwa 30 weitere, meist grün od. gelb gefärbte, weniger wichtige Uran- bzw. Radiummineralien. Viele davon treten mit Zinnerz u. Flußspat vergesellschaftet auf, was auf hydrothermalen Ursprung hinweisen kann (s. *Lagerstätten). Die Tonne Uranpechblende mit etwa 60% Uran enthält nur ungefähr 0,14 g Ra, daher ist dessen Reindarst. außerordentlich mühsam u. kostspielig. Näheres s. „Die Technik der Ra-Erzeugung", in Chemiker-Ztg. 1938, S. 592 bis 593.

Verw.: Zur Ausführung von *Kernreaktionen, zur Behandlung krebsartiger Geschwülste, gegen Gicht, Gelenk- u. Muskelrheumatismus (Trinkkuren mit sehr stark verd. wss. Lsg. von Ra-Salzen), bei biolog. Vers. (Hervorrufen von künstlichen Mutationen), für nachtleuchtende Zifferblätter an Uhren u. Kompassen. Seitdem (billigere u. wirksamere) künstliche *Radionuklide in ausreichenden Mengen zur Verfügung stehen, ist die Verw. von Ra stark zurückgegangen.

Geschichtl.: Ra wurde 1898 im Anschluß an die von Becquerel beobachtete Strahlung der Joachimsthaler Pechblende von M. u. P. Curie in diesem Mineral nachgewiesen; die Isolierung des Ra-Metalls erfolgte 1910 durch M. Curie, s. auch *Radioaktivität. — E: radium

Lit.: Abeggs Handbuch der Anorg. Chemie, Bd. II/2, Leipzig, Hirzel, 1922; Bresler, S. J., Die radioakt. Elemente, Berlin, Verl. Technik, 1957; Gmelin, Syst.-Nr. 31, Radium u. seine Isotope; Heinrich, E. W., Mineralogy and Geology of Radioactive Raw Materials, New York, 1958; Pascal, Nouveau Traité, Bd. IV, 1958, Paris Masson; Ullmann IX, 100; Verhagen, A., Radium-Isodosen, Die Radiumdosierung mit „r", Stuttgart, 1958; s. auch Lit. unter *Radioaktivität.

Radium A (chem. Symbol RaA) = $^{218}_{84}Po$ als Glied der Uran-Radium-Zerfallsreihe (s. *Radioaktivität). — E: radium A

Radium B (chem. Symbol RaB) = $^{214}_{82}Pb$ als Glied der Uran-Radium-Zerfallsreihe (s. *Radioaktivität). — E: radium B

Radium B' (chem. Symbol RaB') = $^{218}_{85}At$ als Glied der Uran-Radium-Zerfallsreihe (s. *Radioaktivität). Bez. ist nicht offiziell festgelegt, wird jedoch in der Lit. verwendet. — E: radium B'

Radiumblei = *Radium G. — E: radium lead

Radium C (chem. Symbol RaC) = $^{214}_{83}Bi$ als Glied der Uran-Radium-Zerfallsreihe (s. *Radioaktivität). — E: radium C

Radium C' (chem. Symbol RaC') = $^{214}_{84}Po$ als

Radium C″
Glied der Uran-Radium-Zerfallsreihe (s. *Radioaktivität). Alte Bez.: Radium C_1. — E: radium C′

Radium C″ (chem. Symbol RaC″) = $^{210}_{81}$TC als Glied der Uran-Radium-Zerfallsreihe (s. *Radioaktivität). Veraltete Bez.: Radium C_2. — E: radium C″

Radium C_1 (chem. Symbol RaC_1). Veraltete Bez. für *Radium C′. — E: radium C_1

Radium C_2 (chem. Symbol RaC_2). Veraltete Bez. für *Radium C″. — E: radium C_2

Radium D (chem. Symbol RaD) = $^{210}_{82}$Pb als Glied der Uran-Radium-Zerfallsreihe (s. *Radioaktivität). Über den Geh. von RaD in menschlichen Knochen u. Haaren s. Jaworowski, in Nukleonika (Warschau) 10 [1965] S. 297; Ref. in Chemiker-Ztg. 90 [1966] S. 538. — E: radium D

Radium E (chem. Symbol RaE) = $^{210}_{82}$Bi^m als Glied der Uran-Radium-Zerfallsreihe (s. *Radioaktivität). — E: radium E

Radmium E″ (chem. Symbol RaE″) = $^{206}_{81}$Tl als Glied der Uran-Radium-Zerfallsreihe (s. *Radioaktivität). Bez. ist nicht offiziell festgelegt, wird jedoch in der Lit. verwendet. — E: radium E″

Radium-Emanation. Frühere Bez. für das Radon-Isotop 222 als Glied der Uran-Radium-Zerfallsreihe (s. *Radioaktivität); wurde auch allg. für das Element *Radon verwendet. — E: radium emanation

Radium F (chem. Symbol RaF) = $^{210}_{84}$Po als Glied der Uran-Radium-Zerfallsreihe (s. *Radioaktivität). — E: radium F

Radium G (Radiumblei; chem. Symbol RaG) = $^{206}_{82}$Pb als Endglied der Uran-Radium-Zerfallsreihe (s. *Radioaktivität). — E: radium G

Radix (lat. = Wurzel). In der Apotheker- u. Drogistensprache bedeuten z. B. Radix Aconiti = Eisenhutknolle, R. Alcannae = Alkannawurzel, R. Althaeae = Eibischwurzel, R. Angelicae = Angelikawurzel, R. Arnicae = Arnikawurzel

Radon (Emanation, Niton). Chem. Symbol Rn, gasf. Element, *Edelgas, farblos, geruchlos. Radioakt. (keine stabilen *Nuklide); Isotope (Zahlen in Klammern bedeuten Halbwertszeit): 204 (3 Min.), 206 (6,5 Min.), 207 (11 Min.), 208 (23 Min.), 209 (30 Min.), 210 (2,7 Std.), 211 (16 Std.), 212 (23 Min.), 215 (<1 Min.), 216 (4,5·10⁻⁵ Sek.), 217 (5·10⁻⁴ Sek.), 218 (Astat-Emanation; 0,030 Sek.), 219 (Actinium-Emanation od. Actinon; 4,0 Sek.), 220 (= Thorium-Emanation od. Thoron; 51,5 Sek.), 221 (25 Min.), 222 (= Radium-Emanation; 3,823 Tage), 223 ($\approx$ 12 Min.). Ordnungszahl 86, 0-wertig wie alle Edelgase; Litergew. 9,73 g, D. des fl. Rn 4,4 ($-62°$), D. des festen Rn 4, F. $-71°$, Kp. $-61,8°$. Rn-Isotope entstehen als Zwischenprod. beim radioakt. Zerfall von Uran (bzw. Radium), Thorium u. Actinium (s. radioakt. Zerfallsreihen unter *Radioaktivität); es ist neben *Plutonium wohl das seltenste Element unserer Erdrinde; sein Anteil wird auf nur 6,2·10⁻¹⁶ % geschätzt. Rn findet sich spurenweise in allen radioakt. Elementen; man konnte es auch in einigen Quellwässern bes. in der Nähe radioakt. Lagerstätten (Karlsbad, Joachimsthal) nachweisen. Da sich Rn als Gas von selbst verflüchtigt u. ausbreitet, wird auch die Umgebung der fortgesetzt radonbildenden Radiumpräp. von selbst radioaktiv; nach Aussendung von je einem α-Teilchen gehen die Rn-Isotope in (feste) Polonium-Isotope über, die sich in der Umgebung des Radiums niederschlagen. Die Ausstrahlung von Helium (genauer: Heliumkernen) aus Rn läßt sich spektralanalyt. nachweisen. Festes Rn phosphoresziert, wobei das emittierte Licht mit zunehmender Abkühlung intensiver gelb wird, bei der Temp. der fl. Luft ist seine Farbe orangegelb. Stabile Edelgasverb. die Zus. RnF$_x$ sind bekannt, ebenso wurde die Oxydation von Rn in wss. Lsg., wahrscheinlich unter Bldg. von RnO$_3$, nachgewiesen (vgl. M. W. Haseltine u. H. C. Moser in J. Amer. Chem. Soc. 89 [1967] S. 2497). Rn wird ausschließlich für therapeut. Zwecke verwendet u. dazu durch Abpumpen aus Radiumpräp. gewonnen. — Das Isotop 220 wurde zuerst entdeckt (Rutherford, 1900) u. wegen seines Vork. im Thorium als Thorium-Emanation bezeichnet. Dorn fand 1901 das wichtigste Rn-Isotop 222 (Radium-Emanation) im Radium, u. bald darauf konnten Giesel u. Debierne im Actinium das Radonisotop 219 (Actinium-Emanation) feststellen. Ramsay kennzeichnete 1910 das Radon 222 durch sein Spektrum; er ermittelte auch seine Gasdichte u. das At.-Gew.

— E: radon

Lit. s. *Radium u. *Radioaktivität.

Raffination. Bez. für die gründliche Reinigung u. die Veredlung von *Rohstoffen, Nahrungsmitteln u. techn. Prod. Die R. von Metallen bezweckt die Entfernung unerwünschter Beimengungen. Bei der R. des Zuckers wird der Rohzucker in wenig Wasser gelöst, über Knochenkohle filtriert, im Vak. eingedampft u. die erstarrte Kristallmasse mit farbloser Kandislsg. ausgewaschen; das Prod. wird hier „Raffinade" genannt. Bei der R. der Fette u. Öle werden neben Verunreinigungen auch störende Begleitstoffe (unliebsame Farb-, Geruchs-, Geschmacksstoffe usw.) entfernt. Größere Anlagen für die R. heißen *Raffinerien* (z. B. für Erdöl od. für Zucker). — E: refining

Raman-Effekt (Smekal-Raman-Effekt, Raman-Smekal-Effekt). Bez. für die 1923 von A. Smekal (s. Naturwiss. 11 [1923] S. 873) vorausgesagte u. 1928 (s. Indian J. Physics 2 [1928] S. 387 ff.) von C. V. Raman (geb. 1888; Physik-Nobelpreisträger 1930) experimentell nachgewiesene Erscheinung, daß das Spektrum des von festen, fl.

od. gasf. mit monochromat. Licht bestrahlten chem. Verb. gestreuten Lichtes (s. *Lichtstreuung) außer der Linie (Primärfrequenz) des anregenden Lichtes noch davon verschiedene schwache Linien (sog. „Raman-Linien") enthält, die auf Schwingungen u. Rotationen der streuenden Mol. zurückzuführen sind. Eine zum Nachweis des R.-E. an Fl. geeignete Vers.-Anordnung zeigt die Abb. a.

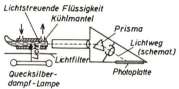

Abb. a) Vers.-Anordnung bei Ramanaufnahme

Hier wird also das in der 90°-Richtung gestreute Licht spektral zerlegt. Da das „Raman-Licht" im Vgl. zum Rayleigh-Licht (das man bei Messung der Lichtstreuung aufnimmt) nur sehr schwach ist, muß man bei Aufnahme der *Raman-Spektren* von extrem opt. klaren Proben ausgehen u. eine starke linienhafte Lichtquelle (Quecksilberdampf-Lampe) verwenden; zur seitlichen Beobachtung des Streulichtes ist ein lichtstarker Spektrograph od. eine Photozelle mit elektron. verstärkter Anzeige erforderlich.

Im Ramanspektrum findet man neben der Erregerlinie längerwellige (Stokessche Linien) u. kürzerwellige („Anti-Stokessche Linien") Trabanten. Dies läßt sich nach der älteren *Quantentheorie dadurch erklären, daß bei der Lichtstreuung das auftreffende Lichtquant entweder dem Mol. einen Tl. seiner Energie in Höhe eines Schwingungsquants hinterläßt u. so kleiner wird (Stokessche Linien) od. — falls das Mol. bereits therm. Schwingungen ausführt — ein Schwingungsquant mit auf den Weg bekommt u. so größer wird (Anti-Stokessche Linien). Neben dem *Schwingungs-R.-E.* existiert auch ein *Rotations-R.-E.*, bei dem allerdings die Frequenzverschiebungen wesentlich geringer sind. Hier werden jeweils zwei Rotationsquanten ausgetauscht, weil sich während einer Umdrehung des Mol. die Polarisierbarkeit zweimal ändert.

Die Bedeutung der Raman-Spektren für die Konstitutionsaufklärung von komplizierten org. Mol. beruht darauf, daß diese außer den Schwingungen, die sich durch Kopplung der Bewegungen mehrerer Bausteine ergeben, eine Anzahl von stets wiederkehrenden Grundschwingungen zeigen, die der Bewegung von Nachbaratomen längs ihrer Verb.-Linie entsprechen (Valenzschwingungen); Doppelbindungen müssen raschere Schwingungen ausführen als Einfachbindungen u. Dreifachbindungen noch raschere. Weiter hängt die Frequenz auch von den Massen der Atome ab, u. Bindungen, an denen Wasserstoffatome beteiligt sind, haben deshalb bes. hohe Frequenzen; wesentlich ist auch, daß sich solche Schwingungen innerhalb der Mol. meist gegenseitig wenig stören. Allg. läßt sich sagen, daß ein n-atomiges Mol. $3n - 6$ Grundschwingungen aufweist; jedes Atom kann sich nämlich in den drei Richtungen des Raumes bewegen, u. 6 Freiheitsgrade sind für Translation u. Rotation des ganzen Mol. abzuziehen.

In der Abb. b sind einige charakterist. Raman-Spektren von org. Verb., vor allem von solchen mit 5 C-Atomen, wiedergegeben.

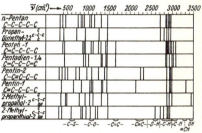

Abb. b) Raman-Spektren einiger org. Verb.

Man sieht, daß diese Verb. alle eine Liniengruppe im Bereich der Wellenzahlen $2800 - 3000\,\text{cm}^{-1}$ gemeinsam haben; diese ist auf Schwingungen von H-Atomen gegen einfach gebundene C-Atome zurückzuführen. Die allen 8 eingezeichneten Verb. gemeinsame Linie bei $1450\,\text{cm}^{-1}$ wird dem CH_3-Radikal als Ganzes zugeschrieben. Verb. mit der Gruppe $-C=C-$ (Penten u. Pentadien) haben bei $1640\,\text{cm}^{-1}$ eine Linie gemeinsam; dagegen sind Verb. mit der Gruppe $-C\equiv C-$ durch Frequenzen bei etwa 2200 ausgezeichnet. Verb. mit einer $-OH$-Gruppe (2-Methyl-propanol) haben eine Linie bei $3400\,\text{cm}^{-1}$. Weitere Raman-Frequenzen sind in der Tab. auf S. 734 aufgezeichnet.

Durch die Aufnahme der Raman-Spektren lassen sich Konstitutionsfragen in der Org., aber auch in der Anorg. Chemie, klären u. viele Substanzen analyt. nachweisen. *Beisp.:* Das Raman-Spektrum der chem. reinen, wasserfreien Salpetersäure zeigt z. B. Linien, die man auch bei andersartigen NO_2- u. OH-Verb. wiedertrifft; man gibt daher der wasserfreien Salpetersäure die Formel NO_2OH. Wird die Säure dagegen mit Wasser verdünnt, so lagert sie sich in H^+- u. NO_3^--Ionen um. Chem. reine, 100%ige Schwefelsäure hat deutliche Raman-Linien in dem Bereich, in dem sonst OH-Bindungen u. SO_2-Bindungen liegen, man darf ihr also wohl die Formel $SO_2(OH)_2$ zuordnen. Erst bei Verd. mit Wasser tritt hier die Sulfat-

Raman-Spektrum

X—X	X=X (1200—1800)	X≡X (1800—2400)	X—H (>2400 cm^{-1})
>C—O—1050	>C=O 1720	—C≡N 2240	>C—H 2900
>C—N< 1000	>C=N—1660	—C≡C—2200	>N—H 3340
>C—C< 950	>C=C< 1640	N≡N 2330	—O—H 3400
>C—Cl 600	O=O 1555		Cl—H 2880
>C—Br 580			Br—H 2550
>C—J 550			J—H 2220

linie allmählich auf. Simon bewies mit Hilfe des Raman-Spektrums, daß dem Wasserstoffperoxid die Strukturformel H—O—O—H zukommen muß. Nach Placzek erhält man Raman-Linien nur von homöopolaren Bindungen, nicht aber von Ionen-Bindungen od. heteropolaren Bindungen (s. *Chem. Bindung). Dies erklärt sich folgendermaßen: Bei der homöopolaren Bindung sind die Atome im Mol. durch den Besitz gemeinsamer Elektronen miteinander verknüpft; wenn hier die einfallenden Lichtquanten an den Elektronenhüllen „zerren", so werden die durch gemeinsame Elektronen verbundenen Atome zu Schwingungen gegeneinander veranlaßt (Oszillationen), u. diese Schwingungen verursachen das Raman-Spektrum. Die Ionen (wie sie z. B. im Kochsalzkristall od. in der Kochsalzlsg. vorliegen) sind dagegen voneinander ziemlich unabhängig; hier können die auftreffenden Lichtquanten auch keine regelmäßigen Schwingungsbewegungen benachbarter Atomkerne bewirken. Die Raman-Spektren sind im allg. um so einfacher u. höher die Symmetrie u. je niedriger die Atomzahl der betreffenden Mol. ist, so haben z. B. NH$_3$, H$_2$S u. CCl$_4$ wenige Raman-Linien, während diese z. B. schon bei den höheren Kohlenwasserstoffen erheblich zunehmen (s. oben).

Hinsichtlich des apparativen Aufwandes ist die Raman- der *Infrarotspektroskopie überlegen, allerdings ist der Substanzbedarf je Analyse größer. Beide Meth. eignen sich für die *qual. Analyse in gleicher Weise: Auf Grund der charakterist. Infrarot-Banden od. Raman-Linien kann eine Substanz identifiziert od. ein Substanzgemisch analysiert werden. Bei der Analyse von Substanzgemischen mit vielen Komponenten ist die Raman-Spektroskopie oft im Vorteil, da die Hauptkomponenten klar hervortreten u. Komponenten in geringerer Konz. nicht erfaßt werden. Die Erfassungsgrenze der Raman-Spektroskopie liegt mit etwa 2 bis 3% erheblich höher als die der Infrarotspektroskopie. — E: Raman effect

Lit: Beattie, I. R., He/Ne Laser Raman Specroscopy, in Chem. in Britain 3 [1967] S. 347—352; Bergmann u. Kresze, Kartei zur Dokumentation in der Molekülspektroskopie, in Angew. Chem. 67 [1955] S. 685—694; Brandmüller, J., Ramanspektroskopie mit Lasern. Tl. 1: Linearer R.-E., in Naturwiss. 54 [1967] S. 293—297 (Tl. 2 s. Schrötter, H. W.); Brandmüller, J. u. H. Moser, Einführung in die Ramanspektroskopie, Darmstadt, Steinkopff, 1962; Colthup, N. B., L. H. Daly u. S. E. Wiberly, Introduction to Infrared and Raman Spectroscopy, New York, Academic Press, 1964; Goubeau, J., Die Raman-Spektren von Olefinen, Weinheim, Verl. Chemie, 1948; Herzberg, Infrared and Raman-Spectra of Polyatomic Molecules, New York, Van Nostrand, 1947; Hester, R. E., Raman Spectrometry, in Anal. Chem. 40 [1968] S. 320 R bis 330 R (Lit.-Übersicht 1966—1967); Hibben, J. H., The Raman Effect and its Chem. Application, New York, Reinhold, 1947; Houben-Weyl-Müller, Bd. III/2, 1955 (Goubeau, S. 269—793); Jones, A. C. u. D. D. Tunnicliff, Raman Spectrometry, in Anal. Chem. 34 [1962] S. 261 R ff., (Lit.-Übersicht); Jones, R. N. u. M. K. Jones, Raman Spectrometry, in Anal. Chem. 38 [1966] S. 393 R—404 R (Lit.-Übersicht); Matossi, F., Der Raman-Effekt, Braunschweig, Vieweg, 1959; Otting, W., Der R.-E. u. seine analyt. Anwendung, Berlin, Springer, 1952; Pajenkamp, Fortschr. in der wissenschaftlichen u. prakt. Anwendung des R.-E., in Fortschr. Chem. Forsch., Bd. 1 (H. 3) Berlin, Springer, 1950; Powell, D. B., Infrared and Raman Spectroscopy, in Ann. Rep. Progr. Chem. 63 [1966] S. 112—128; Schrader, B., Fortschritte in der Technik der Ramanspektroskopie, in Chem.-Ing.-Techn. 39 [1967] Nr. 17—18; Schrötter, H. W., Ramanspektroskopie mit Lasern. Tl. 2: Nichtlineare Effekte, in Naturwiss. 54 [1967] S. 607—612; Snell, F. D. u. C. L. Hilton, Encyclopedia of Industrial Chemical Analysis, Bd. 3, New York-London, Wiley-Interscience, 1966, S. 305—333; Szymanski, H. A., Raman Spectroscopy. Theory and Practice, New York 1966 u. Göteborg 1967; Tobias, R. S., Raman Spectroscopy in Inorganic Chemistry, in J. Chem. Educ. 44 [1967] S. 2—8 (I.: Theory), 70—79 (II.: Applications); Wilson, Cross and Decius, Molecular Vibrations; The Theory of Infrared and Raman Vibrational Spectra, New York, Mc Graw Hill, 1955; Ullmann II/1, 236 bis 305, IV, 408, X, 107, XI, 113; Woodward, in Quart. Rev., London, 1956, S. 185 ff.; Ziegler, E. u. E. G. Hoffmann, Fortschritte in der Ramanspektroskopie, in Österr. Chemiker-Ztg. 68 [1967] S. 319—329.

Raman-Spektrum s. *Raman-Effekt. — E: Raman spectrum

Randschicht. Nach DIN 41 852 (Feb. 1967) in der Halbleitertechnik Bez. für die Schicht nicht vollständig neutralisierter Ladungen, die sich bei einem Kontakt zwischen Halbleiter u. Metall od. einem anderen Medium am äußeren Rand des *Halbleiters bildet. Je nach der Art u. Dichte der Störstellen u. nach Art des Metalls bzw. des anderen Mediums wird die D. der Ladungsträger vom Innern des Halbleiters zur Oberfläche hin größer od. kleiner („*Anreicherungs*"- bzw. „*Verarmungs-R.*"). — E: outer layer

Rankine-Skala s. *Temp.-Skalen. — E: Rankine scale

Ranzigkeit. Bez. für den geruchsmäßig u. geschmacklich wahrnehmbaren Mol.-Abbau der *Fette u. fetten Öle, der im Verlaufe ihrer Autoxydation (hierbei lagert sich Sauerstoff an die C—C-Doppelbindungen der ungesätt. Fettsäuren an) im Anschluß an die Bldg. der sinnenphysiolog. im Anfang noch nicht od. kaum wahrnehmbaren Fettperoxide erfolgt u. das Verderben anzeigt. Dabei entstehen Aldehyde (*Aldehydigwerden*), Säuren (*Sauerwerden*), Ketone (*Ketonigwerden*). — E: rancidity

Lit.: Froelich, R., in Pharmazie 1963, S. 20—23; Kaufmann, H. P. u. A. Tobschirbel, Oxydative Veränderung von Fetten, Köln-Opladen 1962; Kirk-Othmer, 2. Aufl., Bd. 7, 1965, S. 429—462; Schultz, H. W., Lipids and their Oxidation (Symposium Oregon State Univ., Sept. 1962), West Port, USA Publ., 1962.

Raser (Abk. für Radiowave Amplification by Stimulated Emission of Radiation). Bez. für ein *Laser u. *Maser analoges, verstärkendes Syst., das Radiowellen verstärkt. Dieses beruht darauf, daß die meisten Atomkerne ein kernmagnet. Moment besitzen (vgl. *Magnet. Kernresonanzspektroskopie) u. unter dem Einfl. eines äußeren Feldes zwei verschiedene Energiezustände ausbilden können, die durch Aufnahme od. Abgabe von Energie im Radiofrequenzbereich ineinander übergeführt werden können. Als äußeres Feld wird im Falle der Erzeugung von R.-Strahlung das freie Elektron eines Radikals (z. B. Butylradikal) verwendet, in dessen kräftigem Feld die Ausrichtung der „Kernmagnete" von Wasserstoffatomen analog wie in einem angelegten Magnetfeld erfolgt. Gegenüber dem energieärmeren Verteilungszustand bedeutet diese „Ausrichtung" eine erhöhte Energie. Geht das Radikal durch die Abgabe des Elektrons in einen stabilen Zustand über, so bleibt zunächst noch der geordnete Zustand der „Wasserstoffkerne" erhalten, obwohl das ausrichtende Feld verschwunden ist. Analog wie bei Laser u. Maser liegt so ein angeregter Zustand vor, der hier in gleicher Weise, ausgehend von einem Zentrum, unter Aussendung von kohärenter Strahlung in den Grundzustand der statist. Verteilung zurückfallen kann. Da die Energiedifferenz zwischen Anfangs- u. Endzustand gering ist, liegt die emittierte Strahlung im Bereich der Radiowellen. Als Radikalquellen dienen chem. Reaktionen (z. B. Spaltung von Peroxiden u. Azoverb.). Vgl.

CAEN 46 [1968] Nr. 3, S. 40, u. Chemie-Labor-Betrieb 19 [1968] S. 206—209. — E: raser

Rasterätzung s. *Ätzen. — E: autotypy

Raumchemie = *Stereochemie.

Raumisomerie = *Stereoisomerie.

Räumliche Netzpolymere s. *Makromol. Stoffe u. *Vernetzte Polymere. — E: space-network polymers

Rauschgifte (Rauschmittel). Bez. für chem. Verb. od. Drogen, die durch Einw. auf das Zentralnervensyst. einen Erregungs- u. Rauschzustand u. auch Sucht hervorrufen können. Abgesehen von den relativ harmlosen Stoffen, wie Alkohol, Nicotin u. (in Grenzen) Coffein gehören zu den R. im engeren Sinne die dem Betäubungsmittelgesetz unterliegenden Morphin, Heroin, Cocain, Haschisch, Mescalin usw. — E: addiction producing drugs

Lit.: Hesse, E., Rausch-, Schlaf- u. Genußgifte, Stuttgart, Enke, 1966.

Rb. Chem. Symbol für das Element *Rubidium.

RBW = *Relative biol. Wirksamkeit.

rd = Kurzzeichen für *Rad.

Re. Chem. Symbol für das Element *Rhenium.

Reactiones Organicae. Von H. J. Ziegler entwickelte, im Georg Thieme Verl., Stuttgart, erscheinende Enzyklopädie allg. interessierender Reaktionen der Org. Chemie auf Flächenlochkarten (= Schlitzlochkarten). Jede Lochkarte enthält eine Arbeitsvorschrift mit übersichtlichen Formelbildern, mit Angabe von Reaktionsbedingungen, Ausbeute, Reaktionsnamen u. Lit.-Zitaten sowie die entsprechenden Stellen in den „Meth. der Org. Chemie" (*Houben-Weyl-Müller), in den „Organic Syntheses" (New York, Wiley), in den „Organic Reactions" (New York, Wiley), in den „Cahiers de Synthèse Organique" (J. Mathieu u. A. Allais, Paris, Masson) u. in den „(Namen)-Reaktionen der Org. Chemie" (H. Krauch u. W. Kunz, Heidelberg, Hüthig-Verl.). Der obere Tl. der Karten enthält den Klartext, der untere Kartentl. das Lochfeld. Der Klartext gibt die Antworten auf die Fragen, die das Lochfeld aufnimmt. Die Kartei unterrichtet nicht nur über den Reaktionstyp, sondern auch über die chem. Konstitution der Reaktionsprod. u. über die Reaktionsbedingungen u. eingesetzten Reagenzien. Zum Auffinden der gesuchten Reaktionen u. Arbeitsvorschriften dienen Programmierblock, Code-Schablonen u. Selektionsgerät. Der Grundstock der Kartei mit etwa 3000 Karten lag 1967 vor. Die Kartei wird durch Nachlieferungen von jährl. etwa 500 Karten laufend ergänzt.

Lit.: Ziegler, H. J., Reactiones Organicae (Einführungsschrift), Stuttgart, Thieme, 1966.

Reagenzgläser (Prüfgläser, Probiergläser, Eprouvetten). Bez. für zylindr., einseitig geschlossene, dünnwandige Röhrchen aus gewöhnl. od. schwer

Reagenzglasgestelle

schmelzbarem Glas, die zur Durchführung von Reaktionen mit kleinen Mengen (z. B. qual. Analysen, Vorproben) dienen. R. sind das im chem. Laboratorium am häufigsten benützte Glasgerät. Nach DIN 12 395 (Jan. 1954) sind R. mit Bördelrand (s. Abb. a) zwischen 8 u. 40 mm Durchmesser u. 70–200 mm Durchmesser genormt. Abb. b zeigt einen *R.-Halter* (= R.-Klemme), der das Erhitzen von R. in der Flamme ermöglicht. Das *R.-Gestell* (s. Abb. c) dient zum bequemen Aufstellen u. zum raschen Trocknen von R.; die nassen, ausgespülten R. werden mit der Öffnung nach unten über die Holzstäbe gesteckt. — E: test tubes

Reagenzglasgestelle s. *Reagenzgläser. — E: test tube racks

Reagenzglashalter s. *Reagenzgläser. — E: test tube holders

Reagenzien s. *Chem. Reagenzien. — E: reagents

Reagenzpapiere (Indikatorpapiere). Bez. für mit Reagenzlsg. (s. *Chem. Reagenzien) getränkte Filtrierpapierstreifen, die zum Nachweis gasf. od. in Gasform darstellbarer Substanzen (Gase streichen am R. vorbei) od. zum Nachweis von saurer od. alkal. Reaktion od. zur Feststellung gelöster Stoffe verschiedener Art durch Farbreaktion dienen (Tropfen werden auf das R. aufgesetzt od. man taucht R.-Streifen in die Lsg.). So gibt es z. B. Spezial-R. zum Nachweis von Gasen (AsH$_3$, PH$_3$, SO$_2$, H$_2$S, F$_2$, Br$_2$, J$_2$, CO, HCN, COCl$_2$, Ozon), sauren, neutralen od. bas. Reaktionen (Phenolphthalein-, Lackmus-, Curcuma-, Triazen-, Delta-Papier), zum Nachweis anorg. Kationen wie z. B. Ni (Dimethylglyoxim-Papier), des Endprod. der Verknüpfung u. a.; s. auch *Tüpfelanalyse. Die Bez. Indikatorpapiere ist nicht auf mit *Indikatoren für maßanalyt. Zwecke getränkte R. beschränkt, sondern ist ein Synonym für R. überhaupt, da diese stets durch Farbänderung sichtbar eine bestimmte Reaktionsstufe anzeigen.—E: test papers, indicator papers, reaction papers

Lit.: Grüne, in Chemie-Labor-Betrieb 12 [1961] S. 224–230 u. 332–336; ders. in Österr. Chemiker-Ztg. 1963, S. 206–213; Rast, in Houben-Weyl-Müller, Bd. III/2, 1955, S. 105–133; Ullmann VIII, 772.

Reaktionen. In der Chemie Sammelbez. für alle zu stofflichen Umwandlungen bei Erhaltung der chem. Elemente führenden Wechselwrkg. zwischen chem. Elementen u./od. Verb. Von diesen *chem. R.*, bei denen im wesentlichen Veränderungen in den Elektronenhüllen der Atome der Reaktionspartner eintreten, sind die sog. *Kernreaktionen zu unterscheiden, bei denen Umwandlungen der Atomkerne erfolgen. Bei chem. R. nennt man diejenigen Elemente u./od. Verb., durch deren Wechselwrkg. miteinander die R. in Gang kommt, die *Ausgangsstoffe;* die am Schluß vorhandenen, scheinbar (s. *Chem. Gleichgew.) nicht miteinander in Wechselwrkg. stehenden Elemente u./od. Verb. *Reaktionsprod.* od. *Endstoffe.* Die Wechselwrkg. zwischen zwei Reaktionspartnern kann direkt zum Reaktionsprod., jedoch auch nur zu einem *Zwischenprod.* führen, das seinerseits erst zum Endstoff od. zu einem weiteren Zwischenprod. weiterreagiert. Bei einer *synthet. R.* (s. *Synth.) erfolgt der Aufbau einer Verb. aus den Elementen od. aus einfacheren Verb.; eine *analyt. R.* (s. *Chem. Analyse) besteht in der Zerlegung einer Verb. in einfachere Bestandteile (im Extremfall in die Elemente), um ihre Zus. kennenzulernen. Werden Verb. in andere umgewandelt, so liegt eine doppelte (od. mehrfache) Umsetzung vor, die sich allg. durch die folgende Reaktionsgleichung (s. *Chem. Zeichensprache) ausdrücken läßt: $AB + CD \rightleftarrows AD + CB + n$ cal. Diese ist gekennzeichnet durch *Stoffumsatz* (beherrscht vom Gesetz von der Erhaltung der Masse, das besagt, daß bei chem. R. keine Massenänderung eintritt, da der Energieumsatz nach *Einsteins Masse-Energie-Gleichung hinsichtlich der Massenänderung vernachlässigbar gering ist) u. durch *Energieumsatz* (wird bei einer R. Energie frei, so handelt es sich um eine *exergon. R.*, wird dagegen Energie verbraucht, so liegt eine *endergon. R.* vor). *Homogene R.* verlaufen in homogener Phase, *heterogene R.* an Phasengrenzflächen (s. *Chem. Gleichgew.). Der Ersatz eines Bestandteils einer Verb. durch einen anderen heißt *Austauschreaktion*, in bes. Fällen in der Org. Chem. *Substitutions-R.* (s. *Substitution); bei der Bldg. einer neuen Verb. durch Anlagerung eines Elementes od. einer Verb. an eine ungesätt. Verb. spricht man von *Additions-R.* (s. *Addition). Bei einer *Abfang-R.* wird ein intermediär auftretendes instabiles Zwischenprod. an einen zugesetzten Reaktionspartner gebunden u. kann sich somit nicht weiter umsetzen. Vgl. auch die folgenden Stichwörter: *Hochgeschw.-R., *Induzierte R., *Ionen-R., *Ketten-R., *Namen-R., *Polymerisation, *Poly.-R., *Zeit-R. — E: reactions

Lit.: Allg.: *ACS, Ion-Molecule Reactions in the Gas-Phase, (Advances in Chemistry Series, Bd. 58), Washington, D. C. 1966; Astarita, G., Mass Transfer with Chemical Reaction, Amsterdam, Elsevier, 1966; Bowden, F. P. u. A. D. Yoffe, Fast Reactions in Solids, London, Butterworth, 1958; Brötz, W., Grundriß der chem. Reaktionstechnik, Weinheim, Verl. Chemie, 1958; Caldin, J. E. F., Fast Reactions in Solutions, Oxford 1963; Dialer, Horn u. Küchler, Chem. Reaktionstechnik, in *Winnacker-Küchler I, 1958; Erhaltung der Orbital-Symmetrie bei chem. R., in Nachr. Chem. Techn. 15 [1967] S. 6–7; Eyring, E. M., Fast Reactions in Solutions, in Surv. Progr. Chem., Bd. 2, New York, Academic Press, 1964, S. 57–89; Feigl, F., Chemistry of Specific, Selective and Sensitive Reactions, New York, Academic Press, 1949; Franzen, V., Reaktionsmechanismen, Heidelberg, Hüthig, 1958; Friess, S. L., E. S. Lewis u. A. Weissberger, Investigations of Rates and Mechanisms of Reactions, I [1961], II [1963], New York-London, Wiley-Interscience; Frost, A. A. u. R. G. Pearson, Kinetik u. Mechanismen homogener chem. R., Weinheim, Verl. Chemie, 1964; Gilman, Dictionary of Chemical Equations, Chicago, Ill., Eclectic Publ., 1955; Haberditzl, W., Können Magnetfelder chem. R. beeinflussen?, in Umschau 67 [1967] S. 528; Hauffe, K., R. in u. an festen Stoffen, Berlin, Springer, 1966; House, H. O., Modern Synthetic Reactions, New York, W. A. Benjamin, 1965; Le Noble, W. J., Reactions in Solutions under Pressure, in J. Chem. Educ. 44 [1967] S. 729 bis 739; North, A. M., The Collision Theory of Chemical Reactions, London 1964; Patterson, A. M., in CAEN 1954, S. 4019 (Über einheitliche Kennzeichnung chem. R.); Schwarz, G., Schnelle chem. R. in Lsg., in Umschau 64 [1964] S. 203—207, 244—247; Slater, N. B., Theory of Unimolecular Reactions, Ithaca, N. Y., Cornell Univ. Press, 1959; Stark, B. P. u. A. J. Duke, Extrusion Reactions, Oxford, Pergamon Press, 1967; Straile, F., Meß- u. Berechnungsmeth. zur Best. von Reaktionsabläufen, in Chemiker-Ztg. 91 [1967] S. 915—921; Ullmann XIV, 582—614 (Reaktionsmechanismen). Vgl. auch *Kettenreaktionen, *Kinetik u. *Präparative Chemie.

Anorg. R.: ACS, Mechanisms of Inorganic Reactions: A Faraday Society-type Symposium (Advances in Chemistry Series, Bd. 49), Washington, D. C. 1965; Basolo, F. u. R. G. Pearson, Mechanisms of Inorganic Reactions: A Study of Metal Complexes in Solutions, New York-London, Wiley-Interscience, 1967; Charlot, G. u. B. Trémillon, Les réactions chimiques dans les solvants et les sels fondus, Paris, Gauthier- Villars, 1963; Jacobson, C. A., Encyclopedia of Chemical Reactions, 8 Bde. (R. anorg. Stoffe untereinander sowie mit einer begrenzten Anzahl an org. Stoffen), New York, Reinhold, 1946—1959; Jolly, W. L., Preparative Inorganic Reactions, I [1964], II [1965], III [1967], New York-London, Wiley-Interscience; Lockhart, J. C., Introduction to Inorganic Reaction Mechanisms, London, Butterworth, 1966; Sundermeyer, W., Chem. R. in geschmolzenen Salzen, in Chemie in unserer Zeit 1 [1967] S. 151—157.

Org. R.: Adams, R. u. a., Organic Reactions I [1942], II [1944], III [1946], IV [1948], V [1949], VI [1951], VII [1953], VIII [1954], IX [1957], X [1959], New York-London, Wiley-Interscience (Forts. s. Cope, A. C.); Alexander, E. R., Principles of Ionic Organic Reactions, New York, Wiley, 1950; Baker, R., Kinetics and Mechanisms in Organic Chemistry, in Chem. in Britain 4 [1968] S. 250—254; Banthorpe, D. V., Elimination Reactions, Amsterdam-New York, Elsevier, 1963; Becker, H., Einführung in die Elektronen-Theorie org.-chem. R., Berlin 1963; Capon, B., M. J. Perkins u. C. W. Rees, Organic Reaction Mechanisms I [1965] 1966, II [1966] 1967, New York-London, Wiley-Interscience (wird fortgesetzt); Cope, A. C., Organic Reactions, XI [1960], XII [1962], XIII [1963], XIV [1965], XV [1967], XVI [1968], New York-London, Wiley-Interscience (wird fortgesetzt; Fortsetzung von Adams, R. u. a.); Cremlyn, R. J. W. u. R. H. Still, Named and Miscellaneous Reactions in Practical Organic Chemistry, New York-London, Wiley-Interscience, 1967; Eaborn, C., N. B. Chapman u. E. D. Hughes, Reaction Mechanisms in Organic Chemistry: A Series of Monographs, Amsterdam-New York, Elsevier (bis 1968: 6 Bde.); Fortschritte der Chem. Forschung, Bd. 8, Heft 14: Org. R., Berlin, Springer, 1967; Gould, E. S., Mechanismus u. Struktur in der Org. Chemie, Weinheim, Verl. Chemie, 1964; Gowen, J. E. u. T. S. Wheeler, Name Index of Organic Reactions, New York-London, Wiley-Interscience, 1961; Hambly, A. N., Some Comments on Electronic Theories of Organic Reactions, in Rev. Pure Appl. Chem. 15 [1965] S. 87—100; Hauptmann, S., Über den Ablauf org.-chem.R., Berlin, Akademie-Verl., 1966; Hine, J., Reaktivität u. Mechanismus in der Org. Chemie, Stuttgart, Thieme, 1966; Krauch, H. u. W. Kunz, R. der Org. Chemie (früher „Namen-R." der Org. Chemie), Heidelberg, Hüthig, 1967; Lloyd, D., Structure and Reactions of Simple Organic Compounds, Amsterdam-New York, Elsevier, 1967; Lukevits, E. Ya. u. M. G. Voronkov, Organic Insertion Reactions of Group IV Elements, New York, Plenum Press, 1966; Ranganathan, S., Fascinating Problems in Organic Reaction Mechanisms, San Francisco, Cal., 1967; Runquist, O., Programmed Review of Organic Chemistry, Reactions I [1965], II [1966], Minneapolis, Minn., Burgess; Saunders, W., Ionic Aliphatic Reactions, Englewood Cliffs, Prentice Hall, 1966; Shine, H. J., Aromatic Rearrangements, Amsterdam-New York, 1967; Stewart, R., The Investigation of Organic Reactions, Englewood Cliffs, N. J., Prentice Hall, 1966; Sugasawa, S. u. S. Nakai, Reaction Index of Organic Syntheses, Bde. 1—46, New York-London, Wiley-Interscience, 1967; Sykes, P., A Guidebook to Mechanism in Organic Chemistry, New York-London, Wiley, 1965 (dtsch. Übersetzung: Reaktionsmechanismen in der Org. Chemie, Weinheim, Verl. Chemie, 1966) ; Tschoubar, B., Reaction Mechanisms in Organic Chemistry, Amsterdam-New York, 1966; Whitfield, R. C., A Guide to Understanding Basic Organic Reactions, London, 1966; Ziegler, H. J., *Reactiones organicae, Stuttgart, Thieme, 1965—. — Vgl. auch *Polymerisation.

Reaktionsapparate (Reaktoren). Nach E. Bartholomé Sammelbez. für diejenigen Tle. einer techn.-chem. Anlage, in denen chem. Umsetzungen durchgeführt werden. Den R. sind im Mengenfluß Anlageteile vor- u. nachgeschaltet, in denen im wesentlichen nach physikal. Prinzipien die zur Reaktion kommenden Ausgangsstoffe vorbereitet u. die gebildeten Prod. aufgearbeitet werden. Die Einteilung der R. ist nach verschiedenen Gesichtspunkten möglich, die als Konstruktionselemente enthalten, die teils nur ihnen eigen, teils aber auch bei App. zu finden sind, in denen rein physikal. Arbeitsvorgänge durchgeführt werden. W. Mialki (in K. H. Hocker u. K. Weimer, Lexikon der Kern- u. Reaktortechnik, Bd. 2, Stuttgart, Franckh', 1959, S. 235) schlägt folgende Klassifikation vor: 1. *Reaktionstöpfe* (Kocher, Autoklaven, Rührwerke). 2. *Reaktionsrohre* (Drehrohre, z. B. in Form von Drehöfen zum Rösten). 3. *Strömungsrohre* (zur Durchführung stetiger Prozesse, Wärmeaustauscher). 4. *Kaskaden* (Hintereinanderschaltungen von mehreren R.). 5. *Säulen u. Türme* (Rektifiziersäulen, Extraktionskolonnen, Waschtürme). 6. *Industrieöfen*. Für diese lassen sich allg.-gültige Regeln für die Grundformen ihrer konstruktiven Gestaltung aufstellen, so daß der „baukastenartige" Aufbau von Anlagen aus solchen apparativen Elementen möglich ist. — E: reaction apparatus

Reaktionsfarbstoffe

Lit.: Denbigh, K. G., Chemical Reactor Theory, London, Cambridge Univ. Press, 1965; Ullmann I, 743 bis 933.

Reaktionsfarbstoffe. Ursprüngliche Bez. für *Reaktivfarbstoffe.

Reaktions-Gaschromatographie. Bez. für ein spezielles Verf. der *Gaschromatographie, bei dem die zu analysierenden Substanzen in einem der analyt. Trennsäule (von Gaschromatographen) vorgeschalteten Reaktionsbehälter in gaschromatograph. gut trennbare Verb. umgewandelt u. in dieser Form vom Trägergasstrom auf die analyt. Trennsäule mitgenommen werden. *Beisp.:* Wss. Alkoholgemische lassen sich analysieren, wenn man die Alkohole in Salpetrigsäure-Ester überführt, zu Olefinen dehydratisiert od. katalyt. zu Paraffinen hydriert u. die Reaktionsprod. gaschromatograph. trennt. Die Olefinmeth. ermöglicht eine sehr genaue Blutalkoholbestimmung. — E: reaction gas chromatography
Lit.: Drawert, Felgenhauer u. Kupfer, in Angew. Chem. 72 [1960] S. 555−559.

Reaktionsgeschwindigkeit s. *Kinetik. — E: reaction velocity, rate of reaction, chemical reaction rate

Reaktionsgeschwindigkeitskonstante s. *Kinetik. — E: reaction velocity constant, specific reaction rate

Reaktionsgleichung s. *Chem. Zeichensprache. — E: reaction equation

Reaktionsisobare. Bez. für eine Kurve (u. ihren mathemat. Ausdruck), die die Abhängigkeit eines *chem. Gleichgew. (d. h. der Gleichgew.-Konst.) von der Temp. bei konstantem Druck wiedergibt; vgl. auch *Massenwrkg.-Gesetz. — E: reaction isobar

Reaktionsisochore. Bez. für eine Kurve (u. ihren mathemat. Ausdruck), die die Abhängigkeit eines *chem. Gleichgew. (d. h. der Gleichgew.-Konst.) von der Temp. bei konstantem Vol. wiedergibt; vgl. auch *Massenwrkg.-Gesetz. — E: reaction isochore

Reaktionsisotherme. Bez. für diejenige Kurve (od. ihren mathemat. Ausdruck), die die Abhängigkeit eines *chem. Gleichgew. (d. h. der Gleichgew.-Konst.) vom Druck bei konstanter Temp. wiedergibt; vgl. auch *Massenwrkg.-Gesetz. — E: reaction isotherm

Reaktionskette = *Kettenreaktion.

Reaktionskinetik = Chem. Kinetik (s. *Kinetik).

Reaktionsmolekularität s. *Kinetik. — E: reaction molecularity

Reaktionsordnung s. *Kinetik. — E: reaction order

Reaktionsprodukte s. *Reaktionen. — E: reaction products

Reaktivfarbstoffe (Reaktionsfarbstoffe). Bez. für eine Gruppe von Farbstoffen, die neben der farbgebenden Komponente eine spezielle reaktionsfreudige Komponente (die sog. *„Reaktivkomponente"*) enthalten, über die sie durch Reaktion mit funktionellen Gruppen der Faser (z. B. Hydroxylgruppen bei Cellulose od. Aminogruppen bei Wolle) kovalent an diese gebunden werden. Der erste R. war das Remalanbrilliantblau, das 1952 in den Farbwerken Hoechst entwickelt wurde. — E: reactive dyes

Lit.: Kirk-Othmer, 2. Aufl., Bd. 7, 1965, S. 630 bis 641; Ullmann XIV, 615−629, XVII, 135; Vickerstaff, T., in Melliand Textilber. 1958, S. 765−771, 905 bis 914; Zollinger, H., in Angew. Chem. 73 [1961] S. 186 bis 192.

Reaktorbaulinie s. *Reaktoren. — E: reactor string, reactor family

Reaktoren. 1. Bez. für *Reaktionsapp. in der chem. Industrie, bes. für solche, die die großtechn. Durchführung chem. Reaktionen gestatten.
2. Übliche Bez. für *Kernreaktoren* (Synonyme: Atomreaktoren, Atombrenner, Atommeiler, Atomsäulen, Atomöfen, Uranmeiler, Uranbatterien, Uranbrenner, Piles). Nach DIN 25 401, Bl. 10 (Dez. 1966) ist ein Kernreaktor eine Vorrichtung, in der eine sich selbst erhaltende *Kettenreaktion von Kernspaltungen (s. *Kernreaktionen) aufrechterhalten u. gesteuert werden kann (*Spaltreaktor*). Der Begriff wird manchmal auch auf eine Vorrichtung angewendet, in der eine Kernfusionsreaktion hervorgerufen u. gesteuert werden kann (*Fusionsreaktor*). Im Folgenden sind mit R. stets Spalt-R. gemeint. Die meisten R. enthalten eine spaltbare Substanz (s. *Kernbrennstoffe) u. einen *Moderator; die sog. *schnellen R.* (s. unten) enthalten durchweg einen *Reflektor, um das Abwandern der Neutronen möglichst zu reduzieren. Die erzeugte Wärme wird durch ein Kühlsyst. abgeführt; außerdem benötigen die R. auch eine Steuer- u. Regeleinrichtung (s. unten). Die R. können nach unterschiedlichen Gesichtspunkten klassifiziert werden (in Anlehnung an K. H. Höcker):

a) nach dem verwendeten Brennstoff: Entweder unterscheidet man nach der Art des Brennstoffs *Uran-R.* (mit angereichertem od. natürlichem Uran beschickt) u. *Plutonium-R.*, od. nach dessen Aggregatzustand R. mit festem u. R. mit fl. Brennstoff.

b) nach dem verwendeten Moderator: *Graphit-R., Schwerwasser-R., Leichtwasser-R.*

c) nach der Art der Kühlung od. des Wärmeaustausches: *gasgekühlte R., Hochtemp.-R.; wassergekühlte R., Druck-* u. *Preßwasser-R., Koch-* od. *Siedewasser-R.; Natrium-Graphit-R.* (fl. Natrium-Kalium-Leg. als Kühlmittel).

d) nach der Struktur (d. h. der Art der Kombination der Materialien der Spaltzone): *Homogen-R.* (s. Abb. b), *Heterogen-R.* (s. Abb. a).

e) nach dem zur Spaltung ausgenützten Energiebereich der Neutronen (in Klammern zusammen-

gefaßt die in DIN 25 401 [Juli 1965] gegebenen Definitionen): *thermische R.*, *mittelschnelle R.* u. *schnelle R.* (= R., bei denen die Spaltungen vorwiegend durch therm. od. von mittelschnellen bzw. schnellen Neutronen ausgelöst werden).
f) Nach der Art der Verwendung: *Forschungs-R.* (diese dienen hauptsächlich zu Forschungszwecken als Quellen von Neutronen- od. anderer Korpuskular- sowie von γ-Strahlen), *Unterrichts-R.* (hauptsächlich für Ausbildungszwecke bestimmte einfach zu handhabende kleine R.), *Energie-R.* od. *Leistungs-R.* (R., deren Aufgabe in der Erzeugung von wirtschaftlich verwendbarer Wärmeenergie, vorwiegend zur Elektrizitätserzeugung, besteht), *Prüf-R.* (dies sind für Prüfung der Materialbeständigkeit gegen die im R. auftretende Strahlung vorgesehene R. mit bes. hohem Neutronenfluß), *Zweizweck-R.* (diese dienen der Energieerzeugung u. der Bldg. von Plutonium).
g) Nach dem Grad der Gewinnung neuen Spaltstoffes: *Brut-R.* (diese erzeugen die gleiche spaltbare Substanz od. mehr spaltbare Substanz als sie verbrauchen [im zweiten Falle ist es gleichgültig, ob die erzeugte Substanz die gleiche ist wie die der prim. Auslegung od. eine andere] u. *Konverter* (diese erzeugen eine andere bzw. weniger spaltbare Substanz als sie verbrauchen [vgl. auch *Konversion]).
Nach DIN 25 401, Bl. 12 (Entwurf Aug. 1967) bezeichnet man als *R.-Baulinie* die Gesamtheit von R. einer bestimmten Entw.-Richtung, die durch gemeinsame Merkmale, wie z. B. die Art des Brennstoffs, Moderators, Kühlsyst., die Energie der Neutronen, die Spaltung hervorrufen, usw. gekennzeichnet ist. — Zur Klassifikation der R. s. auch DIN 25 402 (z. Zt. noch Entwurf).
Die Funktionsweise der R. sei hier an einem im Okt. 1956 in Calder Hall (England) in Betrieb genommenen, hauptsächlich zur Erzeugung von elektr. Strom dienenden Leistungs-R. demonstriert: Der in Abb. a schemat. wiedergegebene R. ist ein graphitmoderierter, gasgekühlter, therm. Heterogen-R. mit natürlichem Uran als Brennstoff. Er enthält als Moderator ca. 1200 t reinsten Graphit, als Kühlgas 20 t Kohlendioxid (kühlt gut, reagiert nicht mit Uran, Graphit, Mg u. dgl., ist viel billiger als das sonst noch günstigere Helium) u. als Spaltstoff Stäbe aus reinem, natürlichem (nicht angereichertem) Uran (Gesamtgew. ca. 120 t). Diese Stäbe sind ca. 1 Meter lang u. ca. 3 cm dick; um Reaktionen des Urans mit dem Kühlmedium zu vermeiden u. ein Entweichen gefährlicher radioakt. Spaltprod. zu verhindern, werden die Uranstäbe in luftdicht schließende Hüllen aus Magnesium gesteckt; in andern Fällen bestehen die Umhüllungen aus Aluminium, Beryllium od. (bei Hochleistungs-R., die mit angereichertem Spaltmaterial arbeiten u. große Hitze entwickeln) aus hochschmelzendem Zirkonium od. nichtrostendem Stahl (z. B. 25/20 Ni-Cr-Nb-Stahl). Das Kühlgas durchströmt die etwa 1700 Kühlkanäle des R.-Behälters von unten nach oben, wobei es von ca. 140° auf ca. 336° erwärmt wird (Druck 7 at, Durchflußmenge 3500 t/Std.). In 4 Wärmeaustauschern erfolgt die Dampferzeugung; zur Verbesserung des Wrkg.-Grades zweierlei Dampfarten, nämlich Hochdruckdampf von 313° unter 14,7 at, sowie Niederdruckdampf von 171° unter 4,4 at. Von den Wärmeaustauschern aus wird das Kühlgas durch große Gebläse (Gesamtleistung etwa 12 MW, d. h. rund 25% der erzielten elektr. Leistung) wieder in den R.

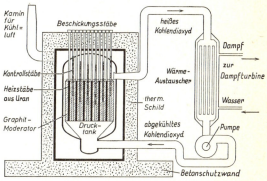

Abb. a) Heterogen-R. von Calder Hall (schematisch) (nach Sci. Am., Oct. 1955)

zurückgepreßt. Dieser R. arbeitet folgendermaßen: Trifft in den von Graphit umgebenen Uranstäben irgendein Neutron (wie sie z. B. wegen der *kosm. Strahlung überall entstehen) den Kern eines U 235-Atoms, so wird dieser Kern dadurch in 2 etwa gleiche Teile (z. B. 1 Krypton- u. 1 Barium-Atomkern) gespalten; beide Kernbruchstücke fliegen mit der Energie von ca. 175 MeV in entgegengesetzten Richtungen auseinander (s. Abb. d unter *Kernreaktionen), u. teilen ihre Bewegungsenergie den Atomen u. Mol. der Umgebung (z. B. dem Graphit, Kohlendioxid usw.) mit, wodurch diese erwärmt werden. Die Bruchstückspaare können z. B. aus Ba-Kr od. Cs-Rb od. La-Br, Xe-Sr u. dgl. bestehen. Bei der Spaltung des U 235-Kerns werden gleichzeitig 2 bis 3 (im Mittel etwa 2,5) Neutronen frei, die bei der Spaltung eine Energie von einigen MeV erhalten. Damit diese „neuen" Neutronen weitere U 235-Kerne spalten können, müssen sie stark gebremst werden, denn die U 235-Kernspaltung verläuft am besten, wenn die auf den Kern stoßenden Neutronen nur Energien von einigen hundertstel eV haben (sog. „therm." Neutronen). Zur Bremsung der Neutronen dienen die *Moderatoren* — meist Graphit (im Modellfall) od. Schweres Wasser —; dies sind Substanzen mit kleinem Atomgew., an welche die ursprünglich schnellen Neutronen ihre kinet. Energie durch elast. Stöße abgeben, bis sie schließlich die erforderlichen niedrigen therm. Energien erreicht haben. Je leichter die Atome des Moderators sind, um so höher wird der (erwünschte) Energieverlust der Neutronen; daher eignen sich Stoffe mit niedrigem Atomgew. (H od. D in H_2O od. D_2O, C, Be u. dgl.) bes. gut als Moderatoren. (Das leichtatomige B ist als Moderator allerdings nicht verwendbar, da es die Neutronen nicht abstößt, sondern bindet — daher wird B als wirksamer „Neutronenabsorber" verwendet.) Wenn z. B. 2 bei der 1. Spaltung freiwerdende Neutronen 2 weitere U 235-Kerne spalten, entstehen 4 neue Neutronen, u. so schwillt die Reaktionskette in kurzer Zeit lawinenartig an. Maßgebend für das ordnungsgemäße Arbeiten eines R. ist die Größe des sog. *Multiplikationsfaktors* (Verschmelzungsfaktor), der nach DIN 25 401, Bl. 11 definiert ist als das Verhältnis k zwischen der Gesamtzahl der Neutronen, die in einer bestimmten Zeitspanne in einem multiplizierenden Medium entstehen, zu der Gesamtanzahl der Neutronen, die in der gleichen Zeitspanne in dem Medium absorbiert werden od. durch Ausströmen verlorengehen. Man versteht also unter diesem Faktor das Verhältnis der nach Abzug der Neutronenverluste (durch Absorption u. Entweichen) im R. verbleibenden, kettenfortführenden neu gebildeten Neutronen n_{neu} zur Anzahl der zur Bldg. dieser wirksamen Neutronen bei den einzelnen Spaltungsreaktionen verbrauchten Neutronen (n_{verb}.): $k = n_{neu}/n_{verb}$. Ist k kleiner als 1, so bricht die Kette ab u. der R. kommt zum Stillstand. Ist k größer als 1, so geht die gesteuerte Kettenreaktion infolge der lawinenartig anwachsenden Neutronenzahl in eine unkontrollierbare Kernexplosion über. Ein in Betrieb befindlicher R. pendelt somit ständig zwischen Erlöschen u. der beginnenden Katastrophe. Durch automat. mittels einer Ionisationskammer nach der Neutronendichte regulierte, als Neutronenabsorber fungierende Kontrollstäbe (z. B. aus Cadmium) muß der Multiplikationsfaktor dauernd auf den Wert 1 gehalten werden. Diese Steuerelemente sind also bewegliche Teile des R., die direkt die Reaktivität beeinflussen u. direkt das Erreichen eines gewünschten Betriebszustandes ermöglichen.

Die meisten der bei der Spaltung von Uran 235 freiwerdenden Neutronen lagern sich infolge ihrer hohen kinet. Energie an das Isotop U 238 an u. gehen somit für die Kettenreaktionen verloren; sie beteiligen sich an der Bldg. von Plutonium. Die Betriebsdauer eines R. ist nicht unbegrenzt; z. B. haben sich bei großen R. in den Uranstäben schon nach einigen Monaten so viele neutronenabfangende Spaltprod. gebildet, daß man sie auswechseln muß; bei kleineren R. kann man dagegen mit dem Auswechseln 3–4 Jahre warten. Wenn man (wie in unserem Beisp.) im R. Stäbe aus Natur-Uran verwendet, ergibt sich folgende Bilanz: 1 t Uran enthält 993 kg U 238 u. 7 kg (direkt spaltbares) U 235. Nach dem normalen „*Abbrand" sind ca. 3 kg U 235 gespalten (z. B. in Cs 137, Kr 85, Ru 106, Pm 147, Sr 90), des weiteren fallen 3 kg Plutonium an, die aus U 238 durch Einfang eines Neutrons entstanden sind. Es verbleiben also von 1 t Ausgangsmaterial 990 kg U 238 u. 4 kg U 235 unverändert. Das Plutonium kann in R. od. Kernwaffen verwendet werden; s. Winnacker, in Chem.-Ing.-Techn. 31 [1959] S. 301–309. Man extrahiert z. B. das Pu in Form von PuF_3 aus den Uranstäben u. läßt bei hoher Temp. Ca-Metall auf das PuF_3 einwirken, wodurch sich CaF_2 u. Pu bilden. Über Wiederaufarbeitung von Kernbrennstoffen s. Küchler u. Schüller in Nukleonik 1958, S. 112–124. Beim sog. Breeding Process (Produktion von spaltbarem Material aus nichtspaltbarem durch Neutroneneinfang; ist das Konversionsverhältnis [s. *Konversion] größer als 1, werden also mehr spaltbare Kerne produziert als zu ihrer Bldg. verbraucht werden, dann ist der R. zur Produktion von Kernbrennstoff geeignet) wird auch das U 238 in spaltbares Material umgewandelt u. ausgenützt. Brutreaktoren sind in den USA (Acro-Idaho, Detroit usw.), England u. Rußland in Betrieb; es dauert 15–20 Jahre, bis ein Brut-R. genug spaltbares Material geliefert hat, um einen anderen R. von gleicher Leistungskraft versorgen zu können. Nach einer Veröffentlichung von 1962 werden die Brüter wahrscheinlich erst in einigen Jahrzehnten eine techn. wichtige Rolle spielen. Über die Entw. eines Thorium-Hochtemp.-Brutreaktors s. Bild der Wissenschaft 1965, S. 686.

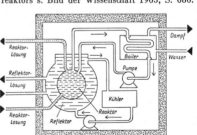

Abb. b) Homogenreaktor

Abb. b zeigt einen Homogenator; dieser enthält keine Uranmetallstäbe, sondern (spaltbares) Uranylsulfat in Schwerem Wasser (als Moderator) gelöst. Das durch die Urankernspaltung erhitzte Schwere Wasser gibt seine Wärme in einem Wärmeaustauscher an gewöhnl. Wasser ab, dessen heißer Dampf zum Antrieb einer Turbine für Stromerzeugung benützt wird; nachteilig ist bei diesem R.-Typ die hohe Korrosionsgefahr.

Geschichtl.: Der erste funktionierende R. wurde am 2. Dez. 1942 im Argonne Nat. Lab. der Univ. Chicago in Betrieb genommen; er war ca. 9 m breit, 9,6 m lang u. 6,3 m hoch, Gesamtgew. ca. 1400 t, davon 52 t Uran bzw. Uranoxid, die in Form von Stäben in Höhlungen eines Graphitmoderators gesteckt wurden. Ab Herbst 1943 erstellten die Amerikaner in Hanford 3 große R. (Graphitwürfel, von Al-Rohren durchzogen, in denen Al-umkleidete Uranstäbe steckten), die das Plutonium für Atombomben lieferten. Der erste energieliefernde R. nahm am 27. 6. 1954 in Rußland den Betrieb auf; Leistung 5000 kW, Spaltmaterial mit U 235 angereicherte Uranstäbe, Moderator Graphit. Die Wärme wird hier durch destilliertes Wasser abgeführt (260−270°), das in einem Wärmeaustauscher einen Teil seiner Energie an einen zweiten Wasserkreislauf abgibt, in dem stündlich 40 t Dampf von 12,5 atü erzeugt werden, die zum Antrieb eines Turbogenerators dienen. Im Okt. 1956 lief der erste engl. Groß-R. in Calder Hall an, er soll ca. 70 000 kW Strom an das Elektrizitätsversorgungsnetz abgeben. Das erste deutsche Atomkraftwerk (Kahl am Main) arbeitet seit 1960. Im April 1955 wurde das erste mit Atomkraft betriebene U-Boot („Nautilus", USA) in den akt. Dienst übernommen; ihm folgten später weitere Atom-U-Boote. Am 5. 12. 1957 lief der russ. atomkraftbetriebene Eisbrecher „Lenin" vom Stapel; sein Kernreaktorsyst. wiegt 3017 t, davon entfallen 1963 t auf die Strahlenschutzvorrichtungen. − E: reactors.

Lit. zu 2.: AEC (= United States Atomic Energy Commission), Reactor Handbook, 2. Aufl., I: Materials [1960], II: Fuel Reprocessing [1961], III: Part. A: Physics, Part. B: Shielding [1962], IV: Engineering [1963], New York, Wiley-Interscience; Arendt, Reaktortechnik, Mosbach/Baden, Physik-Verl., 1957; Ash, M., Optimal Shutdown Control of Nuclear Reactors, New York 1966; Bagge, E. u. J. Scholvin, Kernreaktoren für Schiffsantriebe, München, Thiemig, 1962; Beck, C. K., Nuclear Reactors for Research, New York, Van Nostrand, 1956; Bernd, R., Die R. u. ihre physikal. Grundlagen, Halle 1959; Boschke, F. L., in Chem.-Ing.-Techn. 29 [1957] S. 1−5; Bump, T. R., A Third Generation of Breeder Reactors, in Scient. Amer. 216 [1967] Nr. 5, S. 25−33; Cap, F., Physik u. Technik der Atom-R., Wien, Springer, 1957; Dawson, J. K., Chemical Aspects of Nuclear Reactors, I bis II, London, Butterworth, 1963; Fritz, K., Werkstoffe für Brennelemente für Kern-R., in Chem.-Ing.-Techn. 36 [1964] S. 833−841; Frost, B. R. T. u. M. B. Waldron, Reaktorwerkstoffe, Braunschweig, Vieweg, 1961; Gebhardt, E., Reaktorwerkstoffe, Stuttgart, Teubner, 1963; Glasstone, S. u. M. C. Edlund, Kernreaktortheorie, Wien, Springer, 1961; Goldstein, H., Fundamental Aspects of Reactor Shielding, London 1959; Hausner u. Roboff, Materials for Nuclear Power Reactors, New York, Reinhold, 1955; Hecht, F., Grundzüge der Radio- u. R.-Chemie, Frankfurt/M., Akad. Verl. Ges., 1968; Höcker, K. H. u. D. Emendörfer, Lehrbuch der R.-Theorie, Berlin, Springer (in Vorbereitung); Höcker, K. H. u. K. Weimer, Lexikon der Kern- u. Reaktortechnik, 2 Bde., Stuttgart, Franckh, 1959; Hughes, D. J., Pile Neutron Research, Cambridge, Mass., Addison-Wesley-Press, 1953; IAEA, Directory of Nuclear Reactors, Small and Medium Power Reactors, I−II (Symposium Sept. 1960, Wien), Wien, IAEO; dies., Nuclear Reactors, Bibliographical Series Nr. 1−, Wien, IAEO, 1959; dies., Organic Liquids as Reactor Coolants and Moderators, New York, International Publications, Inc., 1967; Kaufmann, A. R., Nuclear Reactor Fuel Elements, New York, Interscience, 1962; Die Kern-R. der Welt, in Physikal. Bl. 22 [1966] S. 370−373; Kirk-Othmer, 2. Aufl., Bd. 14, 1967, S. 74−121; Kramer, A. W., Boiling Water Reactors, Reading/Mass., Addison-Wesley, 1958; Lane, McPherson, Naslan, Fluid Fuel Reactors, New York 1958; Link, L. E., Reactor Technology, Selected Reviews, 1965, TID-8541, Springfield, Va., National American of Standards, Clearinghouse for Federal Scientific and Technical Information, 1965; Lintner, K. u. E. Schmid, Werkstoffe des Reaktorbaus, Berlin, Springer, 1962; Merz, L., Regelung u. Instrumentierung von Kernreaktoren, München, Oldenburg, 1961; Murray, R. L., Nuclear Reactor Physics, Englewood Cliffs, N. J., Prentice Hall, 1959; Oldekop, W., R.-Syst. zur Energieversorgung von Raumflugkörpern, in Umschau 67 [1967] S. 609 bis 614; Palmer, R. G. u. a., Schnelle R., Braunschweig, Vieweg, 1963; Poulter, The Design of Gas-cooled, Graphit-moderated, Reactors, London 1963; Ray, W. E., Fabrication of Control Rods for Nuclear Reactors, New York 1965; Riezler, Kerntechnik, Physik, Technologie, Reaktoren, Stuttgart, Teubner, 1957/58; Rockwell, Th., Reactor Shielding Design Manual, New York, Van Nostrand, 1956; Schikarski, W., Probleme der Entw. schneller Brut-R., in Chem.-Ing.-Techn. 36 [1964] S. 819−823; Schultz, Control of Nuclear Reactors and Power Plants, New York, McGraw-Hill, 1956; Schulz, E. H., Vorkommnisse u. Strahlenunfälle in kerntechn. Anlagen: Aus 20 Jahren internationaler Erfahrung, München, Thiemig, 1966; Slaughter, G. M., Welding and Brazing Techniques for Nuclear Reactor Components, New York 1965; Smith, R. D., Fast Reactors, in Science J. (London) 2 [1966] Nr. 5, S. 62−67; Starr, Chauncey u. R. W. Dickenson, Sodium Graphite Reactors, Reading/Mass., Addison-Wesley, 1958; Swartout, J. A., Critical Chemical Problems in the Development of Nuclear Reactors, in J. Chem. Educ. 45 [1968] S. 304−310; Thompson, T. J. u. J. G. Beckerley, The Technology of Nuclear Reactor Safety, Bd. I: Reactor Physics and Control, Bd. II: Reactor Materials and Engineering, Cambridge 1966; Thompson u. Rodgers, Thermal Power from Nuclear Reactors, New York, Wiley, 1956; United Nations Publications: Proc. Second Internat. Conf. on the Peaceful Uses of Atomic Energy, Genf, 1.−13. 9. 1958, Bd. 6−13, New York, 1958/59; Wakefields, E. H., Nuclear Reactors for Industry and Universities, Pittsburgh 1954; Weaver, L. E., System Analysis of Nuclear Reactor Dynamics, New York 1965; Weinberg u. Wigner, The Theory of Neutron Chain Reactors, Chicago 1958; Wilkin u. Murphy, Applied Reactor Metallurgy, New York 1958; Wirtz,

Reale Gase

in Naturwiss. 1954, 269—277; Zimen, in Naturwiss. 1956, S. 381—387; Zinn, W. H. u. J. R. Dietrich, Solid Fuel Reactors, Reading/Mass., Addison-Wesley, 1958; s. auch Lit. unter *Kernenergie u. *Kernreaktionen. *Ztschr.:* Reactor Science (Journal of Nuclear Energy, Part A), London, Pergamon Press; Reactor Technology (Journal of Nuclear Energy, Part B), London, Pergamon Press; Nuclear Engineering, London, Temple Press. *Inst.:* Inst. für Reine u. Angew. Kernphysik, Kiel, Neue Univ.; Lehrstuhl für Physikal. Grundlagen der Reaktorwerkstoffe, Aachen; Laboratorium für Techn. Physik mit R.-Station, München; MPI für Kernphysik, Heidelberg. *Organisationen:* Deutsches Atomforum, Düsseldorf; Arbeitsgemeinschaft Versuchsreaktor GmbH., Düsseldorf; Ges. für Kernenergieverwertung in Schiffbau u. Schiffahrt mbH., Geesthacht-Tesperhude; Studienges. für Kernkraftwerke mbH., Hannover; Kernreaktor Bau- u. Betriebs GmbH., Karlsruhe; Ges. für die Entwicklung der Atomkraft in Bayern mbH., München; Interatom, Internat. Atomreaktorbau GmbH., Bensberg; Kernforschungsanlage Jülich. *Zentralbibl.:* Zentralstelle für Atomenergie-Dokumentation, Frankfurt/M.; Dtsch. Akad. Wiss. zu Berlin, Inst. für Dokumentation (Redaktion Kernforsch. u. Kerntechnik), Caputh über Potsdam.

Reale Gase s. *Gaszustand. — E: real gases
Lit.: Cambel, A. B., N. P. Duclos u. T. P. Anderson, Real Gases, New York-London, Academic Press, 1963.

Réaumur-Skala s. *Temp.-Skalen. — E: Réaumur scale

Redox-amphotere Stoffe. Bez. für solche Verb., die in einer mittleren Oxydationsstufe vorliegen u. sowohl Elektronen abgeben als auch aufnehmen können u. daher je nach Reaktionspartnern reduzierend od. oxydierend wirken. *Beisp.:* H_2O_2, MnO_2 u. dgl. — E: redox-amphoteric materials

Redoxasen (Oxydoreduktasen). Klassenbez. für *Fermente, die Redoxreaktionen (s. *Redoxsyst.) katalysieren; diese lassen sich nach ihren Cofermenten u. Wrkg. in folgende Gruppen einteilen: *Dehydrogenasen, Flavinfermente, Häminfermente, Oxydasen. — E: oxidoreductases

Redoxaustauscher (Elektronenaustauscher, Redox-Ionenaustauscher). Bez. für Substanzen, mit denen analog dem reversiblen Austausch an *Ionenaustauschern eine reversible Redoxreaktion (s. *Redoxsyst.) durchgeführt werden kann. Die Analogie zu den Ionenaustauschern ist jedoch nur formal, denn ein Ionenaustausch hat prinzipiell nichts mit einer Redoxreaktion zu tun; die R. gehören somit nicht zu den Ionenaustauschern. R. sind vielmehr Red.- u. Oxydationsmittel, die in geeigneter Weise fest u. unlösl. gemacht worden sind u. in reversiblen Arbeitsgängen zu Redoxreaktionen dienen können. Die org. R. (s. *Redoxharze) sind vernetzte, begrenzt quellbare Polymere mit eingebauten reversibel reduzierbaren u. oxydierbaren Gruppen. Sie reagieren mit oxydier- od. reduzierbaren gelösten Substanzen unter Elektronenaufnahme (die Bez. Elektronenaustauscher ist deshalb zu eng gefaßt). Anorg. R. sind z. B. die sog. Nontronite (Silicate von der Art des Montmorillonits, in denen Al isomorph durch Fe(III) ersetzt ist, das sich weitgehend zur Fe(II)-Stufe reduzieren läßt; das Fe(II)/Fe(III)-haltige Silicat ist tiefdunkelgrün), sowie mit verschiedenen Redox-Ionen beladene Zinkoxidhydrat- u. Zinkphosphat-Gele. — E: redox-exchangers
Lit.: Dorfner, K., Diss. Univ. Marburg, 1959; ders., R., in Chemiker-Ztg. 85 [1961] S. 80—86, 113—116; Manecke, G., in Houben-Weyl-Müller, Bd. I/1, 1958, S. 605—617; Manecke, G. u. C. Bahr, in Z. Elektrochem. 1958, S. 311—319; Manecke, G., C. Bahr u. W. Reich, in Angew. Chem. 71 [1959] S. 646—650; Sansoni, B., in Naturwiss. 1954, S. 212; ders., Diss. Univ. München, 1956; ders., Vortrag Südwestdtsch. Chemie-Dozenten-Tagung, Apr. 1965 (s. Referat in Chemie-Labor-Betrieb 16 [1965] S. 385); Sansoni, B. u. a., Anorg. Redox-Ionenaustauscher, in Angew. Chem. 78 [1966] S. 645; Ullmann VI, 477.

Redoxharze (Redoxite). Bez. für *Redoxaustauscher auf Kunstharzbasis. Gegenwärtig sind etwa 140 bis 150 verschiedene R. bekannt, z. B. Methylenblau-Redoxit, Ferrocen-Redoxit. Ihre maximale Red.-Kapazität erreicht etwa 5 mVal/g. — E: redox resins
Lit. s. *Redoxaustauscher.

Redox-Indikatoren s. *Indikatoren u. *Redox-Syst. — E: oxidation-reduction indicators, redox indicators

Redox-Ionenaustauscher = *Redoxaustauscher
— E: redox ion exchangers

Redoxite = *Redoxharze. — E: redoxites

Redoxogramm. Bez. für die Diagramme, die man erhält bei der von H. Wachter entwickelten Meth. des Sichtbarmachens von auf Papier gewanderten Proteinfraktionen auf Grund ihrer Red.-Wrkg. Beispielsweise ergeben elektrophoret. aufgetrennte Eiweißfraktionen entsprechend der ihnen eigenen Red.-Kraft bei Verw. von Kaliumpermanganat in saurer Lsg. eine Braunsteinabscheidung, die auf photometr. Wege quant. gut erfaßbar ist.
— E: redoxogram
Lit.: Wachter, H., in Hoppe Seyler's Z. Physiol. Chem. 333 [1963] S. 256—259; ders., in Peeters, H., Proti-des of the Biological Fluids 11 [1963] S. 364—367, 12 [1964] S. 438—441; ders., in Klin. Wschr. 77 [1965] S. 208—213.

Redoxpotential (Oxydations-Red.-Potential). Bez. für das in Volt ausgedrückte *Normalpotential (vgl. auch *Spannungsreihe), das ein Lsgm.-Gemisch (je 1 g-Ion im Liter) der beiden Oxydationsstufen eines *Redoxsyst., ein platiniertes Platinblech benetzend, gegen die Normal-Wasserstoffelektrode besitzt. Tatsächlich sind im Prinzip alle Elektrodenpotentiale zugleich R., da die zugrundeliegenden Vorgänge immer mit der Aufnahme od. Abgabe von Elektronen verknüpft sind. Im üblichen Sprachgebrauch beschränkt man sich entsprechend der gegebenen Definition, als R. nur solche Vorgänge zu bezeichnen, bei denen das potentialbestimmende Syst. in homogener Lsg. vorliegt u. die (indifferente) Elektrode nicht als Reaktionspartner wirkt. Einige *Beisp.* für R. gibt die Tab.; die aufgeführten Werte beziehen sich auf 25° u. 1 atm. Druck (unsichere Werte sind kursiv gedruckt):

Tabelle

Reduktion	Oxydation	Elektronen	Volt (Normalpotential)
Cr^{2+}	$\rightleftarrows Cr^{3+}$	$+e$	$-0,41$
Cu^+	$\rightleftarrows Cu^{2+}$	$+e$	*+0,167*
Sn^{2+}	$\rightleftarrows Sn^{4+}$	$+2e$	*+0,154*
Fe^{2+}	$\rightleftarrows Fe^{3+}$	$+e$	$+0,771$
Co^{2+}	$\rightleftarrows Co^{3+}$	$+e$	$+1,842$
Pb^{2+}	$\rightleftarrows Pb^{4+}$	$+2e$	$+1,69$
$NO+2H_2O$	$\rightleftarrows NO_3^-+4H^+$	$+3e$	$+0,95$
Cl^-+3H_2O	$\rightleftarrows ClO_3^-+6H^+$	$+6e$	$+1,45$
O_2+H_2O	$\rightleftarrows O_3+2H^+$	$+2e$	$+1,9$

Aus den angegebenen Einzelpotentialen lassen sich sofort Aussagen über die Eignung bestimmter Stoffe zur Redoxreaktionen machen. Die Tatsache, daß die Elektrode Fe^{2+}/Fe^{3+} gegenüber der Normalwasserstoffelektrode einen positiven Wert $(+0,771 V)$ annimmt, besagt z. B., daß Wasserstoff unter Atmosphärendruck Fe^{3+}-Ionen zu Fe^{2+}-Ionen reduzieren kann. Ebenso wie Wasserstoff reagieren z. B. metall. Kupfer (Normalpotential Cu/Cu^{2+} : $+0,34 V$) u. Thallium (Normalpotential Tl/Tl^{3+} : $+0,72 V$), nicht aber Silber (Normalpotential Ag/Ag^+ : $+0,799 V$), dessen Ionen Fe^{2+} zu Fe^{3+}-Ionen oxydieren, wobei infolge der Entladung metall. Silber ausgeschieden wird (vgl. auch *Spannungsreihe). Wasserstoff kann unter geeigneten Bedingungen alle der in der Tab. aufgeführten Red. bewirken mit Ausnahme der des Chroms; Cr^{2+}-Ionen entwickeln beim Übergang in Cr^{3+}-Ionen gleich einem Alkalimetall in saurer Lsg. Wasserstoff (Gleichung: $2 Cr^{2+} + 2 H^+ \rightarrow 2 Cr^{3+} + H_2$). Über das R. u. seine Anwendungen s. H. Jucker u. F. Oehme, in Chemiker-Ztg. 1963, S. 381–387. – E: oxidation reduction potential, redox potential
Lit. s. *Redox-Syst. u. *Spannungsreihe.

Redoxsysteme (Oxydations-Red.-Syst.). Bez. für Syst., in denen ein *Oxydationsmittel neben einem korrespondierenden Red.-Mittel vorliegt u. sich ein Gleichgew. nach dem *Massenwirkungsgesetz einstellt. Die Lage dieses Gleichgew. ist durch das sog. *Redoxpotential bestimmt. Mit jedem Oxydationsvorgang ist ein Red.-Vorgang untrennbar verbunden, denn die vom oxydierten Stoff abgegebenen Elektronen müssen von einem gleichzeitig reduzierten Stoff aufgenommen werden. *Beisp.:* Wenn man Wasserstoff über erwärmtes Kupferoxidpulver leitet, entstehen rotes Kupfer u. Wasserdampf; Gleichung: $CuO + H_2 \rightarrow Cu + H_2O$. Das Kupfer im CuO hat an das O 2 Außenelektronen abgegeben u. damit die 6 Außenelektronen des Sauerstoffs zur stabilen Edelgasschale ergänzt (s. *Atombau, *Periodensyst.). Bei der Einw. von Wasserstoff haben die beiden H-Atome ihre 2 Elektronen an das Kupfer-Ion abgegeben, das gewöhnl., elementares Kupfer überging. In diesem Fall wurde also Kupferoxid zu Kupfer reduziert u. gleichzeitig Wasserstoff zu Wasser oxydiert. Anders ausgedrückt: Die beiden Elektronen der 2 H-Atome haben im Sauerstoffatom den Platz besetzt, den vorher die 2 vom Kupfer stammenden Elektronen innehatten; die beiden Wasserstoffelektronen haben die beiden Kupferelektronen von ihrem Platz verdrängt, od.: 2 H-Ionen haben den früheren Platz des Cu-Ions belegt. Solche Oxydations-Red.-Prozesse genannte Elektronenverschiebungen zwischen reagierenden Stoffen finden nun in außerordentlich zahlreichen Fällen statt. Ebenso wie die Metalle haben z. B. auch die als Red.-Mittel wirkenden Ionen (z. B. Eisen(II), Kupfer(I), Zinn(II)) u. Mol. (vor allem die vielen org. Verb.) im gelösten Zustand das Bestreben od. die Möglichkeit, Elektronen abzugeben u. damit ihre positive Ladung zu erhöhen. Die „Gewalt", die „Intensität", der „Druck", die „Heftigkeit", mit der solche Elektronenverschiebungen (also Oxydationen u. Red.) stattfinden, ist von Fall zu Fall sehr verschieden, u. man unterscheidet deshalb zwischen starken, mittleren u. schwachen Oxydations- u. Red.-Mitteln. Ein gewisses Maß für die Stärke der Elektronenabgabe bzw. Elektronenaufnahme innerhalb eines Red.-Oxydationssyst. (vereinfachtes Redoxgleichgew.-Schema: Red.-Mittel $\overset{\text{Oxydation}}{\underset{\text{Reduktion}}{\rightleftarrows}}$ Oxydationsmittel + Elektronen) bildet das sog. *Normalpotential (Näheres s. *Spannungsreihe), das in bes. Fällen *Redoxpotential genannt wird (s. auch oben). Stärkere Oxydationsmittel als Wasserstoff haben positive, stärkere Red.-Mittel dagegen negative *Redoxpotentiale (s. dort). Man kann also mit Hilfe des exakt meßbaren Oxydations- bzw. Red.-Potentials an Stelle der unbestimmten Angaben wie „schwach", „mittelstark" od. „stark" oxydierend (bzw. reduzierend) präzisere, genauere Zahlenwerte einsetzen. In ähnlicher Weise hat man ja auch an Stelle der unbestimmten Aussagen über den Säuregrad („starke", „schwache" Säuren) mit dem pH-Wert ein exaktes Vgl.-Syst. geschaffen (s. *Wasserstoffionenkonz.). Das Redoxpotential ist häufig stark von der Wasserstoffionenkonz. der betreffenden Lsg. abhängig. Um objektiv vergleichen zu können, bestimmt man das Redoxpotential beim Neutralisationspunkt ($pH = 7$) od. man rechnet es auf denselben um. Eine Lsg. von höherem Redoxpotential vermag eine Lsg. von niederem Redoxpotential so weit zu oxydieren, bis beide dasselbe Potential zeigen u. umgekehrt. Zur vereinfachten,

Redoxsysteme

anschaulichen Darst. der Oxydations-Reduktionsgrößen benützt man die sog. r*H-Skala* (analog der pH-Skala, s. *Wasserstoffionenkonz.). Die Grundlagen der rH-Skala bilden — als unmittelbares Maß der Red.-Kraft — Wasserstoffdrucke, u. zwar diejenigen, mit denen das Platin der Elektrode jeweils beladen sein müßte, um bei gleichem pH-Wert eine der betreffenden Lsg. entsprechende Red.-Wrkg. hervorzurufen. Die Einheit der Redoxskala wird mit rH bezeichnet; dies ist der negative dekad. Logarithmus des betreffenden Wasserstoffdrucks. Es bedeutet z. B. rH 5 die reduzierende Kraft des durch Berührung mit Platin aktivierten Wasserstoffs vom Druck $10^{-5} = 1/100\,000$ atm. Eine Lsg. mit dem rH-Wert 0 hat die gleiche Red.-Wrkg. wie gasf., durch Berührung mit Platin aktivierter Wasserstoff von Atmosphärendruck; der rH-Wert 0 kennzeichnet also eine stark reduzierende Lsg. (etwa Titan(III)-Lsg.). Die rH-Skala reicht von null bis etwa 42; der Wert 42 entspricht dem Potential einer sog. Sauerstoffelektrode od. stark oxydierenden Lsg. wie z. B. Permanganat- od. Cer(IV)-Salz-Lsg. In der Regel wirken Lsg. mit einem rH über 25 deutlich oxydierend, solche unter 15 reduzierend, wobei zu beachten ist, daß die Begriffe „Oxydationsmittel" u. „Red.-Mittel" relativ sind — es kann z. B. eine Lsg. von hohem rH-Wert nicht als Oxydationsmittel, sondern wird als Red.-Mittel funktionieren, falls sie mit einer Substanz von noch größerem rH in Wechselwrkg. tritt. Steigende rH-Werte entsprechen zunehmender Oxydationswrkg. (bzw. abnehmender Red.-Wrkg.) u. umgekehrt. Zwischen dem Redoxpotential u. dem rH-Wert besteht natürlich weitgehende Parallelität; es handelt sich hier ja nur um verschiedene Maßstäbe für die gleiche Erscheinung (Oxydations-Red.-Kraft). Jede Einheit der rH-Skala entspricht jeweils ungefähr einem Unterschied von 0,03 Volt im Redoxpotential. Wie aus dem Obigen hervorgeht, kann man die rH-Werte durch elektrometr. Potentialmessung bestimmen. Doch ist dieses Verf. verhältnismäßig umständlich u. erfordert genaue, kostspielige Meßgeräte. Einfacher, schneller u. billiger kommt man in der Praxis zum Ziel, wenn man statt elektr. Meßgeräte Tropfen von bestimmten Farbstofflsg. verwendet, von denen man weiß, daß sie bei bestimmten rH-Werten von Farbig nach Farblos umschlagen. Man nennt solche Farbstoffe (die zumeist in verd., wss. od. alkohol. Lsg. angewendet werden) *Redoxindikatoren*. Die Best. des rH-Wertes mit Hilfe von Redoxindikatoren soll im folgenden an einem konkreten Beisp. gezeigt werden: Man gibt z. B. zur Lsg. X, deren rH-Wert ermittelt werden soll, tropfenweise eine frisch zubereitete, 0,05%ige wss. Methylenblaulsg. Methylenblau schlägt im rH-Bereich 13,5 bis 15,5 von Farblos nach Blau um, u. zwar ist es bei rH-Werten unter 13,5 farblos, bei rH-Werten über 15,5 deutlich blau — im Umschlagsgebiet (rH 13,5 – 15,5) ist ein unvollständiges Verblassen zu beobachten. Die Farbänderung ist bei Redoxindikatoren ähnlich wie beim Lackmusfarbstoff jederzeit umkehrbar, d. h. wenn man zur blauen Methylenblaulsg. ein genügend starkes Red.-Mittel gibt, wird sie entfärbt; fügt man zu dieser Lsg. dann ein Oxydationsmittel, so bläut sie sich wieder, um nach erneutem Zusatz eines Red.-Mittels wieder farblos zu werden usw. Die zu prüfende Lsg. X soll die zugefügten Methylenblautropfen glatt entfärben — daraus folgt, daß ihr rH unter 13,5 liegen muß. Zur genaueren Festlegung des rH-Wertes gibt man nun zu einer Probe der Lsg. X einige Tropfen eines Redoxindikators, dessen Umschlagspunkt bei einem tieferen rH-Wert als beim Methylenblau liegt, als solcher käme z. B. eine 0,05%ige, wss. Indigotrisulfonatlsg. (Umschlagsgebiet bei rH 9,5 – 12) in Betracht. Wenn hierbei keine Entfärbung eintritt, muß der rH-Wert über 12 liegen. Gibt man dann zu einer weiteren Probe von X tropfenweise Indigotetrasulfonat, so tritt hierbei nur unvollständiges Verblassen ein; man befindet sich also hier gerade im Bereich des Umschlagsgebiets, das bei Indiogtetrasulfonat zwischen rH 11,5 u. rH 13,5 liegt. Im vorliegenden Fall hätte also die Lsg. X einen rH-Wert von etwa 12,5, sie wirkt schwach reduzierend. Prakt. Anwendungen finden solche Redoxbest. z. B. in der Physiologie, im Gärungsgewerbe, bei der Mischpolymerisation von Butadien mit Acrylnitril, Styrol usw., bei der Styrolpolymerisation (s. Trenne in Chemiker-Ztg. 74 [1950] S. 692 ff.), bei der Schwärzung von Photoplatten, bei der Küpenfärberei, bei der Oxydation von Pyridin zu Pyridylpyridiniumsalzen, bei der Unters. der Wrkg.-Weise sauerstoffempfindlicher Vitamine (C-Vitamin usw.) u. Hormone (z. B. Adrenalin), bei der Trinkwasserchlorung, beim Studium der Passivität der Metalle, bei der Stabilisierung Eisen(II)-haltiger Arzneimittel usw. So hat man z. B. in brautechn. Forschungsanstalten gefunden, daß sich die Hefezellen nur oberhalb eines bestimmten rH-Wertes entwickeln, u. daß dessen Steigerung der Gärung begünstigt. Beim Lagern des Bieres ist dagegen ein möglichst niedriger rH-Wert (9 bis 10) vorteilhaft; dieser wird durch sorgfältigen Luftabschluß erreicht. — Vgl. auch *Oxydimetrie.
— E: oxidation-reduction systems
Lit.: Brennecke, Redoxindikatoren, in Jander, Neuere Maßanalyt. Meth., Stuttgart, Enke, 1956; Charlot, G., Selected Constants: Oxydo-Reduction Potentials, London, Pergamon Press, 1959; Chavin, Le potentiel d'oxydo-réduction, Paris, Gauthier-Villars, 1943; Clark, W. M., Oxidation-Reduction Potentials of Organic Systems, Baltimore, Williams and Wilkins, 1960; Déribéré, Les applications industrielles du r_H, Paris, Dunod, 1949; Dolder, R., Redoxsyst. in der Pharmazie, in Pharm. Acta Helv. 1952, S. 54 ff.; Fabishak, V. L., Matrix Method for Balancing Chemical Equations, in

Chemistry 40 [1967] Nr. 11, S. 18—21; Hewitt, L. F., Oxidation-Reduction-Potentials in Bacteriology and Biochemistry, Baltimore, Williams and Wilkins, 1961; Hill, R., Oxidation-Reduction Potentials, in Mod. Meth. Pflanzenanalyse I, 1955; Houben-Weyl-Müller III/2, 1965; Huybreechts, L., Le p_H et sa mesure, les potentiels oxydoréduction, le r_H, Paris, Masson, 1947; Latimer, Oxidation-Potentials, New York, Prentice Hall, 1952; Merck, Die Best. des Redoxpotentials mit Indikatoren (r_H-Messung), Darmstadt, Merck; Michaelis, L., Oxydations-Reduktionspotentiale, Berlin, Springer, 1933; Rabotnowa, J. L., Die Bedeutung physikal.-chem. Faktoren (p_H u. r_H) für die Lebenstätigkeit der Mikroorganismen, Jena, Fischer, 1962; Taube, H., How do Redox Reactions Take Place, in Chemistry 38 [1965] Nr. 3, S. 18—23; ders., Mechanisms of Oxidation-Reduction Reactions, in J. Chem. Educ. 45 [1968] S. 452—461; Ullmann Bd. II/1, 1961, S. 591—601, VI, 440; Van der Werf, C. A., Oxidation-Reduction, New York, Reinhold, 1963; Wiberg, K. B., Oxidation-Reduction Mechanisms in Organic Chemistry, in Surv. Progr. Chem. Bd. 1, New York, Academic Press, 1963, S. 211—248; Ziegler, E., Messung u. Bedeutung des Redoxpotentials im Blut in vivo u. in vitro, Aulendorf, Cantor, 1960.

Redoxtitration = *Oxydimetrie. — E: oxidation-reduction titration, redox titration

Reduktion. Bez. für die stets mit der *Oxydation verbundene Reaktion; s. *Redoxsyst. Der Begriff R. entwickelte sich somit parallel dem inversen Begriff Oxydation (s. Stichwort), d. h. statt: „chem. Vereinigung von Elementen od. Verb. mit Sauerstoff" gilt hier „chem. Abspaltung von Sauerstoff aus einer Verb." (*Beisp.*: Bleioxid wird beim Erhitzen mit Kohlepulver zu metall. Blei reduziert: $PbO + C \rightarrow Pb + CO$), statt „Entziehung von Wasserstoffatomen" gilt hier „Anlagerung von Wasserstoffatomen" (*Beisp.*: Acetaldehyd wird durch Wasserstoff zu Äthanol reduziert: $CH_3CHO + H_2 \rightarrow CH_3CH_2OH$), statt „Abgabe von Elektronen" gilt hier „Aufnahme von Elektronen" (d. h. Zunahme der negativen od. Abnahme der positiven Ladung; *Beisp.*: Bei der Aufnahme eines Elektrons durch ein Eisen(III)-Ion wird dieses zu einem Eisen(II)-Ion reduziert). — E: reduction. *Lit.*: Hopfl u. Fuchs, Red., in Houben-Weyl-Müller, Bd. IV; Morrison, J. D., Asymmetric Reduction, in Surv. Progr. Chem. Bd. 3, New York, Academic Press, 1966, S. 147—182; Ullmann XIV.

Reduktionsflamme s. *Bunsenbrenner u. *Lötrohranalyse. — E: reducing flame

Reduktionsmittel. Bez. für diejenigen Elemente u. Verb., die bestrebt sind, durch die Abgabe von Elektronen in einen energieärmeren Zustand überzugehen, vor allem unter Bldg. stabiler Achterschalen; es handelt sich somit um elektronenabgebende Syst. Ein Maß für die Stärke eines R. ist das sog. *Redoxpotential. Der Begriff R. durchlief die gleiche Entw. wie der inverse Begriff *Oxydationsmittel (s. Stichwort), vgl. auch *Redoxsyst. — E: reducing agents, reducers

Reduktions-Oxydations-Reaktionen s. *Redoxsyst. — E: reduction-oxidation reactions

Referate. Bez. für kurze Zusammenfassungen von Veröffentlichungen unter Herausstellung ihres wesentlichen Informationsinhaltes; vgl. *Referateorgane. — E: abstracts

Referateorgane (Referatezeitschriften). Bez. für wissenschaftliche Fachztschr. (s. *Zeitschriften), die selbst keine Originalveröffentlichungen bringen, sondern sich auf die Wiedergabe von *Referaten möglichst aller, das erfaßte Fachgebiet betreffenden Publikationen aus den verschiedensten Publikationsorganen (vor allen den Originalveröffentlichungen bringenden Fachzeitschriften), unabhängig von Sprache od. regionaler Verbreitung, beschränken. Die wesentlichsten R. für das Gesamtgebiet der Chemie sind *Chemical Abstracts, *Chem. Zentralblatt u. das *Referativnyi Zhurnal Khimiya. Diese R. bilden die wichtigste u. aktuellste Informationsquelle des Chemikers. — E: abstract journals
Lit.: International Council of Scientific Unions Abstracting Board, Compared Activities of the Main Abstracting and Indexing Services Covering Physics, Chemistry and Biology During the Year 1965, Paris, Conseil International des Unions Scientifiques, 1967; Knower, B. M., Abstract Journals and Bulletins, in J. Chem. Doc. 5 [1965] S. 150—153; Lowry, C. D., R. Cocroft u. R. L. Pasek, Abstracting Services in Closely Defined Fields, in J. Chem. Educ. 6 [1966] S. 254 bis 256.

Referativnyi Zhurnal Khimiya. Titel des seit Okt. 1953 monatlich zweimal erscheinenden, vom Institut für wissenschaftliche Information der Akademie der Wissenschaften der UdSSR herausgegebenen Referateorgans für das Gesamtgebiet der Chemie. Dieses erfaßt nicht nur Originalpublikations-Ztschr., sondern auch Bücher sowie teilweise Dissertationen u. Zeitungsartikel; dafür fehlt eine Reihe von Grenzgebieten der Chemie, für die allerdings eigene Referateorgane von der gleichen Institution herausgegeben werden (z. B. für Biochemie). Die beiden letzten Hefte eines Jahres enthalten das Jahres-Autoren- u. Patentregister nach dem kyrill. Alphabet, nichtruss. Autoren außerdem nach dem Alphabet ihrer Originalsprache in der Reihenfolge: Lat., Armen., Grusin., Chines., Japan., Korean. u. Arab.

Referenzgemisch = *Vergleichslösung.

Reflektor. Nach DIN 25 401 (Juli 1965) in der Kerntechnik Bez. für die Zone eines Reaktors in der Nachbarschaft der Spaltzone, von der ein Teil der ausfließenden *Neutronen durch Streuung in der Spaltzone reflektiert werden soll. — E: reflector

Refraktion. Unter R. od. *Lichtbrechung* versteht man die Ablenkung (Richtungsänderung), die das Licht beim Übergang in ein opt. andersartiges Medium (z. B. beim Übergang von Luft in Glas od. Wasser u. dgl.) erfährt, in dem seine Fortpflanzungsgeschw. anders ist. Nach dem bereits von Snellius (1615) aufgestellten Lichtbrechungsge-

Refraktion

setz ist der Quotient aus dem Sinus des Einfallswinkels (α in Abb. a) u. dem Sinus des Brechungswinkels (β in Abb. a) konstant; es gilt also $\dfrac{\sin \alpha}{\sin \beta} =$ konstant $= n$; die Zahl n wird auch als *Brechungsexponent, Brechungsverhältnis* od. *Brechungsindex* bezeichnet. Geht ein Lichtstrahl von einem

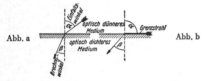

Abb. a Abb. b

opt. dünneren Mittel (das ist ein Stoff mit kleinerem Brechungsindex, z. B. Luft) in ein opt. dichteres Medium (Stoff mit größerem Brechungsindex, wie z. B. Glas) über, so wird er nach dem Einfallslot hin abgelenkt; daher ist z.B. in Abb. a der Winkel β kleiner als α. Als opt. dünneres Medium kommt bei den meisten Messungen die Luft in Frage; diese hat fast den gleichen Brechungsindex wie der luftleere Raum. Setzt man den Brechungsindex des letzteren gleich 1, so ergibt sich für Luft von 0° u. 760 Torr Druck der Wert 1,00029; man braucht daher nur bei bes. genauen Messungen (die in der chem. Praxis nur selten notwendig sind) zwischen der R. einen Unterschied zu machen. Da langwelliges (z. B. rotes) Licht nicht so stark gebrochen wird wie kurzwelliges (z. B. violettes), so werden refraktometr. Best.

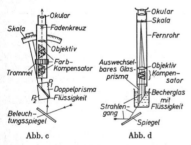

Abb. c Abb. d

meist mit Licht von einer einzigen, bestimmten Wellenlänge (d. h. monochromat. Licht) ausgeführt, zumeist mit dem Licht der D-Linie des Natriums (rund 5892 Å) od. auch mit Licht der roten Linie des Wasserstoffs (abgek. Hα, Wellenlänge 6562,8 Å) bzw. mit dem Licht der grünen (Hβ, Wellenlänge 4861,33 Å) od. der blauen Wasserstofflinie (Hγ, Wellenlänge 4340 Å). In der Regel gibt man den Brechungsindex für das gelbe Licht der D-Linie von Natrium an (auch der 3. Nachtr. zum DAB 6 schreibt dies vor); man verwendet in diesem Falle als Kurzzeichen n_D, bei Verw. von Hα-Licht ist das Kurzzeichen n_α. Bei manchen Meßinstrumenten kann man die Best. des Brechungsindex in weißem Licht ausführen, da der Lichtstrahl durch den Kompensator (dreiteiliges Amiciprisma) achromat. gemacht wird. Geräte zur Messung der R. heißen *Refraktometer*. Als Beisp. sind hier zwei zur Best. der R. von Fl. im Meßbereich n_D 1,3 bis n_D 1,7 geeignete Instrumente wiedergegeben, nämlich das Zeiss-Abbe-Refraktometer (schemat. in Abb. c) u. das Zeiss-Eintauchrefraktometer (Abb. d). Bei diesem wird der streifend unter einem Einfallswinkel (α) von 90° eintretende Lichtstrahl gemessen; da das eine opt. Medium stets das gleiche Glas von bekanntem Brechungsindex ist, braucht man bei den verschiedenen Fl. nur den jeweiligen Grenzwinkel β genau zu messen, aus diesem erhält man dann durch Ablesung in Tab. od. von am Instrument angebrachten Skalen die n_D-Werte. Es ist nämlich (wie bei Abb. a) $\dfrac{\sin \alpha}{\sin \beta} = n$; da nun der Sinus eines rechten Winkels bekanntlich gleich 1 ist, so vereinfacht sich der Bruch zu $n = \dfrac{1}{\sin \beta}$; man braucht also zur Ermittlung von n nur den Winkel β genau zu bestimmen. Die Tab. I auf S. 747 führt die Brechungsindices (n) für verschiedene Wellenlängen u. die Molrefraktion (s. unten) für einige org. Fl. auf. Man ersieht aus der Tab., daß die Brechungsindices org. Fl. in der Regel zwischen 1,3 u. 1,7 liegen u. mit zunehmender Wellenlänge des verwendeten Lichtes kleiner werden [n(Hα) ist stets kleiner als n(Hγ)]. Bei Lsg. steigt der Brechungsindex mit der Konz.: So hat beispielsweise bei 17,5° Salzsäure der Konz. 1 g HCl/100 ml Lsg. für Natriumlicht den Brechungsindex 1,33551; die entsprechenden Werte für die Konz. 2, 5, 10 u. 15 g HCl/100 ml Lsg. sind 1,33779, 1,34449, 1,35528 bzw. 1,36565. Man kann somit durch Best. des Brechungsindex die Konz. von Lsg. u. Fl.-Gemischen rasch ermitteln; dieses Verf. wird bes. von Konz.-Best. von Zuckersäften, Fruchtsirupen, Marmeladen, Milchfett (dieses wird hier zunächst in Äther aufgelöst), Alkohol in alkohol. Getränken (bzw. Extraktgeh. von Bier) u. dgl., bei der Fettsäurebest. in Seifen u. Waschpulvern (s. Seifen-Öle-Fette-Wachse 1958, S. 360−362), ferner bei der Reinheitsprüfung von Glycerin, Kohlenwasserstoffen, Mineralölen, äther. Ölen, Wachsen, Fetten usw. angewendet. Die Industrie stellt dazu auch eine Reihe von Spezialrefraktometern her, so z. B. das Butterrefraktometer, das Milchfettrefraktometer, das Hand-Zuckerrefraktometer usw. Der Brechungsindex fällt mit steigender Temp. ein wenig, so hat z. B. Äthylalkohol (bei Licht von der Wellenlänge 5892 Å) bei 16° den Brechungsindex 1,3621, bei 20° 1,3610, bei 30° 1,35639, bei 40° 1,35222 u. bei 44° 1,35054. Man muß da-

Tabelle I
Brechungsindices einiger org. Fl. bei 20°

Verb.	Dichte	n(Hγ)	n(Hβ)	n(D)	n(Hα)	$M_\alpha (cm^3)$
Benzol	0,884	1,5268	1,5163	1,5044	1,4995	25,92
Cyclohexan	0,778	1,4367	1,4323	1,4268	1,4248	27,62
n-Hexan	0,663	1,3853	1,3815	1,3769	1,3750	29,80
Toluol	0,868	1,5197	1,5097	1,4978	1,4936	30,84
Chloroform	1,498	1,4601	1,4509	1,4486	1,4459	21,32
Tetrachlorkohlenstoff	1,604	1,4753	1,4697	1,4631	1,4600	26,27
Isopren	0,686	1,4422	1,4327	1,4221	1,4179	25,01
1-Bromnaphthalin	1,487	1,7043	1,6824	1,6588	1,6499	50,78
Äthanol	0,800	1,3700	1,3666	1,3610	1,3605	12,72
Phenol	1,060	1,5684	1,5558	1,5425	1,5369	27,72
Aceton	0,791	1,3675	1,3637	1,3589	1,3567	16,06
Essigsäure	1,045	1,3800	1,3761	1,3715	1,3694	12,98
Acetonitril	0,783	1,3533	1,3500	1,3460	1,3443	11,06
Triäthylamin	0,728	1,4109	1,4061	1,4003	1,3980	33,54
Pyridin	0,981	1,5315	1,5212	1,5092	1,5055	23,89

her bei jeder Brechungsindexangabe auch die Meßtemp. aufführen; ist diese jedoch nicht angegeben, so ist gewöhnl. 20° (Zimmertemp.) zugrundegelegt. Unter den Festkörpern hat z. B. der Diamant den Brechungsindex 2,4173 (daher das Farbenspiel), Kochsalz 1,5443, Flußspat 1,4338, gewöhnl. Alaun 1,456, Achat 1,54, Kanadabalsam 1,524, Flintglas 1,6−1,7, Quarzglas 1,4588 (beim Licht der Natrium-D-Linie). Bei der Mehrzahl der Edel- u. Halbedelsteine liegt der Brechungsindex über 1,7, womit sich ihr „Feuer" u. ihr Wert als Schmuckstücke erklärt. Eine Unterscheidung der natürlichen u. aus dem gleichen Material bestehenden synth. Edelsteine ist auf refraktometr. Wege nicht möglich. Immerhin kann der Juwelier mit Hilfe einer Sammlung von Fl. mit verschiedenem Brechungsindex entscheiden, ob z. B. ein echter Edelstein od. ein gefärbter Glasstein vorliegt usw. Wird ein geschliffener Stein in eine Fl. von gleichem Brechungsindex eingetaucht, so werden die geschliffenen Flächen (Facetten) nahezu u. völlig unsichtbar. Ein Bergkristall od. Bernstein wird z. B. beim Eintauchen in Tetralin od. Nelkenöl „unsichtbar" werden usw. In der Org. Chemie spielt die *Refraktometrie* (Best. der Brechungsindices) bei der Konstitutionsermittlung eine wichtige Rolle. Zunächst zeigte die Erfahrung, daß die Brechungsindices beim gleichen Stoff verschiedene Werte annehmen, wenn dieser in verschiedenen Aggregatzuständen (z. B. als Fl. od. als Dampf) vorliegt od. wenn er verschiedenen Drucken od. wechselnden Temp. ausgesetzt ist. Die gleiche Abhängigkeit von Temp., Aggregatzustand u. Druck gilt auch für die D. eines Stoffes. Man war daher frühzeitig bestrebt, eine Formel zu finden, in der die Brechungsexponent u. die D. enthalten sind, ohne in Abhängigkeitsbeziehungen zu den Variablen (Temp., Druck, Aggregatzustand) zu stehen. Eine solche Formel haben Lorentz u. Lorenz ziemlich gleichzeitig (1880) aus der elektromagnet. Lichttheorie hergeleitet; sie lautet: $M_D = \frac{n^2-1}{n^2+2} \cdot \frac{M}{d}$. Hierbei ist M_D (oft auch mit R od. R_M abgekürzt) die sog. *Molrefraktion* od. Molekularrefraktion (der Index D gibt die Wellenlänge des benutzten Lichts an; in diesem Falle für die Natrium-D-Linie), n ist der experimentell bestimmte Brechungsindex, M ist das Molgew. des betreffenden Stoffes in Gramm ausgedrückt (also 1 *Mol) u. d ist seine Dichte. Statt $\frac{M}{d}$ könnte man auch das Molvol. einsetzen. Will man z. B. die Molrefraktion für Benzol unter Benützung des Lichtes der α-Linie von Wasserstoff berechnen, so ergibt sich der Ansatz: $\frac{(1{,}4995)^2-1}{(1{,}4995)^2+2} \cdot \frac{78}{0{,}884}$; man erhält bei der Ausrechnung den Wert $M_\alpha = 25{,}92$ (s. oben in Tab. I bei Benzol). Die Molrefraktion gibt ungefähr den Raum in cm³ an, den die Mol. von 1 Mol des betreffenden Stoffes tatsächlich ausfüllen. Dieser Betrag ist für einen gegebenen Stoff charakterist. u. weitgehend unabhängig vom Aggregatzustand (da ja das Eigenvol. der Mol. ziemlich unabhängig von der Temp. ist). So beträgt z. B. die Molrefraktion M_D bei fl. Schwefelkohlenstoff 21,27, bei gasförmigem Schwefelkohlenstoff 21,32. Die Molrefraktion ist für Fl. eine wertvolle, charakterist. Kennziffer. Es hat sich auch gezeigt, daß die Molrefraktion eine sog. additive Eig. darstellt; d. h. man braucht hier nur die für die Atome (Atomrefraktionen) u. Bindungen errechneten Refraktionswerte zu addieren, um die Molrefraktion zu erhalten. Diese Auffassung wird bestärkt durch die Tatsache, daß sich auch bei Gemischen von Fl. (z. B. Äthylenbromid u. Propylalkohol) die Molrefraktion des Gemisches additiv aus den Molrefraktionen der Einzelbestandteile (also im obigen Fall von Äthylenbromid u. Propylalkohol) berechnen läßt. Man hat aus vielen einfachen org. Verb. die „Atomrefraktionswerte" der einzelnen, chem. gebundenen Atome berechnen können. Um z. B.

die Atomrefraktionen des an Kohlenstoff gebundenen Wasserstoffatoms zu erhalten, ermittelt man die Molrefraktion des Cyclohexans u. denkt sich dann eine C—C-Bindung im Ring gelöst u. an beide endständigen C-Atome Wasserstoff angelagert, so daß man gesätt. Hexan erhält. Die Differenz der Molrefraktionen beider Verb. ergibt dann die doppelte Atomrefraktion des an C gebundenen H-Atoms. In ähnlicher Weise hat man für viele Atome u. Bindungen die „Atomrefraktionen" berechnet, s. Tab. II.

Tabelle II
Atomrefraktionen in org. Verb.

Atom bzw. Bindung	Hα	D
Kohlenstoff: >C<	2,413	2,418
Wasserstoff: H—(C)	1,092	1,100
Carbonylsauerstoff: (C)=O	2,189	2,211
Äthersauerstoff: (C)—O—(C)	1,639	1,643
Hydroxylsauerstoff: (C)—O—(H)	1,522	1,525
Chlor: (C)—Cl	5,933	5,967
Brom: (C)—Br	8,803	8,865
Jod: (C)—J	13,757	13,900
Äthylenbindung: C=C	1,686	1,733
Acetylenbindung: C≡C	2,328	2,398
N in prim. aliphat. Aminen	2,309	2,322
N in sek. aliphat. Aminen	2,478	2,502
N in tert. aliphat. Aminen	2,808	2,840
Stickstoff in Nitrilen	3,102	3,118
N in Imiden: (C—N=C)	3,740	3,776

Die additive Berechnung der Molrefraktion aus den Atom- bzw. Bindungsrefraktionen soll an folgendem *Beisp.* gezeigt werden: Benzol, Molgew. 78; *D.* 0,884; Brechungsindex $n_\alpha = 1,4995$, ergibt nach Einsetzung in die Gleichung eine Molrefraktion von 25,92 cm³ je Mol. (s. oben u. Tab. I). Da die Benzolmol. aus 6 C- u. 6 H-Atomen aufgebaut sind u. nach Kekulé (s. *Benzolring) außerdem 3 abwechselnde Doppelbindungen enthalten, sind folgende Atomrefraktionen zu addieren: 6·2,413 (s. unter Hα in Tab II), 6·1,092 u. als Zuschlag (Inkrement) für die 3 Doppelbindungen 3·1,686; dies gibt als Summe 26,09 cm³. Dieser Wert stimmt mit dem vorigen (25,92 cm³) gut überein. Durch diese Übereinstimmung erfährt übrigens die Kekulésche Benzolformel (3 Doppelbindungen) eine gewisse Stütze. Bei den Konstitutionsermittlungen org. Stoffe geht man z. B. folgendermaßen vor: Es wird von einer chem. reinen Substanz die Brechungsindex (n), die D. (d) u. das Molgew. (M) experimentell bestimmt u. in die Gleichung $M_D = \frac{n^2-1}{n^2+1} \cdot \frac{M}{d}$ eingesetzt. Ist man sich z. B. im Zweifel, ob in der Verb. der Sauerstoff als Carbonylsauerstoff (d. h. in der Bindung C=O) od. als Hydroxylsauerstoff (d. h. in der Bindung C—O—H) vorliegt, so addiert man die betreffenden Atomrefraktionswerte (die in Tab. II aufgezeichnet sind) u. prüft, ob die Summe dieser Atomrefraktionen bei der Annahme von C=O (Atomrefraktion 2,211 für D-Licht) od. von C—O—H (Atomrefraktion 1,525 für D-Licht) am besten mit dem mit obiger Gleichung gefundenen M_D-Wert übereinstimmt. Verb. mit *konjugierten Doppelbindungen haben bes. hohe „Exaltationen" (d. h. Steigerungen der Molrefraktionen); während isolierte u. *kumulierte Doppelbindungen (z. B. C=C=C=) bei der Berechnung der Molrefraktion aus den Atomrefraktionen einfach zu addieren bzw. multiplizieren sind (1,686 bzw. 1,733 mal der Zahl der Doppelbindungen im Mol.), ist bei konjugierten Doppelbindungen nochmals ein „Zuschlag" hinzuzusetzen. Man kann also bei einer Verb. von nicht genau bekannter Konstitution auf konjugierte Doppelbindungen schließen, wenn bei der Addition der Atom- bzw. Bindungsrefraktionen noch eine größere Differenz bis zu dem aus n, d u. M an Hand der Gleichung errechneten Wert für die Molrefraktion verbleibt. —

Lit.: Asmus, F., in Houben-Weyl-Müller, III/2, 1955; Batsanov, Refractometry and Chemical Structure, New York, Consultants, 1961; Candler, C., Modern Interferometers, London, Hilger and Watt Ltd., 1951; Duke-Elder, S., The Practice of Refraction, London, 1954; Ioffe, B. V., Guide to Refractometry for Chemists, Leningrad, Leningrad State Univ. Press, 1956; Löwe, F., Opt. Messungen des Chemikers u. des Mediziners, Dresden, Steinkopff, 1959; Maley, L. E., Refractometers, in J. Chem. Educ. 45 [1968] S. A 467 – A 485; Roth-Eisenlohr-Löwe, Refraktometr. Hilfsbuch, Berlin, de Gruyter, 1952; Snell, F. D. u. C. L. Hilton. Encyclopedia of Industrial Chemical Analysis, New York-London, Wiley-Interscience, 1966, Bd. 3; Ullmann II/1, S. 480–495; Winchell, A. N., The Optical Properties of Org. Compounds, New York, Acad. Press, 1954; Wolf-Fuchs, Hand- u. Jahrbuch der chem. Physik, Bd. VI, 1b, Leipzig, Akad. Verl. Ges. Über Präzisions-Differentialrefraktometer s. Bodmann, in Chem.-Ing.-Techn. 29 [1957] S. 468 ff. Über Messung des Brechungsindex s. Pilton u. Taylor, in Berl, W. G., Physical Methods in Chemical Analysis, New York, Acad. Press, 1960. Über Refraktometrie in der Apotheke (äther. Öle) s. Lüdde, K. H., in Dtsch. Apoth. Ztg. 1961, S. 873 – 875. Über Möglichkeiten der kontinuierlichen refraktometr. Anzeige u. Registrierung s. Fischbeck, K., in Chemiker-Ztg. 85 [1961] S. 563 bis 567.

Refraktometer. Bez. für opt. Instrumente zur Best. des Brechungsindex; sie beruhen gewöhnl. auf der Beobachtung des sog. Grenzwinkels der Totalreflexion. Näheres s. *Refraktion (dort auch Lit.). — E: refractometers

Refraktometrie. Sammelbez. für diejenigen analyt. Meth., die auf der Best. des Brechungsindex einer Substanz beruhen. Die R. eignet sich vorteilhaft zur qual. Identifizierung unbekannter Substanzen; zur Reinheitskontrolle u. zur quant. Analyse von bekannten *Gemischen. Näheres s. *Refraktion (dort auch Lit.). — E: refractometry

Reglersubstanzen (Regler). Bez. für org. Verb., die im Verlaufe der *Polymerisation während des Kettenwachstums in den Bau der *Polymerisate eingreifen. Manchmal verlangsamen sie die Reaktionsgeschw., verändern den *Polymerisationsgrad od. verhindern die Ausbldg. von unerwünschten Seitenketten od. auch der gefürchteten „Stippen", ohne jedoch das Wachstum in Richtung der Kette wesentlich zu stören. Es sind zumeist Alkylmercaptane od. chlorierte Kohlenwasserstoffe; vgl. G. Schulz, Die Kunststoffe, München, Carl Hanser Verl., 1964, S. 88. — E: regulators

Reguläres System = Kub. Syst. (s. *Kristallsyst.). — E: regular system

Regulus (von lat.: regulus = kleiner König). Veraltete Bez. für einen aus reduzierten Erzen ausgeschiedenen u. zusammengeschmolzenen, oft schön glänzenden, Metallklumpen. Auch Bez. für gediegenes, im Gegensatz zum vererzten Metall. *R.-Metall* ist der Name für Pb-Leg. mit $6-12\%$ Sb. — E: regulus

Reibschalen. Flache, starkwandige Schalen aus Porzellan (seltener aus Achat), in denen man mit Hilfe des kolbenförmigen *Pistills* (= Reibkeule, Stößel, s. Abb.) feste gröbere Substanzen durch reibende od. stoßende Bewegung pulverisiert. Topfförmige R. aus Metall werden meist Mörser (Symbol der Drogisten) genannt, doch wird diese Bez. auch allg. als Synonym für R. verwendet. — E: mortars
Lit.: DIN 12 906 (Okt. 1957).

Reine Chemie. Ursprünglich wurde diese Bez. für den Lehrstoff der Chemie im Gegensatz zum Experiment verwendet, heutzutage bedeutet R. C. die Chemie als Wissenschaft im Gegensatz zu ihren Anwendungen in Industrie od. in anderen Wissensgebieten. Die heutige Auffassung wird deutlich im Namen der Weltorganisation der Chemie ausgedrückt, s. *IUPAC. — E: pure chemistry

Reineckate. Bez. für die dem Reinecke-Salz = $NH_4[Cr(SCN)_4(NH_3)_2] \cdot H_2O$ analogen Salze mit dem gleichen komplexen Anion. — E: reineckates

Reinelemente. Von F. Paneth (s. Z. Physik. Chem. 91 [1916] S. 198) vorgeschlagene Bez. für *anisotope Elemente (s. auch *Chem. Elemente).
— E: pure elements, simple elements

Reinheit (chem. R.). Qualitätsangabe für *Chemikalien. Das Bestimmungswort „rein" drückt aus, „unvermischt, frei von andersartigen Bestandteilen". Eine reine Substanz hat einen hohen Geh. an wertgebenden Bestandteilen (nach dem R.-Grad richten sich Verwendbarkeit u. Preis eines Prod.). Der Begriff „rein" ist naturgemäß relativ, u. man unterscheidet dementsprechend verschiedene Stufen, für die sich allerdings auch keine Mindestprozentsätze, sondern nur der zulässigen Verunreinigungen angeben lassen. Festlegungen darüber müssen für jede einzelne Substanz getrennt getroffen werden u. richten sich häufig nach den analyt. Möglichkeiten der Erfassung; sie werden von Fachorganisationen od. von den Herst.-Firmen getroffen (die älteste Form einer solchen Festlegung war das 1888 von der Fa. E. Merck, Darmstadt, publizierte Werk „Die Prüfung der chem. Reagenzien auf Reinheit"; vgl. auch Snell-Hilton unter Lit.). Nach *DAB (6. Ausgabe) sind folgende Bez. für den R.-Grad gebräuchlich (jeweils in der Reihenfolge angegeben: dtsch. Bez., lat. Bez., Abk.): roh, crudum, crd.; technisch, —, techn.; gereinigt, depuratum, dep.; rein, purum, pur.; reinst, purissimum, puriss.; zur Analyse, pro analysi, p. a.; zur Injektion, pro injectione, pro inject.; sublimiert, sublimatum, subl.; gefällt, praecipitatum, praec. Üblich sind auch die R.-Angaben hochrein (z. B. hochreine Metalle), spektroskop. rein (spektralrein), nuclearrein (kernrein; s. *Nuclear-R.), ultrarein, physikal. rein. Bei *Lebensmitteln bedeutet die Bez. „rein" oft die Garantie für den unveränderten natürlichen Zustand (damit ist gemeint, daß kein natürlich nicht vorhandener Bestandteil, z. B. ein Farbstoff, zugesetzt wurde. — E: purity
Lit.: Snell, F. D. u. C. L. Hilton, Encyclopedia of Industrial Chemical Analysis, Bd. 3, New York-London, Wiley-Interscience, 1966, S. 555—565 (Specifications, Standards, and Standard-Setting Organizations).

reit. s. *iteretur

Rekombination. Nach DIN 41 852 (Feb. 1967) Bez. für die (Wieder-)Vereinigung von (getrennten) Teilchen, insbes. von Ladungsträgern mit entgegengesetzten Vorzeichen. Im Bereiche der Halbleitertechnik handelt es sich um das (Wieder-)Vereinigen von Elektronen mit ionisierten Donatoren, von Defektelektronen mit ionisierten Akzeptoren (hier bedeutet Ionisierung auch Abspaltung eines Defektelektrons, die mit der Aufnahme eines Elektrons gleichbedeutend ist), ferner um die Vereinigung von Elektronen mit Defektelektronen, die in den meisten Fällen nicht unmittelbar, sondern durch Mitwrkg. von Haftstellen vor sich geht. Man unterscheidet zwischen *„Vol.-R."*, die im Innern, u. *„Oberflächen-R."*, die an der Oberfläche des Kristalls stattfindet. — E: recombination

Rekristallisation. Nicht eindeutig verwendeter Terminus. 1. Synonym für *Umkrist. 2. Selten verwendet als Synonym für *Ostwald-Reifung (= Wachsen der größeren Kristalle in einer Lsg. auf Kosten der kleineren). 3. Bez. für die Änderung eines bestehenden Kristallgefüges od. die Neuordnung des Kristallgefüges bei plast. verformten polykrist. Stoffen. Diese läßt sich in kaltverformten u. anschließende Gefügen durch anschließende Wärmebehandlung erreichen, wobei neue Körner (Kornbldg.) auftreten, die sich vergrößern (Kornwachstum). Als R.-Temp. wird

Rektifikation

diejenige Temp. bezeichnet, bei der sich innerhalb von wenigen Min. (statt der verformten) neue Körner bilden; sie nimmt mit zunehmendem Verformungsgrad ab u. wird außerdem bereits durch sehr kleine Beimengungen stark erhöht. Bei der R. durch Tempern lassen sich (da große Kristalle stabiler sind als kleine) sogar makroskop. Einkristalle züchten, wie z. B. die Wolframfäden der Glühlampen. — E: recrystallization

Lit.: Himmel, Recovery and Recrystallization of Metals, New York, Interscience, 1962. Masing, G., Lehrbuch der allg. Metallkunde, Berlin, Springer, 1951.

Rektifikation (Gegenstromdestillation). Nach DIN 7052 (Nov. 1943) ist *Rektifizieren* die Bez. für die Zerlegung fl. od. dampfförmiger Gemische dadurch, daß Fl. u. Dampf unter unmittelbarer Berührung im Gegenstrom zueinander geführt werden. Bei der *stetigen (kontinuierlichen)* R. wird das Ausgangsgemisch ununterbrochen zugeführt, u. die Erzeugnisse der Zerlegung werden an verschiedenen Stellen stetig entnommen. Bei der *unstetigen (diskontinuierlichen)* R. wird in einem Betriebsabschnitt jeweils eine begrenzte Menge des Ausgangsgemisches eingesetzt u. zerlegt. Als *Rücklauf* (Rückfluß) bezeichnet man die beim Rektifizieren entgegenströmende Fl., die aus dem Niederschlag eines Tl. des Dampfes od. aus von außen aufgegebener Fl. od. aus beidem besteht. Die Bez. Destillat, Fraktionen, Rückstand u. *Ablauf werden analog wie bei der *Destillation auch im Falle der R. verwendet. Eine *Rektifiziersäule* (Austauschsäule, Rektifikator, Trennsäule, Rektifizierkolonne) ist laut der zitierten Norm eine Vorrichtung (in der Regel ein Turm), in der Dampf u. Fl. eines Gemisches zum Zwecke des Rektifizierens im Gegenstrom zueinander geführt werden. *Rektifizierboden* (Austauschboden) nennt man einen waagrechten, plattenförmigen od. ähnlich geformten Einbau mit Stutzen für den Zulauf u. Ablauf von Fl. in einer Rektifiziersäule, der durch Fl.-Stau eine möglichst innige Berührung zwischen Dampf u. Fl. herbeiführt. Bes. Formen von Rektifizierböden sind der Glockenboden (eine Abart davon ist der sog. Tunnelboden) u. der Siebboden. — E: rectification

Lit.: Bouron, A., Calcul et disposition des appareils de distillation, Paris, Libr. Béranger, 1959; Hausen, H., in Chem.-Ing.-Techn. 32 [1960] S. 228–230; Jacobs, J., Destillier-Rektifizier-Anlagen, München, Oldenbourg, 1950; Paris, W., Les procédés de rectification dans l'industrie chimique, Paris, Dunod, 1959; Sigwart, K., Destillieren u. Rektifizieren, in Houben-Weyl-Müller, Bd. I/1 (1958) / Ullmann I, 1951, S. 429 bis 470. Über R.-Kolonnen als Hilfsmittel chem. Umsetzungen s. Matz, G., in Chem.-Ing.-Techn. 33 [1961] S. 653–658. Über R. im fest-fl. Grenzgebiet von Lsg. s. Schmidt, J., in Chem.-Ing.-Techn. 35 [1963] S. 410 bis 421.

Rektifikator = Rektifiziersäule (s. *Rektifikation).

Rektifizierboden s. *Rektifikation. — E: rectifying plate, rectifying tray

Rektifizierkolonne = Rektifiziersäure (s. *Rektifikation).

Rektifiziersäule s. *Rektifikation. — E: rectifying column

Relative biologische Wirksamkeit (RBW). Nach DIN 25 401, Bl. 13 (Entwurf Apr. 1968) in der Radiobiologie für einen bestimmten lebenden Organismus od. Tl. eines Organismus Bez. für das Verhältnis der Energiedosis (s. *Rad) einer Referenzstrahlung, die eine bestimmte biolog. Wrkg. erzeugt, zu der Energiedosis der betreffenden Strahlung, die die gleiche biolog. Wrkg. erzeugt. — E: relative biological effectiveness

Relativwerte = *Richtwerte.

Relaxation. Bez. für die Erscheinung, daß ein Syst. eine meßbare Zeit benötigt, um auf plötzliche Änderungen der Bedingungen, Kräfte od. Effekte zu reagieren, denen es unterliegt; R. bedeutet somit das „Nachhinken" einer Wrkg. hinter der Ursache. *Beisp.:* In ferromagnet. Kristallen tritt eine R. der Magnetisierung bei Änderung des äußeren Feldes auf, ebenso gibt es in dielektr. Stoffen eine R. der Polarisation. Man spricht von *Spannungs-R.*, wenn einer „formschlüssig" eingespannten Probe eine Anfangsverformung aufgezwungen wird u. die Spannung dann allmählich abnimmt; *Deformations-R.* tritt auf, wenn umgekehrt an die Probe eine Anfangsspannung gelegt wird u. sich die Deformation dann allmählich ändert. Von der R. zu unterscheiden ist die sog. *Hysterese, unter der man ein von der Geschw. unabhängiges Nachhinken einer Formänderung od. Magnetisierung gegenüber der Spannung bzw. der Feldstärke versteht. Unter *chem. R.* versteht man die allmähliche Wiedereinstellung eines *chem. Gleichgew. nach plötzlicher Störung durch schnelle Änderung von Druck, Vol., Temp., elektr. Feldstärke u. a. Durch M. Eigen (geb. 1927, Chemie-Nobelpreisträger 1967) wurde die in der Physik bekannte R.-Meth. auf das Studium schnell verlaufender chem. Reaktionen angewandt. Bei der chem. R.-Meth. wird ein Syst., das sich im chem. Gleichgew. befindet, durch eine kurzzeitige Störung aus dem Gleichgew. herausgebracht. Anschließend wird verfolgt, wie schnell sich das Syst. wieder in die Gleichgew.-Situation zurückbegibt. Durch die Anwendung solcher Meth. konnte B. H. T. Witt Vorgänge bei der *Photosynth. untersuchen, die prakt. in 10^{-8} Sek. ablaufen. Die Schwierigkeit bei der Anwendung dieser Meth. liegt darin, daß man zwar erfährt, daß Reaktionen ablaufen, daß aber die Meth. selbst keinen Aufschluß darüber geben kann, um welche Art von chem. Reaktionen es sich handelt (vgl. H. Hartmann, in Umschau 68 [1968] S. 2). — E: relaxation

Lit.: Chemical Society (London), Molecular Relaxation Processes. Lectures delivered and Synopses of Papers Read at a Chemical Society Symposium held at Aberystwyth, 7–9 July 1965, London 1966 (Chemical Society Special Publication); Flygare, W. H., Molecular Relaxation, Accounts Chem. Res. 1 [1968] S. 121–127; Reinmuth, W. H., Electrochemical Relaxation Techniques, in Anal. Chem. 40 [1968] S. 185 R bis 194 R (Lit.-Übersicht 1966 u. 1967); Winkler, R. u. H. Winkler, Die Unters. schneller chem. Reaktionen in Lsg. mit Hilfe von R.-Verf., in Allg. Prakt. Chem. 17 [1966] S. 599–610. *Ztschr.:* Advances in Molecular Relaxation Processes, Amsterdam, Elsevier Publ. Co. (seit 1. 11. 1967; erscheint vierteljährlich).

Rem (Kurzzeichen: rem). Nach DIN 25 401, Bl. 13 (Entwurf Apr. 1968), Sonderbez. für *Rad bei der Angabe von Äquivalentdosen (= Prod. aus der Energiedosis [s. *Rad] u. dem jeweiligen Qualitätsfaktor). 1 rem = 1 rd. Rem ist Abk. von „roentgen equivalent men". — E: rem

Rep (Kurzzeichen: rep). Nach internationaler Übereinkunft nicht mehr zu benutzende u. durch *Rad zu ersetzende Einheits-Bez. Diese war definiert als diejenige Menge irgendeiner *ionisierenden Strahlung, bei der eine Energieabsorption von 93 erg/g (weiches tier.) Gewebe erfolgt. — E: rep

Reppe-Chemie. Nach Prof. Dr. Walter Reppe (geb. 1892) benannte Arbeitsrichtung der Org. Chemie, die auf der Umsetzung von Acetylen bei hohen Drucken (bis 30 at) u. Temp. unter Verw. von Metallcarbonylen u. Schwermetallacetyliden als Katalysatoren beruht. — E: Reppe chemistry
Lit.: Kirk-Othmer, 1. Aufl., Bd. 11, 1953, S. 648 bis 665; Reppe, W., Chemie u. Technik der Acetylen-Druck-Reaktionen, Weinheim, Verl. Chemie, 1952.

Reprographie. Bez. für die Gesamtheit der Kopierverf. mittels elektromagnet. Strahlung, vorwiegend mit sichtbarem, ultraviolettem od. infrarotem Licht. In einigen Ländern schließt der Begriff auch die Vervielfältigungsverf. u. den Büro-Offsetdruck (nicht jedoch die eigentlichen Druckverf.) ein; vgl. Wörterbuch der R. dtsch.-engl., engl.-dtsch., Frankfurt/M., Dtsch. Ges. für Dokumentation, 1967. — E: reprography
Lit.: Deile, O. E., R.-Verf. in der Kopiertechnik, in Umschau 63 [1963] S. 617–621; The Revolution in Office Copying, in CAEN 1964, Nr. 28, S. 114–131, u. Nr. 29, S. 84–96; Uhlein, E., Begriffe der R., Frankfurt/Main, Dtsch. Ges. für Dokumentation, 1963; Ullmann XIV, 1963, S. 676–680; Verry, H. R., Document Copying and Reproduction Processes, Fountain Press, 1960.

Res... = *Reso... — E: res-

Resina. Lat. Bez. für Harz, z. B. Resina Abietis nigrae = Schwarzfichtenharz, R. Benzoe = Benzoeharz, R. Copal = Kopal, R. Dammar = Dammarharz, R. Draconis = Drachenblut.

resistent (von lat.: resistere = Widerstand leisten, sich widersetzen) = widerstandsfähig, z. B. hitzeresistent = hitzeunempfindlich, säureresistent = durch Säure nicht zerstörbar, magenresistent = durch die Verdauungsfermente des Magens nicht zersetzbar. In der Biochemie bedeutet Resistenz die (relative) Unempfindlichkeit gegen Wirkstoffe, Bakterien, Viren u. a. Krankheitserreger. Diese Bez. wird heute vorwiegend im Sinne einer erworbenen (durch Gewöhnung, Selektion od. Mutation) *Resistenz* gebraucht, z. B. bei Unempfindlichkeit gegen bestimmte Gifte (z. B. DDT-resistente Fliegen, penicillinresistente Bakterienstämme, herbicidresistente Pflanzen usw.). — E: resistant
Lit.: Brown, A. W. A., Résistance des arthropodes aux insecticides, Genf, WHO, 1959; Domagk, G., in Naturwiss. Rdsch. 1960, S. 415–419; Kuhn, R., in Naturwiss. 1959, S. 43–50; Schnitzer u. Grunberg, Drug Resistance of Microorganisms, New York, Acad. Press, 1957; Sevag, Reid, Reynolds, Origins of Resistance to Toxic Agents, New York, Acad. Press, 1955; Suchorukow, K. T., Beiträge zur Physiologie der pflanzlichen Resistenz, Berlin, Akad. Verl., 1958; Watanabe, T., Infectious Drug Resistance, in Scient. Amer. 217 [1967] Nr. 6, S. 19–27.

Res(o)... Vorsilbe, die in den Namen von chem. Verb. auf deren Verwandtschaft zum Resorcin = 1,3-Dihydroxybenzol = $C_6H_4(OH)_2$ hinweist. *Beisp.:* Resorufin, Resazurin. — E: reso-

resolubel = wieder auflösbar. Gegensatz: *irresolubel. — E: resoluble

Resolution = *Trennschärfe (bei chromatograph. Verf.).

Resonanz. Bez. für eine 1930–1935 von L. Pauling (geb. 1901, Chemie-Nobelpreisträger 1954) unter Anwendung der Gesetze der *Quantenmechanik in mathemat. Form entwickelten Theorie, deren wesentlichste Aussage ist, daß ein Mol., für das sich mehrere klass. Strukturformeln aufstellen lassen, sich nicht befriedigend durch eine dieser Formeln (Grenzstrukturen) darstellen läßt, sondern allein durch die Überlagerung (ein Hybrid, s. *Hybridisierung) des ganzen Satzes. Die Grenzstrukturen entsprechen dabei keinen realen mol. Grundzuständen, sondern es wird angenommen, daß sie nur in einem angeregten Zustand vorliegen od. im Augenblick der Reaktion. Die qual. Gesichtspunkte der R.-Theorie entsprechen denjenigen der Theorie der *Mesomerie. Der Unterschied zwischen beiden Theorien liegt darin, daß im letzten Falle angenommen wird, daß der tatsächliche Zustand eines Mol. zwischen den durch zwei od. mehr formulierbaren Grenzstrukturen liegt (es wird also keine Überlagerung mehrerer Strukturen angenommen), die sich auf Grund der Valenzregeln für dieses aufstellen lassen; außerdem beinhaltet die Mesomerie-Theorie deutliche Vorstellungen über Elektronenverschiebungen. Ein bes. Vorteil des R.-Begriffs ist es, daß er die Stabilisierung „resonanzfähiger" Syst. zu erklären vermag. Beispielsweise ist Vinylchlorid als ein R.-Hybrid aufzufassen, an dem die Formen $CH_2=CH-\ddot{C}l$ u. $^-CH_2-CH=\overset{+}{Cl}$ betei-

ligt sind. Es handelt sich nicht etwa um ein Gemisch beider Formen, sondern um eine bes. Struktur, die die Eig. beider Formen in sich vereint u. eine Stabilität besitzt, die die R.-Fähigkeit des Syst. herabsetzt. Die Beteiligung des Hybrids an der 2. Form, in der das Chlor- an das Kohlenstoffatom doppelt gebunden ist, äußert sich darin, daß der C−Cl-Abstand im Vinylchlorid (1,69 Å) um 0,08 Å kleiner ist als im Äthylchlorid (1,77 Å). Durch Vgl. mit Bezugsmol. fand man, daß diese Verkürzung des Bindungsabstandes etwa 14% Doppelbindungscharakter entspricht; das Chloratom ist somit stärker gebunden als an einem gesätt. Kohlenstoffatom. Die R.-Theorie kann also die auffallende, unerwartete Stabilität u. Reaktionsträgheit mancher org. Verb. erklären; so ist z. B. die Essigsäure wegen der Carboxylgruppe (R.!) schwieriger zu reduzieren als Aldehyde u. Ketone. R. beobachtet man z. B. bei Acetaten, Alizarin, Anilin, Benzol- u. Benzolderiv., Carboxylgruppen, Butadien u. vielen konjugierten Verb., Furan, Harnstoff, Naphthalin, Thiophen, Pyrrol, Vinylchlorid usw. − E: resonance
Lit.: Bent, R. L., in J. Chem. Educ. 1953, S. 224 bis 228; Coulson, C. A., Valence, London, Oxford Univ. Press, 1952; Dewar, M. J. S., Resonance, Conjugation, and Hyperconjugation, in CAEN 1965, Nr. 2, S. 86 bis 90; Pauling, L., The Nature of the Theory of Resonance, in Todd, A., Perspectives in Organic Chemistry, New York-London, Interscience, 1956; Wehland, G. W., Resonance in Org. Chemistry, New York, Wiley, 1960; s. auch *Mesomerie, *Org. Chemie.

Resonanzhybrid s. *Resonanz. − E: resonance hybride

Resorption (von lat. resorbere = aufsaugen). In der Physiologie Bez. für die Aufnahme von Stoffen in die Blut- u. Lymphbahnen; gewöhnl. erfolgt die R. durch die Darmwand, seltener durch die Magenwände od. durch die Körperhaut. Unter magmat. R. versteht man in der Gesteinskunde die Wiederauflösung frühausgeschiedener Mineralkomponenten in magmat. Schmelze (*Beisp.:* R. von Clivin in Basaltschmelzen). − Im engl. Sprachgebrauch bedeutet R. auch die erneute (*Ab- od. *Ad-)sorption einer Substanz durch Material od. Syst., wovon es bereits früher (ab- od. ad-)sorbiert u. dann daraus entfernt (desorbiert) worden war. − E: resorption

Rest. Synonym für eine gebundene nichtfunktionelle ein- od. mehrwertige Atomgruppierung (z. B. Alkyl- od. Aryl-Gruppe), unabhängig davon, ob diese auch als freies *Radial od. *Ion (z. B. „Säure-R.") auftreten kann. „R." (in der Org. Chemie im Falle der Alkylgruppe in der Regel durch R abgekürzt) als Synonym für Radikal setzt stets voraus, daß solches an ein bestimmtes Atom od. eine Atomgruppierung gebunden ist. − E: rest

Ret... Präfix, das in den Namen von chem. Verb.

auf den Ursprung aus Harzen (von griech.: retine = Harz) hinweist. *Beisp.:* Der Kohlenwasserstoff Reten = 7-Isopropyl-1-methylphenanthren ist ein Abbauprod. der Harzsäuren des Kieferharzes. − E: ret-

Retentat. Bez. für die Gesamtheit der Stoffe, die beim Dialysieren (s. *Dialyse) im Dialysiergefäß zurückbleiben. − E: retentate

Retorten s. *Destillation. − E: retorts

Reversible Kolloide s. *Kolloidchemie. − E: reversible colloids

Reversible Reaktionen s. *Chem. Gleichgew. − E: reversible reactions

Rezept. Bez. für die schriftliche ärztliche Anweisung für den Apotheker zur Herst. einer Arznei. Diese muß mit Datum u. Unterschrift des Arztes versehen sein u. den Namen des Patienten enthalten. R. sind rechtlich Privat-Urkunden; ihre Nachahmung ist Urkundenfälschung u. wird bestraft. Zur Ausstellung von ärztlichen R. sind alle Ärzte, Zahnärzte u. Tierärzte berechtigt. Man unterscheidet beim R. 1) *Praescriptio* od. *Ordinatio*, 2) *Subscriptio*, 3) *Signatura*, 4) *Inscriptio*. 1) ist die Verordnung, die Art u. Menge der Arzneimittel in lat. Sprache angibt. Sie beginnt mit recipe (abgek. Rp.) = nimm; hierauf folgen die Einzelbestandteile. In der Reihenfolge der einzelnen Bestandteile einer Arznei soll zuerst das Hauptmittel *(Basis)* genannt werden, dann das *Remedium adjuvans*, das die Wrkg. der Basis entweder unterstützen od. störende Nebenwrkg. verringern soll; es folgt das Remedium constituens *(Vehiculum, Menstruum)*, von dem die Arzneiform abhängt (Lsgm., Pillenmasse, Salbengrundlage usw.), schließlich das *Remedium corrigens*, das einen schlechten Geruch od. Geschmack überdecken soll. Die Mengen werden in arab. Ziffern in Gramm angegeben, wobei das g-Zeichen wegbleibt; es bedeuten also z. B. 2,0 = 2 g, 0,3 = 300 mg. Stückzahlen od. Tropfenzahlen werden dagegen mit röm. Ziffern angegeben; es bedeutet z. B. gtt. VIII = guttae VIII, es sind 8 Tropfen zu verwenden. Mengenangaben erübrigen sich bei Verordnung von Originalpackungen. 2) bedeutet die Angabe der Arzneiform (z. B. Mixtur, Salbe, Pillen u. dgl.). Hier werden z. B. folgende Abk. gebraucht: m. = misce, mische; ad vitr. ampl. (ad vitrum amplum), in Weithalsflasche; ad vitr. nigr. (ad vitrum nigrum), in dunkler Flasche; ad vitr. gtt. (ad vitrum guttatum), in Tropfflasche; ad scat. (ad scatulam), in eine Schachtel; ad vitr. adl. (ad vitrum adlatum), in die mitgebrachte Flasche; noctu, das R. wurde nachts ausgestellt od. herausgegeben; cito, schnell, d. h. das R. soll schnellstens angefertigt werden usw. 3) ist die Gebrauchsanweisung für den Patienten (in dessen Landessprache), die der Apotheker auf der Verpackung der Arznei zu vermerken hat. 4) ist die eigenhändige Unterschrift des rezeptausstellenden Arztes; ein Stempel genügt nicht. — E: prescription, formulation

Rezepturen. 1. In der Pharmazie ist R. die Bez. für die Anfertigung einer Arznei auf Grund eines *Rezeptes. 2. In der Chemie ist R. die Bez. für kurzgefaßte Anleitungen zur Herst. von Prod.; meist betreffen diese bes. einfache Vorgänge (z. B. Mischen verschiedener Substanzen), die auch von angelernten Kräften durchgeführt werden können. Die R. verzichten im allg. auf die Erläuterung der theoret. Grundlagen, auch dann, wenn sie das Erg. langwieriger Vers. u. komplizierter theoret. Überlegungen sind; sie sind für Praktiker verfaßt. Die folgende Lit.-Zusammenstellung umfaßt eine Auswahl von R.-Sammlungen für eine Reihe von Gebieten der chem.-techn. Praxis. — E: chemical formularies

Lit.: Barbieri, N., Enciclopedia-ricettario, 10 000 ricette, formule, procedimenti etc., Milano, Hoepli, 1951; Bennet, H., The Chemical Formulary, 13 Bde., Brooklyn, Chem. Publ. Co., 1934—1967 (wird fortgesetzt); Buchheister, G. A. u. G. Ottersbach, Handbuch der Drogistenpraxis, Bd. 2, Berlin, Springer, 1949; Fey, H., Chem.-Techn. Vorschriftensammlung, Stuttgart, Wiss. Verl. Ges., 1952; Freeman, M., New Practical Formulary and Practical and Industrial Formulary, New York, Chem. Publ. Co.; Hager, H., Handbuch der pharmazeut. Praxis für Apotheker, Arzneimittel-Herst., Drogisten, Ärzte u. Medizinalbeamte, neu bearbeitet von Frerichs, Arends u. Zörnig, 2 Bde. u. 2 Ergänzungs-Bde., Berlin, Springer, 1949—1958; Hiscox, G. D. u. T. O. Sloane, Henley's Twentieth Century Book of Formulas, Processes and Trade Secrets, New York, The Norman W. Henley Publ. Co., 1948; Hopkins, A. A., Standard American Encyclopedia of Formulas, New York, Grosset-Dunlap, 1953; Irion, H., Drogisten-Lexikon, Bd. 3, Berlin, Springer, 1958; Kleemann, W., Einführung in die Rezeptentw. der Gummiindustrie, Leipzig, VEB Dtsch. Verl. für Grundstoffindustrie, 1966; Lange, O., Chem.-Techn. Vorschriften, 4 Bde., Leipzig, Spamer, 1923/24; Minrath, W. R., Van Nostand's Practical Formulary, Princeton, N. J., Van Nostrand, 1958; Römpp, H., Rezeptbuch des Alltags, Stuttgart, Franckh, 1950; Rothemann, K., Das große Rezeptbuch der Haut- u. Körperpflegemittel, Heidelberg, Hüthig, 1962; Rummel, F. W., Betriebs- u. Werkstatt-Rezepte, Berlin u. Bielefeld, Verl.-Buchhandl. G. Siemens, 1950; Schürer-Waldheim, Chem.-Techn. Rezepttaschenbuch, Wien, Hartleben, 1925; Stock, E., Rezepttaschbuch für Farben, Lacke u. chem.-techn. Prod., Stuttgart 1960; Viehweger, F., Rezeptbuch für Glasuren u. Farben (Dtsch.-Engl), Coburg 1957. — E: formularies

Reziproke Salzpaare. Bez. für Salzpaare, die durch doppelte Umsetzung unter Bldg. von zwei anderen Salzen reagieren, bei denen die Ionen gegenüber den Ausgangssalzen vertauscht sind.
Beisp.: Am Gleichgew. AB + CD $\rightleftarrows$ AD + CB sind die beiden R. S. AB/CD u. AD/CB beteiligt.
— E: reciprocal salt pairs

Rf-Wert. In *Papier- u. *Dünnschicht-Chromatographie Bez. für eine, die Wanderungsgeschw. einer Substanz charakterisierende Größe; ist definiert als der Quotient der Wanderungsstrecke von Substanz u. „Front" (= die während der Chromatographie sichtbare vordere Linie der mobilen Phase = „Feucht-Trocken-Grenze"). Der hR_f-Wert ist der hundertfache Betrag des R_f-W. (also $hR_f = 100\ R_f$). Vgl. auch E. Stahl, Vorschläge zur Normierung. u. Terminologie der Dünnschicht-Chromatographie, in Z. Anal. Chem. 234 [1968] S. 1—10. — E: R_f-value

Rg-Wert = *Rx-Wert. — E: R_g-value

rH = *rH-Wert.

Rh. Chem. Symbol für das Element *Rhodium.

Rhamnosyl... Bez. für die von Rhamnose = $CH_3-[CH(OH)]_4-CHO$ abgeleitete Atomgruppierung — $(C_6H_{11}O_5)$. Darf nicht verwendet werden, wenn eine mit Veränderung des Kohlenstoff-Gerüstes verbundene Substitution (z. B. durch *Alkyl, *Aryl, *Acyl) vorliegt. — E: rhamnosyl-

Rhenate. Bez. für die Salze der Rheniumsäuren. Man unterscheidet Rhenate (IV) mit dem Anion ReO_3^{2-} u. Rhenate (VI) mit dem Anion ReO_4^{2-}. Auch Oxotetrahalogeno-rhenate (V) mit dem Anion ReX_4O^- (X = Cl, Br, J) sind bekannt, z. B. $[(C_6H_5)_4As][ReBr_4O]$; vgl. Inorg. Chem. 5 [1966] S. 9. — E: rhenates

Rhenium (lat.: Rhenus = Rhein). Chem. Symbol Re. Metall. Element, At.-Gew. 186,2. Natürliche Isotope (in Klammern Häufigkeitsangabe): 185 (37,07%), 187 (62,93%). Ordnungszahl 75; hauptsächlich VII-wertig, daneben kommt auch I-, II-, III-, IV-, V- u. VI-Wertigkeit vor. Re steht in der VII. Nebengruppe des *Periodensyst. unter dem Mangan, das im Maximum ebenfalls VII-wertig sein kann. Die meisten Re-Verb. sind farbig. Geschmolzenes Re ist in reinstem Zustand ein glänzendes, platinartig aussehendes, sehr hartes, nur bei Rotglut walzbares Metall; das durch Red. im Wasserstoffstrom hergestellte u. gesinterte Metallpulver kann die Mohs-Härte 8 erreichen. Massives Re wird erst oberhalb 1000° von Luftsauerstoff angegriffen; dagegen kann das feuchte Pulver schon bei Zimmertemp. allmählich unter Bldg. von Perrheniumsäure = $HReO_4$ oxydieren. Re widersteht Salzsäure u. Flußsäure; dagegen wird es durch Salpetersäure zu $HReO_4$ oxydiert. Beim Schmelzen mit Kaliumhydroxid entsteht unter Luftzutritt Kaliumperrhenat = $KReO_4$. Die katalyt. Wrkg. von Re ist gering. D. 21,02 (20°), F. 3180°, Kp. 5627° (nach anderen Angaben 5870°), Dampfdruck bei 2200° $1 \cdot 10^{-6}$ Torr.

Vork.: Re gehört zu den seltensten Elementen der Erdkruste; sein Anteil an der obersten, 16 km dicken Erdrinde wird auf ein Zehnmillionstelprozent geschätzt; damit steht Re in der Häufigkeitsliste der Elemente an 77. Stelle zwischen *Rhodium u. *Iridium. „Bes. stark" angereichert ist Re im Molybdänglanz (Re-Geh. 0,002 — 0,00006%), im russ. Platinerz, in Columbiten u. in Hüttenrückständen von Mansfelder Kupferschiefer.

Darst.: Man oxydiert Hüttenrückstände des Mansfelder Kupferschiefers (Re-Geh. etwa 0,005%) u. laugt sie aus, wobei ReO_4^--Ionen in Lsg. gehen; das Re wird durch Zusatz von Kaliumchlorid als Kaliumperrhenat abgeschieden u. durch wiederholtes Umkristallisieren gereinigt. Wird Kaliumperrhenat im Wasserstoffstrom erhitzt, so erhält man Re als graues Pulver. In USA gewinnt man Re auch aus Flugstaub, der bei der Red. von Molybdänoxiden entsteht.

Verw.: Sein hoher Schmelzpunkt, seine gute Dehnbarkeit, hervorragende mechan. Festigkeit bei hoher Temp. u. ein relativ hoher spezif. Leitungswiderstand machen es vor allem für Herst. von W/WRe-Thermoelementen, Antikathoden u. verschleißfesten Elektrokontakten geeignet. Als Material für Lampenglühdraht u. Elektronenröhren verträgt Re besser als Wolfram u. a. hitzebeständige Metalle den Angriff durch Wasserdampfspuren. Als Zuschlag zu manchen Wolfram- u. Molybdän-Leg. verbessert es deren mechan. Eig. u. verleiht diesen Metallen Beständigkeit bei hoher Temp. Solche Leg. werden für den Bau von Öfen, Generatoren u. verschiedenen wichtigen Teilen in der Raumfahrtausrüstung eingesetzt. Metall. Re sowie seine Salze u. Oxide finden außerdem als bes. selektive vergiftungsbeständige Katalysatoren bei der Hydrierung u. Dehydrierung Anwendung; vgl. Österr. Chemiker-Ztg. 67 [1966] S. 286.

Geschichtl.: Re wurde 1925 von H. Noddack u. I. Tacke (später Noddack) nach einem mühsamen Anreicherungsverf. in Columbit u. Tantalit mit Hilfe von Röntgenspektren nachgewiesen; s. Naturwiss. 1925, S. 567. Im Jahre 1928 isolierten diese Forscher erstmals aus 660 kg norweg. Molybdänglanz 1 g reines Re. Die At.-Gew.-Best. erfolgte 1930 durch Hönigschmidt. Die bis 1951 geförderten Weltvorräte an Re werden auf 2—3 t geschätzt. Seit 1967 werden von der belg. Firma Métallurgie Hoboken jährl. mehrere 100 kg hochreines Re produziert. Der Name Rhenium soll auf das Rheinland hinweisen. — E: rhenium

Lit.: Allhardt, H. D., Diss., Univ. Freiburg, 1962; Churchward, P. E. u. J. B. Rosenbaum, Source and Recovery Methods for Rhenium, Washington 1963; Claus, D., Über Re- u. Mn-Verb. niederer Oxydationsstufe, Diss. Bergakad. Freiberg, 1957; Colton, R., The Chemistry of Rhenium and Technetium, New York-London, Wiley-Interscience, 1965; Druce, J. G. P., Rhenium, New York, Macmillan, 1958; Gmelin, Syst.-Nr. 69/70, Ma/Re, 1941, 154 S. (Re); Gonser, B. W., Symposium on Rhenium (Chicago, 1960), Amsterdam, Elsevier, 1962; Kirk-Othmer, 1. Aufl., Bd. 11, 1953, S. 721—730; Lebedev, K. B., Chemistry of Rhenium, London, Butterworth, 1962; Noddack, I. u. W. Noddack, Das Re, Leipzig, Barth, 1933; dies., in Werkstoffe u. Korrosion 1951, S. 296—298; Pascal, Nouveau Traité, Bd. 16, Paris, Masson, 1960; Peacock, R. D., The Chemistry of Rhenium and Technetium, Amsterdam, Elsevier, 1965; Schreiber, W., Seltene Metalle, Bd. 2, Leipzig, VEB Dtsch. Verl. Grundstoffindustrie, 1961; Schröter, W., Das Rhenium, Stuttgart, Enke, 1932; Sims, in Metal Industry, 4. 11. 1955; Tribalat, S., Rhenium et Technetium, Paris, Gauthier-Villars, 1957; Ullmann XIV, 682—685; s. auch CAEN 1965, Nr. 33, S. 5.

Rheologie (Fließkunde; von griech.: rheein = fließen u. logos = Darlegung). Bez. für das Teilgebiet der Physik, das sich mit der Beschreibung, der Erklärung sowie der Messung der bei der Deformation von Körpern in denselben auftretenden Erscheinungen befaßt; sie wendet die dabei gewonnenen Erkenntnisse an. Der beschreibende Zweig wird in der heutigen Formulierung auch *phänomenolog. R.* genannt, der erklärende Zweig trägt den Namen *Struktur-R.*, u. die Meßtechnik dieser wissenschaftlichen Disziplin wird mit *Rheometrie* bezeichnet; ein weiterer Sektor der R. ist die *angewandte R.;* vgl. hierzu W. Meskat, R., Forschung, Lehre u. Anwendung, in Rheologica Acta 5 [1966] S. 57—60. Der Terminus R. wurde von Bingham u. Crawford 1929 in Chemie u. Physik eingeführt; in der Biologie war er schon seit der Jahrhundertwende üblich. Die R. hat bes. in der Kolloidchemie u. Makromol. Chemie an Bedeutung gewonnen, s. S. Peter in Angew. Chem. 75 [1963] S. 194—205. Vgl. auch *Newtonsche Fl. u. *Viskosität. — E: rheology

Lit.: Andrews, R. D., jr. u. F. R. Eirich, High Speed Testing, Bd. 6: The Rheology of Solids, 6. Symposium in Boston 1967, New York-London, Wiley-Interscience, 1967; Cadell, Fluid Flow in Practice, New York 1956; Comolet, R., Mécanique Expérimentale des Fluides, Paris, Masson, 1961; Eirich, Rheology, Theory and Applications, I [1956], II [1958], III [1960], New York, Acad. Press; Green, H., Industrial Rheology and Rheological Structures, New York, Wiley, 1949; Kirk-Othmer, 1. Aufl. Bd. 11, 1953, S. 730 bis 748; Lee, E. H. u. A. L. Copley, Proceedings of the Fourth International Congress on Rheology, 4 Tle., New York-London, Wiley-Interscience, 1965; Kenk, R. S., Plastics Rheology, London 1968; Lynch, C. L., Deformation and Flow, in Intern. Sci. and Technol. 1966, Nr. 1, S. 72—81; Maxwell, B., R. D. Andrews u. E. H. Lee, Transactions of the Society of Rheology I [1957], II [1959], III [1960], IV [1960], V [1961], VI [1962], VII [1963], VIII [1965], IX/1 u. IX/2 [1965], X/1 [1966], X/2 [1967], New York-London, Wiley-Interscience (wird fortgesetzt); Middleman, S., The Flow of High Polymers: Continuum and Molecular Rheology, New York-London, Wiley-Interscience, 1968; Müller, F. H., Rheolog. Verh. der Materie in Physik, Bl. 1959, S. 546—558; Reiner, M., 12 Lectures on Theoretical Rheology, New York, Interscience, 1950; ders., R. in elementarer Darst., München, Carl Hanser-Verl., 1968; Scheele, W., Bericht über Prinzipien der rheolog. Nomenklatur, in Kolloid-Z., 128 [1952] S. 32—37; Schurz, J., Was ist R. ?, in Kosmos 62 [1966] S. 188—189; Snell, F. D. u. C. L. Hilton, Encyclopedia of Industrial Chemical Analysis, Bd. 3, New York-London, Wiley-Interscience, 1966, S. 408 bis 463 (Rheological Measurements, Fluid); Umstätter, H., Einführung in die Viskosimetrie u. Rheometrie, Berlin, Springer, 1952; Van Wazer, J. R. u. a., Viscosity and Flow Measurements: A Laboratory Handbook of Rheology, New York-London, Wiley-Interscience, 1963; Whitaker, S., Introduction to Fluid Mechanics, Englewood Cliffs, Prentice Hall, 1968. *Ztschr.: Rheologica Acta, Erg.-Hefte zur Kolloid-Z. u. Z. f. Polymere*, Darmstadt (1958—) ; *Rheology Abstracts*, London, Pergamon Press; *Biorheology*, Oxford, Pergamon Press (1962—). *Organisationen:* Dtsch.Rheologen-Vereinigung; Dtsch. Rheolog. Gesellschaft; Sektion Rheologie des Vereins Österreich. Chemiker; British Society of Rheology; Nederlandse Rheologische Vereniging; Svenska Nationalkommittén För Mekanik, Rheologiesektionen; Society of Rheology (USA).

Rheometrie s. *Rheologie. — E: rheometry

Rheopexie (Fließverfestigung, thixogene Koagulation [nach Wo. Ostwald]). Bez. für die der *Thixotropie entgegengesetzte Erscheinung, daß ein Sol od. eine Suspension bei Bewegung, z. B. durch rhythm. Schlagen od. Schwingen, zu einer festen Masse (z. B. Gel) erstarren, jedoch sofort nach Aufhören der Bewegung wieder fl. werden. Ein Beisp. für die techn. Ausnützung der R. ist die Streckhärtung der Metalle auf kaltem Wege. — E: rheopexy
Lit.: Freundlich, H. u. F. Juliusburger, in Trans. Faraday Soc. 31 [1935] S. 920 ff.; Matsuo, T. u. a., Time-Dependent Changes of Viscosity in Dilute Polymer Solutions, in J. Colloid Interface Sci. 24 [1967] S. 241—251; Riese, W. A., Fließeig. von Plastisolen: Viskositätserhöhung bei andauernder Schubspannung, in Chem. Rdsch. (Solothurn) 19 [1966] S. 121; Ullmann X, 612.

rho s. *ϱ.

Rhod... = *Rhodo... — E: rhod-

Rhodanide = *Thiocyanate.

rhodano = *thiocyanato. — E: rhodano

Rhodate. Bez. für die Salze der Rhodiumsäuren. Man unterscheidet Rhodate(III) mit den Anionen RhO_2^- od. $Rh_2O_4^{2-}$ u. Rhodate(VI) mit dem Anion RhO_4^{2-}. — E: rhodates

Rhodinieren s. *Rhodium. — E: rhodanizing

Rhodium (griech.: rhodon = Rose). Chem. Symbol Rh. Metall. Element, *Platinmetall. At.-Gew. 102,905, keine natürlichen Isotope neben ^{103}Rh; Ordnungszahl 45. Rh ist meist III-wertig, daneben tritt manchmal IV-Wertigkeit auf; selten u. unbeständig sind Verb. mit I-, II- u. VI-wertigem Rh. Rh steht in der VIII. Nebengruppe des *Periodensyst. zwischen *Kobalt u. *Iridium; es weist aber auch mit seinen „waagrechten" Nachbarn im Periodensyst. große Ähnlichkeit auf. Reines Rh ist ein silberweißes, zähes, dehnbares u. hämmerbares Metall; es hat die Brinellhärte 100, die Mohs-Härte 6 u. ist somit härter als Gold, Silber u. Platin, aber weicher als Iridium. D. 12,41 (20°), F. 1966±3°, Kp. 3727±100°; im elektr. Lichtbogen destillierbar. Reines, massives Rh ist in allen Säuren unlösl., dagegen löst es sich in geschmolzenem, glühendem Kaliumhydrogensulfat (Bldg. von Kaliumrhodiumalaun = $KRh(SO_4)_2 \cdot 12 H_2O$). Fein verteiltes Rh löst sich in konz. Schwefelsäure (Bldg. von $Rh_2(SO_4)_3$) u. (in fein zerteilter Form) in Königswasser (Bldg. von $RhCl_3$). Durch Chlor wird es bei dunkler Rotglut allmählich in $RhCl_3$ umgewandelt, an der Luft oxydiert es bei etwa 600° langsam zu schwarzgrauem Dirhodiumtrioxid = Rh_2O_3. *Vork.:* Rh gehört zu den seltensten Elementen, es ist neben *Ruthenium das seltenste Platinmetall. Man schätzt den Anteil des Rh an der obersten, 16 km dicken Erdkruste auf etwa 10^{-7}%; damit steht Rh in der Häufigkeitsliste der Elemente an 76. Stelle zwischen *Tellur u. *Rhenium. Man findet Rh als Begleitsubstanz mancher Platinerze in Mengen von (meist) 0,5—4,5%; in mexikan. Gold hat man in Ausnahmefällen bis zu 43% Rh nachweisen können. *Verw.:* Zur Herst. von thermoelektr. Pyrometern, Spezialtiegeln (diese werden von geschmolzenem Pb, Zn, Fe, Ni, Au usw. nicht angegriffen), Katalysatoren (Platin-Rhodium-Leg. katalysiert Oxydation von Ammoniak zu Salpetersäure), Schutzschichten auf anderen Metallen u. Spiegeln. Da Rh ähnlich wie Silber glänzt, aber in schwefelwasserstoffreicher Luft nicht anläuft, überzieht man bes. in USA, in einigen Bereichen, aber auch in der BRD, Silberwaren, Silberspiegel, Reflektoren, Scheinwerferspiegel, Augen- und Ohrenspiegel, Schmuckwaren, Silberkontakte, Skalen, analyt. Gew.-Sätze, Spinndüsen auf galvan. Wege mit sehr dünnen (nur einige Zehntausendstelmillimeter dicken) Rh-Schichten; diese Arbeit wird als „*Rhodinieren*" bezeichnet. Schutzschichten aus Rh sind leicht zu reinigen, unempfindlich gegen Säuren u. Laugen, tropenbeständig u. hitzebeständig bis 400° ohne an Glanz einzubüßen. Rhodinierte Spiegel werfen das Licht fast ebenso gut zurück wie Silberspiegel; sie ertragen aber eine rücksichtslosere Behandlung. *Geschichtl.:* Rh wurde schon 1803 gleichzeitig mit Palladium) von Wollaston im Rohplatin entdeckt; seinen Namen erhielt es nach der rosenroten Farbe vieler Rhodiumverbindungen. — E: rhodium
Lit.: Gmelin, Syst.-Nr. 64, Berlin, 1938 (Neudruck, Weinheim, 1955); Griffith, W. P., The Chemistry of the Rarer Platinum Metals (Os, Ru, Ir, and Rh), New York-London, Wiley-Interscience, 1967; International Nickel Ltd., Rhodium, London 1965 (International Nickel Co., Rhodium, New York 1967) ; Pascal, Nouveau Traité Bd. 19, Paris, Masson, 1958, S. 281 bis 464; Schreiber, W., Seltene Metalle, Bd. 2, Leipzig, VEB Dtsch. Verl. für Grundstoffindustrie, 1961. Über Darst. von reinem Rh s. Brauer II, 1379—1381.

Rhodo... (griech.: rhodon = Rose). Vorsilbe in Verb.-Namen, die auf deren (rosen)rote Farbe hinweist. *Beisp.:* Rhodomycin, Rhodonit, Rhodopsin. — E: rhodo-

Rhombisches System s. *Kristallsyst. — E: orthorhombic system

Rhomboedrisches System s. *Kristallsyst. E: rhombohedral system

rH-Wert. Bez. für den negativen dekad. Logarithmus des Wasserstoffdruckes (in atm), mit dem eine Platinelektrode beladen sein müßte, um die dem Elektrolyten entsprechende Red.-Wrkg. hervorzurufen. Der rH-W. bei der Temp. t°C läßt sich aus dem *Redoxpotential P_R (in Volt) folgendermaßen berechnen: $rH = 10087 \cdot P_R/(273 + t) + 2\,pH$. Näheres s. bei *Redoxsyst. — E: rH-value

Rhythmische Fällung = period. Fällung (s. *Liesegangsche Ringe). — E: rhythmic precipitation

Ribosomen (Ribonucleoprotein-Granula, Palade-Granula). Bez. für die im Cytoplasma der Zellen u. im Zellkern vorliegenden, nur elektronenmikroskop. sichtbaren Körnchen (Durchmesser ca. 15 mµ), die zu ca. 55% aus *Eiweißstoffen u. zu etwa 40% aus hochmol. Ribonucleinsäure (Molgew. ca. $2 \cdot 10^6$) aufgebaut sind; daneben enthalten sie u. a. noch Spermin, Cadaverin, Putrescin. Über die Bedeutung der R. für die Proteinsynth. s. *Genet. Code. — E: ribosomes
Lit.: Petermann, M. I., The Physical and Chemical Properties of Ribosomes, Amsterdam, Elsevier, 1964.

Richtersches System. Bez. für ein auf A. Pinner zurückgehendes Syst. zur Reihung der org. Verb. auf Grund der Summenformeln, das von M. M. Richter in seinen 1884 veröffentlichten „Tabellen der Kohlenstoff-Verb.", nach deren empir. Zus. geordnet" (Verlag R. Oppenheim, Berlin) erstmals angewandt wurde u. sich in der Folgezeit als Basis von Formelregistern durchsetzte (z. B. in *Beilsteins Handbuch der Org. Chemie, *Chem. Zentralblatt, Ber. der Dtsch. Chem. Ges. usw.), bis es nach dem 2. Weltkrieg durch das einfachere, jedoch nur wenig später vorgeschlagene *Hillsche Syst. verdrängt wurde, das jetzt fast ausschließlich verwendet wird. Dem R. S. liegen die folgenden Regeln zugrunde: (1) Die mit dem C verbundenen, anderen, häufiger vorkommenden Elemente werden in der Summenformel nach den folgenden „Chem. Alphabet" gereiht: H, O, N; Cl, Br, J, F; S. P, dann folgen die übrigen Elemente in der alphabet. Folge ihrer Symbole. (2) Die Registeranordnung der Formeln richtet sich dann a) in erster Linie nach der Anzahl der Kohlenstoffatome; b) in zweiter Linie nach der Anzahl der neben C im Mol. enthaltenen anderen Elemente; c) in dritter Linie nach der Art der neben C im Mol. vorhandenen Elemente im Sinne des „Chem. Alphabets"; d) in vierter Linie nach der Anzahl von Atomen jedes einzelnen Elements, das in der Verb. außer C vorkommt. *Beisp.:* CO_2, CS_2, CHJ_3, CH_6N_2, CH_4O_3S, $C_4H_6O_6$, $C_4H_2O_4N_2$, C_6H_6, $C_6H_3Br_3$, $C_7H_{15}N$, $C_7H_5O_5NS$. — E: Richter('s) system
Lit.: Jacobson, P. u. R. Stelzner, Ber. 1898, S. 3368 bis 3388.

Richtwerte (Relativwerte). In *Papier- u. *Dünnschichtchromatographie Bez. für orientierende Werte, die jedoch keine absoluten Werte sind, vgl. E. Stahl, Vorschläge zur Normierung u. Terminologie der Dünnschichtchromatographie, in Z. anal. Chem. 234 [1968] S. 1—10. — E: guide values

Riechstoffe. Bez. für solche *Duftstoffe, die in *Parfüms od. als *Aromen in *Lebensmitteln Verw. finden. Diese können tier. (z. B. Ambra) od. pflanzlichen (z. B. Menthol) Ursprungs, synthet. (z. B. Vanillin) od. durch chem. Umwandlung (z. B. Anisaldehyd aus Anethol) von natürlichen R. gewonnen sein. — E: odorants, odoriferous substances
Lit.: Cuny, K. H., Gewinnungsmeth. für Riech- u. Geschmacksstoffe, FEB 1948; ders., Synthet. R. u. Aromen, FEB, 1948; Janistyn, H., R., Seifen, Kosmetika, Heidelberg, Hüthig, 1950; ders., Taschenbuch der modernen Parfümerie u. Kosmetik, Stuttgart, Wiss. Verl. Ges., 1966, S. 80—148; Müller, A., Die physiolog. u. pharmakolog. Wrkg. der äther. Öle, R. u. verwandter Prod., Heidelberg, Hüthig, 1951, 1. Erg.-Bd. 1963; ders., Internationaler R.-Codex, Heidelberg, Hüthig, 1968; Simon u. Thomas, Laboratoriumsbuch für die Industrie der R., Heidelberg, Hüthig, 1951; Wagner, A., Die R. u. ihre Deriv., Wien 1929—1931.

Ringsysteme. Bez. für die in *cycl. Verb. vorliegenden Ringstrukturen. Nach J. Amer. Chem. Soc. 1951, S. 212 unterscheidet man *kleine Ringe* (3—4 Glieder, z. B. Cyclobutan), *gewöhnl. Ringe* (5—7 Glieder, z. B. Benzol), *mittlere Ringe* (8 bis 12 Glieder, z. B. Humulen) u. *große Ringe* (13 u. mehr Glieder, z. B. Muscon, Zibeton). Nach J. Amer. Chem. Soc. 90 [1968] S. 3286 gelang durch direkte Vereinigung von Cyclooctenringen die Synth. von „Makrocyclen" mit bis zu 120 Kohlenstoffatomen. Das größte bisher in der Natur vorgefundene R. ist das Muscon-Mol. $C_{16}H_{30}O$ mit 15 Gliedern (s. Chemistry 39 [1966] Nr. 9, S. 6). — E: ring systems
Lit.: Dale, J., Die Konformation vielgliedriger Ringe, in Angew. Chem. 78 [1966] S. 1070—1093; Fugmann, R., U. Dölling u. H. Nickelson, Das Problem chem. Ringstrukturen aus topolog. Sicht, in Angew. Chem. 79 [1967] S. 802—813.

Ringverbindungen = *Cycl. Verb.

Rn. Chem. Symbol für das Element *Radon.

Roborantien (Roborantia remedia). Aus dem Lat. abgeleitete Bez. für Kräftigungsmittel. — E: roborants

Rodenticide. Bez. für Mittel gegen Nagetiere (Rodentia), bes. Ratten u. Mäuse. *Beisp.:* Meerzwiebelpräp., Pyrimidinderiv., Cumarinderiv., Thallium-Präp., Zinkphosphid. Vgl. Ullmann XV, 142—145. — E: rodenticides

Rohstoffe. Sammelbez. für die unmittelbar der Urproduktion entstammenden Stoffe (d. h. Naturerzeugnisse tier., pflanzlicher od. mineral. Herkunft), die zur Weiterbearbeitung od. Verarbeitung bestimmt sind. Eine leichte, meist am Gewinnungsort vorgenommene Zurichtung ändert nichts am R.-Charakter (die Verarbeitung, als chem. Umwandlung aufgefaßt, soll dabei ausgeschlossen sein). Solche Zurichtungen dienen z. B. dazu, die Ware haltbar od. für den Transport geeignet, überhaupt besser marktfähig zu machen (Trocknen, Pressen, Räuchern, Auspressen, Extrahieren, Ausschmelzen, Zerkleinern, Klassieren, Flotieren). Neben diesen „R. im engeren Sinne" werden häufig als „R. im weiteren Sinne" Erzeugnisse (nach DIN 6763 [Entwurf Apr. 1963] ist ein „Erzeugnis" ein in einem Betrieb gefertigtes Gut, das zum Absatz od. zum Einsatz im eigenen Betrieb bestimmt ist) verstanden, die bereits verarbeitete Prod. sind (u. sich so von den „R. im engeren Sinne" der Beschaffenheit u. Form nach wesentlich unterscheiden können), jedoch als Ausgangsstoffe für die Herst. anderer Erzeugnisse dienen (z. B. im Falle der Papierherst. sind „R. im weiteren Sinne" Holzschliff, Zellstoff, Lumpen u. Altpapier; Bauxit ist „R. im engeren Sinne" für Aluminium, der Aluminiumblock aber Ausgangsstoff für Aluminiumfolie). Vgl. A. Kutzelnigg, Terminologie der Warenkategorien, Frankfurt/M., Nowack-Verl., 1965, S. 64–67. – E: raw materials

Römpp. In der Praxis übliche Bez. für das von Prof. Dr. Hermann Römpp (1901–1964) u. seit dessen Tode von Dr. Erhard Ühlein (geb. 1925) herausgegebene, in der Franckh'schen Verlagshandlung Stuttgart erscheinende „Chemie-Lexikon" (ab 7. Aufl. „Römpps Chemie-Lexikon"), das im dtsch. Sprachraum das am meisten benützte u. auflagenstärkste lexikal. Nachschlagewerk über das Gesamtgebiet der Chemie ist. Die erste Auflage erschien 1947, die 6. 1966, die 7. Auflage ist für 1971 vorgesehen. – E: Römpp

Röntgen-Einheit (Kurzzeichen R). Nach DIN 25401, Bl. 13 (Entwurf Apr. 1968) ist das „Röntgen" die gebräuchliche Einheit für Ionendosis. 1 R = 2,58 C/kg [$\approx 2,0822 \cdot 10^{15}$ Ionenpaare/m³], C bedeutet hier Coulomb. – Es gilt die 1953 von der International Commission on Radiological Units (ICRU) festgelegte Definition: Das R. ist die Einheit der Röntgen- od. γ-Strahlung, deren gesamte Korpuskularstrahlung je 1,293 mg Luft in Luft Ionen erzeugt, die der Ladung von einer elektrostat. Einheit jedes Vorzeichens tragen. Zur Erzeugung eines Ionenpaares Luft, d. h. zur Abspaltung eines Elektrons von einem „Luftmol." durch Röntgenstrahlung, ist im Mittel eine Energie von etwa 32 eV erforderlich. Die häufig anzutreffende Schreibweise „r" als Kennzeichen entspricht nicht den international festgelegten Regeln. – E: roentgen

Röntgenfluoreszenzanalyse (Röntgenfluoreszenz-Spektralanalyse) s. *Fluorimetrie. – E: X-ray fluorescence analysis

Röntgenkleinwinkelstreuung (RKS, Kleinwinkelstreuung). Bez. für das Analogon der *Lichtstreuung im Bereich der *Röntgenstrahlen; sie basiert prakt. auf den gleichen theoret. Grundlagen. Während jedoch bei der Lichtstreuung die Streustrahlung auf den gesamten Raum verteilt ist, wird bei der Benützung von Röntgenstrahlen – wegen der über tausendfach kleineren Wellenlänge – die Streustrahlung auf einen sehr engen Bereich (weniger als 1°) in der Nähe des Primärstrahls zusammengedrängt. Geht man von einem Teilchendurchmesser von etwa 200 Å aus, so ergibt sich bei Benützung der Cu–K_α-Linie (λ = 1,5 Å) eine Streustrahlung in einem Winkelbereich bis ca. 0,1°. Werden die Teilchen kleiner, so wird der Streubereich entsprechend größer. Messungen der RKS geben ebenso wie die Lichtstreuungsmessungen Aufschluß über das Molgew. u. über die Teilchenform, doch überstreicht die RKS einen anderen Dimensionsbereich. Während mit der Lichtstreuung nur die Gestalt von Teilchen, die größer als ein Zehntel der Wellenlänge (ca. 40 mμ = 400 Å) sind, ermittelt werden kann, liegt der Anwendungsbereich der RKS-Meth. bei Dimensionen unterhalb von 50 mμ, also gerade in dem Bereich, wo die Lichtstreuungsmeth. hinsichtlich der Gestaltsbest. versagt. Darüber hinaus ermöglicht die RKS-Meth. bei den in der Praxis wichtigen Fadenmol. Aussagen, die ein gut Teil über das hinausgehen, was mit anderen Meth. erhalten werden kann. Die theoret. u. experimentellen Voraussetzungen der RKS-Meth. wurden insbes. von A. Guinier, O. Kratky, G. Porod u. R. Hosemann geschaffen. – E: small-angle X-ray scattering, low-angle X-ray scattering

Lit.: Guinier, A. u. G. Fournet, Small-angle Scattering of X-rays, New York 1955; Hosemann, R., in Erg. exakt. Naturwiss. 1951, S. 142 ff.; Kratky, O., in Naturwissenschaften 1955, S. 237 ff.; Marchessault, R. H., Small Angle Scattering from Fibrous and Partially Ordered Systems, New York-London, Wiley-Interscience, 1966; Porod, G., in Z. Naturforsch. Bd. 4 a [1949], S. 401 ff.; Timasheff, S. N., Light and Small Angle X-Ray Scattering, and Biological Macromolecules, in J. Chem. Educ. 41 [1964] S. 314–320; Ullmann II/1, S. 816–828. Vgl. auch Kratky, O., Form- u. Massenbest. von Makromol. nach der R.-Meth., Vortragsreferat in Naturwiss. Rdsch. 20 [1967] S. 25–26.

Röntgenspektralanalyse s. *Moseleysches Gesetz u. *Fluorimetrie. – E: X-ray spectrochemical analysis

Röntgenspektren der Elemente s. *Moseleysches Gesetz. – E: X-ray spectra of elements

Röntgenstrahlen. Bez. für eine kurzwellige elektromagnet. Wellenstrahlung von etwa 10^{-6} bis 10^{-12} cm Wellenlänge. Nach langen Wellen schließen sie sich an das ultraviolette Spektralgebiet an. Sie unterscheiden sich von den *Gammastrahlen u. der elektromagnet. Komponente der *kosm. Strahlung durch die Entstehungsweise, nicht in den physikal. Eig. R. sind unsichtbar, erzeugen *Fluoreszenz (s. *Fluorimetrie), schwärzen Photoplatten u. wirken ionisierend (s. *Ionisierende Strahlung). R. werden erzeugt durch Abbremsen von *Elektronen od. schweren geladenen Teilchen (z. B. *Protonen) durch ein Hindernis (Antikathode) in einer Röntgenröhre od. einem Teilchenbeschleuniger. Hierbei entsteht das Bremsspektrum (nur bei Elektronen) u. (für Elektronenenergien unter 100 keV) die charakterist. Röntgenstrahlung (Röntgen-Spektrum des Antikathodenmaterials). Vgl. *Fluorimetrie, *Kristallstrukturanalyse, *Moseleysches Gesetz. — E: X-rays

Lit.: Flügge, S., Handbuch der Physik, Bd. 30: R./X-Rays, Berlin, Springer, 1957; Glocker, R., Materialprüfung mit R., Berlin, Springer, 1958; Kaelble, E. F., Handbook of X-Rays. For Diffraction, Emission, Absorption, and Microscopy, New York-London, McGraw-Hill, 1968.

Röntgenstrukturanalyse s. *Kristallstrukturanalyse. — E: X-ray analysis

Rösten. Bez. für einen metallurg. Aufbereitungsprozeß, bei dem Schwefel, Arsen od. Antimon enthaltende Erze durch Erhitzen unter Luftzufuhr in die Oxide (*oxydierendes R.*; aus Edelmetallverb. entstehen dabei die reinen Metalle u. die Oxide der übrigen Bestandteile) u. evtl. Sulfate (*sulfatisierendes R.*) übergeführt werden. Beim *chlorierenden R.*, bei dem man statt der Oxide die Chloride erhält, werden den Erzen vor dem R. chlorabgebende Verb. (meist Natriumchlorid) zugesetzt, beim *reduzierenden R.* dient Kohlenstoff als Zuschlag, od. man nimmt das R. direkt in Kohlenmonoxid-Atmosphäre vor (*Beisp.:* 3 Fe_2O_3 + CO → 2 Fe_3O_4 + CO_2). Auch das *Calcinieren wird gelegentlich als R. bezeichnet. Je nachdem, ob das Endprod. pulverförmig od. stückig ist, spricht man von *Pulver-R.* bzw. *Sinter-R.* Beim sog. *Tot-R.* werden sulfid. Erze bis zur prakt. vollkommenen Entschwefelung abgeröstet. Beim *Röstschmelzen* wird das R. im Schmelzfluß durchgeführt, wobei die Luft durch die Beschickung gepreßt wird. — E: roasting

Rotamere = *Rotationsisomere.

Rotationsdispersion, optische, s. *Opt. Aktivität.

Rotationsisomere (Rotamere) s. *Konformation u. *Rotationsisomerie. — E: rotational isomers

Rotationsisomerie. Bez. für alle Fälle von *Stereoisomerie, die durch Behinderung der Drehbarkeit um einfache Bindungen zustande kommen. Man unterscheidet zwei nicht scharf abzugrenzende Fälle, nämlich *Atrop.-Isomerie u. Konformationsisomerie (s. *Konformation), je nachdem, ob die Stereoisomeren faßbar od. nicht faßbar sind. Im zweiten Falle sind die *Rotationsisomeren (Rotameren)* prakt. nicht isolierbar, weil die Energiebarriere für den Übergang ineinander sehr niedrig ist (*Beisp.:* Beim Butan liegen bei gewöhnl. Temp. tatsächlich zwei Formen [anti-Form: gauche-Form ≈ 2 : 1] vor, die sich wegen der großen Umwandlungsgeschw. nicht trennen lassen); jedoch ist diese temperaturabhängig (z. B. können sich Atrop-Isomere, die bei gewöhnl. Temp. noch stabil sind, bei höherer Temp. leicht ineinander umwandeln). Bei gewöhnl. Temp. ist dann eine Isolierung der Rotationsisomeren möglich, wenn zwischen ihnen eine Energiebarriere von mindestens 16 bis 20 kcal/Mol liegt. — E: rotational isomerism

Lit.: San-Ichiro Mizushima, Structure of Molecules and Internal-Rotation, New York, Acad. Press, 1954.

Rotulae = Zuckerküchelchen, Plätzchen.

ROZ = Abk. für Research-Octanzahl (s. *Octanzahl).

Rp. Abk. für recipe = nimm, s. *Rezept.

r. p. m. Engl. Abk. für „revolutions per minute" = Umdrehungen pro Minute.

Ru. Chem. Symbol für das Element *Ruthenium.

Rubefaciens (Plural: Rubefacienta). Bez. für ein schwach hautrötendes bzw. hautreizendes Präp. — E: rubefacient

Rubidium (lat.: rubidus = dunkelrot). Chem. Symbol Rb. Metall. Element, *Alkalimetall; At.-Gew. 85,47. Natürliche Isotope (Zahlen in Klammern bedeuten Häufigkeit): 85 (72,15%), 87 (27,85%); das Isotop 87 ist radioakt. (β^--Strahler mit Halbwertszeit von $4,7 \cdot 10^{10}$ Jahren). Ordnungszahl 37; als Element der I. Hauptgruppe des *Periodensyst. in der Regel I-wertig (diese Verb. sind ähnlich wie die Kalium- od. Natriumsalze zumeist farblos u. wasserlösl.). Man kennt die folgenden Sauerstoffverb.: Rb_2O, Rb_2O_2, Rb_2O_3 u. Rb_2O_4. Reines Rb hat große Ähnlichkeit mit Kalium; es reagiert aber noch heftiger als dieses. An frischen Schnittflächen ist Rb silberglänzend; es überzieht sich aber an offener Luft sofort mit einer grauen Oxidhaut, worauf, nach wenigen Sek. selbst bei großen Brocken Selbstentzündung eintritt. Man muß daher Rb unter Petroleum aufbewahren. Die Flamme wird von Rb-Dämpfen rötlichviolett gefärbt. Wirft man Rb auf Wasser, so entsteht eine Metallkugel, die Wasser chem. zersetzt (2 Rb + 2 H_2O → 2 RbOH + H_2), der freiwerdende Wasserstoff brennt sofort. Ungefähre Mohssche Härte 0,3 (also ist Rb noch weicher als Kalium u. Natrium), *D.* 1,532 (festes Rb bei 20°; Leichtmetall), 1,475 (fl. Rb bei 39°), *F.* 38,89°, *Kp.* 688°.

Vork.: Jede t der obersten 16 km der Erdkruste enthält durchschnittlich 310 g Rb; Rb steht damit in der Häufigkeit der Elemente an 16. Stelle (zwischen *Chlor u. *Fluor). Obgleich Rb häufiger als Blei, Brom, Kobalt, Zinn, Arsen u. viele andere Elemente vorkommt, wurde es doch erst ziemlich spät entdeckt, da es in vielen Eruptivgesteinen u. Sedimenten „verzettelt" u. nur selten in größeren Mengen angereichert ist. Ähnlich wie die Salze von Lithium, Kalium u. Cäsium werden auch die bei der Verwitterung der Urgesteine entstehen-

den, lösl. Rb-Salze von den tonigen Verwitterungsböden stark gebunden, so daß nur ein geringer Bruchteil davon mit den Flüssen ins Meer gelangen kann. Durchschnittlich findet man in den Erstarrungsgesteinen etwa 0,03% (im Lithiumglimmer Lepidolith = $KLi_2Al[(F, OH)_2Si_4O_{10}]$ 1%), in den Tonsedimenten $6 \cdot 10^{-3}$, im Meerwasser dagegen nur $2 \cdot 10^{-5}$ % Rb. Carnallit = $KCl \cdot MgCl_2 \cdot 6 H_2O$ enthält ungefähr 0,013% Rubidiumchlorid = RbCl; die mit den Kalidüngemitteln in den Boden gelangenden Rb-Salze werden von den Kalipflanzen (Zuckerrübe, Tabak) in nachweisbaren Mengen aufgenommen. Verhältnismäßig rubidiumreich sind auch Pilze (bis 75 mg Rb je kg) u. Kreuzblütler. Spuren von Rb hat man spektralanalyt. auch in Sonnenflecken, Meteoren u. in stehenden bzw. fließenden Gewässern aller Art nachweisen können; viele Mineralwässer (z. B. von Dürkheim, Wildbad, Baden-Baden) enthalten ebenfalls geringe Mengen von Rb-Salzen. *Darst.*: Man erhitzt Rubidiumhydroxid = RbOH, mit metall. Magnesium im Wasserstoffstrom od. mit Calcium im Vak., wobei Rb abdampft u. an den kühleren Gefäßwandungen ausgeschieden wird. Oder man erhitzt RbCl mit Bariumazid im Hochvak. Bes. Mühe bereitet die Anreicherung von größeren Mengen von Rb-Salzen.
Verw.: Halbleitertechnik (Thermistoren, Piezoelemente), Luminophore, Elektronenzählrohre, Photokathoden, Photoelektronenverstärker, IR-Technik, Katalyse, Gettersubstanz, zur Lichtsteigerung in Spezialglühlampen u. dgl.
Geschichtl.: Rb wurde 1861 von Bunsen u. Kirchhoff im Dürkheimer Mineralwasser mit Hilfe der Spektralanalyse entdeckt. Der von Bunsen u. Kirchhoff (1861) eingeführte Name dieses Elements wurde gewählt, weil dieses Metall 2 charakterist., dunkelrote Spektrallinien hat. Bunsen mußte 44 200 l von der Sole des Maxbrunnens in Dürkheim verarbeiten, um 9 g Rb-Chlorid zu erhalten. — E: rubidium
Lit.: Gmelin, Syst.-Nr. 24, Rubidium, 1937; Pascal, Nouveau Traité, Bd. III, 1957, Paris, Masson, S. 61 bis 89; Perel'man, F. M., Rubidium and Caesium, New York, Macmillan, 1965; Schreiber, W., Seltene Metalle, Bd. 2, Leipzig, VEB Dtsch. Verl. für Grundstoffindustrie, 1961; Ullmann XIV.
Rubidium-Strontium-Datierung. Bez. für eine physikal. Meth. der *Geochronologie, die auf der Messung des Zerfalls von Rubidium 87 in Strontium 87 beruht, der mit einer Halbwertszeit von $5 \cdot 10^{10}$ Jahren abläuft. In einem Rb-haltigen Mineral wird sich daher eine radiogene Menge Strontium 87 ansammeln, die proportional dem Alter des Minerals ist u. bestimmt werden kann. — E: rubidium-strontium dating
Rückfluß = *Rücklauf (s. *Rektifikation).
Rückflußkühler s. *Destillation. — E: reflux condensers

Rückkoppelungshemmung = *Endprodukthemmung.
Rücklauf (Rückfluß) s. *Rektifikation. — E: reflux
Rücktitration. Nach einem Terminologievorschlag der Analytical Chemistry Division der *IUPAC (s. IUPAC-Inf. Bull. Nr. 26 [Aug. 1966] S. 43) Bez. für die *Titration von nichtreagierter Normallsg., die im Überschuß einer zu analysierenden Probe zugesetzt wurde. — E: back titration
Ruheumsatz = *Grundumsatz.
Ruhmasse. Masse eines Körpers im Ruhezustand. Nach der Relativitätstheorie wächst die Masse eines Körpers mit seiner Geschw. Ist m die R. eines Körpers (z. B. eines α-Teilchens), so ist die Masse m_1 des gleichen, mit der Geschw. v bewegten Körpers, nach der Relativitätstheorie gleich

$$m_1 = \frac{m}{\sqrt{1-\frac{c^2}{v^2}}}$$

; c bedeutet hierbei die Lichtgeschw. Man erkennt leicht: Je mehr sich die Geschw. v der Lichtgeschw. nähert, um so kleiner wird der Nenner des Bruchs u. um so größer damit m_1. Wenn v z. B. die Hälfte der Lichtgeschw. erreicht, wird die Masse des bewegten Körpers etwa um 15% größer als die R. des gleichen Körpers; bei v = $^3/_4$ c beträgt der „relativist. Massenzuwachs" bereits 50%; d. h. es hat z. B. ein Elektron von 225 000 km Sek.-Geschw. eine um die Hälfte größere Masse als in Ruhe. Erreicht v die Lichtgeschw., so würde die Masse des bewegten Körpers unendlich groß werden. — E: rest mass
Rühren. Bez. für das möglichst gleichmäßige Vermischen von Substanzen der gleichen od. verschiedener Aggregatzustände (im allg. von Fl. mit fl., festen od. gasf. Stoffen) zum Zwecke des Lösens, Umsetzens, Emulgierens, Verteilens, Ausfüllens, Erwärmens, Kühlens usw. mittels einer durch das Mischgut meist drehend bewegten Vorrichtung (*Rührer*). Das einfachste laboratoriumsmäßige Rührverf. ist das Umrühren mit dem Glasstab. Dieses wird z. B. angewendet, wenn man eine feste Substanz im Becherglas in einem Lsgm. rasch auflösen will. Durch das Umrühren wird die der festen Substanz benachbarte gesätt. Lsg. jeweils hinweggewirbelt, so daß schwächer gesätt. od. ungesätt. Lsgm. an den zu lösenden Stoff kommt u. die Auflsg. beschleunigt wird. Bei der laboratoriumsmäßigen Seifenbereitung verrührt man die Lauge mit dem geschmolzenen Fett, da sich diese beiden Fl. nicht miteinander vermischen u. durch das Umrühren immer wieder neue, vielfältige Berührungsflächen zwischen Lauge u. Fett geschaffen werden, an denen die Verseifung stattfinden kann. In andern Fällen wird durch das Umrühren das „Anbrennen" einer org. Substanz verhindert, od. es wird Reaktionswärme gleichmäßig verteilt, od.

Rührer

man erzielt einigermaßen gleichartige Suspensionen u. Emulsionen, od. man hindert feste Teilchen am Absitzen od. man erhält einheitliche Fl.-Gemische usw. Die Wirksamkeit des Rührprozesses kann durch die Form des Rührers (s. Abb. a bis h) sowie durch die Geschw. seiner Bewegung, wie auch die Form des Behälters beeinflußt werden.

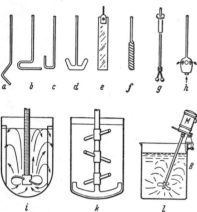

a—d) Verschiedene Rührerformen, e) Glasplattenrührer, f) Schraubenrührer, g) Zentrifugalrührer, h) Wittscher Rührer, i) Schraubenrührer, k) Stabrührer mit Hufeisen, l) Elektrorührwerk (der Motor M ist am Rand des Behälters befestigt)

Die Rührer können z. B. als Blatt-, Schrauben-, Kreisel-, Propellerrührer usw. ausgebildet sein, sie müssen aus einem dem Verw.-Zweck angepaßten widerstandsfähigen korrosionsbeständigen Material bestehen. Die Kraftübertragung erfolgt meist mechan., u. zwar sind die Rührer meist mit Hilfe einer senkrecht angeordneten Rührwerkswelle direkt mit einem Elektro- (s. Abb. l) od. Heißluftmotor od. einer Wasserturbine zu einem *Rührwerk* verbunden; die Regelung der Drehzahl erfolgt entweder direkt über den Antrieb od. mechan. über ein Getriebe. Auch die Form des das Mischgut enthaltenden Gefäßes muß sorgfältig ausgewählt werden: So ermöglichen z. B. ovale Gefäße od. solche mit quadrat. Querschnitt bzw. mit Längsrippen eine gründlichere Durchmischung als die gewöhnl. kreisrunden Behälter. Die Rührwrkg. steigt zunächst mit zunehmender Geschw. rasch an; über ein bestimmtes Maß hinaus ist aber die Geschw.-Steigerung nicht mehr wirtschaftlich. Der Arbeitsaufwand steigt bei den mechan. Rührwerken ungefähr mit der 3. Potenz der Drehzahl. — E: stirring, agitating

Lit.: Les Agitateurs, in Chimie et Industrie 1950, S. 147—159; DIN 28130—28133 (Nov. 1953); Eucken-Jacob, Der Chemie-Ingenieur I/4 (Kisskalt, Verfahrenstechnik); Kirk-Othmer, 1. Aufl., Bd. 11, 1952, S. 133—166; Kneule, F., R.-Betriebstechnik, Frankfurt/

M., Dechema, 1957; Kneule, F. u. H. Ortner, Anlaufvorgänge bei Rührwerken, in Chem.-Ing.-Techn. 40 [1968] S. 395—399; Ostroff, A. G., Closed System Stirring Apparatus, in J. Chem. Educ. 43 [1966] S. 266; Schwab, A. u. E. Linck, in Chem.-Ing.-Techn. 30 [1958] S. 701—707; Ullmann I, 699—713; Ullrich, H. u. H. Schreiber, R. in zähen Fl., in Chem.-Ing.-Techn. 39 [1967] Nr. 5/6; Vollmert, B., in Chemiker-Ztg. 1963, S. 234—242.

Rührer s. *Rühren. — E: stirrers, agitators

Rührwerke s. *Rühren. — E: stirring apparatus

Rundkolben. Bez. für *Kolben von kugeliger Form mit engem od. weitem, kurzem od. langem Hals od. auch 2, 3 od. 4 Hälsen (Zweihalskolben, Dreihalskolben usw.). Man verwendet die (in Stativ gespannten) R., wenn der Kolbeninhalt bis auf einen kleinen Rest eingedampft werden soll, ferner beim Arbeiten im Vak. (da der Luftdruck flache Böden leichter eindrücken würde). *Beisp.* s. Abb. — E: round-bottomed flasks, flasks-round bottom

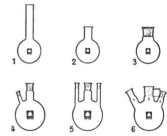

1. Langhals-R., 2. Kurzhals-R. (enghalsig), 3. Kurzhals-R. (weithalsig), 4. Zweihals-R., 5. Dreihals-R., 6. Vierhals-R. mit Häkchen. (3.—6. mit Normschliffen.)

[1. round-bottomed flasks with long neck; 2. round-bottomed flasks with short narrow neck; 3. round-bottomed flasks with short wide neck and Standard Ground Joint (NS); 4. round-bottomed flasks with two necks and Standard Ground Joints (NS); 5. round-bottomed flasks with three necks and Standard Ground Joints (NS); 6. round-bottomed flasks with four necks, Standard Ground Joints (NS), and small hooks.]

Lit.: DIN 12343—12346, 12348, 12351, 12352, 12355, 12356, 12393.

Ruthenate. Bez. für die Salze der Rutheniumsäuren. Man unterscheidet Ruthenate(IV) mit dem Anion RuO_3^{2-}, Ruthenate(VI) mit dem Anion RuO_4^{2-}, Ruthenate(VII) mit dem Anion RuO_4^- u. Ruthenate(VIII) mit dem Anion RuO_5^{2-}. — E: ruthenates

Ruthenium (Ruthen; von lat.: Ruthenia = [Klein-]Rußland). Chem. Symbol Ru. Element aus der Gruppe der *Platinmetalle; At.-Gew. 101,07, Ordnungszahl 44. Natürliche Isotope (in Klammern Angaben ihrer Häufigkeit): 96 (5,51%), 98 (1,87%), 99 (12,72%), 100 (12,62%), 101 (17,07%), 102 (31,61%), 104

(18,58%). 0- bis VIII-wertig; am häufigsten tritt Ru IV-wertig auf. In seinem chem. Verhalten nähert sich Ru dem Platinmetall *Osmium, das im *Periodensyst. unter Ru steht. Die Ru-Verb. sind meist farbig. Ru ist ein mattgraues od. silberweißglänzendes, außerordentlich hartes u. gleichzeitig sehr sprödes, pulverisierbares Metall. Beim Erhitzen im Knallgasgebläse verbrennt es z. T. zu flüchtigem Rutheniumtetroxid = RuO_4, weshalb seine Bearbeitung sehr erschwert ist. Im elektr. Lichtbogen schmilzt u. verdampft es gleichzeitig. Ru absorbiert u. überträgt erhebliche Wasserstoffmengen; es kann z. B. die Ammoniaksynth. u. die Oxydation von Alkohol zu Aldehyd u. Essigsäure katalysieren. Beim Erhitzen an der Luft schwärzt sich Ru (bei etwa 800°) infolge Oxidbldg.; beim Glühen im Sauerstoffstrom wird es in blauschwarzes Dioxid = RuO_2 übergeführt. Fluor, Chlor od. Alkalihydroxide in Mischung mit Oxydationsmitteln greifen Ru in der Hitze an; dagegen widersteht es bei Abwesenheit von Luftsauerstoff sämtlichen Säuren. D. 12,41 (20°), F. 2250° (nach anderen Angaben 1950°), Kp. 3900° im elektr. Lichtbogen destillierbar.

Vork.: Ru gehört zu den seltenen *Edelmetallen; sein Anteil an der obersten 16 km dicken Erdkruste wird auf $5 \cdot 10^{-6}$% geschätzt; damit steht Ru in der Verbreitungsliste der Elemente an 80. Stelle hinter Osmium. Ru tritt als Begleiter des *Platins in sehr geringen Mengen auf; daneben findet man es auch in dem sehr seltenen Mineral Laurit. Fundstätten für Ru sind: Ural, Südafrika, Borneo, Oregon (USA) usw.

Verw.: In kleinem Umfang als härtesteigernder Bestandteil von Pt- u. Pd-, z. B. in Federspitzenleg., ferner zur Herst. von Kunstseidespinndüsen (Leg. aus Platin mit 2—5% Ru bes. geeignet) u. keram. Farben. Nach CAEN 1961, Nr. 16, S. 55 ist Ru ein Katalysator für die Hydrierung von Pyridin zu Piperidin.

Geschichtl.: Ru wurde 1845 von dem russ. Chemiker K. Klaus (1796—1864, Prof. für Chemie u. Pharmazie an der Univ. Kasan) entdeckt u. seiner Heimat zu Ehren benannt. — E: ruthenium
Lit.: Gmelin, Syst.-Nr. 63, Ruthenium, 1939; Griffith, W. P., The Chemistry of the Rarer Platinum Metals (Os, Ru, Ir and Rh), New York-London, Wiley-Interscience, 1967; Pascal, Nouveau Traité, Bd. 19, Paris, Masson, 1958, S. 21—171; Schreiter, W., Seltene Metalle, Bd. 2, Leipzig, VEB Dtsch. Verl. für Grundstoffindustrie, 1961. Über Darst. von reinem Ru s. Brauer II, S. 1388 ff.

Rx-Wert (Rg-Wert). In *Papier- u. *Dünnschichtchromatographie Bez. für eine die Wanderungsgeschw. einer Substanz charakterisierende Größe; ist definiert als der Quotient der Wanderungsstrecke einer unbekannten u. einer bekannten (Vgl.-)Substanz. Wird dann verwendet, wenn die Wanderungsstrecken von Substanz u. Front (s. *Rf-Wert) sehr groß sind od. die Front ganz fehlt (z. B. bei der absteigenden Meth.). — E: R_x-value

σ (sigma). 18. Buchstabe des *griech. Alphabets. Dient in der Physik u. Physikal. Chemie vor allem als Symbol für die Grenzflächenspannung.

s. 1. In der chem. Nomenklatur Präfix in der Bedeutung von sek. od. symmetr.; wird in diesen Fällen meist kursiv gesetzt u. bleibt bei der alphabet. Einordnung der betreffenden Verb. unberücksichtigt. 2. In der Physik Kurzzeichen u. a. für Sek., Spinquantenzahl, Atom- od. Mol.-Entropie (s_m).

S. 1. Chem. Symbol für das Element *Schwefel. 2. Von der *IUPAC empfohlenes Symbol für -sebacat- u. -styrol- bei Abk. der Namen von Polymeren u. Weichmachern (*Beisp.*: DOS = Dioctylsebacat, PS = Polystyrol) vgl. IUPAC-Inf. Bull. Nr. 25 [Feb. 1966] S. 46. 3. Bei Reaktionsmechanismen Kurzzeichen für eine Substitutionsreaktion (S_R = radikal. Substitution), vgl. auch *SE_1, SE_2 u. SN_1, SN_2. 4. In Physik u. Physikal. Chemie u. a. Kurzzeichen für (Gesamt-) Entropie u. Löslichkeit.

Säbelkolben (Sichelkolben). Bez. für Kolben mit direkt angeschmolzener, krummsäbelartiger Glasvorlage; dient zum Destillieren von rasch erstar-renden Substanzen. Das Säbelrohr faßt etwa die Hälfte des Kolbeninhalts; erstarrtes Destillat kann

man aus dem Säbel ausschmelzen. — E: sabre flasks, sickle flasks

Saccharate. Bez. für Reaktionsprod. von Rohrzucker (= Saccharose) mit Basen. *Beisp.*: Tricalciumsaccharat = $C_{12}H_{22}O_{11} \cdot 3\ CaO \cdot H_2O$, Strontiummonosaccharat = $C_{12}H_{22}O_{11} \cdot SrO \cdot 5\ H_2O$. — E: saccharates, sucrates

Saccharide = *Kohlenhydrate. — E: saccharides

Saccharimeter. Geräte für Best. der Konz. von Rohrzuckerlsg.; als solche werden Polarimeter (s. *Opt. Aktivität, 2) u. bestimmte *Aräometer verwendet. — E: saccharimeters

Saccharum. Lat. Bez. für Zucker (s. *Kohlenhydrate), insbes. Rohrzucker, Rübenzucker. S. Lactis = Milchzucker, S. amylaceum = Trauben-

Saigerung

zucker, S. Malti = Malzzucker. — E: saccharum

Saigerung = *Seigerung.

Sal. Lat. Bez. für Salz; z. B. Sal marinum = Seesalz.

Salben s. *Unguenta. — E: ointments

Salicoyl... = *Salicyloyl... — E: salicoyl-

Salicyl... Bez. für die Atomgruppierung $-CH_2-C_6H_4-OH(o)$ in systemat. Namen. — E: salicyl-

Salicylate. Bez. für Ester u. Salze der Salicylsäure = o-Hydroxybenzoesäure = $C_6H_4(OH)COOH$. — E: salicylates

Salicyliden... Bez. für die Atomgruppierung $=CH-C_6H_4-OH(o)$ in systemat. Namen. — E: salicylidene-

Salicyloyl... Bez. für die Atomgruppierung $-CO-C_6H_4-OH(o)$ in systemat. Namen. Darf nicht verwendet werden, wenn eine mit Veränderung des Kohlenstoffgerüstes verbundene Substitution (z. B. durch *Alkyl, *Aryl, *Acyl) vorliegt. — E: salicyloyl-

Salze. Bez. für heteropolare Verb., an deren Kristallgitter mindestens eine von Wasserstoff-Ionen verschiedene Kationenart u. mindestens eine von Hydroxid-Ionen verschiedene Anionenart beteiligt sind; sie sind — auch wenn sie Wasserstoff- od. Hydroxid-Ionen enthalten — keine *Säuren od. *Basen im klass. Sinne (vgl. hierzu auch *Säure-Base-Begriff). Anorg. S. entstehen vor allem bei der Reaktion mit Metallen, Metalloxiden, Metallhydroxiden od. Carbonaten mit Säuren od. Säureanhydriden; Beisp.: $Fe + 2 HCl \rightarrow FeCl_2 + H_2$ od. $MgO + H_2SO_4 \rightarrow MgSO_4 + H_2O$ od. $Al(OH)_3 + 3 HBr \rightarrow AlBr_3 + 3 H_2O$ od. $CaCO_3 + 2 HNO_3 \rightarrow Ca(NO_3)_2 + H_2O + CO_2$ od. $2 NaOH + CO_2 \rightarrow Na_2CO_3 + H_2O$ usw. An die Stelle der Metalle können auch org. Radikale od. die Ammoniumgruppe = NH_4 od. dieser analoge Atomgruppierungen treten. Bei der Auflösung in Wasser spalten sich die S. als Elektrolyte in Kationen u. Anionen (vgl. *Elektrolyt. Dissoziation). Beisp.: Natriumnitrat = $NaNO_3$ zerfällt in Wasser in positiv geladene Na-Ionen u. in negativ geladene NO_3-Ionen; letztere nennt man auch „Säurerest-Ionen", weil man sie von einer Säure (in diesem Fall Salpetersäure) herleiten kann. Man unterscheidet bei den zahlreichen S. zwischen neutralen (normalen), sauren u. bas. S. Bei den neutralen S. sind alle ionisierbaren Wasserstoff-Atome der Säure (von der sich das S. herleitet) durch andere Kationen bildende Atome od. Atomgruppen ersetzt. Beisp.: Natriumsulfat = Na_2SO_4, Trinatriumphosphat = Na_3PO_4, Kupfersulfat = $CuSO_4$. Hierher gehören andererseits auch alle S., bei denen alle OH-Gruppen der Base (von der sich das S. herleitet) durch Säurereste ersetzt sind. Ein großer Teil dieser neutralen od. normalen S. reagiert (mit Lackmus u. anderen Indikatoren) neutral; andere können aber auch alkal. (z. B. Trinatriumphosphat, Soda, Pottasche, Kaliumcyanid) od. sauer reagieren (so z. B. Eisen(III)-chlorid, Eisen(II)-sulfat, Kupfersulfat usw.), s. hierzu hydrolyt. Dissoziation unter *Hydrolyse. Bei den sauren S. sind nicht alle in wss. Lsg. ionisierbaren H-Atome der Säure (von der sich das S. herleitet) durch Metall ersetzt (sie enthalten also noch Säurewasserstoff); Beisp.: Natriumhydrogencarbonat = $NaHCO_3$, prim. Natriumphosphat = Natriumdihydrogenphosphat = NaH_2PO_4, sek. Natriumphosphat = Dinatriumhydrogenphosphat = Na_2HPO_4 usw. Diese S. reagieren mit Lackmus häufig (aber durchaus nicht immer) sauer; $NaHCO_3$ u. Na_2HPO_4 reagieren nahezu neutral. Bei den bas. S. sind nicht alle in wss. Lsg. als OH-Ionen abspaltbaren Hydroxidgruppen der salzbildenden Basen (Hydroxide) durch Säurereste ersetzt; Beisp.: Bas. Zinknitrat = $Zn(OH)NO_3$, bas. Aluminiumacetat = $Al(OH)(CH_3-COOH)_2$ (hier handelt es sich um sog. „Hydroxidsalze", die früher „Hydroxysalze" genannt wurden). Bei bas. S. mit 2 OH-Gruppen kann leicht Wasser abgespalten werden; es entstehen dann anhydrid. Verb. (sog. „Oxidsalze"; früher „Oxysalze" genannt), wie z. B. BiOCl (aus $Bi(OH)_2Cl$) od. $SbO(NO_3)$. Viele S. binden Kristallwasser (s. *Hydrate) in stöchiometr. Mengenverhältnissen. Während die bisher behandelten einfachen S. entstehen, wenn eine Säure durch nur eine Base (od. umgekehrt) neutralisiert wird, liegen gemischte S. vor, wenn eine mehrsäurige Base durch zwei (od. mehr) verschiedene Säuren od. umgekehrt wenn eine mehrbasige Säure durch zwei (od. mehr) verschiedene Basen neutralisiert wird. Beisp.: Chlorkalk = $Ca(OCl)Cl$, Magnesiumammoniumphosphat = $MgNH_4PO_4$ usw.; s. auch *Doppelsalze. Eine sehr große Gruppe von S. bilden die Komplexsalze (s. *Koordinationslehre). — E: salts

Salzeffekte. 1. Bez. für die auch Salzfehler genannte Erscheinung, daß die Ionen eines starken Elektrolyten den Dissoziationsgrad in der Lsg. eines schwachen Elektrolyten erhöhen, vorausgesetzt, daß ihre Ionen verschieden von denjenigen sind, die der schwache Elektrolyt bildet; die Konz. der Ionen des schwachen Elektrolyten wird also erhöht, die Löslichkeit der undissoziierten Mol. dagegen verringert. Ebenso wird die Löslichkeit von Nichtelektrolyten durch zugesetzte Salze herabgesetzt. Bes. in der Org. Chemie macht man von dieser „aussalzenden Wrkg." (vgl. *Aussalzen) der Elektrolyte auf nichtionisierende Substanzen häufig Gebrauch. Dieser Effekt hängt mit dem Bestreben der Ionen zusammen, den Mol. des Lsgm. durch Solvatation zu binden. 2. Von S. spricht man auch bei Reaktionen zwischen Ionen in Lsg., da deren Geschw. stark von der *Ionenstärke des Mediums abhängig sind. Je nachdem, ob eine Reaktion durch die Anwesenheit von Fremdelektrolyten beschleunigt od. verzögert wird, spricht man von *positiven* od. *negativen S.* Als *prim. S.* bezeichnet man den Einfl. der Konz. des Fremdelektrolyten auf die Aktivitätskoeff. der reagierenden Partner. Als *sek. S.* bezeichnet man den Einfl. des Fremdelektrolyten auf die Geschw. der Reaktion, an der die Ionen eines schwachen Elektrolyten teilnehmen (*Beisp.:* Steigerung der Inversionsgeschw. des Rohrzuckers in verd. Essigsäure durch Zusatz von Kaliumchlorid). Der sek. S. ist im wesentlichen ident. mit dem unter 1. genannten S. (Erhöhung der Dissoziation des schwachen Elektrolyten, d. h. im Falle der Rohrzuckerinversion Erhöhung der Konz. der katalyt. wirksamen H^+-Ionen). — E: salt effects

Salzschmelzen. Während sich früher die Bedeutung geschmolzener *Salze in ihrer Verw. zum Abdecken u. Reinigen geschmolzener Metalle (Verhinderung des Luftzutritts u. Auflsg. oxid. Verunreinigungen) od. in der Wärmebehandlung von metall. Werkstücken (insbes. beim Härten) erschöpfte u. sie als Reaktionsmedien prakt. nur in der Analyt. Chemie beim *Aufschließen von Bedeutung waren, bedient sich in neuerer Zeit die Präparative Chemie mit Vorliebe der S., u. auch techn. Prozesse werden in steigendem Maße in solchen durchgeführt. So konnte nach dem 2. Weltkrieg auf dem Sektor der Kerntechnik durch die Verw. von S. eine Reihe prakt. Erfolge erzielt werden, so bei der Entw. des sog. „Molten Salt Reactor" od. bei der elektrometallurg. Gewinnung von kerntechn. wichtigen Elementen. Auf W. Sundermeyer geht die Verw. von S. als Reaktionsmedien für präparative Zwecke zurück. Die S. sind oft das einzige Lsgm., in dem eine bestimmte Synth. erfolgen kann. Die prakt. vollständig in Ionen dissoziierten Salze lösen Salze, Metalle u. Gase ausgezeichnet. Die hohe therm. Beständigkeit, der geringe Dampfdruck, die gute elektr. Leitfähigkeit, die niedrige Viskosität u. der außerordentlich breite Fl.-Bereich erlauben es, bei sehr hohen Temp. zu arbeiten. Die hohe Wärmeleitfähigkeit der Schmelzen ermöglicht es, auftretende Reaktionswärme abzuführen. Insbes. werden drei Reaktionstypen in S. unterschieden, die allerdings in der Praxis nicht immer scharf zu trennen sind (nach W. Sundermeyer, s. Lit. 1967): 1. Reaktionen, bei denen die Schmelze als Katalysator wirkt (z. B. Eignung als Hydrocrack-Katalysatoren, vgl. Chem.-Ing.-Techn. 39 [1967] S. 154). 2. Reaktionen, an denen die Schmelze selbst beteiligt ist u. zumindest eine ihrer Komponenten verbraucht wird, ohne daß eine einfache Möglichkeit zur Regenerierung gegeben ist (*Beisp.:* Darst. von Silylpseudohalogeniden, wie $Si(NCS)_4$; diese erfolgt in einer KSCN/NaSCN-Schmelze nach der Gleichung: $SiCl_4 + 4 KSCN \rightarrow Si(NCS)_4 + 4 KCl$). 3. Reaktionen, bei denen S. lediglich als Lsgm. für die umzusetzenden Verb. dienen, od. bei denen die Nebenprod. chem. od. elektrochem. wieder in die Ausgangsverb. übergeführt werden können; diese Art der Reaktionsführung kann zu kontinuierlichen Kreisprozessen herangezogen werden (*Beisp.:* Durchführung von Hydrierungsreaktionen mit salzartigen Hydriden; so in einer LiCl/KCl-Schmelze nach der Gleichung: $4 LiH + SiCl_4 \rightarrow SiH_4 + 4 LiCl$. Das entstandene LiCl wird in der gleichen Schmelze durch Elektrolyse wieder in Lithium u. Chlor gespalten u. das Lithium an der mit Wasserstoff umspülten Kathode wieder zu Lithiumhydrid umgesetzt). — E: molten salts, fused salts

Lit.: Baraboshkin, A. N., Electrochemistry of Molten and Solid Electrolytes, New York (1968: Bd. 6); Blander, M., Molten Salt Chemistry, New York, Interscience, 1964; Bloom, H., Chemistry of Molten Salts, New York, Benjamin, 1967; Corbett, J. D., Fused Salt Chemistry, in Surv. Prog. Chem., Bd. 2, New York, Academic Press, 1964, S. 91—154; Delimarskii, I. U. K. u. B. F. Markov, Electrochemistry of Fused Salts, Washington, D. C., Sigma Press, 1961; Janz, G. J., Molten Salts Reference Handbook, New York 1967; Lumsden, J., Thermodynamics of Molten Salt Mixtures, New York, Academic Press, 1966; Nachr. Chem. Techn. 13 [1965] S. 67—68; Sundermeyer, W., S. u. ihre Verw. als Reaktionsmedien, in Angew. Chem. 77 [1965] S. 241—258; ders., Chem. Reaktionen in geschmolzenen Salzen, in Chemie in unserer Zeit 1 [1967] S. 151—157; Sundheim, B. R., Fused Salts, New York, McGraw-Hill, 1964.

Samarate (III). Bez. für Salze mit dem Anion SmO_2^-. — E: samarates (III)

Samarium. Chem. Symbol Sm. Metall. Element, gehört zur Gruppe der *Seltenerdmetalle (Lanthanoide). At.-Gew. 150,35. Natürliche Isotope (in Klammern Angabe der Häufigkeit in %) 144 (3,09), 147 (14,97), 148 (11,24), 149 (13,83), 150 (7,44), 152 (26,72), 154 (22,71); die Isotope 147, 148 u. 149 sind schwach radioakt. (α-Strahler) mit den Halbwertszeiten $1,06 \cdot 10^{11}$, $1,2 \cdot 10^{13}$ bzw. $4 \cdot 10^{14}$ Jahre. Ordnungszahl 62. Meist III-wertig, daneben kommt (selten) auch II-Wertigkeit vor; die Sm-Salze sind topasgelb. *D.* 7,536 (α-Sm), 7,40 (β-Sm), *F.* 1072°, *Kp.* etwa 1900°. Das hellgraue, silbrig glänzende, rhomboedr. kristallisierende Sm kann in 99%iger Reinheit (z. B. durch Red. des Oxids mit Barium od. Lanthan) herstellen. Es existieren zwei Modifikationen im festen Zustand, deren Umwandlungspunkt bei 917° liegt; an der Luft erfolgt Entzündung des Metalls bei etwa 150°. Über Thermochemie von Sm s. R. L. Montgomery u. T. D. Hubert, Thermochemistry of Samarium, Washington 1959.

Vork.: Der Anteil des Sm an der obersten, 16 km dicken Erdkruste wird auf $7 \cdot 10^{-4}$ % geschätzt; damit steht Sm in der Häufigkeitsliste der Elemente an 42. Stelle zwischen *Germanium u. *Gadolinium. Man findet es in den Mineralien der Ceriterden u. Yttererden (Samarskit u. Gadolinit) einigermaßen angereichert; im Samarskit wurde das Element Sm 1879 von Lecoq de Boisbaudran entdeckt. Die techn. Bedeutung des Sm u. seiner Verb. ist gering.

Verw.: Zum Dotieren von Kristallen in der Laser- u. Maser-Technik, als Neutronenabsorber in Kernreaktoren, als Bestandteil des Cermischmetalls sowie in infrarotabsorbierendem Glas. Das Sulfid ist stabil u. thermoelektr. wirksam bis 1100°, das Oxid eignet sich als Katalysator für die Dehydrierung u. Dehydratation von Äthanol; eine Reihe von Sm-Verb. sind wirksam als Sensibilisatoren für durch infrarotes Licht anregbare Phosphore. Infolge der Gewinnungsschwierigkeiten ist der Preis von Sm u. seinen Verb. ziemlich hoch. Die erste Sm-Reindarst. gelang dem französ. Chemiker Demarçay 1901; s. auch Diss. von Rossmanith u. Schols, Wien 1957. — E: samarium

Lit. s. *Seltenerdmetalle; Brauer II, 999; Ullmann V, 210, VI, 517 ff., 542.

Sammelprobe. Nach DIN 50 001 (Entwurf Juli 1960) Bez. für eine Probe, die durch Vereinigen von *Einzelproben des gleichen Prüfgutes entsteht. Eine S. wird als Durchschnittsprobe genommen, wenn die Einzelproben nach einem Plan genommen wurden, der es wahrscheinlich macht, daß die S. der zu prüfenden Menge in bezug auf Zus. u. Eig. möglichst nahekommt. — E: collective test specimen, cumulative sample

Sammler = *Akkumulatoren; vgl. auch *Flotation. — E: collectors

Sanation. Bei der *Sterilisation Bez. für den im Einzelfall notwendigen Grad der Keimschädigung, bei dem alle vorhandenen Sporen, pathogene u. fakultativ pathogene Keime sowie die resistenten Strahlenpilze erfaßt werden; vgl. Dosch, in Ärztl. Praxis 13 [1961] S. 36. — E: sanation

Sandwich-Verbindungen. Bez. für die zu den *π-Komplexen (die eine Zwischenstellung zwischen den Koordinationsverb. [s. *Koordinationslehre] u. den *metallorg. Verb. einnehmen) gehörenden Verb. zwischen *Übergangsmetallen u. ungesätt. od. aromat. Verb., deren Mol. die Struktur von Doppelkegeln („*Sandwich-Struktur*", s. Abb. a u. b) aufweisen. Diese sind den Durchdringungskomplexen (s. *Koordinationslehre) ähnlich; in

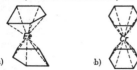
a) b)

ihnen ist das Übergangsmetall nicht auf klass. Art (d. h. durch eine überwiegend ion. od. kovalente Bindung mit einem bestimmten C-Atom), sondern gleichmäßig mit mehreren Kohlenstoffatomen (z. B. den 6 C-Atomen eines Benzolrings) verbunden. Als erste Verb. dieser Art wurde 1951 das sog. Di-π-cyclopentadienyleisen = Ferrocen = $(\pi\text{-}C_5H_5)_2Fe$ entdeckt, das vor allem durch seine große therm. u. chem. Stabilität auffiel. In dieser Verb. haben die C_5H_5-Reste aromat. Charakter angenommen, d. h. sie sind einer Reihe von sonst nur bei aromat. Syst. beobachtbaren Reaktionen zugänglich geworden. Die Gegeneinanderorientierung der Spitzen der fünfgliedrigen Ringsyst., wie sie die Abb. a) zeigt, ist zwar für das Ferrocen typ., jedoch nicht charakterist. für S.-V. Bei der entsprechenden Rutheniumverb. sind die Cyclopentadienyl-Mol. deckungsgleich. Die Rotierungsmöglichkeit der org. Mol. um die „Metall-Ring-Achse" ist in jedem Falle sehr gering. Die relative Orientierung der beiden Ringe ist im Kristallgitter wahrscheinlich hauptsächlich durch Packungskräfte bedingt, außerdem ist sie von der Temp. abhängig. Die Bindung zwischen Metall- u. org. Ringsyst. erfolgt in der Weise, daß das Metall die π-Elektronenpaare der ungesätt. Syst. in seine Elektronenschale einbezieht, wodurch häufig Edelgaskonfiguration erreicht wird. Nach E. Ruch u. E. O. Fischer liegt im Falle des Ferrocens ein Durchdringungskomplex vor, wobei das Fe^{2+}-Kation die drei π-Elektronenpaare für jedes der beiden $C_5H_5^-$-Anionen zur Auffüllung seiner 3d- u. 4s- bzw. 4p-Orbitale benützt u. somit eine Art Kryptonschale erhält. Von Moffit, Dunitz u. Orgel wird dagegen auf Grund theoret. Betrachtungen nur eine einzelne delokalisierte d_π-p_π-Bindung zwischen dem Metall u. jedem der beiden Ringe angenommen (Sandwichbindung). Beide Theorien vermögen den Diamagnetismus des Ferrocens u. das magnet. Verh. zahlreicher anderer bekannter S.-V. zu erklären. Verb. des Typs ML_2 (M = Metall, L = Ligand) kennt man außer mit Cyclopentadienylen noch mit zahlreichen Arenen (s. z. B. Abb. b: Dibenzolchrom = $(C_6H_6)_2Cr$), jedoch nicht mit anderen Ringsyst. mit π-Elektronensextett, wie z. B. Cyclobutadienyl u. Cycloheptatrienyl (Tropylium); letztere bilden jedoch auch Metallverb., z. B. $[(CH_3)_4NiCl_2]_2$. Die Metalle können in den S.-V. verschiedene Wertigkeitsstufen haben; so gibt es neben dem Dibenzolchrom = $(C_6H_6)_2Cr$ noch ein Dibenzolchrom-Kation = $(C_6H_6)_2Cr^+$ usw. Über neuere Erg. auf dem Gebiet der Metall-Aromaten-Komplexe s. Nachr. Chem. Techn. 15 [1967] S. 95—96. Es ist noch darauf hinzuweisen, daß die Bez. *Metallocene* zwar in der Lit. meist ausschließlich für S.-V. verwendet wird, jedoch strenggenommen ein Synonym für Metall-π-Komplexe (s. *π-Komplexe) ist; z. B. werden die Monocyclopentadienyl-Metall-Verb., die eindeutig keine Sandwich-Struktur haben, zu den Metallocenen gerechnet. — E: sandwich compounds

Lit.: Fischer, E. O., Metallverb. des Cyclopentadiens u. Indens, in Angew. Chem. 67 [1955] S. 475–482; Goldberg, S. I., A Useful Metallocene Stereomodel, in J. Chem. Educ. 43 [1966] S. 554; Little, W. F., Metallocenes, in Surv. Progr. Chem. Bd. 1, New York, Academic Press, 1963, S. 133–210; Rosenblum, M., Chemistry of the Iron Group Metallocenes: Ferrocene, Ruthenocene, Osmocene, Part I: New York-London, Wiley-Interscience, 1965; Schlögl, K., Stereochemie von Metallocenen, in Fortschr. Chem. Forsch. 6 [1966] S. 479–514; Ullmann X, 18, XII, 365–387, 391.

Sapide. Von E. Götte zur Diskussion gestellte Sammelbez. für alle *Tenside mit Seifencharakter unter Ausschluß der eigentlichen *Seifen. Der engl. Begriff Syndet hat etwa die gleiche Bedeutung. Vgl. auch *Saponide. — E: syndets, sapides
Lit.: Götte, E., in Fette-Seifen-Anstrichmittel 62 [1960] S. 789–790.

Sapo. Lat. Bez. für Seife, z. B. S. kalinus = Kaliseife, S. kalinus venalis = Schmierseife, S. medicatus = medizin. Seife, S. oleaceus = Ölseife, S. stearinicus = Stearinseife, S. terebinthinatus = Terpentinseife, S. viridis = grüne Seife, Schmierseife.

Sapo... (lat.: sapo = Seife). Drückt als Bestandteil von Benennungen eine Beziehung zu Seife aus. *Beisp.:* Saponin, Sapotoxin. — E: sapo-

Saponide. Ursprüngliche Bez. für *Sapide; geht auf einen Vorschlag von Robinet zurück (s. Corps gras, Jan. 1954, S. 14). — E: saponides

Sarkosyl... Bez. für die Atomgruppierung $-CO-CH_2-NH-CH_3$ in systemat. Namen. Darf nicht verwendet werden, wenn eine mit Veränderung des Kohlenstoffgerüstes verbundene Substitution (z. B. durch *Alkyl, *Aryl, *Acyl) vorliegt. — E: sarcosyl-

Sattdampf s. *Dampf. — E: saturated vapo(u)r

Sattdampfdruck = *Dampfdruck.

Sättigung s. *gesätt., *ungesätt. u. *Übersättigung. — E: saturation

Saturnium (Symbol: Sa od. St) ist eine von L. Katzin (Argonne Lab., USA) 1954 vorgeschlagene Bez. für *Protactinium. — E: saturnium
Lit.: CAEN 32 [1954] S. 4418.

Satz des Avogadro s. *Avogadro, Satz des.

Sauerstoff (chem. Symbol O, von lat.: Oxygenium). Gasf. Element der VI. Hauptgruppe des *Periodensyst. At.-Gew. 15,9994. Natürliche Isotope 16 (99,759%), 17 (0,037%), 18 (0,204%). (Über Abtrennung von ^{18}O s. E. Krell, in Chem. Techn. 12 [1960] S. 233–240). Ordnungszahl 8. Nach Epstein (1959) kann in der Natur das Verhältnis der Isotopen $^{18}O/^{16}O$ um 10% differieren zwischen den Extremen, nämlich dem im Gletschereis u. dem im atmosphär. Kohlendioxid gebundenen O; dies bedeutet, daß der At.-Gew.-Wert um 0,0001 bis 0,0003% schwanken kann. In allen heteropolaren Verb. u. in der großen Mehrzahl der homöopolaren Verb. ist Sauerstoff streng II-wertig; in einigen wenigen org. Verb. liegt vielleicht auch III- od. IV-wertiger Sauerstoff vor (über die Stereochemie von dreibindigem O s. J. Amer. Chem. Soc. 90 [1968] S. 1349). Die O-Atome haben in der äußeren Elektronenschale 6 fest gebundene Elektronen, die sich unter Aufnahme von 2 weiteren Elektronen leicht zur Edelgasschale (8er-Schale) ergänzen. Das O-Atom erhält dadurch zwei negative Ladungen; es ist daher stets der negative Bestandteil von heteropolaren Verb. (Näheres s. unter *Atombau u. *Periodensyst.). Reiner S. ist ein farbloses, geruchloses, geschmackfreies Gas, das aus O_2-Mol (= *mol. O*) besteht. Litergew. 1,42895 g (bei 0° u. 760 Torr Druck); er ist also 1,1mal so schwer wie Luft. Bei $-182,97°$ kondensiert sich O_2 zu einer hellblauen Fl. (vgl. E. A. Ogryzlo unter *Lit.*) vom spezif. Gew. 1,118; diese erstarrt bei $-218,4°$ zu einer hellblauen, hexagonal kristallisierenden Masse von der *D.* 1,426 (bei $-252°$). *Krit. Temp.* $-118,8°$, *krit. Druck* 49,7 at, *krit. D.* 0,430. Wahrscheinlich dimerisiert O_2 zwischen ca. -160 u. $-196°$ zu O_4-Mol. Das Dimere liegt wahrscheinlich teilweise in einem diamagnet. Singulett- u. teilweise in paramagnet. Form (Triplettzustand) vor; vgl. CAEN 1964, Nr. 36, S. 42. Über Singulett-O s. z. B. J. Amer. Chem. Soc. 89 [1967] S. 3073 u. 90 [1968] S. 537. In je 100 ml Wasser lösen sich bei 0° 4,91, bei 20° 3,11 u. bei 100° 1,7 ml O_2. Neben der zweiatomigen ist unter gewöhnl. Bedingungen auch eine dreiatomige Modifikation des O, das sog. *Ozon* od. *Trisauerstoff* (s. unten) stabil. Einatomiges od. *atomares O* läßt sich unter bes. Bedingungen (z. B. unter dem Einfl. einer Glimmentladung) kurzzeitig durch Zers. von O_2 erzeugen.

Mol. O ist ein außerordentlich reaktionsfähiges Gas; es reagiert mit vielen Stoffen (z. B. Kohlenstoff, Wasserstoff, org. Verb., Schwefel, Phosphor, Magnesium, Eisenpulver usw.) unter Licht- u. Wärmeentw. unter Bldg. von *Oxiden; die unter Feuererscheinung verlaufenden *Oxydationen werden auch als *Verbrennungen bezeichnet. In reinem Sauerstoffgas verlaufen die Verbrennungen viel rascher u. intensiver als in gewöhnl. Luft (s. L. Kirschfeld in Angew. Chem. 71 [1959] S. 663–667), wo O_2 mit etwa der 4fachen Stickstoffmenge verdünnt ist. Die „Verdünnung" bewirkt, daß die meisten Verbrennungsvorgänge auf der Erde mit mäßiger Geschw. ablaufen. Schon bei geringfügiger Erhöhung der O_2-Konz. in Luft würden die Verbrennungsprozesse viel rascher vor sich gehen.

Während zur Einleitung von Verbrennungen eine meist erheblich über der gewöhnl. Temp. liegende *Entzündungstemp. erreicht werden muß (vgl. auch *Selbstentzündung) finden bei gewöhnl. Temp. eine Reihe von Oxydationen statt, jedoch

Sauerstoff

meist langsam, ohne Feuererscheinung u. mit kaum merklicher Wärmeentw. Hierher gehören z. B. Atmung, Verwesung, Vermodern des Holzes, Essigsäuregärung des Alkohols, Rosten des Eisens usw. (vgl. auch *Autoxydation). Für die überwältigende Mehrzahl der Organismen ist S. für die Aufrechterhaltung der energieliefernden Umsetzungen (s. *Stoffwechsel), vor allem für die Atmung, unentbehrlich u. damit lebensnotwendig. Nur wenige Bakterienarten (*Anaerobier) gedeihen ganz ohne freien Sauerstoff; sie können durch größere Luftsauerstoffmengen sogar vergiftet werden. Der Mensch verbraucht täglich etwa 1,125 kg O, von dem 900 g aus der Luft u. 225 g zusammen mit der Nahrung aufgenommen werden. Er kann sauerstoffarme Gemische aus O_2 u. einem indifferenten Gas mit $8-9\%$ O_2 (gewöhnl. Luft enthält bekanntlich etwa 20% O_2) gerade noch ohne Schaden veratmen, dagegen verursacht die Einatmung solcher Gasgemische mit nur 7% O_2 nach einiger Zeit Bewußtlosigkeit; ein Anteil von nur 3% O_2 führt mit Sicherheit zur Erstickung. Das Gehirn ist bes. sauerstoffbedürftig; bes. das der über 50jährigen ist gegen O_2-Mangel sehr empfindlich. Bis zu einer Konz. von 60% kann O_2 im Gemisch mit einem inerten Gas vom Menschen unbedenklich inhaliert werden (s. Chem. Ind. Jan. 1954), wird es jedoch über längere Zeit in höherer Konz. eingeatmet, so schadet es den Zellen. Dabei ist die Gefahr nicht für alle Lebewesen u. für alle Gewebe gleich groß. Diese Gefahr einer „Sauerstoff-Vergiftung" wächst, wie man bei der Beobachtung von Frühgeburten im Brutkasten erkannte, wenn reines O_2 von mehr als 1 at Druck eingeatmet wird; sie wächst also mit dem absoluten Druck u. auch mit der Länge der Zeit, während der man es einatmet. Es handelt sich dabei vermutlich um die gefährliche Wrkg. des S. auf die Zellen an sich, die so weit gehen kann, daß diese abgetötet werden; wichtige Fermentsyst. werden zerstört. Das kann man therapeut. zur Behandlung von Gasbrand-Patienten ausnützen, indem man diese in einer Druckkammer reinem O_2 unter 3 atm Überdruck aussetzt; dabei werden aber wahrscheinlich nicht die Welch-Fraenkel-Bazillen, durch die fast alle Gasödeme entstehen, vernichtet, vielmehr stellen diese Erreger unter dem Einfl. des O_2-Überdruckes die Ausscheidung der lebensgefährlichen Giftstoffe ein. In den USA wurde inzwischen eine genaue Behandlungsmeth. entwickelt. Bei der Einatmung von gewöhnl. Luft wird nur etwa $1/5$ des darin vorhandenen O_2 zur Atmung verwendet, auch wenn der O_2-Geh. der eingeatmeten Luft viel höher ist, kann das Blut nicht mehr O_2 aufnehmen. Bei körperlicher u. geistiger Ermüdung ist Einatmung von reinem O_2 od. O_2-angereicherter Luft zwecklos, da das arterielle Blut des gesunden Menschen ohnehin zu 97% mit O_2 gesättigt ist, so daß von einer weiteren nennenswerten Vermehrung des Oxyhämoglobins nicht die Rede sein kann; s. H. Lampert in Landarzt 1958, S. 171. Zu dieser Feststellung steht eine Notiz von E. J. Houdry, The Chemist, Feb. 1961, S. 51, im Widerspruch, der während einer 27monatigen nächtlichen Einatmung von sauerstoffangereicherter Luft Appetitsteigerung, Gew.-Konstanz u. Energiezunahme beobachtete. Über Nutzen u. Gefahren der O_2-Atmung s. R. Mürtz in Dtsch. Med. Wschr. 1962, S. 2470—2479. Über Sauerstoff als Heilmittel u. Gift s. auch das Ref. eines Vortrages von J. Boerema in Naturwiss. Rdsch. 1965, S. 108. Von einer künstlichen Luftverbesserung in Kesseln, engen Gruben, Tiefbrunnen durch Öffnen von Sauerstoffflaschen ist abzuraten, da eine Erhöhung des Sauerstoffgeh. um wenige Prozente genügt, um glimmende Brennstoffe sowie erhitzte, öldurchtränkte Arbeitskleider u. dgl. lichterloh aufflammen zu lassen.

Vork.: O ist das häufigste Element unseres Lebensraumes (Lufthülle, Wasserhülle u. die obersten 16 km der festen Erdkruste); sein Gew.-Anteil in der obersten Erdkruste wird dabei auf $46,6\%$ geschätzt. Bedenkt man noch, daß die O-Atome einen bes. großen Durchmesser haben, so ergibt sich, daß rund 90% des verfügbaren Raumes der Erstarrungsgesteine (Granit usw.) mit Sauerstoff erfüllt sind; die Erstarrungsgesteine machen über 90% der obersten 16 km unserer Erdrinde aus. Da der Sauerstoff vor allem auf die äußeren, oberflächennahen Bereiche unserer Erde beschränkt ist, beträgt sein Gew.-Anteil am ganzen Erdball nach neuesten Schätzungen nur etwa 29%. Die trockene Luft enthält etwa 20,8 Vol.-% od. 23 Gew.-% (genau 23,15 Gew.-%) O_2; infolge mannigfacher Ausgleichsbewegungen schwankt der O_2-Geh. in der freien Luft allg. höchstens um $0,1\%$ (die ird. Lufthülle enthält etwa 10^{15} t O_2). In größeren Höhen ist der prozentuelle O_2-Anteil kaum veränderlich; in Höhen von 100 km über der Erdoberfläche sind die Mol. von O_2 u. Stickstoff häufig durch den Ultraviolett-Anteil des Sonnenlichts in Atome gespalten. Der Luft-O_2 befindet sich in einem „dynam." Gleichgew.: Bei der Atmung u. Gesteinsverwitterung wird fortgesetzt Luft-O verbraucht, während bei *Assimilation u. bei Spaltung des Wasserdampfes in den obersten Luftschichten durch den Ultraviolettanteil des Sonnenlichtes freies O_2 entsteht. Reines Wasser enthält etwa 88 Gew.-%, das Wasser der Weltmeere 85,5% O als H_2O gebunden, dazu kommen noch die wesentlich kleineren Mengen des im Wasser gelösten O_2. In den Gesteinen (es sei hier nur an Quarz = SiO_2, Feldspat, Glimmer, Kalk = $CaCO_3$, Dolomit = $Al_2O_3 \cdot 2\,SiO_2 \cdot 2\,H_2O$, an die zahlreichen Silicate, die oxid. Erze, die Phosphate, die kristallwasserhaltigen Verb. usw. erinnert) ist etwa die tausendfache Menge an O chem. gebunden wie in allen Ozeanen. Der wichtigste S.-Verbraucher der Natur sind die Meere mit den darin stattfindenden Oxydationsprozessen (Atmung der Meeresorganismen, Oxydation des klast. Materials usw.). Der zweitwichtigste Faktor im O_2-Kreislauf ist der Boden. Auf 124 Mill. km^2 Oberfläche (ohne Gletschergebiete u. Wüsten) durchströmen jährlich $1,7 \cdot 10^{11}$ t O_2 die oberen Bodenhorizonte. Die Organismen in den Böden u. dgl. erzeugen jährlich $1,3 \cdot 10^{11}$ t CO_2, wozu $1,5 \cdot 10^{11}$ t O_2 verbraucht werden. Bei der *Photosynth. werden jährl. ca. $2,7 \cdot 10^{11}$ t O_2 freigesetzt. Man hat O auch auf der Sonne mit Hilfe der Spektralanalyse nachweisen können, s. auch Gmelin, Syst.-Nr. 3, O, Lief. 2, 1952, S. 83–128.

Darst.: In der chem. Großindustrie wird O_2 vorwiegend aus verflüssigter Luft durch fraktionierte Destillation u. Kondensation gewonnen; es kommt in Stahlflaschen (Bomben) unter z. B. 150 at Druck od. auch verflüssigt (Temp. ca. $-180°$) in wärmeisolierenden, drucklosen Behältern (Tankfahrzeuge) in den Handel. In Ländern mit billigen Wasserkräften werden kleinere Mengen von O_2 (u. Wasserstoff) auch durch Elektrolyse von Wasser gewonnen. Im Laboratorium stellt man O_2 (in kleineren Mengen) durch Erhitzen eines Gemisches aus Kaliumchlorat (Vorsicht!) u. (etwa 10%) Braunstein dar; das Kaliumchlorat zerfällt dann bei $150°$ in Kaliumchlorid u. O_2, der Braunstein wirkt als Katalysator. Weitere laboratoriumsmäßige Sauerstoffgewinnungsverf. sind: Erhitzen von Quecksilberoxid, Zers. von Wasserstoffperoxid durch Zusatz von Braunstein, Kaliumpermanganat od. Platinmohr, Erhitzung von trokkenem Kaliumpermanganat ($2 KMnO_4 \rightarrow K_2MnO_4 + MnO_2 + O_2$), Vermischen von Bariumperoxidbrei mit Kaliumferricyanidlösung ($2 K_3[Fe(CN)_6] + BaO_2 \rightarrow Ba[K_3Fe(CN)_6]_2 + O_2$), Erhitzen von Bariumperoxid auf etwa $800°$ usw. Vgl. auch Gmelin, Syst.-Nr. 3, O, Lief. 2, 1952, S. 182–226 (techn. Darst.) u. Lief. 3, 1958, S. 301–314 (laboratoriumsmäßige Darst.); Brauer I, 304–307. Auf dem Mond kann man das benötigte O_2 aus Silicatgesteinen erzeugen, die auf der Oberfläche des Erdtrabanten verbreitet vorkommen, wenn ein von Wissenschaftlern der amerikan. Firma Aerojet-General entwickeltes Verf. ausgereift werden kann. Es handelt sich um einen dreistufigen Prozeß, in dem das Silicat mit Methan unter Bldg. von CO u. H_2 reduziert wird, die zusammen dann zu CH_4 u. H_2O reagieren; Wasser wird schließlich zu O_2 u. H_2 elektrolysiert. Im Idealfall werden hierzu nur Energie u. Silicat benötigt, da CH_4 u. H_2 im Prozeß ja wiedergewonnen werden; vgl. CAEN 1965, Nr. 20, S. 37. Vom Illinois Institute of Technology Research wiederum wird für die Raumfahrttechnik zur Luftversorgung ein fester Brennstoff vorgeschlagen, der Luft als Verbrennungsprod. liefert; während Stickstoff aus einem Prod. entstehen soll, das aus einem Alkaliazid u. einem partiell azid-substituierten Phosphonitridchlorid-Polymeren besteht, wird O_2 bei der Verbrennung von Alkaliperchloraten frei. Durch Kombination der beiden Substanzen müßte sich der Verbrennung Luft erzeugen lassen; vgl. CAEN 1965, Nr. 14, S. 41. Von bes. Interesse für die Raumfahrt dürfte die Rückgewinnung von S. aus ausgeatmeter Luft sein. Nach einem Verf. der Convair Division in den USA wird das Kohlendioxid der „verbrauchten" Luft bei hoher Temp. katalyt. durch Wasserstoff in Kohlenstoff u. Wasser umgewandelt, wobei letzteres anschließend elektrolyt. zerlegt wird; der so neben dem O_2 erhaltene Wasserstoff wird dem Prozeß wieder zugeführt; vgl. Nachr. Chem. Techn. 4 [1966] S. 50.

Verw.: Zum autogenen Schweißen u. Schneiden der Metalle, zum Schmelzen von Quarzglas u. Quarzgut (Sauerstoff-Wasserstoff-Gebläseflamme, zur Herst. von künstlichen Rubinen u. Saphiren, Platinmetallen usw., fl. zu Sprengzwecken (Oxyliquit), als Raketentreibstoff, zur Herst. von Salpetersäure (Ammoniak wird neuerdings auch mit reinem O_2 zu HNO_3 oxydiert), Essigsäure (Druckoxydation des Acetaldehyd) u. dgl., bei der Gewinnung von Thomasstahl (Anreicherung des eingeblasenen Gasgemisches auf 31% Sauerstoffgeh. beschleunigt u. verbessert den Thomasprozeß), zum „Sauerstoff-Frischen", zur intravenösen Schockbehandlung, zur Milchkonservierung nach Hofius (Milch hält sich bis zu 5 Wochen lang genußfähig, wenn man bei $50-65°$ C. 8–12 at Druck unverd. O_2 einleitet), zur Anreicherung des Gebläsewindes bei der Zementherst., bei der Vergasung von Kohle in Kokereien, bei der therm. Straßenaufrauhung. Russ. Gelehrte (s. Zinc Abstracts, April 1963, S. 148) fanden 1962, daß die Röstung von Zinksulfid beschleunigt u. verbessert wird, wenn man der Luft $27-28\%$ reines O_2 beimischt.

Ozon (Trisauerstoff). Diese energiereiche Modifikation des O besteht aus O_3-Mol.; sie ist bei gewöhnl. Temp. gasf. (Litergew. 2,144 g bei $0°$ u. 760 Torr); fl. Ozon ist eine blauschwarze bis tief violettblaue Fl. der D. 1,571 bei $-183°$, $Kp.$ $-111,9 \pm 0,3°$, $F.$ $-192,7 \pm 0,2°$. Die Löslichkeit in Wasser ist gering (0,494 ml O_3/100 ml Wasser bei $0°$), besser ist sie in Eisessig u. Tetrachlorkohlenstoff (Blaufärbung). Der O—O-Bindungsabstand im O_3 beträgt $1,278 \pm 0,003$ Å (im O_2 mit Doppelbindungscharakter dagegen 1,21 Å), der Bindungswinkel OOO $116°49' \pm 30'$. Es lassen sich 4 mögliche Resonanzstrukturen formulieren:

Sauerstoff

wovon die beiden ersten vorherrschend sein dürften. O_3 zerfällt schon bei gewöhnl. Temp. (rascher beim Erwärmen) in Sauerstoff (2 $O_3 \rightarrow$ 3 O_2 + 68 kcal); konz. O_3-Lsg. explodieren bei plötzlicher Erwärmung sehr heftig. Reinstes 100%/oiges O_3 ist destillierbar; bei geringsten Verunreinigungen mit Acetylen u. org. Substanzen mit Doppelbindungen besteht Explosionsgefahr (CAEN 1954, S. 4652). O_3 ist das stärkste bekannte Oxydationsmittel; es oxydiert fast alle Metalle zu ihrer höchsten Oxydationsstufe (Ausnahmen Au, Pt, Ir), Sulfide zu Sulfaten, Ammoniak zu Salpetersäure, Kohle (schon bei gewöhnl. Temp.) zu Kohlendioxid, Jodkalium-Lsg. zu Jod, Silber zu Silber(II)-oxid, Indigo-Lsg. zu gelbem Isatin. Viele org. Farbstoffe werden durch O_3 gebleicht, Bakterien vernichtet, Gummischläuche zerstört, Äther, Alkohol, Leuchtgas od. ein mit Terpentinöl durchtränkter Wattebausch entflammen, s. Schäfer, Diss. Mainz, 1957. In der Luft ist Ozon noch in einer Verd. von 1 : 500 000 zu riechen. Beim Einatmen von viel O_3 werden die Atemwege, gereizt; es stellen sich Atembeschwerden, Nasenbluten usw. ein. Auch die Körperzellen können von O_3 stark angegriffen werden, doch sind geringe O_3-Mengen wahrscheinlich unschädlich u. hygien. recht wertvoll, zumal im Blut bei Vorliegen von O_3-Spuren in der Atemluft die (unschädlichen Ozonide der Fettsäuren auftreten, s. hierzu Umschau 1964, S. 396 u. 543). Es wurde festgestellt, daß bereits geringe O_3-Konz. bei Zellen ähnliche Effekte auslösen wie ionisierende Strahlen. Schon 1958 berichtete Fetner, daß eine Konz. von 8 : 1 000 000 auf Chromosomen dieselbe Wrkg. ausübt wie 200 rad. Nur etwa 10^{-7} Vol. Teile der Lufthülle bestehen aus O_3. Zwar wird dieses in den bodennahen Luftschichten durch Oxydation von org. Staubteilchen fortgesetzt zerstört, jedoch in 15 – 50 km Höhe durch photolyt. Dissoziation von O_2 u. NO_2 neu gebildet; mit den Luftströmungen kommt es dann auch in Bodennähe. Nach Messungen des US-Weather Bureau in Mouna Loa schwankt der O_3-Geh. der Luft an der Erdoberfläche zwischen 33 (Okt. 1957) u. 68 (Apr. 1958) μg/m³; Extremwerte 7 u. 135 μg/m³. O_3 entsteht in geringen Mengen bei vielen chem. u. physikal. Vorgängen, so z. B. bei der Erhitzung von O_2 auf 2000° n. nachheriger sehr rascher Abkühlung (Ausbeute 0,13%), bei der Verbrennung eines Knallgasgemisches, beim Einblasen von Luft in brennendes Leuchtgas, bei vielen Reaktionen, die zur Gewinnung von O_2 ausgenützt werden (so bei der Elektrolyse von verd. Schwefels. Schwefelsäure an Gold- bzw. Platinelektroden, beim Auftropfen von konz. Schwefelsäure auf Bariumperoxid, beim Erhitzen einer Kaliumchlorat-Braunsteinmischung, beim Zerfall von Manganheptoxid), bei der Einw. ultravioletter Strahlen auf Luft-S. (die Luft in der Nähe einer Quecksilber-Quarzlampe [Höhensonne] riecht nach O_3), bei der langsamen Oxydation von weißem Phosphor, bei elektr. Funkenentladungen usw. Die Darst. erfolgt meist im sog. *Ozonisator*, in dem beim Durchleiten von Luft od. O_2 (trocken) ein geringer Tl. der vorhandenen O_2-Mol. unter dem Einfl. stiller elektr. Entladungen in O_3-Mol. umgewandelt werden. Um das so erhaltene O_3 zu konzentrieren, leitet man nach R. N. Clough u. B. A. Trush (s. Chem. and Ind. 1966, S. 1971) das den Ozonisator veranlassende O_2/O_3-Gemisch mit ca. 5 Mol.-% O_3 durch trockenes Silicagel, das durch Trockeneis/Aceton gekühlt wird. Nach Beladung mit O_3 (Dunkelblaufärbung!) wird O_2 im Vak. abgepumpt (geringer O_3-Verlust), anschließend O_3 durch Entfernen der Kühlung desorbiert u. in ein evakuiertes Vorratsgefäß geleitet. Es resultiert maximal 95 Mol.-% O_3 (Ausbeute ca. 60%, bezogen auf Ozonisator-O_3). Eine neue Meth. der Ozongewinnung wurde von C. S. Stokes u. L. A. Streng (s. Ind. Engng. Chem. Prod. Res. and Development 4 [1965] Nr. 1, S. 36) entwickelt: Hierbei wird gasf. Helium in den Lichtbogen zwischen einer Wolfram-Kathode u. einer Kupfer-Anode geblasen u. dann in den so erzeugten heißen „Plasma-Strom" fl. O_2 eingeblasen, das bei der sehr hohen Temp. des Plasmas z. T. in Ozon übergeht; der Zerfall der O_3-Mol. wird dadurch verhindert, daß das Gas durch das überschüssige fl. O_2 sofort abgeschreckt wird. Ozon wird in der Hauptsache verwendet in der Präparativen u. Analyt. Chemie, zum Bleichen von Ölen, Fetten, Zellstoff, Textilien usw., zur Desinfektion u. Luftverbesserung in geschlossenen Räumen (Kühlräume, Brauhäuser) u. zur Entkeimung von Trinkwasser.

Geschichtl.: Der S. wurde durch C. W. Scheele in den Jahren 1770 – 1772 entdeckt u. 1777 in der „chem. Abhandlung von der Luft u. dem Feuer" ausführlich beschrieben. Etwa zur gleichen Zeit (1773 – 1774) stellte der engl. Chemiker Priestley den Sauerstoff (durch Erhitzen von Quecksilberoxyd) ebenfalls dar; beide Entdeckungen erfolgten unabhängig voneinander. Nach J. R. Partington (J. Chem. Educ. 39 [1962] S. 123 bis 125) wurde O durch Priestley im März 1775 entdeckt. Scheele bezeichnete den Sauerstoff als Feuerluft, Priestley nannte ihn im Anklang an die damals herrschende Phlogistontheorie *dephlogistierte Luft*. Condorcet führte die sehr zutreffende Bez. Lebensluft ein u. Lavoisier gab ihm den griech. Namen Oxygenium (= Säurebildner), weil er annahm, daß Sauerstoff in allen Säuren enthalten sei u. deren charakterist. Eig. bedinge. Die Entdecker des S. (Scheele u. Priestley) waren noch in der *Phlogistontheorie befangen; eine richtige Deutung der Verbrennungsvorgänge wurde durch Lavoisier gegeben. Näheres zur Ge-

schichte des S. s. Gmelin, Syst.-Nr. 3, O, Lief. 1, 1943, S. 1–82; s. auch unter *Oxide, *Oxydation, *Oxydationsmittel. — E: oxygen
Lit.: Ardon, M., Oxygen. Elementary Forms and Hydrogen Peroxide, New York 1965; Armour Research Foundation, Bibliography of Ozone Technology, Chicago 1954; Charles, J. A. u. a., Oxygen in Iron and Steel Making, London, Butterworth, 1956; Dekkert, in Z. Anal. Chem. 153 [1956] S. 189 (Hochempfindlicher Ozon-Nachweis); Dodge, B. F., in Chim. et Ind. Juli 1952, S. 44–52; Duval, C., L'Oxygène, Paris, Presses Universitaires de France, 1967; Fabry, Ch., L'ozone atmosphérique, Paris, Centre Nat. de la Recherche Scientifique, 1950; Fallat, S., Reaktionen mit mol. Sauerstoff, in Angew. Chem. 79 [1967] S. 500–511; Farber, E., Oxygen and Oxydation. Theories and Techniques in the 19th Century and the First Part of the 20th, Washington, D. C., Washington Acad. of Sciences, 1967; Frison, P., Ozone et Génie Chimique, Paris, Trailigaz, 1961; Gäbelein, K., Über die kosmet. u. hygien. Pflege der Haut mit Aktiv-Sauerstoff-Präp. (Ozonverb.), in Dtsch. Drogisten-Ztg. 22 [1967] S. 1175–1178; Gmelin, Syst.-Nr. 3, Sauerstoff, Lief. 1: Geschichtl. [1943, Nachdruck 1953], Lief. 2: Vork., Technologie, physiolog. Schädigung [1951], Lief. 3: Elementarer Sauerstoff [1958], S. 319–622, Lief. 4: Luft, akt. Sauerstoff, Ozon [1960], Lief. 5: Syst., gewöhnl. Wasser (bis chem. Verh.) [1963], Lief. 6: Gewöhnl. Wasser (elektrochem. Verh. bis Ionen) [1964], Lief. 7: Wasserstoffperoxid [1966], Lief. 8: Rest u. Register [1968]; Grassmann, Neue Anwendungsgebiete u. Gewinnungsmeth. des Sauerstoffs, Dechema-Monogr. Bd. 15, S. 260–271; Günther, P. (Ozonspaltung), Diss. T. H. Karlsruhe, 1963; Henneberg, P., Mittlere Lebensdauer im Sauerstoff-16, in Naturwiss. 55 [1968] S. 80; Kirk-Othmer, 2. Aufl., Bd. 14, S. 390–409 (Sauerstoff), Bd. 410–432 (Ozon); Laschin, Sauerstoff, Halle, Marhold, 1943; Naumann, in Gas- u. Wasserfach 1952, S. 81–88 (Ozon); New York Heart Association, Oxygen (Symposium), Boston, Mass., Little, Brown & Co., 1965; Ogryzlo, E. A., Why Liquid Oxygen is Blue, in J. Chem. Educ. 42 [1965] S. 647–648; Ohle, W., Die chem. u. elektrochem. Best. des mol. gelösten O_2 der Binnengewässer, Stuttgart, Schweizerbart, 1953; Pascal, Nouveau Traité, Band XIII, Paris, Masson, 1961; Regener, in Naturwiss. Rdsch. 1954, S. 8–13 (Ozon); Römpp, H., Sauerstoff in Natur und Technik, Stuttgart, Franckh, 1943; Siedler, Luftverflüssigung, Stickstoff- u. Sauerstoffgewinnung, in Winnacker-Küchler, I, München, Hanser, 1958; Staff of ACS Applied Publications, Ozone Chemistry and Technology, Washington, ACS, 1959; Stone, J. K., Oxygen in Steelmaking, in Scient. Amer. 218 [1968] Nr. 4, S. 24–31; Tödt, F., Elektrochem. Sauerstoffmessungen, Berlin, de Gruyter, 1958; Ullmann IV, 702, V, 739, 745, VI, 258, 297, VIII, 42, X, 376, 402, 454, XI, 454, 477, 510, XII, 54, 73, XIII, 100, XV, 91–103; Vangerow E., Erdatmosphäre u. Stammesgeschichte, in Naturwiss. Rdsch. 20 [1967] S. 152–154; Wagner, C. U., Die negativen Ionen des Sauerstoffs u. ihre Bedeutung für ionosphär. Prozesse, Berlin, 1963; Wurster, C. (Verw. von O_2 für chem. Reaktionen), in Chem.-Ing.-Techn. 28 [1956] S. 1–8. *Ztschr.*: Kislorod (Sauerstoff), Moskau (6mal jährlich; 1961 eingestellt).

Sauerstoffradikale. Bez. für *Radikale vom Typ O_2H, O_3H u. O_2R (R = org. Rest), die bei ihrer Rekombination Sauerstoff im Singulett-Zustand (s. *Sauerstoff) erzeugen, z. B. $2 O_2H \rightarrow H_2O_2 + O_2^*$; der angeregte Sauerstoff kann dann unter Emission von Licht in den Grundzustand übergehen, vgl. J. Stauff, in Angew. Chem. 80 [1968] S. 449. Die 1956 von E. Müller entdeckten *Aroxyle* sind mit raumfüllenden org. Resten substituierte Phenole, z. B. das 2.4.6-Tri-*tert.*-butylphenoxyl-(1); hier handelt es sich strenggenommen um Sauerstoff-Kohlenstoff-Radikale. — E: oxygen radicals

Sauerstoffsäuren = *Oxosäuren.

Sauerstoff-Schwefel-Gruppe = *Chalkogene.

Saugflaschen. Starkwandige, kon. Glasflaschen mit seitlichem Ansatzrohr, das an eine Saugpumpe (in der Regel eine Wasserstrahlpumpe) angeschlossen wird, zum Filtrieren unter vermindertem Druck, s. Abb. g u. h im Abschnitt *Filtration. — E: filter flasks, filtering flasks, suction flasks
Lit.: DIN 12 476 (Feb. 1957).

Säulenchromatographie. Bez. für diejenige chromatograph. Meth. (s. *Chromatographie), bei der die *stationäre Phase in senkrecht stehende, lange, enge Glasrohre eingefüllt ist; vgl. vor allem *Adsorptionschromatographie. — E: column chromatography
Lit.: Rybak, M., B. Brada u. I. M. Hais, S. an Cellulose-Ionenaustauschern, Jena, VEB Gustav Fischer, 1966; Wohlleben, G., in Handbuch der Lebensmittelchemie, Bd. II/1, Berlin, Springer, 1965, S. 567 bis 596; ders., Sonderdrucke aus dem Gebiet der S., in Fortschr. Chem. Forsch. 6 [1966] S. 640–658.

Säureamide. Bez. für chem. Verb. der allg. Form $R-NH_2$ (R = Rest einer *Oxosäure od. org. Säure, denen eine OH-Gruppe durch formale Kondensation mit Ammoniak entzogen ist); die überwiegende Zahl der bekannten S. ist diejenige der aliphat. Carbonsäuren mit der allg. Formel $C_nH_{2n+1}\cdot C\diagdown_{NH_2}^{O}$. Die meisten dieser S. sind feste, in Wasser mit neutraler Reaktion lösl., krist. Verb.; das einfachste Carbon-S. (Formamid = $HCO-NH_2$) ist eine Fl. *Darst.*: Durch Wasserabspaltung aus den Ammoniumsalzen (Gleichung: $R-COONH_4 \rightarrow R-CONH_2 + H_2O$) od. durch Umsetzung von Säurechloriden mit Ammoniak; (Gleichung: $R-COCl + 2 NH_3 \rightarrow R-CONH_2 + NH_4Cl$). S. lassen sich ähnlich wie *Ester mit viel Wasser in Ggw. von Alkalien verseifen, z. B. $CH_3CONH_2 + H_2O + NaOH \rightarrow CH_3COO-Na + NH_4OH$. Nitramid = O_2N-NH_2 ist ein Beisp. für anorg. S.; das bekannteste S. ist das Diamid der Kohlensäure, der Harnstoff = $(NH_2)_2CO$. — E: acid amides
Lit.: Bredereck, Gompper, v. Schuh, Theilig, in Angew. Chem. 71 [1959] S. 753–774; Gompper, R., S., insbes. Formamid, Berlin, Springer, 1959; Kirk-Othmer, 2. Aufl., Bd. 2, 1963, S. 66–76.

Säureanhydride s. *Anhydride u. *Anhydrosäuren. — E: acid anhydrides, acidic oxides

Säureazide. Bez. für (formale) Deriv. von Carbonsäuren u. Stickstoffwasserstoffsäure = HN_3

Säure-Base-Begriff

von der allg. Formel $R-CO-N=\overset{+}{N}=\overset{-}{N}$. Diese sind flüchtige, explosive, z. T. schön kristallisierende Stoffe, die bei der Einw. von freier Salpetriger Säure auf *Säurehydrazide (Gleichung:

$$R-C\overset{O}{\diagdown}NH-NH_2 + ONOH \rightarrow R-C\overset{O}{\diagdown}(N)_3 + 2\,H_2O)$$

od. aus den Säurechloriden durch Umsetzung mit Natriumazid ($R-CO-Cl+NaN_3 \rightarrow R-CO-N_3+NaCl$) entstehen. — E: acid azides

Säure-Base-Begriff. Dieser hat im Laufe der Entw. der Chemie mehrmals tiefgreifende Wandlungen erfahren. Die Bez. „*Säure*" wird bereits seit vielen Jh. verwendet; sie wurde zuerst auf saure Pflanzensäfte angewendet. Die wichtigsten Mineralsäuren sind etwa seit 1200 bekannt; etwa bis zum 17. Jh. wurden die Säuren allein durch ihren sauren Geschmack, ihre Wasserlöslichkeit u. ihr hohes Auflösungsvermögen charakterisiert. Den chem. Begriff „Säure" u. „Base" findet man erstmals von Otto Tachenius (1666) benützt. Eine klare phänomenolog. Definition des Begriffes Säure stammt von R. Boyle: demnach ist eine Säure ein Stoff, der (1) mit Kreide aufbraust, (2) aus Schwefelleber Schwefel ausfällt, (3) gewisse Pflanzenfarbstoffe rötet u. (4) durch eine *Base neutralisiert wird, wodurch alle diese Eig. aufgehoben werden. Eine Säure ist demnach eine „Antibase" u. eine Base ist eine „Antisäure". Lavoisier (1743—1794) glaubte, den Sauerstoff als das saure Prinzip ansprechen zu können, Liebig (1803—1873) wies dagegen dem Wasserstoff diese Rolle zu, allerdings nur dem Wasserstoff, der durch Metalle ersetzt werden kann. Nach Begründung der Ionentheorie durch Arrhenius wurde das Wasserstoff-Ion als der alleinige Träger der Eig. „sauer" u. analog das Hydroxid-Ion als der alleinige Träger der Eig. „bas." bezeichnet. Im Ende der zwanziger Jahre setzte dann durch Brønsted die moderne Entw. des S.-B.-B. ein. Seine Klärung wurde jedoch zunächst auch auf Grund der Mol.-Struktur versucht. Lemery, ein Zeitgenosse Boyle's, äußerte die Ansicht, die kleinsten Teilchen von sauren Stoffen hätten eine spitze Gestalt u. die Basen hätten poröse Mol. Die Neutralisation bestehe dann in dem Eindringen der Spitzen in die Poren. Demnach sollte eine bes. Gestalt od. „Struktur" der Mol. die Eig. „sauer" bewirken. Auch Davy hat 1814 den Gedanken geäußert, wonach eine bestimmte Anordnung der Mol. saure Eig. bedinge. Diese „bestimmte Anordnung" fand 1925 in der „Elektronenlücke" von G. N. Lewis (BF_3, SO_3, CO_2 ...) ihre konkrete Bedeutung. Der sich zunächst ausschließlich auf das Lsgm. Wasser stützende S.-B.-B. wurde von Brønsted (1879—1947) auch auf Säure-Base-Reaktionen in *nichtwss. Lsgm. erweitert. Nach Brønsted sind Säuren allg. Verb., die Wasserstoff-Ionen abgeben können, also „Protonendonatoren", u. Basen Verb., die Wasserstoff-Ionen aufnehmen können, also „Protonenakzeptoren". Ihre Funktionen sind durch das folgende Dissoziationsgleichgew. verknüpft: BH (= Brønsted-Säure, Protonendonator) $\rightleftarrows$ B^- (=Brønsted-Base, Protonenakzeptor) $+H^+$; vgl. hierzu auch *Dysprotide. Die durch diese Gleichung definierten Säure-Base-Syst. („korrespondierende Säure-Base-Paare") lassen sich wie die *Redoxsyst. in eine Art „*Spannungsreihe" ordnen, wobei als ordnendes Prinzip in diesem Falle der *pK-Wert der Säure fungiert; in dieser Reihe kann wie bei der elektrochem. Spannungsreihe bei den Einheiten der Konz. von Säure u. korrespondierender Base eine Protonenabgabe nur von einem höherstehenden an ein tieferstehendes Syst. erfolgen. Durch Veränderung der Konz. der Säure-Base-Partner läßt sich — analog wie bei den Redoxsyst. — die saure u. bas. Wrkg. eines Stoffes (*Acidität u. *Basizität) u. damit seine Stellung in dieser Säure-Base-Reihe willkürlich ändern; die saure od. bas. Wrkg. einer Substanz wäre demnach keine gegebene Stoffeig., sondern eine Funktion des Reaktionspartners (vgl. E. Wiberg, Die chem. Affinität, Berlin, de Gruyter, 1960). Noch allgemeiner als die von Brønsted ist die Definition von Lewis (1875 bis 1946), nach der der Begriff „Säure" vom Proton unabhängig ist. Hiernach ist eine Säure eine Verb., die ein Elektronenpaar in die Valenzelektronenschale eines ihrer Atome aufnehmen kann (also ein Elektronenpaarakzeptor [= *Antibase nach Bjerrum, 1951]), eine Base eine Verb., die ein freies Elektronenpaar besitzt (also ein Elektronenpaardonator). Eine Säure-Base-Reaktion ist demnach folgendermaßen zu formulieren: A (*Lewis-Säure, Elektronenpaarakzeptor) +B (*Lewis-Base, Elektronenpaardonator) $\rightleftarrows$ AB. Nach Lewis sind also nicht nur protonenabgebende Verb. (Brønsted-Säuren), sondern z. B. auch Metall-Ionen u. Neutralmol., wie BX_3 u. AlR_3 zu den Säuren zu rechnen. Das von Pearson (s. J. Amer. Chem. Soc. 85 [1963] S. 3533 u. unter Lit.) entwickelte *HSAB-Konzept, d. h. der Begriff der harten u. weichen Säuren u. Basen baut auf den Überlegungen von Lewis auf. Hierbei werden die Metallsalze neben sämtlichen Protonendonatoren u. Lewis-Säuren in den Kreis der Säuren einbezogen, da sie mit Basen unter Aufhebung ihrer typ. Eig. reagieren. Demnach wären sämtliche Komplexbildungsvorgänge (s. *Koordinationslehre) u. Fällungsreaktionen nichts als verallgemeinerte Säure-Base-Reaktionen. Die Verallgemeinerung liegt nur darin, daß die Koordinationszahlen (s. *Koordinationslehre) von 1 verschieden sein können: das Cu^{2+}-Ion bindet 4 Ammoniak-Mol., der Hydroxid-Sauerstoff kann als Brücke zwischen 2 Metall-Ionen fungieren. Mit dieser Auffassung werden die verschiedenen Arten von chem. Reaktionen auf 2 Typen reduziert, nämlich auf solche, die eine Änderung der Wertigkeit bewirken (sämtliche Redoxvorgänge), u. solche, die eine Änderung der Koordinationszahl zur Folge haben (d. h. sämtliche Komplexbildungsvorgänge einschließlich der klass. Säure-Base-Reaktionen, die nichts anderes sind als Komplexreaktionen mit dem Proton, das die Koordinationszahl 1 hat). Positive Komplexpartner sind: H^+-Ion u. sämtliche Metall-Ionen, das Bor-Atom im BF_3, das Kohlenstoff-Atom im CO_2 usw. Damit ist noch nichts gesagt über die Natur der sich bei der Neutralisation bildenden chem. Bindung. Sie wird bei Alkali- u. Erdalkali-Komplexen weitgehend ion. sein, bei der Bldg. von beispielsweise Carbamaten aus NH_3 u. CO_2 aber kovalent. Die Stärke einer Säure gegenüber einer Base wird man an Hand von Gleichgew.-Konst. messen, d. h. von *pK*-Werten u. sog. Komplexbldg.-Konst. Da Komplexe mit höheren Koordinationszahlen mehrstufig gebildet werden, können die Gleichgew. sehr kompliziert werden. Die bas. Atome od. Liganden leiten sich ja von den Nichtmetall-Elementen ab, deren Zahl beschränkt ist: C, N, P, As, O, S, Se, F, Cl, Br, J. Man kann die Metall-Ionen in zwei Gruppen einteilen: es gibt solche, die in wss. Lsg. überhaupt nur mit O- u. F-Donatoren zu reagieren vermögen. Diese sind als *A-Kationen* bezeichnet worden; sie gehören nach Pearson zu den „harten Säuren". Entsprechend kann man die O- u. F.-Donatoren zu den „harten Basen" rechnen. Dies ist insofern gerechtfertigt, als in der Liste der harten Säuren neben anderen Elektronenpaarakzeptoren vor allem die kleinen u. hochgeladenen, nicht polarisierbaren Kationen stehen. *Harte Säuren* sind: H^+, Li^+, Na^+, K^+, Be^{2+}, Mg^{2+}, Ca^{2+}, Sr^{2+}, Al^{3+}, Ga^{3+}, In^{3+}, La^{3+}, Ce^{4+}, Si^{4+}, Ge^{4+}, Ti^{4+}, Zr^{4+}, Th^{4+}, As^{3+}, Mn^{2+}, Cr^{3+}, Cr^{6+}, Co^{3+}, Fe^{3+}, J^{5+}, J^{7+}, Cl^{7+}, Se^{6+}, BF_3, BCl_3, AlH_3, $Be(CH_3)_2$, $Al(CH_3)_3$, RSO_2^+, RCO^+, SO_3, CO_2. Diese Lewis-Säuren bilden stabile Bindungen mit Basen aus, die starke Protonenakzeptoren, aber wenig polarisierbar sind, also z. B. mit der klass. Base OH^-. Zu diesen *harten Basen* gehören ferner: F^-, O^{2-}, H_2O, R_2O, ROH, OR^-, NH_3, N_2H_4, RNH_2, CH_3COO^-, CO_3^{2-}, PO_4^{3-}, SO_4^{2-}, NO_3^-, ClO_4^-; hierunter befinden sich also eine Reihe von O- u. N-Donatoren sowie die Anionen zahlreicher *Oxosäuren. Die im folgenden aufgeführten *weichen Säuren*, zu denen die 2. Gruppe von Metall-Ionen *(B-Kationen)* gehört, bilden stabile Bindungen mit solchen Basen aus, die wenige gute Protonenakzeptoren, aber leicht polarisierbar sind („weiche Basen"): Cs^+, Cu^+, Ag^+, Au^+, Tl^+, Hg^+, Hg^{2+}, CH_3Hg^+, Pt^{2+}, Cd^{2+}, Au^{3+}, Tl^{3+}, Cr^0, Fe^0, Mn^-, Cr^{2-}, RS^-, RSe^+, J^+, Br^+, J_2, Br_2, JCN, BH_3, freie Radikale (Cl, Br, J, O), Carbene CX_2, $C_6H_3(NO_2)_3$; diese Gruppe umfaßt neben verschiedenen leicht polarisierbaren Elektronenpaarakzeptoren vor allem die Übergangsmetall-Ionen mit abgeschlossener od. nahezu abgeschlossener d-Schale. *Weiche Basen* sind: Br^-, J^-, CN^-, SCN^-, H^-, R^-, RS^-, RSH, R_2S, R_3P, R_3As, $(RO)_3P$, CO, RNC, Olefine, Aromaten. Eine Mittelstellung zwischen den harten u. den weichen Säuren nehmen ein: Sn^{2+}, Pb^{2+}, Sb^{3+}, Bi^{3+}, Fe^{2+}, Co^{2+}, Ni^{2+}, Cu^{2+}, Zn^{2+}, Ru^{2+}, Rh^{3+}, Ir^{3+}, $B(CH_3)_3$, NO^+, R_3C^+. Als allg. Regel gilt, daß harte Säuren bevorzugt mit harten Basen u. weiche Säuren bevorzugt mit weichen Basen reagieren. Weiter kann man qual., daß in der nachstehenden Reihenfolge der harte Charakter der Donatoren ab- bzw. der weiche Charakter zunimmt: $F > O \gg N > Cl > Br > J > S \approx P \approx C$; diese Abstufung weist auf die Beziehung zwischen Polarisierbarkeit u. Weichheit einer Lewis-Base hin. Die zu den harten Säuren gehörenden A-Kationen bilden selbst in starker Salzsäure keine Chlorokomplexe, ihre wasserfreien Chloride sind äußerst wasserempfindlich. Sulfid-Ion fällt aus der wss. Lsg. der Ionen das Hydroxid, u. die Alkyle werden sofort hydrolyt. gespalten. Demgegenüber bevorzugen die zu den weichen Säuren gehörenden B-Kationen die schweren Halogenide gegenüber Fluorid als Komplexpartner, Schwefel- gegenüber Sauerstoff-, Phosphor- gegenüber Stickstoffdonatoren. Sie bilden stabile Cyano-Komplexe u. Carbonyle, auch wasserstabile Alkyle. Diese Bevorzugung der Kombination hart-hart u. weich-weich wird nach einem Vorschlag von C. K. Jørgensen als *„Symbiose"* bezeichnet (Merkregel: „hard and hard, soft and soft flock together"). Die Bindungen zu den Liganden werden bei den weichen Säuren mehr kovalenten, bei den harten Säuren mehr elektrovalenten Charakter haben. Das Verh. als A-Kation läßt sich auf Grund elektrostatisch. Überlegungen recht gut verstehen; das Verh. als B-Kation zu fungieren, steigt allg. mit zunehmendem Ionisationspotential des Metalles. Man kann also sagen, daß die Bindung zwischen Metall-Ionen u. Ligand um so stabiler sein wird, je mehr das Metall-Ion dazu neigt, Elektronen aufzunehmen u. je leichter der Ligand solche abgibt, wie dies ein primitives Bild der kovalenten Bindung voraussehen läßt. Das von verschiedenen Seiten — insbes. wegen des von Pearson weitgespannten Rahmens — kritisierte HSAB-Konzept erwies sich als sehr nützlich, da es z. B. Aussagen über die Lage von einer experimentellen Messung nicht od. nur schwer zugänglichen Gleichgew. erlaubt, ferner über die Stabilität bestimmter Wertigkeitsstufen von Elementen, über die thermodynam. Stabilität noch unbekannter Verb., sowie über die Beeinflussung von Reaktionen durch gewisse Zusätze. Vgl. hierzu insbes. H. Werner unter Lit. u. Nachr. Chem. Techn. 13 [1965] S. 237–238. — E: acid-base concept

Säure-Base-Gleichgewicht

Lit.: Bell, R. P., Acids and Bases, New York, Wiley, 1952; Davenport, H. W., The ABC of Acid-Base-Chemistry, Chicago, Chicago Univ. Press, 1958; Kirk-Othmer, 2. Aufl., Bd. 1, 1963, S. 213—222 (Acid-Base Systems); Luder, W. F. u. S. Zuffanti, The Electronic Theory of Acids and Bases, New York, Dover, 1962; Pearson, R. G., Acids and Bases, in Science (Wash.) 151 [1966] S. 172 ff.; Pearson, R. G. u. a., Soft and Hard Acids and Bases, in CAEN 43 [1965] Nr. 22, S. 90—103; Saville, B., Anwendung des Konzepts der harten u. weichen Säuren u. Basen auf Vielzentrenreaktionen, in Angew. Chem. 79 [1967] S. 966 ff.; Schatenstein, A. L., Die Theorie der Säuren u. Basen, Moskau, Goschimisdat, 1949; ders., Isotopenaustausch u. Substitution des Wasserstoffs in org. Verb. (unter dem Gesichtspunkt der Säure-Base-Theorie), Berlin 1963; Van der Werf, C. A., Acids, Bases and the Chemistry of Covalent Bond, New York, Reinhold, 1961; Werner, H., Harte u. weiche Säuren u. Basen: Ein neues Klassifizierungsprinzip, in Chemie in unserer Zeit 1 [1967] S. 135—139.

Säure-Base-Gleichgewicht (Säure-Base-Haushalt). Bez. für die Konstanthaltung der schwach alkal. Reaktion der Gewebefl. im menschlichen Körper, deren pH-Wert von etwa 7,36 innerhalb enger Grenzen aufrechterhalten bleiben muß, da sonst erhebliche Funktionsstörungen eintreten können. Vgl. *Alkalose. — E: acid-base balance

Lit.: Auerswald, W., Aktuelle Probleme des Mineralstoffwechsels, Darmstadt, Steinkopff, 1961; King, J., Acid-Base Equilibria, Oxford, Pergamon, 1965; Langendorf, H., S.-B.-G. u. chron. acidogene u. alkalogene Ernährung, Darmstadt, Steinkopff, 1963; Weisberg, H. F., Water, Electrolyte and Acid-Base Balance, New York 1962. Zur Nomenklatur s. Creese, R., in Lancet, London, 24. 2. 1962, S. 429—431.

Säure-Base-Titration. Von der Division of Analytical Chemistry der *IUPAC vorgeschlagene Bez. für *Neutralisationstitration als Oberbegriff von *Acidimetrie u. *Alkalimetrie. Dazu wird die folgende Definition gegeben: S.-B.-T. ist eine *Titration, bei der der Transport von Protonen von einem der Reaktionspartner zum anderen in einer Lsg. erfolgt. Bei ionisierenden Lsgm. ist die Grundreaktion die Protonisierung u. Deprotonisierung der Lsgm.-Mol. (vgl. IUPAC-Inf. Bull. Nr. 26 [Aug. 1966] S. 48). — E: acid-base titration

Säurebildner. Bez. für in Wasser leicht lösl. saure Oxide. Häufig werden als S. (bes. bei Diskussion des *Periodensyst.) diejenigen Elemente (also vorwiegend die Nichtmetalle) bezeichnet, die ein od. mehrere Oxide bilden, die sich in Wasser unter Bldg. von Säuren lösen. — E: acid-formers [acid-forming elements]

Säurebromide s. *Säurehalogenide. — E: acid bromides

Säurechloride. Bez. für die chlorhaltigen *Säurehalogenide. — E: acid chlorides

Säurefarbstoffe. Bez. für wasserlösl. synthet. *Farbstoffe, die bes. auf tier. Fasern (vor allem Wolle), aber auch auf Casein- u. Polyamidfasern aus saurem od. (selten) neutralem Bade direkt aufziehen. Säurezusatz beschleunigt, Salzzusatz verzögert das Aufziehen. Die Färbung der Wolle mit S. beruht auf einer Salzbldg. zwischen den bas. Gruppen des Wolleiweißes (z. B. NH_2-Gruppen) u. den sauren Gruppen der S. (SO_3H-Gruppe, COOH-Gruppe u. dgl.); daneben können sich aber noch andere Gruppen (Hydroxyl-, Azo-, Aldehydgruppe usw.) sowie Adsorptionsvorgänge usw. beteiligen. Als Säuren benützt man bei der Färbung verd. Schwefelsäure, Essigsäure, Ameisensäure, Weinsäure od. Natriumhydrogensulfat. An Salzzusätzen verwendet man häufig Natriumsulfat; dieses ist nach CAEN 1952, S. 5064 durch das billigere Kochsalz ersetzbar. Hinsichtlich ihrer Konstitution gehören die S. folgenden Gruppen an: Azo-, Triarylmethan-, Anthrachinon-, Nitro-, Pyrazolon-, Chinolin- u. Azinfarbstoffe; hiervon sind die drei erstgenannten die wichtigsten. Eine Untergruppe der S. sind die *Metallkomplexfarbstoffe. — E: acid dyes

Lit.: Ullmann VII, 32, 40, 43; s. auch *Farbstoffe.

Säurefluoride s. *Säurehalogenide. — E: acid fluorides

Säuregrad s. *Acidität (1).

Säurehalogenide. Bez. für chem. Verb. der allg. Form R—Hal (Hal = Halogenatom; R = Rest einer Oxosäure od. org. Säure, deren eine OH-Gruppe durch formale Kondensation mit Halogenwasserstoff entzogen ist); die S. der Carbonsäuren haben die allg. Formel $C_nH_{2n+2}CO-Hal$ = R'CO—Hal. Zur Darst. z. B. der Säurechloride läßt man meist Phosphorpentachlorid, Phosphoroxidchlorid od. Phosphortrichlorid auf Säuren od. Säureanhydride einwirken; so erhält man z. B. das Thionylchlorid = $SOCl_2$ aus Schwefeldioxid u. Phosphorpentachlorid, org. Säurechloride aus org. Säuren u. Phosphorpentachlorid (Gleichung: R'—COOH + PCl_5 → HCl + $POCl_3$ + R—COCl) usw. Die Säurechloride sind sehr reaktionsfähige Stoffe; sie werden von Wasser mehr od. weniger schnell zerlegt (Gleichung: R'—COCl + H_2O → R'—COOH + HCl); mit Alkoholen od. Alkoholaten bilden sie Ester (Gleichung: R'—COCl + HOC_2H_5 → R—$COOC_2H_5$ + HCl), mit Ammoniak entstehen *Säureamide, bei katalyt. Red. gehen sie in Aldehyde bzw. Alkohole über. Wichtige anorg. S. sind z. B.: Siliciumtetrafluorid (= Fluorid der Kieselsäure), Sulfurylchlorid (= Chlorid der Schwefelsäure) = SO_2Cl_2, Chromylchlorid (Chlorid der Chromsäure) = CrO_2Cl_2, Nitrosylchlorid (= Chlorid der Salpetrigen Säure) = NOCl, Chlorsulfonsäure (= Chloroschwefelsäure = Halbchlorid der Schwefelsäure) = HSO_3Cl. — E: acid halides

Lit.: Kirk-Othmer, 2. Aufl., Bd. 1, 1963, S. 222 bis 224; Ullmann VII, 527, VIII, 563.

Säurehydrazide. Bez. für den Säureamiden analoge org. Verb., in deren Mol. die Atomgruppie-

Saure Reaktion

rung $-NH-NH_2$ an Stelle von $-NH_2$ steht u. die man sich formal als durch Kondensation von org. Säuren mit Hydrazin entstanden denken kann; allg. Formel $R-CO-NH-NH_2$. Es sind feste, kristallisierbare, lösl. Stoffe, deren wss. Lsg. schon in der Kälte ammoniakal. Silbernitrat-lsg. reduzieren. Die S. addieren starke Säuren (z. B. HCl), ihr H läßt sich gegen Na austauschen; mit Salpetriger Säure geben sie *Säureazide. *Darst.*: Durch Erhitzen der Hydraziniumsalze von org. Säuren (Gleichung: $R-COO-(H_3\overset{+}{N}-NH_2) \rightarrow R-CO-NH-NH_2 + H_2O$) od. durch Einw. von Hydrazin auf *Säurechloride bzw. *Ester. Vgl. auch *Hydrazide. — E: acid hydrazides

Säureimide s. *Imide. — E: acid imides

Säurejodide s. *Säurehalogenide. — E: acid iodides

Säuren. Im klass. Sinne Bez. für chem. Verb., die ionogen gebundene Wasserstoffatome enthalten, die durch Metallatome unter Bldg. von *Salzen ersetzt werden können. Es handelt sich also um alle Verb., die mit *Basen durch *Neutralisation Salze bilden od. in wss. Lsg. Wasserstoff-Ionen abspalten (d. h. die Wasserstoffionenkonz. des Wassers erhöhen). Ihre wss. Lsg. reagieren deshalb meist deutlich *sauer*, d. h. sie röten blauen Lackmus od. entfärben rotes Phenolphthalein (s. *Saure Reaktion). Die S. sind in Lsgm. mehr od. weniger stark dissoziert (s. *Elektrolyt. Dissoziation), wobei sie durch die Abgabe von Protonen an die Lsgm.-Mol. (im Falle des Wassers entstehen dabei *Oxonium-Ionen) in Säurerest-Ionen (s. *Säurereste) übergegangen sind. Enthält eine S. mehr als ein abdissoziierbares Wasserstoffatom, so erfolgt die Dissoziation stufenweise, u. es wird z. B. bei der Schwefelsäure zunächst ein H-Ion vom H_2SO_4-Mol. abgespalten; bei weiterer H. dissoziiert auch das zweite H von dem verbliebenen HSO_4^--Rest. Wie S. D. Harmann in Melbourne zeigen konnte (s. Bild der Wissenschaft 1964, Nr. 3, S. 76) kann auch Wasser zur starken Säure werden, wenn man es unter der Einw. von Stoßwellen einem Druck von 160 000 at aussetzt, wobei es Temp. bis zu 1300° erreicht u. seine Dichte verdoppelt. S., die im Mol. nur ein einziges ionisierbares, durch Metalle ersetzbares H-Atom besitzen, nennt man „einbasig" od. „einwertig". *Beisp.*: HNO_3, HCl, HBr, HF, CH_3-COOH); falls zwei H-Atome im Säuremol. gegen Metall ausgetauscht werden können, liegt eine „zweibasige" od. „zweiwertige" S. vor (*Beisp.*: H_2SO_4, H_2CO_3, H_2SO_3, Unterphosphorige Säure = H_3PO_2, Oxalsäure, Phthalsäure usw.); die Phosphorsäure = H_3PO_4 ist „dreibasig" od. „dreiwertig", da sich in ihren Mol. 3 ionisierbare Wasserstoffatome befinden. Die S. der An-

org. Chemie (*„anorg. S."*) sind in reinem, ungelöstem, undissoziiertem Zustand häufig Fl. (so z. B. Schwefelsäure oder Salpetersäure) usw., dagegen überwiegt unter den sehr viel zahlreicheren *org. Säuren* (s. z. B. *Carbonsäuren, *Fettsäuren, *Oxocarbonsäuren) der feste Aggregatzustand; *Beisp.*: Oxalsäure, Weinsäure, Citronensäure, Benzoesäure, Salicylsäure, Phthalsäure, Pikrinsäure, Stearinsäure usw. Bei den org. Säuren nimmt innerhalb homologer Reihen der Dissoziationsgrad in der Regel mit steigendem Molgew. ab, so ist z. B. Stearinsäure (Molgew. 284,5) eine viel schwächere Säure als etwa die Essigsäure (Molgew. 60). Der saure Charakter der org. Säuren ist meist auf Carboxylgruppen, in selteneren Fällen auf OH (Phenole), SO_3H (Sulfonsäuren) u. dgl. zurückzuführen. Außer in anorg. u. org. S. sowie in den sich auf Grund der modernen Formulierung des *Säure-Base-Begriffs* („harte" u. „weiche" S., *Lewis-S., *Anion-S., *Kation-S. u. *Neutral-S.) ergebenden Formen (Näheres s. *Säure-Base-Begriff) werden je nach Bedarf noch eine Reihe weiterer, auf unterschiedlichen Gesichtspunkten beruhenden Einteilungen der S. verwendet: So unterscheidet man z. B. zwischen oxydierenden (z. B. Salpetersäure = HNO_3) u. nichtoxydierenden (z. B. Salzsäure = HCl) S., zwischen leicht flüchtigen (z. B. Salzsäure) u. schwerflüchtigen (z. B. Phosphorsäure = H_3PO_4). Nach den Zus. verwendet man u. a. die Bez.: *Wasserstoffsäuren, *Oxosäuren, *Thiosäuren, *Komplexsäuren (S. mit Komplex-Ionen [s.*Koordinationslehre] als Anionen). Vgl. auch *Ortho-S., *Meta-S., Meso-S. (s. *Meso...), *Polysäuren. — E: acids

Lit.: Albert, A. u. E. P. Serjeant, Ionisation Constants of Acids and Bases, London 1962; Barlin, G. B. u. D. D. Perrin, Prediction of the Strength of Organic Acids, in Quart. Rev. 20 [1966] S. 75—101; Deno, N. C., Equilibria in Concentrated Mineral Acid Solutions, in Surv. Progr. Chem., Bd. 2, New York, Academic Press, 1964, S. 155—187; Kolthoff, I. M. u. S. Bruckenstein, Acid-Bases in Analytical Chemistry, New York-London, Wiley-Interscience, 1964; Sittig, M., Dibasic Acids and Anhydrides 1966, Park Ridge, Noyes Development Corp., 1966; Ullmann XV, 1 bis 3; s. auch Lit. unter *Wasserstoffionenkonz.

Säurenitrile s. *Nitrile. — E: acid nitriles

Säureradikale = *Säurereste; vgl. auch *Acyl-Rest. — E: acid radicals, anions

Saure Reaktion. Bez., die ausdrückt, daß der pH-Wert (s. *Wasserstoffionenkonz.) einer wss. Lsg. kleiner als 7 ist. Solche Lsg. röten Lackmus u. entfärben rotes Phenolphthalein. Oft, aber nicht immer, macht sich das der S. R. durch „sauren Geschmack" erkennbar. Mit Magnesiumband od. Magnesiumpulver entwickeln die sauer reagierenden Lsg. Wasserstoff. S. R. beobachtet man bei *Säuren, sauren *Salzen u. auch bei vielen „Neutralsalzen", die aus einer schwachen

Säurereste

Base u. einer starken Säure zusammengesetzt sind u. bei der Auflsg. in Wasser hydrolyt. Dissoziation (s. *Hydrolyse) erleiden. Das Gegenteil der S. R. ist die *alkal. Reaktion. — E: acid reacting
Säurereste (Säureradikale). Bez. für Atome od. Atomgruppen, die übrig bleiben, wenn man bei Säuren die ionisierbaren H-Atome abspaltet. Da die H-Ionen positiv geladen sind, besitzen die S. negative elektr. Ladungen u. wandern in Lsg. od. Schmelzen unter dem Einfl. des elektr. Stromes als Anionen zur Anode. *Beisp.:* Chlor-Ion (Chlorid-Ion) ist der S. der Salzsäure = HCl, die SO_4-Gruppe (SO_4^{2-}-Ion = Sulfat-Ion) ist der S. der Schwefelsäure = H_2SO_4, die PO_4-Gruppe (= PO_4^{3-}-Ion = Phosphat-Ion) ist der S. der Phosphorsäure = H_3PO_4, die CH_3COO-Gruppe ist der S. der Essigsäure = CH_3-COOH usw. Die S. begegnen uns auch in den *Salzen wieder; so besteht z. B. Kupfersulfat aus dem Metall Kupfer u. dem Schwefelsäurerest; es zerfällt in wss. Lsg. in positiv geladene Kupfer-Ionen u. in negativ geladene SO_4^{2-}-Ionen. In der Org. Chemie ist die Bez. S. nicht eindeutig: Häufig wird hier nicht der nach Abspaltung der aciden Wasserstoffatome verbleibende Mol.-Rest als S. (z. B. CH_3COO^- im Falle der Essigsäure), sondern diejenige Atomgruppe, die nach Abspaltung einer aciden OH-Gruppe entsteht (z. B. das Acetylradikal = CH_3-CO- im Falle der Essigsäure) bezeichnet. — E: acid radicals
Saure Salze s. *Salze. — E: acid salts
Säurestufe. Im Dtsch. selten verwendetes Synonym für *p*H-Wert (s. *Wasserstoffionenkonz.).
Säureverbrauch (Alkalität). Nach DIN 4049 (März 1954) Bez. für die Anzahl Milliäquivalent (mval) Salz- od. Schwefelsäure, die bei der *Titration von 1 l Wasser bis zum Umschlagpunkt bestimmten Indikatoren verbraucht wird. Genormt als Gesamtalkalität (Methylorange-Alkalität), Phenolphthalein-Alkalität u. Ätzalkalität. — E: acid consumption
Säurige Basen s. *Basen. — E: basic capacity of acids
Sb. Chem. Symbol für das Element *Antimon.
Sbp. In der Lit. häufig verwendete Abk. für Sublimationspunkt (s. *Sublimation).
Sc. Chem. Symbol für das Element *Scandium.
Scandate (III). Bez. für Salze mit dem Anion [Sc(OH)$_6$]$^{3-}$. — E: scandates (III)
Scandium (Skandium). Chem. Symbol Sc. Metall. Element (Leichtmetall); At.-Gew. 44,956. Keine stabilen Isotope außer Scandium 45; Ordnungszahl 21, III-wertig. Sc steht in der III. Hauptgruppe des *Periodensyst. zwischen Aluminium u. Yttrium, es gehört zu den *Seltenerdmetallen. *D.* 2,992; *F.* 1539°, *Kp.* 2727°. Das silberweiße Metall liegt unterhalb 1335° in einer hexagonalen, bei höheren Temp. in einer regulären kub.-raumzentrierten Modifikation vor; an der Luft erhält es allmählich einen gelblichen od. blaßrosa Farbton. In seinen Eig. ähnelt es mehr Yttrium u. den *Lanthanoiden als dem Aluminium. *Vork.:* Sc gehört zu den seltenen Elementen; sein Anteil an der obersten, 16 km dicken Erdkruste wird auf ca. $5 \cdot 10^{-4}$ % geschätzt; Sc ist also häufiger als Ag, Au, Hg, Bi u. dgl. Es steht hinsichtlich der Häufigkeit an 46. Stelle unter den Elementen. In den typ. Mineralien der Seltenen Erden kommt Sc nur in sehr geringen Mengen vor; das einzige, bisher entdeckte, scandiumreiche Mineral ist der in Norwegen u. Madagaskar gefundene Thortveitit = $Sc_2[Si_2O_7]$. Sc ist auch in den Spektren vieler Sterne nachgewiesen worden. *Darst.:* Man elektrolysiert geschmolzenes $ScCl_3$, dem man zur Senkung des Schmelzpunktes LiCl u. KCl (eutekt. Gemisch) beimischt. Das sehr teure Metall ist techn. bedeutungslos. Wegen seiner geringen D. u. seines hohen Schmelzpunktes ist es neuerdings von Interesse als Werkstoff in der Raumfahrttechnik. *Geschichtl.:* Sc wurde 1879 von Nilson im schwed. Gadolinit u. Euxenit entdeckt u. nach dem Vork. in skandinav. (lat.: Scandia = Skandinavien) Mineralien als Scandium bezeichnet. Schon im Jahre 1871 hatte Mendelejew auf Grund des Periodensyst. die Existenz eines Elements prophezeit, das er *Eka-Bor* nannte, weil es im Syst. unter dem Bor eine Lücke ausfüllen sollte. Das prophezeite Ekabor ist mit dem 8 Jahre später entdeckten Sc ident.; die vorausgesagten Eig. (At.-Gew., D., Zus. u. Löslichkeitsverh. der Salze) stimmen mit den beim Sc tatsächlich gefundenen weitgehend überein. — E: scandium
Lit.: Abeggs Handbuch der Anorg. Chemie, Bd. III/1, Leipzig, Hirzel, 1922; Borisenko, L. F., Scandium, its Geochemistry and Mineralogy, New York, Consultants, 1961; Kleber, E. V. u. B. Love, Technology of Scandium, Yttrium and Rare Earth Metals, Oxford, Pergamon Press, 1963; Schreiter, W., Seltene Metalle, Bd. 2: In, Li, Mo, Nb, Platinmetalle, Ra, Re, Rb, Se, Seltenerdmetalle, Si, Sc, Leipzig, VEB Dtsch. Verl. Grundstoffindustrie, 1961; Ullmann VI, 527, 544; Vickery, R. C., The Chemistry of Yttrium and Scandium, London, Pergamon Press, 1960.

Schädlingsbekämpfungsmittel. Nicht eindeutig abgegrenzt verwendete Bez. Im weitesten Sinne umfaßt der zugehörige Begriff alle Mittel, die zur vorbeugenden od. unmittelbaren Abwehr von „Schädlingen" u. des von ihnen zu erwartenden Schadens dienen. Als *Schädlinge* (Schadorganismen) versteht man dabei tier. u. pflanzliche Lebewesen einschließlich Viren, die durch ihr Auftreten den Menschen direkt od. indirekt schädigen. Direkt geschädigt wird der Mensch durch die sog. *Gesundheitsschädlinge* (Krankheitserreger), indirekt durch Schädlinge, die seine Lebensbedingungen beeinträchtigen (nach deren Auftreten unterscheidet man vor allem: Feldschädlinge, Gartenschädlinge, Obstschädlinge, Forstschäd-

Schädlingsbekämpfungsmittel

linge, Getreideschädlinge, Schädlinge der Haustiere, Vorratsschädlinge, Hausschädlinge). Tier. Schädlinge sind vor allem Insekten, daneben auch Rundwürmer, Schnecken, Vögel, Nagetiere und Wild; zu den pflanzlichen Schädlingen gehören vor allem Pilze u. Bakterien, aber auch die höheren Schmarotzerpflanzen. Die (integrierte) *Schädlingsbekämpfung* umfaßt Maßnahmen, um diese Schädlinge niederzuhalten od. zu vernichten, wobei sie sich biolog., physikal.-techn. u. chem. Mittel bedient. Bei der *biolog. Schädlingsbekämpfung* werden die Schädlinge durch ihre Feinde od. durch Krankheiten vernichtet; dies geschieht vor allem durch den Einsatz von Feinden (z. B. Zehrwespen gegen Blut- od. Schildläuse), Parasiten u. bakteriellen Krankheitserregern, jedoch auch durch Kulturmaßnahmen, die die Lebensbedingungen der Schädlinge beeinträchtigen (z. B. durch Züchtung resistenter Sorten von Kulturpflanzen) od. durch die Sterilisierung tier. Schädlinge mit *Chemosterilantien od. *ionisierende Strahlung. *Physikal.-techn. Meth. der Schädlingsbekämpfung* sind beispielsweise das Aufstellen von Fallen, Schießwerkzeuge, ferner u. a. *Pasteurisierung, *Stassanierung sowie *Sterilisation u. Desinfektion durch Anwendung von Hitze, Druck od. Elektrizität. Die *chem. Schädlingsbekämpfung* umfaßt den Einsatz von zur Abtötung, Inaktivierung od. Vertreibung von Schädlingen geeigneten Chemikalien, d. h. S., die z. B. durch Stäuben, Spritzen, Nebeln usw. eingesetzt werden. Zu den S. im weitesten Sinne sind Medikamente, Konservierungs- u. Desinfektionsmittel, sogar Wasch- u. Reinigungsmittel etc. zu rechnen. Im engeren Sinne versteht man unter S. nur die *Pflanzenschutzmittel u. die zur Bekämpfung von Hausungeziefer (vor allem Vorratsschädlingen) geeigneten Mittel. In der Lit. wird der Begriff S. sehr häufig überhaupt auf den Pflanzenschutz beschränkt u. „S." somit als Synonym für Pflanzenschutzmittel betrachtet. Andererseits werden im dtsch. Sprachgebrauch als S. vorwiegend Mittel zur Bekämpfung von Hausungeziefer, Ektoparasiten, Hausmäusen u. Ratten verstanden, also Mittel, die sich gegen „hygien. Schädlinge" richten. Das ISO-Komitee TC 81 „Allg. gebräuchliche Namen für S." unterscheidet in den von ihm herausgegebenen Listen (vgl. z. B. DIN-Mitt. 44 [1965] S. 21) *Acaricide, *Fungicide, *Herbicide, *Insecticide u. *Rodenticide; das dtsch. Pflanzenschutzmittel-Verzeichnis (17. Aufl., Juni 1964) nennt daneben noch *Nematicide u. *Molluscicide. Die Pflanzenschutzmittel sind Mischungen („Formulierungen") aus Wirkstoffen u. Zusatzstoffen. Die *Wirkstoffe*, auch als „*akt. Substanz*" bezeichnet, sind chem. definierte Substanzen od. Substanzgemische u. die eigentlichen Träger der Pflanzenschutzwrkg. Die Zusatzstoffe (Beistoffe), nämlich Lsgm., Streckmittel, Haftmittel, Emulgatoren, Netzmittel, Stabilisatoren, Warnfarbstoffe u. a., verleihen den Mischungen die physikal. Eig., die sie zur Anwendung als Spritz-, Sprüh-, Streu-, Stäube-, Beiz-, Vernebelungs-, Begasungsmittel usw. geeignet machen; vgl. H. Maier-Bode, Pflanzenschutzmittel-Rückstände, Stuttgart, Verl. Eugen Ulmer, 1965, S. 13. Vgl. auch *Beizen, *Chemosterilantien, *Larvicide, *Lockstoffe, *Ovicide, *Vertreibungsmittel. — E: pesticides

Lit.: *ACS, Agricultural Control Chemicals, Washington 1952; dies., Pesticides in Tropical Agriculture, Washington 1955; Bärner, J., Bibliographie der Pflanzenschutzlit., herausgeg. von der Biolog. Bundesanstalt für Land- u. Forstwirtschaft, Berlin-Dahlem (begonnen 1953 mit dem Bd. für die Jahre 1940—1945; der Bd. für 1958 erschien 1962); Bauer, K., Studien über Nebenwrkg. von Pflanzenschutzmitteln auf Fische u. Fischnährtiere, Berlin, Parey, 1961; Becher, C., Schädlingsbekämpfungsmittel, Halle, Knapp, 1954; Biolog. Bundesanstalt für Land- u. Forstwirtschaft, Pflanzenschutzmittelverzeichnis, Braunschweig (erscheint jährl.); Blunck-Riehm, Pflanzenschutz, Frankfurt/M., Dtsch. Landw.-Ges. Verl., 1958; Brown, A. W. A., Insect Control by Chemicals, New York, Wiley, 1951; Burchfield, H. P. u. a., Guide to the Analysis of Pesticide Residues, 2 Bde., Washington, D. C., U. S. Government Printing Office, 1966; Chichester, C. O., Research in Pesticides. Proceedings of the Conference on Research Needs and Approaches to the Use of Agricultural Chemicals, held at the University of California, Davis, Calif., Oct. 1—3, 1964, New York 1965; Chupp, Ch. u. A. F. Sherf, Vegetable Diseases and their Control, New York, 1960; Ciresa, M. u. F. Gabl, Akute Vergiftungen durch Pflanzenschutzmittel, Wien, 1964; Dame, Schädlingsbekämpfung an Blumen u. Zierpflanzen, Hiltrup/Westf., Dtsch. Landwirtschaftsverl., 1960; De Ong, E. R., s. Ong, E. R., De; Domsch, K., Einfl. von Pflanzenschutzmitteln auf die Bodenmikroflora, Berlin-Dahlem, Biolog. Bundesanstalt für Land- u. Forstwirtschaft, 1963; Drees, Pflanzenschutz-Lexikon, Frankfurt, Kommentator-Verl., 1959; Engelhardt, W., Chem. Pflanzenschutzmittel in Kosmos 61 [1965] S.369—371; Fey, H., Einführung in die Schädlingsbekämpfung, Braunschweig, Vieweg, 1960; Fischer, W., Die Unters. von Pflanzenschutzmitteln, Radebeul, Neumann, 1951; Franz, J., Biolog. Schädlingsbekämpfung, Berlin, Parey, 1963; Frear, D. E. H., Chemistry of the Pesticides, New York, Van Nostrand, 1955; ders., Pesticide-Index, State College, Pa., College Sci. Publ.; ders., Pesticide Handbook Entoma 1966, State College, Pa., College Sci. Publ.; Frickhinger, H. W., Leitfaden der Schädlingsbekämpfung, Stuttgart, Wiss. Verl. Ges., 1955; ders., Schädlingsbekämpfung für Jedermann, München, Ehrenwirth, 1951; Fürst, Chemie u. Pflanzenschutz, Berlin-Leipzig, VEB Dtsch. Verl. für Grundstoffind. 1962; Gould, R. F., New Approaches to Pest Control and Eradication, Washington, ACS, 1963; Gunther, F. A., Residue Reviews — Rückstands-Berichte, Rückstände von Pesticiden u. a. Fremdstoffen in Nahrungs- u. Futtermitteln (I, 1962—), Berlin, Springer; Hahn, E., Chem. Pflanzenschutzmittel, Wrkg.-Weise u. Anwendung, Berlin 1966; Haller, W. v., Vergiftung durch Schutzmittel, Stuttgart, Hippokrates, 1956; Heimpel, A. M., Insektenvirus-Präp. zur mikrobiolog. Schädlingsbekämpfung, in Umschau 67 [1967] S. 759—763; Heinze, Die Schädlinge, Krankheiten u. Schädigungen unserer Hackfrüchte, Berlin, Duncker u. Humblot, 1953; Heinze u. Riehm, Pflanzenschutzpraktikum, Wiesbaden, Verl. für Angew.

Schaum

Wissenschaft, 1953; Holmes, Practical Plant Protection, London, Constable Co., 1955; Holz u. Lange, Fortschr. in der chem. Schädlingsbekämpfung, Oldenburg/Oldenbg., Landwirtschaftsverl. Weser-Ems, 1962; Hough, W. S. and A. F. Mason, Spraying, Dusting and Fumigation of Plants, New York, Macmillan, 1952; Keilbach, R., Fachkunde für Schädlingsbekämpfung, Berlin, Volk u. Wissen, 1952; Kemper, H., Lehrbuch für den Schädlingsbekämpfer, Berlin, Dunker u. Humblot, 1950; ders., Die Haus- u. Gesundheitsschädlinge u. ihre Bekämpfung, Berlin 1950; ders., Kurzgefaßte Geschichte der tier. Schädlinge, der Schädlingskunde u. der Schädlingsbekämpfung, Berlin, Dunker u. Humblot, 1968; Klinkowski, M., E. Mühle u. E. Reinmuth, Phytopathologie u. Pflanzenschutz (3 Bde.), Berlin 1965—1968; König, Tier. u. pflanzliche Holzschädlinge, Stuttgart, Holz-Zentralblatt-Verl., 1957; Kotte, W., Krankheiten u. Schädlinge im Obstbau, Berlin, Parey, 1958; ders., Krankheiten u. Schädlinge im Gemüsebau, Berlin, Parey, 1960; Laven, H., Genetik gegen Schädlinge, in Bild h. Wiss. 3 [1966] S. 447—453; Lindemann, G., Vergiftungen im täglichen Leben: S., in Dtsch. Drogisten-Ztg. 23 [1968] S. 505—506; Loewel, Die Obstbaumspritzung, Ludwigsburg, Ulmer, 1950; Maier-Bode, W., Gefahrenzone in der Lagerhaltung, Vorratsschutz u. Schädlingsbekämpfung, Hiltrup bei Münster i. W., Landwirtschaftsverl., 1949; ders., Taschenbuch des Pflanzenarztes, Hiltrup, Landwirtschaftsverl., 1954; ders., Pflanzenschutzmittel-Rückstände, Stuttgart, Ulmer, 1965; ders., Pflanzenschutz-Vorratsschutz-Gesundheitsschutz, in Bild d. Wiss. 3 [1966] S. 277—287; Mallach, Schädlingsbekämpfung mit chem. Mitteln u. Bienenzucht, München, Bayer. Landwirtschaftsverl., 1952; Mallis, A., Handbook of Pest Control (Household Pests), New York, McNair Dorland Co., 1954; Martin, H., The Scientific Principles of Plant Protection, London, Arnold, 1959; Mayer, K., 4500 Jahre Pflanzenschutz, Stuttgart, Ulmer, 1959; Metcalf, R. L., Advances in Pest Control Research, I [1957], II [1959], III [1960], IV [1961], V [1962], VI [1965], New York, Wiley-Interscience; Morstatt, Pflanzenschutz, Berlin, Dtsch. Zentralverl., 1947; ders., Bibliographie der Pflanzenschutzlit. (erfaßt in 12 Bde. die Lit. 1914—1945), Berlin, Parey, s. auch Bärner; Müller, E. W., Pflanzenschutz bei Blumen- u. Zierpflanzen, Berlin 1964; Nicholson, H. P., Pesticide Pollution Control, in Science (Wash.) 158 [1967] S. 871—876; Ong, E. R. De, Insect, Fungus and Weed Control, New York 1954; ders., Chem. and Natural Control of Pests, New York, Reinhold, 1960; Pape, H., Krankheiten u. Schädlinge der Zierpflanzen, Berlin, Parey, 1963; ders., Leitfaden des Pflanzenschutzes im Zierpflanzenbau, Berlin, Parey, 1958; Perrot, Manuel de phytopharmacie I—II, Paris, Masson, 1948; Peters, G., Die hochwirksamen Gase u. Dämpfe in der Schädlingsbekämpfung, Stuttgart, Enke, 1942; Plate-Frömming, Die tier. Schädlinge unserer Gewächshauspflanzen, ihre Lebensweise u. Bekämpfung, Berlin, Dunker u. Humblot, 1953; Pyenson, L., Elements of Plant Protection, New York, Wiley, 1951; Reitz, L. P., Biological and Chem. Control of Plant and Animal Pests, Washington, Amer. Assoc. Adv. Sci., 1960; Rose, G. J., Crop Protection, New York, Philos. Libr., 1955; Schmidt, M., Pflanzenschutz im Obstbau, Berlin 1955; ders., Pflanzenschutz im Gartenbau, Berlin 1965; Schulze, K., Pflanzenschutz sichert die Ernten der Welt. Die Entw. der letzten 20 Jahre, in Umschau 1964, S. 545—549; Schurz, J., Schädlingsbekämpfung: Krieg gegen unerwünschte Kostgänger, in Kosmos 61 [1965] S. 206—208; Shurtleff, M. C., How to Control Plant Diseases in Home and Garden, Iowa, State Univ. Press, 1962; Sittig, M., Pesticide Production Processes, Park Ridge 1967; Stahl u. Umgelter, Pflanzenschutz im Blumen- u. Zierpflanzenbau, Stuttgart, Ulmer, 1959; Steiniger, Einführung in die prakt. Bekämpfung der Haus- u. Gesundheitsschädlinge, Hannover, Schaper, 1949; Stellwaag, F., Schädlingsbekämpfung im Obstbau, Stuttgart, Ulmer, 1956; Stummeyer, H., Die Entw. von Pflanzenschutzmitteln, in Bild d. Wiss. 2 [1965] S. 630—641; Symes, Insect Control in Public Health, Amsterdam, Elsevier, 1962; Theurer, A., Pflanzenschutzmittel im Kampf gegen den Hunger, in Chem. Ind. 20 [1968] S. 245—248; Tielecke, H., Pflanzenschutzmittel, Berlin 1963; Uhlenhut, Kartoffelkäfer, Forschung u. Bekämpfung, Freiburg/Brsg., Cantor, 1948; Ullmann XV, 103—184; Williams, C. M., Third-Generation Pesticides, in Scient. Amer. 217 [1967] Nr. 1, S. 13—17; Winnacker-Küchler IV, 1960 (Frensch, H., Chem. Schädlingsbekämpfung); Woodwell, G. M., Toxic Substances and Ecological Cycles, in Scient. Amer. 216 [1967] Nr. 3, S. 24—31; World Health Organis., Specifications for Pesticides, Genf 1961; Wyniger, R., Pest of Crops in Warm Climates and their Control, Basel 1962; Zacher, F. u. B. Lange, Vorratsschutz gegen Schädlinge, Berlin, Parey, 1964; Zeumer, H., Rückstände von Pflanzenschutz- u. Vorratsschutzmitteln usw. (Lit.-Übersicht), Berlin-Dahlem, Mitt. Biolog. Bundesanst. Land- u. Forstwirtschaft, 1958; Zeumer, H., Kleiner Ratgeber über Pflanzenschutzmittel, Frankfurt/M., Dtsch. Landwirtschaft-Ges.-Verl., 1961; Zweig, G., Anal. Methods for Pesticides, Plant Growth Regulators and Food Additives I—V (1936/37), New York, Acad. Press. Ztschr.: Anzeiger für Schädlingskunde, Berlin-Hamburg, Parey; Der prakt. Schädlingsbekämpfer, Braunschweig; FAO Plant Protection Bulletin, Berlin, Parey; Phytopathologische Ztschr., Berlin, Parey; Ztschr. f. Pflanzenbau u. Pflanzenschutz, München, Bayer. Landwirtschaftsverl.; Pflanzenschutz, eine Ztschr. für die Praxis, München, Bayer. Landwirtschaftsverl.; Ztschr. für Parasitenkunde, Berlin, Springer; Ztschr. für Pflanzenkrankheiten u. Pflanzenschutz, Stuttgart, Ulmer; Nachrichtenblatt des Dtsch. Pflanzenschutzdienstes (Braunschweig), Stuttgart, Ulmer; Nachrichtenblatt für den Dtsch. Pflanzenschutzdienst, Berlin (DDR); Ztschr. für Angewandte Entomologie, Hamburg, Parey; Ztschr. für hygienische Zoologie u. Schädlingsbekämpfung, Berlin-München, Duncker u. Humblot; Höfchen-Briefe, Bayer-Pflanzenschutznachrichten, Leverkusen; Gesunde Pflanzen, Frankfurt, Verl. Kommentator GmbH.; Journal of Agricultural and Food Chemistry, Washington; Journal of Agricultural Research, Washington; Journal of Economic Entomology, Menasha, Wisc., USA; Journal of Agricultural Science, London; Phytopathology, Baltimore, Md., USA; Monumental Printing Co., Pest Control (früher: Pests and their Control), Cleveland, Ohio, Trade Magazins Inc.; Pest Technology, London, Rhodes Industrial Services Ltd. Ein Informationszentrum über S. wurde 1966 in den USA eingerichtet. Anschrift: U.S. Department of Agriculture, National Agricultural Library, Pesticides Information Center, Washington, D. C. 20 250.

Schaum. Bez. für ein zusammenhängendes räumliches Netzwerk von Fl.-Blasen, die mit Luft od. einem anderen Gas gefüllt sind; es handelt sich um ein disperses Syst., bei dem ein Gas in einer Fl. eingebettet ist. Ist die Vol.-Konz. des Gases bei homodisperser Verteilung kleiner als 74%, so sind die Gasblasen wegen der oberflächeverkleinernden Wrkg. der Grenzflächenspannung kugelförmig. Oberhalb der Grenze der dichtesten Kugelpackung werden die Blasen deformiert, die Fl. zieht sich zu *Lamellen* (von 4 bis 400 mµ Dicke) zusammen, die man als eigentlichen S. bezeichnet. S. hat die Tendenz, sich selbst zu zerstören, da durch Verkleinerung der Oberfläche Oberflächenenergie gewonnen werden kann. Die Stabilität u. damit die Existenz eines S. ist somit davon abhängig, wie weit es gelingt, seine Selbstzerstörung zu verhindern. Zur Erzeugung von S. wird das Gas in geeignete Fl. eingeblasen od. man erreicht S.-Bldg. durch heftiges Schlagen od. Rühren der Fl. in der betreffenden Gasatmosphäre, vorausgesetzt, daß die Fl. geeignete *Tenside od. andere *grenzflächenakt. Stoffe enthalten, die außer Grenzflächenaktivität auch ein gewisses Filmbldg.-Vermögen besitzen. Das *Schaumvermögen* ist das Verhältnis des S.-Vol. der Probe zum S.-Vol. einer zum Vgl. verwendeten Natriumoleatlsg. nach 1 Minute Stehen. Das *S.-Vol.* hängt u. a. ab vom Fl.-Vol. u. den mechan. Bedingungen, unter denen das Gas eingearbeitet wird. Vgl. hierzu J. Stauff, in Ullmann VI, S. 513, u. DIN-Begriffslexikon, Berlin-Köln-Frankfurt/M., Beuth-Vertrieb, 1961.

Neben den bekannten Anwendungen in Haushalt u. Konditorei (Speiseeis) ist S. u. a. von Bedeutung in der Erzaufbereitung (s. *Flotation) u. im Feuerlöschwesen. Die Rolle des S. beim Waschvorgang (Schmutzträgervermögen) ist umstritten. S.-Bldg. u. Reinigungswrkg. gehen bei Waschmitteln jedenfalls nicht parallel. Bei vielen techn. Prozessen, bes. solchen, die Substanzen biolog. Ursprungs verarbeiten (z. B. Eiweißstoffe in der Zuckerindustrie) tritt S. als störende Nebenerscheinung auf. Hier ist es notwendig, sog. *Schaumverhütungsmittel zuzusetzen, da unter Umständen das Schäumen den ganzen Prozeß in Frage stellen kann. Feste S. sind Syst., bei denen ein Gas in einem Feststoff dispergiert ist (*Beisp.:* Bimsstein, *Schaumstoffe). Vgl. auch *Flotation.
— E: foam

Lit.: Bikerman, Foams, Theory and Industrial Applications, New York, Reinhold, 1953; Kirk-Othmer, 2. Aufl., Bd. 9, 1966, S. 884—901; Manegold, E., Schaum, Heidelberg, Straßenbau, Chemie u. Technik Verl., 1956. Zur Schaumstabilität s. Schwarz, I. H. W. u. van Voorst Vader, in Fette-Seifen-Anstrichmittel 66 [1964] S. 380—388 bzw. S. 47—50.

Schaumbildner (Schäumer). Bez. für *grenzflächenakt. Stoffe. die ein gewisses Filmbldg.-Vermögen haben u. so die Schaumerzeugung in Fl. fördern. Typ. S. in wss. Lsg. sind Paraffinkettensalze, Saponine u. manche Eiweißstoffe. Vgl. auch *Flotation. — E: foam-forming agents, foamers, frothing agents

Schaumdämpfer = *Schaumverhütungsmittel.

Schäumer = *Schaumbildner.

Schaum-Schwimmverfahren = *Flotation. — E: froth flotation

Schaumverhütungsmittel

Schaumstoffe. Nach DIN 7726 (Jan. 1958) Bez. für künstlich hergestellte, spezif. leichte Werkstoffe mit zelliger Struktur. Die Zellen können verschieden groß, geschlossen od. offen sein, wobei alle Übergänge möglich sind. S. können eingeteilt u. gekennzeichnet werden nach z. B.: 1. Rohstoffbasis (z. B. Kautschuk [sowohl in fester Form als auch in Form von Latex], Kunststoffe [Schaumkunststoffe], Kautschuk-Kunststoff-Mischungen). 2. Verh. beim Zusammendrücken: Nach ihrem Verformungsverh. bei kurzzeitiger Druckbeanspruchung bei gewöhnl. Temp. unterscheidet man zwischen „harten" u. „weich-elast." S. *Harte S.* zeigen bei relativ hohem Verformungswiderstand geringe elast. Verformbarkeit. Bei genügend hoher Druckbeanspruchung tritt bei den *„zäh-harten"* S. eine langsame, teilweise reversible Verformung, bei den „spröd-harten" S. ein plötzlicher Zusammenbruch des Zellgefüges ein. *Weich-elast. S.* zeigen bei relativ geringem Verformungswiderstand hohe elast. Verformbarkeit. Selbst bei hoher Druckbeanspruchung ist die Verformung überwiegend elast. 3. Zellenstruktur: Unter einer geschlossenen Zelle versteht man einen in sich abgeschlossenen Hohlraum. Unter einer offenen Zelle versteht man einen Hohlraum, dessen Wände durchbrochen sind. *Geschlossenzellige S.* haben prakt. nur geschlossene Zellen. *Offenzellige S.* haben prakt. nur offene Zellen, d. h. die Zellen stehen untereinander u. mit der Außenluft in Verb. Zwischen diesen beiden Arten gibt es Übergänge, die man als gemischtzellig bezeichnet. *Gemischtzellige S.* können überwiegend geschlossenzellig od. überwiegend offenzellig sein. Bei Teilen aus offenzelligen S., die — durch die Herst. bedingt — eine geschlossene Außenhaut haben, entfällt der Verb. der Hohlräume mit der Außenluft. Solche Teile bezeichnet man als *offenzellige S. mit geschlossener Außenhaut.* 4. Zellengröße u. Zellenverteilung. 5. Rohdichte. — E: foamed materials

Lit.: Baumann, H., Schaumkunststoffe, in Jahrbuch der Plast. Massen, Folge 9, 1964, S. 117—162; Carstensen, B., Schaumstoffe aus Kautschuk u. Kunststoffen, FEB, 1953; Ferrigno, T. H., Rigid Plastic Foams, New York 1963; Homann, D., Kunststoff-S., München, Hanser, 1966; Kirk-Othmer, 2. Aufl., Bd. 9, 1966, S. 847—884; Moiseyev, A. u. a., Expanded Plastics, Oxford, Pergamon Press, 1963; Raskin, B. L. in CAEN 1956, S. 2492—2498; Reichherzer, R., Schaumstoffe, in Kunststoffe-Plastics 14 [1967] Nr. 3, S. 83—88; Stastny, in Chemiker-Ztg. 83 [1959] S. 651—656; Ullmann XI, 54, XIII, 477, XV, 184—192.

Schaumverhütungsmittel (Antischaummittel, Entschäumer, Schaumdämpfer). Bez. für Substanzen, die schäumenden Fl. (s. *Schaum) zugesetzt werden, um die Schaumbldg. zu reduzieren od. zu verhindern. Solche Mittel verdrängen die *Schaumbildner aus der Grenzfläche, ohne selbst Schaumbildner zu sein. Verwendet werden bei

Scheidekunde

wss. Phasen natürliche Fette u. Öle (z. B. Spermöl, Tranöle), langkettige Alkohole (z. B. 2-Äthylhexanol, Cetylalkohol), hochpolyn.ere Glykole, Gemische dieser Alkohole mit Fetten, Silicone. S. sollen möglichst nicht in der schäumenden Fl. lösl. sein, jedoch einen großen positiven Spreitungskoeff. besitzen. S. bilden einen gesätt. unlösl. Grenzflächenfilm, nachdem sie die Schaumbildner verdrängt haben; vgl. J. Stauff, in Ullmann VI, S. 513–515. — E: anti-foaming agents, foam inhibitors, antifoamers, froth-preventing agents
Lit.: Morse u. Moss, in Ind. Engg. Chem. 1952, S. 346 ff.; Quaedvlieg, in Houben-Weyl-Müller I/2, 1959, S. 171–185; Ullmann VI, 513–515, VII, 79.

Scheidekunde (Scheidekunst). Alte dtsch. Bez. für *Chemie.

Scheidekunst = *Scheidekunde.

Scheiden. In der Metallurgie Bez. für das Abtrennen edler Metalle von unedlen od. edleren von unedleren (vgl. *Affination); hiervon stammt auch die Bez. „Scheidewasser" für Salpetersäure. Auch eine Reihe von Aufbereitungsverf. wird als S. bezeichnet (z. B. Magnetscheiden). — E: refining, separating

Scheidetrichter s. *Ausschütteln. — E: separating funnels

Scheinlösungen. Alte Bez. für kolloide Lsg. od. Sole (s. *Kolloidchemie). — E: apparent solutions

Scheinpräparate s. *Blindvers. — E: dummy drugs

Scherenverbindungen = *Chelate.

Schicht. In der *Dünnschichtchromatographie Bez. für eine auf eine Unterlage gleichmäßig aufgebrachte *stationäre Phase; ihre Dicke beträgt zwischen 0,1 u. 0,3 mm in trockenen Zustand; vgl. E. Stahl, Vorschläge zur Normierung u. Terminologie der Dünnschichtchromatographie, in Z. Anal. Chem. 234 [1968] S. 1–10. — E: layer

Schichtchromatographie. Bez. für ein präparatives Verf. der *Chromatographie, das aus der *Dünnschichtchromatographie entwickelt wurde u. Trennungen bis zu 100 g Ausgangsmaterial gestattet; es eignet sich bes. zur Reindarst. unbekannter Substanzen, deren Strukturen aufgeklärt werden sollen. — E: layer chromatography
Lit.: Halpaap, H., Grundzüge der präparativen S., in Chemiker-Ztg. 89 [1965] S. 835–849.

Schichtmaterial = *Stationäre Phase.

Schiedsprobe. Bez. für eine *Einzelprobe od. *Sammelprobe, die vollständig od. geteilt Schiedsunters. dient. — E: umpire test specimen

Schießmittel = *Schießstoffe.

Schießrohre = *Einschmelzrohre.

Schießstoffe (Treibstoffe, Schießmittel). Bez. für eine Gruppe von *Explosivstoffen. Diese brennen relativ langsam ab (z. B. Schwarzpulver, Nitrocellulose) u. wirken mehr treibend als zertrümmernd; sie werden deshalb in der Hauptsache für Kartuschen verwendet. — E: low explosives

Schiffchen (Glühschiffchen, Verbrennungsschiffchen). Kleine langgestreckte Behälter aus Porzellan (seltener aus Quarz od. Platin) die glasiert od. unglasiert z. B. in 80 mm Länge u. 14 mm Breite hergestellt werden (s. Abb.). Man benützt die S., um Substanzen in einem Gasstrom erhitzen zu können (z. B. zur *Elementaranalyse). — E: boats

Schiffsche Basen (Azomethine). Bez. für gut kristallisierende, beständige Kondensationsprod. aus Carbonylverb. (z. B. Benzaldehyd) u. prim. Aminen (z. B. Anilin); *Beisp.:* $C_6H_5-CH=N-C_6H_5$. Allg. Struktur: $RR'C=NR''$; die Doppelbindung ist bei polymeren Formen aufgehoben. Diese Verb. können durch verd. Säuren wieder in ihre Komponenten aufgespalten werden. S. B. aus aliphat. Aldehyden u. Anilin der allg. Formel $R-CH=N-C_6H_5$ (bzw. aus Benzaldehyd u. aliphat. Aminen der allg. Formel $C_6H_5-CH=N-R$) werden als Anile bezeichnet. — E: Schiff's bases
Lit.: Kirk-Othmer, 1. Aufl., Bd. 12, 1954, S. 106 bis 115; Martin, D. F., Metallkomplexe von S. B., in Preparative Inorg. Reactions, Bd. 1, London-New York-Sidney, Wiley, 1964; Sprung, M. M., in Chemical Rev. 1940, S. 297–338.

Schlacke. Nicht genau abgegrenzte Bez. für sehr unterschiedliche Verbrennungsprod. In der Metallurgie sind S. bei der Verhüttung von Erzen im Schmelzfluß od. bei der Raffination von Metallen auf dem Metallkonzentrat als leichtere Phase gebildete Gemische, die meist kalk- od. kieselsäurehaltig sind (vor allem die *Hochofen-S.*). Häufig bezeichnet man als S. auch Verbrennungsrückstände von org. Prod. (Holz, Kohle usw.), die letzteren werden meist *Asche genannt. In der Geologie versteht man unter S. die rauhen u. blasigen Lavabrocken, die sich auf u. unter Lavaströmen bilden, od. auch vulkan. Auswurfgesteine. — E: slag, cinders, dross
Lit.: Gumz, W., H. Kirsch u. M.-T. Mackowsky, Schlackenkunde, Berlin, Springer, 1958.

Schlafende Polymere. Polymere, die eine Zwischenstellung zwischen den *lebenden Polymeren u. den *toten Polymeren einnehmen. Während im ersten Fall die Polymerisation bereits durch Zugabe von weiteren Monomeren wieder fortgesetzt werden kann, ist im zweiten Fall dagegen nicht, sei bei den S. P. die Fähigkeit zum Weiterwachsen lediglich blockiert. S. P. können bei Beseitigung der Blockierung durch Einw. geeigneter Substanzen wieder zu lebenden Polymeren werden. — E: sleeping polymers

Schlafmittel (Hypnotica) s. *Sedativa. — E: somnifics, soporifics

Schlämmen = *Aufschlämmen.

Schlangenkühler s. *Destillation. — E: spiral condensers

Schmelzelektrolyse (Schmelzflußelektrolyse). Bez. für ein Verf. der *Elektrolyse, bei dem Salzschmelzen zersetzt werden; dient vor allem zur Gewinnung von Metallen (s. *Aluminium). — E: fusion electrolysis, electrolysis of fused salts, igneous electrolysis

Schmelzen s. *Schmelzpunkt. — E: melting, fusing

Schmelzpunkt. Bez. für diejenige Temp., bei der die fl. u. die feste Phase eines Stoffes im thermodynam. Gleichgew. stehen. Im Sinne dieser Definition ist der S. völlig ident. mit dem *Gefrierpunkt bzw. dem *Erstarrungspunkt, sofern man im letzten Falle vom Auftreten von Unterkühlungserscheinungen absieht. Tatsächlich verwendet man die Bez. S. in der Praxis jedoch nur für den Übergangspunkt vom festen in den fl. Zustand, nicht jedoch für die damit ident. Temp., bei der der Übergang in umgekehrter Richtung erfolgt. Am S. geht somit ein Stoff vom geordneten festen in den ungeordneten fl. Zustand über; d. h. die mit steigender Temp. zunehmende Amplitude der Schwingungen der Teilchen wird hier so groß, daß das Gittergefüge zerstört wird. Bei einigen Stoffen lassen sich (ebenso wie die *Siedepunkte) die S. mit großer Genauigkeit bestimmen, da hier während der Wärmezufuhr auf Grund der latenten Schmelzwärme die Temp. über ein bestimmtes Zeitintervall konstant bleibt (Haltepunkt). Wenn sich Substanzen beim Schmelzen chem. verändern, so spricht man nicht vom S., sondern vom *Zersetzungspunkt*. Bei den amorphen, glasartigen Stoffen gibt es keinen bestimmten S., da hier die regelmäßigen Kristallgitter fehlen. Man kann solche Stoffe als Fl. mit großer innerer Reibung auffassen; mit wachsender Temp. nimmt diese stetig ab, daher gibt es hier nur ein breiteres „Schmelzintervall", in dem der amorphe Körper allmählich weich u. fl. wird; vgl. auch Erweichungspunkt.

Nach DIN 53 181 (Juni 1956) wird als „S." von Harzen die Temp. bezeichnet, bei der die zusammengesinterte Masse des Harzpulvers gerade beginnt, durchscheinend (nicht durchsichtig) zu werden u. sich von der Wand zu lösen.

Den bisher höchsten S. hat man beim Hafniumcarbid (4160°) festgestellt. Da bei Gemischen aus zwei od. mehr Substanzen der S. meist niedriger liegt als der einer reinen Komponenten (vgl. *Eutektikum), kann man die „S.-Erniedrigung" zur Reinheitsbest. u. Identifizierung ausnützen: Hat ein Stoff A den S. F°, ein unbekannter Stoff X den gleichen od. einen ähnlichen S., ein Gemisch aus etwa gleichen Tl. der beiden Substanzen dagegen einen deutlich tieferen S. F'°, so sind A u. X chem. verschieden (schmilzt dagegen das Gemisch ebenfalls bei F°, so sind A u. X chem. ident.). Diese Best. des sog. *Misch-S.* ist eine häufig angewandte Laboratoriumsmeth. Als *kongruenten S.* bezeichnet man den S. einer Verb., die in der Schmelze in zwei Komponenten zerfällt, wenn die feste u. die fl. Phase die gleiche Gleichgew.-Zus. haben. Ein *inkongruenter S.* liegt im Falle eines Zweikomponentensyst. vor, das eine Verb. bildet, die bereits unterhalb ihres S. wieder in die beiden Komponenten dissoziiert, u. zwar handelt es sich um diejenige Temp., bei der die feste Form der Verb. mit der aus den beiden Komponenten bestehenden Schmelze sowie mit einer der festen Komponenten od. mit der festen Form einer anderen aus den beiden Komponenten gebildeten Verb. im Gleichgew. steht. Syst. mit inkongruent schmelzenden Verb. bilden somit ein *Peritektikum*. Der S. ist vom Druck abhängig; er steigt mit zunehmendem Druck bei fast allen Substanzen an (Ausnahme z. B. Wasser, wo der S. bei Druckerhöhung absinkt).

Im Laboratorium erfolgt die Best. des S. meist durch Erhitzen eines mit der betreffenden Substanz gefüllten Glasröhrchens (sog. *S.-Röhrchen* mit etwa 0,75 — 1 mm lichter Weite) in einem mit konz. Schwefelsäure als Heizbad gefüllten sog. *S.-App.* od. in einem mit einem Beobachtungsfenster versehenen *Aluminiumblock*, wobei die Temp. der Substanz an diesen Vorrichtungen abgelesen werden kann. Zur Schnellbest. des S. eignet sich die sog. *Koflersche Heizbank* (s. Chem.-Ing.-Techn. 32 [1950] S. 289 — 290.

Die häufig (so auch in diesem Wörterbuch) verwendete Abk. *F.* für S. ist von „Fusionspunkt" abgeleitet; in der Lit. findet man gelegentlich für S. auch die Bez. „*Fließpunkt*" (vgl. jedoch das Stichwort *Fließpunkt). — E: melting point

Lit.: Böhme, H. u. Teltz, in Dtsch. Apoth.-Ztg. 1955, S. 153—157; Brown, R. K., Melting Point Apparatus, in J. Chem. Educ. 42 [1965] S. 433; Kempf u. Kutter, Schmelzpunkttab. zur org. Elementaranalyse, Braunschweig, Vieweg, 1928; Kienitz in Houben-Weyl-Müller, Bd. II, 1953; Kirk-Othmer, 2. Aufl., Bd. 13, 1967, S. 198—217; Kofler, L. u. A., Mikrometh. zur Kennzeichnung org. Stoffe u. Stoffgemische, Weinheim, Verl. Chemie, 1945; McCrone, Fusion Methods in Chem. Microscopy, New York, Interscience, 1957; Rast, in Chem.-Ing.-Techn. 27 [1955] S. 523—526 u. 29 [1957] S. 277—279; Richter, J., in Dtsch. Apoth.-Ztg. 1956, S. 351; Snell, F. D. u. C. L. Hilton, Encyclopedia of Industrial Chemical Analysis, Bd. 2, 1966, S. 511—516; Utermark, W. u. W. Schicke, S.-Tab. org. Verb., Braunschweig, Vieweg, 1963; Ullmann II/1, S. 652—656.

Schmelzwärme s. *Umwandlungswärmen. — E: heat of fusion, fusion heat

Schmerzlinderungsmittel s. *Analgetica. — E: analgesics

Schmierstoffe (Schmiermittel). Nach DIN 51 500, Bl. 1 (Jan. 1959), Sammelbez. für solche Stoffe, die die Reibung u. Beanspruchung sich gegen- od. aufeinander bewegender Maschinenteile vermindern. Sie verringern dadurch die Energievergeu-

Schmierstoffe

dung u. den Materialverschleiß. S. kommen in allen drei Aggregatzuständen zur Anwendung, doch werden im wesentlichen Fl. *(Schmieröle)*, Salben *(Schmierfette)* u. die schuppenförmigen Fest-S. eingesetzt. Schmieröle u. Schmierfette werden häufig als *org. S.* den *anorg. Fest-S.* gegenübergestellt. Das zitierte Normblatt gibt neben einer (heute überholten) Einteilung der S. nach Herkunft u. Verarbeitung auch eine solche nach dem S.-Zustand. Nach dieser sind *Neu-S.* S. im Anlieferungszustand, d. h. gebrauchsfertig; *S.* in Betrieb sind in Verw. befindliche noch brauchbare S. (z. B. Öl im Umlauf einer Turbine od. im Ringschmierlager, Fett im Wälzlager), während als *Alt-S.* gebrauchte, für den ursprünglichen Zweck nicht mehr brauchbare S. bezeichnet werden.

Von guten S. erwartet man, daß sie frei von Säuren sind u. auch bei längerem Gebrauch keine Säuren absondern (also keine Korrosion der von ihnen berührten Maschinenteile bewirken), an gleitenden Flächen gut haften, schwerflüchtig sind, an der Luft nicht verharzen u. sich bei den auftretenden Temp. nicht entzünden (ihr *Flammpunkt muß hoch liegen). Die wichtigste Eig. der Schmieröle u. Schmierfette ist ihre *Viskosität: Für Schmierstellen, die stark schwankenden Temp. ausgesetzt sind, müssen Öle mit möglichst flacher Viskositäts-Temp.-Kurve verwendet werden (je $10°$ Temp.-Erhöhung senken die Viskosität auf die Hälfte bis ein Drittel); je höher der Druck ist, desto viskoser muß der betreffende S. sein (erst 500 at verdoppeln bis Verdreifachen die Viskosität).

Schmieröle: Die sog. Mineral(schmier)öle werden aus Erdöl durch Destillation, aus Schieferöl durch Schwelen, aus Steinkohle durch Verkoken, aus Braunkohle durch Destillation unter Luftabschluß sowie durch Hydrieren von Braun- u. Steinkohle gewonnen. Nur selten werden Schmieröle aus Rohstoffen pflanzlichen od. tier. Ursprungs hergestellt. Die synthet. Schmieröle werden in *Kohlenwasserstofföle* u. *Nichtkohlenwasserstofföle* eingeteilt. Zur ersten Gruppe gehören Polyolefine, halogenierte Kohlenwasserstoffe u. Polyalkylenglykole. Die Nichtkohlenwasserstofföle werden vor allem für extreme Betriebsbedingungen eingesetzt; die wichtigsten Vertreter dieser Gruppe sind die Esteröle (vor allem die Diester) u. die Siliconöle (die handelsüblichen Typen können im Temp.-Bereich -60 bis $+250°$ eingesetzt werden).

Schmierfette: Nach Definition der *ASTM (D 288) sind dies feste bis halbfl. Dispersionen eines Verdickungsmittels in einem fl. S.; andere Zusatzstoffe zur Erzielung bes. Eig. können eingearbeitet sein. Diese Schmierfette sind halb-fl. bis pastös-fester Konsistenz; es handelt sich um nichtnewtonsche Fl. (s. *Newtonsche Fl.). Bei ihrer Herst. werden die Verdickungsmittel (meist *Metallseifen, daneben aber auch org. u. anorg. Quellungsmittel, wie z. B. Arylharnstoff, Phthalocyanin, Kieselgel, Ton) in einem Schmieröl dispergiert; es handelt sich somit um typ. kolloide Syst. (vgl. *Kolloidchemie). Bei den synthet. Schmierfetten werden als Dispersionsmittel (Grundöle) bevorzugt Diester, Polyester, Komplexester u. Siliconöl verwendet. Werden in diesem Falle als Verdickungsmittel Metallseifen zugemischt, so spricht man von seifenverdicktem, d. h. halbsynthet. Schmierfett; bei Verw. von org. od. anorg. Quellungsmitteln spricht man von nichtseifenverdicktem, d. h. vollsynthet. Schmierfett.

Zur Qualitätsverbesserung werden den Schmierölen u. Schmierfetten eine Reihe von meist öllösl. Chemikalien in geringen Mengen zugefügt, die nach Menge u. Zus. genau auf die Art des Grundöles abgestimmt sein müssen (vgl. hierzu E. H. Kadmer, Merkmale u. Grenzen der chem. S.-Zusätze, in Chemiker-Ztg. 84 [1960] S. 675–682). Bei diesen Werkstoffen handelt es sich um *Antioxydantien, *Netzmittel, *Dispergiermittel, EP-Additive (s. unten), Hochdruck-Zusätze (Zusätze zur Erhöhung der Schmierdruckfestigkeit; meist verwendet man hierfür Schwefel-, Chlor- od. Phosphorverb.), Korrosionsverhütungszusätze, Stockpunkterniedriger, Verbesserer des Viskositätsindex (hierfür eignen sich viskose langkettige Polymere), *Schaumverhütungsmittel u. sog. Schmierfähigkeitsverbesserer (vor allem tier. u. pflanzliche Fettöle u. Fettsäuren).

Fest-S. Nach J. Gänsheimer (s. Lit.) beruht stark vereinfachend u. verallgemeinert deren Schmierwirksamkeit darauf, daß sie während der Reibung auf der beanspruchten Oberfläche angelagert werden u./od. diese so verändern, daß kein Verschweißen der aufeinandergleitenden Oberflächen eintritt. Je nach Art des Feststoffes u. der Reibungsbedingungen bildet sich physikal. durch die Anlagerung od. — etwa bei hohen Temp. — durch chem. Reaktion eine schmierwirksame Trennschicht zwischen den Gleitpartnern aus. Da zu den Fest-S. Substanzen der verschiedensten Art zählen, lassen sie sich nur schwer in ein Schema einordnen. Der zitierte Autor gibt das folgende Klassifikationsschema, das auf der chem. u. physikal. Struktur dieser Substanzen beruht:

1. *Anorg. feste S.:*
   a) mit Schichtgitterstruktur *(Beisp.:* Graphit Molybdändisulfid $= MoS_2$; als Pulver, sowie in Form von Pasten, Fetten, Suspensionen od. Gleitlack verwendet,
   b) andere anorg. Verb. *(Beisp.:* Bortrioxid $= B_2O_3$, Bleimonoxid $= PbO$, bas. Bleicarbonat, Mennige $= Pb_3O_4$),
   c) chem. Oberflächenschichten *(Beisp.:* Erzeu

gung von Phosphat- [Phosphatieren], Oxid-, Sulfid-, Chlorid- u. Oxalat-Schichten.

2. *Metallorg. u. org. feste S.*:
   a) Kunststoffe (*Beisp.*: Polytetrafluoräthylen),
   b) Wachse, Fette, Seifen, Salze von Fettsäuren (diese werden in der Regel in Form von Dispersionen in einem Grundöl angewendet; s. oben unter „Schmierfette"),
   c) EP-Additive (EP = Abk. für engl. „extreme pressure"). Diese werden zu den Fest-S. gerechnet, da nach C. V. Smalheer u. T. W. Mastin (J. Inst. Petroleum 42 [1956] S. 337) alle chem. Additive, die in Lsg. zur Erhöhung der Belastbarkeit von fl. S. verwendet werden, nur dann wirken, nachdem sie mit der Metalloberfläche chem. reagiert haben. Die hierbei gebildeten Prod. sind mit den Oberflächen innig verbunden u. tragen somit in gleicher Weise wie Fest-S. zur Verminderung der Reibung bei.

Der Einsatz u. die Entw. von S. ist von der genauen Kenntnis die Reibung verursachenden Vorgänge abhängig, jedoch fehlt bis heute eine alle Erscheinungen der Reibung umfassende Theorie; sicher ist die Reibung ein komplexer Vorgang, bei dem mol. u. elektr. Anziehungs- u. Abstoßungskräfte, plast. Deformation u. Verschweißen der Kontaktflächen beteiligt sind. Solange man darüber im unklaren ist, wodurch die Reibung im einzelnen entsteht, lassen sich über die Wrkg.-Weise der S. auch nur Hypothesen aufstellen. Dies ist um so verständlicher, wenn man bedenkt, von wie vielen Faktoren der Schmierungsvorgang beeinflußt werden kann (nach E. N. Klemgard in Lubrication Engng. 16 [1960] Nr. 10 sind z. B. bei der Schmierung von Metalloberflächen unter Verw. von Fest-S. 29 [!] verschiedene chem. u. physikal. Vorgänge beteiligt, je nach den individuellen Bedingungen mehr od. weniger stark in Erscheinung treten können). Es muß auch berücksichtigt werden, daß die Reibung zwischen mit Fl. geschmierten Gleitflächen auch von deren Bewegungsgeschw. abhängig ist. Seit der Unters. von E. Stribeck (s. Z. VDI 46 [1902] S. 1341) weiß man, daß die Reibung bei Beginn der Bewegung bes. groß ist, mit zunehmende Gleitgeschw. dann rasch bis zu einem Minimalwert absinkt, um dann bei weiterer Geschw.-Steigerung infolge der inneren Reibung der Fl. wieder zuzunehmen (bei abnehmender Gleitgeschw. ist der Verlauf der Reibung umgekehrt). Bei der (idealen) vollhydrodynam. Schmierung erfolgt eine vollständige Trennung der reibenden Flächen, u. infolgedessen tritt kein mechan. Verschleiß auf; diese ist im wesentlichen von der Viskosität des (fl.) S. abhängig. Bei abnehmender Gleitgeschw. durchstoßen die höchsten Rauhigkeitsspitzen der aufeinander gleitenden Oberflä-

chen den laufend dünner werdenden Ölfilm, wobei die metall. Kontakt immer stärker wird; schließlich tritt Trockenreibung ein, wenn kein fl. S. mehr zwischen den Berührungsflächen vorhanden ist. Die Fest-S. werden dort mit Erfolg eingesetzt, wo die trennende Wrkg. fl. S. nicht mehr ausreicht, um Metall-an-Metall-Kontakt der Gleitpartner zu verhindern od. wo von vornherein die Verw. von Fl. ausgeschlossen ist (z. B. im Vak. od. bei sehr hohen Temp., vor allem in der Raumfahrt- u. Kerntechnik). Nach J. Gänsheimer sind die bevorzugten Anwendungsgebiete von Fest-S. bei hohen Drucken, bei niedrigen Gleitgeschw., bei hohen Temp., beim Einlaufen neuer Maschinen u. bei der Montage. — E: lubricants

Lit.: *ASTM, Book of ASTM Standards, Part 17: Petroleum Products-Fuels; Solvents; Burner Fuel Oils, Lubricating Oils, Cutting Oils, Lubricating Greases, Hydraulic Fluids, Philadelphia, Pa. ASTM (jährl. Neuausgabe); dies., Symposium on Lubricants for Automotive Equipment, Philadelphia, ASTM 1963 (Best.-Nr. STP 334); Autorenkollektiv, Reibung, Schmierung, Verschleiß, I [1952] — VIII [1954], Leipzig; Fachbuchverl.; Bartel, A. A., Schmierung unter extremen Bedingungen, in Dechema-Monogr., Bd. 19, S. 32–52; ders., Getriebeschmierung, Düsseldorf, VDI-Verl., 1962; Barwell, F. T., Lubrication of Bearings, London, Butterworth, 1956; Die Bedeutung der Gasschmierung bei hohen Temp., in Chem. Rdsch. (Solothurn) 19 [1966] S. 447–449; Boes, D. J., Lubrication with Solids, in Internat. Sci. Technol. 1966, Nr. 6, S. 80—88; Bondi, A., The Physical Chemistry of Lubricating Oils, New York, Reinhold, 1951; Boner, C. J., Manufacture and Application of Lubricating Greases, New York, Reinhold, 1954; ders., Gear and Transmission Lubricants, New York, Reinhold, 1964; Bowden, F. P. u. D. Tabor, Reibung u. Schmierung fester Körper, Berlin, Springer, 1959; Braithwaite, E. R., Lubrication and Lubricant, Amsterdam, Elsevier, 1967; Brewer, A. F., Basic Lubrication Practice, New York, Reinhold, 1955; Cameron, A., The Principles of Lubrication, New York-London, Wiley-Interscience, 1966; DIN 51 500, Bl. 1 u. 2 (Jan. 1959); DIN 51 501 (Feb. 1959), 51 503 (Feb. 1966), 51 504 (Juni 1954), 51 505 (Okt. 1959), 51 506 (Dez. 1960), 51 508 (Feb. 1959), 51 509 (März 1958), 51 510 (Nov. 1959), 51 511 (Jan. 1959), 51 512 (Juli 1958), 51 515 (Aug. 1962), 51 818 (Nov. 1963), 51 823 (Okt. 1959), 51 825 (Apr. 1965), 71 420 (Juni 1952); DIN-Taschenbuch 20, Mineralöl- u. Brennstoffnormen, Berlin-Köln, Beuth-Vertrieb, 1956; Ellis, E. G., Lubricant Testing, London 1953; Evans, E. A., Lubricating and Allied Oils, London 1963; Forbes, W. G., C. L. Pope u. W. T. Everitt, Lubrication of Industrial and Marine Machinery, New York-London, Wiley-Interscience, 1954; Freeman, P., Lubrication and Friction, London 1961; Fuller, D. D., Theory and Practice of Lubrication for Engineers, New York-London, Wiley-Interscience, 1956; ders., Theorie u. Praxis der Schmierung, Stuttgart, Berliner Union, 1960; ders., Lubrication, in Internat. Sci. Technol. Nr. 37 [1966] S. 18—27; Gänsheimer, J., Die Schmierung mit Feststoffen, in Chemiker-Ztg. 89 [1965] S. 339—349; Gührer, Einführung in die Schmiertechnik, Düsseldorf, Marklein-Verl., 1961; Gross, W. A., Gas Film Lubrication, New York-London, Wiley-Interscience, 1962; Gunderson, R. C. u. A. W. Hart, Synthetic Lubricants, New York, Reinhold, 1962; Heidebroek,

Schneidlegierungen

Mineral- u. Siliconöle als Schmiermittel, Berlin, Verl. Technik, 1953; Hersey, M. D., Theory and Research in Lubrication: Foundations for Future Developments, New York-London, 1966; Hobson, P. D., Industrial Lubrication Practice, New York 1955; Kirk-Othmer, 2. Aufl., Bd. 12, 1967, S. 557–616; Kunowski, Graphitierte Schmiermittel, FEB, 1951; ders., Verbesserung der Schmierwirkung von Schmiermitteln, FEB, 1951; Ostwald, Wa. u. H. Waldmann, Kraftstoffe, Schmieren u. Schmiermittel in Bussien, Automobiltechn. Handbuch, Berlin, Cram, 1953; Pinkus, O. u. B. Sternlicht, Theory of Hydrodynamic Lubrication, New York, McGraw-Hill, 1961; Popovich, M. u. C. H. Hering, Fuels and Lubricants, New York, Wiley, 1959; Prévost, J., Pétrole, Tl. 3: Les lubrifiants et la technique du graissage, Paris, Presses Documentaires, 1954; Radzimovsky, E. J., Lubrication of Bearings, New York 1959; Riediger, Brennstoffe, Kraftstoffe, S., Berlin, Springer, 1949; Roberts, R. W. u. R. S. Owens, A Chemical Approach to Lubrication, in Science J. (London) 2 [1966] Nr. 7, S. 69–73; Roth u. Mai, Einführung in die Technik der Schmierölgewinnung aus Erdöl, Leipzig, VEB Dtsch. Verl. Grundstoffindustrie, 1963; Schewe, Das Schmiermitteltaschenbuch, Immenstadt/Allg., 1954; Slaymaker, R. R., Bearing Lubrication Analysis, New York, Wiley, 1955; Spengler, G. u. O. Hössl, Unters. über künstliche u. natürliche Alterung unlegierter Mineralschmieröle, Köln-Oplanden, Westdtsch. Verl., 1957; Stech, W., Einige Anwendungsfälle von Sonder-S. in der chem. Industrie, in Chem.-Ing.-Techn. 37 [1965] Nr. 12; ders., Schmierungstechnik in der Großchemie, in Der Lichtbogen (Marl) 17 [1968] Nr. 4, S. 10–13; Steinle, H., Kältemaschinenöle, Berlin, Springer, 1950; Tamm, P. u. W. Ulms, Schmierpraxis, Berlin, VEB Verl. Technik, 1963; Thomsen, T. C., The Practice of Lubrication, London 1951; Tipei, N., Theory of Lubrication, London 1963; Traeg, F., Fettschmierung, Düsseldorf, VDI-Verl., 1957; Uthhoff, S. u. Schmierung, Halle, Knapp, 1949; Ullmann VI, 678, 696, 704, 718, IX, 728, 782, 792, X, 545, 546, XII, 561, 569, 570, XV, 204–343; Vögtle, G., Lexikon der Schmierungstechnik, Stuttgart, Franckh 1964; Westhoff, G., Prakt. Schmiertechnik im Betrieb, Essen, Vulkan-Verl., 1963; Winter, W., Die Schmiermittelanwendung, Hannover, Vincentz, 1950; Zerbe, C., Mineralöle u. verwandte Prod., Berlin, Springer, 1952; Zuidema, H. H., Performance of Lubricating Oils, New York, Reinhold, 1959; Zwerger, Wirtschaftliche Schmierung mit techn. Ölen u. Fetten, Leipzig 1953; Zwingmann, Schmier- u. Kühlfl. bei der Feinbearbeitung, Stuttgart 1960. Die Vorträge u. Diskussionsbeiträge des „1. Symposium Festschmierstoffe (München, 18. u. 19. 6. 1965)" sind in Form eines Sonderheftes durch das „Informationszentrum Feststoffschmierung", München, zu beziehen. *Ztschr.*: Schmiertechnik (Theorie u. Praxis der Schmierung), Düsseldorf, Karl Marklein-Verl. (1954–); ASLE-Transactions, Publ. by the Amer. Soc. of Lubrication Engineers, New York, Academic Press; Lubrication Engineering, Publ. by the Amer. Soc. of Lubrication Engineers, Chicago; Lubrication, New York, Texaco Inc.; Scientific Lubrication, London, Shropshire Scientific Publications.

Schneidlegierungen s. *Hartmetalle. – E: alloys for cutting tools

Schnellreaktor (schneller Reaktor). Nach DIN 25 401 (Juli 1965) Bez. für einen *Reaktor, bei dem die Spaltung vorwiegend von schnellen *Neutronen ausgelöst werden. – E: fast reactor, fast neutron reactor

Schnellspaltung. Nach DIN 25 401 (Juli 1965) in der Kerntechnik Bez. für Spaltung durch schnelle *Neutronen. – E: fast fission

Schockwellen = *Stoßwellen.

Schönen (bei Textilien) s. *Avivieren.

Schulz-Arndtsche Regel = *Arndt-Schulz-Gesetz.

Schulze-Hardysche Regel. Diese von Schulze 1882 entdeckte, von Hardy, Freundlich u. Ostwald bestätigte Regel besagt folgendes: Bei der Ausflockung von Solen (z. B. As_2S_3-Sol, Silbersol, Fe_2O_3-Sol) durch Elektrolyte bewirken diejenigen Ionen Flockung, die der Kolloidteilchenladung entgegengesetzte Ladungen tragen, wobei die ausflockende Wrkg. II-wertiger Ionen (z. B. Ca^{2+}) vielmals stärker ist als die der I-wertigen (z. B. Na^+). Die Flockungsfähigkeit III-wertiger Ionen ist wieder vielmals größer als bei den II-wertigen. *Beisp.*: Ein negativ geladenes As_2S_3-Sol wird durch II-wertige Kationen (z. B. Ca^{2+}) etwa 20- bis 80mal stärker ausgeflockt als durch I-wertige Kationen (z. B. Na^+ od. K^+), u. die III-wertigen Kationen (z. B. Al^{3+}) flocken etwa 8- bis 125mal stärker aus als die II-wertigen. Vgl. auch *Kolloidchemie (S. 454, linke Spalte) u. *Hofmeistersche Reihen. – E: Schulze-Hardy rule
Lit.: Ostwald, Wo., in Kolloid-Z. 73 [1935] S. 318 f. u. 100 [1939] S. 1 f. Über die theoret. Basis s. Verwey, E. J. W. u. J. T. G. Overbeek, Theory of Stability of Lyophobic Colloids, Amsterdam, Elsevier, 1948.

Schutzgase. Bez. für indifferente Gase, in deren Schutz man Reaktionen ablaufen lassen kann, die durch die Bestandteile der Luft (Sauerstoff, Stickstoff, Wasserdampf usw.) gestört würden (z. B. durch Bldg. von Oxiden od. Nitriden). Als S. werden je nach dem Anwendungszweck u. a. verwendet: Helium, Kohlendioxid, Reinstickstoff, Stickstoff-Wasserstoff-Gemische (z. B. bei der Herst. von Glühlampen u. Elektronenröhren). – E: inert gases, inert atmospheres
Lit.: Baukloh, W., Grundlagen u. Ausführungen von S.-Glühungen, Berlin 1949; Bennigsen, G. v., in Erdöl u. Kohle 1959, S. 646–648; Foulon, in Chemiker-Ztg. 81 [1959] S. 88 f.; Hotchkiss, A. G. u. H. M. Webber, Protective Atmospheres, New York, Wiley, 1953; Metzger u. Müller, in Houben-Weyl-Müller, Bd. I/2, 1959, S. 321; Sagoschen, J., in Chemiker-Ztg. 1962, S. 341–348; Thomas, G., in Chemiker-Ztg. 85 [1961] S. 567–574; White, P. A. F. u. S. E. Smith, Inert Atmospheres, London, Butterworth, 1962.

Schutzkolloide s. *Kolloidchemie (S. 454). – E: protective colloids

Schutzschicht. Nach DIN 50 900 (Nov. 1965) Bez. für eine *Deckschicht, die die Korrosionsgeschw. erheblich herabsetzt. Diese kann durch Korrosionsvorgänge selbst entstehen u. so den Angriff im Laufe der Zeit wesentlich verlangsamen u. schließlich zum Stillstand bringen. Nach Meinung mancher Autoren (s. z. B. Beilage zu Werkstoffe u. Korrosion 19 [1968] Nr. 5) sollte die Bez. nur für solche Schichten verwende werden, die (*Beisp.*: Kalkrostschutzschichten) nicht im Rahmen eines Verf. erzeugt werden, wie dies z. B. bei den Phosphatierungs- u. Chromatierungsschichten der Fall ist. Der Ausdruck „Schutzüberzüge" sollte demnach nicht als Synonym für S. dienen. — E: protective layer

Schutzstoffe. Bez. für Substanzen, die von Organismen (Pflanzen, Tiere, Menschen) gebildet werden, um diese vor der schädlichen Einw. von Krankheitserregern od. anderer Lebewesen zu schützen; *Beisp.:* *Antikörper. — E: protective substances

Schwanzbildung (Streifenbldg., Kometbldg., Schweifbldg.). In *Papier- u. *Dünnschichtchromatographie Bez. für die Ausbldg. einer in der Laufrichtung diffus begrenzten Zone; vgl. E. Stahl, Vorschläge zur Normierung u. Terminologie der Dünnschichtchromatographie, in Z. Anal. Chem. 234 [1968] S. 1—10. — E: tailing

Schwebstoffe. Bez. für die kleinen festen u. fl. Teilchen, die in der Atmosphäre „schweben", da ihre Fallgeschw. durch die Luftreibung so stark abgebremst wird, daß sie prakt. vernachlässigt werden kann (ein Teilchen von 0,1 μ Durchmesser fällt nur noch 0,35 cm/Std.). Die S. in der Atmosphäre verdanken ihre Existenz einer Vielfalt von Vorgängen, die einen Austausch von Materie zwischen der Erdoberfläche u. der Lufthülle zur Folge haben (z. B. Verbrennungsvorgänge aller Art, Aufwirbelung durch Wind, Aufsteigen von Spritzwassertröpfchen aus der Brandung u. den Schaumkronen der Wellen). S. finden sich überall in der Atmosphäre, auch über den Ozeanen u. den Polargebieten. Die der direkten mikroskop. Betrachtung zugänglichen S.-Teilchen werden gemeinhin als „Staub" bezeichnet; sie lassen sich durch Gravitation u. Zentrifugalwrkg. abscheiden. Die kleineren Teilchen werden meist unter der Sammelbez. „Kondensationskerne" (s. *Kondensation) zusammengefaßt. Beim Syst. Atmosphäre-S. handelt es sich um ein *Aerosol. — E: aerosol particles, suspended matter

Lit.: Israel, H., Spurengase u. S. in der Luft, in Naturwiss. Rdsch. 20 [1967] S. 329—336. — Vom Inst. für Angewandte Physik der Univ. Mainz wird jährlich eine „Schwebstofftechn. Arbeitstagung" veranstaltet.

Schwefel (lat.: sulfur od. sulpur). Chem. Symbol S. Nichtmetall. Element; At.-Gew. $32{,}064 \pm 0{,}003$ (Fehlergrenze ergibt sich durch die Schwankungen in der Zus. des natürlichen Isotopengemisches); Isotope (in Klammern Anteil entsprechend der häufigsten Verteilung); 32 (95,0%), 33 (0,76%), 34 (4,22%), 36 (0,014%); Ordnungszahl 16 II-, IV- u. VI-wertig, die II- u. VI-wertigen Verb. sind am häufigsten u. beständigsten. S gehört zur VI. Hauptgruppe des *Periodensyst.; er zeigt nahe Verwandtschaft zu dem unter ihm stehenden *Selen, dagegen besteht mit *Sauerstoff nur wenig Ähnlichkeit. Vom Element S kennt man mehrere allotrope Modifikationen, u. zwar zeigt S zwei Arten von Allotropie: es gibt verschiedene Mol.-Größen S_x, u. es gibt verschiedene Anordnungen gleicher Mol. S_x im krist. Zustand (z. B. S_8 als S_α, S_β u. S_γ). In S-Schmelzen liegen viele Formen S_x mit $x = 8$ bis $\approx 10^6$ (!) in komplizierten Gleichgew. nebeneinander vor. Sie entsprechen formal den unverzweigten gesätt. Kohlenwasserstoffen ($-CH_2-$ entspricht $-S-$). Unter Normalbedingungen gehen sie schließlich alle in die bei gewöhnl. Temp. einzig stabile Form, den gelben Cyclooctaschwefel = S_8, über. Daneben sind als isolierbare definierte Verb. des S mit sich selbst nur noch der orangerote Cyclohexaschwefel = S_6 u. der sehr blaßgelbe Cyclododecaschwefel = S_{12} bekannt, deren Stabilität bei gewöhnl. Temp. jedoch wesentlich geringer ist; der blaugrüne Dischwefel ist nur in einer Matrix bei tiefen Temp. eingefroren haltbar. Der Grund dafür, daß nur sehr wenige niedermol. Formen des S mit ringförmigen Mol. isoliert werden konnten, liegt in der elektron. Umgebung der S-Atome in ihrem natürlichen Verband sowie in der Natur der S—S-Bindung in der eine Bldg. beständiger Schwefelringe nur in wenigen Konformationen begünstigen.

Cyclooctaschwefel. Seine bei gewöhnl. Temp. in Gestalt von zitronengelben Brocken od. Stangen vorliegende Form wird *rhomb.* od. α-Schwefel genannt. D. 2,07, F. 112,8°, Mohssche Härte etwa 2; unlösl. in Wasser, nur wenig lösl. in den meisten org. Lsgm., dagegen gut lösl. in Schwefelkohlenstoff (bei 25° lösen sich je 100 g CS_2 etwa 30 g, 100 g Benzol nur etwa 1,2 g Cycloocta-S). Sehr schlechter Leiter für Wärme u. Elektrizität; beim Reiben mit einem Lederlappen wird er negativ elektr. aufgeladen u. zieht kleine Papierschnitzel an. Unter dem Einfl. von sog. *Stoßwellen, die durch Explosion von Trinitrotoluol erzeugt werden u. mit denen man Drucke bis zu 200 000 at erreichen kann, wird allerdings S. zu einem ausgezeichneten Elektrizitätsleiter; es wird angenommen, daß S durch so enormen Druck für Sek.-Bruchteile metall. Eig. gewinnt, diese jedoch sofort wieder verliert, vgl. Bild d. Wissenschaft 1964, Nr. 3, S. 76 u. Physikal. Bl. 24 [1968] S. 30. Erwärmt man rhomb. S auf über 119° (*λ-Schwefel*), so entsteht zunächst eine gelbe, leicht bewegliche Fl.; erhitzt man weiter auf 160°, so wird diese braun u. allmählich dickfl. (infolge der Verschiebung des in der Schmelze vorliegenden Gleichgew. zwischen λ-S u. μ-S [s. unten] wobei letzterer durch Aufbrechen der achtgliedrigen Ringe des λ-S u. Vereinigen der Bruchstücke zu makromol. Ketten entsteht), bei 200° ist sie dunkelbraun u. etwa so zäh wie Harz, oberhalb 250° nimmt die Zähflüssigkeit wieder ab, bei 400°

wird die Schmelze dünnfl., der *Kp.* liegt bei 444,6°. An der Luft entzündet sich S bei ca. 260°. Läßt man den in einem größeren Tiegel geschmolzenen S an der Oberfläche erstarren, so bilden sich im Gefäß lange, monokline Kristallnadeln *(β-Schwefel)*, wenn man die erstarrte Schwefelhaut durchstößt u. die darunter befindliche Schmelze ausgießt. Diese nadelförmige, fast farblose S_8-Modifikation ist nur oberhalb 96,5° stabil, unterhalb 96,5° geht sie wieder in rhomb. S über. Daher trüben sich die Nadeln nach einiger Zeit; sie zerfallen in viele kleine, rhomb. Kriställchen. Größere, 1–2 cm lange, monokline, nadelförmige S-Kristalle erhält man auch, wenn S in heißem Petroleum gelöst u. (im Probierglas) in ein Gefäß mit heißem Wasser gestellt wird, um die Abkühlung zu verlangsamen, s. W. Schäfer in Prakt. Schulchemie 4 [1939] S. 22. Bei langsamem Abkühlen der Schmelze entsteht die nur schwach gelbe perlmutterartige *γ-Schwefel* von der *D.* 2,4, der ebenfalls monoklin kristallisiert; jedoch mit anderen Achsenverhältnissen als der *β*-S; er geht bei Ggw. von Keimen des *β*- od. *α*-S je nach der vorliegenden Temp. in diese Modifikationen über. Monokliner S schmilzt bei 119°, er hat die *D.* 1,957. Gießt man die dünnfl. S-Schmelze in kaltes Wasser, so entstehen elast. Fäden u. Häute *(plast. S)*, die sich in Schwefelkohlenstoff nur zum Teil lösen — der Lsg.-Rückstand, der *elast. S.* (*μ*-S, amorpher S), ist Polymeres mit 2000–5000 S-Atomen in einer Kette (MG. 60 000–150 000), er wandelt sich nach einigen Std. von selbst wieder in gewöhnl., spröden S um. Näheres s. bei P. W. Schenk, Zur Kenntnis der S-Modifikationen, in Angew. Chem. 67 [1955] S. 344–347. Über die Mol.-Struktur des Cyclooca-S. s. auch M.Becke-Goehring, Sechsgliedrige u. achtgliedrige Ringsyst. in der S-Chemie, in Angew. Chem. 73 [1961] S. 589–597.

Cyclohexaschwefel (ϱ-Schwefel, Engelscher Schwefel). Diese Modifikation des S entsteht beim Eingießen von $Na_2S_2O_3$-Lsg. in konz. Salzsäure bei 0°; sie krist. hexagonal innerhalb kurzer Zeit aus dem Toluolextrakt der Reaktionslsg. Die Kristalle sind ziemlich instabil u. gehen schon innerhalb weniger Std. in ein Gemisch aus plast. u. rhomb. S über. Die S_6-Ringe der Mol. haben *Sesselform; der —S—S-Bindungsabstand beträgt $2,06 \pm 0,02$ Å u. entspricht somit innerhalb der Fehlergrenze demjenigen im S_8-Ring des rhomb. S. Beim Übergang in plast. u. rhomb. S erfolgt Öffnung u. teilweise Spaltung der S_6-Ringe, wodurch sich Ketten u. S_8-Ringe bilden können. Bei 25° lösen sich in 100 g Schwefelkohlenstoff etwa 9,7 g, in 100 g Benzol etwa 1,5 g Cyclohexa-S. Die Umwandlung der S_6- in S_8-Mol. über polymere Formen erfolgt nicht nur im festen Zustand, sondern auch in Lsg. — bes. rasch bei Ggw. geringster Spuren von Schwefeldioxid od. Schwefelwasserstoff od. unter Lichteinw. Cyclohexa-S ist therm. nicht über etwa 60° belastbar; es existiert kein scharfer Schmelz- od. Zers.-Punkt, u. nach kalorimetr. Unters. ist die —S—S-Bindung hier um 1,20 kcal/Mol energiereicher als in Cyclooctaschwefel. Die Ringöffnung durch das nucleophile Triphenylphosphin erfolgt bei 7,9° etwa 10^4·mal so schnell als bei S_8.

Cyclododecaschwefel. Diese bei gewöhnl. Temp. u. am Licht monatelang beständige S-Modifikation bildet sich aus Sulfanen u. Chlorsulfanen (Reaktionsgleichung: $H_2S_x + Cl_2S_y \rightarrow 2\ HCl + S_{12}$; wobei gilt: x+y = 12) bei Anwendung des Verdünnungs-Prinzips in Gemischen aus Schwefelkohlenstoff u. Äther neben polymerem S in Form schwach gelblicher, rechteckiger Kristallstäbchen (aus Benzol), *F.* 148° (unter Zers.; die Schmelze erstarrt zu Cycloocta-S), *D.* 2,04 (*Röntgen-D.* 2,02), orthorhomb., Raumgruppe Pnnm-D_{2h}^{12} Gitterkonst. $a_0 = 4,730$ Å, $b_0 = 9,104$ Å, c = 14,574 Å). Im Gitter sind die S-Atome des S_{12}-Mol. in drei Ebenen angeordnet. Löslichkeit in 100 g CS_2 bei 25° $\approx$ 400 mg, in 100 g Benzol $\approx$ 20 mg). Der echte *F.* (d. h. ohne Phasenumwandlung u. Zers.) wird auf etwa 400° geschätzt. Mit Triphenylphosphin reagiert Cyclododeca-S etwa 100mal so rasch wie Cycloocta-S u. etwa 100mal langsamer als Cyclohexa-S, vgl. M. Schmidt u. E. Wilhelm, Cyclododeca-S, S_{12} — eine neue Verb. sich selbst, in Angew. Chem. 78 [1966] S. 1020; M. Schmidt u. H.-D. Block, Auftreten von Cyclododeca-S in S-Schmelzen, in Angew. Chem. 79 [1967] S. 944; J. Büchler, Massenspektrometr. Unters. des Cyclododeca-S, S_{12}, in Angew. Chem. 78 [1966] S. 1021; A. Kutoglu u. E. Hellner, Kristallstruktur von Cyclododeca-S, in Angew. Chem. 78 [1966] S. 1021; s. auch Nachr. Chem. Techn. 15 [1967] S. 132–133.

Weitere Schwefel-Modifikationen. Der äußerst instabile Cyclodeca-S mit S_{10}-Mol. wurde von M. Schmidt durch gezielte Synth. analog wie der Cyclododeca-S erhalten, doch konnte er noch nicht hinreichend charakterisiert werden. Nach Science (Wash.) 148 [1965] S. 1220, erhält man eine Hochdruckform des S, wenn man rhomb. S. bei Drucken zwischen 25 u. 83 kb auf 400° erhitzt u. dann rasch mit Luft bei Aufhebung des Überdrucks abkühlt; diese neben der rhomb. Modifikation entstehende Form des S hat eine *D.* zwischen 2,18 u. 2,19, ist hellgelb u. unlösl. in CS_2. Unter einem Druck von 28 ± 4 kb ist sie neben der rhomb. Form u. der Schmelze bei 300° beständig (Tripelpunkt). Kolloiden S erhält man, wenn man Schwefelwasserstoff langsam in konz., kalte Schwefeldioxidlsg. einleitet od. wenn man eine Natriumthiosulfatlsg. mit verd. Schwefelsäure zersetzt (Gleichung: $Na_2S_2O_3 + H_2SO_4 \rightarrow Na_2SO_4$

+S+H_2O+SO_2) bzw. wenn alkohol. Schwefellsg. in Wasser gegossen od. ein Gemisch von S, Bentonit u. Wasser erhitzt wird. Durch Schutzkolloide kann man die Beständigkeit kolloider Schwefellsg. wesentlich erhöhen. Im Schwefeldampf kommen S_8-, S_6- u. S_2-Mol. nebeneinander vor. Bei starkem Erhitzen zerfallen diese stufenweise; bei etwa 2000° besteht der Schwefeldampf nur noch aus einfachen S-Atomen.

Chem. Verh.: An der Luft verbrennt S mit schwacher, blauer Flamme zu stechend riechendem Schwefeldioxid. Erhitzt man S feinpulverisiert in stöchiometr. Verhältnissen mit Metallpulvern, so entstehen (meist unter starker Wärmeentw. u. Aufleuchten) Metallsulfide von der Formel $Me^{II}S$; so erhält man z. B. Eisensulfid, Zinksulfid, Kupfersulfid usw. Trockener, geschmolzener S greift Stahl kaum an, da sich rasch eine dünne Schicht von schützendem Eisensulfid bildet. Mit Silber verbindet sich S leicht zu schwarzem Silbersulfid Ag_2S.

Physiolog. Wrkg.: Reiner S bleibt auf der Körperhaut zunächst wirkungslos, erst nach längerer Zeit entsteht eine leichte Reizung. Auch auf niedere Tiere u. Pflanzen hat S anfangs keinen Einfl.; er wirkt aber giftig, wenn er in Berührung mit der lebenden Substanz in Schwefeldioxid od. Schwefelwasserstoff übergeführt wird (Bekämpfung von Rebenmehltau mit S). In feinster kolloider Verteilung wirkt S am stärksten; so kann man z. B. mit Kolloid-S. Pilzkrankheiten u. Spinnmilben im Wein-, Obst- u. Gartenbau bes. erfolgreich bekämpfen. Eingenommener S passiert den Magen unverändert; im Darm wird er zum Teil in Schwefelwasserstoff übergeführt, daher wirkt er etwas abführend. Reibt man bei Krätze 5%ige Schwefelsalbe (Schwefelblumen) in die Haut ein, so entwickeln sich dabei von Schwefelwasserstoff, welche die Krätzemilben abtöten. In Form von Schwefelsalben u. Schwefelpudern kann fein zerteilter S bei Finnenausschlag, Pilzflechten u. dgl. desinfizierende Wrkg. zeigen.

Vork.: S gehört zu den häufigeren Elementen; sein Anteil an der obersten, 16 km dicken Erdkruste wird auf 0,052% geschätzt; damit steht S in der Häufigkeitsliste der Elemente an 13. Stelle zwischen *Mangan u. *Kohlenstoff. S kommt in der unbelebten Natur als Element (große Lager in Sizilien, Louisiana, Texas, Mexiko, Mississippidelta) u. in Form von Sulfiden (z. B. Eisensulfide, Bleiglanz, Kupferkies, Zinkblende, Zinnober) od. Sulfaten (z. B. Gips, Anhydrit, Magnesiumsulfat, Bariumsulfat, Natriumsulfat) an vielen Punkten der Erde in größeren Mengen vor. Vulkan. Gase enthalten oft Schwefelwasserstoff (tritt auch in benachbarte Quellen über) u. Schwefeldioxid; beide Gase reagieren miteinander unter Bldg. von dichten S-Wolken (Gleichung: SO_2 + 2 H_2S → 3 S + 2 H_2O). Die Erdgase von Alberta (Kanada), Lacq usw. enthalten große Mengen von Schwefelwasserstoff, aus denen S gewonnen werden kann. In den Seen der Cyrenaika fand man 1950 eine Bakterienart (Desulphovibrio desulphuricans), die den im Wasser gelösten Gips zu Calciumsulfid reduziert; dieses wandelt sich in Schwefelwasserstoff um, der von anderen Bakterien zu S oxydiert wird ($H_2S + O$ → $H_2O + S$); auf diese Weise bilden sich in 3 Seen der Cyrenaika jährl. ca. 200 t S. In den Eiweißstoffen der Organismen findet sich 0,8 – 5% S in chem. Bindung; bes. S-reich sind die Haare, Federn, Horngebilde, Hufe u. sonstige Bildungen der Epidermis. Bei der Verwesung zerfallen diese Eiweißstoffe unter Entw. von Schwefelwasserstoff. Da die Steinkohlen aus abgestorbenen Pflanzen der Vorzeit entstanden sind, enthalten sie u. a. auch 1 – 1,5% S, der aus dem ehemaligen Pflanzeneiweiß stammt.

Darst.: Die Gewinnung von S aus natürlichem Vork. richtet sich nach den örtlichen Gegebenheiten. In Sizilien erfolgt sie durch Ausschmelzen aus dem mit gediegenem S durchsetzten Gestein, wobei die dafür erforderliche Wärme in etwas primitiver Form durch Verbrennen eines Tl. des S unter Verw. der Ofentypen Calceroni od. Forni erzeugt wird. In Louisiana u. Texas, wo der S 150 bis 200 m tief unter einer 25 bis 60 m dicken Schwimmsandschicht vorkommt, wird er nach dem sog. Frasch-Verf. durch Ausschmelzen mit überhitztem Wasserdampf gewonnen. In Deutschland fallen bei der Leuchtgasfabrikation große Mengen von S an, die man aus der sog. „Gasreinigungsmasse" mit Schwefelkohlenstoff bzw. Schwefelammonium herauslöst; s. auch Rev. produits chim. 1961, S. 325 – 331. Auch die großen Gipsvorräte lassen sich zur S-Gewinnung heranziehen; man reduziert den Gips bzw. Anhydrit durch Erhitzen mit Kohle zu Calciumsulfid (Gleichung: $CaSO_4$ + 2 C → $CaS + 2 CO_2$); durch Einw. von Kohlendioxid u. Wasser erhält man daraus Kalk u. Schwefelwasserstoff (Gleichung: $CaS + H_2O + CO_2$ → $CaCO_3 + H_2S$); dieser wird im Claus-Ofen mit Luft gemischt über einen Katalysator aus Raseneisenerz od. Bauxit geleitet u. zu S verbrannt; Gleichung: $H_2S + 1/2 O_2$ → $H_2O + S$. Ein russ. Verf. zur S-Gewinnung aus Pyrit ist beschrieben in CAEN 1953, S. 4350. Neuerdings verbrennt man auch H_2S direkt zu SO_2 u. überführt dann ein Gemisch aus SO_2 u. H_2S über Bauxitkatalysatoren in S (Gleichung: 2 H_2S + SO_2 → 3 S + 2 H_2O). In den USA u. Frankreich werden auch beträchtliche S-Mengen aus schwefelwasserstoffhaltigen Erdgasen u. aus dem bei der Erdölraffination abfallenden H_2S gewonnen. Nach Chemiker-Ztg. 1960, S. 738, kann man heute S in einem Reinheitsgrad von 99,999% herstellen; dies ist von Bedeutung, weil man den

Schwefelfarbstoffe

Siedepunkt von reinem S (444,6°) zu einem der Fixpunkte der internationalen *Temp.-Skala gewählt hat. Über Darst. von reinem S im Laboratorium s. Brauer I, S. 310—312.

Verw.: Zur Herst. von Schwefelsäure (fast die Hälfte aller Schwefelsäure stammt aus elementarem S, u. Hauptverbraucher von S ist somit die Düngemittelindustrie), zur Vulkanisation von Kautschuk u. Hartgummi, zur Herst. von Kunststoffen, in der Viskoseseidenindustrie (in Form von Schwefelkohlenstoff), zur Herst. von Calciumhydrogensulfit in der Celluloseindustrie, zu schwefelhaltigen Kitten, in der Zündholzindustrie, zur Herst. von Schwarzpulver u. Feuerwerkskörpern, zur Darst. von Schwefelkohlenstoff, Zinnober, Ultramarin, org. Schwefelfarbstoffen, zur Vernichtung von Hausungeziefer (als Schwefeldioxid), zum Ausschwefeln von Fässern, Konservengläsern usw., zur Bekämpfung des Rebenmehltaus, in der Aluminium-Industrie (als Beimischung zum Formsand), als Bleichmittel für Wolle, Seide, Gelatine, Stroh (Schwefeldioxidwrkg.), zur Herst. vieler Chemikalien, zur Darst. von Salben od. kolloiden Schwefelpräp. gegen Krätze, Akne, Seborrhoe u. a. Hautkrankheiten, zur Herst. von Schwefelbädern gegen Rheumatismus usw. Über Verw. von S in Pharmazie u. Kosmetik s. G. de Kay in Amer. Perfumer 77 [1962] Nr. 1, S. 27—32. In USA werden allzu alkal. Böden durch Zugabe von feinem Schwefelpulver neutralisiert; der S wird im Laufe von 6—9 Monaten durch Bakterien zu Säure oxydiert, die sich sofort mit den Bodenalkalien umsetzt. Nach J. R. Freney u. a. (Plant and Soil, Dez. 1962, S. 295—308) kann S-Mangel die Bodenfruchtbarkeit mindern. Über Verw. von S s. auch B. Waeser in Chemiker-Ztg. 83 [1959] S. 602—605.

Geschichtl.: S war bereits im Altertum bekannt, auch wurde er von den Alchemisten häufig verwendet. Die lat. Bez. sulfur ist nach CAEN 1953, S. 3681 aus dem Sanskrit von shulbari (=Feind des Kupfers) herzuleiten. — E: sulfur [USA], sulphur [GB]

Lit.: Abeggs Handbuch der Anorg. Chemie, IV/1, 1, Leipzig, Hirzel, 1922; Awdejewa, A. W., Gasförmiger S, Moskau-Leningrad, Goschimisdat, 1950; Beständigkeit u. Konformation von S-Ringen, in Nachr. Chem. Techn. 15 [1967] S. 132—133; Brasted, R. C., S, Se, Te, Po and O, Princeton, Van Nostrand, 1961; Challenger, F., Aspects of the Organic Chemistry of Sulphur, London, Butterworth, 1959; Charrin, V., Le soufre, Paris, Elzévir, 1947; Davis, R. E., Nucleophilic Displacement Reactions at the Sulfur-Sulfur-Bond, in Surv. Progr. Chem. Bd. 2, New York, Academic Press, 1964, S. 189—238; Fehér, F., Über den S u. seine Verb., in Angew. Chem. 67 [1955] S. 337—344; Fischer, W. u. S. Wolf, Schwefel in Schlacke u. Schlakkenwolle, Stuttgart, Schweizerbart, 1951; Gmelin, Syst.-Nr. 9, S, Tl. A, 1942—1953, Tl. B, Lief. 1 [1953], Lief. 2 [1960], Lief. 3 [1963]; Großmann Cooper, A., Sulfur oxides and other Sulfur Compounds. A Bibliography, with Abstracts, Washington, U.S. Gov't Printing Office, 1965; Guérin, H., Chimie Industrielle, Bd. I: Les Industries du Soufre et de ses Composés, Paris, Presses Universitaires de France, 1962; Haynes, The Stone that burns, the Story of the American Sulphur Industry, New York, Van Nostrand, 1959; Herbst, H., Schwefelorg. Verb. u. ihre Verw. in der Therapie, Leipzig, Akad. Verl. Ges., 1953; Houben-Weyl-Müller IX, 1955 (Org. S-Verb.); Janssen, Organosulfur Chemistry, New York-London, Wiley-Interscience, 1967; Kharasch, N. u. C. Y. Meyers, Chemistry of Organic Sulphur Compounds, Bd. 2, Oxford, Pergamon, 1966; Kice, J. L., Electrophilic and Nucleophilic Catalysis of the Scission of the Sulfur-Sulfur Bond, in Accounts Chem. Res. 1 [1968] S. 58 bis 64; Loeper, Le soufre, Paris, Masson, 1943; Lukjaniza, W. G., Analytik org. S-Verb. in Erdöl u. Erdölprod., Leipzig, VEB Dtsch. Verl. für Grundstoffindustrie, 1967; Meyer, B., Elemental Sulfur, Chemistry and Physics, New York-London, Wiley-Interscience, 1965; Ohlenschläger, Gewinnung von S aus Gas, Dresden, 1956; Organis. Europ. de Coopération Econ., Le soufre, Paris 1952; Pannetier, in Chim. et Ind., Jan. 1958, S. 150—159 (S-Gewinnung u. S-Rückgewinnung); Pantke, R., S-Therapie, Artikelserie in Arzneimittelforsch. 1956; Pascal, Nouveau Traité, Bd. 13, Paris, Masson, 1961; Price, C. C., Sulfur Bonding, New York, Ronald Press, 1962; ders., Unraveling Sulfur Bonds, in CAEN 1964, Nr. 48, S. 58—64; Pryor, W. A., Mechanisms of Sulfur Reactions, New York, McGraw Hill, 1962; ders., Sulfur as an Oxidant, New York, McGraw Hill, 1962; Reid, E. E., Org. Chemistry of Bivalent Sulphur, New York, Chem. Publ. Co., 1958— (Bd. 6: 1966); Saalbach, E., Der Pflanzennährstoff S, in Bild d. Wiss. 3 [1966] S. 805—811; Schmidt, M., Zur Problematik der S-S-Bindung, in Angew. Chem. 64 [1963] S. 236—246; Stutzer, Die wichtigsten Lagerstätten der Nichterze, Bd. 5, Schwefel, Berlin, Bornträger, 1933; Sulphur-Institute, Sulphur — The Essential Plant Food Element, Washington, D. C. 1967; Tuller, W. N., Sulphur Data Book, New York, McGraw Hill, 1954; Ullmann III, 631, IV, 701, VI, 97, IX, 382, 569, X, 315, 542, 692, 757, XI, 159, XV, 365—383; Winnacker-Küchler, Chem. Technologie II, München, Hanser, 1959; Young, L. u. G. A. Maw, The Metabolism of Sulphur Compounds, New York 1958. *Ztschr.:* Sulphur (vierteljährl., 50—60 S.), herausg. von Brit. Sulphur Co., London. *Inst.:* The Sulphur Institute, London.

Schwefelfarbstoffe. Bez. für hochmol. schwefelhaltige *Farbstoffe, die durch Zusammenschmelzen sehr verschiedenartiger org. Verb. mit Schwefel od. Polysulfiden erhalten werden. Diese ziehen auf die Faser in Form ihrer alkalilösl. Red.-Verb. auf, wo durch einen Oxydationsprozeß der ursprüngliche Farbstoff zurückgebildet wird. Hauptanwendungsgebiet ist die Baumwollfärberei. — E: sulfur dyes

Schweifbildung = *Schwanzbldg.

Schweißtreibende Mittel (Diaphoretika, Hidrotica, Sudorifica). Bez. für die Schweißdrüsen anregende Stoffe; diese werden meist zusammen mit physikal. Mitteln zu Schwitzkuren angewandt. Zu den S. M. gehören viele Fiebermittel (s. *Antipyretica), Pilocarpin, Physostigmin, Acetylcholin usw. — E: hidrotics, sudorals, sudorifics

Schweißverhütungsmittel (Antihidrotica. Antitranspirationsmittel. Antisudorifica). Bez. für Substanzen, die starke lokal auftretende Schweißsekretion normalisieren. Dazu gehören parasympathicuslähmende Stoffe, Atropin, Scopolamin, Agaricin usw. — E: antisudorals, antisudorifics

Schwerchemikalien s. *Chemikalien. — E: heavy chemicals

Schwerer Wasserstoff = *Deuterium.

Schwermetalle s. *Leichtmetalle. Über S. in biolog. Syst. s. R. J. P. Williams in Endeavour (dtsch. Ausgabe) 26 [1967] S. 96—100. — E: heavy metals

Schwermineralien. Bez. für Mineralien mit einem spezif. Gew. über 2,9 (*Beisp.*: Rutil, Granat, Zirkon). Gegensatz: *Leichtmineralien. — E: heavy minerals

Schwimmaufbereitung = *Flotation.

Sclero... = *Sklero...

Se. Chem. Symbol für das Element *Selen.

SE_1, SE_2. Abk. für die uni- u. bimol. elektrophile *Substitution. Vgl. auch *Elektrophile Reaktionen. — E: electrophilic substitution

Sebacoyl... Bez. für die Atomgruppierung $-CO-[CH_2]_8-CO-$ in systemat. Namen. Darf nicht verwendet werden, wenn eine mit Veränderung des Kohlenstoffgerüstes verbundene Substitution (z. B. durch *Alkyl, *Aryl, *Acyl) vorliegt. Vgl. auch *Decandioyl... — E: sebacoyl-

Sebum. Lat. Bez. für Talg, z. B. S. benzoatum = Benzoetalg, S. bovinum = Rindertalg, S. cervinum = Hirschtalg, S. ovile = Hammeltalg, S. salicylatum = Salicyltalg.

Seco... (von lat.: secare = schneiden). Deutet als Bestandteil von Verb.-Namen auf eine Ringspaltung hin. *Beisp.*: 16.17-Secoandrostan. — E: seco-

Sedativa (von lat.: sedate = gelassen, ruhig), Nervenberuhigungsmittel. In der Natur vorkommende od. synthet. Verb., die bei oraler od. parentaler Verabreichung entspannend u. beruhigend wirken. Die Reizbarkeit der Großhirnrinde ist unter dem Einfl. der S. etwas herabgesetzt, wobei — unter Erhaltung des Wachbewußtseins — ein Zustand der Gelassenheit u. Gleichgültigkeit eintritt. Die S. wirken im allg. schwächer als die sog. Schlafmittel (Hypnotica). Mit kleinen Schlafmitteldosen kann man oft Beruhigung, mit großen S.-Dosen in manchen Fällen auch Einschläferung erzielen. Vgl. auch *Psychotherapeutika. — E: sedatives

Lit.: Kirk-Othmer, 2. Aufl., Bd. 11, 1966, S. 509—519.

Sedimentation. Bez. für die Bewegung grobdisperser (fester) Teilchen in einem Gas od. einer Fl. unter dem Einfl. von Schwer- od. Zentrifugalkraft auf Grund ihrer höheren D. Molekulardisperse (d. h. gelöste) Teilchen od. Kolloide sedimentieren normalerweise nicht. Durch den Zusatz von geeigneten *Tensiden läßt sich die S.-Geschw. negativ od. positiv beeinflussen. Überläßt man bei konstanter Temp. u. völliger Erschütterungsfreiheit ein sedimentierendes Syst. sich selbst, so stellt sich allmählich das *S.-Gleichgew.* ein, da in jeder Horizontalebene eine konstante D. herrscht, die um so größer wird, je näher diese Ebene dem Boden des Gefäßes liegt. Beim *Sedimentieren* ruft nämlich jede Veränderung der gleichmäßigen (z. B. durch Umrühren erzielten) Verteilung der dispergierten Teilchen ein Konz.-Gefälle hervor, das die entstandenen Unterschiede durch *Diffusion auszugleichen strebt. Diese Diffusion bedingt daß bei hinreichend geringen D.-Unterschieden zwischen Dispersionsmittel u. dispergierter Substanz kein vollständiges *Absetzen aller sedimentierenden Teilchen erfolgen kann. Im Gleichgew.-Zustand ist die Menge der in der Zeiteinheit aus einem Vol.-Element heraussedimentierenden Substanz gleich der Menge der hineindiffundierenden. Die Zeit, nach der sich dieses S.-Gleichgew. einstellt, ist von der *S.-Geschw.* u. damit auch der Diffusionskonst. abhängig. Die S.-Geschw. ist wiederum stark von der Größe der Teilchen abhängig. Kennt man die S.-Geschw. od. hat sich das S.-Gleichgew. eingestellt, so kann man die Teilchengröße od. das Molgew. berechnen. Solche S.-Gleichgew. werden bes. gut in kolloiden Syst. (s. *Kolloidchemie) beobachtet, da hier die physikal. Voraussetzungen bes. günstig sind. Der der S. entgegengesetzte Vorgang (d. h. das Aufsteigen von Teilchen geringerer D. als der des Dispersionsmittels) wird *Flotation od. „Aufrahmen" genannt, obwohl es sich hierbei strenggenommen auch um eine S., nämlich die des Dispersionsmittels, handelt. Vgl. auch *Sedimentationsanalyse u. *Zentrifugierung. — E: sedimentation

Lit.: Neumann, R., in Tonind. Ztg. Keram. Rdsch. 1959, S. 446—452; Trask, P. D., Applied Sedimentation, New York, Wiley, 1950; Twenhofel, W. H., Treatise on Sedimentation, 2 Bde., New York, Dover, 1962; ders., Principles of Sedimentation, New York, McGraw-Hill, 1950.

Sedimentationsanalyse. Verf. zur Best. der Teilchengröße grobdisperser Teilchen, das darauf beruht, daß man in einem geeigneten Dispersionsmittel eine gleichmäßige Aufschlämmung einer kleinen Menge des zu untersuchenden Pulvers herstellt u. diese dann sedimentieren (s. *Sedimentation) läßt. Da ein eindeutiger Zusammenhang zwischen der Größe der (kugelförmig) gedachten Teilchen u. ihrer Sinkgeschw. besteht, kann aus dem zeitlichen Verlauf der Sedimentation auf die Korngrößenverteilung geschlossen werden. — E: sedimentation analysis

Lit.: DIN 51 033, Bl. 1 (Aug. 1962), Bl. 2 (Entwurf Dez. 1962); Ullmann II/1, S. 750—753; Witzmann, H., Betrachtungen zur S., in Abh. Dtsch. Akad. Wiss. zu Berlin, Kl. Chemie, Geologie u. Biologie, 1966, Nr. 5, S. 77—83 (Thiessen-Kolloquium).

Seebeck-Effekt

Seebeck-Effekt s. *Thermoelektrizität. — E: Seebeck effect

Segerkegel. Bez. für kleine, von Hermann Seger (1839 – 1893) entwickelte pyramidenförmige Schmelzkörper aus Silicatgemischen von unterschiedlichen geeichten Schmelzpunkten, die zur Temp.-Kontrolle im Temp.-Bereich zwischen 600 bis 2000° (vor allem zur Best. der Garbrandtemp. von keram. Erzeugnissen) verwendet werden. Beginnt der betreffende Kegel zu schmelzen, so sinkt

 Segerkegel

er allmählich so um, daß er bei der Eichtemp. mit der Spitze die Unterlage berührt (s. Abb.). — E: Seger cones, pyrometric cones
Lit.: Bunzel, in Tonind. Ztg. Keram. Rdsch. 1953, S. 353 – 362.

Seifen. 1. Bez. für die wasserlösl. Natrium- od. Kaliumsalze der gesätt. u. ungesätt. höheren *Fettsäuren, der Harzsäuren des Kolophoniums u. der Naphthensäuren, die als feste od. halbfeste Gemische in der Hauptsache für Wasch- u. Reinigungszwecke verwendet werden. Die Salze der gleichen Säuren mit anderen Metallen werden als *Metallseifen* bezeichnet. Die S. im engeren Sinn kann man einteilen in 1. *Harte* od. *Natron-S.* (Natriumsalze): a) Kern-S., b) Leim-S. 2. *Weiche S.* (Schmier-S.) (dies sind stets Leim-S., meist Kali-S. [d. h. Kaliumsalze]. Da diese S. zumeist als Gemische verwendet werden, kann man in der Regel keine einfache Formel angeben. Als Bestandteile solcher Gemische sind u. a. Natriumstearat = $C_{17}H_{35}COONa$, Natriumpalmitat = $C_{15}H_{31}COONa$ u. Natriumoleat = $C_{17}H_{33}COONa$ zu nennen; bei den weichen Schmier-S. liegen die entsprechenden Kaliumverb. vor (z. B. Kaliumoleat = $C_{17}H_{33}COOK$). Mol. von S. mit 12 C-Atomen sind etwa 20 Å lang u. 3,7 Å dick, dazu kommen für die COONa-Gruppe noch weitere 4,5 Å. Die S. lösen sich in Wasser langsam, aber reichlich zu sog. Assoziationskolloiden (s. *Kolloidchemie) auf: hierbei vereinigen sich jeweils eine größere Zahl von S.-Mol. (z. B. Natriumstearatmol.) zu Teilchen von kolloider Größe, u. zwar sind die hydrophoben Kohlenwasserstoffenden der S.-Mol. nach dem Innern dieser Teilchen (Micellen) gerichtet, während die ionogenen, hydrophilen COONa-Gruppen an der dem Wasser zugekehrten Micelloberfläche liegen. Diese Lsg. haben eine wesentlich geringere Oberflächenspannung als das reine Wasser; infolgedessen ist ihr Benetzungsvermögen (s. *Netzmittel) groß, so daß mit ihrer Hilfe Schmutzmol., die an Oberflächen haften, davon abgelöst werden können (Näheres s. unter *Waschen). Die Netzwrkg. ist dabei im wesentlichen von der Kettenlänge des hydrophoben Mol.-Teils bestimmt; sie ist im allg. geringer als die von synthet. *Tensiden u. erreicht in manchen Fällen (z. B. bei Stearaten) erst in der Hitze ihr Maximum. Fette u. Öle werden durch S. in Wasser emulgiert. S., die frei von Streckmitteln sind, reagieren schwach alkal. od. nahezu neutral; eine „verseifende" (s. *Verseifung) Wrkg. ist bei dieser schwach. bas. Reaktion natürlich nicht zu erwarten. Durch Calciumhydrogencarbonat und Gips des sog. „harten Wassers" wird die gelöste Seife als unlösl., schmierende, nichtreinigende Kalkseife ausgeflockt. Näheres s. *Härte (eines Wassers). Mit Säuren (z. B. Salzsäure) geben die klaren od. schwach opaleszierenden S.-Lsg. dichte, weiße Trübungen von schmierenden, nichtschäumenden, nichtreinigenden Fettsäuren, z. B. nach der Gleichung: $C_{17}H_{35}COONa + HCl \rightarrow C_{17}H_{35}COOH + NaCl$. Aus diesem Grunde kann man mit S. nur in alkal. od. neutraler, jedoch nicht in saurer Lsg. waschen. In reinem Alkohol lösen sich die reinen S. klar auf (die meisten Streckmittel bleiben dabei ungelöst zurück). Die S. des Handels enthalten neben den Natriumsalzen (od. Kaliumsalzen) gesätt. od. ungesätt. höherer Fettsäuren noch rund 30% Wasser, ferner Harzseifen, Streckmittel (wie z. B. Soda, Wasserglas, Natron, Natriummetasilicat, Pottasche, Gelatine, Pektine, Stärke, Cellulseäther, Ton, Bimssteinpulver, Sand u. dgl.), Teerfarbstoffe, Parfüms, Wasserenthärtungsmittel (wie z. B. Trinatriumphosphat, Äthylendiamintetraessigsaures Natrium; vgl. Seifen-Öle-Fette-Wachse 1958, S. 722), usw. Der Wasserglaszusatz erfolgt, weil die wss. Lsg. der zusatzfreien S. höchstens pH-Wert 10 erreichen, die günstigste Waschwrkg. jedoch zwischen pH 10 u. 12 erzielt wird. Wasserglas bewirkt jedoch nicht allein die Erhöhung des pH-Wertes, sondern u. a. gleichzeitig eine weitere Verringerung der Oberflächenspannung u. eine Verlängerung der Lebensdauer des *Schaumes.

Die klass. Herst.-Meth. der S. ist das sog. *„Seifensieden"*; hierbei werden in der Hitze die natürliche od. gehärtete Fette od. Öle mit Natron- od. Kalilauge verseift, d. h. unter Bldg. von Glycerin u. den entsprechenden Salzen der mit diesen ursprünglich veresterten Fettsäuren gespalten, z. B. nach der Gleichung: $C_3H_5(C_{17}H_{35}COO)_3 + 3 NaOH \rightarrow 3 C_{17}H_{35}COONa + C_3H_5(OH)_3$. Im Falle der Verw. von Natronlauge kann man den dabei erhältlichen zähfl. S.-Leim zu einer Leimseife erstarren lassen, die allerdings hohe Geh. an Wasser u. Glycerin hat. *Kernseife* erhält man durch Aussalzen aus dem Seifenleim, indem man diesem portionsweise Kochsalz zusetzt; der so entstehende zähfl. *Seifenkern* schwimmt dann auf der Unterlauge, die im wesentlichen eine wss. Lsg. aus Glycerin, Kochsalz u. überschüssiger Lauge

Seifen

ist. Die Rohseife enthält ebenfalls noch etwas Glycerin, Natronlauge u. Kochsalz. Man entfernt diese Verunreinigungen durch Auskochen mit reichlich Wasser; aus der dabei entstehenden homogenen Fl. wird die S. erneut ausgesalzen u. kann dann in dieser Form (z. B. durch Einarbeiten von Streckmitteln, Riech- u. Farbstoffen) entsprechend dem vorgesehenen Verw.-Zweck weiterverarbeitet werden. Bei den sog. *Lsgm.-S.* (fettlose S.), die vorwiegend in der Textil-Industrie Verw. finden, werden in den Seifenleim vor der Erstarrung allerlei fettlösende Fl., wie z. B. Benzin, Tetrachlorkohlenstoff, Trichloräthylen, Benzol, Toluol, Xylol, Terpentinöl, Dekalin, Tetralin, Hexalin, Methylhexalin, Aceton, Butylalkohol, Petroleum u. dgl. eingearbeitet. Bei der Herst. von weichen, braunen od. grünlichen *Schmierseifen* verkocht man billige Pflanzenöle (Leinöl, Cottonöl, Sojaöl, Hanföl) od. Fischtran mit Kalilauge, der man beim Sieden noch etwa 15% Pottasche (= Kaliumcarbonat = K_2CO_3) beigemengt. Der Seifenleim wird hier jedoch nicht ausgesalzen, sondern nach Einrühren von Streckmitteln, Zusätzen usw. (z. B. Wasserglas, Pottasche, Kaliumchlorid, Kartoffelmehl, Celluloseäther) sofort in Fässer gefüllt („Faßseife"). Ein bestimmter Zusatz von Salzen (Pottasche, Kaliumchlorid, Soda, Kochsalz, Natriumsulfat u. dgl.) ist bei der Schmierseife unerläßlich, s. Weber in Seifen-Öle-Fette-Wachse 1952, S. 530/532. Die Salze geben der Schmier-S. eine streichfähige Beschaffenheit; sie ermöglichen auch die Bindung größerer Wassermengen. Nach modernen Verf. gewinnt man S. industriell durch die direkte Neutralisation der durch Fettspaltung gewonnenen freien Fettsäuren.

Geschichtl.: Nach M. Levey (Seifen-Öle-Fette-Wachse 1958, S. 597) findet sich der erste literar. S.-Hinweis in sumer. Tontäfelchen, die etwa auf das Jahr 2500 v. Chr. zurückgehen. Man verkochte schon damals Pflanzenöle mit Pottasche. Nach Plinius haben die Germanen u. Gallier bereits einfache S. hergestellt, während in der römischen Kaiserzeit S. noch nicht in Gebrauch waren. Fast 2 Jahrtausende lang wurde Pottasche (durch Auslaugen von Holzasche erhalten) mit gebranntem Kalk in Kalilauge übergeführt u. mit dieser das Fett (hauptsächlich Talg) zu S. verkocht, wobei man den Seifenleim mit Kochsalz aussalzte. Zur Zeit Karls des Großen gab es schon Seifensiedereien, in den Mittelmeergebieten waren bes. Savona, Venedig (15. Jh.) u. Marseille (17. Jh.) Sitz einer blühenden S.-Industrie. Die Seifensieder organisierten sich 1334 in Augsburg, 1336 in Prag, 1337 in Wien u. in Nürnberg u. 1384 in Ulm erstmals in bes. Seifensiederzünften. Der Massenverbrauch an Seife setzte mit dem 18. Jh. ein; er wurde begünstigt durch den Aufschwung der Textilindustrie, die Einfuhr billiger trop. Palmfette (etwa seit 1850) u. die Erfindung der billigen Le-Blanc-Soda (seit 1820), durch die teure, unreine Pottasche verdrängt wurde. Über die Geschichte der S. s. auch Fock in Seifen-Öle-Fette-Wachse 1954, S. 550 u. 586 f., vgl. auch Chemistry 41 [1968] S. 5 – 6.

2. *(Seifenlager).* In der Geologie Bez. für sek. *Lagerstätten in Form von Sand- u. Geröllmassen, die einen abbauwürdigen Geh. an Edelmetallen, Edelsteinen, Monazit usw. enthalten u. durch die Zerstörung älterer Lagerstätten entstanden sind. Nach dem Inhalt unterscheidet man Schwermetall-S., S. mit Nichterzen (z. B. Monazit) u. Edelstein-S. Die S. werden in sog. S.-Werken meist im Tagebau durch Abgraben od. durch Auflockern des Bodens mit Hilfe starker Wasserstrahlen abgebaut. — E: 1. soaps, 2. placers

Lit. zu 1.: *ASTM, Book of Standards, Part 22, Sorptive Mineral Materials, Soap ..., Philadelphia, Pa. (jährl. Neuausgabe); Braun, K. u. T. Klug, Die Seifenfabrikation (Göschen Bd. 336), Berlin, de Gruyter, 1953; Chwala, A., Textilhilfsmittel, Wien, Springer, 1962; Davidsohn, A., E. J. Bretter u. J. Davidsohn, Soap Manufacture, New York, Interscience, 1953; Grundmann, Prakt. Leitfaden für die Fabrikation von Haus- u. Industrie-S., Augsburg, Ziolkowsky, 1946; Häcker, H., Herst. von Spezial-S., FEB, 1951; Hempel-Manneck-Schuck-Stein, Die S. u. ihre Herst., Augsburg, Ziolkowsky, 1952; Hintermaier u. Neu (Analyse der S. u. S.-Erzeugnisse), in Kaufmann, H. P., Analyse der Fette u. Fettprod., Berlin, Springer, 1958; Janistyn, H., Parfümerie u. Kosmetik (Neufassung von Riechstoffen, Seifen, Kosmetika), Heidelberg, Hüthig (in Vorbereitung); Klug, Th., Chem. Betriebskontrolle in der Seifen- u. Waschmittelindustrie, Augsburg, Ziolkowsky, 1948; ders., Die Technologie der S.-Pulver u. pulverförmigen Waschmittel, Berlin, Cram. 1951; Kunowski, Desinfizierende S. u. Emulsionen, FEB, 1951; Levitt, B., Oil, Fat and Soap, New York, Chem. Publ. Co., 1951; Lüttgen, Org. u. anorg. Wasch-, Bleich- u. Reinigungsmittel, Heidelberg, Straßenbau, Chemie u. Technik Verl., 1951; Manneck, Die Verf. der kontinuierlichen Verseifung u. S.-Herst., FEB, 1956; ders., Desinfektions-S. u. -Waschmittel, FEB, 1959; Martin, G., The Modern Soap and Detergent Industry. I–II, London, The Technical Press Ltd., 1950/51; Martineghi, Fabricazione dei saponi, Milano, Hoepli, 1951; Matagrin, A., Manuel du savonnier, Paris, Gauthier-Villars, 1949; Mysels, K. J., K. Shinoda u. S. Frankel, Soap Films, Studies of their Thinning, Oxford, Pergamon Press, 1958; Osterroth, D., Fein-S. u. ihre Herst., in Chemie-Labor-Betrieb 18 [1967] S. 145 bis 149, 215 – 219, 320 – 323; Poucher, Perfumes, Cosmetics and Soaps, London, Chapman and Hall, 1959 (I) –; Skoulios, A., La Structure des Solutions Aqueuses Concentrées de Savon. in Adv. Colloid Interface Sci. 1 [1967] S. 79 – 110; Thomssen, E. G. u. McCutcheon, Soaps and Detergents, New York, 1949; Ullmann III, 485, V, 753, X, 726, 728, XVIII. 355 bis 400; Wittka, Verderben der S., Heidelberg 1960; Zilske, Die Herst. von Schmier-S. u. fl. S., Augsburg, Ziolkowsky, 1952. Die Seifen-Öle-Fette-Wachse (neue Folge der Seifensieder-Ztg.), Verl. für Chem. Industrie, Ziolkowsky, Augsburg; Fette-Seifen-Anstrichmittel, Industrie-Verl. v. Hernhaussen KG, Hamburg; Soap, Perfumery and Cosmetics, London; United Trade Press (1935–); Soap and Chemical

Seigerung

Specialities (Fortsetzung von Soap and Sanitary Chemicals), New York, MacNair-Dorland Co. (1954—); Indian Oil and Soap Journal, Calcutta Sri B.N. Maitra.

Seigerung (Saigerung). Bez. für einen Entmischungsvorgang in *Metallkunde u. *Metallurgie, der auf der temperaturabhängigen Löslichkeit der einzelnen Bestandteile (Verunreinigungen od. Leg.-Komponenten) beruht. Beim Erstarren einer Leg. scheiden sich entsprechend dem Zustandsdiagramm häufig erst *Mischkristalle anderer Konz. aus als in späteren Stufen des Abkühlungsvorganges *(Kristall-S.)*. Bei der raschen Abkühlung von Gußstücken erstarrt die Randzone bei höherer Temp. als der Kern, weshalb sich in letzterem die leichter schmelzenden Sulfide u. Phosphide ansammeln *(Block-S.)*. In der Metallurgie wendet man die S. als Reinigungsmeth. an. Die „*S. mit steigender Temp.*" wird z. B. im Falle des Zinns durchgeführt: Das hauptsächlich durch Eisen verunreinigte Rohzinn wird auf einige Grad über seinen Schmelzpunkt hinaus erhitzt, wobei das reine Zinn zum Schmelzen kommt u. auf einer schrägen Unterlage abläuft, während das Eisen in Form einer schwer schmelzbaren Leg. mit Zinn (sog. „Seigerkörner") zurückbleibt. Bei der „*S. mit fallender Temp.*" wird umgekehrt die Restschmelze von der zuerst erstarrenden Komponente abgegossen. — E: segregation, liquation

Seitenkette. Bez. für eine Kette aus Atomen, die mit einer längeren Kette verknüpft ist, wobei diese offen od. cycl. sein kann. S. liegen z. B. vor, wenn H-Atome von aliphat. gesätt. Kohlenwasserstoffen durch Alkylgruppen substituiert sind. — E: lateral chains, side chains

sek.- In der chem. Nomenklatur Abk. für *sekundär (kann auch durch s- ersetzt werden). *Beisp.:* sek.-Butanol. — E: sec-

sekundär. Wird in der chem. Terminologie (analog wie *primär), bes. in der Nomenklatur (Abk. sek.) sehr vielseitig verwendet. Im Sinne von „das Zweite" od. „Abkömmling" tritt s. z. B. in Sekundärprod. (= zweites, aus dem Primärprod. gebildetes Prod.), sek. Lagerstätten (s. *Lagerstätten) od. in Sekundärteilchen (Aggregate aus Primärteilchen bei der Koagulation eines Sols; diese tritt entweder spontan od. unter dem Einfl. koagulierender Mittel ein) auf. Der Terminus „Sekundärreaktion" wird dagegen unterschiedlich verwendet, nämlich einmal als Synonym für eine sich aus der Primärreaktion ergebende Reihenfolge (also für die „zweite" Reaktion), jedoch auch für eine Nebenreaktion (d. h. eine neben der Hauptreaktion mögliche Reaktion von geringerer Bedeutung). In der Org. Chemie bezeichnet man als sek. Kohlenstoffatome u. sek. Stickstoffatome solche C- bzw. N-Atome, die im Mol. mit zwei Kohlenstoffatomen verbunden sind (z. B. enthält das Propan = $CH_3 - CH_2 - CH_3$ ein sek. C-Atom neben zwei prim. C-Atomen, das Dimethylamin = $(H_3C)_2NH$ ein sek. N-Atom). Analog werden die zugehörigen Verb. (im Falle der sek. C-Atome dann, wenn mindestens eine der zwei übrigen Valenzen durch ein anderes Atom außer H od. C besetzt ist) als sek. Verb. bezeichnet (z. B. sek. Alkohole = R_2CH-OH, sek. Amine = R_2NH). In der Anorg. Chemie werden sek. Salze diejenigen Salze mehrbasiger Säuren genannt, in denen zwei Wasserstoff-Ionen der Säure durch andere Kationen besetzt sind *(Beisp.:* sek. Natriumphosphat = Na_2HPO_4). — E: secondary

Sekundäre Lagerstätten s. *Lagerstätten. — E: secondary deposits

Sekundärelemente = *Akkumulatoren. — E: secondary cells

Sekunde s. *Grundeinheiten. — E: second

Selbstdiffusion. Bez. für die Wanderung von Atomen od. Ionen in einem Kristall (häufig bezieht man hier auch Fl. u. Gase ein), die zu einer Neuordnung führt, ohne daß sich die chem. Zus. der betreffenden Substanz ändert. Vgl. *Diffusion (in festen Stoffen, S. 180) u. Ullmann V, 847. — E: self diffusion

Selbstentzündung. Bez. für die Entzündung eines Stoffes ohne Wärmezufuhr von außen. Die zugehörige Temp. wird als *S.-Temp.* bezeichnet (vgl. *Entzündungstemp.). Die dazu erforderliche Energie wird dabei durch spontane chem. Reaktionen od. physikal. Vorgänge (Reibung, Schlag, elektrostat. Aufladung) in od. an der Oberfläche der Brandstoffe selbst erzeugt. *Beisp.:* Spontane Entzündung von feucht eingebrachtem Heu, öldurchtränkten Lappen, Aktivkohle, Steinkohle, Phosphin, Zinkdiäthyl, pyrophoren Metallen, Pyrit, Weißem Phosphor, feuergefährlichen Fl. u. dgl. Jede S. ist das Erg. einer Selbsterhitzung; aber nicht jede Selbsterhitzung führt zur S. Pyrit geht bei Anwesenheit von Luftsauerstoff u. Feuchtigkeit unter Wärmeentw. allmählich in $FeSO_4$ u. Schwefelsäure über; er kann sich bei 350—450° selbst entzünden u. unter Umständen Steinkohle (pyrithaltige), Grubenholz u. dgl. in Brand stecken, s. Chemiker-Ztg. 79 [1955] S. 37. In anderen Fällen wird die S. durch starke Sauerstoffadsorption an feinteiligen Oberflächen verursacht. Zur S. neigen auch Gemische aus brennbaren Stoffen u. starken Oxydationsmitteln wie z. B. konz. Salpetersäure, Nitrate, Nitrite, Chromate, Perchlorate, Chlorate, Peroxide usw. — E: selfignition, spontaneous combustion

Lit.: Glathe, H., Die Selbsterhitzung von Heu, Hannover, Schaper; Hennig, H. in Chemie-Labor-Betrieb 12 [1961] S. 19—24; Mullins, B. P., Spontaneous Ignition of Liquid Fuels, London, Butterworth, 1955; Nabert-Schön, Sicherheitstechn. Kennzahlen brennbarer Gase u. Dämpfe, Berlin, Deutscher Eichverl.; Schwartz, E. v., Handbuch der Feuer- u. Explosionsgefahr, 1959; Skotschinski u. Makarow, Verhinderung von Grubenbränden endogenen Ursprungs, Berlin, 1956; Smart, R. C., Industrial Fire and Explosion Hazards, London, Chapman, 1947.

Selektive Wuchsstoffe s. *Wuchsstoffe. — E: selective growth promoters, selective growth regulators in plants

Selektivität (Spezifität). Bez. für die Fähigkeit, eine bestimmte Substanz bei Ggw. anderer Substanzen nachzuweisen u. zu bestimmen, mit bes. Augenmerk auf diejenigen anderen Substanzen, die normalerweise mit der gesuchten Komponente zusammen auftreten u. durch die eine Störung der Identifizierung u. der Best. zu erwarten ist; vgl. P. J. Elving, Microchemistry: The Present and the Future, in Pure Appl. Chem. 10 [1965] S. 83. — E: selectivity

Selen (von griech.: selene = Mond). Chem. Symbol Se. Halbmetall. Element. At.-Gew. 78,96. Natürliche Isotope (in Klammern Häufigkeitsangabe): 74 (0,87%), 76 (9,02%), 77 (7,58%), 78 (23,52%), 80 (49,82%), 82 (9,19%); Ordnungszahl 34. Wie Schwefel II-, IV- u. VI-wertig, jedoch sind die IV-wertigen Verb. am häufigsten u. beständigsten. Se steht in der VI. Hauptgruppe des *Periodensyst. unmittelbar unter dem *Schwefel u. ist mit diesem chem. verwandt. Se tritt ähnlich wie der homologe Schwefel in mehreren allotropen Modifikationen auf. Man unterscheidet u. a. 1. *Rotes Se*: Dieses entsteht als lockeres, amorphes, schön rotes Pulver (*D.* 4,26), wenn man Se-Dampf rasch abkühlt od. Selenige Säure mit Schwefliger Säure zu Se reduziert. Schreckt man geschmolzenes Se (etwa durch Eingießen in Wasser) plötzlich ab, so entsteht eine glasigamorphe, spröde, rotbraune bis bleigraue Masse (*D.* 4,28 bis 4,36), die auch *glasiges Se* genannt wird u. beim Zerreiben in ein rotes Pulver übergeht. Das glasige Se unterscheidet sich vom roten, pulverigen Se nur durch den Zerteilungsgrad. (Graues) glasiges Se im Pulverform wird bei $-80°$ schwarzrot u. bei $-195°$ rot. 2. *Monoklines, rotes Se*: Löst man das vorstehend genannte rote Se in Schwefelkohlenstoff, so kristallisieren aus der Lsg. dunkelrote, monokline Kristalle, die sich beim Erwärmen auf $105°$ allmählich in graues metall. Se umwandeln. Genau genommen können sogar zwei verschiedene monoklinkrist. Formen entstehen, die sich im Achsenverhältnis unterscheiden: Das bei rascher Abscheidung u. tiefer Temp. vorwiegend erhältliche α-*Se* hat die *D.* 4,48; das bei langsamer Abscheidung u. erhöhter Temp. kristallisierende β-*Se* hat die *D.* 4,40. 3. *Graues metall. Se*: Dies ist die bei gewöhnl. Temp. stabile Form des Se, die entsteht, wenn die anderen Se-Modifikationen auf über $72°$ erwärmt werden; Kristallform hexagonal; Farbe grauschwarz, *D.* 4,81 ($18°$), *F.* $220,2°$; die Schmelze ist braunrot, der Dampf gelblich; *Kp.* $684,9 \pm 1,0°$; in Schwefelkohlenstoff nahezu unlösl. Die Mol. von Se-Dampf bestehen aus Se_8-Ringen, die von schwarzem glasigen Se dagegen vorwiegend aus hochmol. Ringen (neben etwa 40% S_8-Ringen; dieser Anteil ist in Schwefelkohlenstoff lösl.); letzteres läßt sich z. B. durch mehrstündiges Erwärmen auf $200-210°$ in hexagonal-rhomboedr.-krist. graue Se umwandeln; in diesem liegen langgestreckte, schraubenartig gebaute Ketten parallel nebeneinander, s. Krebs, in Angew. Chem. 70 [1958] S. 615. Die drei roten Formen des Se bestehen aus S_8-Ringen, das graue metall. Se also aus langen, parallel angeordneten Ketten. Während die nichtmetall. roten Modifikationen des Se den Strom nicht leiten, ist metall. Se im Dunkeln zwar auch ein sehr schlechter Elektrizitätsleiter, bei Belichtung nimmt aber seine Leitfähigkeit etwa auf das Tausendfache zu (infolge Lockerung bzw. Abspaltung von Elektronen); bei nachfolgender Verdunkelung sinkt die Leitfähigkeit wieder auf den ursprünglichen Betrag.

Vork.: Se gehört zu den selteneren Elementen; sein Anteil an den obersten 16 km der festen Erdkruste wird auf nur $9 \cdot 10^{-6}$% geschätzt; damit steht Se in der Häufigkeitsliste der Elemente an 69. Stelle zwischen Indium u. Argon. Reine Se-Mineralien kommen sehr selten vor (*Beisp.*: Berzelianit = Cu_2Se, Tiemannit = HgSe, Naumannit = Ag_2Se); dagegen trifft man Selenide häufig in kleinen Mengen mit den isomorphen Sulfiden (z. B. mit Kupferkies, Zinkblende, Eisensulfiden) vergesellschaftet; Se verdampft beim Abrösten dieser Sulfide als Selendioxid u. kommt so nicht selten in erheblichen Mengen in den Bleikammerschlamm. Nach Schwarz u. Foltz (J. Amer. Chem. Soc. 78 [1957] S. 3292; Chemiker-Ztg. 84 [1960] S. 704) ist Se ein essentielles Spurenelement für höhere Tiere. Die neuseeländ. Böden leiden an Se-Mangel; man konnte dort verschiedene Haustierkrankheiten durch kleine Se-Gaben (bei Schafen 5 mg täglich) verhüten oder heilen. Nach M. J. Sirén (s. Science Tools 1964, S. 37 — 43) enthalten die äußeren Segmente der Netzhautstäbchen mikroskop. kleine Selen-Empfänger, die Lichtimpulse in elektr. Signale umwandeln, die an das Gehirn weitergeleitet u. von diesem als Licht empfunden werden. Diese Theorie stützt sich darauf, daß die Netzhaut von Tieren mit schwachem Sehvermögen sehr wenig Se enthält (ca. 0,001% des Trockengew.), während ihr Se-Geh. bei außerordentlich gut sehenden Tieren (Reh u. Seeschwalbe) etwa 100mal so groß ist (ca. 0,1%).

Bei längerer Einw. von Se auf den Organismus (als Dampf od. Staub) können Vergiftungserscheinungen (Entzündungen der Atmungs- u. Verdauungsorgane, Schleimhäute u. Außenhaut)

Selenate

auftreten. Se-haltige Substanzen im Papier spielen möglicherweise bei der Entstehung von Lungenkrebs u. Emphysemen eine Rolle. Die meisten Papiere haben einen nennenswerten Se-Geh., wie die Unters. von ca. 70 Sorten zeigte: Zigarettenpapier 10 ppm, Zeitungspapier 4, Reispapier 5,6 u. Papierhandtücher 1,2, vgl. CAEN 45 [1967] Nr. 23, S. 12. Bes. giftig sind Se-Verb. (beispielsweise ist Selenwasserstoff = H_2Se etwa 200mal so tox. wie Blausäure); vgl. Chemistry 40 [1968] Nr. 7, S. 43.

Darst.: Beim Rösten sulfid. Erze (Pyrit enthält durchschnittlich 0,001–0,025% Se; in den westlichen USA [z. B. Nebraska] gibt es Böden mit 0,1–0,3 Se) entsteht neben viel Schwefeldioxid auch etwas Selendioxid, das als Flugstaub od. im Bleikammerschlamm der Schwefelsäure aufgefangen u. mit konz. Schwefelsäure unter Zusatz von Natriumnitrat vorwiegend in Selenige Säure = H_2SeO_3 übergeführt wird. Leitet man in diese Lsg. Schwefeldioxid, so wird die Selenige Säure zu rotem Selenpulver reduziert. Nach Nielsen u. Heritage (J. Electrochem. Soc., Jan. 1959, S. 39 bis 43) erhält man hochreines Se durch Bldg. von H_2Se bei 650° u. Zers. desselben bei 1000°. Die wichtigsten Se-Produzenten sind USA u. Kanada; hier wird Se vorwiegend aus dem Anodenschlamm der Elektrolytkupfergewinnung erhalten. Über die Gewinnung von Se-Einkristallen s. CAEN 45 [1967] Nr. 51, S. 42–43. Zur Darst. im Laboratorium s. Brauer I, S. 376–378.

Verw.: Auf Grund seiner Halbleitereig. in Selenbrücken u. Selenphotozellen zur Betätigung von lichtempfindlichen Alarmanlagen (elektr. Auge), ferner in der Bildtelegraphie, beim Tonfilm, Radar, in Kolorimetern, Pyrometern, Photometern, photoelektr. Belichtungsmessern. Man verwendet Se auch zum Bau von Gleichrichtern (z. B. Se-Gleichrichter für Batterieladung, Galvanotechnik, Elektrolyse, zum Antrieb von Gleichstrommotoren), für Schweißzwecke, als Magnetverstärker, in Rundfunk- u. Fernmeldetechnik usw. u. (in Verb.-Form) zur Rotfärbung u. Entfärbung (Höfler in Glastechn. Berichte 1934, S. 127; W. Sack in Glas-Email-Keramotechn. 1962, S. 126–136) in der Glasind. (Autoschlußlichter sind z. B. Se-gefärbt). In USA mischt man Automatenstählen an Stelle von Schwefel gelegentlich etwas Se bei; solche Se-Stähle sind fester u. korrosionsbeständiger als Stähle mit Schwefelzusatz. Se-Zusatz verbessert Chromstahl, s. Metall 1963, S. 140. Kleine Mengen von Se-Verb. werden auch Schmierstoffen zugesetzt, um Oxydation u. Zähwerden zu verhindern. Bei org. Synth. (z. B. Nicotinsäure, Cortison u. v. a.) verwendet man Se als Dehydrierungsmittel. Über katalyt. Wrkg. von Se s. V. Kollonitsch u. C. H. Kline, in Ind. Engg. Chem., Dez. 1963, S. 18–25.

Geschichtl.: Das Se wurde 1817 von Berzelius im Kammerschlamm einer schwed. Schwefelsäurefabrik entdeckt u. (s. oben) als Selen bezeichnet, um die nahe Verwandtschaft mit dem bereits 1798 entdeckten Element *Tellur (von lat.: tellus = Erde) anzudeuten. — E: selenium

Lit.: Abeggs Handbuch der Anorg. Chemie, IV/1, 1, Leipzig, Hirzel, 1921; Bagnall, K. W., The Chemistry of Selenium, Tellurium and Polonium, Amsterdam, Elsevier, 1965; Campbell, Walker u. Coppinger, in Chem. Rev. 50 [1952] S. 279 ff. (Organoselenverb.); Glover, J. R., Toxicity of Selenium and Tellurium Compounds, Amsterdam, Elsevier, 1963; Gmelin, Syst.-Nr. 10, Se, Tl. A, Lief. 1 (Geschichtl., Vork., Das Element [außer elektr. Eig.]) [1942], Lief. 2 (Elektr. Eig. I [mit Se-Photowiderstand]) [1950], Lief. 3 (Elektr. Eig. II [mit Se-Photowiderstand]) [1953], Tl. B (Verb.) [1949]; v. Haken, in Chem. Ind. 1955, S. 93–96; Gosselck, J. (Organoselenverb.), in Angew. Chem. 75 [1963] 831–840; Houben-Weyl-Müller, Bd. IX (Rheinboldt, Org. Se-Verb.), 1955; Jakob, D., Die Best. von Se-Spuren, Diss. Univ. Mainz, 1963; Kirk-Othmer, 1. Aufl., Bd. 12, 1954, S. 145–163; Lange, B., Die Photoelemente u. ihre Anwendung, Leipzig, Barth, Bd. 1 [1936], Bd. 2 [1940]; Löschau, S., Beitr. zur Gewinnung von Se aus Anodenschlämmen der elektrolyt. Kupferraffination, Berlin 1961; Mierdel-Kroczek, Selengleichrichter, Berlin, Verl. Technik, 1959; Papenroth, W., Über selen-org. Verb. u. ihre Darst. in wss. Medium, Diss. Univ. Halle, 1959; Pascal, Nouveau Traité, Band XIII, Paris, Masson, 1961; Schreiter, W., Seltene Metalle, Bd. 2: In, Li, Mo, Nb, Platinmetalle, Ra, Re, Rb, Se, Seltene Erden, Si, Sc, Leipzig, VEB Dtsch. Verl. Grundstoffindustrie, 1961; Trelease, F. F. u. O. A. Beath, Selenium, New York 1950; Ullmann VIII, 351, IX, 382, XV, S. 591–599.

Selenate. Bez. für Salze der Selensäure = H_2SeO_4 mit dem Anion SeO_4^{2-}. — E: selenates

Selenino... Bez. für die Atomgruppierung $-SeO_2H$ in systemat. Namen von org. Verb. — E: selenino-

Seleninyl... Bez. für die Atomgruppierung SeO als zweiwertiges Kation od. kation. Radikal in systemat. Namen von anorg. Verb. sowie Bez. für die Atomgruppierung =SeO in systemat. Namen von org. Verb. — E: seleninyl-

Selenite. Bez. für Salze der Selenigen Säure = H_2SeO_3 mit dem Anion SeO_3^{2-}. — E: selenites

selenito. Bez. für das Ion SeO_3^{2-} als Ligand in den Namen von Koordinationsverb. (s. *Koordinationslehre). — E: selenito-

Seleno... Bez. für das zwei Kohlenstoffatome verbindende Selenatom in systemat. Namen von org. Verb. *Beisp.*: Äthylselenessigsäure = $CH_3-CH_2-Se-CH_2-COOH$. — E: seleno-

Selenoantimonate (V). Bez. für Salze mit dem Anion $SbSe_4^{3-}$. — E: selenoantimonates (V)

Selenocyanate. Bez. für die Salze der Selenocyansäure = HSeCN mit dem Anion $SeCN^-$. — E: selenocyanates

selenocyanato. Bez. für das Ion $SeCN^-$ als Ligand in den Namen von Koordinationsverb. (s. *Koordinationslehre), sowie Bez. für die Atom-

gruppierung $-Se-CN$ in systemat. Namen von org. Verb. — E: selenocyanato-

Selenogermanate (IV). Bez. für Salze mit dem Anion $GeSe_4^{4-}$. — E: selenogermanates (IV)

... selenol. Endsilbe in den systemat. Namen von Selenolen der allg. Form $R-SeH$. — E: -selenol

Selenomolybdate (VI). Bez. für Salze mit dem Anion $MoSe_4^{2-}$. — E: selenomolybdates (VI)

Selenonio... Bez. für die Atomgruppierung
$-Se\overset{\oplus}{\underset{(C)}{\diagup(C)}}$ in systemat. Namen von org. Verb. — E: selenonio-

Selenono... Bez. für die Atomgruppierung $-SeO_3H$ in systemat. Namen von org. Verb. — E: selenono-

Selenonyl... Bez. für die Atomgruppierung $=SeO_2$ in systemat. Namen von org. Verb. — E: selenonyl-

Selenopyrosulfate. Bez. für Salze mit dem Anion $SSeO_7^{2-}$. — E: selenopyrosulfates

Selenosilicate. Bez. für Salze mit dem Anion $SiSe_4^{4-}$. — E: selenosilicates

Selenosulfate. Bez. für Salze mit dem Anion $SSeO_3^{2-}$. — E: selenosulfates

Selenotrisulfate. Bez. für Salze mit dem Anion $S_2SeO_{10}^{2-}$. — E: selenotrisulfates

Selenotrithionate. Bez. für Salze mit dem Anion $SeS_2O_6^{2-}$. — E: selenotrithionates

Selenoxo... Bez. für das doppelt gebundene Atom $=Se$ in systemat. Namen von org. Verb. — E: selenoxo-

Selenyl... 1. Bez. für die Atomgruppierung SeO_2 als zweiwertiges Kation od. kation. Radikal in systemat. Namen von anorg. Verb. 2. In der org. Nomenklatur ist S. Synonym für „*Hydroseleno...". — E: selenyl-

Seltenerdmetalle. Sammelbez. für die Elemente der III. Nebengruppe (Gruppe 3 A) des *Periodensyst. mit Ordnungszahlen unter 72. Zu den S. gehören zunächst die 3 Elemente *Scandium, *Yttrium u. *Lanthan, sodann 14 weitere Elemente mit den Ordnungszahlen 58—71, die auf das Lanthan folgen u. wegen ihrer Verwandtschaft mit dem Lanthan auch als *Lanthanide (S. im engeren Sinne) bezeichnet wurden. Heute verwendet man die Bez. *Lanthanoide* für die Elemente Lanthan, *Cer, *Praseodym, *Neodym, *Promethium, *Samarium, *Europium, *Gadolinium, *Terbium, *Dysprosium, *Holmium, *Erbium, *Thulium, *Ytterbium u. *Lutetium. Diese Metalle rechnet man zu den *Erdmetallen (ihre Oxide sind „Erden"), weil sie mit dem Aluminium (Ton-„Erde") chem. verwandt sind. Die über 100 Jahre lang gebräuchliche Bez. „Seltene Erden" ist in zweifacher Hinsicht unrichtig: 1. Es handelt sich nicht um „Erden" (also Oxide), sondern um Metalle. 2. Sie gehören außerdem durchaus nicht zu den seltensten Elementen. Für die Lanthanide u. das Lanthan wird häufig auch als Sammelbez. „*Elemente der Lanthanreihe*" gebraucht.

Eig.: Die reinen S. werden meist durch Schmelzflußelektrolyse der entwässerten Chloride erhalten; sie glänzen an den frischen Schnittflächen silbrig, überziehen sich jedoch rasch mit einer Oxidschicht. In gepulvertem Zustand können sie viel Wasserstoff aufnehmen. Kaltes Wasser wird von ihnen langsam, heißes rascher zersetzt; auch schwache Säuren bewirken eine rasche Auflsg. Leitet man über Chlor über die erhitzten Metalle, so verbrennen sie unter Leuchterscheinungen zu Chloriden. Die Sulfide der S. werden ähnlich wie Aluminiumsulfid von Wasser rasch zersetzt; sie sind daher nur auf trockenem Wege darstellbar. Die Chloride, Nitrate u. Acetate der S. sind in Wasser leichtlösl., die Oxalate u. Carbonate unlösl., die Hydroxide sind zumeist ausgesprochene Laugen analog wie z. B. Kalkwasser, Bariumhydroxid usw. (die Basizität sinkt mit steigendem At.-Gew.). Hinsichtlich der letztgenannten Eig. ähneln die S. den *Erdalkalimetallen (Calcium, Barium usw.). Während Scandium, Yttrium u. Lanthan ähnlich wie die anderen im Periodensyst. untereinanderstehenden Elemente neben chem. Ähnlichkeiten immerhin soviel Verschiedenheiten aufweisen, daß sie ohne Schwierigkeiten zu unterscheiden sind, ähneln sich die 14 Lanthanide in wss. Lsg. chem. in ungewöhnl. starkem Maße; sie können daher nur unter viel Aufwand voneinander getrennt u. rein dargestellt werden. Der Grund dafür ist, daß die Elektronenaußenschalen (O- u. P-Schale) der Lanthanide prakt. gleich besetzt sind (s. *Atombau), sie sind lediglich in der Besetzung der N-Schale zu unterscheiden: Mit zunehmender Ordnungszahl (d. h. mit zunehmender Anzahl der Protonen im Atomkern) werden in den Elektronenhüllen der Elemente 58 (=Cer) bis 71 (Lutetium) die die Kernladung kompensierenden Elektronen als 4 f-Elektronen eingelagert, so daß mit dem Lutetium die N-Schale ihre maximale Besetzung mit 32 Elektronen erreicht. Da bei chem. Reaktionen u. der Bldg. von Verb. prakt. nur die Elektronenaußenschalen der Elemente beteiligt sind, ist es so verständlich, daß sich Elemente, in denen diese zumindest gleich besetzt sind, chem. auch weitgehend gleich verhalten müssen. Wegen der gleichen Besetzung der Außenschalen haben die Lanthanide auch die gleiche Wertigkeit; sie treten in ihren Verb. vorwiegend III-wertig auf. Bei Praseodym, Samarium, Europium u. Ytterbium ist auch II-, bei Cer, Praseodym u. Terbium auch IV-Wertigkeit zu beobachten. Infolge der *Lanthanidenkontraktion nehmen die Atomradien (bzw. Ionenradien) der Lanthanide mit zunehmender Ordnungszahl ab.

Seltenerdmetalle

Während die Elektronen der nichtkompletten 4f-Schale für die Wertigkeit u. damit für das chem. Verh. prakt. bedeutungslos sind, bedingen sie verschiedene charakterist. opt. u. magnet. Eig., so z. B. starke Absorptionsspektrallinien bei tiefen Temp., antiferro-magnet. od. ferromagnet. Verh. u. dgl. Die Best. der Lanthanide anhand ihrer charakterist. scharfen Linien im Magneto-Rotationsdispersions-Spektrum dürfte sich vor allem bei Mischungen von drei u. mehr Elementen bewähren. Die kleinsten erfaßbaren Mengen liegen bei 0,1 g/l (als Sesquioxid; Fehler bei Konz. $>$ 1 g/l um 1%); vgl. Analytica chim. Acta 34 [1966] S. 465. Näheres über die magnet. Eig. der S. u. ihrer Leg. s. McGraw-Hill Yearbook Science & Technology 1965, S. 357−359, New York, McGraw-Hill, 1966.

Vork.: Die S. sind durchaus nicht so selten, wie ihr Name vermuten läßt; man schätzt ihren Anteil an der festen Erdrinde auf 0,017%; am häufigsten sind Yttrium u. Cer, die an Häufigkeit die viel bekannteren Elemente Blei, Molybdän, Brom, Quecksilber, Silber, Platin, Gold usw. übertreffen. In Übereinstimmung mit Harkins Regel (s. *Geochemie) sind die S. mit geraden Ordnungszahlen am häufigsten. Die Lanthanide besitzen wesentlich größere Ionenradien (Cer 1,034, Neodym 0,995, Ytterbium 0,858 Å) als die gewöhnl. gesteinsbildenden (ebenfalls dreiwertigen) Elemente (z. B. Aluminium 0,51, Chrom 0,63, Eisen 0,64 Å); sie haben sich daher bei der Erstarrung des Magmas in den Restschmelzen (s. *Lagerstätten) angereichert u. wurden häufig gemeinsam ausgeschieden. Man kennt heute über 100 skandinav. Mineralien, die alle mehr od. weniger mannigfaltige, schwer zu trennende Gemische verschiedener S. darstellen. Das techn. wichtigste Mineral zur Gewinnung von S. ist Monazitsand; ferner findet man sie in Xenotim, Bastnäsit, Niob-Tantal-Erzen, in Uran- u. Plutoniumspaltprod. usw. In dem Apatitkonzentrat aus den 40 bis 80 Mill. t Apatit umfassenden Lagern von Nemegos, Ont. (Kanada) sind ungefähr 25 kg S. pro t Konzentrat enthalten. S. können im Apatit als III-wertige Ionen Calcium- od. Natrium-Ionen ersetzen, s. CAEN 45 [1967] Nr. 19, S. 45. S. hat man auch auf der Sonne, auf Fixsternen u. in Steinmeteoriten feststellen können; bei der Erde sind sie wahrscheinlich auf die äußere, silicat. Gesteinshülle beschränkt.

Darst.: Man überführt die im Monazitsand vorwiegend als Phosphate vorliegenden S. zunächst in Sulfate (fein gepulverte Mineralien mit konz. Schwefelsäure erhitzen), löst diese in Eiswasser u. fällt die Erdmetalle durch Zusatz von Oxalsäure (Eisen u. Aluminium bleiben hierbei in Lsg.); durch Glühen werden die Oxalate in Oxide übergeführt. Aus diesem Oxidgemisch der verschiedenen, sehr ähnlichen S. müssen nun die einzelnen Elemente durch äußerst mühsame, zeitraubende Trennungsverf. isoliert werden; man benützt hierzu die oft mehrtausendfach zu wiederholende fraktionierte Krist. (Ausnützung von geringen Löslichkeitsunterschieden) od. die wiederholte Ausfällung mit Basen (z. B. Natronlauge). Hierbei fallen zuerst die schwächer bas. sog. *Yttererden* (Elemente mit den Ordnungszahlen 64−71), später die stärker bas. sog. *Ceriterden* (Elemente mit den Ordnungszahlen 57−64) aus. Bei Europium u. Ytterbium ist auch eine Red. zur II-wertigen Stufe, bei Cer u. Terbium eine Oxydation zur IV-Wertigkeit möglich, wodurch die Trennung erleichtert wird. Die sehr scharf ausgeprägten opt. Absorptionsspektren (s. *Spektralanalyse) der farbigen Salze verschiedener S. ermöglichen eine physikal. Unterscheidung der Elemente. Die mühsamen, umständlichen Trennungsverf. (zur Isolierung der seltensten S. sind bis zu 40 000 Operationen erforderlich) verteuern die S. naturgemäß sehr stark. Heutzutage werden zur Trennung der S. bes. Gegenstromverteilung u. Ionenaustauschverf. eingesetzt, s. CAEN 1955, S. 4102. Man verwendet im letzten Falle hauptsächlich Ionenaustauscher aus sulfonierten Kondensationsprod. von Styrol u. Divinylbenzol, s. F. H. Spedding, in Prakt. Chemie 9 [1958] S. 394−399. Ein Extraktionsverf. mit einem Gemisch aus Buttersäure u. Sulfosalicylsäure zur Trennung der S. von Eisen, Aluminium, Titan, Niob, Tantal, Zirkonium, Zinn, Wolfram u. Molybdän beschreiben L. L. Galkina u. L. A. Glasunova, in Zhurnal Analit. Khim. 21 [1966] S. 1070; die Sulfosalicylsäure dient zur Maskierung. Die Auftrennung der S. für analyt. Zwecke gelingt z. B. durch Hochspannungselektrophorese mit Celluloseacetat-Folien als Trägermaterial u. α-Hydroxy-isobuttersäure als Grundelektrolyt (s. Mikrochim. Acta 1964, S. 1089), od. durch Gaschromatographie; im letzten Fall werden die S. mit 2.2.6.6-Tetramethyl-3.5-heptandion (= thd) zu den hitzebeständigen u. bei 100−200° unzersetzt sublimierenden Verb. $M^{III}(thd)_3$ umgesetzt, deren Flüchtigkeit je nach der Art der als M^{III} gebundenen S. verschieden ist (s. J. Amer. Chem. Soc. 87 [1965] S. 5254).

Verw.: Techn. wichtig ist vor allem das Cer; in neuerer Zeit hat auch das Neodym in der Optik eine gewisse Bedeutung erlangt. Gläser können mit Samariumchlorid gelbgrün, mit Praseodymchlorid grünlich u. mit Neodymchlorid rotviolett gefärbt werden. Über einige Verw.-Weisen von S. u. ihren Leg. s. F. Trombe in Chim. et Ind. 1957, S. 540−546. Gadolinium, Samarium u. Europium sind für Steuerstäbe in Kernreaktoren verwendbar. Über die Verw. von Dysprosium u. Gadolinium zur Abschirmung von *ionisierender Strahlung (insbes. von Neutronenstrahlen) s. CAEN

44 [1966] Nr. 38, S. 45. Durch den zunehmenden Bedarf an roten „TV-Phosphoren" für das Farbfernsehen u. a. elektron. Anwendungsmöglichkeiten der S. (Lasers) wird ihre wirtschaftliche Bedeutung immer größer; s. hierzu „Rare Earths — the Lean and Hungry Industry", in CAEN 43 [1965] Nr. 19, S. 78—92; vgl. auch CAEN 45 [1967] Nr. 25, S. 46—48, u.: Mehr Seltene Erden durch Farbfernsehen, in Chem. Ind. 19 [1967] S. 67—70. Nach Unters. der französ. Physiker P. Bonjour u. A. Septier eignen sich die Lanthanide, vor allem Gadolinium, Terbium, Dysprosium u. Holmium, zur Verw. als Polschuhe in Elektromagneten u. magnet. Linsen; vgl. Physikal. Bl. 23 [1967] S. 168. — E: rare earth metals

Lit.: Abeggs Handbuch der Anorg. Chemie, Bd. III/1, Leipzig, Hirzel, 1906; Asprey, L. B. u. B. B. Cunningham, Unusual Oxidation States of Some Actinide and Lanthanide Elements, in Progr. in Inorg. Chem., Bd. 2, 1960, S. 267—302; Bock, Neuere Fortschritte bei der Trennung der Seltenen Erden, in Angew. Chem. 62 [1950] S. 375—382; Bruce, D. W., B. E. Hietbrink u. K. P. DuBois, The acute Mammalian Toxicity of Rare Earth Nitrates and Oxides, in Toxicol. appl. Pharmacol. 5 [1963] S. 750—759; Callow, R. J. in Chemical Prod. 1956, S. 393—397; ders., The Industrial Chemistry of the Lanthanons, Yttrium, Thorium, and Uranium, Oxford, Pergamon Press, 1967; ders., The Rare Earth Industry, Oxford, Pergamon Press, 1966; Eyring, L., Progress in the Chemistry and Technology of the Rare Earths, Oxford, Pergamon Press, I— (1965—); ders., Rare Earth Research. 3.: Proceedings of the Fourth Rare Earth Conference, New York 1965; Ferckel, S., Die Lanthaniden-Metalle: Herst., Eig., Verw., in Chemie-Labor-Betrieb 16 [1965] S. 309—317; *Fresenius-Jander, Tl. 2, Bd. III [1944], Tl. 3, Bd. III*a*β*, IIIb [1956]; Gatterer-Junkes, Spektren der Seltenen Erden, Città del Vaticano, Specola Vaticana, 1945; Gibson, J. A., Properties of the Rare Earth Metals and Compounds, Columbus/Ohio, 1959; Gmelin, Syst.-Nr. 39, Seltene Erden, 1938 (Einleitender Überblick. Geschichtl. Vork.); Gscheidner, Rare Earth Alloys, Princeton, Van Nostrand, 1961; Hampel, Rare Metals Handbook, New York, Reinhold, 1961; Hevesy, G. v., Die Seltenen Erden vom Standpunkt des Atombaues, Berlin, Springer, 1927; Kirk-Othmer, 1. Aufl., Bd. 11, 1953, S. 503—521; Kleber, E. V. u. B. Love, Technology of Scandium, Yttrium and the Rare Earth Metals, New York, Macmillan, 1963; Kolthoff, I. M. u. P. J. Elving, Treatise in Analytical Chemistry, Tl. II, Bd. 8, New York-London, Wiley-Interscience, 1963; Lorant, M., Rare Earths Chemistry, in Chem. Rdsch. (Solothurn) 21 [1968] S. 318—321; Moeller, Th., Chemistry of the Lanthanides, New York, Reinhold, 1965; Moenke-Blankenburg, L., Analyse Seltener Erden in granit. Gesteinen unter Verw. von Gitter- u. Prismenspektrographen, Leipzig 1966; Nachman, J. F. u. Ch. E. Lundin, Rare Earth Research, New York, Gordon-Breach, 1962; Pascal, Nouveau Traité VII, 1960; Prakash, S., Advanced Chemistry of the Rare Elements, New York, Chemical Publ. Co., 1967; Samsonov, G. V., High Temperature Compounds of the Rare Earth Metals with Nonmetals, New York 1965; Schoeller u. Powell, Analysis of Minerals and Ores of the Rarer Elements, New York, Hafner Publ. Co., 1956; Schreiter, Seltene Metalle, Bd. 2 [1961], Bd. 3 [1962], Leipzig, VEB Dtsch. Verl. Grundstoffind.; Sinha, S. P., Complexes of the Rare Earths, Oxford, Pergamon Press, 1966; Spedding, A. H. u. D. H. Daane, The Rare Earths, New York-London, Wiley, 1961; Topp, N. E., Chemistry of the Rare-Earth Elements, Amsterdam, Elsevier, 1965; Trifonov, D. M., The Rare Earth Elements, Oxford, Pergamon Press, 1963; Trombe, F., in Chim. et Ind. 1957, S. 277—288; Ullmann VI, 516, 519, 524, 529, 530, 546, IX, 430, 432, 537; Vickery, R. C., Chemistry of the Lanthanons, New York, Acad. Press, 1953; ders., Analytical Chemistry of the Rare Earths, London, Pergamon Press, 1961; Winnacker-Küchler II, 1959 (E. Greinacher, Seltene Erden); Yost u. Russell, The Rare Earth Elements and their Compounds, New York, Wiley, 1947. Über Analyt. Chemie der S. s. Brunisholz, G. u. J. P. Quinche, in Chimia 1960, S. 343 bis 352. Ein umfassendes Informationszentrum über S. wurde 1966 unter Leitung der U. S. Atomic Energy Commission, Division of Technical Information, an der Iowa State Univ., in Ames, Ia., eingerichtet.

Semen. Lat. Bez. für Same; es heißen z. B. in der Apothekersprache Semen Abelmoschi = Moschus-, Bisamkörner; S. Amygdali amarum = Bittere Mandeln; S. Anisi = Anis; S. Arachidis = Erdnuß; S. Cacao = Kakaobohnen.

Semi... Aus dem Lat. entlehnter Zahlenvorsatz, der „ein halb" bedeutet. *Beisp.:* Semicarbazid, Semimikroanalyse. — E: semi-

Semicarbazido... Bez. für die Atomgruppierung $-NH-NH-CO-NH_2$ in systemat. Namen. — E: semicarbazido-

Semicarbazono... Bez. für die Atomgruppierung $=N-NH-CO-NH_2$ in systemat. Namen. — E: semicarbazono-

Semimikroanalyse. Verf. der *Elementaranalyse (s. *Halbmikroanalyse) u. der *Mikroanalyse, bei dem Substanzmengen von 10 bis 250 mg verwendet werden; vgl. auch *Qual. Analyse. — E: semimicroanalysis

Lit.: Arthur u. Smith, Semimicro Qualitative Analysis, New York, McGraw-Hill, 1952; Sorum, C. H., Introduction to Semimicro Qualitative Analysis, Englewood Cliffs, Prentice Hall, 1967.

semipermeabel s. *Ionenaustauschermembranen u. *Osmose; vgl. auch *Semipermeabilität. — E: semipermeable

Semipermeabilität s. *Membranen; vgl. auch *semipermeabel. — E: semipermeability

Semipolare Bindung s. *Chem. Bindung (S. 132) u. *Koordinationslehre (S. 469). — E: semipolar bond

Senecioyl... = 3-*Methylcrotonoyl... — E: senecioyl-

Senföle. Bez. für eine Gruppe von *Isothiocyanaten, die vorwiegend in den Cruciferae vorkommt, z. T. auch synthet. gewonnen werden. Die Bez. wird in der Lit. fälschlicherweise oft als Synonym für Isothiocyanate verwendet. — E: mustard oils

Sengen s. *Appreturen. — E: singeing [gassing]

Senkung (Blutsenkung). Diagnost. Best. der Ab-

Senkwaagen

setzgeschw. der roten Blutkörperchen in durch Natriumcitrat ungerinnbar gemachtem Blut als Verlaufskontrolle u. Suchreaktion. Diese ist vom Zustand der *Eiweißstoffe des Plasmas abhängig, die normalerweise die Erythrocyten in der Schwebe halten, so daß sie nur langsam absinken. Eine erhöhte od. erniedrigte Senkungsgeschw. deutet auf krankhafte Veränderungen der Plasmaeiweißstoffe hin. Der erste Fall tritt bei infektiösen, entzündlichen od. fieberhaften Erkrankungen ein, der zweite z. B. bei verschiedenen Gelbsuchtarten. Mittlere Normalwerte nach Westergren in spezieller Sedimentierungspipette: bis 7 mm beim Mann, bis 11 mm bei der Frau nach einer Stunde; nach zwei Std. sind die entsprechenden Grenzwerte 11 u. 16 mm. Der Effekt wurde von dem 1888 geb. schwed. Pathologen R. S. Fåhraeus entdeckt. — E: Fahraeus' phenomenon, erythrocyte sedimentation reaction
Lit.: E. Merck AG., Medizin.-techn. Unters.-Meth., 10. Aufl., Weinheim, Verlag Chemie, 1962, S. 30—31.
Senkwaagen = *Aräometer.
Sensibilisierung. Bez. für Maßnahmen zur Steigerung einer Empfindlichkeit, s. z. B. *Kolloidchemie (S. 454) u. *Photographie (S. 666). Als S. bezeichnet man u. a. auch die Wärmebehandlung austenit. CrNi- u. CrNiMo-Stähle bei 500 bis 800°, wodurch eine Anfälligkeit zu Kornzerfall hervorgerufen wird. Nach DIN 16 528 (Nov. 1965) bedeutet S. im Tiefdruck das Lichtempfindlichmachen der Gelatine des Pigmentpapiers. In der Hygiene versteht man unter S. die Steigerung der Empfindlichkeit gegen einen bestimmten *Wirkstoff od. das benutzte Keimschädigungsverf. — E: sensitization
Lit. zu S. in der Photographie: Kainrath, P., Fortschritte auf dem Gebiete der S.-Farbstoffe für photograph. Halogensilber-Emulsionen, in Angew. Chem. A 60 [1948] S. 36—42; Klein, E. u. R. Matejec, Die heutigen Vorstellungen zur spektralen S., in Angew. Chem. 86 [1964] S. 822; Maschka in Photograph. Korresp. 1955, Nr. 6, S. 90—99; Ullmann XIII, 627; Wolff, H., Die Sensibilisierung der photograph. Schicht durch Farbstoffe, in Fortschr. Chem. Forschung Bd. 3, 1955, S. 503—602; Zwicky, H., in Chimia 1955, S. 37 bis 43.
Separanda. In der Terminologie der Pharmazeuten Bez. für giftige Arzneimittel u. dgl., die abgesondert aufzubewahren sind. — E: separanda
Separieren. Trennen eines fluiden Stoffgemisches aus Komponenten verschiedener D. durch die Wrkg. der Zentrifugalkraft (also Synonym für Zentrifugieren). — E: separating
Sept(i)... Aus dem Lat. entlehnter Zahlenvorsatz, der „sieben" bedeutet. — E: septi-, sept-
Sera. (Singular: Serum). Im Sinne des Arzneimittelgesetzes der BRD (1961) Bez. für *Arzneimittel, die aus Blut, Organen, Organteilen od. Organsekreten gesunder, kranker, erkrankt gewesener od. immunisator. vorbehandelter Lebewesen gewonnen werden u. spezif. *Antikörper enthalten; s. auch *Impfstoffe. — E: serums, sera
Serochemie. Bez. für das Teilgebiet der Serologie (= Lehre von den Eig. des Serums), das sich mit der chem. Beschaffenheit des Blutserums u. die seine Reaktionen bedingenden chem. Vorgänge befaßt. — E: serochemistry
Serodiagnostik (Serumdiagnostik). Bez. für die Gesamtheit der serolog. Meth. zur Erkennung von Krankheiten durch Prüfung des Blutserums. Botaniker u. Zoologe versteht unter S. die Erkennung von pflanzlichen od. tier. Verwandtschaftszusammenhängen mit Hilfe von Serumreaktionen. Spritzt man z. B. einem Kaninchen eiweißhaltige Preßsäfte od. Filtrate aus einer Pflanzengattung A ins Blut, so entstehen im Serum nach einiger Zeit *Antikörper, die das fremde Eiweiß ausfällen. Entnimmt man diesem Tier etwas Serum, so gibt dasselbe im Probierglas mit den Preßsäften der Pflanze A charakterist. Niederschläge. Ähnliche, wenn auch schwächere Ausfällungen gibt das Serum nun nicht nur mit der Pflanzengattung A, sondern auch noch mit den verwandten Pflanzengattungen B, C, D ... usw. (je ferner die Verwandtschaft, um so schwächer der Niederschlag), nicht aber mit ganz andersgearteten, systemat. fernstehenden Pflanzengruppen. Auf diese Weise gelang es bes. dem Botaniker Metz in Königsberg, ganze serodiagnost. Stammbäume des Pflanzenreiches aufzustellen. Bei der Feststellung der Verwandtschaft der Tiere wird ähnlich verfahren. Die so gewonnenen serodiagnost. Stammbäume der Tierreichs stimmen weitgehend mit den stammesgeschichtlichen Anschauungen der Anatomen, Genetiker, Paläontologen usw. überein. — E: serodiagnosis
Lit.: Ahrens, W., Serodiagnost. Schnellmeth. zur Krankheitsdiagnose, Leipzig, Hirzel; 1947; Deich, F., Neue serolog. Testmeth. für Organverpflanzungen, in Naturwiss. Rdsch. 21 [1968] S. 150—151; Krüpe, M., Blutgruppenspezif. pflanzliche Eiweißkörper (Phytagglutinine), Stuttgart, Enke, 1956; Metz, C., Serumreaktionen zur Feststellung der Verwandtschaftsverhältnisse im Pflanzenreich, in Abderhaldens Handbuch Biolog. Arbeitsmeth., Abt. IX, Tl. 1, S. 1059—1094; Moderne Meth. Pflanzenanalyse (Linskens-Tracey), Berlin, Springer, Bd. V, 1962.
Serologie s. *Serochemie. — E: serology
Seryl... Bez. für die Atomgruppierung $-CO-CH(NH_2)-CH_2OH$ in systemat. Namen. Darf nicht verwendet werden, wenn eine mit Veränderung des Kohlenstoffgerüstes verbundene Substitution (z. B. durch *Alkyl, *Aryl, *Acyl) vorliegt. — E: seryl-
Sesqui... Aus dem Lat. entlehnter Zahlenvorsatz, der „eineinhalb" bedeutet. *Beisp.:* Chromsesquioxid = Cr_2O_3. — E: sesqui-
Sesselform. Form der *Sessel-Wanne-Isomere. — E: chair form
Sessel-Wanne-Isomerie. Bez. für eine Form der

*Stereoisomerie, nach der bestimmte Cycl. Verb. in zwei verschiedenen energet. begünstigten *Konformationen vorliegen können, nämlich in der sog. *Sessel-* u. in der sog. *Wannen-* od. *Bootsform* (s. Abb.). Das einfachste Beisp. ist das Cyclohexan = C_6H_{12}. Die starre Sesselform hat hier ebenso

Sesselform Wannenform

minimale Winkelspannungen wie die flexible Wannenform. Die für die Sesselform möglichen Anordnungen (axial u. äquatorial) der beiden Sätze von je 6 H-Atomen zeigt die Abb. auf S. 463. Während bei gewöhnl. Temp. die Sesselform überwiegt, liegt im Gaszustand in stärkerem Umfange die Wannenform vor, deren Energieinhalt (in „Twist-Form") um etwa 5,5 kcal/Mol größer ist. Die Vorstellung über den Übergang zwischen beiden Formen (bei dem eine Energieschwelle von 11 kcal/Mol über der Sesselform durchlaufen wird) wird erleichtert, wenn man sich in der Abb. die linke Hälfte der Sesselform nach oben umgeklappt denkt. — E: chair-boat-isomerism

Sex(i) ... Aus dem Lat. entlehnter Zahlenvorsatz, der „sechs" bedeutet. — E: sexi-, sex-

Sexuallockstoffe s. *Lockstoffe. — E: sex attractants

sezernieren = absondern. — E: (to) secrete

Sherardisieren. Nach DIN 50 902 (Entwurf Okt. 1965) Bez. für das Herstellen einer zinkhaltigen Diffusionsschicht auf Stahl durch diffundierendes Glühen in zinkhaltigem Pulver bei einer Temp. unterhalb des Schmelzpunktes von Zink. Das Verf. wurde 1901 von Sherard Cowper-Coles erfunden. — E: sherardizing
Lit.: Kirk-Othmer, 2. Aufl., Bd. 13, 1967, S. 264; Ullmann X, 664.

Si. Chem. Symbol für das Element *Silicium.

SI. Abk. für Système International d'Unités. Damit ist das 1960 beschlossene „Internationale Einheitensyst." gemeint, das auf den folgenden *Grundeinheiten beruht: Meter, Kilogramm, Sekunde, Ampere, Grad Kelvin u. Candela. Diese u. die davon abgeleiteten Einheiten nennt man SI-Einheiten. Die abgeleitete SI-Einheit für Kraft ist das *Newton. — E: SI

Siamyl ... = 1.2-*Dimethylpropyl ... — E: siamyl-

Siccative = *Sikkative.

Sichtbarmachung s. *Nachweis.

Siderosphäre (Barysphäre). Erdkern (Radius etwa 3500 km, D. etwa 8) mit siderophilen (eisenfreundlichen) Elementen; hierzu rechnet man alle Metalle der Eisengruppe (Fe, Co, Ni usw.) u. Platingruppe sowie Sulfide u. Carbide dieser Schwermetalle; s. auch *Geochemie. — E: siderosphere

Siebanalyse. Bez. für ein genormtes Verf. zur Best. der *Korngrößenverteilung eines *Pulvers durch Absiebung mit übereinander angeordneten Sieben mit verschiedener Maschenweite sowie das Erg. dieser Messung. Das bei der S. durch das Sieb fallende Gut heißt *Siebdurchlauf*, das dabei auf dem Sieb verbleibende Gut *Siebrückstand*. Vgl. Arch. Metallkde. 1947, S. 315. — E: screen analysis
Lit.: DIN 51 033, Bl. 1 (Aug. 1962), Bl. 2 (Entwurf Dez. 1962).

Siedegrenzen (Siedeintervall). Bez. für den Temp.-Bereich, in dem die Komponenten eines Fl.-Gemisches sieden. Bei den meisten techn. Lsgm. gibt man hier keine Siedepunkte, sondern S., an, da hier völlige chem. Reinheit in der Regel nicht erwartet werden kann. Bei techn. Benzol können z. B. 80—120° als S. angegeben werden, während reines Benzol bei 80,15° siedet. — E: boiling range, boiling limits

Siedekapillaren s. *Destillation (S. 170: Vak.-Destillation). — E: air-leak tubes

Sieden s. *Siedepunkt. — E: boiling

Siedepunkt (Siedetemp.). Bez. für diejenige Temp., bei der die fl. u. die gasf. Phase eines Stoffes im thermodynam. Gleichgew. stehen. Im Sinne dieser Definition ist der S. völlig ident. mit dem *Kondensationspunkt eines Gases für den Übergang in den fl. Zustand, sofern man vom Kondensationsverzug absieht. Tatsächlich verwendet man die Bez. S. in der Praxis jedoch meist nur für den Übergangspunkt vom fl. in den gasf. Zustand unter gegebenem Druck, nicht jedoch für die damit ident. Temp., bei der der Übergang in umgekehrter Richtung erfolgt. Unter dem *normalen* S. versteht man die Temp., bei der der Dampfdruck einer Fl. 1 atm. erreicht. Bei reinen Stoffen lassen sich die S. (ebenso wie die *Schmelzpunkte) mit großer Genauigkeit bestimmen, da hier während der Wärmezufuhr auf Grund der latenten Verdampfungswärme die Temp. über ein bestimmtes Zeitintervall konstant bleibt. Wenn sich Substanzen beim Sieden chem. verändern, so spricht man nicht vom S., sondern vom *Zersetzungspunkt*. Da der S. einer Substanz bei abnehmendem Druck sinkt, kann man solche Fl. also bei vermindertem Druck zum Sieden bringen (s. Vak.-Destillation unter *Destillation). Über Umrechnung der zu einem bestimmten (Unter)-Druck gehörenden Siedetemp. (bei Vak.-Arbeiten) auf Normaldruck s. H. Reckhard in Chemiker-Ztg. 84 [1960] S. 33 f. Alle Elemente u. viele anorg. u. org. Verb. haben charakterist. S. Bei org. Verb. steigt der S. innerhalb homologer Reihen allg. mit zunehmendem Molgew. an; z. B.

Siedepunktserhöhung

wird für viele homologe Reihen von aliphat. Verb. pro CH$_2$-Gruppe eine Erhöhung des S. um 20 bis 30° gefunden. Von einer gewissen Grenze an (z. B. bei Paraffinen mit 70–80 C-Atomen in der Kette) wird die zwischenmol. Anziehung so groß, daß sie die Energie von Hauptvalenzbindungen übertrifft. Solche Verb. (alle hochmol. Stoffe) kann man nicht unzersetzt verdampfen. Unter den isomeren offenkettigen aliphat. Verb. haben diejenigen mit unverzweigter Kette den höchsten S., weil für die geradkettigen Verb. wegen der größeren Berührungsoberfläche eine maximale Wechselwrkg. mit Nachbarmol. möglich ist. Lsg. haben höhere S. als die entsprechenden reinen Fl. bzw. das Lsgm. (s. S.-Erhöhung unter *Molgew.-Best.). Bei *azeotrop. Gemischen kann der S. allerdings höher als der höchste S. od. niedriger als der niedrigste S. der reinen Komponenten liegen. Bei Fl.-Gemischen erhält man keinen scharfen S.; es wird vielmehr ein verschwommenes „Siedeintervall" beobachtet, da beim Erwärmen zunächst die leichter flüchtigen Stoffe verdampfen u. infolgedessen der „S." langsam ansteigt; s. *Siedegrenzen. Solche Fl.-Gemische werden in der Regel durch *Destillation getrennt (vgl. auch *Fraktionierung).

Die häufig (so auch in diesem Wörterbuch) verwendete Abk. *Kp.* für S. ist von „Kochpunkt" abgeleitet. – Vgl. auch *Temp.-Skalen. – E: boiling point

Lit.: Bulbenko, G. F., A Modified Micro-Boiling Point Technique, in J. Chem. Educ. 45 [1968] S. 43; Kienitz, in Houben-Weyl-Müller, Bd. II, 1953, S. 815 bis 821; Snell, F. D. u. C. L. Hilton, Encyclopedia of Industrial Chemical Analysis, Bd. 1, New York-London, Wiley-Interscience, S. 229–242 (Boiling Point Determination). Über Best. von S. unter vermindertem Druck s. Böhme, Böhm u. Schlephack in Angew. Chem. 70 [1958] S. 699–700.

Siedepunktserhöhung s. *Molgew.-Best. – E: boiling point elevation

Siedeverzug. Bez. für die Erscheinung, daß staub- u. gasfreie Fl. in reinen Gefäßen einige Grad über ihren Siedepunkt hinaus erwärmt werden können, ohne daß es zum Sieden kommt. Das Sieden setzt aber plötzlich sehr heftig ein, wenn das Siedegefäß erschüttert wird (die Temp. der überhitzten Fl. geht dabei wieder auf die Siedetemp. zurück). Zur Vermeidung des lästigen S. setzt man der Fl. vor dem Erhitzen Siedesteinchen od. Siedestäbchen (Späne aus harzarmem Fichtenholz) zu od. man verwendet eine Siedekapillare (s. *Destillation); auch die Verw. von Siedegefäßen mit angeätzter Innenfläche (wird bei Glas durch Flußsäure erreicht) hat sich bewährt (vgl. Dtsch. Apotheker-Ztg. 1959, S. 201). – E: delayed boiling

Siemens s. *Ohm. – E: ohm

sigma s. *σ.

Sigma-Teilchen (σ-Teilchen) s. *Elementarteilchen. – E: sigma particles

Signatur (Signatura = Aufschrift). In der Pharmazie versteht man darunter die Aufschrift auf den Arzneigefäßen. – E: signature

Sikkative. Bez. für *Trockenstoffe in gelöster Form; vgl. DIN 55901 (Apr. 1968). – E: siccatives

Silane. Bez. für binäre Verb. des Siliciums mit Wasserstoff von der allg. Formel Si$_n$H$_{2n+2}$; es handelt sich um die Si-Analogen zu den *Alkanen. Im Gegensatz zu den Kohlenwasserstoffen sind die S. sehr instabil; sie können nur unter Luftabschluß dargestellt werden, da sie sich in Berührung mit Sauerstoff von selbst entzünden u. mit heftigem Knall explodieren. Die Zahl der darstellbaren S. ist sehr viel kleiner als die Zahl der bekannten Kohlenwasserstoffe. *Beisp.:* Monosilan (Silicomethan) = SiH$_4$, Disilan (Silicoäthan) = Si$_2$H$_6$, Trisilan = Si$_3$H$_8$, Tetrasilan = Si$_4$H$_{10}$. Pentasilan = Si$_5$H$_{12}$ u. Hexasilan, die ebenso wie Si$_3$H$_8$ u. Si$_4$H$_{10}$ leicht zersetzliche Fl. sind, konnten bis jetzt noch nicht rein dargestellt werden; das aus Ketten mit –SiH$_2$–-Gliedern aufgebaute Polysilen = (SiH$_2$)$_x$ wurde von Schwarz (1935) als hellbraunes, selbstentzündliches Pulver bei der Zers. von Calciumsilicid = CaSi durch Eisessig erhalten. Im Vgl. zum Kohlenstoff hat Silicium ein viel stärkeres Vereinigungsbestreben zum Sauerstoff, daher oxydieren die S. von selbst zu dem einzig stabilen Endprod. Siliciumdioxid. Der erste Nachweis eines S. gelang 1857 F. Wöhler, als er Si-haltiges Aluminium in Salzsäure auflöste. Die Chemie der S. wurde vor allem von A. Stock entscheidend gefördert. – E: silanes

Lit.: Brauer I, 602–605; Clasen, in Angew. Chem. 80 [1958] S. 179 f.; Ebsworth, E. A. V., Silicon Compounds, Oxford, Pergamon Press, 1963; Gmelin, Syst.-Nr. 15, Si, 1959, Tl. B, S. 227–257; Kleiner, E., „Brückenbau" in der Chemie: S. als Haftvermittler in der Kunststofftechnik, in Chemie-Labor-Betrieb 16 [1965] S. 508–512; MacDiarmid, A.G., in Preparative Inorg. Reactions, Bd. 1, London-New York, Wiley-Interscience, 1964; Petrow, A. D. u. W. F. Mironow, Darst. u. Eig. der Silicium-Kohlenwasserstoffe, Berlin, Akad.-Verl., 1955; Schott, G., Oligo- u. Poly-S. u. ihre Deriv., in Fortschr. Chem. Forsch. 9 [1967] S. 60 bis 101; Stock, A., Hydrides of Boron and Silicon, Ithaca, N. Y., Cornell Univ. Press, 1957; Stone, F. A. A., Hydrogen Compounds of the Group IV Elements, Englewood Cliffs, Prentice Hall, 1962; Ullmann XV, 739–744, 748–749, 766–769.

Silanole. Bez. für eine Gruppe von Hydroxylgruppen im Mol. enthaltenden Silicium-Verb.: *Beisp.:* Silanol = H$_3$Si–OH, Silandiol = H$_2$Si(OH)$_2$, Silantriol = HSi(OH)$_3$. Die zu den S. gehörenden *siliciumorg. Verb. sind dadurch charakterisiert, daß sie an Siliciumatome gekoppelte OH-Gruppen enthalten. *Beisp.:* Trimethylmonosilanol = (CH$_3$)$_3$Si(OH), Propyläthyldisilanol = (C$_3$H$_7$)(C$_2$H$_5$)Si(OH)$_2$. – E: silanols

Lit.: Ullmann XV, 759–769.

Silber (chem. Symbol Ag, von lat.: argentum). Metall. Element, *Edelmetall, At.-Gew. 107,868 ±0,001 (IUPAC-Tab. 1968). Natürliche Isotope 107 (51,82%) u. 109 (48,18%); Ordnungszahl 47. Ag ist fast ausschließlich I-wertig, II-Wertigkeit tritt nur selten auf; in einigen Komplexsalzen konnte man neuerdings sogar III-wertiges Ag feststellen (s. z. B. CAEN 42 [1964] Nr. 16, S. 52). Über das Auftreten der Koordinationszahl 5 für Ag s. CAEN 1965, Nr. 38, S. 45. Ag steht in der I. Nebengruppe des *Periodensyst. zwischen Kupfer u. Gold, mit denen es chem. u. physikal. Verwandtschaftsbeziehungen aufweist. Die Salze des Ag sind meist farblos, sofern nicht der Säurerest farbig ist (wie z. B. beim Silberchromat); es sind auch eine Reihe von Koordinationsverb. bekannt. Ag ist ein weißglänzendes polierfähiges Edelmetall, das von allen Metallen die höchste Leitfähigkeit für Wärme u. Elektrizität besitzt; es ist nach dem Gold das dehnbarste Metall. Man kann Ag zu Blättchen von 0,0027 mm hämmern u. zu Drähten ausziehen, von denen das km nur 0,5 g wiegt. D. 10,50 bei 20° (Schwermetall), Mohssche Härte 2,5 – 3 (zwischen Kupfer u. Gold) F. 960,8°, Kp. 2212°. Ag ist mit Gold, Quecksilber u. Palladium beliebig legierbar; mit Chrom, Mangan u. Nickel lassen sich dagegen nur in begrenztem Umfang Leg. herstellen, mit Eisen u. Kobalt bildet Ag keine Leg. An gewöhnl. Luft bleibt Ag unverändert; offenbar überzieht es sich mit einer sehr dünnen, durchsichtigen Oxidschicht, die das Metall vor weiterem Angriff schützt. Die Halogene verbinden sich bei Zimmertemp. langsam mit Ag; unter Einw. von Schwefelwasserstoff tritt Schwärzung auf (Bildung von Silbersulfid = Ag_2S). Der unangenehme Geruch mancher Silbermetallwaren ist nach E. Raub (Angew. Chem. 1934, S. 673) auf die Adsorption von Schwefelverb. auf der Silberoberfläche zurückzuführen. Über chem. Färben von Ag s. Z. Gold u. Silber (Stuttgart, Konradin-Verl.), 1958, S. 28 – 29. Über Diffusion u. Löslichkeit von Sauerstoff in Ag s. W. Eichenauer u. G. Müller in Z. Metallkde. 1962, S. 321 – 324. Wss. Lsg. von Salzsäure oder anderen nichtoxydierenden Säuren greifen Ag nicht an (s. *Spannungsreihe), wohl aber oxydierende Säuren (Salpetersäure, warme, konz. Schwefelsäure) u. Alkalicyanidlsg. Ag wirkt (auch gebunden) stark antisept. Milchsaures Ag (Silberlactat) kann nach Credé noch in einer Verd. von 1 : 1000 innerhalb von 5 Min. Staphylokokken, Streptokokken u. Milzbrandbazillen abtöten. Schon um 1930 wurden dünne, bakterientötende Silberfolien als Wundverbandmaterial vorgeschlagen u. mit Erfolg verwendet. Heutzutage werden die Silber-Aerosole, -Lsg., silberhaltige Salben, Tabletten u. dgl. gegen Schnupfen, Keuchhusten, Akne vulgaris u. dgl. angewendet. Man versucht, auch Wasser, Eis, Limonaden u. Kunstlimonaden durch kleinste Mengen kolloiden Ag haltbar zu machen. Bes. stark wirkt das Ag in feinster, womöglich kolloider Zerteilung od. in Form von Silbersalzen. Nach Chem. Age 1957, S. 510 u. J. Agric. Food Chem. 1957, S. 116 haben die Ag-Ionen unter allen Metall-Ionen die stärkste fungicide Wrkg.; auch die bactericide Wrkg. des metall. Ag wird durch die Ag-Ionen verursacht, s. M. Fischer in Zbl. Bakter. Bd. 170, 1957, S. 199. Ag-Ionen u. a. Schwermetallionen werden vom Bakterienkörper rasch absorbiert u. angereichert, so daß ihre Konz. bedeutend höher liegt als in der Umgebung. Viele Fermente werden schon durch winzige Silbermengen inaktiviert.

Vork.: Ag gehört zu den seltenen Elementen; man schätzt seinen Anteil an der obersten, 16 km dicken Erdkruste auf nur $1 \cdot 10^{-5}$ %; damit steht Ag in der Häufigkeitsliste der Elemente an 67. Stelle zwischen *Cadmium u. *Indium. In der Natur findet es sich vorwiegend als Silbersulfid in Gemeinschaft mit anderen Sulfiden, so z. B. im Silberglanz (Argentit = Ag_2S), in den Rotgültigerzen = Ag_3SbS_3 u. im Silberantimonglanz = AgSbS. Die Silberhalogenide (Hornsilber = AgCl) spielen techn. keine wichtige Rolle, auch das gelegentlich in feiner Verteilung gediegen vorkommende Ag (z. B. in Mansfeld, Freiberg, Sardinien, Bolivien, USA) tritt an Bedeutung hinter den sulfid. Erzen zurück. In den Meteoriten hat man noch kein Ag entdecken können; man nimmt deshalb an, daß auch der Erdkern silberfrei ist (Ag ist mit Fe nicht legierbar). Die verhältnismäßig größten Ag-Mengen dürften sich in der Sulfid-Oxidschale (s. *Geochemie) vorfinden; von hier aus gelangen spärliche Anteile hin u. wieder mit dem Magma in den eigentlichen Gesteinsgürtel der Erde. Über schwarzen Calcit als Ag-Quelle s. CAEN 1965, Nr. 26, S. 19. Im Meerwasser hat man 0,3 mg Ag/m³ nachweisen können.

Darst.: Da die eigentlichen Silbererze selten sind, gewinnt man heute rund 50% des Ag als Nebenprod. bei der Verhüttung von Bleiglanz, der gewöhnl. 0,01 – 0,3% (gelegentlich sogar über 1%) Ag enthält, durch das das sog. *Pattinsonieren* (Anreicherung des Ag bis zur Bldg. des Eutektikums aus 2,5% Ag u. 97,5% Blei; dann Isolierung des Ag durch „*Treibarbeit*", die darin besteht, daß das Blei in der Schmelze durch Überleiten von Luft zu pulveriger, leicht entfernbarer Bleiglätte = PbO oxydiert wird, während reines metall. Ag. zurückbleibt) ermöglicht wird. Bei schwach silberhaltigen Bleisorten wendet man auch die sog. Zinkentsilberung, das „*Parkesieren*", an (hier erhitzt man das schwach silberhaltige Blei bis über den Zinkschmelzpunkt u. rührt dann Zink ein, das alles Ag u. einen Teil des Bleis aufnimmt. Das silberhaltige Zink sammelt sich auf der Schmelze an, es wird das Zink abdestilliert u. das Blei durch „Treibarbeit" entfernt). In den silberreichen Ländern wird Ag auch durch *Amalgamation u. in neuerer Zeit vor allem durch die Cyanidlaugerei (Abtrennung als Komplex-Ionen der Zus. $[Ag(CN)_2]^-$ durch Laugung mit Natriumcyanid = NaCN an der Luft) gewonnen. Die Reinigung erfolgt vielfach durch elektr. Raffination; man hängt das zu reinigende Ag in Plattenform als Anode in eine Silbernitratlsg. od. in stark verd. Salpetersäure, wobei sich an der Kathode in günstigen Fällen Ag mit einem Reinheitsgrad von 99,95% niederschlägt. Über die Gewinnung von reinem Ag aus Ag/Cu-Leg. s. Donath in Z. Angew. Chem. 1926, S. 90. Über Darst. von reinstem Ag s. Brauer II, 905, von kolloid. Ag s. Brauer II, 906.

Verw.: Ag ist rein mengenmäßig betrachtet das meistgeförderte u. meistgebrauchte Edelmetall. Um seine Härte zu steigern, wird es in der Regel mit 7—70% Kupfer legiert; die Brinellhärte kann hierdurch verdoppelt werden. Bei Münzen beträgt der Ag-Gehalt zumeist 40—70%, bei Silberwaren 80—93,5%. Etwa $^1/_3$ der Ag-Weltproduktion wird zu Münzzwecken verwendet (die ersten Ag-Münzen wurden im Mittelmeergebiet vor etwa 2600 Jahren ausgegeben); der größte Tl. des Restes dient zur Herst. von Schmuckwaren u. Bestecken. Weiterhin wird Ag verwendet in der *Photographie (die lichtempfindliche Schicht auf Photoplatten, Filmen u. Papieren besteht meist aus Silberbromid), zum Versilbern, zu Plattierungen (Silberdoublé), zur Herst. von Tiegeln u. Schalen für Alkalischmelzen, von Kondensatoren in der Hochfrequenztechnik, von Spiegeln, als Goldersatzmittel in der Zahnheilkunde (weiße Edelmetall-Leg. aus 60—70% Ag, 20—30% Pd, 10% Cu, Zn, Co, Ni u. dgl.), zu Silberlot, als Katalysator, für Arzneimittel, zu Desinfektionszwecken usw.

Geschichtl.: Da Silber in der Natur z. T. gediegen vorkommt, ist es frühzeitig bekannt geworden; so findet man z. B. schon bei Homer silberne Rüstungen erwähnt. Bes. Bedeutung hatten in der Antike die Silberfundstätten in Kleinasien, Spanien u. Griechenland (Laurion in Attika). Seit Anfang des 16. Jh. strömten riesige Ag-Mengen aus Süd- u. Mittelamerika nach Europa. In neuerer Zeit hatte die gewaltig gesteigerte Ag-Produktion von USA u. Mexiko den alten europ. Silberbergbau (Freiberg in Sachsen usw.) beinahe zum Erliegen gebracht. Die mittelalterlichen Alchemisten haben das Silber wegen seines Glanzes der Mondgöttin (Luna) geweiht, daher wurde als chem. Symbol für Silber lange Zeit ein Halbmond verwendet. — E: silver

Lit.: Abeggs Handbuch der Anorg. Chemie, Bd. II/1, Leipzig, Hirzel, 1922; Addicks, L., Silver in Industry, New York, Reinhold, 1947; Butts, A. u. C. D. Coxe, Silver: Economics, Extraction, Use, London 1967; Gmelin, Syst.-Nr. 61, Ag, Weinheim, Verl. Chemie, ab 1969; Kerschagl, R., Silber (Bd. 13 von Die metall. Rohstoffe), Stuttgart, Enke, 1961; Kirk-Othmer 1. Aufl., Bd. 12, 1954, S. 426—442; Pascal, Nouveau Traité, Bd. III, 1957, Paris, Masson, S. 467—491; Pillsbury u. Hill, Argyria, the Pharmacology of Silver, Baltimore, Williams and Wilkins, 1939; Raub, E., Die Edelmetalle u. ihre Leg., Berlin, Springer, 1940; Tafel-Wagenmann, Lehrbuch der Metallhüttenkunde, I, Leipzig, 1951; Ullmann IV, 501, 512, V, 748 VII, 834, XI, 90, XII, 341, XV, 630—678; Voigt, J., Das kolloidale Silber, Leipzig, Akad. Verl. Ges., 1929; s. auch *Edelmetalle.

Silicate. Salze der Orthokieselsäure, $Si(OH)_4$, u. deren Kondensationsprod., artenreichste Mineralgruppe. Die S. sind geolog., mineralog. u. techn. außerordentlich wichtig: Rund 95% der obersten, 16 km dicken Erdkruste bestehen aus Quarz u. S.; Glas, Porzellan, Email, Tonwaren, Zement, Wasserglas, Asbest, Permutit sind techn. wichtige S. Die meisten S. sind durch verhältnismäßig hohe Härte, Mangel an Eigenfarbe, metall. Aussehen u. weißen Strich gekennzeichnet. Die Chemie der S. (Silicatchemie) zeigt gegenüber der Chemie der Metalle, Salze, Säuren, Basen od. org. Verb. einige Besonderheiten. Zunächst sind die S. (mit Ausnahme der reinen Alkalisilicate, „Wasserglas") in keinem anorg. od. org. Lsgm. unzersetzt lösl., daher sind auch keine gelösten Ionen zu beobachten. Trotzdem darf man die Kristallgitter der S. in erster Annäherung als Ionengitter betrachten. Da sich die allermeisten S. weder unzersetzt verdampfen noch auflösen lassen, können sie nur nach röntgenograph. u. mineralog. Verf. untersucht werden. Auch die chem. Zus. der S. zeigt Besonderheiten. Während z. B. von der Schwefelsäure nur prim. u. sek., von der Orthophosphorsäure nur prim., sek. u. tert. Salze bekannt sind, vermag ein Grammäquivalent einer Base nicht nur 1 bis 3, sondern eine größere od. kleinere Anzahl von Kieselsäureäquivalenten zu binden; so gibt es z. B. ein $K_2Al_2O_4 \cdot SiO_2$ (Laboratoriumsprod.), ein $K_2Al_2O_4 \cdot 2\ SiO_2 =$ Kaliophilit, ein $K_2Al_2O_4 \cdot 4\ SiO_2 =$ Leuzit u. ein $K_2Al_2O_4 \cdot 6\ SiO_2 =$ Kalifeldspat. Man spricht in diesem Falle auch von verschiedenen „Silicierungsstufen" u. bezeichnet im Hinblick auf die wechselnden Kieselsäuregeh. (SiO_2 wird hier als Kieselsäure bzw. Kieselsäureanhydrid betrachtet) beispielsweise die Erstarrungsgesteine mit über 65% SiO_2 (SiO_2-Geh. des Kalifeldspats) als saure Gesteine, solche mit 52—65% SiO_2 als neutrale od. intermediäre Gesteine, während bei einem unter 52% liegenden SiO_2-Gehalt von bas. Gesteinen gesprochen wird. Der besseren Übersichtlichkeit wegen formuliert man die S. häufig nicht wie die übrigen Salze, sondern man zerlegt sie in Oxide. So schreibt man z. B. für Beryll statt $Al_2Be_3(Si_6O_{18})$ oft auch $Al_2O_3 \cdot 3\ BeO \cdot 6\ SiO_2$ (in analoger Weise könnte man z. B. auch Calciumsulfat = $CaSO_4$ als Doppeloxid $CaO \cdot SO_3$) formulieren. Der Feinbau der S. wurde in den letzten Jahrzehnten durch Röntgenstrukturanalyse weitgehend aufgeklärt; er ist durch überraschende Einfachheit ausgezeichnet. Bekanntlich kommt der einfachen, sehr unbeständigen Kieselsäure die Strukturformel

$$\text{HO} - \underset{\underset{\text{OH}}{|}}{\overset{\overset{\text{OH}}{|}}{\text{Si}}} - \text{OH}$$

zu. Das Si-Atom befindet sich hier (ähnlich wie das C-Atom beim Methan) im Zentrum eines regelmäßigen Tetraeders, an dessen Ecken die OH-Gruppen liegen. Der Abstand Si-O beträgt 1,60 Å, die Kantenlänge eines einzelnen Tetraeders hingegen 2,62 Å. Bei den S. sind die H der OH-Gruppen durch Metalle ersetzt; sehr oft fallen die H aber auch infolge intermol. Wasserabspaltung zwischen je zwei Kieselsäuremol. aus, entsprechend der Gleichung:

$$\text{HO} - \underset{\underset{\text{OH}}{|}}{\overset{\overset{\text{OH}}{|}}{\text{Si}}} - \boxed{\text{OH} + \text{H}}\, \text{O} - \underset{\underset{\text{OH}}{|}}{\overset{\overset{\text{OH}}{|}}{\text{Si}}} - \text{OH} \rightarrow$$

$$\rightarrow \text{HO} - \underset{\underset{\text{OH}}{|}}{\overset{\overset{\text{OH}}{|}}{\text{Si}}} - \text{O} - \underset{\underset{\text{OH}}{|}}{\overset{\overset{\text{OH}}{|}}{\text{Si}}} - \text{OH} + H_2O.$$

Eines der O-Atome verknüpft dann 2 Kieselsäuremol. u. wird so zum gemeinsamen Eckpunkt von 2 verschiedenen Tetraederstrukturen (s. Abb. b). Obwohl die S. sehr unterschiedliche Struktur haben können, liegt ihnen jedoch das folgende einfache Bauprinzip zugrunde: Jedes Si-Atom ist stets von 4 O-Atomen umgeben, u. nur die verschiedenartige Verknüpfung dieser SiO_4-Einheiten liefert die einzelnen Silicatklassen, bei denen man folgende Haupttypen (vgl. z. B. G. Jander u. E. Blasius, Lehrbuch der Analyt. u. Präparativen Chemie, Stuttgart, Hirzel, 1965, S. 173 – 174) unterscheidet:

1. S. mit selbständigen, „diskreten" Anionen:

    a) *Neo-S. (Insel-S.):* Dies sind Ortho-S. mit dem Anion $[SiO_4]^{2-}$ (*Beisp.:* Forsterit = $Mg_2[SiO_4]$, Phenakit = $Be_2[SiO_4]$, gemeiner Olivin = $(Mg,Fe)_2[SiO_4]$). Vgl. Abb. a.

    b) *Soro-S. (Gruppen-S.):* Hier sind die SiO_4-Tetraeder zu einer endlichen Gruppe verknüpft; dazu gehören z. B. die *Di-S.* mit dem Anion $[Si_2O_7]^{6-}$ (*Beisp.:* Thortveitit = $Sc_2[Si_2O_7]$). Vgl. Abb. b.

    c) *Cyclo-S. (Ring-S.):* In diesen S. sind die SiO_4-Tetraeder zu Ringen angeordnet. Man unterscheidet hier S. mit den Anionen $[Si_3O_9]^{6-}$ *(Drei-Ringe, vgl. Abb. c; Beisp.:* Benitoit = $BaTi[Si_3O_9]$), $[Si_4O_{12}]^{8-}$ (Vier-Ringe, vgl. Abb. d; *Beisp.:* Axinit = $Ca_2(Fe,Mn)[Al_2Si_4O_{12}](BO_3)OH[?])$, $[Si_6O_{18}]^{12-}$ (Sechs-Ringe, vgl. Abb. e; *Beisp.:* Beryll = $Be_3Al_2[Si_6O_{18}]$). Isolierte Ringe mit mehr als sechs Gliedern wurden in S. bisher nicht gefunden.

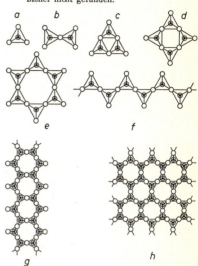

Abb. a bis h) Feinbau der Silicate
● = Siliciumatome ○ = Sauerstoffatome

2. *Ino-S. (Ketten-S.):* In diesen S. sind die SiO_4-Tetraeder zu Ketten zusammengelagert, d. h. zu eindimensional unbegrenzten Gebilden, die prakt. Polymere des Ions SiO_3^{2-} sind. Hierzu gehört die große Zahl der Meta-S. (*Beisp.:* Enstatit = $Mg[SiO_3]$, Diopsid = $CaMg[Si_2O_6]$; vgl. Abb. e). Durch die Vereinigung je zweier Ketten entstehenden Doppelketten od. Bänder mit dem Anion $[Si_4O_{11}]^{6-}$ (*Beisp.:* Asbest, Hornblende, z. B. $Ca_2Mg_5[(OH)_2(Si_4O_{11})_2]$; vgl. Abb. g).

3. *Phyllo-S. (Blatt-S., Schicht-S.):* In diesen S. sind die SiO_4-Tetraeder jeweils in einer Ebene miteinander verkettet; sie bilden also Schichtengitter (S. mit doppelt gekoppelten Anionen). Sie sind Polymere des Anions $[Si_2O_5]^{2-}$ (*Beisp.:* Talk = $Mg_3[(OH)_2(Si_4O_{10})]$; vgl. Abb. h).

4. *Tekto-S. (Gerüst-S.):* In diesen S. setzt sich die Verkettung der SiO_4-Tetraeder in allen drei Raumrichtungen fort (dreidimensionale Netzwerke) (*Beisp.:* Feldspate, z. B. Albit = $NaAlSi_3O_8$). Hier handelt es sich prakt. um Polymere von SiO_2, u. den Grenzfall der Tekto-S. bilden deshalb die SiO_2-Modifikationen Quarz, Trydimit u. Cristobalit.

Silicatkeramik

Die Verb.-Fähigkeit wird dadurch noch vielseitiger, daß an die Stelle des Siliciums in den Tetraedern andere Elemente, insbes. Aluminium (dieses hat hier die Koordinationszahl 4 wie das Silicium) treten können (Alumosilicate, wozu z. B. die Feldspate gehören).
Nach dem Dispersionsgrad können die S. in *grobdisperse* (Mineralien u. Gläser), *kolloide* (z. B. Tonminerale) u. *molekulardisperse* (liegen z. B. in stark alkal. Lsg. vor) S. eingeteilt werden. — Über silicat. Bindung vom Standpunkt der Elektronentheorie aus s. W. Noll in Angew. Chem. 75 [1963] S. 123 — 130. — E: silicates

Lit.: Ahrens, Spectrochemical Analysis of Silicates, Reading, Mass., Addison-Wesley Publ. Co., 1954; Babuškin, V. I., G. M. Matveev u. O. P. Mčedlov-Petrosjan, Thermodynamik der Silicate, Berlin, VEB Verlag für Bauwesen, 1966; Beke, B. u. F. Tamás, Proceedings of the Sixth Conference on the Silicate Industry (held in Budapest 1961), Budapest, Akadémiai Kiadó, 1963; Bennett, H., u. W. G. Hawley, Methods of Silicate Analysis, London 1964; Debras-Guedon, I. A. Voinovitch, J. Louvrier, L'Analyse des Silicates, Paris, Hermann, 1962; Eitel, W., Physikal. Chemie der S., Leipzig, Barth, 1941; ders., The Physical Chemistry of the Silicates, Chicago, Univ. of Chicago Press, 1954; ders., Die heterogenen Schmelzgleichgew. silicat. Mehrstoffsyst., Leipzig, Barth, 1943; ders., Silicate Science I (Silicate Structures) [1964], II (Glasses, Enamels, Slags) [1965], III (Dry Silicate Systems) [1965], IV (Hydrothermal Silicate Systems) [1965], V (Ceramics and Hydraulic Binders) [1966], New York, Academic Press; Fritz, G., Bldg. u. Eig. höher- u. hochmol. Verb. von Elementen der 3., 4. u. 5. Gruppe des Periodensyst., in Angew. Chem. 80 [1968] S. 2 — 7 (bes. S. 2 — 3) ; Groves, A. W., Silicate Analysis, London, Allen & Unwin Ltd., 1951; Hauser, E., Silicic Science, New York, Van Nostrand, 1955; Hinz, W., Silikate, Einführung in die Theorie u. Praxis, Berlin, VEB Verl. für Bauwesen (5 Lief. 1962) ; Jacob, J., Chem. Analyse der Gesteine u. silicat. Minerale, Basel, Birkhäuser, 1952; Jasmund, Die silicat. Tonminerale, Weinheim, Verl. Chemie, 1950; Iler, R. K., The Colloid Chemistry of Silica and Silicates, Ithaca, Cornell Univ. Press, 1955; Jewstropjew u. Toropow, Einführung in die Silicatchemie, Wiesbaden-Berlin, Bauverl., 1958; Kirk-Othmer 1. Aufl., Bd. 12, 1954, S. 268 — 360; Lassieur, A., Analyse des Silicates, Paris, Dunod, 1951; Liebau, F. Die Systematik der S., in Naturwiss. 1962, S. 481 — 491; Marshall, C. E., The Colloid Chemistry of the Silicate Minerals, New York, Acad. Press, 1949; Tambs, F., Proceedings of the Seventh Conference on the Silicate Industry (held in Budapest 1963), Budapest, Akadémiai Kiadó, 1965; Thilo, Funk, Wichmann, Über neutrale u. saure Salze niedrigmol. Kieselsäuren u. ihre Kondensationsprod., Berlin, 1951; Toropov, N. A. u. V. P. Barzakovskii, High-Temperature Chemistry of Silicates and other Oxide Systems, New York, Plenum, 1966; Ullmann III, 374, 400, XI, 654, 660, 661, XV, 703 — 712; Vail, J. G., Soluble Silicates, I — II, New York, Reinhold, 1952. Voinovitch, I. A., J. Debras-Guedon u. J. Louvrier, Analysis of Silicates, London 1967; *Ztschr.:* Silikattechnik, Berlin, Verl. für Bauwesen; Silikat-Journal, Organ des Bundes der Führungskräfte der Silikat-Industrie, Selb/Bayern, Verl. Techn. Journale GmbH., Silicates Industriels, Brüssel, Les Etudes des Composés Siliceux S. A.; Silikaty, Prag, Nakladatelstvi ČSAV; Silikaty, Moskau, Gosu-darstvennoe Izdatel'stvo Literatury po Stroitel'stvu, Arkhitekture i Stroitel'nym Materialam. Mit der Erforschung der S. befassen sich in Deutschland bes. das Max-Planck-Inst. für Silicat-Forschung in Würzburg, das Inst. für Siliciumchemie in Marburg/Lahn, das Inst. für Silicathüttenkunde der Bergakademie Freiberg/Sa., das Inst. für Angewandte Silicatforsch. der Dtsch. Akad. Wiss. zu Berlin, das Inst. für Steine u. Erden an der Bergakademie Clausthal u. das Inst. für Gesteinshüttenkunde der TH Aachen.

Silicatkeramik = *Keram. Werkstoffe.

Silicide. Bez. für Verb. aus Silicium u. einem Metall. Die meisten S. sehen metall. aus, sie sind (mit Ausnahme von Lithiumsilicid u. den Erdalkalisiliciden) gegen Wasser u. verd. Säuren beständig u. kristallisieren gut. In ihrer Zus. weichen sie oft von den üblichen Wertigkeitsverhältnissen ab (so gibt es z. B. ein Ca_2Si, ein $CaSi$ u. ein $CaSi_2$) ; sie zeigen damit deutliche Anklänge an die sog. *intermetall. Verb. Einige S. (Mangansilicid u. Magnesiumsilicid) geben bei der Zers. mit Säuren neben Wasserstoff auch *Silane. *Darst.:* Durch Verschmelzen von Silicium mit dem betreffenden Metall od. durch Red. von Siliciumdioxid mit einem genügenden Metallüberschuß. Die Alkalisilicide entzünden sich an der Luft; sie sind auch sehr feuchtigkeitsempfindlich. *Verw.:* Ca-Si-Leg. eignen sich als Desoxydationsmittel bei der Herst. von nichtrostenden Stählen. Das extrem harte u. bis ca. 1700° beständige Molybdän-S. eignet sich als Heizleiterwerkstoff u. zur Herst. von höchstzunderfesten Schichten zur Oberflächenvergütung von Hochtemp.-Werkstoffen. — E: silicides

Lit.: Parthe-Novotny-Schmidt, Strukturunters. an S., in Mh. Chemie 1955, S. 385 — 396; Schwarzkopf-Kiefer, Refractory Hard Metals, New York, Macmillan, 1953; Ullmann III, 374, 400, XI, 654, 660, 661, XV, 680 — 688.

Silicium (Silizium). Chem. Symbol Si (von lat.: silex = Kiesel), chem. Element, Halbmetall; At.-Gew. 28,086 ± 0,001 (bedingt durch Zus.-Schwankungen des natürlichen Isotopengemisches). Natürliche Isotope (in Klammern Angabe ihrer Häufigkeit): 28 (92,21%), 29 (4,70%), 30 (3,09%); Ordnungszahl 14. Si ist in Übereinstimmung mit seiner Stellung in der IV. Hauptgruppe des *Periodensyst. (zwischen Kohlenstoff u. Germanium) fast immer IV-wertig, manchmal tritt auch I-, II- u. III-Wertigkeit auf. Fünfbindiges Si wurde durch Röntgenstrukturanalyse in Dimethylsilylamin u. in Phenylsilatran nachgewiesen, s. CAEN 45 [1967] Nr. 42, S. 46. Reines krist. Si bildet stark metall. glänzende, tief dunkelgraue bis schwarze, reguläre Oktaeder vom Diamanttypus *D.* 2,33, Mohssche Härte 7 (ritzt Glas, sehr spröde), *F.* 1410°, *Kp.* 2355° (nach anderen Angaben 2630°). Beim Erstarren aus der Schmelze dehnt sich Si ähnlich wie Gallium, Wismut od. Wasser etwas aus. Si leitet den elektr. Strom wie Graphit (Metallähnlichkeit). Reinstes Si wäre ein

Silicium

Isolator; doch können schon chem. nicht nachweisbare Verunreinigungen (Konz. 10^{-8} u. weniger) den spezif. elektr. Widerstand senken. Krist. Si ist chem. sehr wenig reaktionsfähig; es ist in Wasser u. allen Säuren (auch Flußsäure) prakt. unlösl.; dagegen wird es schon von verd. Alkalilaugen zu *Silicaten gelöst; Gleichung: $Si + 2\ NaOH + H_2O \rightarrow Na_2SiO_3 + 2\ H_2$. Bei sehr großer Hitze (Weißglut) verbindet sich Si mit Sauerstoff, Stickstoff u. Wasserstoff, es legiert sich mit Metallen u. bildet z. T. auch *Silicide od. *intermetall. Verb. Bei mäßigem Erwärmen (z. B. 400°) bildet sich auf Si eine feste, nicht flüchtige SiO_2-Schicht, die weiteren Luftzutritt verhindert. In geschmolzenem Aluminium ist Si gut lösl.; es kann aus diesem umkristallisiert werden. Früher hat man beim elementaren Si verschiedene allotrope Modifikationen unterschieden (z. B. krist., amorphes u. flußsäurelösl. Si) neuere röntgenometr. Strukturbest. haben jedoch ergeben, daß alle diese Si-Sorten das gleiche Gitter aufweisen. Damit soll nicht bestritten werden, daß sich die nach verschiedenen Verf. hergestellten Si-Sorten wegen der unterschiedlichen Teilchengrößen, Gitterstörungen, Oberflächenentw., Verunreinigungen usw. in physikal. u. chem. Hinsicht recht verschieden verhalten können; so wird z. B. das nach Gattermann hergestellte, braune, feinpulverige Si (im Gegensatz zum krist. Si) von Flußsäure leicht angegriffen. Die Verb. des Si sind farblos, sofern nicht farbige Ionen, Atome od. Atomgruppen in diese eingebaut sind. Ähnlich wie der Kohlenstoff bei den C-Verb. steht auch das Si-Atom bei den Si-Verb. im Mittelpunkt eines Tetraeders. Im Gegensatz zum C-Atom vermag jedoch das Si-Atom keine langen, stabilen Ketten zu bilden; auch ist die Affinität des Si zum Sauerstoff wesentlich stärker ausgeprägt, u. die Si-Sauerstoff-Verb. zeigen eine außergewöhnl. starke Neigung zur Polymerisation (s. auch *Silicate). Da elementares Si unlösl. ist u. bei gewöhnl. Temp. kaum reagiert, vermag es auf Organismen keine nennenswerten Wrkg. auszuüben. Über eine bes. reaktive, leicht brennbare, mit Wasser rasch reagierende Si-Form aus Si_6-Ringen s. Kautsky u. Haase, in Z. Naturforsch. 8 b [1953] S. 45.

Vork.: Der Anteil des Si an der Zus. der 16 km dicken Außenschicht der Erdkruste beträgt etwa $27{,}72^0/_0$; damit ist Si nach dem *Sauerstoff das auf der Erde am meisten verbreitete Element. Es überrascht, daß man dieses Element in der Natur ausschließlich in anorg. Mineralien, wie Ton, Sand u. Gesteinen findet. Org. Si-Verb. mit einer Si — C-Bindung im Mol. wurden in der Natur bisher nicht aufgefunden; vgl. Österr. Chemiker-Ztg. 68 [1967] S. 309.

Darst.: Man erhält Si in mehr od. weniger großer Reinheit durch Red. des Dioxids (od. von Si-Halogeniden) mit Magnesium, Aluminium od. Kohle. *Beisp.:* Man mischt im Tiegel 1,3 g trockenes, vorher ausgeglühtes Quarzpulver mit 1 g feinem Magnesiumpulver u. entzündet das Gemisch vorsichtig mit der Flamme; es entsteht eine gelbe Stichflamme mit Funkenregen. Nach dem Erkalten liegt ein graues Pulvergemisch aus Magnesiumoxid u. Si vor, aus dem das MgO mit Salzsäure leicht herausgelöst werden kann; es bleibt dann unreines, pulveriges, amorphes Si zurück. In der Technik reduziert man Quarz mit Hilfe von Kohle in elektr. Öfen bei Ggw. von Eisen. Man erhält so techn. „Reinsilicium" mit $2 - 5^0/_0$ Eisen; wichtiger ist das eisenreichere Ferrosilicium. Kolloides Si entsteht nach einem Degussa-Verf. (s. Ind. Engg. Chem. 1959, S. 232–238) bei der Reaktion von H_2 u. O_2 mit $SiCl_4$-Dämpfen. Reinstes Si entsteht nach Wartenberg (Z. Anorg. Allg. Chemie 265 [1951] S. 186) bei der Reaktion zwischen $SiCl_4$-Dampf u. Zn-Dampf, bei der Hitzezers. von SiJ_4 (s. Chemiker-Ztg. 81 [1957] S. 686), bei der Red. von $SiCl_4$ mit Na (s. Z. Anorg. Allg. Chem. 321 [1963] S. 113–119) usw.; s. auch Aries u. Sachs in Chim. et Ind., Juli 1958, S. 14–17 u. in Dechema-Monogr. 33 [1959], ferner Brauer I, 600–602.

Verw.: Die techn. Verwertbarkeit des elementaren Si ist begrenzt; man benützt es als Desoxydationsmittel bei der Herst. von Kupferleg.; auch wird es Stahl u. Schmiedeeisen zugesetzt, um deren Festigkeit u. Korrosionsbeständigkeit zu erhöhen. Die Säurebeständigkeit solcher Leg. ist auf einen dünnen, oberflächlichen Schutzfilm aus Si zurückzuführen, der nach Auflösung des Oberflächeneisens zurückbleibt, s. CAEN 1953, S. 4768. Si ist auch Zwischenprod. bei der Darst. von *Siliconen. In der Kurzwellentechnik werden Si-Kristalldetektoren verwendet. Man stellt auch Linsen für den Bereich des mittleren Ultrarot aus Si bzw. Germanium her. Wesentlich größere techn. Bedeutung als das Element haben die Si-Verb.

Geschichtl.: Elementares Si wurde von Berzelius durch Red. von Siliciumfluorid mit metall. Kalium erhalten. Berzelius erkannte auch, daß Si bei der Verbrennung in „Kieselerde" (Quarz u. dgl.) übergeht; er benannte Silicium daher mit dem deutschen Wort Kiesel. Der latinisierte (s. oben) Name Silicium kam erst später auf. — E: silicon

Lit.: Abeggs Handbuch der Anorg. Chemie, Bd. III/2, Leipzig, Hirzel; Bereschnoi, A. S., Silicon and its Binary Systems, New York, Consultants Bureau, 1960; Bonitz, E., Reaktionen des elementaren Si, in Angew. Chem. 78 [1966] S. 475–482; Bürger, H., Die Bindungsverhältnisse am Si-Atom, in Fortschr. Chem. Forsch. 9 [1967] S. 1–59; Eaborn, C., Organosilicon Compounds, London, 1960; Ebsworth, E. A. V., Volatile Silicon Compounds, Oxford, Pergamon Press, 1962; Gmelin, Syst.-Nr. 15, Si, Tl. B (Das Element, anorg. Si-Verb.), Tl. C (org. Si-Verb.), Weinheim, Verl. Chemie, 1959–1960; Haas, A., Chemie der Si-

Siliciumorganische Verbindungen

Schwefel-Verb., in Angew. Chem. 77 [1965] S. 1066 bis 1075; Hafner, K. u. a., Si-Chemie, Berlin, Springer, 1967 (Fortschr. Chem. Forsch. Bd. 9, H. 1); Kirk-Othmer, 1. Aufl., Bd. 12, 1954, S. 360–365; Nijampurkar, V. N. u. a., Altersbest. von Grundwasser mit Si-Isotop 32, in Nature 210 [1966] S. 478 bis 480; Rost, R., Si als Halbleiter, Stuttgart 1965; Schmidbaur, H., Kohlenstoff u. Si — Wie ähnlich sind homologe Elemente?, in Chemie in unserer Zeit 1 [1967] S. 184–188; Schreiter, W., Seltene Metalle, Bd. 2: In, Li, Mo, Nb, Platinmetalle, Ra, Re, Rb, Se, Seltene Erden, Si, Sc, Leipzig, VEB Dtsch. Verl. Grundstoffindustrie 1961; Sommer, Stereochemistry and Mechanism of Silicon, New York 1965; Ullmann VIII, 351, XV, 678–692; s. auch *Silicate.

Siliciumorganische Verbindungen. Bez. für solche Verb., die direkte Silicium-Kohlenstoff-Bindungen enthalten. Hierzu gehören z. B. die *Silicone (z. B. in der techn. wichtigen Form der Dimethylsiloxane), nicht aber Orthokieselsäureester od. Polykieselsäureester, in denen Silicium- nur über Sauerstoff- an Kohlenstoffatome geknüpft ist. Vgl. hierzu W. Noll in Angew. Chem. 66 [1954] S. 41 u. E. G. Rochow in Introduction to the Chemistry of the Silicones, New York, Wiley, 1966, S. 119. — E: organosilicon compounds
Lit.: Kriegsmann, H., Zu einigen Bindungsproblemen S. V., in Allg. Prakt. Chem. 19 [1968] S. 5–7; Petrov, A. D., V. F. Mironov, V. A. Ponomarenko u. E. A. Chernyshev, Synthesis of Organosilicon Monomers, New York 1965; Zuckerman, J. J., The Direct Synthesis of Organosilicon Compounds, in Adv. Chem. Radiochem. 6 [1964] S. 383–432.

Siliciumwasserstoffe = *Silane. — E: silicon hydrides

Silicofluoride = *Fluate.

Silicone (Polyorganosiloxane). Nicht einheitlich verwendete Bez. Dient einmal als Klassenbez. für alle monomeren u. polymeren siliciumorg. Verb. mit Si–C-Bindungen, dann auch als Sammelbez. für siliciumorg. Polymere verschiedenster Art, wird im engeren Sinne auch verwendet zur Kennzeichnung von siliciumorg. Polymeren mit Si–O–Si-Bindungen. Nach Noll (s. Lit.) soll man den Begriff S. auf solche polymeren Verb. einschränken, in denen Siliciumatome über Sauerstoffatome verknüpft sind u. die nicht durch Sauerstoff gebundenen Valenzen des Siliciums durch mindestens eine Organogruppe abgesättigt sind. Demnach ist der Typus des einfachen linear-polymeren S. nach dem Schema

$$\begin{array}{ccc} R & R & R \\ | & | & | \\ -Si-O-Si-O-Si-O- \\ | & | & | \\ R & R & R \end{array} = (R_2SiO)_x$$

aufgebaut. Die Bez. S. wurde in Analogie zu Keton gebildet, da R_2SiO als Baueinheit einem Keton der allg. Formel R_2CO entspricht. Diese Analogie ist jedoch rein formal, denn heute kann als gesichert gelten, daß eine Si–O-Doppelbindung im Gegensatz zur C–O-Doppelbindung zumindest nicht bei niedrigen Temp. stabil ist. Schärfer als durch „S." werden die Verb. als *Polyorganosiloxane* gekennzeichnet; diese Namensbldg. beruht auf der Formulierung der Si–O–Si-Bindung als Siloxan-Bindung u. hat sich in der wissenschaftlichen Lit. eingebürgert. Im allg. Sprachgebrauch hat sich trotz aller Bedenken der Terminus „S." gehalten u. wird sich kaum verdrängen lassen. Noll will zweckmäßigerweise die Bez. S. jedoch nur für techn. Prod. verwendet wissen, zumal hier ein solcher Sammelbegriff schon deshalb angebracht erscheint, weil es sich meist um nichtdefinierte chem. Individuen handelt; dieser Autor hält als wissenschaftliche Bez.-Weise dagegen die auf „Siloxan" aufgebaute Nomenklatur für vorteilhaft. Die Definition von Noll kennzeichnet die S. hinsichtlich ihrer allg. Bauprinzipien wie folgt:
1. S. sind polymer. Sie besitzen damit ein für den Bau org. *Makromol. charakterist. Merkmal. 2. Sie enthalten Silicium-Sauerstoff-Bindungen, d. h. dieselben Atomverknüpfungen, die auch das Bauprinzip der Kieselsäure u. der Silicate bilden. 3. Sie enthalten Kohlenwasserstoffreste in direkter Bindung an das Silicium, mithin Baugruppen u. Bindungen, mit denen sie sich an die Org., speziell die Metall- od. Siliciumorg. Chemie anlehnen. — Die S. nehmen somit eine Zwischenstellung zwischen anorg. u. org. Verb., insbes. zwischen Silicaten u. org. Polymeren ein. Die Baueinheiten der S. liegen zwischen denen der Silicate (SiO_4^{4-}) u. denen der rein siliciumorg. Verb. R_4Si. Die Zus. der Siloxaneinheit ergibt sich unter Berücksichtigung der Tatsache, daß jedes O-Atom als Brückenglied zwischen je zwei Si-Atomen liegt, zu $R_nSiO_{(4-n)/2}$ (n = 1, 2 od. 3). Die freien Valenzen am Sauerstoff bestimmen die Funktionalität jeder Siloxaneinheit; diese Einheiten sind also mono-, di- od. trifunktionell (M = $R_3SiO_{1/2}$, D = $R_2SiO_{2/2}$ bzw. T = $RSiO_{3/2}$). Die große Mannigfaltigkeit der Verb.-Typen, die in der Polyorganosiloxanchemie anzutreffen ist, gründet sich in erster Linie darauf, daß verschiedene Siloxaneinheiten im Mol. miteinander kombiniert werden können.

Nach techn. Belangen werden die S. in Öle (Pasten, Fette), Harze, Kautschuk u. salzartige Verb. eingeteilt. In Anlehnung an die Systematik org. Polymerer unterscheidet Noll die folgenden Gruppen: 1. *Kettenpolymere Siloxane*; diese entsprechen dem Bautyp MD_nM od. $R_3SiO[R_2SiO]_nSiR_3$. 2. *Verzweigte Polymere*; diese enthalten als verzweigendes Prinzip mindestens eine trifunktionelle (T) od. tetrafunktionelle (Q = $SiO_{4/2}$); diese Baugruppe tritt als 4. beim Aufbau von Organosiloxan-Polymeren auf) Siloxaneinheit. Die Verzweigungsstelle ist entweder in eine Kette od. einen Ring eingebaut. 3. *Cycl. Polymere*; diese sind aus Siloxanringen aufgebaut. Auch hier sind ebenso wie in der Kohlenstoffchemie kondensierte Ringsyst. möglich. 4. *Vernetzte Polymere;* diese Gruppe wird dadurch charakterisiert, daß ketten- od. ringförmige Mol. mit Hilfe von T- u. Q-Einheiten zu zwei- od. dreidimensionalen Netzwerken verknüpft sind. Die Mol.-Größen der cycl. Polymeren sind begrenzt; für den Aufbau höhermol. S. sind Kettenbldg. u. Vernetzung die dominierenden Prinzipien, zu denen als Variante die Verzweigung kommt. Innerhalb jeder Polymerengruppe läßt sich eine weitere Gliederung je nach der Art der am Silicium gebundenen Substituenten vornehmen. Das Siloxangerüst kann mit verschiedenartigen gesätt. Kohlenwasserstoffen beladen sein, es kann außerdem siliciumfunktionelle od. organofunktionelle Gruppen od. beide zugleich enthalten. Dementsprechend ist eine Unterteilung der Polymerengruppen in nichtfunktionelle Polyorganosiloxane, in solche mit siliciumfunktionellen od. organofunktionellen Gruppen u. schließlich in silicium- und organofunktionelle Siloxane zweckmäßig.

Nomenklatur: Das übliche Nomenklatursyst. lehnt sich teils an die Nomenklatur der anorg. Siliciumverb., teils an die der org. Chemie an. Der Sprachgebrauch ist hier noch nicht einheitlich. Im einzelnen baut sich die am häufigsten verwendete Terminologie auf Empfehlungen von R. O. Sauer (s. J. Chem. Educ. 21 [1944] S. 30) auf, die 1946 von der *ACS präzisiert wurden (s. CAEN 24 [1946] S. 1233). Darüber hinaus sind 1949 von der *IUPAC Regeln für die Nomenklatur der Organosilicium-Verb. veröffentlicht worden (s. Comptes Rendus XVth Conf. of IUPAC, Amsterdam 1949, S. 127–132, sowie J. Chem. Soc. 1952, S. 5064).

Darst.: Das techn. wichtigste Verf. ist das sog. *Direkt-Verf.* od. *Rochow-Prozeß.* Man reduziert hier nach dem abgebildeten Fließschema Quarz elektrotherm. mit Kohle u. läßt das Si mit Methylchlorid (Cu-Katalysator) bei 250–300° reagieren, wobei Methylchlorsilan (nebst Methyltrichlorsilan, Trimethylmonochlorsilan u. dgl.) entsteht nach der Gleichung: $2\ CH_3Cl + Si \rightarrow Si(CH_3)_2Cl_2$. Man trennt diese Prod. durch fraktionierte Destillation u. erhält durch anschließende Hydrolyse u. Kondensationsreaktionen die verschiedenen S.-Typen. So wird z. B. $(CH_3)_3SiCl$ durch H_2O zu $(CH_3)_3SiOH$ hydrolysiert; je 2 solcher Mol. kondensieren sich unter Wasserabspaltung zu $(CH_3)_3Si-O-Si(CH_3)_3$. Durch Hydrolyse u. Kondensation von Dimethyldichlorsilan, $(CH_3)_2SiCl_2$, erhält man schließlich lange, kettenförmige Makromol. mit Molgew. von 300 000 bis 400 000 (Siliconkautschuk). Bes. langkettige S.-Kautschuke entstehen auch (außer der gewöhnl. Kondensation) durch Aufspaltung der Si–O-Bindungen u. spontane Vereinigung der entstandenen Bruchstücke zu Hochpolymeren. Organofunktionelle Si-Verb. enthalten eine für weitere Umsetzungen geeignete Gruppe (z. B. Halogen-, Amino-, Carboxyl- od. Hydroxylgruppe) über C an Si gebunden, s. Rossmy in Chimia 16 [1962] S. 226–231 u. CAEN 1956, S. 5060 ff.

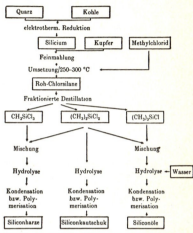

Fließschema der Herstellung von Methylchlorsilanen (Rochow-Prozeß) u. Methylsiliconen

Durch Einbau von Arsen (Bldg. von Si–O–As-Gruppen) erhält man schimmel- u. insektenbeständige Prod., s. CAEN 1956, S. 3608. Die von Adrianow (Moskau) entwickelten *Polyorganometallosiloxane* enthalten in den Silicon-Makromolekülketten Metallatome (z. B. Co, Ni; M in der Formel) eingebaut;

$$\left[\begin{array}{c} R \quad\quad\quad R \\ -O-Si-O-M-O-Si-O- \\ R \quad\quad\quad R \end{array} \right]_n.$$

Beim grünen Polyäthylkobaltsiloxan ist $R = C_2H_5$, $M = Co$; beim grünen Polyphenylnickelsiloxan ist $R = C_6H_5$, $M = $ II-wertiges Nickel. Die ebenfalls von Adrianow dargestellten *Polyorganosiloxanaluminoxane* haben die Grundformel

$$(R_3SiO)_2Al-O-\left[\begin{array}{c} -Al-O- \\ | \\ O-SiR_3 \end{array} \right]_n -Al(OSiR_3)_2.$$

Beide Adrianowschen Kunststoffe werden durch Polykondensation bei höheren Temp. ohne Katalysatoren erhalten u. mit Asbest- od. Glasfasern verarbeitet.

S.-Öle sind klare, farblose, neutrale, geruchfreie, hydrophobe Fl. von Viskositäten zwischen 0,65 u. 1 000 000 Centistokes (Viskosität nur wenig temperaturabhängig); an der Luft dauerwärmebeständig bis ca. 150°. Stockpunkt –50° bis –60°, oft auch –100°, mischbar mit Cetylalko-

Silicothermie

hol, Wollfett, Glycerinmonostearat, Stearylalkohol, Laurin- u. Stearinsäure. Die niedrigviskosen Typen lösen sich in Amylacetat, Tetrachlorkohlenstoff, Chloroform, Trichloräthylen, Toluol, Cyclohexan, Benzin, Benzol. Beständig gegen anorg. Säuren, Salze, Chlor, Oxydationsmittel, Seifen, einige org. Lsgm.; kombinierbar mit Epoxidharzen u. Terephthalsäureharzen. Die S.-Öle geben auf Mauerwerk, Papier, Textilien, Leder usw. gasdurchlässige (Atmung wird nicht behindert), wasser- u. schmutzabweisende Überzüge. Die techn. S.-Öle sind meist aus linearen Methylpolysiloxanen aufgebaut. *Verw.:* Schaumverhütungsmittel, Hydrauliköl, Formtrennmittel, zum Wasserabstoßendmachen von Glas, Keramik, Papier, Textilien, Leder usw., zur Erhöhung der Bruchfestigkeit von Glas.

S.-Harze sind schwach vernetzte noch lösl. Polymere. Sie sind reich an anorg. Bestandteilen (techn. Methylsiliconharze können 75% Si + O enthalten), daher vielfach ziemlich spröde, silicatähnlich. Die Dauerwärmebeständigkeit ist hoch (180 – 200°), die günstigen dielektr. Werte sind bis 300° weitgehend temperaturunabhängig. Ein Methylphenylsiliconharz kann 10 000 Std., ein gutes Epoxid- od. Alkydharz dagegen nur wenige Std. bei 200° beansprucht werden. *Verw.:* Kombiniert mit anorg. Trägermaterialien od. Füllstoffen (Glasfasern, Glimmer, Asbest) als Elektroisoliermaterial bei hochbeanspruchten Transformatoren u. Motoren, ferner als Bindemittel in Anstrichstoffen, zur Herst. von Preßartikeln, Klebemitteln für Asbest, Glasfasern, Glimmer usw.

S.-Kautschuk in Handelsform ist ein weiches, eben noch fließfähiges, auf Stoß nur sehr schwach elast. reagierendes Material; gibt nach Vulkanisation (Erhitzen mit akt., hochdisperser Kieselsäure u. Benzoylperoxid auf 200 – 250°) einen wärmebeständigen (bleibt zwischen −100 u. +250° elast.), kautschukelast., weichen, weißen Gummi, der z. B. zu Dichtungs-, Dämpfungs-, Elektroisoliermaterialien (über S.-Drahtlacke s. H. H. Reinsch in Ind. Lackier-Betrieb, Juni 1959, S. 172 – 174), Kabelummantelungen u. dgl. verwendet wird. Beständig gegen Sauerstoffangriff, empfindlich gegen Alkalien, einige org. Lsgm. u. überhitzten Wasserdampf. — E: silicones, organopolysiloxanes

Lit.: Bishop, J. L., Silicones in Aerosol Hair Sprays, in Soap Chem. Specialities 39 [1963] Nr. 6, S. 85 – 87, 90, 203, 205; Eaborn, C., Organosilicon Compounds, London 1960; Fordham, S., Silicones, London, Newnes Ltd., 1961; Freeman, G. G., Silicones, London 1962; Fritz, G., Bldg. u. Eig. höher- u. hochmol. Verb. von Elementen der 3., 4. u. 5. Gruppe des Periodensyst., in Angew. Chem. 80 [1968] S. 2 – 7 (bes. S. 4); George, Prober, Elliott, Carbon-Functional Silicones, in Chem. Rev. 1956, S. 1065 – 1121; Gmelin, Syst.-Nr. 15, Si, Tl. C: Org, Si-Verb., Weinheim, Verl. Chemie, 1958; Hauser, E. A., Silicic Science, New York, Van Nostrand, 1955; Hausmann, J., Fortschrittsbericht: Kunststoffe, in Kunststoffe-Plastics 14 [1967] S. 165 – 168; Hunyar, A., Chemie der S., Berlin, Verl. Technik, 1959; Hyde, J. F., Chemical Background of Silicones, in Science (Wash.) 147 [1965] S. 829 ff; Kirk-Othmer, 1. Aufl., Suppl. I, 1957, S. 755 – 770; Kohlschütter, H. W., in Fortschr. Chem. Forsch., Berlin, Springer, 1949; Kruse, Die Kunststoffgruppe der Silicone, FEB, 1952; Levin, R., The Pharmacy of Silicones and their Uses in Medicine, London, Morgan Broth. Ltd., 1958; McGregor, R. R., Silicones and their Uses, New York, McGraw Hill, 1954; Meals, R. N. u. F. M. Lewis, Silicones, New York, Reinhold, 1959; Muller, R. u. E. G. Rochow, One Hundred Years of Organosilicon Chemistry, in J. Chem. Educ. 42 [1965] S. 41 – 47; Noll, W., Chemie u. Technologie der S., Weinheim, Verl. Chemie, 1968; Petrov, A. D., Synthesis of Organosilicon Monomers, New York, Consultants, 1962; Post, Silicones, New York, Reinhold; Rochow u. Stamm, Einf. in die Chemie der S., Weinheim, Verl. Chemie, 1962; Reuther, H. S., ihre Eig. u. Anwendungsmöglichkeiten, Dresden, Steinkopff, 1959; ders. in Winnacker-Küchler, 2. Aufl., Bd. 4, 1960, S. 467 – 491; Sovjet Research in Organo-Silicon Chemistry, 4 Bde., herausgegeben von Enterprises, Consultants Bureau, Inc., New York, 1960; Speier, J. L., The Si – C-Bond and Silicones, in Chemistry 37 [1964] July; Ullmann IV, 37, VIII, 700, IX, 38, 344, 350, 602, X, 699, XI, 24, 36 – 41, XV, 769 – 794; Voorhoeve, R. J. H., Organohalosilanes: Precursors of Silicones, Amsterdam, Elsevier, 1967; Weltzien u. Hauschild, Über S. u. ihre Anwendung in der Textilveredelung, Köln-Opladen, Westdtsch. Verl., 1955; Zuckerman, J. J., The Direct Synthesis of Organosilicon Compounds, in Adv. Inorg. Chem. Radiochem. 6 [1964] S. 383 – 432.

Silicothermie. Bez. für die techn. Red. von Metalloxiden mit Si od. entsprechenden *Siliciden; wird zur Herst. von kohlenstoffarmem Ferromangan, Ferrochrom, Ferromolybdän verwendet. — E: silicothermic process, silicothermics
Lit.: Cartoux, H., in Chim. et Ind. 1956, S. 461 ff.; Ullmann XII, 97.

Siloxane. Bez. für Wasserstoff-Sauerstoffverb. des Siliciums der allg. Formel $H_3Si-[O-SiH_2]_n-O-SiH_3$ (n = 0: Di-S., n = 1: Tri-S. usw.). Die Wasserstoffatome können durch Alkylgruppen ersetzt sein; die Polymerisationsprod. dieser Alkyl-S. sind die sog. *Silicone. — E: siloxanes
Lit.: Gmelin, Syst.-Nr. 15, Si, Tl. B, 1959, S. 582 bis 587; Tl. C, 1958, S. 242 – 305; Schindler, F. u. H. Schmidbaur, S.-Verb. der Übergangsmetalle, in Angew. Chem. 79 [1967], S. 697 – 708; Ullmann XV, 759 – 769.

Siloxy... Bez. für die Atomgruppierung −O−SiH$_3$ in systemat. Namen von org. Verb. — E: siloxy-

Silydin... Bez. für die Atomgruppierung ≡SiH in systemat. Namen von org. Verb. — E: silylidyne-

Silyl... Bez. für die Atomgruppierung −SiH$_3$ in systemat. Namen von org. Verb. — E: silyl-

Silylamino... Bez. für die Atomgruppierung −NH−SiH$_3$ in systemat. Namen von org. Verb. — E: silylamino-

Silyldisilanyl... Bez. für die Atomgruppierung

— SiH(SiH₃)₂ in systemat. Namen von org. Verb.
— E: silyldisilanyl-
Silylen... Bez. für die Atomgruppierung =SiH₂ in systemat. Namen von org. Verb. — E: silylene-
Silylthio... Bez. für die Atomgruppierung —S—SiH₃ in systemat. Namen von org. Verb. — E: silylthio-
Sima s. *Geochemie.
Simultanreaktionen. Bez. für zwei od. mehrere verschiedene (*Elementar-)Reaktionen, die zwischen gleichen Ausgangsstoffen gleichzeitig verlaufen können. Hierbei gilt das sog. „Koexistenzprinzip", das besagt, daß gleichzeitig verlaufende Reaktionen sich gegenseitig nicht beeinflussen. Die einzige Möglichkeit einer Beeinflussung ist die, daß die Reaktionen sich die Ausgangsstoffe gegenseitig streitig machen od. auch liefern können. Je nach der Form, in der solche S. miteinander verflochten sind, kann man die folgenden drei Hauptfälle unterscheiden: einander entgegengerichtete Reaktionen (umkehrbare Reaktionen), Parallelreaktionen (Nebenreaktionen) u. Folgereaktionen. Die Summe der S. bildet den Reaktionsmechanismus od. *Chemismus der Bruttoreaktion. Vgl. auch *Stufenreaktionen. — E: simultaneous reactions
Sinterlegierung s. *Sintermetall. — E: sintered alloy
Sintermetall. Bez. für ein durch pulvermetallurg. Arbeitsverf. gewonnenes Metall. Eine so gewonnene Leg. ist eine *Sinterleg.* Vgl. Arch. Metallkde., 1947, S. 314. — E: sintered metal
Sintermetallurgie = *Pulvermetallurgie.
Sintern. Bez. für den Vorgang der Überführung eines Pulverkonglomerates in einen festen Körper durch eine Warmbehandlung, bei der der Körper nicht schmilzt bzw. nur Teilschmelzungen des evtl. vorhandenen Leg.-Pulvers auftreten. Man unterscheidet: *Kalt-S.:* S.-Vorgang, bei dem die Verfestigung bzw. Leg.-Bldg. bei gewöhnl. Temp. erfolgt. *Vor-S.:* Ein bei verhältnismäßig niedriger Temp. ablaufender S.-Vorgang zur Erzielung einer für mechan. Bearbeitung ausreichenden Festigkeit. *Fertig-S.:* Sinterung, die zur Gewinnung der gewünschten endgültigen technolog. Eig. angewandt wird. *Druck-S.:* Fertigsinterung eines Pulvers od. Preßlings unter gleichzeitiger Druckanwendung. *Trocken-S.:* S.-Vorgang, bei dem keine fl. Phase auftritt. *Schmelz-S.:* S.-Vorgang, bei dem ein od. mehrere, jedoch nicht alle Leg.-Komponenten während der Sinterung fl. werden. Die *Sintertemp.* ist die Temp., bei der die Sinterung durchgeführt wird. Als *Sinterungsgrad* bezeichnet man den bei der Sinterung erreichten Grad der Annäherung der Eig. eines Sinterkörpers an die entsprechenden Eig. des kompakten Werkstoffes. Die *Sinterzeit* ist die Zeitdauer, während der sich der Körper auf Sintertemp. befindet.

Vgl. zu diesen Definitionen Arch. Metallkde. 1947, S. 315. Nach DIN 53181 (Juni 1956) ist der *Sinterpunkt* von Harzen definiert als die Temp., bei der die erste Veränderung in der Struktur des Harzpulvers sichtbar wird. — E: sintering
Lit.: Kirk-Othmer, 1. Aufl., Suppl. I, 1957, S. 770 bis 788; Ullmann I, 736, 739, 848.
Sirupus (Mehrzahl: Sirupi). Lat. Bez. für dickfl., meist 60—70%ige Lsg. von Zucker in wss., alkohol. od. weingeistigen Fl., meist mit wirksamen Zusätzen. Es bedeutet: S. Allii sativi = Knoblauchsirup; S. Althaeae = Eibischsirup; S. Amygdalarum = Mandelsirup; S. Balsami peruviani = Perubalsamsirup.
Skalare. Bez. für in Technik u. Physik verwendete, durch einen einzigen Zahlenwert charakterisierte, richtungsunabhängige Größen, wie z.B. Dichte, spezif. Wärme, Dampfdruck, Temp., Löslichkeit u. dgl. Für S. gelten die Gesetze der Algebra, d. h. sie lassen sich nach den bekannten Regeln addieren (z. B. $-7° + 10° = 3°$), subtrahieren usw. Gegensatz: *Vektorielle Werte. — E: scalars
Skalenoeder s. *Kristallsyst. — E: scalenohedron
sklero- (sclero). Von griech.: skleros = hart abgeleitete Vorsilbe. — E: sklero-
Skleroproteine = *Faserproteine. — E: skleroproteins
Sm. Chem. Symbol für das Element *Samarium.
Smekal-Raman-Effekt = *Raman-Effekt. — E: Smekal-Raman effect
Smektischer Zustand s. *Fl. Kristalle. — E: smectic phase
Sn. Chem. Symbol für das Element *Zinn.
SN_1, SN_2. Abk. für die uni- bzw. bimol. nucleophile *Substitution. Vgl. *Nucleophile Reaktionen. — E: nucleophilic substitutions
Snell-Hilton. Häufig verwendete Abk. für das von F. D. Snell u. C. L. Hilton herausgegebene, im Verlage Interscience Publishers (a Division of John Wiley & Sons), New York-London-Sydney (Abk.: Wiley-Interscience) ab 1966 erscheinende Handbuch „Encyclopedia of Industrial Chemical Analysis". Die 1966 herausgekommenen Bde. 1 bis 3 behandeln die „General Techniques", also die analyt. Methodik in alphabet. Reihenfolge (von „Absorption and Emission spectroscopy" bis „X-ray Methods of Analysis"), mit Bd. 4 beginnt der spezielle Tl., der die Analyse der einzelnen Substanzen u. Stoffgruppen (ebenfalls nach dem Alphabet geordnet) zum Gegenstand hat. Ende 1967 lag Bd. 5 vor.
Solarisation. Bez. für die in bestimmten Gläsern durch den Einfl. von Tageslicht hervorgerufenen Verfärbungen. — E: solarization
Sole. 1. s. *Kolloidchemie. 2. Auch (Singular)

Solidensieren techn. Bez. für wss. Kochsalzlsg. — E: 1. sols, 2. brine, salt water
Lit.: McCorkle, K. H., Sols and Gels, in Internat. J. Sci. Technol., März 1965, S. 71—80.

Solidensieren (Kondensieren fest). Selten verwendete Bez. für den der Sublimation entgegengesetzten Vorgang, nämlich die direkte Überführung eines Gases in den festen Aggregatzustand durch Änderung der Temp. u./od. des Druckes. — E: solidensing

Solubilisierung. Nach J. W. McBain Bez. für die Fähigkeit der Lsg. von Assoziationskolloiden — insbes. der von Seifen — Substanzen in Lsg. zu bringen, die in dem benutzten Lsgm. unlösl. sind. So gelingt es z. B., Kohlenwasserstoffe in wss. Seifenlsg. u. Wasser in benzol. Seifenlsg. in beträchtlichen Mengen aufzulösen. Der Vorgang hängt mit der Bldg. der Assoziate selbst zusammen, die in der Lage sind, in ihrem Innern solche Substanzen aufzunehmen, die mit ihnen hinsichtlich ihrer chem. Konstitution verwandt sind. Gase (Dämpfe) werden ebenso aufgenommen wie Fl. u. Festkörper, vgl. J. Stauff, Kolloidchemie, Berlin, Springer, 1960, ab S. 567. Über die Erweiterung des Begriffes „S." (demnach ist der Auflösungsprozeß primär von den Aktivitätsänderungen des Solubilisats unter dem Einfl. der Seifen abhängig), s. CAEN 42 [1964] Nr. 26, S. 38 bis 39. — E: solubilization

Lit.: McBain u. E. Hutchinson, Solubilization and Related Phenomena, New York, Acad. Press, 1955; Tobolsky, A. V. u. B. J. Ludwig, Some Remarks apropos Solubilization, in Amer. Scientist 51 [1963] S. 400 ff.; Ullmann XII, 14; Winsor, P. A., Solvent Properties of Amphiphilic Compounds, London, Butterworth, 1954.

Solutio. Lat. Bez. für Lsg. In der Apothekerfachsprache heißt z. B. die physiolog. Kochsalzlsg. Sol. Natrii chlorati physiologica, die Fowlersche Lsg. Sol. arsenicalis Fowleri, die Borsäurelsg. Sol. Acidi borici. Gewöhnl. wird Solutio mit Sol. abgekürzt.

Solvatation. Bez. für die Anlagerung von Mol. des Lsgm. od. Dispersionsmittels an darin mol., ionen- od. kolloiddispers verteilte Teilchen, die mit unterschiedlicher Festigkeit erfolgen kann. Die dabei entstehenden „Komplexe" aus Lsgm. u. dispergierten Teilchen heißen *Solvate*. Bei der S. kann die sog. „komplexe Dispersität" beobachtet werden, da die unmittelbar fixierte Fl.-Schicht wesentlich andere Eig. zeigt als die freie Fl. Ist die Fl. Wasser, so spricht man von *Hydratation*. Die Anzahl der von einem solvatisierten Teilchen gebundenen Fl.-Mol. bezeichnet man als die S.-Zahl. — E: solvatation

Solvatochromie. Diese liegt vor, wenn sich Stoffe in verschiedenen Lsgm. mit deutlich verschiedenen Farben lösen. So ist z. B. der Farbstoff 1,2,4-Trimethyl-3-hydroxyphenazin mit Eisessig dunkelrot, in Alkoholen rot, in Benzol gelb u. in Essigsäureäthylester hellgelb gefärbt. S. ist sehr verbreitet; so schreibt K. Dimroth in Chimia 15 [1961] S. 80: „Untersucht man genauer, indem man in verschiedenen Lsgm. die Absorptionsspektren im ultravioletten u. sichtbaren Bereich mißt, so wird man feststellen, daß es kaum einen Stoff gibt, der keine S. aufweist, bei dem also das Absorptionsspektrum nicht nach Lage u. Höhe der Banden durch verschiedene Lsgm. verändert wird." — E: solvatochromism

Lit.: Dimroth, K., in Angew. Chem. 50 [1948] S. 70 u. Chimia 15 [1961] S. 80—86; ders., Über den Einfl. von Lsgm. auf die Farbe org. Verb., Marburg 1953; John, in Angew. Chem. 49 [1947] S. 188; Ullmann VII, 181.

Solvolyse. Bez. für den Vorgang der Zers. einer gelösten Substanz durch Wechselwrkg. mit dem Lsgm. *Beisp.:* $PCl_5 + 4 H_2O \rightarrow H_3PO_4 + 5 HCl$. Wenn AB die allg. Formel für den gelösten Stoff u. CD die des Lsgm. ist, findet bei der S. eine doppelte Umsetzung nach folgendem Schema statt: $AB + CD \rightleftarrows AC + DB$. Spezialfälle der S. sind *Hydrolyse, Alkoholyse, Ammonolyse, Aminolyse, Hydrazinolyse.* — E: solvolysis, lyolysis

Lit.: Hückel, W., Über S., Leipzig, Barth, 1966; vgl. auch Lit. unter *Nichtwss. Lsgm.

Sonolumineszenz s. *Lumineszenz. — E: sonoluminescence

Sorbens (*Sorptionsmittel) s. *Sorption. — E: sorbent

Sorption. Sammelbez. für alle Vorgänge, bei denen ein Stoff durch einen anderen mit ihm in Berührung stehenden Stoff selektiv aufgenommen wird (*Beisp.:* *Absorption, *Adsorption, *Chemosorption, *Desorption, Kapillarkondensation). Man verwendet den Terminus S. immer dann, wenn im speziellen Fall die Natur des individuellen Prozesses unbekannt ist. Die sorbierende Substanz heißt *Sorbens* od. *Sorptionsmittel*, die sorbierte *Sorbat*. — E: sorption

Sorptionsmittel = Sorbens (s. *Sorption). In der *Dünnschichtchromatographie ist S. auch Synonym für „*stationäre Phase". Nach DIN 28 400, Bl. 1 (Entwurf Sept. 1966) sind S. Stoffe, die der Bindung von Gasen dienen. — E: sorptive materials

Lit.: ASTM, Book of ASTM Standards on Sorptive Mineral Materials, ... Activated Carbon, Philadelphia, ASTM (jährl. Neuausgabe).

Soxhlet-Extraktionsapparat s. *Extraktion. — E: Soxhlet extraction apparatus

SOZ. Abk. für Straßen-Octanzahl (s. *Octanzahl).

Spagyrische Arzneimittel. Früher Bez. für Arzneipräp. der Alchemisten, heute Bez. für zusammengesetzte Arzneimittel auf mineral.-chem. Grundlage. Vgl. Ullmann VI, 42. — E: spagyric medicines

Spallation s. *Kernreaktionen (S. 433). — E: spallation

Spaltgas. Nach DIN 25 401, Bl. 12 (Entwurf Aug. 1967) Bez. für gasf. Prod. einer Kernspaltung (s. *Kernreaktionen, S. 433). — E: fission gas

Spaltprodukte. Nach DIN 25 401 (Juli 1965) Bez. für *Nuklide, die durch (Kern-)Spaltung (s. *Kernreaktionen, S. 433) od. nachfolgenden radioakt. Zerfall der so gebildeten Nuklide entstehen. — E: fission products

Spannungsreihe. Bez. für eine Reihenanordnung nach zunehmendem elektr. Potential bei einheitlicher Meßanordnung; die bekannteste Form einer S. ist die sog. *elektrochem. S.*, die auf Volta (1794) zurückgeht u. in der die chem. Elemente nach der Größe ihres *Normpotentials angeordnet sind. Diese ist nach Ritter (1801) der quant. Ausdruck dafür, daß unedle Metalle die edlen aus ihren Lsg. ausscheiden; dieser Satz gilt auch für Wasserstoff, der z. B. durch Zink in Freiheit gesetzt wird u. andererseits unter geeigneten experimentellen Bedingungen (Ggw. von Katalysatoren) edlere Metalle, z. B. Kupfer, aus ihren Lsg. ausfällt. In der S. der nach zunehmendem (negativen) Potential geordneten elektronegativen Elemente verdrängt umgekehrt jedes Element der Reihe S, J, Br, Cl, F im freien Zustand die vorausstehenden aus ihren Verb. (*Beisp.:* $Cl_2 + H_2S \rightarrow 2 HCl + S$). Die Definition der elektrochem. S. wurde deshalb von der *IEC weiter gefaßt u. lautet: „S. ist eine Tabelle, in der die Normalpotentiale spezif. elektrochem. Reaktionen in einer Reihe angeordnet sind (s. Definition Nr. 50-05-300 in International Electrochemical Vocabulary, Group 50: Electrochemistry and Electrometallurgy, Genf 1960); vgl. auch *Redoxpotential.

Die S. der Metalle ist (in Klammern das beim Elektrodenvorgang gebildete Ion u. das zugehörige *Normalpotential in V): Li (Li^+; $-3,02$), K (K^+; $-2,92$), Na (Na^+; $-2,71$), Mg (Mg^{2+}; $-2,35$), Zn (Zn^{2+}; $-0,762$), Cr (Cr^{2+}; $-0,56$), Cr (Cr^{3+}; $-0,51$), Fe (Fe^{2+}; $-0,44$), Cd (Cd^{2+}; $-0,402$), Tl (Tl^+; $-0,34$), Co (Co^{2+}; $-0,268$), Ni (Ni^{2+}; $-0,25$), Pb (Pb^{2+}; $-0,126$), Sn (Sn^{2+}; $-0,14$), Fe (Fe^{3+}; $-0,04$), H_2 (2 H^+; $\pm 0,0$), Cu (Cu^{2+}; $+0,34$), Cu (Cu^+; $+0,52$), Tl (Tl^{3+}; $+0,72$), Ag (Ag^+; $+0,81$), 2 Hg (Hg_2^{2+}; $+0,80$), Hg (Hg^{2+}; $+0,86$), Au (Au^+; $+1,5$). Die Differenz zweier Normalpotentiale gibt (wenn man gleiche Ionenaktivitäten voraussetzt) die Spannung des betreffenden galvan. Elements. Das Daniell-Element (s. Abb.), das eine Kombination aus einer in Kupfersulfat-Lsg. tauchenden Kupfer- u. einer in Zinksulfat-Lsg. tauchenden Zinkelektrode darstellt, liefert demnach eine Spannung von $+0,35 - (-0,762) = 1,112$ V. Bei der Spannungsreihe der Nichtmetalle ist zu beachten, daß hier die Ionen die reduzierte Stufe bilden; sie lautet: S_{fest} (S^{2-}; $-0,48$), $J_{2 fest}$ (2 J^-; $+0,58$), $Br_{2 fl.}$ (2 Br^-; $+1,07$), $Cl_{2 gasf.}$ (2 Cl^-; $+1,36$), $F_{2 gasf.}$ (2 F^-; $+2,85$). Die Chlorknallgaskette liefert demnach bei 25° u. 760 Torr eine Spannung von 1,36 Volt. Der enge Zusammenhang zwischen den zu ein u. demselben Metall gehörenden Werten der hier aufgeführten

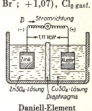

Daniell-Element

Normalpotentiale u. den beim Stichwort *Redoxpotentiale angegebenen Werten kommt in einer 1900 von Luther aufgefundenen Beziehung zum Ausdruck, die sich aus der Gegenüberstellung der maximalen Arbeiten der einzelnen Prozesse ergibt; sie lautet: $(m-n)E_{m,n} = m \cdot E_m - n \cdot E_n$. Im Falle des Kupfers gilt: $m = 2$, $n = 1$, $E_m = +0,34$, $E_n = +0,52$. Es ergibt sich somit: $E_{Cu^{++}/Cu^+} = 2(+0,34) - 1(+0,52) = 0,16$ V, also ein Wert, der dem in der Tabelle auf S. 743 angegebenen ($+0,167$) ziemlich entspricht.

Die *thermoelektr. S.* ergibt sich durch Messung der Thermokräfte (s. *Thermoelektrizität) der Metalle gegen ein Bezugsmetall, wobei die Temp. der einen Lötstelle konstant gehalten wird. Hier ergibt sich folgende Reihenfolge der Elemente: Scandium, Antimon, Eisen, Zinn, Kupfer, Silber, Gold, Zink, Blei, Quecksilber, Platin, Nickel, Wismut. Bei der Kombination von je zwei Metallen erhält dasjenige bei Erwärmung der Lötstelle ein positives Potential, das in der Reihe vorangeht; das Potential des zweiten Metalls ist dann negativ. Weitere S. sind u. a. festgestellt für die Kontaktspannungen (Berührungsspannung; d. h. die Potentialdifferenz, die auftritt, wenn sich zwei chem. verschiedene Metalle berühren) u. für die erzeugbare Reibungselektrizität, die als *elektr. S.* bzw. *reibungselektr. S.* bezeichnet werden. Vgl. auch *Säure-Base-Begriff. — E: electromotive series

Sparbeizen. Nach DIN 50 900 Bez. für *Beizen für Metalle, die einen geeigneten Inhibitor (= Sparbeizzusatz) enthalten, der das Grundmetall schützt, aber die Auflsg. der zu entfernenden Oberflächenschichten zuläßt. — E: inhibitor-containing metal pickling baths

Lit.: Hamann, K. u. W. Funke, Die Schutzwrkg. org. Inhibitoren gegenüber Eisen, Köln 1959; Luckmann, in Seifen-Öle-Fette-Wachse 1957, S. 515 f.; Schultze, in Werkstoffe u. Korrosion 1950, Nr. 1, S. 26–33; Springer, R., in Metalloberfläche 1948, S. 130, 199; Straschill, M., in Seifen-Öle-Fette-Wachse 1957, S. 67; Vogel, Handbuch der Metallbeizerei, Weinheim, Verl. Chemie, 1951.

Spasmolytika. Krampflinderungsmittel (von griech.-lat.: spasmus = Krampf u. lysis = Auflsg.)

Spektra

Krampflösende Wrkg. haben z. B. Belladonna-Alkaloide (Atropin, Papaverin, Scopolamin), Khellin, Magnesiumverb., Phenothiazinderiv., manche *Sedativa, viele andere Verb. u. Kombinationspräp. — E: spasmolytics, anticonvulsants
Lit.: Kirk-Othmer, 2. Aufl., Bd. 11, 1966, S. 519 bis 525.

Spektra s. *Spektralanalyse. — E: spectra

Spektralanalyse (spektrochem. Analyse [im weitesten Sinne]). Sammelbez. für diejenigen analyt. Verf. für feste, fl. u. gasf. Stoffe, die auf der Auswertung ihrer Spektren beruhen. Diese können zum qual. Nachweis, zur quant. Best., zur Ermittlung der Zus. u. zur Aufklärung von Bindungsverhältnissen führen. Früher wurde der Begriff S. ausschließlich auf den Nachweis u. die Best. von Elementen beschränkt.

Spektren: Ein Spektrum (lat.: spectrum = Bild, Vorstellung) ist allg. die Bez. für jede Anordnung von Dingen od. Eig. nach ihrer Größe, doch verwendet man diese in der Regel nur für die Darst. von „Strahlungen" jeder Form, wie z. B. von Farben, Tönen, Photonen od. anderen Elementarteilchen usw., in Abhängigkeit von deren Wellenlänge, Schwingungsfrequenz, Masse, elektr. Ladung od. irgendeiner anderen charakterist. Größe. Die von den Atomen u. Mol. ausgehenden elektromagnet. Wellen überdecken ein außerordentlich großes Gebiet, das sich ohne Unterbrechung an die durch makroskop. Schwingkreise erzeugbaren Wellenlängen anschließt. Die Abb. a gibt das sog. *„elektromagnet. Spektrum"* wieder, in dem in logarithm. Skala Wellenlängen u. Frequenzen der elektromagnet. Wellen aufgetragen sind. Am Anfang würde mit der Wellenlänge ∞ u. der Frequenz 0 der Gleichstrom stehen. An das Gebiet der gewöhnl. Wechselströme schließen sich das Gebiet der Hochfrequenztechnik, die langen, kurzen u. ultrakurzen Radiowellen, ferner die kleinsten durch Schwingung von Resonatoren erzeugten Radiowellen an. Diese überschneiden schon das Gebiet, in dem die Schwingungen der Mol. liegen, nämlich das Gebiet der sog. Wärmestrahlung, da man meistens die Wärmebewegung der Mol. zu ihrer Erzeugung benützt. Daran schließt sich das Gebiet des Spektrums, das als infrarotes Gebiet (s. *Infrarotspektroskopie) bezeichnet wird, an.

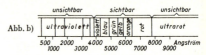

Abb. b)

Es grenzt an das „sichtbare" Spektrum (s. auch Abb. b, dort nach steigender Wellenlänge angeordnet), d. h. den Wellenbereich, für den das menschliche Auge empfindlich ist. Die verschiedenen Wellenlängen dieses Bereiches entsprechen verschiedenen Farbempfindungen. Die Reihenfolge ist Rot (7900—6300 Å), Orange (bis ca. 5800 Å), Gelb (bis ca. 5600 Å), Grün (bis ca. 4800 Å), Blau (bis ca. 4200 Å), Violett (bis ca. 3900 Å). In diesem Bereich können bereits die Atome neben den Mol. diese Wellen erzeugen. Nach kürzeren Wellen folgt das Gebiet der ultravioletten Strahlung. Um diese zu erhalten, muß man die Atome od. Mol. schon stärker als durch den bloßen Anstoß der Wärmebewegung anregen, z. B. durch Beschießen mit schnellen Elektronen od. anderer Korpuskularstrahlen. So gelangt man in das Gebiet der *Röntgenstrahlen. Hieran schließt sich das Gebiet der sog. *Gammastrahlen (γ-Strahlen) an, die ebenfalls von Atomen ausgehen, jedoch unter extremen Bedingungen, nämlich beim radioakt. Zerfall (s. *Radioaktivität). Den Anschluß daran bildet die *kosm. Strahlung mit extrem kurzen Wellenlängen. Allen diesen Wellen gemeinsam sind die gleiche Fortpflanzungsgeschw. im materiefreien Raum (d. h. im absoluten Vak.) u. die Zus. aus einer elektr. u. einer senkrecht dazu schwingenden magnet. Welle. Je kürzer die Wellenlänge wird, um so mehr ähneln die Eig. der Wellenzüge denjenigen eines bewegten Teilchens; die Erkenntnis dieser Erscheinung führte zu einer Umgestaltung des Weltbildes der Physik u. zur Aufgabe eines Teils der klass. Anschauungen (s. *Einsteins Masse-Energie-Gleichung).

Elektromagnet. Strahlung kann mit einem sog. *Spektralapp.* in ein Spektrum zerlegt werden; je nachdem, ob diese Zerlegung durch Dispersion (z. B. im Falle von weißem Glühlicht durch ein Prisma) od. durch Beugung (z. B. durch ein Strich-

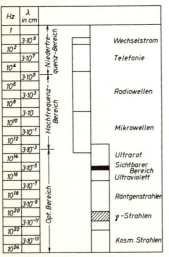

Abb. a) Elektromagnet. Spektrum

Spektralanalyse

gitter) erfolgt, spricht man von *Dispersions-* bzw. von *Beugungsspektren.* Weitere Unterscheidungsmöglichkeiten von Spektren sind:

1. Nach der Form des Spektrums u. damit nach der Art des das Licht emittierenden od. absorbierenden Syst. unterscheidet man

a) *Kontinuierliche Spektren* (zusammenhängende Spektren): Feste od. glühendfl. Körper (z. B. Metallschmelzen) bei starkem Erhitzen, wie auch Gase unter bestimmten Anregungsbedingungen geben ein kontinuierliches Spektrum; d. h. sie senden Strahlen der verschiedensten Wellenlängen (Farben) aus, die als lückenlos zusammenhängendes Band von „Regenbogenfarben" erscheinen. Dazu kommt noch unsichtbares infrarotes u. ultraviolettes Licht. Ein solches kontinuierliches Spektrum erhält man z. B. vom Sonnenlicht (im kontinuierlichen Sonnenspektrum kann ein geübter Beobachter ca. 165 verschiedene Farbnuancen unterscheiden), vom Lichtbogen einer Bogenlampe, vom Glühdraht einer elektr. Glühlampe u. vom leuchtenden Auerglühstrumpf.

b) *Linienspektren* od. *Atomspektren.* Das von freien Atomen emittierte od. absorbierte Licht gibt Spektren, die durch scharf abgegrenzte Linien charakterisiert sind. Ein Beisp. ist das in Abb. c wiedergegebene Spektrum des Wasserstoffs. Einfache Linienspektren findet man

Abb. c)

auch bei den Alkalimetallen (Na, K, Li); ein sehr kompliziertes Linienspektrum hat z. B. das Eisen, bei dem mehrere hundert Spektrallinien zu unterscheiden sind.

c) *Bandenspektren* od. *Mol.-Spektren.* Diese werden am Mol. beobachtet. Sie bestehen wie die Linienspektren aus einzelnen Linien, aber die letzteren sind stets sehr dicht gehäuft; sie bilden eine Reihe von aus vielen Einzellinien zusammengesetzten Gruppen, den sog. „Banden", die an einem Ende („Bandenkopf") sehr gedrängt liegen, so daß dieser Bereich schwarz od. nahezu schwarz erscheint,

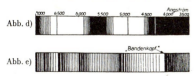

Abb. d)

Abb. e)

vgl. Abb. d u. e. Linienspektren u. Bandenspektren entstehen durch „Quantensprünge" von Leuchtelektronen in den äußersten Elektronenschalen der Atome bzw. Moleküle. Joddampf gibt bei niedriger Temp. ein charakterist. Bandenspektrum, weil hier noch die Jod-(J_2)-Mol. vorwiegen. Erhitzt man den Joddampf auf höhere Temp., so wird er mehr u. mehr in einzelne Jodatome gespalten, u. infolgedessen geht das Bandenspektrum in ein Linienspektrum über. Die innere Energie eines Mol., die die Struktur der Spektren bestimmt, setzt sich aus der Energie des Elektronenzustandes, der Energie der Kernschwingungen u. der Rotationsenergie zusammen; alle drei Energieformen können durch die Absorption von Lichtquanten in einen energiereichen Zustand übergehen. Bei alleiniger Änderung des Rotationszustandes des Mol. erhält man Linien des reinen *Rotationsspektrums* (dieses liegt im langwelligen Ultrarot u. im Mikrowellenbereich). Da sich mit der (wesentlich größeren) Schwingungsenergie gleichzeitig meist auch der Rotationszustand ändert, erhält man im allg. nicht das reine Schwingungs-, sondern ein „*Rotationsschwingungsspektrum*", das im kurzwelligen Ultrarot (etwa zwischen $\lambda = 1$ u. $\lambda = 50\,\mu$) liegt. Bei Änderung der gegenüber den Rotations- u. der Schwingungsenergie meist großen Elektronenenergie ändern sich Rotations- u. Schwingungszustand der Mol. meist mit; das *Elektronen-* od. *Elektronenbandenspektrum* liegt im sichtbaren u. ultravioletten Spektralbereich u. besteht aus dem Rotationsschwingungsspektrum aus einer dichten, als „Bande" erkennbaren Folge von Einzellinien.

2. Nach der Art der Beobachtung kann man unterscheiden:

a) *Emissionsspektren* (lat.: emissio = Das Herausschleudern): Darunter versteht man die Spektren selbstleuchtender bzw. zum Leuchten angeregter Stoffe. Diese entstehen z. B., wenn man Metallchloride zwischen 2 Kohleelektroden durch den elektr. Funken verdampfen läßt u. deren Spektrum aufnimmt od. wenn man das rötliche Wasserstofflicht der Plückerschen Röhre mit dem Spektroskop untersucht usw. Emissionsspektren werden u. a. bei der *Fluorimetrie u. bei der *Flammenspektrometrie erzeugt.

b) *Absorptionsspektren.* Da nach dem Kirchhoffschen Gesetz ein Körper diejenige Strahlungsart absorbiert, die er bei Anregung emittiert, können Spektren auch durch Absorption beobachtet werden. Dazu dient ein kontinuierliches Spektrum, bei dem man in den Strahlengang den zu untersuchenden Stoff im gelösten od. gasf. Zustand bringt. Schickt man z. B. weißes Licht durch eine Kupferoxidammoniaklsg., so erscheint im Absorptionsspektrum der gelbe u. orange-

Spektralanalyse

farbene Teil des Spektrums abgeschnitten; diese Spektralbereiche wurden von der blauen Lsg. absorbiert. Die *Fraunhoferschen Linien* im Sonnenspektrum (s. Abb. f) sind ein Beisp. für ein Absorptionslinienspektrum.

Abb. f)

c) *Streuspektren* (s. *Raman-Effekt).

d) *Reflexionsspektren.* Solche erhält man von Pulvern, wenn man diese mit Licht bestrahlt; das eingestrahlte Licht wird z. T. absorbiert u. kehrt erst nach mehrfacher Streuung wieder an die Oberfläche zurück, von der es als diffuse Reflexion wieder ausgestrahlt u. dann spektral zerlegt wird.

3. Nach der Art der Anregung unterscheidet man *Bogen-, Funken-, Flammen-* u. *Lumineszenzspektren.*
4. Nach dem Aggregatzustand der untersuchten Substanz unterscheidet man *Festkörper-, Fl.-* u. *Gas-Spektren.*
5. Nach dem das Spektrum der untersuchten Substanz liefernden Teilchen unterscheidet man zwischen *Atom-* u. *Mol.-Spektren* (s. auch unter 1.).
6. Nach dem Frequenzbereich (s. Abb a) unterscheidet man *Kernresonanzabsorptionsspektren* (s. *Magnet.Kernresonanzspektroskopie), *Röntgenspektren* (s. *Moseleysches Gesetz), *Ultraviolettspektren,* sichtbare Spektren, *Infrarotspektren* (s. *Infrarotspektroskope), *Mikrowellenspektren* (s. *Mikrowellenspektroskopie) u. *Zentimeterwellenspektren.*

Spektroskopie ist die Bez. für die Lehre, die sich mit der Charakterisierung von Teilchen verschiedenster Art durch Aufnahme u. Auswertung ihrer Spektren befaßt. Zu ihr gehören die *Spektrometrie,* die *Kolorimetrie* u. die *Photometrie.* Als „Spektrometrie" wird die Aufnahme der Spektren (s. oben) bezeichnet. Die wesentlichen Arbeitsgebiete der Spektrometrie sind die Konstitutionsermittlung, der Nachweis von Individuen u. die Best. der Eig. der Atome bzw. Mol. Je nach der Art der aufgenommenen Spektren verwendet man die Bez. Absorptionsspektroskopie bzw. Absorptionsspektrometrie, Ramanspektroskopie bzw. Ramanspektrometrie usw.

Spektralapparate. Man unterscheidet hier zunächst Spektroskope u. Spektrographen. Bei den *Spektrographen* (Abb. h) wird das Spektrum mit Hilfe einer photograph. Kamera photographiert, beim *Spektroskop* (Abb. g u. i) beobachtet man das Spektrum mit dem Auge direkt od. durch ein Fernrohr. Man kann jedes Spektroskop in einen Spektrographen umwandeln, wenn man hinter das (auf das fernsichtige Auge eingestellte) Spektroskop an Stelle des Auges eine auf unendlich eingestellte Kamera bringt (*Beisp.:* Handspektroskop, Handgitterspektroskop) od. das Fernrohr gegen eine Kamera auswechselt (*Beisp.:* festarmige Spektroskope). Bei den gewöhnl. Spektroskopen (Prismenapp.) erhält man das Spektrum durch ein Prisma aus Glas (durchlässig bis 3500 Å), Quarz (durchlässig bis 1850 Å), Flußspat, Steinsalz (durchlässig für Infrarot bis 15 μ), Kaliumbromid (durchlässig für Infrarot bis 25 μ), Sylvin od. Thalliumbromidjodid; bei den Beugungsgitterapparaten dient ein Beugungsgitter dem gleichen Zweck. Im einfachsten Taschenspektroskop

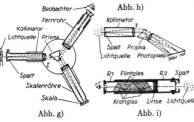

Abb. h) Abb. g) Abb. i)

(s. Abb. i) wird durch Verw. von verschieden lichtbrechenden Prismen aus Kronglas u. Flintglas die Dispersion des ersten Prismas durch diejenige des zweiten gerade aufgehoben, so daß nur noch eine Ablenkung des nunmehr unzerlegten Lichts zu beobachten ist. Das von der Lichtquelle ausgestrahlte Licht wird zunächst durch einen z. B. 0,02 mm breiten Spalt mit genau parallel gestellten, scharfen Schneiden geschickt; in Abb. g, h, i steht dieser Spalt senkrecht zur Zeichenebene. Bildet man das Bild dieses schmalen Spalts mit einer Linse durch das Prisma hindurch ab, so wird das Licht scharf u. genau in verschiedene Wellenlängen zerlegt, die z. B. auf der Photoplatte (Abb. h) nach dem Entwickeln in Form bestimmter Linien, Streifen od. eines ganzen Regenbogenbandes (evtl. von dunklen Fraunhoferschen Linien durchzogen) hervortreten (Spektrum). Das Spektrum wird verbessert, wenn das Licht, das von der erhitzten angeregten Substanz kommt, parallel ins Prisma eintritt; daher schaltet man die Kollimatorlinse (I) vor, in deren Brennebene sich die Lichtquelle befindet. Um die Lage der einzelnen Spektrallinien feststellen zu können, wird in den Spektroskopen auf die Stelle, wo das Bild des Spektrums erscheint, auch das Bild einer Skala projiziert. Die unsichtbaren Spektrallinien, Bänder usw. im Bereich des Ultraviolett (Wellenlängen unter 3900 Å) werden durch Photoplatten sichtbar gemacht; man verwendet hierbei Prismen aus (ultraviolettdurchlässigem) Quarz. Bei den Infrarot-Spektrophotometern wählt man Linsen u. Prismen aus (infrarotdurchlässigen) Steinsalz-, Sylvin-, Kaliumbromid- od. auch Thallium(I)-bromidthallium (I)-jodidkristallen. Zur Aufnahme der Infrarotspektren kann man etwa bis 12 μ Wellenlänge bes. sensibilisierte Infrarotplatten verwenden; die noch langwelligere infrarote Strahlung wird in modernen Geräten mit Hilfe von Thermosäulen, Bolometern (Empfindlichkeit bis 1 millionstel Grad), Radiometern u. dgl. registriert. *Spektralphotometer* sind Kombinationen aus Spektralapp. u. Photometer, wie aus dem in Abb. j wiedergegebenen Prinzip zu erkennen ist. Diese Geräte ermöglichen neben der Aufnahme der Absorptionsspektren auch Intensitätsmessungen.

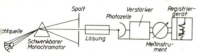

Abb. j) Prinzip des Spektralphotometers

Bedeutung der S.: Die von den Physikern u. Physikochemikern mit extremer Genauigkeit ausgeführten Aufnahmen u. Ausmessungen u. Best. von Zehntausenden von Spektrallinien haben zu einer außerordentlichen Bereicherung u. Vertiefung der Einsichten in die Atome u. Mol. geführt. Eine Reihe von Elementen wurde mit Hilfe der S. entdeckt, so z. B. Helium, verschiedene andere Edelgase, Rubidium, Cäsium, Indium, Thallium usw. Die „chem. Analyse" außerordentlich ferner, leuchtender Gestirne wie der Sonne od. der Fixsterne ist nur mit Hilfe der Spektralanalyse durchführbar. Die einzelnen spektralanalyt. Meth. finden heute verbreitetste Anwendung in Forschungs-, Entw.- u. analyt. Laboratorien. Vgl. bes. die folgenden Einzelabschnitte: *Flammenspektrometrie, *Fluorimetrie, *Infrarotspektroskopie, *Magnet. Kernresonanzspektroskopie, *Mikrowellenspektroskopie, *Moseleysches Gesetz, *Mößbauer-Effekt, *Raman-Effekt. Die von der Physical Chemistry Division der *IUPAC vorgeschlagene Symbolik für die Spektroskopie ist veröffentlicht in IUPAC-Inf. Bull Nr. 32 [Aug. 1968] S. 33—34. — E: spectroscopic test, spectrum analysis

Lit.: 1. *Spektren:* Bak, B., Elementary Introduction to Molecular Spectra, New York, Interscience, 1962; Becher, H. J., Kraftkonst.-Berechnungen einfacher org. Mol., in Fortschr. Chem. Forsch. 10 [1968] S. 156 bis 205; Bingel, W. A., Theorie der Mol.-Spektren, Weinheim, Verl. Chemie, 1967; Boumans, P., Theory of Spectrochemical Excitation, New York, Plenum, 1966; Dixon, R. N., Spectroscopy and Structure, New York, Wiley, 1965; Flügge, S., Handbuch der Physik, Bd. 27 (Spektroskopie I) [1964], Bd. 28 (Spektroskopie II) [1957]; Gaydon, A. G., Dissociation Energies and Spectra of Diatomic Molecules, London 1968; Hershenson, H. M., Ultraviolet and Visible Absorption Spectra, Index for 1930—1954 [1956], Index for 1955 to 1959 [1961], Index for 1960—1963 [1966], New York, Academic Press; Herzberg, G., Molecular Spectra and Molecular Structure I [1950], II [1945], III [1967], Princeton, N. J.- London, Van Nostrand; Hindmarsh, W. R., Atomic Spectra, Oxford, Pergamon, 1967; Hirayama, K., Handbook of Ultraviolet and Visible Absorption Spectra of Organic Compounds, New York, Plenum, 1967; Institut für Spektrochemie u. angewandte Spektroskopie (Dortmund) u. DMS Scientific Advisory Board (London), DMS-Dokumentation der Mol.-Spektroskopie (Kerblochkartei, von der jährl. 4 Lieferungen mit je etwa 400 Spektrenkarten erscheinen; zwischen 1956 u. Ende 1967 sind 43 Lieferungen herausgekommen), Weinheim, Verl. Chemie; Institut für Spektrochemie u. Angewandte Spektroskopie (Dortmund) u. Photoelectric Spectrometry Group (London), UV-Atlas org. Verb., 5 Bde., I [1966], II [1966], III [1967], IV [1968], V [1968], Weinheim, Verl. Chemie; Javan, A., The Optical Properties of Materials, in Scient. Amer. 217 [1967] Nr. 3, S. 239—248; Johnson, R. C., An Introduction to Molecular Spectra, New York, Pitman, 1949; Kayser-Ritschl, Tabelle der Hauptlinien der Linienspektren der Elemente, nach Wellenlängen geordnet, Berlin, Springer, 1939; Kortüm, G. u. D. Oelkrug, Reflexionsspektren fester Stoffe, in Naturwiss. 53 [1966] S. 600—609; Kuhn, H. G., Atomic Spectra, New York, Academic Press, 1962; Lang, L., Absorption Spectra in the Ultraviolet and Visible Region, I [1963], II [1961], III [1962], IV [1963], V [1965], Cumulative Index (I—V) [1965], VI [1966], VII [1966], VIII [1967], IX [1967], Budapest, Akadémiai Kiadó u. New York, Academic Press (wird fortgesetzt); Mathieson, W., Interpretation of Organic Spectra, New York, Academic Press, 1965; Moenke, H., Mineralspektren, I [1962], II [1966], Berlin, Akademie-Verl.; Murrell, J. N., The Theory of the Electronic Spectra of Organic Molecules, New York, Wiley, 1964; Neudert, W. u. H. Roepke, Steroid-Spektrenatlas/Atlas of Steroid-Spectra, Berlin, Springer, 1965; Organic Electronic Spectral Data Inc., Organic Electronic Spectral Data: A Comprehensive Catalog of Ultraviolet and Visible Spectra, I [1946—1952], II [1953 bis 1955], III [1956—1957], IV [1958—1959], V [1960 bis 1961], VI [1962—1963], VII [1964—1965], London-New York, Wiley-Interscience; Pearse, R. W. B. u. A. G. Gaydon, The Identification of Molecular Spectra, London, Chapman and Hall, 1966 (mit Anhang); Phillips, J. P., Spectra-Structure Correlation, New York, Academic Press, 1964; Platt, J. R. u. a., Systematics of the Electronic Spectra of Conjugated Molecules, New York, Wiley, 1965; Saidel u. a., Spektraltabellen, Berlin 1955; Shore, B. W. u. D. H. Menzel, Principles of Atomic Spectra, New York-London, Wiley-Interscience, 1968; Silverstein, R. M. u. G. C. Bassler, Spectrometric Identification of Organic Compounds, New York-London, Wiley, 1967; Smith, D. M., Visual Lines for Spectroscopic Analysis, London, Hilger and Watts, 1952; Sommerfeld, A., Atombau u. Spektrallinien, 2 Bde., Braunschweig, Vieweg, 1960; Stadtler Research Laboratories, Stadtler Standard Ultra Violet Spectra, Stadtler Res. Labs., USA (1967: tra Violet Spectra, Stadtler Res. Labs., USA (1967: Bd. 15); dies., Stadtler Standard Ultraviolet Spectra Locator, Stadtler Res. Labs., USA 1967; Suzuki, H., Elec-I [1967], New York, Academic Press; Theissing, H. H. u. P. J. Caplan, Spectroscopic Calculations for a Multielectron Ion (Cr^{3+}), New York-London, Wiley, 1967; Trost, B. M., Problems in Spectroscopy, Organic Structure Determination by NMR, IR, UV, and Mass Spectra, New York, Benjamin, 1967; Unsöld, Physik der Sternatmosphäre, Berlin, Springer, 1955; Vollmer, A., Atomsyst. u. Spektrallinien, Köln 1955; Wollrab, J. E., Rotational Spectra and Molecular Structure, New York 1967. Vgl. auch die folgenden Stichwörter: *Elektronenspinresonanz, *Flammenspektrometrie,

Spektralanalyse

*Fluorimetrie, *Infrarotspektroskopie, *Magnetische Kernresonanzspektroskopie, *Mikrowellenspektroskopie, *Moseleysches Gesetz, *Mößbauer-Effekt, *Raman-Effekt sowie die übrigen Lit.-Abschnitte dieses Stichwortes.

2. *Allg.:* Ahrens, Spectrochem. Analysis of Minerals and Rocks, Reading, Mass., USA, Addison-Wesley Publ. Co., 1950; Baker, A. J. u. T. Cairns, Spectroscopic Techniques in Organic Chemistry, London, Heyden & Son, 1965; Banwell, C. N., Fundamentals of Molecular Spectroscopy, New York 1966; Barrow, G. M., Molecular Spectroscopy, New York, McGraw Hill, 1962; Botschkowa-Schreider, S. von Gasgemischen, Berlin, Akad. Verl., 1960; Brand, J. C. D. u. G. Eglinton, Applications of Spectroscopy to Organic Chemistry, London 1965; Clark, Encyclopedia of Spectroscopy, New York, Reinhold, 1961; Crummett, W. u. R. Hummel, Ultraviolet Spectrometry, in Anal. Chem. 40 [1968] S. 330 R – 345 R; Dehler, J. u. G. Kresze, Physikal. Meth. in der Chemie: Ultraviolettspektroskopie, in Chemie in unserer Zeit 2 [1968] Nr. 4 (S. 123 bis 126) u. Nr. 5; Dingle, Herbert, Practical Applications of Spectrum Analysis, London, Chapmann and Hall, 1950; Dodd, Chemical Spectroscopy, Amsterdam, Elsevier, 1962; Dorr, F., Zur Spektroskopie mit polarisiertem Licht, in Angew. Chem. 78 [1966] S. 457 – 474; Fowles, G., Spectroscopic Techniques in Chemistry, in Chem. in Britain 3 [1967] S. 382 bis 385; Freeman, S. K. u. E. T. Theimer, Interpretive Spectroscopy, New York, Reinhold, 1965; Geppert, G., Experimentelle Meth. der Molekülspektroskopie, Berlin, Akad. Verl., 1964; Harris, B., Advanced Seminar on Spectral Analysis of Time Series, New York 1967; Harrison-Lord Loofbourow, Practical Spectroscopy, New York, Prentice Hall, 1948; Hasler, M. F., Cybernation in Spectrochemistry, in Anal. Chem. 39 [1967] S. 26 A – 35 A; Henrici u. Scheibe, Chem. S., Leipzig, Akad. Verl. Ges., 1939; Jaffe, H. H. u. M. Orchin, Theory and Application of Ultraviolet Spectroscopy, New York-London, Wiley, 1962; Jenkins, G. M. u. D. G. Watts, Applied Spectral Analysis, San Francisco 1965; Kortüm, G., Kolorimetrie, Photometrie u. Spektrometrie, Berlin, Springer, 1955; Lever, A. B. P., Inorganic Electronic Spectroscopy, Amsterdam 1968; Lösche u. Schütz, Hochfrequenzspektroskopie, Berlin 1961; Mangini, A., Advances in Molecular Spectroscopy, Oxford, Pergamon Press, I–III, 1962; Moenke, H., S. von Mineralien u. Gesteinen, Leipzig, Akad. Verl. Ges., 1962; Moritz, H., Spektrochem. Betriebsanalyse, Stuttgart, Enke, 1956; Nachtrieb, N. H., Principles and Practice of Spectrochemical Analysis, New York, McGraw Hill, 1950; Pearson, L. R. u. E. L. Grove, Developments in Applied Spectroscopy, Bd. 5: Proceedings of the 16th Annual Symposium, New York 1966; Rao, C. N. R., Ultra-Violet and Visible Spectroscopy, London 1967; Sawyer, Experimental Spectroscopy, New York 1951; Schaeffer, R., New Research Tools in Chemistry: V. Spectroscopic Methods, in Surv. Progr. Chem. Bd. 1 [1963], New York, Academic Press, S. 24–29; Scheller, H., Einführung in die angewandte spektrochem. Analyse, Berlin, VEB Verl. Technik, 1960; Seith-Rollwagen, Chem. S., Anleitung zur Erlernung u. Ausführung von S. im chem. Laboratorium (in Anleitungen für die chem. Laboratoriumspraxis, Bd. I), Berlin, Springer, 1958; Siebert, H., Anwendungen der Schwingungs-Spektroskopie in der Anorg. Chemie, Berlin, Springer, 1966; Siegbahn, K., Beta- and Gamma-Ray-Spectroscopy, Amsterdam 1955 (Nachdruck 1966); Simon, W. u. T. Clerc, Strukturaufklärung org. Verb. mit spektroskop. Meth., Frankfurt/M., Akad. Verl.-Ges., 1967; Skobel'tsyn, D. V., Research in Molecular Spectroscopy. Proceedings of the Lebedev Physics Institute, New York 1965; Snell, F. D. u. C. L. Hilton, Encyclopedia of Industrial Chemical Analysis, Bd. 3, New York-London, Wiley-Interscience, 1966, S. 755 bis 768; Somnessa, A. J., Introduction to Molecular Spectroscopy, New York, Reinhold, 1966; Thompson, H. W., Advances in Spectroscopy, I [1959], II [1962], New York, Interscience (wird fortgesetzt); Trost, B. M., Problems in Spectroscopy, New York, Benjamin, 1967; Ullmann II/1, 190 – 235; Van Someren, E. H. S., F. Lachman u. F. T. Birks, Spectrochemical Abstracts XI, 1964 – 1965, London 1966; Walker, S. u. H. Straw, Spectroscopy, Bd. 2: Ultra Violet, Visible and Raman Spectroscopy, London, Chapman & Hall (New York, Barnes & Noble), 1967; Wells, M. J., Spectroscopy, Oxford 1962; West, W., Chem. Application of Spectroscopy, New York, Interscience, 1956; Whiffen, D. H., Spectroscopy, New York-London, Wiley, 1966; White, R. G., Handbook of Ultraviolet Methods. A Compendium of 1632 Abstracts of Reports on Ultraviolet Methods Appearing in the World Literature Since 1940, New York, Plenum, 1965; Williams, D. H. u. I. Fleming, Spectroscopic Problems in Organic Chemistry, New York, McGraw-Hill, 1967 (dtsch. Übersetzung: Spektroskop. Meth. in der Org. Chemie, Stuttgart, Thieme, 1968); Wyborne, B. G., Spectroscopic Properties of Rare Earths, New York-London, Wiley-Interscience, 1965. Vgl. auch die am Schluß des Lit.-Abschnittes „Spektren" aufgeführten Verweisungs-Stichwörter.

3. *Absorptionsspektroskopie:* Angino, E. E. u. G. K. Billings, Atomic Absorption Spectrometry in Geology, Amsterdam, Elsevier, 1967; Bauman, R. P., Absorption Spectroscopy, New York, Wiley, 1962; Boltz, F. u. M. G. Mellon, Light Absorption Spectrometry, in Anal. Chem. 40 [1968] S. 255 R – 273 R; Cetorelli, J. J. u. a., The Selection of Optimum Conditions for Spectrochemical Methods, IV. Sensitivity of Absorption, Fluorescence, and Phosphorescence Spectrometry in the Condensed Phase, in J. Chem. Educ. 45 [1968] S. 98 – 102; Derkosch, J., Die Absorptions-S. im ultravioletten, sichtbaren u. infraroten Gebiet, Frankfurt/M., Akad. Verl.-Ges., 1967; Dyer, J., Applications of Absorption Spectroscopy of Organic Compounds, Englewood Cliffs, N. J., Prentice Hall, 1965; Edisbury, J. R., Practical Hints on Absorption Spectrometry. Ultra-Violet and Visible, London 1966; Elwell, W. T. u. J. A. Gidley, Atomic Absorption Spectrophotometry, Oxford, Pergamon, 1966; Gillam u. Stern, An Introduction to Absorption Spectroscopy in Org. Chemistry, New York, St. Martins Press, 1958; Hampel, B., Absorptionsspektroskopie im ultravioletten u. sichtbaren Spektralbereich, Braunschweig, Vieweg, 1962; Lothian, Absorption Spectrophotometry, London, Hilger and Watts, 1958; Massmann, H., Heutiger Stand der Absorptionsspektrometrie, in Chimia 21 [1967] S. 217 – 226; Mayer, F. X. u. A. Luszczak, Absorptions-S., Berlin, de Gruyter, 1952; Mellon. M. G., Analytical Absorption Spectroscopy, New York, Wiley, 1950; Pestemer, M., Anleitung zum Messen von Absorptionsspektren im Ultraviolett u. Sichtbaren, Stuttgart, Thieme, 1964; ders., Absorptionsspektroskopie im Sichtbaren u. Ultraviolett, in Houben-Weyl-Müller, Bd. III/2; Raminez-Munoz, J., Atomic-Absorption Spectroscopy and Analysis by Atomic-Absorption Flame Photometry, Amsterdam 1968; Robinson, J. W., Atomic Absorption Spectroscopy, New York, Marcel Dekker. 1966; Snell, F. D. u. C. L. Hilton, Encyclopedia of Industrial Chemical Analysis. Bd. 1, New York-London, Wiley-Interscience, 1966, S. 1 – 29 (Absorption and Emission Spectroscopy); Ullmann II/1, 198 – 235; West, T. S., Die Best. von Atomen in

Flammen, in Endeavour [dtsch. Ausgabe] Nr. 97 [1967] S. 44—49; Willis, J. B., Recent Advances in Atomic Absorption Spectroscopy, in Rev. Pure and Appl. Chem. 17 [1967] S. 111—122. Vgl. auch die Lit.-Abschnitte „Allgemeines" u. „Spektralphotometrie" dieses Stichwortes
4. *Emissionsspektroskopie:* Ewing, G. W. u. A. Maschka, Physikal. Analysen- u. Unters.-Meth. der Chemie, Bohmann Industrie- u. Fachverl., Wien-Heidelberg, 1964, S. 285—330; Franke, H. u. K. Rost, Grundsätzliche Erwägungen zur automat. Auswertung der emissionsspektrochem. Analyse, in Z. Anal. Chem. 222 [1966] S. 14—149; Gerlach, W. u. E. Riedl, Die chem. Emissions-S., Leipzig, Barth, 1949 (Tl. 3); Margoshes, M. u. B. F. Scribner, Emission Spectrometry, in Anal. Chem. 40 [1968] S. 222 R—246 R; Michel, P., La Spectroscopie d'émission, Paris, Colin, 1953; Moenke, H. u. L. Moenke-Blankenburg, Einführung in die Laser-Mikro-Emissions-S., Leipzig, Akad. Verl.-Ges., 1966; Snell, F. D. u. C. L. Hilton, Encyclopedia of Industrial Chemical Analysis, Bd. 1, New York-London, Wiley-Interscience, 1966, S. 1—29, 702 bis 745; Sventitskii, N. S., Visual Methods of Emissionspectroscopic Analysis, London 1964; Van Kolmeschate, G. J., Emission Spectrography, in Krugers, J. u. A. I. M. Keulemans, Practical Instrumental Analysis, Amsterdam, Elsevier, 1965, S. 48—55. Vgl. auch den Lit.-Abschnitt „Allgemeines" dieses Stichwortes.
5. *Reflexionsspektroskopie:* Harrick, N. J., Internal Reflection Spectroscopy, New York, Wiley, 1967; Snell, F. D. u. C. L. Hilton, Encyclopedia of Industrial Chemical Analysis, Bd. 3, New York-London, Wiley-Interscience, 1966, S. 376—392 (Reflectance Spectrophotometry); Ullmann II/1, 315—325; Wendlandt, W. W., Modern Aspects of Reflectance Spectroscopy (Proceedings of ACS Symposium in Chicago, Sept. 1967), New York, Plenum, 1968; Wendlandt, W. W. u. H. G. Hecht, Reflectance Spectroscopy, New York-London, Wiley-Interscience, 1966. Vgl. auch den Lit.-Abschnitt „Allgemeines" dieses Stichwortes.
6. *Spektralphotometrie:* *ASTM, Manual on Recommended Practices in Spectrophotometry, Philadelphia, ASTM, 1966; *IUPAC, Spectrophotometric Data, London 1963; Rummens, F. H. A., Absorption Spectrophotometry in the Ultraviolet and Visible Regions, in Krugers, J. u. A. I. M. Keulemans, Practical Instrumental Analysis, Amsterdam, Elsevier, 1965, S. 8 bis 20; Sixma, F. L. J. u. H. Wynberg, A Manual of Physical Methods in Organic Chemistry, New York-London, Wiley, 1964, S. 185—202 (Ultraviolet Spectrophotometry); Snell, F. D. u. C. L. Hilton, Encyclopedia of Industrial Chemical Analysis, New York-London, Wiley-Interscience, 1966, Bd. 3, S. 726—754 (Ultraviolet and Visible Absorption Spectrophotometry); Wegmüller, H., Ultraviolett-Spektralphotometrie, heutiger Stand u. Neuentw., in Chem. Rdsch. (Solothurn) 20 [1967] S. 921—923, 21 [1968] S. 147, 161—163, 173—175, 189—191. Vgl. auch die übrigen Lit.-Abschnitte dieses Stichwortes.
7. *Instrumentation u. Technik:* Cannon, C. G., Electronics for Spectrocopists, New York, Interscience, 1960; Lott, P. F., Recent Instrumentation for UV-Visible Spectrophotometry, in J. Chem. Educ. 45 [1968] S. A 89—A 111, A 169—A 194, A 273—A 292; Löwe, F., Opt. Messungen des Chemikers u. Mediziners, Dresden, Steinkopff, 1954; May, L., Spectroscopic Tricks, New York 1967; Samson, J. A. R., Techniques of Vacuum Ultraviolet Spectroscopy, New York 1967; Smith, A. L., Trends in the Use of Spectroscopic Instrumentation, in Analyt. Chem. 39 [1967] Nr. 11, S. 26 A—33 A; Stieger, R., Neue Lampen für Atomabsorption, in Chem. Rdsch. (Solothurn) 21 [1968] S. 377—379. Vgl. auch den Lit.-Abschnitt „Allgemeines" dieses Stichwortes. *Ztschr.:* Spectrochimica Acta, Pergamon Press, London; Journal of Molecular Spectroscopy, New York, Academic Press (ab 1957); Optics and Spectroscopy (USSR), Engl. Übersetzung von Optika i Spektroskopiya, Washington, D. C., The Optical Society of America, Inc.; Applied Spectroscopy, Boston College, Boston, Mass., Society for Applied Spectroscopy; Spectroscopia Molecular (in Interlingua!), Chicago, Ill., Illinois Inst. of Technology. *Organisationen u. Inst.:* Ges. zur Förderung der Spektrochemie u. Angew. Spektroskopie (gegr. 1952) in Dortmund; daselbst ist auch das 1962 neu errichtete Inst. für Spektrochemie u. Angew. Spektroskopie der gleichen Ges.; Forschungsstelle für Spektroskopie in der Max-Planck-Ges., Göttingen; Arbeitsgruppe für Dokumentation der Molekülspektroskopie, Berlin; European Molecular Spectroscopy Group, Amsterdam.

Spektralphotometer s. *Spektralanalyse. — E: spectro-photometers

Spektrochemische Analyse s. *Spektralanalyse. — E: spectrochemical analysis

Spektrographen s. *Spektralanalyse. — E: spectrographs

Spektrometer s. *Spektralanalyse. — E: spectrometers

Spektrometrie s. *Spektralanalyse. — E: spectrometry

Spektroskopie s. *Spektralanalyse. — E: spectroscopy

Spektrum s. *Spektralanalyse. — E: spectrum

Sperrschicht-Photoeffekt s. *Lichtelektr. Effekt. — E: photovoltaic effect

Spezifische Reaktionen. Bez. für chem. Reaktionen, die für ganz bestimmte Elemente, Verb., Ionen od. Atomgruppierungen charakterist. sind. *Beisp.:* Die Bldg. eines blauen Niederschlages (von Berliner Blau) beim Zusammengießen von Lsg. aus Eisen(III)-salzen u. Kaliumferrocyanid ist eine S. R.; die Kaliumferrocyanidlsg. gibt nur mit Eisen(III)-ionen u. mit keinen andern Stoffen den blauen Niederschlag. Hingegen ist die Bldg. eines schwarzen Niederschlages von Eisensulfid beim Einleiten von Schwefelwasserstoff in eine (alkal. gemachte) Eisensalzlsg. unspezif., denn schwarze Sulfidniederschläge entstehen z. B. auch, wenn man Schwefelwasserstoff in Lsg. von Kupfer-, Blei-, Nickelsalzen u. dgl. einleitet. S. R. spielen vor allem in der qual. Analyse, der *Chemotherapie, der *Serodiagnostik u. bei den Fermenten eine wichtige Rolle. — E: specific reactions

Spezifisches Gewicht s. *Dichte. — E: specific weight

Spezifität s. *Selektivität u. *Spezif. Reaktionen. — E: specifity

Sphäronen. Nach L. Pauling (1965) Bez. für Hohlkugeln aus *Helionen od. *Tritonen, die konzentr. dichtgepackt um eine od. zwei Gruppen gelagert den Atomkern aufbauen. Dieses neue Mo-

Sphäroproteine

dell verträgt sich sowohl mit dem „Tröpfchen"-(v. Weizsäcker, Bohr, Wheele) wie auch mit dem „Schalen"-Modell (Goeppert-Mayer, Jensen) des Atomkerns; sein wesentlicher Gesichtspunkt ist die Voraussetzung, daß hiernach *Protonen u. *Neutronen nicht voneinander unabhängig sind. Es liefert eine einfache Erklärung für die asymmetr. Spaltung der schweren Elemente, wie Uran, u. vermag die sog. „mag. Zahlen" zumindest für die Neutronen direkt zu erklären. Vgl. CAEN 43 [1965] Nr. 42, S. 23. — E: spherons

Sphäroproteine (globuläre Proteine). Bez. für *Eiweißstoffe von fast kugelförmiger Mol.-Gestalt mit gefalteten od. geknäuelten Peptidketten. Hierzu gehören beispielsweise die Albumine u. Globuline in genuinem Zustand. Gegenteil: *Faserproteine. — E: spheroidal proteins

Spiegel. Medizin. Bez. für die Konz. eines bestimmten Stoffes (Alkohol, Zucker, Kupfer, Eisen usw.) im Blut. Abweichungen vom Normalwert eines S. geben meist Rückschlüsse auf Stoffwechselerkrankungen; der „Alkohol-S." ist ein wesentliches Beweismittel in der Rechtsprechung bei Verkehrsdelikten, da er Hinweise auf den vorausgegangenen Alkoholkonsum u. damit auf die Fahrtüchtigkeit der Unfallbeteiligten gibt. — E: level, content

Spiegelbildisomerie s. *Optische Aktivität. — E: optical isomerism

Spin. Bez. für eine Eig. der Elementarteilchen, die man sich als Drehimpuls einer Eigenrotation (Eigendrehung) der Teilchen (z. B. Elektron, Atomkern) veranschaulichen kann (*Beisp.:* Elektronenspin, Kernspin). Experimentell am leichtesten zugänglich ist der S. des Elektrons, da er in der Hülle des Atoms die Wechselwrkg. der Elektronen untereinander bestimmt u. die Ursache für die Feinstruktur der Spektren (s. *Spektralanalyse) bildet. — E: spin

Spirane (spirocycl. Verb.; von lat.: spira = Brezel). Bez. für ringförmig gebaute Kohlenwasserstoffe (od. deren Substitutionsprod.), deren Mol. aus zwei od. mehr Ringen bestehen, wobei die lezteren nur ein einziges Kohlenstoffatom gemeinsam haben; *Beisp.:*

$$H_2C\begin{matrix}CH_2\\CH_2\end{matrix}C\begin{matrix}CH_2\\CH_2\end{matrix}CH_2 \, .$$

Vgl. auch Ullmann X, 2. — E: spiranes

Spirituosa medicata. Lat. Bez. von Lsg. von Arzneimitteln, die Weingeist als wesentlichen Bestandteil enthalten; man erhält sie zumeist durch Auflösen, Mischen od. Destillieren. Es bedeuten Spiritus aethereus = Ätherweingeist; S. Aetheris nitrosi = versüßter Salpetergeist; S. Angelicae compositus = zusammengesetzter Angelikaspiritus; S. camphoratus = Campherspiritus.

sporicid = sporenabtötend (gilt insbes. für hitzebeständige Bazillensporen). — E: sporicide

Spratzen. Bez. für das plötzliche Entweichen gelöster Gase bei der Erstarrung von Metallschmelzen unter Bldg. eines porösen Gusses. Am bekanntesten ist das S. des Feinsilbers; dieses löst in geschmolzenem Zustand etwa das zwanzigfache seines Vol. an Sauerstoff u. gibt ihn beim Erstarren unter heftigem S. wieder ab. Des weiteren wird das S. beim Platin (Sauerstoffabgabe), Natrium-, Kalium- u. Silbervanadat (Sauerstoffabgabe), Reinkupfer (Abgabe von aufgenommenem Wasserstoff, Kohlenoxid, Schwefeldioxid) u. dgl. beobachtet; durch Zulegierung anderer Metalle läßt es sich häufig weitgehend beseitigen. — E: spitting, spurting, sputtering

Sprengstoffe. Häufig als Synonym für *Explosivstoffe verwendete Bez. Wird auch als Gruppenbez. (präzisiert als „brisante S.") für eine Gruppe von Explosivstoffen gebraucht, die durch plötzlichen Gas- od. Hitzestoß zerreißend wirken u. in erster Linie für Granatfüllungen, Gesteinssprengungen u. dgl. dienen. *Beisp.:* Dynamit, Trinitrotoluol, Hexogen, Octogen. — E: brisant explosives

Spumoide. Von Wo. Ostwald eingeführte, jedoch nur selten verwendetes Synonym für Schäume (s. *Schaum) als disperse Syst. aus Gas u. Fl. — E: spumoids

Spurenanalyse. Sammelbez. für die analyt. Meth., durch die Mikromengen einer Substanz in Makromengen von anderem Material zu erfassen sind. Das Verhältnis Hauptbestandteil zu Spuren ist dabei nach der Definition mindestens 10^3, in extremen Fällen 10^{10} od. noch größer. Für diese Analytik kommen nur physikal. Meth. in Frage, nämlich 1. die elektrochem. Meth., 2. Photometrie u. Fluorimetrie, 3. spektrochem. Analyse im weitesten Sinne, 4. Aktivierungsanalyse, 5. Massenspektroskopie, 6. katalyt. Nachweisreaktionen. Dank der Entw. der Meßtechnik lassen sich Spurengeh. bis 10^{-8} % mit guter Genauigkeit bestimmen; in Ausnahmefällen gelingt z. B. der Nachweis von 10^5 Atomen eines Elementes! Zur Verbesserung der Nachweisgrenzen haben sich physikal. u. chem. Anreicherungsverf. sehr bewährt; durch Entfernung der Hauptbestandteile u. damit durch Erhöhung der absoluten Mengen der zur Analyse gebrachten Spuren werden Verbesserungen um ein bis zwei Zehnerpotenzen erzielt (vgl. hierzu H. Specker u. H. Hartkamp, Aufgaben u. Meth. der Spurenanreicherung, in Angew. Chem. 67 [1955] S. 173–178). Eine bes. Schwierigkeit der S. aus das Problem der Einschleppung von Verunreinigungen während des Analysenvorganges. — E: trace analysis

Lit.: Fries, J., S. — Erprobte photometr. Meth., Darmstadt, Merck, 1966; Koch, O. G., u. G. A. Koch-Dedic,

Handbuch der S., Berlin, Springer, 1964; Meinke, W. W. u. B. F. Scribner, Trace Characterization — Chemical and Physical, Washington, Government Printing Office, Washington, D. C.; Morrison, G. H., Trace Analysis: Physical Methods, New York-London, Wiley-Interscience, 1965; Specker, H., Spurenanalyse, in Bild d. Wiss. 4 [1967] S. 798–807; ders., Probleme u. Möglichkeiten der S., in Angew. Chem. 80 [1968] S. 297–304; Specker, H., Denck u. Mahr, Opt. Verf. zur Best. von Spurenelementen durch Anreicherung, Düsseldorf 1955; Yoe, J. H. u. H. L. Koch, Trace Analysis, New York, Wiley, 1957.

Spurenelemente (Spurenstoffe, in der Agrikulturchemie auch als Mikroelemente, Hochleistungselemente, katalyt. Elemente u. *Mikronährstoffe bezeichnet). Bez. für eine Reihe von Elementen, die der menschliche, tier. u. pflanzliche Organismus nur in Spuren enthält, die aber lebenswichtige Aufgaben erfüllen. Nach H. A. Schroeder (s. Naturwiss. Rdsch. 20 [1967] S. 533) sind heute die 9 Elemente Chrom, Mangan, Eisen(!), Kobalt, Kupfer, Zink, Selen, Molybdän u. Jod als wichtige Katalysatoren verschiedener lebenswichtiger Enzymprozesse bekannt. Vanadium, das in allen biolog. Lipiden enthalten ist, Nickel, Arsen u. Fluor dürften ebenfalls unentbehrlich sein. Noch ungeklärt ist die Bedeutung von Aluminium, Titan, Uran u. Zinn. Wahrscheinlich sind diejenigen Elemente als S. lebenswichtig, die im „Ur-Ozean" enthalten waren; nach Strain u. Porries von der School of Medicine in Rochester sollen die menschlichen Zellen die Elemente etwa in dem Verhältnis enthalten, wie sie in dem Wasser vorhanden waren, das die Zellen umspülte, aus denen alles Leben hervorging. Interessant ist auch die gegenseitigen Beziehungen dieser Elemente zueinander: So können beispielsweise Zinkmangel u. Zinküberschuß das Wachstum hemmen, doch können in beiden Fällen die Folgen durch Kupfer zumindest gemildert werden. Ein Kupferüberschuß verstärkt wiederum die Symptome der Zinkmangels, wie durch Vers. an Hühnern u. Ratten nachgewiesen werden konnte. Die Erforschung der S. ist noch längst nicht abgeschlossen; zum gegenwärtigen Zeitpunkt weiß man noch nicht, welche Mengen jeden Elementes jede Körperzelle enthält, so daß die Liste der (erkannten) S. noch wesentlich erweitert werden muß. — E: trace elements, trace nutrients

Lit.: Abderhalden, E., Spuren von Stoffen entscheiden über unser Schicksal, Basel, Schwabe, 1946; *ACS, Trace Inorganics in Water (Advances in Chemistry Series Nr. 73), Washington, D. C., ACS; Bersin, T., Biochemie der Mineral- u. S., Frankfurt, Akad. Verl. Ges., 1963; Bowen, H. J. M., Trace Elements in Biochemistry, New York, Academic Press, 1966; Chilean Nitrate Educational Bureau: Bibliography of the Literature on the Minor Elements and their Relation to Plant and Animal; Crog, F. A., Gefahr aus dem Boden?, in Kosmos 64 [1968] S. 213–214; Eschnauer, H., S. im Wein, in Angew. Chem. 71 [1959] S. 667–671; Javillier, M. u. a., Traité de Biochimie Générale II, Vitamines, Oligoeléments, Hormones, Paris, Masson, 1962; Klumpp, E., S. in Landwirtschaft u. Gartenbau, Ludwigsburg, Ulmer, 1950; Lal, K. N. u. M. S. Subba Rao, Micro-Element Nutrition of Plants, Benares 1954; Lamb, C. A., Bentley u. Beattie, Trace Elements (Proc. Ohio Agric. Exp. Stat. 1957), New York, Acad. Press, 1958; Landwirtsch. Forsch., Sonderheft: Die S.-Versorgung von Pflanze, Tier u. Mensch, Frankfurt 1962; Langenbeck, W., Zur Biochemie der Spurenmetalle, Berlin, Akad. Verl., 1959; Many Trace Elements Affect Animal Nutrition, in CAEN 44 [1966] Nr. 20, S. 48–50; McElroy, W. D. u. H. B. Glass, Copper Metabolism, Baltimore, Johns Hopkins Univ. Press, 1952; Monier-Williams, Trace Elements in Food, New York, Wiley, 1949; Pinta, M., Recherche et Dosage des Éléments Traces, Paris, Dunod, 1962; ders., Detection and Determination of Trace Elements, London 1967; Römpp, H., Spurenelemente, Stuttgart, Franckh, 1954; Scharrer, K., Biochemie der S., Berlin, Parey, 1957; Schweigart, in Z. Pflanzenernährung, Düngung, Bodenkunde 1951, S. 36–54; Schütte, K. H., Biologie der S.: Ihre Rolle bei der Ernährung, München 1965; Stiles, W., Trace Elements in Plants and Animals, London, Cambridge Univ. Press, 1961; Ullmann VI, 98, XI, 422, XII, 446, 570; Underwood, E. J., Trace Elements in Human and Animal Nutrition, New York, Acad. Press, 1962; Wallace, Diagnosis of Mineral Deficiences in Plants by Visual Symptoms, London 1951; Wallace u. Sirks, Trace Elements in Plant Physiology, Waltham, Mass., Chronica Botanica Co., 1950/52; Winogradow, A. P., S. in der Landwirtschaft, Berlin, Akademie-Verl., 1958; Zul'fugarly, D. I., Verbreitung der S. in Kaustobiolithen, org. u. chem. Sedimenten, Leipzig 1964.

Spurenmetalle. Sammelbez. für diejenigen *Metalle, die isomorph als Beimengungen in das Kristallgitter der Minerale anderer Elemente eingebaut sind, von denen jedoch nur wenige eigene Mineralien in unbedeutenden Mengen bekannt sind. Es handelt sich um die folgenden Elemente: Gallium, Germanium, Indium, Selen, Tellur u. Thallium. — E: trace metals

Spurenstoffe = *Spurenelemente.

Sr. Chem. Symbol für das Element *Strontium.

SS-Brücken = *Cystinbrücken. — E: SS-bridges

Stabilemulsionen. Bez. für stabile *Emulsionen, d. h. Emulsionen, die wesentlich höhere Anteile an Emulgatoren u. Schutzkolloiden als die Grenzemulsionen enthalten. — E: stable emulsions

Stabilisatoren. Sammelbez. für alle Substanzen, die eine od. mehrere andere Substanzen od. Syst. stabil machen. *Beisp.:* *Alterungsschutzmittel, *Antioxydantien, Emulgatoren (s. *Emulsionen), *Inhibitoren, Schutzkolloide (s. *Kolloidchemie) usw. — E: stabilizers

Stagoskopie (Tropfenschau). Bez. für ein neuartiges maßanalyt. (s. *Maßanalyse) Indikatorverf.; hierbei wird einer Lsg. eines charakterist. krist. Salzes die Lsg. einer anderen Substanz zugesetzt, mit der sie eine neue Verb. bildet. Solange beide Substanzen reagieren, können keine Kristalle der 2. Substanz entstehen; erst wenn ein Überschuß der zugefügten Substanz vorliegt, kann man ihre charakterist. Kristalle nachweisen. Zu diesem Zweck wird ein Tropfen der Fl. entnommen u. langsam eingetrocknet. Der erste Tropfen, in dem das in der Titrationsfl. gelöste Reagenz auskristallisiert (Beobachtung unter dem Mikroskop), zeigt den Äquivalenzpunkt an. — E: stagoscopy

Lit.: Solé, A., in Z. Anal. Chem. 142 [1954] S. 412 bis 414; ders., S., eine Einführung in Methodik, Theorie u. Praxis für Mediziner u. Naturwissenschaftler, Wien, Deuticke, 1960.

Stammname = *Stammsubstanzname.

Stammsubstanzname. In der chem. Nomenklatur Bez. für denjenigen Tl. des Namens einer Verb., von dem sich ein spezieller Name nach bestimmten Regeln abgewandelt ableitet; z. B. wird aus „Äthan" „Äthanol" gebildet. Viele Verb.-Namen enthalten mehr als einen S., z. B. ist für Chlormethylcyclohexan der S. Methylcyclohexan, dessen S. wiederum Cyclohexan ist. — E: parent name

Lit.: *IUPAC, Nomenclature of Organic Chemistry, Sections A & B (July 1957), London, Butterworth, 1956, S. 4.

Standardisierung = *Normung.

Stannate. Bez. für Salze, in deren Anionen II- od. IV-wertiges Zinn als Zentral-Ion fungiert. In den S. (II) treten als Anionen auf: SnO_2^{2-}, $Sn(OH)_3^-$ od. $Sn_2O(OH)_4^{2-}$, in den S. (IV) die Anionen $Sn(OH)_6^{2-}$ od. SnO_3^{2-} (Meta-S.(IV)). — E: stannates

Stanni-. Veraltetes Präfix zur Bez. des Vorliegens von IV-wertigem Zinn in Verb. — E: stannic

Stanno-. Veraltetes Präfix zur Bez. des Vorliegens von II-wertigem Zinn in Verb. — E: stannous

Stannono... Bez. für die Atomgruppierung $-SnO_2H$ in systemat. Namen von org. Verb. — E: stannono-

...stannonsäure. Suffix in systemat. Namen von org. Verb., in deren Mol ein H-Atom durch die Atomgruppierung $-SnO_2H$ ersetzt ist. — E: -stannonic (acid)

Stannum. Lat. Bez. für *Zinn; hiervon ist das Elementsymbol Sn abgeleitet.

Stannyl... Bez. für die Atomgruppierung $-SnH_3$ in systemat. Namen von org. Verb. — E: stannyl-

Stannylen... Bez. für die Atomgruppierung $=SnH_2$ in systemat. Namen von org. Verb. — E: stannylene-

Stannylidin... Bez. für die Atomgruppierung $\equiv SnH$ in systemat. Namen von org. Verb. — E: stannylidyne-

Start (Startpunkt-, -fleck, -zone, -band, -strich, Auftragsstelle, Auftropfstelle). Bei chromatograph. Verf. Bez. für die punkt- od. bandförmige Zone, in der die zu trennende Probenlsg. vor der *Chromatographie aufgetragen wird; vgl. E. Stahl, Vorschläge zur Normierung u. Terminologie der Dünnschicht-Chromatographie, in Z. Anal. Chem. 234 [1968] S. 1–10. — E: start

Starter = *Initiatoren.

Startgemisch = *Probenlsg.

Startreaktion s. *Kettenreaktion. — E: initiating reaction

Stassanierung. Bez. für das Durchpressen der zu behandelnden Fl. durch einen sehr engen erhitzten Spalt u. anschließend sofortige Abkühlung (zur partiellen Keimtötung in Milch); vgl. K. H. Wallhäußer u. H. Schmidt, Sterilisation-Desinfektion-Konservierung-Chemotherapie, Stuttgart, Thieme, 1967. — E: stassanitation

Stationäre Phase. In der *Dünnschicht-Chromatographie Bez. für eine Schicht aus feinpulverigem Material (das auch mit einer Fl. überzogen sein kann), durch die die *mobile Phase strömt. Synonyma: Schichtmaterial, Adsorbens, Sorptionsmittel, Adsorptionsmittel (Trägermaterial). Vgl. E. Stahl, Vorschläge zur Normierung u. Terminologie der Dünnschichtchromatographie, in Z. Anal. Chem. 234 [1968] S. 1–10. — E: stationary phase

Statistisches Fadenelement s. *Fadenmol. — E: statistical thread segment

Status nascendi (lat.: Zustand des Entstehens). Bez. für den bes. reaktionsfähigen Zustand vieler Stoffe im Augenblick ihrer Bldg. aus anderen Stoffen. So vermag z. B. frisch durch Einw. von Salzsäure auf Zink erzeugter Wasserstoff verd. Kaliumpermanganatlsg. zu entfärben, nicht dagegen Wasserstoffgas aus einer Vorratsbombe od. aus dem Kippschen App. Techn. ausgenützt wird z. B. die Red. von Nitrobenzol zu Anilin mit Hilfe von aus Eisenpulver u. Salzsäure erzeugtem nascierenden Wasserstoff.

Staub. Bez. für feinstzerteilte Feststoffe (Teilchengröße zwischen 2 u. 15 μ) od. durch Wind aufgewirbelte Bodenteilchen od. Verbrennungsvorgängen entstammende, in der Luft schwebende (s. *Schwebstoffe) Teilchen. Nach DIN 17 600, Bl. 2 (Entwurf Sept. 1966) ist Zink-S. der in fester Form (durch Sublimation) beim „Muffelprozeß" abgeschiedene Anteil Zink. Zinn-S. ist das durch Verblasen von fl. Zinn gewonnene feine Gut. Über die durch verschiedene Behandlungsarten erzielbaren Formen von S. bei unterschiedlichem Material, s. CAEN 44 [1967] Nr. 48, S. 8 A. — E: dust

Lit.: Kirk-Othmer, 2. Aufl., Bd. 7, 1965, S. 429–462.

Staubtrocknung. Nach Österr. Chemiker-Ztg. 1964, S. 360, ist ein Anstrich (auf Glas) staubtrocken, wenn aufgestreuter, trockener, gewaschener Seesand einer Korngröße von 400 bis 1600 Maschen je cm^2 Prüfsiebgewebe mit einem Haarpinsel leicht u. restlos wieder entfernt werden kann. — E: dust drying

Stearoyl... (Octadecanoyl...). Bez. für die Atomgruppierung $-CO-[CH_2]_{16}-CH_3$ in systemat. Namen. Darf nicht verwendet werden, wenn eine mit Veränderung des Kohlenstoff-Ge-

rüstes verbundene Substitution (z. B. durch *Alkyl, *Aryl, *Acyl) vorliegt. — E: stearoyl-
Stehkolben s. *Kochkolben. — E: flat-bottomed flasks
Steingut s. *Keram. Werkstoffe. — E: earthenware, pottery
Steinzeug s.*Keram.Werkstoffe. — E: stoneware
Stellungsisomerie (Positionsisomerie, Substitutionsisomerie). Bez. für eine Form der *Strukturisomerie, bei der zwei od. mehr Substanzen die gleiche Atomzus. haben, sich jedoch in der Position der funktionellen Gruppe innerhalb des Mol. unterscheiden (*Beisp.: α-, β-, γ- ... -Aminosäuren*). — E: place isomerism, position isomerism
Stereoblockcopolymere (Stereoblockpolymere). Bez. für Blockcopolymere (s. *Blockcopolymerisate) mit stereoregulärer Struktur (hier kann sich z. B. an einen isotakt. Kettenabschnitt ein solcher der entgegengesetzten Konfiguration anschließen). Bei der 1.2-Addition von konjugierten Dienen kann man iso- u. syndiotakt. Prod. erhalten, da die Monomeren in diesem Falle als Vinyl-, bei der 3.4-Addition als Vinylidenverb. reagieren; vgl. W. Kern u. R. C. Schulz in Houben-Weyl-Müller XIV/1, 1961, S. 13. — E: stereo-block copolymers
Stereoblock(co)polymerisation = *Stereoregulierte Polymerisation. — E: stereoblock (co) polymerization
Stereochemie (Raumchemie). Bez. für den Tl. der *Physikal. Chemie, der sich mit dem räumlichen Aufbau der Mol. u. den sich daraus ergebenden Folgerungen beschäftigt. Während sich vor dem 2. Weltkrieg die S. fast ausschließlich mit der *Stereoisomerie befaßte, behandelt sie heute auch die räumlichen Beziehungen zwischen den Atomen u. Atomgruppen der Mol. während chem. Reaktionen, einschließlich ihrer Auswrkg. auf die chem. Gleichgew. u. Reaktionsgeschw. Die S. schließt u. a. auch ein: Die sog. Spannungstheorie, die *Konformation der Mol., die ster. Hinderung u. die Konstruktion von wirklichkeitsnahen Mol.-Modellen. — E: stereochemistry

Lit.: Allinger, N. L. u. E. L. Eliel, Topics in Stereochemistry, I [1967], II [1967], New York-London, Wiley-Interscience; Barrett, E. J. u. J. G. Harwell, Framework Molecular Models, in Chemistry 39 [1966] Okt., 40 [1967] Nr. 3, S. 16—21; Benfey, T., Geometry and Chemical Bonding, in Chemistry 40 [1967] Nr. 5, S. 20—26; Bent, H. A., The Tetrahedral Atom, in Chemistry 39 [1966] Nr. 12, 40 [1967] Nr. 1, S. 8—15; De Barry Barnett, E., Stereochemistry, London, Pitman, 1950; Dunitz, J. D. u. L. E. Orgel, Stereochemistry of Ionic Solids, in Adv. Inorg. Chem. Radiochem. 2 [1960] S. 1—60; Eliel, E. L., Stereochemistry of Carbon Compounds, New York, McGraw Hill, 1962; (dtsch. Übersetzung: S. der Kohlenstoffverb., Weinheim, Verl. Chemie, 1966); Fieser, L. F., Chemistry in Three Dimensions, Boston 1964; Finer, Stereochemistry and the Chemistry of Natural Products, New York, Longmans, 1956; Fritz, H., Ermittlung der räumlichen Struktur org.-chem. Verb. durch chem. Meth., in Umschau 66 [1966] S. 456—461; Goldschmidt, S., Stereochemie, Leipzig 1953; Grundy, Stereochemistry, London, Butterworth, 1965; Hallas, G., Organic Stereochemistry, New York 1965; Hubbard, R. u. A. Kropf, Molecular Isomers in Vision, in Scient. Amer. 216 [1967] Nr. 6, S. 64—76; Ketley, A. D., The Stereochemistry of Macromolecules, 3 Bde., I [1967], II [1967], III [1968], New York, Dekker; King, L., Molecular Architecture, in Chemistry 37 [1964] Nr. 2; Kirk-Othmer, 1. Aufl., Bd. 12, 1954, S. 843—895; Klyne, Progress in Stereochemistry I [1954], II [1958], III [1962], New York; Larder, D. F., Historical Aspects of the Tetrahedron in Chemistry, in J. Chem. Educ. 44 [1967] S. 661—666; Larson, G. O., Paper Stereomodels, in J. Chem. Educ. 42 [1965] S. 274—276; Mislow, K., Introduction to Stereochemistry, New York, W. A. Benjamin (dtsch. Übersetzung: Einführung in die Stereochemie, Weinheim, Verl. Chemie, 1967); Moderne Probleme der S., Vortragsreferate in Angew. Chem. 76 [1964] S. 501 bis 502; Musso, H., Die räumliche Anordnung der Atome in org. Verb., in Naturwiss. Rdsch. 19 [1966] S. 448 bis 452; Newman, M. S., Steric Effects in Organic Chemistry, New York, Wiley, 1956; Niggli, P., Grundlagen der S., Basel, Birkhäuser, 1945; Reisse, J., L'analyse conformationnelle: Géometrie moléculaire et stéréochimie, in Sciences (Paris) Nr. 45 [1966] S. 32—41; Snatzke, G., Circulardichroismus u. opt. Rotationsdispersion: Grundlagen u. Anwendung auf die Unters. der S. von Naturstoffen, in Angew. Chem. 80 [1968] S. 15—26; Sommer, L. H., Stereochemistry, Mechanism, and Silicon, New York, McGraw-Hill, 1965; Stereochemie, Heft 3 (Bd. 6) von Fortschr. Chem. Forsch., Berlin, Springer, 1966; Velluz, L., J. Valls u. J. Mathieu, Präparative S., in Angew. Chem. 79 [1967] S. 774—785. Vgl. auch Lit. *Konformation.

Stereochemische Isomerie = *Stereoisomerie.
Stereochemische Selektivität = *Stereoselektivität. — E: stereochemical selectivity
Stereoisomerie (stereochem. Isomerie, Raumisomerie). Sammelbez. für die im Rahmen der *Stereochemie behandelten Formen von *Isomerie. Unter *Stereoisomeren versteht man Verb. gleicher Struktur (s. *Strukturchemie), aber unterschiedlicher Atomanordnung im dreidimensionalen Raum. Man unterscheidet zwei Typen von S. Die sog. „*opt. Isomerie*" ist gekennzeichnet durch die Drehung, die der Schwingungsebene des Lichtes von den Isomeren erteilt wird u. ist zumindest in vielen Fällen durch die Verknüpfung eines Kohlenstoffatoms mit vier ungleichen Liganden bedingt (vgl. *Opt. Aktivität). Der 2. Typ der S. ist der sog. „*geometr. Isomerie*" (*cis-trans-Isomerie, Äthylenisomerie, Alloisomerie). Diese tritt bei ungesätt. org. Verb. auf u. ist durch die verschiedene Anordnung der Substituenten gekennzeichnet (Musterbeisp. ist das Äthylen); bei cycl. Verb. übernimmt der Ring die Funktion der Doppelbindung. Während mit der geometr. Isomerie der Äthylenderiv. gewöhnl. keine opt. Aktivität verbunden ist, da die Ebene der Doppelbindung zugleich Symmetrieebene ist, tritt in Verb. mit der geometr. Isomerie cycl. Verb. häufig opt. Aktivität auf (dies zeigt z. B. der Vgl. der opt.-inakt.

cis- u. *trans-*Crotonsäuren mit den opt. akt. *cis-* u. *trans-*2-Methylcyclopropancarbonsäuren, die jeweils geometr. Isomerenpaare sind).

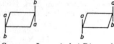

Geometr. Isomerie bei Ringverb.

Bei den cycl. Stereoisomeren überschneiden sich somit die Definitionsbereiche beider Typen, so daß hier strenggenommen ein Mischtyp vorliegt; eine Einteilung auf der Basis der Unterscheidung von opt. u. geometr. Isomeren ist somit unbefriedigend; vgl. auch die Behandlung der *Cyclostereoisomerie* unter *Cycloenantiomerie. Von einer Zwischenstellung muß man auch im Falle der *Diastereomerie* (Dia-S.; Epimerie [z. T.]) sprechen; wenn auch hier von den möglichen diastereoisomeren Formen mindestens eine in opt. Antipoden spaltbar sein muß, so ähneln doch Diastereomere (s. auch *Epimere) bei Betrachtung des Gesamtmol. mehr den cis-trans-Isomeren; sie verhalten sich zueinander nicht mehr wie Bild u. Spiegelbild. Ein bes. Fall der opt. Isomerie ergibt sich durch die Behinderung der freien Drehbarkeit (Rotationsisomerie, s. *Atrop-Isomerie). Über eine Form von geometr. Isomerie, die in großen bicycl. Aminmol. auftritt, s. CAEN 46 [1967] Nr. 28, S. 46—47; über die S. von Makromol. s. *Taktizität. Vgl. auch *Sessel-Wanne-Isomerie. — E: stereochemical isomerism
Lit.: Blackwood, J. E. u. a., Unique and Unambiguous Specification of Stereoisomerism about a Double Bond in Nomenclature and Other Notation Systems, in J. Chem. Doc. 8 [1968] S. 30—32. Lit. über Wesen u. Bedeutung der S. s. unter *Stereochemie u. *Konformation.

Stereoregulierte Polymerisation [stereospezif. Polymerisation, Stereoblock (co)polymerisation]. Bez. für eine Form der *Polymerisation, die zu *isotakt. od. syndiotakt. Polymeren führt; diese werden als *stereoreguläre Polymere* (auch takt. Polymere od. stereoregulierte Polymere) bezeichnet. Bei der stereospezif. Polymerisation von α-Olefinen nach dem Verf. von Natta u. Ziegler wird angenommen, daß sich das Makromol. aus den monomeren Bestandteilen auf der Oberfläche eines festen Katalysators orientiert zur polymeren Kette aufbaut. Es hat sich allerdings gezeigt, daß die S. P. nicht unbedingt durch heterogene *Katalyse erfolgen muß, sondern auch in einem homogenen Syst. verlaufen kann. Dies wird z. B. dadurch gedeutet, daß in Lsgm., die eine spiralige Konformation der Oligomerenkette begünstigen, das weitere Anwachsen von Monomeren-Einheiten jeweils in der einen Konfiguration vor der anderen begünstigt ist; dadurch kommt dann eine eingängige, also stereoreguläre Helixform zustande. Vgl. G. Schulz, Die Kunststoffe, München, Hanser,
1964, S. 87 u. E. L. Eliel, Stereochemie der Kohlenstoffverb., Weinheim, Verl. Chemie, 1966, S. 531. — E: stereoregular polymerization
Lit.: Gaylord, N. G. u. H. Mark, Linerar and Stereospecific Addition Polymers, Polymerization with Controlled Propagation, New York, Interscience, 1959; Kern, W., in Chemiker-Ztg. 87 [1963] S. 799—806; Kirk-Othmer, 1. Aufl., Suppl. II, 1960, S. 763—785; Natta, G., Stereospezif. Katalysen u. isotakt. Polymere, in Angew. Chem. 68 [1956] S. 393—403; ders., Precisely Constructed Polymers, in Scient. Amer. 205 [1961] Nr. 2, S. 33—41; ders., in Advances in Catalysis, 11 [1959] S. 1—66; Hopff, H. u. H. G. Elias, in Chimia 15 [1961] S. 479—492.

Stereoselektivität (stereochem. Selektivität). Bez. für die Erscheinung, wenn bei einer chem. Reaktion von zwei od. mehr Stereoisomeren od. d,l-Paaren jeweils eines der Stereoisomeren od. ein Paar bevorzugt gegenüber dem anderen entsteht. Diese Bez. wendet man vorwiegend dann an, wenn das bevorzugte Prod. im großen Überschuß gebildet wird, jedoch darf man sie in quant. od. halbquant. Weise durchaus modifizieren, also von „hoher S.", „schwacher S.", „70%/oiger S." usw. sprechen. *Beisp.:* Die Abspaltung von Chlorwasserstoff aus 1.2-Diphenylchloräthan („Desylchlorid") ist stereoselektiv, da sie ganz bevorzugt *trans-*Stilben neben sehr wenig *cis-*Stilben liefert; vgl. E. L. Eliel, Stereochemie der Kohlenstoffverb., Weinheim, Verl. Chemie, 1966, S. 515. — E: stereoselectivity
Lit.: Dunlop, J. H. u. R. D. Gillard, Stereoselectivity in Coordination Compounds, in Emeléus, H. J. u. A. G. Sharpe, Adv. Inorg. Chem. Radiochem. 9 [1966] S. 185—215; Die mathemath. Behandlung stereoselektiver Reaktionen, in Nachr. Chem. 14 [1966] S. 359—360; Weinges, K., W. Kaltenhäuser u. F. Nader, Konformative Effekte im Ablauf stereoselektiver Reaktionen, in Fortschr. Chem. Forsch. 6 [1966] S. 383—426; vgl. auch Lit. unter *Stereochemie.

Stereospezifische Katalyse. Bez. für heterogene *Katalyse, die zur Bldg. von stereoregulären Polymeren führt (s. *Stereoregulierte Polymerisation).
 — E: stereospecific catalysis
Lit. s. *Stereoregulierte Polymerisation.

Stereospezifische Polymerisation = *Stereoregulierte Polymerisation. — E: stereospecific polymerization

Stereospezifität. Nach H. E. Zimmerman u. a. (s. J. Amer. Chem. Soc. 81 [1959] S. 108 [dort Fußnote 16]; zur Kritik s. E. Ruch u. I. Ugi, in Theoret. Chim. Acta 4 [1966] S. 287) Bez. für die Erscheinung, wenn bei einer chem. Reaktion aus stereochem. differenzierten Ausgangsstoffen stereochem. differenzierte Endprod. entstehen (*Beisp.:* Bei der in trans erfolgenden Bromaddition an die beiden Δ^2-Butene liefert *trans-*Buten-(2) *meso-*2.3-Dibrombutan, während aus *cis-*Buten-(2) (±)-2.3-Dibrombutan entsteht). Auch die zu den beiden isomeren Butenen zurückführende Bromabspaltung aus den beiden diastereomeren Dibromiden durch Jodid verläuft stereospezif. Jede stereospezif. Reaktion ist demnach auch stereoselektiv (s. *Stereoselektivität), jedoch sind keineswegs alle stereoselektiven Reaktionen auch stereospezif.; vgl. E. L. Eliel, Stereochemie der Kohlenstoffverb., Weinheim, Verl. Chemie, 1966, S. 515. Es sei jedoch darauf hingewiesen, daß manche Autoren die Bez. S. als Synonym für Stereoselektivität verwenden od. als Grenzfall derselben (sie sprechen dann von S., wenn nur eine Form von mehreren möglichen Stereoisomeren entsteht). — E: stereospecifity

Sterilfiltration. Bez. für die *Filtration durch sterile (s. *Sterilisation) Filterschichten; vgl. K. H. Wallhäußer u. H. Schmidt, Sterilisation-Desinfektion-Konservierung-Chemotherapie, Stuttgart, Thieme, 1967. — E: sterile filtration
Lit.: Vogel, G. P., Sterile Filtration, in Amer. Perfumer Cosmetics 79 [1964] Nr. 6, S. 65—66.

Sterilisation. Nach K. H. Wallhäußer u. H. Schmidt (s. Lit) ist S. die Bez. für die Abtötung bzw. Inaktivierung (Viren) aller Mikroorganismen, wobei nicht gefordert wird, daß die toten bzw. inaktivierten Keime abgetrennt werden. „*Steril*" bedeutet demnach: Frei von vermehrungsfähigen Mikroorganismen. Nach dem 3. Nachtrag (1959) zur 6. Ausgabe des *DAB heißt *Sterilisieren*, einen Gegenstand von lebenden Keimen freimachen. Dort sind folgende S.-Verf. vorgesehen: 1. *Heißluft-S.:* (bei Objekten aus Glas, Porzellan od. Metall, thermostabilen Pulvern, Glycerin: 180°; bei Fetten, Ölen, Paraffin, wasserfreien, thermostabilen Salbengrundlagen: 160°); 2. *Dampf-S.* im Autoklaven mit gespanntem, gesätt. Wasserdampf von mindestens 1 atü (Gegenstände aus Glas, Porzellan, Metall, Arbeitskleidung, Verbandstoffe, Asbest, Tücher, Papier, thermostabile Lsgm. u. Lsg.: Dampf-S. bei 120—134°; bei Gummigegenständen Dampf-S. bei 120°); 3. **Sterilfiltration:* Hier werden Fl. durch (nach 1. od. 2. sterilisierte) Bakterienfilter filtriert u. unter asept. Bedingungen in sterile Gefäße abgefüllt (anzuwenden bei thermolabilen Lsgm. u. Lsg.). Die Angabe „sterilisiert nach Verf. X" besagt lediglich, daß das Präp. den nach Verf. X geforderten S.-Bedingungen unterworfen wurde, ohne daß anschließend eine Prüfung auf *Sterilität* erfolgte. „Auf Sterilität geprüft" bedeutet: Prüfung gemäß Vorschriften des jeweiligen Arzneibuches (unter Benützung der angegebenen Nährböden u. Einhaltung von Bebrütungstemp. u. Zeit) bestanden. — E: sterilization
Lit.: Berger, U., S., Desinfektion u. Hygiene in der zahnärztlichen Praxis, München, Urban u. Schwarzenberg, 1954; Konrich, F., Die bakterielle Keimtötung durch Wärme, Stuttgart, Enke, 1963; Lautenschläger u. Schmidt, S.-Meth. für die pharmazeut. u. ärztliche Praxis, Stuttgart, Thieme, 1954; Poetschke, Reichmuth u. Koch, Lehrbuch der Desinfektion, S. u. Schädlingsbekämpfung, Stuttgart, Thieme, 1952; Probleme der S. (Entkeimung) in Medizin u. Pharmazie, in Wiss. Z. Humboldt-Univ. Berlin 16 [1967] Nr. 2; Reddish, G. F., Antiseptics, Disinfectants, Fungicides and Chem. and Phys. Sterilization, Philadelphia, Hea and Febiger, 1954; Reyniers, J. A. (Technik der Aufzucht keimfreier Tiere) in N. Y. Acad. of Sciences, Ann., Vol. 78, Art. 1, 1959, 400 S.; Stich, Bakteriologie, Serologie u. S. im Apothekenbetrieb, Berlin, Springer, 1950; Sykes, G., Disinfection and Sterilization, Princeton, N. J., 1958; Symposium, The Operation of Sterilising Autoclaves, London, Pharmaceutical Press, 1959; Tunmann, P., Die S. wichtiger Arzneimittel, in Kaiser, H., Pharmazeut. Taschenbuch, Stuttgart, Wiss. Verl. Ges., 1962, S. 287—333; Ullmann IV, 17, V, 731—772, VII, 395, XI, 424, 428, 432, 434, 439, 488, 489, 491, 499, 504, 513, 521; Wallhäußer, K. H. u. H. Schmidt, S. — Desinfektion — Konservierung — Chemotherapie, Stuttgart, Thieme, 1967.

Sterische Hinderung. Bez. für die Erscheinung, daß eine sonst leicht vor sich gehende chem. Reaktion durch die Ggw. raumerfüllender Gruppen in der Nachbarschaft der reagierenden Atome verlangsamt od. gar verhindert wird. Die ster. hindernde Wrkg. eines Substituenten ist dabei nicht von dessen Polarität, sondern ausschließlich von seiner Raumerfüllung u. seiner Stellung im Mol. abhängig. Während ein aliphat. Keton normalerweise glatt durch eine Grignard-Reaktion in einen tert. Alkohol übergeführt werden kann, gelingt dies nicht mehr, wenn die beiden Alkylreste des Ketonmol. sehr voluminös sind, wie etwa im Di*tert*-butylketon; als dritter Alkylrest läßt sich hier maximal noch eine Methylgruppe einführen, nicht dagegen ein tert. Butylrest. Die Bez. S. H. wurde 1894 von V. Meyer eingeführt. — E: steric hindrance
Lit.: Ziegler, H. H. v., Diss. Univ. Zürich 1958; vgl. auch *Stereochemie.

Stibarseno... Bez. für die Atomgruppierung —Sb=As— in systemat. Namen von org. Verb. — E: stibarseno-

Stibinico... Bez. für die Atomgruppierung =SbO(OH) in systemat. Namen von org. Verb. — E: stibinico-

Stibino... Bez. für die Atomgruppierung —SbH_2 in systemat. Namen von org. Verb. Alte Bez.: Stibyl... — E: stibino-

Stibium. Lat. Bez. für *Antimon; hiervon ist das Elementsymbol Sb abgeleitet.

Stibo... Bez. für die Atomgruppierung —SbO_2 in systemat. Namen von org. Verb. — E: stibo-

...stibonige Säure. Suffix in systemat. Namen von org. Verb., in deren Mol. ein H-Atom durch die Atomgruppierung —Sb(OH)$_2$ ersetzt ist. — E: stibonous (acid)

Stibono... Bez. für die Atomgruppierung —SbO_3H_2 in systemat. Namen von org. Verb. — E: stibono-

...stibonsäure. Suffix in systemat. Namen von org. Verb., in deren Mol. ein H-Atom durch die Atomgruppierung —SbO_3H_2 ersetzt ist. — E: -stibonic (acid)

Stiboso... Bez. für die Atomgruppierung $-SbO$ in systemat. Namen von org. Verb. — E: stiboso-
Stibyl... = *Stibino... — E: stibyl-
Stibylen... Bez. für die Atomgruppierung $=SbH$ in systemat. Namen von org. Verb. — E: stibylene-
Stichflammen s. *Flammen (S. 274). — E: fine-pointed flames, shooting flames
Stichprobe. Nach DIN 50001 (Entwurf Juli 1960) Bez. für eine *Probe, die nicht als *Durchschnittsprobe gewertet werden kann; ihre Unters. dient lediglich orientierenden Zwecken; s. auch *Probenahme. — E: random sample, spot sample
Stickstoff (chem. Symbol N, von lat.: Nitrogenium). Gasf. Element; At.-Gew. 14,0067; Natürliche Isotope (in Klammern Angabe der Häufigkeit): 14 (99,63%) u. 15 (0,37%), wobei das Isotopenverhältnis in N aus anderen Quellen als Luft vom hier angegebenen Verhältnis, das einem Betrag von $272 \pm 0,3$ entspricht, bis zu 1,5% abweichen kann (z. B. in Erdgasen; vgl. hierzu z. B. L. Strond u. a. in Bureau of Mines, Arnarillo, Tex., Helium Res. Center, Okt. 1966); Ordnungszahl 7. Gegen Sauerstoff maximal V-wertig, gegen Wasserstoff nur III-wertig, gegen Halogene zumeist III-wertig; gehört zur V. Hauptgruppe des *Periodensyst. Im gewöhnl., elementaren, gasförmigen N sind stets 2 N-Atome zu einem sehr stabilen N_2-Mol. vereinigt. Die Formel für S.-Gas ist also N_2 zu schreiben. N_2 ist ein farbloses, geruchloses, geschmackfreies, unbrennbares Gas vom Litergew. 1,25046 g bei $0°$ u. 760 Torr (1 l Luft wiegt dagegen 1,29 g); $F.$ $-209,86°$, $Kp.$ $-195,8°$, $krit.\ Temp.$ $-147, 1°$, $krit.\ Druck$ 33,5 atm, $krit.\ D.$ 0,311. Fl. N_2 ist farblos ($D.$ 0,808 bei $-195,8°$), festes N_2 bildet weiße krist. Massen; 1 l Wasser löst bei $0°$ nur 23,2 ml reines N_2, dagegen lösen sich im 1 Alkohol bei $19°$ etwa 120 ml des Gases. Wird 1 l Wasser bei $20°$ mit Luft gesätt., so nimmt es 12,76 ml N_2 auf. In chem. Hinsicht ist N_2 außerordentlich reaktionsträge; da Stickstoffgas ($N\equiv N$) sozusagen die stabilste N.-Verb. darstellt, kann man es nur mit Mühe (z. B. über die Erzeugung von „aktivem" N vor allem durch Anwendung von hoher Temp., elektr. Entladungen usw.) in andere Verb. überführen. Zumindest im Falle des durch elektr. Entladungen aktivierten N ist noch unbekannt, ob hierbei eine Sprengung der N—N-Bindung in den Mol. erfolgt od. ob diese nur angeregt, d. h. auf höhere Energieniveaus gebracht, werden (möglicherweise treten beide Effekte ein, evtl. entstehen sogar N_3-Mol.). Verhältnismäßig leicht verbindet sich N_2 mit Lithium (schon bei Zimmertemp. entsteht etwas LiN) u. Calcium (Bldg. von Calciumnitrid bei Zimmertemp.); von den übrigen Metallen erhält man erst bei höherer Temp. *Nitride; bei Magnesium ist z. B. Weißglut erforderlich. Zur Bldg. von NO aus N_2 u. Sauerstoff od. von Ammoniak aus N_2 u. Wasserstoff sind ebenfalls hohe Energiebeträge nötig. Mit Verb., die zweiwertigen Schwefel enthalten, reagiert akt. S. als elektrophiles Reagenz unter Bldg. von S—N-Verb., wie NSCl; s. Inorg. Chem. 1965, S. 1006. Fl. N_2 wird unter dem Einfl. von γ-Strahlen tiefblau u. reagiert in dieser Form explosionsartig mit bestimmten org. Fl., z. B. mit Acrylnitril; s. Umschau 1964, S. 249. Auf die höheren Pflanzen u. Tiere übt N_2 keine wahrnehmbare Wrkg. aus; wenn Tiere in sehr stickstoffreichen Gasgemischen ersticken, ist dies auf Sauerstoffmangel u. nicht etwa auf eine Giftwrkg. seitens des N_2 zurückzuführen. In der Natur kann der Luft-S. nur durch manche Bakterien in den Wurzelknollen einiger Pflanzen mit Hilfe von Metall-Ferment-Syst. gebunden u. in org. Verb. eingeführt werden. In jüngster Zeit gelang die Herst. von Metallkomplexen, die einen Tl. ihrer Liganden gegen mol. S. austauschen können (z. B. nach der Gleichung: $[(PR_3)_3CoH_3] + N_2 \rightarrow [(PR_3)_3CoHN_2] + H_2$; $R = C_6H_5$). Während in diesen Komplexen die starke $N\equiv N$-Bindung erhalten bleibt u. N_2 durch Wasserstoff wieder aus dem Mol. verdrängt werden kann, fand jedoch M. E. Volpin, daß die bekannten Ziegler-Natta-Katalysatoren (hauptsächlich bei der Niederdruck-Polymerisation des Äthylens verwendet) mit N_2 reagieren u. dieses zu Ammoniak reduzieren. Ein bes. reaktiver Vertreter dieser Gruppe ist das Dicyclopentadienyl-titan-Kation $[(C_5H_5)_2\text{-}Ti(III)]^+$. In Zukunft wird demnach N_2 nicht mehr allg. als Schutzgas verwendet werden können; vgl. hierzu „Wie inert ist N?", in Nachr. Chem. Techn. 15 [1967] S. 296—297 u. Chemie in unserer Zeit 1 [1967] S. 165. Über die erste Fixierung von atmosphär. S. durch Rutheniumverb. s. A. D. Allen u. F. Bottomley, in Canad. J. Chem. 46 [1968] S. 469.

Vork.: Man schätzt den Anteil des S. an der obersten, 16 km dicken Gesteinskruste auf etwa 0,0046%; S. gehört also zu den häufigeren Elementen u. steht in der Häufigkeitsliste der Elemente an 28. Stelle zwischen *Lithium u. *Cer. Die weitaus größten S.-Mengen finden sich in der Lufthülle; diese enthält rund 78 Vol.-% (od. 75,51 Gew.-%) N_2. Kleinere Mengen von N_2 trifft man auch in den Gasen mancher Quellen u. in Gesteinseinschlüssen. N-haltige Mineralien sind verhältnismäßig selten; das einzige größere Vorkommen ist der Chilesalpeter $= NaNO_3$; in kleineren Mengen findet man gelegentlich Calciumnitrat, Kaliumnitrat, Ammoniumchlorid u. viele andere Verb. In den Organismen spielt S. dagegen eine sehr wichtige Rolle; er ist in allen *Eiweißstoffen u. somit auch in allen Organismen in chem. Bindung enthalten.

Darst.: 1. Sehr reines N_2 erhält man im Laboratorium durch Erwärmen einer konz. wss. Lsg. von Ammoniumnitrit NH_4NO_2 od. eines gelösten Gemisches aus Ammoniumchlorid u. Natriumnitrit auf etwa 70°; Gleichung: $[NH_4]NO_2 \rightarrow N_2 + 2 H_2O$. 2. Man leitet Luft über glühendes Kupfer od. durch alkal. Pyrogallollsg. bzw. alkal. Natriumdithionitlsg.; hierbei wird der Sauerstoff aus der Luft entfernt, so daß nur noch Stickstoff (nebst Edelgasen) übrigbleibt. 3. Durch vorsichtiges (!) Erhitzen von Salzen der Stickstoffwasserstoffsäure (s. *Azide) kann man chem. reines N_2 herstellen. 4. In der Technik gewinnt man große Mengen von etwas verunreinigtem N_2 (z. B. für Kalkstickstoff) durch fraktionierte Destillation von fl. Luft od. durch Verbrennung von Kohle mit Luft, wobei entstehendes CO_2 u./od. CO leicht entfernt werden können u. N_2 übrig bleibt, s. auch Ind. Engg. Chem. 1957, S. 869–873.

Verw.: Elementarer S. hat wegen seiner allg. Reaktionsträgheit nur wenig techn. Verw. gefunden; dagegen ist er als Rohstoff für die Synth. von N-Verb. von größter Bedeutung. N_2 wird noch immer auch als Schutzgas bei vielen techn. Prozessen u. zum Abdrücken u. Überlagern von brennbaren Fl. verwendet. Die Mehrzahl der so wichtigen N-Dünger wird heute aus Luftstickstoff hergestellt, der z. B. durch das Haber-Bosch-Verf. zu Ammoniak gebunden wird. Bereits vor Jahren wurde vorgeschlagen, Konservenbüchsen statt mit Luft mit reinem Stickstoff zu füllen; die so konservierten Waren behalten ihren natürlichen Geruch u. Geschmack; auch Farbe u. Nährwert bleiben im N_2 besser erhalten als in sauerstoffhaltiger Luft. Über die Verw. von gasf. N_2 zum Frischhalten von Lebensmitteln, s. auch Chem. Rdsch. (Solothurn) 19 [1966] S. 276. Das Einfrieren von Lebensmitteln mit fl. N_2 gewährleistet eine bessere Qualität beim Auftauen, als dies beim normalen Einfrieren der Fall ist. Bes. ausgezeichnete Erg. lassen sich bei Meerestieren u. weichen Früchten erreichen; s. Chem. and Ind. 1966, S. 2061. Neuerdings verwendet man auch N_2 als Treibgas in Sprühdosen, s. De Gray in Aerosol Age 1960, Nr. 4, S. 45 f. Nach Chem. Weekbl. 63 [1967] S. B 422 kann die Lebensdauer von Autoreifen stark verlängert werden, wenn N_2 statt Luft als Füllgas verwendet wird, da hierbei keine innere Oxydation des abgearbeiteten Kautschuks u. Textilgewebes erfolgt.

Geschichtl.: N wurde wegen seiner Reaktionsunfähigkeit ziemlich spät als bes. Element erkannt; noch bis zum 17. Jh. hielt man die Luft für einen einheitlichen Stoff. Scheele zeigte in seiner „Abhandlung von der Luft u. dem Feuer", daß die Luft einen Bestandteil enthält, der Atmung u. Verbrennung nicht unterhält; er nannte diesen „Verdorbene Luft". Lavoisier bezeichnete ihn als Azôte (d. h. Stickgas od. erstickender, das Leben nicht unterhaltender Stoff) u. Chaptal gab ihm den Namen nitrogène (= Salpeterbildner, davon ist das lat. nitrogenium hergeleitet), nachdem man erkannt hatte, daß der Salpeter u. die Salpetersäure N-Verb. sind. In Frankreich wird als chem. Zeichen für Stickstoff bis in die neuere Zeit herein verschiedentlich Az (von franz. azôte = Stickstoff) geschrieben. Cavendish synthetisierte 1784 Stickoxide u. Salpetersäure aus N_2 u. Sauerstoff mit Hilfe von überspringenden elektr. Funken. Die großtechn. Ausnützung des Luftstickstoffs erfolgte erst im 20. Jh.; so begann die techn. Ausnützung der Kalkstickstoffsynth. etwa um 1904, die der Salpetersäuredarst. nach Birkeland-Eyde um 1905 u. die der Ammoniaksynth. nach Haber u. Bosch um 1909. — E: nitrogen

Lit.: Abeggs Handbuch der Anorg. Chemie, Bd. III/3, Leipzig, Hirzel, 1922; Allen, C. F. H., Six-Membered Heterocyclic Nitrogen Compounds with Three Condensed Rings, New York, Interscience, 1958; ders., Six-Membered Heterocyclic Nitrogen Compounds with Four Condensed Rings, New York, Interscience, 1951; Asimov, I., The World of Nitrogen, London-New York, Abelard-Schuman, 1959; Astle, Industrial Organic Nitrogen Compounds, New York, Reinhold, 1961; Bambas, L. L., Five-Membered Heterocyclic Compounds with Nitrogen and Sulfur, or Nitrogen, Sulfur and Oxygen (except Thiazole), New York, Interscience, 1952; Bloomer u. Rao, Thermodynamic Properties of Nitrogen, Chicago 1953; Bradstreet, R. B., The Kjeldahl Method for Organic Nitrogen, New York 1965; Brauer I, 411–414 (Darst.); Colburn, C. B., Developments in Inorganic Nitrogen Chemistry, 2 Bde., Amsterdam, Elsevier, 1966 (Bd. 1; Bd. 2 in Vorbereitung); Fachverband Stickstoffindustrie Düsseldorf, Der Stickstoff, Frankfurt, DLG-Verl., 1963; Farbwerke Hoechst AG., Dokumente aus Hoechster Archiven, Nr.5 (Wilhelm Ostwald u. die S.-Gewinnung aus der Luft) [1964], Nr. 6 (Autoxydation des Luft-S. bei der Ammoniakverbrennung?) [1965], Nr. 18 (Griesheimer Vers. zur N-Gewinnung aus der Luft) [1966]; Fedorov, M. W., Die biolog. Bindung des atmosphär. S., Berlin, Dtsch. Verl.d.Wiss.,1960; Franklin, E. C., The Nitrogen System of Compounds, New York, Reinhold, 1947; Fry, The Nitrogen Metabolism of Micro-Organisms, London, Methuen, 1955; Gmelin, Syst.-Nr. 4 (Stickstoff) u. 23 (Ammonium), 1934 bis 1936; Goubeau, J., Kraftkonst. u. Bindungsgrade von S.-Verb., in Angew. Chem. 78 [1966] S. 565–576; IAEA (= International Atomic Energy Agency), Isotope Studies on the Nitrogen Chain, Wien, IAEA, 1968; Jolly, W. L., The Inorganic Chemistry of Nitrogen, New York, Benjamin, 1963; Kirk-Othmer, 2. Aufl., Bd. 13, 1967, S. 857–863; Kuiper, G. P., The Atmospheres of the Earth and Planets, Univ. of Chicago Press, 1952; McElroy u. Glass, Inorg. Nitrogen Metabolism, Baltimore, John Hopkins Press, 1956; McKee, H. S., Nitrogen Metabolism in Plants, London, Oxford Univ. Press, 1962; Mittasch, A., Die Geschichte der Ammoniaksynthese, Weinheim, Verl. Chemie, 1951; Mosby, W. L., Heterocyclic Compounds with Bridgehead Nitrogen Atoms, 2 Tle., New York, Interscience, 1961; Mothes, Der S.-Umsatz (Bd. VIII von Ruhland, Handbuch der Pflanzenphysiologie) Berlin, Springer, 1958; Niedenzu, K. u. J. W. Dawson, Boron-Nitrogen Compounds, Berlin, Springer, 1965; Pascal, Nouveau Traité, Bd. X, Paris, Masson, 1956; Postgate, J. R., How Microbes fix Nitrogen, in Science

Stickstoff-Gruppe

J. (London) 4 [1968] Nr. 3, S. 69—74; Prianischnikow, Der S. im Leben der Pflanzen, Berlin, Akad. Verl., 1952; Ertel-Happe-Sänger, Der S. u. seine anorg. Verb., in Winnacker-Küchler, Chem. Technologie II, München, Hanser, 1959; Siedler, Luftverflüssigung, S.- u. Sauerstoffgewinnung, in Winnacker-Küchler, Chem. Technologie I, München, Hanser, 1958; Sittig, M., Nitrogen in Industry, Princeton, Van Nostrand, 1965; ders., Synthetic Organic Nitrogen Compounds, Park Ridge, Noyes, 1967; Stewart, W. D. P., Nitrogen Fixation in Plants, London 1966; Toivonen, N. J. u. a., Biochemistry of Nitrogen, Helsinki 1955; Ullmann III, 540, 562, IV, 701, V, 51, VI, 95, 173, XI, 532, XII, 54, 73, XVI, 415—420; Wiley, R. H., Five- and Six-Membered Compounds with Nitrogen and Oxygen (Excluding Oxazoles), New York, Interscience, 1962. *Ztschr.:* Nitrogen (6mal jährl.), London, The British Sulphur Co.

Stickstoff-Gruppe. Bez. für die V. Hauptgruppe des *Periodensyst. mit den Elementen *Stickstoff, *Phosphor, *Arsen, *Antimon u. *Wismut. Der Metallcharakter dieser Elemente nimmt mit steigendem Atomgew. deutlich zu; Stickstoff ist ein typ. Nichtmetall; Arsen u. Antimon besitzen metall. u. nichtmetall. Modifikationen, Wismut ist ein eindeutiges Metall. Gegen Sauerstoff sind die Elemente dieser Gruppe im Maximum V-wertig, gegen Wasserstoff III-wertig. — E: nitrogen group

Stickstoff-Phosphor-Gruppe = *Stickstoff-Gruppe. — E: nitrogen-phosphorus group

Stillstandtitration = *Dead-Stop-Titration.

Stimulantien. Bez. für Anregungsmittel bzw. Reizmittel (von lat.: stimulare = anspornen, anreizen, anregen). — E: stimulants

Stöchiometrie (von griech.: stoicheion = Grundstoff u. metron = Maß). Bez. für das Arbeitsgebiet der Chemie, das sich mit der Aufstellung der chem. Bruttoformeln auf Grund von Analysenerg., der mathemat. Berechnung chem. Umsetzungen u. der Veränderungen der Stoffeig. bei Änderungen ihrer qual. u. quant. Zus. befaßt. Ein Beisp. für eine stöchiometr. Berechnung findet sich im Abschnitt *Elementaranalyse. Die wichtigsten stöchiometr. Grundgesetze lauten: 1. Jeder reine Stoff hat eine bestimmte, gleichbleibende Zus.; so besteht z. B. Kochsalz stets aus 39,3% Natrium u. 60,7% Chlor. 2. Bilden 2 Elemente (A u. B) mehrere Verb. miteinander, so verhalten sich die Verbindungsverhältnisse ($A^0/o : B^0/o$) der verschiedenen Verb. wie möglichst kleine ganze Zahlen. 3. Die Elemente verbinden sich im Verhältnis ihrer Äquivalentgew. od. Multipla derselben. Nach F. Szabadvary darf man Jeremias Benjamin Richter als den Begründer der S. bezeichnen; er veröffentlichte 1792—1793 das Werk „Anfangsgründe der Stöchyometrie oder Meßkunst chymischer Elemente" (s. Z. Chemie 1962, S. 65—68). — E: stoichiometry

Lit.: Anderson, H. V., Chem. Calculations, New York, McGraw-Hill, 1955; Bahrdt-Scherer, Stöchiometr. Aufgabensammlung (Sammlung Göschen, Bd. 452/452 a), Berlin, de Gruyter, 1952; Benson, S. W., Chem. Calculations, New York, Wiley, 1963; Edwards, J. O., E. F. Greene u. J. Ross, From Stoichiometry and Rate Laws to Mechanism, in J. Chem. Educ. 45 [1968] S. 381—385; Hamilton, L. F. u. St. G. Simpson, Calculations of Analytic Chemistry, New York, McGraw Hill, 1960; Heczko, Th., Chem.-stöchiometr. Rechentafeln, Wien, Springer, 1949; Hocart, Problèmes et calculs de chimie générale, Paris, Gauthier-Villars; Hoppe, K. H. u. K. Schumann, Fachrechnen für Chemiefacharbeiter u. Laboranten, Leipzig 1966; Huber, W., Chem. Rechnen für Laboranten, Basel, Helbling u. Lichtenhahn, 1957; Jaffe, B., Chem. Calculations, New York, World Book Co., 1958; Kruhme, H., Rechnen im Labor, Braunschweig, Westermann, 1954; Küster-Thiel-Fischbeck, Logarithm. Rechentafeln, Berlin, de Gruyter, 1965; Long u. H. Anderson, Chemical Calculations, New York, McGraw Hill, 1948; Müller, G. O., Grundlagen der S., Leipzig, Hirzel, 1966; Nylen, P. u. N. W. Wigren, Einführung in die S. mit Aufgaben u. Lsg., Darmstadt, Steinkopff, 1966; Poethke, W. u. Reuther, Grundlagen des chem. Rechnens, Dresden, Steinkopff, 1958; Wehrli, Kleines Lehrbuch der S. mit Aufgabensammlung, Zürich, Rascher, 1955; Williams, E. T. u. R. C. Johnson, Stoichiometry for Chem. Engineers, New York, McGraw-Hill, 1958; Wittenberger, Rechnen in der Chemie, I (Grundoperationen-S.), Wien, Springer, 1964.

Stöchiometrische Polymerisation. Bez. für eine Form der *Polymerisation, die vor allem anion. (s. *Ionenkettenpolymerisation) verwirklicht werden kann; diese ist dadurch charakterisiert, daß der die Reaktion auslösende *Initiator vollständig dissoziiert ist. Der Name S. P. rührt von der Tatsache her, daß der Quotient aus der Menge des vollständig dissoziierten Initiators u. der Menge des Monomeren den erreichbaren *Polymerisationsgrad bestimmt; es lassen sich dadurch sehr enge Mol.-gew.-Verteilungen erreichen. Unter der Voraussetzung, daß bei der S. P. der Initiator u. das wachsende Makro-Ion immer vollständig dissoziiert sind u. bei der Reaktion keine Übertragung eintritt, behält das Makro-Ion seine Aktivität u. es liegen „lebende Polymere" vor, d. h. die Polymerisation kann auch nach längerer Zeit durch Zugabe von weiteren Monomeren fortgesetzt werden; vgl. K. Hamann, Die Chemie der Kunststoffe, Berlin, de Gruyter, 1967, S. 60. — E: stoichiometric polymerization

Stöchiometrischer Punkt = *Äquivalenzpunkt. — E: stoichiometric point

Stöchiometrische Wertigkeit. Bez. für einen Zahlenwert, der jedem Element in einer von ihm gebildeten binären Verb. zugeteilt werden kann u. sich aus der Betrachtung der stöchiometr. Zus. der Verb. ergibt. Dieser entspricht der Anzahl der Atome eines stets als I-wertig erkannten Elementes (z. B. Wasserstoff od. Fluor), das ein Atom des betreffenden Elementes zu ersetzen od. zu binden vermag; vgl. F. Seel, in Angew. Chem. 66 [1954] S. 582. — E: stoichiometric valence

Stockpunkt. Temp.-Grad, bei dem ein Öl so steif ist, daß es unter Einw. der Schwerkraft nicht

Stoffwechsel

mehr fließt. Vgl. z. B. DIN 53 400 (Okt. 1956) im Falle der S. von Weichmachern. — E: solidification point, pour point

Stocksche Bezeichnungsweise. In der chem. *Nomenklatur verwendete Angabe der Oxydationsstufe eines Elementes mittels röm. Ziffern, die unmittelbar hinter dessen Namen gesetzt werden; für „null" wird die arab. Ziffer „0" gesetzt. Wird die röm. Ziffer in Verb. mit einem Elementsymbol gebraucht, so setzt man sie rechts oben von diesem (*Beisp.:* Cu^{II}). Die S. B. kann sowohl auf Kationen als auch auf Anionen, sowohl auf Metalle als auch auf Nichtmetalle (seit 1963) angewandt werden. Beim Gebrauch der S. B. ist es vorteilhaft, die lat. Namen der Elemente (od. von diesen abgeleitete Abk.) zu verwenden. *Beisp.:* $Pb_2^{II}Pb^{IV}O_4$ = Diblei(II)-blei(IV)-oxid, $K_4[Fe(CN)_6]$ = Kalium-hexacyanoferrat(II). Vgl. Richtsätze für die Nomenklatur der Anorg. Chemie, in Chem.Ber. 93 [1959] S. XLVII–LXXXV. — E: Stock notation

Stock-Zahlen = *Stocksche Bezeichnungsweise. — E: Stock numbers

Stoff. In der Chemie Bez. für jede Art von Materie, d. h. die Erscheinungsarten, die gekennzeichnet sind durch ihre gleichbleibenden charakterist. Eig., unabhängig von der äußeren Form. S. kann homogen od. heterogen sein. — E: stuff

Stoffbiotik (von Stoff u. Biologie-Technik gebildet). Von H. P. Fiedler (Pharm. Ind. 1963, S. 666) vorgeschlagene Bez. für die physikal., chem. u. physiolog. Daten der pharmazeut. Hilfsstoffe u. deren Wechselwrkg. mit anderen Hilfsstoffen (z. B. Verpackungsmaterial). — E: stuffbiotics

Stoffwechsel. Bez. für die Gesamtheit der chem. Umsetzungen im Organismus, die zur Aufrechterhaltung der Lebensvorgänge notwendig sind; diese betreffen die Aufnahme, den Um-, Ein- u. Abbau, wie auch die Ausscheidung von Stoffen, die Erhaltung bzw. Vermehrung der Körpersubstanz u. die Energiegewinnung. Der *intermediäre S.* (Zwischenstoffwechsel) ist der Teil des S., der in den Zellen u. Geweben stattfindet (daher auch: Zell-, Gewebs-S.); er umfaßt alle chem. Umsetzungen zwischen den Ausgangsstoffen, die von der Verdauung geliefert werden u. den Endstoffen, die zur Ausscheidung kommen u. betrifft den Umsatz der körpereigenen Stoffe (Bau-, Ersatz- u. Wachstums-S.) u. der zur Gewinnung von Energie (als Wärmeenergie zur Aufrechterhaltung der Körpertemp., als mechan. Energie zur Arbeitsleistung der Organe u. Muskeln, als chem. Energie für Synth. von arteigenem Eiweiß, Fetten, Glykogen, Polynucleotiden, energiereichen Phosphatverb., zur Ausbldg. elektr. Potentiale, für osmot. Arbeit usw.) abzubauenden Stoffe (Betriebs-S.). Die einzelnen S.-Wege werden individuell nach der im wesentlichen daran beteiligten Substanzen-Gruppe bezeichnet: So umfaßt z. B. der *Eiweiß-S.* diejenigen Prozesse, die mit der Eiweißverdauung beginnen u. zum Aufbau von körpereigenem Organeiweiß aus Aminosäuren bis zu deren Abbau zu Ammoniak bzw. Harnstoff führen. Der *Fett-S.* umfaßt Aufnahme, Transport, Ab-, Auf- u. Umbau sowie Verbrennung bzw. Ablagerung der Fette. Der *Kohlenhydrat-S.* (Zucker-S.) umfaßt Aufnahme u. Speicherung, Umsetzung, Verteilung u. Abbau der Kohlenhydrate zum Zweck der Energiegewinnung. Diese S.-Formen umfassen jeweils Prozesse, bei denen größere Mol. aus kleinen (*Anabolismus*) od. bei denen komplizierte Mol. in einfachere gespalten werden (*Katabolismus*). Bes. S.-Formen sind z. B. das *Säure-Base-Gleichgew., der *Grundumsatz usw. Zum *endogenen S.* rechnet man die S.-Prozesse, die von körpereigenen Stoffen (z. B. Harnsäure aus Nucleoproteiden von Gewebezellen) ausgehen, während der *exogene S.* solche Prozesse umfaßt, bei denen die Endprod. direkt aus Bestandteilen der aufgenommenen Nahrung gebildet werden, ohne daß diese vorher in Gewebe eingebaut wurden (z. B. Bldg. von Harnsäure aus eingenommenen Nucleoproteiden). — Der tägliche Chemikalienverbrauch des erwachsenen Menschen beträgt laut Nachr. Chem. Techn. 14 [1966] S. 265: 400 l O_2, 325 g Kohlenhydrate u. ähnliche Verb., 93 g Fette usw., 78 g Proteine u. N-haltige Nahrungsmittel, 2,2 g Vitamine (Inosit, Cholin, A, D, E, K, C, B_1, B_2, B_6, B_{12} u. a.), 0,75 g Ca, 0,75 g P, 4 g Na, 2,5 g K, 0,25 g Mg, 0,01 g Fe u. 0,02 g andere. Vgl. auch Lipide. — E: metabolism

Lit.: Bloch, A., Lipide Metabolism, New York 1960, Wiley; Comar, C. I. u. F. Bronner, Mineral Metabolism, IA [1960], IB [1961], IIA [1964], IIB [1962], New York, Academic Press; Dawson, R. M. C. u. D. N. Rhodes, Metabolism and Physiological Significance of Lipids, New York, Wiley, 1965; Florkin, M. u. E. H. Stotz, Metabolism of Cyclic Compounds, Amsterdam, Elsevier, 1968; Gesellschaft für Physiolog. Chemie, Chemie u. S. von Binde- u. Knochengewebe, Berlin, Springer, 1956; Greenberg, D. M., Metabolic Pathways, 2 Bde., New York, Academic Press, 1968; Hofmann, K., Fatty Acid Metabolism in Microorganisms, New York, Wiley, 1963; Hollmann, S., Non-Glycolytic Pathways of Metabolism of Glucose, New York, Academic Press, 1964; Jencks, W. P., The Chemistry of Biological Energy Transfer, in Surv. Progr. Chem., Bd. 1, New York, Academic Press, 1963, S. 249–300; Keiderling, W. u. H. P. Wetzel, Probleme des Eisen-S. unter bes. Berücksichtigung des metabol., physiolog. u. klin. Aspekte, in Angew. Chem. 78 [1966] S. 664–673; Lang, K., Der intermediäre S., Berlin, Springer, 1952; Lang, K. u. O. F. Ranke, S. u. Ernährung, Berlin, Springer, 1950; Levine, R. u. R. Luft, Advances in Metabolic Disorders, New York, Academic Press 1964–) ; Lynen, F., Von „Aktivierten Essigsäure" zu den Terpenen u. Fettsäuren, in Umschau 65 [1965] S. 321–326; Moses, V., Die Aufgliederung des S. der Zelle auf verschiedene Reaktionsräume, in Naturwiss. Rdsch. 19 [1966] S. 441–448; Pette, D., Plan u. Muster im globulären S., in Naturwiss. 52 [1965] S. 597–616; Racker, E.,

Mechanisms on Bioenergetics, Bd. 3, New York, Academic Press, 1965; Saltman, P., The Role of Chelation in Iron Metabolism, in J. Chem. Educ. 42 [1965] S. 682—687; Seiler, N., Der S. im Zentralnervensyst., Stuttgart 1966; Thomas, K., Kieselsäure im S., in Mitt. Max-Planck-Ges. 1965, S. 156—165; Trudinger, P. A., The Metabolism of Inorganic Sulphur Compounds by Thiobacilli, in Rev. Pure Appl. Chem. 17 [1967] S. 1—24; Wyatt, G. R., Metabolism of Cells and Organisms, London 1965 (Concepts of Current Biology Series); Zollner, N., Thannhauser's Textbook of Metabolism and Metabolic Disorders, Oxford, Pergamon Press (1965: Bd. 2). Einen sehr instruktiven Überblick über den Ablauf u. die komplizierten Zusammenhänge des intermediären S. vermittelt die 1966 in der 6. Aufl. erscheinende (u. bisher jährl. revidierte) Übersichtstabelle „Metabolic Pathways", die von D. E. Nicholson bearbeitet wurde u. zusammen mit einer Beschreibung von der Koch-Light Laboratories Ltd., Colnbrook, Bucks., England, in zwei verschiedenen Größen bezogen werden kann.

Stomachica (von lat. stomachus = Schlund, Speiseröhre, Magen). Mittel zur Anregung u. Belebung der Magentätigkeit u. zur Appetitförderung; es werden zu diesem Zweck vorwiegend Bitterstoffe, China-Tinktur, Kondurangorinde, Wermut, Kümmel, Fenchel, Koriander, äther. Öle (z. B. Anisöl, Kalmusöl, Zimtöl, Pfefferminzöl) u. dgl. verwendet. Vgl. Ullmann XIII, 356. — E: stomachics

Störstellen. Entsprechend DIN 41852 (Feb. 1967) Bez. für Fehler von atomarer Ausdehnung in der Struktur eines Kristalls. Man unterscheidet zwei Arten von S.: 1. Fremdatom an Stelle von Wirtsgitteratomen od. auf Zwischengitterplätzen. 2. Gitterbaufehler in Form von Zwischengitterbesetzungen durch Wirtsgitteratome od. von Leerstellen. — E: imperfections, lattice imperfections

Lit.: Erbacher, O., Über die Aktivstellen in Metallen, Angew. Chem. 62 [1950] S. 403—404; Stasiw, O., Elektronen- u. Ionenprozesse in Ionenkrist., Berlin, Springer, 1959.

Stoßwellen (Schockwellen, Verdichtungsstöße). Bez. für bei Explosionen u. Überschallströmungen auftretende Verdichtungswellen mit senkrechter Stoßfront, an der der Druck plötzlich zu einem Höchstwert ansteigt u. dahinter gegen null abnimmt *(Entlastungswelle)*; S. in einem Festkörper sind Druckwellen, d. h. sie bewirken ein schockartigen u. dann allseitigen Druckbereich (bei ihrer Reflexion entstehen *Zugwellen*). Bewegt man in einem gasgefüllten Rohr einen Kolben mit kleiner Geschw. in das Gas hinein, so entsteht eine Verdichtungswelle, die vom Kolben weg mit Schallgeschw. in das Gas hineinläuft u. es erhitzt. Wird kurz danach der Kolben plötzlich auf eine etwas höhere Geschw. gebracht, läuft eine zweite Verdichtungswelle in das schon etwas aufgeheizte u. bewegte Gas, u. zwar mit dessen neuer Schallgeschw. Eine Folge solcher Beschleunigungen des Kolbens ergibt eine Reihe immer schneller werdender Verdichtungswellen, die einander einholen u. schließlich dort, wo alle Verdichtungswellen zusammentreffen, eine plötzliche Änderung der Zustandsgrößen des Gases hervorrufen. Das ist dann eine S., die in das ruhende Gas mit einer Geschw. hineinläuft, die größer als die Schallgeschw. im Frischgas, aber auch größer als die Kolbengeschw. ist. Mit einer S. kann man prakt. jede Temp. zwischen der Ausgangstemp. u. einem maximalen Wert erreichen, der durch die Energie gegeben ist, die man einer S. höchstens zuführen kann. In einer gebräuchlichen Laboratoriumsapp., einem „*Stoßrohr*" kann man Argon auf etwa 15 000° K, Stickstoff auf etwa 6000° K, Fl. u. Festkörper nur ganz wenig erhitzen. Für S., die durch Explosivstoffe hervorgerufen werden, wird von J. M. Walsh u. R. H. Christian (Phys. Rev. 97 [1955] S. 1544 ff) von ca. 1000° K in Aluminium berichtet; vgl. auch *Säuren u. *Schwefel. Der mit S. überstreichbare Druckbereich ist abhängig von der Erzeugung des Stoßes. Die in einem Stoßrohr einstellbaren Ausgangsdrucke im Frischgas liegen zwischen einigen atm für schwache Stöße (begrenzt durch die Festigkeit der Versuchsapp.) u. niedrigeren Drucken für stärkere Erhitzung. Die Aufheizung nimmt mit stärkerem Druckverhältnis zu. Explosivstoffe erzeugen in Gasen Drucke bis zu 10^3 atm, in kondensierten Stoffen bis zu den Drucken einer Festkörperdetonation, d. h. ca. 10^6 atm. Die D.-Anstiege sind verhältnismäßig klein, in Gasen gewöhnl. nicht mehr als das Zehnfache der Ausgangs-D. Für den Chemiker bieten S. folgende Vorteile: Sie ermöglichen plötzliche Temp.-Anstiege, sehr hohe Temp., willkürliche Auswahl der Temp., homogene Aufheizung jedes beliebigen Gases, wobei man mit verhältnismäßig einfachen App. zur Erzeugung von S. auskommt. Dem stehen als Nachteile gegenüber: nur schnelle Vorgänge lassen sich verfolgen, man braucht komplizierte Meßgeräte mit hoher Zeitauflösung, nur Gase lassen sich leicht untersuchen u. man kann nur wenig Unters.-Substanz verwenden. S. lassen sich somit bes. gut für die Unters. von Gasen bei hohen Temp. u. kurzen Zeiten heranziehen; man wendet sie vor allem für die Erforschung von Gleichgew.-Bedingungen bei sonst unzugänglichen Temp. an, ebenso für das Studium schnell verlaufender Reaktionen. Das „Druckstoßrohr" ist ein wichtiges Hilfsmittel bei den techn. hochaktuellen Unters. der Explosionsfortpflanzung in Strahlantrieben sowie bei vielen aerodynam. Forschungen. *Beisp.* für die kinet. Unters. sind u. a.: Dissoziation zweiatomiger Mol., Reaktionen der Luft bei hohen Temp., Reaktionen zwischen Wasserstoff u. Sauerstoff sowie zwischen Sauerstoff u. Brom, Pyrolyse u. Oxydation von Kohlenwasserstoffen. Über die Aufklärung des Reaktionsmechanismus der homogenen Isotopenaustauschreaktionen zwischen Deuterium,

Ammoniak u. Acetylen s. CAEN 43 [1965] Nr. 4, S. 40–42. — E: shock waves
Lit.: Borell, P., Schnelle Reaktionen im Schockrohr, in Bild. d. Wiss. 3 [1966] S. 654–664; Braunbek, W., Stoßwellen, in Kosmos 62 [1966] S. 120–124; Bradley, Shock Waves in Chemistry and Physics, London, Methuen, 1962; Burkhardt, A., Umwälzende Verf. durch die S.-Technik, in Umschau 65 [1965] S. 638 bis 643; Ferri, A., Fundamental Data Obtained from Shock Tube Experiments, Oxford, Pergamon Press, 1961; Gaydon, A. G. u. I. R. Hurle, The Shock Tube in High Temperature Chemical Physics, New York, Reinhold, 1963; Greene, E. F. u. J. R. Toennis, Chem. Reaktionen in S., Darmstadt, Steinkopff, 1959; dies., Chemical Reactions in Shock Waves, New York, Academic Press, 1964; Jost, A., H. A. Olschewski u. J. Wolfrum, Das S.-Rohr — einige Anwendungen in Chemie u. Physik, in Chem.-Ing.-Techn. 38 [1966] Nr. 12; Lochte-Holtgreven, W., Fortschritte auf dem Gebiet der Plasmaphysik, in Umschau 68 [1968] S. 65–70; Palmer, H. B., Introduction to Shock-Tube Chemistry, in Analyt. Chem. 39 [1967] Nr. 14, S. 28 A ÷ 39 A; Shock Tube Yields Reliable Kinetic Dates, in CAEN 44 [1966] Nr. 29, S. 40–42; Wegener, P. P., Gas Dynamics: Impact on Chemistry, in CAEN 44 [1966] Nr. 29, S. 76–88; Zel'dovich, Ya. B. u. Yu. T. Raizer, Physics of Shock Waves and High-Temperature Hydrodynamic Phenomena, I [1966], II [1967], New York.

Strahlenchemie. Nicht eindeutig einzuordnendes u. abzugrenzendes Teilgebiet. Nach N. Getoff, in Österr. Chemiker-Ztg. 64 [1963] S. 329 ist S. neben der *Radiochemie u. der Chemie der heißen Atome (s. *Heiße Chemie) ein Teilgebiet der *Kernchemie. Nach G. O. Schenck (s. Lit.) ist S. gemeinsamer Oberbegriff von *Photochemie u. *Kernstrahlenchemie (von diesem Autor „Radiationschemie" genannt). L. Wuckel (s. Lit.) stellt wiederum die S. gleichberechtigt neben die Photochemie, ohne einen gemeinsamen Oberbegriff zu formulieren. Einigkeit der Auffassung besteht darin, daß sich die S. mit chem. Reaktionen befaßt, die durch die Einw. einer energiereichen Strahlung ausgelöst werden u. zu bleibenden Veränderungen der bestrahlten Materie führen. Uneinigkeit besteht jedoch über die Abgrenzung der energiereichen Strahlung; während manche Autoren darunter nur *ionisierende Strahlung verstanden wissen wollen, schließen andere auch den ultravioletten od. gar den sichtbaren Bereich des Spektrums ein. Auch darüber ist man sich einig, daß die Wechselwrkg. zwischen Strahlung u. Materie in dem für die Strahlenchemie wichtigen Energiebereich ausschließlich mit den Elektronenhüllen erfolgt; es werden also keine Kernumwandlungen vollzogen, u. die Materie selbst wird nicht radioakt. Der S. verwandt ist die Chemie der elektr. Entladungen, die vom Ozonisator über die Glimmentladung bis zum Massenspektrometer reicht, u. weiter die Chemie der *Flammen; auch die Wrkg. des *Ultraschalls (Radikalbldg., Lumineszenzerscheinungen) können denen der S. entsprechen. — E: radiation chemistry

Lit.: Allen, A. O., Radiation Chemistry, in J. Chem. Educ. 45 [1968] S. 290–295; Bolt, R. O. u. J. G. Carroll, Radiation Effects of Org. Materials, New York, Acad. Press, 1963; Bünau, G. v., Radiationschemie der Gase, in Umschau 65 [1965] S. 528–530; Chapiro, A., Radiation Chemistry of Polymeric Systems, New York, Wiley, 1962; Gray, Lefort, Dale, Actions chimiques et biologiques des radiations, Paris, Masson, 1955; Haissinsky, M., Actions chimiques et biologiques des radiations, Paris, Masson, 1958; Henglein, A., Kinet. u. präparative Aspekte der S. org. Verb., in Umschau 67 [1967] S. 423; Henglein, A., W. Schnabel u. J. Wendenburg, Einführung in die S., Weinheim, Verl. Chemie, 1968; Heusinger, H., Primärprozesse in der S., in Chimia 22 [1968] S. 277 bis 282; Johnson, R. H., Radiation Chemistry, in Chemistry 40 [1967] Nr. 7, S. 31–36; Kaindl, K. u. H. Graul, S.: Grundlagen, Technik, Anwendung, Heidelberg, Hüthig, 1967; Küchler, L., Möglichkeiten u. Aussichten der techn. S., in Chemie-Ing.-Techn. 32 [1960] S. 709–718; Latest Soviet Research in Radiation Chemistry. Compendium of Papers, London 1964; Libby, W. F., Radiation-born Chemistry, in Int. Science Technol. Nr. 58 [1966] S. 34–43; Lind, S. C., The Radiation Chemistry of Gases, New York, Reinhold, 1961; Mohler, H., Chem. Reaktionen ionisierender Strahlen, Aarau u. Frankfurt, Sauerländer, 1958; Rexer, E. u. L. Wuckel, Chem. Veränderungen von Stoffen durch energiereiche Strahlung, Leipzig, VEB Dtsch. Verl. Grundstoffind., 1965; Schenck, G. O., Aufgaben u. Möglichkeiten der präparativen S., in Angew. Chem. 69 [1957] S. 579–599; Spinks, J. W. T. u. R. J. Wood, An Introduction to Radiation Chemistry, New York-London, Wiley, 1964; Ullmann XVI, 425–455; Whyte, G. N., Principles of Radiation Dosimetry, New York, Wiley, 1959; Wuckel, L., Techn. Aussichten strahlenchem. Prozesse, in Chem. Technik 23 [1968] S. 1–11. Vgl. auch *Kernstrahlenchemie u. *Radiochemie. *Ztschr.*: Internat. Journal of Radiation Biology and Related Studies in Physics, Chemistry and Medicine, London, Taylor and Francis Ltd. (1959–). Ein Dokumentationszentrum, das die gesamte erreichbare Lit. über chem. Reaktionen, die durch Strahlen ausgelöst werden, sammelt, auswertet u. an Interessenten in aller Welt vermittelt, wurde 1965 am Strahleninst. der Univ. of Notre Dame, Indiana, USA, eingerichtet.

Strahlendosis s. *Dosis. — E: absorbed dose

Strahlungskatalyse. Bez. für die Umwandlung der Energie einer energiereichen Strahlung durch einen festen Katalysator u. Übertragung auf ein chem. Reaktionssyst. — E: radiation catalysis
Lit.: Coekelberg, R., in Adv. Catalysis Related Subjects, Bd. 8, New York, Acad. Press, 1962, S. 55–136.

Strahlungsquanten = *Photonen.

Streifenbildung = *Schwanzbldg.

Strichätzung s. *Ätzen. — E: line etching

Strömungsdoppelbrechung. Bez. für die in Solen u. in Lsg. von makromol. Substanzen durch Parallel-Orientierung der anisometr. Teilchen in einem Strömungsgefälle (z. B. wenn die Fl. durch eine Kapillare strömt) bewirkte Doppelbrechung (s. *Opt. Aktivität) des ganzen Syst. Der Orientierung der Teilchen durch das Strömungsgefälle wirkt die Brownsche Rotationsbewegung der Teilchen entgegen, so daß aus beiden Einfl. ein stationärer Orientierungszustand resultiert, der sich theoret. aus einer Funktion des Strömungsgefälles u. der „Rotationsdiffusionskonst." der betreffenden Teilchen darstellt. Diese kann aber nach von Perrin u. Peterlin aufgestellten Gleichungen als Funktion der Achsenverhältnisse von Rotationsellipsoiden u. einer Achsenabmessung beschrieben werden, außerdem sind Ausdrücke für durchspülte u. undurchspülte Fadenknäuel abgeleitet u. z. T. geprüft worden (somit ermöglicht die Messung der S. die mittelbare Best. der Teilchenparameter). Zur Messung der S. verwendet man heute nicht mehr Kapillaren, sondern man läßt die Fl. zwischen zwei relativ zueinander rotierenden Zylindern (nach Art des sog. Couette-Viskometers) sich bewegen, wo die Strömung weitgehend laminar bleibt, u. beobachtet die Doppelbrechung (d. h. den sog. Auslöschwinkel) durch die Fl. hindurch parallel zur Zylinderachse. — E: streaming birefringence

Lit.: Stauff, J., Kolloidchemie, Berlin, Springer, 1958, S. 259—261.

Strontium. Chem. Symbol Sr. Metall. Element (*Erdalkalimetall); At.-Gew. 87,62. Natürliche Isotope (in Klammern Angabe der Häufigkeit): 84 (0,56%), 86 (9,86%), 87 (7,02%), 88 (82,56%), Ordnungszahl 38. Sr ist in Übereinstimmung mit seiner Stellung in der II. Hauptgruppe des *Periodensyst. (zwischen den verwandten Elementen *Calcium u. *Barium) streng II-wertig. Reines, metall. Sr glänzt silberweiß (ähnlich wie Barium), es läuft als sehr unedles Metall an der Luft bald gelbbraun, dann grau an u. geht rasch in das Oxid = SrO u. (unter Aufnahme von Luftfeuchtigkeit) in das Hydroxid = $Sr(OH)_2$ über. An der Luft verbrennt es beim Erhitzen unter Funkensprühen mit hellem Licht (Sr-Salze geben eine prächtig karminrote Flammenfärbung, daher in der Feuerwerkerei verwendet); mit Wasser bildet es Hydroxid u. Wasserstoff (Gleichung: $Sr + 2 H_2O \rightarrow Sr(OH)_2 + H_2$). Sr hat die Mohssche Härte 0,8, man kann es daher leicht verbiegen, auswalzen usw. D. 2,54 (Leichtmetall), F. 769°, Kp. 1384°. Sr ist (in Form chem. Verb.) im Gegensatz zu Bariumverb. ungiftig (20 g Strontiumnitrat haben sich als wirkungslos erwiesen); bei Fütterungsvers. bei Ratten mit kalkarmer, Sr-reicher Nahrung wurde das Calcium im Apatit des Zahnschmelzes z. T. durch Sr ersetzt, wobei die bisher in biolog. Syst. unbekannte Verb. $Sr_6H_3(PO_4)_5 \cdot 2 H_2O$ entstand; s. A. R. Johnson u. a., in Science (Wash.) 153 [1966] S. 1396 f.

Darst.: Durch Elektrolyse von geschmolzenem Strontiumchlorid od. durch Erhitzen von Strontianit (Gleichung: $SrCO_3 \rightarrow SrO + CH_2$) u. Red. des SrO mit Aluminiumgrieß bei so hoher Temp., daß Sr abdestilliert (Gleichung: $3 SrO + 2 Al \rightarrow Al_2O_3 + 3 Sr$). Man kann heute 99,9%iges Sr herstellen; das reine Präp. wird unter Toluol aufbewahrt (Schutz vor Sauerstoff u. Wasser) od. in luftleeren Glasröhren eingeschlossen.

Vork.: Sr kommt als unedles Metall in der Natur nur in Form von Verb. vor (wichtigste Sr-Mineralien sind Strontianit = $SrCO_3$ u. Cölestin = $SrSO_4$); sein Anteil an der 16 km dicken, obersten Erdrinde wird auf 0,03% geschätzt. Damit steht Sr in der Häufigkeitsliste der Elemente an 18. Stelle zwischen *Fluor u. *Barium. Sr tritt als Spurenelement im Boden u. in Pflanzen auf.

Verw.: Das metall. Sr hat bis jetzt noch keine größere techn. Verw. gefunden; man benützt es z. B. in der Elektronenröhrenindustrie als Gitterwerkstoff zum Abfangen von Gasresten, ferner zum Härten von Akkumulator-Bleiplatten, zum Entfernen von Schwefel u. Phosphor aus Stahl, zur Herst. harter Spezialstähle. Das bei Kernwaffenexplosionen entstehende Sr-Isotop 90 ist mit einer Halbwertszeit von 28 Jahren einer der längstlebigen bekannten energiereichen β-Strahler; da es in den Knochen, vor allem in solchen von Kindern (der Maximalwert wird bei Einjährigen erreicht) angereichert wird, hat es sich zu einem ernsten Gesundheitsproblem entwickelt. Nach Vergiftungen mit ^{90}Sr konnte durch intraperitoneale Applikation von Tricarballylsäure = Propantricarbonsäure- (1.2.3) eine auffallend starke Abgabe des radioakt. Sr aus dem Knochengewebe erreicht werden; vgl. E. Merck, Informationen über neu aufgenommene Präp., Nr. 16 [1965] S. 7. Möglicherweise eignet sich das menschliche Haar als Indikator für die Aufnahme von Sr 90 u. die dadurch hervorgerufene Körperbelastung, denn man fand Hinweise auf einen Zusammenhang zwischen Sr 90-Spiegel der Nahrung u. dem Sr 90-Geh. des Haares; vgl. CAEN 43 [1965] Nr. 4, S. 50.

Geschichtl.: Schon 1790 fand Crawford, daß sich das Mineral Strontianit (benannt nach der schott. Stadt Strontian) durch seine Flammenfärbung von Calciumcarbonat unterscheidet. Davy gelang es 1808, aus dem Strontianit ein unreines Metall zu gewinnen, das er als Strontium bezeichnete. Reines Strontiummetall wurde erstmals von Bunsen 1855 auf elektrolyt. Wege hergestellt. — E: strontium

Lit.: Abeggs Handbuch der Anorg. Chemie, Bd. II/2, Leipzig, Hirzel, 1922; Brauer I, 819 f. (Darst.); FAO (= Food and Agriculture Organization of the United Nations), Dietary Levels of Strontium 90 and Caesium 137, Rom, FAO, 1962; Gmelin, Syst.-Nr. 29, Sr, 1931, Erg.-Bd. 1960, Weinheim, Verl. Chemie; Landgraeber, in Chemiker-Ztg. 81 [1957] S. 498 f.; Letavet u. Kurlyandskaya, Toxicology of Radioactive Substances, Oxford 1962; Nesmeyanov, A. N. u. K. A. Kocheshkov, The Organic Compounds of Magnesium, Beryllium, Calcium, Strontium and Barium, Amsterdam, North-Holland, 1967; Pascal, Nouveau Traité IV, Paris, Masson, 1958 (200 S.); Radiostrontium (Sonderausschuß Radioaktivität, Sympos. 28.—31. 10. 1959 in Bad Kreuznach), München 1961; Schreck, A. E., Strontium, A Materials Survey, US-Bureau of Mines, Washington, Inform. Circ. Nr. 7933 (1959); Ullmann XVI, 455—460.

Struktur. In der Chemie häufig u. in vielen Zusammenhängen (z. B. Strukturformel, Strukturisomerie) verwendete Bez. Wird meist auf die Anordnung der Atome u. Atomgruppen in einem Mol. beschränkt, im Rahmen der *Strukturchemie jedoch mehr im Sinne von *Konstitution aufgefaßt. Einigkeit der Auffassung besteht nur hinsichtlich der Kristall-S. (s. *Kristall, *Kristallgitter u. *Kristallstrukturanalyse). Nicht selten werden in der Lit. auch die Begriffe *Konformation (Konstellation) u. *Konfiguration mit S. bezeichnet. — E: structure

Strukturbrücken s. *Brücken. — E: structural bridges

Strukturchemie. Teilgebiet der *Physikal. Chemie, das sich mit der Aufklärung der *Struktur, d. h. hier der Anordnung (Gruppierung) u. der Bindung der Atome im Mol. befaßt. Bei der Strukturermittlung auf chem. Wege wird versucht, aus dem Verlauf der Reaktionen der betreffenden Substanz, Aussagen über Atomgruppen od. Tle. des Mol. zu machen, um aus der Kombination der Erg. schließlich die Strukturformel aufstellen zu können. Durch die Kombination mit physikal. Meth. wird erst eine ausreichende Charakterisierung der Struktur einer chem. Verb. möglich. Während durch chem. Meth. Bausteine u. Grundgerüst aufgeklärt werden können, ermöglichen physikal. Meth. die Klärung der Verteilung bestimmter Gruppen u. damit eine Präzisierung des Gerüstes. In Anlehnung an H. Dannenberg (s. Z. Anal. Chem. 181 [1961] S. 426—427) lassen sich die heute zur Verfügung stehenden physikal. Meth. in drei Gruppen einteilen:

1. Zur Strukturermittlung nur in Sonderfällen von Bedeutung (wichtig zur Charakterisierung u. Identifizierung) sind: Schmelzpunkt, Siedepunkt, Löslichkeit, Dampfdruck, D., Refraktion, Adsorptionsverh. (chromatograph. Verh.).
2. Aussagen über Größe, Gestalt od. Struktur gestatten: Molgew., Massenzahl, Verh. bei Sedimentation u. Diffusion, elektronenmikroskop. Bild, Elektronenbeugung, Röntgenstrukturanalyse, Oberflächenfilme, Infrarot- u. Raman-Spektrum, Kernresonanz-Spektrum, Dipolmoment (Dielektrizitätskonst.), opt. Drehung.
3. Aussagen über Tle. od. bes. Gruppen gestatten: Infrarot- u. Raman-Spektren, Ultraviolett-Spektrum, Dissoziationsfähigkeit (elektrophoret. Verh.), Leitfähigkeit), Redox-Verh., polarograph. Verh., magnetochem. Verh., Elektronenresonanz, Rotationsdifferenzen, Rotationsdispersion, Mößbauer-Effekt, Neutronenbeugung), reaktionskinet. Verh. —

Vgl. die entsprechenden Stichworttexte, vor allem

*Kristallstrukturanalyse. — E: structural chemistry

Lit.: Addison, W. E., Structural Principles of Inorganic Chemistry, New York-London, Wiley, 1961; Andersen, P., O. Bastiansen u. S. Furberg, Selected Topics in Structure Chemistry, Oslo 1967; Bentley, K. W., Elucidation of Structures by Physical and Chemical Methods, 2 Tle., New York-London, Wiley-Interscience, 1963; Brey, W. S., Physical Methods for Determining Molecular Geometry, New York 1965; Dunitz, J. D., Perspectives in Structural Chemistry, New York-London, Wiley (1967—); Hamilton, W. C., Structural Chemistry in the Nuclear Age, in J. Chem. Educ. 45 [1968] S. 296—303; Rich, A., u. N. Davidson, Structural Chemistry and Molecular Biology, San Francisco, W. H. Freeman & Co., 1968; Ridd, J. H., Studies on Chemical Structure and Reactivity, London 1966; Some Newer Physical Methods in Structural Chemistry. Proceedings of a Symposium in Oxford, London 1967; Stuart, H. A., Molekülstruktur, Berlin, Springer, 1967; Wells, A. F., Topological Approach to Structural Inorganic Chemistry, in Chemistry 40 [1967] Nr. 9, S. 22—27, Nr. 10, S. 12—18; Wheatley, P. J., Determination of Molecular Structure, London, Oxford Univ. Press, 1968; Yates, P., Structure Determination: Commentaries on the Determination of the Structures of Some Natural Products, New York, Benjamin, 1967. *Ztschr.:* Structure and Bonding, Berlin, Springer (1967 erschienen 3 Bde. Die Bde. sollen solche Arbeiten aus der modernen Anorg. Chemie, Physikal. Chemie u. Biochemie bringen, in denen Probleme der chem. Struktur u. der Bindungskräfte behandelt werden. Insbs. sollen Meth. u. Erg. referiert werden, die die Bindungsverhältnisse kleiner chem. Einheiten [z. B. Metallatom u. seine nächste Umgebung] etwa in einer ausgedehnten festen Matrix [Kristallgitter] als Gegenstand haben); Journal of Molecular Structure, Amsterdam, Elsevier (Bd. 1: 1967/68); Zhurnal Strukturnoi Khimii, Moskau, Izdatel'stvo Akademii Nauk SSSR (Engl. Übersetzung: Journal of Structural Chemistry [USSR], New York, Consultants Bureau).

Strukturelement. Bez. für diejenige kleinste chem. Gruppierung eines *Makromol., die sich period. wiederholt. S. u. *Grundbaustein können ident. sein, jedoch kann auch ein S. mehrere Grundbausteine enthalten u. umgekehrt ein Grundbaustein aus mehreren S. bestehen. Als Beisp. für ein S., das kleiner, gleich od. größer als der Grundbaustein ist, seien genannt: Polyäthylen bzw. Polystyrol bzw. Polyamide aus Dicarbonsäuren u. Diaminen. Ein Beisp. für Makromol., die kein S. besitzen, aber aus Grundbausteinen aufgebaut sind, sind die statist. Copolymeren, z. B. aus Styrol u. Methacrylsäuremethylester. Vgl. O. Kratky, in Makromol. Chem. 38 [1960] S. 3. — E: base unit

Strukturformel s. *Bruttoformel. — E: structural formula

Strukturisomerie. Bez. für die auf unterschiedlicher Verkettung der Atome, innerhalb eines Mol. bedingte Form der *Isomerie. Hierbei können die isomeren Verb. verschiedenen Stoffklassen angehören (*Beisp.:* Äthanol = CH_3-CH_2-OH u. Dimethyläther = CH_3-O-CH_3). Die Anzahl der Isomeriemöglichkeiten wächst mit der Atomzahl der Mol. der betreffenden Verb. Die *Koordinationsisomerie* ist eine bes. Form der S., die dadurch gekennzeichne ist, daß in Salzen, die aus zwei od. mehr Komplex-Ionen bestehen, die Zentralatome od. einzelne Liganden gegeneinander vertauscht sind. Ebenfalls in Koordinationsverb. tritt die sog. *Hydratationsisomerie* auf (hier fungieren Wassermol. in einem Fall als Liganden am Zentralatom, im anderen als außerhalb des Komplex-Ions eingelagertes Kristallwasser), die *Ionisationsisomerie* (hier fungieren Anionen einmal als Ligand an einem Zentralatom, im anderen Falle als Gegen-Ionen zum komplexen Kation) u. die sog. *Salzisomerie* (hier kann ein anion. Ligand in zwei verschiedenen Arten an ein gleichartiges Zentralatom gebunden sein, wie in den Fällen der Isomerenpaare thiocyanato u. isothiocyanato bzw. nitro u. nitrilo). Von Ionisationsisomerie spricht man allerdings auch, wenn gleiche Ionen unterschiedliche Ladungen haben (*Beisp.:* Cr^{2+} u. Cr^{3+}, $[Fe(CN)_6]^{4-}$ u. $[Fe(CN)_6]^{3-}$) sowie im Falle der Isomerie zwischen der sauren u. nichtsauren Form von *Pseudosäuren sowie zwischen der bas. u. nichtbas. Form von *Pseudobasen; vgl. auch *Stellungsisomerie. — E: structural isomerism

Strukturviskosität s. *Newtonsche Fl. — E: viscosity of Non-Newtonian liquids
Lit.: Klein, J., Zum Mechanismus der S. von Polymeren, in Chemiker-Ztg. 89 [1965] S. 299—311, 333 bis 338.

Stufenreaktionen (zusammengesetzte Reaktionen). Bez. für *Reaktionen, bei denen aus den Ausgangsstoffen die Endprod. nicht direkt entstehen, sondern erst über eine od. mehrere Reaktionsstufen (*Zwischenreaktionen*). Diese Stufen können entweder nebeneinander (*Parallelreaktionen*) zu verschiedenen Endprod. od. nacheinander (*Folgereaktionen*) über verschiedene, häufig nicht faßbare kurzlebige Zwischenprod. zu einem Endprod. führen. Der Terminus S. wird meist als Synonym für *Elementarreaktionen verwendet, doch schließt der letzte Begriff auch die Reaktionen ein, die direkt durch einen einzigen Stoßakt zum Endprod. führen, ebenso entgegengerichtete Reaktionen. Bei der Einordnung als *Simultanreaktionen ist der entscheidende Gesichtspunkt die Gleichzeitigkeit, die im Falle der Folgereaktionen nur bedingt gegeben ist, außerdem gehören zu den Simultanreaktionen auch die entgegengerichteten Reaktionen. — E: composite reactions

Styli medicati = *Arzneistäbchen.

Stypticum = Blutstillungsmittel bzw. Mittel gegen Durchfall. — E: styptic

Styren... = *Phenyläthylen... — E: styrene-

Styrolen... = *Phenyläthylen... — E: styrolene-

Styryl... Bez. für die Atomgruppierung $-CH=CH-C_6H_5$ in systemat. Namen. Alte Bez.: Cinnamenyl... — E: styryl-

Sub... (lat.: sub = unter, unten). Vorsilbe, die gelegentlich in der chem. Nomenklatur zur Kennzeichnung eines unter dem maximalen liegenden Anteils einer Komponente verwendet wird (*Beisp.:* Kohlenstoffsuboxid = C_3O_2 enthält weniger Sauerstoff gebunden als Kohlenmonoxid = CO). Wird auch zur Bez. irgendeines von bestimmten bas. Salzen verwendet (*Beisp.:* Aluminiumsubacetat). — E: sub-

Subborate. Veraltete Bez. für *Hypoborate. — E: subborates

Suberoyl... Bez. für die Atomgruppierung $-CO-[CH_2]_6-CO-$ in systemat. Namen. Darf nicht verwendet werden, wenn eine mit Veränderung des Kohlenstoff-Gerüstes verbundene Substitution (z. B. durch *Alkyl, *Aryl, *Acyl) vorliegt. — E: suberoyl-

Subfraktionierung. Bei chromatograph. Verf. (s. *Chromatographie) Bez. für die teilweise Auftrennung einer Substanzgruppe od. erkennbare Ansätze zur Trennung. Vgl. E. Stahl, Vorschläge zur Normierung u. Terminologie der Dünnschichtchromatographie, in Z. Anal. Chem. 234 [1968] S. 1—10. — E: subfractionation

subkritisch s. *Kettenreaktion (vgl. auch *krit.). — E: subcritical

subkutan = unter die Haut (lat.: cutis = Haut). S. Injektion = Einspritzung unter die Haut; s. Infusion = Eingießen großer Fl.-Mengen (Traubenzuckerlsg., physiolog. Kochsalzlsg.) unter die Haut. — E: subcutaneous

subl. Abk. für sublimatum (s. *Reinheit).

subletal = noch nicht tödlich wirkend. — E: sublethal

Sublimat s. *Sublimation. — E: sublimate

Sublimation (von lat.: sublimis = schwebend, hoch, erhaben). Bez. für den direkten Phasenübergang fest/gasf. Dieser erfolgt unter Umgehung des fl. Zustandes bei der sog. *S.-Temp.* (S.-Punkt); die zum Sublimieren eines Stoffes erforderliche Wärme heißt S.-Wärme (s. *Umwandlungswärmen). *Beisp.* für bei Atmosphärendruck sublimierende Stoffe: Jod, Quecksilber(II)-chlorid (dieses wird speziell *Sublimat* genannt; diese Bez. wird auch allg. für das durch Kondensieren des Dampfes erhaltene sublimierte Prod. verwendet). S. tritt dann ein, wenn der Dampfdruck eines Festkörpers größer ist als der äußere Luftdruck (beispielsweise sublimieren bei gewöhnl. Temp. Campher u. Naphthalin). Voraussetzung für den Eintritt der S. ist, daß die zusammengehörenden Druck- u. Temp.-Werte unterhalb des *Tripelpunktes der betreffenden Substanz liegen. Fälschlicherweise wird gelegentlich auch der S. entgegengerichtete Phasenübergang, d. h. die direkte *Kondensation eines

Dampfes zu einem Feststoff als S. bezeichnet; im Engl. wird dieser Vorgang manchmal „desublimation" genannt. Ebenso wie die *Destillation wird auch die S. im chem. Laboratorium u. in der Industrie als Trenn- u. Reinigungsmeth. angewendet, auch in Form der sog. *Vak.-S.* Eine techn. Anwendung der S. ist die sog. *Ablationskühlung. — E: sublimation
Lit.: Jaeckel, in Houben-Weyl-Müller, Bd. 1; Johnson, B. L., Useful Techniques for Micro and Macro Sublimation, in J. Chem. Educ. 44 [1968] S. 608; Sixma, F. L. J. u. H. Wynberg, A Manual of Physical Methods in Organic Chemistry, New York-London, Wiley, S. 133—137; Snell, F. D. u. C. L. Hilton, Encyclopedia of Industrial Chemical Analysis, Bd. 3, S. 572—584; Davies, J. T., Sublimation, New York, MacMillan, 1948.

Sublimationspunkt s. *Sublimation. — E: sublimation point

sublimatum = sublimiert (s. *Reinheit).

sublimiert s. *Reinheit. — E: sublimated

Submikroanalyse (Nanogramm-Meth.). Bez. für analyt. Verf., bei denen mit extrem geringen Substanzmengen (10^{-9} bis 10^{-8} g) gearbeitet wird; der Erfassungsbereich liegt somit unter dem der *Ultramikroanalyse. — E: submicrogram(me) analysis
Lit.: Belcher, R., Submicro Methods for the Analysis of Organic Compounds, in Z. Anal. Chem. 181 [1961] S. 22—28; Cheronis, N. D., Submicrogramme Experimentation (Symposium Arlington 1960), New York, Interscience, 1961.

Submikronen s. *Mikronen. — E: submicrons

Suboxide. Bez. für bes. niedrige, instabile Oxide der Elemente. Bei den Metallen spricht man meist dann von einem S., wenn von der betreffenden Oxydationsstufe kein Salz bekannt ist. Die Metall-S. (z. B. Pb_2O) sind ziemlich problemat. Gebilde; in manchen Fällen hat sich bei ihrem genauen Studium herausgestellt, daß Gemische von Metall u. gewöhnl. Oxid vorliegen. — E: suboxides
Lit.: Schäfer, H., Anorg. Subverb., in Chemiker-Ztg. 75 [1951] S. 48—51.

Substantive Farbstoffe = *Direktfarbstoffe.

Substanz (lat.: substantia = Bestand, Stoff, Wesen). In der Chemie nicht eindeutig verwendete Bez. Diese kann je nach den gegebenen Verhältnissen bedeuten: 1. Synonym für *Stoff od. Materie (vgl. auch *Körper), 2. Reine Verb. od. ein definiertes Gemisch solcher Verb. — E: substance

Substanzfleck = *Fleck.

Substanzformel (Verhältnisformel). Nach G. Schwarzenbach Bez. für eine *Formel, die lediglich die stöchiometr. Zus. einer Verb. angibt. — E: empirical formula

Substanzgemisch = *Probenlsg.

Substanzzone = *Zone (Fleck).

Substituent. Bez. für ein Atom od. eine Atomgruppe, die in eine Verb. durch *Substitution eingeführt wurde. — E: substituent

Substitution (von Lat.: substituere = ersetzen). Bez. für den Ersatz eines Atoms od. einer Atomgruppe im Mol. durch andere Atome od. Atomgruppen. Solche Reaktionen sind vor allem von Bedeutung in der Org. Chemie, in der Anorg. Chemie vorzugsweise in der Koordinationschemie (s. *Koordinationslehre) für den Austausch von Liganden am Zentralatom (vgl. auch S.-Isomerie unter *Strukturisomerie).

Beisp.: Läßt man auf Äthylalkohol = C_2H_5OH Phosphortrichlorid = PCl_3 einwirken, so entsteht Äthylchlorid = C_2H_5Cl nach der Gleichung: $3\ C_2H_5OH + PCl_3 \rightarrow 3\ C_2H_5Cl + P(OH)_3$; hier wird die OH-Gruppe des Alkohols durch Chlor ersetzt (substituiert). Dieser u. viele andere Verh. zeigen, daß bei den S.-Reaktionen ein „Stammkörper" od. „Grundmol." erhalten bleibt, daß die Atome in den Mol. einen festen Platz einnehmen, u. daß das Grundmol. nur an der Stelle verändert wird, an der die S. stattfindet. Beim Rückgängigmachen der S. *(Resubstitution)* erhält man wieder die ursprüngliche Verb. Man unterscheidet zwischen *„elektrophiler"* u. *„nucleophiler"* S. (vgl. *Elektrophile Reaktionen u. *Nucleophile Reaktionen) als Formen der ion. (polaren) S. Im ersten Falle greift ein „elektrophiles" Reagens eine „nucleophile" Verb. an, im zweiten ist es umgekehrt. Stets wird das für die Bldg. der Bindung erforderliche Elektronenpaar vom nucleophilen Reaktionspartner geliefert. Elektrophile Reagenzien, also Reagenzien, die eine Affinität zu Elektronenpaaren an nucleophilen Verb. (d. h. Verb., die eine Affinität zum Kern zeigen) haben, sind entweder anorg. Verb. od. einfachere org. Verb. als der nucleophile Reaktionspartner. Die Unters. von Ingold u. Hughes über S.-Reaktionen ließen erkennen, daß sich beim nucleophilen Reaktionstypus zwei Formen unterscheiden lassen, nämlich ein uni- u. ein bimol. Typ, die als SN_1- u. SN_2-S. bezeichnet werden u. die gewöhnlich als Reaktionen 1. bzw. 2. Ordnung ablaufen. Im Falle der alkal. Hydrolyse der Alkylbromide, einer Reaktion 2. Ordnung, erfolgt die Addition eines OH^--Ions an die abgewandte Seite des halogengebundenen C-Atoms, wodurch Br^- unter Veranlassung einer völligen Inversion der stereochem. Konfiguration abgespalten wird. Die Reaktion 1. Ordnung bewirkt Ionisierung des Alkylhalogenids unter Bldg. von Alkyl- u. Halogenid-Ionen, worauf sich die ersteren mit den Hydroxid-Ionen verbinden. Bei S.-Reaktionen an Alkylhalogeniden überwiegt die Reaktion 2. Ordnung, da die Ionisierung des Alkylhalogenids eine bes. Elektronenkonfiguration bedingt, wie z. B. diejenige von tert. Alkylhalogeniden. Ein einfaches Modell für den SN_2-Mechanismus wird von H. L. Nyquist in J. Chem. Educ. 42 [1965] S. 103, beschrieben. Die elektrophilen S.-Reaktionen sind

Substitutionsisomerie

wegen ihrer Vielseitigkeit nur schwer zu übersehen. Auch hier unterscheidet man zwei Reaktionstypen, nämlich den unimol. SE_1- u. den bimol. SE_2-Typ. Bei der SE_1-S. wird z. B. zunächst ein sog. Carbanion (RR′R′′C:⁻) gebildet, das dann mit der elektrophilen Gruppe weiterreagiert. Da hier das substituierte C-Atom in der Ausgangsverb. gesättigt war, wird in diesem Falle der Gesamtprozeß häufig auch als „elektrophile S. am gesättigten Kohlenstoffatom" bezeichnet. Beim SE_2-Typ greift die elektrophile Gruppe ein C-Atom an u. verdrängt die austretende Gruppe in einem einzigen Reaktionsschritt. In der Org. Chemie sind viele tausend S.-Reaktionen bekannt, u. ein erheblicher Teil des großtechn. Prozesse gehört ebenfalls zu diesem Reaktionstyp. Der S.-Begriff wurde von Liebig u. Wöhler (1832) auf Grund der Beobachtungen an den Reaktionen von Benzaldehyd, Benzoesäure u. Benzoylchlorid eingeführt u. von Dumas u. Laurent bestätigt; letztere konnten z. B. zeigen, daß man durch Chlorierung von Essigsäure die Trichloressigsäure erhält u. aus dieser wieder Essigsäure darstellen kann. — Bei der *radikal.* S. (Symbol S_R) greift ein Radikal an u. löst meist eine *Kettenreaktion aus (Beisp.:* Photochem. Chlorierung). In der Pharmazie versteht man unter S. auch die Abgabe eines anderen als des vom Arzt verordneten Präp., s. Baythan in Dtsch. Apoth. Ztg. 1954, S. 791 f. — E: substitution
Lit.: Duewell, H., Aromatic Substitution, in J. Chem. Educ. 43 [1966] S. 138—140; La Mare u. Ridd, Aromatic Substitutions, London, Butterworth, 1959; Langford, C. H. u. H. B. Gray, Ligand Substitution Processes, New York, W. A. Benjamin, 1966; Meislich, H., Teaching Aromatic Substitution: A Molecular Orbital Approach, in J. Chem. Educ. 44 [1967] S. 153 bis 155; Norman, R. O. C. u. R. Taylor, Electrophilic Substitution in Benzenoid Compounds, Amsterdam 1964.

Substitutionsisomerie = *Stellungsisomerie. — E: substitutional isomerism

Substitutionsname. In der chem. Nomenklatur Bez. für den Namen einer Verb., der den Ersatz von Wasserstoffatomen durch Gruppen od. Atome anderer Elemente ausdrückt. *Beisp.:* 1-Methylnaphthalin, 2-Pentanol. — E: substitutive name
Lit.: IUPAC, Nomenclature of Organic Chemistry, Sections A & B (July 1957), London, Butterworth, 1966, S. 4.

Substrate. 1. Siehe *Fermente. 2. Nach DIN 55 945, Bl. 1 (März 1961) Bez. für einen unlösl., meist unbunten Stoff, der am Aufbau bestimmter *Farblacke beteiligt ist. — E: 1. substrates, reactants, 2. substrates, carrying bases

Subtraktionsname. In der chem. Nomenklatur Bez. für den Namen einer Verb., der die Entfernung bestimmter Atome ausdrückt. *Beisp.* hierfür sind in der aliphat. Reihe die auf „en" od. „in" endenden Namen von Verb., ebenso die Namen, die „anhydro", „dehydro", „desoxy" usw. od. „nor" enthalten. — E: subtractive name
Lit.: *IUPAC, Nomenclature of Organic Chemistry, Section A & B (July 1957), London, Butterworth, 1966, S. 4.

Succinamoyl... Bez. für die Atomgruppierung $-CO-CH_2-CH_2-CO-NH_2$ in systemat. Namen. — E: succinamoyl-

Succinimido... Bez. für die Atomgruppierung $-N-CO-CH_2-CH_2-CO$ in systemat. Namen. — E: succinimido-

Succinyl... Bez. für die Atomgruppierung $-CO-CH_2-CH_2-CO-$ in systemat. Namen. — E: succinyl-

Succus. Lat. Bez. für Saft. *Beisp.:* S. Liquiritiae = Süßholzsaft; S. Citri = Citronensaft; S. Juniperi inspissatus = Wacholdermus.

Sulfamate (Amidosulfate). Bez. für Salze der Amidoschwefelsäure = Sulfamidsäure = NH_2SO_3H mit dem Anion $NH_2SO_3^-$. — E: sulfamates

Sulfamino... = *Sulfoamino... — E: sulfoamino-

Sulfamoyl... Bez. für die Atomgruppierung $-SO_2-NH_2$ in systemat. Namen. Alte Bez. Sulfamyl... = *Sulfamoyl... — E: sulfamoyl-

Sulfamyl... = *Sulfamoyl... — E: sulfamyl-

Sulfane. Nach einem Vorschlag von Fehér u. W. Laue (Z. Naturforsch. 8 b [1953] S. 687) Bez. für kettenförmige Schwefelwasserstoffe. H_2S heißt demnach Monosulfan, H_2S_2 Disulfan, Na_2S_5 Dinatriumpentasulfan, Cl_2S_n Dichlorsulfane, Cl_2S_2 Dichlordisulfan, usw. Über die Darst. von S. s. Brauer I, 315—325. Über Aufbau, Eig. u. Abbau einiger kettenförmiger S.-Verb. s. M. Schmidt in Angew. Chem. 73 [1961] S. 394—398. — E: sulfanes, sulfur hydrides, hydrogen sulfides
Lit.: Ullmann XV, 258—259, 532.

Sulfanilamino... Bez. für die Atomgruppierung $-NH-SO_2-C_6H_4-NH_2$ (p) in systemat. Namen. — E: sulfanilamido-

Sulfanilyl... Bez. für die Atomgruppierung $-SO_2-C_6H_4-NH_2$ (p) in systemat. Namen. — E: sulfanilyl-

Sulfatasen s. *Esterasen. — E: sulfatases

Sulfate. Bez. für die Salze u. Ester der Schwefelsäure, die entstehen, wenn 1 od. beide H-Ionen des H_2SO_4-Mol. durch Metall-Ionen ersetzt werden. In ersten Fall erhält man die „sauren", in Wasser leichtlösl., leicht schmelzenden S. (auch prim. od. Hydrogensulfate genannt) von der allg. Formel $M^I HSO_4$. Im zweiten Fall erhält man „neutrale", sek. od. normale S. ($M^I_2SO_4$), die, meist mit Kristallwasser kristallisieren, zur Bldg. von Doppelsalzen neigen u. in Wasser in der Regel leicht lösl. sind; fast unlösl. sind Bariumsulfat u. Bleisulfat, schwerlösl. ist Calciumsulfat.

Bei den org. Sulfaten ist ein H der Schwefelsäure formal meist durch einen längeren Alkylrest (R) oder durch einen cycloaliphat. Rest ersetzt; diese Schwefelsäureester haben die allg. Formel $R-O-SO_3H$. Durch Neutralisation dieser Verb. mit NaOH entstehen Stoffe vom Typ $R-O-SO_3Na$. Man erhält diese org. Sulfate durch Sulfatierung. Vgl. auch *Alkylsulfate u. *Trisulfate. — E: sulfates

Sulfatierung s. *Sulfurierung. — E: sulfatation

sulfato. Bez. für das Ion SO_4^{2-} als Ligand in Koordinationsverb. (s. *Koordinationslehre). — E: sulfato

...sulfensäure. Suffix in systemat. Namen von org. Verb., in deren Mol. ein H-Atom durch die Atomgruppierung $-SOH$ ersetzt ist. — E: -sulfenic (acid)

Sulfhydryl... = *Mercapto... — E: sulfhydryl-

Sulfhydrylgruppen (Thiolgruppen, Mercaptogruppen). Bez. für die einwertigen SH-Gruppen, die als funktionelle Gruppen vor allem in zahlreichen *Fermenten u. *Eiweißstoffen (Aminosäure, Cystein) auftreten. — E: sulfhydryl groups

Lit.: Barron, Thiolgruppen von biolog. Bedeutung, in Nord, Adv. Enzymology XI, New York, Interscience, 1951; Ühlein, E., in Wiss. Beiblatt zur Materia Medica Nordmark, Uetersen (Holst.), Aug. 1958.

Sulfide. Verb. aus Schwefel u. stärker elektropositiven Stoffen (meist Metalle od. org. Radikale), die als Salze des Schwefelwasserstoffs = H_2S aufgefaßt werden können. Wird formal nur ein einziges H in H_2S durch Metall ersetzt, so entstehen die „sauren", prim. S. od. Hydrogensulfide von der allg. Formel $M^I HS$. Ersetzt man dagegen beide H von H_2S durch Metall, so erhält man die „neutralen", sek. od. normalen S. von der allg. Formel M^I_2S. Die sauren S. u. die neutralen Alkalisulfide (Natriumsulfid, Kaliumsulfid) sind in Wasser leichtlösl., die übrigen unlösl. Verschiedene S. erleiden bei der Auflsg. in Wasser Hydrolyse; diese riechen schon an feuchter Luft deutlich nach Schwefelwasserstoff. Die Alkali- u. Erdalkalisulfide sind farblos, die übrigen S. schwarz (Bleisulfid, Kupfersulfid, Eisensulfid z. Tl.) od. farbig (gelbes Cadmiumsulfid, rotes Quecksilbersulfid, gelbe Arsensulfide usw.). Man erhält die S. a) durch Erhitzen der pulverisierten Bestandteile (z. B. Zinkpulver u. Schwefelpulver), b) durch Einbringen von Schwefelwasserstoff od. Schwefelammonium in Metallhydroxid- od. Metallsalzlsg., c) durch Red. von Sulfaten (Glühen mit Kohle). Die S. der Alkali-u. Erdalkalimetalle können durch Anlagerung von Schwefel (in wss. Lsg. od. in der Schmelze) in *Poly-S.* übergehen. Tri- u. Tetra-S. lassen sich in einfacher Weise durch Umsetzung von *Mercaptanen mit elementarem Schwefel mit Aminen als Katalysatoren gewinnen (Gleichung: $2 RSH +$ $2 S \rightarrow R-S-S-S-R + H_2S$); vgl. Monsanto Techn. Rev. 1967, Nr. 1, S. 17. — E: sulfides

Lit.: Tobolsky, A. V., The Chemistry of Sulfides, New York-London, Wiley-Interscience, 1968; Ullmann X, 745, 750, XI, 669, 683, XV, 524—532.

Sulfidierung s. *Sulfurierung. Der Terminus wird auch für die Bldg. von anorg. Sulfiden durch Erhitzen von Metallen mit Schwefel od. Polysulfiden verwendet. Auch Bez. für eine Verf.-Stufe bei der Herst. von Viskose. — E: sulfidation, sulfurization

Sulfid-Oxid-Schale s. *Chalkosphäre. — E: sulfide-oxide shell

Sulfierung s. *Sulfurierung. Wird in der Lit. gelegentlich auch als Synonym für Sulfatierung verwendet. — E: sulfation

Sulfino... Bez. für die Atomgruppierung $-SO_2H$ in systemat. Namen org. Verb. — E: sulfino-

...sulfinsäure. Suffix in systemat. Namen von org. Verb., in deren Mol. ein H-Atom durch die Atomgruppierung $-SO_2H$ ersetzt ist. — E: sulfinic (acid)

Sulfinyl... Bez. für die Atomgruppierung $-SO-$ in systemat. Namen org. Verb. — E: sulfinyl-

N-Sulfinylsulfamate. Bez. für Salze mit dem Anion $OS=NSO_3^-$. — E: N-sulfinylsulfamates

Sulfite. Bez. für Salze u. Ester der Schwefligen Säure = H_2SO_3. Die Salze entstehen formal, wenn 1 od. 2 H im Mol. der Säure durch Metall ersetzt werden. Im ersteren Fall erhält man die prim. od. „sauren" S. (auch Hydrogensulfite genannt) von der allg. Formel $M^I HSO_3$; beim Ersatz beider H-Atome durch Metall entstehen dagegen sek., „neutrale" od. normale S. $M^I_2SO_3$. Alle S. werden durch starke Säuren unter Schwefeldioxidentw. zersetzt, z. B. nach der Gleichung: $Na_2SO_3 + H_2SO_4 \rightarrow Na_2SO_4 + H_2O + SO_2$. Alle sauren S. u. die S. der Alkalimetalle (einschließlich Ammoniumsulfit) sind in Wasser lösl., die übrigen unlösl. Die wss. Lsg. der Alkalisulfite reagieren infolge Hydrolyse alkal.; man kann sie zu Sulfaten oxydieren, mit Zinkstaub zu *Dithioniten reduzieren od. mit Schwefel in *Thiosulfate überführen. Man erhält die S. meist durch Einleiten von Schwefeldioxid in Lsg. od. Aufschwemmungen von Metallhydroxiden. Die Ester der Schwefligen Säure haben die allg. Formel $OS(OR)_2$. Zu ihrer präparativen Darst. werden Alkohole od. Phenole mit Thionylchlorid = $SOCl_2$ bei Ggw. von Pyridin od. anderen tert. Basen umgesetzt. — E: sulfites

Lit.: Ullmann X, 743, 744, XV, 467—471.

sulfito. Bez. für das Ion SO_3^{2-} als Ligand in Koordinationsverb. (s. *Koordinationslehre). — E: sulfito

Sulfo... Bez. für die Atomgruppierung $-SO_3H$ in systemat. Namen von org. Verb. — E: sulfo-

Sulfoamino... Bez. für die Atomgruppierung

Sulfochlorierung

$-NH-SO_3H$ in systemat. Namen von org. Verb. — E: sulfoamido-

Sulfochlorierung. Bez. für das Verf. zur Darst. von aliphat. Sulfochloriden durch gemeinsame Einw. von Schwefeldioxid = SO_2 u. Chlor (od. Sulfurylchlorid = SO_2Cl_2) auf gesätt. aliphat. Kohlenwasserstoffe unter Bestrahlung mit ultraviolettem Licht. Schemagleichung: $RH + SO_2 + Cl_2 \rightarrow RSO_2Cl + HCl$. — E: sulfochlorination

Sulfonamide (Sulfanilamide). Bez. für eine wichtige Gruppe von Arzneimitteln, die die p-Aminobenzol-sulfonamid-Gruppe $= H_2N-C_6H_4-SO_2-$ $-NH-$ enthalten; die einfachste dieser Verb., nämlich $H_2N-C_6H_4-SO_2-NH_2$, wird auch als Prontosil album od. Prontalbin bezeichnet; seine Synth. erfolgte bereits 1908 durch Gelmo. Die Heilwrkg. der S. wurde von Domagk (1895 bis 1964; Medizin-Nobelpreis 1939 für die Entdeckung der antibakteriellen Wrkg. des Prontosils) 1932 erkannt. Die erste Veröffentlichung über die antibakterielle Wrkg. der S. erfolgte durch Domagk im Febr. 1935 in der Dtsch. Med. Wschr. Von 1932—1963 wurden über 10 000 S. hergestellt u. im Tiervers. geprüft; etwa 20 dieser Verb. eigneten sich als Arzneimittel. Es zeigte sich bei vielen Vers., daß die Hauptwrkg. von der oben formulierten p-Aminobenzolsulfonamidgruppe ausgeht. S. wirken im Blut erkrankter Tiere od. Menschen schon in Verdünnungen von 1 bis 10:100000. Offenbar werden die Kettenbakterien durch S. fermentativ geschädigt; sie verlieren ihre Vermehrungsfähigkeit u. ihre Abwehrkraft, so daß sie von den im Blut u. Bindegewebe befindlichen Freßzellen (Leukocyten u. Histiocyten) des Körpers leicht verdaut werden können. Die S. hemmen bei den Bakterien durch die Verdrängung der ähnlich gebauten p-Aminobenzoesäure (lebenswichtiger Bakterienwuchsstoff) die Synth. der zum Nucleinsäureaufbau nötigen Folsäure, wodurch es zu einer Hemmung der Bakterienvermehrung kommt. Da die menschlichen Körperzellen die Folsäure ohnehin nicht synthetisieren (Folsäure wird hier mit der Nahrung aufgenommen) können, sind die S. für den Menschen verhältnismäßig harmlos. Des weiteren hemmen die S. im Bakterienkörper die Methioninsynth., bei der p-Aminobenzoesäure als Coferment benötigt wird. — E: sulfonamides

Lit.: Anscombe, A. R., Antibiotic and Sulphonamide Treatment, London, Oxford Univ. Press, 1959; Bruens, S. u. Penicillin, Örtliche Anwendung in der Augenheilkunde, Stuttgart, Wiss. Verl. Ges., 1948; Dechant, Die S.-Therapie, Wien, Springer, 1949; Domagk, G., Pathol. Anatomie u. Chemotherapie der Infektionskrankheiten, Stuttgart, Thieme, 1947; Domagk-Hegler, Chemotherapie bakterieller Infektionen, Leipzig, Hirzel, 1942; Grunke, Die Anwendung der S. in der Inneren Medizin u. ihren Grenzgebieten, Stuttgart, Wiss. Verl. Ges., 1949; Harnisch, S. u. Antibiotica in der Zahn-, Mund- u. Kieferheilkunde, München 1956; Hawking u. Lawrence, The Sulphonamides, London, Lewis, 1950; Hörmann, G., S. in Frauenheilkunde u. Geburtshilfe, Stuttgart, Wiss. Verl. Ges., 1946; Kirk-Othmer, 2. Aufl., Bd. 3, 1964, S. 4—5; Longs ABC of Sulfonamide and Antibiotic Therapy, Philadelphia, Saunders, 1948; Mietzsch, Therapeut. verwendbare S. u. Sulfonverb., Weinheim, Verl. Chemie, 1955; Northey, E. H., The Sulfonamides and Allied Compounds, New York, Reinhold, 1948; Quattrin, N., Sulfamidici e derivati, Vicenza, 1953; Schönfeld, W. u. F. Kimmig, S. u. Penicilline, Stuttgart, Enke, 1948; Second Conference on Sulfonamides, Ann. N. Y. Acad. Sci. 69 [1957], S. 377—524; Sorsby u. Ungar, Antibiotics and Sulphonamides in Ophthalmology, London, Oxford Univ. Press, 1960; Ullmann V, 276, 386, XIII, 370, 374, 410, XVI, 491—528.

Sulfonamido... Bez. für die Atomgruppierung $-NH-SO_2-$ in systemat. Namen, sofern die Verb. eine Gruppe enthält, die vorrangig zu nennen ist. — E: sulfonamido-

Sulfone. Gut kristallisierende, neutrale, geruchlose, gegen Red.-Mittel sehr beständige Verb. von der allg. Formel $(C_nH_{2n+1})_2S{<}{}^O_O$. Man erhält sie aus Thioäthern durch Oxydation mit Kaliumpermanganat. Ein bekannter Vertreter dieser Gruppe ist das Sulfonal = Propandiäthylsulfon = $(CH_3)_2 C(SO_2-C_2H_5)_2$. Bei der therm. Zers. von C_4-, C_6- u. C_8-S. bei 275° unter vermindertem Druck entstehen vorwiegend SO_2, Olefine, Alkane, Wasser u. H_2, s. Nachr. Chem. Techn. 12 [1964] S. 383. — E: sulfones

Lit.: Schöberl u. Wagner, in Houben-Weyl-Müller, Bd. IX, 1955, S. 227—259; Ullmann V, 276, XIII, 265, XVI, 532—540.

Sulfonierung s. *Sulfurierung. — E: sulfonation

Sulfonio... Bez. für die Atomgruppierung $-\overset{\oplus}{S}{<}^{(C)}_{(C)}$ in systemat. Namen. — E: sulfonio-

...sulfonsäure. Suffix in systemat. Namen von org. Verb., in deren Mol. ein H-Atom durch die Atomgruppierung $-SO_3H$ ersetzt ist. — E: sulfonic (acid)

...sulfonum. In internationalen *Freinamen verwendete lat. Endung zur Kennzeichnung von Sulfoverb.

Sulfonyl... Bez. für die Atomgruppierung $-SO_2-$ in systemat. Namen von org. Verb. (alte Bez.: Sulfuryl...). In der anorg. Nomenklatur wird S. im gleichen Sinne, außer bei Halogeniden (s. *Sulfuryl...), verwendet. — E: sulfonyl-

Sulfonyldioxy... Bez. für die Atomgruppierung $-O-SO_2-O-$ in systemat. Namen von org. Verb. — E: sulfonyldioxy-

Sulfoxide. Bez. für unbeständige, schwach bas. leicht reduzierbare Verb. von der allg. Formel $RR'S=O$; sie entstehen z. B. bei der Oxydation von Thioäthern mit Salpetersäure. — E: sulfoxides

Lit.: Mislow, K., On the Stereomutation of Sulfoxides, in Rev. Chem. Progr. 28 [1967] S. 216—240; Schöberl u. Wagner (Sulfoxide), in Houben-Weyl-Müller, Bd. IX, 1955, S. 211–221; Ullmann XVI, 528–532.

Sulfoxy... Bez. für die Atomgruppierung $-O-SO_3H$ in systemat. Namen von org. Verb. — E: sulfoxy...

Sulfoxylate. Bez. für Salze der Sulfoxylsäure = H_2SO_2 mit dem Anion $SO_2{}^{2-}$. — E: sulfoxylates

Sulfur. Lat. Bez. für *Schwefel.

Sulfurierung. Bez. für die direkte Einführung von Schwefel-Atomen — evtl. als Bestandteile von Atomgruppen — in org. Verb. Nach A. Hintermaier (s. Fette u. Seifen 1952) soll zwischen *Sulfidierung* u. *Sulfierung* unterschieden werden, je nachdem, ob die S-Atome dabei mercaptidartig gebunden werden bzw. Sulfonsäuren *(Sulfonierung)* od. *Schwefelsäureester* (Sulfatierung) entstehen. Es sei jedoch darauf hingewiesen, daß in der Lit. die Bez. S. häufig als Synonym für Sulfonierung verwendet wird (s. Lit.). A. Hintermaier gibt das folgende Terminologieschema an:

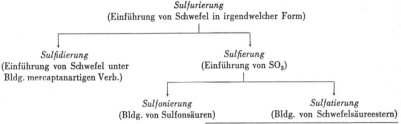

— E: sulfuration

Lit.: Gilbert, E. E., Sulfonation and Related Reactions, New York 1965; Graf, E., S. mit Schwefeldioxid, in Chimia 21 [1967] S. 338–342; Houben-Weyl-Müller IX, 1955; Kirk-Othmer, 1. Aufl., Bd. 13, 1954, S. 317–337.

Sulfuryl... In der anorg. Nomenklatur Bez. für die Atomgruppierung $>SO_2$ (wird nur für Halogenide verwendet). In der org. Nomenklatur wird S. jetzt durch *Sulfonyl... ersetzt. — E: sulfuryl-

Sultame. Interne Kondensationsprod. aus einer HSO_3-Gruppe u. einer NH_2-Gruppe, wobei H_2O abgespalten wird u. die Gruppierung $-SO_2-NH-$ entsteht, z. B. $C_6H_4-CH_2-NH-SO_2$. Wenn die SO_2-NH-Gruppe beim Naphthalin in peri-Stellung vorliegt, entsteht Naphthsultam; s. auch B. Helferich u. a. in Liebigs Ann. 1961/1962 (viele Mitteilungen). — E: sultams

Sultone. Bez. für Verb. vom Typ $[CH_2]_n-SO_2-O$. Über Herst. s. DAS 1 155 120 u. 1 159 430. — E: sultones

Summenformel = *Bruttoformel. — E: empirical formula, total formula, molecular formula

Super... (lat.: super = über, oben). Vorsilbe, die gelegentlich in der chem. Nomenklatur zur Kennzeichnung eines hohen od. des maximalen Anteiles einer Komponente verwendet wird; früher an der Stelle von *Per... *(Beisp.:* Wasserstoffsuperoxid = Wasserstoffperoxid; Superphosphat = $Ca(H_2PO_4)_2$; dieses enthält anteilmäßig mehr Phosphat je Ca-Atom als $Ca_3(PO_4)_2$). — E: super-

Superfluidität = supraflüssiger Zustand (s. *Supraflüssigkeit). — E: suprafluidity

superkritisch s. *Kettenreaktion (vgl. auch *krit.). — E: supercritical

Superlegierungen. Bez. für für extrem hohe Betriebsstemp. u. starke Belastungen (Zug, Stoß, Schwingung etc.) entwickelte Leg., die u. a. als Werkstoffe für die Luft- u. Raumfahrt verwendet werden. *Beisp.:* Hochlegierte Kobalt-Nickel-Stähle. — E: superalloys

Superoxide. Veraltete Bez. für *Peroxide.

Superoxid-Ion. Sollte nach einem früheren IUPAC-Beschluß als Bez. für das $O_2{}^-$-Ion statt *Hyperoxid-Ion verwendet werden. Wegen der Verwechslungsgefahr mit der veralteten Bez. Superoxide für die *Peroxide wurde dieser Beschluß kurz vor Redaktionsschluß dieser Wörterbuch-Seite wieder aufgehoben. — E: superoxide ion

Supertemperaturen. Bez. für Temp.-Bereiche von über 5000°. — E: super temperatures

Suppositorien (Stuhlzäpfchen). Arzneiform: Walzen-, kegel- od. eiförmige Zubereitungen zur Einführung in den Mastdarm. — E: suppositories

Supraflüssigkeit. Bez. für die Tieftemp.-Modifikation des *Heliums, das sog. *Helium II*, das die Eig. der Superfluidität zeigt, d. h. im „suprafl. Zustand" vorliegt, der von dem niederländ. Physiker W. H. Keesom erstmals nachgewiesen wurde: Kühlt man gewöhnl. Helium sehr stark ab, so wird es unter normalem Druck bei 4,2° K (also 4,2° über dem absoluten Nullpunkt fl. Kühlt man dieses verflüssigte Helium noch weiter ab, so kommt man bei 2,19° K zum sog. *λ-Punkt* (diese Bez. erhielt der *Umwandlungspunkt, weil in seiner Nähe die Temp.-Verlauf der spezif. Wärme dem griech. Buchstaben λ ähnelt) u. zwischen diesem λ-Punkt u. dem absoluten Nullpunkt liegt der superfluide Zustand des weitaus überwiegenden Helium-Isotops 4; er umfaßt also nur 2 Temp.-

Supraleitung

Grade in den extremsten Kältebereichen, die überhaupt zu verwirklichen sind. Allerdings nimmt man neuerdings an, daß sich am λ-Punkt nicht schlagartig alles Helium 4 in superfluides umwandelt, sondern nur ein mit sinkender Temp. wachsender Bruchteil; demnach wäre erst am absoluten Nullpunkt alles Helium suprafl. Dieses Helium II zeigt nun in seinen physikal. Eig. derart starke Abweichungen, daß man den superfluiden Zustand als bes. Aggregatzustand betrachtet. Die Wärmeleitfähigkeit von Helium II ist etwa 10^8mal so groß wie die von Helium I u. rund 300mal so groß wie bei den besten metall. Wärmeleitern (Kupfer, Silber). Period. örtliche Wärmezufuhr wird von He II als eine Welle weitergeleitet u. nicht — wie bei allen anderen Stoffen — unmittelbar gedämpft (da sich diese Temp.-Wellen hier wie Schallwellen fortpflanzen, spricht man auch vom „2. Schall", engl. „second sound"). Die Viskosität („Zähflüssigkeit") sinkt bei gewöhnl. Stoffen mit steigender Temp., Helium II wird dagegen bei sinkender Temp. immer leichtflüssiger, es ist bei 1° K rund 100mal leichtflüssiger als bei $2,19^\circ$ K. Die Viskosität u. damit die innere Reibung nimmt beim Helium II mit der 6. Potenz der absoluten Temp. ab, sie wird also in der Nähe des absoluten Nullpunkts unmerklich klein (daher die Bez. superfluider od. „über-flüssiger" Zustand, in dem Masseteilchen reibungsfrei fließen). Durch enge Kapillaren od. Schlitze mit Durchmessern von unter 0,01 mm strömt Helium II mit einer Geschw. von etwa 20 cm/sec., so daß hier in wenigen Sek. mehr suprafl. Helium ausströmt als dies bei gewöhnl. Heliumgas in Wochen der Fall wäre. Über den Zusammenhang zwischen Superfluidität u. Supraleitung s. Nachr. Chem. Techn. 13 [1965] S. 413 – 414. — E: superliquid

Lit.: Burton, E. F., H. G. Smith, u. J. O. Wilhelm, Phenomena at the Temperature of Liquid Helium, New York, Reinhold, 1947; Braunbek, W., in Umschau 1950, S. 43–45; Lane, C. T., Superfluid Physics, New York, McGraw Hill, 1962; London, F., Superfluids, I [1950], II [1954], New York, Wiley; Meyer, L. u. W. Band in Naturwiss. 36 [1949] S. 5 –15.

Supraleitung. Bez. für die an Metallen, Leg. u. einigen Halbleitern (Oxide, Sulfide) beobachtete Fähigkeit, unterhalb einer charakterist. „krit. Temp." elektr. Gleichstrom verlustfrei zu leiten. Unterhalb dieser sog. „*Sprungtemp.*" ist kein Ohmscher Widerstand feststellbar, d. h. daß beispielsweise ein in einem geschlossenen supraleitenden Ring induzierter Strom verlustfrei über beliebig lange Zeit fließt. Die Sprungtemp. ist jedoch nicht die einzige charakterist. Größe eines Supraleiters: Magnetfelder können S. aufheben od. unterdrücken. Eine weiter krit. Größe ist der Druck: Man beobachtet beim Übergang vom Normal- in den Suprazustand kleine Änderungen des Vol. des Supraleiters; dehnt er sich beispielsweise aus, so kann durch die Anwendung eines Druckes die S. wieder aufgehoben werden. Die erforderlichen Drucke sind allerdings sehr hoch (etwa 50 000 at), so daß der Druckeffekt normalerweise also keine Rolle spielt. Auf Grund des Verh. im Magnetfeld unterscheidet man *Supraleiter I* (sog. *„weiche Supraleiter"*), bei denen der supraleitende Zustand schon von verhältnismäßig schwachen Magnetfeldern (bis zu etwa 1000 Oersted) zerstört wird (hierzu gehören z. B. Al, Hg, Pb, Be, Ga), von *Supraleitern II* (sog. **harte Supraleiter*), in die das Magnetfeld mit zunehmender Stärke von der Oberfläche her eindringt, ohne den supraleitenden Zustand im Innern zu zerstören (hierzu gehören z. B. Nb, Zr, V, Mo). Die bisher höchste bekannte Sprungtemp. hat die intermetall. Verb. Nb_3 ($Al_{1-x}Ge_x$); mit $x = 0,2$ beträgt sie $20,05^\circ$ K (vgl. CAEN 45 [1967] Nr. 26, S. 39); durch geeignete Beschickung der Supraleiter mit bestimmten planaren aromat. Mol. läßt sich die Sprungtemp. variieren, jedoch nur um höchstens $\pm 0,1^\circ$K (s. J. Amer. Chem. Soc. 89 [1967] S. 27). Da Supraleiter in der Nähe der Sprungtemp. nur „schwache" Supraeig. zeigen u. die Erzeugung extrem tiefer Temp. noch ungemein aufwendig ist, kann vorläufig an eine techn. Ausnützung der S. (etwa im Wasserstoffbad) noch nicht gedacht werden, zumindest so lange nicht, bis S. bei wenigstens 25° K erzeugt werden kann. Man hat früher versucht, das Auftreten von S. aus dem *Periodensyst. zu verstehen u. mit spezif. Eig. der betreffenden Substanzen zu erklären. Heute herrscht die Ansicht vor, daß S. keine spezif. Eig. bestimmter Substanzen, sondern eine der Ordnungszustände ist, dem ein Festkörper bei Annäherung an den absoluten Nullpunkt zustreben sollte. Demnach müßte zumindest jedes Metall u. jede Leg. eine individuelle Sprungtemp. haben, u. es ist noch ein ungelöstes Problem, warum man bei Kupfer, Silber, Gold, Natrium, Kalium u. einigen anderen Metallen im Gegensatz zu Titan, Zirkonium, Aluminium, Indium, Quecksilber, Vanadium, Blei, Niob usw. noch keine S. feststellen konnte; vgl. hierzu W. Klose unter Lit.

Die Tatsache, daß eine Reihe von Leg. S. zeigt, während diese an den zugehörigen Reinelementen bisher nicht beobachtet werden konnte, wird darauf zurückgeführt, daß Leg. als verunreinigte Metalle beim Erstarren in der Regel kleinere Kristalle ausbilden. Dies konnte 1964 in Pasadena dadurch demonstriert werden, daß selbst bei der Temp. des verdunsteten He normalerweise nichtsupraleitende Gold-Germanium-Leg. dann S. zeigten, wenn das Kristallwachstum beim Erstarren der Schmelze durch Druckeinw. (Ausbreitung zum Film auf wärmeableitender Kupferplatte innerhalb von Sekundenbruchteilen) verhindert wurde (s. Bild d. Wiss. 2 [1965] S. 76). Nach W. A.

Little (s. Lit.) kommt nach den heutigen Vorstellungen entsprechend der sog. BCS-Theorie (BCS ist die Abk. für die Autoren Bardeen, Cooper u. Schrieffer) ein Suprastrom dadurch zustande, daß sich Elektronenpaare bilden, sofern erst einmal ein erster Elektronenfluß eingeleitet ist. Das erste Elektron bewegt sich mit der angelegten Spannung durch das elast. Gitter, das aus den positiven Metall-Ionen gebildet wird. Auf Grund seiner negativen Ladung verformt es die an sich exakte Ausrichtung der Ionen in dem Sinne, daß es die in seiner Nähe befindlichen Ionen stärker, die entfernteren schwächer anzieht. Diese örtlich vergrößerte positive Ladungsdichte läuft in einem gewissen Abstand hinter dem ersten Elektron her, da die „Verbeulung" des Gitters wegen der Schwere der Ionen nur langsam erfolgt. Dadurch wird ein zweites Elektron angezogen, das auf diese Weise dem ersten folgt u. mit ihm ein lose verbundenes Paar bildet. Dieser Fluß bleibt auch bestehen, wenn die Spannungsquelle abgeschaltet ist. (Eine neue Hypothese zur Erklärung der S. s. bei H. Krebs in Z. Naturforsch. 23 a [1968] S. 232.) Die Sprungtemp. der meisten bisher bekannten Supraleiter liegt zwischen 2 u. $4°K$; die Temp.-Barriere ist dadurch bedingt, daß mit Erhöhung der Temp. die Wärmebewegung der Atome u. Mol. zunimmt, dadurch immer mehr Elektronenpaare auseinandergebrochen werden u. die einzelnen Partner zu den willkürlichen Ladungsverschiebungen beitragen, die danach streben, auch die restlichen Paare zu trennen; oberhalb der Sprungtemp. ist der Einfl. so stark, daß keine Paare gebunden bleiben u. der supraleitende Zustand nicht länger bestehen kann. Nach einer Theorie von W. A. Little sollte es möglich sein, supraleitende org. Polymere zu konstruieren, an deren Kohlenstoffketten abwechselnd Wasserstoff- u. komplizierter aufgebaute Gruppen hängen. Diese Mol. müßten innerhalb der Kette supraleitend werden als Erg. ihrer Wechselwrkg. mit der regelmäßigen Anordnung der hochpolarisierbaren Seitenketten. Bewegt man dann ein Elektron längs der Kette, so sorgt es für eine Erhöhung der positiven Ladungsdichte in einem gewissen Abstand u. zieht das

zweite Elektron nach sich. Auf diese Weise hat sich so wieder ein Paar gebildet, das aber auf Grund des Mol.-Baues auch bei höheren Temp. existieren sollte (s. Abb.). Die experimentelle Fundierung dieser revolutionären Theorie steht allerdings noch aus; vgl. auch Nachr. Chem. Techn. 1965, S. 286—287. Über den Zusammenhang zwischen S. u. Superfluidität (s. *Suprafl.) s. Nachr. Chem. Techn. 1965, S. 413—414. Über Einsatzmöglichkeiten von Supraleitern s. T. A. Buchhold unter Lit. — E: superconductivity

Lit.: Anderson, P. W. u. B. T. Matthias, Superconductivity, in Science (Wash.) 144 [1964] S. 373 ff. (9 S.); Bogoljubov, N. N., The Theory of Superconductivity, New York, Consultants, 1962; Bogoljubov, Tolmachev, Shirkov, A New Method in the Theory of Superconductivity, New York, Wiley, 1959; Braunbek, W., Der Meissner-Ochsenfeld-Effekt, in Physikal. Bl. 24 [1968] S. 113—114; Bremer, J. W., Superconductive Devices, New York, McGraw Hill, 1962; Buchhold, T. A., Applications of Superconductivity, in Scient. Amer. 202 [1960] Nr. 3, S. 74—82; Buckel, W., Neuere Entw. auf dem Gebiete der S., in Chem.-Ing.-Techn. 38 [1966] Nr. 5; ders., Die Entw. der S. im letzten Jahrzehnt, in Physikal. Bl. 23 [1967] S. 18 bis 28; ders., S. von Hochdruckmodifikationen, in Umschau 67 [1967] S. 567—568; De Gennes, P. G., Superconductivity of Metals and Alloys, New York, W. J. Benjamin, 1966; Gunzler, J. E., Supraleitende Magnete, in Endeavour (dtsch. Ausg.) 1964, S. 115 bis 121; Heaton, J. W., High Field, High Current Semjconductors, in Sci. Progr. (Oxford) 54 [1966] S. 27—40; Justi u. Koch, Supraleitfähigkeit, in Erg. exakt. Naturwiss., Bd. 21, Berlin, Springer, 1945; Klose, W., Supraleitung, in Allg. Prakt. Chem. 19 [1968] S. 221—224; Koppe, H., Theorie der S., in Erg. exakt. Naturwiss., Bd. 23, Berlin, Springer, 1950; Langenberg, D. N. u. a., The Josephson Effects, in Scient. Amer. 214 [1966] Nr. 5, S. 30—39; Laue, M. v., Theorie der S., Berlin, Springer, 1949; Little, W. A., Superconductivity at Room Temperature, in Scient. Amer. 212 [1965] Nr. 2, S. 21—27; ders., S. in org. Makromol. bei Raumtemp., in Umschau 65 [1965] S. 197—198; ders., Die Zukunft der S., in Bild d. Wiss. 4 [1967] S. 473—479; Lynton, E. A., Superconductivity, London, Methuen, 1962; Mendelssohn, K., Die Geschichte der S., in Bild d. Wiss. 4 [1967] S. 218—228; Newhouse, V. L., Applied Superconductivity, London 1964; Parks, R. D., Quantum Effects in Superconductors, in Scient. Amer. 213 [1965] Nr. 4, S. 57—67; Rickayzen, G., Theory of Superconductivity, New York 1965; Schrieffer, J. R., The Theory of Superconductivity, New York 1964; Tannenbaum, M., Superconductors (Sympos. 18. 2. 1962, New York), New York, Wiley, 1962; Ullmann XVI, 594—599; Vielseitige Verw. von Supraleitern, in Chemie-Labor-Betrieb 18 [1967] S. 415—417.

Surfactant. Im Engl. durch Abk. für „**surface active agent**" gebildetes Kunstwort, das auch in der dtsch.-sprachigen Lit. als Synonym für *grenzflächenakt. Stoffe anzutreffen ist; vgl. auch *Tenside.

Suspensionen (von lat.: suspendere = aufhängen, schwebend halten). Bez. für *Dispersionen von unlösl. Feststoffteilchen oberhalb kolloider Dimensionen (s. *Kolloidchemie) in Fl. Bei gröberen S. (die z. B. beim Umrühren von Ton in Wasser entstehen) setzen sich die suspendierten Teilchen früher od. später am Boden ab; dagegen bleiben sie in der Fl. schweben, wenn sie die Größe von Kolloidteilchen erreichen. Über Rheologie von S. s. S. F. Schultz-Grunow in Chem.-Ing.-Techn. 34 [1962] S. 223—230. — E: suspensions

Suspensionspolymerisation

Suspensionspolymerisation s. *Polymerisation.
— E: suspension polymerization

Suspensoide. Nach Wo. Ostwald Bez. für *Suspensionen von Feststoff-Teilchen kolloider Dimensionen; es handelt sich also um „kolloide Suspensionen", also um Sole (s. *Kolloidchemie).
— E: suspensoids

Suszeptibilität s. *Magnetochemie. — E: susceptibility

sym. Abk. für symmetrisch (*Beisp.: sym.*-Trimethylbenzol = 1.3.5-Trimethylbenzol). Wird im Druck meist kursiv gesetzt u. bleibt bei der alphabet. Einordnung unberücksichtigt. — E: sym-

Symbiose s. *Säure-Base-Begriff. — E: symbiosis

Symbole s.*Chem. Zeichensprache. — E: symbols

Symmetrieelemente s. *Kristallsyst. (S. 484).
— E: symmetry elements

Lit.: Fluck, E., S., Symmetrieoperationen u. Punktgruppen, in Chemiker-Ztg. 90 [1966] S. 759—763.

Sympathetische Reaktionen = *Induzierte Reaktionen. — E: sympathetic reactions

Sympathomimetica. Bez. für Stoffe, die das sympath. Nervensystem reizen u. damit auf unwillkürliche Muskeln u. Drüsen einwirken. Hierher gehören z. B. Adrenalin, Ephedrin, Norephedrin. Die natürlichen u. synthet. S. zeigen Wrkg., die mit denen des Adrenalins mehr od. weniger verwandt sind. — E: sympathomimetics, sympathicomimetics

Lit.: Graubner, W., Über sympathomimet. Stoffe, in Angew. Chem. 66 [1954] S. 371—375; Ullmann IV, 245, XIII, 327, 414, 420.

Symplex. Nach Willstätter (vgl. Hoppe-Seyler's Z. Physiol. Chem. 225 [1934] S. 109) zwischen makromol. Stoffen durch „Restaffinitäten" gebildete Verb.; diese unterscheiden sich z. B. in ihrer Löslichkeit, biolog. Wrkg. usw. von ihren Komponenten. Nach H. Thiele u. L. Langmaack (Z. Physik. Chem. 206 [1957] S. 405) unterscheidet man zwischen S. mit heteropolarer, homöopolarer u. Nebenvalenz-Bindung. — E: symplex

syn- (griech.: syn = zusammen, mit). Wird in der chem. Nomenklatur gelegentlich an Stelle von *cis- verwendet (*Beisp.: syn*-Benzaldoxim). Wird im Druck meist kursiv gesetzt u. bleibt bei der alphabet. Einordnung unberücksichtigt. — E: syn-

Synärese s. *Gele. — E: syneresis

Syndets = *Sapide.

Syndiazotate (Cisdiazotate). Bez. für Diazoverb. von nebenstehender allg. Formel. R bedeutet ein org. Radikal, M^I ein einwertiges Metallatom. Die S. sind geo-

$$\begin{array}{c} R-N \\ \| \\ M^IO-N \end{array}$$

metr. Isomere der Anti-, Trans- od. Isodiazotate.
— E: syndiazo compounds

Synergetische Verstärker s. *Katalyse (S. 423).
— E: synergetic intensifiers

syndiotaktisch s.*isotakt. — E: syndiotactic, syndyotactic

syn-Form s. *anti-Form. — E: syn-form-, syn-configuration

Syngenetische Mineralien s. *Epigenet. Mineralien. — E: syngenetic minerals

Synproportionierung. Bez. für einen chem. Vorgang, bei dem eine Verb. mit einem Element mittlerer Oxydationsstufe aus Verb., in denen dasselbe Element in höherer u. in niederer Wertigkeitsstufe vorliegt, entsteht (vgl. Angew. Chem. 69 [1957] S. 547). Gegensatz: *Disproportionierung). — E: synproportionation

syn-Stellung s. *anti-Form

Synthese. Bez. für die künstliche Darst. chem. Verb. aus den Elementen, stufenweise aus einfacheren Verb. od. durch Umsetzung zwischen Verb. gleicher Größenordnung. Als *Total-S.* bezeichnet man die S. eines Naturstoffes im chem. Laboratorium ohne Beteiligung von *Bio-S.* (d. h. Bldg. von Verb. in Organismen). S. werden in chem. Laboratorien sowie großtechn. durchgeführt. Sie bilden den Gegenstand der *Präparativen Chemie. Als *asymmetr. S.* bezeichnet man die Darst. von opt.-akt. (s.*Opt. Aktivität) aus opt. inakt. Verb.; hierbei geht die symmetr. gebaute Ausgangsverb. in eine asymmetr. über. — E: synthesis

Lit. s. *Anorg. Chemie u. *Org. Chemie, vgl. auch *Brauer.

Synthesefasern s. *Chemiefasern.

System. Allg. Bez. für einen speziellen Bereich od. Tl. der Materie, der eine bestimmte Menge von Substanz *(Einstoff-S.)* od. Substanzen *(Mehrstoff-S.)* enthält, die in einer *(homogenes S.)* od. mehreren Phasen *(heterogenes S.)* angeordnet sind *(Stoff-S., Phasen-S.)*; vgl. hierzu *Eutektikum, *Phasenregel von Gibbs, *Thermodynam. S. — E: systems

System, periodisches s. *Periodensyst.

Systematischer Name. In der chem. Nomenklatur Bez. für den Namen einer Verb., der ausschließlich aus speziell geprägten od. ausgewählten Silben besteht, vor die Ziffern als Präfixe gesetzt sein können. *Beisp.:* Pentan, Oxazol. — E: systematic name

Lit.: *IUPAC, Nomenclature of Organic Chemistry, Sections A & B (July 1957), London, Butterworth, 1966, S. 4.

Tabellenwerke

θ (ϑ, theta). 8. Buchstabe des *griech. Alphabets. Wird in Physik u. Physikal. Chemie u. a. als Symbol für die gewöhnl. Temp. (in Celsius- u. Fahrenheitgraden) sowie für verschiedene Arten von Winkeln (z. B. Kontaktwinkel) u. für die relative Vol.-Änderung $\Delta V/V_0$ verwendet.

Θ (Theta). Großschreibung von θ. Wird in Physik u. Physikal. Chemie u. a. verwendet als Symbol für die sog. Debye-Temp. (charakterist. Temp.) sowie (neben T) für die thermodynam. od. absolute Temp.

τ (tau). 19. Buchstabe des *griech. Alphabets. Wird in Physik u. Physikal. Chemie als Symbol für *Halbwertszeit u. für Relaxationszeit verwendet.

t. 1. In der Kernphysik Symbol für *Triton. 2. In der chem. Nomenklatur Abk. für *tertiär (*Beisp.*: *t*-Butyl...); wird in diesem Falle meist kursiv gesetzt u. bleibt bei der alphabet. Einordnung unberücksichtigt. 3. In der Physik Symbol für Tonne u. Temp. (meist Celsiustemp.).

T. 1. Chem. Symbol für das Wasserstoff-Isotop *Tritium. 2. Als Großbuchstabe für *τ selten verwendetes Symbol für Dreifachbindung. 3. Von der IUPAC empfohlenes Symbol für -ter-, -tetra- u. -tri- bei Abk. von Namen von Polymeren u. Weichmachern (z. B. PETP = Polyäthylenterephthalat, PTFE = Polytetrafluoräthylen, PCTFE = Polychlortrifluoräthylen), vgl. IUPAC-Inf. Bull. Nr. 25 [Feb. 1966] S. 46. 4. In Physik u. Physikal. Chemie Kurzzeichen für absolute Temp. 5. Bedeutet als Vorsatzzeichen von physikal. Einheiten Tera = 10^{12}.

Ta. Chem. Symbol für das Element *Tantal.

Tabellenwerke. Als solche seien hier (strenggenommen zu den Nachschlagewerken gehörende) Zusammenstellungen von physikal. Konst. u. anderen Stoffgrößen verstanden, die zur Identifizierung von Stoffen dienen können od. Auskunft über deren Einsatzmöglichkeiten geben. Die folgende Zusammenstellung umfaßt vorwiegend solche Werke, die den Gesamtbereich der Chemie (auch wenn der Titel eine Einschränkung ausdrückt) erfassen u. auch eine gewisse Vollständigkeit hinsichtlich der verfügbaren Arten von Stoffgrößen anstreben. Neben viel bändigen T., die in der Regel nur in Bibliotheken zur Verfügung stehen können, existieren zahlreiche ein- od. zweibändige Werke dieser Art, den größten Tl. der Angaben erfassen, die in der täglichen Labor- u. Betriebspraxis evtl. benötigt werden; letztere werden in Dtsch. meist als „Taschenbücher", im Engl. als „handbooks" bezeichnet. Die Zusammenstellung enthält keine T., die lediglich als Rechenhilfen (vor allem für die analyt. Praxis) gedacht sind, sowie keine T., die nur ganz bestimmte Eig. (z. B. Schmelzpunkte od. Spektren) erfassen, letztere sind bei den betreffenden Sachstichwörtern aufgeführt. — E: tabular compilations

Lit.: Akadem. Verein Hütte e. V., Hütte: Taschenbuch der Werkstoffkunde (Stoffhütte), Berlin-München, W. Ernst & Sohn, 1967; Allard, M. S., Tables de Constantes Selectionnées — Tables of Selected Constants, London, Pergamon Press (ab 1947; bis 1967 erschienen 16 Bde.); American Petroleum Institute, Technical Data Book — Petroleum Refining, New York, API's Division of Refining, 1966 (s. CAEN 44 [1966] Nr. 41, S. 55); Atack, Handbook of Chemical Data, New York, Reinhold, 1957; Aylward, G. H. u. T. J. Findlay, Chemical Data Book, New York 1966; Bibliograph. Institut, Meyers Tabellenbuch. Die grundlegenden Daten der exakten Naturwissenschaften u. der Technik, Mannheim 1967; Boll, Tables numériques universelles du laboratoires et bureaux d'études, Paris, Dunod, 1957; Clark, S. P., Handbook of Physical Constants, New York, Geological Society of America, 1966; D'Ans-Lax, Taschenbuch für Chemiker u. Physiker (3. Aufl. herausgegeben von E. Lax u. C. Synowietz), I [1967], II [1964], III [in Vorbereitung], Berlin, Springer; Ebert, H., Physikal. Taschenbuch, Braunschweig, Vieweg, 1967; Feather, N. u. a., Kaye and Laby's Tables of Physical and Chemical Constants, London, Longmans, Green & Co., 1966; Gabba u. Molinari, Manuale del Chimico, Milano, Hoepli; Herrler, R., Chemie-Tabellen, Köln, Aulis-Verl. Deubner, 1967; Kaltofen, R. u. a., Tabellenbuch Chemie, Leipzig, VEB Dtsch. Verl. Grundstoffind., 1966; Keller, R., Basic Tables in Chemistry, New York, McGraw-Hill, 1967; Koglin, W., Kurzes Handbuch der Chemie, 5 Bde., Göttingen, Vandenhoeck & Ruprecht, 1951 bis 1955; Landolt-Börnstein, Zahlenwerte u. Funktionen aus Physik, Chemie, Astronomie, Geophysik u. Technik, 6. Aufl. in 4 Bd. (Bd. 1: Atom- u. Mol.-Physik in 5 Tle., Bd. 2: Eig. der Materie in ihren Aggregatzuständen in 10 Tle., Bd. 3: Astronomie u. Geophysik, Bd. 4: Technik in 4 Tle.), Berlin, Springer (ab 1950); dies., Zahlenwerte u. Funktionen aus Naturwissenschaften u. Technik [Neue Serie] in 6 Gruppen (Gruppe I: Kernphysik u. Kerntechnik, Gruppe 2: Atom- u. Molekularphysik, Gruppe 3: Kristall- u. Festkörperphysik, Gruppe 4: Makroskop. u. techn. Eig. der Materie, Gruppe 5: Geophysik u. Weltraumforschung, Gruppe 6: Astronomie, Astrophysik u. Weltraumforschung), Berlin, Springer (ab 1961); Lange, N. A., Handbook of Chemistry, New York, McGraw-Hill, 1966; Marie, C., Tables annuelles de constants et données numériques, 12 Bde., Paris, 1910—1936; Mecke, R., Tabellen für Physikal. Chemie, Karlsruhe, Braun, 1948; Nikolski, B. P., Handbuch des Chemikers, 3 Bde., Berlin, VEB Verl. Technik, 1956—1957; Pascal, G. u. G. Dupont, Constantes physicochimiques, Paris; Perelman, W. I., Taschenbuch der Chemie, Berlin, Dtsch. Verl. Wiss., 1960; Perry, R.H., Engineering Manual, New York, McGraw-Hill, 1967; Rauen, H., Biochem. Taschenbuch, 2 Tle., Berlin, Springer, 1964; Sax, L., Dangerous Properties of Industrial Materials, New York 1958; Staude, H., Physikal.-chem. Taschenbuch, I [1945], II [1949], Leipzig, Akad. Verl. Ges.; Timmermans, J., The Physico-Chemical Constants of Binary Systems in Concentrated Solutions, 4 Bde., New York-London, Interscience, 1959—1960; Vogel, H. U. v., Chemiker-Kalender, Berlin, Springer, 1966; Vouch, G., Costanti fisicochimiche dei composti organici, Milano, Hoepli; Washburn, E. W., International Critical Tables, 7 Bde.+1 Registerband, New York, McGraw-Hill, 1926—1933; Weast, R. C. u. S. M. Selby, Handbook of Chemistry and Physics, Cleveland, Ohio, The Chemical Rubber Co. (jährl. Neuauflage).

Lit. über T.: Klemm, W., CODATA: Internationale

Koordination naturwissenschaftlicher u. techn. Datenzentren, in Umschau 68 [1968] S. 404; Lark, P. D., B. R. Craven u. R. C. L. Bosworth, The Handling of Chemical Data, Oxford, Pergamon Press, 1968; Office of Critical Tables — National Academy of Sciences — National Research Council, Continuing Numerical Data Projects: A Survey and Analysis, Washington, D. C., National Academy of Sciences — National Research Council, 1966.

Tabletten. In der Regel Synonym für *Pastillen, wird häufig jedoch auf solche von kreisrunder, biplanarer od. bikonvexer Form eingeschränkt.
— E: tablets
Lit.: Arends, G., Die T.-Fabrikation u. ihre maschinellen Hilfsmittel, Berlin, Springer, 1950; Gelbrecht, Neue Betrachtungen zur T.-Herst., Frankfurt/M.1956; Kirk-Othmer, 2. Aufl., Bd. 15, S. 120—123; Ritschel, W. A., Die Tablette: Grundlagen u. Praxis des Tablettierens, Granulierens u. Dragierens, Aulendorf/Wrttbg., Editio Cantor, 1966; Ullmann IV, 3, 5, 39.

Tagesleuchtfarben = *Tageslichtleuchtfarben.

Tageslichtleuchtfarben. Bez. für Anstrichstoffe od. Textilhilfsmittel, die bei Tage, vor allem im Sonnenlicht, bei Nacht unter der Einw. von ultraviolettem Licht leuchten. Die erhöhte Leuchtkraft beruht auf der Fähigkeit der T., nicht nur die Eigenfarbe zu zeigen, sondern auch die im Tageslicht enthaltenen Anteile an kurzwelligem in langwelliges Licht, ja ultraviolettes in sichtbares Licht umzuwandeln u. dadurch die Lichtwrkg. zu verstärken. Eine rote T. reflektiert z. B. sowohl den roten Lichtanteil des Sonnenlichts als auch das in Rot umgewandelte Grün, Blau, Ultraviolett u. dgl. Signalflaggen mit T. sollen auf eine ca. 50% weitere Entfernung wahrnehmbar sein; gelbe u. rote, mit T. imprägnierte Badeanzüge sollen auf 3 km Abstand deutlich zu erkennen sein. Flugzeuge mit T.-Anstrichen sind besser sichtbar (Vermeidung von Zusammenstößen), s. CAEN 37 [1959] Nr. 18, S. 9. Chem. handelt es sich bei den T. meist um feinpulverisierte org. Gläser (Polyvinylchlorid, Aminoplaste u. dgl.), die mit fluoreszierenden Farbstoffen (Rhodamin, Fluorescein u. dgl.) gefärbt sind; s. auch *Leuchtstoffe u. CAEN 35 [1957] Nr. 16, S. 81—82; vgl. auch *Opt. Bleichmittel. — E: daylight luminous paints, „dayglos"
Lit.: Kirk-Othmer, 2. Aufl., Bd. 9, 1966, S. 483 bis 506.

Taktische Polymerisation s. *Polymerisation.
— E: tactic polymerization

Taktizität. Bez. zur Charakterisierung der ster. Regelmäßigkeit der Hauptketten von Makromol. Befinden sich Doppelbindungen zwischen zwei Kettenatomen eines Polymers, so können die daran gebundenen Seitengruppen zueinander cis- (z. B. in Naturkautschuk) od. trans-Stellung (z. B. in Balata) einnehmen. Solche Polymere, deren Doppelbindungen ster. einheitliche cis-Struktur haben, bezeichnet man als *cis-takt., die mit trans-Struktur analog als *trans-takt.* Für lineare Makromol., die tert. od. quartäre C-Atome besitzen und die durch Polymerisation von Vinyl- bzw. mit zwei verschiedenen Resten substituierten Vinylidenverb. erhalten werden, ergibt sich eine weitere *Stereoisomerie, für die G. Natta u. F. Danusso (s. Makromol. Chem. 38 [1960] S. 13 bis 26) Definitionen vorschlugen, die von der ster. Konfiguration der als asymmetr. gebaut betrachteten *Grundbausteine ausgehen. Für Polymere, deren Grundbausteine in zwei spiegelbildlichen Formen vorliegen können, und die Kopf-Schwanz-Anordnung (s. *Homopolymerisation) zeigen, ergeben sich die Möglichkeiten von *isotakt., syndiotakt. (s. *isotakt.) u. *atakt. Anordnung dieser Grundbausteine. Der Begriff der T. kann auch auf Polymere mit anderen Grundbausteinen, die mehr als zwei Kettenatome od. nur ein Kettenatom im Grundbaustein (od. im *Strukturelement) besitzen, ausgedehnt werden. Dabei ist Voraussetzung, daß mindestens ein Kettenatom des Grundbausteins zwei verschiedene Substituenten trägt. Über die Erweiterung der Begriffe isotakt. u. syndiotakt. s. die entsprechenden Stichwörter, ferner *Diisotakt. Polymere. Nach CAEN 44 [1965] Nr. 5, S. 32—33 lassen sich eindeutige Best. der T. an Polyvinylalkohol u. dessen Deriv. mittels der Magnet. Kernresonanzspektroskopie ausführen. — E: tacticity
Lit.: Dulong, L., T. u. Reaktivität, di- u. tritakt. Polymere, in Fortschr. Chem. Forsch. 6 [1966] S. 427 bis 478; Kern, W. u. R. C. Schulz in Houben-Weyl-Müller XIV/1, 1961, S. 12—13; Natta, G. u. a., in Makromol. Chem. 38 [1960] S. 13—26.

Taktosole s. *Kolloidchemie (S. 455). — E: tactosols

Tannine = *Gerbstoffe.

Tanninfarbstoffe = *Bas. Farbstoffe.

Tantal (chem. Symbol Ta). Metall. Element; At.-Gew. 180,948. Natürliche Isotope (in Klammern Angabe ihrer Häufigkeit): 180 (0,0123%), u. 181 (99,988%). Ordnungszahl 73; II-, III-, IV- u. V-wertig, die V-wertigen Verb. sind am häufigsten u. beständigsten. Ta ist ein platingraues, hartes, sehr zähes, elast., dehnbares, polierbares Metall, das man walzen u. schmieden kann. In der Zugfestigkeit, Elastizität, Härte u. Wärmeleitfähigkeit ähnelt das handelsübliche Ta mittleren Stahlsorten. D. 16,6, F. 1996°, Kp. 5425±100° (Ta ist die höchstsd., bei 1 at noch existenzfähige Fl.), Härte 6—6,5, oberhalb 400° oxydiert es schnell. Ta ist gegen chem. Angriffe außerordentlich widerstandsfähig; es wird nur von Flußsäure, heißem Chlor, Fluor, Schwefel u. schmelzenden Alkalien angegriffen. Da Ta gleichzeitig einen hohen Schmelzpunkt hat, kann es Platin in manchen Fällen ersetzen. Ta steht in der V. Nebengruppe des *Periodensyst. („saure Erden" od. „Erdsäuregruppe"); es zeigt nahe chem. Verwandtschaft mit *Niob. Über eine Form des Ta mit günstigerem Verh. bei hohen Temp. (Rekrist.-Temp. 2000°, statt 1200° bei gewöhnl. Ta) s. CAEN 42 [1964] Nr. 27, S. 41.

Vork.: Ta gehört zu den seltensten Elementen; man schätzt seinen Anteil an der obersten, 16 km dicken Erdkruste auf nur $2,1 \cdot 10^{-4}$ %; damit steht es in der Häufigkeitsliste der Elemente an 54. Stelle zwischen *Erbium u. *Brom; es ist seltener als Lanthan, Blei, Gallium, Bor usw. Man findet Ta in kleinen, seltenen, über die ganze Welt zerstreuten Fundstätten mit Niob vergesellschaftet in Niobiten u. Tantaliten, z. B. in Finnland, Skandinavien, Nigeria, Kongo, Südrhodesien, USA u. Australien.

Darst.: Man schließt die Tantalerze mit Kaliumhydrogensulfat auf, extrahiert mit kochendem Wasser, löst das in Pulverform verbleibende Tantalpentoxid in Flußsäure u. reduziert das entstehende Kaliumfluorotantalat = K_2TaF_7 mit heißem Na zu pulverigem Tantalmetall (Gleichung: $K_2TaF_7 + 5\ Na \rightarrow Ta + 5\ NaF + 2\ KF$), das durch Erhitzen im elektr. Vak.-Ofen von Oxiden befreit wird. Über Reinigung von Ta u. Nb s. G. L. Miller in Ind. Chemist 1962, S. 406 bis 410 u. 455 – 460. Über Darst. von reinem Ta s. Brauer II, 1130 – 1133.

Verw.: Ta dient als Werkstoff für App. in chem. Betrieben (wird von Salzsäure, gasf. Chlorwasserstoff, Salpetersäure, Essigsäure, Phosphorsäure, Schwefelsäure, Perchlorsäure, Brom, Jod u. Wasserstoffperoxid nicht angegriffen), als Düsenmaterial bei der Kunstseidenfabrikation, zur Herst. von Labor-Geräten (Schalen, Schiffchen, Spateln, Normalgew., Sieben), Schreibfedern für Füllfederhalter, Bohrern für Zahnärzte, Kathoden in Röntgenröhren, Pumpenteilen, Behälterauskleidungen, Haltern von Thermoelementen, Tantalgleichrichtern, Wärmeaustauschern, zur Herst. von Peroxiden, in Elektronenröhren für Radaranlagen u. dgl.; vor dem 1. Weltkrieg wurden auch die Fäden in elektr. Glühlampen vorübergehend aus Ta hergestellt. Im 2. Weltkrieg verwendete man bes. in USA Ta-Platten zum Ersatz von Gewebe bei Fehlstellen in Gesicht u. Schädel. Eine Leg. aus 90% Ta, 8% W u. 2% Hf soll unter allen feuerfesten Materialien bei höheren Temp. die besten mechan. Eig. aufweisen; s. Rev. Prod. Chim. 1964, S. 138.

Geschichtl.: Im Jahre 1802 entdeckte Ekeberg in der Unters. columbitähnlich schwed. Mineralien einen Stoff (Tantaloxid), dem er den Namen Tantal gab (das tantalhaltige Mineral wurde als Tantalit bezeichnet), weil er sich im Gegensatz zu den anderen Metalloxiden auch in starkem Säureüberschuß nicht auflöste u. somit (ähnlich wie Tantalus der griech. Sage) außerstande war, sich in einem Überschuß (von Säure) zu „sättigen". Der Beweis für die Verschiedenheit des Ta vom Niob konnten erst 1844 Rose u. 1866 Marignac erbringen. Die erste Isolierung des Elementes gelang sogar erst im Jahre 1903 durch Bolton. — E: tantalum

Lit.: Abeggs Handbuch der Anorg. Chemie, Bd. III/3, Leipzig, Hirzel, 1922; Barton, W. R., Columbium and Tantalum, Washington 1963; Bremer, T. E., Oberflächenbehandlung von Ta auf elektrolyt. Wege, in Galvanotechnik 1959, S. 410 – 412; Fairbrother, F., The Chemistry of Niobium and Tantalum, Amsterdam, Elsevier, 1967; G-I-T-Merk- u. Arbeitsbl.: Hochschmelzende Metalle I: Niob (Nb) u. Tantal (Ta), in Glas-Instr.-Techn. 9 [1965] Nr. 4; Gmelin-Krauts Handbuch der Anorg. Chemie, 7. Aufl., Bd. VI, 1, Heidelberg, Winter, 1928; Kirk-Othmer 1. Aufl., Bd. 13, 1954, S. 600 – 613, Suppl. II, 1960, S. 807 – 813; Meyll u. Speidel (Ta im chem. Apparatebau) in Chem.-Ing.-Techn. 30 [1958] S. 337 – 340; Miller, G. L., Tantalum u. Niobium, London, Butterworth, 1959; Pascal, Nouveau Traité Bd. 12, Paris, Masson, 1958, S. 281 – 318, 323 – 342, 344 – 348, 492 – 526; Placek, C. u. Taylor, in Ind. Engg. Chem. 1956, S. 686 – 695; Quarell, A. G., Niobium, Tantalum, Molybdenum and Tungsten, London, Van Nostrand, 1961; Schreiber, W., Seltene Metalle, Bd. 3: Ta, Te, Tl, Th, Ti, U, V, W, Y, Zr, Leipzig, VEB Dtsch. Verl. Grundstoffind., 1962; Sisco, F. T. u. a., Columbium and Tantalum, New York, Wiley, 1963; Ullmann XI, 764, XII, 738 – 743, XVI, 656 – 662; Witte, A. (Galvanisieren von Ta) in Galvanotechnik 1961, S. 27 – 29.

Tantalate(V). Bez. für Salze der Oxosäuren des fünfwertigen *Tantals. Man unterscheidet Ortho-T. mit dem Anion TaO_4^{3-}, Meta-T. mit dem Anion TaO_3^- u. Pyro-T. mit dem Anion $Ta_2O_7^{4-}$. — E: tantalates (V)

Tartrate. Bez. für die Salze der Weinsäure = COOH – [CHOH]$_2$ – COOH. — E: tartrates

Tartronoyl... Bez. für die Atomgruppierung – CO – CH(OH) – CO – in systemat. Namen. — E: tartronoyl-

Taschenbatterien. Bez. für Trockenelemente (s. *Galvan. Elemente), die in Taschenlampen, Blitzgeräten, Taschenradios, Hörgeräten, Filmkameras usw. eingesetzt werden. Die verbreiteste Form ist das 1868 von Leclanché entwickelte sog. *Leclanché-Element*. Dieses besteht aus einem als negativer Pol dienenden Zinkblechzylinder, der eine konz. Ammoniumchloridlsg. u. als positiven Pol einen von grobfädigem Gewebe verschnürten u. von Braunstein umgebenen Graphitstab enthält. Die Elektrolytlsg. ist durch Zusatz von Quellungsmittel, wie Weizenmehl, Sägespäne, Asbest od. Gips hinreichend verdickt, daß das Element in jeder Lage benutzt werden kann. Der nach der Bruttogleichung $Zn + 2\ NH_4^+ \rightarrow Zn^{2+} + H_2 + 2\ NH_3$ entwickelte Wasserstoff, der zu einer Gegenspannung führen würde (Polarisation), wird durch Braunstein (evtl. auch durch mit Sauerstoff gesätt. Aktivkohle) sofort zu Wasser oxydiert. In den üblichen Taschenlampenbatterien sind drei derartige Elemente hintereinandergeschaltet. In Zusammenhang mit der Konstruktion von modernen Hörgeräten u. dgl. wurden kleine Plattenzellen entwickelt, die in kleinsten Ausführungsformen z. B. eine Fläche von 1 cm² u. 5 mm Dicke haben. Man stapelt 5, 10 od. mehr solcher Zellen aufeinander. Diese Einheiten können zu Batterien in Gehäusen vereinigt werden u. bis zu 1000 V Batteriespannung erreichen. In Hörgeräten gibt es Plattenbatterien mit bis zu 300 Hörstd. Bei der Abb. (Plattenzellenstapel) enthält die gepreßte

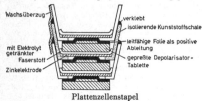

Plattenzellenstapel

Depolarisatortablette Braunstein, Kohlenstoff, Salze u. Wasser. — E: dry cells, flashlight batteries, torch batteries
Lit.: Collins, D. H., Proc. Third Intern. Symposium on Batteries, Oxford, Pergamon Press, 1963; Drotschmann, C., Trockenbatterien, 1945; ders. in Electrochim. Acta, London, 1962, S. 267—273; Euler, K. J., Trocken-Batterien: anspruchslose Kraftwerke in der Tasche, in Umschau 58 [1958] S. 116—119; Garrett, A. B., Batteries of Today, Dayton/Ohio, Research Press, 1957; Huber, R., Die Trockenbatterie, München, Oldenbourg, 1958; Kirk-Othmer, 2. Aufl., Bd. 3, 1964, S. 99—160. *Ztschr.:* Batteries, Batterien, Dry and Storage Batteries, Utrecht, jährl. 12 Hefte.

tau s. *τ. — E: tau

Tauryl... Bez. für die Atomgruppierung $-SO_2-CH_2-CH_2-NH_2$ in systemat. Namen. — E: tauryl-

Tautomerie. Bez. für die Erscheinung, daß eine Substanz in zwei miteinander im Gleichgew. stehenden Mol.-Formen vorliegen kann, die sich reversibel ineinander umlagern können. Die beiden Formen unterscheiden sich lediglich in der Position einer beweglichen Gruppe. Im allg. verlaufen die tautomeren Umwandlungen kationotrop (im Falle eines Protons als wandernde Gruppe spricht man von *Prototropie*), doch sind auch anionotrope Umlagerungen möglich (hier wandert eine negativ geladene Gruppe, z. B. Chlor-, Hydroxid- od. Acetat-Ion). Die Umwandlung der einen Form in die andere erfolgt im allg. schnell; wird die eine Form aus dem Gemisch durch eine chem. Reaktion entfernt, so wird sie aus der zweiten Form sofort nachgebildet, bis bei der Reaktion das gesamte Ausgangsmaterial verbraucht ist. Als Beisp. für prototrope T. ist die sog. Keto-Enol-T. des Acetessigesters zu nennen. Beim gewöhnl. Acetessigester haben z. B. 92,6% aller Mol. die Formel $CH_3-CO-CH_2-COOC_2H_5$ (wird Ketoform genannt), der Rest besteht aus Mol. von der Formel $CH_3-C(OH)=CH-COOC_2H_5$ (Enolform). Die beiden Formen unterscheiden sich darin, daß das H der CH_2-Gruppe bei einem Teil der Mol. zum benachbarten O hinüberwandert u. mit diesem eine OH-Gruppe bildet. Das Gleichgew. zwischen den beiden tautomeren Formen kann durch äußere Einw. (Temp.-Änderung, Druckänderung, Abfangen eines Bestandteils mit Chemikalien usw.) verschoben werden. Wenn es gelingt, beide tautomeren Formen getrennt zu isolieren, spricht man auch von *Desmotropie. T. beobachtet man u. a. bei Nitronsäuren, Phenylnitromethan, bei Imiden von Ketonverb. usw. Geometr. T. liegt vor, wenn in einer Substanz 2 geometr. verschiedene Isomere im dynam. Gleichgew. stehen, so z. B. bei der *Sessel-Wanne-Isomerie von Cyclohexan. Zur Geschichte des T.-Begriffs s. A. Ihde in J. Chem. Educ. 36 [1959] S. 333—335. Die Bez. T. (von griech.: tautos = derselbe, meros = Teil) wurde 1883 von Laar eingeführt. Vgl. auch *Allelotropie u. *Mesomerie. — E: tautomerism
Lit.: Eistert, B., T. u. Mesomerie, Stuttgart, Enke, 1938; Ullmann VIII, 492.

Tb. Chem. Symbol für das Element *Terbium.

Tc. Chem. Symbol für das Element *Technetium.

Tct. Abk. für *Tinktur auf ärztlichen Rezepten.

Te. Chem. Symbol für das Element *Tellur.

techn. Abk. für „technisch rein" (s. *Reinheit).

Technetate (VI). Bez. für Oxosalze des sechswertigen *Technetiums mit dem Anion TcO_4^{2-}. — E: technetates (VI)

Technetium (von griech.: technetos = künstlich). Chem. Symbol Tc; Ordnungszahl 43 (vgl. auch *Masurium). Radioakt., nur künstlich darstellbares Element. Silberglänzende, schwammige Masse, die an feuchter Luft langsam matt wird; Schwermetall. At.-Gew. des gewöhnl. Metalls 98,8, am besten untersucht ist bisher das Isotop 99). $D.$ 11,5, $F.$ $2140° \pm 20°$, chem. verwandt mit *Rhenium u. *Mangan. Tc ist unlösl. in Salzsäure, lösl. in Königswasser, verd. od. konz. Salpetersäure u. konz. Schwefelsäure; es wird von Chlor wenig od. gar nicht angegriffen; in Sauerstoff verbrennt es zu Tc_2O_7. *Vork.:* In der Erdkruste entsteht Tc in winzigen Mengen als radioakt. Spaltprod. (beim Zerfall von U 238; in Pechblende von Katanga 1961 erstmals nachgewiesen, s. Kenna u. Kuroda in J. Inorg Nuclear Chem. 1961, S. 142) u. bei der Einw. von Neutronen (als Sekundärteilchen von *kosm. Strahlung) auf Molybdänmineralien. In einigen Sternspektren fand man Tc-Linien; das früher behauptete Tc-Vork. auf der Sonne wurde später bestritten. In den Urzeiten der Erdgeschichte dürfte Tc auch auf der Erde in größeren Mengen vorgekommen sein; es ist aber inzwischen durch radioakt. Zerfall wieder verschwunden.
Darst.: C. Perrier u. E. Segré (Nature 159 [1947] S. 24) schlugen für das Element 43 den Namen Technetium vor, da dieses Element als erstes künstlich dargestellt wurde. Der Name T. hat

sich heute durchgesetzt; er wurde von der IUPAC offiziell gebilligt, s. CAEN 1946, S. 2996. Die erste Darst. unwägbarer Tc-Mengen erfolgte schon 1937 durch Perrier u. Segré, die im Cyclotron von Berkeley Molybdänmetall mit energiereichen Deuteronen beschossen ($^{96}_{42}$Mo + $^2_1$D → $^{97}_{43}$Tc + $^1_0$n). Die Ausbeute lag hier unter 10^{-12} g; Motta, Boyd u. Larson bestrahlten 1947 4 kg Molybdän im Reaktor von Clinton 112 Tage lang mit Neutronen; sie erhielten dabei unter Abgabe von β-Strahlung 0,1 mg Tc 99. Parker, Reed u. Ruch isolierten 1948 einige mg Tc bei der Aufarbeitung der Spaltprod. von einigen kg neutronenbestrahltem Uran (Neutronenreaktor mit Graphit als Moderator). Bis Anfang 1960 isolierten brit. Chemiker aus 100 t gebrauchten Reaktorbrennstoffen 20 g Tc. In einer Spezialanlage von Oak Ridge werden seit 1959 jährl. über 1200 g Tc aus Spaltprod. von U 235 gewonnen. Isotope: Heute sind von Tc 21 (radioakt.) Isotope bekannt; zu den wichtigeren gehören z. B. Tc 95m (Halbwertszeit 60 Tage), Tc 97m (Halbwertszeit 91 Tage), Tc 97 (Halbwertszeit 2,6 Mill. Jahre), Tc 99m (Halbwertszeit 6 Std.), Tc 98 (Halbwertszeit 1,5 Mill. Jahre), Tc 99 (Halbwertszeit 210 000 Jahre).

Verw.: Tc ist ein starker Korrosionsinhibitor; es erleichtert infolge seiner Radioaktivität die Korrosionsforschung, s. Cartledge in Scient. Amer., 194 [1956], Nr. 5, S. 35 – 39. Tc-Verb.: Technetiumheptoxid = Tc_2O_7 (blaßgelbe, stark hygroskop., kristalline Verb.), Pertechnetiumsäure = $HTcO_4$ (schwarzrote Kristalle), TcO_2 (schwarz, *D.* 6,9), Technetiumdisulfid = TcS_2 , (isomorph mit ReS_2), Technetiumtetrachlorid = $TcCl_4$ (kleine, blutrote Kristalle). Des weiteren sind z. B. bekannt: $KTcO_4$, $AgTcO_4$, K_2TcCl_6 usw. Über II-wertige Tc-Verb. s. J. E. Ferguson u. R. S. Nyholm in Nature (London) 183 [1959] S. 1039 bis 1040. Über einwertiges Tc s. Naturwiss. 48 [1961] S. 478. Über Tc-Chloride s. R. Colton in Nature (London) 193 [1962] S. 872 f. Zur Geschichte der Tc-Entdeckung s. B. T. Kenna in J. Chem. Educ. 39 [1962] S. 436–440. — E: technetium

Lit.: Börner, W., Lokalisationsdiagnostik mit 99m-Technetium, in Umschau 68 [1968] S. 22 – 23; Colton, R., The Chemistry of Rhenium and Technetium, New York-London, Wiley-Interscience, 1965; J. Chem. Educ. 3 [1959] S. 3 – 14; Pascal, Nouveau Traité, Bd. 16, Paris, Masson; Peacock, R. D., The Chemistry of Rhenium and Technetium, Amsterdam, Elsevier, 1965; Schwochau, K., in Angew. Chem. 76 [1964] S. 9 bis 19; Tc in der Natur, in Nachr. Chem. Techn. 4 [1956] S. 126; Tribalat, S., Rhenium et Technetium, Paris, Gauthier-Villars, 1957; Ullmann IX, 98.

Technik. Nach F. Matthes (s. Zur Systematik der chem. Technologie, in Wiss. Z. der Techn. Hochsch. Leuna-Merseburg 1 [1958/9] S. 155 – 175) Bez. für die Gesamtheit aller Maßnahmen, die der Befriedigung der Bedürfnisse der menschlichen Gesellschaft unter systemat. Anwendung sämtlicher empir. bekannter u. naturwissenschaftlich begründeter Erkenntnisse dienen. Über chem. T. s. *Industrielle Chemie u. *Techn. Chemie. — E: technics, engineering

Technische Chemie (Chem. Technik). Bez. für das im Hochschulunterricht neben *Anorg. Chemie, *Org. Chemie u. *Physikal. Chemie vorgesehene vierte Grundfach der Chemie, dessen Ziel es ist, die grundlegenden Gesetzmäßigkeiten u. deren Zusammenhänge für die verschiedenen Prozesse aufzuzeigen. Ihr Lehrgebäude stützt sich auf die beiden Hauptfächer Chem. Reaktionstechnik (s. *Chem. Technologie) u. *Verfahrenstechnik. Folgende Problemkreise betrachtet die T. C. als ihre bes. Aufgaben: 1. Ermittlung u. möglichst quant. Erfassung aller Einfl.-Größen, die das chem.-physikal. Geschehen in den einzelnen Stufen eines chem. Verf. bestimmen. 2. Erarbeiten von Meth., die der Übertragung von experimentellen Erg. aus kleinem Maßstab in techn. Größenordnung dienen (Dimensionsanalyse, Modelltheorie). 3. Ausrichten der techn. Lsg. auf das wirtschaftliche Optimum. — Vgl. hierzu auch *Industrielle Chemie. — E: engineering chemistry

Lit.: Dechema, Die Bedeutung der T. C. in Forschung u. Lehre, Dechema Monographie Nr. 38 [1959]; Dtsch. Forschungsgemeinschaft, Denkschrift Chemie, Wiesbaden, Franz Steiner Verl., 1957; dies., Denkschrift T. C., Sonderdruck 1960; T. C. an Universitäten, in Nachr. Chem. Techn. 16 [1968] S. 4 – 5.

Technologie. Nach F. Matthes (s. Zur Systematik der chem. T., in Wiss. Z. der Techn. Hochsch. Leuna-Merseburg 1 [1958/59] S. 155 – 175) Bez. für die Lehre von den Verf. u. Arbeitsvorrichtungen, die der Herst. von Gütern dienen. Sie ist eine angewandte Naturwissenschaft, die sich mit den Grundlagen der Erscheinungsformen der Produktionsprozesse u. den entsprechend ausgenutzten naturwissenschaftlichen Gesetzen beschäftigt. Das Gesamtgebiet der T. wird in die *mechan. T.* u. die *chem. T.* unterteilt. Die mechan. T. umfaßt alle Arbeitsverrichtungen, die zur Formänderung der Stoffe führen, während die mit Stoffumwandlungen verbundenen Prozesse zur chem. T. gehören (Näheres s. *Chem. T.). — E: technology

Technologische Chemie = *Chem. Technologie. — E: technological chemistry

Teclubrenner. Bei diesem von Teclu 1892 erfundenen Universalgasbrenner ist das Mischrohr (Röhre, in der die Luft u. Leuchtgas gemischt wird, s. Abb.) unten kegelförmig erweitert; die Regulierung der Gaszufuhr erfolgt durch eine seitlich angebrachte Schraube. Dreht man die Luftregulierungsplatte nach rechts, so wird sie gesenkt; es kann dann zwischen der Platte u. dem unteren Rand des Mischrohrs Luft einströmen. Bei der tiefsten Stellung der Luftregulierungsplatte erhält man eine grüne Flamme, die nahezu die Hitze von

„Teelöffel"

Gebläseflammen erreicht. Falls der Flamme bei Spezialarbeiten bestimmte Formen u. Eig. verliehen werden sollen, setzt man einen der verschiede-

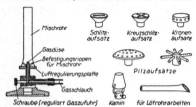

nen Aufsätze (s. Abb.) auf das Mischrohr. — E: Teclu-burners

„Teelöffel". Rohe Mengenangabe, entspricht bei Fl. etwa 5 ml. — E: teaspoonful

Teerfarben = Teerfarbstoffe (s. *Farbstoffe).

Teerfarbstoffe (Teerfarben) s. *Farbstoffe. — E: coal-tar dyes

Teilchenbeschleuniger (Partikelbeschleuniger, Beschleuniger). Bez. für Vorrichtungen, um mit Hilfe eines elektromagnet. Feldes geladenen Teilchen, wie vor allem *Elektronen od. *Protonen, hohe kinet. Energie zu verleihen. Sie bilden somit künstliche intensive Quellen geladener Teilchen genügend hoher Bewegungsenergie; Teilchen der Masse m u. Ladung e_0 erhalten beim Durchlaufen der Spannung U eine Bewegungsenergie von $(m/2) v^2 = e_0 U$, wobei v die Geschw. der Teilchen ist. Nähert sich v der Lichtgeschw. c, so ist für die relativist. Masse $m = m_0 [1 - (v^2/c^2)]^{-1/2}$ zu setzen, worin m_0 die *Ruhmasse bedeutet. Man kann somit in einem Beschleunigungsrohr mit nur 10 µA z. B. einen Teilchenstrom erzielen, der der α-Strahlenemission von 1 kg Radium entspricht; es ist aber nicht schwierig, noch wesentlich größere Teilchenströme zu erzielen. Da bei den Atomkernen die Bindungsenergien der *Nucleonen mehrere MeV betragen, sind die für Kernumwandlung benötigten Energien von etwa gleicher Größenordnung. Mit Hilfe der T. kann man nun die als Geschosse für Kernumwandlungen geeigneten Teilchen durch Beschleunigung auf genügend hohe Bewegungsenergie bringen, um mit ihnen unter beeinflußbaren Bedingungen *Kernreaktionen auszulösen. Ein T. besteht aus einer Elektronen- od. Ionenquelle, dann einer Anordnung, die ein — je nach dem Typ des Beschleunigers stat. od. veränderliches — elektr. Feld erzeugt, in dem die Teilchen auf die gewünschte Energie beschleunigt werden. Damit ist konstruktiv eng das Vak.-Rohr verbunden, in dem die Teilchen laufen, ohne zu häufig mit Gasmol. zusammenzustoßen. Schließlich gehört (als ihr eigentlicher Zweck) zu jeder Anlage ein Tl., in dem die beschleunigten Teilchen die gewünschte Reaktion erzeugen sollen; dieser Tl. wird als „Target" bezeichnet. Nach der Art der beschleunigten Teilchen unterscheidet man *Elektronen-* u. *Ionenbeschleuniger*, nach der Geometrie *Geradeausbeschleuniger (Linearbeschleuniger)* u. *Kreisbeschleuniger (Circularbeschleuniger)*. Die Beschleunigung erfolgt entweder durch einmaliges od. mehrmaliges Durchlaufen der Spannung U. Diese beschleunigende Spannung wird entweder elektrostat. *(„elektrostat. Beschleuniger")* erzeugt od. durch Hochspannungstransformatoren mit Gleichrichtung, wobei im allg. Spannung durch eine Kaskadenschaltung *(Kaskadenbeschleuniger)* vervielfacht wird. Die Spannung U wird beim „*Tandembeschleuniger*", „*Elektronen-Hochfrequenz-Linearbeschleuniger*" u. „*Ionen-Hochfrequenz-Linearbeschleuniger*" sowie bei allen „Kreisbeschleunigern" mehrmals durchlaufen. Bei den letztgenannten werden die Teilchen durch magnet. Felder auf eine Spiral- od. Kreisbahn geführt. Je nach dem Prinzip unterscheidet man hier das „*Betatron*" *(Rheotron, Elektronenschleuder* od. *Wirbelbeschleuniger)*, das „*Synchrotron*", das „*Mikrotron*" *(Elektronensynchrotron)* u. das „*Cyclotron*". Vgl. zu diesen Definitionen G. Clausnitzer u. a., unter Lit. DIN 6814, Bl. 6 (Okt. 1963) unterscheidet bei den Elektronenbeschleunigern Linearbeschleuniger u. Betatron. Ein *Linearbeschleuniger (Wanderwellenbeschleuniger* für Elektronen) ist demnach ein Elektronenbeschleuniger, in dem Elektronen innerhalb eines Hohlleiters durch eine fortlaufende elektr. Welle beschleunigt werden. Ein *Betatron (Elektronenschleuder)* ist nach dieser Norm ein Elektronenbeschleuniger, in dem Elektronen durch ein Magnetfeld auf kreisförmige Bahnen geführt u. durch ein induktiv von diesem Magnetfeld erzeugtes elektr. Wechselfeld beschleunigt werden.

T. gehören zu den wichtigsten Instrumenten der modernen physikal. Forschung, insbes. der Hochenergiephysik. Seit 3 Jahrzehnten haben sie sich rasch zu immer mächtigeren Geräten entwickelt, u. obwohl sie heute schon Dimensionen von mehreren 100 m erreichen, hegt man noch sehr viel weitergehende Pläne für die nahe Zukunft. Alle heute in Betrieb u. im Bau befindlichen T. mit Endenergien von über 1 GeV sind für die Beschleunigung von Protonen od. von Elektronen bestimmt. Wenn auch T. in erster Linie zur Auslösung von Kernreaktionen dienen, so geht ihre Bedeutung doch viel weiter, zumal viele ihre Anwendungen in der durch Abbremsung energiereicher Elektronen entstehenden harten Röntgenstrahlung beruhen. So finden T. immer häufiger Anwendung in der Technik, Chemie, Medizin u. Lebensmittelkonservierung. Im Gegensatz zu Kernreaktoren (s. *Reaktoren) kann man mit T. auch *Neutronen einheitlicher Energie u. *Positronen emittierende *Radionuklide erzeugen, mit T. hoher Energie Elementarteilchen verschiedenster Art. Es

sei darauf hingewiesen, daß im Prinzip zwar auch jede normale Röntgenröhre, ja jede Rundfunkröhre u. jeder Oszillograph ein T. ist, doch schließt man diese Geräte im allg. Sprachgebrauch heute nicht mehr in den Begriff T. ein.
Geschichtl.: Der erste T. wurde 1932 von Cockroft u. Walton entwickelt; mit diesem konnte Lithium durch 400 keV-Protonen umgewandelt werden. Das Cyclotronprinzip wurde bereits 1930 von E. O. Lawrence (1901–1958; Physik-Nobelpreis 1939) publiziert; das Gerät selbst wurde bis 1933 von seinem Schüler M. S. Livingston entwickelt. Der größte bisher projektierte Protonenbeschleuniger ist das russ. AG-Synchrotron in Serpuchov, das 70 GeV-Teilchen liefern soll. Der 1966 in Stanford, Cal., in Betrieb genommene Elektronen-Linearbeschleuniger kann theoret. Teilchen von 20–40 GeV liefern. — E: accelerators, particle accelerators

Lit.: Braunbek, W., T. heute u. morgen, in Kosmos 61 [1968] S. 190–196; ders., SLAC — der größte Elektronenbeschleuniger der Welt, in Kosmos 63 [1967] S. 189–194; ders., Mesonen-Fabriken, in Kosmos 64 [1968] S. 167–170; Burhop, E. H. S., The 300 GeV Accelerator: The Programme, in Science J. (London) 3 [1967] Nr. 7, S. 39–45; Büttner, U., T.: Eine Übersicht, in Chemie-Labor-Betrieb 19 [1968] S. 155 bis 163; Clausnitzer, G. u. a., Partikel-Beschleuniger, München, Thiemig, 1967; Felici, N., Accélérateurs de particules et progrès scientifique, Paris, Dunod, 1960; Flügge, S., Handbuch der Physik, Bd. 44, Berlin, Springer, 1959; Hine, M. G. N., The 300 GeV Accelerator: The Machine, in Science J. (London) 3 [1967] Nr. 7, S. 31–36; Howard, F. T., Sector-Focused Cyclotrons, New York, Nat. Acad. of Science, 1960; Howard, F. T. u. K. Siegbahn, Sector Focused Cyclotrons, Proc. Los Angeles Conf. 7.–20. April 1962, Amsterdam, North Holland Publ. Co., 1963; Kollath, R., Teilchenbeschleuniger, Braunschweig, Vieweg, 1962; Kolomensky, A. A. u. A. N. Lebedev, Theory of Cyclic Accelerators, New York-London, Wiley-Interscience, 1966; Kunze, P., in Naturwiss. 43 [1956] S. 457–465; Livingood, J. J., Principles of Cyclic Particle Accelerators, Princeton, Van Nostrand, 1961; Livingston, M. S., High Energy Accelerators, New York, Interscience, 1954; Livingston, M. S. u. J. B. Blewett, Particle Accelerators, New York, McGraw Hill, 1962; Mann, W. B., The Cyclotron, New York, Wiley, 1954; Ratner, B. S., Accelerators of Charged Particles, Oxford, Pergamon Press, 1963; Ruch, H., Die großen Kreislaufbeschleuniger, in Bild d. Wiss. 2 [1965] S. 444–453; Schopper, H., Der Elektronen-Ringbeschleuniger: ein neues Beschleunigungsprinzip, in Physikal. Bl. 24 [1968] S. 201–208, 255–259; Wilson, R. R. u. R. Littauer, Accelerators, New York, Doubleday, 1960. *Ztschr.:* Nuclear Instruments and Methods, A. Journal on Accelerators etc., Amsterdam, North Holland Publ.

Teinochemie. Bez. für das Teilgebiet der *Physikal. Chemie, das sich mit der Erzeugung von mechan. Energie durch chem. Reaktionen befaßt. *Beisp.:* Herst. von bei Zugabe von Salzsäure od. Natronlauge kontraktions- bzw. dehnungsfähigen „Muskelmodellen" aus Polyacrylsäure u. Polyvinylalkohol. — Gegenteil: *Mechanochemie. — E: teinochemistry

Lit.: Steinberg, Z., A. Oplatka u. A. Katchalsky, in Nature 210 [1966] S. 568, Ref. „mechano-chem. Maschinen", in Naturwiss. Rdsch. 20 [1967] S. 337 bis 338.

Tellur (chem. Symbol Te). Übergangselement zwischen Metallen u. Nichtmetallen, hat jedoch vorwiegend nichtmetall. Eig. At.-Gew. 127,60. Natürliche Isotope (in Klammern Angabe der Häufigkeit): 120 (0,089%), 122 (2,46%), 123 (0,87%), 124 (4,61%), 125 (6,99%), 126 (18,71%), 128 (31,79%), 130 (34,48%); Ordnungszahl 52. II-, IV- u. VI-wertig; das Te(IV)-Verb. sind am häufigsten u. beständigsten. Te steht in der VI. Hauptgruppe des *Periodensyst. (Gruppe der „Chalkogene" od. „Erzbildner") unter *Selen u. *Schwefel, mit denen es chem. Verwandtschaft aufweist; die meisten Te-Verb. sind in Analogie zu Schwefelverb. aufgebaut. Das elementare, krist. Te ist silberweiß, metall. glänzend, spröde (Härte 2,5), leicht pulverisierbar; es leitet den Strom etwa 100 000mal schwächer als Silber. Kristallform hexagonal-rhomboedr.; D. 6,25 (20°), F. 449,5 ± 0,3°, Kp. 989,3 ± 3,8° (nach anderen Angaben 1390°). Die Dämpfe sind goldgelb u. bestehen bis etwa 2000° aus Te_2-Mol. Amorphes Te entsteht bei der Kondensation von Te_2-Dämpfen an mit fl. Luft gefüllten Flächen; dies wandelt sich schon bei 25° in die hexagonal krist. Form um. Beim Schmelzen dehnt sich Te zwar noch etwas aus; es hat aber ähnlich wie Wasser dicht oberhalb des F. ein Vol.-Minimum. Beim Erhitzen an der Luft verbrennt Te mit blauer, grüngesäumter Flamme zu Tellurdioxid = TeO_2; beim Erhitzen mit Schwefel entstehen Lsg. bzw. Mischkristalle. Von Salzsäure wird Te nicht angegriffen, dagegen bildet es mit Chlor Tellurchloride, u. in konz. Salpetersäure, Schwefelsäure u. Alkalilaugen löst es sich auf. Te ist in kleineren Mengen kaum giftig, da es als unlösl. Element die Darmwand nicht passieren kann u. die Te-Verb. im Körper leicht zu Te reduziert werden. *Vork.:* Te gehört zu den seltensten Elementen; man schätzt seinen Anteil an der obersten, 16 km dicken Erdrinde auf $2 \cdot 10^{-7}$%; damit steht Te in der Häufigkeitsliste der Elemente an 75. Stelle zwischen Helium u. Rhodium. Man findet Te nur an wenigen Fundorten in größeren Mengen, so z. B. gediegen in Begleitung von Gold u. Silber in Siebenbürgen, ferner als Blättererz od. Blättertellur (Nagyagit = $AuTe_2 \cdot 6 Pb(S, Te)$, dunkelblaugraue, weiche blättrige Kristalle, in Siebenbürgen, Kolorado, Ontario usw.), Tellurocker. Tellurit (sehr kleine, rhomb.), gelbliche bis grauweiße Kriställchen aus TeO_2, D. 5,9; Fundorte: Siebenbürgen, Kolorado), Tellurschwefel (rötliches, japan. Mineral mit 0,17% Te), Hessit = Ag_2Te, Altait = $PbTe$, Sylvanit = $AgAuTe_4$ usw. *Darst.:* Man entfernt z. B. aus dem Blättererz (s. oben) die Sulfide durch Auskochen mit konz. Salzsäure, zer-

Tellurate

legt das zurückbleibende Goldtellurid mit Salpetersäure u. fällt nach der Abtrennung des Goldes das Te mit Schwefeldioxid aus. *Verw.:* Metall. Te wird z. B. in Automaten-Kupferleg., Bleileg. u. dgl. eingesetzt. Einzelne Te-Präp. werden gelegentlich in der Photographie, Keramik, Medizin (Lepramittel) gebraucht. Wismuttellurid u. ähnliche Verb. sollen ohne Anwendung von Energie kühlen u. bei niederen Temp. Wärme in Strom umwandeln können, s. Der Chemie-Markt 1959, S. 16. Te wurde schon 1782 in goldhaltigen, siebenbürg. Erzen von Müller von Reichenstein gefunden u. von Klaproth 1798 als Element erkannt. Er nannte es nach der Erde (lat.: tellus); das später entdeckte, verwandte Selen wurde nach dem Mond benannt. — E: tellurium

Lit.: Abeggs Handbuch der Anorg. Chemie, Bd. IV/1.1, Leipzig, Hirzel, 1927; Bagnall, K. W., The Chemistry of Selenium, Tellurium and Polonium, Amsterdam 1965; Brauer I, 394—396; Gmelin, Syst.-Nr. 11, Te, 1940 (Neudruck, Weinheim, 1955); Houben-Weyl-Müller IX, Org. Te-Verb., 1955; Kirk-Othmer, 1. Aufl., Bd. 13, 1954, S. 666—676; Pascal, Nouveau Traité, Bd. 13, Paris, Masson, 1961; Schreiter, W., Seltene Metalle, Bd. 3: Ta, Te, Tl, Th, Ti, U, V, W, Y, Zr, Leipzig, VEB Dtsch. Verl. Grundstoffind., 1962; Ullmann IV, 531, IX, 382.

Tellurate. Bez. für Salze der Oxosäuren des *Tellurs. Vierwertiges Te enthält die folgenden Anionen: TeO_3^{2-} (*Tellurite*, Salze der Tellurigen Säure = H_2TeO_3), $Te_2O_5^{2-}$, $Te_4O_9^{2-}$, sechswertiges Te enthält die Anionen TeO_5^{4-}, $Te_4O_{13}^{2-}$, $(TeO_4)_n{}^{2n-}$ bzw. $HTeO_4^{-}$ (*Meta-T.* (VI)), $Te_2O_7^{2-}$ (*Pyro-T.* (VI)), TeO_6^{6-} bzw. $H_4TeO_6^{2-}$ (*Ortho-T.* (VI)). — E: tellurates

... tellurinsäure. Nachsilbe in systemat. Namen von org. Verb., die ausdrückt, daß ein H-Atom durch das Säureradikal $-TeO_2H$ ersetzt ist. — E: tellurinic (acid)

Tellurite = Tellurate (VI) s. *Tellurate.

Telluro ... Bez. für das zweiwertige Atom — Te — in systemat. Namen von org. Verb. sowie in solchen von anorg. Verb., sofern es ein O-Atom ersetzt. — E: telluro-

Tellurocyanate. Bez. für Salze mit dem Anion TeCN^{-}. — E: tellurocyanates

... telluronsäure. Nachsilbe in systemat. Namen von org. Verb., die ausdrückt, daß ein H-Atom durch das Säureradikal $-TeO_3H$ ersetzt ist. — E: -telluronic (acid)

Telomerisation. Bez. für eine bes. Form der *Polymerisation; hierbei wird bewußt (meist in hoher Konz.) ein Kettenüberträger (s. auch *Reglersubstanzen) zugesetzt, um Polymere (hier *Telomere* genannt) mit relativ niedrigen Molgew. u. mit bestimmten Endgruppen zu erhalten. Im allg. wird die T. als *Lsg.-Polymerisation durchgeführt, wobei das Lsgm. (wie z. B. Tetrachlorkohlenstoff) selbst als „*Telogen*" wirkt u. Radikale zu bilden vermag (z. B. Cl· u. ·CCl$_3$). Als Monomere (hier „*Taxogene*", auch Verb. A genannt) eignen sich z. B. Äthylen, Acetylen, Vinylverb., Tetrafluoräthylen u. dgl., als Telogene (auch als Verb. YZ bezeichnet) kommen neben Tetrachlorkohlenstoff z. B. HCCl$_3$, C$_2$H$_5$J, CCl$_3$COOH, CH$_3$COCl, SO$_2$Cl$_2$, SCl$_2$, HSO$_3$Na, SiHCl$_3$ u. dgl. in Betracht. Die T. verläuft nach dem allg. Schema YZ + nA → Y(A)$_n$Z, z. B. nCH$_2$ = CH$_2$ + HCCl$_3$ → H(CH$_2$−CH$_2$)$_n$CCl$_3$. Beispielsweise lagern sich bei der Durchführung der peroxid. *Radikalkettenpolymerisation die vom Telogen gelieferten Radikale an die Enden der Ketten an, die sich aus der im Lsgm. gelösten Verb. in der üblichen Weise aufbauten. Vgl. auch *Übertragungsreaktionen. — E: telomerization reaction

Lit.: Freidlina u. Karapetyan, Telomerization and New Synth. Materials, Oxford, Pergamon Press, 1961; Kirkland, E. v., in Ind. Engg. Chem. 1960, S. 397 bis 400; Meerwein, in Angew. Chem. 63 [1951] S. 480 f.; Müller, E., in Angew. Chem. 64 [1952] S. 246 f.; Ullmann XI, 5, XVI, 718—723; Ziegler, K., in Brennstoffchemie 1949, S. 181—184.

Temperatur-Skalen. Bez. für die Form der Unterteilung der Temp.-Differenz (= *Fundamentalabstand*) zwischen den beiden sog. *„Fundamentalpunkten"*, nämlich dem *Eispunkt* (EP) bzw. dem *Tripelpunkt* (TP) des Wassers u. seinem *Dampfpunkt* (DP), denen in den einzelnen Fällen bestimmte Temp.-Werte zugeteilt sind. Im Falle der T.-S. von *Réaumur* ist der Fundamentalabstand zwischen Eispunkt u. Dampfpunkt des Wassers in 80° R (EP = 0° R, DP = 80° R) unterteilt; im Falle der von *Celsius* (EP = 0° C, DP = 100° C) u. *Kelvin* (EP = 273,15° K, DP = 373,15° K; s. *Absolute Temp.) in 100° C bzw. 100° K (die beiden letztgenannten T.-S. werden deshalb als *centesimale T.-S.* zusammengefaßt); im Falle der T.-S. von *Fahrenheit* (EP = 32° F, DP = 212° F; s. *Fahrenheit-Grade) u. *Rankine* (EP = 491,67° R, TP = 491,682° R, DP = 671,67° R; Symbol früher „Rank" statt „R.", auch „deg R" üblich) in 180° F bzw. 180° R. In den T.-S. von Celsius u. Kelvin sowie in denen von Fahrenheit u. Rankine sind die Temp.-Einheiten jeweils gleich; sie unterscheiden sich jeweils nur in der Festlegung des Nullpunktes (bei den T.-S. von Kelvin u. Rankine liegt der Skalennullpunkt jeweils beim absoluten Nullpunkt, bei Celsius u. Réaumur beim EP, während er im Falle der Fahrenheit-Skala durch eine Kältemischung aus Salmiak u. Eis gegeben ist. Zwischen den T.-S. von Kelvin u. Rankine gilt die Beziehung: 1° K = 9/5° R. Die von der 7. Generalkonferenz für Maß u. Gew. 1927 geschaffene u. 1948 sowie 1960 verbesserte *internationale T.-S.* definiert als Fundamentalpunkt TP = 0,01° C, EP = 100° C; daneben sind noch vier prim. (nämlich Sauerstoffpunkt [Siedepunkt des Sauerstoffs] 182,970° C, Zinkpunkt [Zinkerstarrungspunkt] 419,505° C,

Silberpunkt [Silbererstarrungspunkt] 960,8° C, Goldpunkt [Golderstarrungspunkt] 1063,0° C) u. 22 sek. Fixpunkte (z. B. Siedepunkt des Schwefels 444,6° C) festgelegt. — E: temperature scales

Lit.: Herzfeld, C. M., Temperature: Its Measurement and Control in Science and Industry, I [1962], II [1962], III [1963], New York, Reinhold; Lange, E., Temp. als Meßgröße u. als abgeleitete Größe, in Chemiker-Ztg. 92 [1968] S. 175—178; Rubin, L. G., Measuring Temperatures, in Int. Sci. Technol. Nr. 25 [1964] S. 74—88; Snell, F. D. u. C. L. Hilton, Encyclopedia of Industrial Chemical Analysis, Bd. 3, New York-London, Wiley-Interscience, 1966, S. 599 bis 643 (Temperature Measurement and Control); Tourin, R., Spectroscopic Gas Temperature Measurement: Pyrometry of Hot Gases and Plasmas, Amsterdam, Elsevier, 1966; Ullmann II/1, S. 840—844.

Tenside. Diese von E. Götte (s. Fette-Seifen-Anstrichmittel 62 [1960] S. 789—790) eingeführte Bez. ist von lat.: tensus = gespannt hergeleitet. Mit diesem Sammelnamen werden chem. Verb. benannt, deren Mol. einen org. Rest — meist einen Kohlenwasserstoffrest — u. eine hydrophile Gruppe enthalten, die die Wasserlöslichkeit bedingen. Durch diesen amphiphilen Aufbau reichern sich die T.-Mol. in der Oberfläche ihrer Lsg. u. an fl. u. festen Grenzflächen in bestimmter Weise an. Hierdurch werden physikal.-chem. Erscheinungen ausgelöst, die beim Waschen, Benetzen, Reinigen u. Dispergieren von prakt. Bedeutung sind. Man unterscheidet *Aniontenside* (s. *Anion. T.), wie *Seifen, Alkylsulfate, Alkansulfonate, Alkylbenzolsulfonate; *Kationtenside*, wie Alkylammoniumsalze; *nichtionogene T.*, z. B. Polyhydroxyverb., Alkylenoxidaddukte; *Amphotenside* vereinigen in sich anion. u. kation. hydrophile Gruppen. Grenzflächenakt. Erden u. grenzflächenakt. Lsgm. wie Pyridin u. Alkohol gehören nicht zu den T. Der Fachausdruck T. kann die Bez. *Oberflächenakt. Stoffe, *Grenzflächenakt. Stoffe, *Detergentien, Surfactants, Syndets u. dgl. ganz od. z. T. ersetzen. Molgew. der T. meist über 200; s. auch *Sapide. — E: tensides

Lit.: Andreas, F. u. I. Franke, Über den Einsatz moderner T. bei der Herst. kosmet. Erzeugnisse, in Tenside 3 [1966] S. 419—423; Bell, M., Surface Active Agents: Their Extraction, Characterization and Determination, in CAEN 43 [1965] Nr. 42, S. 65; Chwala, A., Vom Werdegang der T., in Tenside 1 [1964] S. 41—45; Comité International de la Détergence, Zur Klassifizierung grenzflächenakt. Verb., in Melliand Textilber. 42 [1961] S. 1054—1058, 1192—1193; DIN 53 900, T., Gleichbedeutende dtsch., engl. u. französ. Begriffe u. ihre Definitionen (Entwurf Mai 1968); Elworthy, P. H., A. T. Florence u. C. B. Macfarlane, Solubilization by Surface-Active Agents, and Its Application in Chemistry and the Biological Sciences, London, Chapman & Hall, 1968; Hagge, W., T. — international, in Chem. Ind. 1964, S. 624—627; Hummel, D., Analyse der T., 2 Bde., München, Hanser, 1962 (engl. Übersetzung: Identification and Analysis of Surface Active Agents by Infrared and Chemical Methods, New York-London, Wiley-Interscience, 1966); ders., Zur Analytik der T., in Tenside 1 [1964] S. 50—59, 73—80, 116—125; Kling, W., Chemie der T., in Parfümerie u. Kosmetik 45 [1964] S. 1 ff. u. 29 ff.; Kubias, Grenzflächenakt. Stoffe, Berlin, Akademie-Verl., 1963; Lindner, K., T., Textilhilfsmittel, Waschrohstoffe, 2 Bde., Stuttgart, Wiss. Verl. Ges., 1964; Schick, M. J. u. F. M. Fowkes, Nonionic Surfactants, 4 Tle., New York 1966; Schwen, G., Ein halbes Jh. Grenzflächenchemie, in Chem. Ind. 20 [1968] S. 33—37; Shinoda, K., Solvent Properties of Surfactant Solutions, New York, Marcel Dekker, 1967; Trommer, H., G. Schuster u. H. Modde, Zusammenhänge zwischen Wascheffekten u. Hautverträglichkeit anionakt. T., in Arch. Klin. Exp. Dermatol. 221 [1965] S. 232 bis 249; Ullmann X, 609, 715, 728, XVI, 724—742. Über Entw.-Tendenzen auf dem Gebiet der T., s. Metzger, A., in Fette-Seifen-Anstrichmittel 66 [1964] S. 725—728. Vgl. auch *Detergentien. *Ztschr.:* Tenside (1964—), München, Hanser.

Ter... Dem Lat. entlehnter Zahlenvorsatz in systemat. Namen; bedeutet „dreimal", wird aber meist im Sinne von „drei" verwendet. — E: ter-

Tera... (Symbol T). Aus dem Griech. abgeleiteter Vorsatz zur Bez. des 10^{12}-fachen Betrages einer physikal. Einheit. — E: tera-

Terbium (chem. Symbol Tb). Metall. Element, *Seltenerdmetall. At.-Gew. 158,925; Ordnungszahl 65. Tritt natürlich ausschließlich in Form des Isotops 159 auf; III- u. (seltener) IV-wertig. *F.* 1356°, *Kp.* ~ 2800°, *D.* 8,272. Silbergraues, an der Luft verhältnismäßig beständiges Metall; schmiedbar, duktil, läßt sich mit dem Messer schneiden. Tritt in zwei krist. Modifikationen auf: hexagonal (unterhalb von 1317°) u. regulär (kub.-raumzentriert). Insgesamt sind bisher 23 radioakt. Isotope mit Atommassen von 147 bis 164 bekannt. An der Zus. der äußeren, 16 km dicken Erdkruste ist Tb zu $9 \cdot 10^{-5}$ % beteiligt u. steht damit hinsichtlich der Häufigkeit an 59. Stelle zwischen *Antimon u. *Lutetium. Es tritt zusammen mit anderen Seltenerdmetallen vor allem in den Mineralen Cerit u. Gadolinit auf; techn. wird es aus dem Monazitsand gewonnen, in dem es zu etwa 0,03% enthalten ist. Es kann erst seit wenigen Jahren rein erhalten werden, seit es durch Ionenaustausch von den übrigen Seltenerdmetallen abgetrennt werden kann; zu seiner Isolierung werden das wasserfreie Chlorid od. Fluorid mit Calcium in einem Tantal-Tiegel reduziert (zur Reindarst. s. A. D. Kirshenbaum u. A. J. Cahill, in J. Physc. Chem. 70 [1966] S. 3037). Tb war bisher ohne techn. Bedeutung. Da es bei niedriger Temp. ferromagnet. wird u. bei gegebener Feldstärke dann sogar eine höhere Magnetisierung als Eisen zeigt, eignet es sich evtl. zur Herst. von Polschuhen für magnet. Linsen (s. Physikal. Bl. 23 [1967] S. 168). Natriumterbiumborat eignet sich als *Laser u. emittiert kohärentes Licht von 5460 Å. Die Entdeckung erfolgte 1843 durch Mosander in den Ytererden von Ytterby (Schweden), der Name ist von die-

sem Fundort hergeleitet. Über Toxikologie von Tb s. T. H. Haley in Toxicol. Appl. Pharmacol. 1963, S. 427—436. — E: terbium
Lit. s. *Seltenerdmetalle u. Ullmann VI, 517 ff., 543.

Terephthalal... = *p*-*Phenylendimethylidin... — E: terephthalal-

Terephthaloyl... Bez. für die Atomgruppierung −CO−C_6H_4−CO− (*p*) in systemat. Namen. — E: terephthaloyl...

Terephthalyliden... = *p*-*Phenylendimethylidin... — E: terephthalylidene

Term (Abk. für Energieterm). Nach DIN 41 852 (Feb. 1967) Bez. für den Energiewert, den Elektronen innerhalb eines Atoms od. eines Atomverbandes annehmen können. — E: term, energy term

Terminologie. Nach E. Ühlein (s. Terminologie der Dokumentation, Frankfurt/M., Dtsch. Ges. für Dokumentation, 1966, S. 10) Bez. für die Gesamtheit der Benennungen u. Definitionen der für ein bestimmtes Fachgebiet charakterist. Begriffe. Ein für den Chemiker bes. wichtiges Teilgebiet der T. ist die Nomenklatur. — E: terminology
Lit.: Bailey, An Etymological Dictionary of Chemistry, London, Arnold, 1929; Brown, R. W., Composition of Scientific Words, Washington 1955; Crosland, M. P., Historical Studies in the Language of Chemistry, Cambridge, Mass. 1962; Flood, W. E., The Origins of Chemical Names, London, Oldbourne, 1963; Fromherz, H. u. A. King, Engl. u. Dtsch. Chem. Fachausdrücke, Weinheim, Verl. Chemie, 1968; dies., Terminologie Chimique Franco-Anglaise — French/ English Chemical Terminology, Weinheim, Verl. Chemie, 1968; IUPAC Rules for Nomenclature, Symbols, Terminology, etc., in IUPAC-Inf. Bull. Nr. 25 [Feb. 1966] S. 69—71 (Lit.-Verzeichnis); Jansen, H. u. L. Mackensen, Rechtschreibung der techn. u. chem. Fremdwörter, Weinheim, Verl. Chemie, 1959; Smith, J. F., E. Babcock u. T. E. R. Singer, Chemical-Pharmaceutical Terms, in J. Chem. Educ. 6 [1966] S. 251 bis 252; Süss, R., Etymologie biochem. Trivialnamen, in Naturwiss. Rdsch. 21 [1968] S. 382—384.

Terminus technicus. Lat. Bez. für Fachausdruck.

Ternäre Legierungen s. *Ternäre Verb. — E: ternary alloys

Ternäre Verbindungen (von lat.: terni = je drei od. 3 zusammen). Bez. für Verb., die aus drei verschiedenen Elementen (häufig werden auch drei verschiedene Radikale od. Ionen hier wie Elemente aufgefaßt) zusammengesetzt sind, also z. B. HCN, $CaCO_3$, NH_4Cl, $Ba[ZnO_2]$, $PbFCl$ usw. Zur Systematik von T. V., s. G. Bergerhoff in Angew. Chem. 76 [1964] S. 698. *Ternäre Leg.* enthalten (abgesehen von Verunreinigungen) drei verschiedene Metalle (zumindest drei verschiedene Hauptkomponenten). — E: ternary compounds

Terphenylyl... Bez. für vom Terphenyl = 1.4-Diphenylbenzol = C_6H_5−C_6H_4−C_6H_5 (*p*) = $C_{18}H_{14}$ abgeleitete Atomgruppierung − ($C_{18}H_{13}$).
— E: terphenylyl-

Terphenylylen... Bez. für die vom Terphenyl (s. *Terphenylyl...) abgeleitete Atomgruppierung − ($C_{18}H_{12}$) − in systemat. Namen. — E: terphenylylene-

Terpolymerisate. Bez. für Copolymerisate (s. *Copolymerisation), die drei Arten von *Grundbausteinen enthalten. — E: terpolymerizates

tert. Abk. für *tertiär (*Beisp.*: tert.-Butyl...). Wird meist kursiv gesetzt u. bleibt bei der alphabet. Einordnung unberücksichtigt. — E: tert-

tertiär. Wird in der chem. Nomenklatur analog wie *prim. u. *sek. (Abk. tert.) sehr vielseitig verwendet. In der Org. Chemie bezeichnet man als tert. Kohlenstoffatome u. tert. Stickstoffatome solche C- bzw. N-Atome, die im Mol. mit drei Kohlenstoffatomen verbunden sind (z. B. enthält das Isobutan = CH_3−CH(CH_3)−CH_3 ein tert. C-Atom [neben drei prim. C-Atomen], das Trimethylamin = $(H_3C)_3N$ ein tert. N-Atom). Analog werden die zugehörigen Verb. (im Falle der tert. C-Atome dann, wenn die 4. Valenz durch ein anderes Atom außer H od. C besetzt ist) als tert. Verb. bezeichnet (z. B. tert. Alkohole = R_3C−OH, tert. Amine = R_3N). In der Anorg. Chemie werden die tert. Salze diejenigen Salze mehrbasiger Säuren genannt, in denen drei Wasserstoff-Ionen der Säure durch andere Kationen besetzt sind (*Beisp.*: tert.-Natriumphosphat = Na_3PO_4). — E: ternary

tervalent = drei verschiedene Valenzen habend. Wird manchmal auch als Synonym für dreiwertig verwendet. — E: tervalent

Testgemisch. s. *Vergleichslsg.

Tetr(a)... Dem Griech. entlehnter Zahlenvorsatz in systemat. Namen; bedeutet „vier". — E: tetra-, tetr-

Tetraazidoborate. Bez. für Salze mit dem Anion $B(N_3)_4^-$. — E: tetraazidoborates

Tetraborate. Bez. für Salze mit dem Anion $B_4O_7^{2-}$ od. $B_4O_9^{6-}$. — E: tetraborates

Tetrachromate(VI). Bez. für Salze mit dem Anion $Cr_4O_{13}^{2-}$. — E: tetrachromates(VI)

Tetradec(a)... Dem Griech. entlehnter Zahlenvorsatz in systemat. Namen; bedeutet „vierzehn". — E: tetradeca-, tetradec-

Tetradecanoyl... Bez. für die Atomgruppierung −CO−$[CH_2]_{12}$−CH_3 in systemat. Namen. Wird bevorzugt verwendet, wenn Substitution vorliegt. Vgl. *Myristoyl... — E: tetradecanoyl-

Tetradecyl... Bez. für die Atomgruppierung −CH_2−$[CH_2]_{12}$−CH_3 in systemat. Namen. — E: tetradecyl-

-tetraedro-. Strukturbeifügung in den Namen von Koordinationsverb. (s. *Koordinationslehre), bedeutet, daß vier miteinander verbundene Atome eine Tetraederstruktur bilden; wird im Druck kursiv gesetzt u. bleibt bei der alphabet. Einordnung unberücksichtigt. *Beisp.:* B_4Cl_4 = Tetrachloro-*tetraedro*-tetrabor. — E: -tetrahedro-

Tetrafluoroborate. Bez. für Salze mit dem Anion BF_4^-. — E: tetrafluoroborates

Tetragonales Kristallsystem s. *Kristallsyst. — E: tetragonal system

Tetrakis... Dem Griech. entlehnte Multiplikativzahlvorsilbe. Wird verwendet zur Angabe des vierfachen Auftretens von solchen Atomgruppen, in deren Namen bereits Zahlwörter vorkommen od. wo es sonst die Eindeutigkeit erfordert. Vgl. *Bis... — E: tetrakis-

Tetrakont(a)... Dem Griech. entlehnter Zahlenvorsatz in systemat. Namen; bedeutet „vierzig". — E: tetraconta-, tetracont-

Tetrakontyl... Bez. für die Atomgruppierung $-CH_2-[CH_2]_{38}-CH_3$ in systemat. Namen. — E: tetracontyl-

Tetrakos(a)... Dem Griech. entlehnter Zahlenvorsatz in systemat. Namen; bedeutet „vierundzwanzig". — E: tetracosa-, tetracos-

Tetrakosyl... Bez. für die Atomgruppierung $-CH_2-[CH_2]_{22}-CH_3$ in systemat. Namen. — E: tetracosyl-

1,1,3,3-Tetramethylbutyl... (*tert.*-Octyl). Bez. für die Atomgruppierung $-C(CH_3)_2-CH_2-C(CH_3)_3$ in systemat. Namen. — E: 1.1.3.3-tetramethylbutyl-

Tetramethylen... Bez. für die Atomgruppierung $-CH_2-[CH_2]_2-CH_2-$ in systemat. Namen. — E: tetramethylene-

2.3.5.6-Tetramethylphenyl... Bez. für die Atomgruppierung $-C_6H(CH_3)_4$-(2,3,5,6) in systemat. Namen. Alte Bez.: *Diaryl... — E: 2.3.5.6-tetramethylphenyl-

Tetramethyl-*p*-phenylen... Bez. für die Atomgruppierung $=C_6(CH_3)_4$ in systemat. Namen. Alte Bez.: Durylen... — E: tetramethyl-*p*-phenylene-

Tetrasulfate. Bez. für Salze mit dem Anion $S_4O_{13}{}^{2-}$. — E: tetrasulfates

Tetrathionate. Bez. für Salze mit dem Anion $S_4O_6{}^{2-}$. — E: tetrathionates

1-Tetrazeno... Bez. für die Atomgruppierung $-N=N-NH-NH_2$ in systemat. Namen. — E: 1-tetrazeno-

Tetrazolyl... Bez. für die Atomgruppierung $-CH=N=N=N$ in systemat. Namen. — E: tetrazolyl-

Textilausrüstung. Früher Bez. für solche Gewebebehandlung, die der Faser eine bestimmte Eig. verleihen sollte u. die mit der Einlagerung od. Umsetzung gewisser Stoffe mit ihr verbunden war. Heute Sammelbez. für alle Bearbeitungsvorgänge für Textilmaterialien nach dem Verlassen von Weberei, Wirkerei u. Strickerei (hierzu gehört u. a. auch die Einarbeitung von Antimycotica

Textilhilfsmittel

usw.) bis zur fertigen *Appretur, wobei allerdings zu berücksichtigen ist, daß häufig die Bez. Appretur (im weitesten Sinne) als Synonym für T. überhaupt verwendet wird. — E: textile finishing

Textilchemie (auch als Faser- u. Textilchemie bezeichnet). Bez. für ein Teilgebiet der Angewandten Chemie, das vor allem folgende Gebiete umfaßt: *Chemiefasern (Herst. u. Verarbeitung), Struktur u. chem. Modifizierung von *Faserstoffen, chem. u. physikal.-chem. Grundlagen von Textilveredlung u. Pflege (Bleichen, Drucken u. Färben, Waschen, Mottenabwehr, Chemischreinigen usw.) sowie Farbstoffe, Textilhilfsmittel u. Analytik. In der BRD bestehen Lehrstühle für T. an der Univ. Stuttgart u. der Techn. Hochschule Aachen; vgl. Nachr. Chem. Techn. 14 [1966] S. 120. — E: textile chemistry

Lit.: Agster, A., Färberei- u. textilchem. Unters., Berlin, Springer, (in Vorbereitung); *ASTM, Standards on Textile Materials, 2 Tle., Philadelphia, ASTM (jährl. Neuausgabe); Bernhard, W., Praxis des Bleichens u. Färbens von Textilien: Mechan. u. chem. Technologie, Berlin 1965; Brunnschweiler, E., Der Berufsstand der Textilchemiker, in Chem. Rdsch. (Solothurn) 13 [1960] S. 168—171; Cockett, S. R. u. K. A. Hilton, Basic Chemistry of Textile Preparation, London 1955; Cowan, M. L., Introduction to Textiles, New York, Appleton-Century-Crofts, 1962; Garner, W., Textile Laboratory Manual, Amsterdam-New York, Elsevier (1967: Bd. 5); Hall, A. J., Textile Finishing, London 1966; Harrison, M. G., Textured and Novelty Yarn Processes, Park Ridge, N.J., Noyes, 1967; Opitz, H., Einführung in die T., Stuttgart, Konradin-Verl., 1950; Peters, R. H., Textile Chemistry, 3 Bde.: I (Chemistry of Fibres) [1963], II (Impurities in Fibres) [1967], Amsterdam-New York, Elsevier; Rath, H., Lehrbuch der T., Berlin, Springer, 1963; Ulrich, H. M., Handbuch der chem. Unters. der Textilfaserstoffe, I [1954], II [1956], III [1962], IV [1967], Wien, Springer.

Inst.: Inst. für T., Univ. Stuttgart; Dtsch. Wollforschungsinst., Techn. Hochschule, Aachen. *Organisationen:* Verein der Textilchemiker u. Coloristen, Heidelberg; Internationale Foederation textilchem. u. colorist. Vereine, Basel.

Textilhilfsmittel. Sammelbez. für alle Chemikalien, die bei der Verarbeitung der verschiedenen Textilfasern zu fertigen Geweben benötigt werden, so z. B. Rohwollwaschmittel, Schmälzmittel, Schlichtemittel, Walkmittel, Imprägniermittel, Konservierungsmittel, Appretiermittel, Entschlichtungsmittel, Beuchmittel, Bleichereihilfsmittel, Färbereihilfsmittel, Druckereihilfsmittel, Carbonisierhilfsmittel, Mercerisierhilfsmittel, Präp. zur Erzeugung von Knitter- u. Krumpffestigkeit, antistat. Präp. usw. Der gewichtsmäßige Anteil der T. an den zur Verarbeitung kommenden Textilrohstoffen u. Halbfertigfabrikaten beträgt etwa 10%. Man unterscheidet zwischen *ionogenen* (anionenakt., kationenakt., ampholyt.) u. *nichtionogenen T.* — Weiterhin teilt man die T. auch ein in *kapillarakt.* u. *nichtkapillarakt.* Es sei darauf hingewiesen, daß unter dem Begriff T.

häufig auch Lsgm., ja sogar anorg. Substanzen, wie z. B. Natriumdithionit, verstanden werden. — E: textile auxiliaries

Lit.: Chwala, Textilhilfsmittel, Wien, Springer, 1961; Diserens, Neuere Verf. in der Technik der chem. Veredelung der Textilfasern, Basel, Birkhäuser, 1948/ 1957; Erxleben, J., Handbuch der Textilveredelung, Berlin, Schiele u. Schön, 1953; Fink, P. u. L. Frossard, Neue Verf. in der Technik der chem. Veredlung der Textilfasern, 1964; Fischer-Bobsien, C.-H., Internationales Lexikon Textilveredlung u. Grenzgebiete, Vaduz, Rhenus Handelsges., 1966; Frotscher, H., Chemie u. Physikal. Chemie der T., 2 Bde., Berlin, Verlag Technik, 1954/55; ders., Die neue Entw. auf dem Gebiet der T., in Fette-Seifen-Anstrichmittel 67 [1965] S. 212 ff.; Hall, A. J., Modern Textile Auxiliaries, Manchester, 1952; Jost, St., Textilhilfsmittel-Tabellen, St. Gallen, Textil-Rdsch., 1962; Lindner, K., T. u. Waschrohstoffe, Stuttgart, Wiss. Verl. Ges. 1954; Lynn-Press, Advances in Textile Processing, I— [1961—], New York, Wiley; Mecheels, O., Dtsch. Färberkalender, München, Eder-Verl. (jährl.); Meier, Neues für den Textilveredler, Berlin, Verl. Technik, 1954; Merck, Chem.-Techn. Unters.-Meth. für die Textilindustrie, Weinheim, Verl. Chemie, 1961; Perndanner, H. u. W. Reif, Taschenbuch für Textilveredlung, Wien, Verl. der Österr. Textil-Ztg., 1954; Peter, M., Grundlagen der Textilveredelung, Wuppertal-Elberfeld, Spohr, 1960; Peters, R. H., Textile Chemistry 3 Bde., Amsterdam, Elsevier, 1962—; Schaeffer, A., Chemikalienkunde für den Textilveredler, Stuttgart, Konradin, 1951; ders., Enzyklopädie der Textilveredlung, Wiesbaden, 1965/66; Speel u. Schwarz, Textile Chemicals and Auxiliaries, New York, Reinhold, 1958; Trinchieri, G., I moderni prodotti ausiliari per l'industria tessile, Milano, Hoepli, 1957; Ullmann III, 135, 482, 491, XVII, 157—221; Weber, F. u. A. M. Martina, Die neuzeitlichen Textilveredlungsverf. der Kunstfasern, Patentlit. u. Schrifttum 1939 bis 1949/50 [1951], 1950—1953 [1954], Wien, Springer; Weiss u. Reif, Spezial- u. Hochveredelungsverf. der Textilien aus Cellulose, Wien, Springer, 1951; Weiß, Verw. der Kunststoffe in der Textilveredlung, Wien, Springer, 1949; Weltzien-Hauschild, Über Silicone u. ihre Anwendung in der Textilveredlung, Köln-Opladen, Westdtsch. Verl., 1955.

Inst.: Textilforschungsanstalt, Krefeld; Dtsch. Forsch.-Inst. für Textilindustrie, Univ. Stuttgart, Reutlingen; Staatl. Inst. für Textilchemie, Badenweiler; Inst. für Textiltechnik, TH Aachen. *Organisation*: Fachverband der Textilhilfsmittel-, Lederhilfsmittel-, Gerbstoff- u. Waschrohstoffind., Frankfurt/M.

Th. Chem. Symbol für das Element *Thorium.

Th A = Chem. Symbol für *Thorium A.

Thallium (chem. Symbol Tl). Metall. Element; At.-Gew. 204,37. Natürliche Isotope (in Klammern Angabe der Häufigkeit): 203 (29,5%), 205 (70,5%) ; Ordnungszahl 81. In Übereinstimmung mit seiner Stellung im *Periodensyst. (III. Nebengruppe unter *Gallium u. *Indium) ist Tl III-wertig; daneben kommen aber auch viele stabile I-wertige Tl-Verb. vor. Metall. Tl hat große Ähnlichkeit mit Blei; es ist ein an frischen Schnittflächen weißglänzendes, an der Luft sofort grau anlaufendes Metall; D. 11,85 (20°), Härte 1,3, F. 303,5°, Kp. 1457 ± 10°. Tl wird von luftfreiem Wasser kaum angegriffen, dagegen löst es sich in Alkohol unter Bldg. eines schweren, gelblichen Öls von Thalliumalkoholat. In verd. Salpetersäure löst sich Tl leicht auf, dagegen wird es von Schwefelsäure u. Salzsäure wegen der Schwerlöslichkeit des Tl-Sulfats bzw. Tl-Chlorids nur langsam angegriffen. Mit Halogenen verbindet sich Tl schon bei Zimmertemp., mit Schwefel, Selen u. Tellur reagiert es erst beim Erwärmen. Tl u. Tl-Verb. verursachen im Organismus (ähnlich wie Blei) infolge Inaktivierung lebenswichtiger Ferment- *Sulfhydrylgruppen schwere, schleichende Vergiftungen, die zu Haarausfall, Grauem Star, Nervenschwund, Sehstörungen, Wachstumshemmungen, Neuralgien u. Psychosen führen können; daher ist die frühere Verw. von Tl-Verb. in Enthaarungsmitteln aufgegeben worden. Über Giftwrkg. des Tl u. Tl-Nachweis in biolog. Material s. S. Weber, Diss. Univ. Hamburg, 1958. Gegenmittel bei Tl-Vergiftungen: BAL (= 1.2-Dithioglycerin), Natriumthiosulfatlsg., stabilisierte Schwefelwasserstofflsg.; letztere bildet unlösl. u. daher ungiftiges Thalliumsulfid, s. Moeschlin u. Demiral in Schweiz. Med. Wschr. 1952, S. 57. Nach Hollo u. Zlatarow (Naturwiss. 47 [1960] S. 87) wirken im Rattenvers. subkutane Na-Selenatinjektionen (8 mg/kg) gegen Tl-Vergiftungen. Tl erkennt man spektralanalyt. leicht am Auftreten einer intensiv grünen Linie; da Tl die nichtleuchtende Gasflamme schön grün färbt, wurde es 1861 von seinem Entdecker Crookes nach dem griech. thallos = grüner Zweig benannt. Charakterist. ist auch das gelbe, in Wasser, Säuren, Ammoniak u. Kaliumcyanid unlösl., in Natriumthiosulfat dagegen lösl. Thalliumjodid.

Vork.: Tl gehört zu den seltenen Elementen; man schätzt seinen Anteil an der obersten, 16 km dikken Erdkruste auf nur $6 \cdot 10^{-5}$ %; damit steht es in der Häufigkeitsliste der Elemente an 61. Stelle zwischen *Lutetium u. *Quecksilber. Tl. findet sich an vielen Punkten der Erde in sehr kleinen Konz. verzettelt, u. zwar tritt es meist als Begleiter von Zink, Kupfer, Eisen, Blei usw. auf (s. Kleinert unter Lit.). Größere Tl-Mengen findet man im Schlamm der Bleikammern von Schwefelsäurefabriken u. im Flugstaub, der beim Rösten Tl-haltiger Kiese od. Blenden entsteht. Tl-Mineralien sind der seltene Crookesit = $(Cu, Tl, Ag)_2Se$ u. der Lorandit = $TlAsS_2$. Nach W. Geilmann (Biochem. Z. 333 [1960] S. 62) ist Tl ein in Tieren u. Pflanzen regelmäßig vorkommendes Spurenelement.

Darst.: Man extrahiert den Flugstaub von thalliumhaltigen Kiesen od. Blenden mit sd. Wasser u. schlägt das gelöste Tl mit Zink nieder; zuletzt folgt ein Raffinationsverf., durch welches man Reinheitsgrade von 99,95% erreichen kann.

Verw.: Zu wissenschaftlichen Vers., zur Herst. opt. Gläser u. zur Gewinnung von monochromat.

grünem Licht; größere techn. Bedeutung hat Tl bis jetzt nicht erlangt. Tl-Amalgam eignet sich zur Füllung von Spezialthermometern, die einen bestimmten Bereich von Kältegraden bes. genau registrieren sollen. Eine Hg/Tl-Leg. gefriert z. B. erst bei $-58°$, reines Hg dagegen schon bei $-38,87°$. Pb/Tl-Leg. mit 20—65%/o Tl sind sehr korrosionsbeständig. In Lagermetallen auf Pb-Basis erhöhen Tl-Zusätze die Deformationsbeständigkeit. Eine Ag/Tl-Leg. mit 10—22%/o Tl dunkelt an der Luft nicht nach.

Geschichtl.: Das Element wurde — wahrscheinlich unabhängig voneinander — 1861 von dem Engländer Crookes u. 1862 von dem Franzosen Lamy spektralanalyt. im Bleikammerschlamm entdeckt. Heute wird Crookes die Entdeckung, Lamy dagegen die Erstisolierung des Elementes zugeschrieben. — E: thallium

Lit.: Abeggs Handbuch der Anorg. Chemie, Bd. III/1, Leipzig, Hirzel, 1922; Brauer I, 768 f. (Darst.) ; Gmelin, Syst.-Nr. 38, Thallium, 1941; Iwanow, W. W., Das Thallium, Grundriß der Geochemie, Mineralogie usw., Moskau, Akad. Wiss. UdSSR, 1960; Kirk-Othmer, 1. Aufl., Bd. 13, 1954, S. 927—932; Kleinert, Thallium: Ein seltenes Metall, ein Begleitmetall, in Z. Erzbergbau Metallhüttenwesen 16 [1963] S. 67—76; Korenman, I. M., Analytical Chemistry of Thallium, Jerusalem, 1963; Nesmeyanov, A. N. u. K. A. Kocheshkov, The Organic Compounds of Boron, Aluminum, Gallium, Indium and Thallium, Amsterdam, North-Holland, 1967; Prick, Smitt, Muller, Thallium Poisoning, Amsterdam, Elsevier, 1955; Schreiter, W., Seltene Metalle, Bd. 3: Ta, Te, Tl, Th, Ti, U, V, W, Y, Zr, Leipzig, VEB Dtsch. Verl. Grundstoffind., 1962; Ullmann XVII, 299—310.

Th B, Th C, Th C′, Th C″, Th D = Chem. Symbole für *Thorium B, *Thorium C, *Thorium C′, *Thorium C″ bzw. *Thorium D.

Thenoyl... Bez. für die Atomgruppierung

—CO⟨S⟩ in systemat. Namen [z. B. Thenoyl-(2)...]. — E: thenoyl-

Thenyl... Bez. für die Atomgruppierung

—CH₂⟨S⟩ in systemat. Namen [z. B. Thenyl-(2)...]. — E: thenyl-

Thenyliden... Bez. für die Atomgruppierung

=CH⟨S⟩ in systemat. Namen [z. B. Thenyliden-(2)...]. — E: thenylidene-

Theoretische Chemie. Ursprünglich Bez. für den Lehrstoff der Chemie im Gegensatz zur experimentellen Chemie (das 1817 von Leopold Gmelin verfaßte Werk trug den Titel „Handbuch der T. C."), später Bez. für das heute *Physikal. Chemie genannte Teilgebiet der Chemie (W. Nernst gab seinem im Verl. Enke, Stuttgart [7. Aufl.: 1913] erschienenen Lehrbuch den Titel „T. C."), jetzt Bez. für das Teilgebiet der Physikal. Chemie, das sich mit der Ableitung der mathemat. Gesetze zur quant. Erklärung der beobachteten Fakten befaßt. Ein wichtiges Teilgebiet der T. C. ist die *Quantenchemie, weitere Schwerpunkte sind die statist. *Thermodynamik u. die kinet. Theorie der Materie; vgl. auch *Chem. Bindung, *Ligandenfeldtheorie u. *Orbitale. Über die Situation der T. C. in Deutschland s. Nachr. Chem. Techn. 13 [1965] S. 351—353. — E: theoretical chemistry

Lit.: Ander, P. u. A. J. Sonnessa, Principles of Chemistry: An Introduction to Theoretical Concepts, New York, MacMillan, 1965; Daudel, T., The Fundamentals of Theoretical Chemistry: Wave Mechanics Applied to the Study of Atoms and Molecules, Oxford, Pergamon Press, 1968; Golden, S., Introduction to Theoretical Physical Chemistry, Reading, Mass., Addison-Wesley Pub. Co., 1961; Hirschfelder, J. O., A Forecast for Theoretical Chemistry, in J. Chem. Educ. 43 [1966] S. 457—463; Theoretical Chemistry: A Current Review, Washington, D. C., National Academy of Sciences — National Research Council, 1966 (Publ.-Nr. 1292 D). *Ztschr.:* Theoretica Chimica Acta (herausgegeben von H. Hartmann), Berlin, Springer.

Theoretische Organische Chemie. Teilgebiet der *Org. Chemie, das die Erg. der *Theoret. Chemie umfaßt, soweit diese org. Verb. betreffen. — E: theoretical organic chemistry

Theoretischer Endpunkt = *Äquivalenzpunkt. — E: theoretical end-point

Thermische Analyse (Thermoanalyse). Sammelbez. für alle analyt. Verf., die auf den physikal.-chem. Veränderungen begleitenden Wärmeeffekten basieren. Dazu gehören sowohl Meth., bei denen die Wärme selbst gemessen wird, wie auch diejenigen, die sich auf die Beobachtung der physikal.-chem. Veränderungen stützen. Beispielsweise gehört die Reinheitsprüfung von Substanzen durch Beobachtung ihres *Schmelzpunktes in diese Gruppe, ebenso auch die Identifizierung von Substanzen nach der Meth. des Mischschmelzpunktes (s. *Schmelzpunkt). Weitere Meth. der T. A. sind vor allem die Best. der Temp. der übrigen Phasenumwandlungen (*Umwandlungspunkte) u. der *Umwandlungswärmen, ferner *Kalorimetrie, *Differentialthermoanalyse, *Thermometrie, *Thermometer. Titration, *Thermogravimetrie; auch Dilatometrie, elektrotherm. Analyse u. *Pyrolyse. Es sei darauf hingewiesen, daß die Bez. T. A. auch eingeschränkt für den Oberbegriff von Thermometrie, Differentialthermoanalyse, Thermogravimetrie u. Thermometr. Titration verwendet wird, häufig auch lediglich als Synonym für Thermometrie. — E: thermal analysis

Lit.: Ewing, G. W. u. A. Maschka, Physikal. Analysen- u. Unters.-Meth. der Chemie, Wien-Heidelberg, Bohmann Ind.- u. Fachverl., 1964, S. 389—399; Garn, P. D., Thermoanalytical Methods of Investigation, New York, Academic Press, 1965; Ke, B., Thermal Analysis of High Polymers, New York-London, Wiley-Interscience, 1964; Langer, H. G. u. R. S. Gohlke,

Thermische Dissoziation

Thermal Analysis by Mass Spectrometry, in Fortschr. Chem. Forsch. 6 [1966] S. 515—535; Murphy, C. B., Thermal Analysis, in Anal. Chem. 36 [1964] S. 347 R ff., 38 [1966] S. 443 R—451 R, 40 [1968] S. 380 R—391 R (Fortschrittsberichte); Rheinboldt, H., in Houben-Weyl-Müller II, 1953, S. 831—865; Schwenker, R. F., Thermoanalysis of Fibers and Fiber-Forming Polymers (Symposium 1965, sponsored by the Division of Cellulose, Wood, and Fiber Chemistry of the *ACS), New York-London, Wiley-Interscience, 1966; Smit, W. M., Purity Control by Thermal Analysis, Amsterdam, Elsevier, 1957; Snell, F. D. u. C. L. Hilton, Encyclopedia of Industrial Chemical Analysis, Bd. 3, New York-London, Wiley-Interscience, 1966, S. 642—685 (Thermal Methods of Analysis); Wendland, W. W., Thermal Methods of Analysis, New York-London, Wiley-Interscience, 1964; vgl. auch die Lit. zu den einzelnen Sonderabschnitten.

Thermische Dissoziation s. *Dissoziation. — E: thermal dissociation
Lit.: Kulikov, I. S., Thermal Dissociation of Chemical Compounds, New York, Daniel Davey & Co., 1968.

Thermischer Reaktor. Nach DIN 25 401 (Juli 1965) Bez. für einen *Reaktor, bei dem die Spaltungen überwiegend durch therm. *Neutronen ausgelöst werden. — E: thermal reactor

Thermisches Plasma = *Plasma.

Thermo... Aus dem Griech. entlehnte Vorsilbe, bedeutet: Hitze, höhere Temp. — E: thermo-

Thermoanalyse = *Therm. Analyse.

Thermo-Bimetall s. *Bimetall. — E: bimetallic thermocouple

Thermochemie (chem. Thermodynamik). Bez. für das Teilgebiet der allg. *Thermodynamik, das sich mit den Beziehungen zwischen Wärme u. chem. Energie befaßt; nämlich den Wärmeumsätzen bei chem. Reaktionen u. Prozessen wie auch dem Einfl. von Temp. u. anderen therm. Größen auf diese. Bei jedem einzelnen chem. Vorgang finden nicht nur stoffliche Umwandlungen, sondern auch Energieänderungen statt, u. zwar kann Wärmeenergie, mechan. Energie, elektr. Energie, in selteneren Fällen auch Lichtenergie auftreten od. verschwinden. Wenn bei einem chem. Vorgang Wärme frei wird, verläuft er *exotherm*, wenn Wärme verbraucht wird, liegt dagegen ein *endothermer* Prozeß vor. Beisp. für das Auftreten von Wärmeenergien bei chem. Vorgängen sind allg. bekannt, hierher gehören die Verbrennungswärme beim Verbrennen von Holz, Kohle, Benzin u. dgl. an offener Luft, die Neutralisationswärme beim Vermischen von Laugen u. Säuren, die Erwärmung beim Kalklöschen, beim Vermischen von Schwefelsäure u. Wasser (Hydratbldg.), bei der Reaktion zwischen Aluminium u. Salzsäure, die Atmungsvorgänge, die Explosionswärmen u. a. Für die Wärmeänderungen bei chem. Vorgängen (auch *Wärmetönung* genannt) gilt das Gesetz von der Erhaltung der Energie; d. h., es kann aufs Ganze gesehen keine Energie neu auftreten u. keine „verschwinden", sondern es finden immer nur exakt meßbare Umwandlungen von Energie statt, wobei allerdings die sog. *Entropie zunimmt. Die auftretenden Wärmemengen bei einem Gesamtvorgang sind durch den Anfangs- u. Endzustand eindeutig bestimmt u. unabhängig von der Qualität od. Reihenfolge der Teilprozesse, die zum Endzustand führen (s. *Heßscher Satz). Die Messung der bei chem. Prozessen freiwerdenden Wärmemengen erfolgt durch *Kalorimetrie (vgl. auch *Heizwert). Wärmemengen werden in Kalorien (Kilokalorien = kcal od. Grammkalorien = cal) angegeben. Bei den chem. Gleichungen setzt man die je *Mol beobachteten Kalorienbeträge auf die rechte Seite; gleichzeitig werden die gasf. Reaktionsteilnehmer in runde, die Feststoffe dagegen in eckige Klammern gesetzt, während die fl. Substanzen keine bes. Einklammerungen erhalten. *Beisp.:* Die Gleichung $(H_2) + 0{,}5(O_2) \to H_2O + 68{,}35$ kcal besagt, daß 2 g Wasserstoffgas (bei 25° u. 760 Torr berechnet) u. 16 g Sauerstoffgas bei der Explosion 18 g Wasser bilden u. dabei 68,35 kcal Wärme entwickelt werden. Für Wasserdampf als Reaktionsprod. hätte man die obige Gleichung folgendermaßen schreiben müssen: $(H_2) + 0{,}5\ (O_2) \to (H_2O) + 57{,}8$ kcal; die 2 g Wasserstoff würden hier ungefähr 10 kcal weniger ergeben als im vorigen Beisp., bei dem auch noch die Kondensationswärme von den 18 g Wasserdampf hinzukam. Die mit dem Kalorimeter jeweils ausgetauschte Wärmemenge entspricht dem sog. „Wärmebedarf" der Reaktion. Dieser ist bei allen unter Wärmeabgabe verlaufenden od. exothermen Reaktionen negativ, bei den unter Aufnahme von Wärme verlaufenden (endothermen) Reaktionen ist er positiv. In beiden Fällen muß jedoch unterschieden werden zwischen Wärmebedarf bei konstantem Druck (= Reaktionsenthalpie ΔH) u. Wärmebedarf bei konstantem Vol. (= Reaktionsenergie ΔU). Verläuft bei konstantem Druck eine Reaktion ohne Vol.-Änderung (z. B. die Reaktion $H_2 + Cl_2 \to 2\ HCl$), so verläuft der Vorgang ohne äußere Arbeit; das gleiche ist der Fall, wenn Reaktionen in einem geschlossenen Gefäß stattfinden; in diesem Falle entspricht der meßbare Wärmeumsatz allein der Energie-Differenz zwischen den End- u. den Ausgangsstoffen, u. man wäre durchaus berechtigt, diese in die Reaktionsgleichung einzusetzen ($\Delta U = \Delta H$). Anders (z. B. bei der Wasserstoffverbrennung) verhält es sich jedoch in den Fällen, wo die Reaktion unter Vol.-Änderung des Syst. abläuft. Bei Vol.-Vergrößerung muß das Syst. Arbeit gegen den äußeren Luftdruck leisten, bei Vol.-Verringerung gewinnt es dagegen Energie; der im Kalorimeter gemessene Wärmebetrag entspricht nun nicht mehr der Energiedifferenz zwischen Ausgangs- u. Endstoffen ($\Delta H \ne \Delta U$), u. er kann (wie in dem obigen Beisp. durchgeführt)

nicht in die Reaktionsgleichung aufgenommen werden. Das 2. Beisp. wäre deshalb richtig zu formulieren: $(H_2) + 0,5\ (O_2) \rightarrow (H_2O)$; $\Delta H_{298} = -57,8$ kcal. Es sei darauf hingewiesen, daß die im Abschnitt *Bildungswärme angegebenen Zahlenwerte Bindungsenthalpien sind u. somit strenggenommen nicht Bestandteil der Reaktionsgleichung sein dürften wie bei der dort verwendeten klass. Schreibweise. Über Hydratationswärme s. *Hydratation, über Lösungswärme s. *Lösungen (S. 520); s. auch *Umwandlungswärmen.
Bei der thermodynam. Unters. der Wrkg. von Wärme auf chem. Vorgänge handelt es sich um die Ermittlung der *chem. Gleichgew. (vgl. auch *Massenwrkg.-Gesetz, u. *Prinzip des kleinsten Zwanges). — E: thermochemistry
Lit. s. *Thermodynamik.

Thermochromie. Bez. für das Auftreten reversibler Farbänderungen bei bestimmten Temp.-Änderungen. *Beisp.:* Der rote Rubin wird beim Erhitzen grün, beim Abkühlen wieder rot; reines Zinkoxid ist bei gewöhnl. Temp. weiß, in der Hitze gelb. Über T. der Lsg. einiger Metallstearate in Dekalin s. O. Henning in Z. Physik. Chem. 213 [1960] S. 361—365. — E: thermochromism
Lit.: Harnik u. Schmidt, in J. Chem. Soc. (London) 1954, S. 3295; Kortüm, G., T., Piezochromie, Photochromie u. Photomagnetismus, in Angew. Chem. 70 [1958] S. 14—20; Woodward, in J. Amer. Chem. Soc. 80 [1959] S. 5007.

Thermodiffusion. Bez. für die Erscheinung, daß sich Gemische aus zwei Gasen od. Lsg. beim Vorliegen eines Temp.-Gefälles in die einzelnen Komponenten trennen. Hierbei diffundieren die leichten Mol. bevorzugt zu heißen, die schweren bevorzugt zur kalten Seite. Über die Ausnützung dieses Effektes zur Isotopentrennung s. Stichwort *Isotope (S. 413). — E: thermal diffusion, thermodiffusion
Lit.: Kirk-Othmer, 2. Aufl., Bd. 7, 1965, S. 135—148; Väsarü, Thermal Diffusion in Isotope Gaseous Mixtures, in Fortschr. Physik 15 [1967] S. 1—111.

Thermodynamik. Im engeren Sinne Bez. für den Tl. der Wärmelehre, der sich mit der Umwandlung der Wärme in eine andere Energieform od. umgekehrt mit der Umwandlung irgendeiner Energieform in Wärme beschäftigt. Sie entstand aus der theoret. u. experimentellen Unters. der Vorgänge in Wärmekraftmaschinen; dieser Tl. der T. wurde zur techn. *T.* weiterentwickelt. Im weiteren Sinne umfaßt die Wechselwrkg. zwischen materiellen Syst. u. ihren Einfl. auf die Zustände dieser Syst.; sie befaßt sich mit allen Erscheinungen der Physik u. Chemie, bei denen Arbeits- u. Wärmewrkg. auftreten. Die *klass. T.* behandelt nur Änderungen zwischen Gleichgew.-Zuständen u. unendlich langsam verlaufende Vorgänge; sie wird deshalb häufig auch als *Thermostatik* bezeichnet. Sie unterscheidet deutlich die im theoret. Idealfall als streng reversibel verlaufend denkbaren Prozesse von den stets irreversiblen Erscheinungen. Die bes. in neuerer Zeit entwickelte *irreversible T.* („T. der irreversiblen Prozesse") beinhaltet die Erweiterung der klass. T. auf Ungleichgew.-Zustände u. mit endlichen Geschw. verlaufende Prozesse. Während die klass. T. auf den sog. *Hauptsätzen* beruht, in denen die Zeit nicht als variable Zustandsgröße auftritt, ist diese in der irreversiblen T. eine wesentliche Variable. Während sich die Überlegungen der klass. T. im wesentlichen auf *abgeschlossene Syst. beziehen, betreffen die der irreversiblen T. die *offenen Syst. Die thermodynam. Betrachtung kann phänomenolog. erfolgen, ohne die den Naturerscheinungen zugrundeliegenden atomaren u. mol. Vorgänge zu berücksichtigen; demgegenüber basiert die sog. *statist. T.* auf einem speziellen Modell der Mikrozustände, für die der Gleichgew.-Zustand des von ihnen gebildeten Makrosyst. der Zustand größter Wahrscheinlichkeit ist. Als solches Modell dient hier die kinet. Theorie der Materie (s. *Kinetik), aus der durch die Anwendung statist. Meth. die makroskop. Eig. abgeleitet werden, die von der T. erfaßt werden. Dasjenige Teilgebiet der T., das sich mit den bei chem. Prozessen auftretenden Wärmeumsätzen u. den Wrkg. von Wärme auf diese befaßt, wird *chem. T.* od. allg. *Thermochemie* genannt.

Als Begründer der T. gilt Clausius, der 1850 in einer Publikation den 1. u. den 2. Hauptsatz formulierte, als Erg. der Arbeiten von Carnot, Joule u. Mayer. Die bes. in neuerer Zeit von Lord Kelvin u. Maxwell geförderte Entw. dieser Wissenschaft erreichte 1875 zunächst ihren Höhepunkt mit der 140 S. umfassenden Arbeit „On the Equilibrium of Heterogeneous Substances" von J. W. Gibbs (1839 bis 1903), die in den Transactions of the Connecticut Academy of Science veröffentlicht wurde, aber ein Jahrzehnt unbeachtet blieb. Vgl. auch *Entropie. — E: thermodynamics
Lit.: 1. Allg.: Aston, J. G. u. J. J. Fritz, Thermodynamics and Statistical Thermodynamics, New York-London, Wiley, 1959; Bähr, Thermodynam. Eig. der Fl. u. Gase, I [1961], Berlin, Springer; Bauman, R. P., An Introduction to Equilibrium Thermodynamics, Englewood Cliffs, Prentice Hall, 1966; Becker, R., Theorie der Wärme, Berlin, Springer, 1964 (engl. Übersetzung: Theory of Heat, 1967 im gleichen Verl.); Bent, H. A., The Second Law: An Introduction to Classical and Statistical Thermodynamics, Oxford, Pergamon, 1965; Blinder, S. M., Mathematical Methods in Elementary Thermodynamics, in J. Chem. Educ. 43 [1966] S. 85—92; Coull, J. u. E. B. Stuart, Equilibrium Thermodynamics, New York-London, Wiley, 1964; Eder, F. X., Moderne Meßmeth. der Physik. Bd. II: T., Berlin 1956; Flügge, S., Handbuch der Physik, Bd. 2a [1968], 3/IV [1959], Berlin, Springer; Guggenheim, E. A., Thermodynamics, New York, Wiley-Interscience, 1960; Hatsopoulos, G. N. u. J. H. Keenan, Principles of General Thermodynamics, New York-London, Wiley, 1965; Hill, T. L., Thermody-

Thermodynamik

namics of Small Systems, I [1963], II [1964], New York, W. A. Benjamin; Ibele, W., F. Rossini u. L. Tisza, What is Thermodynamics?, in Int. Sci. Technol. Nr. 42 [1965] S. 54—56; Kestin, J., A Course in Thermodynamics, Waltham, Mass., Blaisdell Publ. Co.; Kirk-Othmer, 1. Aufl., Suppl. II, 1960, S. 814 bis 840; Kubo, R., Thermodynamics, Amsterdam, North Holland, 1968; Lorrain, Thermodynamique, Paris, Eyrolles, 1950; Luder, W. F., A Different Approach to Thermodynamics, New York, Reinhold, 1967; Mannchen, Einführung in die T. der Mischphasen, VEB, Dtsch. Verl. Grundstoffind., 1965; Moesta, H., Tier u. T., in Bild d. Wiss. 5 [1968] S. 292—301; Montgomery, S. R., Second Law of Thermodynamics Including Availability, Oxford, Pergamon, 1966; Noddings, C. R., Handbook of Compositions at Thermodynamic Equilibrium, New York-London, Wiley-Interscience, 1965; Oppitz, Allg. u. chem. T., München, Oldenbourg, 1952; Pauli, W., Vorlesungen, Bd. 3: T. u. kinet. Gastheorie, Frankfurt/M., Deutsch; Penner, Thermodynamics for Scientists and Engineers, Reading, Mass., Addison-Wesley Publ.; Planck, M., Vorlesungen über T., Berlin, de Gruyter, 1964; Reynolds, W. C., Thermodynamics, New York 1965; Richter, H., Aufgaben aus der T., Berlin, Springer, 1953; ders., Leitfaden der techn. Wärmelehre, Berlin, Springer, 1950; Rocard, Thermodynamique, Paris, Masson, 1952 (Neuaufl. in Vorbereitung); Sage, Thermodynamics of Multicomponent Systems, New York, Reinhold, 1965; Tunell, G., Relations Between Intensive Thermodynamical Quantities and their First Derivatives in a Binary System of One Phase, San Francisco, W. H. Freeman, 1961; Tykodi, R. J., Thermodynamics of Steady States, New York, Macmillan, 1967; Vanderslice, J. T., H. W. Schamp u. E. A. Mason, Thermodynamics, Englewood Cliffs, Prentice Hall, 1966; Van Wylen, Thermodynamics, New York-London, Wiley, 1959; Van Wylen, G. J. u. R. E. Sonntag, Fundamentals of Classical Thermodynamics, New York, Wiley-Interscience, 1965.

2. Chem. T.: Bichowsky u. Rossini, The Thermochemistry of the Chemical Substances, New York, Reinhold, 1947; Butler, J. A. V., Chemical Thermodynamics, New York, St. Martin's Press, 1966; Denbigh, K. G., Thermodynamics for Chemists and Chem. Engineers, New York, Cambridge Univ. Press, 1955; ders., The Scope and Limitations of Thermodynamics, in Chem. in Britain 4 [1968] S. 338—342; Everdell, M. H., Introduction to Chemical Thermodynamics, New York, W. W. Norton & Co.; Everett, D. H., An Introduction to the Study of Chemical Thermodynamics, New York-London, Wiley, 1959; Havemann, R., Einführung in die chem. T., Berlin 1957; Hultgren, R., R. L. Orr, P. D. Anderson u. K. K. Kelley, Selected Values of Thermodynamic Properties of Metals and Alloys, New York-London, Wiley, 1963; Janz, G. J., Thermodynamic Properties of Organic Compounds: Estimation Methods, Principles and Practice, New York, Academic Press, 1968; Johnson, D. A., Thermodynamic Aspects of Inorganic Chemistry, London-New York, Cambridge Univ. Press; Kirkwood, J. G. u. I. Oppenheim, Chemical Thermodynamics, New York, McGraw-Hill, 1961; Klotz, I. M., Chemical Thermodynamics: Basic Theory and Methods, New York, W. A. Benjamin, 1964; ders., Introduction to Chemical Thermodynamics, New York, W. A. Benjamin, 1964; Kortüm, G., Einführung in die chem. T., Göttingen, Vandenhoeck & Ruprecht u. Weinheim, Verl. Chemie, 1967; Landolt-Börnstein, Zahlenwerte u. Funktionen Bd. II, 4. Tl.: Schäfer, K. u. E. Lax, Kalor. Zustandsgrößen, Berlin, Springer, 1961; Lange, E., Chem. T., Stuttgart, Hirzel, 1949; Luck, W., in Houben-Weyl-Müller, Bd. III/1, 1955, S. 7—97; Mahan, B. H., Elementary Chemical Thermodynamics, New York, W. A. Benjamin, 1963; Mortimer, Reaction Heats and Bond Strength, Reading, Mass., Addison-Wesley, 1962; Nash, L. K., Elementary Chemical Thermodynamics, in J. Chem. Educ. 42 [1965] S. 64—75 (221 Lit.-Hinweise); Oppitz, Allg. u. chem. T., München, Oldenbourg, 1952; Porter, G., The Laws of Disorder: An Introduction to Chemical Change and Thermodynamics, in Chemistry 41 [1968] Nr. 5, S. 23—25, Nr. 6, S. 21—22, Nr. 7 (wird fortgesetzt); Prigogine, I. u. R. Defay, Chemical Thermodynamics, New York-London, Wiley-Interscience, 1954 (dtsch. Übersetzung: Chem. T., Leipzig, VEB Dtsch. Verl. Grundstoffind., 1962; Rand, M. H. u. O. Kubaschewski, Thermochemical Properties of Uranium Compounds, New York-London, Wiley-Interscience, 1963; Reid, C. E., Principles of Chemical Thermodynamics, New York, Reinhold, 1960; Rossini, F. D., Chemical Thermodynamics, New York, Wiley, 1950; Roth, W. A., Thermochemie (Sammlung Göschen), Berlin, de Gruyter, 1952; Schick, H. L., Thermodynamics of Certain Refractory Compounds, 2 Bde., New York, Academic Press, 1966; Skinner, A. A., Experimental Thermochemistry I—II, New York 1962; Smith, N. O., Chemical Thermodynamics: A Problem Approach, New York, Reinhold, 1967; Wagner, W., Chem. T., Berlin, Akademie-Verl., 1967; Wall, F. T., Chemical Thermodynamics: A Course of Study, San Francisco, W. H. Freemann, 1965; Waser, J., Basic Chemical Thermodynamics, New York, W. A. Benjamin, 1966. *Ztschr.:* The Journal of Chemical Thermodynamics, New York, Academic Press, erscheint ab Jan. 1969 zweimonatlich (1 Bd. = 6 Hefte).

3. Irreversible T.: De Groot, S. R., Thermodynamics of Irreversible Processes, Amsterdam, North Holland, 1966; De Groot, S. R. u. P. Mazur, Non-Equilibrium Thermodynamics, Amsterdam, North Holland, 1963; Fitts, D. D., Nonequilibrium Thermodynamics, New York, McGraw-Hill, 1962; Gallen, H. B., Thermodynamics: An Introduction to the Physical Theorie of Equilibrium Thermodynamics and Irreversible Thermodynamics, New York-London, Wiley, 1960; Haase, R., T. der irreversiblen Prozesse, Darmstadt, Steinkopff, 1962; Hanley, H. J. M., An Introduction to Nonequilibrium Thermodynamics, in J. Chem. Educ. 41 [1964] S. 647—653; Katchalsky, A. u. P. Curran, Nonequilibrium Thermodynamics in Biophysics, Cambridge, Mass., Harvard Univ. Press, 1965; Prigogine, I., Introduction to Thermodynamics of Irreversible Processes, New York-London, Wiley-Interscience, 1968; van Rysselberghe, P., Thermodynamics of Irreversible Processes, New York, Blaisdell Publ. Co., 1964; Wei, J., Irreversible Thermodynamics in Engineering, in Ind. Engng. Chem. 58 [1966] Nr. 10, S. 55—60; Yourgrau, W., A. van der Merwe u. G. Raw, Treatise on Irreversible and Statistical Thermodynamics, New York, Macmillan, 1966.

4. Statist. T.: Aston, J. G. u. J. J. Fritz, Thermodynamics and Statistical Thermodynamics, New York-London, Wiley, 1959; Bent, H. A., The Second Law: An Introduction to Classical and Statistical Thermodynamics, London-New York, Oxford Univ. Press, 1965; Hayman, H. J. G., Statistical Thermodynamics, Amsterdam, Elsevier, 1967; Hill, T., Introduction to Statistical Thermodynamics, Reading, Mass., Addison-Wesley, 1960; Landsberg, Thermodynamics with Quantum Mechanical Illustrations, New York-London, Wiley-Interscience, 1961; Meixner, J., Statistical Mechanics of Equilibrium and Non-Equilibrium: Proceedings of the International Symposium on Statistical Mechanics and Thermodynamics, held at Aachen,

1964, Amsterdam 1965; Münster, A., Statist. T., Berlin, Springer, 1956 (engl. Ausgabe in Vorbereitung); Pacault, A., Eléments de Thermodynamique Statistique, Paris, Masson, 1963; Prigogine, I., Monographs in Statistical Physics and Thermodynamics, New York-London, Wiley-Interscience (Monographienreihe); Schrödinger, Statist. T., Leipzig 1952; Sonntag, R. E. u. G. J. Van Wylen, Fundamentals of Statistical Thermodynamics, New York-London, Wiley, 1966; Yourgrau, W., A. van der Merwe u. G. Raw, Treatise on Irreversible and Statistical Thermodynamics, New York, Macmillan, 1966.
5. Techn. T.: Baehr, H. D., T., Eine Einführung in die Grundlagen u. ihre techn. Anwendungen, Berlin, Springer, 1966; Bosnjakovic, F., Techn. T., I [1967], II [1964], Diagramm-Mappe der Zweistoff-Gemische [1965] Dresden, Steinkopff; Brophy, J. H., R. M. Rose u. J. Wulff, Thermodynamics of Structure, New York-London, Wiley, 1964; Christian, W., Techn. Wärmelehre, I [1966], II [1968], Leipzig, VEB Dtsch. Verl. Grundstoffind.; Crawford, F. H., Thermodynamics for Engineers, New York, Harcourt, Brace & World, 1968; Doolittle, J. S., Thermodynamics for Engineers, Scranton 1964; Faltin, H., Techn. Wärmelehre, Berlin 1968; Granet, I., Elementary Applied Thermodynamics, New York, Wiley, 1965; Grigull, U., Techn. T., Berlin, de Gruyter, 1966 (Sammlung Göschen Nr. 1084/1084 a; IAEA (= International Atomic Energy Agency), Thermodynamics of Nuclear Materials, 1967, Wien 1968; Jante, Leitfaden der techn. T., Leipzig 1956; Kiefer, J. P. u. G. F. Kinney, Principles of Engineering Thermodynamics, New York-London, Wiley, 1954; Lewitt, E. H., Technical-Mechanical Engineering Thermodynamics Applied to Heat Engines, London 1965; Nesselmann, K., Die Grundlagen der Angewandten T., Berlin, Springer, 1950 (Neuaufl. in Vorbereitung); Pischinger, Techn. T., Berlin, Springer, 1951; Schmidt, E., Einführung in die techn. T., Berlin, Springer, 1963; Spalding, D. B., S. Traustel u. E. H. Cole, Grundlagen der techn. T., Braunschweig, Vieweg, 1965; Thiem, M., Einführung in die Techn. Wärmelehre, München, Carl Hanser, 1966.

Thermodynamische Systeme. Bez. für jeden Tl. des Universums, dem in irgendeiner Weise bes. Aufmerksamkeit gewidmet wird; es handelt sich stets um eine Ansammlung von Materie innerhalb genau festgelegter Grenzen. Diese Grenzen müssen nicht starr sein, u. das Syst. muß auch nicht zu jedem Zeitpunkt die gleiche Zus. haben. Die Umgebung des Syst. ist der Rest des Universums, mit dem es in Wechselwrkg. treten kann. Erfolgt keine Wechselwrkg. mit der Umgebung, so handelt es sich um ein *„isoliertes Syst."* Die Wechselwrkg. erfolgt durch den Transport von Energie in einer od. mehreren ihrer Formen od. von Materie durch die Grenzen hindurch. Ein Syst., das nur Energie mit der Umgebung austauschen kann, wird als *„abgeschlossenes Syst."* bezeichnet, ein *„offenes Syst."* kann Energie u. Materie austauschen. Jedes T. S. existiert zu jedem Zeitpunkt in einem bestimmten Zustand, der sich anhand bestimmter makroskop. Eig. beschreiben läßt. Die *Thermodynamik befaßt sich nur mit dem inneren Zustand des Syst., wie er durch die thermodynam. Eig., wie Temp., Druck, elektr., magnet. od. Gravitations-Feldstärke, beschrieben wird. Die thermodynam. Koordinaten schließen nicht die Lage des Syst. im Raum od. in der Zeit ein, durch die der äußere Zustand des Syst. bestimmt wird. Da ein solches Syst. zeitunabhängig ist, muß es sich in einem Gleichgew.-Zustand befinden; ein Ungleichgew.-Zustand läßt sich nicht durch thermodynam. Koordinaten beschreiben. — E: thermodynamic systems

Thermoelektrische Generatoren s. *Thermoelektrizität. — E: thermoelectric generators

Thermoelektrizität. Bez. für die Gesamtheit der Beziehungen zwischen Temp.-Differenzen in einem elektr. Leitersyst. u. elektr. Spannungen. Der sog. *Seebeck-Effekt* beruht darauf, daß eine Spannung (EMK = elektromotor. Kraft) auftritt, wenn in einem durch Verlöten von zwei (thermoelektr.) verschiedenen Metallen od. Leg. a u. b erhaltenen elektr. Leiter die beiden Lötstellen ab u. ba unterschiedliche Temp. haben (T. J. Seebeck 1822). Besteht längs eines elektr. Leiters ein Temp.-Gefälle, so tritt zusätzlich zur Stromwärme der sog. *Thomson-Effekt* (Thomson 1856) auf: Fließt der Strom in Richtung des Temp.-Gefälles, so wird eine diesem proportionale Erwärmung beobachtet, bei Umkehrung der Stromrichtung eine entsprechende Abkühlung. Die Umkehrungen dieser beiden Effekte werden als *Peltier-* (Peltier 1834) bzw. *Benedicks-Effekt* bezeichnet. Im ersten Falle bildet sich eine Temp.-Differenz zwischen den beiden Lötstellen ab u. ba aus, wenn man durch die Leiterkombination einen elektr. Strom schickt; im zweiten Falle entsteht in einem homogenen Leiter eine elektr. Spannung, falls die Temp.-Verteilung in ihm unsymmetr. ist (bes. groß ist der Effekt an solchen Stellen, an denen starke Änderungen des Querschnitts eintreten). Die beim Seebeck-Effekt durch den Temp.-Unterschied zwischen den beiden Lötstellen vom „Thermopaar" erzeugte EMK wird *Thermospannung* (thermoelektr. Spannung) od. *Thermokraft* genannt; sie läßt sich in den sog. *„Thermoelementen"* als Temp.-Meßgröße ausnützen, sowie in den sog. *„thermoelektr. Generatoren"* zur Stromerzeugung. Der Peltier-Effekt wird techn. in den sog. „Peltier-Batterien" ausgenutzt; dies sind geräusch- u. erschütterungsfrei arbeitende, stufenlos regelbare Kühlaggregate.

Von den in Thermoelementen verwendbaren Thermopaaren kann durch die Kombination Nickel-Chrom/Konstantan die größte Thermospannung erzeugt werden. Am häufigsten werden verwendet für niedrige Temp. (unter 800°) Eisen-Konstantan, für hohe Temp. (bis 1600°) Platin/Platinrhodium, für höchste Temp. Iridium/Iridiumrhodium (bis 2000°), Wolfram/Indium (bis 2100°) u. Wolfram/Wolfram-Molybdän (bis 3100°). Beim Hintereinanderschalten mehrerer Thermoelemente, wobei die Lötstellen abwechselnd auf den zwei verschiedenen Temp. gehalten werden, erhöht sich die Thermospannung proportional der Anzahl der Elemente. Solche „Thermosäulen" eignen sich sehr gut zur Strahlungsmessung; für die Stromerzeugung ist ihr Wrkg.-Grad zu klein. In den „thermoion. Generatoren" werden Thermoelemente aus Halbleitern verwendet. Hier besteht ein Schenkel jeweils aus einem reinen Elektronenleiter (z. B. n-Bi_2Te_3), der andere aus einem reinen Defektelektronenleiter (z.B. p-Sb_2Te_3). Durch die Einführung von Mischkristallen aus Silicium u. Germanium als Werkstoff für solche Thermoelemente gelang die Entw. zuverlässiger Generatoren im Bereiche von 100 W bis zu einigen kW für Zwecke der Raumfahrt. Vgl. auch *Spannungsreihe. — E: thermoelectricity

Lit.: Birkholz, U., Thermoelektr. Stromerzeuger, in Euler, K. J., Energie-Direktumwandlung, München, Thiemig, 1967; Egli, P. H., Thermoelectricity, New York, Wiley, 1960; Euler, K.J., Neue Wege zur Stromerzeugung, Frankfurt a. M., Akad. Verl. Ges., 1963; ders., Meth. der Energieumwandlung, in Chemie-Labor-Betrieb 19 [1968] S. 103—112 (bes. S. 109 bis 110); Harman, T. C. u. J. M. Honig, Thermoelectric and Thermomagnetic Effects and Applications, New York, McGraw-Hill, 1967; Mialki, W., Energie-Direktumwandlung, in Bild d. Wiss. 2 [1965] S. 726—737; Ullmann XVII, 321—325.

Thermoelemente s. *Thermoelektrizität. — E: thermels

Thermogravimetrie. bez. für ein thermoanalyt. Verf. (s. *Thermoanalyse), das die Gew.-Änderungen ausnützt, die bei den durch Erhitzen bewirkten Umwandlungen von Stoffen auftreten. Hierzu benützt man die sog. Thermowaage, die es erlaubt, das Gew. einer in einem Ofen befindlichen Probe während des Aufheizvorganges kontinuierlich zu verfolgen bzw. zu registrieren. Die Thermowaage wurde von P. Clevenard entwickelt u. von C. Duval vervollkommnet. Eine der wichtigsten Anwendungen der T. ist die Unters. von Niederschlägen, um günstige Verbrennungs- od. Trocknungstemp. festzulegen. Auch die Identifizierung hochmol. Stoffe ist durch thermogravimetr. Messungen möglich. Für Plastomere, Cellulose-Typen, Papiere, Pappen u. zahlreiche Cellulosederiv. lassen sich für jeden Stoff charakterist. Pyrolysekurven erhalten; s. Mikrochim. Acta 1967, S. 41. — E: thermogravimetric analysis

Lit.: Duval, C., Inorganic Thermogravimetrical Analysis, Amsterdam-New York, Elsevier, 1963; Ewing, G. W. u. A. Maschka, Physikal. Unters.-Meth. der Chemie, Wien-Heidelberg, R. Bohmann Ind.- u. Fachverl., 1964, S. 395—399; Guichon, in Chim. et Ind 1960, S. 734—754; Snell, F. D. u. C. L. Hilton, Encyclopedia of Industrial Chemical Analysis, Bd. 3, New York-London, Wiley-Interscience, 1966, S. 644 bis 665; Toursel, W., Thermogravimetrie, in Z. Chemie 7 [1967] S. 249—258, 265—274; Ullmann II/1, 657—658.

Thermokraft (Thermospannung) s. *Thermoelektrizität. — E: thermoelectric force

thermolabil s. *labil. — E: thermolabile

Thermolumineszenz s. *Lumineszenz. — E: thermoluminescence

Thermolyse = therm. Dissoziation (s. *Dissoziation). — E: thermolysis

Thermometrie (thermometr. Analyse, Enthalpometrie). Bez. für das älteste u. einfachste Verf. der Thermoanalyse (s.*therm. Analyse), das zur Feststellung der Umwandlung dient, die eine Substanz erfährt, wenn sie mit ziemlich konstanter Geschw. erhitzt od. abgekühlt wird; man trägt dazu die Temp. der Substanz in Abhängigkeit von der Aufheiz- bzw. Abkühlungsgeschw. auf. Läßt man z. B. 400° heißes Blei ohne irgendeine Störung von außen langsam abkühlen, so fällt die Temp. ganz gleichmäßig in Form einer stetigen, etwas gekrümmten Kurve (AB in Abb.a), bis der Schmelzpunkt von 327,5° erreicht ist. Dann bleibt die Temp. eine Zeitlang fast unverändert stehen (Strecke BC), um schließlich wieder gleichmäßig abzusinken (CD). Auf der Strecke BC (Haltepunkt genannt, weil hier die Temp.-Senkung zum Halten gebracht wird) tritt keine Temp.-Senkung ein, weil hier für einige Zeit die sog. Erstarrungswärme (=Schmelzwärme) frei wird. Es kommt nun aber auch vor, daß chem. reine Elemente bei der Abkühlung ihrer Schmelze (od. beim Erwärmen) nicht nur einen Knickpunkt im eigentlichen Schmelzpunkt zeigen, sondern daß auch in anderen Bereichen weitere Haltepunkte zu beobachten sind. So erfährt z. B. das bei 1535° erstarrte, reine Eisen bei 1398°, bei 928° u. bei 770° nochmals eine Verlangsamung in seiner Abkühlung; es muß also an diesen Temp.-Punkten etwas Wärme frei geworden sein, u. dies wird darauf jeweilige Umlagerung der Eisenatome in den Kristallgittern zurückgeführt. Man unterscheidet hier 4 verschiedene Eisenmodifikationen, nämlich α-Eisen, β-Eisen, γ-Eisen u. δ-Eisen (s. *Eisen). Wenn sich 1 Mol (= 55,85 g) β-Eisen in α-Eisen umwandelt, werden beispielsweise 0,32 cal frei, die einen Haltepunkt in der Kurve bedingen. Beim Erwärmen des festen Eisens werden fast die gleichen Haltepunkte durchlaufen. Wenn aus einer gemischten Schmelze ein Bestandteil rein auskristallisiert, zeigt die Abkühlungskurve beim Beginn der Krist. einen Knick (Kurve III von Abb. c), das Abkühlungstempo verlangsamt sich in dem Bereich a bis b, da die auskristallisierende Komponente Erstarrungswärme liefert. Wenn schließlich das gleichzeitig erstarrende eutekt. Gemisch (s. *Eutektikum) zustande gekommen ist, wird viel Erstarrungswärme frei u. man beobachtet einen sehr deutlichen Haltepunkt, später sinkt die Temp. vollends gleichmäßig ab. Wenn aus einer Schmelze Mischkristalle auskristallisieren, findet man in der Kurve einen Knick (AB in Kurve IV von Abb. c), der den Anfang (A) u. das Ende (B) der Misch-

kristallbldg. anzeigt; ein Haltepunkt fehlt. — Die erste thermometr. Analyse wurde von Le Chatelier (s. Compt. Rend 104 [1887] S. 1443; Bull. Soc. Franç. Minéral. 10 [1887] S. 204) durchgeführt. Die T. wird vor allem zur Unters. von metall. Syst. eingesetzt sowie zur Reinheitsprüfung von Substanzen. Vgl. auch *Differentialthermoanalyse. — E: thermometric analysis
Lit. s. *Thermoanalyse

Thermometrische Analyse = *Thermometrie.

Thermometrische Titration (enthalpometr. Titration). Bez. für eine Meth. der Endpunktbest. bei der *Maßanalyse, bei der ausgenützt wird, daß prakt. alle chem. Reaktionen von einem Wärmeeffekt begleitet sind. Von der Nomenklaturkommission der Analytical Chemistry Division der *IUPAC (s. IUPAC-Inf. Bull Nr. 26 [Aug. 1966] S. 45) wurde die folgende Definition festgelegt: „T. T. ist die Bez. für eine Meth. zur Best. des Endpunktes, bei der der Verlauf der Reaktion mittels einer empfindlichen Temp.-Meßvorrichtung (Thermistor, Thermosäule od. Thermometer) verfolgt wird, die in das in einem wärmeisolierten Gefäß befindliche Reaktionsmedium (adiabat. Syst.) eintaucht. Die Anzeige des Instrumentes wird gegen die Menge an zugesetztem Reagenz aufgetragen u. die Endpunkte werden durch Extrapolation an Unstetigkeitsstellen der Titrationskurve lokalisiert." — E: thermometric titration, enthalpometric titration, thermometric titrimetry

Lit.: Ewing G. S. u. A. Maschka, Physikal. Analysen-u. Unters.-Meth. der Chemie, Wien-Heidelberg, R. Bohmann Ind.- u. Fachverl., 1964, S. 395—399; Jordan, J., Thermometric Titration, in McGraw-Hill Yearbook Sci. and Technol. 1965, New York, McGraw-Hill, 1965 S. 413—415; Snell, F. D. u. C. L. Hilton. Encyclopedia of Industrial Chemical Analysis, Bd. 3, New York-London, Wiley-Interscience, 1966, S. 672 bis 685; Tyrell, J. H. V. u. A. E. Beezer, Thermometric Titrimetry, London 1968.

Thermonucleare Reaktionen (Kernfusionsreaktionen). Nach einer Definition der *ISO werden als solche Reaktionen zwischen zwei leichten Atomkernen bezeichnet, die zur Bldg. von wenigstens einer Kernart führen, die schwerer als jeder der Ausgangskerne ist u. bei denen ein Energiegewinn auftritt. In die dtsch. Norm (s. DIN 25 401 [Juli 1965]) wurde die folgende Definition aufgenommen: „Eine Kernfusionsreaktion ist eine Reaktion zweier leichter Atomkerne, die mit einer Erhöhung der Summe der Bindungsenergien verbunden ist." Kernfusion nennt man nach DIN 25 401, Bl. 12 (Entwurf Aug. 1967) die Verschmelzung zweier leichter Atomkerne, die mit einer Erhöhung der Summe der Bindungsenergien verbunden ist. Es wird an gleicher Stelle auch die folgende Definition vorgeschlagen: „Kernfusion ist der Aufbau eines schweren Kerns aus leichten Kernen unter Energiefreisetzung." Während bei der Spaltung schwerer Atomkerne in leichte deshalb Energie frei wird, weil sich die bindungslockernde, den Kernkräften entgegenwirkende Coulombsche Abstoßung der Protonen bei schweren Kernen stärker bemerkbar macht als bei leichten (vgl. *Kernreaktionen), ist es im Bereich der kleinen Nucleonenzahlen dagegen möglich, durch Verschmelzung der Nucleonen (T. R.) leichter Kerne zu schweren Kernbindungsenergie freizusetzen. Ein typ. Beisp. ist die Reaktion:

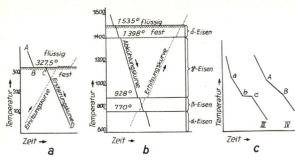

Deuteron + Triton → α-Teilchen (3,5 MeV) + Neutron (14,1 MeV) = $_1^2\mathrm{H}^+ + {}_1^3\mathrm{H}^+ \rightarrow {}_2^4\mathrm{He}^{2+} + {}_0^1\mathrm{n}$; die Verteilung der freigesetzten Kernbindungsenergie auf die Endkerne ist hier in Klammern angegeben. Hier hat man es mit gleichnamig geladenen Teilchen zu tun, die eine relativ hohe Aktivierungsenergie benötigen, damit trotz der weitreichenden Coulombkraft die anziehende Kernkraft zu einem Kernfusionsprozeß führen kann. Geht man von einem Gemisch aus äquimol. Teilen von Deuterium u. Tritium aus, so muß für den Eintritt der Reaktion die Temp. so hoch sein (im Falle der Wasserstoffkerne etwa $100 \cdot 10^{6}$ °K), daß das Gasgemisch in voll ionisiertem Zustand (*Plasma) vorliegt. Nur dann ist die Energiebilanz positiv, d. h. die dem Syst. entnommene u. evtl. in elektr. Energie umgewandelte, aus Kernfusionsprozessen stammende Energie ist größer als die zur Aufheizung u. zum Betrieb eines so arbeitenden Reaktors notwendige, eingespeiste Energie. Es ist zwar bereits gelungen, relativ hohe Temp. zu erzeugen, doch ist noch immer das Problem ungelöst, das heiße Plasma über genügend lange Zeit einzuschließen; denn das Prod. aus der Dichte des reagierenden Gemisches u. der notwendigen Reaktionszeit muß stets über einem Mindestwert liegen, der allein von der Temp. abhängig ist („Lawson-Kriterium"). Somit lassen sich heute noch keine Zeitprognosen aufstellen, wann die Konstruktion eines Kernfusionsreaktors mit positiver Energiebilanz gelingen wird. Man kann heute lediglich sagen, daß die techn. Schwierigkeiten sicher sehr groß sind, daß aber noch keine Erfahrung vorliegt, die die Möglichkeit der Konstruktion eines „Kernfusionsreaktors" prinzipiell ausschließt (s. hierzu R. Klingelhöfer unter Lit.). Tatsächlich bilden T. R. die wichtigsten Energiequellen der Natur, u. wahrscheinlich wird der Energiehaushalt der Sonne u. a. Fixsterne durch sie gedeckt. Nach einer 1937 von H. Bethe (geb. 1906; Physik-Nobelpreis 1967) u. C. F. v. Weizsäcker durchgeführten Unters. über die cycl. Kernreaktionen in der Sonne („Kohlenstoffcyclus") wird deren Energie durch Kernfusionsreaktionen geliefert, wobei zunächst aus vier Wasserstoffkernen ein Heliumkern aufgebaut wird, z. B. nach dem Schema:

$$p + p \rightarrow D^+ + e^+ + \text{Energie}$$
$$D^+ + p \rightarrow {}^3He^{2+} + \text{Energie}$$
$$\underline{{}^3He^{2+} + {}^3He^{2+} \rightarrow {}^4He^{2+} + 2\ p + \text{Energie}}$$
$$4\ p \rightarrow {}^4He^{2+} + 2\ e^+ + \text{Energie}$$
(26,7 MeV).

Der bei dieser T. R. freiwerdende Energiebetrag führt zu einem deutlichen Massendefekt. Da die Sonne heute noch zu etwa 80% aus Wasserstoff in Form eines Protonengases besteht, kann man leicht ausrechnen, daß sie dadurch noch etwa 100 Milliarden Jahre in der Lage ist, in gleicher Weise wie bisher weiter zu strahlen. Techn. verwirklicht konnten T. R., die als *Kettenreaktionen ablaufen, bisher nur in den sog. Wasserstoffbomben (s. *Kernwaffen) werden. — E: thermonuclear reactions

Lit.: Allis, W. P., Nuclear Fusion, New York, Van Nostrand, 1960; Artimovich, L. A., Controlled Thermonuclear Reactions, New York, Gordon and Breach, 1965; ders., (Arzimowitsch, L. A.), Gesteuerte T. R., Berlin 1965; Chen, F. F., The Leakage Problem in Fusion Reactors, in Scient. Amer. 217 [1967] Nr. 1, S. 76 bis 88; Curry u. Newman, The Challenge of Fusion, New York 1960; Eckhardt, D. u. M. Keilhacker, Neue experimentelle Erg. bei der Erforschung der physikal. Grundlagen der steuerbaren thermonuclearen Fusion, in Naturwiss. 53 [1966] S. 571–581; Fowler, T. K. u. R. F. Post, Progress toward Fusion Power, in Scient. Amer. 215 [1966] Nr. 6, S. 21–31; Glasstone, S. u. R. C. Lovberg, Controlled Thermonuclear Reactions, Princeton, Van Nostrand, 1960 (dtsch. Übersetzung München, Thiemig, 1964); Green, T. S., Thermonuclear Power, London 1963; Klingelhöfer, T., Entw.-Stand der Energiegewinnung durch Kernfusion, in Nachr. Chem. Techn. 16 [1968] S. 98–99; Longmire, Tuck, Thompson, Plasma Physics and Thermonuclear Research, London, Pergamon Press, 1959; Rose u. Clark, Plasmas and Controlled Fusion, New York, Wiley, 1961; Simon, An Introduction to Thermonuclear Research, London, Pergamon Press, 1960; Turkevich u. Leontovich, Plasma Physics and the Problem of Controlled Thermonuclear Reactions, I–IV, London, Pergamon Press, 1959; Ullmann IX, 461. *Ztschr.:* Kernverschmelzung, Vierteljahresschrift der IAEO, Wien (1960—); Plasma-Physics, Accelerators, Thermonuclear Research, London, Pergamon Press; s. auch Lit. unter *Plasma.

Thermopaare s. *Thermoelektrizität. — E: thermocouples

Thermoplaste (thermoplast. Kunststoffe, *Plastomere). Bez. für bei gewöhnl. Temp. harte od. sogar spröde *Kunststoffe, die bei Wärmezufuhr reversibel erweichen u. mechan. leicht verformbar werden, um schließlich bei hohen Temp. in den Zustand einer viskosen Fl. überzugehen. Sie durchlaufen einen Erweichungs- od. Schmelzbereich; durch einen einseitigen starken mechan. Zug können sie gereckt u. damit ihre Fadenmol. orientiert werden (bewirkt Erhöhung der Festigkeit in der Zugrichtung). Ihre Eig. lassen sich durch Zusätze von *Weichmachern leicht verändern. Zu den T. gehören alle *Polymerisate (sie bestehen also aus linearen Mol.-Ketten od. sind thermolabil vernetzt) wie Polyolefine u. Polyvinylverb., aber auch einige Polykondensationsprod. (z. B. Polyamide). *Gegensatz:* Duroplaste (s. *Duromere). — E: thermoplastics

Lit.: Bernhardt, E. C., Review of Processing of Thermoplastic Materials, New York, Reinhold, 1959; Determann, H., Nichthärtbare Kunststoffe (T.), Berlin, Springer, 1953; Haim, G. u. E. Rottner, Thermoplast. Kunststoffe, I–II, München, Hanser, 1959; Laeis, M. E., Der Spritzguß thermoplast. Massen, München, Hanser, 1956; s. auch Lit. unter *Kunststoffe. *Organisation:* Fachgemeinschaft Thermoplastische Erzeugnisse, Frankfurt/M.

Thermosäulen s. *Thermoelektrizität. — E: thermopiles

Thermospannung s. *Thermoelektrizität. — E: thermal e. m. f.

thermostabil = unempfindlich gegen höhere Wärmegrade. — E: heat stable, thermoresistant, thermostable

Thermostate. Bez. für mit Gas od. Elektrizität beheizte Geräte, bei denen die Temp. eines *Heizbades durch Regelung der zugeführten Heizleistung konstant gehalten wird. Mit den in chem. Laboratorien häufig verwendeten Fl.-Umwälz-T. lassen sich Temp.-Genauigkeiten bis herab zu ± 0,001° erreichen. Die handelsüblichen Geräte erfassen den Bereich von −60 bis +300°; hiermit läßt sich maximal eine Temp.-Konstanz von etwa ± 0,005 bis 0,03° erreichen. Metallblock-T. treten zunehmend an die Stelle von Bädern mit fl. Füllung. Ihre Temp.-Konstanz beträgt ± 0,1°, sie sind für Temp. bis 350° zu verwenden u. vermeiden eine Verunreinigung der Probengefäße; auch ist die Brandgefahr bei Überhitzung ausgeschaltet. Weitere Vorteile: geringer Stromverbrauch, übersichtliche Anordnung der Proben u.

Fortfall bewegter Teile. — E: thermostats, temperature-regulating instruments

Lit.: Griffiths, Thermostats and Temperature-Regulating Instruments, London, 1951; Lalande, A., Les Thermostats pour les Températures Moyennes, Paris, Hermann; Lewin in J. Chem. Educ. 36 [1959] S. A 131—A 146, A 189—A 216; Romagnoli, G. C., Termometria, Pirometria, Termoregulazione automatica, Milano, Hoepli, 1950; Ullmann II/1, S. 844.

Thermostatik s. *Thermodynamik. — E: thermostatics

Thermostrom s. *Thermoelektrizität. — E: thermocurrent

theta s. *θ (ϑ) u. *Θ. — E: theta

Thianaphthenyl... = *Benzo[b]thienyl... — E: thianaphthenyl-

Thiazinyl... Bez. für die von Thiazin = $\overline{\text{NH}-\text{CH}=\text{CH}-\text{S}-\text{CH}=\text{CH}}$ = C_4H_5NS abgeleitete Atomgruppierung —(C_4H_4NS) in systemat. Namen. — E: thiazinyl-

Thiazolidinyl... Bez. für die von Thiazolidin = $\overline{\text{NH}-\text{CH}_2-\text{S}-\text{CH}_2-\text{CH}_2}$ = C_3H_7NS abgeleitete Atomgruppierung —(C_3H_6NS) in systemat. Namen. Alte Bez.: Thiazolidyl... — E: thiazolidinyl-

Thiazolidyl... = *Thiazolidinyl... — E: thiazolidyl-

Thiazolinyl... Bez. für die von Thiazolin = C_3H_5NS (z. B. 2.3-Thiazolin = $\overline{\text{N}=\text{CH}-\text{S}-\text{CH}_2-\text{CH}_2}$) abgeleitete Atomgruppierung —(C_3H_4NS) in systemat. Namen. — E: thiazolinyl-

Thiazolyl... Bez. für die von Thiazol = $\overline{\text{N}=\text{CH}-\text{S}-\text{CH}=\text{CH}}$ = C_3H_3NS abgeleitete Atomgruppierung —(C_3H_2NS) in systemat. Namen. — E: thiazolyl-

Thienyl... Bez. für die von Thiophen = $\overline{\text{CH}=\text{CH}-\text{S}-\text{CH}=\text{CH}}$ = C_4H_4S abgeleitete Atomgruppierung —(C_4H_3S) in systemat. Namen. — E: thienyl-

Thietane. Bez. für viergliedrige Heterocyclen (s. *Heterocycl. Verb.), deren Mol. ein S-Atom neben drei Kohlenstoffatomen im Ring enthalten. Ältere Bez.: Trimethylensulfide, Thiacyclobutane. Enthält der Ring ein C=C-Doppelbindung, so spricht man von Thietenen. — E: thietanes

Lit.: Sander, M., in Chem. Rev. 66 [1966] S. 341 bis 353.

Thiirane. Bez. für dreigliedrige Heterocyclen (s. *Heterocycl. Verb.), deren Mol. ein S-Atom neben zwei Kohlenstoffatomen im Ring enthalten. Ältere Bez.: Olefinsulfide, Alkensulfide, Äthylensulfide, Episulfide, Thioalkylenoxide, Thiocyclopropane. — E: thiiranes

Lit.: Sander, M., in Chem. Rev. 66 [1966] S. 297 bis 339.

Thio... Bez. für das zweiwertige Schwefelatom —S— in systemat. Namen von org. Verb., ebenso in anorg. Verb., sofern dort ein O-Atom ersetzt wird; ferner für das Sulfid-Ion S^{2-} als Ligand in Koordinationsverb. (s. *Koordinationslehre). — E: thio-

Thioacetale = *Mercaptale. — E: thioacetals

Thioacetyl... Bez. für die Atomgruppierung —CS—CH_3 in systemat. Namen. — E: thioacetyl-

Thioalkohole = *Mercaptane. — E: thioalcohols

Thioarsenoso... Bez. für die Atomgruppierung —AsS in systemat. Namen von org. Verb. — E: thioarsenoso-

Thiobenzoyl... Bez. für die Atomgruppierung —CS—C_6H_5 in systemat. Namen. — E: thiobenzoyl-

Thiocarbamoyl... Bez. für die Atomgruppierung —CS—NH_2 in systemat. Namen. Alte Bez.: Thiocarbamyl..., Thiuram... — E: thiocarbamoyl-

Thiocarbamyl... = *Thiocarbamoyl... — E: thiocarbamyl-

Thiocarbonate. Bez. für Salze mit den Anionen CSO_2^{2-}, CS_2O^{2-} od. CS_3^{2-}. — E: thiocarbonates

...thiocarbonsäure. Nachsilbe in systemat. Namen von org. Verb., die ausdrückt, daß eine Methylgruppe durch die Atomgruppierung —COSH od. CSOH ersetzt wurde. — E: -thioic acid

Thiocarbonsäuren. Bez. für org. Säuren, die sich von den *Carbonsäuren formell durch Ersatz von O-Atomen der Carboxylgruppe der Carbonsäuren durch S-Atome ableiten; vgl. *Thiocarbonate sowie ...O-*carbothiosäure, ...S-*carbothiosäure, ...*carbothiono-thiolsäure. — E: thiocarboxylic acids

Thiocarbonyl... Bez. für die Atomgruppierung =CS in systemat. Namen. — E: thiocarbonyl-

Thiocarboxy... Bez. für die Atomgruppierung —CS—OH u. —CO—SH in systemat. Namen von org. Verb. — E: thiocarboxy-

Thiocyanate (Rhodanide). Bez. für Salze u. Ester der Thiocyansäure = HSCN von den allg. Formeln M^ISCN (M^I = einwertiges Metallatom) bzw. $M^I-S-C\equiv N$. — E: thiocyanates

Lit.: Beilstein III, E III 260—277; Reid, E. E., Organic Chemistry of Bivalent Sulfur, Bd. 5: Thiocyanates, New York 1961; Ullmann V, 816, XIII, 394, XIV, 685—690, XVII, 336—341.

Thiocyanato... Bez. für die Atomgruppierung —S—CN in systemat. Namen von org. Verb., ferner für das Ion SCN^- als Ligand in den Namen von Koordinationsverb. (s. *Koordinationslehre). Alte Bez. Thiocyano... — E: thiocyanato-

Thiocyano... = *Thiocyanato. — E: thiocyano-

Thiodiphosphoryl... = *Thiopyrophosphoryl...

Thioformyl... Bez. für die Atomgruppierung —CHS in systemat. Namen. — E: thioformyl-

Thiohydroxy... = *Mercapto... — E: thiohydroxy-

...thiol. Nachsilbe in systemat. Namen von org. Verb., die ausdrückt, daß es sich um ein *Mercaptan handelt. — E: -thiol

Thiomorpholino... Bez. für die vom 1.4-Thiazan abgeleitete Atomgruppierung

$$-N-CH_2-CH_2-S-CH_2-CH_2$$

in systemat. Namen. — E: thiomorpholino-

Thiomorpholinyl... Bez. für die Atomgruppierung $-CH-CH_2-S-CH_2-CH_2-NH$ (3-Position, auch in der 2-Position möglich) in systemat. Namen. — E: thiomorpholinyl-

Thion... = *Thioxo... — E: thion-

...thion. Nachsilbe in systemat. Namen von org. Verb., die ausdrückt, daß zwei H-Atome am gleichen C-Atom durch ein doppelt gebundenes Schwefelatom (= =S) ersetzt sind. — E: -thione

Thionyl... = *Sulfinyl... in systemat. Namen von org. Verb. In systemat. Namen von anorg. Verb. bedeutet T. die Atomgruppierung SO, sofern diese an Halogene gebunden ist. — E: thionyl-

Thiophile Substanzen (SH-Blocker). Bez. für Verb., die sich leicht u. rasch mit SH-Gruppen von *Mercaptanen u. Thiophenolen zu stabileren Verb. umsetzen; hierher gehören z. B. $HgCl_2$, Jodacetat, Maleinsäure, Chinone, Vinylsulfone, Maleinimine usw. Die T. S. haben wegen ihres Einfl. auf SH-Fermente ausgeprägten Gift- bzw. Wirkstoffcharakter. — E: thiophilic compounds, sulfhydryl group-blocking agents
Lit.: Schöberl, A. in Angew. Chem. 80 [1958] S. 646 bis 650.

Thiophosphoryl... Bez. für die Atomgruppierung $SP\langle$ in systemat. Namen von anorg. Verb. — E: thiophosphoryl-

Thioplaste (Elastothiomere). Bez. für die Polykondensate aus Alkylenhalogeniden (z. B. Alkylendichlorid) u. Natriumpolysulfiden. Die T. werden wie Rohkautschuk verarbeitet, d. h. nach Zugabe von Füllstoffen, Ruß u. Beschleunigern, Verwalzen u. Verformen vulkanisiert. — E: polysulfide polymers
Lit.: Fettes, E. M. u. J. S. Jorczak, Polysulphide Polymers, in Ind. Engng. Chem. 42 [1950] S. 2217; Schreiber, J., Chemie u. Technologie der künstlichen Harze, Stuttgart, Wiss. Verl. Ges., 1961.

Thiopyrophosphoryl... Bez. für die Atomgruppierung $S_3P_2^{4-}$ in systemat. Namen von anorg. Verb. — E: thiopyrophosphoryl-

Thiosäuren. Bez. für formal aus den *Oxosäuren durch Ersatz von einem od. mehreren O-Atomen in den Mol. durch zweiwertige S-Atome abgeleitete Säuren; ihre Salze werden „*Thiosalze*" genannt. — E: thio acids, sulfo-acids

Lit.: Schöberl u. Wagner, in Houben-Weyl-Müller IX, 1955; Zechmeister, L., Fortschr. Chemie org. Naturstoffe, Bd. 13, 1956, S. 506.

Thiosemicarbazido... Bez. für die Atomgruppierung $-NH-NH-CS-NH_2$ in systemat. Namen. — E: thiosemicarbazido-

Thiosulfate. Bez. für ziemlich beständige, normale, sek. Salze, die von der Thioschwefelsäure = $H_2S_2O_3$ herzuleiten sind (Ersatz der beiden H von Thioschwefelsäure durch Metall) u. die allg. Formel $M_2^IS_2O_3$ haben (M^I = einwertiges Metall). Die T. sind meist wasserlösl. (schwerlösl. sind Blei-, Silber-, Thallo- u. Bariumthiosulfat), sie kristallisieren gut u. sind häufig durch hohen Kristallwassergeh. ausgezeichnet. Die wss. Lsg. der T. zersetzen sich bei Säurezusatz unter Abscheidung von Schwefel u. Schwefeldioxid. *Darst.:* Durch Kochen von Sulfiten mit feingepulvertem Schwefel od. durch Oxydation von Polysulfiden mit Luftsauerstoff. Das wichtigste T. ist Natriumthiosulfat = $Na_2S_2O_3$, das in der *Photographie als Fixiersalz Verw. findet. — E: thiosulfates

Thioureido... Bez. für die Atomgruppierung $-NH-CS-NH_2$ in systemat. Namen. — E: thioureido-

Thioxo... Bez. für ein durch eine Doppelbindung an ein Kohlenstoffatom gebundenes Schwefelatom =S in systemat. Namen von org. Verb. — E: thioxo-

Thiuram... = *Thiocarbamoyl... — E: thiuram

Thixotropie. Bez. für die sehr verbreitete Erscheinung, daß *Gele bei mechan. Beanspruchung (Schütteln, Rühren usw.) verflüssigt werden, um nach einiger Zeit zu einem dem Ausgangsgel gleichen Gel zu erstarren; diese ist bes. charakterist. bei Metalloxidhydrat-Gelen, bei Tonen u. Anstrichstoffen. Nach U. König (s. Lit.) sollte die T. als eine zeitabhängige, unter isothermen Bedingungen durchführbare Gel-Sol-Gel-Umwandlung bzw. das Verh. von Suspensionen bezeichnet werden, deren Fließwiderstand mit steigender Schubspannung abnimmt; es muß dabei erwähnt werden, daß dieses Verh. nicht auf Kolloide beschränkt ist. Unter der Zeitabhängigkeit wird dabei verstanden, daß die Platzwechselgeschw. aller od. bestimmten Teilchen des untersuchten Syst. geringer ist als die Schergeschw. Thixotrope Fl. werden heute in der Lackindustrie in großen Mengen hergestellt. Die modernen, nicht tropfenden Lacke sind thixotrop; sie lassen sich leicht streichen u. sind während des Streichens leichtfl. Im Ruhezustand ist ihre Zähigkeit jedoch bedeutend größer, so daß es zu keiner Tropfen- od. Tränenbldg. an der gestrichenen Oberfläche kommen kann. Gegensatz: *Rheopexie. Die Bez. T. ist abgeleitet von griech.: thixis = Berührung u. tropikos = Wechseln. — E: thixotropy

Lit.: König, U., Thixotropie, in Chemiker-Ztg. 92 [1968] S. 343–348.

Thomson-Effekt s. *Thermoelektrizität. — E: Thomson effect

Thorate(VI). Bez. für Salze mit dem Anion ThO_3^{2-}. — E: thorates(VI)

Thorium (chem. Symbol Th). Radioakt. (s. *Radioaktivität) metall. Element (Schwermetall); At.-Gew. 232,038; Isotope (in Klammern Angabe der Halbwertszeit u. der Zerfallsart): 223 (0,9 Sek.; a), 224 ($\approx$ 1 Sek.; a), 225 (8 Min.; K-Einfang u. a), 226 (31 Min.; a), 227 (= Radioactinium; 18,17 Tage; a), 228 (= Radiothorium; 1,91 Jahre; a), 229 (7340 Jahre; a), 230 (= Ionium; 80 000 Jahre; a), 231 (= Uran Y; 25,6 Std.; β^-), 232 ($1,39 \cdot 10^{10}$ Jahre; a u. spontane Spaltung) 233 (22,1 Min.; β^-), 234 (= Uran X_1; 24,10 Tage; β^-), 235 ($<$ 5 Min.; β^-); Ordnungszahl 90. In Lsg. stets IV-wertig wie die übrigen Metalle der IV. Nebengruppe des *Periodensyst. (Titan, Zirkonium, Hafnium); es sind jedoch im festen Zustand auch Verb. bekannt, die wahrscheinlich III- bzw. II-wertiges Th enthalten *(Beisp.:* ThJ_3, ThJ_2; vgl. CAEN 45 [1967] Nr. 32, S. 84–85). Reines Th ist ein graues Pulver od. (im kompakten Zustand) ein platinartig glänzendes, ziemlich weiches u. dehnbares Metall; *D.* 11,66, *F.* etwa 1750° (die Lit.-Angaben schwanken zwischen $\approx$ 1700 u. $\approx$ 1850°), *Kp.* 3530° (nach anderen Angaben $\approx$ 4000°). Th wird vor verd. Säuren (auch HF) u. Ätzalkalien nicht angegriffen, wohl aber von rauchender Salzsäure u. Königswasser. Im Sauerstoffstrom verbrennt es zu Thoriumdioxid; mit Stickstoff bildet es bei höherer Temp. ein Nitrid (Th_3N_4). Das Isotop 232 ist das Ausgangsglied einer der natürlichen radioakt. Zerfallsreihen, der sog. *Thorium-Reihe* (s. *Radioaktivität), die mit dem stabilen Bleiisotop 208 *(Thorium D* od. *Thoriumblei)* endet.

Vork.: Der Anteil des Th (fast ausschließlich Th 232) an der obersten, 16 km dicken Erdkruste wird auf 0,0012% geschätzt; es steht damit hinsichtlich der natürlichen Häufigkeit an 39. Stelle zwischen *Molybdän u.*Cäsium. Th ist nur an wenigen Stellen der Erde in größeren Mengen angereichert; es tritt hauptsächlich in den Mineralien Monazit = $CePO_4$, Thorianit = $(Th, U)O_2$ u. Thorit = $ThSiO_4$ zumeist in Gesellschaft von *Seltenerdmetallen od. Uran auf. Man findet es u. a. auch in norweg. Syenit-Pegmatit-Gängen. Die 1960 als sicher angenommenen Th-Reserven (0,5 Mill. t Th-Oxid) der Welt verteilen sich folgendermaßen (je 1000 t Th-Oxid): Indien 250, Kanada 200, USA 20, Brasilien 10; dazu dürften noch 0,3 Mill. t Th-Oxid wahrscheinlich, bergmänn. nicht nachgewiesener Reserven kommen, von denen sich vermutlich ca. 0,25 Mill. t in Indien befinden. Im Bayer. Wald (bei Bodenmais) wurde 1960/61 ein größeres Th-Vork. entdeckt; das Erz enthält je t 2,5 kg Th u. 0,1–0,15 kg U.

Darst.: Man schließt Monazitsand entweder mit konz. Schwefelsäure od. Natronlauge auf; der nächste Schritt ist heute meist die Extraktion mit org. Lsgm. (z. B. Methylisobutylketon, Tributylphosphat, Monooctyl- od. Dibutylphosphorsäure). Reinstes Th erhält man durch Zers. von Thoriumjodid an heißen Glühdrähten (Verf. von van Arkel u. de Boer). Über Herst. von nuclearreinem Th s. H. W. Flemming in Chemiker-Ztg. 82 [1958] S. 872–875.

Verw.: Hauptanwendungsgebiet ist die Herst. von Mg-Th-Leg. als Kernreaktor-Werkstoff. Weitere Verw.-Weisen: Als Leg.-Zusatz für die Heizdrähte elektr. Öfen (vermindert Verzunderung) u. als gasadsorbierendes Mittel in der Hochvak.-Technik; wichtiger ist Thoriumoxid = ThO_2. In Mischung mit spaltbarem Uran kann man Th auch zur Gewinnung von Kernenergie verwenden (gibt bei Neutronenbestrahlung spaltbares U 233). Da Th in der Erdkruste etwa viermal so häufig ist wie U, kann es bei der künftigen Gewinnung von Atomenergie eine wichtige Rolle spielen. Nach Hauschild u. Denzer (Naturwiss. 1955, S. 538 f.; DWP 12 751) sind Komplexverb. aus Th u. Äthylendiamintetraessigsaurem Na (leichte Ausscheidung durch die Nieren) als Röntgenkontrastmittel verwendbar.

Geschichtl.: Th wurde in Form seines Oxids von Berzelius 1828 in einem norweg. Mineral entdeckt u. nach dem skandinav. Donnergott Thor benannt. — E: thorium

Lit.: Badasch, L., The Discovery of Thorium's Radioactivity, in J. Chem. Educ. 43 [1966] S. 219–220; Callow, R. J., The Industrial Chemistry of the Lanthanons, Yttrium, Thorium, and Uranium, Oxford, Pergamon Press, 1967; Cuthbert, F. L., Thorium-Production Technology, Reading/Mass., Addison-Wesley, 1958; Gmelin, Syst.-Nr. 44, Th u. Isotope, 1955; Graininger, Uranium u. Thorium, London, G. Newnes Ltd., 1958; IAEO, Metallurgy of Thorium Production, Rev. Series Nr. 22, Wien 1962; Pascal, Nouveau Traité, Bd. 9, Paris, Masson, 1962; Ryabchikov, J. u. a., Analytical Chemistry of Thorium, Oxford, Pergamon Press, 1963; Schreiter, W., Seltene Metalle, Bd. 3: Ta, Te, Tl, Th, Ti, U, V, W, Y, Zr, Leipzig, VEB Dtsch. Verl. Grundstoffind., 1962; Ullmann IX, 507, 513, XII, 113, XVII, 355–379; Zeschke, G., Prospektion von Uran- u. Thoriumerzen, Stuttgart, Schweizerbart, 1956. Über Darst. s. Brauer II, 1026.

Thorium A (chem. Symbol Th A) = $^{216}_{84}Po$ als Glied der Thorium-Zerfallsreihe (s. *Radioaktivität). — E: thorium A

Thorium B (chem. Symbol Th B) = $^{212}_{82}Pb$ als Glied der Thorium-Zerfallsreihe (s. *Radioaktivität). — E: thorium B

Thoriumblei = *Thorium D.

Thorium C (chem. Symbol Th C) = $^{212}_{83}Bi$ als Glied der Thorium-Zerfallsreihe (s. *Radioaktivität). — E: thorium C

Thorium C'

Thorium C' (chem. Symbol Th C') = $^{212}_{84}$Po als Glied der Thorium-Zerfallsreihe (s. *Radioaktivität). — E: thorium C'

Thorium C'' (chem. Symbol Th C'') = $^{208}_{81}$Tl als Glied der Thorium-Zerfallsreihe (s. *Radioaktivität). — E: thorium C''

Thorium D (chem. Symbol Th D) = $^{208}_{82}$Pb als Glied der Thorium-Zerfallsreihe (s. *Radioaktivität). — Alte Bez.: Thoriumblei. — E: thorium D

Thorium-Emanation. Frühere Bez. für *Thoron. — E: thorium emanation

Thorium-Reihe s. *Radioaktivität. — E: thorium series

Thorium X (chem. Symbol Th X) = $^{224}_{88}$Ra als Glied der Thorium-Zerfallsreihe (s. *Radioaktivität). — E: thorium X

Thoron (chem. Symbol Tn) = $^{220}_{86}$Rn als Glied der Thorium-Zerfallsreihe (s. *Radioaktivität). Frühere Bez.: Thorium-Emanation. — E: thoron

Threo... Vorsilbe, die in der Stereochemie die entgegengesetzte Konfiguration zweier benachbarter asymmetr. C-Atome anzeigt, wie sie in der Threose vorliegt. Gegensatz: Erythro-Formen (s. *Erythro...). Vgl. auch G. Drefahl u. H. Zimmermann in Chem. Ber. 93 [1960] S. 1809 bis 1816; Zechmeister, L., Fortschr. Chemie org. Naturstoffe, Bd. 8, 1951, Wien, Springer, S. 326. — E: threo-

threo-diisotaktisch s. *Diisotakt. Polymere. — E: threo-diisotactic

Threonyl... Bez. für die Atomgruppierung — CO — CH(NH$_2$) — CH(OH) — CH$_3$ in systemat. Namen. Darf nicht verwendet werden, wenn eine mit Veränderung des Kohlenstoff-Gerüstes verbundene Substitution (z. B. durch *Alkyl, *Aryl, *Acyl) vorliegt. — E: threonyl-

Thujyl... Bez. für die von Thujan = C$_{10}$H$_{18}$ abgeleitete Atomgruppierung — (C$_{10}$H$_{17}$) in systemat. Namen. — E: thujyl-

Thulium (chem. Symbol Tm). *Seltenerdmetall. At.-Gew. 168,934; Ordnungszahl 69 (tritt natürlich ausschließlich als Isotop 169 auf). III- u. (selten) II-wertig. Silberweißes, an der Luft beständiges, schmiedbares, duktiles Metall, das sich mit dem Messer schneiden läßt. F. 1545°, Kp. 1727°, D. 9,332. Bisher sind 15 radioakt. Isotope mit Atommassen zwischen 161 u. 176 bekannt. Der Anteil des Tm an den äußersten 16 km der Erdkruste wird auf $2 \cdot 10^{-5}$ % geschätzt; Tm steht damit hinsichtlich seiner Häufigkeit an 65. Stelle der Elemente zwischen Wismut u. Cadmium. Es tritt zusammen mit den anderen Seltenerdmetallen auf (ist z. B. im Gadolinit zu 0,25% enthalten); man gewinnt es aus Monazitsand (sein Anteil hierin beträgt etwa 0,007%), wobei es durch Ionenaustausch von den übrigen Seltenerdmetallen abgetrennt wird. Zur Isolierung werden das Oxid mit Lanthan u. das wasserfreie Fluorid mit Calcium reduziert. Da Tm das seltenste Seltenerdmetall u. schwierig darstellbar ist, ist es techn. bedeutungslos. Mit radioaktiviertem Tm-Oxid kann man „Autoröntgenaufnahmen" ohne Röntgenapp. von Zähnen, Knochen usw. herstellen, s. Chem. Ind. 1953, S. 31. Nach CAEN 1954, S. 1769 sind 0,2 g von künstlich radioakt. Tm 170 in Spezialfällen an Stelle von Röntgenröhren als Quelle von Röntgenstrahlen verwendbar, s. Umschau 54 [1954] S. 632 f. Über Toxikologie von Tm s. Haley in Toxikol. Appl. Pharmacol. 1963, S. 427 — 436. Die Entdeckung des Tm erfolgte 1879 durch Cleve bei der Unters. der Yttererden; der Name ist von Thule (alte Bez. für Nordland) hergeleitet. — E: thulium

Lit. s. *Seltenerdmetalle, ferner: Houtermans, Diss., Univ. Göttingen, 1957; Ullmann VI, 517.

Thym(o)... Vorsilbe in chem. Namen, die sich auf Thymian (Beisp.: Thymochinon, Thymol) od. auf Thymus (Beisp.: Thymonucleinsäure) beziehen kann. — E: thymo-, thym-

Thymoleptica (Antidepressiva). Bez. für chem. sehr verschiedenartige Präp. gegen depressive Verstimmung; hierher gehören z. B. einzelne Thiaxanthene, Dibenzoazepine, Dibenzocycloheptadiene, Dibenzocycloheptatriene, einige Hydrazinderiv. u. einige Aminderiv. mit monoaminoxydasehemmender Wrkg., s. E. Jucke in Chimia 15 [1961] S. 267. — E: thymoleptics

Lit.: Arnold, O. u. H. Hoff, Neuroleptica, Tranquilizer u. Antidepressiva, Wien, Hollinek, 1962; Hoffet, H., Beitrag zur Behandlung der Depressionen, Basel, Karger, 1962; Ullmann XIII, 309.

Thymyl... Bez. für die von Thymol abgeleitete Atomgruppierung

$$-\underset{3}{C}=\underset{4}{C}(CH(CH_3)_2)-\underset{5}{CH}=\underset{6}{CH}-\underset{1}{C}(CH_3)=\underset{2}{CH}$$

= (C$_{10}$H$_{13}$O) in systemat. Namen. — E: thymyl-

Thyreostatica. Bez. für Stoffe, welche die Schilddrüsenfunktion hemmen, so z. B. Thiobarbitursäure, Thiouracil, Dijodtyrosin, Kaliumperchlorat, 3-Fluortyrosin, Pantothensäure, Vitamin A, B$_2$, E, Reserpin (s. Schweiz. Med. Wschr. 1956, S. 415) usw. — E: thyrostatics

Lit.: Bansi, H. W., Thyreotoxikosen u. antithyreoidale Substanzen, Stuttgart, Thieme, 1951; Comsa, Les antithyroidiens biologiques, Paris 1953; Wiebeck, B. H., Die Behandlung der Schilddrüsenerkrankungen mit thyreostat. Wirkstoffen u. radioakt. Jod, Bad Wörishofen, Werk-Verl., 1949.

Thyronyl... Bez. für die Atomgruppierung — CO — CH(NH$_2$) — CH$_2$ — C$_6$H$_4$(OC$_6$H$_4$OH-p)-(p) in systemat. Namen. — E: thyronyl-

Ti. Chem. Symbol für das Element *Titan.

Tieftemperaturchemie. Teilgebiet der Chemie, das sich mit dem Ablauf von chem. Reaktionen bei tiefen, sehr tiefen u. extrem tiefen Temp. (s. *Kryogenik) bis zum absoluten Nullpunkt (d. h. also im gesamten Temp.-Bereich unterhalb des Gefrierpunktes des Wassers) befaßt. *Beisp.* für die Anwendung tiefer Temp. in der Chemie: Durch Verminderung der Reaktionsgeschw. bei Kühlung u. durch die Abführung der Reaktionswärme lassen sich beispielsweise viele Synth. so steuern, daß nur bestimmte Prod. entstehen, od. es lassen sich manche bei höheren Temp. instabile Endprod. gewinnen; viele Verb. (z. B. Ozonfluorid = O_3F_2) existieren überhaupt nur bei sehr tiefen Temp., bei vielen Reaktionen müssen gasf. Ausgangsstoffe verflüssigt werden usw. Die T. bei Temp. unterhalb von 80° K wird als *Kyrochemie bezeichnet. Vgl. J. L. Jostan, in Kosmos 63 [1967] S. 211–213. — E: low-temperature chemistry

Tinkturen (Tincturae, in ärztlichen Verordnungen oft mit Tinct. abgekürzt). Nach DAB 6 Bez. für aus pflanzlichen od. tier. Stoffen mit Hilfe von Weingeist, Ätherweingeist, Wein, Aceton od. Wasser hergestellte dünnfl., gefärbte Auszüge; auch weingeistige Lsg. von Arzneistoffen können als T. bezeichnet werden. *Beisp.:* Tinctura Absinthii = Wermuttinktur, T. Aconiti = Eisenhuttinktur, T. Adonidis = Adonistinktur, T. Aloes = Aloetinktur, T. amara = bittere Tinktur. — E: tinctures

Titan (Titanium, chem. Symbol Ti). Metall. Element, At.-Gew. 47,90. Natürliche Isotope in Klammern Angabe ihrer Häufigkeit): 46 (7,93%), 47 (7,28%), 48 (73,94%), 49 (5,51%), 50 (5,34%); Ordnungszahl 22. Meist IV-wertig, doch kommen auch III- u. II-wertige Verb. vor. Ti bildet in reiner Form metall. glänzende, nadelige od. tannenbaumähnliche Kristalle, die bis etwa 1 cm groß werden. Meist kommt es als graues bis schwarzes Pulver od. als sog. Schwamm in den Handel. Im Lichtbogen, unter Schutzgas od. im Hochvak. verschmolzen bildet es stahlähnliche Blöcke, die warm u. kalt verformt, gewalzt, geschmiedet, geschweißt (Argonarc-Verf.) u. gegossen (Skull-Melting-Verf.) werden können (vgl. hierzu Nachr. Chem. Techn. 14 [1966] S. 445). Gewöhnl. Ti ist infolge geringer Verunreinigungen spröde, hart u. nur bei Rotglut schmiedbar, dagegen kann man das reinste Ti schon in der Kälte zu Blechen walzen. Über Ti-Schweißung s. Schweißen u. Schneiden, März 1958, S. 79–86. $F.$ 1675°, $Kp.$ 3260°, $D.$ 4,54 (α-Ti, s. unten), etwa stahlhart, gewöhnl. Temp. luftbeständig (verbrennt erst im Sauerstoffstrom bei Rotglut zu Titandioxid; nach CAEN 36 [1958] Nr. 31, S. 36 bis 37 ist bei 20 bis 300° u. einem Sauerstoffdruck von 22 kg/cm² Spontanentzündung möglich), seewasserbeständig, absorbiert große Mengen von Wasserstoff (Syst. Ti/H, s. J. Amer. Chem. Soc. 77 [1956] S. 5155–5159), lösl. in Flußsäure u. heißer Salzsäure, widersteht dem Luftsauerstoff etwa bis 700°. Ti ist dimorph. α-Ti: hexagonal; β-Ti: $D.$ 4,32–4,35 (bei 900°), kub.-raumzentriert. Umwandlungspunkt bei 882,5°. Ti ist im Korrosionsverhalten dem Nirostastahl ähnlich, erreicht jedoch nur etwa die Hälfte von dessen D. Über Ti-Oxydation s. Z. Metallkde. 1956, S. 594 ff. Es widersteht verd. Salzsäure u. Schwefelsäure in der Kälte sowie Salpetersäure jeder Konz. selbst bei 100°. Als Werkstoff für höhere Temp. ist Ti weniger geeignet, da seine Festigkeit trotz des hohen $F.$ oberhalb 426° schnell nachläßt. Ti nimmt bei höherer Temp. leicht O_2, N_2 u. H_2 auf; dies bewirkt Versprödung u. Härtesteigerung. Mit Eisen legiert sich Ti sehr leicht unter Bldg. von Ferrotitan; es läßt sich auch mit Stahl plattieren. Nach Krupp hält sich Ti in Königswasser (20°) 121 Tage (Nirostastahl 30 Min.), in $FeCl_3$-Lsg. 168 Tage, in NaCl-haltiger Essigsäure 61 Tage, auch gegen Na-Chlorit u. Na-Hypochlorit ist Ti beständiger als Nirostastahl. Ti wird nicht angegriffen von Alkohol, $AlCl_3$, Ameisensäure, NH_4Cl, Ammoniak, $BaCl_2$, Chlorkalk, CH_2O, $MgCl_2$, $NaClO_3$, $NaNO_3$, Na_2S, CCl_4, Weinsäure, Citronensäure u. a. Ti kann mit vielen anderen Elementen legiert werden; viele Ti-Leg. sind bei guter Bearbeitungsmöglichkeit aushärtbar. Die gebräuchlichsten Ti-Leg. enthalten Zusätze von 7–8 (Gew.)% Mn od. 3% Cr, 1,5% Fe bzw. 3% Cr, 2% Fe, 2% Mo, 2–4% Mn, 2–4% Al od. 5% Cr, 3% Al od. 6% Al, 4% V. Die Korrosionsbeständigkeit des Ti ist viel besser, als die Stellung in der Spannungsreihe (zwischen Mg u. Be) erwarten läßt; sie wird wahrscheinlich durch schützende oxid. Deckschichten bewirkt. Über Korrosionsverh. u. Passivierung von Ti u. Ti-Leg. s. U. Zwikker in Chem.-Ing.-Techn. 29 [1957] S. 107 bis 109. Die Salzkorrosion der Ti-Leg. oberhalb 300° ist nach CAEN 43 [1965] Nr. 45, S. 49 u. Nr. 46, S. 42 im wesentlichen ein oxydativer Prozeß, der durch die Bldg. einer Salzphase oberhalb 600° beschleunigt wird. Chlor tritt als Zwischenprod. der Korrosionsreaktion auf u. verstärkt den Effekt. Folgende Teilreaktionen wurden festgestellt: $Ti + 2 NaCl + O_2 \rightarrow TiCl_2 + Na_2O_2$; $TiCl_2 + O_2 \rightarrow TiO_2 + Cl_2$; $Ti + Cl_2 \rightarrow TiCl_2$ (vgl. hierzu auch „Meeressalz schädigt Ti", in Bild d. Wiss. 4 [1967] S. 324 u. 328). Über anod. Passivierung von Ti s. Werkstoffe u. Korrosion, März 1960. Über Galvanisieren von Ti, s. J. Weigel in Galvanotechnik 1963, S. 127–138.

Vork.: Der Anteil des Ti an der 16 km dicken Erdkruste wird auf 0,6% geschätzt; damit steht Ti in der Häufigkeitsliste der Elemente an 9. Stelle zwischen *Magnesium u. *Wasserstoff; überraschenderweise ist also das verhältnismäßig wenig bekannte Ti häufiger als z. B. Phosphor, Schwefel, Kohlenstoff, Chlor, Stickstoff usw. Die wichtigsten Ti-Mineralien sind Rutil, Anatas, Brookit (alles Dioxid = TiO_2), Ilmenit = $FeTiO_3$, Perowskit = $CaTiO_3$ u. Titanit = $CaTi[OSiO_4]$, daneben findet sich Ti auch in den Seltenen Erden

Titan

u. (zu etwa 0,5%) fast in jedem Ackerboden. Die wichtigsten Ti-Lager besitzen die USA, Australien (Neusüdwales, Queensland), Indien u. Norwegen; 1948 wurde in Kanada (am Lake Allard, 650 km nordöstlich von Quebec City) ein sehr großes Ti-Lager entdeckt, das etwa 125 Mill. t 35%igen Ilmenit enthält. Die neuentdeckte Lagerstätte von Lac Tio soll mit einem Vorrat von ca. 200 Mill. t Erz (35% TiO_2, 40% Fe) die größte der Welt sein. Weitere abbauwürdige Ti-Lagerstätten wurden in Afrika, Malaya u. Finnland entdeckt. Insgesamt findet sich Ti in 87 verschiedenen Mineralien; von Bedeutung für die Ti-Gewinnung sind nur Ilmenit, Titanmagnetite u. Rutil.

Darst.: Da die Reindarst. von Ti (infolge der großen Affinität zu Kohlenstoff, Stickstoff usw.) Schwierigkeiten begegnet, begnügte man sich in der Technik etwa bis 1950 im wesentlichen mit der Herst. einer unter 1400° schmelzenden Eisen-Titan-Leg. (Ferrotitan mit 10—25% Ti), die man durch Red. von Rutil mit Kohle od. Aluminium bei Ggw. von Eisen erhält. Etwa ab 1950 stieg die Ti-Produktion sprunghaft. Reineres Ti entsteht bei der Red. von Titantetrachlorid mit metall. Natrium (od. Natriumhydrid) im Vak. od. in einem Schutzgas, s. Angew. Chem. 68 [1956] S. 154. Reinstes, auch bei tiefer Temp. auswalzbares Ti erhält man nach dem sog. Aufwachsverf. von van Arkel; hierbei zersetzt man Titantetrajodid-Dämpfe in einer App. aus Pyrexglas an sehr dünnen, etwa 1600° heißen Wolframfäden. Westinghouse, USA, hat eine Art Zonenschmelzverf. ausgearbeitet; hierbei werden senkrechte Ti-Stäbe in einem Schutzgas aus Argon od. Helium von oben nach unten geschmolzen, wobei die Verunreinigungen (z. B. Fe) nach unten sinken, s. CAEN 1955, S. 1968. Großtechn. wird Ti heute in den USA oft nach dem Kroll 1940 erfundenen Verf. (US-Pat. 2 205 854) gewonnen: Man überführt das TiO_2 in Chlorierungsöfen bei Temp. von 750—1000° u. Einw. von Cl_2 u. Koks in $TiCl_4$ (Gleichung: $TiO_2 + 2 Cl_2 + C \rightarrow TiCl_4 + CO_2$) u. reduziert das gereinigte $TiCl_4$ mit Mg bei 800—950° (Schutzgas Helium od. Argon) zu Ti (Gleichung: $TiCl_4 + 2 Mg \rightarrow Ti + 2 MgCl_2$). $MgCl_2$ u. unverbrauchtes Mg werden aus dem Ti mit Salzsäure herausgelöst od. durch Vak.-Destillation entfernt. Über Ti-Gewinnung aus Ilmenit über K_2TiCl_6 s. Ind. Engg. Chem. 1959, S. 669; über Red. von $TiCl_4$ durch eine Zn/Na-Schmelze s. Z. Metallkde. 1959, S. 206—209. Über die physikal.-chem. Grundlagen der Ti-Metallurgie s. O. Kubaschewski in Angew. Chem. 72 [1960] S. 255—263.

Verw.: Zur Herst. von Titanstahl, Hartmetallen u. Sonderleg., Raketen u. Düsentriebwerken, Spindeln u. Spulen für Textilmaschinen, Federn, Flugzeugteilen, Pleuelstangen, Turbinenschaufeln, in der Pulvermetallurgie, zu Gettermaterial (vgl. Nature [London] 184 [1959] S. 542 u. Chem.-Ing.-Techn. 32 [1960] S. 426), Behälterauskleidung, Armaturen, Rohrleitungen, Pumpen, Ventilen, Batterien, Prothesen, Wärmeaustauschern, vor allem zu Gegenständen, bei denen geringes Gew., hohe Festigkeit u. Korrosionsbeständigkeit verlangt wird. Vielleicht kann Ti in künftigen Urankraftwerken den Stahl ersetzen, s. Chem.-Ing.-Techn. 29 [1957] S. 545. Über Ti als Werkstoff im chem. App.-Bau s. H. v. Kahn u. A. Pollanz in Werkstoffe u. Korrosion 1960, S. 465—473 u. H. P. Goossens in Chemiker-Ztg. 87 [1963] S. 743—751. Plastizierte Ti-Elektroden kommen z. B. in der Chloralkali-Elektrolyse, im kathod. Korrosionsschutz, in der Perchloratherst., Elektrodialyse u. Galvanotechnik zur Anwendung.

Geschichtl.: William Gregor (1791) u. Klaproth (1795) entdeckten unabhängig voneinander das Dioxid eines neuen Metalls, das von M. H. Klaproth (1743—1817) nach den Riesen der griech. Sage Titan genannt wurde; von R. Kirwan (1733 bis 1812) war für das unbekannte Element der Bez. Menachine vorgeschlagen worden. Berzelius stellte aus dem Dioxid schon 1825 durch Red. mit Natrium unreines, metall. Ti her. Die Schweden Nilson u. Pettersson erhielten 1887 etwa 95%iges, Moissan 98%iges Ti. Die Gewinnung von reinstem Ti-Metall gelang van Arkel u. de Boer etwa von 1924 an. Die fabrikmäßige Ti-Herst. setzte erst um 1946 ein; s. Ehrlich in Chem.-Ing.-Techn. 29 [1957] S. 557 ff. — E: titanium

Lit.: Abkowitz, Burke u. Hiltz, Titanium in Industry, New York, van Nostrand, 1955; ASTM, Symposium on Titanium, Philadelphia, 1957; Barksdale, Titanium, its Occurence, Chemistry and Technology, New York, The Ronald Press, 1966; Brophy u. a., Titanium Bibliography 1900—1951 (u. Suppl.), Washington, Office of Technic. Serv. U. S. Dept. of Commerce, 1954; Clark, R. J. H., W. Ramsay u. a., The Chemistry of Titanium and Vanadium, Amsterdam, Elsevier, 1968; Codell, Analytical Chemistry of Titanium Metals and Compounds, New York, Interscience, 1959; Comstock, G. T., Titanium in Iron and Steel, New York, Wiley, 1955; Déribéré, Le titane et ses composés dans l'industrie, Paris, Dunod, 1954; Elwell, W. T. u. D. F. Wood, The Analysis of Ti, Zr and their Alloys, New York, Wiley, 1962; Everhart, J. L., Titanium and Titanium Alloys, New York, Reinhold, 1954; Feld, R. u. P. L. Cowe, Organic Chemistry of Titanium, London, Butterworth, 1965; GIT- Merk- u. Arbeitsblätter, Reaktive Metalle. II: Titan (Ti) u. Zirkonium (Zr), in Glas-Instr.-Techn. 9 [1965] Nr. 11; Gmelin, Syst.-Nr. 41, Ti, 1951; Gray, J. J. u. A. Carter, Chemistry and Metallurgy of Titanium Production, London, Royal Inst. of Chemistry, 1958; Ind. Engg. Chem., Febr. 1950 (11 Aufsätze mit 50 S.); Kirk-Othmer 1. Aufl., Bd. 14, 1955, S. 190—213; Kroll, W. J., Titan in Metal Ind., London, 1955, S. 63—66, 83—86, 105—108, 130—134, 147—149, 173 f.; McQuillan, Titanium, London, Butterworth, 1956; Pascal, Nouveau Traité, Bd. 9, Paris, Masson, 1962; Schreiter, W., Seltene Metalle, Bd. 3: Ta, Te, Tl, Th, Ti, U, V, W, Y, Zr, Leipzig, VEB Dtsch. Verl. Grundstoffind. 1962; Skinner, Johnston, Beckett, Titanium and its Compounds, Columbus/Ohio, H. L. Johnston Enterprises, 1954; Slawich, A., Zur Kenntnis der Chemie des vierwertigen Titans, in Chemiker-Ztg. 92 [1968] S. 311–324; Thornton, W. M., Titanium, New York, Reinhold, 1947; Titanium Metals Co. of America, Handbook on Titanium Metal, New York-London 1951; Ullmann IX, 524; XIII, 760, 761, XVII, 415–440; Vogel, F., Titan, seine metallurg. u. chem. Darst., Halle, Knapp, 1950; Voress, Titanium Metallurgy, Washington, Office of Techn. Serv., U. S. Dept. of Commerce (TID 3039); Williams, S. C., Report on Titanium: The Ninth Major Industrial Metal, Hoboken, N. J., Stevens Bookstore, 1965; Winterhager, Kammel u. Barthel, Fortschr. auf dem Gebiet der Titanmetallurgie 1950 bis 1955, Köln 1957; Winterhager, H. u. K. Schinke, Beitrag zur Pulvermetallurgie des Titans, Köln 1959.

Titanate(IV). Bez. für Salze mit dem Anion TiO_3^{2-} (Meta-T.). — E: titanates(IV)

Titer. 1. Nach einem Terminologievorschlag der Nomenklaturkommission der Analytical Chemistry Division der *IUPAC (s. IUPAC-Inf. Bull. Nr. 26 [Aug. 1966] S. 48) Bez. für die Reaktionsstärke einer *Normallsg.; diese wird gewöhnl. ausgedrückt als dasjenige Gew. einer titrierten Substanz, das 1 ml der Normallsg. entspricht. (Die Bez. T. darf nicht zur Angabe des bei einer bestimmten *Titration verbrauchten Vol. an *Titrans verwendet werden.) 2. In der Textilindustrie Kenngröße für die Feinheit von Naturseide u. *Chemiefasern; wird in *Denier angegeben. Unter „*Einzel-T.*" ist die Feinheit der einzelnen Fäden, die den „*Gesamt-T.*" bilden, zu verstehen; letzterer ergibt sich aus der Anzahl der Einzelfäden (*Beisp.*: Bei einem Einzel-T. von 1,5 den. u. 120 Einzelfäden entsteht ein Gesamt-T. von 180 den. [Schreibweise: 180/120]; bei einer Länge von 9000 m hat der Gesamtfaden ein Gew. von 180 g, der Einzelfaden von je 1,5 g). 3. Bei Fettanalysen Bez. für den Erstarrungspunkt eines Fettes od. fetten Öles. 4. In der Bakteriologie bedeutet der „*Coli-T.*" die kleinste Wassermenge in ml, in der noch das Bakterium Escherichia coli nachweisbar ist. — E: titre, titer

Titrans (Reagenzlsg., Titrierfl.). Nach einem Terminologievorschlag der Nomenklaturkommission der Analytical Chemistry Division der *IUPAC (s. IUPAC-Inf. Bull Nr. 26 [Aug. 1966] S. 48) Bez. für die Lsg. od. die akt. Substanz, mit der eine *Titration durchgeführt wird. Vgl. auch Maßanalyse. — E: titrant

Titration. Nach einem Terminologievorschlag der Nomenklaturkommission der Analytical Chemistry Division der *IUPAC (s. IUPAC-Inf. Bull. Nr. 26 [Aug. 1966] S. 48) Bez. für den Vorgang der Best. einer Substanz A durch allmähliches Hinzufügen einer Substanz B (in der Regel eine *Normallsg.) in bekannten Portionen, wobei für die Erkennbarkeit desjenigen Punktes (s. *Äquivalenzpunkt u. *Endpunkt) gesorgt ist, an dem die gesamte Menge der Substanz A reagiert hat; man kann somit die ursprüngliche Menge der Substanz A aus der bekannten, bis zu diesem Punkt zugesetzten Menge der Substanz B berechnen, wenn das Reaktionsverhältnis zwischen den Substanzen A u. B aus der Stöchiometrie od. anderswie bekannt ist. Der umgekehrte Prozeß — nämlich der portionsweise Zusatz der Substanz A zur Substanz B — wird selten angewendet, außer bei der Einstellung von Normallsg. Die T. ist die Basis der *Maßanalyse (Näheres s. dort). — E: titration

Lit. s. *Maßanalyse.

Titrationsniveau. Nach einem Terminologievorschlag der Nomenklaturkommission der Analytical Chemistry Division der *IUPAC (s. IUPAC-Inf. Bull. Nr. 26 [Aug. 1966] S. 47) Bez. für die Größenordnung (in 10^{-x}) der Konz. (*Normalität od. *Formalität), in der die Lsg. des *Titrans (Reagenzfl.) angewendet wird (z. B. 10^{-1}, 10^{-2} od. 10^{-3}...). — E: level of titration

Titrieranalyse = *Maßanalyse. — E: titration analysis.

Titrieren s. *Maßanalyse u. *Titration. — E: titrating

Titrierflüssigkeit = *Titrans. —

Titrimetrie = *Maßanalyse. — E: titrimetry

Titrimetrische Analyse = *Maßanalyse. — E: titrimetric analysis

Tl. Chem. Symbol für das Element *Thallium.

Tm. Chem. Symbol für das Element *Thulium.

Tn. Chem. Symbol für *Thoron.

Tochterprodukt. Nach DIN 25 401, Bl. 13 (Apr. 1968), Bez. für ein unmittelbares Folgeprod. eines *Radionuklids. — E: daughter product

Toloxy... = *Tolyloxy... — E: toloxy-

...toluidid. Nachsilbe in systemat. Namen von org. Verb. Drückt aus, daß eine acide OH-Gruppe durch die Atomgruppierung $-NH-C_6H_4-CH_3$ ersetzt ist. — E: -toluidide

Toluidino... Bez. für die Atomgruppierung $-(C_7H_8N) = -NH-C_6H_4-CH_3$ (z. B. o-T.) in systemat. Namen. — E: toluidino-

Toluolazo... Bez. für die Atomgruppierung $-(C_7H_7N_2) = -N=N-C_6H_4-CH_3$ (z. B. o-T.) in systemat. Namen. — E: tolueneazo-

Toluolsulfonyl... Bez. für die Atomgruppierung $-(C_7H_7O_2S) = -SO_2-C_6H_4-CH_3$ (z. B. o-T.) als Säureradikal in systemat. Namen. Alte Bez. für p-T.: Tosyl... — E: toluenesulfonyl-

Toluoyl... Bez. für die Atomgruppierung $-(C_8H_7O) = -CO-C_6H_4-CH_3$ (z. B. o-T.) in systemat. Namen. Alte Bez.: Toluyl... — E: toluoyl-

Toluyl... = *Toluoyl... — E: toluyl-

Tolyl... Bez. für die Atomgruppierung $-(C_7H_7) = -C_6H_4-CH_3$ (z. B. o-T.) in systemat. Namen. Alte Bez.: *Cresyl... — E: tolyl-

Tolyl

α-Tolyl... = *Benzyl... — E: α-tolyl-
Tolylen... = *Methylphenylen... — E: tolylene-
α-Tolylen... = *Benzyliden... — E: α-tolylene-
Toyloxy... Bez. für die Atomgruppierung —O—C₆H₄—CH₃ in systemat. Namen. Alte Bez.: *Cresoxy... — E: tolyloxy-
Tom = *Grammatom. — E: tom
Tonikum (von griech.: tonos = Spannung). Bez. für Präp. zur Hebung der Spannkraft, allg. zur Belebung u. Hebung der körperlichen u. geistigen Kräfte od. der Leistung einzelner Organe — so ist z. B. Digitalis ein Herztonikum. Mehr od. weniger stark ausgeprägte ton. Wrkg. haben z. B. Coffeinpräp., Cardiazol, Arsenpräp., Chinin, Glutaminsäure, Lecithin, Lipoide u. Phosphatide, Spurenelemente u. dgl. — E: tonic
Topochemie (ortsgebundene Chemie). Bez. für eine Unters.-Meth. der Chemie für kohärente Stoffe, bei der deren Verband weitgehend erhalten bleibt, u. die Bestandteile in ihren gegebenen Lagebeziehungen untersucht werden. Bei den topochem. Reaktionen sind die Oberflächen fester Stoffe (u. zwar auch die während der Reaktion neuentstehenden Oberflächen) maßgebend beteiligt; es bestehen hier Beziehungen zwischen der Struktur eines festen Körpers u. seiner Oberflächenentw. zu seiner Reaktionsfähigkeit u. zur Struktur seiner Reaktionsprod., wie z. B. beim Löschen von gebranntem Kalk, beim Abbinden von Gips, Zement usw. In der Biologie ist die T. der Zellen bes. wichtig; vgl. auch *Histochemie. — E: topochemistry
Lit.: Feitknecht, W., Über topochem. Umsetzungen fester Stoffe in Fl., Berlin, 1930; Kohlschütter, in Z. Anorg. Chemie 1918, S. 1.

Topologische Isomerie. Nach E. Wassermann (s. Scient. Amer. 217 [1962] Nr. 5, S. 94—102) Bez. für einen Fall von *Isomerie, der zwischen isolierten Ringverb. (s. Fälle a bis c in Abb.)

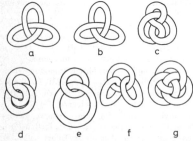

sowie zwischen zusammenhängenden, jedoch nicht chem. verbundenen Paaren (s. Abb. d u. e, sowie *Catenane) Dreiergruppen (s. Abb. f u. g) usw. vorliegen kann, wobei die Unterschiede im Zusammenhalt u./od. Struktur nicht unmittelbar durch chem. Bindung, sondern mechan. Faktoren (z. B. Verknüpfung, Verschlingung) bedingt sind. — E: topological isomerism

Torr. Nach E. Torricelli (1608—1647) benannte Druckeinheit. 1 Torr ist der 760. Tl. der physikal. Atmosphäre. 1 Torr = $1,333224 \cdot 10^{-3}$ bar = 13,59510 kp/m² = $1,315789 \cdot 10^{-3}$ atm = $1,359510 \cdot 10^{-3}$ at = 0,99999986 mm Hg. — E: torr

Tosyl... = p-*Toluolsulfonyl... — E: tosyl-
Totalsynthese s. *Synth. — E: total synthesis
Tote Polymere. Bez. für durch Radikalkettenpolymerisation entstandene fertige *Polymere; s. auch *Lebende Polymere u. *Schlafende Polymere. Vgl. W. Kern u. R. C. Schulz, in Houben-Weyl-Müller XIV/1, 1961, S. 7. — E: dead polymers

Toxikologie (von griech.: toxikon = Gift). Bez. für die Lehre von den Giften u. ihren Wrkg. Die T. ist ein Teilgebiet der *Pharmakologie. Das Wort Toxikon wird von einigen Sprachforschern von taxus (Botanikername für die Eibe) hergeleitet, weil nach Dioskorides die „Barbaren" gelegentlich ihre Pfeile mit den Beeren der Eibe vergiftet haben sollen. In den Bereich der T. fallen auch die Behandlungsmöglichkeiten von Vergiftungen u. der analyt. Nachweis von Giften. Toxikolog. Kenntnisse sind z. B. nötig bei der Beurteilung von absichtlichen, zufälligen od. medikamentösen Vergiftungen, allerg. Reaktionen, Süchtigkeiten, Arznei- u. Genußmittel-Mißbrauch, Luftu. Wasserverunreinigung, gewerblichen Giften, Berufskrankheiten, Schädlingsbekämpfungsmittelrückständen in Lebensmitteln, Reinigungs- u. Desinfektionsmitteln, kosmet. Präp., cancerogenen Stoffen, verkehrsgefährdenden Stoffen, Kampfstoffen usw., s. L. Lendle in Med. Welt 1962, S. 1717—1722. Über toxikolog. Analyse, s. H. Sperlich in Dtsch. Apoth. Ztg. 1962, S. 1641 bis 1650. — E: toxicology

Lit.: Ahrens, G., Die Giftprüfung, Leipzig 1966; Albert, A., Selective Toxicity, New York, Wiley, 1965; Bamford u. Stewart, Poisons, their Isolation and Identification, London, Churchill, 1951; Brocq-Rousseu et Fabre, Les Toxines Végétales, Paris, Hermann, 1947; Browning, E., Toxicity of Industrial Metals, London 1960; Büchner, M. u. a., Leitfaden der toxikolog.-chem. Analyse, Dresden 1967; Buckley, E. E. u. N. Porges, Venoms, Washington 1956; Brugsch, H., Vergiftungen im Kindesalter, Stuttgart, Enke, 1956; Clinical Handbook on Economic Poisons: Emergency Information for Treating Poisoning, Selected U. S. Government Publ. 1963, Oct. 25, Nr. 22, Nr. 28 Y; De Ropp, R., s. Ropp, R. de; Dreisbach, Handbook of Poisoning, Los Altos/Cal., Lange Med. Publ., 1959; Dubois-Geiling, Textbook of Toxicology, London 1959; Eichholtz, F., Die tox. Gesamtsituation auf dem Gebiete der menschlichen Ernährung, Berlin, Springer, 1956; Elkins, H. B., The Chemistry of Industrial Toxicology, New York, Wiley, 1959; Engwicht, O., Der Gifthandel u. Handel mit giftigen Pflanzenschutzmitteln sowie die Vorbereitung auf die Giftprüfung, Köln

1965; Fabre, R., Exposés de Toxicologie et Hygiène Industrielle I—VII, Paris, Hermann; Fairhall, L. T., Industrial Toxicology, Baltimore, Williams and Wilkins, 1957; Fischer, R. E., Gewerbliche Vergiftungen durch Cd, Hg, As u. ihre Verb. (1946—1956), Clausthal-Zellerfeld, 1958; Fröhner-Völker, T. für Tierärzte, Stuttgart, Enke, 1950; Fühner, Medizin. T., Stuttgart, Thieme, 1951; Gage, J. C., M. Strafford u. R. Truhaut, Methods for the Determination of Toxic Substances in Air, London, Butterworth, 1959; Gleason, Gosselin, Hodge, Clinical Toxicology of Commercial Products, Baltimore, Williams and Wilkins, 1963; Graf, E. u. F. R. Preuss, Gadamers Lehrbuch der chem. T. u. Anleitung zur Ausmittelung der Gifte, Göttingen, Vandenhoeck u. Ruprecht; Graham, J. D. P., Diagnoses and Treatment of Acute Poisoning, London 1962; Gray, C. H., Laboratory Handbook of Toxic Agents, London, The Royal Institute of Chemistry, 1966; Haider, G., Der Unterschied zwischen Human- u. Gewässer-T., in Naturwiss. Rdsch. 21 [1968] S. 254—255; Haller, W. v., Vergiftung durch Schutzmittel, Stuttgart, Hippokrates, 1957; Hamilton-Hardy, Industrial Toxicology, New York, Hoeber, 1949; Hauck, G., Vergiftungen u. ihr Nachweis in der forens. Praxis, in Umschau 67 [1967] S. 771; Hauschild, F., Pharmakologie u. Grundlagen der Toxikologie, Leipzig 1956; Hesse, E., Rausch-, Schlaf- u. Genußgifte, Stuttgart, Enke, 1966; Jacobs, M. B. u. R. L. Gellis, The Analytical Chemistry of Industrial Inorganic Poisons, New York-London, Wiley-Interscience, 1967; Kaiser, E. u. H. Michl, Die Biochemie der tier. Gifte, Wien, Deuticke, 1958; Kingsbury, J. M., Poisonous Plants in the United States and Canada, Englewood Cliffs, Prentice Hall, 1964; Kirk-Othmer, 2. Aufl., Bd. 11, 1966, S. 595—610; Kohn-Abrest, Précis de Toxicologie, Paris 1955; Lefaux, R., Practical Toxicology of Plastics, London 1968; Lewin, L., Gifte u. Vergiftungen, Berlin 1928 (Nachdruck Ulm, Haug, 1964); Lindemann, G., Vergiftungen im täglichen Leben, Fortsetzungsreihe in Dtsch. Drogisten-Ztg. 22 [1967] (ab S. 1794) u. 23 [1968] (bis S. 506); Lohs, K. H., Synthet. Gifte, Berlin, Dtsch. Militär-Verl., 1967; Longgood, W., The Poisons in your Food, New York, Simon u. Schuster, 1960; Loomis, T. A., Essentials of Toxicology, Philadelphia, Lea and Febiger, 1968; Lucas, G. H. W., The Symptoms and Treatment of Acute Poisoning, London, Lewis, 1953; Ludewig, R. u. K. Lohs, Akute Vergiftungen: Ratgeber für toxikolog. Notfälle, Stuttgart 1967; Matousek, J. u. I. Tomecek, Analyse synthet. Gifte, Berlin 1964; Mellan, Dictionary of Poisons, New York, Philos. Library, 1956; Moeschlin, Klinik u. Therapie der Vergiftungen, Stuttgart, Thieme, 1959; Oettingen, v., Poisoning, Philadelphia, Saunders, 1958; Patty, F. A., Industrial Hygiene and Toxikology, I [1958], II [1963], New York-London, Wiley-Interscience; Raskova, H., Mechanisms of Drug Toxicity, Oxford, Pergamon, 1967; Pharmaceutical Society, Identification of Drugs and Poisons (Symposium 1965), London 1967; Ropp, R. de, Bewußtsein u. Rausch, Drogen u. ihre Wrkg., München 1964; Sawizki, Erste Hilfe u. Behandlung bei Industrievergiftungen, Berlin 1955; Sax, N. I., Dangerous Properties of Industrial Materials, New York, Reinhold, 1963; Schenk, G., Schatten der Nacht: Die Macht des Giftes in der Welt, Ulm 1964; Schischke, Giftkunde, Göttingen, Vandenhoeck u. Ruprecht, 1948; Seidel, G. u. W. Muschter, Die bakteriellen Lebensmittelvergiftungen, Berlin 1967; Specht u. Fischer, Chem.-toxikolog. Studien an 900jährigen Mumienrelikten, Lübeck, Verl. für Polizeiliches Fachschrifttum, 1960; Specht u. Katte, Giftverdacht, Hamburg, Verl. für Kriminalist. Fachlit., 1955; Spector, Handbook of Toxicology, I, [1956] (Acute Toxicities of Solids, Liquids and Gases); II [1957] (Antibiotics); III [1959] (Insecticides); IV [1959] (Tranquilizers); V [1959] (Fungicides), Philadelphia Saunders; Stade, K., Pharmakologie u. Klinik synthet. Gifte, Berlin 1967; Stewart, C. P. u. A. Stolman, Toxicology I—II, New York, Academic Press, 1961; Stokinger, H. E., Means of Contact and Entry of Toxic Agents, in J. Chem. Educ. 44 [1967] S. A 721—A 724; ders., Mode of Action of Toxic Substances, in J. Chem. Educ. 44 [1967] S. A 885 bis A 890, A 984—A 988; Stolman, A., Progress in Toxicology, I— [1963—] New York, Acad. Press (wird fortgesetzt); Strafford-Strouts-Stubbings, The Determination of Toxic Substances in Air, London 1956; Ullmann II/1, S. 49 (Lit.-Übersicht); Wickenden, L., Our Daily Poison, the Effects of DDT, Fluorides, Hormones and other Chemicals on Modern Man, New York 1955; Williams, R. T., Detoxication Mechanism, London 1960; ders., Biochemical Toxicology, in Science J. (London) 2 [1966] Nr. 1, S. 57—61; Wirth, W., G. Hecht u. C. G. Roxhuber, T.-Fibel für Ärzte, Mediziner, Naturwissenschaftler u. Juristen, Stuttgart 1966. *Ztschr.*: Archiv für T., (Fühner, Wielands Sammlung von Vergiftungsfällen) Berlin, Springer; Acta Pharmacologica et Toxicologica Kopenhagen, Einar Munksgaard, European Journal of Toxicology, Arcueil (ab 1968; jährl. 4 Hefte); The Journal of Industrial Hygiene and Toxicology, Baltimore, The Williams and Wilkins Co.; Toxicology and Applied Pharmacology, New York, Acad. Press; Molecular Pharmacology, New York, Academic Press (ab Juli 1965); Toxicon (vierteljährl.), herausgeg. von der Internat. Soc. of Toxicology, Oxford, Pergamon Press (1962—); s. auch Lit. unter Pharmakologie. *Organisation*: Europäische Ges. für Arzneimittel-Toxikologie: gegr. 1962 in Zürich. Ein toxikolog. Informationszentrum ist Ende Mai 1966 im Gerichtlich-medizin. Inst. der Univ. Zürich eröffnet worden. Dieses besitzt eine umfangreiche Kartei über gefährliche u. giftige Substanzen u. Arzneimittel u. kann bei Vergiftungen Auskunft über Wrkg. u. Gegenmaßnahmen geben (Telefon [Tag u. Nacht besetzt]: Zürich 326666).

Toxine. In der Regel versteht man unter T. (Exotoxinen) komplizierte, wahrscheinlich eiweißartige, wasserlösl., spezif. Giftstoffe, die von krankheitserregenden Bakterien in ihre Umgebung ausgeschieden u. durch Hitze (über 60°), eiweißspaltende Fermente u. Formaldehyd zersetzt (entgiftet) werden. Die bekanntesten T. sind: Tetanus-T., Botulinus-T. A, Diphtherie-T. Die chem. Konstitution ist nicht näher bekannt. Eigenartigerweise rufen die T. im normalen, von Bakterien befallenen Organismus die Bldg. von Gegengiften (s. *Antitoxine) hervor, die die T. oft unschädlich machen. Die Giftwrkg. der T. ist weit stärker als bei allen Giften von bekannter Konstitution; sie stellt sich meist nicht sofort nach der Einverleibung des T., sondern erst nach einer kürzeren od. längeren Ruhepause (Inkubationszeit) ein. Sie ist häufig spezif.; so schädigt z. B. das Tetanus-T. vor allem die Nerven, das Diphtherie-T. erzeugt Degeneration am Herzmuskel, an Leber, Nieren usw. Der Wrkg.-Mechanismus der T. ist noch ziemlich ungeklärt. — E: toxins *Lit.*: Braun, R., Orchinol, in Moderne Meth. der Pflanzenanalyse, Bd. 6, Berlin, Springer, 1963; Endean, Marine Toxins, in Science J. (London) 2 [1966]

Toxoide

Nr. 9, S. 57—63; Horsfall-Dimond, Plant Pathology (R. A. Ludwig, Toxins, S. 315—357), New York, Acad. Press, 1960; Matelas, R. I. u. G. N. Wogan, Biochemistry of Some Foodborne Microbial Toxins, Cambridge 1967; Raudonat, H. W., Recent Advances in the Pharmacology of Toxins (Sympos. Prag, 1963), Oxford, Pergamon Press, 1964; Relyveld, E. H., Toxines et Antitoxines Diphthériques, Paris, Hermann, 1959; Scheuer, P. J., Über Toxine mariner Chordaten, Echinocermen, Mollusken, Anneliden, Coelenteraten u. Dinoflagellaten in Zechmeister, Fortschr. Chemie org. Naturstoffe, Bd. 22, 1964, S. 265—278; Thil, H., in Hippokrates 1962, S. 633.

Toxoide. Bez. für durch Entgiftung (z. B. durch Behandlung mit Chemikalien, wie Formaldehyd) unschädlich gemachte *Toxine. — E: toxoids

Tracer (engl.: to trace = einer Spur folgen, spüren, verfolgen, [einer Sache] nachgehen). Sammelbez. für Substanzen, die mit einer gegebenen Substanz gemischt od. an diese gekoppelt werden, um anschließend die Verteilung od. Lokalisierung der letzteren zu ermöglichen. *Physikal. T.* sind dabei lediglich physikal. (z. B. durch Adsorption) mit dem zu verfolgenden Objekt kombiniert; im weitesten Sinne gehören hierzu auch Spürmittel, Warnstoffe u. Vergällungsmittel. *Chem. T.* haben gleiche od. ähnliche chem. Eig. wie die zu markierenden Substanzen, mit denen sie homogen gemischt werden. *Radioakt. T.* (s. *Radioindikatoren) sind physikal. od. chem. T., die auf Grund ihrer *Radioaktivität nachgewiesen werden. *Isotopen-T.* (s. *Isotopenindikatoren) sind *Radionuklide (s. auch *Radioisotope) od. andere (stabile) identifizierbare, in der natürlichen Isotopenzus. nicht od. nur in geringen Anteilen vorliegende *Nuklide eines Elementes, die als chem. T. in Verb. an Stelle der Normalform od. eines bestimmten, von ihnen verschiedenen Isotops eingebaut werden. — E: tracers

Lit.: Seymour, Advances in Tracer Methodology, I [1963], II [1965], III [1966], IV [1968], New York, Plenum Press.

Trägerelektrophorese = *Elektropherographie.
Trägermaterial = *Stationäre Phase. —

Tranquilizer (Ataraktika, Tranquil(l)antien; in der dtsch.-sprachigen Lit. außerdem anzutreffende Schreibweisen: Tranquillizer, Tranquiliser, Tranquillitzer, Tranquilliser). Bez. für eine Gruppe von *Psychotherapeutika (Näheres s. dort); wird in der Lit. manchmal als Synonym für *Psychotherapeutika od. *Psychopharmaka verwendet. Man unterscheidet nach Fabing (Amer. Profess. Pharm. 1956, S. 413) folgende 2 Hauptgruppen: 1. starkwirkende, vor allem gegen Psychosen eingesetzte Präp. wie Reserpin, Chlorpromazin, Frenquel u. dgl., 2. schwächer wirkende, hauptsächlich gegen Neurosen u. a. geringere Störungen angewendete Präp. wie Meprobamat, Notensil, 1-p-Chlorbenzhydryl-4) -2 -(2-hydroxyäthoxy)- äthyl-diäthyldiamin-hydrochlorid, Suavitil, Diäthyl-ammonium-p-aminobenzoat, 8-Äthoxy-2-bu- tyl-aminomethyl-benzodioxan, Hydroxy-Deriv. des 1-Phenäthyl-4-phenyl-piperazins u. dgl. Die von Fabing eingeführte Bez. Ataraktika ist vom griech. ataraxia hergeleitet; die Epikuräer u. Skeptiker verstanden darunter die unerschütterliche Ruhe der Seele, die sie als höchstes Lebensziel betrachteten. Die in den USA verwendeten T. gehören hauptsächlich zu folgenden Gruppen von Verb.: 1. Rauwolfia-Deriv.; 2. Phenothiazine (vor allem in der Psychiatrie u. allg. Medizin) ; 3. Thioxanthene. — E: tranquilizers, tranquillizers

Lit.: Arnold, O. u. H. Hoff, Neuroleptica, T. u. Antidepressiva, Wien, Hollinek, 1962; Helwig, B., in Dtsch. Apoth. Ztg. 1957, S. 1189—1192; Himwich, H. E., Tranquilizing Drugs, AAAS, Washington 1957; Hirsch, L. Gordon, The New Chemotherapy in Mental Illness, London, Peter Owen Ltd., 1959; Spotlight turns on Tranquilizers in CAEN 43 [1965] May 3, S. 26; Uhr, L. u. J. G. Miller, Drugs and Behavior, New York, Wiley, 1961; Ullmann XIII, 274, 420.

trans-. In der chem. Nomenklatur verwendeter, als Konfigurationsbez. dienender Vorsatz zu Verb.-Namen, wenn in zwei geometr. Isomeren zwei gleiche (z. B. in Fumarsäure (s. [*cis-trans-Isomerie]) od. ähnliche Substituenten od. Liganden (z. B. in Koordinationsverb.) auf den entgegengesetzten Seiten einer Ebene stehen od. Antipoden auf einer Kugelfläche sind; vgl. auch *peripheral. Abgeleitet von lat.: trans = jenseits; wird klein geschrieben (im Druck meist kursiv gesetzt) u. bleibt bei der alphabet. Einordnung der Verb. unberücksichtigt. Vgl. auch *anti-Form. — E: trans-

Transactinoide. Sammelbez. für die Elemente mit den Ordnungszahlen ab 104, bei denen alle Elektronenschalen bis einschließlich 6 p voll besetzt sind u. bei denen (analog wie bei den Elementen *Hafnium bis *Quecksilber die 5d-Schale) die die um jeweils eine Einheit zunehmenden Kernladungen kompensierenden Elektronen zur Auffüllung der 6d-Schale dienen. Von den T. ist bis 1968 lediglich die künstliche Erzeugung der Elemente 104 (s. *Element 104) u. 105 gelungen, die in der IV. bzw. V. Nebengruppe des *Periodensyst. einzureihen wären. Diese Erfolge der Forscher der russ. Kernforschungszentrums konnten bis Redaktionsschluß dieses Wörterbuches allerdings noch nicht durch andere Forschungsstätten experimentell bestätigt werden. Zur Darst. des Elements 105 bestrahlte die von Prof. Flerov geleitete Forschergruppe Atome des Elements Americium mit Ionen des Neon-Isotops 22 von extrem hoher Energie, wobei über mehrere Zwischenstufen zwei Isotope des Elements 105 u. außerdem 2 bis 3 Neutronen je Atom entstanden (Reaktionsgleichung: $^{242}_{95}$Am ($^{22}_{10}$Ne, 2 bzw. 3 n) ^{262}105 bzw. ^{261}105). Dieses künstliche hochradioakt. Element ist ein α-Strahler mit einer Halbwertszeit von etwa 10^{-7} (nach anderen Angaben 10^{-1}) Sek. u. wandelt sich dabei in Isotope des Elements 103 (Law-

rencium) um. Vgl. auch *Transurane. — E: transactinoides
Lit. s. *Transurane.

Transdiazotate = *Antidiazotate. — E: transdiazo compounds

Trans-Effekt. Bez. für die hauptsächlich bei Komplex-Ionen mit quadrat.-ebener Anordnung der Liganden um das Zentral-Ion mit Koordinationszahl 4 (s. *Koordinationslehre, bes. S. 468) beobachtete Erscheinung, daß bei der *Substitution eines der Liganden durch einen anderen die Stelle der Substitution durch einen bereits im Komplex-Ion vorhandenen Liganden bestimmt wird. Beisp.:

$$\begin{bmatrix} L & X \\ & M & \\ L' & X \end{bmatrix} + Y^- \rightarrow X^- + \begin{bmatrix} L & X \\ & M & \\ L' & Y \end{bmatrix} \text{ od. } \begin{bmatrix} L & Y \\ & M & \\ L' & X \end{bmatrix};$$

hier ist der gegenseitige Anteil der beiden Isomeren von der Natur des Liganden L abhängig, u. nicht von der des eintretenden Liganden Y. Hinsichtlich der Stärke des T. ergibt sich die Reihenfolge: $H_2O < OH < NH_3 < Cl^- < Br^- < J^- \approx NO_2^- \approx PR_3 < CO \approx C_2H_4 \approx CN^-$. Beisp.: In $[Pt(NH_3)Cl_3]$ wird weiteres NH_3 in cis-, in $[Pt(NH_3)_3Cl]^+$ wird Cl^- dagegen in trans-Stellung zum bereits vorhandenen gleichartigen Liganden eingebaut; somit ergibt sich durch Ausnützung des T.-E. die Möglichkeit zur präparativen Darst. der zwei geometr. Isomeren des $[Pt(NH_3)_2Cl_2]$. In beiden Fällen ist die Stelle der Substitution durch die stärkere trans-dirigierende Wrkg. des Cl^- gegenüber dem Ammoniakmol. bedingt. — E: trans effect

Transfer-Technik. Bei den einzelnen Meth. der *Chromatographie Bez. für ein mechan. Verf. zur Überführung einer Analysensubstanz von einer zur anderen Unters.-Meth. Synonyme: Überführung, Übertragung. Vgl. E. Stahl, Vorschläge zur Normierung u. Terminologie der Dünnschicht-Chromatographie, in Z. Anal. Chem. 234 [1968] S. 1 – 10. — E: transfer technique

Transparenz s. *Deckvermögen. — E: transparency, transparence

Transportmetabolite s. *Fermente (S. 256). — E: transfer metabolites

Transportreaktionen. Bez. für chem. *Reaktionen, bei denen eine Substanz von einer anderen reversibel aufgenommen u. an anderer Stelle wieder in Freiheit gesetzt od. auf eine dritte Substanz übertragen wird. So können anorg. Stoffe bei erhöhten Temp. über die Gasphase wandern, wenn durch heterogene reversible Reaktionen flüchtige Prod. entstehen; man nützt solche T. zur Reinigung von Stoffen (z. B. Überführen von Rohnickel durch Reaktion mit Kohlenmonoxid = CO bei $50°$ in gasf. Nickeltetracarbonyl = $Ni(CO)_4$, das bei $180°$ wieder in Nickel u. Kohlenmonoxid gespalten wird [Mond-Nickelprozeß]; ein weiteres Beisp. ist die Darst. reinster Metalle [z. B. von *Thorium] unter Bldg. u. Zers. ihrer Jodide nach van Arkel u. de Boer) od. zur Kristallzüchtung aus. Um T. handelt es sich jedoch auch im Falle der natürlichen Sauerstoffübertragung durch das Hämoglobin im Rahmen der „Atmung"; man bezeichnet diesen Typ der T. auch als *Übertragungsreaktionen* (vgl. jedoch dieses Stichwort); s. auch Sauerstoffübertragung durch Übergangsmetallkomplexe, in Nachr. Chem. Techn. 15 [1967] S. 373. — E: transport reactions
Lit.: Schäfer, H., Chem. T., Weinheim, Verl. Chemie (engl. Übersetzung: Chemical Transport Reactions, New York, Academic Press, 1964); ders., in Naturwiss. 49 [1962] S. 53 f.

trans-Stellung = *anti-Form. — E: trans-configuration

trans-taktisch s. *cis-takt. — E: trans-tactic

Transurane. Bez. für die durchwegs radioakt. u. nur künstlich zu erzeugenden chem. Elemente, die eine höhere Ordnungszahl als das schwerste natürlich vorkommende Element, das *Uran, haben u. daher im *Periodensyst. jenseits des Urans einzuordnen sind. Von 1940–1965 wurden in den USA u. in Rußland insgesamt 13 T. (*Neptunium, *Plutonium, *Americium, *Curium, *Berkelium, *Californium, *Einsteinium, *Fermium, *Mendelevium, u. *Lawrencium; noch nicht eindeutig bestätigt werden konnte die Existenz von *Element 102 [Nobelium?], *Element 104 [Kurtschatovium?] u. Element 105 [s.*Transactinoide]) mit über 100 radioakt. Isotopen entdeckt u. zumeist in wägbaren Mengen dargestellt. Die Elemente 93 (Neptunium) bis 103 (Lawrencium) gehören neben *Thorium, *Protactinium u. *Uran zur Reihe der Actinoide (s. *Actinide). Die Elemente ab 104 (Kurtschatovium?) werden als *Transactinoide bezeichnet. Die Trennung u. Isolierung der T. erfolgt mit Hilfe einer speziellen Ionenaustausch-Adsorptions- u. Elutionstechnik (z. B. mit Dowex 50, s. Seaborg in J. Chem. Educ. 36 [1959] S. 38 f.). Da das At.-Gew. der T. u. der übrigen künstlichen Elemente vom Herst.-Verf. abhängt, gibt die Internationale At.-Gew.-Kommission an Stelle der At.-Gew. hier jeweils die Massenzahl des stabilsten Isotops od. (mit einem Stern versehen) einer besser bekannten Atomart in eckigen Klammern an, also z. B. Np [237], Pu [244], Am [243], Cm [247], Bk [247], Cf [252*], Es [254], Fm [257], Md [257], 102 [255], Lr [256]. Alle bisher entdeckten T. sind instabil, sie zerfallen früher od. später in Elemente mit niederen Ordnungszahlen. Die Isolierung erfolgt bei den unteren Gliedern durch Red. der Trifluoride (M^IF_3) mit Ba; Gleichung: $2\,M^IF_3 + 3\,Ba \rightarrow 2\,M^I + 3\,BaF_2$. Die T. Np, Pu, Am, Cm, Bk, Cf, Es, Fm, Md, 102 u. Lr verhalten sich chem. mehr od. weniger ähnlich den homogenen Elementen der Lanthanoidenreihe (Pm, Sm, Eu, Gd, Tb, Dy, Ho, Er, Tm, Yb u. Lu), s. *Periodensyst. Die Actinoidenreihe schließt mit dem Lawrencium (verdeutscht: Laurentium = Element 103; entspricht in der Lanthanoidenreihe dem *Lutetium) ab. Das Element 104 gehört als erstes nicht mehr der Actinoidenreihe an, es ist ein schweres Homologes des Hf bzw. des Zr u. somit das erste Glied der *Transactinoide. Falls die Darst. weiterer T. gelingt, müßte Element 106 dem W u. die Elemente Nr. 107, 108, 109, 110 chem. etwa den Elementen Re, Os, Ir u. Pt entsprechen. Nach der Auffüllung der 6d-Schale würde die 7p-Schale bis zur Erreichung der Edelgasstruktur beim Element 118 nacheinander aufgefüllt. Zum Aufbau der schwersten künstlichen Elemente bestehen zwei Möglichkeiten: a) Aufbau über Neutroneneinfangsreaktionen (vgl. *Kernreaktionen [S. 433]), denen β^--Zerfall der neutronenreichen Isotope folgt. Beim kontrollierten Aufbau in Kernreaktoren mit hohem Neutronenfluß ist die Darst. wägbarer Mengen der Elemente bis Einsteinium (Z = 99) möglich. Der unkontrollierte Aufbau in Kernexplosionen kann noch höhere, kurzlebige Elemente mit Massenzahlen bis höchstens etwa 275 liefern. b) Aufbau über Kernreaktionen, bei denen Elemente hoher Ordnungszahlen *(Targetnuklid)* mit schweren, geladenen Teilchen (Projektil) beschossen werden, z. B.

$$^{238}_{92}\text{U}\,(^{16}_{8}\text{O},4n)\,^{250}_{100}\text{Fm}$$

Bei diesem Aufbauprozeß gibt der intermediär gebildete instabile Zwischenkern *(„Compoundkern")* seine Anregungsenergie durch „Verdampfung" von Neutronen ab.

Die Herst. von Isotopen der schwersten künstlichen Elemente durch Kernreaktionen mit geladenen Teilchen kann — im Gegensatz zu den sukzessiven Prozessen bei den Neutroneneinfangsreaktionen — als direkter Aufbauprozeß bezeichnet werden. Der Endkern wird in der kurzer Zeit ($< 10^{-12}$ sec) gebildet. Man erhält dabei ein Element, dessen Kernladungszahl maximal gleich der Summe der Kernladungszahlen von Targetnuklid u. Projektil ist. Beim Beschuß mit schweren Ionen ($^{12}_{6}\text{C}$, $^{16}_{8}\text{O}$, $^{22}_{10}\text{Ne}$ etc.) können also in einem Schritt neue Elemente mit Ordnungszahlen aufgebaut werden, die um sechs bis zehn Einheiten größer sind als die des Targetnuklids. Nachteilig für diese Art von Kernaufbaureaktionen ist allerdings, daß man neutronenarme u. daher nicht die stabilsten Isotope der schweren Elemente gebildet werden. Beim Aufbau eines bestimmten schweren Kerns durch Kernreaktionen mit schweren Ionen geht man so vor, daß man ein Targetnuklid möglichst hoher Ordnungszahl mit einem möglichst „leichten" schweren Ion beschießt u. nicht umgekehrt. So ist z. B. der maximale Wrkg.-Querschnitt der Bldg. von $^{250}_{100}\text{Fm}$ über eine (X,4n)-Reaktion beim Beschuß von $^{242}_{94}\text{Pu}$ mit $^{12}_{6}\text{C}$-Ionen (65 MeV) um etwa den Faktor 35 größer als beim Beschuß von $^{232}_{90}\text{Th}$ mit $^{22}_{10}\text{Ne}$-Ionen (106 MeV). Infolge der höheren Coulomb-Schwelle bei der „Th + Ne"-Reaktion ist eine größere Projektilenergie notwendig; dies führt zu einer höheren Anregungsenergie des Zwischenkerns u. damit zur Zunahme der Spaltwahrscheinlichkeit. Zur Abtrennung der bei diesen Reaktionen gebildeten schweren Kerne benutzt man fast ausschließlich die Rückstoßmethode, d. h. man fängt die aus dem Target herausgeschlagenen, neugebildeten, im Augenblick der Entstehung stark positiv geladenen Kerne auf einer zweiten, stärker negativ geladenen Fängerfolie auf. Zur Identifizierung wird die Fängerfolie chem. aufgearbeitet, od. man registriert die Zerfallsakte: direkt mit photograph. Platten od. — bei α-akt. Substanzen — indirekt, indem die hoch positiv geladenen Rückstoßatome des α-Zerfalls auf einer zweiten, stärker negativ geladenen Fängerfolie gesammelt u. hier identifiziert werden. Bei Isotopen von Elementen mit Kernladungszahlen oberhalb 100 ist ein chem. Nachweis wegen der kurzen *Halbwertszeiten nicht möglich. Sie führen nur indirekte physikal. Meth. zum Ziel: Best. von Ausbeuten als Funktion der Projektilenergie, Zuordnung von gefundenen α-Energien zu bestimmten Nukliden auf Grund der α-Zerfallssystematik, Vgl. von gefundenen u. extrapolierten Halbwertszeiten usw. Die Aussichten, die Liste der heute bekannten Elemente noch zu erweitern, sind groß, wenngleich mit der Darst. extrem große Schwierigkeiten überwunden werden müssen. Eine bes. Stabilität ist für den Kern $^{310}_{126}[,Y"]$ mit der doppelt „mag. Zahl" von 126 Protonen u. 184 Neutronen zu erwarten. Ob es aber jemals möglich sein wird, die Hypothese von Werner u. Wheeler zu überprüfen, wonach Atomkerne mit $Z \approx 147$ und $A \approx 500$ mindestens eine Halbwertszeit von 10^{-4} sec besitzen sollen, erscheint noch sehr fraglich. vgl. zu diesem Fragenkomplex die Aufsätze von C. Keller (s. Lit.).

Chemie der T. Die Actinoide verhalten sich chem. sehr ähnlich den Lanthanoiden. Aus experimentellen Unters. muß man allerdings folgern, daß die ersten Glieder dieser Reihe keine 5f-Elektronen besitzen, sondern daß die neu hinzugekommenen Elektronen in die 6d-Schale eingebaut sind. Dies u. die im Vgl. zu den 4f-Elektronen niedrigere Bindungsenergie der neu hinzugekommenen Elektronen führen dazu, daß die ersten Glieder der Actinoidenreihe in teilweise sehr stabilen Wertigkeitsstufen auftreten können (IV bei Th bis Bk, V bei Pa bis Am, VI bei U bis Am). Allerdings nimmt die Stabilität der höheren Wertigkeitsstufen mit steigender Ordnungszahl ab, so daß die Actinoide nach dem Curium ein chem.

Treibstoffe

Verh. zeigen, das dem der Lanthanoide weitgehend entspricht. Von den Elementen nach dem Fermium sind bisher noch keine chem. Unters. bekannt; auch in ferner Zukunft dürften nur Unters. im Tracermaßstab möglich sein; vgl. C. Keller unter Lit.

„*T.*" *von Hahn, Meitner u. Strassmann:* Die 1934 von O. Hahn, L. Meitner u. F. Strassmann bei Bestrahlen von Uran mit langsamen Neutronen erhaltenen Radionuklide wurden den damaligen Vorstellungen über Kernreaktionen u. über die Stellung der schwersten Elemente im Periodensyst. zufolge, auf Grund ihres chem. Verh. den T. zugeordnet. Man unterschied damals Eka-Rhenium, Eka-Osmium, Eka-Iridium u. Eka-Platin mit den Ordnungszahlen 93, 94, 95 bzw. 96. Nach der Entdeckung der Kernspaltung wurde allerdings klar, daß es sich um Spaltprod. gehandelt hat, doch konnte bisher nur in zwei Fällen geklärt werden, welche Prod. vorgelegen hatten (das Eka-Iridium erwies sich mit einer Halbwertszeit von 66 Std. als ein Gemisch von Molybdän 99 u. Tellur 132 (mit Halbwertszeiten von 66 bzw. 78 Std.), aus dem sich Jod 132 (Halbwertszeit: 2.3 Std.), das Eka-Platin, nachbildete; vgl. Menke u. Herrmann unter Lit. — E: transuranic elements, transuranic metals, transuranium elements

Lit.: Bagnall, K. W., The Transuranium Elements, in Sci. Progr. 52 [1964] Nr. 205, S. 66—83; Braunbek, W., Höhere T. in wägbaren Mengen gewonnen, in Kosmos 60 [1964] S. *462—*463; Dawson, J. K. u. R. Hoppe, Über die Elektronenkonfiguration der schwersten Elemente, in Angew. Chem. 65 [1953] S. 485—489; Flerov, G. N. u. I. Zvara, Synthesis of Transuranium Elements, in Science J. (London) 4 [1968] Nr. 7, S. 63—69; Flügge, Transurane, in Erg. Exakt. Naturwiss. 1949, Berlin, Springer; Gerlach, H., Entw. u. gegenwärtiger Stand der Systematik der T., Berlin, Akad. Verl., 1955; Ghiorso u. Seaborg, in Scient. Amer., Dez. 1956; Hahn, O., Künstliche neue Elemente: Vom Unwägbaren zum Wägbaren, Weinheim, Verl. Chemie, 1948; Katz u. Seaborg, The Chemistry of the Actinide Elements, New York, Wiley, 1957; Keller, C., Zum Aufbau von Transcurium-Elementen durch Kernreaktionen mit schweren Ionen, in Angew. Chem. 77 [1965] S. 981—993, u. Nachr. Chem. Techn. 13 [1965] S. 311—312; ders., Die künstlichen Elemente in Chemie in unserer Zeit 1 [1967] ʻS. 167—177; ders., zum Aufbau von Transactiniden-Elementen, in Umschau 67 [1967] S. 323; Korkisch, J., Die analyt. Chemie der transuran. Elemente, in Österr. Chemiker-Ztg. 1966, S. 273—279; Larsen, M., Kurze Entdeckungsgeschichte der T., in Allg. Prakt. Chem. 18 [1967] S. 276—278; Lesser, R., T.-Elemente in Wissenschaft u. Technik, in Umschau 68 [1968] S. 45—51; Menke, H. u. G. Herrmann, Was waren die T. von O. Hahn, L. Meitner u. F. Strassmann in Wirklichkeit?, in Angew. Chem. 79 [1967] S. 1005; Nast u. v. Krakkay, Chemie u. Actinidtheorie der T., in Fortschr. Chem. Forsch. Bd. 2, Nr. 3, Berlin, Springer, 1952; New Van de Graaffs to Try to Make Element 126, in CAEN 45 [1967] Nr. 32, S. 15—16; Pascal, Nouveau Traité, Bd. 15, Tl. 3, Paris, Masson, 1961; Seaborg, G. T., The Transuranium Elements, Reading/Mass., Addison-Wesley Publ. Co., 1958; ders., Man-Made Transuranium Elements, Englewood Cliffs, Prentice Hall, 1963 (dtsch. Übersetzung: T., Synthet. Elemente, Stuttgart, Franckh, 1966); ders., Progress Beyond Plutonium, in CAEN 44 [1966] Nr. 25, S. 76—88; ders., Zukunftsaspekte der T.-Forschung, in Physikal. Bl. 23 [1967] S. 354 bis 361; Seaborg, G. T. u. a., in J. Chem. Educ. 36 [1959] S. 1—44, ferner in Scient. Amer., 182 [1950] Nr. 4, S. 38—53; 195 [1956] Nr. 12, S. 66—80; 208 [1963] Nr. 4, S. 68—78; Transuranic Elements and the High-flux Isotope Reactor, in Physics today 20 [1967] Nr. 6, S. 23—30; Weigel, F., Die Chemie der Transplutonium-Elemente, in Fortschr. Chem. Forsch., Bd. 4, Nr. 1, Berlin, Springer, 1963. *Inst.:* Europ. Inst. für Transurane, Karlsruhe; Transuran-Chemie-Lab. im Inst. für Anorg. Chemie, München.

Treibarbeit s. *Silber. — E: cupellation

Treibprozeß (Treiben, Abtreiben). Bez. für die Entfernung eines Stoffes durch chem. Umsetzung (*Beisp.:* Austreiben von Brom aus Bromiden unter der Einw. von Chlorwasser). In der Metallurgie versteht man unter T. od. *Treibarbeit* ein Verf. zur Isolierung von Edelmetallen (s. *Silber). — E: 1. displacement, 2. cupellation

Treibstoffe. Nicht eindeutig abgegrenzt verwendete Bez. Wird meist synonym mit der Bez. „*Kraftstoffe*" verwendet, die im Dtsch. Normenwerk (s. DIN-Begriffslexikon, Berlin-Köln-Frankfurt/M., Beuth-Vertrieb, 1961, S. 231) definiert werden als „solche brennbaren Stoffe (fl. od. gasf. Brennstoffe), deren chem. Energie sich unmittelbar in mechan. Kraft u. Arbeit umwandeln läßt; sie dienen zum Betrieb von Brennkraftmaschinen". Tatsächlich werden im allg. dtsch. Sprachgebrauch unter Kraftstoffe fast ausschließlich „*Motorkraftstoffe*" im Gegensatz zu den *Raketentreibstoffen* verstanden, zumal T. auch ein Synonym für *Schießstoffe* ist; die feste *Brennstoffe einschließende Definition (s. z. B. Der Große Brockhaus, 16. Aufl., Bd. 11, 1957) verwendet als Bez. T., während A. Kutzelnigg (s. Terminologie der Warenkategorien, Frankfurt/M., Nowack-Verl., 1965, S. 84) vorschlägt, die Bez. Kraftstoffe zugunsten von T. aufzugeben. Im Gegensatz zu dem letztgenannten Autor, der die T. als „energieübertragende Betriebsstoffe" den Brennstoffen gleichstellt, werden sonst in der Lit. fast ausschließlich T. als Unterklasse der Brennstoffe aufgefaßt. In jedem Fall sollte man die Bez. Kraftstoffe auf solche Brennstoffe beschränken, deren freie Verbrennungsenergie bei ihrer Reaktion mit dem Sauerstoff der Luft in mechan. Arbeit (im Verbrennungsraum eines Motors) umgesetzt wird. Würde man demgegenüber als T. solche Brennstoffe verstehen, bei denen die freie Verbrennungsenergie durch Reaktion mit fl. Sauerstoff od. anderen Sauerstoffträgern (z. B. Peroxiden, Nitroverb. usw.) gewonnen wird, so würden sich hier zwanglos auch die sog. Schießstoffe einordnen lassen; als solche wären dann diejenigen T. zu betrachten, die sich gleichzeitig als *Explosivstoffe verwenden lassen. Dies würde auch dem

Trenngüte

engl. Sprachgebrauch entsprechen, wo „motor fuels" von „propellants" unterschieden werden. In diesem Falle würde jedoch eine zweckmäßige Benennung für den gemeinsamen Oberbegriff von Kraftstoffen u. T. (z. B. „Antriebsstoffe") fehlen. So lange hier die terminolog. Klärung noch aussteht, ist es zweckmäßig, alle energieliefernden Betriebsstoffe, deren freie Verbrennungsenergie in mechan. Arbeit umgesetzt wird, als T. zu bezeichnen. Genormt sind von fl. T.: 1. *Otto-Kraftstoffe* [DIN 51 600], geeignet für den Betrieb von Ottomotoren, ausgenommen Flugmotoren; 2. *Dieselkraftstoffe* [DIN 51 601], geeignet für den Betrieb von schnellaufenden Dieselmotoren, insbes. Fahrzeugdieselmotoren u. solchen, die ähnliche Anforderungen an den T. stellen. 3. *Traktorenkraftstoffe* [DIN 51 602], geeignet für den Betrieb von Ottomotoren mit Spezialvergasern. Otto-, Diesel- u. Traktorenkraftstoffe bestehen aus Kohlenwasserstoffen u. sind frei von Mineralsäuren, Wasser u. festen Fremdstoffen. Ihre Eig. müssen den in der Norm gestellten Anforderungen genügen, die sich jedoch nicht auf die im Handel als „Super" bezeichneten fl. T. beziehen. Die auch als *Verbrennungs-Kraftstoffe* bezeichneten Otto- u. Traktoren-Kraftstoffe bestehen im wesentlichen aus Gemischen der bis etwa 200° sd. Bestandteile des Erdöls (Benzin) sowie Zusätzen von *Antiklopfmitteln; als Traktorenkraftstoffe dient der Petroleumfraktion des Erdöls mit einem Siedebereich von 150 bis 270°. *Spezial-T.*, wie die sog. *Rennkraftstoffe*, enthalten noch weitere Zusätze (z. B. Aceton, Äther). Diese Verbrennungskraftstoffe werden mit dem sog. *Treibgas* (meist Flüssig-Gas Propan-Butan, das bei gewöhnl. Temp. unter einem Druck von etwa 15 kg/cm² fl. wird, bei Druckentlastung aber sofort vergast u. dem Motor also gasf. zugeführt wird) als *Vergaser-T.* zusammengefaßt. Dieselkraftstoffe sind in erster Linie Erdölfraktionen im Siedebereich 200 bis 370°. Die Entw. von Flugzeugen mit Gasturbinenantrieb machte die Bereitstellung bes. *Düsenkraftstoffe* notwendig. Hierfür eignen sich vor allem mittlere Fraktionen des Erdöls mit einem Siedebereich zwischen den Benzinen u. den Dieselkraftstoffen. Die *Raketen-T.* bestehen aus Brennstoff u. dem Sauerstoffträger des Raketentriebwerkes. Bei den festen T. unterscheidet man hier *Doppelbasis-T.* (diese enthalten z. B. Nitrocellulose u. Nitroglycerin od. andere energieliefernde Substanzen sowie eine Reihe von auf den Verw.-Zweck abgestimmten Zusätzen) u. *Composite-T.* (bei diesen sind anorg. krist. Oxydationsmittel in Polymere eingebettet, die gleichzeitig als Brennstoff u. Bindemittel wirken). Die fl. Raketen-T. sind entweder *Mono-T.* (diese bestehen aus einer einzigen oxydierenden od. reduzierenden Verb., z. B. Hydrazin, Wasserstoffperoxid) od. *Bi-T.* (bei diesen sind Oxydationsmittel u. Brennstoff getrennt u. werden erst zur Einleitung der Reaktion vereinigt. — E: motor fuels, propellants

Lit.: Advanced Propellant Chemistry, Washington 1966; Barrère, M. u. a., Rocket Propulsion, London, Macmillan, 1957; Carton u. a., Rocket Propulsion Technology, New York, Plenum Press, 1961; Dadieu, A., Raketen-T., Berlin, Springer (in Vorbereitung); Gruse, W. A., Motor Fuels, New York, Reinhold, 1967; Jantsch, F., Kraftstoff-Handbuch, Stuttgart, Franckh', 1960; Kirk-Othmer, 2. Aufl., Bd. 8, 1965, S. 659—719 (Propellants), Bd. 10, 1966, S. 463 bis 498 (Gasoline and Other Motor Fuels); Kit, B. u. S. Evered, Rocket Propellant Handbook, New York, Macmillan, 1960; Lewis, A., Fuels for Supersonic Aircrafts, in Sci. J. (London) 3 [1967] S. 62—68; ders., Kraftstoffe hoher Thermostabilität für die Verw. in Überschallflugzeugen, in Chem.-Ing.-Techn. 40 [1968] Nr. 15; Lodwick, J. R., Chem. Zusätze in Automobil-, Flug- u. Diesel-T., in Chem. Rdsch. (Solothurn) 20 [1967] S. 1—3, 21—23, 40—41; Riediger, B., Brennstoffe, Kraftstoffe, Schmierstoffe, Berlin, Springer, 1949; Sarner, F. S., Propellant Chemistry, New York, Reinhold, 1966; Scheel, W. S., Techn. Betriebsstoffe: Kraftstoffe-Kohle-Öl-Wasser, Leipzig, VEB Dtsch. Verl. Grundstoffind., 1968; Siegel, B. u. L. Schieler, Energetics of Propellant Chemistry, New York-London, Wiley-Interscience, 1964; Spausta, F., T. für Verbrennungsmotoren, 2 Bde., Wien, Springer, 1953; Summerfield, M., Solid Propellant Rocket Research, New York, Acad. Press, 1961; Taylor, J., Solid Propellant and Exothermic Compositions, New York-London, Wiley, 1959; Ullmann XIV, 561—574, XVII, 619—655; Warren, F. A., Rocket Propellants, New York, Reinhold, 1958. *Inst.:* Inst. für Chemie der T. (Fraunhofer-Ges.) München, Laboratorium für Kraftstoff-Forschung der Techn. Hochschule, München.

Trenngüte = *Trennschärfe.

Trennmittel. 1. Synonym für *Antikleber. 2. Bei chromatograph. Verf. Synonym für *mobile Phase. — E: 1. releasing agents. 2. separating mediums

Trennschärfe. Bei den einzelnen Meth. der *Chromatographie Bez. für den Grad der räumlichen Trennung benachbart liegender Substanzen auf dem Chromatogramm (=Trenneffekt). Synonyma: Auflsg., Trenngüte (Resolution). Vgl. E. Stahl, Vorschläge zur Normierung u. Terminologie der Dünnschicht-Chromatographie, in Z. Anal. Chem. 234 [1968] S. 1—10. — E: resolution

Trennstrecke = *Laufstrecke.

Trennungsgänge. Bez. für Arbeitsgänge bei der *qual. Analyse, die dazu dienen, durch systemat. Anwendung bestimmter Fällungsreagenzien in festgelegter Reihenfolge gewisse Ionengruppen nach Möglichkeit quant. zu fällen u. dadurch von den in Lsg. verbleibenden Ionen abzutrennen. Die gefällten Niederschläge werden wieder in geeigneten Lsgm. gelöst u. die Ionen durch selektive Fällungsreaktionen zunächst einzeln isoliert u. dann durch geeignete Nachweisreaktionen identifiziert. Die T. für die Kationen u. für die Anionen werden getrennt durchgeführt. Der auch heute noch am häufigsten angewendete Kationen-T. beruht auf der unterschiedlichen Löslichkeit der Metallsulfide im sauren u. alkal. Medium; er wurde in seinen Grundzügen bereits 1840 von R. Fresenius aufgestellt. — E: analytical separation procedures

Trennverfahren. Sammelbez. für die in der *Verf.-Technik angewandten Verf. zur Zerlegung von Stoffgemischen unter Ausnützung von Unterschieden in der chem. Natur od. der physikal. Eig. der Komponenten. Nach E. Hecker (s. Z. Anal. Chem. 181 [1961] S. 284) läßt sich die große Zahl der heute bekannten T. im wesentlichen in zwei Gruppen zusammenfassen, nämlich 1. Verf., die auf kinet. Effekten beruhen (*Beisp.:* Wanderungsgeschw. im elektr. Feld [*Elektrophorese], Diffusionsgeschw. durch Membranen [*Dialyse], Verdampfungsgeschw. [Kurzwegdestillation], Sedimentationsgeschw. [Ultrazentrifugierung]). 2. *Verf.*, die auf Phasengleichgew. zurückgehen (*Beisp.:* Dampfdruckgleichgew. [*Destillation], Löslichkeitsgleichgew. [fraktionierte Krist., *Zonenschmelzverf.], Adsorptionsgleichgew. [*Adsorptionschromatographie], Ionenaustauschgleichgew. [Ionenaustauschchromatographie], Verteilungsgleichgew. [fest/fl.: *Verteilungschromatographie, fl./fl.: *Multiplikative Verteilung, gasf./fl.: *Gaschromatographie, extraktive Destillation]). Nur in den einfachsten Fällen sind die Unterschiede der Substanzen in bezug auf eine einzige physikal. Konst. hinreichend groß, daß schon der Einzeleffekt (also etwa eine einzige Gleichgew.-Einstellung) zur vollständigen Trennung genügt: meist ist es notwendig, die Einzeleffekte in geeigneter Weise zu vervielfachen (s. *Multiplikative T.). Nach energet. Gesichtspunkten lassen sich die T. aufgrund der angewandten Energieform einteilen. Mechan. Trennverf. für die Trennung fl./fest sind z. B. Dekantierung, Filtration, Zentrifugierung; zu den therm. T. zählen hier: *Destillation, *Eindampfen, Trocknung, *Krist. Bei der Magnetabscheidung u. der elektrostat. Abscheidung von Feststoffen kommen magnet. u. elektr. Energie zur Anwendung. Auf der Verw. elektr. Energie beruhen bei der fl./fest-Trennung z. B. *Elektrophorese, *Elektrodekantation, *Elektroosmose u. *Elektrodialyse. Ein wichtiges T. für Feststoffe ist die *Flotation. — E: separation processes

Lit.: Berg, E. W., Physical and Chemical Methods of Separation, New York, McGraw-Hill, 1963; Chapman, R. F., Separation Processes in Practice, New York, Reinhold, 1961; Hermann, J. A. u. A., Separation Methods in Analytical Chemistry, New York-London, Wiley-Interscience, 1964; Houben-Weyl-Müller, Bd. I/1, Stuttgart, Thieme, 1958; Keller, R. A., Separation Techniques in Chemistry and Biochemistry, New York, Marcel Dekker, 1967; Köhler, H., Ausgewählte moderne T. mit Anwendungen auf org. Stoffe, Darmstadt, Steinkopff, 1965; Morris, C. J. O. R. u. P., Separation Methods in Biochemistry, London 1962; Musso, H., in Naturwiss. 45 [1958] S. 97–104; Röck, H., Ausgewählte, moderne T. zur Reinigung org. Stoffe, Darmstadt, Steinkopff, 1957; Sawistowski, H. u. W. Smith, Mass Transfer Process Calculations, New York, Wiley, 1963; Schoen, H. M., New Chemical Engineering Separation Techniques, New York, Wiley, 1963; Snell, F. D. u. C. L. Hilton, Encyclopedia of Industrial Chemical Analysis, Bd. 3, New York-London, Wiley-Interscience, 1966, S. 475–548; Ullmann I, 333 bis 692; Weissberger, A., Separation and Purification, New York, Wiley, 1956; Wilson, C. L. u. D. W. Wilson, Physical Separation Methods, Amsterdam, Elsevier, 1968.

Tri... Dem Griech. u. Lat. entlehnter Zahlenvorsatz in systemat. Namen; bedeutet „drei". — E: tri-

Triaden s. *Periodensyst. — E: triads

Triakont(a)... Dem Griech. entlehnter Zahlenvorsatz in systemat. Namen; bedeutet „dreißig". — E: triaconta-, triacont-

Triakontyl... Bez. für die Atomgruppierung $-CH_2-[CH_2]_{28}-CH_3$ in systemat. Namen. — E: triacontyl...

-triangulo-. Strukturbeifügung in den Namen von solchen Koordinationsverb. (s. *Koordinationslehre), die homoatomare Aggregate enthalten, bedeutet, daß drei miteinander verbundene Atome eine Dreiecksstruktur bilden. Wird im Druck kursiv gesetzt u. bleibt bei der alphabet. Einordnung unberücksichtigt. *Beisp.:* $Os_3(CO)_{12}$ = Dodecacarbonyl-*triangulo*-triosmium. — E: -*triangulo*-

Triazano... Bez. für die Atomgruppierung $-NH-NH-NH_2$ in systemat. Namen von org. Verb. — E: triazano-

1-Triazeno... Bez. für die Atomgruppierung $-N=N-NH_2$ in systemat. Namen von org. Verb. — E: 1-triazeno-

2-Triazeno... Bez. für die Atomgruppierung $-NH-N=NH$ in systemat. Namen von org. Verb. — E: 2-triazeno-

Triazinyl... Bez. für die Atomgruppierung $-(C_3H_2N_3)$ in systemat. Namen. — E: triazinyl-

triazo = *azido. — E: triazo

Triazolidinyl... Bez. für die Atomgruppierung $-(C_2H_6N_3)$ in systemat. Namen. — E: triazolidinyl-

Triazolyl... Bez. für die von Triazol = $C_2H_3N_3$ abgeleitete Atomgruppierung $-(C_2H_2N_3)$ in systemat. Namen. — E: triazolyl-

Tribochemie. Bez. für ein Teilgebiet der *Mechanochemie, das sich mit den Änderungen im chem. Verh. von Festkörpern befaßt, die durch Einw. mechan. Energie auf die Grenzflächen hervorgerufen werden. Die nach einer mechan. Behandlung zu beobachtende Reaktionssteigerung (Bldg. *akt. Festkörper) wird als mechan. Aktivierung bezeichnet. *Beisp.:* Beim Verreiben von Kaliumcyanid u. Schwefel entsteht etwas Rhodanid; beim Verreiben von Eisenpulver mit Schwefelblumen bildet sich ein wenig mikrochem. nachweisbares Eisensulfid; beim Ritzen eines Calcitkristalls kann man in der Ritzspur etwas CaO u.

Ca(OH)$_2$ nachweisen, s. Ballczo u. Peters, in Microchim. Acta 1960, S. 291. − E: tribochemistry
Lit.: Heinecke, H., Über Tribosorption u. T., in Chem.-Ing.-Techn. 39 [1967] S. 152.

Tribologie. Seit wenigen Jahren übliche Bez. für das Forschungsgebiet, das sich mit den Vorgängen u. Gesetzen bei der Reibung u. beim Verschleiß beschäftigt. Für 1969 ist der erste Weltkongreß für T. vorgesehen (s. Naturwiss. Rdsch. 29 [1968] S. 312 u. Chemie-Labor-Betrieb 19 [1968] S. 299 bis 301). − E: tribology
Lit.: Grünberg, L., An Example of Technological Tribology, in Chem. in Britain 3 [1967] S. 522−523.

Triboluminseszenz s. *Lumineszenz. − E: triboluminescence

Triborate. Bez. für Salze mit dem Anion $B_3O_3(OH)_5^{2-}$. − E: triborates

Trichter s. *Filtration. − E: funnels, hoppers [techn.]

Tridec(a)... Dem Griech. entlehnter Zahlenvorsatz in systemat. Namen; bedeutet „dreizehn". − E: trideca-, tridec-

Tridecanoyl... Bez. für die Atomgruppierung −CO−[CH$_2$]$_{11}$−CH$_3$ in systemat. Namen. − E: tridecanoyl-

Tridecyl... Bez. für die Atomgruppierung −CH$_2$−[CH$_2$]$_{11}$−CH$_3$ in systemat. Namen. − E: tridecyl-

Trihydroxofluoroborate. Bez. für Salze mit dem Anion B(OH)$_3$F$^-$. − E: trihydroxofluoroborates

Triklines Kristallsystem s. *Kristallsyst. − E: triclinic system, anorthic system

Trikos(a)... Dem Griech. entlehnter Zahlenvorsatz in systemat. Namen; bedeutet „dreiundzwanzig". − E: tricosa-, tricos-

Trikosyl... Bez. für die Atomgruppierung −CH$_2$−[CH$_2$]$_{21}$−CH$_3$ in systemat. Namen. − E: tricosyl-

Trimere. Bez. für *Oligomere aus drei gleichen *Grundbausteinen. − E: trimers

2.4.5-Trimethoxyphenyl... Bez. für die Atomgruppierung −C$_6$H$_2$(OCH$_3$)$_3$-(2.4.5) in systemat. Namen. − E: 2.4.5-trimethxyphenyl-

2.4.5-Trimethylanilino... Bez. für die Atomgruppierung −NH−C$_6$H$_2$(CH$_3$)$_3$-(2.4.5) in systemat. Namen. Alte Bez.: Pseudocumidino... − E: 2.4.5-trimethylanilino-

2.4.6-Trimethylanilino... Bez. für die Atomgruppierung −NH−C$_6$H$_2$(CH$_3$)$_3$-(2.4.6) in systemat. Namen. Alte Bez.: Mesidino... − E: 2.4.6-trimethylanilino-

3,7,11-Trimethyl-2,6,10-dodecatrienyl... Bez. für die Atomgruppierung −CH$_2$−CH=C(CH$_3$)−CH$_2$−CH$_2$−CH=C(CH$_3$)−CH$_2$−CH$_2$−CH=C(CH$_3$)$_2$ in systemat. Namen. Alte Bez.: Farnesyl... − E: 3.7.11-trimethyl-2.6.10-dodecatrienyl-

Trimethylen... Bez. für die Atomgruppierung −CH$_2$−CH$_2$−CH$_2$− in systemat. Namen. − E: trimethylene-

1,3,3-Trimethyl-2-norbornyl... Bez. für die Atomgruppierung −(C$_{10}$H$_{17}$) in systemat. Namen. Alte Bez.: Fenchyl... − E: 1.3.3-trimethyl-2-norbornyl-

2,3,5-Trimethylphenyl... Bez. für die Atomgruppierung −C$_6$H$_2$(CH$_3$)$_3$(2,3,5) in systemat. Namen. Alte Bez.: *as*-Pseudocumyl.. − E: 2.3.5-trimethylphenyl-

2,3,6-Trimethylphenyl... Bez. für die Atomgruppierung −C$_6$H$_2$(CH$_3$)$_3$(2,3,6) in systemat. Namen. Alte Bez.: *v*-Pseudocumyl... − E: 2.3.6-trimethylphenyl-

2,4,5-Trimethylphenyl... Bez. für die Atomgruppierung −C$_6$H$_2$(CH$_3$)$_3$(2,4,5) in systemat. Namen. Alte Bez.: *s*-Pseudocumyl... − E: 2.4.5-trimethylphenyl-

2,4,6-Trimethylphenyl... Bez. für die Atomgruppierung −C$_6$H$_2$(CH$_3$)$_3$(2,4,6) in systemat. Namen. Alte Bez.: Mesityl... − E: 2.4.6-trimethylphenyl-

trinitrido = *azido. − E: trinitrido

Trioxonitridoosmate(VIII) = *Osmiamate. − E: trioxonitridoosmates(VIII)

Tripelpunkt. Bez. für einen ausgezeichneten Punkt in einem Einstoffsyst., an dem drei Phasen (z. B. Dampf, Fl. u. Festkörper) im nonvarianten Gleichgew. (vgl. *Phasenregel von Gibbs) miteinander stehen. Der T. des Wassers ist 1960 als Fundamentalpunkt der internationalen *Temp.-Skala zu 273,16° K festgelegt worden. − E: triple point

Triphenylmethyl... Bez. für die Atomgruppierung −C(C$_6$H$_5$)$_3$ in systemat. Namen. Vgl. auch *Trityl... − E: triphenylmethyl-

Triphenylsilyl... Bez. für die Atomgruppierung −Si(C$_6$H$_5$)$_3$ in systemat. Namen. − E: triphenylsilyl-

Triphosphate. Bez. für Salze mit dem Anion P$_3$O$_{10}$$^{5-}$. − E: triphosphates

Tris... Dem Griech. entlehnte Multiplikationszahl-Vorsilbe. Wird verwendet zur Angabe des dreifachen Auftretens von solchen Atomgruppen, in deren Namen bereits Zahlwörter vorkommen od. wo es sonst die Eindeutigkeit erfordert. Vgl. *Bis... − E: tris-

Triseleno... Bez. für die Atomgruppierung −Se−Se−Se− in systemat. Namen von org. Verb. − E: triseleno-

Trisilanyl... Bez. für die Atomgruppierung −SiH$_2$−SiH$_2$−SiH$_3$ in systemat. Namen von org. Verb. − E: trisilanyl-

Trisilanylen... Bez. für die Atomgruppierung −SiH$_2$−SiH$_2$−SiH$_2$− in systemat. Namen von org. Verb. − E: trisilanylene-

Trisulfate. Bez. für Salze mit dem Anion $S_3O_{10}^{2-}$. — E: trisulfates

Trithio... Bez. für die Atomgruppierung $-S-S-S-$ in systemat. Namen von org. Verb. — E: trithio-

trithiocarbonato. Bez. für das Ion CS_3^{2-} als Ligand in systemat. Namen von Koordinationsverb. (s. *Koordinationslehre). — E: trithiocarbonato

Trithionate. Bez. für Salze mit dem Anion $S_3O_6^{2-}$. — E: trithionates

Tritium (von griech.: tritos = das Dritte; chem. Symbol T). Um 1935 erstmals dargestelltes, radioakt. (schwerstes) Wasserstoff-Isotop vom At.-Gew. 3 (genau 3,01699), enthält im Kern 2 Neutronen u. 1 Proton; um den Kern („Triton" genannt) kreist ein Elektron. T heißt auch Schweres Deuterium od. Überschwerer *Wasserstoff; es ist das einzige radioakt. Wasserstoff-Isotop (Halbwertszeit 12,346 ± 0,002 Jahre [vgl. J. Inorg. Nucl. Chem. 29 [1967] S. 2129], schwacher β-Strahler. T wandelt sich unter Aussendung eines Elektrons in He 3 um; es dürfte als Radioindikator für die chem. u. biolog. Forschung ähnliche Bedeutung wie ^{14}C erlangen. Man stellt T z. B. durch Neutronenbeschuß von Lithium 6 her; hierbei entstehen dann He 4 u. T. Nach Harteck enthalten die höheren Luftschichten je Liter etwa 100 T-Atome; dies würde für die ganze ird. Lufthülle 6 g T ergeben. Über T in Meteoriten s. P. Schmidlin, Diss. Univ. Freiburg, 1960. Libby konnte 1950 Spuren von T in gewöhnl. Wasser nachweisen; auf etwa 10^{18} gewöhnl. Wasserstoffatome entfällt 1 T-Atom. T entsteht fortwährend in den oberen Teilen der Atmosphäre unter dem Einfl. der *kosm. Strahlung in winzigen Mengen (z. B. zerfällt N 14 beim Aufprall eines Neutrons in C 12 u. T, s. F. Begemann, in Z. Naturforsch. 14 a [1959] S. 334—342); es verbindet sich mit Luftsauerstoff zu „Überschwerem *Wasser" u. nimmt als solches am Kreislauf des Wassers teil. Stoffe, die aus dem Kreislauf des Wassers ausgeschlossen sind (wie z. B. alte Weine in Fässern) müssen nach Libby einen geringeren T-Geh. aufweisen, da dessen T im Lauf von 12,5 Jahren zur Hälfte zerfällt u. kein T-Nachschub von außen erfolgen kann. Dadurch wird nach Libby ein Verf. zur Altersbest. mit einer Genauigkeit von ca. 30 Jahren ermöglicht, s. auch *Radiokohlenstoffdatierung. Bei der Elektrolyse von Wasser wird T ähnlich angereichert wie Deuterium. Über Markierung von org. Verb. mit T s CAEN 34 [1956] S. 4616. Heute verwendet man T-Kerne (t) auch als Geschosse für Atomkernumwandlungen, s. Umschau 52 [1952] S. 388 u. Scient. Amer. 190 [1954] Nr. 4, S. 38—42. T ist infolge seiner Radioaktivität schon in viel geringeren Mengen nachweisbar als *Deuterium, das zum Nachweis den Massenspektrographen erfordert. Infolge der großen Massenunterschiede können Atome von H, D u. T auch chem. verschieden reagieren, obwohl sie zum gleichen Element gehören, s. CAEN 31 [1953] S. 3186. Nach Libby u. a. hat sich der T-Geh. des Regenwassers infolge der Kernwaffenexplosionen bis 1957 etwa auf das 100fache erhöht, s. Naturwiss. 46 [1959] S. 201. Über den natürlichen T-Haushalt der Erde u. seine zeitliche Variation s. F. Begemann, in Chimia 16 [1962] S. 1—10. Über Herkunft des ird. T s. Geochim. et Cosmochim. Acta 1960, S. 273—277 (demzufolge wird das T der Erde hauptsächlich durch kosm. Strahlung in der Atmosphäre erzeugt). Über T-Geh. von Meteoriten s. Geiss u. a. in Helv. Phys. Acta 33 [1960] S. 590—593. T ist relativ billig (^{14}C ist 100- bis 1000mal so teuer), daher verwendet man es z. B. zur Markierung von org. Substanzen (bes. in der Biochemie), zu Leuchtmassen (s. Farbe u. Lack 1961, S. 640—642), als Tracer für Wasser in der Meteorologie, zur Dichtigkeitsprüfung in Relaiseinheiten u. dgl., zum Studium von Diffusionsvorgängen, zur Messung von Isotopeneffekten usw., s. H. Simon, in Angew. Chem. 73 [1961] S. 481—487. — E: tritium

Lit.: Begemann, F., T in der Atmosphäre, in Umschau 66 [1966] S. 741—742; Begemann, F. u. I. Friedman, T- u. Deuterium-Geh. des atmosphär. Wasserstoffs, in Z. Naturforsch. 14 a [1959] S. 1024—1031; Evans, E. A., Tritium and Its Compounds, London 1966; IAEO (= International Atomic Energy Organization), Tritium: Dosage, Préparation de Molécules Marquées et Applications Biologiques, Wien 1960; dies., Tritium in the Physical and Biological Sciences, Wien 1962; Kirk-Othmer, 2. Aufl., Bd. 6, 1965, S. 910—918; Pascal, Nouveau Traité I, Paris, Masson, 1956; Ullmann II/1, 947, 954, IX, 461, XI, 744; Wenzel, M. u. P. E. Schulze, T-Markierung, Berlin, de Gruyter, 1962.

Triton (Symbol t). Bez. für den Atomkern des *Tritiums. — E: triton

Tritriakont(a)... Dem Griech. entlehnter Zahlenvorsatz in systemat. Namen; bedeutet „dreiunddreißig". — E: tritriaconta-, tritriacont-

Tritriakontyl... Bez. für die Atomgruppierung $-CH_2-[CH_2]_{31}-CH_3$ in systemat. Namen. — E: tritriacontyl-

Trityl... Bez. für die Atomgruppierung $-C(C_6H_5)_3$ in systemat. Namen. Darf nicht verwendet werden, wenn mit Veränderung des Kohlenstoff-Gerüstes verbundene Substitution (z. B. durch *Alkyl, *Aryl, *Acyl) vorliegt. Vgl. *Triphenylmethyl... — E: trityl-

Trivialnamen. Bez. für solche Namen von chem. Verb., von denen kein Tl. in systemat. Namen verwendet wird. *Beisp.:* Xantophyll; vgl. IUPAC, Nomenclature of Organic Chemistry, Sections A & B (Juli 1957) London, Butterworth, 1966, S. 4. — E: trivial names

Lit.: Bailey, An Etymological Dictionary of Chemistry, London, Arnold, 1929; Brown, R. W., Composition of Synthetic Words, Washington 1955; Chem.

Trockene Destillation

Zentralblatt, T.-Kartei, Weinheim, Verl. Chemie (ab 1964; die Erstausstattung von 8000 Karten wird in unregelmäßigen Abständen ergänzt); Flood, W. E., The Origins of Chemical Names, London, Oldbourne, 1963; IUPAC-IUB, Commission on Biochemical Nomenclature, Trivial Names of Miscellaneous Compounds of Importance in Biochemistry (Tentative), in IUPAC-Inf. Bull. Nr. 25 [Feb. 1966] S. 19 ff. (dtsch. Übersetzung in Hoppe-Seyler's Z. Physiol. Chem. 348 [1967] S. 266—272); Wiegand, C., Entstehung wichtiger org. T., in Angew. Chem. 60 [1948] S. 109, 127, 204.

Trockene Destillation s. *Destillation (S. 171). — E: dry destillation

Trockenelemente s. *Galvan. Elemente u. *Taschenbatterien.

Trockenfarben = *Pigmente.

Trockengehalt. Nach DIN 6730, Bl. 2 Bez. für das Verhältnis des Gew. einer nach festgelegten Vers.-Bedingungen getrockneten Probe zum Gew. bei der *Probenahme, ausgedrückt in Prozenten. — E: dry content

Trockenmittel. Bez. für Substanzen, die in irgendeiner Weise Wasser aufnehmen u. sich so zur Trocknung von Gasen od. Fl., in seltenen Fällen (in der Regel indirekt) auch zu der von Feststoffen eignen. Sie wirken nach einem der folgenden vier Mechanismen: 1. *Chem. Reaktion*, entweder unter Bldg. einer neuen Verb. *(Beisp.*: $P_2O_5 + H_2O \rightarrow 2\ HPO_3$) od. unter Bldg. von Hydraten *(Beisp.*: $CaCl_2 + H_2O \rightarrow CaCl_2 \cdot H_2O$). 2. *Physikal. Absorption bei konstanter relativer Feuchtigkeit* unter Bldg. einer gesätt. Lsg. *(Beisp.* $CaCl_2 \cdot 6\ H_2O + xH_2O \rightarrow$ gesätt. Lsg.). 3. *Physikal. Absorption bei veränderlicher Feuchtigkeit* unter Bldg. einer verd. Lsg. 4. *Adsorption*. Diese Mechanismen sind charakterisiert durch die Beträge der Reaktionswärme, der Lsg.-Wärme bzw. der Adsorptionswärme. Als T. eignet sich eine Reihe hygroskop. Substanzen, z. B. aktiviertes Aluminiumoxid, Bariumoxid, Calciumchlorid, Calciumoxid, Calciumsulfat, Glycerin, Magnesiumperchlorat, Phosphorpentoxid, Kalium- u. Natriumhydroxid, konz. Schwefelsäure, Silicagel. — E: drying agents

Lit.: Kirk-Othmer, 2. Aufl., Bd. 7, 1965, S. 378 bis 398; Kutzelnigg u. Königshelm, in Werkstoffe u. Korrosion 1963, S. 181—186; Rickert, H. u. H. Schwarz, Trockenmittel, in Houben-Weyl-Müller, Bd. I/2, S. 873 bis 885.

Trockenpistolen. Bez. für *Absorptionsgefäße in Form eines mit *Trockenmittel gefüllten Rundkolbens mit gebogenem Hals, der mittels einer Schliffverb. vakuumdicht über die Öffnung eines von einem Heizmantel umgebenen, waagrecht eingespannten Reagenzrohres gestülpt ist, das die zu trocknende Substanz enthält. — E: drying pistols

Trockenrohre. Bez. für *Absorptionsgefäße in Form von geraden od. U-förmig gebogenen, mit Trockenmittel (z. B. $CaCl_2$ im Falle des sog. Chlorcalciumrohres) gefüllten Glasröhren; diese dienen zum Trocknen von durchströmenden Gasen. — E: drying tubes

Trockenschränke. Bez. für *Luftbäder in Form von beheiz- u. verschließbaren, therm. isolierten Metallschränken, deren Innentemp. in der Regel über einen *Thermostaten regelbar ist. — E: laboratory drying cupboards

Trockenstoffe. Nach DIN 55 901 (Apr. 1968) Bez. für org., in org. Lsgm. u. in *Bindemitteln lösl. Metallverb. Sie gehören chem. zur Klasse der Seifen (s. *Metallseifen) u. werden ungesätt. Ölen u. Bindemitteln zugesetzt, um deren Trocknungszeit, d. h. den Übergang ihrer Filme in die feste Phase, erheblich abzukürzen. T. können in fester u. gelöster (s. *Sikkative) Form vorliegen. Als Lsgm. kommen org. Lsgm. u. Bindemittel in Betracht. Wasseremulgierbare T. können Emulgatoren (s. *Emulsionen) enthalten.

T. bestehen einerseits aus einem Metall, dem die Beschleunigung der Trocknung zukommt, u. einem Metallträger, der die Löslichkeit der T. in Lsgm. od. Bindemitteln bewirkt. Als Metalle kommen vornehmlich Kobalt, Mangan u. Blei in Betracht. Calcium, Cer, Eisen, Zink, Zirkonium u. a. Metalle werden seltener u. gewöhnl. nur in Verb. mit Kobalt, Mangan u. Blei in T. verwendet. T. können ein Metall *(Einmetall-T.)* od. mehrere Metalle *(Mehrmetall-T.)* enthalten. Sie werden nach verschiedenen Verf. hergestellt. Zur Herst. geschmolzener T. werden z. B. Oxide, Hydroxide, Acetate u. Carbonate der Metalle verwendet, während für die Herst. von T. nach dem Fällungsverf. sowohl die Metallsalze als auch die Metallträger in wasserlösl. Form vorliegen. Auch andere Verf. sind möglich. Als Metallträger dienen vorwiegend Carbonsäuren natürlichen od. synthet. Ursprungs, bevorzugt höhere Fettsäuren, Harzsäuren od. Naphthensäuren, die entweder für sich allein od. in Mischung verwendet werden. Als Metallträger enthalten Linoleate Fettsäuren des Leinöls, Resinate Harzsäuren (z. B. des Colophoniums), Naphthenate Naphthensäuren, Octoate u. a. synthet. aliphat. Carbonsäuren. — E: dryers

Lit.: Fritz, F., Trocknende Öle u. T., Hannover, Vincentz, 1949; de Keghel, M., Les huiles siccatives etc., Paris, Gauthier-Villars, 1950; Ind. Engg. Chem. 1949, S. 2080—2090; Kirk-Othmer, 2. Aufl., Bd. 7, 1965, S. 272—287; Ullmann VIII, 326, XI, 281, 326, 336, XVII, 691—694; Wilborn, Die T., ihre Chemie, Herst. u. Anwendung, Berlin, Union Dtsch. Verl.-Ges., 1933.

Trockenstoffgrundlagen. Nach DIN 55 945, Bl. 1, in der früheren Norm 55 901, Bez. für in Benzin u. Ölen unlösl. Metallverb., die zum Herstellen geschmolzener, lösl. *Trockenstoffe dienen u. im wesentlichen aus Oxiden, Hydroxiden, Acetaten, Carbonaten u. Boraten, vornehmlich der Metalle Kobalt, Mangan u. Blei, bestehen, wobei diese Metallverb. allein od. in Mischung angewendet werden können. — E: dryer bases

Trockentürme. Bez. für zylindr., mit Trockenmittel gefüllte Absorptionsgefäße zum Trocknen von Gasen (s. Abb.). — E: drying towers
Lit.: DIN 12 500 (Nov. 1947).

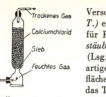

Trocknen. Nach DIN 55 945, Bl. 1 (März 1961) in der Anstrichtechnik Bez. für das Übergehen eines Anstriches vom fl. in den festen Zustand. — E: drying

Trocknende Öle s. *Fette; fette Öle. — E: drying oils
Lit.: Kirk-Othmer, 2. Aufl., Bd. 7, 1965, S. 398—428; Ullmann XVII, 694—739.

Trocknung. Bez. für die Entfernung von chem. nicht gebundenen Fl. aus gasf., fl. od. festen Stoffen (= Feuchtigkeitsentzug) durch Erhitzen od. Zusatz von die betreffende Fl. bindenden Mitteln. In der Regel handelt es sich bei der Fl. um Wasser, weshalb als *Trockenmittel* in erster Linie hygroskop. Substanzen od. Adsorptionsmittel in Gebrauch sind. Von der T. zu unterscheiden ist die mechan. Abtrennung der Fl. durch Dekantieren, Zentrifugieren od. Filtrieren; ebenso ist die *Dehydratisierung kein T.-Prozeß. Bei der therm. Trocknung von Feststoffen werden diese von Fl. durch Verdunsten (Verdunstungs-T.) od. Verdampfen *(Verdampfungs-T.)* u. Abführen der entstehenden Dämpfe getrennt. Während sich im letzten Falle die T. in der Nähe des Siedepunktes der zu entfernenden Fl. abspielt u. der Dampf auf Grund absoluter Druckunterschiede abströmt, dient bei der *Verdunstungs-T.* zur Aufnahme u. Fortbewegung des Dampfes ein gasf. Trockenmittel (Luft, Feuergase), das gleichzeitig auch die erforderliche Wärme heranführt. Bei der sog. *Heißdampf-T.* wird überhitzter Dampf als Trockenmittel verwendet. Bei der Wärmeübertragung durch Wärmeleitung steht das zu trocknende Gut in unmittelbarer Berührung mit beheizten Flächen *(Kontakt-T.),* bei der Wärmeübertragung durch Strahlung *(Strahlungs-T.)* steht seine Oberfläche mit einer Fläche höherer Temp. im Strahlungsaustausch *(Beisp.: Infrarot-T.).* Im letzten Falle erstreckt sich die Wärmeentw. auf einen Tl. des Gutinneren; bei der T. wasserhaltiger Güter übernimmt der Wasseranteil zu Beginn der T. den Hauptteil der Absorption, während sich im späteren Trockenverlauf zunehmend die Absorptionseig. des Feststoffes auswirken. Außer durch Absorption von Strahlungsenergie kann eine innere Wärmezufuhr bei der T. auch durch Ausnützung der Speicherwärme eines zuvor erhitzten Gutes bei Senkung des Außendrucks *(Vak.-T.),* durch chem. Vorgänge im Stoff, durch Joulesche Wärme bei stromdurchflossenen Gütern od. im Hochfrequenzfeld durch die Wärmewrkg. der dielektr. Verschiebungsströme *(Hochfrequenz-T., dielektr. T.)* erreicht werden. Als weitere T.-Art eignet sich für Feststoffe die sog. *Gefrier-T.* Bei der *Zerstäubungs-T. (Sprüh-T.)* werden fl. Trockengüter (Lsg., Emulsionen, Suspensionen) in feine nebelartige Tröpfchen zerteilt, wodurch die Gutoberfläche stark vergrößert u. so innerhalb kurzer Zeit das Trockenerzeugnis als feines Pulver gewonnen wird. Die T. von Fl. u. Gasen erfolgt im wesentlichen durch Sorption od. chem. Reaktionen (s. *Trockenmittel), bei Gasen wird auch T. durch Ausfrieren der abzutrennenden Fl. mittels Tiefkühlung vorgenommen. Vgl. auch *Gefriertrocknung. — E: drying
Lit.: Kirk-Othmer, 2. Aufl., Bd. 7, 1965, S. 326—378; Köber, A., H. Rumpelt u. W. Schneider, Neue Entw. in der mechan. u. therm. T., in Chemiker-Ztg. 91 [1967] S. 519—528; Ullmann II/1, S. 563—609.

Tropoyl... Bez. für die Atomgruppierung —CO—CH(CH$_2$OH)—C$_6$H$_5$ in systemat. Namen. Darf nicht verwendet werden, wenn eine mit Veränderung des Kohlenstoff-Gerüstes verbundene Substitution (z. B. durch *Alkyl, *Aryl, *Acyl) vorliegt. — E: tropoyl-

Trübungstitration. Bez. für Meth. zur Best. des *Endpunktes von Fällungssyst. bei der *Maßanalyse, die auf der Trübung des Reaktionsmediums beruhen. Nach einem Terminologievorschlag der Nomenklaturkommission der Analytical Chemistry Division der *IUPAC (s. IUPAC-Inf. Bull. Nr. 26 [Aug. 1966] S. 43—49) unterscheidet man die *nephelometr.* (s. auch *Nephelometrie) u. die *turbidimetr.* Meth. Bei der nephelometr. Meth. wird der Verlauf der Reaktion durch die Messung des im rechten Winkel zur Einfallsrichtung gestreuten Lichtes verfolgt. Man trägt hier den Ausschlag des Meßinstrumentes gegen die zugesetzte Menge an Titrierfl. auf u. ermittelt den Endpunkt durch Extrapolation an den Unstetigkeitsstellen der Titrationskurve. Bei der turbidimetr. Meth. mißt man dagegen statt des Streulichtes die Abschwächung der Intensität des eingestrahlten Lichtes beim Durchgang durch die Fl. — E: nephelometric and turbidimetric titrations

Tryptophyl... Bez. für die Atomgruppierung

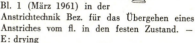

in systemat. Namen. — E: tryptophyl-

Tu (von Tuli). Im Russ. statt Tm Symbol für *Thulium.

Tube-Chromatographie. Bez. für eine Schnellmeth. der *Dünnschichtchromatographie, die unter Verw. von auf der Innenseite beschichteten verschließbaren Glasröhren erfolgt. — E: tube chromatography

Tüpfelanalyse. Bez. für analyt. (qual. u. quant.) Verf., bei denen der Nachweis od. die Best.-Reaktion durch Zusammenbringen von je 1—2 Tropfen (= 0,03 bis 0,1 ml) Unters.-Lsg. u. Reagenzlsg. auf Tüpfelpapier (kartonstarkes, aufsaugungsfähiges, weißes Filtrierpapier) od. auf weiß od. schwarz glasierten Tüpfelplatten (Porzellanplatten mit näpfchenartigen Vertiefungen) ausgeführt wird, wobei Bldg. von charakterist. gefärbten Flecken eintritt. Jede Reaktion, die zur Bldg. farbiger Reaktionsprod. führt, ist auch als Tüpfelreaktion geeignet; als solche kommen vor allem Identitätsreaktionen von einzelnen isolierten Bestandteilen aus Gruppenfällungen in Betracht. — E: spot testing

Lit.: Delaby, R. u. J.-A. Gautier, Analyse qualitative minérale à l'aide des stilliréactions, Paris, Masson, 1950; Feigl, F., Qual. Analyse mit Hilfe von Tüpfelreaktionen, Leipzig, Akad. Verl. Ges., 1938; ders., Spot Tests in Org. Analysis, Amsterdam, Elsevier, 1966; ders., Spot Tests in Inorg. Analysis, Amsterdam, Elsevier, 1958; ders., Tüpfelanalyse, I (Anorg. Tl.), II (Org. Tl.), Frankfurt, Akad. Verl. Ges., 1960; Henning, H., Zerstörungsfreie Materialprüfung mit T.,

in Chemie-Labor-Betrieb 17 [1966] S. 433—441; Snell, F. D. u. C. L. Hilton, Encyclopedia of Industrial Chemical Analysis, Bd. 3, New York-London, Wiley-Interscience, 1966, S. 249—250, 264—272; Ullmann I, 3.

Turbidimetrie s. *Nephelometrie. — E: turbidimetry

Turbidimetrische Titration s. *Trübungstitration. — E: turbidimetric titration

Twaddell-Grade = *Twaddle-Grade. — E: Twaddel degrees

Twaddle-Grade (auch Schreibweise Twaddell-Grade ist anzutreffen) s. *Aräometer. (Abk.: Tw). — E: Twaddle degrees

Tyndall-Effekt s. *Kolloidchemie (s. 455) u. *Lichtstreuung. — E: Tyndall effect

Tyndallometrie s. *Nephelometrie. — E: Tyndallometry

Tyrosyl... Bez. für die Atomgruppierung $-CO-CH(NH_2)-CH_2-C_6H_4-OH(p)$ in systemat. Namen. — E: tyrosyl-

u. Einheitszeichen für die (vereinheitlichte) atomare Masseneinheit (s. *Atommassenkonst.). Wird in der Physik (neben v) häufig auch als Symbol für Geschw. verwendet.

U. 1. Chem. Symbol für das Element *Uran. 2. Von der *IUPAC empfohlenes Symbol für „ungesätt." u. für Harnstoff (lat.: urea) bei der Abk. von Namen von Polymeren u. Weichmachern (*Beisp.:* UP = ungesätt. Polyester, UF = Harnstoff-Formaldehyd[harze]); s. IUPAC-Inf. Bull. Nr. 25 [Feb. 1966] S. 46. 3. In der Physikal. Chemie Symbol für „innere Energie". 4. In der Physik Symbol für Klemmenspannung.

U I, U II. Chem. Symbole für *Uran I bzw. *Uran II.

Überführung = *Transfer-Technik.

Überführungszahl. Nach einer Definition der *IEC (s. International Electrotechnical Vocabulary, Group 50, Genf 1960, Nr. 50-05-380) Bez. für den Anteil der von einer Ionenart transportierten Elektrizitätsmenge zur Gesamtmenge der von sämtlichen Ionen des Elektrolyten in der gleichen Zeit transportierten Elektrizitätsmenge. Vgl. Ullmann VI, 434. — E: transference number, transport number

Übergangselemente = *Übergangsmetalle. — E: transition elements

Übergangsmetalle (Übergangselemente). Nach einer 1963 von der Nomenklaturkommission für Anorg. Chemie der *IUPAC (s. IUPAC, Comptes Rendus XII Conference London 1963, S. 204 bis 212) vorgeschlagenen Definition sind *Übergangselemente* (tatsächlich handelt es sich ausschließlich um Metalle) solche Elemente, deren Atome

eine inkomplette d-Schale haben od. den Anlaß zur Bldg. eines od. mehrerer Kationen mit inkompletten d-Schalen (s. *Atombau) geben. Über Kritik an dieser Definition s. E. Hayek, in Österr. Chemiker-Ztg. 65 [1964] S. 337—338; dieser Autor schlägt vor, die Bez. *Nebengruppenelemente* u. *B-Gruppenelemente* (s. *Periodensyst.) mit Ü. zu synonymisieren u. als solche diejenigen Elemente zu verstehen, die in der Anordnung des Langperiodensyst. (s. S. 645) die kurzen Gruppen mit nur je vier od. je drei Elementen untereinander bilden (von Sc—Ac [einschließlich aller Lanthanoide u. Actinoide] bis Zn—Hg, wenn man Be u. Mg in A_2 u. Al in B_3 einreiht). — E: transition metals

Lit.: Beck, P. A., Electronic Structure and Alloy Chemistry of the Transition Elements, New York-London, Wiley-Interscience, 1963; Bird, C. W., Transition Metal Intermediates in Organic Synthesis, New York 1967; Carlin, R. L., Transition Metal Chemistry, 2 Bde., New York, Marcel Dekker, 1966; Cotton, F. A., Transition Metal Compounds Containing Clusters of Metal Atoms, in Quart. Rev. (London) 20 [1966] S. 389—401; Fackler, J. P., Transition Elements, New York 1966; Haraldsen, H., Beiträge zur Chemie der binären Übergangselemente, in Angew. Chem. 78 [1966] S. 64—72; Hochstrasser; R. M., The Energies of the Electronic Configuration of Transition Metals, in J. Chem. Educ. 42 [1965] S. 154—156; Mabbs, F. E. u. D. J. Machin, The Transition Elements, in Ann. Rep. Progr. Chem. 63 [1966] S. 186—208; Nyholm, R. S. u. M. L. Tobe, The Stabilization of Oxidation States of the Transition Metals, in Adv. Inorg. Chem. Radiochem. 5 [1963] S. 1—40; Orgel, L. E., An Introduction to Transition Metal Chemistry: Ligand-Field Theory, New York-London, Wiley, 1966; Watson, R. E., Transition Metals, in McGraw-Hill Yearbook Science and Technology 1965, New York, McGraw-Hill, 1965, S. 418—420.

Überhitzter Dampf (ungesätt.Dampf) s.*Dampf. — E: superheated vapo(u)r, [superheated steam, dry steam]

Übermolekeln. Bez. für ausschließlich durch Nebenvalenzen (s. *Zwischenmol. Kräfte) zusammengehaltene Aggregate von hauptvalenzmäßig abgesätt. Mol. Vgl. *Assoziation, *Clathrate, *Einschlußverb. — E: „super-molecules", molecular clusters, molecule aggregates

Übersättigung. Bez. für einen Zustand, in dem mehr von einem Stoff vorhanden ist, als zur „Sättigung" (s. *gesättigt) erforderlich ist. Eine durch Unterkühlung erhaltene *übersätt. Lsg.* enthält mehr gelösten Stoff, als sie im therm. Gleichgew. enthalten kann. *Übersätt. Dampf* hat eine größere D. als dem therm. Gleichgew. zwischen Dampf u. Kondensat entspricht (s. *Dampf). — E: supersaturation

Überschwerer Wasserstoff = *Tritium.

Überspannung (irreversible Polarisation). Nach einer Definition der *IEC (s. International Electrochemical Vocabulary, Group 50, Genf 1960, Nr. 50-05-200) Bez. für die Differenz zwischen dem dynam. Elektrodenpotential u. dem reversiblen Elektrodenpotential für eine gegebene elektrochem. Reaktion. Es handelt sich demnach um die Verschiebung des Gleichgew.-Elektrodenpotentials, die erforderlich ist, um eine gegebene elektrochem. Reaktion (z. B. eine *Elektrolyse) mit gegebener Geschw. ablaufen zu lassen. Man beobachtet Ü. bes. bei der Abscheidung von Gasen, aber auch bei der kathod. Metallabscheidung; hier ist dann eine höhere Spannung erforderlich, als der berechneten *Zers.-Spannung entspricht. Je nach der Ursache der Ü. unterscheidet man *Konz.-Ü.* (ist bedingt durch den bei Strombelastung eintretenden Konz.-Unterschied zwischen der der Elektrodenoberfläche nächstgelegenen Elektrolytschicht [Elektrodenfilm] u. der Hauptmenge des Elektrolyten), *Widerstands-Ü.* (ist bedingt durch den Widerstand des Elektrodenfilms) u. *Aktivierungs-Ü.* (ist bedingt durch Hemmungen der Elektrodenreaktion). *Wasserstoff-Ü.* ist die zum Freiwerden von Wasserstoff erforderliche Ü. (s. *Akkumulatoren). Bes. groß ist die Ü. von Sauerstoff an Platin- u. Goldelektroden. — E: overvoltage, overpotential

Übertragung = *Transfer-Technik.

Übertragungsreaktionen. Bez. für Reaktionen, bei denen der akt. Zustand eines Mol. auf ein anderes übertragen wird. Wird beispielsweise Styrol in Ggw. von Tetrachlorkohlenstoff = CCl_4 polymerisiert, so entzieht das wachsende Makroradikal (S_n^*) dem CCl_4 ein Chloratom u. geht dadurch in ein inakt. Makromol. über, während gleichzeitig ein akt. Trichlormethylradikal entsteht (S_n^* + $CCl_4 \to S_n - Cl + {}^*CCl_3$); der Radikalzustand ist also hier von einem Mol. auf das andere übertragen worden; vgl. auch Kettenübertragung unter *Polymerisation. Eine bes. Form von Ü. ist die *Telomerisation. Meßzahl für Ü. bei Polymerisation ist die sog. Übertragungskonst. $K_ü$, die als das Verhältnis der Geschw.-Konst. der Ü. zu der der Wachstumsreaktion (k_w) ist: $K_ü = k_ü/k_w$ (eine Übertragungskonst. von $K_ü = 10^{-4}$ bedeutet also, daß auf zehntausend Wachstumsschritte ein Übertragungsschritt kommt). Vgl. auch *Transportreaktionen. — E: transfer reactions

Ullmanns Encyklopädie der Technischen Chemie (Abk. Ullmann). Die dritte Auflage dieses größten dtsch.-sprachigen *Handbuches auf dem Gebiete der Techn. Chemie u. ihrer Randgebiete wird seit 1951 von W. Foerst im Verl. Urban & Schwarzenberg, München-Berlin-Wien, herausgegeben. Es umfaßt 2 systemat. (davon Bd. 2 in 2 Tle.) u. 17 (davon lagen bis 1968 16 vor) lexikal. geordnete Bde., sowie einen Registerband. Erscheinungsjahre der Bde.: I [1951], II/1 [1961], II/2 [1968], III [1953], IV [1953], V [1954], VI [1955], VII [1956], VIII [1957], IX [1957], X [1958], XI [1960], XII [1960], XIII [1962], XIV [1963], XV [1964], XVI [1965], XVII [1966], XVIII [1967]. — E: Ullmann's encyclopedia of technical chemistry

Ultrafiltration. Verf. zur Fraktionierung von kolloiddispersen Teilchen od. zu deren Abtrennung aus dem *Dispersionsmittel. Es beruht auf der Filtration durch solche *Membranen, die für das Dispersionsmittel u. mol.-disperse Stoffe durchlässig, für die Kolloide dagegen undurchlässig sind. Bewährt haben sich Membranen aus Collodium, Celluloseestern od. Polyvinylalkohol. — E: ultra filtration

Lit.: Brintzinger, H., in Kuhn, A., Kolloidchem. Taschenbuch, Leipzig, Akad. Verl. Ges., 1960, S. 109 bis 112.

Ultrahochvakuum. s. *Vakuum. — E: ultrahigh vacuum

Ultramikroanalyse (Mikrogramm-Meth.). Bez. für alle qual. u. quant. analyt. Verf. (s. *Mikroanalyse), die Substanzmengen zwischen 10^{-5} u. 10^{-6} g erfassen bzw. mit 1 bis 50 Mikroliter Fl. (vgl. M. C. Sanz in Chimia 13 [1959] S. 192) auskommen. Die U. wird z. B. angewendet bei der Erforschung von Transuranen, Spurenelementen, reinsten Metallen, Leuchtmassen (Lenardphosphore), Radioindikatoren, Fermenten, Hormonen usw. — E: ultra-micro analysis

Lit.: Alimarin, I. P. u. M. N. Petrikowa, Anorg. U., Berlin 1962; Helbig, W., in Chem. Techn. 13 [1961] S. 514–518; ders., Ultramikroanalyt. Arbeitsverf., in Z. Anal. Chem. 182 [1961] S. 15–19 u. Fortsetzung; Kirk, P. L., Quantitative Ultramicroanalysis, New York, Wiley, 1950; Knights, Mac Donald, Ploompuu, Ultramicro Methods for Clinical Laboratories, New York, Grune and Stratton, 1957; Korenman, I. M., Introduction to Quantitative Ultra-Micro Analysis,

New York, Academic Press, 1965; Sanz, M. C., in Chimia 13 [1959] S. 192—202. Über Trennung u. Analyse von Aminosäuren im Ultramikromaßstab s. Stegemann, H. u. G. Bernhard, in Mikrochim. Acta 1961, S. 555—563.

Ultramikroskop s. *Kolloidchemie (S. 455). — E: ultramicroscope

Ultrarotspektroskopie = *Infrarotspektroskopie.

Ultraschall (Supraschall). Bez. für (unhörbaren) Schall, dessen Frequenz oberhalb des menschlichen Hörbereiches liegt, d. h. oberhalb 20 kHz; es lassen sich U.-Wellen bis zu Freqenzen von etwa 10^6 kHz erzeugen, deren Wellenlänge größenordnungsmäßig bereits der des sichtbaren Lichtes entspricht. Mit U.-Impulsen lassen sich Schallgeschw. u. Schallabsorption in festen, fl. u. gasf. Stoffen messen, sie ermöglichen infolge der durch sie auf kleinstem Raum erzeugten hohen Druckunterschiede u. a. feinste Misch- u. Mahlvorgänge (z. B. Herst. extrem feiner Dispersionen, wie sie u. a. für photograph. Schichten notwendig sind), die Entgasung von Fl. u. Schmelzen, die Koagulation von Aerosolen, außerdem werden sie vorteilhaft in der zerstörungsfreien Werkstoffprüfung eingesetzt. Über chem. Wrkg. des U. s. *Ultraschallchemie. — E: ultrasonics

Lit.: Babikow, Ultrasonics and Its Industrial Applications, New York 1961; Beier u. Dörner, Der U. in Biologie u. Medizin, Leipzig 1954; Bergmann, L., Der U. u. seine Anwendung in Wissenschaft u. Technik, Stuttgart, Hirzel, 1957; ders., Schwingende Kristalle u. ihre Anwendung in der Hochfrequenz- u. U.-Technik, Leipzig, Teubner, 1951; Blitz, J., Fundamentals of Ultrasonics, London, Butterworth, 1963; Carlin, B., Ultrasonics, New York, McGraw-Hill, 1960; Dognon, A., Les ultrasons et leurs applications, Paris 1953; El'Piner, I. E., Ultrasound: Its Physical, Chemical and Biological Effects, New York 1964; Ewing, G. W., Sonics and Ultrasonics in Chemistry, in J. Chem. Educ. 43 [1966] S. A 1037—A 1056; Herforth, Ultraschall, Leipzig 1958; Herzfeld, K. F. u. T. A. Litovitz, Absorption and Dispersion of Ultrasonic Waves, New York, Acad. Press, 1959; Kapustin, A. P., The Effect of Ultrasound on the Kinetics of Crystallization, New York, Consultants, 1963; Kelly, E., Ultrasound in Biology and Medicine, Washington 1962; ders., Ultrasonic Energy: Biological Investigations and Medical Applications, Urbana 1965; Krasilnikov, V. A., Sound and Ultrasound-Waves in Air, Water and Solid Bodies, IPST, 1963; Krautkrämer, J. u. H. Krautkrämer, Werkstoffprüfung mit U., Berlin, Springer, 1966 (engl. Übersetzung: Ultrasonic Testing of Materials, in Vorbereitung); Kudriawzew, Anwendung von U. bei physikal.-chem. Unters., Berlin, Dtsch. Verl. d. Wiss., 1955; Matauschek, J., Einführung in die U.-Technik, Berlin 1962; Neswald, R. G., Ultrasound in Industry, in Int. Sci. Technol. Nr. 26 [1964] S. 40—48; Nozdrev, V. F., Applications of Ultra Sonics in Molecular Physics, Oxford, Pergamon Press, 1964; Pohlmann, R., U. in der Technik, in Bild d. Wiss. 4 [1967] S. 303—311; Richardson, E. G., Ultrasonic Physics, Amsterdam-New York, Elsevier, 1962; Schaaffs, in Houben-Weyl-Müller III/2, 1955; Scholz, W., Ultraschall, Leipzig 1961; Uglietti, G. A., Gli ultrasuoni, Milano, Hoepli, 1957; Ullmann I, 386, 388, 724, II/1, 832 bis 839, III, 362, V, 738, XII, 333, 497; Vigoureux, Ultrasonics, London 1952; Wolters, K., Zur Wrkg. des U. auf die Keimung u. Entw. von Pflanzen, Köln 1958; Zechmeister, L., Fortschr. Chemie org. Naturstoffe, Bd. 8, Wien, Springer, 1951, S. 11, 21, 38, Bd. 14, 1957, S. 267. *Ztschr.:* Ultrasonics, Illife Industrial Publications Ltd., London (1963—).

Ultraschallchemie. Teilgebiet der *Akustochemie, das sich mit den chem. Wrkg. des *Ultraschalls befaßt. Beispielsweise lassen sich org. Mol. durch die Einw. von Ultraschall spalten. Nach Science (Wash.) 150 [1965] S. 1288 ergab die *Sonolyse* org. Fl. unter Argon Stickstoff, Methan u. Wasserstoff, in Sauerstoffatmosphäre dagegen Stickstoff, Kohlenmonoxid, Kohlendioxid u. Wasser; reiner Tetrachlorkohlenstoff wurde unter Argon wie auch unter Sauerstoff unter Bldg. von Chlor zersetzt. Hochpolymere kann man mit Ultraschall depolymerisieren (z. B. gelöste Makromol. von Polystyrol abbauen, Stärke in Dextrin umwandeln); vgl. z. B. G. Wilke in Plaste u. Kautschuk 1956, S. 219—223, 257—260) od. auch Monomere polymerisieren (s. z. B. Edelmann u. Klemmt, Über Ultraschallpolymerisation von Acrylnitril, in Faserforsch. u. Textiltechnik 1958, S. 185—188). In Wasser suspendierte kolloide Goldsäure = $HAuCl_4$ wird durch Ultraschall zu metall. Gold reduziert, s. Z. Anorg. Allg. Chem. 304 [1960] S. 116. Ultraschall zerstört Oxidschichten auf Al, Fe, Cu usw., daher kann man mit ihm Al verzinnen u. mit dem „Ultraschall-Lötkolben" Fe u. Al ohne Flußmittel löten. Durch Ultrabeschallung lassen sich alkohol. Getränke künstlich altern; die Beschallung bewirkt hier Esteranstieg u. Säure-, Aldehyd- u. Fuselölabbau, s. W. Specht in Angew. Chem. 62 [1950] S. 465—466. Durch die Beschallung eines Reaktionsgemisches wird diesem Energie in Form hochfrequenter mechan. Schwingungen zugeführt. Diese Energie kann die Mol. des einen od. aller Reaktionspartner aktivieren, d. h. in einen bes. reaktionsbereiten Zustand überführen. Zur Begriffserklärung s. Chem.-Ing.-Techn. 23 [1951] S. 1—2. — E: ultrasonic chemistry

Lit. s. *Ultraschall.

Ultrastrahlung = *Kosm. Strahlung.

Ultravakuum s. *Vakuum. — E: ultra vacuum

Ultrazentrifugen s. *Zentrifugierung. — E: ultracentrifuges

Umesterungen. Bez. für Reaktionen, bei denen ein *Ester in einen anderen übergeführt wird; dies kann z. B. erfolgen durch *Alkoholyse bei Ggw. von Wasserstoff-Ionen (*Beisp.*: $R-COOR' + R''OH \rightarrow RCOOR'' + R'OH$) od. durch Einw. von zwei verschiedenen Estern (bei höheren Temp.) u. bei Ggw. von Säuren od. Alkalien aufeinander (*Beisp.*: $R-COOR' + R''-COOR''' \rightarrow R''-COOR' + R-COOR'''$). — E: trans-esterification

Lit.: Kaufmann, H. P. u. H. Schnurbusch, Die U. von

Fetten u. Ölen, Köln-Opladen, Westdtsch. Verl., 1963; Ullmann VII, 525.

Umgekehrte Osmose s. *Osmose. — E: reverse osmosis

Umhüllungsmorphose = *Perimorphose.

Umkehrbare Reaktionen = Reversible Reaktionen (s. *Chem. Gleichgew.).

Umkristallisation. Bez. für eine Reinigungsmeth. für krist. Substanzen durch wiederholtes Auflösen (meist unter Erwärmen) in u. Auskristallisieren (durch Abkühlen od. Zugabe eines anderen Lsgm.) aus einem od. mehreren geeigneten Lsgm. unter Ausnützung der Löslichkeitsunterschiede zwischen Substanz u. Verunreinigung. — E: recrystallization

Umlagerungen. Bez. für *Reaktionen, bei denen durch Lsg. u. Neubldg. von kovalenten Bindungen Umgruppierungen der Atome od. Radikale eines Mol. unter Bldg. von Substanzen unterschiedlicher Struktur u. Eig. erfolgen. Je nachdem, ob ein Rest während der Wanderung die Wrkg.-Sphäre das betreffende Mol. nicht verläßt (U. im engeren Sinne) od. zunächst vom Mol. abgetrennt wird u. in dieses wieder unter Bldg. einer isomeren Verb. (U. im weiteren Sinne) eintritt, unterscheidet man zwischen *intra-* u. *intermol. U.* U. sind bes. in der Org. Chemie sehr häufig u. werden meist nach dem Autor (*Beisp.:* Beckmannsche U., Wagner-Meerwein-U.) od. nach der Art der Reaktion (*Beisp.:* Hydroxybenzol-Benzidin-U.) benannt. U. werden durch den Buchstaben R (s. engl. Terminus) symbolisiert, wobei der Index den Charakter des wandernden Restes (N = nucleophil, E = elektrophil, R = radikal.) angibt u. zwischen Rundklammern die die Art der U. kennzeichnenden Ziffern nachgestellt werden. *Beisp.:* $R_N(1,2)$ bedeutet eine nucleophile 1,2-Verschiebung. — E: rearrangements

Lit.: De Mayo, Molecular Rearrangements, 2 Tle., I [1967] New York; Shine, H. J., Aromatic Rearrangements, Amsterdam, Elsevier, 1967.

Umlagerungspseudomorphose = *Paramorphose.

Umschlagsintervall. Nach einer von der Analytical Chemistry Division der *IUPAC (s. IUPAC-Inf. Bull. Nr. 26 [Aug. 1966]) vorgeschlagenen Definition Bez. für den Konz.-Bereich von Wasserstoff-, Metall- u. a. Ionen, in dem das Auge Änderungen in Ton u. Intensität einer Farbe, von Fluoreszenz od. anderen Eig. eines Indikators wahrnehmen kann, die durch Veränderung des gegenseitigen Verhältnisses der beiden Gleichgew.-Formen eines Indikators herrühren. Dieses Intervall wird durch den negativen (dekad.) Logarithmus der Konz. (z. B. pH-Wert) ausgedrückt; bei einem Redox-Indikator ist das U. der entsprechende Bereich des *Redoxpotentials. — E: transition interval

Umsetzungen (chem.) = *Reaktionen.

Umwandlungspunkte. Sammelbez. für alle Temp. unter definierten Druckbedingungen, bei denen ein Stoff vollständig aus einer Phase in eine andere übergeht (*Beisp.:* Schmelzpunkt, Sublimationspunkt, Siedepunkt). Im allg. Sprachgebrauch werden als U. allerdings meist nur solche Temp.-Punkte verstanden, bei denen ein fester Stoff in eine andere Modifikation übergeht (z. B. Weißer in Roten Phosphor). Zu den U. wird auch die sog. Glasumwandlungstemp. (s. *Glaszustand auf S. 331) gezählt, obwohl diese nur mehr od. weniger scharf ausgeprägt ist. — E: transition points

Umwandlungsschicht = *Deckschicht.

Umwandlungswärmen (latente Wärmen). Sammelbez. für die mit Phasenübergängen verbundenen Wärmeumsätze (d. h. Änderungen der inneren Energie des betreffenden Stoffes); je nach der Richtung der Umwandlung werden diese Wärmemengen verbraucht od. freigesetzt. Man bezieht die Mengenangaben auf ein Mol. od. ein Gramm der betreffenden Substanz u. unterscheidet so *molare* u. *spezif. U. Beisp.* für U., die beim betreffenden Phasenübergang verbraucht werden (in Klammern Bez. für die inverse U., die beim umgekehrten Phasenübergang freigesetzt wird): Schmelzwärme (Erstarrungswärme), Sublimationswärme (Kondensationswärme), Verdampfungswärme (Kondensationswärme), Krist.-Wärme (Lsg.-Wärme). — E: heats of transition

Lit.: Snell, F. D. u. C. L. Hilton, Encyclopedia of Industrial Chemical Analysis, Bd. 2, New York-London, Wiley-Interscience, 1966. S. 226–246.

Unbestimmtheitsrelation = *Unschärfebeziehung. — E: indeterminancy principle

Undec(a)... Dem Lat. entlehnter Zahlenvorsatz in systemat. Namen; bedeutet „elf". Vgl. *Hendec(a)... — E: undeca-, undec-

Undecanoyl... Bez. für die Atomgruppierung $-CO-[CH_2]_9-CH_3$ in systemat. Namen. — E: undecanoyl-

Undecyl... Bez. für die Atomgruppierung $-CH_2-[CH_2]_9-CH_3$ in systemat. Namen. — E: undecyl-

Unedle Metalle. Bez. für Metalle, die an der Luft oxidieren u. von nichtoxidierenden Säuren (bes. Salzsäure) auch unter Luftabschluß angegriffen werden. Die U. M. stehen in der *Spannungsreihe über dem Wasserstoff u. haben deshalb ein negatives *Normalpotential. Unter den etwa 65 metall. Elementen befinden sich rund 55 U. M. u. nur 8 bis 11 *Edelmetalle. Wichtige U. M. sind z. B. Al, Pb, Ca, Fe, K, Mg, Mn, Na, Zn u. Sn. Vgl. auch *Passivität. — E: base metals

Uneinheitlichkeit. Bez. für eine von G. V. Schulz definierte Größe U, die ein Maß für die Breite der Verteilung der Mol.-Größen in *Polymeren ist. U. ist der um 1 verminderte Quotient aus dem Gew.-

ung.

(M_w) u. Zahlenmittel (M_n) des *Molgew. (od. des *Polymerisationsgrades P), also gilt: $U = M_w/M_n - 1$ (od. $U = P_w/P_n - 1$). Dies sei an einem Analogie-*Beisp.* erläutert: Zwei Steinhaufen vom Gesamtgew. von je 1000 kg bestehen aus unterschiedlichen Anzahlen von Steinen, was bedeutet, daß die Größenverteilung in beiden Fällen verschieden sein muß. Enthält der erste Steinhaufen 502 Steine, so ist das Zahlenmittel des „Molgew." des Einzelsteins 1000 kg/502 Steine, also 1,9 kg; im zweiten Falle ergibt sich ein „Molgew." von 2,0 kg, wenn angenommen wird, daß auf diesem Haufen nur 500 Steine liegen. Trotz der unterschiedlichen Größenverteilung ergibt sich also prakt. der gleiche Zahlen-Mittelwert des Molgew. Wesentlich anders ist die Situation hinsichtlich des Gew.-Mittels: Dieses „Molgew." beträgt 125,5 kg für die Steine des ersten Steinhaufens, wenn dieser aus 500 Steinen zu je einem kg u. zwei Steinen zu je 250 kg besteht; denn dann lautet die Rechnung: $M_w = (500 \cdot 1 + 500 \cdot 250)/1000 = 125{,}5$; besteht der zweite Steinhaufen aus 400 Steinen zu je 1 kg u. 100 Steinen zu je 6 kg, so ergibt sich: $M_w = (400 \cdot 1 + 600 \cdot 6)/1000 = 4{,}0$. Die U. des ersten Steinhaufens (U_1) ist so augenfällig viel größer als die des zweiten (U_2): $U_1 = (125{,}5/1{,}99) - 1 = 62$; $U_2 = 4{,}0/2{,}0) - 1 = 1$. — E: non-uniformity of chain length

ung. = *ung(t).

Ungenauigkeitsrelation. Häufig verwendetes Synonym für *Unschärfebeziehung.

ungesättigt. Bez. für das Vorliegen eines Zustandes, in dem noch weitere Zufuhr von bestimmter Materie möglich ist. So vermögen *ungesätt. Lsg.* (d. h. Lsg., die noch nicht gesätt. sind; vgl. *Lsg., S. 519) noch weitere Mengen des gelösten Stoffes aufzunehmen. *Ungesätt. Verb.* enthalten Mehrfachbindungen od. nicht „abgesätt." (d. h. „freie") Valenzen (*Beisp.*: Kohlenmonoxid = CO); im ersten Falle sind die freien Valenzen durch (gleichfalls ungesätt.) Atome des gleichen Elementes formal abgesätt. (*Beisp.*: Äthylen = $H_2C=CH_2$). Ungesätt. Verb. addieren gewöhnl. leicht Wasserstoff, Halogene, Ozon od. Halogensäuren (*Beisp.*: $C=O + Cl_2 \rightarrow COCl_2$; $HC \equiv CH + 2\,HCl \rightarrow CHCl_2-CH_3$). — E: unsaturated

Ungesättigter Dampf = überhitzter Dampf (s. *Dampf).

ung(t). Abk. von Unguentum (s. *Unguenta).

Unguenta (Salben). Nach DAB 6 Bez. für streichfähige Arzneizubereitungen zur örtlichen Anwendung durch Auftragen od. Einreiben. Nach Münzel sind U. zur äußeren Applikation bestimmte streichfähige Gele. *Beisp.*: Unguentum Acidi borici = Borsalbe; U. Adipis Lanae = Wollfettsalbe; U. Argenti colloidalis = Silbersalbe; U. Argenti nitrici compositum = zusammengesetzte Silbernitratsalbe, schwarze Salbe; U. Balsami peruviani = Perubalsamsalbe; U. basilicum = Königsalbe. —

Lit.: Sucker, H., Qual. Analysengang von Salben, in Dtsch. Apotheker Ztg. 104 [1964] S. 727–733, 947 bis 950, 1057–1058, 1160–1162, 1220–1221, 1254 bis 1255, 1334–1338, 1408–1412.

Unimolekulare Reaktionen = Monomol. Reaktionen (s. *Kinetik). — E: unimolecular reactions

Unipolyaddition. Bez. für eine *Polyaddition, bei der nur ein einziges od. zwei bifunktionelle Monomere zur Bldg. des *Polyaddukts notwendig sind. So können Äthylenoxid od. Äthylenimin Polyaddukte bilden, doch ist in diesem Falle noch ein Reaktionsinitiator erforderlich. *Beisp.* für den 2. Fall sind die Polyadditionen von Diolen u. Diisocyanaten, die zu Polyurethanen führen, sowie von Diolen u. Diketonen, die Polyester ergeben, vgl. W. Kern u. R. C. Schulz in Houben-Weyl-Müller XIV/1, 1961, S. 10. — E: unipolyaddition

Unipolykondensation. Bez. für eine *Polykondensation, bei der nur ein einziges od. zwei bifunktionelle Monomere zur Bldg. des *Polykondensats notwendig sind. So geben unter geeigneten Bedingungen eine Dicarbonsäure ein Polyhydrid, ein Diol einen Polyäther usw.; *Beisp.* für den 2. Fall sind die Bldg. eines Polyesters aus Diol u. Dicarbonsäure, die eines Polyamids aus Diamin u. Dicarbonsäure, vgl. W. Kern u. R. C. Schulz in Houben-Weyl-Müller XIV/1, 1961, S. 9. — E: unipolycondensation

Unipolymer(isat)e = *Homopolymerisate.

Unitarische Bindung = Atombindung (s. *Chem. Bindung). — E: unitary bond, unitarian bond

Univariantes Gleichgewicht s. *Phasenregel von Gibbs. — E: univariant equilibrium

Unkrautvertilgungsmittel (Unkrautbekämpfungsmittel). Sammelbez. für die im weitesten Sinne noch zu den *Schädlingsbekämpfungsmitteln zu zählenden chem. (s. *Herbicide) u. biolog. (z. B. Einsatz von unkrautvertilgenden Insekten) Mittel zur Vertilgung von Unkraut. — E: weed killers

Lit.: Braun, H., Die wichtigsten Unkräuter: Beschreibung u. Bekämpfung, Hamburg 1966; Using Nature for Weed Control, in Science J. (London) 4 [1968] Nr. 5, S. 7, s. auch Lit. unter *Herbicide.

Unpolare Bindung = Atombindung (s. *Chem. Bindung). — E: non-polar bond

Unpolare Verbindungen. Sammelbez. für alle Verb., die sich weder elektrolyt. zerlegen lassen noch ein elektr. Dipolmoment aufweisen. Als solche dürfen strenggenommen nur diejenigen Verb. gelten, die sich aus artgleichen Atomen aufbauen (z. B. H_2, O_2, J_2), doch rechnet man in der Praxis zu den U. V. auch solche Verb., bei deren Mol. einander entgegengerichtete Dipolmomente sich weitgehend ausgleichen, was bei den meisten Verb. der Fall ist. In der Praxis bezeichnet man als unpolare Stoffe solche, die einen geringen dielektr. Verlustfaktor, also prakt. keine Dipole, enthalten (Beisp.: Paraffin, Polyäthylen). — E: nonpolar compounds

uns. = *unsym(m) — E: *uns-*

Unschärfebeziehung (Ungenauigkeitsrelation, Heisenbergs Unschärfebeziehung, Unbestimmtheitsrelation). Bez. für ein 1927 – 1928 von W. Heisenberg (geb. 1901, Physik-Nobelpreisträger 1932) auf Grund von quanten- u. wellenmechan. Überlegungen aufgestelltes Prinzip, das besagt, daß man (z. B. bei den in Atomen kreisenden Elektronen) grundsätzlich nie gleichzeitig Ort u. Geschw. exakt messen kann. Z. B. ist der Ort x eines Elektrons stets nur mit einer gewissen Unschärfe (Δx) meßbar. Der Impuls (d. h. die Geschw.) des gleichen Elektrons kann grundsätzlich nur mit der Unschärfe ΔG bestimmt werden. Das Prod. aus diesen beiden Größen entspricht nach Heisenberg ungefähr dem Planckschen Wirkungsquantum h (s. *Quantentheorie), also $\Delta x \cdot \Delta G \approx h$. Will man also z. B. den Ort x möglichst genau bestimmen, so wird gleichzeitig (automat. u. unabänderlich) der Impuls weniger genau bestimmt. Man kann diesen Tatbestand folgendermaßen veranschaulichen: Um ein Elektron in einem Atom sichtbar zu machen, müßte man dieses Elektron stark beleuchten u. mit einem sehr leistungsfähigen Mikroskop beobachten. Werden Beleuchtung u. Beobachtung mit gewöhnl. Licht ausgeführt, so würde das „Bild" des Elektrons infolge Beugungserscheinungen äußerst unscharf, bzw. man würde kein Bild erhalten, da der Durchmesser des Elektrons viel kleiner ist als die Wellenlänge des Lichtes. Um ein „Bild" des Elektrons zu bekommen, müßte man demnach eine Strahlensorte wählen, deren Wellenlänge ungefähr in der Größenordnung des Elektrons liegt (sehr kurzwellige γ-Strahlen). Diese kurzwelligen Strahlen bestehen aber der Quantentheorie zufolge aus sehr energiereichen Photonen, die das zu beobachtende Elektron aus seiner Bahn stoßen u. seine Geschw. vollkommen verändern. — E: uncertainty principle, Heisenberg uncertainty principle

Lit.: Laurita, W., Demonstration of the Uncertainty Principle, in J. Chem. Educ. 45 [1968] S. 461 – 462; Massey, H., Die Unschärferelation bei kurzlebigen Atom- u. Elementarteilchenzuständen, in Endeavour [dtsch. Ausgabe] Nr. 95 [1966] S. 59 – 64.

Unstabile Zustände. Bez. für nichtstabile Zustände, bei denen eine kontinuierliche Umwandlung in Zustände mit geringerem freiem Energiegeh. (od. höherer Entropie) stattfindet. Beisp.: a) Substanzen od. Substanzgemische, in denen bei konstanter Temp. u. konstantem Druck meßbare Reaktionen stattfinden. b) Isotherm. Gasausdehnung. c) Diffusion in Lsg. von konzentrierteren in weniger konz. Bereiche. d) Temp.-Abfluß von heißeren Körpern zur kühleren Umgebung.

Des weiteren kann man auch die freien Radikale, Ionen u. „angeregten" Mol. hierher rechnen. — E: unstable states

Lit.: Thacher, H., Unstable Chemical Species: Free Radicals, New York, Acad. of Sci., 1957.

unsym(m). (uns.) Als Präfix vor systemat. Namen Abk. für „unsymmetrisch". Beisp.: unsym.-Dichloräthan = $CH_3 - CHCl_2$. Wird in der Regel klein geschrieben, im Druck kursiv gesetzt u. bleibt bei der alphabet. Einordnung unberücksichtigt. Vgl. auch asym(m). unter *vic. — E: *unsym-*

Untersuchungslösung = *Probenlsg.

Unumkehrbare Reaktionen = Irreversible Reaktionen (s. *Chem. Gleichgew.).

Ur... = *Ur(o)... — E: ur-

UR. Selten (z. B. im *Gmelin) statt *IR verwendete Abk. für infrarot = ultrarot.

Uramino... = *Ureido... — E: uramino-

Uran (Uranium; chem. Symbol U). Metall. Element, At.-Gew. 238,03. Natürliche Isotope (in Klammern Angabe der Häufigkeit u. der Halbwertszeit): 234 (0,0057%; 2,48·10^5 Jahre), 235 (0,72%; 7,13·10^8 Jahre), 238 (99,27%; 4,51·10^9 Jahre); diese 3 Isotope sind α-Strahler (Näheres s. unter *Radioaktivität). Ordnungszahl 92. III-, IV-, V- u. VI-wertig; die Uran(VI)-Verb. sind bei weitem am häufigsten u. stabilsten. U steht in der VI. Nebengruppe des *Periodensyst., es ist in reinem Zustand ein silberweißes, verhältnismäßig weiches u. schweres Metall; D. 18,95, F. 1132,3 ± 0,8°, Kp. 3818°. Gepulvertes U ist grau bis schwarz, es reagiert langsam mit kaltem, schneller mit heißem Wasser. Schon bei mäßigem Erhitzen verbrennt U unter Funkensprühen zu Uran(IV,VI)-oxid = U_3O_8; mit Halogenen, Chlorwasserstoff u. Schwefel verbindet es sich bei Zimmertemp. od. beim Erhitzen. Von verd. Säuren wird es unter Wasserstoffentw. leicht gelöst; dagegen reagiert das massive Metall mit Salpetersäure nur langsam (Passivität?). Mit Stickstoff bildet U leicht Nitride, von Natronlauge u. Kalilauge wird es kaum angegriffen. Uranverb. sind stark giftig u. verursachen Nieren- u. Leberschäden; vgl. P. Cooper, Poisoning by Drugs and Chemicals, London, Alchemist Publications, 1960, S. 182 – 183.

Vork.: Der Anteil des U an der obersten, 16 km dicken Erdkruste wird auf 4·10^{-4} % geschätzt; es steht damit hinsichtlich der Häufigkeit an 50. Stelle der Elemente, u. zwar zwischen *Dysprosium u. *Bor. U ist somit häufiger als z. B. Quecksilber, Jod, Wismut, Cadmium, Silber, Gold. Die wichtigsten U-Minerale sind: Uranpecherz (Pechblende) = U_3O_8 mit seiner norweg. Abart Cleveit u. der amerikan. Karnotit = $K_2[(UO_2)VO_4]_2 \cdot 3 H_2O$, daneben sind noch Autonit, Torbernit, Thorianit u. Thorit zu nennen; insgesamt kennt

man über 100 U-Mineralien, davon sind nicht einmal 10 von wirtschaftlicher Bedeutung. Die wichtigsten, bisher entdeckten U-Lagerstätten befinden sich in Kanada (La Bine Point am Ostufer des Großen Bärensees, 1930 entdeckt), Katanga (Kongo, 1915 entdeckt), Brit.-Ostafrika, Kolorado-Plateau (in den Rocky Mountains, Karnotitlager, 1913 entdeckt), Brasilien u. im Erzgebirge (Joachimsthal, Schneeberg usw.). Näheres über U-Vork. in Europa s. bei H. Ziehr in Umschau 60 [1960] S. 325–328 u. 360–363. Bis zu 1% U findet man in gewissen Ölschiefern (Schweden), Golderzen u. Phosphatlagern. Im Gebiet der BRD wird seit 1959 die U-Lagerstätte in Ellweiler (Rhld.-Pfalz) abgebaut. Im Meerwasser liegt U in einer Konz. von etwa 3,4 mg/m^3 vor; vgl. Umschau 68 [1968] S. 156. Über Geochemie des U. s. F. Heide u. G. Proft, in Chemie der Erde, Jena 1960, S. 169–182.

Darst.: Man löst aus den Uranerzen das U mit Hilfe von Schwefelsäure (gibt II-wertiges Uranyldisulfato-Ion $[UO_2(SO_4)_2]^{2-}$ od. IV-wertiges Uranyltrisulfato-Ion $[UO_2(SO_4)_3]^{4-}$) od. mit hydrogencarbonathaltiger Sodalsg. (gibt IV-wertiges Uranyltricarbonat-Ion $[UO_2(CO_3)_3]^{4-}$) heraus u. fällt das U im 1. Fall mit MgO, im 2. mit NaOH aus; neuerdings werden die gelösten U-Verb. auch durch Ionenaustauscher (z. B. Amberlite IRA 400) od. durch Fl.-Extraktion von der Begleitsubstanz abgetrennt, s. Chemiker-Ztg. 80 [1956] S. 606 f. Das Metall wird gewöhnl. durch Red. des Tetrafluorids UF_4 mit Calcium od. Magnesium gewonnen. Über eine billige Darst.-Möglichkeit durch Schmelzflußelektrolyse von U-Oxid im Gemisch aus BaF_2 u. LiF als Elektrolyt s. CAEN 44 [1966] Nr. 15, S. 51. Bei der Aufarbeitung der U-Mineralien stand die Radiumgewinnung bis 1939 durchaus im Vordergrund; mit der Entdeckung der Kernspaltung (s. *Kernreaktionen) u. der Konstruktion von Kernwaffen (USA ab 1941) fand das U als *Kernbrennstoff u. somit auch als Ausgangsmaterial für die Darst. von *Radionukliden u. *Transuranen stärkste Beachtung. Die U-Erzeugung steht in der Regel unter staatlicher Kontrolle. Über makromol. org. Komplexbildner zur Anreicherung von Cu u. Uran aus Meerwasser s. E. Bayer u. H. Fiedler in Angew. Chem. 72 [1960] S. 921. Über Darst. des U s. auch Brauer II, 1249–1252. Über die Gewinnung von Kernbrennstoffen aus natürlichem u. aus angereichertem Uran s. Nachr. aus Chemie u. Technik 13 [1965] S. 147–148.

Geschichtl.: Die Entdeckung des U erfolgte bereits 1786 bzw. 1789 durch Klaproth; er gewann aus der Pechblende Urandioxid, das er für das Metall selbst hielt. Erst 1841 reduzierte Péligot das Urandioxid zu Uranmetall. Der von Klaproth eingeführte Name ist von dem 1781 von Herschel entdeckten Planeten Uranus zurückzuführen. Man hielt damals den Planeten Uranus für den entferntesten Planeten u. das Element Uran für das Element mit dem höchsten At.-Gew. Näheres s. bei H. Kirsch in Chemiker-Ztg. 83 [1959] S. 33 bis 36. 1896 beobachtete Becquerel erstmals die Radioaktivität der Uranpechblende. Im Jahre 1939 erfolgte die epochemachende Entdeckung der Uranspaltung durch Hahn u. Strassmann. Zur Geschichte der amerikan. Uranmetallproduktion s. H. A. Wilhelm in J. Chem. Educ. 37 [1960] S. 56–68. – E: uranium

Lit.: Abeggs Handbuch der Anorg. Chemie, Bd. IV/1–2, Leipzig, Hirzel, 1921; Barnes, H. L., How to Prospect for Uranium, London 1959; Clegg u. Foley, Uranium Ore Processing, Reading/Mass., Addison-Wesley, 1958; Commissariat à l'énergie atomique, la prospection de l'uranium, Paris, Masson, 1955; Dybek, J., Zur Geochemie u. Lagerstättenkunde des U, Berlin, Bornträger, 1962; Fester, G. A., Die Hydrometallurgie des U, Stuttgart, Enke, 1956; ders., Neuere Verf. der Uranindustrie, Stuttgart, Enke, 1962; Galkin, N. P., The Technology of the Treatment of Uranium Concentrates, Oxford, 1962; Gittus, J. H., Uranium, London, Butterworth, 1963; Gmelin, Syst.-Nr. 55, Uran, Berlin 1936; Grainiger, L., Uranium and Thorium, London, G. Newnes Ltd., 1958; Hahn, O., Die Kettenreaktion des U u. ihre Bedeutung, Düsseldorf, Dtsch. Ing.-Verl., 1949; Harrington, C. D. u. A. E. Ruehle, Uranium Production Technology, Princeton, Van Nostrand, 1959; Holden, A. N., Physical Metallurgy of Uranium, Reading/Mass., Addison-Wesley, 1958; IAEO (= International Atomic Energy Organization), Geology of Uranium and Thorium, Bibliographical Series Nr. 4, Wien, IAEO, 1962; Katz-Rabinovitch, The Chemistry of Uranium, New York, Mc-Graw Hill, 1951; Kirchheimer, F., das U u. seine Geschichte, Stuttgart, Schweizerbart, 1963; Kohl, E., U (Die metall. Rohstoffe, H. 10), Stuttgart, Enke, 1954; Kolthoff, I. M. u. P. J. Elving, Treatise on Analytical Chemistry, Tl. II, Bd. 9, New York-London, Wiley-Interscience, 1962; Lipilina, I. I., Das Uranyl u. seine Verb., Moskau, Akad. Wiss. UdSSR, 1959; Maucher, A., Die Lagerstätten des U, Braunschweig, Vieweg, 1962; ders., Wie lange reichen unsere U-Reserven?, in Umschau 64 [1964] S. 161–165; Pascal, Nouveau Traité, Bd. 15, Paris, Masson, 1961/62; Patton, F., Enriched Uranium Processing, Oxford, Pergamon, 1963; Plöger, F. u. H. Vietzke, in Chem.-Ing.-Techn. 37 [1965] (2 Aufsätze über Gewinnung von U); Rand, M. H. u. O. Kubaschewski, Thermochemical Properties of Uranium Compounds, New York, Wiley, 1963; Roubauld, M., Geologie de l'uranium, Paris, Masson, 1958; Schreiter, W., Seltene Metalle, Bd. 3: Ta, Te, Tl, Th, Ti, U, V, W, Y, Zr, Leipzig, VEB Dtsch. Verl. Grundstoffind., 1962; Tannenbaum, A Toxicology of Uranium, New York, McGraw Hill, 1951; Ullmann I, 305, II/1, 189, III, 555, VIII, 820, IX, 498, 505, XIII, 538, XVII, 740–790, XVIII, 1–45; The Uranium Story, in Chemistry 40 [1967] Nr. 5, S. 30–32; Voegtlin-Hodge, Pharmacology and Toxicology of Uranium Compounds, New York 1949; Wilkinson, W. D., Uranium Metallurgy I (New York, Wiley, 1962–); Zeschke, Prospektion von U- u. Thoriumerzen, Stuttgart, Schweizerbart, 1956.

Uran I (Chem. Symbol UI) = $^{238}_{92}U$ als Anfangsglied der Uran-Radium-Zerfallsreihe (s. *Radioaktivität). – E: uranium I

Uran II (Chem. Symbol UII) = $^{234}_{92}$U als Glied der Uran-Radium-Zerfallsreihe (s. *Radioaktivität). − E: uranium II

Uran-Actinium-Reihe s. *Radioaktivität. − E: actinium series, uranium actinium series

Uranate(VI). Bez. für Salze mit den Anionen UO_4^{2-} *(Mono-U.)* od. $U_2O_7^{2-}$ *(Di-U.)*. − E: uranates (VI)

Uranbatterien = Uranbrenner (s. *Reaktoren).

Uranbrenner s. *Reaktoren. − E: uranium reactors

Uranmeiler s. *Reaktoren. − E: uranium piles

Uranoide. Von der Nomenklaturkommission für Anorg. Chemie der *IUPAC 1963 vorgeschlagener Sammelname für die Elemente mit den Ordnungszahlen 92 (Uran) bis 103 (Lawrencium); vgl. E. Hayek in Österr. Chemiker-Ztg. 65 [1964] S. 337. − E: uranoides

Uran-Radium-Reihe s. *Radioaktivität. − E: uranium series, uranium radium series

Uran X$_1$ (Chem. Symbol UX$_1$) = $^{234}_{90}$Th als Glied der Uran-Radium-Zerfallsreihe (s. *Radioaktivität). − E: uranium X$_1$

Uran X$_2$ (Chem. Symbol UX$_2$) = $^{234}_{91}$Pa^m als Glied der Uran-Radium-Zerfallsreihe (s. *Radioaktivität). − E: uranium X$_2$

Uran Y (Chem. Symbol UY) = $^{231}_{90}$Th als Glied der Uran-Actinium-Zerfallsreihe (s. *Radioaktivität). − E: uranium Y

Uranyl... Bez. für das Ion $(UO_2)^{2+}$. − E: uranyl-

Uran Z (Chem. Symbol UZ) = $^{234}_{91}$Pa als Glied der Uran-Radium-Zerfallsreihe (s. *Radioaktivität). − E: uranium Z

Urate. Bez. für die Salze der Harnsäure = 2,6,8-Trihydroxypurin = $C_5H_4N_4O_3$. − E: urates
Lit.: Beilstein XXVI, 522, E I 153, E II 298.

Ureido... Bez. für die Atomgruppierung $-NH-CO-NH_2$ in systemat. Namen. Alte Bez.: Uramino... − E: ureido-

Urethane. Bez. für die Ester der Carbaminsäure = $H_2N-COOH$ von der allg. Formel $H_2N-COOR$. − E: urethan(e)s

Ureylen... Bez. für die Atomgruppierung $-NH-CO-NH-$ in systemat. Namen. − E: ureylene-

Ur(o)... (Griech.: ouron = Harn, lat.: urina = Harn). Vorsilbe in Namen von Verb., die auf Vork. im od. sonst eine Beziehung zu Harn hindeutet. *Beisp.:* Urobilin, Urethane. − E: uro-

Urs(o)... (lat.: ursus = Bär). Vorsilbe in Namen von Verb., die auf eine Beziehung zu Bären od. zur Bärentraube hinweist. *Beisp.:* Ursolsäure = $C_{30}H_{48}O_3$. − E: urso-, urs-

Urtitersubstanzen. Nach einem Terminologievorschlag der Analytical Chemistry Division der *IUPAC (s. IUPAC-Inf. Bull. 26 [Aug. 1966] S. 46) ist eine *prim. U.* eine sehr reine Substanz, die entweder durch stöchiometr. Reaktion die Einstellung der Konz. eines *Titrans ermöglicht od. selbst direkt zum Ansetzen einer solchen Lsg. von genau bekannter Reaktion verwendet werden kann. Eine *sek. U.* ist dagegen eine solche Lsg., deren Geh. an akt. Reagenz durch Vgl. gegen eine prim. U. exakt bestimmt wurde. Im dtsch. Sprachgebrauch werden derartig eingestellte Lsg. nicht mehr zu den U. gerechnet, auch bei den prim. U. schränkt man die Bez. auf den analysenreinen Feststoff ein. − E: titrimetric standard substances

UV. Häufig verwendete Abk. für Ultraviolett.

UX$_1$, UX$_2$, UY, UZ. Chem. Symbole für *Uran X$_1$, *Uran X$_2$, *Uran Y bzw. *Uran Z.

Vakuum

v. In der chem. Nomenklatur neben vic. Abk. für „vicinal" (*Beisp.:* v-Triazin = 1,2,3-Triazin); wird in diesem Falle im Druck meist kursiv gesetzt u. bleibt bei der alphabet. Einordnung unberücksichtigt. Wird in der Physik u. a. häufig als Symbol für die Geschw. u. das Vol. verwendet.

V. 1. Chem. Symbol für das Element *Vanadium.
2. Von der *IUPAC empfohlenes Symbol für -vinyl- bei der Abk. von Namen von Polymeren u. Weichmachern (*Beisp.:* PVC = Polyvinylchlorid; vgl. IUPAC-Inf. Bull. Nr. 25 [Feb. 1966] S. 46.
3. In der Physik Einheitssymbol für *Volt; wird u. a. auch verwendet als Symbol für Vol., Verdet-Konst. u. potentielle Energie.

Vakuum (lat.: vacuus = leer). Nach DIN 28 400, Bl. 1 (Entwurf Sept. 1966) Bez. für den Zustand in einem gaserfüllten Raum bei Drucken unterhalb des Normdruckes (1 atm = 101325 N^2/m = 760 Torr bei 0°). Je nach dem Druckbereich werden unterschieden: *Grob-V.* (GV): 10^5 bis 10^4 N/m², entsprechend etwa 760 Torr bis 75 Torr. *Zwischen-V.* (ZV): 10^4 bis 10^2 N/m², entsprechend 75 Torr bis 0,75 Torr. *Fein-V.* (FV): 10^2 bis 10^{-1} N/m², entsprechend 0,75 bis $7,5 \cdot 10^{-4}$ Torr. *Ultrahoch-V.:* (UHV; früher auf Drucke unter 10^{-6} Torr eingeschränkt, als *Ultra-V.* bezeichnet): Unterhalb 10^{-4} N/m², entsprechend unter $7,5 \cdot 10^{-7}$ Torr. Zur Kennzeichnung eines V. dient im allg. der Druck in Newton/m² (N/m²) od. in Torr; zur Kennzeichnung eines V. im HV-Bereich kann außer der *mittleren freien Weglänge* l (= mittlerer Betrag der Strecke, die ein Teilchen zwischen zwei aufeinanderfolgenden Zusammenstößen mit anderen Teilchen durchfliegt) der Mol. (1 in m) auch die Teilchenzahl n od. die *Stoßzahl* z (= mittlere Anzahl der Zusammenstöße, die ein Mol. od. ein anderes Teilchen bei der Bewegung durch ein Gas erfährt, dividiert durch die Beobachtungs-

Vakuumdestillation

dauer) dienen, im UHV-Bereich auch die *Bedeckungszeit* (= mittlere Zeitdauer zum Aufbau einer Monoschicht auf einer gasfreien Oberfläche bei einem Haftkoeff. $\gamma = 1$). Über Fortschritte auf dem UHV-Gebiet s. Nachr. Chem. Techn. 13 [1965] S. 429–430. Die Erzeugung von V. (s. *Evakuieren), deren Messung u. die Technik der darin ablaufenden Prozesse sind die Gegenstände der *V.-Technik*. — E: vacuum

Lit.: Adam, H., Proceedings of the Third International Vacuum Congress, 2 Bde., Oxford, Pergamon Press, 1966; Adam, H. u. K. Diels, Anwendung der V.-Technik in der Chemie, Essen 1965; Barrington, A. E., High Vacuum Engineering, Englewood Cliffs, Prentice Hall, 1963; Beck, A. H., Handbook of Vacuum Technology, Bd. I—III [ab 1965], Oxford; Belk, J. A., Vacuum Techniques in Metallurgy, Oxford 1962; Brunner, W. F. u. T. H. Batzer, Practical Vacuum Techniques, London 1965; Buch, S., Einführung in die allg. V.-Technik, Stuttgart, Wiss. Verl. Ges., 1962; Bunn, J. P. u. L. Ward, Introduction to the Theory and Practice of High Vacuum Technology, London 1967; Bunshah, Vacuum Metallurgy, New York, Reinhold, 1959; Cable, J. W., Vacuum Processes in Metal Working, New York, Reinhold, 1960; Davy, J. R., Industrial High Vacuum, London, Pitman, 1951; Diels, K. u. R. Jaeckel, Leybold V.-Taschenbuch, Berlin, Springer, 1962 (engl. Übersetzung: Leybold Vacuum Handbook, Oxford, Pergamon, 1966); Dushman, Scientific Foundations of Vacuum Technique, New York, Wiley, 1962; Eschbach, Praktikum der Hochvak.-Technik, Leipzig, Akad. Verl. Ges., 1962; Espe, W., Werkstoffkunde der Hochvak.-Technik, Berlin, Dtsch. Verl. der Wiss., 1959; ders., Materials of High Vacuum Technology, I [1966], II [1968], III [1968], Oxford, Pergamon; Flügge, Handbuch der Physik, Bd. 12, Berlin, Springer, 1958; Gaede, W., Gasballastpumpen u. V.-Technik des Dampfes, München 1950; Green, G. W., The Design and Construction of Small Vacuum Systems, London 1967; Günther, K. G., V.-Technik, in Chem.-Ing.-Techn. 31 [1959] S. 379–387; Guthrie, A., Vacuum Technology, New York, Wiley, 1963; Holkeboer, D. H. u. a., Vacuum Engineering, Goteborg 1967; Holland, L., Vacuum Deposition of Thin Films, New York, Wiley, 1956; Holland-Merten, Handbuch der V.-Technik, Halle, Knapp, 1953; Jaeckel, R., Chem. Verf. im Hochvak. in Dechema-Monogr. Bd. 15, S. 31–41; ders., Kleinste Drucke, ihre Messung u. Erzeugung, Berlin, Springer, 1950 (Neuauflage in Vorbereitung); ders., in Houben-Weyl-Müller, Bd. I/2, 1959, S. 557–616; Kohl, W. H., Handbook of Materials and Techniques for Vacuum Devices, New York, Reinhold, 1967; Laporte, Hochvak., Halle 1957; ders., V.-Messungen, Berlin 1955; Lewin, G., Fundamentals of Vacuum Science and Technology, New York 1965; Mönch, G. C., Neues u. Bewährtes aus der Hochvak.-Technik, Halle 1959; Müller, K. G., Vakuumtechn. Berechnungsgrundlagen, Weinheim, Verl. Chemie, 1961; Pirani, M. u. J. Yarwood, Principles of Vacuum Engineering, New York, Reinhold, 1961; Pupp, W., V.-Technik, München 1962; Roberts, R. W., Ultrahigh Vacuum, in Science J. (London) 1 [1965] Nr. 10, S. 32–39; Roberts, R. W. u. L. E. St. Pierre, Ultrahigh Vacuum, in Science (Wash.) 147 [1965] S. 1529 ff.; Roberts, R. W. u. T. A. Vanderslice, Ultrahigh Vacuum and Its Application, Englewood Cliffs, N. J., Prentice-Hall, 1963; Robinson, N. W., The Physical Principles of Ultra-High Vacuum Systems and Equipment, London 1967; Roth, A., Vacuum Sealing Techniques, Oxford 1966; Steinherz, H., A Handbook of High Vacuum Engineering, New York, Reinhold, 1963; Steyskal, V.-Technik, Mosbach, Physik-Verl., 1956; ders., Arbeitsverf. u. Stoffkunde der Hochvak.-Technik, Mosbach, Physik-Verl., 1956; Thomas, E., Advances in Vacuum Science and Technology I—II, London, Oxford Univ. Press, 1960; Trendelenburg, E. A., Ultrahoch-V., Karlsruhe, Braun, 1963; Turnbull, A. H. u. a., An Introduction to Vacuum Technique, London 1963; Ullmann I, 1951, S. 121 bis 167, II/1, 848, 970–973; Van Atta, C. M., Vacuum Science and Engineering, New York 1965; Wagner, Erzeugung u. Messung von Hoch-V., Wien, Deuticke, 1950; Weber, F., Dictionary of High Vacuum Science and Technology, Amsterdam, Elsevier, 1968; Winterhager, H., V.-Metallurgie, in Bild d. Wiss. 3 [1966] S. 44–53; Yarwood, J., Hochvak.-Technik, Berlin, R. A. Lang-Verl., 1955; ders., High Vacuum Technique, London 1967. *Ztschr.:* Vakuum-Technik, Rud. Lang-Verl., Esch/Ts. (1952—); Vacuum (erscheint monatl.), Oxford, Pergamon Press; Le Vide, Nogent sur Marne.

Vakuumdestillation s. *Destillation. — E: vacuum distillation

Vakuumexsikkatoren s. *Exsikkatoren. — E: vacuum desiccators

Vakuumgefäße = *Dewar-Gefäße.

Val = *Grammäquivalent.

Valenz (lat.: valere = gelten, wert sein) = *Wertigkeit.

Valenzelektronen. Nach DIN 41 852 Bez. für die äußeren Elektronen eines Atoms, die die chem. *Wertigkeit (Valenz) bestimmen u. im homöopolar gebundenen Kristall für die Bindungskräfte zwischen den Atomen verantwortlich sind. — E: valence electrons

Valeryl ... Bez. für die Atomgruppierung $-CO-CH_2-CH_2-C_2H_5$ in systemat. Namen. — E: valeryl-

Valyl ... Bez. für die Atomgruppierung $-CO-CH(NH_2)-CH(CH_3)_2$ in systemat. Namen. Darf nicht verwendet werden, wenn eine mit Veränderung des Kohlenstoff-Gerüstes verbundene Substitution (z. B. durch *Alkyl, *Aryl, *Acyl) vorliegt. — E: valyl-

Vanadate(V). Bez. für die Salze mit den Anionen VO_3^- *(Meta-V.)*, VO_4^{3-} *(Ortho-V.)* od. $V_2O_7^{4-}$ *(Pyro-V.)*. — E: vanadates(V)

Vanadin = Offizielle dtsch. Bez. (s. Chem. Ber. 101 [1968] S. II) für *Vanadium.

Vanadium. (Vanadin, chem. Symbol V). Metall. Element; At.-Gew. 50,942. Natürliche Isotope (in Klammern Angabe der Häufigkeit): 50 (0,24%), 51 (99,76%); Ordnungszahl 23; II-, III-, IV- u. V-wertig, die Vanadium(V)-Verb. sind in Übereinstimmung mit der Stellung des V in der V. Nebengruppe des *Periodensyst. am häufigsten u. beständigsten. Das gewöhnl., etwas verunreinigte V ist ein stahlgraues, sehr hartes u. sprödes Metall, in reinem Zustand (mind. 99,5%) ist es jedoch ziemlich dehnbar u. geschmeidig. $D.$ 6,11 (18,7°), $F.$ 1890 ± 10°, $Kp.$ ca. 3000°. In massivem, kompaktem Zustand widersteht V bei Zimmertemp. den Angriffen von Luftsauerstoff, Alkalilaugen, Salzsäure u. Schwefelsäure, dagegen wird es von Flußsäure u. Salpetersäure angegriffen. Pulverisiertes V verbrennt in verdichtetem Sauerstoff in der Hauptsache zu Vanadiumpentoxid = V_2O_5. Mit Eisen, Nickel, Kobalt, Kupfer, Aluminium, Zinn, Platin u. a. Metallen läßt sich V leicht legieren. Im Blutfarbstoff einiger Ascidien (freischwimmende od. festsitzende Tunicaten, Ozeanbewohner) findet man auffällig große V-Mengen, wahrscheinlich wirkt es hier als Sauerstoffüberträger. V ist auch lebenswichtiges *Spurenelement für verschiedene Schimmelpilze u. die Grünalge Scenedesmus obliquus (s. Nature [London] 172 [1953] S. 1039); es katalysiert auch die N_2-Bindung durch Bakterien. Sämtliche V-Verb. sind für den Menschen giftig.

Vork.: Der Anteil des V an der obersten, 16 km dicken Erdkruste wird auf 0,015% geschätzt; damit steht V in der Häufigkeitsliste der Elemente an 22. Stelle zwischen *Chrom u. *Zink. Man findet z. B. im Brauneisenerz bis zu 0,2%, im Bohnerz 0,056 – 0,1 u. in der Minette 0,068 – 0,11% V. Die wichtigsten V-Lagerstätten finden sich in USA (Karnotit von Utah u. Kolorado enthält etwa 70% V), Peru, Ceylon, Südwestafrika u. Nordrhodesien; die techn. wertvollsten V-Minerialien sind Karnotit = $K_2(UO_2)_2(VO_4)_2 \cdot 3 H_2O$, Patronit = V_2S_5, Roscoelit = $K(Al,V)_2[(Si_3AlO_{10})(OH)_2]$ u. Vanadinit = $Pb_5[Cl(VO_4)_3]$.

Darst.: Man verschmilzt in der Technik das patronithaltige Gestein mit Flußmitteln in Flammöfen u. stellt aus der V-haltigen Schlacke Ferrovanadium her; dieses kann zur Vanadinstahlfabrikation verwendet werden. Ein 98 – 99%iges V gewinnt man durch Red. des Trioxids mit Aluminium (unter Kohlezusatz) in Magnesiatiegeln u. Umschmelzen des Regulus im Vak.-Lichtbogenofen. Reinstes V entsteht, wenn man in einer luftleeren Quarzglasapp. Vanadiumjodid auf 900 bis 1000° erhitzt u. das Metall auf einem glühenden Wolframdraht niederschlägt (Aufwachsverf. nach de Boer u. van Arkel). Über Darst. von reinem V s. auch Brauer II, 1093 – 1096.

Verw.: Vorwiegend als Stahlveredler. Das Pentoxid wird u. a. in keram. Werkstoffen, als Katalysator u. in der Beizenfärberei verwendet. Der Name Vanadium (von Vanadis, einem Namen der nord. Schönheitsgöttin Freya) wurde um 1830 von dem schwed. Chemiker Sefström vorgeschlagen, der das Element wiederentdeckte, nachdem das 1801 von del Rio erstmals festgestellte Element schließlich fälschlich für unreines Chrom gehalten wurde; er soll möglicherweise an die schönen Farben einiger V-Verb. erinnern. Die erste Isolierung in nahezu reiner Form gelang Roscoe 1867. – E: vanadium

Lit.: Abeggs Handbuch der Anorg. Chemie, Bd. III/3, Leipzig, Hirzel, 1922; Busch, P., Vanadium, A Materials Survey, Washington 1961; Davis, J. M., Oxidation States of Vanadium, in J. Chem. Educ. 45 [1968] S. 473; Gmelin, Syst.-Nr. 48, V, Tl. A, Lief. I [1968], II [1968], Tl. B, Lief. I [1967], II [1967], Weinheim, Verl. Chemie; Hudson u. T. G. Faulkner, Vanadium, Toxicity and Biological Significance, Amsterdam, Elsevier, 1964; Kieffer, R. u. H. Braun, V, Niob, Tantal, die Metallurgie der reinen Metalle u. ihrer Leg., Berlin 1963; Pascal, Nouveau Traité, Bd. 12, Paris, Masson, 1958, S. 5 – 279; Prandtl, W., Die Lit. des Vanadins 1804 bis 1905, Hamburg u. Leipzig 1906; Rostocker, W., The Metallurgy of Vanadium, New York, Wiley, 1958; Schreiter, W., Seltene Metalle, Ta, Te, Tl, Th, Ti, U, V, W, Y, Zr, Leipzig, VEB Dtsch. Verl. Grundstoffind., 1962; Ullmann XVIII, 53 – 65. *Ztschr.:* Vanadium Facts, New York, Vanadium Co. of America (erschien bis 1941).

Vanadyl. Bez. für die Ionen VO^{n+} u. VO_2^+; im ersten Falle kann n die Werte 1, 2 bzw. 3 annehmen, je nachdem, ob Vanadium hier drei-, vier- od. fünfwertig ist. – E: vanadyl

Van der Waals-Kräfte. Bez. für diejenigen *zwischenmol. Kräfte, die die Ursache dafür bilden, daß die realen Gase nicht die Zustandsgleichung der idealen Gase (s. *Gaszustand, S. 305) befolgen; ihren Einfl. berücksichtigte J. D. van der Waals (1837 – 1923; Physik-Nobelpreisträger 1910) in der von ihm aufgestellten „Zustandsgleichung der realen Gase". – E: Van der Waals forces

Lit. s. *Zwischenmol. Kräfte.

Vanillal... = *Vanillyliden... – E: vanillal-

Vanilloyl... Bez. für die Atomgruppierung

—CO—⟨benzene ring with OCH₃ and OH⟩ in systemat. Namen. – E: vanilloyl-

Vanillyl... Bez. für die Atomgruppierung

—CH₂—⟨benzene ring with OCH₃ and OH⟩ in systemat. Namen. – E: vanillyl-

Vanillyliden... Bez. für die Atomgruppierung

=CH—⟨benzene ring with OCH₃ and OH⟩ in systemat. Namen. – E: vanillylidene-

Varizenmittel = Mittel gegen Krampfadern. – E: varicosis medicines

Vegetabilisches Alkali s. *Alkalien. – E: vegetable alkali

Vektorielle Werte. Bez. für in Technik u. Physik verwendete, durch Maßzahl u. Richtung bestimmte Größen, wie z. B. Kristallform, Kristallfeinbau, Wärmeleitfähigkeit (letztere kann in verschiedenen Richtungen des gleichen Kristalls verschiedene Werte aufweisen). – E: vectorial values

Veraschen. Bez. für die oxydative Zerstörung von

Veratral

org. Substanz durch Erhitzen unter Luftzutritt, bis nur noch die unbrennbare mineral. Asche zurückbleibt. — E: ashing, incinerating

Veratral... = *Veratryliden... — E: veratral-

Veratroyl... Bez. für die Atomgruppierung

—CO—C₆H₃(OCH₃)₂ in systemat. Namen.

Darf nicht verwendet werden, wenn eine mit Veränderung des Kohlenstoff-Gerüstes verbundene Substitution (z. B. durch *Alkyl, *Aryl, *Acyl) vorliegt. — E: veratroyl-

o-**Veratroyl...** Bez. für die Atomgruppierung

—CO—C₆H₃(OCH₃)₂ in systemat. Namen. — E: *o*-veratroyl-

Veratryl... Bez. für die Atomgruppierung

—CH₂—C₆H₃(OCH₃)₂ in systemat. Namen. — E: varatryl-

Veratryliden... Bez. für die Atomgruppierung

=CH—C₆H₃(OCH₃)₂ in systemat. Namen.

Alte Bez. Veratral... — E: veratrylidene-

Verbindungen. Bez. für homogene reine Stoffe, deren *Mol. aus zwei od. mehr (durch *chem. Bindung aneinander gekoppelten) Atomen von mindestens zwei verschiedenen Elementen in bestimmten (stöchiometr.) Verhältnissen zusammengesetzt sind, u. deren Eig. von denen der *Gemische aus gleichen Anteilen der sie aufbauenden Elemente verschieden sind. Nicht zu den V. zählt man die mehratomigen Modifikationen der Elemente (z. B. die elementaren zweiatomigen Gase, wie H_2, O_2, N_2 usw. od. Ozon = O_3). Nach der Anzahl der beteiligten Elemente (Atomarten) unterscheidet man *binäre, *ternäre, *quaternäre usw. V.; andererseits spricht man im Hinblick auf die chem. Bindung der Atome auch von *polaren, *unpolaren u. *intermetall. V. *Einfache V.* od. *V. 1. Ordnung* können nur in Elemente od. bruchstückartige Atomgruppen (*Radikale, *Ionen) gespalten od. aus solchen (ohne Umsetzung) aufgebaut werden; *zusammengesetzte V.* od. *V. höherer Ordnung* entstehen durch Zusammentreten einfacher V. (s. *Additions-V., *Einlagerungs-V., *Einschluß-V., Koordinations-V. [s. *Koordinationslehre], Mol.-V.). Während einer Reaktion vorübergehend entstehende, nicht im Endprod. enthaltene V. nennt man *intermediäre V*. Eine bes. Gruppe von V. sind die nichtstöchiometr. V. (s. *Berthollide; vgl. hierbei auch *Daltonide u. *Prouside). Nach einer Feststellung der *IUPAC waren bis 1966 rund 3,5 Millionen chem. V. bekannt (davon etwa 50 000 anorg. V.), die jährl. Zuwachsrate soll gegenwärtig etwa 100 000 V. betragen. Über die Benennung von chem. V. s. *Nomenklatur. — E: compounds

Lit.: Dasent, W. E., Non-existent Compounds, New York, Marcel Dekker, 1965, u. in J. Chem. Educ. 40 [1963] S. 130—134; Ströker, E., Element u. V.: Zur Wissenschaftsgeschichte zweier chem. Grundbegriffe, in Angew. Chem. 80 [1968] Nr. 18.

Verbrennung. Im Sinne von *Brennen Bez. für die schnelle chem. Vereinigung eines Stoffes mit Sauerstoff od. einem anderen *Oxydationsmittel (*Oxydation) unter Entw. hoher Temp. u. Lichterscheinungen. Die äußere Erscheinungsform (wobei gewöhnl. *Glut, *Flammen u. Rauch entstehen) ist das *Feuer*. Den Beginn der V. nennt man *Entzündung* (s. *Entzündungstemp.), im Falle von Dämpfen u. Gasen *Entflammung*. Die bei der V. wirksame Temp. heißt *V.-Temp.*, die bei der vollständigen V. eines bestimmten Stoffes erzeugte Wärmemenge *V.-Wärme*. Über die analyt. Anwendung der V. s. *Elementaranalyse S. 220. — E: combustion

Lit.: Combustion Institute Berkeley, 11th International Symposium on Combustion, Pittsburgh 1967; Strenlow, R. A., Fundamentals of Combustion, Scranton, Pa., International Textbook Co., 1968; Tipper, C. F. H., Oxidation and Combustion Reviews, I [1965], II [1967], Amsterdam, Elsevier (wird seit 1968 als Ztschr. mit Bd. III fortgesetzt).

Verbrennungswärme. Bez. für die Wärmemenge in kcal od. cal, die bei der vollständigen *Verbrennung eines Stoffes (d. h. bei seiner Überführung in stabile *Oxide) abgegeben wird; diese wird meist auf 1 Mol bezogen *(molare V.)*. Vgl. *Heizwert u. *Kalorimetrie. — E: heat of combustion

Verbundwerkstoffe. Im engeren Sinne Bez. für die Verb. zweier *Werkstoffe unterschiedlicher Eig. zum Erzielen bes. Effekte (s. z. B. *Bimetall) od. zur Kostensenkung (z. B. durch Erzielung von Oberflächenschutz od. eines bes. Aussehens). Sie bestehen aus zwei od. mehr Schichten aus verschiedenen Werkstoffen (z. B. verschiedene Metalle od. verschieden legierte gleiche Metalle), die als Einzelkomponenten so fest miteinander verbunden werden, daß sie sich bei der üblichen Bearbeitung nicht voneinander trennen. Im weiteren Sinne werden zu den V. auch die sog. Schichtstoffe gerechnet, d. h. miteinander verleimte od. verklebte Werkstoffe (z. B. Sicherheitsglas u. Sperrholz). — E: composite materials, clad materials

Lit.: Brenner, P., Höhere Festigkeit durch V., in Umschau 68 [1968] S. 166—171; Kelly, A., The Nature of Composite Materials, in Scient. Amer. 217 [1967]

Nr. 3, S. 161—176; Kirk-Othmer, 2. Aufl., Bd. 13, 1967, S. 273—278; Tsai, S. W., J. C. Halpin u. N. J. Pagano, Composite Materials Workshop, Stamford, Conn., Technomic Publ. Co.; Ullmann VIII, 180, 529.

Verd(o)... (französ.: verdaud u. vert = grün, unreif). Vorsilbe, die auf grüne Farbe hindeutet. *Beisp.:* Verdoporphyrin. — E: verdo-, verd-

Verdrängungshemmung = *Kompetitive Hemmwrkg.

Verdrängungsname = *Ersetzungsname.

Verdünnen. Bez. für die Verringerung der Konz. einer gelösten Substanz durch Erhöhung derjenigen des verwendeten Lsgm. od. durch Zugabe eines mit diesem mischbaren anderen Lsgm. — E: diluting

Verdünnungsgrenze s. *Grenzkonz. — E: limiting dilution

Veresterung. Bez. für die zur Bldg. eines *Esters führenden (formalen) Umsetzungen eines Alkohols mit einer Säure. — E: esterification
Lit.: Ullmann XVIII, 65—72.

Verfahren. Nach Sauer (s. Zur Wirtschaftsrechnung in der chem. Industrie, Nürnberg 1937, S. 38) Bez. für die Summe aller Einrichtungen u. Vorgänge, die nötig sind, um den Endstoff od. die Endstoffe zu erzeugen. Nach F. Matthes (s. Zur Systematik der chem. Technologie, Tl. 1: Begriffe, in Wiss. Z. der Techn. Hochsch. für Chemie Leuna-Merseburg 1 [1958/59] Nr. 3, S. 155 bis 175) umfaßt ein *chem. V.* alle Einrichtungen u. Vorgänge, mit deren Hilfe Erzeugnisse durch Stoffumwandlung hergestellt werden. — E: processes, operations

Verfahrens-Ingenieur (Chemie) = *Chemie-Ingenieur.

Verfahrenstechnik. Nach Blauhut (s. Chem. Technik 9 [1957] S. 65—67) im allgemeinsten Sinne Bez. für Kenntnis u. Können der Arbeitsmeth. der Verbrauchsgüterindustrie. Die chem. V. ist demnach Kenntnis u. Können der Arbeitsmeth. der *Techn. Chemie. Nach F. Matthes (s. Zur Systematik der chem. Technologie, Tl. 1: Begriffe, in Wiss. Z. der Techn. Hochsch. für Chemie, Leuna-Merseburg 1 [1958/59] Nr. 3, S. 155 bis 175) befaßt sich die *chem. V.* mit den theoret. Grundlagen u. den durch die Praxis bedingten Zusammenhängen zwischen den Verf. u. der Wrkg.-Weise der App. bei der Durchführung sämtlicher Stufen der chem. Verf. (s. *Verf.). Wenn der Begriff der chem. V. in diesem Sinne verstanden wird, so schließt er nach Meinung dieses Autors das „Chemical Engineering" u. seine dtsch. Übersetzungen ein. Oberbegriff hierzu bildet die *Chem. Technologie (s. auch *Technologie). Der Schwerpunkt der chem. V. liegt in jedem Falle in den Ingenieurwissenschaften; sie ist somit vorwiegend eine Ingenieurtätigkeit (s. *Chemie-Ingenieur), die auf dem Sektor der Chemie der techn. Verwirklichung u. wirtschaftlichen Nutzbarmachung der Stoffumwandlungsprozesse in Produktionsanlagen dient. — E: process engineering [chemical engineering]

Lit.: Adolphi, G. u. a., Lehrbuch der chem. V., Leipzig, VEB Dtsch. Verl. Grundstoffind., 1967; Benedek, P. u. A. László, Grundlagen des Chemie-Ingenieurwesens, Leipzig, VEB Dtsch. Verl. Grundstoffind., 1965; Dierschke, K., Die elektron. Datenverarbeitung in der chem. V., in Chemiker-Ztg. 90 [1966] S. 359 bis 366; Grassmann, P., V. u. Biologie, in Chem.-Ing.-Techn. 39 [1967] Nr. 21; Grassmann, P. u. a., Einführung in die therm. V., Berlin, de Gruyter, 1967; Himmelblau, D. M. u. K. B. Bischoff, Process Analysis and Simulation: Deterministic Systems, New York, Wiley, 1968; Hougen, O. A., K. M. Watson u. R. A. Ragatz, Chemical Process Principles I [1954], II [1959], III [1947], Charts [1964], New York-London, Wiley; Jordan, D. G., Chemical Pilot Practice, New York, Interscience, 1955; ders., Chemical Process Development, 2 Bde., I [1968], New York-London, Wiley-Interscience, 1968; Kassatkin, A. G., Chem. V., 2 Bde., I [1966], II [1962], Leipzig, VEB Dtsch. Verl. Grundstoffind.; Katz, D. L., Engineering Concepts and Perspectives, New York-London, Wiley, 1968; Kiesskalt, S., Verfahrenstechnik, München, Hanser, 1958; Kiesskalt, S. u. O. Winkler, Rationalisierung in der V. (Symposion 1965) Dortmund 1965; Kirk-Othmer, 2. Aufl., Bd. 15, 1968, S. 605—637 (Pilot Plants); Krupp, H., Grenzflächenphysik u. V., in Chem.-Ing.-Techn. 39 [1967] Nr. 21; Ludewig, W., V.: Ihre Entw. zum gesonderten Wissenschaftszweig in Deutschland, in Die BASF 15 [1965] Nr. 1, S. 43 bis 48; ders., V. als Wissenschaft, in Die BASF 15 [1965] Nr. 3 [Beilage]; Matthes, F. u. G. Wehner, Anorg.-techn. Verf., Leipzig, VEB Dtsch. Verl. Grundstoffind., 1964; Miessner, H., Fortschritte der V., I 1952/53 [1954], II 1954/55 [1957], III 1956/57 [1958], IV 1958/59 [1961], V 1960/61 [1962], VI 1962/63 [1965], VII 1964/65 [1967], VIII 1966/67 [1968], Weinheim, Verl. Chemie (wird fortgesetzt); Miessner, H. u. K. Schiefer, V. im In- u. Ausland, Frankfurt a. M., Dechema, 1961; Mitschka, P. u. J. Ulbrecht, V. nicht-Newtonscher Fl., Leipzig, VEB Dtsch. Verl. Grundstoffind., 1967; Pawlow, K. F., P. G. Romankow u. A. A. Noskow, Beisp. u. Übungsaufgaben zur chem. V., Leipzig, VEB Dtsch. Verl. Grundstoffind., 1966; Pinkava, J., Laboratoriumstechnik kontinuierlicher chem. Prozesse, Frankfurt/M., Deutsch, 1962; Siemes, W., Grundbegriffe der V.: Eine Vorlesung für Chemiker, Heidelberg, Hüthig, 1966; Sittig, M., Organic Chemical Process Encyclopedia, Park Ridge 1966; Thuss, F., Zu Dokumentationssyst. der V., in Verfahrenstechnik 1 [1967] S. 546—547; Ullmann I, Chem. App.-Bau u. V., 1953; Vauck, R. A. u. H. A. Müller, Grundoperationen chem. V., Dresden, Steinkopff, 1966; Wintermeyer, K. u. W. Wintermeyer, Physikal. Grundlagen der Vak.-V. in der Chemie, in Verfahrenstechnik 1 [1967] S. 449—451; vgl. auch Lit. unter *Chem. Technologie. *Ztschr.:* Verfahrens-Ingenieur-Technik (Ztschr. für V., Techn. Chemie u. App.-Wesen), gegründet 1928 unter dem Titel „Die chem. Fabrik", Weinheim, Verl. Chemie; Verfahrenstechnik, Mainz, Krauskopff-Verl. (ab 1967). *Forschungsinst.:* Inst. für V., TH Aachen; Inst. für Apparatebau u. V., TH Karlsruhe; Inst. für V., TH München; Inst. für Allg. u. Kern-V. der TU Berlin u. Mialki u. Blass, in Chem.-Ing.-Techn. 23 [1961] S. 372—375); Haus der V. von Pintsch-Bamag AG. in Butzbach, s. Chem.-Ing.-Techn. 23 [1961] S. 583; Inst. für V., T.U. Dresden. *Organisation:* Verfahrenstechn. Ges. (VTG) im VDI, Düsseldorf.

Vergällen

Vergällen = *Denaturieren.

Vergällungsmittel. Bez. für Substanzen, die *Lebensmitteln, insbes. *Genußmitteln, in geringen Anteilen zugesetzt werden, um diese ungenießbar zu machen u. somit Steuer- u. Zollermäßigungen zu erzielen. *Beisp.* für schwierig abtrennbare, bereits in Spurenanteilen wirksame V. sind Pyridinbasen, Phthalsäurediäthylester, Benzin, Tetrachlorkohlenstoff. Vgl. auch *Denaturieren. — E: denaturants

Vergleichslösung. 1. Nach einem Terminologievorschlag der Analytical Chemistry Division der *IUPAC (s.IUPAC-Inf. Bull. Nr. 26 [Aug. 1966]) Bez. a) für eine Lsg. gleicher Substanz- u. Indikatorkonz. wie die titrierte Lsg. u. entsprechender Zus., die zur Feststellung des Punktes dient, an dem die Farbe (od. eine andere Eig.) der titrierten Lsg. von den ursprünglichen Werten abzuweichen beginnt u. somit die exakte Endpunktbest. ermöglicht; b) im engeren Sinne für eine Lsg. von gleicher Zus. wie die titrierte Lsg. am Äquivalenzpunkt, die zur möglichst exakten Lokalisierung des Endpunktes durch Vgl. einiger Eig. der beiden Lsg. dient; hierbei muß die Gesamtkonz. der beiden Lsg. nicht unbedingt gleich sein, doch ist es notwendig, daß die Konz. der die Farbe (od. eine andere Eig.) des Indikators bestimmenden Substanz in beiden Lsg. am Äquivalenzpunkt gleich ist. — 2. In *Papier-, *Dünnschicht- u. *Gaschromatographie ist eine V. eine neben der Probe mitzuchromatographierende Lsg. definierter Zus.; vgl. E. Stahl, Vorschläge zur Normierung u. Terminologie der Dünnschicht-Chromatographie, in Z. Anal. Chem. 234 [1968] S. 1—10. — E: 1. comparison solution. 2. standard solution

Vergütung. 1. In der *Metallurgie nach DIN 17 014 (Okt. 1959) Bez. für die Wärmebehandlung zum Erzielen hoher Zähigkeit bei bestimmter Zugfestigkeit durch Härten u. anschließendes *Anlassen, meist auf höhere Temp. 2. In der Glastechnik Verf. zur Verminderung der Reflexion von Glasoberflächen durch Erzeugung einer dünnen Oberflächenschicht, deren Brechungsindex (s.*Refraktion) kleiner sein muß als der des Glases; dies erreicht man vor allem durch Aufdampfen einer Fluoridschicht. — E: 1. quenching; 2. coating, blooming

Verhüttung. Bez. für die Verarbeitung von *Erzen auf ihre verwertbaren Bestandteile. — E: metallurgical operations

Vermicide. Bez. für Stoffe, die parasit. Eingeweidewürmer bei Menschen u. Tieren abtöten. — E: vermicides

Vernetzte Polymere. Bez. für *Polymere, deren Makromol. mehrdimensionale Kettenstrukturen besitzen; es kann sich dabei um räumlich vernetzte u. intramol. vernetzte *makromol. Stoffe (s. S. 533) handeln. Räumliche Netzpolymere können bei der Bldg. eines polymeren Stoffes entstehen, wenn tri- u. höherfunktionelle Ausgangsstoffe beteiligt sind (z. B. Polymerisation einer Divinylverb., die hier tetrafunktionell reagieren kann). Sie können auch nachträglich aus linearen Makromol. durch eine weitere Reaktion gebildet werden (*Beisp.:* *Vulkanisation); nach den gültigen Nomenklaturrichtlinien (s. O. Kratky in Makromol. Chem. 38 [1960] S. 5) sollte man die Bez. V. P. überhaupt nur für solche räumlichen Netzpolymere gebrauchen. Diese Netzpolymere entstehen in der Regel bei der Vernetzung von linearen Makromol., doch können in hochverd. Lsg. auch intramol. vernetzte Makromol. gebildet werden, wenn die Vernetzungsreaktion intramol. erfolgt. Nach H.-G. Elias können die mehrdimensionalen Kettenstrukturen der V. P. in geordnete u. ungeordnete Netzwerke unterteilt werden. Bei den geordneten Netzwerken kann man wieder nach Käfig-, Leiter-, Flächen- (od. Schichten-) u. Gitterpolymeren differenzieren, die auch 0-, 1-, 2- od. 3-Typen genannt werden. Sowohl bei den geordneten wie auch bei den ungeordneten Netzwerken können *intracatenare* u. *intercatenare* Strukturen auftreten, je nachdem, ob die Vernetzung zwischen Teilen der gleichen Kette od. zwischen verschiedenen Ketten erfolgte. Die 0-Typen der geordneten Netzwerke sind dann intracatenare Netzwerke, während die 1-, 2- u. 3-Typen intercatenare Netzwerke darstellen. Die intracatenaren ungeordneten Netzwerke sind mit den intramol. Netzwerken (s. oben) ident. Nach dem gleichen Autor sollen die folgenden Verknüpfungen unterschieden werden: Innerhalb des gleichen *Grundbausteins od. Mers (intramerar, z. B. bei Polyglucosen), innerhalb der gleichen Kette (intracatenar) u. innerhalb des gleichen Mol. (intramol.) sowie jeweils zwischen zwei verschiedenen Ketten (intercatenar) bzw. Mol. (intermol.). Intercatenare u. intermol. Vernetzung sind nicht ident.; beispielsweise ist die Reaktion

```
A————B     A————B
         →
C————D     C————D
```

intercatenar, aber intramol. — E: crosslinked polymers, network polymers

Lit.: Elias, H.-G., Die Struktur V. P., in Chimia 22 [1968] S. 101—116; Funke, W., Über die Strukturaufklärung vernetzter Makromol., insbes. vernetzter Polyesterharze in der chem. Meth., in Adv. Polymer Sci. 4 [1965] S. 157—235; Reblin, H., Reversible Vernetzung von Cellulose als Modell für den Einfl. einer Vernetzung auf die mechan. Eig., in Z. Chemie 22 [1968] S. 230—233.

Verpuffungstemperatur s. *Entzündungstemp. — E: deflagration temperature

Verschmelzungsname. In der chem. Nomenklatur Bez. für den Namen einer cycl. Verb., der aus

den Namen von zwei Ringsyst. durch Zwischensetzen von „o" gebildet ist, was ausdrückt, daß die zwei Ringsyst. zwei od. mehr gemeinsame Atome haben. *Beisp.:* Benzofuran. — E: fusion name
Lit.: IUPAC, Nomenclature of Organic Chemistry, Section A & B, London, Butterworth, 1958, S. 5.
Verseifung. Im engeren Sinne Bez. für die der *Veresterung entgegengesetzte hydrolyt. Spaltung von *Estern mit Hilfe von Laugen, Säuren od. Fermenten (*Esterasen), wobei unter Wasseraufnahme *Alkohole u. *Säuren entstehen. Vers. mit ^{18}O-markiertem Wasser haben ergeben, daß die Esterspaltung z. B. beim Essigsäureamylester folgendermaßen verlaufen muß:

$$CH_3CO \vdots OC_5H_{11} + H_2{}^{18}O \rightleftarrows$$
$$\rightleftarrows CH_3CO \vdots {}^{18}OH + C_5H_{11}O \vdots H.$$

Das techn. wichtigste Beisp. ist die V. von pflanzlichen od. tier. Fetten u. Ölen mit Hilfe von Alkalien (meist NaOH); bei diesem Vorgang erhält man Glycerin als Alkohol u. die als Seifen verwendbaren Natriumsalze von Fettsäuren. Im weiteren Sinne wird als V. jede hydrolyt. Spaltung (z. B. auch von Eiweißstoffen u. Polysacchariden) bezeichnet. — E: saponification, hydrolysis
Lit.: V.-Meth., in Seifen-Öle-Fette-Wachse 1949, S. 111—113; Ullmann XVIII, 72—73.
Verstärker = *Aktivatoren.
Verteilungschromatographie. Bez. für chromatograph. (s. *Chromatographie) Trennungen, die auf Verteilungsvorgängen zwischen zwei miteinander nicht od. nur begrenzt mischbaren fl. Phasen beruhen; vgl. E. Stahl, Vorschläge zur Normierung u. Terminologie der Dünnschicht-Chromatographie, in Z. Anal. Chem. 234 [1968] S. 1—10. — E: partition chromatography
Vertreibungsmittel. Bez. für solche *Schädlingsbekämpfungsmittel, die die Schädlinge nicht abtöten, sondern infolge ihres Geruches lediglich vertreiben; hierzu gehören vor allem die insektenvertreibenden Präp. (z. B. Bremsenöl) u. Wildvertreibungsmittel. — E: repellents, deterrents
Vestalium. Alte Bez. für *Cadmium. — E: vestalium
Vi. Symbol für *Virginium.
vic.- In der chem. Nomenklatur neben *v- Abk. für „vicinal"; wird im Druck meist kursiv gesetzt u. bleibt bei der alphabet. Einordnung unberücksichtigt. — Im Falle des trisubstituierten Benzols wird *vic.-* für die 1,2,3-Stellung verwendet (zur Unterscheidung von der „asymmetr." [Präfix *asym(m).-* od. *as-*] 1,2,4- u. von der „symmetr." [Präfix *sym(m).-* od. *s-*] 1,3,5-Stellung). Drückt im Falle von zweiwertigen Radikalen aus, daß sich die freien Valenzen an zwei einander benachbarten C-Atomen befinden, z. B.

$$CH_3-\overset{|}{C}H-\overset{|}{C}H-CH_3$$

(zur Unterscheidung vom „geminalen" [Präfix *gem-*] u. vom „disjunktiven" [Präfix *disj-*] Fall, wo sich die beiden freien Valenzen am gleichen C-Atom, bzw. an zwei nicht direkt miteinander verbundenen C-Atomen befinden. — E: vic-
Victorium. Veraltete, von Crookes geprägte Elementbez. für *Gadolinium. — E: victorium
Vinyl... Bez. für die Atomgruppierung $-CH=CH_2$ in systemat. Namen. Alte Bez.: Äthenyl... — E: vinyl-
Vinylen... Bez. für die Atomgruppierung $-CH=CH-$ in systemat. Namen. — E: vinylene-
Vinyliden... Bez. für die Atomgruppierung $=C=CH_2$ in systemat. Namen. — E: vinylidene-
Vinyloxy... Bez. für die Atomgruppierung $-O-CH=CH_2$ in systemat. Namen. — E: vinyloxy-
Viren (Singular: Virus; von lat.: virus = giftiger Saft). Bez. für eine Gruppe von subzellulären Partikeln von krist. *(kristallisierbare V.)* bis organism. *(*Bakteriophagen)* makromol. Bau. Sie sind die kleinsten infektiösen Einheiten, die sich in lebenden Zellen vermehren können. Sie gelangen leicht von einer Zelle in eine andere u. können sich auch in den neuen Wirtszelle vermehren. Sie vermehren sich auf Kosten der Wirtszelle, indem sie deren *Eiweißstoffe autokatalyt. in ihr eigenes Eiweiß überführen u. dadurch den Zellstoffwechsel stören; sie bilden so die Ursache für viele Krankheiten (z. B. Kinderlähmung, Grippe, Schnupfen usw.). Chem. bestehen sie aus einem Eiweißstoff u. einer *Nucleinsäure, weshalb man sie als *Nucleoproteide auffassen muß; sie verfügen über kein eigenes Fermentsyst. Während in zellulären Organismen stets beide Typen von Nucleinsäuren anzutreffen sind, findet man in den V. jeweils nur entweder Desoxyribonucleinsäure od. Ribonucleinsäure. Die Nucleinsäure liegt in den V. fast immer in geschützter Form vor; die aus Proteinuntereinheiten *("Capsomeren")* bestehende Schutzhülle bezeichnet man als *Capsid.* Vom chem. Standpunkt aus könnte man die einfachen V. auch als *Einschlußverb. od. speziell als *Clathrate auffassen, da ein in sich zusammenhängendes Nucleinsäuremol. durch eine große Anzahl von Proteinmol. eingeschlossen ist. Das Capsid ist fast immer symmetr. gebaut: Entweder sind die Proteinuntereinheiten wie die Stufen einer Wendeltreppe aneinandergereiht, so daß sich eine helicale (s. *Helix-Struktur) Symmetrie ergibt, od. die Proteinuntereinheiten können zu einem geschlossenen Hohlkörper vereinigt sein, der kub. Symmetrie besitzt. Zum Capsid können jedoch noch weitere Strukturen hinzutreten: So ist z. B. bei einigen V. das Capsid noch von einem äußeren Mantel sehr komplizierter Zus. umgeben, der neben Protein auch Kohlenhydrate u. Lipoide enthält. Eine allg. anerkannte Klassifikation der

Virginium

V. hat sich noch nicht durchgesetzt. Man beschränkt sich auf eine Unterscheidung von *Ribonucleinsäure-* (=RNS-) u. von *Desoxyribonucleinsäure-* (=DNS-) *-V.* u. trennt dann innerhalb dieser Gruppen nach Symmetrie-Eig. des Capsids (die frühere Einteilung nach der Art des Wirtes u. den im Wirt erzeugten Symptomen, wie z. B. neurou. dermotrope V., ist überholt); vgl. hierzu G. Schramm (1967) unter Lit. Näheres über Systematik u. Nomenklatur der V. s. im Ref. in Umschau 66 [1966] S. 717. — E: viruses

Lit.: *ACS, The Molecular Basis of Virology, Washington 1968 (ACS-Monographie Nr. 164); Breemster, A. B. R. u. J. Dijkstra, Viruses of Plants, Amsterdam 1966; Broda, E. u. a., Biochemistry of Viruses, London, Pergamon Press, 1960; Burnet, F. M., Principles of Animal Virology, New York, Acad. Press, 1960; Burnet, F. M. u. W. M. Stanley, The Viruses, 3 Bde., New York, Acad. Press, 1959; Crawford, L. V. u. M. G. P. Stoker, The Molecular Biology of Viruses, London, Cambridge Univ. Press, 1968; Dulbecco, Krebsentstehung durch V., in Umschau 67 [1967] S. 548 bis 552; Edgar, R. S. u. R. H. Epstein, The Genetics of a Bacterial Virus, in Scient. Amer. 212 [1965] Nr. 2, S. 70—78; Fraenkel-Conrat, Design and Function at the Threshold of Live: The Viruses, New York, Acad. Press, 1962; Haagen, E., Viruserkrankungen des Menschen, 2 Bde., Darmstadt, Steinkopff, Lieferungswerk (1962—); Heinze, K., Phytopathogene V., Berlin, Duncker u. Humblot, 1959; Henneberg u. Köhler, Praktikum der Virusdiagnostik, Stuttgart, Fischer, 1961; Hofschneider, P. H. u. a., Fadenförmige Bakteriophagen: ein neues Experimentiermodell der Virusforschung, in Umschau 66 [1966] S. 405—410; Horne, R. W., Electron Microscopy of Viruses, in Sci. Progress 52 [1964] S. 525—542; Jahn, E., Insektenviren, Leipzig, Akad. Verl. Ges., 1958; Kellenberger, E., The Genetic Control of the Shape of a Virus, in Scient. Amer. 215 [1966] Nr. 6, S. 32—39; Klinkowski, M., Pflanzliche Virologie, I [1967], II [in Vorbereitung] Berlin, Akademie-Verl.; Knight, C. A., Chemistry of Viruses, Wien, Springer, 1963; Kuemmerle, H. P., 2. Internat. Sympos. für Chemotherapie, Tl. 2: Antiviral Chemotherapy, Basel 1963; Lwoff, A., Wechselwrkg. zwischen Virus, Zelle u. Organismus, in Umschau 66 [1966] S. 337—342; ders., Virus, Zelle, Organismus (Nobelvortrag), in Angew. Chem. 78 [1966], S. 689—694; Maramorosch, K. u. H. Koprowski, Methods in Virology, I [1967], II [1968], III [1967], IV [1968], New York, Acad. Press; Milne, R. G., Plant Viruses Inside Cells, in Sci. Progr. (Oxford) 55 [1967] S. 203—222; Najjar, V. A., Immunity and Virus Infection, New York, Wiley, 1959; Pollard, M., Perspectives in Virology, New York, Academic Press (1959—; 1967: Bd. 5); Protoplasmatologia, Bd. IV, Virus, Berlin, Springer, 1958; Rich, A., Virus Multiplication, in McGraw-Hill Yearbook Science & Technology 1966, New York, McGraw-Hill, 1966, S. 39—42; Schafer, W., Virusforschung: Erkenntnisse u. Ausblicke, in Mitt. Max-Planck-Ges. 1967, Nr. 3, S. 161—182; Schramm, G., Die Biochemie der Virusarten, in Zechmeister, L., Fortschr. Chemie org. Naturstoffe, Bd. 4, 1945, S. 87—187; ders., Biochemie der V., Berlin, Springer, 1954; ders., Biochemie der V., in Wieland, T. u. G. Pfleiderer, Molekularbiologie, Frankfurt/M., Umschau-Verl., 1967; Schuch, K., Viruskrankheiten u. ähnliche Erscheinungen bei Obstgewächsen, Berlin, Parey, 1957; Smith, K. M., Mechanism of Virus Infection, New York, Acad. Press, 1963; ders., Insect Virology, New York, Acad. Press, 1967; ders., Plant Viruses, London, Methuen, 1968; Smith, K. M. u. M. A. Lauffer, Advances in Virus Research, New York, Acad. Press, I [1953] — XIII [1968] (wird fortgesetzt); Stanley, W. M., Viruses and the Nature of Life, New York, Dutton, 1963; Stent, G. S., Molecular Biology of Bacterial Viruses, London, Freeman, 1963; Symons, R. H., Genetic Coding in Plant and Bacterial Viruses, in Rev. Pure Appl. Chem. 13 [1963] S. 211—246; Thomas, A. J., Mécanismes d'auto-reproduction, Paris, Masson, 1957; Uhlein, E., Wesen u. Wrkg. der V., in Materia Medica Nordmark 8 [1956]; Ullmann V, 733, 762, XVIII, 110—131; Weidel, Virus u. Molekularbiologie, Berlin, Springer, 1964; Wood, W. B. u. R. S. Edgar, Building a Bacterial Virus, in Scient. Amer. 217 [1967] Nr. 1, S. 61—75; Zechmeister, L., Fortschr. Chemie org. Naturstoffe, Bd. 1, 4, 5, 6, 9, 12, 20 (1938 bis 1962). *Ztschr.:* Archiv für die gesamte Virusforschung, Bd. I—IX [1959], Wien, Springer; Virology (ersch. ab 1955), New York, Acad. Press; Problems of Virology, London, Acad. Press; Fortschr. der mediz. Virusforschung, Basel, Karger. *Forschungsinst.:* Max-Planck-Inst. für Virusforsch., Tübingen; Inst. für landwirtschaftliche Virusforschung, Braunschweig (dort auch Inst. für Virus-Serologie); Inst. für gärtnerische Virus-Forschung, Berlin-Dahlem; Bundesforschungsanst. für Viruskrankheiten der Tiere, Tübingen.

Virginium (chem. Symbol Vi). Von F. Allison 1929 vorgeschlagener Name für das Element 87 (s. *Francium), das er auf Grund von magnetoopt. Unters. in Pollucit u. Lepidolith entdeckt zu haben glaubte. — E: virginium

virucid = *virulicid. — E: virucide

virulicid = virustötend. — E: virucidal

Virus s. *Viren. — E: virus

Viskosimetrie. Sammelbez. für die Meth. zur Best. der *Viskosität. Diese beruhen darauf, daß der betreffenden Meßfl. eine mit einem Geschw.-Gradienten verbundene laminare Bewegung aufgezwungen wird. Dies wird z. B. erreicht durch Ausfließenlassen der in einem Gefäß befindlichen Fl. aus einer Düse od. besser einer langen Kapillare (Kapillarviskosimeter), durch Bewegen eines Fallkörpers in der Meßfl. (Fallkörperviskosimeter) od. durch Rotation eines geeignet geformten Drehkörpers (Rotationsviskosimeter). Je nach der Art des Meßgerätes wird die Auslaufzeit, die Fallzeit od. das Drehmoment gemessen. Sieht man von einigen Sonderkonstruktionen ab (z. B. Schwingungsviskosimeter nach dem magnetostriktiven Prinzip, das auf der Dämpfung der longitudinalen Schwingung eines Nickelstabes bei hoher Frequenz beruht), gehören die gebräuchlichen Viskosimeter einer der drei genannten Arten an. Sie sind alle zur Messung *newtonscher Fl. brauchbar, die Kapillarviskosimeter vor allem zur Messung niedriger Viskositäten. Die Kapillar- u. Rotations-Viskosimeter lassen sich auch zur Unters der nichtnewtonschen Fl. (z. B. Lsg. von makromol. Stoffen) heranziehen. — E: viscosimetry

Lit. s. *Viskosität.

Viskosität (Zähigkeit). Nach DIN 1342 (April 1957) Bez. für die Eig. eines fl. od. gasf. (in gewisser Hinsicht auch eines festen) Stoffes, durch Schubverformung eine vom Geschw.-Gefälle abhängige Schubspannung aufzunehmen. Für *newtonsche Fl. ist die Schubspannung proportional dem Geschw.-Gefälle u. die Proportionalitätskonst. eine nur von der Temp. u. vom Druck abhängige Stoffkonst.; die nichtnewtonschen Fl. verhalten sich anders. Die Proportionalitätskonst. η heißt *dynam. V.* Der Quotient aus der dynam. V. η u. der D., der bei vielen Strömungsvorgängen als maßgebende Stoffkonst. auftritt (V.-D.-Verhältnis) wird nach Maxwell *kinemat. V.* genannt. Bei Lsg. unterscheidet man die V. der Lsg. η u. die des Lsgm. η_0; der Quotient aus beiden Größen heißt *V.-Verhältnis (relative V.).* Bezieht man die Differenz $\eta - \eta_0$ auf die V. des Lsgm. η_0, so erhält man die in der Praxis wichtige *relative V.-Änderung* $(\eta - \eta_0)/\eta_0$. Nach DIN 51 550 (März 1960) ist V. die Eig. einer Fl., der gegenseitigen Verschiebung zweier benachbarter Schichten einen Widerstand (innere Reibung) entgegenzusetzen. Die Einheit für die dynam. V. heißt *Poise* (1 P = 1 g/cm·s = 10^{-1} Ns/m² [Newtonsek./Meterquadrat]), die der kinemat. V. *Stokes* (1 St = 1 cm²/s = 10^{-4} m²/s [Meterquadrat/Sek.]). In DIN 28 400, Bl. 1 (Entwurf Sept. 1966) wird im Rahmen der kinet. Gastheorie die dynam. V. definiert als das Verhältnis der Schubspannung zum Geschw.-Gradienten senkrecht zur Strömungsrichtung. Über Definitionen s. auch J. Polymer Sci. 38 [1960] S. 1–12. Zur Messung der V. s. *Viskosimetrie. — E: viscosity

Lit.: Da Costa, Andrade, Viscosity and Plasticity, Brooklyn, 1951; Dinsdale, A. u. F. Moor, Viscosity and its Measurement, London, Chapman and Hall, 1962; Epprecht, in Dechema-Monogr., Bd. 17, S. 188–197; Haake KG., Rheologie u. Rheometrie mit Rotationsviskosimetern, Berlin, Springer, 1961; Heilbronn, Viscosity of Protoplasm, Protoplasmatologia, II, Wien, Springer, 1958; Kirk-Othmer, 1. Aufl., Bd. 14, 1955, S. 756–776; Merrington, A. C., Viscometry, London, Arnold, 1949; Philippoff, V. der Kolloide, Dresden, Steinkopff, 1942; Siebeneck, Viskosimetr. Tabellen, Berlin, Naturwiss.-Verl., 1951; Snell, F. D. u. C. L. Hilton, Encyclopedia of Industrial Chemical Analysis, Bd. 3, New York-London, Wiley-Interscience, 1966, S. 768–774; Stokes, R. H. u. R. Mills, The International Encyclopedia of Physical Chemistry and Chemical Physics, Bd. 3: Viscosity of Electrolytes and Related Properties, Oxford, Pergamon Press, 1965); Ubbelohde, V.-Temp.-Blätter, Stuttgart 1955; Ullmann II/1, 177–789, IV, 717, 718, VI, 599, IX, 408, X, 593, 594, XI, 376, XII, 182; Umstätter, H., in Dechema-Monogr. 14, S. 72–91; Umstätter, H. u. R. Schwaben, Einführung in die Viskosimetrie u. Rheometrie, Berlin, Springer, 1952; van Wazer, Viscosity and Flow Measurement, New York, Interscience, 1963.

Vitalchemie. H. Linser versteht unter V. die Art u. Weise der lebenden Substanz, chem. Veränderungen durchzuführen u. den Lebensprozeß zu ermöglichen. — E: vital chemistry

Lit.: Linser, H., Grundlagen der allg. V., I–VI, Wien, Urban u. Schwarzenberg, 1955/59.

Vitalstoffe. Nach Schweigart sind V. überwiegend als Biokatalysatoren in Zellen u. Geweben wirksame, lebenswichtige Bestandteile, wie z. B. Fermente, Co-Fermente, Vitamine, Hormone, exogen-essentielle Amino- u. Fettsäuren, Haupt- u. Spurenelemente, Duft- u. Geschmackstoffe. — E: vitalstuffs.

Lit.: Schweigart, H. A., V.-Lehre u. V. Tabellarium, Dachau, Zauner-Verl., 1962. *Ztschr.:* Vitalstoffe — Zivilisationskrankheiten (1955—), Schriftleitung Hannover-Kirchrode, Inst. für Biochemie der V. u. Ernährung der Internat. Ges. für Nahrungs- u. V.-Forschung, Hannover-Kirchrode.

Vitaminanaloga s. *Vitamine. — E: vitamin-analogues

Vitaminantagonisten = *Antivitamine (vgl. jedoch auch *Vitamine). — E: vitaminantagonists

Vitamine. Nach T. Bersin (s. Lit.) Bez. für org. *Wirkstoffe, die bestimmte *heterotrophe Organismen nur aus äußeren Quellen bzw. nur unter dem Einfl. des Milieus gewinnen können. Sie ähneln hinsichtlich der notwendigen Bedarfsmengen den *Spurenelementen, da sie täglich schon in Mikrogramm- bis Milligramm-Mengen wirksam sind. Sie sind entweder alle od. nur einzeln unerläßlich für die normalen Funktionen der Lebewesen, um nach Übergang in Fermentwirkgruppen od. Einbau in Multi-Ferment-Komplexe (s. *Fermente S. 254) den optimalen *Stoffwechsel im Gang zu halten, der ein Kennzeichen der Gesundheit ist. Die exogene Zufuhr der V. muß in einem wohlabgewogenen Verhältnis zueinander u. zum wachsenden Bedarf, je nach Nahrung, Art, Geschlecht, Alter, Arzneimittelzufuhr u. äußeren Milieuverhältnissen erfolgen. Nach Feststellungen der Food and Drug Administration der USA sind die folgenden 8 V. für den Menschen lebensnotwendig: A (= Axerophthol, Retinol, Antixerophthalmie-V.), B_1 (= Aneurin, Thiamin, Antiberiberi-V.), B_6 (= Pyridoxin, Adermin, Antidermatitis-V.), B_{12} (Corrinoide, Cobalamine), C (= Ascorbinsäure, Antiscorbut-Faktor), D (= Calciferol + Cholecalciferol, Antirachit. V.), PP (= Nicotinamid, Antipellagra-V.) ; es ist jedoch zu erwarten, daß in Zukunft noch andere V. dazukommen werden. Als *V.-Analoga* werden synthet. V.-Deriv. bezeichnet, die bezüglich ihrer Arzneiwrkg. bei der Bekämpfung von V.-Mangelerscheinungen gewisse Vorteile (bessere Haltbarkeit, protrahierte Wrkg., schnellere Resorption) bieten. Von den V. unterscheiden sich die *Vitaminoide*, also vitaminähnlichen Wirkstoffe, dadurch, daß sie nicht in die funktionelle Form der *Fermente übergehen, obwohl sie für manche Lebewesen als essentielle Nahrungsfaktoren betrachtet werden müssen. *V.-Antagonisten* sind Stoffe, die störend in die Umwandlung der V. in die V.

Vitaminoide

Fermente eingreifen. Die Bez. *Anti-V*. (s. Stichwort) für diese Stoffe wird von Bersin abgelehnt, da es sich tatsächlich um V.-Inaktivatoren handelt u. nicht um V. von entgegengesetzter Wrkg. Der Name V. wurde von C. Funk (1884—1967) aus lat.: vita (=Leben) u. Amin 1912 in der irrtümlichen Annahme gebildet, daß diese Substanzen alle N-Verb. seien. — E: vitamins

Lit.: Abderhalden, Vitamine, Hormone, Fermente, Basel 1953; Ammon-Dierscherl, Fermente, Hormone, Vitamine, Stuttgart, Thieme (1959—); Bersin, T., Biochemie der V., Frankfurt/M., Akad. Verl. Ges., 1966; Bicknell-Prescott, The Vitamins of Medicine, London, Heinemann, 1953; Böttcher, H. M., Das Vitaminbuch, Köln 1965; Burns, Vitamin C, New York Acad. of Sci. Annals 92 [1961]; Coward, K. H., Biological Standardization of the Vitamins, London, Baillière, 1947; Dyke, S. F., The Chemistry of Vitamins, New York-London, Wiley-Interscience, 1965; Fragner, J. u. a., V., ihre Chemie u. Biochemie I [1964], II [1965], Jena; Freed, M., Methods of Vitamin Assay, New York-London, Wiley, 1966; Goldrich, E. A., Rolle u. Anwendung der V. in der Kosmetik [engl.], in Amer. Perfumer and Cosmetics 81 [1966] Nr. 12, S. 43 bis 51; Goodwin, T. W., Biosynthesis of Vitamins and Related Compounds, New York, Academic Press, 1963; Gounelle, H. u. C. Marnay, Vitaminmangelkrankheiten (Symptome u. Unters.-Meth.), Stuttgart, Thieme, 1960; Gstirner, F., Chem.-physikal. V.-Best.-Meth., Stuttgart, Enke, 1965; György, P. u. W. N. Pearson, Vitamin Methods, 2 Bde., New York, Acad. Press, 1967; Harris, L. J., Vitamins in Theory and Practice, New York, Cambridge Univ. Press, 1955; Harris, R. S. u. K. V. Thimann, Vitamins and Hormones, Advances in Research and Applications, I [1943] bis XXV [1967], New York, Acad. Press (wird fortgesetzt); Heepe, F., Die V. in der Diät- u. Küchenpraxis, Darmstadt, Steinkopff, 1961; Kempter, G., Struktur u. Synth. von V., Berlin, Akademie-Verl. 1964 (wissenschaftliches Taschenbuch); Kirk-Othmer, 1. Aufl., Bd. 14, 1955, S. 777—874; Knobloch, F., Physikal.-chem. V.-Best.-Meth., Berlin, Akademie-Verl., 1963; Knorr, F., V.-Best.-Meth., Garmisch-Partenkirchen, FEB, 1961; Lang, K., Die Physiologie der V., in Büchner-Letterer-Roulet, Bd. XI, Umwelt II, Tl. 1: Ernährung (529—733), Berlin, Springer, 1962; Odintsova, K., Microbiological Methods of Vitamin Determination, London, Pergamon Press, 1961; Pongratz, A., V. u. Anti-V., Wien, Springer, 1960; Roche AG., Richtlinien für Ernährung (Zusammenstellung des Vitaminbedarfs in „Die Vitamine" 1956, Nr. 1, Grenzach/Bad.); Sebrell, W. H. u. R. S. Harris, The Vitamins: Chemistry, Physiology, Pathology I [1967], II [1968], III—V [in Vorbereitung], VI [1967], VII [in Vorbereitung], New York, Academic Press; Sivadijan, La chimie des vitamines et des hormones, Paris, Gauthier-Villars, 1952; Stechow, Register der Weltlit. über V., Bd. I (1890—1929), Leipzig, Helingsche Verlagsanstalt, 1947, Bd. II (1930—1945), Lief. 1—15 (Schlußlief. 15 erschien 1963), Würzburg, Physika-Verl.; Stepp, Kühnau, Schröder, Die V. u. ihre klin. Anwendung I [1952], II [1957?], Stuttgart, Enke; Strohecker, R. u. H. M. Henning, V.-Best.: Erprobte Meth., Weinheim, Verl. Chemie, 1963 (engl. Übersetzung: Vitamin Assay — Tested Methods, Cleveland, Ohio, Chemical Rubber, 1965); Tangl, A., Die Rolle der V., Hormone u. Antibiotica in der Tierzucht, Budapest 1959; The Association of Vitamin Chemists, Methods of Vitamin Assay, New York, Interscience, 1951; Thiers, H., Les vitamines, Paris, 1955; Ullmann IV, 549, 566, 567, VI, 86, VII, 458, 733, VIII, 56, 451, 475, 487, X, 693, 758, XI, 420, 438, 447, 492, 534, XII, 237, 447, 479, 485, 601, XIII, 411, XVIII, 177 bis 255; Vogel u. Knobloch, Chemie u. Technik der V., Stuttgart, Enke, 1950—1958; Zechmeister, L., Fortschr. Chemie org. Naturstoffe, Bd. 1, 3, 6, 9, 10, 11, 14, 15, 16, 17, 18, Wien, Springer (1938—1960). *Ztschr.:* Vitamine u. Hormone, Zentralorgan für das ges. Forschungsgebiet, Leipzig, Akad. Verl. Ges.; Internationale Zeitschrift für Vitaminforschung, Bern, Verl. H. Huber; Ztschr. für Vitamin-, Hormon- u. Fermentforschung, Wien, Urban u. Schwarzenberg; Vitamins and Hormones, New York, Acad. Press; Acta Vitaminologica, Milano; Vitaminologia, Torino.

Vitaminoide s. *Vitamine. — E: vitaminoids
vitrophyrisch s. *holokrist. — E: vitrophyric
Volt (Symbol V). Einheit der elektr. Spannung, benannt nach dem italien. Physiker Graf Alessandro Volta (1745—1827). Seit 1946 gilt international die folgende Definition des absoluten V: 1 Volt = 1 Watt/1 Ampere = 1 m^{2}kg/s^{3}A, wobei die Einheit *Ampere eine Grundeinheit u. die Einheit *Watt eine abgeleitete Einheit der Mechanik ist. Das 1908 eingeführte internationale V ist die elektr. Spannung, die an einem Widerstand von einem internationalen *Ohm einen Strom von einem internationalen Ampere erzeugt: 1 V$_{int}$ = 1 A$_{int}$ · 1 Ω_{int}. Nach den neuesten Messungen ist 1 V$_{int}$ = 1,00034 V$_{abs}$. — E: volt

Volta-Elemente s. *Galvanische Elemente. — E: two-fluid cells

Voltametrie s. *Voltammetrie (Es ist zu beachten, daß die beiden Begriffe nicht ident. sind!). — E: voltametry, voltametric titration

Lit.: Kraft, G., Die voltametr. Indikation komplexometr. Titrationen, in Z. Anal. Chem. 238 [1968] S. 321 bis 414.

Voltammetrie (Wortbldg. aus **Volta**- u. **Amperometrie**). Bez. für den Oberbegriff einer Reihe von elektrochem. Analysenmeth., die auf der Auswertung von diffusionsbedingten Strom-Spannungs-Kurven beruhen. Bei diesen Meth. arbeitet man mit Zellen, in denen die eine Elektrode eine nichtpolarisierbare Bezugselektrode, die andere eine polarisierbare Elektrode ist. Als *Voltammetrie* faßt man jene Meth. zusammen, bei denen die Stromstärke konstant gehalten wird, während die bei Zugabe von Agenzien auftretenden Spannungsänderungen gemessen werden; bei der *Amperometrie mißt man dagegen umgekehrt den Diffusionsgrenzstrom als Funktion einer der Lsg. zugesetzten Reagenzien bei einer konstanten, genügend hoch gewählten Spannung. Die Bez. *Polarographie verwendet man für diejenigen voltammetr. Verf., bei denen die Strom-Spannungs-Kurve automat. aufgezeichnet wird. Gibt man das angelegte Potential von v. mißt die sich einstellende Stromstärke als Funktion verschiedener konstanter Potentiale, so spricht man von *Polarographie bei konstantem Potential*; werden das Potential kontinuierlich (z. B. linear mit der Zeit) variiert u.

die zugehörigen Stromänderungen registriert, so handelt es sich um die sog. *„oszillierende Polarographie,* während bei der kaum angewandten *Polarographie bei konstanter Stromstärke* die Stromstärke vorgegeben u. das sich einstellende Potential gemessen wird. — E: voltammetry

Lit.: Ewing, G. W. u. A. Maschka, Physikal. Analysen- u. Unters.-Meth. der Chemie, Wien-Heidelberg, R. Bohmann Industrie-u. Fachverl., 1964, S. 17, 75 bis 114; Neeb, R. u. D. Saur, Eine programmgesteuerte Anordnung zur inversen V., in Z. Anal. Chem. 222 [1966] S. 200—210; Snell, F. D. u. C. L. Hilton, Encyclopedia of Industrial Chemical Analysis, Bd. 3, New York-London, Wiley-Interscience, 1966, S. 161 bis 199 (Polarography and Voltammetry).

Volumetrie = *Maßanalyse.

Volumetrische Analyse = *Maßanalyse.

Vorlage s. *Destillation. — E: receiver, receiving vessel

Vorlauf s. *Destillation. — E: first runnings

Vorproben. Bez. für den ersten Arbeitsgang der *qual. Analyse, bei dem mittels spezif. od. zumindest selektiver Reaktionen eine direkte Prüfung der Analysensubstanz auf die Ggw. bestimmter Komponenten (Ionen, funktionelle Gruppen usw.) ohne spezielle Trennoperation erfolgt. Die wichtigsten V. sind *Flammenfärbung u. *Spektralanalyse, *Lötrohranalyse, Erhitzen im Glühröhrchen, Phosphorsalz- u. Boraxperle, Erhitzen mit verd. u. mit konz. Schwefelsäure. — E: preliminary tests

Vulkanisation. Bez. für das Verf. der Umwandlung von Kautschuk aus dem vorwiegend plast. in den elast. Zustand durch dreidimensionale Vernetzung, wobei durch Anwendung von bes. Hilfsmitteln (sog. „Vulkanisationsmittel", vorwiegend Schwefel) die (ungesätt.) Doppelbindungen gelöst u. Brückenbindungen zu den Nachbarmol. erzwungen werden. Man kann dabei spezielle Katalysatoren verwenden, die als *V.-Beschleuniger* bezeichnet werden. Bei diesen unterscheidet man je nach dem Wrkg.-Grad *Ultra-* (z. B. Xanthogenate), *Halbultra-* (z. B. 2-Mercaptobenzothiazol), *mittelstarke* (z. B. Guanidine) u. *schwache* (z. B. Thiocarbanilid) Beschleuniger. — E: cure, vulcanization

Lit.: Auler, in Gummi-Asbest-Kunststoffe 1962, S. 426 bis 440 (u. Fortsetzungen); Hofmann, W., V. u. V.-Hilfsmittel, Stuttgart, Berliner Union, 1966; Kempermann, T., Über eine zweckmäßige Definition der Ausvulkanisationszeit, in Bayer Mitt. Gummi-Industrie Nr. 41 [1968] S. 5—10; Scheele, W., Bindungsarten des Schwefels bei V.-Prozessen, in Angew. Chem. 78 [1966] S. 803—819; Ullmann IX, 369.

W. 1. Chem. Symbol für das Element *Wolfram. 2. In der Physik Einheitensymbol für *Watt, wird u. a. auch als Symbol für „Arbeit" verwendet.

Waagen; Wägungen. *Wägung* ist die Bez. für den Vorgang der Best. der Masse eines Körpers entweder durch Vgl. mit einer bekannten Masse od. durch die auf die Masse einwirkende Schwerkraft. *Waagen* sind Geräte zur Best. von Massen. Die Waagen können nach ihrer Bauart od. dem *relativen Wägefehler* (= Fehlergrenze/Höchstlast) u. der Höchstlast eingeteilt werden. Nach der Bauart unterscheidet man Hebel- od. Balkenwaagen, Waagen mit elast. Meßglied u. elektr. Waagen. Das Wägeprinzip bei den *Hebelwaagen* ist der direkte Massenvgl.; sie bilden den Grundtyp einer Waage u. werden prakt. für alle Massenbereiche verwendet. Bei den *Waagen mit elast. Meßglied* (z. B. Torsionswaagen, Federwaagen) werden Kräfte ungleicher Herkunft — u. zwar eine Anziehungskraft u. eine elast. Kraft — miteinander verglichen. Die *elektr. Waagen* vergleichen ebenfalls Kräfte, u. zwar wird das Drehmoment des zu bestimmenden Gew. durch eine elektromagnet. Kraft kompensiert. Nach dem relativen Wägefehler unterscheidet man bei den Laboratoriumswaagen (von denen hier ausschließlich die Rede sein soll) zwischen Feinwaagen, Präzisionswaagen u. techn. Waagen. Als *Feinwaagen* bezeichnet man Waagen, deren relativer Wägefehler bei Höchstlast zwischen $\pm 10^{-8}$ u. $\pm 5 \cdot 10^{-6}$ liegt. Die *Präzisionswaagen* haben bei Höchstlast einen relativen Wägefehler zwischen $\pm 10^{-5}$ u. $\pm 10^{-3}$; die *techn. Waagen* sind Waagen mit geringerer Genauigkeit mit einem relativen Fehler $\pm 10^{-4}$ bis $\pm 10^{-3}$ bei Höchstlasten von 100 g bis 500 kg. *Sonderwaagen* sind Registrierwaagen, Thermowaagen (für Wägungen bei höheren Temp.), Vak.-Waagen (für Wägungen im Vak.), hydrostat. Waagen

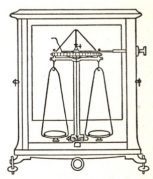

(zur Best. der D. fester u. fl. Medien) u. Gasdichte-Waagen (Auftriebswaagen zur Best. der D. von Gasen). Für analyt. Arbeiten werden prakt. nur Feinwaagen eingesetzt, wobei es sich meist um Hebelwaagen handelt; eine einfache Ausführung zeigt die Abb. Nach einem in Pure Appl. Chem. 8 [1964] S. 553—562 veröffentlichten Terminologievorschlag werden folgende Typen unterschieden (in Klammern Angabe der Tragfähigkeit in g u. der Genauigkeit in mg) : *Analysenwaagen* (50—200 g, 0,01—0,05 mg), *mikrochem. Waagen* (5—20 g, 0,001—0,005 mg), *Probierwaagen* (1 bis 5 g, 0,0005—0,002 mg). Die mikrochem. Waagen werden meist als *Mikrowaagen*, die Probierwaagen als *Ultrawaagen* bezeichnet (als solche werden in der Regel Torsionswaagen verwendet). Der gleiche Terminologievorschlag enthält noch die folgenden Definitionen für Feinwaagen: 1. *Belastung* = Gesamtgew., das nach erfolgtem Austarieren auf jene Endschneide wirkt, die das Objekt der Wägung trägt. 2. *Tragfähigkeit* = Die vom Hersteller vorgesehene Höchstbelastung. 3. *Genauigkeit* der Anzeige = Mittlere Schwankung der Instrumentanzeige für eine angegebene Belastung. 4. *Wert eines Teilstrichs* (in Gew.-Einheiten pro Teilstrich der Zeigerskala) : Dieser wird durch empir. Eichung bestimmt; er ist reziprok der Empfindlichkeit u. ändert sich wie diese in der Regel etwas mit der Belastung. 5. *Instrumentenanzeige* = Beobachteter Ausschlag od. Ruhepunkt, multipliziert mit dem Wert des Teilstriches für die betreffende Belastung. 6. *Leeranzeige* = Ausschlag od. Ruhepunkt (Leerablesung) der unbelasteten Waage, multipliziert mit dem Wert des Teilstrichs für die Last null. 7. *Ausschlag* (in Teilstrichen der Zeigerskala) : Dieser entspricht dem 2. Umkehrpunkt einer ungedämpften Schwingung des Zeigers, die am Nullpunkt der Zeigerskala beginnt; um den Ruhepunkt erfolgt, ist der Ausschlag das Doppelte der Ruhepunkte. 8. *Ruhepunkt* = Zeigerstellung mit ruhendem Balken. 9. *Nullpunkt der Zeigerskala* = Ruhepunkt der unbelasteten u. richtig eingestellten Waage mit Reiter (Kettengew. usw.) in Nullstellung. 10. *Empfindlichkeit* (für eine angegebene Belastung) = Verhältnis der Änderung der Zeigerablesung zur Größe der sie verursachenden Gew.-Änderung (Teilstriche pro Gew.-Einheit). 11. *Ablesbarkeit* = Kleinster Bruchteil eines Teilstrichs, der noch leicht entweder durch Schätzung od. unter Benützung eines Nonius — wenn ein solcher gegeben ist — bestimmt werden kann; als Einheit dient der Teilstrich der Zeigerskala. 12. *Milligrammäquivalent der Ablesbarkeit* = Prod. aus Ablesbarkeit u. Wert des Teilstriches in Milligramm per Teilstrich.

Die Genauigkeit einer Wägung wird bei Anwendung geeigneter Wägeverf. nur durch die Empfindlichkeit der Waage u. die Konstanz, mit der die Wägungen reproduziert werden können, bestimmt. Die Empfindlichkeit ist durch die Konstruktion der Waage gegeben, die Konstanz der Anzeige durch die Präzision der mechan. Ausführung, vor allem von Schneiden, Balken u. Arretierung. Die Aufstellung der Waage muß auf einem Wägetisch erfolgen, d. h. auf einem speziellen Tisch mit Schwingungsdämpfung (vgl. DIN 12 090, Entwurf April 1959). Bei den *Wägeverf.* unterscheidet man Proportionalitätswägung, Substitutionswägung u. Gaußsche Doppelwägung. Bei der *Proportionalitätswägung (einfache Wägung)* wird zunächst die Leeranzeige der Waage bestimmt, dann das Objekt auf die linke Schale der Waage gebracht u. auf der rechten Seite durch Gew. u. Reiterverschiebung weitgehend ausgeglichen. Bei der *Substitutionswägung (Bordasche Wägung)* wird das zu wiegende Objekt zunächst auf die rechte Waagschale gebracht u. auf der linken durch Gew. ausgeglichen; darauf wird das Objekt von der Schale genommen u. durch Gew. weitgehend ersetzt, wobei die Gew. der linken Seite unverändert bleiben. Für die *Gaußsche Doppelwägung (Vertauschungswägung)* ist eine gleicharmige Hebelwaage mit zwei zugänglichen Schalen erforderlich. Das Objekt wird hier einmal auf der linken u. einmal auf der rechten Waagschale mittels Normalgew. ins Gleichgew. gebracht. —
E: balances; weighings

Lit.: Appius, M., Eine neue Waage — Eine neue Wägemeth., in Chemiker-Ztg. 92 [1968] S. 156—158; Behrndt, K. H., Vacuum Microbalance Techniques, New York, Plenum Press, 1963; Borm, H., Waagen u. Gew., Leipzig 1953; Cammann, K. u. L. Cahn, Elektrowaagen u. ihre Anwendungen: Konstruktionsmerkmale u. Anwendungen elektron. Mikrowaagen, in Chemie-Labor-Betrieb 19 [1968] S. 254—264; Considine, D., Industrial Weighing, New York, Reinhold, 1948; Hecht u. Zacherl, Handbuch der mikrochem. Meth. Bd. I, Tl. 2, Waagen u. Wägen, Wien, Springer, 1959; Hess, E., Waagen, Berlin 1955; ders., Waagen, Kleines Handbuch des Bauens u. der Anwendung der Waagen, Berlin 1963; Hirsch, R. F., Modern Laboratory Balances: Lever-Arm Balances, in J. Chem. Educ. 44 [1967] S. A 1023—A 1048, 45 [1968] S. A 7—A 40; Jolas, in Dechema-Monogr., Bd. 19, S. 179—195; Kassner, B., Elektron. Mikrowägung im großen Druckbereich, in Chemiker-Ztg. 89 [1965] S. 283—288; Kast, W., Die Waagen u. das Wägen im chem. u. techn. Labor, in Chem.-Ing.-Techn. 31 [1959] S. 725—730; Katz, Vacuum Microbalance Techniques, I [1961], II (Walker) [1962], New York, Plenum Press; MacNevin, W. M., The Analytical Balance, its Care and Use, Handbook Publ., Sandusky, Ohio, 1951; Reimpell, J., Präzisions- u. analyt. Waagen, in Chem. Ind. 17 [1965] S. 72—74; Reimpell, J. u. Krackau, Handbuch des Waagenbaues, Hamburg 1960; Snell, F. D. u. C. L. Hilton, Encyclopedia of Industrial Chemical Analysis, Bd. 1, New York-London, Wiley-Interscience, 1966, S. 209—228; Stock, J. T., Thomas Charles Robinson and his Balances, in J. Chem. Educ. 45 [1968] S. 254—257; Ulbricht, H., Wägen, Laboratoriumstechnik, Frankfurt/M.; Dechema, 1958; ders., Wägeverf. im Laboratorium, in Chemie-Labor-Betrieb 17 [1966] S. 307—315; ders., Feinwägungen u. Präzisionswägungen, in Chemie-Labor-Betrieb 17 [1966] S. 398—404; ders., Waage u. Wägung, in Chemiker-

Ztg. 91 [1967] S. 323−328, 399−416, 557−562; ders., Fein- u. Präzisionsgew., in Chemiker-Ztg. 92 [1968] S. 280−287; Ullmann Bd. 2/1, 1961, S. 723 bis 741 (W. Kast).

Waals, van der s. *Van der Waals.

Wachsalkohole s. *Fettalkohole. — E: wax alcohols

Wachse. Nach einer Definition der Dtsch. Ges. für Fettwissenschaft aus dem Jahre 1954 ist „*Wachs* eine technolog. Sammelbez. für eine Reihe natürlich od. künstlich gewonnener Stoffe, die in der Regel folgende Eig. haben: Bei 20° knetbar, fest bis brüchig hart, grob- bis feinkrist., durchscheinend bis opak, jedoch nicht glasartig; über 40° ohne Zers. schmelzend, schon wenig oberhalb des Schmelzpunktes verhältnismäßig niedrigviskos u. nicht fadenziehend, stark temperaturabhängige Konsistenz u. Löslichkeit, unter leichtem Druck polierbar." Auch Ivanovszky (s. Seifen-Öle-Fette-Wachse 1950, S. 14) hält W. mehr für eine warenkundliche als für eine chem. Bez. (ähnlich „Metall", „Harz"), insbes. einen Beschaffenheits-Verw.-Begriff. W. sind demnach eine bes. Gruppe schmelzbarer, org. plast. Massen, die in der Regel undurchsichtig sind u. hinsichtlich der Beschaffenheit u. Verw. Eig. besitzen, die jenen des Bienenwachses technolog. nahestehen. Von ähnlichen synthet. od. natürlichen Prod. (z. B. Harzen, plast. Massen, Metallseifen usw.) unterscheiden sich die W. hauptsächlich darin, daß sie in der Regel etwa zwischen 50° u. 90° (in Ausnahmefällen auch bis zu etwa 200°) in den schmelzfl. Zustand übergehen, hierbei verhältnismäßig geringe Viskosität aufweisen, keine Fäden ziehen, daß sie prakt. frei von aschebildenden Verb. sind (od. nur unwesentliche Mengen davon enthalten), daß sie Pasten od. Gele bilden, daß sie — in der Regel — zu Beleuchtungszwecken verwendet werden können u. Dauerglanz vermitteln." Chem. bestehen die W. aus langkettigen Paraffinen u. deren Abkömmlingen (Alkohole, Ketone, Säuren, Äther, Ester mit aliphat., aber auch mit cycl. Alkoholen), in wenigen Fällen treten auch aromat. Kohlenwasserstoffe u. deren Substitutionsprod. als Hauptbestandteile von W. auf. Die meisten W. sind sehr komplizierte, nur in seltenen Fällen völlig durchanalysierte Gemische vieler Verb., die weit mehr Gemengen, „Leg.", Polymergemischen u. Aggregaten als wohldefinierten, einheitlichen Stoffen ähneln. Nach ihrer Herkunft u. „Vorgeschichte" teilt man die W. ein in 1. *natürliche* (pflanzliche, tier. u. mineral.) *W.* — hierher gehören Bienen-W., Carnauba-W., Candellila-W., Ouricury-W. usw., 2. *raffinierte* (natürliche) *W.*, 3. *synthet. W.* Durch Vermengen verschiedener W. erhält man die sog. *Kompositions-W.* Die synthet. W. (Kunstwachse) entstehen durch chem. Umformung u. Abwandlung von Naturwachsen od. ähnlichen Stoffen od. durch Teilsynth. bzw. durch Vollsynth. — E: waxes

Lit.: Bennett, H., Industrial Waxes, 2 Bde., Brooklyn, Chem. Publ. Co., 1963; Botteri, M., Cere industriali naturali e sintetiche, Milano, Hoepli, 1954; Buchner-Lüdecke, Taschenbuch für die W.-Industrie, Stuttgart, Wiss. Verl. Ges., 1948; Büll, R. u. v. Rosenberg, Vom Wachs, Frankfurt, Hoechst, 1961; Fette-Seifen-Anstrichmittel (Gesammelte Sonderdrucke) : Neuzeitliche W.-Forschung, Hamburg, Industrie-Verl. v. Hernhaussen, 1958; Finck, E., Neuere Unters. über die Messung der Härte von W., in Fette-Seifen-Anstrichmittel 1964, S. 27−34; Ivanovszky, Wachs-Enzyklopädie Bd. I: Die W. u. ihre wichtigsten Eig. [1954], Bd. II, Unters. der W. u. verwandter Warengruppen [1960], Augsburg, Ziolkowsky; Kirk-Othmer, 1. Aufl., Bd. 15, 1956, S. 1−17; Knaggs, N. S., The Romance of Natural Waxes, New York, Reinhold, 1947; Lüdecke, C. u. Ivanovszky, Taschenbuch für die Wachsind., Stuttgart, Wiss. Verl. Ges., 1958; Lüdecke (Analyse der W.) in Kaufmann, H. P., Analyse der Fette u. Fettprod., Berlin, Springer, 1958; Root, H. H., Beeswax, Brooklyn, Chem. Publ. Co., 1951; Rosenberg, G. v., Bitumen, Teere, Asphalte, Peche, 1952, Nr. 7 (Kunst-W.); ders., Was ist W.?, in Hoechst heute, 1966, Nr. 1, S. 8−11; Ullmann II/1, 189, III, 140, 310, 729, IV, 33, 430, 442, 570, V, 730, VI, 87, IX, 533, 534, 574, 729, 732, X, 676, 683, XI, 454, XIII, 121, 154, XVIII, 262−305; Warth, A. H., The Chemistry and Technology of Waxes, New York, Reinhold, 1956.

Wägeform s. *Gew.-Analyse. — E: weighable form

wandern. In *Dünnschicht- u. *Papierchromatographie Bez. für die Bewegung der Substanzen mit der *mobilen Phase vom *Start in Richtung zur Front (= während der Chromatographie sichtbare Linie der mobilen Phase = Feuchttrocken-Grenze); vgl. E. Stahl, Vorschläge zur Normierung u. Terminologie der Dünnschicht-Chromatographie, in Z. Anal. Chem. 234 [1968] S. 1−10. — E: (to) travel

wandern lassen = chromatographieren. — E: (to) chromatograph

Wanderungsrichtung = *Laufrichtung.

Wanderungsstrecke = *Laufstrecke.

Wanderungsweite = *Laufstrecke.

Wannenform (Bootsform) s. *Sessel-Wanne-Isomerie. — E: boat form

Warenzeichen. Rechtlich geschützte Wort-u. Bildzeichen eines Gewerbetreibenden zur Kennzeichnung der von ihm in den Verkehr gebrachten Waren. Ältere Bez.: Marke od. Schutzmarke (daher die Bez. „Markenartikel"). In der Regel erlangt man den Schutz durch die Eintragung in die Warenzeichenrolle des Patentamtes. Diese Eintragung ist für alle Zeichen zugänglich, die in einem Geschäftsbetrieb zur Unterscheidung eigener Waren von den Waren anderer Unternehmen dienen sollen. Wie beim Patent (s. *Patentwesen) u. Gebrauchsmuster setzt die Eintragung eine Anmeldung des Inhabers des W. voraus, in welcher er außer den einzutragenden Zeichen seinen Geschäftsbetrieb (z. B. „Herst. u. Vertrieb von chem.

Wärmedämmstoffe

Erzeugnissen") u. die Waren anzugeben hat, für die das Zeichen benutzt werden soll. Das W.-Gesetz der BRD kennt 41 verschiedene Warenklassen nebst einigen Unterklassen, von denen für die Gebiete der Chemie insbes. die folgenden von Interesse sind: Klasse 2: Arzneimittel usw.; Klasse 6: Chem. Erzeugnisse, Lacke, Beizen usw.; Klasse 34: Parfümerien usw. Das eingetragene W. verleiht seinem Inhaber das ausschließliche Recht zur Benützung des Zeichens. Dem Zeicheninhaber stehen Unterlassungsansprüche u. bei Verschulden auch Schadenersatzansprüche gegen den Verletzer zu, auch im Falle der Verw. von mit dem geschützten verwechslungsfähigen Zeichen. Ein Hinweis auf bestehenden Schutz ist zwar für W. ebensowenig vorgeschrieben wie für Patente, jedoch empfiehlt es sich — u. zwar nicht nur auf Packungen, in Anzeigen usw., sondern auch in wissenschaftlichen Veröffentlichungen — z. B. „Eingetragenes W." od. (R) (= registriertes W.) anzugeben; vgl. W. Beil unter Lit. Eine Übersicht über das W.-Recht findet man in Nachr. Chem. Techn. 12 [1964] S. 473—474. — E: registered trade marks

Lit.: Amt für Erfindungs- u. Patentwesen (W.-Stelle), W.-Gesetz, Berlin 1954; Angehrn, Handelsmarken u. Markenartikelind., Freiburg 1961; Baumbach, Kurzkommentar zum Wettbewerbs- u. W.-Recht (Dr. W. Hefermehl), München u. Berlin, Becksche Verlagsbuchhandlung, 1959; Baumbach u. W. Hefermehl, Wettbewerbs- u. W.-Recht, München, Becksche Verl.-Buchhandlung, 1960; Beier, Deutsch u. Fikentscher, Die W.-Lizenz, Köln-München, Heymann, 1963; Beil, W., in Chem.-Ing.-Techn. 27 [1955] S. 57 f.; ders., Grundzüge des gewerblichen Rechtsschutzes u. des Erfinderrechtes, München, Carl Hanser, 1961; Busse, R., W.-Gesetz, Berlin, de Gruyter, 1962; Daniels, H. A., W.-Verwechselbarkeit, Köln 1959; Dönges, E., W.-Anmeldung — leicht gemacht, Bad Wörishofen, Holzmann-Verl., 1960; Elsaesser, M., Der Rechtsschutz berühmter Marken, Weinheim, Verl. Chemie, 1959; Hereward, P. O., Handbook on Trade Mark Laws throughout the World, London 1951; Herold, J. A., Der pharmazeut. Markenartikel im dtsch. u. zwischenstaatlichen Warenverkehr, München 1962; Heydt, L. u. B. Richter, W. u. Ausstattung, Köln 1966; Katzarow, K., Gewerblicher Rechtsschutz u. Urheberrecht der UdSSR u. der Volksdemokratien Europas, Weinheim, Verl. Chemie, 1960; Knoblauch, H., Einführung in die Praxis des W.- u. Ausstellungsrechts, Weinheim, Verl. Chemie, 1964; Lewinsky, D., W.-Schutzfähigkeit, München, Heymann, 1961; Mathély, P., das neue französ. Markenrecht, Weinheim, Verl. Chemie, 1967; Meldau, R., Zeichen, W., Marken, Kulturgeschichte u. Wettbewerb graph. Zeichen, Bad Homburg v. d. H. 1966; Metz u. Geiger, Alphabet. Verzeichnis der internationalen Marken, 1925—1945, 7 Bde. mit jährl., später halbjährl. Nachträgen, zu beziehen durch Verl. Chemie, Weinheim; Miosga, W., Das W.-Recht der DDR, München 1955; ders., Verwechslungsgefahr, München, Wila-Verl. für Wirtschaftswerbung W. Lampl, 1958; ders., W.-Recht in neuer Sicht, München, Wila-Verl., 1962; ders., Schutz der Verpackung nach dem W.-Gesetz, in Pharmazeut. Ind. 26 [1964] S. 805—808; Reimer, Wettbewerbs- u. W.-Recht, Berlin, C. Heymanns Verl., 1954; Röttger u. Krieger, Die dtsch. Auslands-W. u. das Markenrecht im Ausland, Berlin 1951; Storkemann, R. u. A. Kraft, Kommentar zum W.-Gesetz, Berlin 1966; Tetzner, T., Kommentar zum W.-Gesetz, Heidelberg, Verl. Recht u. Wirtschaft, 1958; Tetzner, V., Die Leerübertragung von W., München, Lampl, 1962; Trüstedt, W.-Tabelle, München, Verl. für Wirtschaftswerbung, 1961; Virágh, Z., Übersetzung u. Anpassung von W., Weinheim, Verl. Chemie, 1966; W.-Lexikon, Verzeichnis der in der BRD gültig eingetragenen W., herausgegeben vom Schutzmarkendienst, Archiv-Ges. mbH., Hamburg 1951 (mit Nachträgen) (bis 1966 insgesamt 6 Bde.), Ahrensburg; Wendt, H., W.-Fibel, Weinheim, Verl. Chemie, 1954. Ztschr.: Blatt für Patent-, Muster- u. Zeichenwesen, C. Heymanns Verl. KG., München u. Köln.

Wärmedämmstoffe s. *Wärmeisolierung. — E: thermal insulating materials

Wärmeisolierung. Bez. für die Verhinderung des Wärmeaustausches, d. h. des Überganges von Wärme von einem Medium höherer auf ein solches niedrigerer Temp. durch Leitung od. Strahlung. Dies erfolgt durch sog. *Wärmedämmstoffe*; als solche eignen sich pulverförmige od. körnige Schüttungen, Matten, Platten u. Formstücke von porigen od. faserigen org. u. anorg. Stoffen (Kokosfaser, Torf, Holzfasern, Holzspäne, Glas- u. Mineralwolle, Bims, Kieselgur u. a.) mit bes. niedriger Wärmeleitzahl. — E: heat insulation

Lit.: *ASTM, Standards on Thermal Insulating Materials, Philadelphia, Pa., ASTM (jährl. Neuausgabe); Cammerer, J. S., Der Wärme- u. Kälteschutz in der Industrie, Wien, Springer, 1962; Hottinger u. Imhof, Wärmeisolierung, Zürich, Schweizer Druck- u. Verl.-Haus, 1955; Kirk-Othmer, 2. Aufl., Bd. 11, 1966, S. 823—838; Koessler, Grundzüge der baulichen Wärmedämmung, Heizung u. Lüftung, Hamburg, Wiss. Verl. Anstalt, 1950; Wilkes, G. B., Heat Insulation, New York, Wiley, 1950; Zeltner, Handbuch der Isoliertechnik, 2 Bde., Leipzig, VEB Fotokino-Verl., 1968.

Wärmesumme s. *Heßscher Satz. — E: heat summation

Wärmetönung s. *Thermochemie. — E: heat effect, heat tonality, heat of reaction

Warmwassertrichter (Heißwassertrichter) s. *Filtration. — E: hot-water funnels

Warnzeichen = *Gefahrensymbole.

Waschen. Bez. für den Prozeß der Entfernung von Schmutz mit wss. Lsg. von waschakt. Substanzen (vgl. *Waschmittel). Dies ist vorwiegend ein (allerdings sehr komplexer) physikal. Vorgang. Reine Öl- od. Fettanschmutzungen, die bei der Waschtemp. fl. sind, werden durch die — *Tenside u. sonstige Aufbaustoffe od. Builder (s. *Waschmittel) enthaltende — Waschflüsse aus der Faseroberfläche verdrängt, zu Tropfen zusammengeschoben u. abgeschwemmt. Diese „*Umnetzung" wird durch die Grenzflächenaktivität der Tenside gesteuert. Für das Haften von festen Pigmentanschmutzungen sind im wesentlichen Van der Waalsche Anziehungskräfte u. elektr. Abstoßungskräfte maßgebend. Sie ergeben zusammen für die potentielle Energie eines Schmutzteilchens in Abhängigkeit vom Abstand von der

Faserwand (od. der Haut) eine Resultierende mit einem Minimum u. einem Maximum: Das Minimum liegt bei der größtmöglichen Annäherung an die Faser; das Maximum ist der Energieberg, der überwunden werden muß, wenn das Teilchen von der Faser heruntergeholt werden soll. W. Kling (s. Umschau 66 [1966] S. 742—743) konnte zeigen, daß die bereits in reinem Wasser vorliegende negative Auflagung der Schmutzteilchen u. der Fasern durch die üblichen anionenakt. Tenside sowie durch die üblichen Builder wesentlich erhöht wird; dadurch kommt es zu einer Verstärkung der Abstoßung zwischen Schmutz u. Faser. Schmutz kann jedoch auch durch hochschmelzende Wachse, vor allem Magnesium-, Calcium- u. Schwermetallsalze von Fettsäuren, stark verkittet sein. Man fand, daß die Polyphosphate als moderne Builder mit den genannten Metall-Ionen wasserlösl. Komplexe bilden. Es kommt zu einem Aufbrechen des Schmutzes, der damit erst für das Tensid zugänglich wird. Daneben setzen noch weitere Begleit- u. Folgevorgänge ein, wie z. B. die Penetration der Tenside in den Schmutz, die damit verbundene Bldg. von Mischphasen u. die Dispergierung des Schmutzes in der Waschflotte.
— E: washing, laundering

Lit.: Bachl, K., Waschfibel der DLG, Frankfurt, DLG-Verlagsges., 1960; Barleben, J., Kleine Kulturgeschichte der Wäschepflege, Düsseldorf, Henkel, 1956; Brandt, L., Grundlagen zur Erfassung der chem. Schädigung beim W., Köln-Opladen 1952; Cohen, H. u. G. E. Linton, Chemistry and Textiles for the Laundry Industry, New York, Wiley, 1961; Kind, W. u. H. A., Die Wäscherei, Stuttgart, Konradin, 1956; Kling in Angew. Chem. 62 [1950] S. 305—311; Kirk-Othmer, 2. Aufl., Bd. 6, 1965, S. 853—895, Bd. 12, 1967, S. 197—207; Löcher, W., Fachlehrbuch für das Wäscherei- u. Plättereigewerbe, Baden-Baden, Wäscherei-Fachverl. Glasgow & Co., 1959; Mönch, R., Kleines Handbuch des Wäschers, Leipzig 1953; Oldenroth, Wedekind, Dämkes, Wäschereifachlexikon, Marburg, Wäscherei-Technik- u. Chemie-Verl. GmbH., 1952; Reumuth, H., Vom Schmutz u. vom Waschen, Düsseldorf, Econ, 1953; Schnyder, A., Einfl. von Wasch- u. Bleichprozessen auf Weiß- u. Feinwäsche, Zürich, 1952; Schwerdtner, H., Schadensfälle in der Wäschereipraxis, Berlin, 1954; Ullmann XVIII, 306—311. *Ztschr.:* Wäschereitechnik u. -chemie, Marburg/Lahn; Wäscherei-Praxis, Herford; Wäschereitechnik u. -chemie, Baden-Baden, Glasgow-Verl.; Die Wäscherei, Fachzeitschrift für die Textilreinigung, Chemischreinigung, Kleiderfärberei, Leipzig, VEB Fachbuchverlag. *Inst.:* Inst. für Textilchemie, Wäscherei, Chem. Reinigung u. Färberei, Schloß Hohenstein/Württ., Post Kirchheim/Neckar; Wäschereiforschungsinst., Krefeld.

Waschflaschen. Bez. für Glasgefäße geeigneter Form (s. Abb. a—c), die die Entfernung bestimmter Gasanteile aus Gasgemischen beim Durchleiten durch fl. Absorptionsmittel ermöglichen.
— E: wash bottles

Lit.: DIN 12 448 (Aug. 1954); 12 463 (Apr. 1962); 12 596 (Jan. 1928; Bl. 1 Okt. 1963); Ullmann I, 400.

Waschmittel. Bez. für die beim *Waschen von Textilerzeugnissen benötigten, in Form von Stücken, Pulvern, Pasten od. Fl. handelsüblichen Hilfsmittel, die in wss. Lsg. angewandt werden. Allen W. gemeinsam ist ein Geh. an *Tensiden, die je nach Verw.-Zweck mit einer Anzahl anderer Substanzen kombiniert werden. Eingeteilt werden die W. in *Voll-W.* (diese eignen sich prinzipiell für alle Waschprozesse; sie können stark od. schwach schäumend od. schaumgesteuert sein) u. in *Spezial-W.* (für Feinwäsche, für Wolle, für weiße Chemiefasern, zur Vorwäsche); für bes. Schwerpunkte können *Waschhilfsmittel* eingesetzt werden (zum Einweichen, zum Spülen, zur Vorbehandlung von starken Verfleckungen u. Verschmutzungen). Die W. bestehen aus waschakt. Substanzen (Tensiden), Buildern, Bleichkomponenten, Opt. Aufhellern u. Hilfsstoffen. Die *Tenside* setzen die Grenzflächenspannung des Wassers herab u. verleihen dadurch der Waschlsg. großes Netzvermögen. Sie fördern das Abheben des Schmutzes u. dispergieren den Schmutz, d. h., sie emulgieren den Fettschmutz u. suspendieren den Pigmentschmutz. In modernen W. befindet sich meist eine Kombination mehrerer Tenside, die hauptsächlich anion. Natur, teils auch nichtionogen sind. Die *Seife, das älteste Tensid, ist in Haushalts-W. fast ganz verdrängt worden. Innerhalb der Tensidkombination können Spezialseifen (d. h. Seifen aus bes. ausgewählten langkettigen Fettsäuren) als Mittel zur Schaumdämpfung od. Schaumregulierung dienen. Als *Builder* *(Gerüststoffe;* s. *Detergent Builders) werden heute *Polyphosphate eingesetzt, die im Gegensatz zu der früher verwendeten Soda u. dem Orthophosphat mit den Härtebildnern des Wassers keine schwerlösl. Niederschläge sondern wasserlösl. Komplexverb. bilden, die durch synergist. Unterstützung der Tenside auch die Waschkraft erhöhen. Als *Bleichmittel dient vorzugsweise Natriumperborat = $NaBO_3 \cdot 4\,H_2O$, das oberhalb von $70°$ Aktivsauerstoff abspaltet, der eine Reihe von Verschmutzungen oxydativ abbaut. Über opt. Aufheller s. Stichwort *Opt. Bleichmittel. Den *Hilfsstoffen* kommen mannigfache Aufgaben zu: Schmutzträger wirken als Schutzkolloide (s. *Kolloidchemie, S. 454) u. sollen verhindern, daß der von der Faser abgelöste Schmutz aus der Flotte wieder auf die Faser aufzieht (hierfür werden hauptsächlich Cellulosederiv., insbes. Carboxymethylcellulose eingesetzt). Alkalisilicate (Wasserglas) sorgen bei Voll-W. für die Einstellung des optimalen pH-Wertes. Sie haben auch ein gewisses Dispersionsvermögen u. wirken auch korrosionsschützend; Magnesiumsilicat dient als Stabilisator für die Peroxidbleiche. Als weitere Hilfsstoffe können org. Sequestrierungsmittel, Schaumstabilisatoren, Fermente, Neutralsalze, hydrotrope Substanzen, Anticakingmittel, Duftstoffe, Farbstoffe u. antimikrobielle Mittel in W. vorliegen. — E: detergents, washing agents

Lit.: Gawalek, G., Wasch- u. Netzmittel, Berlin, Akademie-Verl., 1962; Hummel, D., Analyse der Tenside, 2 Bde., München, Hanser, 1962; Kling, W., W. 1928, 1968 u. 2000, in Chem. Ind. 20 [1968] S. 393—397; Lindner, K., Tenside, Textilhilfsmittel, Waschrohstoffe, 2 Bde., Stuttgart, Wiss. Verl. Ges., 1964; Löhr, A., Über die Chemie der Tenside, der Waschrohstoffe u. der W., in Textil-Praxis 22 [1967] S. 188—193; Longman, C. F. u. J. Hilton, Methods for the Analysis of Non-Soapy Detergent (NSD) Products, London, Soc. for Analyt. Chem., 1961; Lüttgen, C., Org. u. anorg. W., Bleich- u. Reinigungsmittel, Heidelberg, Straßenbau, Chemie ü. Technik Verl., 1952; Stüpel, H., Synth. W. u. Reinigungsmittel, Stuttgart, Konradin, 1954; Stüpel-Szakall, Die Wrkg. von W. auf die Haut, Heidelberg, Hüthig, 1957; Ullmann XI, 695, XIII, 553, 555, XVII, 170—172, XVIII, 339—348; s. auch Lit. unter *Seifen.

Waschmittelverstärker = *Detergent Builders.

Wasserähnliche Lösungsmittel. Nach Jander allgemeine Bez. für Fl., die salzartige Stoffe lösen, mit deren Ionen Solvate bilden, deren Lsg. den Strom leiten u. die Erscheinungen der Solvolyse, Neutralisation u. Amphoterie mehr od. weniger deutlich aufweisen. Hierher gehört z. B. verflüssigtes Ammoniak, Schwefeldioxid, Stickstoffdioxid, Schwefelwasserstoff, wasserfreie Essigsäure, Blausäure, wasserfreies HNO_3 u. H_2SO_4, geschmolzenes J, BrF_3 u. dgl., Quecksilberbromid, Antimonchlorid. — E: non-aqueous solvents

Lit.: Audrieth, L. F. u. J. Kleinberg, Non-Aqueous Solvents, New York, Wiley, 1953; Jander, G., Die Chemie in W. L., Berlin, Springer, 1949; vgl. auch Lit. unter *Nichtwss. Lsgm.

Wasserbad. Bez. für das im chem. Laboratorium am häufigsten benützte *Heizbad mit Wasser als Badfl. Dieses besteht in der am meisten verwen-

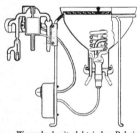

Wasserbad mit elektrischer Beheizung

deten Form aus einem durch konzentr. Einlageringe abgedeckten Metallbehälter; die Beheizung erfolgt durch eine Gasflamme od. elektr. (s. Abb.). — E: water-bath

Lit.: Lippmann, Zur Geschichte des W., in Bd. II der Abhandlungen u. Vorträge zur Geschichte der Naturwissenschaften, Leipzig, de Gruyter, 1906—1913; DIN 12 883 bis 12 888 (Okt. 1929), 12 901 u. 12 902 (Nov. 1943).

Wasserdampfdestillation s. *Destillation. — E: steam distillation

Wassergas. Bez. für das Gemisch aus Kohlenmonoxid u. Wasserstoff, das beim Überleiten von Wasserdampf über glühenden Koks entsteht u. als Heizgas od. zu Synth.-Gasen Verw. findet. — E: water gas

Wasserglasfarben = *Mineralfarben. — E: water glass paints

Wasserstoff (Chem. Symbol H, von der lat. Bez. Hydrogenium). Gasf. Element; At.-Gew. 1,00797 ± 0,00001. Natürliche Isotope (in Klammern Angabe der Häufigkeit): 1 (99,985%), 2 (= *Deuterium; 0,015%) u. 3 (= *Tritium; Spuren s. Stichwort). Ordnungszahl 1; I-wertig. In das *Periodensyst. läßt sich W. nicht eindeutig einordnen; er zeigt sowohl Ähnlichkeit mit den Alkalimetallen (H ist z. B. wie Na in Verb. positiv einwertig u. gibt positiv geladene Ionen) als auch mit den Halogenen (er kann z. B. ähnlich wie Chlor mit Metallen Verb. eingehen (*Hydride) u. dabei negativ einwertig auftreten). Reiner W. ist ein farb-, geruch- u. geschmackfreies, ungiftiges Gas, in welchem immer 2 H-Atome zu einem H_2-Mol vereinigt sind; daher hat gasf. W. die Formel H_2. 1 l H_2 wiegt bei $0°$ u. 760 Torr 0,08989 g. H_2 verbrennt mit kaum sichtbarer, schwach bläulicher Flamme zu Wasserdampf (Gleichung: $2 H_2 + O_2 = 2 H_2O$); Gemische aus W. u. Luft (mit 6—67% H_2) od. W. u. Sauerstoff heißen Knallgas. Der untere Heizwert des W. beträgt 2580 kcal/Nm³, der obere Heizwert 3050 kcal/Nm³. Bei sehr starker Abkühlung verflüssigt sich H_2 zu einer farblosen Fl. (D. 0,070 bei $-252°$ vom *Kp. $-252,5°$; läßt man dieser unter 30—40 Torr Druck „sieden", so erstarrt sie z. T. zu einer weißen, krist. Masse (hexagonales Gitter); dieser feste W. schmilzt bei $-259,14°$. *Krit. Temp.* $-239,9°$; *krit. Druck* 12,8 at; *krit. D.* 0,031. Über Ortho- u. Para-W. s. *Ortho-Para-Isomerie. In Wasser ist H_2 nur sehr wenig lösl. (100 g lösen bei Zimmertemp. nur etwa 2 ml H_2), daher kann man das Gas über Wasser auffangen. In einigen Metallen löst sich H_2 überraschend gut; so kann z. B. *Palladium das Mehrhundertfache seines Vol. an H_2 aufnehmen. In diesen Metallen löst sich der W. als Proton u. Elektron; ein Lösungsvermögen für W. haben nur die Metalle, deren innere Elektronenschalen nicht voll besetzt sind. Die Elektronen der gelösten H-Atome ergänzen dann die Elektronenhüllen der Metalle. Die Elektronenaffinität der Metalle ist bestimmend für deren Wasserstofflösungsvermögen, s. Himmler, in Z. Phys. Chem. 195 [1950] S. 244—252. W. kommt unter allen Elementen in den Verb. in den

Wasserstoff

geringsten Gew.-Mengen vor; man hat daher nach Daltons Vorschlag lange Zeit das relative At.-Gew. des W. als 1 festgelegt; heute benützt man aus rein prakt. Gründen das At.-Gew. von ^{12}C (Kohlenstoff) = 12,00000 als Basis der Atomgew.-Tab. (s. *Atomgew.). Unter allen Elementen hat W. die leichtesten Atome; damit erklärt sich auch das hohe Diffusions- u. Effusionsvermögen dieses Gases. Beim sog. atomaren W. zerfallen die W.-Mol. in einzelne H-Atome ($H_2 + 103,6$ kcal $\rightleftarrows$ 2 H). Nach I. R. Arthur (Nature [London] 165 [1950] S. 557–558) entstehen in vielen Flammen erhebliche Mengen von atomarem W.; auf die Wiedervereinigung der Atome zu Mol. (starke Hitzeentw.) ist das Leuchten gewisser aktivierter Oxide in den Flammen zurückzuführen. Wenn die H-Atome ihr Elektron abgeben u. das *Proton an ein H_2O-Mol gebunden wird, entstehen die *Wasserstoff-Ionen. W. verbindet sich (nötigenfalls bei Anwendung höherer Temp., Drucke, Katalysatoren) mit Sauerstoff zu Wasser = H_2O, mit Schwefel zu Schwefelwasserstoff = H_2S, mit Stickstoff zu Ammoniak = NH_3, mit Kohlenstoff zu Methan = CH_4, mit Chlor zu Chlorwasserstoff = HCl, mit Natrium zu Natriumhydrid = NaH, mit Calcium zu Calciumhydrid = CaH_2 usw. Auf viele Metalloxide wirkt H beim Erhitzen reduzierend (Beisp.: $CuO + H_2 \rightarrow Cu + H_2O$). Die chem. Vereinigung eines Stoffes mit W. bezeichnet man in der Org. Chemie als *Hydrierung od. auch als *Red.

Vork.: Man schätzt den Anteil des H an der obersten, 16 km dicken Erdkruste, einschließlich Wasser- u. Lufthülle auf etwa 0,88 Gew.% (in der Erdkruste allein auf 0,14%; hier steht es hinsichtlich der Häufigkeit an 10. Stelle zwischen *Titan u. *Phosphor). Elementarer W. wurde früher in den höheren Atmosphärenschichten vermutet, dann bestritten. Um 1950 ist es C. F. Elvey gelungen, die W.-Linie H_α im Spektrum des Nachthimmels bzw. im Polarlicht nachzuweisen. Neuere Beobachtungen mit Satelliten u. Raumsonden haben ergeben, daß die Erde in 2000 bis 20 000 km Höhe von einer dünnen W.-Hülle umgeben ist, s. Naturwiss. Rdsch. 1961, S. 238. W. tritt überwiegend gebunden auf, so vor allem als Wasser, ferner in Säuren, Laugen sowie in fast allen org. Verb. W. ist biolog. außerordentlich wichtig; weitaus die meiste Muskelenergie, die von Organismen entwickelt wird, stammt nicht etwa aus der Oxydation des C zu CO_2, sondern aus einer stufenweisen Oxydation des an C-Ketten (in Kohlenhydraten, Fetten) gebundenen W.; „die C-Verb. sind geeignete W.-Träger für die biochem. Knallgasreaktion", s. H. Netter, Theoret. Biologie, Berlin, Springer, 1959. Freier, elementarer W. kommt in einigen Vulkangasen in 0,1–30 Vol% vor; er ist auch in kleinen Mengen in manchen Mineralien u. Gesteinen (Granit, Gneis, Basalt, Salzlager) eingeschlossen. Auf der Sonne u. den Fixsternen wurde W. spektralanalyt. nachgewiesen. Er ist namentlich in jüngeren Fixsternen sehr stark verbreitet u. darf als das häufigste Element des Weltalls bezeichnet werden. Seit 1951 wurde W. wiederholt auch im interstellaren, „leeren" Weltraum innerhalb u. außerhalb der Milchstraße (Magellan-Wolken) mit Hilfe von Radioteleskopen festgestellt; diese sehr dünnen W.-Wolken senden Radiowellen von ca. 1420 MHz u. 21 cm Wellenlänge aus; vgl. z. B. Chemistry 40 [1967] Nr. 4, S. 5. Mit Radioteleskopen konnte man in verschiedenen Milchstraßensyst. 1–30% interstellaren H nachweisen; s. M. S. Roberts in Scient. Amer. 208 [1963] Nr. 6, S. 94 bis 106.

Darst.: 1. Durch Auflösen von unedlen Metallen (z. B. Zink) in Salzsäure od. 15- bis 20%iger Schwefelsäure im *Kippschen App., 2. durch Elektrolyse von Wasser, s. z. B. Storsand in Chimia 1950, S. 75–83. 3. Durch Auflösen von Aluminiumpulver in Kalilauge od. Natronlauge; Gleichung: $Al + NaOH + 3 H_2O \rightarrow Na[Al(OH)_4] + {}^3/_2 H_2$. 4. Durch Einw. von metall. Natrium auf Wasser (Vorsicht! Kleinste Stückchen verwenden!), Gleichung: $Na + H_2O \rightarrow NaOH + {}^1/_2 H_2$. 5. Man leitet Wasserdampf zur techn. Gewinnung von H_2 über glühenden Koks (über 1000°) u. trennt nötigenfalls Kohlenoxid usw. aus dem entstandenen *Wassergas durch Verflüssigung bei etwa −200°, durch Auswaschung mit geeigneten wss. Lsg. (z. B. salzsaure CuCl-Lsg.) od. mit Hilfe von Katalysatoren ab. 6. Kohlenwasserstoffe (z. B. Methan) werden für sich od. in Mischung mit Wasserdampf unter Luftabschluß bei Gegenwart von Nickelkatalysatoren auf 600–750° erhitzt, wobei sich W. abspaltet (Therm. Zers.). 7. Reinsten W. erhält man nach Wahlin (Appl. Physics, Dez. 1951), wenn man unreinen W. durch eine Palladiumwand diffundieren läßt; es wandert nur das reine H_2 durch Palladium, die Verunreinigungen bleiben zurück. Ultrareinen W. mit einer Reinheit von 99,9999%, der bisher nur elektrolyt. gewonnen werden konnte, kann jetzt nach einem neuen Verf. (Pintsch Bamag AG) aus Benzin, Flüssiggas od. Erdgas hergestellt werden. Das Einsatzprod. wird mit Wasserdampf gemischt in Spaltöfen kontinuierlich katalyt. zerlegt, anschließend in einer Konvertierungsstufe das CO im Rohgas in CO_2 umgewandelt u. dann in Diffusionszellen mit Membranen aus Palladium-Silber-Leg. der W. abgetrennt, s. Nachr. Chem. Techn. 16 [1968] S. 110. Über Darst. von reinem W. s. auch Brauer I, 112–117. Eine leistungsfähige Meth. zur elektrochem. Reinigung von W. wurde von I. E. McEvoy u. a. (s. Ind. Engng. Chem., Process Design and Development 1965, Nr. 1, S. 1) erfunden: In

Wasserstoffbindung

einer modifizierten *Brennstoffzelle wird an der Anode nur der W. ionisiert, an der Kathode wird reiner W. freigesetzt.
Verw.: Zur Synth. von Ammoniak, Benzin, Methylalkohol, Blausäure, Salzsäure, zum autogenen Schweißen u. Schneiden, zur Fetthärtung, zur Füllung von Ballons u. Luftschiffen, verflüssigt als Raketentreibstoff, als Heizgas in Mischung mit anderen Gasen (Leuchtgas, Wassergas). H_2 wird großtechn. auch als Red.-Mittel zur Gewinnung von W, Mo, Co u. Ge eingesetzt. Über H_2 als chem. Rohstoff s. F. Schmeling in Erdöl u. Kohle 1963, S. 689–693. Des weiteren dient H_2 als reduzierendes Schutzgas bei metallurg. Prozessen; es verhütet unerwünschte Oxydationen.

Geschichtl.: Cavendish entdeckte 1766 den W. bei der Auflösung von Metallen in Säuren; er erkannte 1781 auch, daß bei der Verbrennung von W. Wasser entsteht. Lavoisier fand schon 1783, daß aus heißem Eisen u. Wasserdampf Eisenoxid u. W. entsteht; die erste elektrolyt. W.-Darst. (durch Elektrolyse von angesäuertem Wasser) erfolgte bereits im Jahre 1789 durch den holländ. Chemiker van Troostwyk. Die erste W.-Sauerstoff-Flamme wurde von R. Hare 1802 benützt. Die ersten katalyt. Hydrierungen wurden 1897 von Sabatier u. Senderens ausgeführt. 1932 erfolgte die Entdeckung des Deuteriums, 1935 die des Tritiums. – E: hydrogen

Lit.: Abeggs Handbuch der Anorg. Chemie, Bd. II/1, Leipzig, Hirzel, 1922; Clusius, K., Fl. W., Zürich, Vierteljahresschrift Naturforsch. Ges., Zürich, Beih. 100, 1955, S. 2–34; Gmelin, Syst.-Nr. 2, Wasserstoff, 1927; Gray, C. T. u. H. Gest, Biological Formation of Molecular Hydrogen, in Science (Wash.) 148 [1965] S. 186 ff.; Joffe, W. B., Die Grundlagen der W.-Gewinnung, Leningrad, Gosstoptechisdat [russ.]; Kirk-Othmer, 2. Aufl., Bd. 11, 1966, S. 338–379; Muhlert, Die techn. Gewinnung u. Verw. von W. in Chemiker-Ztg. 1940, S. 213–215; Pascal, P., Nouveau Traité I, Paris, Masson, 1956; Pincass, H., Die industrielle Herst. von W. (Bd. 29 der Techn. Fortschrittsberichte), Dresden, Steinkopff; Ricci, A., L'hydrogène, Paris 1952; Sanderson, R. T., Principles of Hydrogen Chemistry, in J. Chem. Educ. 41 [1964] S. 331–333; Smialowski, M., Hydrogen in Steel, Oxford, Pergamon Press, 1962; Smith, D. W., Hydrogen in Metals, Chicago, Univ. of Chicago Press, 1948; Ullmann II/1, 449, 949, III, 563, IV, 171, 701, V, 372, X, 269, XIII, 501–539; Van Laar, J. I., L'hydrogène et les gaz nobles, Leyden, Sijthoffs Publ. Co.

Wasserstoffbindung = *Wasserstoffbrückenbindung.

Wasserstoffbrückenbindung (Wasserstoffbindung, Wasserstoffbrücke). Bez. für eine bes. wichtige Form von Nebenvalenzbindung (s. *Chem. Bindung, S. 135), die dadurch charakterisiert ist, daß ein H-Atom gleichzeitig mit 2 (od. mehr) Atomen in Wechselwrkg. steht u. der Abstand zwischen diesen Atomen kleiner ist als die Summe ihrer Radien. Die Wechselwrkg.-Energie dieser W. ist sehr viel kleiner als die Energie von Hauptvalenzen u. variiert in weitem Bereich. Man beobachtet die W. zwischen Mol., welche Gruppen *(Protonendonatorgruppen)* enthalten, in denen Wasserstoff an die stark elektronegativen Elemente Fluor, Sauerstoff u. Stickstoff gebunden ist; manchmal treten W. auch auf, wenn Bindung des H an Chlor, Kohlenstoff od. Schwefel vorliegt. Dieser Wasserstoff vermittelt die Bindung an Gruppen *(Protonenakzeptorgruppen)* anderer Mol., die ebenfalls diese Atome enthalten, z. B. nach dem Schema R–X...H–Y. Das Elektronenpaar, welches das H-Atom an Y bindet, liegt dabei nicht genau in der Mitte zwischen H u. Y (z. B. F, O, N), sondern ist dem Y näher als dem H-Atom. Dadurch wird das H-Atom (Proton) zum positiven, das Y-Atom zum negativen Ende eines Dipols. Wegen seines positiven Charakters wird das H-Atom (Proton) vom negativen Pol X anderer benachbarter Dipole (hauptsächlich von F-, O- u. N-Atomen) angezogen, wodurch W. entsteht. Dieses plausible einfache Modell wird allerdings nicht demjenigen voll gerecht, das sich auf Grund quantenmechan. Überlegungen ergibt. *Beisp.:* Im abgebildeten Ausschnitt aus einem Eiweißmol. sind die W. punktiert eingezeichnet:

$$-C \cdot CHR \cdot N - C \cdot CHR \cdot N-$$
$$\begin{array}{ccc} O & & O \\ H & & H \\ \vdots & & \vdots \\ H & & H \\ O & & \end{array}$$
$$-N \cdot CHR \cdot C - N \cdot CHR \cdot C-$$

Die W. bewirkt hier eine dichte Aneinanderlagerung der Peptidketten u. ein verhältnismäßig hohes spezif. Gew. (1,3–1,35) der Trockenproteine. Die W. müssen somit zu den "zwischenmol. Kräften gerechnet werden; sie sind u. a. verantwortlich für viele *Assoziationen. Nach Angew. Chem. 66 [1954] S. 684 kann man folgende Formen von W. unterscheiden. 1. „*Lange W.*", z. B. in Eis, Alkoholen u. dgl., hier O–O-Abstand 2,65–2,9 Å, Bindungsenergie 4–6 kcal, Wrkg. rein elektrostat. 2. „*Kurze W.*", z. B. in Oxalsäuredihydrat, Seignettesalz u. KH_2PO_4 usw., hier O–O-Abstand 2,44–2,65 Å, elektrostat. Bindungsanteil überwiegt. 3. *Symmetr. W.*, Resonanzphänomen, H liegt symmetr. zwischen zwei schwereren Atomen, *Beisp.:* (FHF)-Ion, Abstand F–F 2,26 Å, Bindungsenergie 27 kcal (Bindungsenergie bei kovalenter u. Ionen-Bindung dagegen 75–100 kcal). – E: hydrogen bond

Lit.: Ferguson, L. N., Electron Structures of Organic Molecules, New York, Prentice Hall, 1952; Gornman, in J. Chem. Educ. 33 [1956] S. 468–472; Hadzi, D., Hydrogen Bonding, Proc. Ljubljana Symp. (IUPAC), London, Pergamon Press, 1959; Hamilton, W. C. u. J. A. Ibers, Hydrogen Bonding in Solids: Methods of Molecular Structure Determination, New York, W. A. Benjamin, 1968; Huggins, in J. Chem. Educ. 34 [1957] S. 480–488; Luck, W., Zur „Stereochemie" der W., in Naturwiss. 52 [1965] S. 25–31, 49–52; ders., Zur Spezifität der W., in Naturwiss. 54 [1967] S. 601 bis

607; McClellan, A. L. M., The Significance of Hydrogen Bonds in Biological Structures, in J. Chem. Educ. 44 [1967] S. 547–551; Mootz, D., Wasserstoffbrücken in Kristallen, in Allg. Prakt. Chem. 19 [1968] S. 72 bis 77; Pimentel u. McClellan, The Hydrogen Bond, San Francisco, Freeman, 1960; Schindlbauer, H., Die Bedeutung der Wasserstoffbrücken in der Org. Chemie, in Allg. Prakt. Chem. 19 [1968] S. 263–266; Smith, J. W., The Hydrogen Bond, in Sci. Progr. 52 [1964] Nr. 205, S. 97–102; Ullmann IV, 405, X, 807, XII, 2, 3; Webb, V. J., Hydrogen Bond „Special Agent", in Chemistry 41 [1968] Nr. 6, S. 16–20.

Wasserstoff-Ionen. Bez. für Wasserstoffatome in Ionenform, d. h. für H-Atome, die das die Kernladung kompensierende Elektron abgegeben haben. Sie sind (sofern nicht solvatisiert) ident. mit *Protonen, im solvatisierten Zustand (z. B. in wss. Lsg. einer Säure od. eines sauren Salzes) bezeichnet man sie als *Oxonium-Ionen (vgl. auch *Hydronium-Ionen); s. auch *Wasserstoffionen-Konz. Nach E. Wicke (Angew. Chem. 66 [1954] S. 149) sind mit einem in Wasser gelösten Proton nicht 1, sondern 4 H_2O-Mol. verbunden; es entsteht so der nahezu tetraedr. Komplex $H_9O_4^+$. Um diese innere Hydrathülle gruppiert sich eine äußere, locker gebundene Hydrathülle, deren H_2O-Mol.-Zahl mit steigender Temp. sinkt. — E: hydrogen ions

Wasserstoffionen-Konzentration (pH-Wert, Säurestufe). Nach DIN 19 260 (März 1961) ist pH-Wert die Bez. für den mit (−1) multiplizierten Zehnerlogarithmus der Wasserstoffionen-Aktivität (wirksamen W.-K.). Es gilt

$$pH_a = -\log \frac{a_{H^+}}{(a_{H^+})_1} = -\log a_{H^+};$$

hier bedeutet a_{H^+} die *Aktivität der Meßlsg., $(a_{H^+})_1$ die einer Lsg. mit der Aktivität $a_{H^+} = 1$. Der pH-Wert ist also eine reine Zahl. Einzelionenaktivitäten wie a_{H^+} sind nicht meßbar. Deshalb beruht die prakt. pH-Skala einerseits auf einer Anzahl von Standardlsg., deren Zus. genau angegeben u. denen bestimmte pH-Werte zuerteilt sind, andererseits auf den Meßwerten von geeigneten galvan. Zellen, die mit Standardlsg. auf den Sollwert eingestellt werden. Aus der gemessenen Zellenspannung U einer galvan. Zelle (vgl. *Elektrodenspannung) mit einer Lsg., deren pH-Wert bestimmt werden soll, im Vgl. zur Zellenspannung U_{St}, die sich mit einer Standardlsg. vom pH-Wert pH_{St} unter sonst gleichen Verhältnissen (Temp.) ergibt, wird der pH-Wert abgeleitet durch die Beziehung

$$pH = pH_{St} - \frac{U - U_{St}}{U_N}$$

U_N ist die theoret. Elektrodensteilheit (Nernstspannung) dU/dpH für pH-Elektroden unter der Voraussetzung, daß die Galvanispannungen lediglich durch H-Ionen im reversiblen Reaktionsablauf bestimmt sind. Unter bestimmten Voraussetzungen wird pH prakt. gleich pH_a. Diese Formulierungen des DIN-Normblattes entsprechen sinngemäß denen in dem im IUPAC-Inf. Bull. Nr. 32 [Aug. 1968] veröffentlichten Terminologievorschlag der Physical Chemistry Division der *IUPAC (s. 9. The Quantity pH, auf S. 35–36); dort sind auch die pH_{St}-Werte für fünf Standardlsg. im Temp.-Bereich 0 bis 95° angegeben. Dieser Vorschlag basiert auf einem früheren Vorschlag, der von R. G. Bates u. E. A. Guggenheim veröffentlicht wurde (s. Report on the Standardization of pH and Related Terminology, in Pure Appl. Chem. 1 [1960] S. 163–168). Seitens der Commission on Electroanalytical Chemistry der Analytical Chemistry Division der IUPAC wurde ein auch terminologische Festlegungen einschließender Vorschlag für die prakt. Messung von pH-Werten in amphiprot. u. gemischten Lsgm. ausgearbeitet (s. IUPAC-Inf. Bull. Nr. 26 [Aug. 1966] S. 50–54). *Beisp.* für Ausdrucksweisen: „Eine Lsg. hat den pH-Wert 5." „Bei einer Lsg. ist pH = 5." „Der pH-Fehler beträgt od. ist gleich 0,1." „Die pH-Skala ist geteilt von 0,1 zu 0,1." Falsch sind dagegen die Ausdrücke: „5 pH od. pH 5"; ebenso: „1 Skalenteil entspricht 0,1 pH" od. „der Fehler beträgt 0,1 pH." — E: hydrogen ion concentration

Lit.: *ASTM, Symposium on pH-Measurement, Philadelphia, 1957; Bates, R. G., Electrometric pH-Determinations, New York, Wiley, 1954; ders., Determination of pH, Theory and Practice, New York-London, Wiley, 1964; Britton, T. S., Hydrogen Ions, New York, van Nostrand, 1956; Christensen, H. N., pH and Dissociation, Philadelphia, Saunders, 1963; Crewther, W. G., The Concept of Internal pH in Wool and the Interpretation of Data Relating to Setting, in J: Soc. Dyers Colorists 81 [1965] S. 156–158; Déribéré, Les applications industrielles du pH, Paris, Masson, 1947; Giner, J. u. W. Vielstich, Messen von pH-Werten, Weinheim, Verl. Chemie (DECHEMA-Erfahrungsaustausch); Gold, V., pH-Measurements, their Theory and Practice, London, Methuen, 1956; Hahn, F. L., pH u. potentiometr. Titrierungen, Frankfurt/M., Akad. Verl. Ges., 1964; Houben-Weyl-Müller, Bd. III/2, 1955, S. 25–100 (K. Cruse u. U. Fritze); Kirk-Othmer, 2. Aufl., Bd. 11, 1966, S. 380–390; Kordatzki, Taschenbuch der prakt. pH-Messung, München, Müller u. Steinecke, 1952; Lehmann, Die Wasserstoffionenmessung, Leipzig, Barth, 1957; Mattock, G., pH-Measurement and Titration, London, Macmillan, 1961; Merck, Die Best. der W. mit Indikatoren (pH-Messung), Darmstadt, E. Merck, 1955; Ricci, J. E., Hydrogen Ion Concentration, Princeton, Princeton Univ. Press, 1952; Schwabe, K., pH-Meßtechnik, Dresden u. Leipzig, Th. Steinkopff, 1963; ders., Elektrometr. pH-Messungen unter extremen Bedingungen, Weinheim, Verl. Chemie, 1960; ders., pH-Fibel, Leipzig 1962; Snell, F. D. u. C. L. Hilton, Encyclopedia of Industrial Chemical Analysis, Bd. 3, New York-London, Wiley-Interscience, 1966, S. 146–160; Webber, R. B., Book of pH, New York, MacMillan, 1958.

Wasserstoffsäuren. Bez. für *Säuren, deren Mol. außer Wasserstoff nur ein einziges Element (*Beisp.:* Salzsäure = HCl) od. ein (bestimmtes) einfaches Radikal (*Beisp.:* Blausäure = HCN) enthalten. — E: hydrogen acids

Wasserstrahlpumpen. Kleine, einfach konstruierte Pumpen aus Glas od. Metall (z. B. Messing od.

Watt

Leichtmetall), mit denen man im Laboratorium zum Destillieren (s. Vak.-Destillation unter *Destillation) od. Filtrieren (s. *Filtration, S. 270) ein Vak. von 10 bis 14 Torr erhält. Funktionsweise: Die W. in ihrer einfachsten Form wird wie in der Abb. mit Hilfe eines starkwandigen Vak.-Schlauches (Schlauch mit Gewebseinlagen u. 3 bis 5 mm Wandstärke) an einen Wasserleitungshahn angeschlossen. Öffnet man nun den Hahn, so reißt das bei A ausfließende Wasser bei C Luft mit (s. Pfeil), die dem Vak.-Gefäß bei B entnommen wird, so daß sich in diesem der Luftdruck zunehmend verringert. — E: filter pumps, water jet vacuum pumps

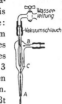

Lit.: Schulz, F. u. K. H. Fasol, W. zur Förderung von Fl., Wien 1957; Ullmann I, 130, II/1, 970—971.

Watt (Symbol W). Einheit für die elektr. Leistung, benannt nach dem engl. Ingenieur J. Watt (1736—1819). Seit 1899 ist rein elektr. definiert: Die Leistung 1 W wird an einen Ohmschen Widerstand abgegeben, wenn an ihm bei einer Stromstärke von 1 *Ampere eine Spannung von 1 *Volt liegt (1 W = 1 VA). 1935 wurde von der *IEC für die Einheit W mechan. definiert: Die Leistung 1 W liegt vor, wenn in 1 Sek. die Arbeit 1 Joule geleistet wird: $1 W = 1 J/s = 1 N m/s = 1 m^2 kg/s^3 = 10^7 erg/s$; die Einheit W ist eine SI-Einheit (s. *SI). Der Unterschied zwischen W nach dieser Definition u. nach der früheren Definition ($1 W_{int.} = 10^7 cm^2 g/s^3$) beträgt: $(W_{int} - W)/W = +0{,}19$ Promille. Umrechnungen: $1 W = 1{,}359621 \cdot 10^{-3}$ PS; 1 PS = 735,49875 W. — E: watt

Weckamine. Bez. für eine Gruppe von aromat. *Aminen, die mit Ephedrin u. Adrenalin verwandt sind, deren Mol. jedoch keine Sauerstoffatome enthalten (wodurch wahrscheinlich ihr Wrkg. bedingt ist). Als stark zentrale *Analeptica u. Kreislaufmittel wirken sie stimulierend, regen die Herztätigkeit an u. verscheuchen Müdigkeit u. Schlaf; sie sind *Antagonisten der Schlafmittel. Eine Reihe von W. unterliegt wegen Suchtgefahr dem Betäubungsmittelgesetz. Einige W. werden auch als Appetitzügler eingesetzt. — E: analeptic amines

Lit.: Bonhoff u. Lewrenz, Über W. (Pervitin u. Benzedrin), Berlin, Springer, 1954; Graf (Nachweis u. Trennung von W.), in Pharmazie 1950, S. 108—111; Soehring u. Wittern, in Pharm. Ind. 1954, S. 157 bis 162; Soehring, Hardebeck u. Schröder, in Arzneimittelforsch. 1955, Nr. 1; Ullmann IV, 244.

Weglänge, mittlere freie. Nach DIN 25 401, Bl. 11 (Nov. 1966) Bez. für die Strecke, die ein Teilchen im Mittel bis zum Eintreten irgendeiner Wechselwrkg. mit anderen Teilchen zurücklegt. Vgl. auch *Vakuum. — E: mean free path

Wehenmittel. Bez. für uteruskontrahierende Präp.; *Beisp.:* Hypophysenhinterlappenhormone u. Mutterkornalkaloide. — E: uterus contracting agents

Wehrchemie = *Militärchemie.

Weiche Basen s. *Säure-Base-Begriff. — E: soft bases

Weiche Säuren s. *Säure-Base-Begriff. — E: soft acids

Weichmacher. Nach DIN 55 945, Bl. 1 (März 1961) Bez. für fl. od. feste, indifferente org. Substanzen mit geringem Dampfdruck, überwiegend solche esterartiger Natur. Sie können ohne chem. Reaktion, vorzugsweise durch ihr Löse- bzw. Quellvermögen, unter Umständen aber auch ohne ein solches, mit hochpolymeren Stoffen in physikal. Wechselwrkg. treten u. ein homogenes Syst. mit diesen bilden. W. verleihen den mit ihnen hergestellten Gebilden bzw. Überzügen bestimmte angestrebte physikal. Eig., wie z. B. erniedrigte Einfriertemp., erhöhtes Formänderungsvermögen, erhöhte elast. Eig., verringerte Härte u. gegebenenfalls gesteigertes Haftvermögen. Über Kurzzeichen für die Abk. der Namen von W. s. DIN 7723 (Entwurf Sept. 1966). — E: plasticizers

Lit.: *ACS, Plasticization and Plasticizer Processes, Washington, D. C. 1965 (Adv. in Chemistry Series Nr. 48); Blas, L., Disolventes y Plastificantes, Madrid, Aguilar, 1950; Blaschke, F., Fortschritte auf dem W.-Gebiet, in Kunststoffe 55 [1965] S. 321—326; Bornmann (Wrkg. von W. auf den Organismus) in Z. Lebensmittelunters. u.-forsch. 1956, S. 413—424; Bruins, P. F., Plasticizer Technology, New York, Reinhold, 1965; Buttrey, D. N., Plasticizers, New York, Interscience, 1957; DIN 53 400—406 (Prüfung von W.); Doolittle, A. K., Technology of Solvents and Plasticizers, New York, Wiley, 1954; Fritz, F., Die wichtigsten Lösungs- u. Weichmachungsmittel, Berlin, Verl. Technik, 1957; Gnamm u. Sommer, Lsgm. u. Weichmachungsmittel, Stuttgart, Wiss. Verl. Ges., 1958; Kirk-Othmer, 2. Aufl., Bd. 15, 1968, S. 720—789; Knappe, W., Physikal. Gesetzmäßigkeit der W.-Wanderung in Kunststoffe 1962, S. 387—393; Mellan, I., Industrial Plasticizers, New York, Macmillan, 1963; ders., Behavior of Plasticizers, Oxford, Pergamon Press, 1961; ders., Plasticizer Evaluation and Performance, Park-Ridge, N. J., Noyes Developm. Corp., 1967; Merz, A., in Beckactie-Nachr. 1960, S. 109 bis 120; Münzinger, W. M., Weichmachungsmittel für Kunststoffe u. Lacke, Stuttgart, Konradinverl., 1959; Thinius, K., Chemie, Physik u. Technologie der W., Leipzig, VEB Dtsch. Verl. Grundstoffind., 1963; Ullmann V, 143, IX, 397, XI, 208, 280, 292, 297, 315, 320, XIII, 594, XVIII 540; Wandel, M., H. Tengler u. H. Ostromow, Die Analyse von W., Berlin, Springer, 1967; Weichmacher, in Nachr. Chem. Techn. 15 [1967] S. 44—45.

Weinhold-Gefäße = *Dewar-Gefäße. — E: Weinhold vessels

Weißätze s. *Ätzen. — E: white discharge

Weißtöner = *Opt. Bleichmittel.

Wellenmechanik. Bez. für denjenigen Tl. der *Quantenmechanik, bei dem das Hauptgew. bei den Wellenvorstellungen der quantenmechan. Syst. liegt. Die W. baut auf dem Gedanken der Materiewellen von de Broglie auf. In ihr erhält man die Energiestufen eines Atoms durch Berechnung der Eigenschwingungen des Materiewellenfeldes derart, daß die möglichen Energiewerte mathemat. als Eigenwerte der „Wellengleichung" erscheinen; die Operatoren sind hier nicht wie in der Matrizenmechanik quadrat. Matrizen, sondern Differentialoperatoren. Die Quantenzahlen sind durch die mathemat. Gestalt der zugehörigen Eigenfunktionen bestimmt. Die W. führt prakt. zu den gleichen Erg. wie die zunächst ganz anders aufgebaute Matrizenmechanik; sie wurde 1926 von Schrödinger als eine Theorie des *Atombaues begründet. — E: wave mechanics

Lit.: Atkin, R. H., Mathematics and Wave Mechanics, New York-London, Wiley, 1957; Christen, H. R., Die Grundlagen der W., in Chemie-Labor-Betrieb 18 [1967] S. 58—69; Corinaldesi, E. u. F. Stroechi, Relativistic Wave Mechanics, New York-London, Wiley-Interscience, 1963; Cumper, C. W. N., Wave Mechanics for Chemists, London, Heinemann, 1966; Daudel, R., The Fundamentals of Theoretical Chemistry: Wave Mechanics Applied to the Study of Atoms and Molecules, Oxford, Pergamon, 1968; Pauli, W., in Flügge, Handbuch der Physik, Bd. V, 1. Tl., Berlin, Springer, 1958; ders., Vorlesungen, Bd. 5; Wellenmechanik, Turin, Boringhieri u. Frankfurt a. M., Deutsch; Preuss, Gegenwärtige Möglichkeiten wellenmechan. Absolutrechnungen an Mol. u. Atomsyst., in Fortschr. Chem. Forsch. 9 [1968] S. 325—353; Przibram, K., Schrödinger-Planck-Einstein-Lorentz: Briefe zur W, Wien, Springer, 1963; Raines, S., The Wave Mechanics of Electrons in Metals, New York-London, Wiley-Interscience, 1963.

Wellenzahl. Bez. für die Anzahl der Schwingungen, die Licht von einer bestimmten Wellenlänge λ auf einer Wegstrecke von 1 cm macht. Violettes Licht von 0,4 μ hat z. B. die W. 25 000, Ultrarot von $\lambda = 5\ \mu$ hat die W. 2000. — Das Produkt aus λ u. W. muß stets 1 cm geben. — E: wave number

Werkstoffe. Sammelbez. für alle für den techn. Gebrauch bedeutsamen Stoffe, aus denen durch Be- u. Verarbeitungsverf. Halbfertig- od. Fertigwaren hergestellt werden. Es handelt sich also um Stoffe, die konstruktiv verwendet u. dabei geformt werden, im Gegensatz zu den *Brenn- u. *Treibstoffen sowie Hilfs- u. Nebenstoffen (z. B. Wasser, Klebstoffe) od. *Rohstoffen, doch ist hier keine klare Abgrenzung möglich. Man unterscheidet die *metall. W.* (Eisen u. Stahl, Nichteisenmetalle, Metallkeram. W.) von den *nichtmetall. W.* (Kunststoffe, Holz, Papier, Leder, Glas, keram. W. u. a.). T. Timm (s. Kautschuk u. Gummi, 1961, H. 8) definiert W. als krist. amorphe od. krist.-amorphe Festkörper, die als tragende, energie-transportierende od. -isolierende Materialien dienen u. gegen zerstörende Einfl. der Umwelt schützen. Sie können anorg. Natur sein (z. B. Metalle, Baustoffe, keram. Materialien, Gläser u. dgl.) oder org. Verb. darstellen, wobei man je nach Herkunft zwischen natürlichen, halbsynthet. u. vollsynthet. Prod. unterscheidet. — E: construction materials

Lit. s. *Werkstoffkunde.

Werkstoffkunde. Bez. für die Lehre von Aufbau, den Eig. u. den Verarbeitungsmöglichkeiten der (metall. u. nichtmetall.) *Werkstoffe. — E: materials science

Lit.: Autorenkollektiv, Werkstoffe u. Korrosionsschutz in der Erdölindustrie, Leipzig 1966; Autorenkollektiv, Allg. W. für Ingenieurschulen, Leipzig, VEB Fachbuchverl. (3. Aufl.); Baumgartl, E., W. — kurz u. einprägsam, Leipzig, VEB Fachbuchverl. (2. Aufl.); Bikkel, Die metall. Werkstoffe des Maschinenbaues, Berlin, Springer, 1958; Bieler, K., Holz als Werkstoff, Braunschweig, Westermann, 1949; Blasius, E. u. Gottschalk, Grundlagen der chem. Materialprüfung, Stuttgart 1966; Böhme, Clemens, Werkstoff-Taschenbuch, Stuttgart, Franckh, 1949; Brady, G. S., Materials Handbook, London, 1963; Brandenberger, E., Grundlagen der Werkstoffchemie, Zürich, Rascher, 1947; Brender-Sorg, W. für Metallberufe, Stuttgart, Holland u. Josenhans, 1959; Christen, Werkstoffbegriffe, Frauenfeld, Huber, 1955; Datsko, J., Material Properties and Manufacturing Processes, New York 1966; Dechema-Monogr. Bd. 18, Frankfurt, Dechema, 1951; Dechema-Werkstoff-Tabelle, Weinheim Verl. Chemie, (z. Zt. 3. Bearbeitung); De Garmo, P. E., Materials and Processing in Manufacturing, New York, Macmillan, 1957; Di Benedetto, A. T., The Structure and Properties of Materials, New York, McGraw-Hill, 1967; Dietz, A. G. H. u. F. R. Eirich, High Speed Testing, New York-London, Wiley-Interscience, 1965; Dtsch. Normenausschuß, Materialprüfnormen für metall. Werkstoffe, Berlin 1966 (DIN-Taschenbücher Bd. 19); Domke, W., W. u. Werkstoffprüfung, Essen, Girardet, 1966; Eisenkolb, Einführung in die W., Berlin, Verl. Technik, 1959/1966; Epprecht, W., W. der Kerntechnik, Basel, Birkhäuser, 1961; Gmelin, Syst.-Nr. 59, Magnet. u. elektr. Eig. der legierten Werkstoffe [1936], 1. Erg.-Bd. [1937], 2. Erg.-Bd. [1959]; Gottschalk, G., Einführung in die Grundlagen der chem. Materialprüfung, Stuttgart, Hirzel, 1966; Hausner, H. H., Modern Materials, Advances in Development and Application, I [1958, Si, Ge, Cermets usw.], II [1960], New York, Acad. Press; Henning, H., Zerstörungsfreie Materialprüfung mit Tüpfelanalyse, in Chemie-Labor-Betrieb 17 [1966] S. 433—441; Hogarth, C. A. u. J. Blitz, Techniques of Non-destructive Testing, London, Butterworth, 1961; Keil, A., Werkstoffe für elektr. Kontakte, Berlin 1960; Lee, J. A., Materials of Construction for Chem. Process Industries, New York, McGraw Hill, 1950; Lüpfert, Metall. Werkstoffe, Leipzig 1958; Mann, D.-R. u. E. Zimdahl, W. für Chemie-Ingenieure, Leipzig 1967; McGonnagle, W., Nondestructive Testing, in Int. Science Technol. Nr. 31 [1964] S. 14—27; Pask, J. A., An Atomistic Approach to the Nature and Properties of Materials, New York 1967; Patton, W. J., Materials in Industry, Englewood Cliffs, Prentice Hall, 1968; Piatti, Werkstoffe der chem. Technik, Aarau-Frankfurt, Sauerländer, 1955; Rauhut u. Renesse, Werkstoff-Ratgeber, Essen, Girardet, 1956; Reinboth, H., Technologie metall. Werkstoffe, Berlin 1958; Rumford, P., Chem. Engineering Materials, London 1954; Schimpke, P., Kurzgefaßte W., Stuttgart, Hirzel, 1954; Schulte, R., Meth. zur Werkstoffprüfung von Polymeren, in Chemie-Labor-Betrieb 16 [1965] S. 188—194; Schurz, J., Werkstoffe — unsere künstliche Umwelt, in Kosmos 61 [1965] S. 57—59; Seely-Smith, Resistance of Materials, New York, Wiley, 1956; Springer, A., Werkstoffkunde, Leipzig, Fachbuchverl., 1957; Stäger, H., W. der elektrotechn. Isolierstoffe, Berlin, Bornträger, 1955; Stanford, E. G., J. H. Fearon u. W. J. McGonnagle, Progress in Applied Materials Research, London

1966; Steudel, H., Werkstoff-Handbuch Nichteisenmetalle, Düsseldorf, VDI-Verl., 1960; Tiedemann, E., Werkstoffe für die Elektrotechnik, Leipzig, Fachbuchverl., 1959; Ullmann I (Rabald, Werkstoffe), S. 935 bis 999; Weikart, P., Leitfaden der zahnärztlichen W., München, Hanser,1950; Wellinger-Gimmel, Werkstofftab. der Metalle, Stuttgart, Kröner, 1955; Withey-Washa, Materials of Construction, New York, Wiley, 1954; Young, J. F., Materials and Processes, New York, Wiley, 1954; Zimmermann, E., W. u. Werkstoffprüfung, Hannover, 1950. — Auskünfte über Werkstoffe erteilt die Dechema-Beratungsstelle, Frankfurt. *Inst.:* Dechema; Inst. für Werkstoffkunde der TH Aachen; Inst. für Werkstoffkunde, Herstellungsverf. u. Schweißtechnik, TH Braunschweig; Inst. für Werkstoffkunde TH Darmstadt, Hochschulstr. 1; Inst. für Werkstoffkunde TH Hannover; Mechan.-Techn. Laboratorium, München; Forschungsanstalt für Werkstoffe der chem. Technik der Ruhrstahl AG., Henrichshütte, Hattingen/Ruhr.

Werkstoffprüfung. Bez. für die Unters. von *Werkstoffen od. Fertigteilen hinsichtlich ihres chem. u. physikal. Aufbaues. Die W. dient zur Überwachung der Qualität in Fertigung u. Abnahme sowie zur vorherigen od. auch nachträglichen Ermittlung von Kennwerten, mit denen sich die Beanspruchung eines Werkstoffs festlegen läßt. Man unterscheidet hier *zerstörende* (z. B. chem. Analyse) u. *zerstörungsfreie* (z. B. röntgenograph. Unters. auf Poren u. Risse) *Prüfverf.* — E: materials testing
Lit.: s. *Werkstoffkunde.

Wertigkeit (Valenz). Bez. für die Eig. eines Atoms, Ions od. Radikals, sich mit anderen Atomen, Ionen od. Radikalen in definierten Verhältnissen zu kombinieren. W. wird in der Regel ausgedrückt durch die Anzahl von H-Atomen (od. anderen einwertigen Atomen, wie z. B. Cl, Na), mit denen sich ein Atom des betreffenden Elements zu einem Mol. verbinden kann. Die Kenntnis der W. erleichtert die Aufstellung u. gedächtnismäßige Einprägung von chem. Formeln u. Gleichungen außerordentlich. Am häufigsten kommt I-, II- u. III-W. vor, die höchste W. ist VIII (sehr selten), die geringste W. 0, diese findet man bei den *Edelgasen. Das gleiche Element kann verschiedene W. aufweisen, so ist z. B. das Eisen im grünen $FeCl_2$ zweiwertig, im braunen $FeCl_3$ dagegen dreiwertig. Näheres s. *Chem. Bindung u. *Periodensyst. — E: valence [GB], valency [USA]
Lit.: Coulson, C. A., Valence, New York, Oxford Univ. Press, 1961; Eichinger, Anticipating „Valences" from Electron Configurations, in J. Chem. Educ. 44 [1967] S. 689—690; Eyring, H., W. Jost u. D. Henderson, Physical Chemistry, Bd. 5: Valency, New York, Academic Press [in Vorbereitung]; Murrell, J. N., S. F. A. Kettle u. J. M. Tedder, Valence Theory, New York 1965; Palmer, W. G., A History of the Concept of Valency to 1930, London 1965; Rundle, R. E., The Implications of Some Recent Structures for Chemical Valence Theory, in Surv. Progr. Chem., Bd. 1, New York, Academic Press, 1963, S. 81—131.

Wichte. Gew. eines Stoffes in der Einheit. Die Einheit ist im Gegensatz zur D. p/cm^3, (s. *Pond u. *Kilopond). Da in ca. 45° Breite u. Meereshöhe (z. B. Bordeaux) 1 Gramm-Masse genau 1 Gramm-Gew. wiegt u. der Einfl. einer geringen Änderung der geograph. Breite u. Meereshöhe auf die Erdanziehung nicht groß ist, entspricht in Mitteleuropa die D. zahlenmäßig ungefähr der W. — E: density
Lit.: Alberti, H. J. v., Maß u. Gew., Berlin, Akademie-Verl., 1957; DIN 1306 (Juli 1966); Krutzsch, J., in Dtsch. Apoth. Ztg. 1956, S. 161 f.; Ullmann II/1, 742.

Wilsonkammer (Wilsonsche Nebelkammer, Nebelkammer). Bez. für ein 1912 von dem schott. Physiker C. R. T. Wilson (1869—1959, Physik-Nobelpreisträger 1927) entwickeltes Gerät zum Sichtbarmachen der Flugbahnen von elektr. geladenen Teilchen, das auch die Verfolgung von *Kernreaktionen ermöglicht. Die sog. *Expansions-Nebelkammer* besteht im wesentlichen aus einem Glaskasten mit beweglicher Rückwand, der z. B. wasserdampfgesätt. Argon enthält. Durch Herausziehen der Wand wird das Vol. plötzlich vergrößert u. das Gas wird dadurch unter den Taupunkt des Wasserdampfes abgekühlt, u. dieser dadurch übersätt. Durch Kondensation des Wasserdampfes an den zu diesem Zeitpunkt hindurchfliegenden Teilchen wird eine Nebelspur hervorgerufen, die man beobachten u. auch photograph. aufnehmen kann. Bei der sog. *Diffusions-Nebelkammer* wird die zur Kondensation notwendige Übersättigung durch ein stationäres Temp.-Gefälle erzeugt u. aufrechterhalten; die Diffusion des Dampfes u. die dabei entstehende Übersättigungszone sind in diesem Falle kontinuierlich, weshalb diese Kammer mehrere Std. lang „spurbereit" ist. Vgl. auch *Blasenkammer. — E: Wilson chamber, cloud chamber, fog chamber, Wilson cloud chamber
Lit.: Braunbek, W., Kernphysikal. Meßmeth., München, Thiemig, 1960; Faßbender, H., Einführung in die Meßtechnik der Kernstrahlung, Stuttgart, Thieme, 1958; Gentner-Maier-Leibnitz-Bothe, Atlas typ. Nebelkammerbilder, Berlin, Springer, 1940; Physikal. Bl. 5 [1949] S. 458—470; Rochester, C. D. u. I. G. Wilson, Cloud Chamber Photographs of the Cosmic Radiation, New York, Acad. Press, 1952; Rossi u. Staub, Ionization Chambers and Counters, New York, McGraw Hill, 1950; Wilson, I. G., Cloude Chamber Technique, New York, Cambridge Univ. Press, 1951; York, C. M., in Flügge, S., Handbuch der Physik, Bd. 45, Berlin, Springer, 1948.

Winnacker-Küchler. Abk. für das von K. Winnacker u. L. Küchler herausgegebene Sammelwerk „Chem. Technologie", das 1958—1961 im Verl. Carl Hanser, München, in 5 Bde. erschien: I, Anorg. Technologie, 1. Tl. [1958], II, Anorg. Technologie, 2. Tl. [1959], III, Org. Technologie, 1. Tl. [1959], IV, Org. Technologie, 2. Tl. [1960], V, Metallurgie — Allg. [1961].

Wirbelschichtverfahren (Fließbettverf., Fluidatbettverf., Staubfließverf.). Bez. für ein Verf. zur großtechn. Förderung von Stoff- u. Wärmemengen bei Umsetzungen an u. von Feststoffen. Hierbei wird staubförmiges od. feinkörniges Gut mit auf-

steigenden Gasen bei einer bestimmten Strömungsgeschw. so aufgewirbelt, daß das Syst. in vielen Eig. einer Fl. ähnelt. Es wurde 1921 von F. Winkler, Leuna, zum Zwecke der Vergasung ballastreicher Braunkohle entwickelt. Nach einem Terminologievorschlag von H. Reuter (s. Chemiker-Ztg. 89 [1965] S. 274—276) sollte die Bez. Wirbelschicht zugunsten von *Fluidatbett* aufgegeben werden. Von O. Fuchs (s. Chemiker-Ztg. 89 [1965] S. 529) wird für die durch strömende Gase (gegebenenfalls auch durch andere „Fluide") „fluid" gemachte feinteilige feste Materie die Bez. „*Fluidat*" vorgeschlagen, für das „Fluidmachen" das Verbum „*fluidieren*", für den physikal. Vorgang das Wort „*Fluidierung*". — E: fluid bed process, fluidized bed process, fluidization
Lit.: Flood, H. W. u. B. S. Lee, Fluidization, in Scient. Amer. 219 [1968] Nr. 1, S. 94—104; The Fluidized Bed, in Chemistry 40 [1967] Nr. 10, S. 21—23; Kiesskalt, S., in Winnacker-Küchler, Bd. 1, 1958, S. 38 bis 41; Beránek, Sokol, Winterstein, Wirbelschichttechnik, Leipzig, 1964; Kirk-Othmer, 2. Aufl., Bd. 9, 1966, S. 398—445; Reh, L., Verbrennung in der Wirbelschicht, in Chem.-Ing.-Techn. 40 [1968] Nr. 11; Vanecek, Markvart u. Drbohlay, Fluidized Bed Drying, Cleveland, Ohio, Chemical Rubber, 1967; Wicke, E. u. W. Brötz, in Chem.-Ing.-Techn. 1952, S. 58—59.

Wirkstoffe. Bez. für lebensnotwendige chem. Verb., die in den Organismen in sehr geringen Mengen vorkommen u. im Vgl. zu ihrer geringen Konz. eine auffallend hohe Wrkg. zeigen. Die W. werden z. T. im Organismus selbst synthetisiert (*Fermente, *Hormone), z. T. mit der Nahrung aufgenommen (*Vitamine). — E: active substances, biocatalysts

Wirkungsquantum s. *Quantentheorie. — E: Planck's constant, quantum of action

Wismut (chem. Symbol Bi, von lat.: Bismutum). Metall. Element, At.-Gew. 208,980; tritt in der Natur ausschließlich des Isotops 209 auf; Ordnungszahl 83. II-, III- u. V-wertig; die Wismut (III)-Verb. sind am häufigsten und stabilsten. Bi ist ein rötlichweißes, glänzendes, sprödes, luftbeständiges Metall von rhomboedr. Kristallform; $D.$ 9,747, $F.$ 271,3°, $Kp.$ 1560 ± 5°, Härte (nach Mohs) 2,5. Reinstes Bi ist nur schwach spröde (es kommt z. T. in Form dehnbarer Drähte in den Handel); die hohe Sprödigkeit des gewöhnl. Bi wird offenbar durch Spuren von Verunreinigungen hervorgerufen. Mit Ag, Pb, Hg, Cu, Sn, Au u. den Platinmetallen läßt sich Bi leicht legieren. Bi u. viele Bi-Leg. (z. B. Woods Leg.) haben einen negativen Ausdehnungskoeff., d. h. sie dehnen sich bei der Abkühlung etwas aus. Die elektr. Leitfähigkeit des Bi erreicht nur 1,37% von der Leitfähigkeit des Silbers; dies zeigt, daß Bi — ähnlich wie Antimon — nur ein sog. *Halbmetall ist. Bi verbrennt bei Rotglut mit bläulicher Flamme zu gelbem Bi_2O_3, mit Chlor vereinigt es sich erwärmtes Bi-Pulver (ähnlich wie das verwandte Antimon) unter Feuererscheinungen. In der Hitze verbindet sich Bi auch mit Brom, Jod, Schwefel, Selen u. Tellur. Von sauerstofffreiem Wasser wird Bi bei Zimmertemp. nicht angegriffen, ebenso auch nicht von Salzsäure u. Schwefelsäure, dagegen wird es von Salpetersäure leicht gelöst.

Vork.: Bi gehört zu den seltensten Elementen; sein Anteil an der obersten, 16 km dicken Erdkruste wird auf nur $2 \cdot 10^{-5}$ % geschätzt; damit steht es in der Häufigkeitsliste der Elemente an 64. Stelle zwischen *Jod u. *Thulium; es ist also z. B. seltener als Uran od. Tantal. Man findet Bi in der Natur gediegen u. in Form von Verb.; unter diesen sind der Wismutglanz = Bi_2S_3 u. der Wismutocker = $Bi_2O_3 \cdot 3 H_2O$ am wichtigsten. In Deutschland gibt es kleinere Bi-Vorkommen im sächs.-böhm. Erzgebirge (Schneeberg, Annaberg, Zinnwald), ferner findet man Bi in der Steiermark, im Kanton Wallis u. in Cornwall. In Thüringen (Bad Liebenstein) entdeckte man 1950 neue Bi-Vorkommen. Größere Bi-Lager finden sich in Peru, Mexiko, Bolivien u. Australien.

Darst.: Man reduziert die oxyd. Erze durch Erhitzen mit Kohle in Tiegeln ($Bi_2O_3 + 3 C \rightarrow 2 Bi + 3 CO$) od. man verschmilzt sulfid. Erze mit Eisen ($Bi_2S_3 + 3 Fe \rightarrow 2 Bi + 3 FeS$); das so gewonnene Rohwismut kann man auf elektrolyt. Wege reinigen.

Verw.: Zur Herst. niedrigschmelzender Leg. (z. B. Woods Leg.). Solche Leg. können auch als Sicherungen in elektr. Leitungen, zur Meldung von Feuersgefahr u. dgl. verwendet werden. Da sich Bi beim Erstarren etwas ausdehnt u. dabei die Feinheiten der Formen gut ausfüllt, wird es hie u. da in Leg. mit Pb, Sn u. Cd zur Herst. von Druckstöcken verwendet; es ist auch in manchen Leuchtfarben spurenweise enthalten. Da sich der elektr. Widerstand des Bi unter Druck ändert, dient es auch als Regulator für elektr. Kontrollgeräte u. Meßapp.; des weiteren findet Bi verschiedentlich in Thermoelementen, variablen Gleichrichtern, Geräten zur Ortung von Eisen, U-Booten u. dgl. Verw. Neuerdings wird Bi auch als Wärmeaustauscher in Kernreaktoren benützt. Die pharmazeut. u. kosmet. Verw. von Bi-Verb. ist infolge der Konkurrenz der Antibiotika erheblich gesunken, s. W. v. Haken in Chem. Ind. 1956, S. 291—294.

Geschichtl.: Bi findet man erstmals erwähnt bei Agricola (1490—1555) u. Paracelsus (1493 bis 1541). Vermutlich ist Bi in Deutschland um die Wende des 15 Jh. entdeckt worden, doch fanden damals häufig Verwechslungen mit Antimon, Zinn u. Zink statt. Der Name Wismut ist dtsch. Ursprungs; man kann ihn bis zum Jahre 1472 zurückverfolgen. Nach neuerer Auffassung hat man um jene Zeit im Schneeberger Revier Wiesen dieses Metalls „gemutet", woraus durch Zusammenziehung schließlich Wiesemutung, Wiesmut u.

W/O-Emulsionen

Wismut wurde. Agricola hat den Namen Wiesemutung bereits zu Bismutum latinisiert. — E: bismuth

Lit.: Abeggs Handbuch der Anorg. Chemie, Bd. III/3, Leipzig, Hirzel, 1922; Borchers, Metallhüttenbetriebe, Bd. IV, Zinn, Wismut, Antimon, Halle, Knapp; Brauer I, 551 f. (Darst.); Dub, M., Organometallic Compounds, Bd. 3: Arsenic, Antimony and Bismuth, Berlin, Springer, 1968; Gmelin, Syst.-Nr. 19, Bi, 1927; Erg. Bd. 1964; Jaenicke, L., Bismuth, London 1950; Kirk-Othmer, 2. Aufl., Bd. 3, 1964, S. 527—535 (Element), S. 535—549 (Verb.); Lippmann, E. v., Die Geschichte des Wismuts zwischen 1400 u. 1800, Berlin, Springer, 1930; Pascal, Nouveau Traité, Bd. 11, 1958, Paris, Masson; Tafel-Wagenmann, Lehrbuch der Metallhüttenkunde I, Leipzig, 1951; Ullmann IV, 506, XVIII, 628—648.

W/O-Emulsionen s. *Emulsionen. — E: W/O emulsions

Wolfram (Wolframium, chem. Symbol W). Metall. Element; At.-Gew. 183,85. Natürliche Isotope (in Klammern Angabe der Häufigkeit): 180 (0,14%), 182 (26,41%), 183 (14,40%), 184 (30,64%), 186 (28,41%); Ordnungszahl 74. II-, III-, IV-, V- u. VI-wertig; die Wolfram (VI)-Verb. sind in Übereinstimmung mit der Stellung in der VI. Nebengruppe des *Periodensyst. (zwischen *Molybdän u. *Uran) am häufigsten u. beständigsten. In geschmolzenem Zustand ist W ein weißglänzendes Metall, das Pulver ist mattgrau.D. 19,3 (20°), F. 3410 ± 20°, Kp. 5927°; die elektr. Leitfähigkeit beträgt bei 0° etwa 28% von der des Silbers. In reinstem Zustand ist W ein ziemlich schmiegsames, leicht bearbeitbares Metall; in der Regel enthält es aber geringe Mengen von Kohlenstoff u. Sauerstoff, die ihm große Härte u. Sprödigkeit verleihen. Wegen der wechselnden Kohlenstoffbeimengungen schwanken die Härteangaben zwischen 4,5 u. 8 Mohs-Graden. Einige C od. B enthaltende W-Leg. sind nach CAEN 43 [1965] Nr. 43, S. 35 härter als reines W. Über eine weiche, zersägbare W-Modifikation berichtet Chim. et Ind. 1960, S. 526. Ultrareine W-Einkristalle sind bei −196° noch duktil. Gegen Säuren (auch Salpetersäure) ist W infolge *Passivität sehr beständig, dagegen wird es von Soda-Salpeter-Schmelzen angegriffen. Mit Fluor reagiert W bereits bei Zimmertemp., mit Chlor bei 200—300°. An trockener Luft u. in trockenem Sauerstoffgas wird W bei Zimmertemp. nicht verändert, dagegen reagiert rotglühendes W mit Wasserdampf im Gemisch mit Wasserstoff nach der Gleichung: $W_{(fest)} + 4 H_2O_{(gasf.)} \rightarrow WO_3H_2O_{(gasf.)} + 3 H_{2(gasf.)}$ (s. G. R. Belton u. R. McCarron in J. Phys. Chem. 1964, S. 1852). Im Temp.-Bereich zwischen etwa 1130° u. dem Schmelzpunkt oxydiert W; die Hauptprod. der Oxydation sind W_3O_9, W_2O_6, WO_3 u. WO_2 in einem vom Sauerstoffdruck u. der Temp. der Metalloberfläche abhängigen Mengenverhältnis, s. P. O. Schissel u. O. C. Trulson, in J. Chem. Phys. 43 [1965] S. 737. Durch Überzüge von Cu, Ni od. Cr kann man W gegen Oxydation bei höheren Temp. schützen, s. J. H. Booss in Metall 1960, S. 546—548. Über thermodynam. Eig. von W bei 0° bis 2400° s. Chem. Ing.-Techn. 34 [1962] S. 529.

Vork.: Etwa 0,0069% der obersten 16 km der Erdkruste besteht aus W, damit steht es in der Häufigkeitsliste der Elemente an 26. Stelle zwischen *Kupfer u. *Lithium. In der Natur findet man W meist in Form von *Wolframaten; die wichtigsten W-Mineralien sind Wolframit = (Fe, Mn)WO$_4$ u. Scheelit = CaWO$_4$; die größten W-Lagerstätten finden sich in China, USA, Indochina, auf Korea, Birma, der Halbinsel Malakka, Bolivien, Nordkanada (am Nahannifluß), Argentinien, Australien; der wichtigste europä. W-Produzent ist Portugal; kleinere, mengenmäßig wenig ins Gew. fallende W-Lager sind im Erzgebirge u. in Reichenstein (Schlesien).

Darst.: Meist erhitzt man den mechan. gereinigten, zerkleinerten Wolframit zusammen mit Soda in einem belüfteten Flammenofen etwa 2 Std. auf 800°, wobei lösl. Natriumwolframat = Na$_2$WO$_4$ entsteht (Gleichung: 2 FeWO$_4$ + 2 Na$_2$CO$_3$ + $^1/_2$ O$_2$ → 2 Na$_2$WO$_4$ + Fe$_2$O$_3$ + 2 CO$_2$). Dieses wird aus den unlösl. Begleitsubstanzen herausgelöst u. durch Zusatz von Calciumchlorid in unlösl. Calciumwolframat umgewandelt (Gleichung: Na$_2$WO$_4$ + CaCl$_2$ → CaWO$_4$ + 2 NaCl); letzteres gibt nach Zers. mit Salzsäure Wolframtrioxid = WO$_3$ (auch Wolframsäure genannt). Das WO$_3$ kann man durch Glühen im Wasserstoffstrom (s. Ind. Engg. News 1956 S. 318—320) od. durch Erhitzen mit Kohle zu pulverförmigem W reduzieren; dieses läßt sich durch Sintern u. Hämmern in das massive Metall überführen. Nach Spezialverf. kann man heute kalt verformbare, 250 mm lange, 5 mm dicke W-Einkristalle von 99,9975%-iger Reinheit herstellen, s. auch Chem. Ind. 1962, S. 267. Über Darst. s. auch Brauer II, 1237 f.

Verw.: W läßt sich mit Eisen, Kobalt, Nickel u. Molybdän weitgehend, mit Blei, Wismut, Zinn u. Antimon wenigstens teilweise legieren; es überträgt seine Härte u. Säurebeständigkeit mehr od. weniger stark auf die Leg. Große techn. Bedeutung haben auch die äußerst harten u. hitzebeständigen Stellite, bei denen W zum kleineren Teil als Wolframcarbid vorliegt u. die Hartmetalle vom Widiatyp, die aus Wolframcarbid mit einem metall. Bindemittel bestehen. In der Beleuchtungsindustrie ist W infolge seines hohen Schmelz- u. Siedepunkts unentbehrlich geworden; fast alle elektr. Glühlampen haben (bis zu 0,01 mm dünne) Glühdrähte aus W. Des weiteren verwendet man W zu Antikathoden von Röntgenröhren, Glühfäden von Radioröhren, Thermoelementen, Elektroden beim Arcatom-Schweißverf. usw.

Geschichtl.: Die Bergleute des sächs. Erzgebirges beobachteten schon im ausgehenden Mittelalter, daß Wolframerze die Red. des Zinnsteins stören u. die Verschlackung begünstigen; sie „reißen das Zinn fort u. fressen es auf wie der Wolf das Schaf" — so heißt es in der bilderreichen Sprache des Mittelalters. Wahrscheinlich hatten die Ausdrücke „Wolfart", „Wolfram" (=Wolfrahm) u. „Wolframit" vor einigen Jh. eine schmähende, herabsetzende Bedeutung. Im Jahre 1758 entdeckte u. beschrieb der schwed. Chemiker Cronstedt ein schweres Wolframmineral, dem er den schwed. Namen Tungsten (= Schwerstein) gab. Er fand, daß dieses Mineral ein neues, unentdecktes Element enthalten müsse, doch gelang es erst Scheele (1781), daraus ein Oxid zu isolieren (Wolframtrioxid = WO_3), u. 1783 wurde dieses Oxid durch zwei span. Chemiker, die Gebrüder d'Elhuyar, zu Wolframmetall reduziert; Berzelius gab dem neuen Metall den Namen Wolframium. In Deutschland u. Skandinavien hat sich die Bez. Wolfram allg. durchgesetzt; in andern Ländern ist daneben auch noch der Cronstedtsche Name Tungsten üblich. Nach den Beschlüssen der *IUPAC (Sept. 1949) soll die Bez. Tungsten künftig nicht mehr verwendet werden. — E: tungsten

Lit.: Abeggs Handbuch der Anorg. Chemie, Bd. IV/1, 2, Leipzig, Hirzel, 1921; Agte, C. u. J. Vacek, W u. Molybdän, Berlin, Akad. Verl., 1959; Ahlfeld, F., Zinn u. W, Stuttgart, Enke, 1958; Gmelin, Syst.-Nr. 54, W, 1933; Li, K. C. u. Chung Yu Wang, Tungsten, New York, Reinhold, 1955; Parish, R. V., The Inorganic Chemistry of Tungsten in Adv. Inorg. Chem. Radiochem. 9 [1966] S. 315−354; Pascal, Nouveau Traité, Bd. 14, 1959, Paris, Masson; Quarell, A. G., Niobium, Tantalum, Molybdenum and Tungsten, London 1961; Schreiter, W., Seltene Metalle, Bd. 3: Ta, Te, Tl, Th, Ti, U, V, W, Y, Zr, Leipzig VEB Dtsch. Verl. Grundstoffind., 1962; Smithells, C. J., Tungsten, A Treatise on its Metallurgy, Properties and Applications, Brooklyn, The Chem. Publ. Co., 1952; Ullmann III, 556, X, 500, XI, 717, 758, 759, XVIII, 648−672; Wlokka, H., Hochschmelzende Metalle, Leipzig, Fachbuchverl., 1963.

Wolframate(VI). Bez. für Salze mit den Anionen WO_4^{2-}, WO_5^{4-} u. WO_6^{6-} *(Mono-W.);* $W_2O_7^{2-}$ *(Di-W.),* $W_5O_{16}^{2-}$ *(Penta-W.),* $W_6O_{19}^{2-}$, *(Hexa-W.),* $W_8O_{25}^{2-}$ *(Octa-W.),* $W_4O_{13}^{2-}$ *(Meta-W.),* $W_7O_{24}^{6-}$ *(Para-W.).* — E: wolframates(VI)

Lit.: Ullmann XVIII, 664−665.

Wörterbücher s. *Fachwörterbücher für Chemie u. *Nachschlagewerke. — E: vocabularies, dictionaries

Wuchsstoffe. Bez. für zu den chem. *Wirkstoffen zählende org. Verb., die das Wachstum von Pflanzen beeinflussen. Nach der sehr weit gefaßten Definition von H. v. Euler zählt man zu den W. die schon in minimalen Mengen wirksamen Substanzen, die (wie z. B. *Vitamine u. *Hormone) nötig sind, um Lebensprozesse anzuregen od. mit der für den ganzen Organismus erforderlichen Geschw. durchzuführen; des weiteren rechnet man heute viele synthet. Prod. hierher (s. 2,4-Dichlorphenoxyessigsäure u. a.), die schon in geringen Mengen Wachstumsprozesse beeinflussen — ohne dabei direkt zur Vergrößerung od. Vermehrung der lebenden Substanz als Baustoff verwendet zu werden, wie dies für Eiweißstoffe, Fette u. Kohlenhydrate zutrifft. Die natürlichen W. sind org. Katalysatoren, die zur Regulierung des Wachstums benötigt werden. Für viele Bakterien sind z. B. Biotin, Inosit, p-Aminobenzoesäure, Riboflavin, Adermin, Pantothensäure, Nicotinsäureamid, Aneurin, Pyridoxin, 5-Hydroxyanthranilsäure (s. Ref. in Chemiker-Ztg. 89 [1965] S. 558) u. dgl. W.; bei den höheren Pflanzen bilden die Auxine od. (selten) Fettalkohole mit 20−22 C-Atomen (s. Nachr. Chem. Techn. 7 [1959] S. 407) natürliche W.; daneben hat man in den letzten Jahren noch Hunderte von org. Verb. mit W.-Charakter kennengelernt bzw. synthetisiert, so z. B. Dichlorphenoxyessigsäure, Methylchlorphenoxyessigsäure u. a. *Selektive W.,* wie z. B. 2,4,5-Trichlorphenoxyessigsäure regen das Wachstum mancher Pflanzen so stark an, daß diese dabei zugrunde gehen, während sie andere Pflanzen nicht beeinflussen. — E: growth substances, growth promoting substances

Lit.: Audus, J. J., Plant Growth Substances, New York, Interscience, 1960; Burström, Wachstum u. W., Bd. XIV von Ruhland, Handbuch der Pflanzenphysiologie, Berlin, Springer, 1961; Fröhlich, H. J., Jungwuchspflege u. Läuterung mit synthet. W., Frankfurt/M. 1961; Jung, J., Synthet. Wachstumsregulatoren, insbes. Chlorcholinchlorid, in Naturwiss. 54 [1967] S. 356−360; Kirk-Othmer, 2. Aufl., Bd. 11, 1966, S. 53 bis 56, Bd. 15, 1968, S. 675−688; Linser u. Kiermayer, Meth. zur Best. pflanzlicher W., Wien, Springer, 1957; Pilet, Les Phytohormones de croissance, Paris, Masson, 1961; Römpp, H., Wuchsstoffe, Stuttgart, Franckh, 1958; Tukey, H. B., Plant Regulators in Agriculture, New York, Wiley, 1954; Ullmann XII, 587, XVIII, 692−701; Wain u. Wightman, The Chemistry and Mode of Action of Plant Growth Substances, London, 1956; Went, F. W., The Experimental Control of Plant Growth, Waltham, Mass./USA, Chronica Botanica, 1957.

Wundstäbchen = *Arzneistäbchen.

Wurmmittel (Anthelmintica). Bez. für Arzneimittel, die vorwiegend gegen Bandwürmer, Madenwürmer (Oxyuren) u. Spulwürmer (Ascariden) wirken. Die W. enthalten in der Regel Stoffe, welche die Würmer im Verdauungskanal abtöten, ohne den Menschen ernstlich zu schaden; oft werden noch Abführmittel wie z. B. Phenolphthalein zugefügt. Gegen Bandwürmer kommen z. B. Farnextrakte (grüne bis braungrüne, widerlich schmekkende, äther. Extrakte aus grob gepulverten Farnwurzeln) in Ricinusöl in Betracht. — E: anthelmintics, helminthagogues, vermifuges

Lit.: Ammon, in Pharmazie 1950, S. 57−61; Bally, J., Neue Aspekte der chem. Anthelminticaforschung, in Fortschr. Arzneimittelforsch. 1959, I; Hänel, in Pharmazie 1950, S. 18−23; Oelkers, H. A., Pharmakolog. Grundlagen der Behandlung von Wurmkrankheiten, Leipzig, Hirzel, 1944; ders., in Fortschr. Arzneimittelforsch. 1959, I; Schubert, R. u. H. Fischer, Klinik parasitärer Erkrankungen, Darmstadt, Steinkopff, 1959; Ullmann XIII, 163.

X. Im Französ. chem. Symbol für das Element *Xenon (statt *Xe). Wird in der Physikal. Chemie häufig (neben x) als Symbol für den *Molenbruch verwendet.

Xanth... = *Xantho... − E: xanth-

Xanthenyl... Bez. für die vom Xanthen = $C_{13}H_{10}O$ abgeleitete Atomgruppierung − $(C_{13}H_9O)$ in systemat. Namen. − E: xanthenyl-

Xanth(o)... (griech.: xanthos = gelb). Vorsilbe, die in chem. Namen auf gelbe Farbe hindeutet. *Beisp.:* Xanthocillin, Xanthophyll. − E: xantho-

Xanthogenate. Bez. für die Salze der Xanthogensäure (= Sauerstoffester der Dithiokohlensäure = H_2COS_2) von der allg. Formel R−O−CS−SM^I. − E: xanthates
Lit.: Ullmann XVIII, 718−728.

Xanthyl... = *Xanthenyl... − E: xanthyl-

Xe. Chem. Symbol für das Element *Xenon.

XE = Kurzzeichen für *X-Einheit.

X-Einheit. In der Röntgenspektroskopie (statt Ångström) verwendete Einheit. Seit 1947 gilt: 1 XE = $(1,00202 \pm 3 \cdot 10^{-5}) \cdot 10^{-13}$ m. − E: X-unit, XU, Siegbahn X-unit

xenomorph = *allotriomorph. − E: xenomorphic

Xenon (chem. Symbol Xe). Gasf. Element, *Edelgas; At.-Gew. 131,30. Natürliche Isotope (in Klammern Angabe der Häufigkeit): 124 (0,096%), 126 (0,090%), 128 (1,92%), 129 (26,44%), 130 (4,08%), 131 (21,18%), 132 (26,89%), 134 (10,44%), 136 (8,87%). Ordnungszahl 54. „0-wertig"; Litergew. 5,87 ± 0,009 g. *F.* −111,9°, *Kp.* −107,1±3°, *krit. Temp.* 16,6°, *krit. Druck* 58,2 at, *krit. D.* 0,9. Xe ist ein schweres, farbloses, geruch- u. geschmackfreies, ungiftiges Gas; da es nur äußerst schwer Verb. liefert, wird es spektralanalyt. nachgewiesen. Nach Unters. des Nobelpreisträgers J. C. Kendrew wird es vom Myoglobinmol. des Blutes für den Transport gebunden, vgl. Kosmos 62 [1966] S. *324. Xe gehört zu den seltensten Elementen der Erde; sein Anteil an der obersten, 16 km dicken Erdkruste einschließlich Luft- u. Wasserhülle wird auf nur $2{,}4 \cdot 10^{-9}$ % geschätzt. Die sehr dünne Mondatmosphäre besteht vermutlich aus Xe, s. CAEN 36 [1958] Nr. 7, S. 55. Der Anteil des Xe an gewöhnl. Luft beträgt nur 0,000008 Vol%; der Anteil des Argon dagegen 0,93 Vol%. Man gewinnt Xe zusammen mit Krypton aus Luft als Nebenprod. der Sauerstoffdarst.; neuerdings verflüssigt man nach Claude etwa $^1/_{10}$ der zur Verfügung stehenden Luftmenge u. wäscht mit dieser die stark abgekühlte, restliche Luft aus, wobei die leichter zu verflüssigenden, schweren Edelgase Xe u. Krypton u. ein kleiner Tl. des Sauerstoffs in die fl. Luft übergehen u. aus dieser durch Rektifizierung in reinem Zustand dargestellt werden können. Glühbirnen mit Krypton-Xe-Füllung können gegenüber den Lampen mit Argonfüllung nochmals um 80° höher beheizt werden, was eine bessere Ausbeute an weißem Licht ermöglicht. In verschiedenen Vak.-Röhren hat Xe den Quecksilberdampf verdrängt; auch dürfte es künftig ähnlich wie Krypton in Ionisationskammern u. Geigerzählern Verw. finden. Die sog. Xe-Blasenkammern sind mit fl. Xe gefüllte „*Wilson-Kammern"; sie dienen zum Nachweis von geladenen u. ungeladenen beschleunigten Teilchen, s. Nachr. Chem. Techn. 4 [1956] S. 217. Ein Gemisch aus 80% Xe u. 20% Sauerstoff wäre als Narcoticum bei Operationen verwendbar (s. Science [Wash.] 113 [1951] S. 580−583). Im Jahre 1950 gelang es Powell, durch Erhitzen vss. Hydrochinonlsg. mit Xe unter Drucken von 14 bis 90 atü farblose, krist. Mol.-Verb. von der Formel $3\ C_6H_4(OH)_2 \cdot 0{,}88$ Xe darzustellen (J. Chem. Soc. 1950, S. 298, 300, 468). Neben *Einschlußverb. dieser Art sind seit 1962 auch eine Reihe von echten Edelgasverb. des Xe dargestellt worden (Näheres s. unter *Edelgase). Xenon (von griech. xenos = fremd) wurde von Ramsay im Jahre 1898 bei der genaueren Unters. des aus Luft gewonnenen Rohargon entdeckt. − E: xenon
Lit.: Gmelin, Syst.-Nr. 1, Edelgase, 1926, S. 182 bis 192; Holloway, J. H., The Photochemical Reaction of Xenon with Fluorine at Room Temperature, in J. Chem. Educ. 43 [1966] S. 202−203; Ullmann VI, 208.

Xenyl... = *Biphenylyl... − E: xenyl-

Xerogele s. *Gele. − E: xerogels

Xyl... = *Xyl(o). − E: xyl-

...xylidid. Nachsilbe in systemat. Namen von org. Verb., die anzeigt, daß die OH-Gruppe einer Säure durch die Atomgruppierung −NH−$C_6H_3(CH_3)_2$ ersetzt ist. − E: -xylidide

Xylidino... (Dimethylanilino...). Bez. für die Atomgruppierung −NH−$C_6H_3(CH_3)_2$ in systemat. Namen. − E: xylidino-

Xyl(o)... (griech.: xylon = Holz). Vorsilbe, die in chem. Namen auf Vork. im Holz od. Verwandtschaft bzw. Ableitung aus darin vorkommenden Substanzen hindeutet. *Beisp.:* Xylose, Xylan. — E: xylo-

Xyloyl... = *Dimethylbenzoyl... — E: xyloyl-

Xylyl... Bez. für die Atomgruppierung $-C_6H_3(CH_3)_2$ (Dimethylphenyl...) od. für die Atomgruppierung $-CH_2-C_6H_4(CH_3)$ (*Methylbenzyl...) in systemat. Namen. — E: xylyl-

Xylylen... = *Phenylendimethylen... — E: xylylene-

Y. Chem. Symbol für das Element *Yttrium.

Yb. Chem. Symbol für das Element *Ytterbium.

...yl. Nachsilbe in Namen von org. Verb., die auf das Vorliegen eines (in der Regel) einwertigen Radikals hinweist; wurde 1832 von Liebig u. Wöhler erstmals in „Benzoyl", 1834 in „Äthyl" verwendet. — E: -yl

...ylen. Nachsilbe in Namen von org. Verb., die auf das Vorliegen eines zweiwertigen Radikals hinweist (*Beisp.:* Trimethylen = $-CH_2-CH_2-CH_2-$). — E: -ylene

Ylide. Bez. für eine von G. Wittig 1947 entdeckte Gruppe von Verb., die entsteht, wenn Phenyllithium = C_6H_5Li auf geeignete quaternäre Ammoniumbasen (z. B. Tetramethylammoniumbromid = $[(CH_3)_3N\cdot CH_3]Br)$, einwirkt, z. B. $(CH_3)_3\overset{(+)}{N}-\overset{(-)}{CH_2}$ (Trimethylammonium-methylid); es ist hierbei der Kohlenstoff der Methylen (CH_2-)-Gruppe durch eine homöopolare Valenz (yl) u. durch eine Ionenbeziehung (id) mit dem N verbunden. Die Y. ermöglichen eine Reihe von Umsetzungen, die den Reaktionen der *metallorg. Verb. ähnlich sind. Außer den N- kennt man auch P- u. S-Ylide. Hier verhalten sich die P-C- u. S-C-Bindungen z. T. wie Doppelbindungen. Man gibt hier deshalb mesomere Grenzstrukturen an, um auszudrücken, daß die tatsächlichen Bindungsverhältnisse eine Zwischenstellung zwischen Y.- u. „Ylen"-Form bilden, z. B. $[R_3\overset{+}{P}-\overset{-}{CR_2'}\rightleftarrows R_3P=CR_2']$. — E: ylides

Lit.: Hochrainer, A., Chemie der Schwefel-Y., in Österr. Chemiker-Ztg. 67 [1966] S. 297–309; Johnson, A. W., Ylid Chemistry, New York, Academic Press, 1966; König, H., Zur Chemie der Schwefel-Y., in Fortschr. Chem. Forsch. 9 [1968] S. 487–533; Musker, W. K., Nitrogen Ylides from Tetramethylammonium Salts, in J. Chem. Educ. 45 [1968] S. 200 bis 202; Wittig, G., Über Y. u. Y.-Reaktionen, in Angew. Chem. 63 [1951] S. 15–18.

...yliden. Nachsilbe in Namen von org. Verb., die auf das Vorliegen eines zweiwertigen Radikals mit zwei freien Valenzen am gleichen Kohlenstoffatom hinweist. *Beisp.:* Äthyliden = $=CH-CH_3$. — E: -ylidene

...ylidin. Nachsilbe in Namen von org. Verb., die auf das Vorliegen eines dreiwertigen Radikals mit drei freien Valenzen am gleichen Kohlenstoffatom hinweist. *Beisp.:* Äthylidin = $\equiv C-CH_3$). — E: -ylidyne

...ylium. Nachsilbe in Namen von org. Verb., die auf das Vorliegen eines Kations hinweist (*Beisp.:* Triphenylmethylium = $(C_6H_5)_3C^+$). — E: -ylium

Ytterbium (chem. Symbol Yb). Metall. Element aus der Lanthanoidengruppe der *Seltenerdmetalle. At.-Gew. 173,04. Natürliche Isotope (in Klammern Angabe der Häufigkeit): 168 (0,135%), 170 (3,03%), 171 (14,31%), 172 (21,82%), 173 (16,13%), 174 (31,84%), 176 (12,73%). Ordnungszahl 70. Zumeist III-wertig, seltener auch II-wertig; die Yb(II)-verb. sind grün, die Yb(III)-verb. oft farblos; Yb färbt den elektr. Flammenbogen grün. Das Metall ist grau, weich u. ziemlich duktil. $F.\ 824 \pm 5°$, $Kp.\ 1427°$; es krist. regulär unterhalb 798° kub. flächenzentriert mit einer $D.$ von 6,977, bei höheren Temp. kub. raumzentriert mit einer $D.$ von 6,54. Yb ist an der Luft stabil u. reagiert mit Wasser nur langsam; infolge seiner Widerstandsanomalie eignet es sich für Halbleiter, Leg., elektron. App. u. dgl. Man schätzt den Anteil des Yb an der obersten, 16 km dicken Erdkruste auf $2,7 \cdot 10^{-4}$%; damit steht Yb in der Häufigkeitsliste der Elemente an 52. Stelle zwischen *Bor u. *Erbium; die wichtigsten Yb-Minerale sind die Ytteerden. Das Metall ist sehr schwer darstellbar (durch Red. des Oxids mit *Lanthan od. Mischmetall); teuer. Die Entdeckung des Yb erfolgte 1878 durch Marignac, jedoch bestand das von ihm isolierte Oxid tatsächlich aus den Oxiden von Yb u. Lu; die Auftrennung der Komponenten gelang erst 1907 durch Urbain u. zur gleichen Zeit etwa auch durch Auer von Welsbach (auf diesen geht die aufgegebene Bez. Aldebaranium zurück). — E: ytterbium

Lit.: Pascal, Nouveau Traité, Bd. 7; Ullmann VI, 517, 543; s. auch *Seltenerdmetalle.

Yttrium (chem. Symbol Y). Metall. Element aus der Gruppe der *Seltenerdmetalle; At.-Gew. 88,905. In der Natur tritt nur das Isotop 89 auf. Ordnungszahl 39. III-wertig, in Übereinstimmung mit seiner Stellung in der III. Hauptgruppe des *Periodensyst. (zwischen *Scandium u. *Lanthan); $D.\ 4,45$, $F.\ 1495 \pm 5°$, $Kp.\ 2927°$. Y ist ein schwarzgraues Metallpulver, das an trockener Luft nicht oxydiert, aber von Wasser langsam angegriffen wird. An der Luft entzündet es sich bei 470° u. verbrennt mit hellrötlicher Flamme. Von verd. Säuren wird Y leicht gelöst, dagegen widersteht es Laugen u. konz. Schwefelsäure. Das Metall krist. unterhalb 1490° hexagonal, bei höheren

Temp. dagegen regulär (kub. raumzentriert). Die Y-Salze sind farblos. Der Anteil des Y an der obersten, 16 km dicken, festen Erdkruste wird auf 0,0028% geschätzt; damit steht es in der Häufigkeitsliste der Elemente an 31. Stelle zwischen *Zinn u. *Neodym. Y ist in Form seines Oxids = Y_2O_3 der Hauptbestandteil der schon 1788 entdeckten Seltenen Erden bei der schwed. Siedlung Ytterby. Das Yttriumoxid wurde schon vor über 100 Jahren von Eckeberg als bes. Stoff erkannt. Die erste Darst. eines (unreinen) Y erfolgte 1824 durch Wöhler (Red. von Yttriumchlorid mit Kalium); die Gewinnung von reinem Y gelang West u. Hopkins 1935. Nach Th. Campbell (s. Angew. Chem. 72 [1960] S. 44) erhält man hochreines Y durch Red. von Y-Chlorid mit hochreinem Na od. Li in Argonatmosphäre. Nach F. H. Spedding (Prakt. Chem. [1958] S. 402) wird Y von geschmolzenem Uran nicht angegriffen; daher könnte es möglicherweise in der Kerntechnik Verw. finden. Y-Zusätze zu rostfreien Stählen erhöhen deren Oxydationsbeständigkeit; vgl. z. B. J. M. Francis u. W. H. Whittow in J. Iron Steel Inst. 204 [1966] S. 355. Über Darst. von hochreinem Y aus Y-Abfällen s. Chem.-Ing.-Techn. 33 [1961] S. 461. Der Bedarf an Y ist in jüngster Zeit wegen der Verwendbarkeit von Y-Verb. als Phosphore beim Farbfernsehen erheblich angestiegen. Über Toxikologie von Y s. T. J. Haley in Toxicol. Appl. Pharmacol. 1963, S. 427—436. — E: yttrium

Lit.: Process Recovers Yttrium from Residue Ore, in CAEN 45 [1967] Nr. 1, S. 42—43; Schreiter, W., Seltene Metalle, Bd. 3 : Ta, Te, Tl, Th, Ti, U, V, W, Y, Zr, Leipzig, VEB Dtsch. Verl. Grundstoffind., 1962; Ullmann VI, 517, 543; Vickery, R. C., The Chemistry of Yttrium and Scandium, London, Pergamon Press, 1960.

ζ (zeta). 6. Buchstabe des *griech. Alphabets. Wird in der Physikal. Chemie als Symbol für das sog. elektrokinet. Potential (*Zeta-Potential; vgl. auch *Elektrokinet. Erscheinungen) verwendet.

Z. 1. Von der *IUPAC empfohlenes Symbol für -azelat- bei der Abk. von Namen von Polymeren u. Weichmachern (*Beisp.:* DOZ = Dioctylazelat); vgl. IUPAC-Inf. Bull. Nr. 25 [Feb. 1966] S. 46. 2. In Physik u. Physikal. Chemie häufig verwendet als Symbol für *Ordnungszahl u. für Zersetzungspunkt.

Zäsium = *Cäsium.

Zeitangaben. Hier sind international folgende Abk. üblich: a (od. y) = Jahr; d = Tag; h = Std.; min (od. m) = Minute; s = Sek. — E: time symbols

Zeitgesetz s. *Kinetik. — E: overall rate of reaction

Zeitreaktionen. Bez. für *Reaktionen, die nicht augenblicklich verlaufen, sondern erst im Verlaufe von deutlich meßbaren Zeitperioden (Std., Tage) od. unter dem Einfl. von Katalysatoren. Solche Reaktionen treten vor allem in der Org. Chemie auf (z. B. Veresterung). Eine bes. Form von Z. sind die sog. „chem. Uhren", d. h. Reaktionen, deren Eintritt nach definierten Zeiträumen erfolgt u. z. B. durch Farbänderung erkennbar ist (s. hierzu J. Chem. Educ. 25 [1948] S. 256, 28 [1951] S. 386, 29 [1952] S. 139, 32 [1955] S. 78, 33 [1956] S. 562.). — E: slow reactions, [clock reactions]

Zeitschriften der Chemie. Die Fach-Z. bilden für den Chemiker die wichtigste Lit.-Quelle für die Primärlit., denn sie enthalten die Originalarbeiten, in denen die Erg. eigener Vers., Erfahrungen od. theoret. Überlegungen des Autors erstmals der Fachwelt mitgeteilt werden. Je nach der Struktur der einzelnen Fach-Z. können diese daneben od. vorwiegend od. ausschließlich auch Teilveröffentlichungen zur Sicherung der Priorität (*Beisp.* hierfür sind die Ztschr. Naturwissenschaften, Science [Wash.] u. Nature [London]), Übersichtsartikel in streng wissenschaftlicher (z. B. in Angew. Chemie, Z. für Chemie, Chemical Reviews, Fortschritte der Chem. Forschung, Österr. Chemiker-Ztg. [1967 eingestellt], Chimia) od. populärer Darst. (z. B. in Chemie in unserer Zeit, Naturwissenschaftliche Rundschau, Umschau, Kosmos, Bild der Wissenschaft, J. Chem. Educ., Chemistry) enthalten od. prim. die Funktion von Mitteilungsblättern für die Mitglieder von Fachorganisationen (z. B. Nachr. Chem. Techn., CAEN, Chemistry in Britain) haben od. zur Information über einen Anwendungsfaktor (z. B. die Z. Kunststoffe, Fette-Seifen-Anstrichmittel, Farbe u. Lack, Parfümerie u. Kosmetik) dienen. Die streng wissenschaftlichen Originalpublikations-Z. können den gesamten Sektor der Chemie erfassen (z. B. Chem. Berichte, J. Amer. Chem. Soc., J. Chem. Soc.) od. nur größere (z. B. Z. Anorg. Allg. Chem., J. Org. Chem., Z. Physikal. Chem.) od. gar sehr enge Teilgebiete (z. B. Rheologica Acta, Kolloid-Z. u. Z. Polymere). Die Abgrenzung der genannten Fach-Z. zu der Sek.-Lit. (deren typischste Vertreter die *Referateorgane sind) ist nicht immer eindeutig, zumal viele vorwiegend Originalpublikationen bringende Fach-Z. auch mehr od. weniger umfangreiche Referateteile (z. B. die Kolloid-Z. u. Z. Polymere) enthalten. Als älteste wissenschaftliche Ztschr. (auch für den Bereich der Chemie) darf man wohl die „Philosophical Transactions of the Royal Society of London" bezeichnen, die seit 1665 erscheint. Die erste Chemieztschr. war das 1778 von Lorenz v. Crall in Lemgo/Lippe gegründete „Chem. Journal", dem 1789 die französ.

„Annales de Chimie" folgten. — E: chemical journals

Lit.: Barrett, R. L. u. M. A. Barrett, Journals Most Cited by Chemists and Chemical Engineers, in J. Chem. Educ. 34 [1957] S. 35—38; Chemical Abstracts Service, 1961 Chemical Abstracts List of Periodicals, ACS, Washington; International Council of Scientific Unions, Some Characteristics of Primary Periodicals in the Domain of the Chemical Sciences, Paris, ICSU Abstracting Board, 1967; Kenyon, R. L., From Primary Journals to Technical Business Magazines, in J. Chem. Doc. 5 [1965] S. 135—139; Pflücke, M. u. A. Hawelek, Periodica Chimica, Berlin, Akademie-Verl., 1961, Nachtrag 1962; Trimble, R. F., The Periodical Literature of Inorganic Chemistry, in J. Chem. Educ. 37 [1960] S. 419—421; ders., The Journal of Inorganic Chemistry, in J. Chem. Doc. 3 [1963] S. 79—81; Yagello, Y. E., Early History of the Chemical Periodical, in J. Chem. Educ. 45 [1968] S. 426—429.

Zementation. Mit sehr unterschiedlicher Bedeutung verwendete Bez.: 1. Nach DIN 17 014 (Okt. 1959) ist Z. bei der Wärmebehandlung von Stahl ein Synonym für die *Aufkohlung* od. das *Einsetzen*. Hier handelt es sich um eine allein auf die Randzone beschränkte Kohlenstoffanreicherung durch Halten bei einer Temp. oberhalb der Umwandlungspunkte Ac_1 od. Ac_3 in Kohlenstoff abgebenden Mitteln. Je nach der Art des angewendeten Aufkohlungsmittels spricht man von Gas-, Bad-, Pulver- od. Pasten-Z. (-aufkohlung). 2. Im engl. Sprachgebrauch bedeutet „cementation" den Prozeß der Bldg. eines schützenden Leg.-Überzuges durch Erhitzen eines Grundmetalls in innigem Kontakt mit einem gepulverten Überzugsmetall; Z. wäre damit Oberbegriff für *Alitieren, *Aluminieren, *Inchromieren u. *Sherardisieren. — 3. Als Z. bezeichnet man häufig auch die techn. Anwendung der elektrochem. Abscheidung eines Metalls aus Lsg. durch Zusatz eines unedleren Metalls, das in der elektrochem. *Spannungsreihe vor dem auszufällenden Metall steht u. an Stelle des edleren Metalls in Lsg. geht (*Beisp.*: Zementkupfer).

Lit. zu 1: Giolitti, F., La Cémentation de l'Acier, Paris, Hermann; *zu 2:* Kirk-Othmer, 2. Aufl., Bd. 13, 1967, S. 263—266.

Zenti... = *Centi...

Zentralatom s. *Koordinationslehre. — E: central atom

Zentrifugieren (Schleudern, Separieren). Bez. für das Trennen von Stoffen verschiedener *D.* durch Ausnützung der *Fliehkraft (Zentrifugalkraft)* in sog. *Zentrifugen*. Solche App. zum Trennen von Fest/Fl.-, Fl./Fl.- bzw. Fl./Fl./Festgemischen bestehen aus schnellumlaufenden Trommeln, die das in ihrem Innern aufgegebene Gut der Wrkg. der Zentrifugalkraft aussetzen. Da diese Kraft eine Massenkraft ist, läßt sich das Absetzen in der Zentrifuge mit dem Sedimentieren (s. *Sedimentation) bei stark erhöhter Fallbeschleunigung vergleichen. In den sog. *sieblosen* od. *Vollmantel-Zentrifugen* werden Substanzen unterschiedlicher *D.* getrennt, während in den sog. *Sieb-* od. *Filterzentrifugen* (Separatoren) beim Abscheiden von Feststoffen aus Fl. die *D.*-Differenz nur von untergeordneter Bedeutung ist. Bei den Vollmantel-Zentrifugen werden die nicht filtrierfähigen Feststoffe gegen den zylindr. Trommelmantel geschleudert, während die gereinigte Fl. abzutrennende Fl. über den inneren Rand der Zentrifuge tritt *(Überlaufzentrifuge)* od. abgezogen wird *(Schöpfzentrifuge)*. Bei den Siebzentrifugen ist der gelochte Mantel der Lauftrommel (Korb) mit einem Feinsieb od. Filter belegt, das den Feststoff zurückhält, während die Fl. hindurchtritt. Die in den chem. biolog. u. medizin. Laboratorien verwendeten *„Flaschen-Zentrifugen"* (s. Abb.) bilden die einfachste Form von Vollmantel-Zentrifugen: an

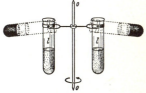

einer rotierenden senkrecht gelagerten Welle sind hier symmetr. zwei od. mehrere Behälter pendelnd aufgehängt, die zur Aufnahme von Bechern od. Flaschen aus Glas („Zentrifugalgläser") od. anderem Material dienen, in denen sich die zu untersuchenden Fl. befinden. Die Behälter sind im allg. so angeordnet, daß sich die Becherachsen unter dem Einfl. der Zentrifugalkraft senkrecht zur Rotationsachse einstellen; sie können allerdings auch fest eingebaut u. etwa 37° zur Rotationsachse geneigt sein, um den Abstand für das Absetzen zu verringern. Als Spezialkonstruktion für Laboratoriumsvers. sind die sog. *Ultrazentrifugen* zu nennen. Diese laufen z. T. in Wasserstoff-Atmosphäre od. im Vak. u. sind häufig luftgelagert. Der Trommeldurchmesser beträgt hier meist nur wenige mm bis einige cm, u. es werden maximale Drehzahlen von 1,2 Millionen Umdrehungen je Minute erreicht, wobei die Beschleunigung eines dem millionenfachen Betrag der Erdbeschleunigung entspricht. Ultrazentrifugen werden vor allem in der *Makromol. Chemie u. in der *Kolloidchemie zur Molgew.-Best. durch Best. der Sedimentationsgeschw. eingesetzt. Vgl. auch *Sedimentation u. *Separieren. — E: centrifugating, centrifuging

Lit.: Beyerle, in VDI-Ztschr. 1951, S. 736—741; Bremer, G. J., Fl.-Zentrifugen, Berlin, Verl. Technik, 1960; Duclaux, J., Centrifuges et ultracentrifuges, Paris, Hermann, 1955; Elias, H. G., Ultrazentrifugenmeth., München, Beckman Instruments GmbH., 1961; ders., Neuere Entw. der Ultrazentrifugation, in Umschau 65 [1965] S. 330—333; Gerhardt, H., Zentrifugal-Separatoren, Nürnberg 1959; Janke u. Scholtan,

Die Bluteiweißkörper in der Ultrazentrifuge, Stuttgart 1960; Kirk-Othmer, 2. Aufl., Bd. 4, 1964, S. 710 bis 758; Kiesskalt-Hülsen, Zentrifugieren, Berlin, Springer, 1960; Reuter, H., Sedimentation in der Überlaufzentrifuge, in Chem.-Ing.-Techn. 39 [1967] S. 9—10; Schachman, H. K., Ultrazentrifugation in Biochemistry, London, Acad. Press, 1959; Schultze, H. E., Zentrifugieren, in Houben-Weyl-Müller I, 1 (1958), S. 623—651; Stallmann, H., Neue Aspekte in der Entw. präparativer Ultrazentrifugen, in Chem. Rdsch. (Solothurn) 19 [1966] S. 665—667 u. Glas-Instr.-Techn. 10 [1966] S. 625—628; Svedberg u. Pedersen, Die Ultrazentrifuge, Dresden, Steinkopff, 1940; Ullmann I, 510—520, 722, II/1, 808—816 (Ultrazentrifuge); Waeser, in Dtsch. Farben-Z. 1952, S. 162—166; Williams, J. W., Ultracentrifugal Analysis in Theory and Experiment (Sympos. New York 1962) New York, Acad. Press, 1963.

Zer = *Cer.

Zerfallskonstante s. *Radionuklide. — E: decay constant, disintegration constant

Zerfallsreihen (radioakt.) s. *Radioaktivität. — E: decay series

Zerium = *Cer.

Zersetzungspunkt s. *Schmelzpunkt u. *Siedepunkt. — E: decomposition point

Zersetzungsspannung. Nach einer Definition der *IEC (s. International Electrotechnical Vocabulary Group 50, Genf 1960, Nr. 50-05-330) Bez. für das Potentialminimum (ohne den Ohmschen Spannungsabfall), bei dem ein elektrochem. Prozeß kontinuierlich mit wahrnehmbarer Geschw. ablaufen kann. — E: decomposition voltage

zeta s. *ζ. — E: zeta

Zeta-Potential (ζ-Potential, elektrokinet. Potential). Bez. für die *Galvanispannung in der diffusen Doppelschicht an der Phasengrenze Metall/ Elektrolytlsg. Vgl. auch *Elektrokinet. Erscheinungen. — E: zeta potential, ζ-potential

Zimmertemperatur. Nach DAB 6 u. Nachträgen Temp. von $20°$ C mit Toleranzen von $+17°$ C bis $+23°$ C. Kühl: Etwa bis $+15°$ C. — E: room temperature

Zink (chem. Symbol Zn). Metall. Element (*Schwermetall); At.-Gew. 65,37. Natürliche Isotope (in Klammern Angabe der Häufigkeit): 64 (48,89%), 66 (27,81%), 67 (4,11%), 68 (18,57%), 70 (0,62%); Ordnungszahl 30. D. 7,133 ($25°$), F. $419,4°$, Kp. $907°$. Zn ist in Übereinstimmung mit seiner Stellung in der II. Nebengruppe des *Periodensyst. (über *Cadmium) streng II-wertig; die Zn-Verb. sind in der Regel farblos. In vielen Reaktionen (auch im Isomorphismus mancher Verb.) zeigt Zn Ähnlichkeit mit *Magnesium. Zn ist ein bläulichweißes, an blanken Oberflächen stark glänzendes Metall, das sich in trockener Zimmerluft auch während langer Lagerung nicht verändert. An feuchter Luft u. im Wasser überzieht es sich mit einer stumpfgrauen, porenfreien, gut haftenden, wasserunlösl. Deckschicht aus bas. Zinkcarbonat = $4 ZnO \cdot CO_2 \cdot 4 H_2O$, welche das darunterliegende Metall vor weiterer Zerstörung schützt. Dieser Schutzüberzug hat den gleichen Ausdehnungskoeff. wie Zn, er blättert auch bei Temp.-Schwankungen nicht ab. Wegen dieser Schutzschichtbldg. kann man z. B. Eisen durch oberflächliche Verzinkung korrosionsbeständig machen, obwohl Zink unedler ist als Eisen (s. *Spannungsreihe). Durch Säuren u. Laugen wird die Schutzschicht schnell aufgelöst od. ihre Bldg. verhindert; die Säure greift dann auch das Metall an u. löst es rasch unter Bldg. von Zinksalzen (z. B. Zinkchlorid bei Salzsäureangriff, Zinksulfat bei Schwefelsäureeinw.) u. Wasserstoff auf, z. B. nach der Gleichung: $Zn + 2 HCl \rightarrow ZnCl_2 + H_2$. Heißes Wasser u. Dampf greifen Zn stark an, daher soll es nicht längere Zeit mit Wasser von über $70°$ in Berührung kommen. Zn ist ferner empfindlich gegen konz. od. verd. Lsg. von Ammoniumchlorid, Ammoniumcarbonat, Kaliumchlorid, Kaliumsulfat, Kupfersalzen, Magnesiumsulfat, Laugen (erst bei pH über 12,5 Angriff), anorg. u. org. Säuren (auch gegen säurehaltige Nahrungs- u. Genußmittel wie z. B. Bier, Wein, Essig, Obst, Salate), Tetrachlorkohlenstoff, Trichloräthylen usw., dagegen widersteht es gewöhnl. Wasser, Alkohol, Benzin, Benzol, Mineralölen, Aceton, Äther, Schwefelwasserstoff, Kohlendioxid, trockenem Chlor u. trockenem Ammoniak. Beim Erhitzen auf etwa $500°$ verbrennt Zn mit bläulichweißer Flamme zu einem weißen Rauch von Zinkoxid. Die Mohs-Härte des reinen Zn liegt etwa bei 2,5; sie kann durch geringe Zusätze von anderen Metallen beträchtlich erhöht werden. Brinellhärte: $30-45$ kg/mm^2; Zugfestigkeit: Gegossen $3-4$, gepreßt $14-15$ u. gewalzt 12 bis 14 kg/mm^2. Die elektr. Leitfähigkeit beträgt etwa 27% von der des Silbers; damit ist Zn nach Silber, Kupfer, Gold u. Aluminium der fünftbeste Elektrizitätsleiter. *Physiolog. Wrkg.*: Kleine Zinkmengen werden dauernd mit den Nahrungsmitteln aufgenommen u. sind offenbar harmlos; größere Mengen von Zinksalzen (z. B. Zinkchlorid) rufen äußerlich Verätzungen, innerlich starke schmerzhafte Entzündungen der Verdauungsorgane hervor, außerdem ist die Einnahme mit Metallgeschmack, Erbrechen usw. verbunden. Chron. Zinkvergiftungen sind nicht sicher bekannt; dagegen können bei Einverleibung größerer Zn-Salzmengen (z. B. wenn saure Speisen längere Zeit in Zn-Geschirren aufbewahrt werden) stärkere Verdauungsbeschwerden auftreten. Für viele Organismen sind kleine Mengen von Zn offenbar lebensnotwendig (od. zumindest günstig); so wird z. B. das Wachstum des Schimmelpilzes Aspergillus niger durch geringe Zn-Gaben gefördert, z. B. verliert Bacillus prodigiosus bei Zn-Mangel die Fähigkeit zur Bldg. des roten Farbstoffes. Einige Pflan-

Zink

zenkrankheiten (Rosettenkrankheit, Zwergwuchs, Chlorophylldefekt) können (s. Umschau 55 [1955] S. 565–567) durch sehr geringe Zinkgaben geheilt werden (größere Dosen wie etwa mehr als 100 mg je 1 Nährlsg. sind bereits schädlich). Zn findet man auch in einer Reihe von *Fermenten (z. B. Insulin u. Kohlensäurehydratase); es bestimmt deren Wirksamkeit. Das Blutserum gesunder Menschen enthält je 100 ml regelmäßig 140 bis 220 γ Zink. Zn-Mangel ist eine mögliche Ursache der Arteriosklerose, wie aus dem um ca. 30% erniedrigten Zn-Geh. Arteriosklerosekranker geschlossen wird. Orale Gaben von $ZnSO_4$ bewirken in einigen Fällen Besserung, bei Wunden im Tierexperiment schnellere Heilung, s. Ref. in Med. Klinik 61 [1966] S. 1808. Der Zn-Geh. der meisten tier. Organe (30–50 γ Zn/g Frischgewebe) liegt höher als der Fe-Geh., s. Weitzel in Angew. Chem. 68 [1956] S. 566. Zn-reich sind auch Schlangengifte, Säugernetzhäute, Darmcarcinoide u. a. Bes. die Imidazol- u. SH-Verb. wirken in den Organismen Zn-bindend.

Vork.: Der Anteil des Zn an der obersten, 16 km dicken Erdkruste wird auf 0,0132% geschätzt, damit steht Zn in der Häufigkeitsliste der Elemente an 23. Stelle zwischen *Vanadium u. *Nikkel. Die wichtigsten Zinkerze sind der Zinkspat (Galmei) = $ZnCO_3$, die Zinkblende = ZnS, das Kieselzinkerz = $Zn_4[(OH)_2 Si_2O_7] \cdot H_2O$, der Franklinit = $(Zn,Mn)Fe_2O_4$, der Willemit = Zn_2SiO_4 u. das Rotzinkerz = ZnO. Da Zn ein sehr unedles Metall ist, kommt es in der Natur nur in Form von Verb. vor, u. zwar meist mit Blei u. Cadmium vergesellschaftet. Die beiden größten Zinklager der Welt befinden sich in Oberschlesien (Muschelkalk von Beuthen-Tarnowitz, führt neben Bleisulfid Zinkblende u. Galmei) u. im Joplin-Gebiet von USA (im südwestlichen Missouri, Kansas u. Oklahoma). Weitere Zinklager gibt es in der Umgebung von Aachen, Barmen, Iserlohn, in Kärnten, Tirol, Italien, Griechenland, Schweden, England (Wales), Algier, Tunis, Kanada (s. z. B. CAEN 1965 [29. 11.], S. 39) u. Mexiko. Die meisten Böden enthalten Spuren von Zn, die auch in die Pflanzen u. Tiere übergehen.

Darst.: Die wichtigsten u. häufigsten Zinkerze (Galmei u. Zinkblende) werden vor der Verhüttung durch Erhitzen („Rösten") in Zinkoxid umgewandelt $(2 ZnS + 3 O_2 \rightarrow 2 ZnO + 2 SO_2$ u. $ZnCO_3 \rightarrow ZnO + CO_2)$; dieses erhitzt man zusammen mit Kokspulver in Öfen aus Schamotte od. Siliciumcarbidsteinen unter Luftabschluß auf 1200–1400°. Bei dieser Temp. findet die Reduktion zu Zn statt (Gleichung: $ZnO + C \rightarrow Zn + CO$); da aber Zn bereits bei 906° siedet, entsteht sofort Zn-Dampf, der sich in kühleren Vorlagen als lockerer, feinpulveriger, grauer Zn-Staub niederschlägt. Letzterer enthält durchschnittlich 80 bis 90% metall. Zn u. 5–15% Zinkoxid; durch Erwärmen auf 420° erhält man geschmolzenes, massives Zink. Infolge seiner verhältnismäßig leichten Verdampfbarkeit läßt sich Zn auch techn. in hohen Reinheitsgraden darstellen; das im Handel befindliche Raffinadezink ist etwa 99%ig, das Feinzink über 99%ig, das Elektrolytzink ist 99,98%ig; durch fraktionierte Destillation in der Vak. erhielt man in Laboratoriumsvers. schon im Jahre 1927 99,999%iges Zn. Zn wird in steigendem Maße auch elektrolyt. dargestellt. Über die Gewinnung von reinem Zn durch therm. u. elektrolyt. Amalgamzers. s. Kuss in Angew. Chem. 62 [1950] S. 519–526. Künftig wird Zn in steigendem Umfang auch durch Entzinkung von verzinktem Eisenschrott gewonnen werden. Die Schrottentzinkung kann durch Erhitzen in Drehöfen, durch ein Chlorgasverf. (ähnlich wie bei Entzinnung), durch 10 bis 12%ige Salzsäureeinw. mit Sparbeizenzusatz, durch Einw. von 15- bis 20%igen Laugen od. durch Anwendung cyanalkal. Bäder (ca. 85 bis 125 g/l NaCN u. 15 bis 25 g/l NaOH) ausgeführt werden. Zur Zn-Darst. s. auch Brauer II, 935 f.

Verw.: Etwa die Hälfte der erzeugten Hüttenrohzinks wird zur Verzinkung von Eisenwaren (Blechen, Röhren, Draht, Wellblech, usw.) verwendet. Auch Anstriche mit hochpigmentierten Zinkstaubfarben u. neutralen Bindemitteln (z. B. Polyester, Chlorkautschuk, Chlorparaffinwachs) wirken korrosionsschützend, s. z. B. H. Bedunean in Rev. Prod. Chim. 1963, S. 275–284; L. Bierner in Farbe u. Lack 1961, S. 358–373; G. Grillo in Fette-Seifen-Anstrichmittel 1963, S. 496–500 u. in Farbe u. Lack 1962, S. 878; K. A. van Oeteren in Dtsch. Farben-Z. 1962, S. 99–102. Ferner benützt man Zn zur Herst. von Messing u. a. Zn-Leg., galvan. Elementen, Taschenbatterien (Zinkbecher), Druckplatten, Lametta, Kanistern, als Red.-Mittel, für den kathod. Rostschutz, zur Herst. der Zinkkalkküpe (Indigo), als Ätzmittel im Textildruck (Zinkstaub), zur Wasserstoffdarst. (Stangenzink) im Laboratorium usw.

Geschichtl.: Da die Zinkdarst. bes. Schwierigkeiten hat (Röstung der Erze, Arbeiten unter Luftabschluß nötig, Red.-Temp. liegt über dem Siedepunkt des Metalls), konnte man annähernd reines Zn in Europa erst im 18. Jh. in größerem Umfang gewinnen. Marggraf zeigte 1746, daß beim Erhitzen von Zinkoxid u. Kohle unter Luftabschluß Zn entsteht. Metall. Zn wurde in Persien bereits im 6. Jh. gewonnen, später lernten es auch die Inder u. Chinesen kennen; Libavius erhielt 1595 eine über Holland aus China eingeführte Zinkprobe. Der Galmei wurde schon von den Griechen u. Römern zur Darst. von Messing verwendet; eine Reindarst. von Zink aus dem Galmei war damals noch nicht möglich. Der Name Zink ist dtsch. Ursprungs, er wurde zuerst in den Alpen-

Zinkate

ländern auf die „zinkige", zackige Form des Galmei angewendet u. später auf das Metall selbst übertragen. — E: zinc

Lit.: Abeggs Handbuch der Anorg. Chemie, Bd. II/2, Leipzig, Hirzel, 1922; Apel, G., Zinkleg. (Patentsammlung), Berlin, Verl. Chemie, 1943; Berg, Friedensburg u. Sommerlatte, Blei u. Zink (Lagerstätten), Stuttgart, Enke, 1950; Coates, G. E., Some Advances in the Organic Chemistry of Beryllium, Magnesium, and Zinc, in Rec. Chem. Progr. 28 [1967] S. 3—23; Gmelin, Syst.-Nr. 32, Zn, 1924 u. Erg.-Bd. 1956; Kirk-Othmer, 1. Aufl., Bd. 15, 1956, S. 224—275; Loskutow, F. M., Die Metallurgie des Zinks, Halle, Knapp, 1953; Mathewson, C. H., Zinc: The Science and Technology of the Metal, its Alloys and Compounds, New York, Reinhold, 1959; Nesmeyanov, A. N. u. K. A. Kocheshkov, The Organic Compounds of Zinc and Cadmium, Amsterdam, North Holland Publ. Co., 1967; Pascal, Nouveau Traité V, 1962, Masson, Paris; Schikorr, Das Korrosionsverh. von Zn, Bd. I.: Verh. von Zn an der Atmosphäre, Berlin, Metallverl., 1963; Thews, Die schmelztechn. Verarbeitung von Altzink, Abfällen u. Rückständen, Berlin 1953; Ullmann III, 354, IV, 482, 505, VII, 836, VIII, 9, 279, 777, X, 359, 674, XI, 202, XII, 341; Wolf, W., Zink-ABC, Berlin, Metallverl., 1950; Zink-Taschenbuch, Berlin, Metallverl., 1959; *Ztschr.:* ZDA-Abstracts (Referate über Zink), herausgeg. von Zinc Development Assoc., London; die gleiche Organisation veröffentlicht auch „Current Publications" (betr. Zn); Zinktechn. Berichte, Halle, Knapp; Zinc, Cadmium et Alliages, erscheint vierteljährl. in La Chambre du Zinc, Paris; Journal of American Zinc Institute, New York-City, Auskünfte über Zink erteilt die Zinkberatung e. V., Düsseldorf.

Zinkate. Bez. für Salze mit den Anionen ZnO_2^{2-}, ZnO_4^{6-}, $Zn(OH)_3^-$, $Zn(OH)_4^{2-}$ od. $Zn(OH)_6^{4-}$. — E: zincates

Zinn (chem. Symbol Sn; von lat.: stannum). Metall. Element (*Schwermetall); At.-Gew. 118,69, Ordnungszahl 50. Natürliche Isotope (in Klammern Angabe der Häufigkeit): 112 (0,96%), 114 (0,66%), 115 (0,35%), 116 (14,30%), 117 (7,61%), 118 (24,03%), 119 (8,58%), 120 (32,85%), 122 (4,92%), 124 (5,94%); Sn hat damit die meisten stabilen Isotope unter allen Elementen. II- und IV-wertig; beide Wertigkeiten sind etwa gleich stark vertreten. Die Zinnverb. sind farblos (sofern der Säurerest nicht gefärbt ist); Sn steht in der IV. Hauptgruppe des *Periodensyst. zwischen *Germanium u. *Blei, mit denen es Ähnlichkeiten aufweist. Reines Sn ist ein silberweißes, glänzendes Metall, das seinen Glanz an der Luft u. im Wasser fast unbegrenzt lange beibehält; es bedeckt sich an seiner Oberfläche mit einer sehr dünnen, durchsichtigen Oxidschicht. Sn gehört zu den halbedlen Metallen. Infolge seiner Stellung in der *Spannungsreihe widersteht es dem Angriff vieler Chemikalien ziemlich gut. Beim Erhitzen wird Sn oxydiert; verdampfendes Sn verbrennt zu Zinndioxid $= SnO_2$. Mit Chlor bildet Sn leicht Zinntetrachlorid $= SnCl_4$, mit Schwefel unter Erwärmen Zinnsulfide, mit starker Salzsäure Zinn(II)-chlorid (Gleichung: $Sn + 2 HCl \rightarrow SnCl_2 + H_2$); mit Salpetersäure entsteht unter lebhafter Reaktion ein unlösl. weißes Pulver von hochmol. b-Zinnsäure, beim Kochen mit Natronlauge bildet sich Hydroxostannat (Gleichung: $Sn + 4 H_2O + 2 NaOH \rightarrow Na_2[Sn(OH)_6] + 2 H_2$). Von schwachen Säuren (z. B. Obstsäuren) wird Sn nicht angegriffen, daher kann man Nahrungsmittel in Konservendosen aus verzinntem Eisenblech (Weißblech) aufbewahren. Sn gehört zu den weichsten Metallen (Mohshärte 1,8); es läßt sich mit dem Messer anritzen, die Feilenrillen werden von Sn leicht „verschmiert". *D.* 7,31, Zugfestigkeit 2 bis 3 kg/mm². Sn läßt sich leicht zu dünnen Folien (Stanniol; von Stannum) auswalzen; das Stanniol ist gewöhnl. 0,02 — 0,09 mm dick. Beim Verbiegen einer Zinnstange hört man ein eigenartiges Geräusch („Zinnschrei"), das von der gegenseitigen Reibung der Kristallite herrührt. Beim Erwärmen auf etwa 162° entsteht das rhomb. γ-Zinn (auch „sprödes Zinn" genannt) von der *D.* 6,54; hierbei wird das Achsenverhältnis c/a etwas kleiner, der Wärmeinhalt steigt sprunghaft an (um ca. 50 cal/g-Atom) u. die Leitfähigkeit ändert sich ein wenig, s. W. Klemm u. H. Niermann in Angew. Chem. 75 [1963] S. 509 — 511; feinkörnige, spröde Masse, die beim Fall in Stücke zerspringt u. im Mörser pulverisiert werden kann. Bei 231,89° schmilzt das Sn; der Siedepunkt liegt auffällig viel höher, nämlich bei 2270°, nach anderen Angaben bei 2362°. Die Verdampfung setzt bei etwa 1200° ein; an offener Luft verbrennt Sn bei 1500 bis 1600° mit weißer Flamme zu Zinndioxid. Unterhalb 13,2° ist eine weitere Sn-Modifikation, das sog. α-Zinn od. graue Zinn (graues Pulver; *D.* 5,75), stabil. Bei gewöhnl. Temp. (also z. B. zwischen 0 u. 13,2°) verläuft die Umwandlung des weißen, gewöhnl. β-Sn in das pulverige, graue Sn außerordentlich langsam; dagegen kann bei sehr großer Kälte (etwa —48°) die Umwandlung schon in wenigen Std. vollzogen sein. Das Sn zersetzt sich von verschiedenen Stellen aus zu grauem Pulver, so daß ganze Zinngeräte schließlich völlig zerfallen. Man bezeichnet diese Erscheinung als „Zinnpest". Legiert man zum Zinn 0,5% Antimon od. Wismut, so tritt die Zinnpest nicht auf; umgekehrt kann man sie durch geringe Zusätze von Aluminium, Kobalt, Magnesium, Mangan, od. Zink erheblich beschleunigen. Erhitzt man die graue Zinnmodifikation auf dem Wasserbad, so geht sie wieder in gewöhnl., weißes Sn über. Die physiol. Wrkg. des Sn sind verhältnismäßig harmlos. Sn ist im allg. ungiftig. Selbst größere Mengen von Sn-Salzen rufen im Verdauungskanal nur vorübergehende Störungen hervor; offenbar kann das Sn nur sehr schwer durch die Darmwände ins Blut wandern.

Vork.: Ca. 0,0040% der obersten, 16 km dicken Erdkruste dürften aus Sn bestehen; damit steht es in der Häufigkeitsliste der Elemente an 30. Stelle zwischen *Cer u. *Yttrium. Das bei weitem wichtigste Zinnerz ist der Kassiterit od. Zinnstein = SnO_2. Über Verbreitung von Sn s. Onishi u. Sandell in Geochim. Cosmochim. Acta 1957, S. 262 bis 270. Über Geochemie von Sn s. H. Borchert u. J. Dybek in Chemie der Erde, 1960, S. 137 – 154.

Darst.: Die zinnführenden Gesteine enthalten höchstens einige % Zinnstein. Um diesen anzureichern, wird das zerkleinerte Gesteinsmaterial mit Wasser geschlämmt, wobei der auffällig schwere Zinnstein (*D.* 6 – 7) viel rascher zu Boden sinkt als die Beimengungen. Man erhält auf diese Weise „Konzentrate" mit 60 – 75% Sn. Diese werden — nötigenfalls nach vorhergehendem Rösten u. Auslaugen — mit Koks od. Kohle vermischt in Schacht- od. Flammöfen erhitzt, wobei der Zinnstein zu Zinn reduziert wird; Gleichung: $SnO_2 + 2\,C \rightarrow Sn + 2\,CO$. Das Banka- od. Straits-Zinn ist nach der Red. 99,75%ig; die übrigen Zinnsorten werden noch einer Raffination durch *Seigerung, Polen (man rührt geschmolzenes Zinn mit grünem Reisig um, wobei die entweichenden Gase eine Oxydation u. Abscheidung der Zinnverunreinigungen ermöglichen), Schmelzen mit Zuschlägen von Alkali- u. Erdalkalimetallen, Elektrolyse u. dgl., unterzogen. Über Darst. von reinem Sn s. auch Brauer I, 644 f. Über Sn-Darst. aus Sn-armen Konzentraten s. Chim. et Ind., Aug. 1962, S. 115 – 119. Große Zinnmengen gewinnt man bei der Entzinnung von Weißblech zurück.

Verw.: Zur Herst. von Weißblech (hierzu wird etwa 50% der Jahreszinnproduktion verwendet), dünnen Verpackungsfolien (Stanniol), Zinntuben, Zinngeschirren, Leg. (Bronze, Britanniametall, Lagermetalle, Schriftmetall, Lötzinn), Bandwurmmitteln (s. Hirte in Dtsch. Med. Wschr. 1951, S. 1083).

Geschichtl.: Der Zinnstein ist an einigen Stellen der Erde erheblich angereichert u. kann durch Kohle verhältnismäßig leicht reduziert werden — aus diesen Gründen ist die Sn-Darst. schon vor Jahrtausenden gelungen. Die ältesten Funde weisen nicht auf reines Zinn, sondern auf Zinn-Kupfer-Leg. (Bronze) hin; diese kamen um 3500 bis 3200 v. Chr. erstmals zur Herst. von Beilen, Speerspitzen usw. verwendet. In China u. Japan soll reines Zinn schon etwa 1800 v. Chr. hergestellt worden sein; die Ägypter haben schon um 600 v. Chr. gelegentlich reines Sn den Mumiengräbern beigegeben. In Peru haben schon die Inkas Sn hergestellt. Auch die Azteken in Mexiko haben das Sn gekannt. Cäsar berichtet bereits über die Zinnvorkommen in Britannien, u. zu Plinius' Zeiten wurden schon Kupfergefäße mit dünnen Zinnüberzügen versehen. Um 1146 sollen die ersten Zinngruben in Böhmen eröffnet worden sein. Auch in Sachsen entstanden in jenen Zeiten die ersten Zinnbergwerke; diese deckten bis zu ihrer Zerstörung im Dreißigjährigen Krieg den dtsch. Zinnbedarf. — E: tin

Lit.: Abeggs Handbuch der Anorg. Chemie, Bd. III/2, Leipzig, Hirzel, 1922; Ahlfeld, F., A. v. Wolfram, Stuttgart, Enke, 1958; *ASTM, Symposium on Tin, Philadelphia 1953; Belyayev, D. V., A Handbook of the Metallurgy of Tin, Oxford, Pergamon Press, 1963; Britton, S. C., Corrosion Resistance of Tin and Tin Alloys, London, The Tin Research Inst., 1952; Donaldson, J. D., The Chemistry of Bivalent Tin, in Progr. Inorg. Chem. 8 [1967] S. 287 – 356; Hedges, E. S. u. a., Tin and its Alloys, London, St. Martins Press, 1960; Hoare, W. E., E. S. Hedges u. B. T. K. Barry, The Technology of Tinplate, London 1965; Kirk-Othmer, 1. Aufl., Bd. 14, 1955, S. 136 – 165; Mantell, Tin, its Mining, Production, Technology and Applications, New York, Reinhold, 1949; Minchinton, W. E., The British Tinplate Ind. (A History), Oxford Univ. Press, 1957; Neumann, W. P., Die Org. Chemie des Zinns, Stuttgart, Enke, 1967; Pascal, Nouveau Traité, Bd. VIII, 1963, S. 285 – 324; Spiess-Reitmeyer, K. H., Zinn-Mineralien u. -Lagerstätten, in Chemie-Labor-Betrieb 18 [1967] S. 315 – 319, 368 bis 372; Tin Research Institute, Equilibrium Data for Tin Alloys, Greenford/Middlesex, 1949; Ullmann IV, 494, VII, 838, XI, 429, XII, 341. *Ztschr.*: Tin, London, Tin Producers Association, 25 Charles II Haymarket; Tin and its Uses, Greenford/Middlesex, Tin Research Institute, Zinn-Informationsbüro: Düsseldorf, (veröffentlicht Ztschr. Zinn als dtsch. Ausgabe von Tin and Its Uses, s. oben).

Zirkonate (IV). Bez. für Salze mit dem Anion ZrO_3^{2-}. — E: zirconates (IV)

Zirkonium („das" Zirkon; chem. Symbol Zr). Metall. Element; At.-Gew. 91,22. Natürliche Isotope (in Klammern Angabe der Häufigkeit): 90 (51,46%), 91 (11,23%), 92 (17,11%), 94 (17,40%), 96 (2,80%); Ordnungszahl 40. II-, III- u. IV-wertig; in Übereinstimmung mit seiner Stellung in der IV. Nebengruppe des *Periodensyst. (zwischen *Titan u. *Hafnium) ist Zr am häufigsten IV-wertig. Die Verb., die sich vom IV-wertigen Zr ableiten, sind in der Regel farblos u. ungiftig. Geschmolzenes, reines, massives Zr ist stahlartig glänzend, das feine Zr-Pulver dagegen schwarz. Das Pulver verbrennt im Sauerstoffstrom bei Rotglut, das massive Metall erst bei Weißglut zu Zirkondioxid = ZrO_2, die Verbrennungswärme ist noch höher als beim Titan. Feinverteiltes Zr gibt bei der Verbrennung in O_2 die für Metallflammen höchste Temp. von 4656°, s. Angew. Chem. 70 [1958] S. 348. Massives Zr widersteht den Angriffen von Wasser, Salzsäure, Salpetersäure, Phosphorsäure u. Laugen, dagegen wird es von Flußsäure (bei Zimmertemp.), heißer konz. Schwefelsäure, geschmolzenen Ätzalkalien, Chlorwasserstoff (bei dunkler Rotglut), Chlor u. dgl. angegriffen; bei etwa 1000° verbindet es sich mit Stickstoff zu einem stabilen Nitrid (ZrN). Geschmolzenes Zr reagiert mit dem Stickstoff der Luft bei plötzlichem Erhitzen (z. B. durch die Wärmeeinstrahlung einer kapazitiven Lichtentladung) schneller als mit Sauerstoff. Reaktionsprod. sind ZrN, ZrO_2 u. Zr_2ON_2; s. CAEN 42 [1964]

Zirkonium

Nr. 37, S. 45—46. Wenn ein Tropfen geschmolzenes Zr im freien Fall ein gasförmiges Oxydationsmittel durchfällt, erfolgt häufig Explosion; s. Nachr. Chem. Techn. 12 [1964] S. 448 u. Science (Wash.) 148 [1965] S. 1594. Bei Zimmertemp. kann das gewöhnl. hexagonal kristallisierende Zr bis zu 33 Atom-% Wasserstoff od. bis zu 10% Sauerstoff bzw. Stickstoff in sein Kristallgitter einbauen. Reinstes Zr ist nicht spröde u. ziemlich dehnbar; man kann es zu Blech auswalzen u. zu Draht von 0,03 mm ausziehen. Es ähnelt äußerlich den Nirosta-Stählen u. kann auf Silberglanz poliert werden. D. 6,53; F. 1852 ± 2°, Kp. 3578°; Härte 7—8 (schon 0,3% Sauerstoffgeh. kann die Brinellhärte verdreifachen); Zerreißfestigkeit 95 kg/mm². Elektr. Leitfähigkeit ähnlich wie bei den Widerstandsleg. Manganin, Konstantan u. dgl. Wärmeausdehnungskoeffiz. relativ niedrig.

Vork.: Der Anteil des Zr an der obersten, 16 km dicken Erdkruste wird auf 0,022% geschätzt; damit steht Zr in der Häufigkeitsliste der Elemente an 20. Stelle zwischen *Barium u. *Chrom; es ist also wesentlich häufiger als Nickel, Kupfer, Zinn, Blei u. die Edelmetalle. Trotzdem wurde Zr verhältnismäßig spät bekannt, da es auf der Erde stark „verzettelt" ist u. stärkere Anreicherungen von Zr-Erzen nicht häufig sind. Das techn. wichtigste Zr-Mineral ist die Zirkonerde (Baddeleyit) = ZrO_2 (in Nephelinsyenitgängen u. Edelsteinseifen von Australien, Ceylon u. Brasilien); der Zirkon = $ZrSiO_4$ ist zwar in der Natur häufiger anzutreffen (verbreiteter mikroskop. Bestandteil von Granit, Quarzporphyr, Trachyt, Sandsteinen u. dgl.), doch tritt dieser meist nur als Einsprengling auf. Zr ist in Pyroxenen u. Amphibolen, Ägirinen, ferner in Rutil, Titanit, Magnetit, Ilmenit, Apatit bis zu einigen Zehntelprozent verbreitet, s. Degenhardt in Geochim. Cosmochim. Acta (London) 1957, S. 279—309.

Darst.: Pulverförmiges, unreines Zr entsteht (nach Berzelius) durch Red. des Kaliumfluorozirkonats $K_2[ZrF_6]$ mit Natrium: $K_2[ZrF_6] + 4 Na \rightarrow 2 KF + 4 NaF + Zr$; techn. wird Zr nach folgenden Verf. gewonnen: 1. Kroll-Verf.: Hier werden Zirkon-Sandkonzentrate im elektr. Ofen zusammen mit Graphit erhitzt (Siliciumabscheidung, Bldg. von Zr-Carbid), hernach führt man das Zr-Carbid mit Chlorgas in Zirkontetrachlorid über u. reduziert dieses in einer Heliumatmosphäre (Luft würde Zr spröde machen) mit geschmolzenem Mg zu Zr ($ZrCl_4 + 2 Mg \rightarrow Zr + 2 MgCl_2$). 2. Beim Westinghouse-Verf. wird Zirkoniumoxid mit Ca (Erhitzung!) in Druckbomben zu Zr reduziert, nachher löst man die Beimengungen mit Salzsäure heraus. Sehr reines, schmiegsames, massives Zr gibt das von van Arkel u. de Boer (1924) ausgearbeitete Aufwachsverf.; hier wird flüchtiges Zirkoniumtetrajodid in einem evakuierten, rund 600° heißen Gefäß aus Pyrexglas an einem etwa 40 μ starken, 1800° heißen Wolframdraht zersetzt, so daß sich Zr auf dem Wolframdrähtchen niederschlägt.

Verw.: Wegen seiner Korrosionsbeständigkeit eignet sich Zr als Konstruktionswerkstoff in der chem. Industrie, wobei jedoch einer ausgedehnten Verw. im App.-Bau noch dessen hoher Preis entgegensteht. Zr wird daher gegenwärtig nur zur Herst. kleiner, der Korrosion stark ausgesetzter Tle., z. B. Spinndüsen, Ventile, Pumpen, Rührer, Rohre in Verdampfern u. Wärmeaustauschern eingesetzt. In der Elektrotechnik verwendet man Zr für Bauteile in Vak.-Röhren. In der Pyrotechnik dient Zr-Pulver zur Herst. von Leuchtkugeln, Leuchtspurmunition u. rauchlosem Blitzlichtpulver; in der Metallurgie hat sich Zr als Desoxydationsmittel bewährt. Weiter findet Zr Verw. rein od. in Form von Leg. in der Kerntechnik als Canning- u. Strukturwerkstoff.

Geschichtl.: Stark verunreinigtes ZrO_2 wurde bereits 1789 von dem dtsch. Chemiker Klaproth aus ceylones. Zirkon abgeschieden. Berzelius erhielt 1824 pulverförmiges, unreines Zr durch Red. von Kaliumfluorozirkonat mit Kalium. Die Zirkonpräp. des vorigen Jahrhunderts enthielten noch viele Verunreinigungen aus Hafnium, Zirkoniumoxid u. Zirkoniumnitrid; ein 98,7%iges Zr-Metall wurde erst 1907 von Burger dargestellt. Unter „Zirkon" verstand man ursprünglich einen Edelstein aus Zirkonsilicat, dessen farbige Verunreinigungen nach dem Glühen verschwanden, so daß er wegen seines hohen Glanzes als „Diamant" verkauft werden konnte. Wegen dieser Verfälschung hat man ihm den franz. Namen jargon (Kauderwelsch) beigelegt. Zirkon u. Zirkonium sind von franz. jargon herzuleiten; nach anderer Auffassung ist Zirkon ein pers. Wort (Zargun) u. heißt goldfarben. — E: zirconium

Lit.: Abeggs Handbuch der Anorg. Chemie, Bd. III/2, Leipzig, Hirzel, 1922; Abshire, Eleanor, Bibliography of Zirconium, Washington 1958; American Society for Metals, Zirconium and Zirconium Alloys, Cleveland/Ohio, 1953; Blumenthal, W. B., The Chemical Behavior of Zirconium, Princeton, Van Nostrand, 1958; Clearfield, A., Structural Aspects of Zirconium Chemistry, in Rev. Pure Appl. Chem. 14 [1964] S. 91 bis 108; Espe, Zirconium, Füssen, C. F. Winterche Verlagshandlung, 1953; G-I-T-Merk- u. Arbeitsblätter, Reaktive Metalle II: Titan (Ti) u. Zirkonium (Zr), Beilage zu Glas-Instrumenten-Technik 9 [1965] Nr. 11; Gmelin, Syst.-Nr. 42, Zr, 1958; Kirk-Othmer, 1. Aufl., Bd. 15, 1956, S. 282—312; Lieser, K. H., Zur Korrosion von Zr u. Zr-Leg., in Angew. Chem. 79 [1967] S. 247—248; Lustman, B. u. F. Kerze, The Metallurgy of Zirconium, New York, McGraw Hill, 1955; Miller, G. L., Metallurgy of the Rarer Metals, Nr. 2: Zirconium, New York, Acad. Press, 1957; ders., Zirconium, London, Butterworth, 1957; Paquet, M., Le tannage au zirconium, Paris 1951; Pascal, Nouveau Traité, Bd. 9, Paris, Masson, 1962; Shelton, S. M., Zirconium, its Production and Properties, Washington 1956; Ullmann VIII, 339, IX, 508, 521, XI, 764, XII,

110, 113; Venable, F. P., Zirconium and its Compounds, New York, Reinhold; Volkel, W. u. M. Bekker, Zirkonium, in Metall 13 [1959] S. 940 ff.

Zirkonyl. Bez. für das Ion ZrO^{2+}. — E: zirconyl

Zn. Chem. Symbol für das Element *Zink.

Zone (Fleck). In *Papier- u. *Dünnschichtchromatographie Bez. einer begrenzt flächenförmig in u. auf der Schicht ausgebreiteten Substanz. Vgl. E. Stahl, Vorschläge zur Normierung u. Terminologie der Dünnschicht-Chromatographie, in Z. Anal. Chem. 234 [1968] S. 1 – 10. — E: zone, spot

Zonenelektrophorese. Bez. für ein elektrophoret. Verf. zur Trennung einzelner Komponenten von biolog. u. a. Substanzgemischen (z. B. Seren, Fermenten, Nucleinsäurekomplexen, Vitaminen, Antibiotica usw.) durch elektr. Gleichstrom (Spannung von einigen V bis 10 000 V), wobei die Komponenten an geeignetem Material (Stärke, Baumwollcellulose, Papier) adsorbiert u. in einzelne Zonen völlig voneinander getrennt werden. Bei der Z.-Apparatur von Tiselius (Uppsala) werden die Komponenten in mit Stärke od. Baumwollcellulose gefüllten Glasröhren (die in Glaszylinder mit Elektroden tauchen) beim Stromdurchgang in einzelne Zonen getrennt (s. Angew. Chem. 67 [1955] S. 247); bei der *Papierelektrophorese erscheinen die einzelnen Komponenten in Zonenform auf Papier. — E: zone electrophoresis

Lit.: Bloemendal, H., Zone Electrophoresis in Blocks and Columns, Amsterdam 1963.

Zonenschmelzverfahren. Bez. für ein modernes Spezialreinigungsverf., das auf der Tatsache beruht, daß Verunreinigungen gewöhnl. in der geschmolzenen Phase eines Stoffes leichter lösl. sind als in dessen fester Phase. Man bringt beim Z. z. B. eine schmale Stelle eines waagrecht od. senkrecht gelagerten Metallstabes durch Ringstrahler od. Hochfrequenzheizung langsam zum Schmelzen u. läßt die Schmelzzone allmählich weiterwandern. Mit dem Vorrücken der Schmelzzone gehen die Verunreinigungen in die Schmelze; hinter der Schmelze hat die erstarrte Masse einen höheren

Wanderungsrichtung der Schmelzzone

Reinheitsgrad. Im letzten Abschnitt reichern sich die Verunreinigungen mehr u. mehr an; dieser wird beseitigt u. der Prozeß evtl. mehrfach wiederholt. Man kann auf diese Weise z. B. auch Eisen u. Kupfer reinigen. Das Z. hat in der Halbleitertechnik bei der Herst. von reinsten Kristallen aus Si, Ge usw. große Bedeutung erlangt; es ist auch in der Org. Chemie z. B. zur Herst. reinster Naphthalinkristalle) anwendbar, s. H. C. Wolf u. H. P. Deutsch in Naturwiss. 1954, S. 425. Das Z. wurde 1952 von W. G. Pfann bei der Reindarst. von Germaniumtransistoren entwickelt (s. J. Metals 1952, S. 861). Nach Schildknecht u. Mann (Angew. Chemie 1957, S. 634 – 638) kann man kleinste Substanzmengen (Vitamine, Fermente, Bakterien u. dgl.) aus Lsg. durch „Eis-Zonenschmelzen" (Variante des Z., die eine Übertragung des Verf. auf Fl. darstellt: Die Fl. wird zuerst gefroren u. dann wird das entstandene „Eis" in wandernden Zonen aufgeschmolzen) anreichern. — E: zone melting

Lit.: Crystal Growth by Zone Refining, in Chemistry 40 [1967] Nr. 8, S. 27 – 28; Dehmelt, in Chem.-Ing.-Techn. 27 [1955] S. 275 – 278; Gaumann, in Chimia 18 [1964] S. 300 – 305; Herington, E. F. G., Zone Melting of Organic Compounds, New York, Interscience, 1963; Hinton, J. F., J. M. McIntyre u. E. S. Amis, A Zone Refining Apparatus for Organic Compounds, in J. Chem. Educ. 45 [1968] S. 116 – 117; Jahnke, P. J. u. R. Friedenberg, in J. Chem. Educ. 42 [1965] S. 157 – 160; Parr, N. L., Zone Refining and Allied Techniques, London, Newnes Ltd., 1960; Pfann, W. G., in CAEN 1956, S. 1440 – 1443; ders., Zone Refining, New York-London, Wiley, 1966; ders., Zone Refining, in Scient. Amer. 217 [1967] Nr. 6, S. 62 bis 72; Röck, H., Ausgewählte moderne Trennverf., Darmstadt, Steinkopff, 1957; ders., in Naturwiss. 1956, S. 81; Schildknecht, H., Das Z., Weinheim, Verl. Chemie, 1964 (engl. Übersetzung: Zone Melting, New York, Academic Press, 1966), vgl. auch Nachr. Chem. Techn. 1964, S. 406; ders., Normales Erstarren, Z. u. Kolonnenkristallisieren, in Z. Anal. Chem. 181 [1961] S. 254 – 274; Ullmann II/1, 185 – 190, VIII, 11, X, 827; Wilcox, W. R. u. a., in Chem. Rev. 1964, S. 187 – 220.

Zr. Chem. Symbol für das Element *Zirkonium.

Zunder. Nach DIN 50 900 (Nov. 1960) Bez. für bei hohen Temp. auf einer Metalloberfläche entstehende, vorwiegend oxid. Reaktionsprod. Nach einer ISO-Definition (ISO/TC 107/WG 1) ist Z. eine fest haftende Oxidschicht, die dicker als die als Anlauffilm bezeichnete *Deckschicht ist. — E: scale, laminar rust

Zündpunkt = Entzündungstemp.

Zündsprengstoffe = *Initialsprengstoffe.

Zündstoffe. *Explosivstoffe, die mechan. od. therm. leicht zu zünden sind u. durch ihren äußerst heftigen Zerfallsstoß unempfindlichere u. reaktionsträgere Sprengstoffe zur Explosion bringen. Sie sind ident. mit den *Initialsprengstoffen, die (wenn „*Sprengstoffe" als Synonym für Explosivstoffe verwendet wird) von den brisanten Sprengstoffen zu unterscheiden sind. — E: detonation agents

Zurichten s. *Gerberei. — E: dressing

Zusammengesetzter Name = *Konjunktiver Name.

Zustandsdiagramm. Bez. für mehr od. weniger komplizierte zwei- od. dreidimensionale Schaubilder, in denen die verschiedenen Zustände von festen, fl. u. gasf. Stoffen, Stoffgemischen, Leg.,

Zustandsgleichung der idealen Gase

Lsg., Schmelzen usw. in Abhängigkeit von Temp., Druck od./u. Zus. dargestellt sind. Zwei Beisp. für Zustandsdiagramme finden sich unter *Eutektikum auf S. 239. Vgl. auch Ullmann II/1, S. 638 bis 664, XII, 355. — E: phase diagrams

Zustandsgleichung der idealen Gase s. *Gaszustand. — E: ideal gas law

Zweistoffsysteme = *Binäre Syst.

Zwischenmolekulare Kräfte. Bez. für die zwischen den Atomen verschiedener, jeweils hauptvalenzmäßig abgesätt. Mol. wirksamen Anziehungs- u. Abstoßungskräfte, die den Zusammenhalt der Substanzen über die chem. Bindung hinaus bewirken. Auf die Existenz von Z. K. kann man schließen aus den thermodynam. Eig. der Gase bei niedrigen Drucken, den Transportprozessen (Viskosität, Diffusion usw.) in verd. Gasen sowie dem thermodynam. Verh. der Kristalle in der Nähe des absoluten Nullpunktes. Die Frage der Abtrennung der Z. K. von den eigentlichen chem. Kräften scheint zunächst eine konventionelle Frage zu sein. Während chem. Kräfte zu „Verb." Anlaß geben, deren Trennungsenergien in der Größenordnung von 100 kcal/Mol liegen, bezeichnet man die Kräfte, die zur Ausbldg. von „Mol.-Verb." mit Trennungsenergien bis zu etwa 5 kcal/Mol Veranlassung geben können, als Z. K. Die Grenzziehung muß — wenn man von den Trennungsenergien ausgeht — natürlich schwankend sein. Eine klarere Grenzziehung ergibt sich, wenn man den physikal. Ursprung der Z. K. betrachtet. Es ist zweckmäßig, auch willkürlich, zwei Arten von Z. K. zu unterscheiden, bei denen keine chem. Wechselwrkg. erfolgen: 1. Abstoßungskräfte kurzer Reichweite; 2. Anziehungskräfte großer Reichweite. Die erstgenannten Kräfte kommen dann zur Auswrkg., wenn sich die betroffenen Mol. einander so stark genähert haben, daß sich ihre Elektronenwolken überlappen. Zu den weitreichenden Anziehungskräften gehören: a) der elektrostat. Beitrag (Dipol/Dipol-Wechselwrkg. in Form gegenseitiger Ausrichtung), b) Dispersionseffekt, der zwischen allen mol. Gebilden dadurch zustande kommt, daß die ladungstragenden Körper in den Gebilden in Bewegung sind; c) Induktionskräfte (kommen dadurch zustande, daß Mol. im Felde eines anderen Mol. polarisiert werden können, wobei ein Dipol induziert wird). Diese Anziehungskräfte werden insgesamt auch als *Van-der-Waals-Kräfte bezeichnet. Eine bes. Form von Z. K. u. einen Grenzfall zur echten chem. Bindung hin bilden die sog. *Wasserstoffbrückenbindungen. Vgl. auch *Chem. Bindung u. *Dipole, Dipolmomente. — E: intermolecular forces

Lit.: Briegleb, G., Z. K. u. Mol.-Struktur, Karlsruhe, Braun, 1949; Casimir, H. B. G., Van-der-Waals-Wechselwrkg., in Naturwiss. 54 [1967] S. 435—438, u. in Naturwiss. Rdsch. 19 [1966] S. 262, 20 [1967] S. 26 bis 27; Hirschfelder, J. O., Intermolecular Forces, New York-London, Wiley-Interscience, 1968; Rajewski, Freska, Schön, Zwischenmol. Kräfte, Karlsruhe, Braun, 1952; Smith, E. B., Intermolecular Forces, in Ann. Rep. Progr. Chem. 63 [1966] S. 13—26; Widom, B., Intermolecular Forces and the Nature of the Liquid State, in Science (Wash.) 157 [1967] S. 375—382.

Zwischenprodukte. Bez. für reine chem. Verb., die aus *Rohstoffen (z. B. Teer, Erdöl u. dgl.) gewonnen u. zur Synth. von Farbstoffen, Arzneimitteln, Kunststoffen, Riechstoffen, Textilhilfsmitteln u. dgl. dienen. — E: intermediates

Lit.: Horn, O., Z.-Tafeln, München, Hanser, 1963; Lange, O., Die Z. der Teerfarbenfabrikation, Leipzig 1920; Leffler, J. E., The Reactive Intermediates of Org. Chemistry, New York, Wiley, 1956; Scherf, K., Org. Z., in Die BASF 16 [1966] S. 71—84; Shirley, D. A., Preparation of Org. Intermediates, New York, Wiley, 1954; Winnacker-Küchler III (Horn u. Bandel), 1959; Woroshzow, N. N., Grundlagen der Synth. von Z. u. Farbstoffen, Berlin, Akademie-Verl., 1966.

Zwitterionen. Bez. für Verb., die im Mol. zwar an getrennter Stelle, jedoch gleichzeitig, eine Gruppe mit positiver Ladung (Ammonium-, Sulfonium-, Phosphonium-Ionen) u. eine solche mit negativer Ladung haben; letztere ist meist an Sauerstoffatomen lokalisiert, die sich durch Abgabe eines Protons von Sulfonsäuregruppen, Phosphorsäureresten, sauren phenol. od. enol. Hydroxylen usw. herleiten, s. auch *Aminosäuren. Über Z., die nur aus C, H. u. N bestehen (Tetrazolderiv., Nitron usw.) s. Kuhn u. Kainer in Angew. Chem. 65 [1953] S. 442—446. — E: zwitter ions

Zykl... s. *Cycl...

Zym(o)... (griech.: zyme = Sauerteig, Hefe). Vorsilbe, die in chem. Namen auf Fermenteig., Verwandtschaft zu *Fermenten od. auf Entstehung durch Gärung hindeutet. *Beisp.:* Zymase, Zymosterin, Zymophosphat. — E: zymo-, zym-

Englischsprachiges Register

Hier sind die englischen Übersetzungen der als Spitzmarken auftretenden Stichwörter in alphabetischer Ordnung zusammengestellt. In das Register wurden nicht aufgenommen: Abkürzungen (z. B. IUPAC) und Symbole (z. B. Na), Namen von Personen (z. B. Winnacker-Küchler) oder Institutionen (z. B. Chemisches Zentralblatt) sowie solche Stichwörter, die in lateinisch (z. B. Unguenta) oder englisch (z. B. Detergent Builders) vorliegen.

Die englischen Bezeichnungen sind in der gleichen grammatischen Form wie die deutschen Stichwörter gebracht, bei unterschiedlicher Schreibweise zwischen Oxford- und amerikanischem Englisch ist meist letzterem der Vorzug gegeben, da dessen Literaturanteil überwiegt (also steht "sulfur" statt "sulphur", usw.); sind in Einzelfällen beide Schreibweisen gebracht, so werden diese durch Hinzufügen der Sprachenzeichen ([GB] bzw. [USA]) unterschieden.

In Verbindung mit den deutschen Stichwörtern und den am Ende der einzelnen Stichworttexte jeweils aufgeführten englischen Übersetzungen gewinnt „Römpps Chemisches Wörterbuch" auch die Funktion eines wechselseitigen „Fachwörterbuches der Chemie" zwischen der deutschen und der englischen Sprache. Existieren im Englischen mehrere Bezeichnungen für den gleichen Begriff, so sind die Synonyma in der Reihenfolge der Häufigkeit ihrer Verwendung aufgeführt; doch sei darauf hingewiesen, daß diese oft strittig und regional unterschiedlich ist.

English Subject Index. Table of keywords without abbreviations, symbols, the names of persons and institutions, and keywords in Latin or English spelling.

ABC-weapons *ABC-Kampfmittel*
abherents *Antikleber*
ablation *Ablationskühlung*
A-bomb *A-Bombe*
abrasion-proof finishes *abriebbeständige Lackierungen*
abrasive sand *Abreißsand*
abraum salts *Abraumsalze*
ABS-copolymers *ABS-Copolymere*
absolue *Absolue*
absolute alcohol *absoluter Alkohol*
absolute ether *absoluter Äther*
absolute temperature *absolute Temperatur*
absolute zero *absoluter Nullpunkt*
absorbed dose *Strahlendosis*
absorbent *Absorbens*
absorptiometry *Absorptiometrie*
absorption *Absorption*
absorption bases *Absorptionsbasen*
absorption coefficient *Absorptionskoeffizient*
absorption spectrum *Absorptionsspektrum*
absorption vessels *Absorptionsgefäße*
abstracts *Abstracts, Referate*
abstracts journals *Referateorgane*
ac- *ac-*
academies *Hochschulen*
acaricide *Acaricid*

accelerators *Aktivatoren, Teilchenbeschleuniger*
acceptor *Akzeptor*
accuracy *Genauigkeit*
acenaphthenyl- *Acenaphthenyl...*
acetals *Acetale*
acetamido- *Acetamido...*
acetamino- *Acetamino...*
acetates *Acetate*
acetimido- *Acetimidoyl...*
acetoacetyl- *Acetoacetyl...*
acetonyl- *Acetonyl...*
acetonylidene- *Acetonyliden...*
acetoxy- *Acetoxy...*
acetoxy-mercuri- *Acetoxymercuri...*
acetyl- *Acetyl...*
acetylamino- *Acetylamino...*
acetylation *Acetylierung*
acetylenes *Acetylene*
acetylenyl- *Acetylenyl...*
acetylides *Acetylide*
acetylimino- *Acetylimino...*
acetyl-mercapto- *Acetylmercapto...*
acetyl number *Acetylzahl*
acetyl value *Acetylzahl*
aci- *aci-*
acid amides *Säureamide*
acid anhydrides *Säureanhydride*
acid azides *Säureazide*

acid-base balance *Säure-Base-Gleichgewicht*
acid-base concept *Säure-Base-Begriff*
acid-base titration *Säure-Base-Titration*
acid bromides *Säurebromide*
acid capacity *Acidität*
acid capacity of bases *basige Säuren*
acid chlorides *Säurechloride*
acid consumption *Säureverbrauch*
acid(e) dyes *Säurefarbstoffe*
acid fluorides *Säurefluoride*
acid formers *Säurebildner*
acid-forming elements *Säurebildner*
acid halides *Säurehalogenide*
acid hydrazides *Säurehydrazide*
acidic oxides *Säureanhydride*
acidimetry *Acidimetrie*
acid imides *Säureimide*
acid iodides *Säurejodide*
acidity *Acidität*
acid nitriles *Säurenitrile*
acidoids *Acidoide*
acido ligands *Acidoliganden*
acidosis *Acidose*
acid radicals *Säureradikale, Säurereste*
acid reacting *saure Reaktion*

acids *Säuren*
acid salts *saure Salze*
aci-form *aci-Form*
acoustic chemistry *Akustochemie*
acryloyl- *Acryloyl...*
acrylyl- *Acryloyl...*
actinide elements *Actinide*
actinides *Actinide*
actinium *Actinium*
actinium series *Actinium-Zerfallsreihe, Uran-Actinium-Reihe*
actinium X *Actinium X*
actinoides *Actinoide*
actinon *Actinon*
actino-uranium *Actinouran*
activation *Aktivierung*
activation analysis *Aktivierungsanalyse*
activation energy *Aktivierungsenergie*
activators *Aktivatoren*
active center *aktives Zentrum*
active site *aktives Zentrum*
active solids *Aktivstoffe*
active substances *Wirkstoffe*
activity *Aktivität*
acyclic *acyclisch*
acyclic compounds *acyclische Verbindungen*
acyl- *Acyl...*
acylation *Acylierung*
acyl radical *Acyl-Rest*
addiction producing drugs *Rauschgifte*
addition *Addition*
additional detergents *Detergent Builders*
additional metal *Hilfsmetall*
addition compounds *Additionsverbindungen, Anlagerungsverbindungen*
addition of acetylene *Äthinylierung*
addition polymerization *Polymerisation*
additive name *additiver Name*
additive properties *additive Eigenschaften*
additives *Additive*
adducts *Addukte*
adherend *Adhärend*
adhesion *Adhäsion, Haftfestigkeit*
adhesive *Adhärens*
adhesive cements *Kitte*
adhesiveness *Haftvermögen*
adhesives *Klebstoffe*
adhesive strength *Haftfestigkeit*
adiabatic *adiabatisch*
adiabatic curves *Adiabaten*
adion *Adion*
adipyl- *Adipoyl...*
adjuvant *Adjuvans*
adsorbate *Adsorbat*
adsorbent *Adsorbens*
adsorbing *Adsorbieren*
adsorption *Adsorption*
adsorptive filtering *filtrierende Adsorption*
adstringents *Adstringentien*
aerobes *Aerobier*
aerobic *aerob*
aerosol particles *Schwebstoffe*
aerosols *Aerosole*

aetiology *Ätiologie*
aetiotropy *Ätiotropie*
affinalurgy *Affinalurgie*
affination *Affination*
affinity *Affinität*
agar gel electrophoresis *Agargel-Elektrophorese*
age determination *Altersbestimmung*
ageing *Alterung*
age-resistors *Alterungsschutzmittel*
agglomeration *Agglomeration*
agglutinating *Ausflockung*
agglutinins *Agglutinine*
aggregation *Aggregation*
aggressivity *Aggressivität*
agitating *Rühren*
agitators *Rührer*
aglucones *Aglucone*
aglycones *Aglykone*
agricultural chemistry *Agrikulturchemie*
air *Luft*
air-bath *Luftbad*
air-leak tubes *Siedekapillaren*
-al *...al*
alabamine *Alabamin*
alabamium *Alabamin*
alanates *Alanate*
alanes *Alane*
alanyl- *Alanyl...*
β-alanyl- *β-Alanyl...*
alchemy *Alchemie*
alcoholates *Alkoholate*
alcohol deterrents *Antialkoholica*
alcohol hydrometers *Alkoholometer*
alcoholic beverages *alkoholische Getränke*
alcoholic fermentation *alkoholische Gärung*
alcoholizing *Alkoholisieren*
alcoholometers *Alkoholometer*
alcohols *Alkohole*
alcoholysis *Alkoholyse*
ald- *Ald...*
aldazines *Aldazine*
aldebaranium *Aldebaranium*
aldehyde acids *Aldehydsäuren*
aldehyde ketones *Ketoaldehyde*
aldehydes *Aldehyde*
aldehydo- *Aldehydo...*
aldines *Aldine*
aldo- *Aldo...*
aldohexoses *Aldohexosen*
aldoketenes *Aldoketene*
aldol addition *Aldoladdition*
aldol condensation *Aldolkondensation*
aldolization *Aldolkondensation*
aldols *Aldole*
aldonic acids *Aldonsäuren*
aldopentoses *Aldopentosen*
aldoses *Aldosen*
aldosides *Aldoside*
aldoximes *Aldoxime*
algicides *Algicide*
alicyclic acids *alicyclische Säuren*
alicyclic compounds *alicyclische Verbindungen*
aliphatic compounds *aliphatische Verbindungen*
aliquot part *aliquoter Teil*

alitizing *Alitieren*
alkali-free *„alkalifrei"*
alkali melt *Alkalischmelze*
alkali metals *Alkalimetalle*
alkalimetry *Alkalimetrie*
alkaline-earth metals *Erdalkalimetalle*
alkaline reacting *alkalische Reaktion*
alkaline solutions *Laugen*
alkalinity *Alkalität*
alkalinium *Alkalinium*
alkali reserve *Alkalireserve*
alkali resistance *Alkalibeständigkeit*
alkalis *Alkalien*
alkaloids *Alkaloide*
alkalosis *Alkalose*
alkamines *Alkamine*
alkanals *Alkanale*
alkanes *Alkane*
alkanolamines *Aminoalkohole, Alkanolamine*
alkanones *Alkanone*
alkeneimines *Alkenimine*
alkenes *Alkene*
alkenols *Alkenole*
alkenylation *Alkenylierung*
alkines *Alkine*
alkinoic acids *Alkinsäuren*
alkinols *Alkinole*
alkoxides *Alkoxide*
alkoxy- *Alkoxy...*
alkyl *Alkyl...*
alkylamines *Alkylamine*
alkylaryl sulfonates *Alkylarylsulfonate*
alkylation *Alkylierung*
alkylbenzene sulfonates *Alkylbenzolsulfonate*
alkyl borines *Boralkyle*
alkyleneimines *Alkylenimine*
alkylenes *Alkylene*
alkyl halides *Alkylhalogenide*
alkylidene *Alkyliden*
alkylnaphthalene sulfonates *Alkylnaphthalinsulfonate*
alkylolamide sulfates *Alkylolamidsulfate*
alkylolamines *Aminoalkohole, Alkanolamine*
alkylphenols *Alkylphenole*
alkyls *Alkyle*
alkyl sulfates *Alkylsulfate*
alkyl sulfonates *Alkylsulfonate*
alkynes *Alkine*
alkynoic acids *Alkinsäuren*
allelopathics *Allelopathika*
allelopathy *Allelopathie*
allelotropism *Allelotropie*
allenes *Allene*
allergens *Allergene*
allergy *Allergie*
Allihn condenser *Allihnscher Kühler*
allo- *Allo...*
allocatalysis *Allokatalyse*
allochromatic *allochromatisch*
allogon compounds *Allogone*
alloisomerism *Alloisomerie*
allomerism *Allomerie*
allomorphism *Allomorphie*
allotriomorphic *allotriomorph*

allotropic modifications *allotrope Modifikationen*
alloys *Legierungen*
alloys for cutting tools *Schneidlegierungen*
allyl- *Allyl*...
allylidene- *Allyliden*...
allyloxy- *Allyloxy*...
alpha α
alpha decay *Alpha-Zerfall*
alpha disintegration *Alpha-Zerfall*
alpha particles *Alpha-Teilchen*
alpha rays *Alpha-Strahlen*
alphina particles *Alphina-Teilchen*
alphyl *Alphyl*
alterant *Alterans*
alternosorption *Alternosorption*
alucones *Alukone*
alumetizing *Alumetieren*
aluminates *Aluminate*
aluminium [GB] *Aluminium*
aluminizing *Aluminieren*
aluminothermic process *Aluminothermie*
aluminothermics *Aluminothermie*
aluminum [USA] *Aluminium*
aluminum diffusion coating *Alitieren*
alums *Alaune*
amalgamation process *Amalgamation*
amalgams *Amalgame*
amebicides *Amöbicide*
americium *Americium*
amicrons *Amikronen*
amidases *Amidasen*
amide linkage *Amidbindung*
amides *Amide*
amidines *Amidine*
amidino- *Amidino*...
amido- *Amido*...
α-amido-alkylation *α-Amidoalkylierung*
amination *Aminierung*
amines *Amine*
amino- *Amino*...
amino acids *Aminosäuren*
amino alcohols *Aminoalkohole*
α-amino-alkylation *α-Aminoalkylierung*
amino carboxylic acids *Aminocarbonsäuren*
amino-methyl- *Aminomethyl*...
amino sugars *Aminozucker*
aminoxides *Aminoxide*
ammoniacates *Amminsalze*
ammonio- *Ammonio*...
ammonium *Ammonium*
ammonium compounds *Ammoniumverbindungen*
ammonolysis *Ammonolyse*
amorphous state *amorpher Zustand*
amoxy- *Amoxy*...
ampere *Ampere*
amperometric titration *Amperometrie*
amphi *amphi*
amphiphilic compounds *amphiphile Verbindungen*
amphiprotic solvents *amphiprotische Lösungsmittel*
ampholytes *amphotere Elektrolyte*

amphoteric detergents *Amphotenside*
amphoteric electrolytes *amphotere Elektrolyte*
amphoteric ion *Ampho-Ion*
amphoteric tensides *Amphotenside*
ampoules *Ampullen*
ampules *Ampullen*
ampullas *Ampullen*
ampuls *Ampullen*
amyl- *Amyl*...
tert-amyl- *tert.-Amyl*...
amylidene- *Amyliden*...
anabolics *Anabolica*
anaemia *Anämie*
anaerobes *Anaerobier*
anaerobic *anaerob*
anaesthetics *Anästhetica*
analeptic amines *Weckamine*
analeptics *Analeptica*
analgesics *Analgetica, Schmerzlinderungsmittel*
analgetics *Analgetica*
analogous polymeric compounds *Polymeranaloge*
analogous units *analoge Einheiten*
analysis *Analyse*
analysis via functional groups *funktionelle Analyse*
analyte *Analyt*
analytical balance *Analysenwaage*
analytical chemistry *Analytische Chemie*
analytical funnels *Analysentrichter*
analytical separation procedures *Trennungsgänge*
"a" name *„a"-Name*
anaphoresis *Anaphorese*
anatexis *Anatexis*
anatoxins *Anatoxine*
androgens *Androgene*
-ane ... *an*
anellation *Annelierung*
anemia *Anämie*
anesthetics *Anästhetica, Narkotika*
Ångstrom unit *Ångström*
angular *angular*
anh. *anhydr.*
anhidrotics *Antihidrotica*
anhydrides *Anhydride*
anhydrite binders *Anhydritbinder*
anhydro- *anhydro*...
anhydro-acids *Anhydrosäuren*
anhydro-bases *Anhydrobasen*
anilides *Anilide*
aniline point *Anilinpunkt*
anilino- *Anilino*...
animalizing *Animalisieren*
anion- *Anionen*...
anion-active *anionenaktiv*
anion exchangers *Anionenaustauscher*
anionic *anionenaktiv*
anionic acids *Anionsäuren*
anionic bases *Anionbasen*
anionic chain polymerization *Anionenketten-Polymerisation*
anionic ligands *Acidoliganden*
anionic polymerization *anionische Polymerisation*
anionic tenside *anionisches Tensid*
anions *Anionen, Säureradikale*

anisidino- *Anisidino*...
anisotropic elements *anisotope Elemente*
anisotropism *Anisotropie*
anisotypism *Anisotypie*
anisoyl- *Anisoyl*...
anisyl- *Anisyl*...
anisylidene- *Anisyliden*...
annelation *Annelierung*
annulenes *Annulene*
anode *Anode*
anode mud *Anodenschlamm*
anode slime *Anodenschlamm*
anodic electrolyte *anodischer Elektrolyt*
anodic oxidation *anodische Oxydation*
anodizing *Anodisieren*
anolyte *Anolyt*
"a" nomenclature *„a"-Nomenklatur*
anomers *Anomere*
anorexigens *Appetitzügler*
ansa-compounds *Ansa-Verbindungen*
antacids *Antacide*
antagonists *Antagonisten*
anthelmintics *Wurmmittel*
anthraglycosides *Anthraglykoside*
anthranoyl- *Anthraniloyl*...
anthryl- *Anthryl*...
anti *anti*
anti-agers *Alterungsschutzmittel, Antioxydantien*
antiaphrodisiacs *Antiaphrodisiaca*
antiarthritics *Antiarthritica*
antiasthmatics *Antiasthmatica*
anti-auxochromes *antiauxochrome Gruppen*
anti-auxochromic groups *antiauxochrome Gruppen*
antibacterial *antibakteriell*
antibases *Antibasen*
antibiotics *Antibiotica*
antibodies *Antikörper*
anticatalysis *Antikatalyse*
anticoagulants *Antikoagulantien*
anticonceptives *Anticonceptiva*
anti-configuration *anti-Form*
anticonvulsants *Spasmolytika*
antidepressants *Antidepressiva*
anti-deuterons *Antideuteronen*
antidiabetics *Antidiabetica*
antidiarrhoeals *Antidiarrhoica*
antidiazo compounds *Antidiazotate*
antidimmers *Antibeschlagmittel*
anti-diuretics *Antidiuretica*
antidote *Antidot*
antielectron *Antielektron, Positron*
antiemetics *Antiemetica*
antienzymes *Antienzyme*
antiepileptics *Antiepileptica*
anti-fatiguing agents *Ermüdungsschutzmittel*
antifertility drugs *Antifertilitätsmittel*
antifoamers *Schaumverhütungsmittel*
anti-foaming agents *Schaumverhütungsmittel*
antifogging compounds *Antibeschlagmittel*
anti-form *anti-Form*

923

antifouling compositions *Antifoulingfarben*
antigens *Antigene*
antihaemorrhagics *Antivaricosa*
antihidrotics *Antihidrotica*
antihistamines *Antihistaminica*
antihormones *Antihormone*
anti-isotypism *Antiisotypie*
antiknock compounds *Antiklopfmittel*
antiknock dopes *Antiklopfmittel*
anti-knocks *Antiklopfmittel*
antimatter *Antimaterie*
antimetabolites *Antimetabolite*
antimonides *Antimonide*
antimono- *Antimono* ...
antimony *Antimon*
antimonyl salts *Antimonylsalze*
antimutagens *Antimutagene*
antimyotics *Antimyotica*
antineuralgics *Antineuralgica*
antineutrino *Antineutrino*
antineutron *Antineutron*
antinucleons *Antinucleonen*
antioxidants *Antioxydantien*
antiozidants *Antiozonantien*
antiozonants *Antiozonantien*
antiparticles *Antiteilchen*
anti-perspirants *Antitranspirationsmittel*
antiphlogistics *Antiphlogistica*
antipodes *Antipoden*
antiprotectives *Antiprotektiva*
antiproton *Antiproton*
antipyretics *Antipyretica*
antirads *Antirads*
antirheumatics *Antirheumatica*
antiseptics *Antiseptica*
antiskinnings *Antihautmittel*
antispasmodics *Antispasmodica*
antistatic agents *Antistatica*
antistats *Antistatica*
antisudorals *Schweißverhütungsmittel*
antisudorifics *Schweißverhütungsmittel*
antitoxins *Antitoxine*
antitussives *Antitussiva*
anti-vitalstuffs *Antivitalstoffe*
antivitamins *Antivitamine*
APC-Viruses *APC-Viren*
aperiodic high-polymers *aperiodische Hochpolymere*
aphicides *Aphicide*
aphrodisiacs *Aphrodisiaca*
apo- *apo* ...
apoenzymes *Apoenzyme*
apoferments *Apofermente*
a point of a knifeful „Messerspitze"
a-polymerization *Polymerisation*
apothecaries' weight system *Apothekergewicht*
apparent solutions *Scheinlösungen*
application *Applikation*
applied research *angewandte Forschung*
aprotic solvents *aprotische Lösungsmittel*
aqua *Aqua*
aquametry *Aquametrie*
aquo *aquo*
aquoxides *Aquoxide*

araliphatic compounds *araliphatische Verbindungen*
aralkyls *Aralkyle*
aralkyl sulfonates *Aralkylsulfonate*
arenes *Arene*
argentometry *Argentometrie*
argentum *Argentum*
arginyl- *Arginyl* ...
argon *Argon*
armides *Armide*
Arndt-Schulz law *Arndt-Schulz-Gesetz*
aromas *Aromen*
aromatic compounds *aromatische Verbindungen*
aromatic principles *Duftstoffe*
aroxyls *Aroxyle*
aroyl- *Aroyl* ...
arrest *Haltepunkt*
arsenic *Arsen*
arsenides *Arsenide*
arseno- *Arseno* ...
arsenoso- *Arsenoso* ...
arsines *Arsine*
arsino- *Arsino* ...
arso- *Arso* ...
arsonio- *Arsonio* ...
arsono- *Arsono* ...
arsonoso- *Arsonoso* ...
arsyl- *Arsyl* ...
arsylene- *Arsylen* ...
artificial serum preparations *Blutersatzmittel*
artificial silks *Chemie-Seiden*
aryl- *Aryl* ...
arylenes *Arylene*
arynes *Arine*
as- *as-*
ascaricide *Ascaricid*
-ase ... *ase*
asepsis *Asepsis*
ash *Asche*
ashing *Veraschen*
asparagyl- *Asparaginyl* ...
aspartoyl- *Aspartoyl* ...
aspartyl- *Aspartoyl* ...
α-aspartyl- *α-Aspartyl* ...
β-aspartyl- *β-Aspartyl* ...
asphaltenes *Alphaltene*
asphaltites *Asphaltide*
asphalts *Asphalte*
assimilation *Assimilation*
assimilatoria *Assimilatoria*
association *Assoziation*
astatine *Astat*
asterism *Asterismus*
astro-chemistry *Kosmochemie*
asymmetric carbon atom *asymmetrisches Kohlenstoffatom*
atactic *ataktisch*
-ate ... *at*
atmolysis *Atmolyse*
atmophilic elements *atmophile Elemente*
atmosphere *Atmosphäre*
atol *Atol*
atom *Atom*
atom bomb *Atombombe*
atomic bomb *Atombombe*
atomic bond *Atombindung*
atomic energy *Atomenergie*
atomic heat *Atomwärme*

atomic ion *Atom-Ion*
atomic models *Atommodelle*
atomic nucleus *Atomkern*
atomic number *Ordnungszahl, Atomnummer*
atomic physics *Atomphysik*
atomic power plant *Atomkraftwerk*
atomic radii *Atomradien*
atomic radiuses *Atomradien*
atomic reactors *Atomreaktoren*
atomic refraction *Atomrefraktion*
atomic spectrum *Atomspektrum*
atomic structure *Atombau*
atomic theory *Atomtheorie*
atomic transmutation *Atomumwandlung*
atomic volume *Atomvolumen*
atomic wastes *Atommüll*
atomic weapons *Atomwaffen*
atomic weight *Atomgewicht*
atomism *Atomistik*
atom percents *Atomprozent*
atom splitting *Atomzertrümmerung*
attacks in bombs *Bombenaufschluß*
atto- *atto* ...
attractants *Lockstoffe*
attractant unit *Lockstoff-Einheit*
aurates *Aurate*
austrium *Austrium*
auto-antibodies *Auto-Antikörper*
autocatalysis *Autokatalyse*
autoclaves *Autoklaven*
autolysis *Autolyse*
automation *Automation*
automobile exhaust *Autoabgase*
autoprotolysis *Autoprotolyse*
autoradiochromatography *Autoradiochromatographie*
autotrophic organisms *autotrophe Organismen*
autotypy *Autotypie, Rasterätzung*
autoxydation *Autoxydation*
auxochromes *auxochrome Gruppen*
auxochromic groups *auxochrome Gruppen*
auxotrophic *auxotroph*
average degree of polymerization *Durchschnittspolymerisationsgrad*
average molecular weight *Durchschnittsmolekulargewicht*
average sample *Durchschnittsprobe*
Avogadro constant *Loschmidtsche Zahl*
Avogadro number *Loschmidtsche Zahl*
Avogadro's hypothesis *Avogadro, Satz des*
Avoirdupois system *Avoirdupois*
awu *Atomgewicht*
aza- *Aza* ...
azelaoyl- *Azelaoyl* ...
azeotropes *azeotrop(isch)e Gemische*
azeotropic mixtures *azeotrop(isch)e Gemische*
azepines *Azepine*
azides *Azide*
azido- *Azido* ..., azido

azines *Azine*
azino- *Azino* ...
azo compounds *Azoverbindungen*
azoles *Azole*
azolides *Azolide*
azôte *Azôte*
azoxy compounds *Azoxyverbindungen*
azulenes *Azulene*
azymic *azymisch*

back titration *Rücktitration*
bactericidal *bakterizid*
bacteriophages *Bakteriophagen*
bacteriostatic *bakteriostatisch*
Baeyer strain theory *Baeyersche Spannungstheorie*
baiting agents *Ködermittel*
baits *Ködermittel*
baking [USA] *Einbrand*
balances *Waagen*
ball condensers *Kugelkühler*
Balling degrees *Balling-Grade*
Ballings *Balling-Grade*
banded spectrum *Bandenspektrum*
band spectrum *Bandenspektrum*
bar *Bar*
barbiturates *Barbiturate*
barium *Barium*
barn *Barn*
barrel *Barrel*
bars *Barren*
baryons *Baryonen*
basacid-systems *Basacid-Systeme*
basal metabolic rate *Grundumsatz*
basal metabolism *Grundumsatz*
base exchangers *Basenaustauscher*
base-forming elements *Basebildner*
base metals *unedle Metalle*
baseosis *Baseose*
bases *Basen*
base unit *Strukturelement*
basic acids *basige Säuren*
basic anhydrides *Basenanhydride*
basic capacity *Basizität*
basic capacity of acids *säurige Basen*
basic dyes *basische Farbstoffe*
basic esters *basische Ester*
basicity *Basizität*
basic oxides *Basenanhydride*
basic reacting *basische Reaktion*
basic research *Grundlagenforschung*
basic salts *basische Salze*
basic solvents *basische Lösungsmittel*
basiphilic *basophil*
basoids *Basoide*
basophilic *basophil*
bath *Flotte*
bathmometry *Bathmometrie*
bathochromic groups *bathochrome Gruppen*
bating *Beizen (Häute)*
battery *Batterie*
bead polymerization *Perlpolymerisation*
beakers *Bechergläser*
bearing materials *Lagerwerkstoffe*
bearing metals *Lagermetalle*
becoming chalky *Kreiden*

Becquerel rays *Becquerelstrahlen*
Beer's law *Beerschs Gesetz*
Beilstein's handbook of organic chemistry *Beilsteins Handbuch der Organischen Chemie*
benz- *Benz* ...
benzal- *Benzal* ...
benzamido- *Benzamido* ...
benzamino- *Benzamino* ...
benzeneazo- *Benzolazo* ...
benzeneazoxy- *Benzolazoxy* ...
benzene derivatives *Benzolderivate*
benzene nucleus *Benzolformel*
benzene ring *Benzolformel*
benzenesulfinyl- *Benzolsulfinyl* ...
benzenesulfonamido- *Benzolsulfonylamino* ...
benzenesulfonyl- *Benzolsulfonyl* ...
benzenetetrayl- *Benzoltetrayl* ...
benzenyl- *Benzenyl* ...
benzhydryl- *Benzhydryl* ...
benzhydrylidene- *Benzhydryliden* ...
benzidino- *Benzidino* ...
benziloyl- *Benziloyl* ...
benzimidazolyl- *Benzimidazolyl* ...
benzimido- *Benzimido* ..., *Benzimidoyl* ...
benzo- *Benz(o)* ...
benzofuranyl- *Benzofuranyl* ...
benzofuryl- *Benzofuryl* ...
benzohydryl- *Benzohydryl* ...
benzopyranyl- *Benzopyranyl* ...
benzoquinonyl- *Benzochinoyl* ...
benzoquinonylene- *Benzochinonylen* ...
benzothienyl- *Benzothienyl* ...
benzoxazinyl- *Benzoxazinyl* ...
benzoxazolyl- *Benzoxazolyl* ...
benzoxy- *Benzoxy* ...
benzoyl- *Benzoyl* ...
benzoylation *Benzoylierung*
benzoylene- *Benzoylen* ...
benzoylimino- *Benzoylimino* ...
benzoyloxy- *Benzoyloxy* ...
benzyl- *Benzyl* ...
benzylamino- *Benzylamino* ...
benzylidene- *Benzyliden* ...
benzylidyne- *Benzylidin* ...
benzylmercapto- *Benzylmercapto* ...
benzyloxy- *Benzyloxy* ...
benzyloxycarbonyl- *Benzyloxycarbonyl* ...
benzylselenyl- *Benzylselenyl* ...
benzyltelluro- *Benzyltelluro* ...
benzylthio- *Benzylthio* ...
Berkefeld filters *Berkefeldfilter*
berkelium *Berkelium*
berthollids *Berthollide*
beryllates *Beryllate*
beryllides *Beryllide*
beryllium *Beryllium*
beta β
Betachor *Betachor*
beta decay *Beta-Zerfall*
beta disintegration *Beta-Zerfall*
beta particles *Betastrahlen*
beta rays *Betastrahlen*
betatron *Betatron*
bi- *Bi* ...

biamperometric titration *„Dead-Stop"-Titration*
bicyclic compounds *bicyclische Verbindungen*
bicyclo- *Bicyclo* ...
bifunctional compounds *bifunktionelle Verbindungen*
bili- *Bili* ...
bilingual and multilingual chemical vocabularies *Fachwörterbücher für Chemie*
bimetal *Bimetall*
bimetallic thermocouple *Thermo-Bimetall*
bimolecular reaction *bimolekulare Reaktion*
binary compounds *binäre Verbindungen*
binary systems *binäre Systeme*
binder *Binder*
binding *Kleben*
binding materials *Bindemittel*
bio- *bio* ...
bioassay *biologischer Test*
biocatalysts *Biokatalysatoren, Wirkstoffe*
biochemistry *Biochemie*
biocids *Biocide*
biocrystals *Biokristalle*
bioelements *Bioelemente*
biogenetic(al) *biogen*
biogeochemical prospecting *biogeochemische Prospektion*
biological chemistry *Biologische Chemie*
biological standardization *biologische Standardisierung*
biological value *biologische Wertigkeit*
bioluminescence *Biolumineszenz*
biopolymers *Biopolymere*
bioses *Biosen*
biosphere *Biosphäre*
biotic reactions *biotische Reaktionen*
biphenylene- *Biphenylen* ...
biphenylenebis(azo)- *Biphenylenbis(azo)* ...
biphenylenedisazo- *Biphenylendisazo* ...
biphenylyl- *Biphenylyl* ...
biphenylylamino- *Biphenylylamino* ...
biphenylylcarbonyl *Biphenylylcarbonyl* ...
biphenylylene- *Biphenylylen* ...
biphenylylenebis(azo)- *Biphenylylenbis(azo)* ...
biphenylyloxy- *Biphenylyloxy* ...
bipolymers *Bipolymere*
birefringence *Doppelbrechung*
bis- *Bis* ...
bismuth *Wismut*
bismuthides *Bismutide*
bismuthines *Bismutine*
bismuthino- *Bismutino* ...
bismuthyl- *Bismutyl* ...
bisnor- *Bisnor* ...
bitumen *Bitumen*
bituminous substances *bituminöse Stoffe*
bivalent *bivalent*
Blanc method *Chlormethylierung*

blank experiment *Blindprobe*
blanks *Blindpräparate*
blank test *Blindversuch*
blank titration *Leertitration*
bleaching *Bleichen*
bleaching agents *Bleichmittel*
bleeding *Ausbluten, Farbbluten*
"bleeding" of iron *Bluten*
blendes *Blenden*
block copolymers *Blockcopolymerisate*
block polymerization *Blockpolymerisation*
blood clotting *Blutgerinnung*
blood group-specific substances *Blutgruppensubstanzen*
blood sedimentation *Blutsenkung*
blood substitutes *Blutersatzmittel*
blood sugar *Blutzucker*
blooming *Anlaufen, Vergütung*
blowlamps *Gebläse*
blowpipe analysis *Lötrohranalyse*
blueing *Bläuen*
blueprinting *Eisensalzverfahren*
blue prints *Blaupausen*
bluing *Anlassen*
blunting *Abstumpfen*
boart *Bort*
boat form *Wannenform*
boats *Schiffchen*
body *Körper*
Bohr atom model *Bohrs Atommodell*
boiling *Sieden*
boiling flasks *Kochkolben*
boiling in lye *Beuche*
boiling limits *Siedegrenzen*
boiling point *Siedepunkt, Kochpunkt*
boiling point elevation *Siedepunktserhöhung*
boiling range *Siedegrenzen*
bolometer *Bolometer*
bonding forces *Bindungskräfte*
bond length *Atomabstand*
boranes *Borane*
borates *Borate*
borazanes *Borazane*
borazenes *Borazene*
borazides *Borazide*
borazines *Borazine, Borazole*
borazoles *Borazole*
borides *Boride*
boriding *Borieren*
borines *Grundborine*
bornanes *Bornane*
bornyl- *Bornyl* ...
borohydrides *Boranate*
boron *Bor*
boron aluminum group *Bor-Aluminium-Gruppe*
boron equivalent *Boräquivalent*
boron group *Borgruppe*
boron hydrides *Borane, Borhydride*
boroxins *Boroxine*
bort *Bort*
borthiines *Borthiine*
boryl- *Boryl* ...
borylene- *Borylen* ...
borylidyne- *Borylidin* ...
bowling down *Eindampfen*

Boyle-Mariotte's law *Boyle-Mariottesches Gesetz*
brass-dipping *Gelbbrennen*
Bredt rule *Bredtsche Regel*
breeder reactors *Brutreaktoren*
brevium *Brevium*
bridgehead double-bond rule *Brückenkopf-Doppelbindungs-Regel*
bridges *Brücken*
bright-dipping *Glanzbrennen*
brightening *Avivieren*
brilliant dyes *Brillantfarbstoffe*
brine *Sole*
brisant explosives *Sprengstoffe*
bromatology *Bromatologie*
bromatometry *Bromatometrie*
bromides *Bromide*
bromination *Bromierung*
bromine *Brom*
bromine value *Bromzahl*
bromo- *Brom* ..., *bromo*
bromoformyl- *Bromoformyl* ...
bromometry *Bromometrie*
Brønsted acids *Brønsted-Säuren*
Brønsted bases *Brønsted-Basen*
bronze *Erz*
Brownian movement *Brownsche Molekularbewegung*
browning *Brünieren*
bubble chamber *Blasenkammer*
bucking *Beuche*
bucks *Laugen (Bleichlaugen)*
bufa- *Bufa* ...
buffer capacity *Pufferkapazität*
buffer index *Pufferindex*
buffers *Puffer*
bufo- *Bufo* ...
bulbs *Kolben*
Bunsen burner *Bunsenbrenner*
Bunsen funnels *Bunsentrichter*
Bunsen-Roscoe law *Bunsen-Roscoesches Gesetz*
burettes *Büretten*
burners *Brenner*
burning *Brennen*
burning in *Einbrand*
burn-up *Abbrand*
bushel *Bushel*
1:3-butadienyl- *Butadien-(1.3)-yl* ...
1-butanyliden-4-ylidyne- *1-Butanyliden-4-ylidin* ...
1-butenyl- *Buten-(1)-yl* ...
2-butenyl- *Buten-(2)-yl* ...
3-butenyl- *Buten-(3)-yl* ...
2-butenylene- *2-Butenylen* ...
butenylidene- *Butenyliden* ...
butenylidyne- *Butenylidin* ...
butoxy- *Butyloxy* ...
sec-butoxy- *sek.-Butyloxy* ...
tert-butoxy- *tert.-Butyloxy* ...
butyl- *Butyl* ...
sec-butyl- *sek.-Butyl* ...
tert-butyl- *tert.-Butyl* ...
butylidene *Butyliden* ...
sec-butylidene *sek.-Butyliden* ...
2-butynyl- *Butin-(2)-yl* ...
butynylene- *Butinylen* ...
butyrates *Butyrate*
butyric acid value *Buttersäurezahl*
butyryl- *Butyryl* ...

cacodyl- *Cacodyl* ...
cadmates *Cadmate*
cadmium *Cadmium*
caesium [GB] *Cäsium*
-caine ... *cain*
calcimine *Leimfarbe*
calcination *Calcinieren*
calcium *Calcium*
calendering *Kalandrieren*
californium *Californium*
calking compositions *Kitte*
calks *Kitte*
calorie *Calorie*
calorific value *Brennwert, Heizwert*
calorimetry *Kalorimetrie*
calorizing *Calorisieren*
camphanyl- *Camphanyl* ...
camphoroyl- *Camphoroyl* ...
camphoryl- *Camphoryl* ...
canal rays *Kanalstrahlen*
candela *Candela*
capillarity *Kapillarität*
capillary active *kapillaraktiv*
capillary analysis *Kapillaranalyse*
capillary chemistry *Kapillarchemie*
caprinoyl- *Caprinoyl* ...
caproyl- *Caproyl* ...
capryl- *Capryl* ...
capryloyl- *Capryloyl* ...
caprylyl- *Caprylyl* ...
capsids *Capside*
capsomeres *Capsomere*
capsules *Kapseln*
capture reactions *Einfangreaktionen*
carat *Karat*
carba- *Carba* ...
carbamates *Carbamate*
carbamido- *Carbamido* ...
carbaminyl- *Carbaminyl* ...
carbamoyl- *Carbamoyl* ...
N-carbamoylglycyl- *N-Carbamoylglycyl* ...
carbamyl- *Carbamyl* ...
carbanilino- *Carbanilino* ...
carbaniloyl- *Carbanilino* ...
carbanions *Carbanionen*
carbazolyl- *Carbazolyl* ...
carbenes *Carbene*
carbenium ions *Carbenium-Ionen*
carbethoxy- *Carbäthoxy* ...
carbides *Carbide*
carbinol *Carbinol*
carbobenzoxy- *Carbobenzoxy* ...
carbocyclic compounds *Carbocyclische Verbindungen*
carbodiimides *Carbodiimide*
-carbodithioic acid ... *carbothionothiolsäure*
carbohydrates *Kohlenhydrate*
carbohydrases *Carbohydrasen*
-carbohydroxamic acid ... *carbohydroxamsäure*
carbomethoxy- *Carbomethoxy* ...
carbon *Kohlenstoff*
carbon assimilation *Assimilation*
-carbonate ... *carbonat*
carbonate hardness *Carbonathärte*
carbonates *Carbonate*
carbonato- *Carbonato* ...

carbon compounds *Kohlenstoffverbindungen*
carbon group *Kohlenstoffgruppe*
-carbonitrile ... *carbonitril*
carbonium ions *Carbenium-Ionen*
carbonizing *Carbonisieren*
carbon-silicon group *Kohlenstoff-Silicium-Gruppe*
carbonyl- *Carbonyl* ..., *carbonyl*
carbonyldioxy- *Carbonyldioxy* ...
carboranes *Carborane*
-O-carbothioic acid
... *O-carbothiosäure*
-S-carbothioic acid
... *S-carbothiosäure*
-carbothiolic acid ... *carbothiolsäure*
-carbothionic acid ... *carbothionsäure*
-carboxaldehyde ... *carboxaldehyd*
-carboxamide ... *carboxamid*
-carboxamidine ... *carboxamidin*
-carboxamidoxime ... *carboxamidoxim*
-carboximidic acid ... *carboximidsäure*
carboxonium salts *Carboxoniumsalze*
carboxy- *Carboxy* ...
carboxyamino- *Carboxyamino* ...
-carboxylic acid ... *carbonsäure*
carboxylic acids *Carbonsäuren*
carboxymercapto- *Carboxymercapto* ...
carboxymethyl- *Carboxymethyl* ...
carboxyoxy- *Carboxyoxy* ...
carbyl- *Carbyl* ...
carbylamines *Isonitrile*
carcinogenics *cancerogene Stoffe*
carcinogenic substances *cancerogene Stoffe*
carcinostatics *cancerostatische Stoffe*
cardiac stimulants *Cardiaca*
Carius method *Carius-Methode*
Carius tube *Bombenrohr*
carrying bases *Substrate*
carvacryl- *Carvacryl* ...
caryl- *Caryl* ...
Cassia flasks *Kassiakölbchen*
casting compounds *Abgußmassen*
casting resins *Gießharze*
cast resins *Gießharze, Edelkunstharze*
catabolism *Dissimilation*
catacondensed systems *katakondensierte Systeme*
catallurgy *Katallurgie*
catalysis *Katalyse*
catalyst modifiers *Effektoren*
catalyst poisons *Kontaktgifte*
catalysts *Katalysatoren*
catananes *Catanane*
cataphoresis *Kataphorese*
catena- *catena* ...
cationic detergents *Invertseifen*
cathode *Kathode*
cathode rays *Kathodenstrahlen*
cathode stream *Kathodenstrahlen*
cathodic atomization coating ion sputtering *Kathodenzerstäubung*
cathodic disintegration *Kathodenzerstäubung*

cathodic reduction *kathodische Reduktion*
catholyte *Katholyt*
cation- *Kationen* ...
cation-active *kation(en)aktiv*
cation exchangers *Kationenaustauscher*
cationic acids *Kationsäuren*
cationic bases *Kationenbasen*
cationic chain polymerization *Kationenketten-Polymerisation*
cationic detergents *Kationseifen*
cationic polymerization *kationische Polymerisation*
cationic tenside *Kationentensid*
cationid reactions *kationide Reaktionen*
cationotrophy *Kationotropie*
cations *Kationen*
causticizing *Kaustifizieren*
caustic alkalis *Ätzalkalien*
caustics *kaustische Alkalien*
caustobiolites *Kaustobiolithe*
caution labels *Gefahrensymbole*
cavitation *Kavitation*
cavities *Lunker*
ceiling temperature *Ceiling-Temperatur*
celtium *Celtium*
cementation *Zementation*
cementing agents *Bindemittel*
cementing metals *Bindemetalle*
centi- *Centi* ...
centigrades *Grad Celsius*
central atom *Zentralatom*
centrifugating *Zentrifugieren*
centrifuging *Zentrifugieren*
centurium *Centurium*
ceramallurgy *Ceramallurgie*
ceramic materials *keramische Werkstoffe*
ceramics *Keramik, keramische Werkstoffe*
cerates(IV) *Cerate(IV)*
ceric- *Ceri* ...
cerimetric analysis *Cerimetrie*
cerimetry *Cerimetrie*
cerium *Cer*
cermets *Cermets, Hartmetalle*
cerous- *Cero* ...
ceryl- *Ceryl* ...
cesium [USA] *Cäsium*
cetyl- *Cetyl* ...
C.G.S. system *CGS-System*
chain carrier *Kettenträger*
chain initiation (reaction) *Kettenstartreaktion*
chain link *Kettenglied*
chain propagation (reaction) *Kettenfortpflanzungsreaktion*
chain reaction *Kettenreaktion*
chains *Ketten*
chain stopage regulators *Kernabschlußmittel*
chain termination *Kettenabbruch*
chain termination (reaction) *Kettenabbruchreaktion*
chain transfer *Kettenübertragung*
chair-boat-isomerism *Sessel-Wannen-Isomerie*
chalcogenides *Chalcogenide*
chalcogens *Chalkogene*

chalcophilic elements *chalkophile Elemente*
chalcosphere *Chalkosphäre*
chalking *Abkreiden, Kreiden*
charge *Ladung*
charge number *Ladungswert*
chaulmoogroyl- *Chaulmoogroyl* ...
chaulmoogryl- *Chaulmoogryl* ...
chelate compounds *Chelate*
chelate dyes *Metallkomplexfarbstoffe*
chelates *Chelate*
chelating agents *Chelatbildner*
chelation *Chelation*
chelatometry *Chelatometrie*
chemical affinity *chemische Affinität*
chemical analysis *chemische Analyse*
chemical bond *chemische Bindung*
chemical bonding *chemische Bindung*
chemical colo(u)rs *Körperfarben*
chemical compounds *chemische Verbindungen*
chemical determination *chemische Analyse*
chemical elements *chemische Elemente*
chemical engineer *Chemie-Ingenieur*
chemical engineering *chemische Technologie, Verfahrenstechnik*
chemical equations *chemische Gleichungen*
chemical equilibria *chemische Gleichgewichte*
chemical fibers *Chemiefasern*
chemical flock *Chemie-Flock*
chemical formulas *chemische Formeln*
chemical generic name *chemische Kurzbezeichnung*
chemical journals *Zeitschriften der Chemie*
chemical kinetics *chemische Kinetik*
chemical lab manuals *Experimentierbücher*
chemical laboratory *chemisches Laboratorium*
chemical nomenclature *chemische Nomenklatur*
chemical periodicals *chemische Zeitschriften*
chemical physics *Chemische Physik*
chemical pigments *Körperfarben*
chemical process technology *Chemische Verfahrenstechnik*
chemical prospecting *geochemische Prospektion*
chemical radicals *chemische Radikale*
chemical reaction rate *Reaktionsgeschwindigkeit*
chemical reactions *chemische Reaktionen*
chemical reagents *chemische Reagenzien*
chemicals *Chemikalien*
chemical symbols *chemische Symbole*

927

chemical technicians *Chemotechniker*
chemical voltage *chemische Spannung*
chemical warfare *chemische Kriegführung*
chemical weapons *(chemische) Kampfstoffe*
chemiluminescence *Chemolumineszenz*
chemism *Chemismus*
chemisorption *Chemosorption*
chemistry *Chemie*
chemistry laboratory manuals *Experimentierbücher*
chemists *Chemiker*
chemo-autotrophic metabolism *Chemoautotrophie*
chemo-autotrophy *Chemoautotrophie*
chemosorption *Chemosorption*
chemosterilants *Chemosterilantien*
chemosynthesis *Chemosynthese*
chemotherapeutics *Chemotherapeutica*
chemotherapy *Chemotherapie*
chemurgy *Chemurgie*
chirality *Chiralität*
chloramines *Chloramine*
chlorates *Chlorate*
chlorato- *Chlorato...*
chlorides *Chloride*
chlorimetry *Chlorimetrie*
chlorinated hydrocarbons *Chlorkohlenwasserstoffe*
chlorination *Chlorierung, Chlorung*
chlorine *Chlor*
chlorinolysis *Chlorolyse*
chlorites *Chlorite*
chloro *chloro, Chlor...*
chloroamino- *Chloramino...*
chloroformyl- *Chloroformyl...*
chlorohydrins *Chlorohydrine*
chloromercapto- *Chlormercapto...*
chloromercuri- *Chlormercuri...*
chloro metallic acids *Chlorsäuren*
chloromethyl- *Chlormethyl...*
chloromethylation *Chlormethylierung*
chloro-nitro paraffins *Chlornitroparaffine*
chlorosulfates *Chlorsulfate*
chlorosulfinates *Chlorsulfinate*
chlorosulfites *Chlorsulfite*
chlorosulfonates *Chlorsulfonate*
chlorotrifluoroborates *Chlorotrifluoroborate*
chol- *Chol...*
chole- *Chol...*
choleretics *Choleretica*
3-cholesten-3β-yl- *3-Cholesten-3β-yl...*
cholesteryl- *Cholesteryl...*
cholo- *Chol...*
chromanyl- *Chromanyl...*
chromates *Chromate*
chromatizing *Chromatieren*
chromatogram *Chromatogramm*
(to) chromatograph *wandern lassen*
chromatographic adsorption *Adsorptionschromatographie*

chromatographic analysis *chromatographische Adsorptionsanalyse*
chromatography *Chromatographie*
chromatophores *Chromatophoren*
chrome-ammines *Chromiake*
chromic- *Chromi...*
chromites *Chromite*
chromium *Chrom*
chromizing *Inchromieren*
chromo- *Chromo...*
chromogens *Chromogene*
chromoisomers *Chromoisomere*
chromophores *Chromophore*
chromophoric groups *Chromophore*
chromotropic *chromotrop*
chromous- *Chromo...*
chromyl- *Chromyl...*
chronopotentiometry *Chronopotentiometrie*
chrys- *Chrys...*
chrysenyl- *Chrysenyl...*
chrys(o)- *Chrys(o)...*
cinders *Schlacke*
cinnamal- *Cinnamal...*
cinnamenyl- *Cinnamenyl...*
cinnamoyl- *Cinnamoyl...*
cinnamyl- *Cinnamyl...*
cinnamylidene- *Cinnamyliden...*
circular accelerators *Kreisbeschleuniger*
cis- *cis...*
cisdiazo compounds *Cisdiazoate*
^{14}C-isotope labelling *^{14}C-Markierung*
cis-tactic *cis-taktisch*
cis-trans isomerism *cis-trans-Isomerie*
citraconoyl- *Citraconoyl...*
citrates *Citrate*
cladding *Plattieren*
clad materials *Verbundwerkstoffe*
Claisen flask *Claisen-Kolben*
clarification *Klären*
Clarke value *Clarkezahl*
classes of inflammability *Brandklassen*
classifying of powders *Körnungsstufen*
classifying process *Klassierung*
clathrates *Clathrate*
clear sight agents *Antibeschlagmittel*
clinical chemistry *Klinische Chemie*
clock reactions *Zeitreaktionen*
closed systems *abgeschlossene Systeme*
closo- *closo...*
clotting *Gerinnung*
cloud chamber *Wilsonkammer, Nebelkammer*
coacervation *Koazervation*
coagulating *Ausflockung*
coagulation *Koagulation*
coal-carbonizing plant *Kokerei*
coalescence *Koaleszenz*
coal-tar dyes *Teerfarbstoffe*
coarse sand *Grieß*
coating *Anstrich, Vergütung*
coating materials *Anstrichstoffe*
coatings *Anstrichfilme*

cobalt *Kobalt*
co-carcinogens *Cocarcinogene*
coefficient *Koeffizient*
coenzymes *Coenzyme*
co-ferment *Agon*
cohesion *Kohäsion*
coke oven by-products *Kohlenwertstoffe*
coking plant *Kokerei*
colating *Kolieren*
colation *Kolieren*
colature *Kolat*
cold adhesives *Kaltkleber*
cold-mo(u)lding materials *Kaltpreßmassen*
collective test specimen *Sammelprobe*
collectors *Sammler*
colligative properties *kolligative Eigenschaften*
colligators *Kolligatoren*
colloidal electrolytes *Kolloidelektrolyte*
colloidal system *kolloide Systeme*
colloid chemistry *Kolloidchemie*
colloid emulsions *kolloide Emulsionen*
colloids *Kolloide*
colorimetric analysis *Kolorimetrie*
colorimetry *Kolorimetrie*
colo(u)r *Farbe*
colo(u)red lacquer *Lackfarbe*
colo(u)red paint *Lackfarbe*
colo(u)r fastness *Farbechtheit*
colo(u)ring agents *Farbmittel*
colo(u)r latitude *Farbentoleranz*
colo(u)r photography *Farbenphotographie*
colo(u)r tolerance *Farbentoleranz*
columbium *Columbium*
column(ar) crystallization *Kolonnenkristallisieren*
column chromatography *Säulenchromatographie*
combined preparations *Kombinationspräparate*
combustibility *Brennbarkeit*
combustible gases *Brenngase*
combustibles *Brennstoffe*
combustion *Verbrennung*
combustion chamber *Brennkammer*
commercial synonyms *Handelsnamen*
comparison solution *Vergleichslösung*
compendia *Handbücher*
compensation developer *Ausgleichsentwickler*
compensative colo(u)rs *Kompensativfarben*
competitive inhibition *kompetitive Hemmwirkung*
complementary colo(u)rs *Komplementärfarben*
complex compounds *Komplexverbindungen*
compleximetry *Kompleximetrie*
complexometry *Komplexometrie*
complexons *Komplexone*
components *Bestandteile*
composite materials *Verbundwerkstoffe*

composite reactions *Stufenreaktionen*
compounds *Verbindungen*
compressibility *Kompressibilität*
concentrated *konzentriert*
concentrating *Einengen*
concentration *Konzentration*
concentration cells *Konzentrationselemente*
concentration techniques *Anreicherungsverfahren*
concrete *Beton*
condensation *Kondensation*
condensation methods *Kondensationsmethoden*
condensation point *Kondensationspunkt*
condensation polymerization *Polykondensation*
condensation polymers *Polykondensate*
condensed phosphates *kondensierte Phosphate*
condensed ring systems *kondensierte Ringsysteme*
condensers *Kühler*
conductometric titration *Konduktometrie*
conductors *Leiter*
configuration *Konfiguration*
conformation *Konformation*
conformers *Konformere*
conglomerates *Konglomerate*
conical beakers *Philippsbecher*
conjugated double bonds *konjugierte Doppelbindungen*
conjugation *Konjugation*
conjunctive name *konjunktiver Name*
conservation laws *Erhaltungssätze*
consistency *Konsistenz*
constants *Konstanten*
constituents *Bestandteile*
constitution *Konstitution*
constitutional formula *Konstitutionsformel*
constitutive properties *konstitutive Eigenschaften*
construction materials *Werkstoffe*
contact corrosion *Berührungskorrosion*
contact masses *Kontakte*
contact poisons *Kontaktgifte*
contamination *Kontamination*
content *Gehalt, Spiegel*
contraction *Kontraktion*
control titration *Kontrolltitration*
convection *Konvektion*
convergent *konvergent*
conversion *Konversion*
conversion coating *Deckschicht*
conversion electrons *Konversionselektronen*
coolants *Kühlmittel*
coolers *Kühler*
cooling curve *Abkühlungskurve*
coordination number *Koordinationszahl*
coordination theory *Koordinationslehre*
coordinative bond *Koordinative Bindung*
copolyaddition *Copolyaddition*

copolycondensation *Copolykondensation*
copolymerization *Copolymerisation*
copper *Kupfer*
coprecipitation *(induzierte) Mitfällung*
copro- *Copro...*
corpuscular radiation *Korpuskularstrahlung*
corrosion *Korrosion*
corrosion inhibitors *Korrosionsinhibitoren*
corrosivity *Aggressivität*
cosmetic *Kosmetik*
cosmetology *Kosmetologie*
cosmic chemistry *Kosmochemie*
cosmic radiation *kosmische Strahlung*
cosmochemistry *Kosmochemie*
coulomb *Coulomb*
coulometry *Coulometrie*
countercurrent distribution *Gegenstromverteilung*
countercurrent electrolysis *Gegenstromelektrolyse*
countercurrent extraction *Gegenstromverteilung*
countercurrent ionophoresis *Gegenstromionophorese*
countercurrent principle *Gegenstromprinzip*
coupled reactions *induzierte Reaktionen*
coupling of diazo compounds *Kupplung*
covalence *Bindigkeit*
covalency *Bindigkeit*
covalent bond *kovalente Bindung*
covering power *Deckvermögen*
C-polymerization *Polykondensation*
C-polymers *Polykondensate*
cracking process *Crackprozeß*
Craig extraction *Craig-Extraktion*
cresotoyl- *Cresotoyl...*
cresoxy- *Cresoxy...*
cresyl- *Cresyl...*
cresylene- *Cresylen...*
critical *kritisch*
critical density *kritische Dichte*
critical mass *kritische Masse*
critical parameters *kritische Größen (1.)*
critical pressure *kritischer Druck*
critical sizes *kritische Größen (2.)*
critical temperature *kritische Temperatur*
critical volume *kritisches Volumen*
crosslinked polymers *vernetzte Polymere*
crotonoyl- *Crotonoyl...*
crotonyl- *Crotonyl...*
crotyl- *Crotyl...*
cryogenics *Kryogenik*
cryohydrates *Kryohydrate*
cryoscopy *Kryoskopie*
cryptochromes *kryptochrome Farbstoffe*
crypto-ionic reactions *kryptoionische Reaktionen*
cryptocrystalline *kryptokristallin*
cryptophenols *Kryptophenole*
crystal *Kristall*
crystal chemistry *Kristallchemie*

crystal classes *Kristallklassen*
crystal growth *Kristallzüchtung*
crystal lattice *Kristallgitter*
crystalline *kristallin*
crystallites *Kristallite*
crystallization *Kristallisation*
crystallization dishes *Kristallisierschalen*
crystallizers *Kristallisatoren*
crystallizing dishes *Kristallisierschalen*
crystallizing out *Auskristallisieren*
crystallography *Kristallographie*
crystal morphology *Kristallmorphologie*
crystal physics *Kristallphysik*
crystal structure *Kristallbau*
crystal structure analysis *Kristallstrukturanalyse*
crystal structure determination *Kristallstrukturanalyse*
crystal systems *Kristallsysteme*
c.t. poisons *c.-t.-Gifte*
cumal- *Cumal...*
cumenyl- *Cumenyl...*
cumidino- *Cumidino...*
cuminal- *Cuminal...*
cuminyl- *Cuminyl...*
cuminylidene- *Cuminyliden...*
cumoyl- *Cumoyl...*
cumulated double bonds *kumulierte Doppelbindungen*
cumulative effect *kumulative Wirkung*
cumulative sample *Sammelprobe*
cumyl- *Cumyl...*
cupellation *Treibarbeit*
cuprates *Cuprate*
cuprous *Cupro...*
cupric *Cupri...*
cupullation *Treibprozeß*
cure *Vulkanisation*
curie *Curie*
curium *Curium*
curoids *Curoide*
currying *Beizen (Häute)*
cuvets *Küvetten*
cyanamides *Cyanamide*
cyanamino- *Cyanamino...*
cyanomethyl- *Cyanmethyl...*
cyanates *Cyanate*
cyanato- *Cyanato...*
cyanides *Cyanide*
cyano- *Cyan(o), cyano*
cyanogen *cyano*
cyanohydrins *Cyanhydrine*
cyanomethyl- *Cyanomethyl...*
cyanosulfates *Cyanosulfate*
cyanosulfites *Cyanosulfite*
cybotaxis *cybotaktische Struktur*
cyclanes *Cycloparaffine*
cycle *Kreisprozeß*
cyclic compounds *cyclische Verbindungen*
cyclic process *Kreisprozeß*
cyclo- *Cyclo...*
cycloalkanes *Cycloalkane*
cycloalkenes *Cycloalkene*
cyclobutyl- *Cyclobutyl...*
cyclodiastereomerism *Cyclodiastereomerie*
cycloenantiomerism *Cycloenantiomerie*

cycloheptyl- *Cycloheptyl*...
cyclohexadienyl- *Cyclohexadienyl*...
cyclohexadienylene- *Cyclohexadienylen*...
cyclohexadienylidene- *Cyclohexadienyliden*...
cyclohexasilanyl- *Cyclohexasilanyl*...
cyclohexenyl- *Cyclohexenyl*...
cyclohexenylene- *Cyclohexenylen*...
cyclohexenylidene- *Cyclohexenyliden*...
cyclohexyl- *Cyclohexyl*...
cyclohexylene- *Cyclohexylen*...
cyclohexylidene- *Cyclohexyliden*...
cyclonium *Cyclonium*
cycloolefins *Cycloolefine*
cycloparaffins *Cycloparaffine*
cyclopentadienyl- *Cyclopentadienyl*...
cyclopentadienylidene- *Cyclopentadienyliden*...
cyclopentenyl- *Cyclopentenyl*...
cyclopentenylidene- *Cyclopentenyliden*...
13-(2-cyclopenten-1-yl) tridecanoyl- *13-(2-Cyclopenten-1-yl)-tridecanoyl*...
13-(2-cyclopenten-1-yl) tridecyl- *13-(2-Cyclopenten-1-yl)-tridecyl*...
11-(2-cyclopenten-1-yl) undecanoyl- *11-(2-Cyclopenten-1-yl)-undecanoyl*...
11-(2-cyclopenten-1-yl) undecyl- *11-(2-Cyclopenten-1-yl)-undecyl*...
cyclopentyl- *Cyclopentyl*...
cyclopentylene- *Cyclopentylen*...
cyclopentylidene- *Cyclopentyliden*...
cyclopolymerization *Cyclopolymerisation*
cyclopropyl- *Cyclopropyl*...
cyclosilanes *Cyclosilane*
cyclosilazanes *Cyclosilazane*
cyclosiloxanes *Cyclosiloxane*
cyclosilthianes *Cyclosilthiane*
cymyl- *Cymyl*...
p-cym-2-yl- *p-Cym-2-yl*...
p-cym-3-yl- *p-Cym-3-yl*...
cysteinyl- *Cysteinyl*...
cystyl- *Cystyl*...
cytochemistry *Cytochemie*
cytostatics *Cytostatica*

daguerreotypy *Daguerreotypie*
daltonides *Daltonide*
Dalton('s) law *Daltons Gesetz*
danger labels *Gefahrensymbole*
daughter product *Tochterprodukt*
davyum *Davyum*
"day-glos" *Tageslichtleuchtfarben*
daylight luminous paints *Tageslichtleuchtfarben*
de- *De*...
dead polymers *tote Polymere*
dead stop titration „*Dead-Stop*"-*Titration*
deamination *Desaminierung*

Debye-Scherrer-X-ray-method *Debye-Scherrer-Verfahren*
dec(a)- *Dec(a)*...
decahect(a)- *Decahect(a)*...
decamoyl- *Decamoyl*...
decanedioyl- *Decandioyl*...
decanting *Dekantieren*
decarboxylases *Decarboxylasen*
decarboxylation *Decarboxylierung*
decay constant *Zerfallskonstante*
decay series *Zerfallsreihen*
deci- *Dec(a)*...
decolo(u)rization *Entfärbung*
decolo(u)rizing *Bleichen*
decolo(u)rizing agents *Bleichmittel*
decomposition *Abbau*
decomposition point *Zersetzungspunkt*
decomposition voltage *Zersetzungsspannung*
decontamination *Dekontaminierung, Entgiftung*
decrement *Dekrement*
decrepitating *Dekrepitieren*
decyl- *Decyl*...
defensive enzymes *Abwehrfermente*
deflagration *Deflagration*
deflagration temperature *Verpuffungstemperatur*
degasification *Entgasung*
degradation *Abbau*
degree of dissociation *Dissoziationsgrad*
degree of ionization *Dissoziationsgrad*
degree of polymerization *Polymerisationsgrad*
degrees Baumé *Baumé-Grade*
degrees Brix *Brix-Grade*
degrees Cartier *Cartier-Grade*
degrees Celsius *Grad Celsius*
degrees Fahrenheit *Grad Fahrenheit*
degrees Kelvin *Grad Kelvin*
degrees Rankine *Grad Rankine*
degrees Réaumur *Grad Réaumur*
dehydrases *Dehydrasen*
dehydration *Dehydratisierung*
dehydro- *Dehydro*...
dehydrogenases *Dehydrogenasen*
dehydrogenation *Dehydrierung*
deionization *Deionisierung*
delayed boiling *Siedeverzug*
de-liming agent *Entkälkungsmittel*
delta δ, Δ
demethylation *Demethylierung*
demineralization *Entsalzung*
demulsifiers *Demulgatoren*
denaturants *Vergällungsmittel*
denaturating *Denaturieren*
dendrites *Dendriten*
denier *Denier*
densimeters *Aräometer*
density *Dichte, Wichte*
dental materials *Dentalmaterialien*
deoxidation *Desoxydation*
deoxy- *Desoxy*...
depolarizers *Depolarisatoren*
depolymerization *Depolymerisation*
deposit attack *Belagskorrosion*

deposition *Abscheidung*
depressants *Depressantien*
depsides *Depside*
derivants *Derivantia*
derivatives *Derivate*
dermatics *Dermatica*
des- *De(s)*...
desalination *Entsalzung*
desamidization *Desamidierung*
desamination *Desaminierung*
descaling *Abzundern, Entzunderung*
desensitization *Desensibilisierung, Phlegmatisierung*
desensitizers *Desensibilisatoren*
desiccants *Desiccantien*
desiccators *Exsikkatoren*
desmo-enzymes *Desmofermente*
desmolases *Desmolasen*
desmotropism *Desmotropie*
desorption *Desorption*
de(s)oxy- *Desoxy*...
destimulators *Destimulatoren*
destructors *Destruktoren*
desyl- *Desyl*...
detectability *Erfassungsgrenze*
detection *Nachweis*
detection efficiency *Nachweisvermögen*
detection limit *Nachweisgrenze*
detergents *Detergentien, Waschmittel*
determinations of molecular weights *Molekulargewichtsbestimmungen*
deterrents *Abschreckmittel, Vertreibungsmittel*
detonation *Detonation*
detonation agents *Zündstoffe*
detonators *Detonatoren, Initialsprengstoffe*
detoxication *Entgiftung*
deuterium *Deuterium*
deuterons *Deuteronen*
(to) develop *laufen lassen*
developed dyes *Entwicklungsfarbstoffe*
developer liquid *Fließmittel*
developers *Entwickler*
development *Entwicklung*
development direction *Laufrichtung*
development time *Laufzeit*
devitrification *Devitrification, Entglasung*
Dewar flasks *Dewar-Gefäße*
Dewar vessels *Dewar-Gefäße*
dewatering *Entwässerung*
dextro- *Dextro*...
di- *Di*...
diacetoxyiodo- *Diacetoxyjod*...
diacetylamino- *Diacetylamino*...
diagenesis *Diagenese*
dialysis *Dialyse*
dialyzer *Dialysator*
diamagnetism *Diamagnetismus*
diamines *Diamine*
diaphragm *Diaphragma*
diasolysis *Diasolyse*
diastereoisomerism *Diastereomerie*
diathermal materials *diathermane Körper*
diathermaneous materials *diathermane Körper*

diazeno- *Diazeno* ...
diazines *Diazine*
diazo- *Diazo* ...
diazoamino- *Diazoamino* ...
diazo compounds *Diazoverbindungen*
diazonium- *Diazonio* ...
-diazonium ... *diazonium*
diazonium salt hydrolysis *Diazospaltung*
diazonium salts *Diazoniumsalze*
diazo prints *Diazokopien*
diazotates *Diazotate*
diazotizing *Diazotierung*
dibenzoylamino- *Dibenzoylamino* ...
-dicarboximide ... *dicarboximid*
dicarboxylic acids *Dicarbonsäuren*
dichloroiodo- *Dichlorjod* ...
dichroism *Dichroismus*
dichromates *Dichromate*
dict(a)- *Dict(a)* ...
dictionaries *Nachschlagewerke, Wörterbücher*
didymium *Didym*
dielectric constant *Dielektrizitätskonstante*
dielectrics *Dielektrika*
-diene ... *dien*
dienes *Diene*
differential thermal analysis *Differentialthermoanalyse*
diffusion *Diffusion*
digesting *Digerieren*
digestion *Digestion*
dihydroxyboryl- *Borono-* ...
dihydroxyiodo- *Dihydroxyjod* ...
diimidotrimetaphosphates *Diimidotrimetaphosphate*
diimidotriphosphates *Diimidotriphosphate*
diimidotrisulfates *Diimidotrisulfate*
diisotactic polymers *diisotaktische Polymere*
dilatancy *Dilatanz*
diluting *Verdünnen*
dimensional stability *Dimensionsstabilität*
dimerization *Dimerisation*
dimers *Dimere*
3.4-dimethoxyphenethyl- *3.4-Dimethoxyphenäthyl* ...
(3.4-dimethoxyphenyl)acetyl- *(3.4-Dimethoxyphenyl)-acetyl* ...
dimethylamino- *Dimethylamino* ...
dimethylarsino- *Dimethylarsino* ...
dimethylbenzoyl- *Dimethylbenzoyl* ...
3.5-dimethylbenzyl- *3.5-Dimethylbenzyl* ...
3.7-dimethyl-2.6-octadienyl- *3.7-Dimethyl-2.6-octadienyl* ...
β.β-dimethylphenethyl- *β-β-Dimethylphenäthyl* ...
1.2-dimethylpropyl- *1.2-Dimethylpropyl* ...
2.2-dimethylpropyl- *2.2.-Dimethylpropyl* ...
1.5-dimethyl-1-vinyl-4-hexenyl- *1.5-Dimethyl-1-vinyl-4-hexenyl* ...
dimorphous *dimorph*
dinor- *Dinor* ...

diolefins *Diene*
-dione ... *dion*
dioses *Diosen*
diosmosis *Diosmose*
dioxides *Dioxide*
dioxols *Dioxole*
dioxy- *Dioxy* ...
diphenylmethyl- *Diphenylmethyl* ...
diphenylmethylene- *Diphenylmethylen* ...
diphosphates *Diphosphate*
diphosphoryl ... *Diphosphoryl* ...
dipole moments *Dipolmomente*
dipoles *Dipole*
direct dyes *Direktfarbstoffe*
directories *Adreßbücher*
disaccharides *Disaccharide*
disassimilation *Dissimilation*
discharge gases *Abgase*
discolo(u)ring *Abziehen*
diseleno- *Diseleno* ...
disilanoxy- *Disilanoxy* ...
disilanyl- *Disilanyl* ...
disilanylamino- *Disilanylamino* ...
disilanylene- *Disilanylen* ...
disilanylthio- *Disilanylthio* ...
disilazanoxy- *Disilazanoxy* ...
disilazanyl- *Disilazanyl* ...
disilazanylamino- *Disilazanylamino* ...
disiloxanoxy- *Disiloxanoxy* ...
disiloxanyl- *Disiloxanyl* ...
disiloxanylamino- *Disiloxanylamino* ...
disiloxanylene- *Disiloxanylen* ...
disiloxanylthio- *Disiloxanylthio* ...
disilthianoxy- *Disilthianoxy* ...
disilthianyl- *Disilthianyl* ...
disilthianylthio- *Disilthianylthio* ...
disilyldisilanyl- *Disilyldisilanyl* ...
disinfection *Entwesung*
disinsectization *Entwesung*
disintegration constant *Zerfallskonstante*
disj- *disj* ...
dismutation reaction *Dismutation*
dispensary *Dispensatorium*
dispensing *Dispensieren*
dispersed dyes *Dispersionsfarbstoffe*
disperse dyes *Dispersionsfarbstoffe*
disperse systems *disperse Systeme*
dispersing agents *Dispergiermittel*
dispersion *Dispersion*
dispersion medium *Dispersionsmittel*
dispersion methods *Dispersionsmethoden*
dispersoidology *Dispersoidologie*
dispersoids *Dispersoide*
dispert *Dispert*
displacement *Treibprozeß*
displacement of solubility *Löslichkeitsverdrängen*
disproportionation *Disproportionierung*
dissimilation *Dissimilation*
dissociation *Dissoziation*
dissolution *Dissolution*
distemper *Leimfarbe*
distillation *Destillation*

disulfamates *Disulfamate*
disulfates *Disulfate*
disulfide bond *Disulfidbindung*
disulfide bridges *Cystinbrücken, Disulfidbrücken*
disulfides *Disulfide*
disulfido- *Disulfido* ...
dithio- *Dithio* ...
dithiocarboxy- *Dithiocarboxy* ...
dithio compounds *Dithioverbindungen*
dithionates *Dithionate*
dithionites *Dithionite*
diuretics *Diuretica*
docos(a)- *Docos(a)* ...
docosyl- *Docosyl* ...
documentation *Dokumentation*
dodec(a)- *Dodec(a)* ...
dodecanoyl- *Dodecanoyl* ...
dodecyl- *Dodecyl* ...
dohect(a)- *Dohect(a)* ...
Donnan equilibrium *Donnan-Gleichgewicht*
Donnan membrane equilibrium *Donnan-Gleichgewicht*
doping *Dotierung*
dose *Dosis*
dosimetry *Dosometrie*
dosing *Dosieren*
dotriacont(a)- *Dotriacont(a)* ...
dotriacontahect(a)- *Dotriacontahect(a)* ...
dotriacontyl- *Dotriacontyl* ...
double blank test *Doppelblindversuch*
double bond *Doppelbindung*
double refraction *Doppelbrechung*
double salts *Doppelsalze*
dragees *Dragees*
drastics *Drastica*
dregs *Drusen*
dressing *Beizen (Felle), Zurichten*
dressings *Appreturen*
dropping ball method *Fallkugelmethode*
dross *Schlacke*
drug addiction *Arzneimittelsucht*
drug depot effect *Depotwirkung*
drug depots *Depotpräparate*
drugs *Arzneimittel, Drogen*
drug sticks *Arzneistäbchen*
druses *Drusen*
dry *Dry*
dry cells *Taschenbatterien*
dry colo(u)rs *Körperfarben*
dry content *Trockengehalt*
dry distillation *trockene Destillation*
dryers *Trockenstoffe*
dryer bases *Trockenstoffgrundlagen*
drying *Trocknen*
drying agents *Trockenmittel*
drying oils *Firnisse, trocknende Öle*
drying "pistols" *Trockenpistolen*
drying towers *Trockentürme*
drying tubes *Trockenrohre*
dry steam *überhitzter Dampf*
dummy drugs *Scheinpräparate*
duromers *Duromere*
duryl- *Duryl* ...
durylene *Durylen* ...

931

dust *Staub*
dust drying *Staubtrocknung*
dust removal *Entstaubung*
dvi- *Dvi ...*
dyads *Dyaden*
dye bases *Farbbasen*
dyeing auxiliaries *Färbereihilfsmittel*
dye-line copies *Diazokopien*
dyes *Farbstoffe*
dyestuffs *Farbstoffe*
dynamic equilibrium *dynamisches Gleichgewicht*
dyne *Dyn*
dys- *Dys ...*
dysprosium *Dysprosium*

earthenware *Steingut*
earth metals *Erdmetalle*
ebullioscopy *Ebullioskopie*
-ecane ... *ecan*
-ecin ... *ecin*
-ecine ... *ecin*
ecological chemistry *Ökologische Chemie*
economic deposits *Lagerstätten*
ectohormones *Pheromone*
ectotoxins *Ektotoxine*
effect varnishes *Effektlacke*
efflorescing *Ausblühen*
effusion *Effusion*
eicos- *Eicos(a)...*
eicosa- *Eicos(a)...*
eicosahect(a)- *Eicosahect(a)...*
eicosyl- *Eicosyl ...*
einsteinium *Einsteinium*
Einstein mass-energy relationship *Einsteins Masse-Energie-Gleichung*
eka- *Eka ...*
elaidinization *Elaidinisierung*
elasticators *Elastikatoren*
elastomers *Elastomere*
elasto-osmometry *Elasto-Osmometrie*
elastothiomers *Elastothiomere*
electrets *Elektrete*
electric (al) contact materials *Kontaktwerkstoffe*
electroaffinity *Elektronenaffinität*
electro-analysis *Elektroanalyse*
electrochemical analysis *elektrochemische Analyse*
electrochemical double layer *elektrochemische Doppelschicht*
electrochemical equivalent *elektrochemisches Äquivalent*
electrochemical fuel cells *elektrochemische Brennstoffzellen*
electrochemistry *Elektrochemie*
electrodecantation *Elektrodekantation*
electrodeposition *Elektrogravimetrie, Galvanotechnik*
electrode potential *Elektrodenspannung*
electrode reaction *Elektrodenreaktion*
electrodes *Elektroden*
electrodialysis *Elektrodialyse*
electro-endosmosis *Elektroendosmose*
electroforming *Galvanoplastik*

electrogravimetry *Elektrogravimetrie*
electrokinetic phenomena *elektrokinetische Erscheinungen*
electroluminescence *Elektrolumineszenz*
electrolysis *Elektrolyse*
electrolysis of fused salts *Schmelzelektrolyse*
electrolytes *Elektrolyte*
electrolytic cell *elektrolytische Zelle*
electrolytic chromatography *elektrolytische Chromatographie*
electrolytic couple *elektrolytische Zelle*
electrolytic dissociation *elektrolytische Dissoziation*
electrolytic tautomerism *Elektromerie*
electromerism *Elektromerie*
electromotive force *elektromotorische Kraft*
electromotive series *Spannungsreihe*
electron acceptors *Elektronenakzeptoren*
electron donor acceptor complexes *Elektronen-Donator-Akzeptor-Komplexe*
electron donors *Elektronendonatoren*
electronegativity *Elektronegativität*
electron exchangers *Elektronenaustauscher*
electron gas *Elektronengas*
electronic formula *Elektronenformel*
electron pair acceptors *Elektronenpaarakzeptoren*
electron pair bond *Elektronenpaarbindung*
electron pair donors *Elektronenpaardonatoren*
electron paramagnetic resonance *elektronen-magnetische Resonanz*
electron paramagnetic resonance *paramagnetische Elektronenresonanz*
electron pyrolysis *Elektronenbrenzen*
electrons *Elektronen*
electron spin resonance *Elektronenspinresonanz*
electron-volt *Elektronenvolt*
electroosmosis *Elektroosmose*
electropherogram *Elektropherogramm*
electropherography *Elektropherographie*
electrophilic *elektrophil*
electrophilic reactions *elektrophile Reaktionen*
electrophilic substitution SE_1, SE_2
electrophoresis *Elektrophorese*
electrophoretic potential *elektrophoretisches Potential*
electro-plating *Galvanostegie*
electro-plating and electro-forming technology *Galvanotechnik*
electropolishing *Elektropolieren*

electrostatic bond *elektrostatische Bindung*
electrostatic unit *elektrostatische Einheit*
electrothermics *Elektrothermie*
electrovalent bond *elektrovalente Bindung*
element 102 *Element 102*
element 104 *Element 104*
elementary analysis *Elementaranalyse*
elementary charge *Elementarladung*
elementary complexes *Elementkomplexe*
elementary particles *Elementarteilchen*
elementary processes *Elementarprozesse*
elementary reactions *Elementarreaktionen*
elemento-organic compounds *elementorganische Verbindungen*
elimination cleavage *Fragmentierung*
elimination reactions *Eliminierungsreaktionen*
elixirs *Elixiere*
elution *Elution*
elution analysis *Elutionsanalyse*
elution chromatography *Durchlaufchromatographie*
elutriation *Elutration*
eman *Eman*
emanation *Emanation*
embedding media *Einschlußmittel*
emetics *Emetica*
emission spectrum *Emissionsspektrum*
emmenagogues *Emmenagoga*
emollients *Emollientia*
empirical formula *Bruttoformel, Summenformel, empirische Formel, Substanzformel*
empiric methods *empirische Verfahren*
empyreumatic *empyreumatisch*
emulsifiers *Emulgatoren*
emulsion paints *Dispersionsfarben, Emulsionsfarben*
emulsion polymerization *Emulsionspolymerisation*
emulsions *Emulsionen*
emulsoids *Emulsoide*
enamel paint *Lackfarbe (Emaille-Lack)*
enamines *Enamine*
enanthoyl- *Önanthoyl ...*
enanthyl- *Önanthyl ...*
enantiomers *Enantiomere*
enantiomorphous forms *enantiomorphe Formen*
enantiotropy *Enantiotropie*
encyclopedias *Handbücher*
encyclopedias of chemistry *Enzyklopädien der Chemie*
end group assay *Endgruppenbestimmung*
endo- *endo ...*
endoergic reactions *endergonische Reaktionen*
endosmosis *Endosmose*

endothermic reactions *endotherme Reaktionen*
endotoxins *Endotoxine*
end-point *Endpunkt*
-ene ... *en*
energy term *Term*
engineering *Technik*
engineering chemistry *Technische Chemie*
Engler numbers *Engler-Grade*
engobe *Engobe*
enium compounds *Eniumverbindungen*
enne- *Enne(a)...*
ennea- *Enne(a)...*
enolization *Enolierung*
enols *Enole*
enometry *Enometrie*
enriched materials *angereichertes Material*
enteral *enteral*
enthalpometric titration *thermometrische Titration*
enthalpy *Enthalpie*
entropy *Entropie*
enzymatic analysis *enzymatische Analyse*
enzymes *Enzyme*
enzymic adaption *induzierbare Enzymsynthese*
enzymopathics *Enzymopathien*
-epane ... *epan*
epi- *Epi...*
epidioxy- *Epidioxy...*
epidithio- *Epidithio...*
epigenetic minerals *Epigenetische Mineralien*
epiimino- *Epiimino...*
epimerides *Epimere*
epimerization *Epimerisierung*
epimers *Epimere*
-epin ... *epin*
-epine ... *epin*
epitaxy *Epitaxie*
epithio- *Epithio...*
epoxidation *Epoxydation*
epoxy- *Epoxy...*
epsilon *ε*
equations *Gleichungen*
equilibrium *Gleichgewicht*
equimolecular solutions *äquimolekulare Lösungen*
equivalence point *Äquivalenzpunkt*
equivalent conductivity *Äquivalentleitfähigkeit*
equivalent weight *Äquivalentgewicht*
erbium *Erbium*
erg *Erg*
ergins *Ergine*
ergo- *Ergo(t)...*
ergodic hypothesis *Ergodenhypothese*
ergot- *Ergo(t)...*
Erlenmeyer beakers *Philippsbecher*
Erlenmeyer flasks *Erlenmeyerkolben*
erosion *Erosion*
erythr(o)- *Erythr(o)...*
erythrocyte sedimentation reaction *Senkung*

erythro-diisotactic *erythrodiisotaktisch*
erythronium *Erythronium*
eso- *Eso...*
esperium *Esperium*
essences *Essenzen*
essential amino acids *essentielle Aminosäuren*
essential fatty acids *essentielle Fettsäuren*
essential oils *ätherische Öle*
esterases *Esterasen*
ester bond *Esterbindung*
esterification *Veresterung*
esters *Ester*
eta *η*
-etane ... *etan*
etching *Ätzen*
-ete ... *et*
-etene ... *eten*
ethanolysis *Äthanolyse*
ethenyl *Äthenyl*
ether linkage *Ätherbindung*
ethers *Äther*
ethinyl- *Äthinyl...*
ethoxalyl- *Äthoxalyl...*
ethoxy- *Äthoxy...*
ethoxycarbonyl- *Äthoxycarbonyl...*
ethyl- *Äthyl...*
ethylamino- *Äthylamino...*
ethylation *Äthylierung*
ethylene- *Äthylen...*
ethylene-dioxy- *Äthylendioxy...*
ethylene isomerism *Äthylenisomerie*
ethylidene- *Äthyliden...*
ethyl-mercapto- *Äthylmercapto...*
ethynyl- *Äthinyl...*
ethynylene- *Äthinylen...*
-etidine ... *etidin*
-etine ... *etin*
etiology *Ätiologie*
etiotropy *Ätiotropie*
eu- *Eu...*
europium *Europium*
eutectic *Eutektikum*
eutectoid *Eutektoid*
evacuating *Evakuieren*
evaporating *Eindampfen*
evaporating basins *Abdampfschalen*
evaporating with fuming *Abrauchen*
exchange chromatography *Austauschchromatographie*
exchange reactions *Austauschreaktionen*
exchangers *Austauscher*
excimer *Excimer*
exciton *Exciton*
exhaust gases *Abgase*
exo- *Exo...*
exocyclic compounds *exocyclische Verbindungen*
exoergic reactions *exergonische Reaktionen, exotherme Reaktionen*
exosmosis *Exosmose*
exothermic reactions *exotherme Reaktionen*
exotoxins *Exotoxine*

experiment *Experiment*
explosion *Explosion*
explosion limits *Explosionsgrenzen*
explosive materials *explosionsfähige Stoffe*
explosives *Explosivstoffe*
extenders (for paints) *Füllstoffe*
extracting with ether *Ausäthern*
extraction *Extraktion*
extraction by shaking with solvent *Ausschütteln*
extracts *Extrakte*
exuding *Ausschwitzen*

fac- *fac-*
factors *Faktoren*
Fahraeus' phenomenon *Senkung*
Fahrenheit degrees *Fahrenheitgrade*
Faraday *Faraday*
Faraday laws *Faradaysche Gesetze*
farnesyl- *Farnesyl...*
fast fission *Schnellspaltung*
fastness to light *Lichtechtheit*
fast neutron reactor *Schnellreaktor*
fast reactor *Schnellreaktor*
fatal dose *letale Dosis*
fatigue-preventing agents *Ermüdungsschutzmittel*
fats *Fette*
fat solvents *Fettlöser*
fatty acid condensation products *Fettsäurekondensationsprodukte*
fatty acids *Fettsäuren*
fatty alcohols *Fettalkohole*
fatty alkylolamides *Fettsäurealkylolamide*
fatty alkyl sulfates *Fettalkoholsulfate*
fatty alkyl sulfonates *Fettalkoholsulfonate*
fatty amides *Fettsäureamide*
fatty amines *Fettamine*
febrifuges *Fiebermittel*
feedback inhibition *Endprodukthemmung*
femto- *femto-*
fenchyl- *Fenchyl...*
fermentation *Gärung, Fermentation*
ferments *Fermente*
fermium *Fermium*
ferrates *Ferrate*
ferric *Ferri...*
ferrimagnetics *Ferrite*
ferrimagnetism *Ferrimagnetismus*
ferrites *Ferrite*
ferro-alloys *Ferrolegierungen*
ferroelectrics *Ferroelektrika*
ferromagnetics *Ferromagnetika*
ferromagnetism *Ferromagnetismus*
ferromagnetoelectrics *Ferromagnetoelektrika*
ferrous *Ferro...*
fiber diagrams *Faserdiagramme*
fibers *Faserstoffe*
fibrous materials *Faserstoffe*
fibrous proteins *Faserproteine*
filament growth method *Aufwachsverfahren*
fillers *Füllstoffe*

933

film evaporation *Dünnschichtverdampfung*
film-formers *Filmbildner*
film-forming agents *Filmbildner*
films *Filme*
filter aids *Filterhilfsmittel*
filter cakes *Filterkuchen*
filter candles *Filterkerzen*
filter crucibles *Filtertiegel*
filter flasks *Saugflaschen*
filtering *Filtration*
filtering by adsorption *filtrierende Adsorption*
filtering flasks *Saugflaschen*
filtering materials *Filtermittel*
filter mediums *Filtermittel*
filter paper *Filtrierpapier*
filter plates *Filterplatten*
filter presses *Filterpressen*
filter pumps *Wasserstrahlpumpen*
filters *Filter*
filtrate *Filtrat*
filtration *Filtration*
fine chemicals *Feinchemikalien*
fine granular material *Grus*
fine gravel *Grus*
fineness *Feingehalt*
fine-pointed flames *Stichflammen*
finish *Anstrich, Finish*
finishing coat *Deckanstrich*
finishings *Appreturen*
fire point *Brennpunkt, Entzündungstemperatur*
first coat *Grundanstrich*
first runnings *Vorlauf*
first stuff *Halbzeug*
fission gas *Spaltgas*
fission products *Spaltprodukte*
fixed alkali(e)s *fixe Alkalien*
fixer *Fixiersalz*
fixing *Fixieren*
fixing salt *Fixiersalz*
flaking *Abblättern*
flame coloration *Flammenfärbung*
flame photometry *Flammenspektrometrie*
flames *Flammen*
flame spectroscopy *Flammenspektrometrie*
flame temperatures *Flammentemperaturen*
flammable liquids *brennbare Flüssigkeiten*
flashlight batteries *Taschenbatterien*
flash photolysis *Blitzlicht-Photolyse*
flash point *Flammpunkt*
flasks-round bottom *Rundkolben*
flat-bottomed flasks *Stehkolben*
flav(o)- *Flav(o)...*
flavo(u)ring extracts *Aromen*
floating *Ausschwimmen*
flocculating *Ausflockung*
flocculating agents *Flockungsmittel*
flocculation *Flockung*
flooding *Ausschwimmen*
floor temperature *Floor-Temperatur*
florentium *Florentium*
flotation *Flotation*
flotation reagents *Flotationsmittel*

flowing equilibrium *Fließgleichgewicht*
fluates *Fluate*
fluating *Fluatieren*
fluid *Fluid*
fluid baths *Flüssigkeitsbäder*
fluid bed process *Wirbelschichtverfahren*
fluid extracts *Fluidextrakte*
fluidifiants *Fluidifiantien*
fluidification *Fluidifikation*
fluidization *Wirbelschichtverfahren*
fluidized bed process *Wirbelschichtverfahren*
fluidized catalysts *Fließbett-Katalysatoren*
fluid plastics *Fluido-Plaste*
fluorates *Fluorate*
fluorenyl- *Fluorenyl...*
fluoren-9-ylidene *Fluorenyliden*
fluorescence *Fluoreszenz*
fluorescence analysis *Fluoreszenzanalyse*
fluorescence microscopy *Fluoreszenzmikroskopie*
fluorescence spectroscopy *Fluoreszenzspektroskopie*
fluorescence spectrum analysis *Fluoreszenz-Spektralanalyse*
fluorescent dyes *Fluoreszenzfarbstoffe*
fluorescent indicators *Fluoreszenzindikatoren*
fluorescent whitening agents *optische Bleichmittel*
fluoridation *Fluoridierung*
fluorides *Fluoride*
fluorimetric end-point detection *fluorimetrische Endpunktbestimmung*
fluorimetry *Fluorimetrie*
fluorination *Fluorieren*
fluorine *Fluor*
fluorine group *Fluorgruppe*
fluormetric end-point detection *Fluorimetrische Endpunktbestimmung*
fluoro- *Fluor..., fluoro*
fluorocarbon resins *Fluorkohlenstoffharze*
fluorocarbons *Fluorkohlenwasserstoffe*
fluorochromes *Fluorochrome*
fluorometry *Fluorometrie*
fluorophotometry *Fluorophotometrie*
fluoroselenates *Fluoroselenate*
fluorosilicates *Fluate, Fluorosilicate*
fluorosulfates *Fluorosulfate*
fluorosulfites *Fluorosulfite*
fluosulfinates *Fluorsulfinate*
fluosulfonates *Fluorsulfonate*
fluxes *Flußmittel*
fly-ash *Flugasche*
foam *Schaum*
foamed materials *Schaumstoffe*
foamers *Schaumbildner*
foam-forming agents *Schaumbildner*
foam inhibitors *Schaumverhütungsmittel*
fog chamber *Wilsonkammer*

fogs *Nebel*
foils *Folien*
folded filters *Faltenfilter*
fomentations *Fomenta(tionen)*
food chemistry *Lebensmittelchemie*
foods *Lebensmittel*
foodstuff chemist *Lebensmittelchemiker*
foodstuffs *Lebensmittel*
forensic chemistry *Forensische Chemie*
formal charge *Formal-Ladung*
formality *Formalität*
formals *Formale*
formamido- *Formamino...*
formates *Formiate*
formazyl- *Formazyl...*
formimidoyl- *Formimidoyl...*
formularies *Rezepturen*
formulas *Formeln*
formulation *Rezept*
formula weight *Formelgewicht*
formyl- *Formyl...*
formylation *Formylierung*
formylimino- *Formylimino...*
formyloxy- *Formyloxy...*
Fourier analysis *Fourier-Analyse*
fractional distillation *fraktionierte Destillation*
fractionating columns *Fraktionieraufsätze*
fractionating flasks *Fraktionierkolben*
fractionation *Fraktionierung*
fractionation columns *Fraktionieraufsätze*
fragmentation *Fragmentierung*
francium *Francium*
Fraunhofer lines *Fraunhofersche Linien*
free *gediegen*
freeze-drying *Gefriertrocknung*
freezing mixtures *Kältemischungen*
freezing point *Erstarrungspunkt, Gefrierpunkt*
freezing-point depression *Gefrierpunktserniedrigung*
frits *Fritten*
front of developer liquid *Fließmittelfront*
froth flotation *Schaum-Schwimmverfahren*
frothing agents *Schaumbildner*
froth-preventing agents *Schaumverhütungsmittel*
fructosides *Fructoside*
fruit esters *Fruchtäther*
fruit ethers *Fruchtäther*
fuc(o)- *Fuc(o)...*
fucosyl- *Fucosyl...*
fuel cells *Brennstoffzellen*
fuel elements *Brennstoffelemente*
fuel gases *Brenngase*
fuels *Brennstoffe*
fullness *Füllvermögen*
fulminates *Fulminate*
trans-fumaraniloyl- *Fumaraniloyl...*
trans-fumaroyl- *Fumaroyl...*
fume cupboard *Abzug*
fumigants *Fumigantien*

functional groups *funktionelle Gruppen*
functioning groups *funktionelle Gruppen*
fundamental particles *Elementarteilchen*
fundamental quantities *Grundgrößen(arten)*
fundamental units *Grundeinheiten*
fungicides *Fungicide*
fungistatics *Fungistatica*
funnels *Trichter*
furfural- *Furfural ...*
furfuryl- *Furfuryl ...*
furfurylidene- *Furfuryliden ...*
furnace-loss *Abbrand*
furoyl- *Furoyl ...*
furyl- *Furyl ...*
furylidene- *Furyliden ...*
furylmethyl- *Furyl-(3)-methyl ...*
fused electrolyte cells *Hochtemperatur-Elemente*
fused salts *Salzschmelzen*
fusing *Schmelzen*
fusing point *Fusionspunkt*
fusion electrolysis *Schmelzelektrolyse*
fusion heat *Schmelzwärme*
fusion name *Verschmelzungsname*

gadolinium *Gadolinium*
gala- *Gala ...*
galact(o)- *Galakt(o) ...*
galactometers *Galaktometer*
galenics *galenische Präparate*
gall- *Gall ...*
gallates *Gallate*
gallium *Gallium*
gallo- *Gall(o) ...*
gallon *Gallone*
galloyl- *Galloyl ...*
galvanic cells *galvanische Elemente*
galvanic corrosion *Kontaktkorrosion*
Galvani potential *Galvanispannung*
galvanoplastics *Galvanoplastik*
galvanoplasty *Galvanoplastik*
galvanostegy *Galvanostegie*
galvanotechnics *Galvanotechnik*
gamma *γ*
gammagraphy *Gammagraphie*
gamma rays *Gammastrahlen*
gamma rays resonance spectroscopy *Gamma-Resonanzspektroskopie*
gangue *Gangart*
gargarisma *Gargarisma*
gargarisma *Gargarisma*
gas *Gas*
gas analysis *Gasanalyse*
gas burettes *Gasbüretten*
gas burners *Gasbrenner*
gas cells *Gaselemente*
gas chromatography *Gaschromatographie*
gas cylinders *Bomben*
gas density *Gasdichte*
gas electrodes *Gaselektroden*
gaseous state *Gaszustand*
gases *Gase*
gas hydrates *Gashydrate*

gas ignition pipette *Explosionspipette*
gas laws *Gasgesetze*
gasometers *Gasometer*
gassing *Sengen*
gastric anacidity *Anacidität*
gas warfare *Gaskrieg*
Gay-Lussac's fermentation equation *Gay-Lussacsche Gärungsgleichung*
Gay-Lussac('s) law *Gay-Lussacsches Gesetz*
gegenions *Gegenionen*
gel chromatography *Gelchromatographie*
gel electrophoresis *Gelelektrophorese*
gel filtration *Gelfiltration*
gel permeation chromatography *Gel-Permeations-Chromatographie*
gels *Gele*
gem- *gem.-*
geminate *geminal*
gen- *Gen ...*
genalkaloids *Genalkaloide*
generalized Newtonian liquids *nichtnewtonsche Flüssigkeiten*
generic names *Freinamen*
genetic code *genetischer Code*
Geneva nomenclature *Genfer Nomenklatur*
Geneva system *Genfer Nomenklatur*
genins *Genine*
geochemistry *Geochemie*
geochronology *Geochronologie*
geometrical isomerism *geometrische Isomerie*
geonomy *Geonomie*
geranyl- *Geranyl ...*
germanates *Germanate*
germanium *Germanium*
-germanonic *... germanon*
germicide *germicid*
germ removal *Entkeimung*
germyl- *Germyl ...*
germylene- *Germylen ...*
germylidyne- *Germylidin ...*
getters *Getter*
ghosting [Canada] *Ausschwimmen*
Gibbs phase rule *Gibbssche Phasenregel*
giga *Giga*
glances *Blenden*
glass *Glas*
glass beakers *Bechergläser*
glass ceramics *Glaskeramik*
glass electrode *Glaselektrode*
glasses *Gläser*
glass-formers *Glasbildner*
glassworks *Hütte*
glassy state *Glaszustand*
glow *Glut*
gluc- *Gluc(o) ...*
glucinium *Beryllium, Glucinium*
gluco- *Gluc(o) ...*
glucosides *Glucoside*
glucosyl- *Glucosyl ...*
glucosyloxy- *Glucosyloxy ...*
glue *Leim*
gluing *Kleben*

glutaminyl- *Glutaminyl ...*
glutamoyl- *Glutamoyl ...*
α-glutamyl- *α-Glutamyl ...*
γ-glutamyl- *γ-Glutamyl ...*
glutaryl- *Glutaryl ...*
glyc- *Glyk(o) ...*
glycerides *Glyceride*
glycerols *Glycerine*
glyceroyl- *Glyceroyl ...*
glyceryl- *Glyceryl ...*
glyco- *Glyk(o) ...*
glycoloyl- *Glykoloyl ...*
glycols *Glykole*
glycolyl- *Glykolyl ...*
glycolysis *Glykolyse*
glycosides *Glykoside*
glycyl- *Glycyl ...*
glyoxalinyl- *Glyoxalinyl ...*
glyoxalyl- *Glyoxalyl ...*
glyoxyl- *Glyoxyl ...*
glyoxyloyl- *Glyoxyloyl ...*
glyoxylyl- *Glyoxylyl ...*
Gmelin classification principle of the last position *Gmelin-System*
Gmelin's handbook of inorganic chemistry *Gmelins Handbuch der Anorganischen Chemie*
Gmelin System *Gmelin-System*
gold *Gold*
γ-rays *Gammastrahlen*
gradient *Gradient*
gradient layer chromatography *Gradientschichtchromatographie*
"graen" *Grän*
graft copolymerization *Pfropfcopolymerisation*
graft copolymers *Pfropfcopolymere*
graft polymerization *Pfropfpolymerisation*
graining out *Aussalzen*
grain size *Korngröße*
grain-size class *Kornklasse*
grain-size distribution *Korngrößenverteilung*
grain size ranges *Körnungsstufen*
gram atom *Grammatom*
gram atomic weight *Grammatom*
gram calorie *(Gramm-)Calorie*
gram equivalent *Grammäquivalent*
gram force *Pond*
gram ion *Gramm-Ion*
gram mole *Gramm-Molekül*
gram-molecular weight *Gramm-Molekül*
gram molecule *Gramm-Molekül*
granular materials *Granulate*
granulates *Granulate*
granules *Granalien*
gravel *Grieß*
gravimetric analysis *Gewichtsanalyse*
grease solvents *Fettlöser*
Greek alphabet *griechisches Alphabet*
Grimm's hydride displacement law *Grimmscher Hydridverschiebungssatz*
grinning through *Ausbluten*
grit *Grieß*
group reagents *Gruppenreagenzien*
groups of elements *Gruppen*

935

growth promoting substances *Wuchsstoffe*
growth substances *Wuchsstoffe*
guaiacyl- *Guajakyl*...
guanidino- *Guanidino*...
guanyl- *Guanyl*...
guide values *Richtwerte*
gum *Gummi*

hadrons *Hadronen*
hafnates(IV) *Hafnate(IV)*
hafnium *Hafnium*
Hahn's precipitation rule *Fällungsregel nach Hahn*
Hahn('s) rules *Hahnsche Regeln*
half-cell *Halbzelle*
half cells *Halbelemente*
half-life *Halbwertszeit*
half-metals *Halbmetalle*
half-tone etching *Autotypie*
halides *Halogenide*
halmyrogenic formations *halmyrogene Bildungen*
halmyrolysis *Halmyrolyse*
halochromism *Halochromie*
halogenated hydrocarbons *Halogenkohlenwasserstoffe*
halogenation *Halogenierung*
halogen hydracids *Halogenwasserstoffsäuren*
halogens *Halogene*
haloid acids *Halogenwasserstoffsäuren*
haloids *Haloide*
haloid salts *Haloide*
halones *Halone*
Hantzsch-Widman name *Hantzsch-Widman-Name*
haptogenic membranes *haptogene Membranen*
hard acids *harte Säuren*
hard bases *harte Basen*
hardening plastics *Härtbare Kunststoffe*
Harden-Young fermentation equation *Harden-Youngsche Gärungsgleichung*
hard metals *Hartmetalle*
hardness *Härte*
hardness of water *Härte eines Wassers*
hard solids *Hartstoffe*
Harkin('s) rule *Harkins Regel*
Haworth structures *Haworthsche Raumformeln*
head-to-head polymerization *Kopf-Kopf-Polymerisation*
head-to-tail polymerization *Kopf-Schwanz-Polymerisation*
heart cut *Hauptlauf*
heat content *Enthalpie*
heat effect *Wärmetönung*
heating baths *Heizbäder*
heating gases *Heizgase*
heating value *Heizwert*
heat insulation *Wärmeisolierung*
heat of combustion *Verbrennungswärme*
heat of formation *Bildungswärme*
heat of fusion *Schmelzwärme*
heat of reaction *Wärmetönung*
heat of solution *Lösungswärme*

heats of transition *Umwandlungswärmen*
heat stable *thermostabil*
heat summation *Wärmesumme*
heat tonality *Wärmetönung*
heavy chemicals *Schwerchemikalien*
heavy metals *Schwermetalle*
heavy minerals *Schwermineralien*
heavy oil *Dicköl*
hect- *Hekt(a)*...
hecta- *Hekt(a)*...
hecto- *Hekto*...
Heisenberg('s) uncertainty principle *(Heisenbergs) Unschärfebeziehung*
helical configuration *Helix-Struktur*
helion *Helion*
heliographic prints *Lichtpausen*
helium *Helium*
helium-group gases *Edelgase*
helix *Helix-Struktur*
helminthagogues *Wurmmittel*
helvetium *Helvetium*
hem- *Häm(o)*...
hemat(o)- *Hämat(o)*...
hemi- *Hemi*...
hemi-acetals *Halbacetale*
hemicolloids *Hemikolloide*
hemihedral *hemiedrisch*
hemo- *Häm(o)*...
Hempel burette *Hempelsche Bürette*
Hempel pipette *Hempelsche (Gas)pipette*
hendec(a)- *Hendec(a)*...
hendecyl- *Hendecyl*...
heneicos(a)- *Heneikos(a)*...
heneicosyl- *Heneikosyl*...
henhect(a)- *Henhekt(a)*...
Henry-Dalton law *Henry-Daltonsches Gesetz*
Henry('s) law *Henrysches Gesetz*
hentriacont(a)- *Hentriacont(a)*...
hentriacontyl- *Hentriakontyl*...
hept- *Hept(a)*...
hepta- *Hept(a)*...
heptacont(a)- *Heptakont(a)*...
heptacos(a)- *Heptakos(a)*...
heptacosyl- *Heptakosyl*...
heptadecanoyl- *Heptadecanoyl*...
heptadecyl- *Heptadecyl*...
heptanamido- *Heptanamido*...
heptanedioyl- *Heptandioyl*...
heptanoyl- *Heptanoyl*...
heptyl- *Heptyl*...
herbicides *Herbicide*
hermetic closure *hermetischer Verschluß*
hermetics *Hermetik*
Hess law *Heßscher Satz*
Hess' law of heat summation *Heßscher Satz*
heter(o)- *Heter(o)*...
hetero atoms *Heteroatome*
heterochains *Heteroketten*
heterocycles *Heterocyclen*
heterocyclic compounds *heterocyclische Verbindungen*
heterodeteous *heterodet*
heterodisperse *heterodispers*
heterogeneous *heterogen*

heterogeneous catalysis *heterogene Katalyse*
heterogeneous equilibria *heterogene Gleichgewichte*
heterogeneous mixtures *Gemenge*
heterogeneous reactor *Heterogenreaktor*
heterology *Heterologie*
heterolytic reaction *Heterolyse*
heterolytic split *Heterolyse*
heterometry *Heterometrie*
heteromorphism *Heteromorphie*
heteropolar bond *heteropolare Bindung*
heteropolar chromatography *heteropolare Chromatographie*
heteropolyacids *Heteropolysäuren*
heteropolymerization *Heteropolymerisation*
heterotrophic organisms *heterotrophe Organismen*
hex(a)- *Hex(a)*...
hexacont(a)- *Hexakont(a)*...
hexacontyl- *Hexakontyl*...
hexacos(a)- *Hexakos(a)*...
hexacosyl- *Hexakosyl*...
hexadec(a)... *Hexadec(a)*...
hexadecanoyl- *Hexadecanoyl*...
hexadecyl- *Hexadecyl*...
hexagonal *hexagonal*
hexahedral *hexaedrisch*
hexamethylene- *Hexamethylen*...
hexanecarboxamido- *Hexancarboxamido*...
hexanedioyl- *Hexandioyl*...
hexanoyl- *Hexanoyl*...
hexoses *Hexosen*
hexyl- *Hexyl*...
hexylidene- *Hexyliden*...
hexylidyne- *Hexylidin*...
hiding paints *Deckfarben*
hiding power *Deckvermögen*
hidrotics *schweißtreibende Mittel*
highest valency (state) *Maxivalenz*
high-frequency titration *Hochfrequenztitration*
high-molecular *hochmolekular*
high-polymeric compounds *makromolekulare Verbindungen*
high polymers *hochpolymere Stoffe*
high-pressure chemistry *Hochdruckchemie*
high-speed reactions *Hochgeschwindigkeitsreaktionen*
high-temperature alloys *Hochtemperatur-Legierungen*
high-temperature chemistry *Hochtemperaturchemie*
high-vacuum *Hoch-Vakuum*
high-vacuum distillation *Hochvakuum-Destillation*
high-voltage paper electrophoresis *Hochspannungs-Elektrophorese*
Hill('s) system *Hillsches System*
hippuroyl- *Hippuroyl*...
hippuryl- *Hippuryl*...
histidyl- *Histidyl*...
histochemistry *Histochemie*
history of chemistry *Geschichte der Chemie*
HLB value *HLB-Wert*

Hofmeister series *Hofmeistersche Reihen*
hole *Loch*
hole conduction *Löcherleitung*
holmium *Holmium*
holo- *Holo...*
holocrystalline *holokristallin*
holo-enzymes *Holoenzyme*
holo ferments *Holofermente*
holohedral crystals *Holoeder*
holozymase *Holozymase*
homo- *Homo...*
homocyclic compounds *homocyclische Verbindungen*
homodeteous *homodet*
homodisperse *homodispers*
homogeneous *homogen*
homogeneous catalysis *homogene Katalyse*
homogeneous equilibrium *homogenes Gleichgewicht*
homogeneous reactor *Homogenreaktor*
homogeneous systems *homogene Systeme*
homogenization *Homogenisation*
homoglycans *Homoglykane*
homologous elements *homologe Elemente*
homologous polymeric compounds *Polymerhomologe*
homologous polymeric series *polymerhomologe Reihen*
homologous series *homologe Reihen*
homolytic reaction *Homolyse*
homolytic split *Homolyse*
homomorphous *homomorph*
homopiperonyl- *Homopiperonyl...*
homopolar bond *homöopolare Bindung*
homopolymeric *polymereinheitlich*
homopolymeric substances *polymereinheitliche Stoffe*
homopolymerization *Homopolymerisation*
homopolymers *Homopolymerisate*
homotopes *Homotope*
homoveratroyl- *Homoveratroyl...*
homoveratryl- *Homoveratryl...*
hones *Abziehsteine*
hood *Abzug*
hoppers *Trichter*
hormones *Hormone, Inkrete*
hot-atom chemistry *Heiße Chemie*
hot chemistry *Heiße Chemie*
hot-chromatography *Heiß-chromatographie*
hot-water funnels *Heißwassertrichter, Warmwassertrichter*
HSAB concept *HSAB-Konzept*
hue *Farbton*
Hume-Rothery rule *Hume-Rothery sche Regel*
humidity *Feuchtigkeit*
hybridization *Hybridisierung*
hydantoyl- *Hydantoyl...*
hydnocarpoyl- *Hydnocarpoyl...*
hydnocarpyl- *Hydnocarpyl...*
hydr- *Hydr...*
hydrargyrum *Quecksilber*

hydrated oxides *Aquoxide, Oxidhydrate*
hydrates *Hydrate*
hydration *Hydration*
hydratropyl- *Hydratropoyl...*
hydrazi- *Hydrazi...*
hydrazides *Hydrazide*
hydrazido- *hydrazido*
hydrazinium salts *Hydrazinium-salze*
hydrazino- *Hydrazino...*
hydrazinylidene- *Hydrazinyliden...*
hydrazo- *Hydrazo...*
hydrazoates *Hydrazoate*
hydrazones *Hydrazone*
hydrazono- *Hydrazono...*
hydride displacement law *Hydridverschiebungssatz*
hydride rule *Hydridregel*
hydrides *Hydride*
hydrido- *hydrido*
hydrindyl- *Hydrindyl...*
hydrins *Hydrine*
hydro- *Hydr(o)...*
hydroaromatic compounds *hydroaromatische Verbindungen*
hydrocarbons *Kohlenwasserstoffe*
hydrocinnamoyl- *Hydrocinnamoyl...*
hydrogels *Hydrogele*
hydrogen *Wasserstoff*
hydrogen- *Hydrogen...*
hydrogen acids *Wasserstoffsäuren*
hydrogenation *Hydrierung*
hydrogenation of fats *Fetthärtung*
hydrogen bond *Wasserstoffbrückenbindung*
hydrogen ion concentration *Wasserstoffionen-Konzentration*
hydrogen ions *Wasserstoff-Ionen*
hydrogenolysis *Hydrogenolyse*
hydrogen peroxo *hydrogenperoxo*
hydrogen sulfides *Sulfane*
hydro halides *Hydrohalogenide*
hydrolysis *Hydrolyse, Verseifung*
hydro-metallurgy *Hydrometallurgie*
hydrometers *Aräometer*
hydronium compounds *Hydronium-Verbindungen*
hydronium ion *Hydronium-Ion*
hydroperoxides *Hydroperoxide*
hydroperoxy- *Hydroperoxy...*
hydrophile *hydrophil*
hydrophilic colloids *hydrophile Kolloide*
hydrophobe *hydrophob*
hydrophobic colloids *hydrophobe Kolloide*
hydropigenous *hydropigen*
hydroseleno- *Hydroseleno...*
hydrosols *Hydrosole*
hydrosphere *Hydrosphäre*
hydrothermal metamorphism *hydrothermale Mineralbildung*
hydrothermal synthesis *Hydrothermalsynthese*
hydrotropy *Hydrotropie*
-hydroxamic *...hydroxamsäure*
hydroxamino- *Hydroxamino...*

hydroxide chlorides *Hydroxidchloride*
hydroxide hydrates *Hydroxidhydrate*
hydroxide ion *Hydroxid-Ion*
hydroxides *Hydroxide*
hydroxide salts *Hydroxidsalze*
hydroximino- *Hydroximino...*
hydroxo *hydroxo*
hydroxo salts *Hydroxosalze*
hydroxy- *Hydroxy...*
hydroxyamino- *Hydroxylamino...*
hydroxyimino- *Hydroxyimino...*
hydroxyl *Hydroxyl*
hydroxylamido *hydroxylamido*
hydroxyl ion *Hydroxyl-Ion*
hydroxymercuri- *Hydroxymercuri...*
hydroxymethyl- *Hydroxymethyl...*
hydroxyphosphinyl- *Hydroxyphosphinyl...*
ar-hydroxytolyl- *ar-Hydroxytolyl...*
hygroscopic *hygroskopisch*
hyo- *Hyo...*
hyocrystalline *hyokristallin*
hyper- *Hyper...*
hyperchromic *hyperchrom*
hyperconjugation *Hyperkonjugation*
hypergolic fuels *Hypergole (Brennstoffe)*
hyperons *Hyperonen*
hyperoxide ion *Hyperoxid-Ion*
hyperoxides *Hyperoxide*
hypersonics *Hyperschall*
hypertensors *Antihypotonica*
hypertonic solutions *hypertonische Lösungen*
hypidimorphic *hypidimorph*
hypo- *Hypo...*
hypoborates *Hypoborate*
hypobromites *Hypobromite*
hypochlorites *Hypochlorite*
hypochromic *hypochrom*
hypocrystalline *hypokristallin*
hypofluorites *Hypofluorite*
hypoiodites *Hypojodite*
hyponitrates *Hyponitrate*
hyponitrites *Hyponitrite*
hypophosphates *Hypophosphate*
hypophosphites *Hypophosphite*
hyposulfites *Hyposulfite*
hypotensors *Antihypertonica*
hypotonic solutions *hypotonische Lösungen*
hypsochromic groups *hypsochrome Gruppen*

iatrochemistry *Iatrochemie*
ice hydrates *Eishydrate*
ice-zone melting *Eiszonenschmelzen*
-ide *-id*
ideal gases *ideale Gase*
ideal gas law *Zustandsgleichung der idealen Gase*
ideal solution *ideale Lösung*
-idene- *-iden...*
identification *Identifizierung*
idiochromatic *idiochromatisch*
idiomorphic *idiomorph*

idiomorphous *idiomorph*
idiosyncrasy *Idiosynkrasie*
igneous electrolysis *Schmelzelektrolyse*
igniting *Glühen*
ignition residue *Glührückstand*
ignition temperature *Entzündungstemperatur*
illinium *Illinium*
imbibition *Imbibition*
imenes *Imene*
imidazolidinyl- *Imidazolidinyl* ...
imidazolidyl- *Imidazolidyl* ...
imidazolinyl- *Imidazolinyl* ...
imidazolyl- *Imidazolyl* ...
imide chlorides *Imidchloride*
imides *Imide*
imido *imido*
imidocarbonates *Imidocarbonate*
imidodiphosphates *Imidodiphosphate*
imidodiphosphites *Imidodiphosphite*
imidodiselenates *Imidodiselenate*
imidodisulfates *Imidodisulfate*
imidodisulfites *Imidodisulfite*
imidotrimetaphosphates *Imidotrimetaphosphate*
imidotriphosphates *Imidotriphosphate*
imines *Imine*
imino- *Imino* ...
imino acids *Iminosäuren*
imino ethers *Iminoäther*
immunochemical reactions *Immunreaktionen*
immunochemistry *Immunchemie*
immunodiffusion *Immundiffusion*
immunoelectrophoresis *Immunelektrophorese*
imonio- *Imonio* ...
imperfections *Störstellen*
implosion *Implosion*
impregnating *Imprägnierung*
inactive *inaktiv*
inamines *Inamine*
incandescence *Glut*
incinerating *Veraschen*
inclusion *Inklusion*
inclusion compounds *Einschlußverbindungen*
incompatible *inkompatibel*
increment *Inkrement*
incubation *Inkubation*
indamines *Indamine*
indanyl- *Indanyl* ...
indates *Indate*
indazolyl- *Indazolyl* ...
indenyl- *Indenyl* ...
indeterminancy principle *Unbestimmtheitrelation*
indicator papers *Reagenzpapiere*
indicators *Indikatoren*
indifferent materials *indifferente Stoffe*
indirect analysis *indirekte Analyse*
indium *Indium*
indolinyl- *Indolinyl* ...
indolinylidene- *Indolinyliden* ...
indolyl- *Indolyl* ...

induceable enzyme synthesis *induzierbare Enzymsynthese*
induced enzyme formation *induzierbare Enzymsynthese*
induced reactions *induzierte Reaktionen*
industrial chemistry *Industrielle Chemie*
indyl- *Indyl* ...
-ine ... *in*, ... *inum*
inert atmospheres *Schutzgase*
inert gases *Edelgase, Schutzgase*
inert materials *inerte Materialien*
inflammation *Entflammung*
infrared spectroscopy *Infrarotspektroskopie*
infusion *Infusum*
ingots *Barren*
ingredient *Ingrediens*
inhalation anesthetics *Inhalationsnarkotika*
inhibitor-containing metal pickling baths *Sparbeizen*
inhibitors *Inhibitoren*
inhomogeneous *inhomogen*
initial weight *Einwaage*
initiating reaction *Startreaktion*
initiators *Initiatoren*
inium compounds *Iniumverbindungen*
injectabilia *Injectabilia*
inner complex salts *innere Komplexsalze*
inorganic chemistry *Anorganische Chemie*
insecticides *Insecticide*
instruction books for chemical experimenting *Experimentierbücher*
instrumental analysis *Instrumentalanalyse*
instrumentation *Instrumentation*
instruments *Instrumente*
insulating agent *Absperrmittel*
insulators *Isolatoren*
interatomic distance *Atomabstand*
interface *Grenzfläche*
interface tension *Grenzflächenspannung*
interfacial activity *Grenzflächenaktivität*
interfacially active agents *grenzflächenaktive Stoffe*
interferometry *Interferometrie*
interhalogen compounds *Interhalogenverbindungen*
interior of the earth *Erdinneres*
interlingual chemical vocabularies *Fachwörterbücher für Chemie*
intermediates *Zwischenprodukte*
intermetallic compounds *intermetallische Verbindungen*
intermolecular forces *zwischenmolekulare Kräfte*
intermolecular processes *intermolekulare Vorgänge*
internal mould lubricants [GB] *Gleitmittel*
international units *internationale Einheiten*

interstellar matter *interstellare Materie*
interstitial compounds *Einlagerungsverbindungen*
intramolecular *innermolekular*
intramolecular processes *intramolekulare Vorgänge*
inversion *Inversion*
invert soaps *Invertseifen*
iodates *Jodate*
iodato *jodato*
iodides *Jodide*
iodination *Jodierung*
iodization *Jodierung*
iodimetry *Jodimetrie*
iodine *Jod*
iodine value *Jodzahl*
iodo- *Jod* ..., *jodo*
iodometry *Jodometrie*
iodonio- *Jodonio* ...
iodonium compounds *Jodoniumverbindungen*
iodoso- *Jodoso* ...
iodoxy- *Jodoxy* ...
iodyl- *Jodyl* ...
ion- *Ion* ...
ional concentration *ionale Konzentration*
ion-exchange chromatography *Ionenaustauschchromatographie*
ion-exchange membranes *Ionenaustauscher-Membranen*
ion exchangers *Ionenaustauscher*
ion exclusion (process) *Ionenausschluß-Verfahren*
ion flotation *Ionenflotation*
ionic bond *Ionenbindung*
ionic chain polymerization *Ionenkettenpolymerisation*
ionic conductors *Ionenleiter*
ionic equation *Ionengleichung*
ionic equivalent *Ionen-Äquivalentgewicht*
ionic lattice *Ionengitter*
ionic radii *Ionenradien*
ionic radiuses *Ionenradien*
ionic reactions *Ionenreaktionen*
ionic strength *Ionenstärke*
ionic valence *Ionen-Wertigkeit*
ionic weight *Ionengewicht*
ionium *Ionium*
ionization *Ionisation*
ionizing radiation *ionisierende Strahlung*
ionogenic *ionogen*
ionogenic bond *ionogene Bindung*
ionography *Ionographie*
ionomers *Ionomere*
ionophoresis *Ionophorese*
ionotropic gels *ionotrope Gele*
ion retardation (process) *Ionenverzögerungsverfahren*
ions *Ionen*
ion specific glass electrodes *ionenspezifische Glaselektroden*
iridium *Iridium*
iron *Eisen*
irresoluble *irresolubel*
irreversible colloids *irreversible Kolloide*
irreversible reactions *irreversible Reaktionen*
iso- *Iso* ...

isoalkanes *Isoalkane*
isoalkenes *Isoalkene*
isoalkynes *Isoalkine*
isoallyl- *Isoallyl*...
isoamoxy- *Isoamyloxy*...
isoamyl- *Isoamyl*...
sec-isoamyl- *sek.-Isoamyl*...
isoamylidene- *Isoamyliden*...
isobar *Isobare*
isobar rule *Isobarenregel*
isobars *Isobare*
isobornyl- *Isobornyl*...
isobutenyl- *Isobutenyl*...
isobutoxy- *Isobutyloxy*...
isobutyl- *Isobutyl*...
isobutylidene- *Isobutyliden*...
isobutylidyne- *Isobutylidin*...
isobutyryl- *Isobutyryl*...
isocaproyl- *Isocaproyl*...
isochore *Isochore*
isocrotonoyl- *Isocrotonoyl*...
isocyanates *Isocyanate*
isocyanato *isocyanato*
isocyanides *Isonitrile*
isocyano- *Isocyan*..., *isocyano*
isocyclic compounds *isocyclische Verbindungen*
isodiazo compounds *Isodiazotate*
isodimorphism *Isodimorphie*
isodisperse *isodispers*
isodynamic ferments *isodynamische Fermente*
isoelectric point *isoelektrischer Punkt*
isoelectric state *isoelektrischer Zustand*
isoelectronic *isoelektronisch*
isoenzymes *Isoenzyme*
isohexyl- *Isohexyl*...
isohexylidene- *Isohexyliden*...
isohexylidyne- *Isohexylidin*...
isohypophosphates *Isohypophosphate*
isoindolinyl- *Isoindolinyl*...
isoindolyl- *Isoindolyl*...
isoionic point *isoionischer Punkt*
isolated double bonds *isolierte Doppelbindungen*
isolation *Isolierung*
isoleucyl- *Isoleucyl*...
isologues *isologe Stoffe*
isologous materials *isologe Stoffe*
isomeric polymers *polymerisomere Stoffe*
isomerism *Isomerie*
isomerism (of arrangement) *Lagerungsisomerie*
isomerization *Isomerisierung*
isometaphosphates *Isometaphosphate*
isomorphism *Isomorphie*
isomorphous *diadoch*
isonitriles *Isonitrile*
isonitro- *Isonitro*...
isonitroso- *Isonitroso*...
isoparaffins *Isoparaffine*
1-isopentenyl- *1-Isopentenyl*...
isopentyl- *Isopentyl*...
isopentylidene- *Isopentyliden*...
isopentylidyne- *Isopentylidin*...
isopentyloxy- *Isopentyloxy*...
isophthalal- *Isophthalal*...

isophthaloyl- *Isophthaloyl*...
isopiestic solutions *isopiestische Lösungen*
isopolyacids *Isopolysäuren*
isopolymerization *Isopolymerisation*
isopropenyl- *Isopropenyl*...
isopropoxy- *Isopropyloxy*...
isopropyl- *Isopropyl*...
p-isopropylbenzoyl- *p-Isopropylbenzoyl*...
p-isopropylbenzyl- *p-Isopropylbenzyl*...
p-isopropylbenzylidene- *p-Isopropylbenzyliden*...
isopropylidene- *Isopropyliden*...
isopropylphenyl- *Isopropylphenyl*...
isoquinolyl- *Isochinolyl*...
isosemicarbazido- *Isosemicarbazido*...
isosterism *Isosterie*
isostructural *isostrukturell*
isotactic *isotaktisch*
isotelic *isotel*
isotherm *Isotherme*
isothiocyanates *Isothiocyanate*
isothiocyanato *isothiocyanato*
isothiocyano- *Isothiocyano*...
isothiosemicarbazido- *Isothiosemicarbazido*...
1-isothioureido- *1-Isothioureido*...
3-isothioureido- *3-Isothioureido*...
isotones *Isotone*
isotonic solutions *isotonische Lösungen*
isotope indicators *Isotopenindikatoren*
isotopes *Isotope*
isotropism *Isotropie*
isotropy *Isotropie*
isotypism *Isotypie*
isotypy *Isotypie*
1-isoureido- *1-Isoureido*...
3-isoureido- *3-Isoureido*...
isovaleryl- *Isovaleryl*...
isoxazolyl- *Isoxazolyl*...
isozymes *Isozyme*
-ite ...*it*
ixodynamics *Ixodynamie*

jellies *Gallerten*
joliot-curium *Joliot-Curium*
jolium *Jolium*
Joule *Joule*

kappa *ϰ*
karat *Karat*
kata- *Kata*...
K-capture *K-Einfang*
K-electron capture *K-Einfang*
Kelvin degrees *Kelvin-Grade*
Kelvin scale *Kelvin-Grade*
Kelvin temperature *absolute Temperatur*
Kelvin temperature scale *Kelvin-Grade*
keratolytic agents *keratolytische Mittel*
kerma *Kerma*
ket- *Ket(o)-*
ketals *Ketale*
ketazines *Ketazine*

ketenes *Ketene*
ketimines *Ketimine*
keto- *Ket(o)-*
keto aldehydes *Ketoaldehyde*
keto-alkohols *Ketonalkohole*
keto-enol-tautomerism *Keto-Enol-Tautomerie*
ketoketenes *Ketoketene*
ketols *Ketole*
ketones *Ketone*
ketonic acids *Ketonsäuren*
ketoses *Ketosen*
ketosides *Ketoside*
ketoximes *Ketoxime*
kettle *Blase*
kier-boiling *Beuche*
kiln-drying *Darren*
kilogram *Kilogramm*
kilogram force *Kilopond*
kinetics *Kinetik*
kinetic theory *kinetische Gastheorie*
Kipp generator *Kippscher Apparat*
Kipp's apparatus *Kippscher Apparat*
Kirchhoff law of radiation *Kirchhoffsches Gesetz*
Kjeldahl flasks *Kjeldahlkolben*
KMEF-group proteins *KMEF-Proteine*
K-radiation *K-Einfang, K-Strahlung*
kryoscopy *Kryoskopie*
krypton *Krypton*
kryptonates *Kryptonate*
kurtschatovium *Kurtschatovium*

lab *Laboratorium*
labelled compounds *markierte Verbindungen*
labile *labil*
lab manuals *Experimentierbücher*
laboratory *Laboratorium*
laboratory assistants *Chemielaboranten*
laboratory drying cupboards *Trockenschränke*
laboratory manuals *Experimentierbücher*
laboratory sample *Laboratoriumsprobe*
lac- *Lac*...
lacquers *Lacke*
lactams *Lactame*
lactates *Lactate*
lactazams *Lactazame*
lactides *Lactide*
lactims *Lactime*
lacto- *Lact(o)*...
lactones *Lactone*
lactoyl- *Lactoyl*...
ladder polymers *Leiterpolymere*
laevo- *Läv(o)*...
l(a)evorotatory *linksdrehend*
lakes *Farblacke*
lambda *λ*
laminar rust *Zunder*
lano- *Lano*...
lanthanide contraction *Lanthanidenkontraktion*
lanthanide series *Lanthanide*
lanthanoides *Lanthanoide*
lanthanum *Lanthan*

larvicides *Larvicide*
lasers *Laser*
last runnings *Nachlauf*
latent heat of phase change *latente Wärme*
latent solvent *latentes Lösungsmittel*
lateral chains *Seitenketten*
latex *Latex*
latex paints *Latexfarben*
lattice *Gitter*
lattice energy *Gitterenergie*
lattice imperfections *Störstellen*
Laue patterns *Laue-Diagramme*
laundering *Waschen*
laurates *Laurate*
lauroyl- *Lauroyl*...
lawrencium *Lawrencium*
laws of thermodynamics *Hauptsätze*
laxatives *Abführmittel*
layer *Schicht*
layer chromatography *Schichtchromatographie*
LCOA method *LCOA-Methode*
leaching *Auslaugen*
lead *Blei*
lead 207 *Actiniumblei*
lead acetate paper *Bleiacetatpapier*
lead glass *Bleiglas*
leafing *Abblättern*
leather *Leder*
Le Chatelier-Braun principle *Le-Chatelier-Braunsches Prinzip*
Le Chatelier principle *Le-Chatelier-Braunsches Prinzip*
(Le Chatelier's) principle of the least restraint *Prinzip des kleinsten Zwanges*
legal chemistry *Forensische Chemie*
length of run *Laufstrecke*
leptons *Leptonen*
lethal dose *letale Dosis*
letter acids *Buchstabensäuren*
leuc- *Leuc*...
leuco- *Leuko*...
leucyl- *Leucyl*...
level *Spiegel*
levelling agents *Egalisiermittel*
level of titration *Titrationsniveau*
levo- *Läv(o)*...
Lewis acids *Lewis-Säuren*
Lewis-base *Lewis-Base*
Liebig condenser *Liebigscher Kühler*
Liesegang rings *Liesegangsche Ringe*
ligand *Ligand*
ligand field theory *Ligandenfeldtheorie*
ligands *Liganden*
ligasoid *Ligasoid*
light-fastness *Lichtechtheit*
light metals *Leichtmetalle*
light minerals *Leichtmineralien*
light quanta *Lichtquanten*
light scattering *Lichtstreuung*
lime washing *Leimfarbe*
limiting concentration *Grenzkonzentration*

limiting dilution *Verdünnungsgrenze*
lin- *lin-*
linalyl- *Linalyl*...
linear accelerator *Linearbeschleuniger*
linear colloids *Linearkolloide*
linear macromolecules *Fadenmoleküle*
line etching *Strichätzung*
line spectrum *Linienspektrum*
lining *Auskleiden, Plattieren*
lipases *Lipasen*
lipides *Lipoide*
lipids *Lipoide*
lipins *Lipoide*
lipoids *Lipoide*
lipophile *lipophil*
lipophilic *lipophil*
lipophobe *lipophob*
lipophobic *lipophob*
lipotropic agents *lipotrope Substanzen*
liquating *Darren*
liquation *Seigerung*
liquefied petroleum gases *Flüssiggase*
liquid at high temperature *feuerflüssig*
liquid baths *Flüssigkeitsbäder*
liquid crystals *flüssige Kristalle*
liquid petroleum gases *Flüssiggase*
liquids *Flüssigkeiten*
liquid-solid chromatography *Adsorptionschromatographie, Flüssig-Fest-Chromatographie*
liquor *Flotte*
liquors *Laugen*
lisoloid *Lisoloid*
lith- *Lith(o)*...
lithium *Lithium*
litho- *Lith(o)*...
lithophilic elements *lithophile Elemente*
living molecules *lebende Moleküle*
living polymers *lebende Polymere*
loading density *Ladedichte*
local anesthetics *Lokalanästhetika*
local cells *Lokalelemente*
lone electrons *einsame Elektronen*
loose stock *Flocke*
loss on ignition *Glühverlust*
low-angle X-ray scattering *Röntgenkleinwinkelstreuung*
low explosives *Schießstoffe*
low-molecular unit *Grundmolekül*
low-temperature chemistry *Tieftemperaturchemie*
lubricants [USA] *Schmierstoffe, Gleitmittel*
luminescence *Lumineszenz*
luminescent materials *Leuchtstoffe*
luminophores *Luminophore*
lusters *Glanze*
lustres *Glanze*
luteo- *Lute(o)*...
lutes *Kitte*
lutetium *Lutetium*
lyases *Lyasen*
lyes *Laugen*
lyogels *Lyogele*
lyolysis *Lyolyse, Solvolyse*

lyonium ion *Lyonium-Ion*
lyophile *lyophil*
lyophilic *lyophil*
lyophilic drying *lyophile Trocknung*
lyophilization *Lyophilisation*
lyophobe *lyophob*
lyophobic *lyophob*
lyophobic colloids *lyophobe Kolloide*
lyosorption *Lyosorption*
lyotropic series *lyotrope Reihen*
lysins *Lysine*
lysis *Lyse*
lysyl- *Lysyl*...
lytic *lytisch*

macerations *Mazerationen*
Mache unit *Mache-Einheit*
machine *Maschine*
macro- *Makro*...
macro-analysis *Makroanalyse*
macrocyclic compounds *makrocyclische Verbindungen*
macroheterogeneous systems *makroheterogene Systeme*
macro-ions *Makro-Ionen*
macrolars *Makrolare*
macromolecular chemistry *Makromolekulare Chemie*
macromolecular compounds *makromolekulare Verbindungen*
macromolecular substances *makromolekulare Stoffe*
macromolecules *Makromoleküle*
macro-nutrients *Makronährstoffe*
macropeptides *Makropeptide*
macrostructure *Makrostruktur*
MAC value *MAK-Wert*
magic numbers *magische Zahlen*
magnesium *Magnesium*
magnetic materials *Ferromagnetika*
magnetochemistry *Magnetochemie*
magnetoelectrics *Magnetoelektrika*
magnium *Magnium*
main fraction *Hauptlauf*
main groups of elements *Hauptgruppen der Elemente*
malariacidals *Antimalaria-Präparate*
malates *Malate*
maleinates *Maleate*
maleoyl- *Maleoyl*...
malleable alloys *Knetlegierungen*
malonates *Malonate*
malonyl- *Malonyl*...
maloyl- *Maloyl*...
maltenes *Maltene*
mandeloyl- *Mandeloyl*...
manganates *Manganate*
manganese *Mangan*
manganese group *Mangangruppe*
manganites *Manganite*
manganometry *Manganometrie*
man-made fibers *Chemiefasern*
man-made filament yarns *Chemie-Seiden*
manufacture of chemical apparatus *chemischer Apparatebau*
marginal emulsions *Grenzemulsionen*
masers *Maser*

masking agents *Maskierungsmittel*
mass action law *Massenwirkungsgesetz*
mass defect *Massendefekt*
mass density *Massendichte*
mass-energy equivalence *Masse-Energie-Äquivalenzprinzip*
mass-energy relationship *Einsteins Masse-Energie-Gleichung*
mass number *Massenzahl*
mass spectroscopy *Massenspektroskopie*
masurium *Masurium*
materials science *Werkstoffkunde*
materials testing *Materialprüfung, Werkstoffprüfung*
Mattauch rule *Mattauchsche Regel*
maximal allowed concentration *maximale Arbeitskonzentration*
measured value *Meßwert*
measuring apparatus for chemistry *chemische Meßgeräte*
mechanism *Mechanismus*
mechanization *Mechanisation*
mechanochemistry *Mechanochemie*
medical chemistry *Medizinische Chemie*
medication *Medikation*
medicinal chemistry *Pharmazeutische Chemie*
medicines *Arzneimittel*
medium *Medium*
medium-sized ring systems *mittlere Ringe*
mega- *Mega...*
Méker burner *Méker-Brenner*
melting *Schmelzen*
melting point *Schmelzpunkt*
membrane equilibrium *Donnan-Gleichgewicht*
membranes *Membranen*
Mendeleeff's classification *Periodensystem*
mendelevium *Mendelevium*
menthyl- *Menthyl...*
mer *Grundbaustein*
mer- *mer-*
mercaptals *Mercaptale*
mercaptans *Mercaptane*
mercaptides *Mercaptide*
mercapto- *Mercapto...*
mercuration *Mercurierung*
mercuri- *Mercuri...*
mercuric *Mercuri...*
N-mercurisulfamates *N-Mercurisulfamate*
mercurous *Mercuro...*
mercury *Quecksilber*
meridianal *meridianal*
merocyanins *Merocyanine*
mersols *Mersole*
mesaconoyl- *Mesaconoyl...*
mesic atoms *Mesonenatome*
mesidino- *Mesidino...*
mesityl- *Mesityl...*
mesityloxy- *Mesityloxy...*
meso- *Mes(o)...*
mesocolloids *Mesokolloide*
mesomerism *Mesomerie*
mesomorphous state *mesomorpher Zustand*
mesonic atoms *Mesonenatome*
mesons *Mesonen*

mesoperiodates *Mesoperjodate*
mesoxal- *Mesoxal...*
mesoxalyl- *Mesoxalyl...*
mesyl- *Mesyl...*
meta- *Met(a)-*
meta-acids *Metasäuren*
metabisulfites *Metabisulfite*
metabolism *Stoffwechsel*
metabolites *Metabolite*
metaborates *Metaborate*
metachromatism *Metachromasie*
meta-isomerism *Metamerie*
metal alkoxides *Metallalkoxide*
metal amides *Metallamide*
metal carbonyls *Metallcarbonyle*
metal chlorides *Chlormetalle*
metallic bond *Metallbindung*
metallic soaps *Metallseifen*
metallizing *Metallisierung*
metallocenes *Metallocene*
metallochromic indicators *Metallochromindikatoren*
metallo complexes *Metallo-Komplexe*
metallofluorescent indicators *Metallofluoreszenzindikatoren*
metallography *Metallographie*
metalloids *Metalloide*
metal (lo) organic compounds *metallorganische Verbindungen*
metal loss *Abbrand*
metallurgical operations *Verhüttung*
metallurgical works *Hütte*
metallurgy *Metallurgie*
metal mordanting *Metallbeizerei*
metal-π-complexes *Metall-π-Komplexe*
metal pickling *Metallbeizerei*
metals *Metalle*
metal science *Metallkunde*
metamerism *Metamerie*
metametals *Metametalle*
metanilamido- *Metanilamido...*
metanilyl- *Metanilyl...*
metaphosphates *Metaphosphate*
metaphosphimates *Metaphosphimate*
metaphosphites *Metaphosphite*
metasilicates *Metasilicate*
metastable states *metastabile Zustände*
meter *Meter*
methacryloyl- *Methacryloyl...*
methallyl- *Methallyl...*
methanedisulfonyl- *Methandisulfonyl...*
methanesulfonyl- *Methansulfonyl...*
methene- *Methen...*
methenyl- *Methenyl...*
methionyl- *Methionyl...*
methorics *Methorik*
methoxalyl- *Methoxalyl...*
methoxy- *Methoxy...*
ar-methoxyanilino- *ar-Methoxyanilino...*
methoxybenzoyl- *Methoxybenzoyl...*
ar-methoxybenzyl- *ar-Methoxybenzyl...*
ar-methoxybenzylidene- *ar-Methoxybenzyliden...*

methoxycarbonyl *Methoxycarbonyl...*
methoxyimino- *Methoxyimino...*
methoxyphenyl- *Methoxyphenyl...*
methoxythiocarbonyl- *Methoxythiocarbonyl...*
methyl- *Methyl...*
2-methylallyl- *2-Methylallyl...*
methylamino- *Methylamino...*
α-methylbenzyl- *α-Methylbenzyl...*
o-methylbenzyl- *o-Methylbenzyl...*
3-methyl-1-butenyl- *3-Methyl-1-butenyl...*
3-methylcrotonoyl- *3-Methylcrotonoyl...*
methylene- *Methylen...*
methylenedioxy- *Methylendioxy...*
3,4-(methylenedioxy)phenethyl- *3,4-Methylendioxy-phenäthyl...*
methylene disulfonyl- *Methylendisulfonyl...*
5-methylhexyl- *5-Methylhexyl...*
methylidyne- *Methylidin...*
methylimino- *Methylimino...*
methylmercapto- *Methylmercapto...*
methylol- *Methylol...*
1-methylpentyl- *1-Methylpentyl...*
2-methylpentyl- *2-Methylpentyl...*
2-methylpentylidene- *2-Methylpentyliden...*
2-methylpentylidyne- *2-Methylpentylidin...*
methylphenylene- *Methylphenylen...*
2-methylpropenyl- *2-Methylpropenyl...*
methylselenyl- *Methylselenyl...*
-methylsulfine *... methylsulfin*
-methyl sulfone *... methylsulfon*
methylsulfonyl- *Methylsulfonyl...*
methyltelluro- *Methyltelluro...*
methylthio- *Methylthio...*
4-methylvaleryl- *4-Methylvaleryl...*
methyne- *Methingruppe*
metric system *Dezimalsystem*
mho *Siemens*
micellae *Micellen*
micelles *Micellen*
micro- *Mikro...*
microanalysis *Mikroanalyse*
microbalances *Mikrowaagen*
microbicide *mikrobicid*
microbicides *antimikrobielle Wirkstoffe*
microchemical analysis *Mikroanalyse*
microchemistry *Mikrochemie*
microgels *Mikrogele*
microheterogeneous *mikroheterogen*
microheterogeneous systems *mikroheterogene Systeme*
micron *Mikron*
microns *Mikronen*
micronutrients *Mikronährstoffe*
microstructure *Mikrostruktur*

microwave spectroscopy *Mikrowellenspektroskopie*
migration rate *Laufgeschwindigkeit*
mild alkalies *milde Alkalien*
military chemistry *Militärchemie*
milli- *Milli...*
milliliters *Milliliter*
mineral acids *Mineralsäuren*
mineral chemistry *Mineralchemie*
mineral colo(u)rs *Mineralfarben*
mineral deposits *Lagerstätten*
mineralizers *Kristallisatoren*
mineralogy *Mineralogie*
mineral pigments *Mineralpigmente, Erdfarben*
minerals *Mineralien*
miotics *Miotica*
miscibility *Mischbarkeit*
mithridatism *Mithridatismus*
mixed acids *Mischsäuren*
mixed-bed exchangers *Mischbettaustauscher*
mixed catalysts *Mischkatalysatoren*
mixed crystals *Mischkristalle*
mixed elements *Mischelemente*
mixed polymerization *Mischpolymerisation*
mixing *Mischen*
mixotrophy *Mixotrophie*
mixture *Mischung*
mixture rules *Mischungsregeln*
mixtures *Gemische, Mixturen*
m-kp-s system *m-kp-s-system*
MKS system *MKS-System*
mobile phase *mobile Phase*
mobility *Beweglichkeit*
moderator *Moderator*
modifications *Modifikationen*
modified natural products *abgewandelte Naturstoffe*
Mohr liter *Mohrsches Liter*
Mohs hardness scale *Mohssche Härteskala*
mol *Mol*
molality *Molalität*
molarity *Molarität*
moldavium *Moldavium*
molded pieces [USA] *Formteile*
molding compounds *Abgußmassen*
mole *Mol*
molecular acids *Neutralsäuren*
molecular bases *Neutralbasen*
molecular biology *Molekularbiologie*
molecular colloids *Molekülkolloide*
molecular compounds *Molekülverbindungen*
molecular conductivity *molekulare Leitfähigkeit*
molecular dispersion *molekulare Dispersion*
molecular dissymetry due to restricted rotation *Atrop-Isomerie*
molecular distillation *Molekulardestillation*
molecular clusters *Übermolekeln*
molecular formula *Bruttoformel, Summenformel*

molecularity *Molekularität*
molecular lattices *Molekülgitter*
molecular psychology *Molekularpsychologie*
molecular sieves *Molekularsiebe*
molecular spectroscopy *Molekülspektroskopie*
molecular weight *Molekulargewicht*
molecular weight determinations *Molekulargewichtsbestimmungen*
molecule aggregates *Übermoleküle*
molecules *Moleküle*
mole fraction *Molenbruch*
molluscicides *Molluscicide*
molten salts *Salzschmelzen*
molybdates *Molybdate*
molybdenum *Molybdän*
mono- *Mono...*
monocarboxylic acids *Monocarbonsäuren*
monoclinic *monoklin*
monocyclic compounds *monocyclische Verbindungen*
monolayers *monomolekulare Schichten*
monomeric unit *Grundbaustein, Monomereinheit*
monomers *Monomere*
monomolecular films *monomolekulare Schichten*
monomolecular layers *monomolekulare Schichten*
monomolecular reactions *monomolekulare Reaktionen*
monosaccharides *Monosaccharide*
monosaccharoses *Monosaccharide*
monotropy *Monotropie*
monovalent *monovalent*
mordant dyes *Beizenfarbstoffe*
mordanting *Beizen (Textilien)*
morpholino- *Morpholino...*
morpholinyl- *Morpholinyl...*
morphotropy *Morphotropie*
mortars *Reibschalen*
Moseley law *Moseleysches Gesetz*
Mossbauer effect *Mössbauer-Effekt*
mother-liquor *Mutterlauge*
motor fuels *Treibstoffe*
mo(u)lded articles *Formteile, Preßteile*
mo(u)lded materials *Formstoffe, Preßstoffe*
mo(u)lded pieces *Preßteile*
mo(u)lding compounds *Formmassen*
mo(u)lding materials *Preßmassen*
mo(u)ldings *Formstoffe, Preßteile*
mu *μ*
mucilages *Micilagines*
multiple bond *Mehrfachbindung*
multiplicative distribution *multiplikative Verteilung*
multiplicative separation processes *multiplikative Trennverfahren*
muonium *Myonium*
muons *Muonen*
mustard oils *Senföle*
mutagenic agents *Mutagene*
mutagens *Mutagene*
mutarotation *Mutarotation*
-mycetin *... mycetin, ... mycin*
-mycin *... mycetin, ... mycin*

myco- *Myko...*
mydriatics *Mydriatica*
myo- *Myo...*
myons *Myonen*
myorelaxants *Muskelrelaxantien*
myristoyl- *Myristoyl...*

name reactions *Namenreaktionen*
nano *Nano*
naphth- *Naphth...*
naphthal- *Naphthal...*
naphthalimido- *Naphthalimido...*
naphthalylmethylene- *Naphthalylmethylen...*
naphthenes *Naphtene*
naphthenyl- *Naphthenyl...*
naphthionyl- *Naphthionyl...*
naphtho- *Naphth(o)...*
-naphthone *... naphthon*
naphthothienyl- *Naphthothienyl...*
naphthoxy- *Naphthoxy...*
naphthoyl- *Naphthoyl...*
naphthoyloxy- *Naphthoyloxy...*
naphthyl- *Naphthyl...*
naphthylmethylidyne- *Naphthylmethylidin...*
naphthyloxy- *Naphthyloxy...*
narcotics *Betäubungsmittel*
narrow-necked bottles *Enghalsflaschen*
nascent protein *nascierendes Protein*
native *gediegen*
native proteins *native Eiweißstoffe*
natural asphalts *Naturasphalte*
natural fibers *Naturfasern*
natural products *Naturstoffe*
nebulium *Nebulium*
negative catalysis *negative Katalyse*
negative osmosis *negative Osmose*
negatrons *Negatronen*
neighbouring group participation *Nachbargruppeneffekt*
nematic state *nematischer Zustand*
nematocides *Nematicide*
neo- *Neo...*
neodymium *Neodym*
neon *Neon*
neopentanetetrayl- *Neopentantetrayl...*
neopentyl- *Neopentyl...*
neophyl- *Neophyl...*
nephelometric and turbidimetric titrations *Trübungstitration*
nephelometry *Nephelometrie*
neptunium *Neptunium*
nervines *Nervina*
neryl *Neryl...*
network polymers *Netzpolymere, vernetzte Polymere*
networks *Netze*
neur(o)- *Neur(o)...*
neurochemistry *Neurochemie*
neuroleptics *Neuroleptika*
neuroplegic drugs *Neuroplegika*
neuroplegics *Neuroplegika*
neutral acids *Neutralsäuren*
neutral bases *Neutralbasen*
neutralisation *Neutralisation*
neutralizing titration *Neutralisationstitration*

neutral salts *Neutralsalze*
neutret *Neutretto*
neutretto *Neutretto*
neutrinos *Neutrinos*
neutron-activation analysis *Neutronenaktivierungsanalyse*
neutron diffraction *Neutronenbeugung*
neutrons *Neutronen*
Newton *Newton*
Newtonian liquids *Newtonsche Flüssigkeiten*
niccolates *Niccolate*
nickel *Nickel*
nickelates *Nickelate*
nicotinyl- *Nicotinyl* ...
nido- *nido-*
niobates(V) *Niobate(V)*
niobium *Niob, Columbium*
niton *Niton*
nitr- *Nitr* ...
nitramino- *Nitramino* ...
nitrates *Nitrate*
nitration *Nitrieren*
nitrato *nitrato*
nitrenes *Nitrene*
nitrides *Nitride*
nitriding *Nitrieren*
nitrido *nitrido*
nitridotriphosphates *Nitridotriphosphate*
nitridotrisulfates *Nitridotrisulfate*
-nitrile ... *nitril*
nitriles *Nitrile*
nitrilo- *Nitrilo* ..., *nitrilo*
nitriloxy- *Nitriloxy* ...
nitrites *Nitrite*
nitro- *Nitro* ..., *nitro*
aci-nitro- *aci-Nitro* ...
nitro compounds *Nitroverbindungen*
nitrogen *Stickstoff*
nitrogen group *Stickstoff-Gruppe*
nitrogen-phosphorus group *Stickstoff-Phosphor-Gruppe*
N-nitrohydroxylaminates *N-Nitrohydroxylaminate*
nitrolic (acid) *-nitrolsäure*
nitrosamines *Nitrosamine*
nitrosamino- *Nitrosamino* ...
nitrosimino- *Nitrosimino* ...
nitroso- *Nitroso* ..., *nitroso*
nitroso compounds *Nitrosoverbindungen*
nitrosodisulfonates *Nitrosodisulfonate*
N-nitrosohydroxylamine-N-sulfonates *N-Nitrosohydroxylamin-N-sulfonate*
nitrosolic acid *-nitrosolsäure*
nitrosyl *nitrosyl*
nitrosyldisulfonates *Nitrosyldisulfonate*
nitroxylates *Nitroxylate*
nitryl *nitryl*
NMR-spectroscopy *NMR-Spectroskopie*
nobelium *Nobelium*
noble gas bond *Edelgasbindung*
noble gases *Edelgase*
noble metals *Edelmetalle*
no-bond resonance *Hyperkonjugation*

nomenclature *Nomenklatur*
non- *Non* ...
nona- *Non(a)* ...
nonacont(a)- *Nonakont(a)* ...
nonacos(a)- *Nonakos(a)* ...
nonacosyl- *Nonakosyl* ...
nonadec(a)- *Nonadec(a)* ...
nonadecyl- *Nonadecyl* ...
non-alcoholics *alkoholfreie Getränke*
nonalkali *„alkalifrei"*
nonanedioyl- *Nonandioyl* ...
nonanoyl- *Nonanoyl* ...
non-aqueous solutions *nichtwäßrige Lösungen*
non-aqueous solvents *nichtwäßrige Lösungsmittel, wasserähnliche Lösungsmittel*
non-classical ions *nichtklassische Ionen*
nonconductors *Nichtleiter*
non-Daltonian compounds *nichtdaltonide Verbindungen*
non-electrolyte *Anelektrolyt*
non-electrolyte complexes *Nichtelektrolytkomplexe*
non-ferrous heavy use metals *Buntmetalle*
non-ferrous metals *Nichteisenmetalle*
nonionics *nichtionogene Tenside*
nonionic tensides *nichtionogene Tenside*
non-ionogenic *nichtionogen*
non-linear Newtonian liquids *nichtnewtonsche Flüssigkeiten*
non-metallic elements *Nichtmetalle*
non-Newtonian liquids *nichtnewtonsche Flüssigkeiten*
non-polar bond *unpolare Bindung*
non-polar compounds *unpolare Verbindungen*
non-polar group *apolarer Rest*
non-proprietary names *Freinamen*
non-proprietary symbols *Freizeichen*
non-stable states *nichtstabile Zustände*
non-stoichiometric compounds *nichtstöchiometrische Verbindungen*
non-uniformity of chain length *Uneinheitlichkeit*
nonyl- *Nonyl* ...
nor- *Nor* ...
norbornyl- *Norbornyl* ...
norcamphanyl- *Norcamphanyl* ...
norcaryl- *Norcaryl* ...
norleucyl- *Norleucyl* ...
normal doses *Normdosen*
normality *Normalität*
normal solutions *Normallösungen*
norpinyl- *Norpinyl* ...
notation *Notation*
novi- *Novi* ...
nu *ν*
nuclear chain reactions *Kernkettenreaktionen*
nuclear charge *Kernladung*
nuclear charge number *Kernladungszahl*

nuclear chemistry *Kernchemie*
nuclear distance *Kernabstand*
nuclear energy *Kernenergie*
nuclear fission *Kernspaltung, Atomzertrümmerung*
nuclear forces *Kernkräfte*
nuclear fuels *Kernbrennstoffe*
nuclear fusion *Kernfusion*
nuclear isomerism *Kernisomerie*
nuclear magnetic resonance *kernmagnetische Resonanz(absorption)*
nuclear magnetic resonance spectroscopy *magnetische Kernresonanzspektroskopie*
nuclear photo effect *Kernphotoeffekt*
nuclear physics *Kernphysik*
nuclear piles *Atommeiler*
nuclear processes *Kernprozesse*
nuclear purity *Nuclearreinheit*
nuclear radiation chemistry *Kernstrahlenchemie*
nuclear reactions *Kernreaktionen*
nuclear reactors *Kernreaktoren*
nuclear resonance spectroscopy *Kernresonanzspektroskopie*
nuclear splitting *Kernzertrümmerung*
nuclear transmutations *Kernumwandlungen*
nuclear weapons *Kernwaffen*
nucleic acids *Nucleinsäuren*
nucleophilic reactions *nucleophile Reaktionen*
nucleophilic substitutions SN_1, SN_2
nucleons *Nukleonen*
nucleoproteins *Nucleoproteide*
nucleosides *Nucleoside*
nucleotides *Nucleotide*
nuclides *Nuklide*
numerometry *Numerometrie*
nutramins *Nutramine*
nutrilites *Komplettine*

-ocane ... *ocan*
occlusion *Okklusion*
-ocin(e) ... *ocin*
oct(a)- *Oct(a)* ...
octaborates *Octaborate*
octacont(a)- *Octakont(a)* ...
octacos(a)- *Octakos(a)* ...
octacosyl- *Octakosyl* ...
octadec(a)- *Octadec(a)* ...
octadecanoyl- *Octadecanoyl* ...
cis-9-octadecenoyl- *Octadecen-(9c)-oyl* ...
cis-9-octadecenyl- *Octadecen-(9c)-yl* ...
octadecyl- *Octadecyl* ...
octanedioyl- *Octandioyl* ...
octane number *Octanzahl*
octane rating *Octanzahl*
octanoyl- *Octanoyl* ...
octaves *Oktaven*
octet *Oktett*
octet rule *Oktettregel*
octyl- *Octyl* ...
tert-octyl- *tert.-Octyl* ...
odorants *Riechstoffe, Odoriermittel*
odoriferous substances *Riechstoffe*

odorizing of (toxic) gases *Gasodorierung*
oecological chemistry *Ökologische Chemie*
oenanthoyl- *Önanthoyl...*
oenanthyl- *Önanthyl...*
off-load voltage [GB] *elektromotorische Kraft*
ohm *Ohm*
-oid *...oid*
oil baths *Ölbäder*
oils *(fette) Öle*
ointments *Salben*
-ol *...ol*
-olane *...olan*
-ole *...ol*
olefines *Olefine*
olefins *Olefine*
-olene *...olen*
oleophilic *oleophil*
oleophobic *oleophob*
oleoyl- *Oleoyl...*
oleyl- *Oleyl...*
-olidine *...olidin*
oligo- *Olig(o)...*
oligodynamics *Oligodynamie*
oligomers *Oligomere*
oligonucleotides *Oligonucleotide*
oligopeptides *Oligopeptide*
oligosaccharides *Oligosaccharide*
-oline *-olin*
-olium *...olium*
omega ω, Ω
-onane *-onane*
oncotic pressure *onkotischer Druck*
-one *...on, ...onium*
one-fluid cells *Flüssigkeitszellen*
-onin(e) *...onin*
-onium *...onium*
onium salts *Oniumsalze*
opacity *Lasur*
open circuit voltage [USA] *elektromotorische Kraft*
open system equilibrium *Fließgleichgewicht*
open systems *offene Systeme*
operations *Verfahren*
optical activity *optische Aktivität*
optical antipodes *optische Antipoden*
optical bleaching agents *optische Bleichmittel*
optical brighteners *optische Aufheller*
optical isomerism *optische Isomerie, Spiegelbildisomerie*
optical rotary dispersion *optische Rotationsdispersion*
optical rotation *optische Drehung*
orbitals *Orbitale*
ore *Erz*
ore deposits *Lagerstätten*
ore dressing *Aufbereitungsverfahren*
organic chemistry *Organische Chemie*
organic compounds *organische Verbindungen*
organogens *Organogene*
organoleptic tests *organoleptischer Test*
organometallic compounds *metallorganische Verbindungen*

organopolysiloxanes *Silicone*
organosilicon compounds *siliciumorganische Verbindungen*
organosols *Organosole*
ornithyl- *Ornithyl...*
Orsat apparatus *Orsatapparat*
ortho- *Ortho...*
ortho-acids *Orthosäuren*
orthocarbonates *Orthocarbonate*
orthocarboxylates *Ortho-Ester*
orthocarboxylic acid esters *Orthocarbonsäureester, Ortho-Ester*
orthochromatic *orthochromatisch*
orthometals *Orthometalle*
orthonitrates *Orthonitrate*
orthonitrites *Orthonitrite*
orthopanchromatic *orthopanchromatisch*
ortho-para isomerism *ortho-para-Isomerie*
ortho-periodates *Orthoperjodate*
orthorhombic system *Rhombisches System*
orthosulfites *Orthosulfite*
-osan *...osan*
osazones *Osazone*
oscillometry *Oszillometrie*
-ose *...ose*
-oside *...osid*
osimines *Osimine*
osmates *Osmate*
osmiamates *Osmiamate*
osmium *Osmium*
osmophor(e)s *Osmophore*
osmosis *Osmose*
osmotic pressure *osmotischer Druck*
osones *Osone*
Ostwald ripening *Ostwald-Reifung*
Ostwald rule *Ostwaldsche Stufenregel*
outer layer *Randschicht*
out flow *Ablauf*
overall rate of reactions *Zeitgesetz*
overpotential *Überspannung*
overvoltage *Überspannung*
ovicides *Ovicide*
ovulation inhibitors *Ovulationshemmer*
O/W emulsions *O/W-Emulsionen*
oxal- *Oxal...*
oxalates *Oxalate*
oxalato- *oxalato-*
oxalyl- *Oxalyl...*
oxamido- *Oxamido...*
oxamoyl- *Oxamoyl...*
oxamyl- *Oxamyl...*
oxaspirononyl- *Oxaspirononyl...*
oxazinyl- *Oxazinyl...*
oxazirane *Oxazirane*
oxaziridines *Oxaziridine*
oxazolidinyl- *Oxazolidinyl...*
oxazolinyl- *Oxazolinyl...*
oxazolyl- *Oxazolyl...*
oxenium-ions *Oxenium-Ionen*
oxidants *Oxydantien*
oxidaquates *Oxidaquate*
oxidation *Oxydation*
oxidation inhibitors *Oxydationsinhibitoren*
oxidation number *Oxydationszahl*

oxidation-reduction indicators *Redoxindikatoren*
oxidation-reduction potential *Redoxpotential, Oxydations-Reduktionspotential*
oxidation-reduction systems *Redoxsysteme*
oxidation-reduction titration *Redoxtitration, Oxydations-Reduktions-Titration*
oxidation state *Oxydationszahl*
oxide ceramics *Oxidkeramik*
oxide halides *Oxidhalogenide*
oxides *Oxide*
N-oxides *N-Oxide*
oxide salts *Oxidsalze*
oxidimetry *Oxydimetrie*
oxidizing agents *Oxydationsmittel*
oxidizing flame *Oxydationsflamme*
oxido- *Oxido...*
oxidoreductases *Redoxasen*
oximes *Oxime*
oximido- *Oximino...*
-oxo- *...oxo...*
oxoacids *Oxosäuren*
oxobornyl- *Oxobornyl...*
oxoboryl- *Oxoboryl...*
oxocarboxylic acids *Oxocarbonsäuren*
oxo cations *Oxokationen*
oxo compounds *Oxoverbindungen*
oxonio- *Oxonio...*
oxonium ion *Oxonium-Ion*
oxonium salts *Oxoniumsalze*
2-oxotrimethylene- *2-Oxotrimethylen...*
oxy- *...oxy...*
oxyacids *Oxysäuren*
oxycarboxylic acids *Oxycarbonsäuren*
oxygen *Sauerstoff*
oxygen radicals *Sauerstoffradikale*
oxyhydryl *Oxyhydryl*
oxyhyponitrites *Oxyhyponitrite*
oxytocic agents *Oxytocica*
oxytocics *Oxytocica*
-oyl *...oyl*
ozonates *Ozonate*
ozonation *Ozonisierung*
ozone *Ozon*
ozonides *Ozonide*
ozonization *Ozonisierung*
ozonolysis *Ozonolyse*

π-acceptor ligand complexes *π-Akzeptorliganden-Komplexe*
π-acceptor ligands *π-Akzeptor-Liganden*
π-acceptors *π-Akzeptoren*
π-acidity *π-Acidität*
π-acid ligands *π-Säure-Liganden*
π-acids *π-Säuren*
packing fraction *Packungsanteil*
packing-materials *Emballagen*
paint films *Anstrichfilme*
painting *Anstrich*
paint removers *Abbeizmittel*
paints *Anstrichstoffe, Anstrichfarben*
pair annihilation *Paarvernichtung*
pair generation *Paarerzeugung*
pair production *Paarbildung*

pal(a)eobiochemistry *Paläobiochemie*
palladium *Palladium*
palliative *Palliativum*
palmitoyl- *Palmitoyl...*
panchromatic *panchromatisch*
paper chromatography *Papierchromatographie*
paper electrophoresis *Papierelektrophorese*
papyrography *Papyrographie*
para- *Para...*
parachor *Parachor*
paraffin hydrocarbons *Grenzkohlenwasserstoffe*
paraffins *Paraffine*
paragenesis *Paragenese*
parahydrogen *Parawasserstoff*
parallel flow principle *Gleichstromprinzip*
parallel reactions *Parallelreaktionen*
paralysers *Paralysatoren*
paralyzers *Paralysatoren*
paramagnetic materials *Paramagnetika*
paramagnetics *Paramagnetika*
paramagnetism *Paramagnetismus*
parameter *Parameter*
paramolybdates *Paramolybdate*
paramorphosis *Paramorphose*
parenteral *parenteral*
parent name *Stammsubstanzname*
parhelium *Parahelium*
partial pressure *Partialdruck*
partial valences *Partialvalenzen, Nebenvalenzen*
partial valencies *Partialvalenzen, Nebenvalenzen*
particle accelerators *Teilchenbeschleuniger*
particle size ranges *Körnungsstufen*
parting agents *Antikleber*
partition chromatography *Verteilungschromatographie*
passivity *Passivität*
paste *Leim*
pasteurization *Pasteurisierung*
pastilles *Pastillen*
patent system *Patentwesen*
pathfinder elements *Pfadfinder-Elemente*
pathogenic *pathogen*
π-bases *π-Basen*
π-basicity *π-Basizität*
π-complexes *π-Komplexe*
π-donors *π-Donatoren*
pD-value *pD-Wert*
pectisation *Pektisation*
pedology *Pedologie*
peeling *Abblättern*
pelargonoyl- *Pelargonoyl...*
pelargonyl- *Pelargonyl...*
pellets *Pillen*
Peltier effect *Peltier-Effekt*
penetration complexes *Durchdringungskomplexe*
pent(a)- *Pent(a)...*
pentaborates *Pentaborate*
pentacont(a)- *Pentakont(a)...*
pentacontyl- *Pentakontyl...*
pentacos(a)- *Pentakos(a)...*

pentacosyl- *Pentakosyl...*
pentadec(a)- *Pentadec(a)...*
pentadecanoyl- *Pentadecanoyl...*
pentadecyl- *Pentadecyl...*
pentafluoroselenites *Pentafluoroselenite*
pentamethylene- *Pentamethylen...*
pentathionates *Pentathionate*
pentazolyl- *Pentazolyl...*
pentenediylidyne- *2-Pentendiylidin...*
pentenyl- *Pentenyl...*
pentitols *Pentite*
pentoses *Pentosen*
pentyl- *Pentyl...*
tert-pentyl- *1,1-Dimethylpropyl..., tert.-Pentyl...*
pentylidene- *Pentyliden...*
pentylidyne- *Pentylidin...*
pentyloxy- *Pentyloxy...*
peptide linkage *Peptidbindung*
peptides *Peptide*
peptisation *Peptisation*
peptolides *Peptolide*
per- *Per...*
peracids *Persäuren*
perborates *Perborate*
percarbonates *Percarbonate*
percent by weight *Gewichtsprozent*
perchlorates *Perchlorate*
perchloryl- *Perchloryl...*
perchlorylamides *Perchlorylamide*
perchlorylimides *Perchlorylimide*
percolation *Perkolation*
percutaneous *perkutan*
perdisulfates *Perdisulfate*
perfect gases *ideale Gase*
perfect solution *ideale Lösung*
perfumery *Parfümerie*
perfumes *Parfüms*
peri- *Peri...*
peri-condensed hydrocarbons *perikondensierte Kohlenwasserstoffe*
perimidinyl- *Perimidinyl...*
perimorphism *Perimorphose*
peri-morphogenesis *Perimorphose*
peri-morphosis *Perimorphose*
periodates *Perjodate*
periodic compounds *periodische Verbindungen*
periodic system *Periodensystem*
periodic table *Periodensystem*
peripheral *peripheral*
peritectic *Peritektikum*
permanent gases *permanente Gase*
permanent hardness *bleibende Härte*
permanganates *Permanganate*
permanganometry *Permanganometrie*
permeability *Permeabilität*
permselective membranes *permselektive Membranen*
permutoid reactions *permutoide Reaktionen*
permutoids *Permutoide*
peroral *peroral*
peroxides *Peroxide*
peroxido- *Peroxido...*
peroxo- *peroxo...*
peroxoborates *Peroxoborate*

peroxocarbonates *Peroxocarbonate*
peroxochromates *Peroxochromate*
peroxodicarbonates *Peroxodicarbonate*
peroxodisulfates *Peroxodisulfate*
peroxomonocarbonates *Peroxomonocarbonate*
peroxomonophosphates *Peroxomonophosphate*
peroxomonosulfates *Peroxomonosulfate*
peroxonitrates *Peroxonitrate*
peroxonitrites *Peroxonitrite*
peroxophosphates *Peroxophosphate*
peroxosulfates *Peroxosulfate*
peroxy- *Peroxy...*
peroxy acids *Persäuren*
peroxyborates *Peroxoborate*
peroxycarbonates *Percarbonate*
peroxy compounds *Peroxyverbindungen*
peroxydisulfates *Peroxodisulfate*
peroxylaminedisulfonates *Peroxylamindisulfonate*
persalts *Persalze*
perseleno- *Perseleno...*
perthio- *Perthio...*
pest control *Entwesung*
pesticides *Schädlingsbekämpfungsmittel, Pesticide*
pestle *Pistill*
petrochemicals *Petrochemikalien*
petrochemistry *Petrochemie*
petrography *Petrographie*
petroleology *Petroleologie*
petroleum chemistry *Petrolchemie*
petrology *Petrologie*
Pfeffer osmometer *Pfeffersche Zelle*
phaeo- *Phäo...*
phages *Phagen*
phagocytosis *Phagocytose*
pharmaceutical chemistry *Pharmazeutische Chemie*
pharmacist *Apotheker*
pharmacodynamics *Pharmakodynamik*
pharmacognosy *Pharmakognosie*
pharmacology *Pharmakologie*
pharmacopoeia *Pharmakopöen*
pharmacotherapy *Pharmakotherapie*
pharmacy *Pharmazie*
pharmacy assistant *Apothekenhelfer*
phase diagrams *Zustandsdiagramm*
phase rule *Phasenregel von Gibbs*
phases *Phasen*
phase titration *Phasentitration*
phen- *Phen...*
phenacyl- *Phenacyl...*
phenacylidene- *Phenacyliden...*
phenanthridinyl- *Phenanthridinyl...*
phenanthryl- *Phenanthryl...*
phenanthrylene- *Phenanthrylen...*
phenates *Phenate*
phenazinyl- *Phenazinyl...*
phenenyl- *Phenenyl...*
phenethyl- *Phenäthyl...*
-phenetidide *...phenetidid*

945

phenetidino- *Phenetidino*...
phenetyl- *Phenetyl*...
pheno- *Phen(o)*...
phenolates *Phenolate*
phenols *Phenole*
-phenone ...*phenon*
phenoxides *Phenoxide*
phenoxy- *Phenoxy*...
phenyl- *Phenyl*...
N-phenylacetamido- *N-Phenylacetamino*...
phenylacetyl- *Phenylacetyl*...
2-phenylacryloyl- *2-Phenylacryloyl*...
3-phenylacryloyl- *3-Phenylacryloyl*...
phenylalanyl- *Phenylalanyl*...
phenylazo- *Phenylazo*...
phenylazoxy- *Phenylazoxy*...
3-phenylcarbamido- *3-Phenylcarbamido*...
phenylcarbamoyl- *Phenylcarbamoyl*...
phenylene- *Phenylen*...
phenylenebis(azo)- *Phenylenbis(azo)*...
phenylenedimethylene- *Phenylendimethylen*...
phenylenedimethylidyne- *Phenylendimethylidin*...
phenyl ethers *Phenoläther*
phenylethylene- *Phenyläthylen*...
phenylhydrazino- *Phenylhydrazino*...
phenylhydrazones *Phenylhydrazone*
phenylhydrazono- *Phenylhydrazono*...
phenylidene- *Phenyliden*...
phenylimino- *Phenylimino*...
phenylmercapto- *Phenylmercapto*...
α-phenylphenacyl- *α-Phenylphenacyl*...
2-phenylpropionyl- *2-Phenylpropionyl*...
3-phenylpropionyl- *3-Phenylpropionyl*...
3-phenylpropyl- *3-Phenylpropyl*...
phenylsulfamoyl- *Phenylsulfamoyl*...
phenylsulfamyl- *Phenylsulfamyl*...
phenylsulfinyl- *Phenylsulfin*...
phenylsulfonamido- *Phenylsulfonylamino*...
phenyl-sulfonyl- *Phenylsulfon*...
3-phenylureido- *3-Phenylureido*...
pheo- *Pheo*...
pherography *Pherographie*
pheromones *Pheromone*
pheron *Pheron*
phi φ
Philipps flasks *Philippsbecher*
phlegma *Phlegma*
phlogiston theory *Phlogiston-Theorie*
phlor(o)- *Phloro*...
phospharseno- *Phospharseno*...
phosphatases *Phosphatasen*
phosphate coating *Phosphatieren*
phosphates *Phosphate*

phosphatizing *Phosphatieren*
phosphazenes *Phosphazene*
phosphazo- *Phosphazo*...
phosphides *Phosphide*
phosphines *Phosphine*
phosphinic acids *Phosphinsäuren*
phosphinico- *Phosphinico*...
phosphinidene- *Phosphiniden*...
phosphinidyne- *Phosphinidin*...
phosphino- *Phosphino*...
phosphinothioyl- *Phosphinothioyl*...
phosphinous acids *Phosphinige Säuren*
phosphinyl- *Phosphinyl*...
phosphinylidene- *Phosphinyliden*...
phosphinylidyne- *Phosphinylidin*...
phosphites *Phosphite*
phospho- *Phospho*...
phosphonic acids *Phosphonsäuren*
phosphonio- *Phosphonio*...
phosphono- *Phosphono*...
phosphonöoxy- *Phosphonoxy*...
phosphonous acids *Phosphonige Säuren*
phosphoramidates *Phosphoramidate*
phosphoranyl- *Phosphoranyl*...
phosphoranylidene- *Phosphoranyliden*...
phosphoranylidyne- *Phosphoranylidin*...
phosphorescence *Phosphoreszenz*
phosphorimetry *Phosphorimetrie*
phosphoro- *Phosphoro*...
phosphorochloridates *Phosphorchloridate*
phosphorodiamidates *Phosphordiamidate*
phosphorodichloridates *Phosphordichloridate*
phosphoroso- *Phosphoroso*...
phosphorotrithioates *Phosphortrithioate*
phosphorotrithioites *Phosphortrithioite*
phosphors *Leuchtstoffe, Phosphore*
phosphorus *Phosphor*
phosphoryl *Phosphoryl*
phosphorylation *Phosphorylierung*
phostamic acids *Phostamsäuren*
phostonic acids *Phostonsäuren*
photoanalysis *Photoanalyse*
photocells *Photozellen*
photochemistry *Photochemie*
photochromism *Photochromie*
photoconductive effect *Photoleitfähigkeitseffekt*
photoelectric cells *Photozellen*
photoelectric effect *lichtelektrischer Effekt*
photoemissive effect *Photoemissionseffekt* \
photographic chemistry *Photographische Chemie*
photographic photocopy *Photokopie*
photographic tracings *Lichtpausen*
photography *Photographie*
photo-inactive *photostabil*
photo-insensitive *photostabil*

photoluminescence *Photolumineszenz*
photolysis *Photolyse*
photomagnetism *Photomagnetismus*
photometric end-point detection *photometrische Titration*
photometric titration *photometrische Titration*
photometry *Photometrie*
photo-multipliers *Photovervielfacher*
photons *Photonen*
photophoresis *Photophorese*
photostat *Ablichtung*
photosynthesis *Photosynthese*
phototropy *Phototropie*
phototubes *Photozellen*
photovoltaic effect *Sperrschicht-Photoeffekt, Photo-Volta-Effekt*
phthal- *Phthal*...
phthalal- *Phthalal*...
phthalamoyl- *Phthalamoyl*...
phthalazinyl- *Phthalazinyl*...
phthalidyl- *Phthalidyl*...
phthalidylidene- *Phthalidyliden*...
phthalimido- *Phthalimido*...
phthalo- *Phthal(o)*...
phthaloyl- *Phthaloyl*...
phthalyl- *Phthalyl*...
phthalylidene- *Phthalyliden*...
pH value *Wasserstoffionen-Konzentration, pH-Wert*
phyll(o)- *Phyll(o)*...
physical chemistry *Physikalische Chemie*
physical dating *physikalische Altersbestimmung*
physical states *Aggregationszustände*
physiological chemistry *Physiologische Chemie*
phyt- *Phyt(o)*...
phyto- *Phyt(o)*...
phytochemistry *Phytochemie*
phyto-regulators *Phytoregulatoren*
phytotherapy *Phytotherapie*
phytyl- *Phytyl*...
pi π
pi acids π-*Säuren*
pi bases π-*Basen*
picking out *Klauben*
pickles *Abbeizmittel*
pickling *Beizen (Metalle, Fleisch), Dekapieren*
pickling fluids *Abbeizfluide*
pico- *Piko*...
picr- *Pikr(o)*...
picro- *Pikr(o)*...
picryl- *Pikryl*...
piezochemistry *Piezochemie*
piezochromism *Piezochromie*
piezoelectricity *Piezoelektrizität*
pigments *Pigmente*
pills *Pillen*
pilot flame *Lockflamme*
pimeloyl- *Pimeloyl*...
pin- *Pin(o)*...
pinanyl- *Pinanyl*...
pinanylene- *Pinanylen*...
pinanylidene- *Pinanyliden*...
pinch „*Messerspitze*"
pino- *Pin(o)*...

pionic atoms *Pionenatome*
pions *Pionen*
piperidino- *Piperidino...*
piperidyl- *Piperidyl...*
piperidylidene- *Piperidyliden...*
piperonyl- *Piperonyl...*
piperonylidene- *Piperonyliden...*
piperonyloyl- *Piperonyloyl...*
pipets *Pipetten*
pipettes *Pipetten*
pipetting *Pipettieren*
pivaloyl- *Pivaloyl...*
pK value *pK-Wert*
place isomerism *Stellungsisomerie*
placers *Seifen*
Planck's constant *(Plancksches) Wirkungsquantum*
plant pesticides *Pflanzenschutzmittel*
plant protectives *Pflanzenschutzmittel*
plants *Hütte*
plasma *Plasma*
plasma chemistry *Plasmachemie*
plasma expanders *Blutersatzmittel*
plasticizers *Weichmacher*
plastics *Kunststoffe, Kunstharze*
plastigels *Plastigele*
plastisols *Plastisole*
plastomers *Plastomere*
"plasts" *Plaste*
platinates (IV) *Platinate(IV)*
plating *Plattieren*
platinum *Platin*
platinum group metals *Platinmetalle*
pleiadenes *Pleiaden*
pleochroism *Pleochroismus*
plumbates *Plumbate*
plumbites *Plumbite*
plumbyl- *Plumbyl...*
plumbylene- *Plumbylen...*
plumbylidyne- *Plumbylidin...*
plutonium *Plutonium*
plutonyl *Plutonyl*
poisons *Gifte*
polar bond *polare Bindung*
polar compounds *polare Verbindungen*
polar groups *polare Gruppen*
polarimetry *Polarimetrie*
polarization *Polarisation*
polarized light *polarisiertes Licht*
polarizers *Polarisatoren*
polarography *Polarography*
polarons *Polaronen*
polinium *Polinium*
polishing *Polieren*
polishing agents *Poliermittel*
polishing filtration *Klarfiltration*
polonium *Polonium*
poly- *Poly...*
polyacids *Polysäuren*
polyad *Polyad*
polyaddition *Polyaddition*
polyaddition products *Polyadditionsprodukte*
polyadducts *Polyaddukte*
polyalcohols *Polyalkohole*
polyampholytes *Polyampholyte*
polyatomic *polyatomar*

polybases *Polybasen*
polycistronic *polycistronisch*
polycondensates *Polykondensate*
polycondensation *Polykondensation*
polycondensation products *Polykondensationsprodukte*
polycyclic compounds *polycyclische Verbindungen*
polydictiality *Polydictyalität*
polydisperse *polydispers*
polyelectrodes *Polyelektroden*
polyelectrolytes *Polyelektrolyte*
polyenes *Polyene*
polyfunctional compounds *polyfunktionelle Verbindungen*
polyhomöeity *Polyhomoität*
polyhomogeneity *Polyhomogenität*
polyhomomers *Polyhomomere*
polyiodides *Polyjodide*
polyions *Polyionen*
polymeranalogue reactions *polymeranaloge Umsetzungen*
polymer analogues *Polymeranaloge*
polymer chemistry *Polymerchemie*
polymer degradation *Depolymerisation*
polymeric segment *Polymersegment*
polymerism *Polymerie*
polymerizates *Polymerisate*
polymerization *Polymerisation*
polymerization catalysts *Polymerisationskatalysatoren*
polymerization products *Polymerisationsprodukte*
polymerization under pressure *Druckpolymerisation*
polymer networks *Netzstrukturen*
polymer physics *Polymerphysik*
polymers *Polymere*
polymer science *Polymerwissenschaft*
polymetallophilic compounds *polymetallophile Verbindungen*
polymolecularity *Polymolekularität*
polymorphism *Polymorphie*
polynuclear coordination compounds *mehrkernige Koordinationsverbindungen*
polynucleotides *Polynucleotide*
polyols *Polyole*
polyoses *Polyosen*
polypeptides *Polypeptide*
polyphosphates *Polyphosphate*
polyplastics *Polyplaste*
"polyplasts" *Polyplaste*
polyreactions *Polyreaktionen*
polyrecombination *Polyrekombination*
polysaccharides *Polysaccharide*
polysalts *Polysalze*
polysiloxanes *Polysiloxane*
polysulfide polymers *Thioplaste*
polysulfides *Polysulfide*
polythionates *Polythionate*
polytropic processes *polytrope Prozesse*
polytypism *Polytypie*
pores *Poren*
porosity *Porosität*

position isomerism *Stellungsisomerie*
positive rays *Kanalstrahlen*
positronium *Positronium*
positrons *Positronen*
potassium *Kalium*
potassium-argon dating *Kalium-Argon-Datierung*
potentiometry *Potentiometrie*
pottery *Steingut*
pour point *Fließpunkt, Stockpunkt*
powder *Puder*
powder bases *Pudergrundlagen*
powder metallurgy *Pulvermetallurgie*
powder raw materials *Puderrohstoffe*
powders *Pulver*
praseodymium *Praseodym*
precipitants *Fällungsmittel*
precipitate *Niederschlag*
precipitated form *Fällungsform*
precipitating *Ausfällen*
precipitation *Fällen*
precipitation polymerization *Fällungspolymerisation*
precipitation reactions *Fällungsreaktionen*
precipitation titration *Fällungsanalyse*
precipitins *Präzipitine*
precision *Präzision*
precursor *Mutterkern, Mutternuklid*
prefolded filters *Faltenfilter*
preliminary tests *Vorproben*
preparation *Präparation*
preparations *Präparate*
preparative chemistry *Präparative Chemie*
prescription *Rezept*
preservation *Konservierung*
pressure *Druck*
primary *primär*
primary layers *Primärschichten*
primers *Initialsprengstoffe*
priming coat *Grundanstrich*
priming explosives *Initialsprengstoffe*
principal valenc (i)es *Hauptvalenzen*
principle of mobile equilibrium *Prinzip des kleinsten Zwanges*
printing methods *Druckverfahren*
pro- *Pro...*
process engineering *Verfahrenstechnik*
processes *Verfahren*
professions in chemistry *Chemie-Berufe*
progressive freezing *normales Erstarren*
prolyl- *Prolyl...*
promethium *Promethium*
promoters *Aktivatoren, Promotoren*
pro-oxidants *Prooxygene*
1.3-propanediyl-2-ylidene *1.3-Propandiyl-2-yliden...*
1.2.3-propanetriyl- *1.2.3-Propantriyl...*
propargyl- *Propargyl...*

propellants Treibstoffe
propenyl- Propenyl...
propenylene- Propenylen...
propenylidene- Propenyliden...
1-propen-1-yl-3-ylidene-
  1-Propen-1-yl-3-yliden...
2-propenylidene- 2-Propenyliden...
propioloyl- Propioloyl...
propionamido- Propionylamino...
propionyl- Propionyl...
propionyloxy- Propionyloxy...
proportioning Dosieren
propoxy- Propyloxy...
propoxycarbonyl- Propyloxycarbonyl...
propyl- Propyl...
sec-propyl- sek.-Propyl...
propylene- Propylen...
propylidene- Propyliden...
propylidyne- Propylidin...
1-propynyl- Propin-(1)-yl...
2-propynyl- Propin-(2)-yl...
pros- pros-
prospecting Prospektieren
prosthetic group prosthetische Gruppe
prot- Prot(o)...
protactinium Protactinium
proteases Proteasen
protective colloids Schutzkolloide
protective enzymes Abwehrfermente
protective layer Schutzschicht
protective substances Schutzstoffe
proteides Proteide
proteins Eiweißstoffe, Proteine
proteohormones Proteohormone
proteolysis Proteolyse
protic acids Protonensäuren
protium Protium
proto- Prot(o)...
protocatechuoyl- Protocatechuoyl...
protogenic solvents protogene Lösungsmittel
protolysis Protolyse
protolytes Protolyte
proton acceptors Emprotide, Protonenakzeptoren
proton donors Dysprotide, Protonendonatoren
protonic acids Protonensäuren
proton resonance Protonenresonanz
protons Protonen
protophilic solvents protophile Lösungsmittel
prototropy Prototropie
proustides Proustide
provitamins Provitamine
pseud(o)- Pseud(o)...
pseudo acids Pseudosäuren
pseudoallyl Pseudoallyl...
pseudo bases Pseudobasen
pseudocumidino- Pseudocumidino...
as-pseudocumyl- as-Pseudocumyl...
s-pseudocumyl- s-Pseudocumyl...
v-pseudocumyl- v-Pseudocumyl...
pseudohalides Pseudohalogenide
pseudohalogens Pseudo-Halogene

pseudoindolyl- Pseudoindolyl...
pseudomorphism Pseudomorphose
pseudo-salts Pseudosalze
pseudo-stable states pseudostabile Zustände
psi ψ
psychomimetic agents Psychomimetika
psychomimetics Psychometika
psychopharmacological agents Psychopharmaka
psychotherapeutic (al) agents Psychotherapeutika
psychotonics Psychotonica
P-type conduction Löcherleitung
pulse radiolysis Pulsradiolyse
pure gediegen
pure chemistry Reine Chemie
pure elements Reinelemente
purgatives Abführmittel
purity Reinheit
purpur (o) - Purpur(o)...
putties Kitte
py (o) Py(o)...
pyr- Pyr(o)...
pyranyl- Pyranyl...
pyrazinyl- Pyrazinyl...
pyrazolidinyl- Pyrazolidinyl...
pyrazolidyl- Pyrazolidyl...
pyrazolinyl- Pyrazolinyl...
pyrazolyl- Pyrazolyl...
pyretics Pyretica
pyridazinyl- Pyridazinyl...
pyridinedyl- Pyridindiyl...
1 (2H) -pyridinyl-2-ylidene-
  1(2H)-Pyridinyl-2-yliden...
pyridoxines Pyridoxine
pyridyl- Pyridyl...
pyridylidene- Pyridyliden...
pyrimidinyl- Pyrimidinyl...
pyrimidyl- Pyrimidyl...
pyrites Blenden, Kiese
pyro- Pyr(o)...
pyro acids Pyrosäuren
pyroborates Pyroborate
pyroelectricity Pyroelektrizität
pyrogens Pyrogene
pyrohydrolysis Pyrohydrolyse
pyrolysis Brenzreaktion, Pyrolyse
pyrolysis gas chromatography Pyrolyse-Gaschromatographie
pyrometallurgy Pyrometallurgie
pyrometric cones Segerkegel
pyromucyl- Pyromucyl...
pyrophoric pyrophor
pyrophoruses Pyrophore
pyrophosphates Pyrophosphate
pyrophosphato pyrophosphato
pyrophosphites Pyrophosphite
pyrophosphoryl Pyrophosphoryl
pyro reactions Pyroreaktionen
pyrosols Pyrosole
pyrosulfates Pyrosulfate
pyrosulfites Pyrosulfite
pyrosulfuryl- Pyrosulfuryl...
pyrotechnics Pyrotechnik
pyrotechny Pyrotechnik
pyrr (o) - Pyrr(o)...
pyrrolidino- Pyrrolidino...
pyrrolidinyl- Pyrrolidinyl...
pyrrolinyl- Pyrrolinyl...
pyrrolo- Pyrrolo...

pyrrolyl- Pyrrolyl...
pyrrolylcarbonyl- Pyrrolylcarbonyl...
pyrroyl- Pyrroyl...
pyrryl- Pyrryl...
pyruvoyl- Pyruvoyl...

quadr (i) - Quadr(i)...
qualitative analysis qualitative Analyse
quanta Quanten
quantitative analysis quantitative Analyse
quantum chemistry Quantenchemie
quantum mechanics Quantenmechanik
quantum numbers Quantenzahlen
quantum of action Wirkungsquantum
quantum theory Quantentheorie
quantum yield Quantenausbeute
quarks Quarks
quasibinary compounds quasibinäre Verbindungen
quasi-emulsifiers Quasi-Emulgatoren
quasi-racemates Quasiracemate
quasi-stable states quasistabile Zustände
quasiternary compounds quasiternäre Verbindungen
quater- Quater...
quaternary compounds quaternäre Verbindungen
quenching Abschrecken, Vergütung
quicksilver Quecksilber
quinazolinyl- Chinazolinyl...
quinonyl- Benzochinoyl...
quinolyl- Chinolyl...
quinoxalinyl- Chinoxalinyl...
quinqu (e) - Quinqu(e)...
quinuclidinyl- Chinuclidinyl...

rac- rac-
racemates Racemate
racemic substances racemische Verbindungen
racemization Racemisierung
rad Rad
radiation catalysis Strahlungskatalyse
radiation chemistry Strahlenchemie, Radiationschemie
radical chain polymerization Radikalkettenpolymerisation
radicals Radikale
radicofunctional name radikofunktioneller Name
radioactivation analysis Aktivierungsanalyse
radioactive contamination radioaktive Kontamination
radioactive elements Radioelemente
radioactive materials radioaktive Stoffe
radioactive tracers Radioindikatoren
radioactive wastes radioaktive Abfälle
radioactivity Radioaktivität
radioautography Autoradiographie

radiocarbon dating *Radiokohlenstoffdatierung*
radiochemistry *Radiochemie*
radiochromatography *Radiochromatographie*
radioelements *Radioelemente*
radiofrequency titration *Hochfrequenztitration*
radioisotope *Radioisotop*
radioisotope tracers *Radioisotopen-Indikatoren*
radiology *Radiologie*
radiolysis *Radiolyse*
radiometric adsorption analysis *radiometrische Adsorptionsanalyse*
radiometry *Radiometrie*
radiomimetics *Radiomimetica*
radionuclides *Radionuklide*
radiosynthesis *Radiosynthese*
radium *Radium*
radium A *Radium A*
radium B *Radium B*
radium B′ *Radium B′*
radium C *Radium C*
radium C′ *Radium C′*
radium C″ *Radium C″*
radium C_1 *Radium C_1*
radium C_2 *Radium C_2*
radium D *Radium D*
radium E *Radium E*
radium E″ *Radium E″*
radium emanation *Radium-Emanation*
radium F *Radium F*
radium G *Radium G*
radium lead *Radiumblei*
radon *Radon*
Raman effect *Raman-Effekt*
Raman spectrum *Raman-Spektrum*
rancidity *Ranzigkeit*
random sample *Stichprobe*
Rankine scale *Rankine-Skala*
rare earth metals *Seltenerdmetalle*
rare gases *Edelgase*
raser *Raser*
rat control *Entwesung*
rate of reaction *Reaktionsgeschwindigkeit*
raw materials *Rohstoffe*
reactants *Substrate*
reaction apparatus *Reaktionsapparate*
reaction equation *Reaktionsgleichung*
reaction gas chromatography *Reaktionsgaschromatographie*
reaction isobar *Reaktionsisobare*
reaction isochore *Reaktionsisochore*
reaction isotherm *Reaktionsisotherme*
reaction molecularity *Reaktionsmolekularität*
reaction order *Reaktionsordnung*
reaction papers *Reagenzpapiere*
reaction products *Reaktionsprodukte*
reactions *Reaktionen*
reaction velocity *Reaktionsgeschwindigkeit*

reaction velocity constant *Reaktionsgeschwindigkeitskonstante*
reactive dyes *Reaktivfarbstoffe*
reactor family *Reaktorbaulinie*
reactors *Reaktoren*
reactor string *Reaktorbaulinie*
reagents *Reagenzien*
real gases *reale Gase*
rearrangements *Umlagerungen*
Réaumur scale *Réaumur-Skala*
receiver *Vorlage*
receiving vessel *Vorlage*
reciprocal salt pairs *Reziproke Salzpaare*
recoil chemistry *Heiße Chemie*
recombination *Rekombination*
recrystallization *Umkristallisation, Rekristallisation*
rectification *Rektifikation*
rectifying column *Rektifiziersäule*
rectifying plate *Rektifizierboden*
rectifying tray *Rektifizierboden*
redox-amphoteric materials *redox-amphotere Stoffe*
redox-exchangers *Redoxaustauscher*
redox indicators *Redoxindikatoren*
redox ion exchangers *Redox-Ionenaustauscher*
redoxites *Redoxite*
redoxograms *Redoxogramm*
redox potential *Redoxpotential*
redox resins *Redoxharze*
redox titration *Redoxtitration*
reducers *Abschwächer, Reduktionsmittel*
reducing agents *Reduktionsmittel*
reducing flame *Reduktionsflamme*
reduction *Reduktion*
reduction-oxidation reactions *Reduktions-Oxydations-Reaktionen*
reference electrodes *Bezugselektroden*
reference works *Nachschlagewerke*
refining *Abtreiben, Affination, Raffination, Scheiden*
reflector *Reflektor*
reflex-preventing cover *Antireflexbelag*
reflux *Rücklauf*
reflux condensers *Rückflußkühler*
refraction *Refraktion*
refractive index *Brechungsexponent*
refractometers *Refraktometer*
refractometry *Refraktometrie*
refrigerants *Kältemittel*
registered trade marks *Warenzeichen*
regular system *reguläres System*
regulators *Reglersubstanzen*
regulus *Regulus*
reineckates *Reineckate*
relative biological effectiveness *relative biologische Wirksamkeit*
relaxation *Relaxation*
release agents *Antikleber, Trennmittel*
releasing agents *Antikleber, Trennmittel*
rem *Rem*

remedies *Arzneimittel*
rendering soluble *Aufschließen*
renewing *Abziehen*
rep *Rep*
repellents *Abschreckmittel, Vertreibungsmittel*
Reppe chemistry *Reppe-Chemie*
reprography *Reprographie*
res- *Res...*
research *Forschung*
resin *Gummi*
resins *Harze*
resistant *resistent*
reso- *Res(o)...*
resoluble *resolubel*
resolution *Trennschärfe*
resonance *Resonanz*
resonance hybride *Resonanzhybrid*
resorption *Resorption*
respiratory poisons *Atemgifte*
rest *Rest*
rest mass *Ruhmasse*
restricted diffusion chromatography *Gel-Permeations-Chromatographie*
ret- *Ret...*
retentate *Retentat*
retorts *Retorten*
reversed-phase technique *Phasenumkehr*
reverse osmosis *umgekehrte Osmose*
reversible colloids *reversible Kolloide*
reversible reactions *reversible Reaktionen*
reviving *Avivieren*
Rf-value *Rf-Wert*
Rg-value *Rg-Wert*
rhamnosyl- *Rhamnosyl...*
rhenates *Rhenate*
rhenium *Rhenium*
rheology *Rheologie*
rheometry *Rheometrie*
rheopexy *Rheopexie*
rhod- *Rhod...*
rhodan- *Rhodan...*
rhodanizing *Rhodinieren*
rhodates *Rhodate*
rhodium *Rhodium*
rhodo- *Rhodo...*
rhombohedral system *rhomboedrisches System*
rH-value *rH-Wert*
rhythmic precipitation *rhythmische Fällung*
ribosomes *Ribosomen*
Richter('s) system *Richtersches System*
ring systems *Ringsysteme*
roasting *Rösten*
roborants *Roborantien*
rocks *Gesteine*
rodenticides *Rodenticide*
roentgen *Röntgen(-Einheit)*
Römpp *Römpp*
room temperature *Zimmertemperatur*
rotating crystal method *Drehkristall-Methode*
rotational isomerism *Rotationsisomerie*

rotational isomers *Rotationsisomere*
round-bottomed flasks *Rundkolben*
round-bottomed flasks with four necks, Standard Ground Joints (NS) and small hooks *Vierhals-Rundkolben (mit Normschliff u. Häkchen)*
round-bottomed flasks with long neck *Langhals-Rundkolben*
round-bottomed flasks with short narrow neck *Kurzhals-Rundkolben (enghalsig)*
round-bottomed flasks with short wide neck and Standard Ground Joint (NS) *Kurzhals-Rundkolben (weithalsig mit Normschliff)*
round-bottomed flasks with three necks and Standard Ground Joints (NS) *Dreihals-Rundkolben (mit Normschliff)*
round-bottomed flasks with two necks and Standard Ground Joints (NS) *Zweihals-Rundkolben (mit Normschliff)*
rubber *Gummi*
rubberizing *Gummieren*
rubefacient *Rubefaciens*
rubidium *Rubidium*
rubidium-strontium dating *Rubidium-Strontium-Datierung*
ruthenates *Ruthenate*
ruthenium *Ruthenium*
Rutherford-Bohr atom model *Bohrs Atommodell*
Rx-value *Rx-Wert*

sabre flasks *Säbelkolben*
saccharates *Saccharate*
saccharides *Saccharide*
saccharimeters *Saccharimeter*
saccharum *Saccharum*
salicoyl- *Salicoyl*...
salicyl- *Salicyl*...
salicylates *Salicylate*
salicylidene- *Salicyliden*...
salicyloyl- *Salicyloyl*...
salt colors *Direktfarbstoffe*
salt effects *Salzeffekte*
salting *Beizen (Käse)*
salting in *Einsalzen*
salting out *Aussalzen*
salts *Salze*
salt water *Sole*
samarates(III) *Samarate(III)*
samarium *Samarium*
sample solution *Probenlösung*
sampling *Probenahme*
sanation *Sanation*
sandwich complexes *Durchdringungskomplexe*
sandwich compounds *Sandwich-Verbindungen*
sapides *Sapide*
sapo- *Sapo*...
saponides *Saponide*
saponification *Verseifung*
saponification of esters *Esterverseifung*

saponifying mediums *Ablaugmittel*
sarcosyl- *Sarkosyl*...
saturated *gesättigt*
saturated vapo(u)r *Sattdampf*
saturation *Sättigung*
saturnium *Saturnium*
sauce casing *Beizen (Tabak)*
scabicides *Antiscabiosa*
scalars *Skalare*
scalding out *Auskochen*
scale *Zunder*
scalenohedron *Skalenoeder*
scaling-loss *Abbrand*
scandates(III) *Scandate(III)*
scandium *Scandium*
scavengers *Desoxydationsmittel*
Schiff's bases *Schiffsche Basen*
Schulze-Hardy rule *Schulze-Hardysche Regel*
science of ore treatment *Hüttenkunde*
screen analysis *Siebanalyse*
scrooping *Avivieren [von Seide]*
sealed tubes *Einschmelzrohre*
sealing alloys *Einschmelzlegierungen*
sealing primers *Einlaßmittel*
sebacoyl- *Sebacoyl*...
sec- *sek.-*
seco- *Seco*...
second *Sekunde*
secondary *sekundär*
secondary cells *Sekundärelemente*
secondary deposits *sekundäre Lagerstätten*
secondary valenc(i)es *Nebenvalenzen*
second order transition temperature *Einfriertemperatur*
(to) secrete *sezernieren*
sedatives *Sedativa*
sedimentation *Sedimentation*
sedimentation analysis *Sedimentationsanalyse*
sedimentation inhibitors *Absetzverhinderungsmittel*
Seebeck effect *Seebeck-Effekt*
seed disinfecting *Beizen (Saatgut)*
seeding *Impfen*
Seger cones *Segerkegel*
segregation *Seigerung*
selective growth promoters *selektive Wuchsstoffe*
selective growth regulators in plants *selektive Wuchsstoffe*
selectivity *Selektivität*
selenates *Selenate*
selenino- *Selenino*...
seleninyl- *Seleninyl*...
selenites *Selenite*
selenito- *selenito*
selenium *Selen*
seleno- *Seleno*...
selenoantimonates(V) *Selenoantimonate(V)*
selenocyanates *Selenocyanate*
selenocyanato *selenocyanato*
selenogermanates(IV) *Selenogermanate(IV)*
-selenol *...selenol*
selenomolybdates(VI) *Selenomolybdate(VI)*

selenonio- *Selenonio*...
selenono- *Selenono*...
selenonyl- *Selenonyl*...
selenopyrosulfates *Selenopyrosulfate*
selenosilicates *Selenosilicate*
selenosulfates *Selenosulfate*
selenotrisulfates *Selenotrisulfate*
selenotrithionates *Selenotrithionate*
selenoxo- *Selenoxo*...
selenyl- *Selenyl*...
self diffusion *Selbstdiffusion*
self-ignition *Selbstentzündung*
semi- *Semi*...
semicarbazido- *Semicarbazido*...
semicarbazono- *Semicarbazono*...
semi-conductors *Halbleiter*
semifinished materials *Halbzeug*
semimicroanalysis *Halbmikroanalyse, Semimikroanalyse*
semipermeability *Semipermeabilität*
semipermeable *semipermeabel*
semi-permeable membranes *halbdurchlässige Membran*
semipolar bond *semipolare Bindung*
semiproducts *Halbzeug*
semi-systematic name *halbsystematischer Name*
semi-trivial name *halbsystematischer Name, Halbtrivialname*
semolina *Grieß*
senecioyl- *Senecioyl*...
sensitiveness *Empfindlichkeit*
sensitivity *Empfindlichkeit*
sensitization *Sensibilisierung*
separanda *Separanda*
separating *Abtrennen, Scheiden, Separieren*
separating funnels *Scheidetrichter*
separation *Abscheidung*
separation processes *Trennverfahren*
sept(i)- *Sept(i)*...
sequestration *Chelation*
sera *Sera*
serochemistry *Serochemie*
serodiagnosis *Serodiagnostik*
serology *Serologie*
serums *Sera*
seryl- *Seryl*...
sesqui- *Sesqui*...
setting *Anziehen, Abbinden*
settling *Absetzen*
settling inhibitors *Absetzverhinderungsmittel*
sewages *Abwässer*
sex- *Sex(i)*...
sex attractants *Sexuallockstoffe*
sexi- *Sex(i)*...
shade *Farbton*
sherardizing *Sherardisieren*
shock waves *Stoßwellen*
shooting flames *Stichflammen*
shrinkage holes *Lunker*
SI *SI*
siamyl- *Siamyl*...
siccatives *Sikkative*
sickle flasks *Säbelkolben*

side chains Seitenketten
side-reactions Nebenreaktionen
siderosphere Siderosphäre
Siegbahn X-unit X-Einheit
sigma particles Sigma-Teilchen
signature Signatur
silanes Silane
silanols Silanole
silicates Silicate
silicides Silicide
silicon Silicium, Kiesel
silicones Silicone
silicon hydrides Siliciumwasserstoffe
silicothermic process Silicothermie
silicothermics Silicothermie
siloxanes Siloxane
siloxy- Siloxy...
silver Silber
silyl- Silyl...
silylamino- Silylamino...
silyldisilanyl- Silyldisilanyl...
silylene- Silylen...
silylidyne- Silylidin...
silylthio- Silylthio...
simple elements Reinelemente
simultaneous reactions Simultanreaktionen
singeing Sengen
single bond Einfachbindung
single crystals Einkristalle
single-firing Einbrand
single test specimen Einzelprobe
sintered alloy Sinterlegierung
sintered metal Sintermetall
sintering Sintern
size Leim
skeletal muscle relaxants Muskelrelaxantien
skilled process workers in chemical industry Chemiefacharbeiter
sklero- sklero-
skleroproteins Skleroproteine
slag Schlacke
sleeping polymers schlafende Polymere
slow reactions Zeitreaktionen
slurrying Aufschlämmen
small-angle scattering Kleinwinkelstreuung
small-angle X-ray scattering Röntgenkleinwinkelstreuung
small combustion tubes Glühröhrchen
small ignition tubes Glühröhrchen
smear Abstrich
smectic phase smektischer Zustand
Smekal-Raman effect Smekal-Raman-Effekt
soaking through Durchschlagen
soaps Seifen
sobering agents Ernüchterungsmittel
sodium Natrium
softening of water Enthärten des Wassers
softening point Erweichungspunkt
solarization Solarisation
solder glasses Glaslote
solders Lote
solidensing Solidensieren

solidification point Erstarrungspunkt, Stockpunkt
solid phase Bodenkörper
solid residue from evaporation Abdampfrückstand
solids Festkörper
solid solutions feste Lösungen
sols Sole
solubility Löslichkeit
solubility product Löslichkeitsprodukt
solubilization Solubilisierung
solubilizers Lösungsvermittler
solution polymerization Lösungspolymerisation
solution pressure Lösungsdruck
solutions Laugen, Lösungen
solution tension Lösungstension
solvation Solvatation
solvatochromism Solvatochromie
solvent front Fließmittelfront
solvents Lösungsmittel
solvent soaps Lösungsmittelseifen
solvolysis Solvolyse
somnifics Schlafmittel
sonoluminescence Sonolumineszenz
soporifics Schlafmittel
sorbent Sorbens
sorption Sorption
sorptive materials Sorptionsmittel
sorting Klauben
Soxleth extraction apparatus Soxleth-Extraktionsapparat
space chemistry Kosmochemie
space-network polymers räumliche Netzpolymere
spagyric medicines spagyrische Arzneimittel
spallation Kernsplitterung, Spallation
spark spectrum Funkenspektrum
spasmolytics Spasmolytika
specific gravity Dichtezahl
specific reaction rate Reaktionsgeschwindigkeitskonstante
specific reactions spezifische Reaktionen
specific weight spezifisches Gewicht
specifity Spezifität
specimen Probe
spectra Spektra
spectrochemical analysis spektrochemische Analyse
spectrographs Spektrographen
spectrometers Spektrometer
spectrometry Spektrometrie
spectro-photometers Spektralphotometer
spectroscopic test Spektralanalyse
spectroscopy Spektroskopie
spectrum Spektrum
spectrum analysis Spektralanalyse
spent liquor Ablauge
spherical molecules Kugelmoleküle
spheroidal proteins Sphäroproteine
spherons Sphäronen
spin Spin
spiral condensers Schlangenkühler

spiranes Spirane
spitting Spratzen
spontaneous combustion Selbstentzündung
sporicide sporicid
spot Zone
spot sample Stichprobe
spot testing Tüpfelanalyse
spumoids Spumoide
spurting Spratzen
sputtering Spratzen
SS-bridges SS-Brücken
stabilizers Stabilisatoren
stable emulsion Stabilemulsion
stable-gas electron configuration Edelgaskonfiguration
stagoscopy Stagoskopie
staining Beizen (Holz)
stain removing Detachur
stain removing agents Detachiermittel
standard cells Normalelemente
standard doses Normdosen
standard electrode potential Normalpotential
standard hydrogen electrode Normalwasserstoffelektrode
standardization Einstellung, Normung
standard potential Normalpotential
standard solutions Normallösungen, Vergleichslösungen
standard state Normzustand
standard temperature Eichtemperatur
standard volume Normvolumen
stannates Stannate
stannic Stanni-
-stannonic (acid) ... stannonsäure
stannono- Stannono...
stannous Stanno-
stannyl- Stannyl...
stannylene- Stannylen...
stannylidyne- Stannylidin...
start Start
stassanitation Stassanierung
states of aggregation Aggregationszustände
states of matter Aggregationszustände
stationary phase stationäre Phase
statistical thread segment statistisches Fadenelement
steam bath Dampfbad
steam distillation Wasserdampfdestillation
steam-heated funnel Dampftrichter
steaming Dämpfen
steam pressure Dampfdruck
stearoyl- Stearoyl...
steerable anesthetics Inhalationsnarkotika
stereo-block copolymeres Stereoblockcopolymere
stereoblock (co)polymerization Stereoblock(co)polymerisation
stereochemical isomerism Stereoisomerie
stereochemical selectivity stereochemische Selektivität
stereochemistry Stereochemie
stereomodels Atomkalotten

951

stereoregular polymerization *stereoregulierte Polymerisation*
stereoselectivity *Stereoselektivität*
stereospecific catalysis *stereospezifische Katalyse*
stereospecific polymerization *stereospezifische Polymerisation*
stereospecifity *Stereospezifität*
steric hindrance *sterische Hinderung*
sterile filtration *Sterilfiltration*
sterilization *Sterilisation*
stibarseno- *Stibarseno...*
stibinico- *Stibinico...*
stibino- *Stibino...*
stibo- *Stibo...*
-stibonic (acid) *...stibonsäure*
stibono- *Stibono...*
-stibonous (acid) *...stibonige Säure*
stiboso- *Stiboso...*
stibyl- *Stibyl...*
stibylene- *Stibylen...*
stimulants *Genußmittel, Stimulantien*
stillhead *Aufsatz*
stirrers *Rührer*
stirring *Rühren*
stirring apparatus *Rührwerke*
Stock notation *Stocksche Bezeichnungsweise*
Stock numbers *Stock-Zahlen*
stoichiometric point *stöchiometrischer Punkt*
stoichiometric polymerization *stöchiometrische Polymerisation*
stoichiometric valence *stöchiometrische Wertigkeit*
stoichiometry *Stöchiometrie*
stomachics *Stomachica*
stoneware *Steinzeug*
storage batteries *Akkumulatoren*
stoving [GB] *Einbrand*
streaming birefringence *Strömungsdoppelbrechung*
strain theory *Baeyersche Spannungstheorie*
strontium *Strontium*
structural bridges *Strukturbrücken*
structural chemistry *Strukturchemie*
structural formula *Strukturformel*
structural isomerism *Strukturisomerie*
structure *Struktur*
stuff *Stoff*
stuffbiotics *Stoffbiotik*
styptic *Stypticum*
styrene- *Styren...*
styrolene- *Styrolen...*
styryl- *Styryl...*
sub- *Sub...*
subborates *Subborate*
subcutaneous *subkutan*
subcritical *subkritisch*
suberoyl- *Suberoyl...*
subfractionation *Subfraktionierung*
sub-group of elements *Nebengruppen der Elemente*
sublethal *subletal*
sublimate *Sublimat*
sublimated *sublimiert*

sublimation *Sublimation*
sublimation point *Sublimationspunkt*
submicrogram (me) analysis *Submikroanalyse*
submicrons *Submikronen*
suboxides *Suboxide*
substance *Substanz*
substantive dyes *Direktfarbstoffe*
substituent *Substituent*
substitution *Substitution*
substitutional isomerism *Substitutionsisomerie*
substitutive name *Substitutionsname*
substrates *Substrate*
subtractive name *Subtraktionsname*
successive reactions *Folgereaktionen*
succinamoyl- *Succinamoyl...*
succinimido- *Succinimido...*
succinyl- *Succinyl...*
sucrates *Saccharate*
suction filters *Nutschen*
suction flasks *Saugflaschen*
sudorals *schweißtreibende Mittel*
sudorifics *schweißtreibende Mittel*
sugar-coated pellets *Dragees*
sugar-coated pills *Dragees*
sulfamates *Sulfamate*
sulfamoyl- *Sulfamoyl...*
sulfamyl- *Sulfamyl...*
sulfanes *Sulfane*
sulfanilamido- *Sulfanilamino...*
sulfanilyl- *Sulfanilyl...*
sulfatases *Sulfatasen*
sulfatation *Sulfatierung*
sulfates *Sulfate*
sulfation *Sulfierung*
sulfato *sulfato*
-sulfenic (acid) *...sulfensäure*
sulfhydryl- *Sulfhydryl...*
sulfhydryl group-blocking agents *thiophile Substanzen*
sulfhydryl groups *Sulfhydrylgruppen*
sulfidation *Sulfidierung*
sulfide-oxide shell *Sulfid-Oxid-Schale*
sulfides *Sulfide*
-sulfinic (acid) *...sulfinsäure*
sulfino- *Sulfino...*
sulfinyl- *Sulfinyl...*
N-sulfinylsulfamates *N-Sulfinylsulfamate*
sulfites *Sulfite*
sulfito *sulfito*
sulfo- *Sulfo...*
sulfo-acids *Thiosäuren*
sulfochlorination *Sulfochlorierung*
sulfoamido- *Sulfoamino...*
sulfoamino- *Sulfamino...*
sulfonamides *Sulfonamide*
sulfonamido- *Sulfonamido...*
sulfonation *Sulfonierung*
sulfones *Sulfone*
-sulfonic (acid) *...sulfonsäure*
sulfonio- *Sulfonio...*
sulfonyl- *Sulfonyl...*
sulfonyldioxy- *Sulfonyldioxy...*
sulfoxides *Sulfoxide*

sulfoxy- *Sulfoxy...*
sulfoxylates *Sulfoxylate*
sulfur [USA] *Schwefel*
sulfuration *Sulfurierung*
sulfur dyes *Schwefelfarbstoffe*
sulfur hydrides *Sulfane*
sulfurization *Sulfidierung*
sulfuryl- *Sulfuryl...*
sulphur [GB] *Schwefel*
sultams *Sultame*
sultones *Sultone*
super- *Super...*
superalloys *Superlegierungen*
superconductivity *Supraleitung*
supercritical *superkritisch*
[superheated steam] *überhitzter Dampf*
superheated vapo(u)r *überhitzter Dampf*
superliquid *Supraflüssigkeit*
"super-molecules" *Übermolekeln*
superoxide-ion *Superoxid-Ion*
supersaturation *Übersättigung*
super temperatures *Supertemperaturen*
suppositories *Suppositorien*
suprafluidity *Superfluidität*
surface activity *Oberflächenaktivität*
surface active agents *grenzflächenaktive Stoffe*
surface-active compounds *oberflächenaktive Stoffe*
surface chemistry *Oberflächenchemie*
surface hardening by glow discharge in nitrogen *Glimmnitrierung*
surface tension *Oberflächenspannung*
surfactants *grenzflächenaktive Stoffe*
susceptibility *Suszeptibilität*
suspended matter *Schwebstoffe*
suspension polymerization *Suspensionspolymerisation*
suspensions *Suspensionen*
suspensoids *Suspensoide*
sweating *Ausschwitzen*
swelling *Quellung*
sym- *sym.-*
symbiosis *Symbiose*
symbolization in chemistry *chemische Zeichensprache*
symbols *Symbole*
symmetry classes *Kristallklassen*
symmetry elements *Symmetrieelemente*
sympathetic reactions *sympathetische Reaktionen*
sympathicomimetics *Sympathomimetica*
sympathomimetics *Sympathomimetica*
symplex *Symplex*
syn- *syn-*
syn-configuration *syn-Form*
syndets *Sapide*
syndiazo compounds *Syndiazotate*
syndiotactic *syndiotaktisch*
syneresis *Synärese*
synergetic intensifiers *synergetische Verstärker*
syn-form *syn-Form*

syngenetic minerals *syngenetische Mineralien*
synproportionation *Synproportionierung*
synthesis *Synthese*
synthetic fibres *Chemiefasern*
synthetic resins *Kunstharze*
systematic name *systematischer Name*
systems *System*

tablespoon *Eßlöffel*
tablets *Tabletten*
tabular compilations *Tabellenwerke*
tacticity *Taktizität*
tactic polymerization *taktische Polymerisation*
tactosols *Taktosole*
tailing *Schwanzbildung*
tails *Nachlauf*
tanning *Beizen (Felle), Gerberei*
tanning agents *Gerbmittel*
tanning dyes *basische Farbstoffe*
tanning materials *Gerbmittel*
tannins *Gerbstoffe*
tapped metal *Abstich*
tapping *Abstich*
tantalates (V) *Tantalate(V)*
tantalum *Tantal*
tarnishing *Anlaufen*
tartrates *Tartrate*
tartronoyl- *Tartronoyl...*
tau *tau*
tauryl- *Tauryl...*
tautomerism *Tautomerie*
teaspoonful *„Teelöffel"*
technetates (VI) *Technetate(VI)*
technetium *Technetium*
technical assistants in chemistry *Chemisch-technische Assistenten*
technics *Technik*
technological chemistry *Technologische Chemie*
technology *Technologie*
Teclu-burners *Teclubrenner*
teinochemistry *Teinochemie*
tellurates *Tellurate*
-tellurinic (acid) *... tellurinsäure*
tellurium *Tellur*
telluro- *Telluro...*
tellurocyanates *Tellurocyanate*
-telluronic (acid) *... telluronsäure*
telomerization reactions *Telomerisation*
(temperature) arrests *Haltepunkte*
termperature-regulating instruments *Thermostate*
temperature scales *Temperatur-Skalen*
temper colo(u)rs *Anlaßfarben*
tempering of steel *Anlassen*
tensides *Tenside*
ter- *Ter...*
tera- *Tera...*
terbium *Terbium*
terephthalal- *Terephthalal...*
terephthaloyl- *Terephthaloyl...*
terephthalylidene- *Terephthalyliden...*
term *Term*
termination reaction *Abbruchreaktion*

terminology *Terminologie*
ternary alloys *ternäre Legierungen*
ternary compounds *ternäre Verbindungen*
terphenylyl- *Terphenylyl...*
terphenylylene- *Terphenylylen...*
terpolymerizates *Terpolymerisate*
terrestrial atmosphere *Erdatmosphäre*
tert- *tert.-*
tertiary *tertiär*
tervalent *tervalent*
test papers *Reagenzpapiere*
test specimen *Probe*
test tube holders *Reagenzglashalter*
test tube racks *Reagenzglasgestelle*
test tubes *Reagenzgläser*
tetr- *Tetr...*
tetra- *Tetr(a)...*
tetraazidoborates *Tetraazidoborate*
tetraborates *Tetraborate*
tetrachromates (VI) *Tetrachromate(VI)*
tetracont (a)- *Tetrakont(a)...*
tetracontyl- *Tetrakontyl...*
tetracos (a)- *Tetrakos(a)...*
tetracosyl- *Tetrakosyl...*
tetradec (a)- *Tetradec(a)...*
tetradecanoyl- *Tetradecanoyl...*
tetradecyl- *Tetradecyl...*
tetrafluoroborates *Tetrafluoroborate*
tetragonal system *tetragonales Kristallsystem*
-tetrahedro- *-tetraedro-*
tetrahydroborates *Boranate*
tetrakis- *Tetrakis...*
1.1.3.3-tetramethylbutyl- *1.1.3.3-Tetramethylbutyl...*
tetramethylene- *Tetramethylen...*
2.3.5.6-tetramethylphenyl- *2.3.5.6-Tetramethylphenyl...*
tetramethyl-p-phenylene- *Tetramethyl-p-phenylen...*
tetrasulfates *Tetrasulfate*
tetrathionates *Tetrathionate*
1-tetrazeno- *1-Tetrazeno...*
tetrazolyl- *Tetrazolyl...*
textbooks for chemistry *Chemie-Lehrbücher*
textile auxiliaries *Textilhilfsmittel*
textile chemistry *Textilchemie*
textile finishing *Textilausrüstung*
textur *Gefüge*
thallium *Thallium*
thenoyl- *Thenoyl...*
thenyl- *Thenyl...*
thenylidene- *Thenyliden...*
theoretical chemistry *theoretische Chemie*
theoretical end-point *theoretischer Endpunkt*
theoretical organic chemistry *Theoretische Organische Chemie*
thermal analysis *thermische Analyse*
thermal diffusion *Thermodiffusion*
thermal dissociation *thermische Dissoziation*
thermal e.m.f. *Thermospannung*

thermal insulating materials *Wärmedämmstoffe*
thermal reactor *thermischer Reaktor*
thermels *Thermoelemente*
thermit process *Aluminothermie*
thermo- *Thermo...*
thermochemistry *Thermochemie*
thermochromism *Thermochromie*
thermocouples *Thermopaare*
thermocurrent *Thermostrom*
thermodiffusion *Thermodiffusion*
thermodynamics *Thermodynamik*
thermodynamics systems *thermodynamische Systeme*
thermoelectric force *Thermokraft*
thermoelectric generators *thermoelektrische Generatoren*
thermoelectricity *Thermoelektrizität*
thermogravimetric analysis *Thermogravimetrie*
thermolabile *thermolabil*
thermoluminescence *Thermolumineszenz*
thermolysis *Thermolyse*
thermometric analysis *Thermometrie*
thermometric titration *thermometrische Titration*
thermonuclear reactions *thermonucleare Reaktionen*
thermopiles *Thermosäulen*
thermoplastics *Thermoplaste*
thermoresistant *thermostabil*
thermosetting plastics *Duroplaste, härtbare Kunststoffe*
thermostable *thermostabil*
thermostatics *Thermostatik*
thermostats *Thermostate*
theta $\theta (\vartheta)$, Θ
thianaphthenyl- *Thianaphthenyl...*
thiazinyl- *Thiazinyl...*
thiazolidinyl- *Thiazolidinyl...*
thiazolidyl- *Thiazolidyl...*
thiazolinyl- *Thiazolinyl...*
thiazolyl- *Thiazolyl...*
thick oil *Dicköl*
thickening *Eindicken*
thienyl- *Thienyl...*
thietanes *Thietane*
thiiranes *Thiirane*
thin layer chromatography *Dünnschichtchromatographie*
thin layer electrophoresis *Dünnschicht-Elektrophorese*
thin polished sections *Dünnschliffe*
thio- *Thio...*
thioacetals *Thioacetale*
thioacetyl- *Thioacetyl...*
thio acids *Thiosäuren*
thioalcohols *Thioalkohole*
thioarsenoso- *Thioarsenoso...*
thiobenzoyl- *Thiobenzoyl...*
thiocarbamoyl- *Thiocarbamoyl...*
thiocarbamyl- *Thiocarbamyl...*
thiocarbonates *Thiocarbonate*
thiocarbonyl- *Thiocarbonyl...*
thiocarboxy- *Thiocarboxy...*
thiocarboxylic acids *Thiocarbonsäuren*

thiocyanates *Thiocyanate, Rhodanide*
thiocyanato *thiocyanato*
thiocyano- *Thiocyano*...
thioformyl- *Thioformyl*...
thiohydroxy- *Thiohydroxy*...
-thioic acid ... *thiocarbonsäure*
-thiol ... *thiol*
thiomorpholino- *Thiomorpholino*...
thiomorpholinyl- *Thiomorpholinyl*...
thion- *Thion*...
-thione ... *thion*
thionyl- *Thionyl*...
thiophilic compounds *thiophile Substanzen*
thiophosphoryl- *Thiophosphoryl*...
thiopyrophosphoryl- *Thiopyrophosphoryl*...
thiosemicarbazido- *Thiosemicarbazido*...
thiosulfates *Thiosulfate*
thioureido- *Thioureido*...
thioxo- *Thioxo*...
thiuram- *Thiuram*...
thixotropy *Thixotropie*
Thomson effect *Thomson-Effekt*
thorates (VI) *Thorate(VI)*
thorium *Thorium*
thorium A *Thorium A*
thorium B *Thorium B*
thorium C *Thorium C*
thorium C' *Thorium C'*
thorium C" *Thorium C"*
thorium D *Thorium D*
thorium emanation *Thorium-Emanation*
thorium series *Thorium-Reihe*
thorium X *Thorium X*
thoron *Thoron*
threo- *Threo*...
threo-diisotactic *threo-diisotaktisch*
threonyl- *Threonyl*...
throughput *Durchsatz*
thujyl- *Thujyl*...
thulium *Thulium*
thym(o)- *Thym(o)*...
thymoleptics *Thymoleptica*
thymyl- *Thymyl*...
thyronyl- *Thyronyl*...
thyrostatics *Thyreostatica*
time symbols *Zeitangaben*
tin *Zinn*
tincture *Infusum, Tinktur*
tissue hormones *Gewebshormone*
titanates (IV) *Titanate(IV)*
titanium *Titan*
titer *Titer*
titrant *Titrans*
titrating *titrieren*
titration *Titration*
titration analysis *Titrieranalyse*
titre *Titer*
titrimetric analysis *titrimetrische Analyse*
titrimetric standard substances *Urtitersubstanzen*
titrimetry *Titrimetrie*
toloxy- *Toloxy*...
tolueneazo- *Toluolazo*...
toluenesulfonyl- *Toluolsulfonyl*...
-toluidide ... *toluidid*
toluidino- *Toluidino*...
toluoyl- *Toluoyl*...
toluyl- *Toluyl*...
tolyl- *Tolyl*...
α-tolyl- *α-Tolyl*...
tolylene- *Tolylen*...
α-tolylene- *α-Tolylen*...
tolyloxy- *Tolyloxy*...
tom *Tom*
tonic *Tonikum*
topochemistry *Topochemie*
topological isomerism *topologische Isomerie*
torch batteries *Taschenbatterien*
torr *Torr*
tosyl- *Tosyl*...
total formula *Summenformel*
total synthesis *Totalsynthese*
toxicogenation *Giftung*
toxicology *Toxikologie*
toxoids *Toxoide*
toxins *Toxine*
toxins of the blood *Blutgifte*
toxogenation *Giftung*
trace analysis *Spurenanalyse*
trace elements *Spurenelemente*
trace metals *Spurenmetalle*
trace nutrients *Spurenelemente*
tracers *Tracer*
trade names *Handelsnamen*
tranquilizers *Transquilizer*
tranquillizers *Transquilizer*
trans- *trans-*
transactinoides *Transactinoide*
trans-configuration *trans-Stellung*
transdiazo compounds *Transdiazotate*
trans effect *Trans-Effekt*
trans-esterification *Umesterungen*
transference number *Überführungszahl*
transfer metabolites *Transportmetabolite*
transfer pictures *Abziehbilder*
transfer reactions *Übertragungsreaktionen*
transfer technique *Transfer-Technik*
transition elements *Übergangselemente*
transition interval *Umschlagsintervall*
transition metals *Übergangsmetalle*
transition points *Umwandlungspunkte*
transparence *Transparenz*
transparency *Transparenz*
transport number *Überführungszahl*
transport reactions *Transportreaktionen*
trans-tactic *trans-taktisch*
transuranic elements *Transurane*
transuranic metals *Transurane*
transuranium elements *Transurane*
(to) travel *wandern*
treatises *Handbücher*
tri- *Tri*...
triacont(a)- *Triakont(a)*...
triacontyl- *Triakontyl*...
triads *Triaden*
-triangulo- *-triangulo-*
triazano- *Triazano*...
1-triazeno- *1-Triazeno*...
2-triazeno- *2-Triazeno*...
triazinyl- *Triazinyl*...
triazo *triazo*
triazolidinyl- *Triazolidinyl*...
triazolyl- *Triazolyl*...
tribochemistry *Tribochemie*
tribology *Tribologie*
triboluminescence *Triboluminesezenz*
triborates *Triborate*
tricos(a)- *Trikos(a)*...
tricosyl- *Trikosyl*...
tridec(a)- *Tridec(a)*...
tridecanoyl- *Tridecanoyl*...
tridecyl- *Tridecyl*...
trihydroxofluoroborates *Trihydroxofluoroborate*
trimers *Trimere*
2.4.5-trimethoxyphenyl- *2.4.5-Trimethoxyphenyl*...
2.4.5-trimethylanilino- *2.4.5-Trimethylanilino*...
2.4.6-trimethylanilino- *2.4.6-Trimethylanilino*...
3.7.11-trimethyl-2.6.10-dodecatrienyl- *3.7.11-Trimethyl-2.6.10-dodecatrienyl*...
trimethylene- *Trimethylen*...
1.3.3-trimethyl-2-norbornyl- *1.3.3-Trimethyl-2-norbornyl*...
2.3.5-trimethylphenyl- *2.3.5-Trimethylphenyl*...
2.3.6-trimethylphenyl- *2.3.6-Trimethylphenyl*...
2.4.5-trimethylphenyl- *2.4.5-Trimethylphenyl*...
2.4.6-trimethylphenyl- *2.4.6-Trimethylphenyl*...
trinitrido *trinitrido*
trioxonitridoosmates (VIII) *Trioxonitridoosmate(VIII)*
tiphenylmethyl- *Triphenylmethyl*...
triphenylsilyl- *Triphenylsilyl*...
triphosphates *Triphosphate*
triple bond *Dreifachbindung*
triple point *Tripelpunkt*
tripods *Dreifuß*
tris- *Tris*...
triseleno- *Triseleno*...
trisilanyl- *Trisilanyl*...
trisilamylene- *Trisilanylen*...
trisulfates *Trisulfate*
trithio- *Trithio*...
trithiocarbonato *trithiocarbonato*
trithionates *Trithionate*
tritium *Tritium*
triton *Triton*
tritriacont(a)- *Tritriakont(a)*...
tritriacontyl- *Tritriakontyl*...
trityl- *Trityl*...
trivial names *Trivialnamen*
tropoyl- *Tropoyl*...
tryptophyl- *Tryptophyl*...
tube chromatography *Tube-Chromatographie*
tubes for sealing *Einschmelzrohre*
tungsten *Wolfram*
tunnel rays *Kanalstrahlen*

turbidimetric titration *turbidimetrische Titration*
turbidimetry *Turbidimetrie*
Twaddle degrees *Twaddle-Grade*
two-fluid cells *Volta-Elemente*
Tyndall effect *Tyndall-Effekt*
Tyndallometry *Tyndallometrie*
tyrosyl- *Tyrosyl*...

Ullmann's encyclopedia of technical chemistry *Ullmanns Encyklopädie der Technischen Chemie*
ultimate analysis *Elementaranalyse*
ultracentrifuges *Ultrazentrifugen*
ultra filtration *Ultrafiltration*
ultrahigh vacuum *Ultrahochvakuum*
ultra-micro analysis *Ultramikroanalyse*
ultramicroscope *Ultramikroskop*
ultrasonic chemistry *Ultraschallchemie*
ultrasonics *Ultraschall*
ultra vacuum *Ultravakuum*
umpire test specimen *Schiedsprobe*
uncertainty principle *Unschärfebeziehung*
undec(a)- *Undec(a)*...
undecanoyl- *Undecanoyl*...
undecyl- *Undecyl*...
unified atomic mass unit *Atommassenkonstante*
unimolecular reactions *unimolekulare Reaktionen*
unipolyaddition *Unipolyaddition*
unipolycondensation *Unipolykondensation*
unitarian bond *unitarische Bindung*
unitary bond *unitarische Bindung*
units *Einheiten*
univariant equilibrium *univariantes Gleichgewicht*
Universal Decimal Classification *Dezimalklassifikation*
unreactive materials *inerte Materialien*
uns- *uns*-
unsaturated *ungesättigt*
unstable states *unstabile Zustände*
unsym- *unsym(m)*...
upper layer *Deckanstrich*
ur- *Ur*...
uramino- *Uramino*...
uranates(VI) *Uranate(VI)*
uranium *Uran*
uranium I *Uran I*
uranium II *Uran II*
uranium acitinium series *Uran-Actinium-Reihe*
uranium piles *Uranmeiler*
uranium radium series *Uran-Radium-Reihe*
uranium reactors *Uranbrenner*
uranium series *Uran-Radium-Reihe*
uranium X_1 *Uran X_1*
uranium X_2 *Uran X_2*
uranium Y *Uran Y*
uranium Z *Uran Z*

uranoides *Uranoide*
uranyl- *Uranyl*...
urates *Urate*
ureido- *Ureido*...
urethan(e)s *Urethane*
ureylene- *Ureylen*...
uro- *Ur(o)*...
urs- *Urs(o)*...
urso- *Urs(o)*...
uterus contracting agents *Wehenmittel*

vacancies *Leerstellen*
vacant lattice positions *Leerstellen*
vaccines *Impfstoffe*
vacuum *Vakuum*
vacuum desiccators *Vakuumexsikkatoren*
vacuum distillation *Vakuumdestillation*
valence [GB] *Wertigkeit*
valence electrons *Valenzelektronen*
valency [USA] *Wertigkeit*
valency forces *Bindungskräfte*
valeryl- *Valeryl*...
valyl- *Valyl*...
vanadates(V) *Vanadate(V)*
vanadium *Vanadium*
vanadyl *Vanadyl*
Van der Waals forces *Van der Waals-Kräfte*
vanillal- *Vanillal*...
vanilloyl- *Vanilloyl*...
vanillyl- *Vanillyl*...
vanillylidene- *Vanillyliden*...
vapo(u)r *Dampf*
vapo(u)r coating *Aufdampfen*
vapo(u)r density *Dampfdichte*
vapo(u)r deposition *Aufdampfen*
vapo(u)r metalizing *Aufdampfen*
vapo(u)r pressure *Dampfdruck*
vapo(u)r tension *Dampftension*
varicosis medicines *Varizenmittel*
varnishes *Anstrichstoffe, Firnisse, Lacke*
varnish paint *Lackfarbe*
varnish removers *Lackentferner*
vat dyeing *Küpenfärberei*
vectorial values *vektorielle Werte*
vegetable alkali *vegetabilisches Alkali*
vehicles *Bindemittel*
vein stuff *Gangart*
veratral- *Veratral*...
veratroyl- *Veratroyl*...
o-veratroyl- *o-Veratroyl*...
veratryl- *Veratryl*...
veratrylidene- *Veratryliden*...
verd(o) *Verd(o)*...
vermicides *Vermicide*
vermifuges *Wurmmittel*
vessels *Küvetten*
vestalium *Vestalium*
vic- *vic*-
victorium *Victorium*
vinyl- *Vinyl*...
vinylene- *Vinylen*...
vinylidene- *Vinyliden*...
vinyloxy- *Vinyloxy*...
virginium *Virginium*
virucidal *virulicid*
virucide *virucid*
virus *Virus*

viruses *Viren*
viscosity *Viskosität*
viscosimetry *Viskosimetrie*
viscosity of Non-Newtonian liquids *Strukturviskosität*
vital chemistry *Vitalchemie*
vitalstuffs *Vitalstoffe*
vitaminanalogues *Vitaminanaloga*
vitaminantagonists *Vitaminantagonisten*
vitaminoids *Vitaminoide*
vitamins *Vitamine*
vitreous state *Glaszustand*
vitrophyric *vitrophyrisch*
vocabularies *Wörterbücher*
volatile alkalies *flüchtige Alkalien*
volt *Volt*
voltametric titration *Voltametrie*
voltametry *Voltametrie*
voltammetry *Voltammetrie*
volumetric analysis *Maßanalyse*
volumetric fluorescence analysis *Fluoreszenztitration*
volumetric precipitation analysis *Fällungsanalyse*
vulcanization *Vulkanisation*

warfare chemistry *Militärchemie*
war gases *Kampfstoffe*
warning labels *Gefahrensymbole*
warning symbols *Gefahrensymbole*
wash bottles *Waschflaschen*
washing *Waschen*
washing agents *Waschmittel*
washing out *Auswaschen*
washings *Ablauge*
waste gases *Abgase*
waste liquor *Ablauge*
waste salts *Abraumsalze*
wastewater *Abwässer*
water-bath *Wasserbad*
water gas *Wassergas*
water glass paints *Mineralfarben, Wasserglasfarben*
water jet vacuum pumps *Wasserstrahlpumpen*
water of constitution *Konstitutionswasser*
water of crystallization *Kristallwasser*
waterproofing of concrete with fluorosilicates *Fluatieren*
watt *Watt*
wave mechanics *Wellenmechanik*
wave number *Wellenzahl*
wax alcohols *Wachsalkohole*
waxes *Wachse*
weathering *Auswittern*
weed killers *Herbicide, Unkrautvertilgungsmittel*
weighable form *Wägeform*
weighed analytical product *Auswaage*
weighings *Wägungen*
weighting *Beschwerung*
weightless substances *gewichtslose Substanzen*
Weinhold vessels *Weinhold-Gefäße*
wet cells *Naßelemente*
wetting agents *Netzmittel*

955

wet vapo(u)r *Naßdampf*
whetstones *Abziehsteine*
white discharge *Weißätze*
whitening *Bleichen, Blauen*
white prints *Diazokopien*
Wilson chamber *Wilsonkammer*
Wilson cloud chamber *Wilsonkammer*
W/O emulsions *W/O-Emulsionen*
wolframates(VI) *Wolframate(VI)*
workable salts *Edelsalze*
works *Hütte*

xanth- *Xanth...*
xanthates *Xanthogenate*
xanthenyl- *Xanthenyl...*
xantho- *Xanth(o)...*
xanthyl- *Xanthyl...*
xenomorphic *xenomorph*
xenon *Xenon*
xenyl- *Xenyl...*
xerogels *Xerogele*

X-ray analysis *Röntgenstrukturanalyse*
X-ray fluorescence analysis *Röntgenfluoreszenzanalyse*
X-rays *Röntgenstrahlen*
X-ray spectra of elements *Röntgenspektren der Elemente*
X-ray spectrochemical analysis *Röntgenspektralanalyse*
XU *X-Einheit*
X-unit *X-Einheit*
xyl- *Xyl...*
-xylidide *...xylidid*
xylidino- *Xylidino...*
xylo- *Xyl(o)...*
xyloyl- *Xyloyl...*
xylyl- *Xylyl...*
xylylene- *Xylylen...*

yield *Ausbeute*
-yl *...yl*
-ylene *...ylen*
-ylidene *...yliden*

ylides *Ylide*
-ylidyne *...ylidin*
-ylium *...ylium*
ynamines *Inamine*
ytterbium *Ytterbium*
yttrium *Yttrium*

zero point volume *Nullpunktsvolum*
zeta *zeta*
zeta potential *Zeta-Potential*
zinc *Zink*
zincates *Zinkate*
zirconates(IV) *Zirkonate(IV)*
zirconium *Zirkonium*
zirconyl *Zirkonyl*
zone *Zone*
zone electrophoresis *Zonenelektrophorese*
zone melting *Zonenschmelzen*
ζ-potential *Zeta-Potential*
zwitter ions *Zwitterionen*
zym(o)- *Zym(o)...*

Fachlexika von Franckh

Elektronik-Lexikon

Herausgegeben von Dr. Walter Baier
688 Seiten mit 1185 Zeichnungen im Text, 30 Tabellen im Anhang.
Ganzleinen mit Schuber und Versandkarton ISBN 3–440–04042–9.

Herausgeber und Verlag präsentieren nun das erste und bisher einzige umfassende Nachschlagewerk für die gesamte Elektronik, verfaßt von 27 Fachleuten der deutschen Elektronik-Industrie. Das Lexikon umfaßt alle Gebiete der Elektronik: Grundbegriffe – Bauelemente – Elektronen- und Mikrowellenröhren – Batterien und Brennstoffzellen – Leistungselektronik – Nachrichtentechnik – Antennen und Wellenausbreitung – Navigation – Funkleitverfahren – Satellitenfunk – Unterhaltungselektronik und Optronik – stimulated emission – Kfz-Elektronik – EDV – Prozeßrechner – Steuern und Regeln – Magnetismus und Speicher – Meßtechnik – Festkörperphysik.

Römpps Chemie-Lexikon

Herausgegeben von Dr. Otto-Albrecht Neumüller
Das Standardwerk der Chemie.
Die Bände I bis III liegen vor, Band IV erscheint voraussichtlich im August 1974, die weiteren Bände folgen in Abständen von ca. 9 Monaten. ISBN 3-440-03850-5.

7., völlig neubearbeitete und erweiterte Auflage.
Der Römpp informiert über alles, was mit Chemie auch nur im entferntesten zu tun hat: von der Erläuterung chemischer Grundbegriffe bis zur Zusammensetzung eines bestimmten Insektizids. Er berücksichtigt also die reine wie die angewandte Chemie. Besondere Bedeutung kommt der Beschreibung der Chemikalien und chemisch-technischen Produkte zu. Der Römpp gibt Auskunft über die physikalischen, chemischen, pharmakologischen und toxikologischen Eigenschaften der betreffenden Substanz, nennt die Verwendungszwecke sowie Bezugsquellen.

Sonderprospekte stellen wir Ihnen gerne zur Verfügung.

Franckh'sche Verlagshandlung
7 Stuttgart 1, Postfach 640

dtv-Lexikon der Physik

»Das Werk ist sehr umfassend und modern.
Es berücksichtigt neben der eigentlichen
Physik auch ihre Nachbargebiete, wie
physikalische Chemie, Geophysik,
Astrophysik, Biophysik und wendet sich
demnach an einen weiten Leserkreis.«
Angewandte Chemie

dtv-Lexikon der Physik
Herausgegeben
von Hermann Franke
In zehn Bänden

Ein Standard-Nachschlagewerk mit über 12 000 Stichwörtern der theoretischen und angewandten Physik: Definitionen und Erläuterungen von Begriffen, ein Überblick über den gegenwärtigen Stand der Forschung und Entwicklung. Die Stichwörter, die in ihrer Klarheit und Ausführlichkeit den Charakter von Kurzmonographien haben, werden ergänzt durch 1700 technische Zeichnungen, Skizzen und 200 Fotos sowie durch rund 7000 Literaturverweisungen auf die Fachliteratur. Verweisungen innerhalb der Stichwörter zeigen Zusammenhänge, auch zu Neben- und Randgebieten. Alle Zahlenangaben nach dem internationalen Einheitssystem.

dtv-Lexikon der Physik

**Band 1
A-B**

dtv-Nachschlagewerke

Biologie

---

dtv-Atlas zur Biologie
Tafeln und Texte
Von Günter Vogel und
Hartmut Angermann
2 Bände
3011, 3012

Zoologische Experimente
Praktische Anleitungen
Von Hans Christian Bauer,
Rudolf Hofer, Walter
Knapp, Hans Moser
3111

Wolfgang Wieser:
Genom und Gehirn
Information und Kommunikation in der Biologie
4132

Konrad Lorenz:
Der Kumpan in der Umwelt des Vogels
Der Artgenosse als auslösendes Moment sozialer Verhaltensweisen
4231

Evolution
Von Adolf Remane,
Volker Storch,
Ulrich Welsch
4234

Mensch und Tier
Ausdrucksformen des Lebendigen
Hrsg. von Heinz Friedrich
481

Konrad Lorenz:
Vom Weltbild des Verhaltensforschers
Drei Abhandlungen
499

Signale der Tierwelt
Vom Ursprung der Natur
Hrsg. von D. Burkhardt,
W. Schleidt, H. Altner
853

Kreatur Mensch
Moderne Wissenschaft
auf der Suche nach dem
Humanum
Hrsg. von Günther Altner
892

In Vorbereitung:
Erich von Holst:
Zentralnervensystem
4152

Medizin

Jean Delay, Pierre Pichot:
Medizinische Psychologie
Ein Kompendium
dtv-Thieme
4086

dtv-Atlas der Anatomie
Tafeln und Texte
Von W. Kahle,
H. Leonhardt und
W. Platzer
3 Bände
Bisher erschienen:
Band 2: Innere Organe
Von H. Leonhardt
dtv-Thieme
3018

Adolf Faller:
Der Körper des Menschen
Einführung in Bau und Funktion
dtv-Thieme
3014

Helmut Gillmann:
Physikalische Therapie
Grundlagen und Wirkungsweisen
dtv-Thieme
4109

Paul Kielholz,
Dieter Ladewig:
Die Abhängigkeit von Drogen
4134

Dietrich Langen:
Psychotherapie
Ein Kompendium für Studierende und Ärzte
dtv-Thieme
4063

Heinrich Schipperges:
Moderne Medizin im Spiegel der Geschichte
dtv-Thieme
4044

Jürgen Stegemann:
Leistungsphysiologie
Physiologische Grundlagen der Arbeit und des Sports
dtv-Thieme
4087

Zetkin / Schaldach:
dtv-Wörterbuch der Medizin
Hrsg. von Herbert Schaldach
3 Bände
dtv-Thieme
3017–3019

Walter Züblin:
Das schwierige Kind
Einführung in die Kinderpsychiatrie
dtv-Thieme
4048

 **Neue Anthropologie**

Neue Anthropologie
Herausgegeben von
Hans-Georg Gadamer
und Paul Vogler
7 Bände
dtv-Thieme
Originalausgabe
4069–4074 und 4148

Anthropologie ist Wissenschaft vom Menschen, sie will eine Antwort geben auf Kants Grundfrage der Philosophie: Was ist der Mensch?
Die moderne Anthropologie geht im Sinne eines echten studium universale über die biologischen und philosophischen Ansätze und Entwürfe weit hinaus: sie versteht sich als Programm aller Wissenschaft überhaupt.
In dem von einem Mediziner und einem Philosophen edierten Werk sind neue Erkenntnisse und Forschungsergebnisse aus den verschiedensten Disziplinen zu einem Gesamtbild des heutigen Wissens vom Menschen zusammengefaßt. Neben bekannten Philosophen, Biologen, Medizinern, Psychologen und Soziologen haben zu dem in seiner Art einmaligen Versuch auch namhafte Techniker, Physiker, Juristen, Theologen, Historiker, Linguisten und Ökonomen aus dem In- und Ausland beigetragen.

Band 1 und 2
Biologische Anthropologie
Band 3
Sozialanthropologie
Band 4
Kulturanthropologie
Band 5
Psychologische Anthropologie
Band 6 und 7
Philosophische Anthropologie